甘肃交通年鉴

GANSU JIAOTONG NIANJIAN

2012

甘肃省交通史志年鉴编写委员会主办

甘肃省交通史志年鉴编写委员会编辑部编

兰州大学出版社

图书在版编目(CIP)数据

甘肃交通年鉴. 2012 / 甘肃省交通史志年鉴编写委员会编辑部编. —兰州：兰州大学出版社，2012.10
ISBN 978-7-311-03982-0

I. ①甘… Ⅱ. ①甘… Ⅲ. ①交通运输业—甘肃省—2012—年鉴 Ⅳ. ①F512. 742-54

中国版本图书馆 CIP 数据核字(2012)第 245303 号

责任编辑 魏春玲 赵 方 熊 芳
封面设计 蔡富选

书　　名 甘肃交通年鉴 2012
作　　者 甘肃省交通史志年鉴编写委员会 主办
　　　　 甘肃省交通史志年鉴编写委员会编辑部 编
出版发行 兰州大学出版社 (地址:兰州市天水南路 222 号 730000)
电　　话 0931-8912613(总编办公室) 0931-8617156(营销中心)
　　　　 0931-8914298(读者服务部)
网　　址 http://www.onbook.com.cn
电子信箱 press@lzu.edu.cn
印　　刷 兰州德辉印刷有限责任公司
开　　本 880mm×1230mm 1/16
印　　张 34.5 (插页 26)
字　　数 1514 千
印　　数 1~1 600 册
版　　次 2012 年 10 月第 1 版
印　　次 2012 年 10 月第 1 次印刷
书　　号 ISBN 978-7-311-03982-0
定　　价 198.00 元

甘肃省交通史志年鉴编写委员会

《甘肃交通年鉴》(2012)

通 信 编 辑

凡　例

一、《甘肃交通年鉴》是以年为限、连续出版的大型资料工具书，资料翔实，内容丰富，涉及面广，图文并茂，具有“资治、教化、存史”的多重功能。

二、《甘肃交通年鉴》每本全面记录上年度交通发展情况，时间上限1月1日，下限12月31日；编纂出版前出台的法规、大型会议文献和表彰的先进集体、先进个人照录，专题性事件允许上溯下延。

三、《甘肃交通年鉴》共分10个栏目，栏目下设类目和子目；栏目比较固定，类目、子目随每年工作重点适度调整。文献、综述、专题、大事记、名录相辅相成，能满足多层次读者的需求。

四、《甘肃交通年鉴》涉及的单位领导记录到副厅级以上，事件中涉及的主要人物采取以事系人的办法，照实记录；先进单位、先进个人记录到厅级以上，省、部级先进有事迹简介；会议记录到厅级(含厅级单位组织的局、处级会议)以上。

五、《甘肃交通年鉴》采用国际通用的计算标准，但考虑到读者的需要，计量单位一般用汉字；数据万以上时用“万”表示，亿以上以亿为单位，小数点后保留2位数。

六、《甘肃交通年鉴》使用规范的现代汉语。条目文体采用记叙加说明，开门见山，直叙其事；文字简练，行文流畅，寓观点于史实。涉及的单位名称、技术术语、专用名词等以专业词典和有关文献为准，一般不用简称，非用不可的在第一次出现时用全称，以下用简称；词典、文献没有的从习惯称谓。

七、《甘肃交通年鉴》所用数据以省交通运输厅综合规划处提供的统计资料为准，各市、州反映的数据仅供参考。

八、《甘肃交通年鉴》2012年版全面客观公正地记录了2011年甘肃交通发展的新情况。本书根据全省交通工作情况对二、三级类目进行了适度调整，重点反映了高等级公路建设、农村公路建设和运输结构调整及发展等内容，突出重点，兼顾一般，融全行业发展情况于一书，查阅方便。

2012年9月

目 录

专 文

特 载

大事记

全省交通工作

·厅属驻地单位·

市县交通工作

·兰州市·

·白银市·

·定西市·

·庆阳市·

·嘉峪关市·

·甘肃矿区·

动态信息

·管理创新·

·公路工程·

等级公路建设

农村公路建设

养护管理

桥梁　隧道

勘察设计

路政管理

抢险救灾

安全生产

·公路运输·

运输管理

运输市场

运价调整

运输保障

运输安全

站场建设

春运、黄金周、旅游运输

·水路运输·

·机场建设与管理·

·通行费征收·

·科技·教育·文化·

科技

教育

文化

·企业发展经营·

·精神文明·

·交通战备·

·节能减排·

·人大建议·政协议案·

·组织人事工作·

·财务审计·

·群众来信来访工作·

·离退休人员管理工作·

先进单位(集体)先进个人

·名 录·

法规选编

统计资料

附 录

2011年4月，省道207线靖远黄河大桥通车暨靖远黄河大桥至吴家川二级公路开工仪式在靖远举行。中共甘肃省委书记、省人大常委会主任陆浩，省委副书记、省长刘伟平，副省长石军及白银市、省交通运输厅等相关单位负责人出席并剪彩。

白银市交通运输局　供

2011年3月1日，交通运输部、甘肃省人民政府贯彻落实国务院支持甘肃经济社会发展若干意见，加快推进交通运输发展会谈纪要签字仪式在兰州举行。交通运输部部长李盛霖、驻部纪检组长杨利民，省委书记、省人大常委会主任陆浩等省直有关部门领导出席签字仪式。

蔡富选　摄

2011年5月26日，中国民用航空局、甘肃省人民政府在兰州签署加快推进甘肃民航发展会谈纪要。民用航空局局长李家祥，省委副书记、省长刘伟平在协议上签字。省委书记、省人大常委会主任陆浩，副省长石军、省政府秘书长李沛文及国家民航局有关司局、民航西北地区管理局、省直有关部门领导出席签字仪式。

省机场投资管理有限公司　供

2011年2月28日，交通运输部部长李盛霖、驻部纪检组长杨利民，省委副书记、省长刘伟平，副省长石军等领导在省交通运输厅厅长杨咏中、副厅长王繁己等陪同下，在省高速公路交通调度指挥总中心检查工作。

徐 伟 摄

2011年6月1日，省委副书记、省长刘伟平在天水公路总段徐家店收费所检查指导工作。

王海鸿 摄

2011 年 8 月 22 日，省委副书记、省长刘伟平在省交通运输厅厅长杨咏中陪同下，在永古高速辅道屯安段维修工程考察建设进展情况。

武威公路总段 供

2011 年 8 月 22 日，省委副书记、省长刘伟平，副省长虞海燕，省政府秘书长李沛文一行在甘肃路桥建设集团承建的永古 5 标乌鞘岭隧道检查指导工作。

甘肃路桥建设集团有限公司 供

2011年8月29日，金川机场通航暨金阿铁路一期工程全线贯通举行庆典仪式。省委副书记、省长刘伟平，副省长虞海燕及相关部门领导出席并剪彩。

李秀卿　供

2011年12月2日，省委副书记、省长刘伟平在省交通运输厅厅长杨咏中陪同下，出席临夏至合作高速公路开工仪式。图为刘伟平省长在现场了解工程概况。

甘肃路桥投资公司　供

2011年5月17日，交通运输部党组成员、中纪委驻交通运输部纪检组长杨利民一行，在甘肃省交通运输厅副厅长阮文易陪同下，在定西公路总段木寨岭收费管理所检查指导工作。图为收费管理所负责人向杨组长一行汇报工作情况。

定西公路总段　供

2011年5月17日，交通运输部党组成员、中纪委驻交通运输部纪检组长杨利民一行在省道313线南峪滑坡改线段检查灾后公路建设情况。

后志良　摄

2011年1月21日，甘肃省副省长石军在省交通运输厅副厅长阮文易、兰州市副市长姚国庆等领导陪同下，在兰州汽车客运中心检查春运安全工作。

省道路运输管理局　供

2011年5月4日，全省高速公路服务区职工书屋启动仪式暨省级青年文明号、青年岗位能手颁奖典礼在兰临高速公路太石服务区举行。省人大常委会副主任、省总工会主席孙效东，省直工委常务副书记范志斌，团省委书记张旭晨和省交通运输厅领导杨咏中、石培荣、阮文易、艾玉德等出席。图为颁奖仪式结束后领导在太石服务区书屋检查指导工作。

兰文治　摄

2011年5月21日，省政协副主席李永军，省交通运输厅厅长杨咏中出席由省交通工会、甘肃路桥建设集团承办的“路桥杯”职工职业技能大赛开幕式。

甘肃路桥建设集团有限公司　供

2012年2月16日，全省交通运输工作会议在兰州召开。甘肃省副省长虞海燕，省人大、省政协、兰州军区及省交通运输厅有关领导出席会议。图为大会主席台就座领导。

副省长虞海燕在大会上作重要讲话。

省交通运输厅党组书记、厅长杨咏中在大会上作工作报告。

全省交通运输工作大会一角。

摄影：蔡富选

2011年4月，甘肃省副省长、省舟曲灾后恢复重建领导小组组长泽巴足和省长助理、省舟曲灾后恢复重建协调指导小组组长夏红民，在省交通运输厅副厅长阮文易陪同下，在甘肃路桥三公司承建的武都关大桥施工现场，督查舟曲灾后交通恢复重建项目进展情况。

柳锦琪　摄

2011年4月，甘肃省副省长泽巴足一行在甘肃路桥建设集团承建的舟曲交通灾后恢复重建项目检查指导工作。

甘肃路桥建设集团有限公司　供

2011年9月8日，尹家庄至中川机场高速公路茅茨互通立交工程正式开工建设。省委常委、兰州市委书记陆武成，兰州市委副书记、市长袁占亭，省交通运输厅领导杨咏中、杨映祥、艾玉德、王繁己等出席奠基仪式。

徐伟　摄

2011年3月17日,总后军交部交战局副局长任延兵(右二)在省交通运输厅副厅长杨映祥陪同下,检查我省交通战备情况。

省道路运输管理局　供

2011年2月18日,兰州军区军交运输部部长冯海兵在省交通运输厅厅长杨咏中、副厅长杨映祥等领导陪同下,督查我省交通战备应急工作。

省道路运输管理局　供

2011年1月6日,省长助理夏红民一行在甘肃路桥建设集团有限公司承建的舟峰1标慰问全体参建人员。

甘肃路桥建设集团有限公司　供

2011年5月4日，省直工委常务副书记范志斌、团省委书记张旭晨一行在省交通运输厅厅长杨咏中等陪同下，在兰临高速公路太石服务区参加义务植树活动。

兰文治　摄

2011年5月26日，省直机关工委组织部副部长李新在省高速公路管理局检查指导"创先争优"和"双培双建"活动情况。

徐　伟　摄

2011年5月28日，省政府办公厅秘书二处调研员徐志昉带领省政府重大建设项目督查组，在营双高速公路10标段项目办督查指导工作。

兰州公路总段　供

2011年6月27日，交通运输部安全生产督察组一行，在省高管局调研指导工作。

徐 伟 摄

2011年1月27日，省交通运输厅厅长杨咏中深入全省高速公路服务区慰问一线职工。图为杨咏中厅长在十八里铺服务区慰问职工。

兰文治 摄

2011年2月21日，省交通运输厅、民航西北地区管理局在兰州召开关于加快甘肃民航运输发展座谈会。省交通运输厅厅长杨咏中，副厅长王繁己，民航西北地区管理局局长王志清，民航甘肃监管局局长胡红斌，省机场投资管理有限公司总经理马晓军、党委书记戢一鸣出席会议。

省机场投资管理有限公司 供

2011 年 3 月 5 日，省妇联、省交通运输厅联合召开庆"三·八"暨"巾帼建功"表彰大会。省妇联领导韩克茵、管春梅，省交通运输厅领导杨咏中、杨映祥、艾玉德及有关部门领导出席会议。

兰文治　摄

2011 年 4 月 19 日，省交通运输厅厅长杨咏中在省道 207 线白银路段检查交通工程基础设施建设工作。

白银市交通运输局　供

2011 年 5 月，省交通运输厅厅长杨咏中在甘肃路桥建设集团有限公司承建的兰临高速新七道梁隧道慰问工程人员。

甘肃路桥建设集团有限公司　供

2011年6月8日，金昌机场顺利校飞。省交通运输厅厅长杨咏中出席校飞仪式并讲话。

省机场投资管理有限公司　供

2011年12月，省交通运输厅厅长杨咏中在临洮公路路政执法管理所慰问路政人员。

王万龙　摄

2011年8月7日，省交通运输厅厅长杨咏中在甘南向中央检查组汇报舟曲交通灾后恢复重建工程进展情况。

后志良　摄

2011 年 8 月 8 日，省交通运输厅厅长杨咏中在省道 313 线舟曲段检查灾后公路交通恢复重建工程进展情况。

后志良　摄

2011 年 8 月 29 日，省交通运输厅厅长杨咏中，副厅长杨映祥，张掖市委副书记、市长栾克军，副市长康清一行在张掖临时路政支队慰问路政执法人员。

张掖临时路政支队　供

2011 年 9 月 30 日，省交通运输厅厅长杨咏中在兰州汽车客运站，检查国庆期间车辆营运的道路运输安全工作情况。

省道路运输管理局　供

2011年12月7日，省道211线武威至仙米寺二级公路(甘肃段)建成通车。省交通运输厅厅长杨咏中，武威市委书记火荣贵等出席通车典礼并剪彩。

武威公路总段　供

2011年11月16日，省交通运输厅厅长杨咏中一行在G30线谢河中桥加固维修现场检查指导工作。

武威公路总段　供

2011年10月12日，省交通运输厅副厅长石培荣在折达公路检查工程建设情况。

临夏公路总段　供

2011年1月7日，省交通运输厅副厅长杨映祥在定西公路总段安定公路管理段南川养管站参观文化建设工作情况。

喻建平　摄

2011年1月7日，省交通运输厅副厅长阮文易和武威市副市长陈德兴在武威公路总段检查工作。

武威公路总段　供

2011年1月19日，全省道路运输春运安全服务竞赛暨兰州至天水高速客运专线开通仪式在兰州客运中心站举行。省交通运输厅副厅长阮文易、兰州市副市长姚国庆出席开通仪式。

省道路运输管理局　供

2011年1月29日,省交通运输厅副厅长阮文易在兰州客运中心站检查春运安全工作。

省道路运输管理局 供

2011年3月26日,全省交通工程建设项目派驻纪检检查组述职暨工程廉政试点项目观摩经验推广会在天水市召开。图为省交通运输厅纪检组长艾玉德、副厅长赵彦龙等在天水过境段项目办观摩指导。

兰文治 摄

2011年6月29日,省交通运输厅纪检组长艾玉德率厅直机关党委、省交通工会等相关负责人在省交通服务公司参观由省交通服务公司工会、团委举办的"纪念建党90周年"职工摄影、书画、手工作品展。

康轶璐 摄

2011 年 12 月 8 日至 9 日，省交通运输厅纪检组长艾玉德带领党风廉政建设检查组在白银公路总段考核 2011 年度党风廉政建设工作。

白银公路总段　供

2011 年 6 月 1 日，省交通运输厅副厅长王繁己在省运管局督查交通战备建设工作情况。

省道路运输管理局　供

2011 年 8 月 4 日，省交通运输厅副厅长王繁己带领厅相关处(室)负责人，在白银公路总段高等级养护管理中心白银养护工区检查指导工作。

白银公路总段　供

2011年10月19日，省交通运输厅副厅长王繁己和庆阳市委常委、副市长付振伟在国道211线甜水堡至罗儿沟高速公路调研交通勘察设计工作。

李世雄　摄

2011年6月18日，省交通运输厅副厅长赵彦龙在敦煌"6·16"特大水毁抢险现场，慰问奋战2个昼夜的酒泉公路管理段职工并指导抢险救灾工作。

李皓林　摄

2011年8月10日至11日，省交通运输厅副厅长赵彦龙在国道213线临合路、合郎路，省道312线王达路及部分县乡道路检查指导公路养护工作。

后志良　摄

2011年11月3日，全省公路桥梁预应力施工质量专项治理活动总结会在雷家角（陕甘界）至西峰高速公路建设管理处召开，省交通运输厅副厅长赵彦龙出席并讲话。图为大会会场。

省交通质监站　供

2011年1月10日，和政公路管理段职工在省道309X线康临公路南阳山路段撒砂防滑。

临夏公路总段　供

2011年1月27日，临夏公路总段春运安全保畅防滑突击队在康临高速公路南阳山隧道口处撒砂防滑。

临夏公路总段　供

2011 年 2 月，武威地区大面积降雪，给春运和交通安全带来较大影响。为积极应对冰雪天气，武威公路总段采取人工配合机械等方法，力保交通干线及高速公路安全畅通。

武威公路总段　供

2011 年 3 月 21 日，定西境内普降大雪，定西公路总段通渭公路管理站的养护人员及时在天巉路马营梁路段撒砂防滑保畅通。

喻建平　摄

2011 年 3 月 24 日，天水公路总段职工在国道 310 线牛北路实施养护维修工程。

王海鸿　摄

2011 年 3 月，省道 311 线内临公路改建工程堡子梁隧道开工掘进建设。图为施工场景。

喻建平　摄

2011 年 4 月 11 日，兰州公路总段在巉柳公路实施应力吸收层施工。

兰州公路总段　供

2011 年 4 月 22 日，积石山公路管理段职工在省道 310 线进行油路修补。

临夏公路总段　供

2011年4月，定西公路路政执法管理处的路政执法人员在辖区公路沿线查处涉路违法案件。

王万龙　摄

2011年4月，酒泉公路总段先后组织职工开展“三化三比”和“大干50天”劳动竞赛，以此激发职工工作热情，提升养护质量。图为玉门公路管理段劳动竞赛现场。

李皓林　摄

2011年5月7日，天水公路总段高等级公路养护管理中心职工在G310线天巉路精心实施养护维修工程。

王海鸿　摄

2011 年 5 月 9 日，临夏公路总段召开油路修补现场会，推广公路养护先进经验。图为临夏公路管理段职工在省道 309 线修补油路的情景。

临夏公路总段　供

2011 年 5 月 18 日，临夏公路管理段职工在省道 309 线康临公路进行油路铣刨作业。

临夏公路总段　供

2011 年 5 月，嘉峪关公路总段职工在嘉安高速公路上修补路面。

嘉峪关公路总段　供

2011年5月，临夏公路总段组织职工在省道310线铺筑油路。

临夏公路总段　供

2011年5月，庆阳公路总段举办公路养护机械操作与维护培训班。图为学员在使用小型压路机进行操作示范。

李世雄　摄

2011年5月，庆阳公路总段在国道211线实施养护维修工程。图为施工场面。

李世雄　摄

2011 年 6 月，兰州公路总段利用沥青路面热再生机组在柳忠路段开展养护维修作业。

兰州公路总段　供

2011 年 7 月上旬，兰州公路总段红古公路段与红古区政府携手共建国道 109 线河口至海石湾段海石大道文明示范路。

兰州公路总段　供

2011 年 8 月 5 日，兰州公路总段职工在巉柳高速路进行旋喷桩施工。

兰州公路总段　供

2011 年 8 月 29 日，武威过境高速公路养护维修工程甘肃省“SBS 改性乳化沥青微表处罩面”试验段，在武威过境高速公路养护维修工程中首次试铺成功，达到预期的路试效果。

武威公路总段　供

2011 年 8 月，省道 213 线张掖市至肃南县城公路工程建设施工场景。

袁得杰　摄

2011 年 8 月，武威公路总段省道 211 线武仙项目办自主革新，应用碎石撒布设备，打破以往人工撒布工艺，有效提高了主骨料撒布速度及均匀程度。

武威公路总段　供

2011年9月22日，武威公路总段结合乌鞘岭地区阴寒湿冷的地质气候条件，在界古公路养护维修工程中首次采用大粒径透水性路面罩面技术，效果明显。

武威公路总段　供

2011年9月，武威公路总段在省道211线武威至仙米寺二级公路改建工程中进行路基、路面铺筑。

武威公路总段　供

2011年10月，金大快速通道武威城区路段进入铺油罩面阶段。

武威市交通运输局　供

2011 年 12 月 12 日，张掖公路分局职工在省道 213 线举行冬季路面病害处治技能竞赛，以提高职工养护技能水平。图为油路修补竞赛作业现场。

王维学　摄

2011 年 12 月，张掖公路分局东双公路收费所职工铲冰除雪，保障收费公路安全畅通。

赵志毅　摄

2011 年 12 月，张掖公路分局山丹公路管理段组织职工打冰除雪、撒防滑料，保障公路安全畅通。

任国义　摄

2011 年，定西公路总段职工在省道 311 线内临二级公路改建工程建设一线紧张施工。

喻建平　摄

2011 年，武威公路总段认真实施省道 211 线武威至仙米寺二级公路改建工程。图为正在进行路基路面铺筑工程。

武威公路总段　供

2011 年，由定西公路总段承建的省道 311 线内官营至临洮二级公路改建工程正在进行路基碾压施工。

付　顺　摄

2011年，在实施“国检”甘肃第一站的国道215线养护维修工程中，酒泉公路总段调集养护人员500余人，机械设备100余台(辆)参与会战，采取24小时连续作业，用8天时间完成51公里养护维修工程任务。图为养护职工在夜间施工场景。

李皓林　摄

2011年，张掖公路分局以迎接“国检”为契机，大力实施公路养护维修工程，不断提高公路工程质量和通行服务水平。图为公路养护维修工程实施场景。

赵小强　摄

2011年6月20日，武威市交通运输局干部职工在金大快速通道金沙乡至中坝镇路段参加路基工程建设。

严伟才　摄

2011 年初，定西公路总段高等级公路养护中心在天定高速路段除雪保畅通。

付 顺 摄

2011 年 1 月 27 日，天水公路总段高等级公路养护管理中心职工在 G30 线宝天高速天水过境段除雪防滑保畅通。

王海鸿 摄

2011 年 8 月 9 日，省道 306 线发生泥石流，严重路段深度达 2.2 米，过往车辆通行受阻。岷县公路段立即组织职工进行抢险保通。

黄 艳 摄

2011年8月15日，甘南合作市、迭部县等地突降暴雨，引发山洪和泥石流，导致国道213线临夏至合作公路等3条公路多处路段被毁，交通完全中断。甘南公路总段启动灾害应急方案,组织全段干部职工和施工机械上线路抢险保通。

后志良　摄

2011年5月,庆阳公路总段投资180万元实施子午岭隧道加固改造工程。图为子午岭隧道加固改造工程现场。

李世雄　摄

2011年10月25日，天水公路总段组织职工在G30线宝天高速公路隧道内进行清洗养护工作。

王海鸿　摄

2011 年 6 月 13 日，积石山公路管理段职工在省道 310 线进行铺筑“彩色路肩”。

临夏公路总段　供

2011 年 11 月，由甘肃五环公司承建的敦煌至当金山二级公路 4 合同段通过交工验收。

兰州公路总段　供

2011 年 8 月 5 日，兰州公路总段职工参加交通战备训练基地建设甘肃省试点现场演示活动。

兰州公路总段　供

2011年3月3日，定西公路总段路政执法大队开展路政政策咨询宣传活动，向过往群众散发《公路法》等政策法规宣传单。

付 顺 摄

2011年3月20日至6月30日，兰州市开展为期100天的道路客运市场专项整治活动。图为运政执法人员上路整顿客运市场。

郝俊奎 摄

2011年3月，平凉临时路政支队与交警联合在所辖路域治理超限超载车辆。

平凉临时路政支队 供

2011年3月，庆阳公路总段公路路政执法人员上线路依法查验车辆。

李文玉 摄

2011年8月，平凉临时路政支队路政执法人员在上路进行执法的同时，向车辆驾乘人员进行《公路法》法规宣传。

平凉临时路政支队 供

2011年9月，柳园路段因一度“油荒”造成堵车，酒泉公路路政执法人员在上路疏通交通之际为受困司机及时送去食品。

魏邦嗣 摄

2011 年 10 月 4 日，平凉临时路政支队执法人员在甘宁交界宁夏蒿店收费所路段，配合相关交通部门积极疏导交通拥堵状况。

平凉临时路政支队　供

2011 年 5 月，定西公路总段十八里铺超限站执法工作人员对超限车辆进行检测。

罗军武　摄

2011 年 6 月 11 日，白银市运管处运政稽查人员在国道 109 线白银过境段检查营运车辆。

白银市运管处　供

2011 年 11 月，平凉临时路政支队路政人员在所辖路域对受到损坏的路网进行修补。

平凉临时路政支队　供

2011 年 5 月 17 日，张掖临时路政支队协同九龙江高速路政大队执法人员，在国道 G30 线 2192 公里加 600 米处公路右侧建筑控制区内依法拆除违法建筑。

张掖临时路政支队　供

2011 年 9 月 20 日，岷县交通运输局组织路政、运政执法人员在岷(阳)秦(许)公路整治清理公路“三堆”。

刘　毅　摄

2011年12月,平凉临时路政支队执法人员与平凉交警联合在高速公路入口处劝返超限超载车辆。

平凉临时路政支队　供

2011年4月7日，平凉临时路政支队行政执法人员在所辖路域对占道经营、摆摊设点等影响公路畅通的问题进行移动治理。

平凉临时路政支队　供

2011年12月,金昌市交通运输系统举行“12·4”全国法制宣传日系列活动。图为路政执法人员在金昌市人民广场宣传交通法律法规。

李秀卿　供

2011 年 3 月，正宁公路管理段路政执法大队开展路政政策“咨询日”活动，为过往群众散发《公路法》等政策法规宣传单 5000 余份，接待咨询群众 30 余人。图为路政执法人员向群众散发宣传单。

史轶平　摄

2011 年 3 月，金城号游船在执行黄河两岸的摆渡任务。

王承斌　摄

2011 年 5 月 19 日，临夏回族自治州地方海事局海巡 0310 海事监督艇在黄河刘家峡水库成功下水。

王承斌　摄

2011 年 12 月 22 日，庆阳革命老区第一条高速公路西长凤高速公路正式通车。图为西长凤高速公路一段。

李世雄　摄

2011 年 4 月，酒泉公路总段在生产一线成立“党员先锋队”和“青年突击队”，充分发挥党员的模范带头作用和团员青年的先锋作用，全力保障境内道路安全畅通。图为总段党委成员在 G30 嘉安高速公路维修工程现场为“党员先锋队”授旗。

李皓林　摄

2011 年 1 月，张掖临时路政支队开展以“学法律、学业务、提素质”为主的学习培训活动，不断提高路政执法人员的综合素质。

张掖临时路政支队　供

2011年8月6日，兰州海事局海巡执法人员在黄河兰州段为兰州MBA黄河漂流赛事进行现场监管。

省水运局　供

2011年8月31日，甘肃省船舶检验处工程技术人员对酒钢号游船进行质量检验。

王承斌　摄

2011年7月，甘肃交通战备水运保障中队进行严格的军事化训练。

王承斌　摄

2012 年 4 月 19 日,全省交通史志年鉴工作会议在兰州召开。省交通运输厅副厅长杨映祥出席会议并讲话。

全省交通史志年鉴工作会议一角。

省交通运输厅副厅长杨映祥在大会上作重要讲话。

省交通史志年鉴编写委员会编辑部副主任刘波在大会上作工作报告。

全省交通史志年鉴工作会议结束时,省交通运输厅杨映祥副厅长与参会代表合影留念。

摄影:蔡富选

专 文

2011 年 6 月，省交通服务公司组织员工在兰海高速公路沿线大红山、胡哇山、青土岘等隧道进行美化工程，以靓装喜迎第十届环青海湖国际公路自行车赛首次驶入陇原。

兰文治 摄

加快交通基础设施建设 完成年度建设目标任务

——副省长虞海燕在全省交通运输工作会议上的讲话(摘录)

(2012年2月16日)

2011年,是我省经济社会各项事业进一步加快发展的一年,也是交通基础设施建设迅速发展的一年。一年来,全省交通运输系统较好完成了年初确定的目标任务,为保证全省经济社会跨越发展起好步做出了重要贡献。主要有以下几个工作亮点:一是交通固定资产投资稳步增长。全省交通运输固定资产投资完成274亿元,增长22%。二是重点项目建设进展顺利。全省新增高速公路通车里程352公里,高速公路通车里程达到2 400公里。临夏至合作、十堰至天水高速和沿黄一级开工建设,金昌机场和张掖机场建成通航。三是公路养护管理成效明显。在全国干线公路养护管理工作检查考核中,我省排名西部第三,被交通运输部评为"全国干线公路养护管理工作进步单位"。四是融资状况明显改善。省政府成立了公路航空旅游投资集团公司,重点为全省交通基础设施建设提供融资服务,经过努力,公司融资能力明显增强,全年完成融资220亿元。五是专项整治扎实有效。通过开展道路客运市场百日专项整治活动和危货运输市场专项整治活动,全省运输市场秩序持续好转。

2012年,是实施"十二五"规划承上启下的关键一年,做好2012年的交通运输工作,对于推动经济转型跨越发展、社会和谐稳定发展、民族共同繁荣发展,具有非常重要的意义。省委、省政府对交通运输工作高度重视,王三运书记一上任,就特别强调交通运输工作,要求抓好基础设施建设,特别是要在全省尽快形成内通外畅、四通八达的综合快速交通网。刘伟平省长多次听取交通工作汇报,深入市州调研公路建设情况,提出明确工作要求。希望大家充分认识自己肩负的重任,真正把思想和行动统一到省委、省政府的决策部署上来,把智慧和力量凝聚到推进各项工作上来,振奋精神,精心谋划,狠抓落实,努力开创交通运输工作新局面。

一、扎实推进交通项目建设,确保完成今年的建设目标

加快推进交通基础设施项目建设,保质保量完成省政府确定的建设目标,是全省交通系统第一位的工作任务。省政府明确提出,今年全省要确保新增高速公路通车里程200公里以上,开工建设高速公路400公里以上,建成14条二级公路,新增通车里程800公里,建成通乡油路500公里,完成农村公路通畅工程和国有林场公路改造工程3 000公里,建设3 000公里建制村通沥青(水泥)路。这些建设目标,是省政府确定的硬性指标,必须统筹安排,精心组织,集中力量,扎实推进,确保完成。

一是加快重点项目建设步伐。要紧紧围绕既定建设目标,根据各类公路项目进展不同情况,分别采取针对性措施,切实加快建设进度。对正在建设的项目,要整合资金、设备和施工队伍,确保尽早开工、尽快竣工。临夏至合作、十堰至天水、兰州至永靖沿黄快速通道项目,去年年底已经举行开工仪式,要尽快完成征地拆迁等工作,争取4月底前进行施工;雷家角至西峰、成县至武都等高速公路和夏河机场、中川机场二期扩建工程等项目,要抓紧做好工作计划调度和各项施工准备,争取3月底前复工;柳园至星星峡、营盘水至双塔、武都至罐子沟等年内拟建成通车项目,要倒排工期,抓紧施工,确保如期建成。对正在申报的项目,要积极主动汇报,争取早日批复。机会属于有准备的人,只有早准备、早衔接,组织专人盯上靠上,才会争取到更多项目。去年我省交通项目申报工作抓得不够紧,5条公路只开工了3条。今年从年初开始就要抓紧抓好。凡属国家部委审批的,要组织专人,盯上靠上抓落实;凡属省上审批立项的项目,要主动沟通协调,争取尽早批复。今年上半年,要争取临洮至渭源、兰州南绕城等项目完成审批,8月份开工;9月底之前,要确保计划开工的其他公路项目和陇南机场完成审批并开工建设。在推进项目建设过程中,特别要高度重视建设质量问题。去年天定高速部分路段发生的工程质量问题,给我省造成了很坏的影响。省交通运输厅要在总结经验、教训的基础上,积极学习借鉴其他省市的做法,抓紧修改完善公路项目建设相关制度和办法,进一步强化建设项目全过程监督管理,确保不发生大的质量问题 。

二是落实交通运输发展规划。2011 年 12 月 29 日,省政府已经批复实施《甘肃省交通运输发展 "十二五"规划》。这个规划对全省综合运输、水陆交通、民航建设、城市公交等发展目标、重点项目、工作步骤和保障措施等,进行了全面谋划。随着时间的推移和情况的变化,新的需求会不断出现,要根据新形势、新要求,对规划适时进行调整和完善。下一步,关键是要抓好落实,确保将发展目标落实到具体项目上,确保项目按计划、有步骤顺利实施。一方面,要主动加强与国家发改委、交通运输部的规划衔接,争取把我省更多的交通运输项目列入国家发展规划,获得国家更多的资金支持。对已经列入国家发展规划的项目,要按照规定程序要求,扎实做好各项前期工作,尽早上报,争取尽快批复、尽快开工。另一方面,要抢抓国家政策调整机遇,紧盯国家投资方向变化,提前谋划一批储备项目,做好各项项目准备,及时汇总上报。同时,要对各市州提出的一些新的交通运输建设项目,及时进行评估论证,符合条件的要充实到规划当中,使我省的规划更趋完善,更加符合实际。

三是强化项目建设融资保障。当前,资金短缺仍然是制约我省交通运输项目建设的主要因素。由于我省财政比较困难,国家宏观调控政策变化不大,所有的公路项目建设都要靠交通系统自己想办法筹措资金。要完成省政府确定的今年交通运输固定资产投资完成 357 亿元、增长 30%的目标,必须要在扩大融资上下大工夫。交通部门要充分利用我省公路负债率比较低的有利条件,把握好国家政策可能有所松动的有利时机,全力做好融资工作。省公路航空旅游投资集团公司作为省政府的融资平台,要创新工作机制,拓宽融资渠道,强化融资功能,在发行企业债券、中期票据等方面取得新的突破,确保今年完成的 260 亿元的融资目标。省交通运输厅要认真研究国家有关支持政策, 加大向上衔接争取力度,确保中央补助资金稳步增长。同时,要加强与国家开发银行等金融机构的沟通洽谈,积极协调落实已经承诺的贷款,保证交通建设资金及时、足额到位。

二、全面强化运营管理,不断增强运输服务保障能力

交通基础设施是经济社会发展的基础和保障。随着我省交通基础设施建设步伐加快,公路通车里程快速增加,民航支线机场逐步增多,如何把这些资源利用好、管理好,充分发挥服务和保障作用,是我们始终必须研究解决好的一个重要课题。多年来,全省交通运输系统在加强运营管理、提高服务保障水平等方面,采取了一系列政策措施,做了大量工作,取得了明显成绩,但也有一些工作需要进一步强化。今年要突出抓紧抓好三项工作:

一是切实提高运输总量。为确保今年全省生产总值增长 13.5%以上,省政府对一、二、三产业增长目标进行了分解,其中要求公路运输总周转量增长 37%,航空运输总周转量增长 11%。要实现这个目标,还有一定难度。省交通运输厅要研究制定详细的工作方案,把目标、责任、措施落实到有关领导和处室身上,确保圆满完成。 为促进我省航空事业发展,去年省政府拿出 3 000 万元对有关航线进行了补贴,嘉峪关等市也拿出了不少补贴资金。今年省财政补贴资金可能增加到 7 000 万元,其中 5 000 万元用于国内航线补贴,2 000 万元用于国际航线补贴;国家民航局也会在去年 4 000 万元补贴基础上有所增加。省交通运输厅要会同甘肃机场投资公司、甘肃机场集团,针对我省与 6 个省会城市不通航、省内支线机场运力不足的实际,尽快修改完善航线补贴办法,管好用好这些资金,同时督促各支线机场所在地政府拿出部分资金,加大补贴力度,确保兰州与 5 个省会城市年内通航,并增加国际航线,着力拓宽对外开放的空中通道,有效提升全省航空运输总量。

二是着力强化运输安全。多年来,我省道路交通事故一直呈现频发多发势头,成为全省安全生产的重点和难点。去年,全省发生道路交通事故 3 027 起、死亡 1 505 人,分别占到全省的 73.8%和 86.6%。尽管道路交通安全监管责任部门是省公安厅,但交通运输部门在减少事故发生方面,也有部分管理职能,应当切实做好属于自己的工作。省交通运输厅要按照国务院安委会《道路交通安全"十二五"规划》和责任分工要求,切实履行好属于本系统的安全生产工作职责。一要严格落实交通运输企业安全生产主体责任。建立健全并严格落实运输企业内部安全管理制度,切实加强驾驶人员安全教育和培训。不断加大安全监管投入,强制推动在长途客运、校车、危险化学品等重点营运车辆,安装适用具有行驶记录功能的卫星定位装置,并实行动态实时监管。二要切实提升客货运输车辆运行安全性。进一步完善车辆安全标准体系,提高营运车辆准入门槛,严厉打击非法拼装机动车上路行驶等违法行为。三要进一步改善道路通行条件。建立健全新建、改建、扩建工程交通安全影响评价制度,认真开展道路通车前安全性评价、道路开通安全验收工作,确保道路交通管理设施、安全设施与道路同步设计、同步施工、同步验收,整体提高道路安全水平。特别要加强高速公路和事故多发路段安全隐患排查整治工作,坚决防止逆向行驶,严厉打击超重、超载、超速行为,确保道路安全畅通。

三是有效解决公路堵车问题。从根本上解决我省部分路段堵车问题,关键是要进一步加强路网建设。目前,我省路网还不够完善,特别是与周边省市之间还存在一些"断头路",加之一些收费站设计不尽合理,部分路段经常出现严重堵车现象。对此,省交通运输厅要认真研究,尽快加以解决。一要主动加强与交通运输部和有关省市交通运输部门的汇报衔接,彻底解决"断头路"问题,确保高速路网无缝连接。二要改善收费站通行条件,增加通行车道,推行电子收费,确保快速通过,减少拥堵现象。三要建立高速公路通车情况预警制度,及时公布路况信息,提前告知相关收费站点采取车辆分流措施,有效解决高速公路长距离、大范围堵车问题。

三、建立健全三大体系,整体提升交通运输管理水平

一是建立健全项目建设管理体系。要针对我省交通运输项目建设中存在的问题,修改完善已经不适应、不符合新要求的管理制度和办法。重点要在做好前期工作的基础上,着力加强三个关键环节的管理：一是责任要落实，确保项目管理各单位权力与责任对等，充分调动大家工作的主动性和积极性。二是监督要到位，确保问题及时发现、及时纠正，提高建设质量。三是信息要透明，确保及时掌握工程进展情况。

二是建立健全公路运营管理体系。要根据高速公路、一级公路、二级公路和农村公路不同情况，研究采取不同形式的运营管理办法，切实提高建成公路的营运管理水平，充分发挥公路的效益和作用。请省交通厅深入研究一下，尽快提出一个可行的意见，4月底之前报省政府研究审定。

三是建立健全交通应急保障体系。要认真总结去年举行的军地联合水上搜救演练和两个试点建设经验，建立健全“上下联动、职责明确、反应快捷、信息畅通、保障有力”应急联动协调机制，完善指挥调度系统，加强应急队伍演练，加快物资储备体系建设，切实提高应急指挥能力、快速反应能力和物资保障能力，尽快建成全方位覆盖、全天候监控、快速反应的应急保障体系，确保一旦发生突发自然灾害和特殊事件，能够用得着、冲得上、靠得住。

四、积极加强队伍建设，全面提高干部队伍素质

当前，我省交通运输业已进入关键的发展时期，交通运输系统必须积极适应新形势的发展需要，进一步加强干部队伍建设，全面提高整体素质。重点要提高“三个能力”。一是提高基本业务能力。要紧紧围绕建设学习型、服务型和效率型机关，深入开展“创先争优”活动，进一步转变工作作风，提高工作效率，改善服务水平。要广泛开展学习教育和业务培训，加强多岗位锻炼，注重高层次人才引进，努力打造一支业务精通、素质优良的干部队伍。二是提高行政管理能力。要立足建设法治交通，加强立法工作，加快《甘肃省农村公路条例》、《甘肃省出租车管理条例》等法律法规的立法进程，把经过实践检验、行之有效的管理方法尽快上升为法规，做到各项工作有法可依、有章可循，形成一套有利于促进干部会干事、能干事、干好事的管理制度和办法。要强化执法队伍建设，坚决惩处知法犯法行为，不断提升交通行政执法水平，努力实现严格、规范、公正、文明执法。三是提高廉洁自律能力。交通系统是一个高风险行业。干部廉洁自律是一个很重要的能力，应该着力强化。这几年，全省交通运输系统的廉政建设总体是好的，但也存在极少数违法违纪现象，必须引起高度重视。要严格落实廉政建设工作责任制，努力形成主要领导主抓、分管领导配合、纪检监察部门监督的廉政建设工作格局。要强化廉政教育培训，让广大干部牢记廉洁从政各项规定，自觉提高抵御和防止腐败的能力，做到警钟长鸣。要有针对性地完善相关制度，努力用制度管人、管事，规范和约束干部从政行为，加强对重点环节和重点部位的监督，确保不出问题。

科学发展 锐意进取
推动甘肃交通运输业转型跨越

——省交通运输厅党组书记、厅长杨咏中
在全省交通运输工作会议上的讲话(摘要)

(2012年2月16日)

一、2011年交通运输工作回顾

2011年，全省交通运输系统紧紧围绕“十二五”交通运输发展规划和2011年重点任务，创新思路，扎实工作，全年交通运输工作保持了平稳较快发展的良好局面。2011年，全社会交通固定资产共完成投资274.83亿元，同比增长21.6%，占全省总投资4 200亿元的6.54%，其中，重点项目、路网结构改造及农村公路、公路站场及港口码头、民航机场建设投资分别完成204.2亿元、51.13亿元、15.09亿元、4.41亿元。全年完成公路水路客运量5.84亿人次、旅客周转量265.28亿人公里、货运量2.88亿吨、货物周转量647.41亿吨公里，同比分别增长13.5%、20.4%、19.7%和23.5%，在综合运输体系中约为95.8%、44.6%、84.3%和36.1%。全省实现道路运输产值380亿元，增加值178亿元，同比分别增长了15%和12%，

杨咏中

新增社会就业岗位2.5万个。截止2011年底,全省公路总里程达到123 696公里，二级以上公路8 369公里，农村公路107 517公里，公路密度达到27.2公里/百平方公里。全省97%的乡镇和43%的建制村通了油路,100%的建制村通了公路,乡镇客运站达到1 185个,行政村汽车停靠站达到7 960个,覆盖全省96%的乡镇和48%的行政村。全省通航运营的民用机场达到7个,营业性车辆19.4万辆,营业性机动运输船舶512艘。

(一)交通运输在贯彻落实区域发展战略上成效明显。

围绕省委区域发展战略的安排部署,结合交通运输工作实际,集全行业之力,研究制定了包括综合运输、公路水路交通、民航、城市公交等内容的《甘肃省交通运输“十二五”发展规划》,并经省政府批复实施。认真贯彻《国务院办公厅关于进一步支持甘肃经济社会发展的若干意见》，并进行目标细化和责任落实,促成交通运输部与省政府签署了加快推进交通运输发展会谈纪要,得到了交通运输部在项目、资金、技术等方面的大力支持。结合《关中—天水经济区规划》的实施，与交通运输部规划研究院、陕西省交通运输厅共同启动了《关中—天水经济区综合运输体系发展规划》的编制工作。通过省地联建、资金补贴、技术帮助等多种方式,积极支持兰州新区茅茨立交、武威金大快速通道、酒嘉城际一级公路、瓜星高速公路辅道、酒泉、嘉峪关城市出入口扩建工程等项目建设,为地方政府深入实施区域发展战略提供了重要的交通运输支撑。

(二)交通运输基础设施建设稳步推进。

高速公路建设取得新成绩。天水过境段、西长凤、徐家磨至乌鞘岭、瓜州至柳园高速公路建成通车,连霍国道主干线在我省境内基本实现了全线高速化,全省高速公路通车里程达到2 408公里,新增350公里。徽县至天水、临夏至合作高速公路、兰州至永靖沿黄快速通道开工建设。雷家角至西峰、武都至罐子沟、营盘水至双塔、成县至武都、金昌至武威高速公路进展顺利。临洮至渭源、兰州南绕城、白疙瘩至明水等高速公路项目前期工作有序推进。全省建成和在建的高速公路达到3 280公里。

民航机场建设实现重大突破。金昌、张掖机场建成通航，占全国当年新增机场数的40%。庆阳机场飞行区工程基本完成,已具备复航条件。夏河机场、兰州中川机场二期扩建工程正在进行基础施工。陇南、敦煌(扩建)、天水(迁建)及平凉等机场项目前期工作取得积极进展。

公路水路站场建设进度加快。武威道路运输应急保障中心、甘南道路运输应急救援指挥中心2个项目建成运营,酒泉公路客运站等9个项目进展顺利，张掖客运中心站等28个项目前期工作取得显著进展。建成150个乡镇汽车站和400个行政村停靠站。黄河白银四龙至龙湾段航运二期工程和刘家峡港区航运设施工程开工建设,陇南市地方海事局信息化综合楼投入使用,完成老旧渡船更新改造15艘、索渡船塔架改造14个,建成候船亭27处。

灾后恢复重建工程进展顺利。舟曲县城至峰迭新区省道313线连接线工程形象进度良好,舟曲客运站、货运站、公路管理段、路政大队办公楼等5个项目的主体工程基本完工，舟曲县、乡、村道的灾后重建总体进展顺利。陇南暴洪灾后公路恢复重建工程全面结束,国道316线等受损路段完成改造维修任务,累计投资4亿元。国防交通基础设施建设进一步加快，天水北道至凤台山等7条96公里国边防公路开工建设。全面接养了酒泉至航天城公路82.5公里。

二级公路建设有序推进。临洮至康乐至和政、庆阳至镇原县城、肃北至阿克塞二级公路开工建设。敦煌至当金山口、静宁至庄浪、武威至仙米寺二级公路建成通车,全省建成二级公路265公里,68个县城实现了通二级及以上公路。折桥至达川、岷县至合作、迭部至宕昌等县通二级公路和经济干线工程建设进展顺利。

农村公路建设成绩显著。充分发挥地方政府在农村公路建设中的主体作用,着力推进通乡油路、通畅工程建设,加大渡改桥、安保工程等专项工程的实施力度。2011年全省完成农村公路投资23.45亿元,新建改建农村公路1 267项5 563公里。

(三)交通运输综合服务水平进一步提高。

加强重点时段、重要物资和重大节庆活动的运输保障。完成了春运、“十一”黄金周等节假日和第十七届“兰洽会”、“敦煌行·丝绸之路国际旅游节”等重大活动期间的运输保障工作。强化运输组织协调和运力调配，保证了煤、粮、油、矿的正常运输。以金昌机场、张掖机场的顺利通航为契机，通过临时委托经营的方式,新开辟了金昌至兰州至西安和张掖至兰州至西安等多条航线。2011年,全省机场旅客吞吐量429.32万人次,货邮吞吐量3.28万吨,同比分别增长7.91%和5.4%。加强各种运输方式的有效衔接,积极与铁路、邮政、管道等部门进行沟通协调,“运邮合作”、公铁联运试点工作取得了新的进展。在农村客运方面,各地合理配置线路资源,通过政策引导和财政补贴等办法,鼓励开辟边远农(牧)乡村客运班线和季节性客运班线,支持城市公交向周边农村延伸覆盖,保证了农民群众出行方便快捷、乘车经济安全。

高等级公路运营服务水平不断提高。严格执行收费公路政策,积极开展劳动竞赛和礼仪培训,着力提高收费人员的业务技能与文明服务水平。大力整治收费广场秩序、加强计重收费管理、深入开展打击偷逃费活动,认真执行“绿色通道”政策,努力降低鲜活农产品流通成本,全年共减免通行费4.67亿元,占全年通行费征收总额47.71亿元的9.8%。深入开展“人文高速”创建活动,投入资金4.56亿元,对路网智能监控、电子缴费、隧道安保、应急保障、管理设施、服务区进行了全面的改造升级,交通热线、短信平台、公路沿线信息发布设施的服务功能进一步完善。

(四)路网改造和公路管理养护工作进一步加强。

围绕全国公路养护管理大检查,全面加强和改进公路养护管理工作。一是加大养护维修工程投入。全年共计投入资金6.17亿元，在高等级公路上实施养护维修工程651公里(单幅),在普通干线公路上实施养护维修工程862.8公里,对车辙、坑槽、沉陷等病害进行了全面处治,路面平整度明显提高、破损率明显下降,路况条件明显改善。二是积极实施路网结构改造工程。投入资金7 450万元,加固改造危旧桥91座,在10条国省干线公路上处治安全隐患1 468.6公里,积极实施灾害防治工程,对6条隧道、48座涵洞进行了维修,路网整体安全保障能力和服务水平进一步提升。三是加强公路预防性养护。根据路面结构，积极采用微表处、薄层罩面等技术，着力提高公路全寿命周期，为社会提供了良好的公路交通条件。在全国干线公路养护管理检查中，我省普通干线公路养护管理取得第15名的好成绩，被交通运输部评为"'十一五'全国干线公路养护管理工作进步单位"。四是农村公路养护管理进一步加强。各地积极落实农村公路养护管理专项经费、专职人员和专门机构，全省已有1 130个乡镇成立了农村公路养护管理所(站)，通过责任包干、义务投劳等多种方式，使农村公路养护管理工作逐步规范有序。五是加强公路路政管理。大力开展路域环境专项整治行动，积极维护路产路权，全年共查处公路沿线违法建筑2 150平方米、私设平交道口664处，全省路政案件查处率达到98%以上。深入落实全国治理车辆超载超限运输电视电话会议精神，在全省组织开展"百日治超"专项行动，重点整治了短途驳载、恶意超限、冲闯站点等违法行为，共查处超限超载车辆4.2万辆，卸载货物4万吨，超限超载率控制在4.85%。国省干线公路治超检测站点基本建设完成，公路治超监控网络进一步完善。农村公路路政管理和治超工作取得了新的进展。

(五)交通体制机制改革和行业管理工作深入推进。

一是交通投融资体制改革取得重大突破。完成甘肃省公路航空旅游投资集团有限公司的组建，通过有效整合公路、航空、旅游资源，不断创新资本运作方式，融资规模实现新突破，全年完成融资220亿元。二是机构改革有序推进。在省编办等部门的协调支持下，完成了省公路管理局事业单位岗位设置和高速公路管理局、道路运输管理局机构、编制、人员的核定工作。成立了省公路路政执法管理局，实现了征稽队伍的顺利转岗分流，税费体制改革工作全面完成。三是机场管理运营体制逐步理顺。《关于重组甘肃机场集团的协议》已经省政府常务会议讨论通过，并向国家民航局进行了专题汇报，与海航集团、西部机场集团在经营合作方面迈出了积极的步伐。四是妥善处理企业事企分离改革过程中的债权债务划分、职工持股、业务整合工作，企业经营业绩不断提升。驼铃客车厂在保持稳定的基础上，破产工作逐步推进。

依法行政工作稳步推进。积极实施交通依法行政第二个五年规划，《甘肃省公路路政管理条例》已经省人大修订通过，促成省政府出台了《关于加快内河水运建设与发展的意见》。认真做好《公路安全保护条例》宣贯工作，强化执法评议和考核检查，推进执法形象建设，交通行政执法进一步规范。

着力加强交通建设市场监管。高度重视交通基础设施工程质量安全管理，在重点项目积极推行远程监控和专家会商制度，进一步强化工程监理和试验检测，桥隧和路面等构造物的质量稳定可控。施工设计总承包和总监负责制试点工作取得积极进展。加快诚信体系建设，初步实现了对公路施工企业的统一信用评估管理。加强建设资金的筹措调度，合理控制工程成本，实现了交通建设进度、质量、安全、效益的有机统一。

不断完善道路运输市场管理。联合公安部门，对全省道路客运市场存在的无证经营、欺行霸市、宰客甩客等违法违规经营行为进行了专项整治，维护了合法经营者和乘客的权益。鼓励和引导运输企业积极发展节能、环保、标准化的客货运输车辆，大力推进甩挂运输试点工作，运输企业逐步走上了物流成本降下来，运输效率提上去，安全生产稳得住的良性轨道。进一步加快内河水运发展，继续推进老旧挂桨机船舶淘汰改造工作，积极推广节能产品和新型船舶，水路运输市场秩序规范有序。

(六)人才队伍建设和科技创新工作取得显著进展。

大力实施人才强交通战略，通过与高等院校联合培养，鼓励自学成才等方式，重点加强创新人才、专业人才和技能人才的培养，全省交通行业人才队伍的整体实力不断提升。2011年，厅系统新增高级职称人员166人。举办多工种的职业技能大赛，有力提升了全行业职工的业务技能。以"两上两下"、"两公开一见面"为基本模式的领导干部初始提名和差额选任工作逐步完善，在基层单位进一步深化公推直选、党政干部交叉任职试点工作，基层民主建设取得积极进展。

着力加强科技创新工作。以企业为主体，以项目为依托，积极搭建产学研一体化的科技创新平台，有序开展交通科研项目攻关和科技成果推广应用工作。黄土地区公路路基路面修筑技术、公路生态系统建设、高等级公路养护、隧道建设和管理技术等科研项目获得重大进展。群众性的小发明、小创新、小技改活动蓬勃开展，研制和推广了一批简单易行、操作方便、实用性强的公路施工、养护科技成果。加大信息资源整合力度，公路路政、养护、治超、通行费征收、运政管理的数据库融合工作取得阶段性成就。隧道施工实时监控、投资计划管理信息系统在项目建设中得到广泛应用。高速公路电子缴费系统、出租汽车服务管理信息系统试点工程、汽车客运站、港口码头的视频联网监控工程不断向前推进。积极推广高速公路隧道照明节能、公路养护废旧沥青再利用、道路运输节油等技术，交通运输节能减排和发展循环经济取得了长足进步。

(七)交通安全保障和应急救援能力进一步增强。

深入组织开展"安全生产年"和"安全生产月"活动，加强交通运输安全生产基层基础建设。大力排查整治各类安全隐患，积极推进企业安全生产标准化建设，全面开展在建项目桥梁和隧道工程专项整治，不断完善安全质量联动监督机制，"平安工地"达标创建活动取得显著成效。狠抓道路运输源头管理，重点开展长途卧铺客车、危险货物运输专项整治，"两客一危"企业监控平台和车载终端已实现与行业监管平台的联网。在全省一二级汽车站统一配备了X光行包检测设备和安检门系统，有效预防了较大以上道路运输事故的发生。落实水上安全管理责任制，强化船员、渡工培训和船检工作，对刘家峡库区和黄河兰州、白银段等水域的航道和营运快艇进行了重点整治，水上交通安全进一步好转。2011年全省交通运输行业发生生产安全事故起数、死亡人数、受伤人数分别比上年下降11.11%、5.36%、38.78%。

进一步加强应急救援体系建设。完善高等级公路区域联防机制，组建了9个高速公路清障救援大队，配备了一批应急抢险救援设备，形成了指挥顺畅、步调一致的高等级公路抢险保通机制。结合"航海日"纪念活动，在黄河白银段举行了"军地联合水上搜救演练"。全面完成了交通战备应急指挥中心和训练基地试点建设工作，并与国家交战办共同举办了试点建设现场观摩会，有力地提升了我省交通战备和应急保障水平。

(八)行业文明和党的建设再上新台阶。

认真贯彻党的十七届六中全会精神，以庆祝建党90周年为契机，开展了征文、红歌比赛、报告会等丰富多彩的文化活动。深入开展精神文明建设工作，加强《交通运输行业核心价值体系实施纲要》的贯彻落实，以“学树建创”活动为载体的群众性文明创建活动取得显著成效。经中央文明委复核，厅机关继续被确定为全国文明单位。以“为民服务创先争优”为主题，扎实开展“窗口服务月”、“破解难题”等主题实践活动，交通行业有两家单位被省委命名为“全省创先争优活动示范点”。加强学习型党组织建设，推进基层组织党内民主建设。交通系统涌现出了一大批先进基层党组织、优秀共产党员和优秀党务工作者。

认真抓好《廉政准则》的贯彻执行，加强廉政风险防控，交通运输行业的惩治和预防腐败体系进一步完善。圆满完成了天水过境段部省联建及预防腐败试点工作，交通基础设施建设领域工程廉政建设进一步加强。强化重点工程项目和舟曲灾后重建资金物资使用的监督检查，结合工程建设领域突出问题专项治理“回头看”，深入推进治理商业贿赂工作。严肃查处违反财经纪律、贪污受贿等案件。深化党风党性党纪教育，推进政务公开，强化审计监督，切实提高干部廉洁从政水平。组织开展“小金库”、公务用车等专项治理，进一步做好厉行节约工作，交通运输系统党风廉政建设取得新成效。全系统有1个集体和1名干部获得“全国内部审计工作先进集体”和“全国纪检监察系统先进工作者”荣誉称号。

及时召开新闻发布会和通气会9次，组织社会媒体积极开展省际通道建设、民航发展、道路运输等重点热点问题的宣传活动。提高养护、收费一线职工的工资标准，加快“职工书屋”、“亲情网吧”等设施的建设，职工的工作生活条件和福利待遇不断改善。充分发挥工青妇等群众组织的作用，积极维护职工合法权益，妥善解决职工的实际困难。不断加强离退休工作，高度重视社会治安综合管理、维稳和信访工作，积极预防和处置群体性事件，解决了一批交通建设领域拖欠工程款和农民工工资问题。自觉接受人大依法监督和政协民主监督，2011年共办结了183件人大代表议案建议和政协提案。

二、目前的形势和主要任务

当前，我省正处于黄金发展期、难得机遇期和负重爬坡期。交通运输作为拉动经济增长的排头兵、保障经济发展和促进社会进步的生力军，要立足省情、把握机遇、正视困难、率先发展，继续发挥在全省经济社会转型跨越发展中的先行作用。当前，国际金融危机对我国经济发展造成的不利影响，已经波及到我省交通运输行业的诸多方面，尤其是交通基础设施建设领域面临尤为严峻的形势。但从国家宏观调控政策走向和全省经济社会发展的基本面来分析，我省交通运输行业发展的优势明显、机遇众多、潜力很大。具体表现在：一是国家一系列宏观调控措施释放了许多加快交通运输发展的政策利好。无论是扩大内需、发展实体经济，还是加快改革创新、保障和改善民生的政策措施，都把交通运输业作为优先发展的领域和倾斜支持的对象，这为交通运输发展提供了更为广阔的空间。二是国家相关部委对我省交通运输的支持力度不断加大。国家发改委、交通运输部和国家民航局充分考虑我省区位特征和加快交通发展的迫切要求，不仅专门与我省签订了支持交通运输建设、民航事业发展的会谈纪要，而且在项目审批、资金落实等方面给予了许多实实在在的支持和帮助。三是我省交通运输业经过连续多年的快速发展，已步入良性发展的阶段，为科学发展、安全发展奠定了坚实基础。随着我省高速公路网的逐步完善，公路运营的质量与效益不断提升，良好的资产状况和信贷结构为市场融资提供了重要保证，而市场融资规模的扩大又反过来为交通运输业的发展提供了强大的资金支持。四是全社会支持交通、发展交通的氛围越来越浓厚。全省各地都把交通运输作为加快区域经济发展的先决条件，不仅为重点项目建设营造良好的环境。而且千方百计筹措资金，动员社会各种资源，主动建设区域性的运输大通道，有力地支持了全省交通运输发展大局。但是，我们也要清醒地认识到，我省交通运输工作也面临诸多困难与挑战：一是建设资金不足，严重影响到交通运输重点项目建设进度。二是工程质量管控措施不到位问题未得到根本解决，不仅影响到工程的实体质量，而且使交通形象受到冲击。三是交通运输结构不合理，区域城乡交通运输发展不平衡的问题越来越突出，加快推进交通运输基本公共服务均等化刻不容缓。四是安全生产形势严峻，基层基础工作仍然比较薄弱。

今年我省经济社会发展面临着新形势、新情况，用好机遇应对挑战，必须牢牢把握稳中求进、好中求快的总基调。稳是前提，进是关键，好是要求，快是目标。稳，就是保持交通建设节奏稳健，运输发展平稳，安全管理基础稳固，行业和谐稳定。进，就是项目建设要有新进展，改革创新要有新突破，综合运输发展要有新成效。好，就是要做到交通运输发展的质量与效益同步提高，管理能力与服务水平双双提升，区域交通、城乡交通协调推进。快，就是继续保持交通运输在国民经济中快速发展、超前发展、率先发展的良好势头，各项指标保持较大幅度的增长，确保全年完成交通运输固定资产投资357亿元，确保公路运输总周转量增长37%。

2012年全省交通运输工作的总体要求：深入贯彻落实科学发展观，牢牢把握稳中求进、好中求快的总基调，坚持“建管养运并举，陆水空邮并重”的总体工作思路，紧紧围绕“中心辐射，东西推进，区域带动，全面提升”的战略，按照“整顿、规范、转型、提高”的工作方针，抓质量、保安全、促进度，进一步加快交通基础设施建设；抓管理、调结构、转方式，进一步提升交通运输服务水平；抓好机制创新、强化科技引领、注重依法行政，进一步推进综合运输体系建设，实现交通运输科学发展、安全发展，为转型跨越、富民兴陇提供更高质量、更宽领域、更加优质的交通运输服务。今后一段时期，要重点抓好四个方面的工作：

(一)着力推进交通运输基础设施建设，进一步夯实交通运输转型跨越的基础。完善的交通运输基础设施是经济社会发展的重要条件。从我省这几年的交通发展实践来看，交通运输基础设施建设的快速推进，不仅在拉动经济增长、承接产业经济梯度转移的过程中发挥了重要作用，而且在国防建设、民族团结、服务民生方面提供了重要保障。从我省实施转型跨越发展的战略需求来看，在今后一段时间，保持适度超前的交通运输发展态势，仍然是我们工作的基本前提。因此，我们要根据省委聚焦基础设施建设，集中力量抓好公路、机场等重大项目建设的要求，按照全省交通运输"十二五"规划所确定的目标、步骤，统筹兼顾，突出重点，科学实施，既要遵循交通建设的客观规律，不盲目扩大规模，不刻意加快速度，更不以牺牲质量安全而追求形象工程和政绩工程。又要充分考虑人民群众对加快交通建设的新要求和新期盼，量力而行，尽力而为，集中精力抓好事关全省经济社会发展大局、事关促进区域发展战略实施，事关经济社会开发开放的交通基础设施建设。公路建设要以实现连霍国道主干线全线高速化为重点，加快建设国家高速公路网的剩余路段和瓶颈路段，加强县通二级公路建设和国省干线公路的提等升级改造，坚持不懈地抓好农村公路通达、通畅工程建设。民航机场建设要积极打造以中川机场为枢纽，各支线机场为骨干，直升机起降点为补充的省域航空网络。要进一步加快城际快速通道和兰州、天水等国家级道路运输枢纽的建设，推进兰白、酒嘉、金武等区域经济社会一体化进程。要积极发展黄河水运，努力打通甘宁蒙水路交通。尽快在全省形成内通外畅、四通八达的综合快速交通网络。

加快交通运输基础设施建设，当前最重要的是解决好资金问题。从去年下半年以来，受世界金融危机和国家宏观调控的影响，我省交通运输基础设施建设面临着用工和材料成本上升，信贷融资难度加大的双重困难。从目前的市场供应情况来看，劳动力和原材料成本在短期内仍保持上扬态势，从国家财政政策和货币政策释放的信号来看，今后一段时期，银行信贷规模很难有较大幅度的增长，资金不足是目前制约我省交通运输又好又快发展的突出问题。因此，我们要把筹融资做为今年交通运输建设的重要工作，坚持群策群力、多措并举、创新机制、综合融资的思路，进一步拓宽筹融资渠道，理顺筹融资体制，扩大筹融资规模，切实提高交通筹融资水平。一是积极争取中央财政资金的支持。要认真研究国家财政政策的走向，根据车购税等财政资金向中西部地区公益性强的项目倾斜的政策机遇，未雨绸缪，及早谋划，科学编制符合国家产业政策和重点支持的项目集群，做到以好项目引来大投入，以大投入促进快发展。二是着力扩大市场融资规模。公路航空旅游投资集团公司要发挥市场融资主力军的作用，在国家宏观经济政策的指导下，继续创新融资模式，提高资本运作能力，进一步做好中期票据、企业债券等的发行工作。坚持以我为主、为我所用的思路，加强融资方式的比较筛选，进一步优化融资结构，降低融资成本，把握资金拆借的时机和节奏，既要保证项目建设充足的资金流，又要防止资金的沉淀积压，切实提高市场融资的质量与效益。三是要积极引导地方财政资金和民间资本的投入。要充分把握当前各级地方政府大力发展交通运输业的积极性，因势利导，选择一批规模适中，对区域经济发展带动作用显著的项目，给予必要的支持帮助，激活地方政府在盘活资源方面的潜力，引导地方财政资金和民间资本进入交通建设领域。四是着力强化对资金的监管。要加强预算管理，严格财务成本核算，在审计监督上下功夫，出实招，坚决防止资金在使用过程中跑冒滴漏，提高资金的使用效益。

（二）着力抓好扶贫攻坚，有序推进交通运输基本公共服务均等化。交通运输在新时期扶贫开发中具有举足轻重的作用，我们要立足省情，结合实际，抓主抓重，打好新一轮交通运输扶贫攻坚战。抓主，就是要把涉及我省的六盘山区、秦巴山区、四省藏区集中连片特困地区做为交通运输扶贫攻坚的主战场，在项目、资金、技术等各个方面进行倾斜支持。抓重，就是重点抓好集中连片特困地区对外通道的运输能力，对内之间的交通联系，达到内畅外通的目标。一是抓紧编制全省交通运输集中连片特困地区扶贫开发规划。规划既要注重与区域经济社会发展规划、交通其他专项规划的衔接沟通，又要充分体现出交通运输在扶贫开发中的基础性、先导性作用，切实提高交通扶贫规划的科学性与针对性。确保到2015年，80%的建制村通沥青路（水泥路）；到2020年，实现具备条件的建制村全部通沥青路（水泥路），实现村村通班车。二是多措并举，努力拓展贫困地区对外通道。要加快我省集中连片特困地区高速公路和民航机场的建设步伐，对内实现与省会城市的连通，对外实现与东中部地区的衔接，形成便捷畅通的陆上大通道与空中长廊，切实提高交通基础设施建设在扶贫开发中的基础作用。三是突破难点，集中力量改善贫困地区的农村交通条件。交通扶贫的重点在农村，难点也在农村。我省集中连片特困地区的自然条件差异明显，农村公路缺桥少涵、晴通雨阻、抗灾能力弱、客运力量不足的问题相当突出。解决这些问题，既要靠国家的支持，更要发挥当地政府、社会和群众的积极性，要通过国家投入、政府补贴、社会捐助、群众投劳等多种方式，形成交通扶贫合力，重点提高农村公路的连通、成网、抗灾能力，不断扩大交通运输基本公共服务在贫困地区的均等化。

（三）着力解决交通拥堵，不断增强交通服务民生的能力。随着我省经济社会的快速发展，汽车保有量和群众出行频率都在大幅度提升，由于道路资源的空间分布不均衡和气候、地理条件等因素的影响，交通拥堵日益成为社会关注的热点和难点问题。缓解交通拥堵，要重点在完善基础设施、理顺管理体制、提升服务水平上下功夫。一是加快省际通道建设，着力打通国省干线公路中"断头路"、消除等外路，尽快形成西进东出、南通北畅的全省主骨架公路网，从根本上优化和完善全省路网结构，做到同一省际通道与相邻省区公路技术等级匹配，切实解决好省际接头路的交通拥堵。二是加快实施国省道干线公路的提等升级工程，实现与高速公路互通互联、功能匹配，充分发挥国省干线公路分流车辆和迂回通行的功能，减轻高速公路通行压力。三是加快城市连接线和出入口站点的扩容改造，提高技术标准，增加收费通道，整治收费广场秩序，提高车辆通行效率，确保城市出入口道路安全畅通。四是大力实施服务区改造工程，进一步改善基础设施条件，提高油品供应、车辆维修、休闲购物、餐饮住宿水平，拓展服务功能，提升服务品质，不仅把服务区建成司乘人员的休息站、宣传交通文化的重要窗口，而且在车辆拥堵时，又能充分发挥分流、应急、救援保障的作用。五是实施公交优先发展战略，努力缓解城市交通拥堵。加快研究我省贯彻落实公交优先发展战略的政策措施，进一步理顺城市公交管理体制。积极推动实施"公交都市"建设示范工程，通过优化公交线路、提高车辆档次，发展环保公交，充分体现公交在服务群众出行、提升城市形象、缓解交通压力方面的重要作用。

（四）着力加强交通综合管理，不断加快交通运输发展方式转变。近年来,我省交通运输基础设施建设呈现出跨越式发展的良好势头,社会对交通运输的关注与期盼也越来越高,在今后一段时间,交通运输要在继续保持较快发展速度的基础上,着重提升规范管理、文明服务的能力和水平,推进交通运输发展方式的转变,通过规范和完善管理程序、管理措施、管理方式,实现由传统管理逐步向数字管理、精细管理、科学管理转型,由管理为主向管理和服务并重转型,从而达到服务明显改善、质量明显提升、效益明显增强的目标,达到与全省经济社会转型跨越同频共振的目的。一是加强交通运输建设市场监管。规范有序的建设市场是确保实体工程质量安全的前提条件。建设业主和质监部门要实施更加严格的质量监管,从勘察设计、施工监理、试验检测、原材料采购等各个环节入手,强化合同管理的约束力、执行力,不折不扣地做到质量管理的制度落实、措施落实、整改落实。要切实规范公路施工分包,强化第一承包人的责任,加强对具体施工监理人员的资质审查、信用审查。进一步完善试验检测的手段,提高检测的可信度。继续开展施工单位信用评价,实施动态管理。深入开展高速公路施工标准化活动,切实提高工程质量和耐久性。二是加强运输市场管理。要进一步完善道路运输市场准入和退出机制,做好危险货物运输车辆挂靠经营清理工作,确保危货运输全程可控。建立驾驶员培训、机动车维修服务质量监测和考核体系。结合旅游业的发展,推动建立汽车租赁业服务网络。三是加强"公路两个体系"建设。"公路两个体系"是指以普通公路为主的非收费公路体系和以高速公路为主的收费公路体系。当前,要把完善功能、强化管理、提升服务作为收费公路的发展方向,继续深化收费公路专项清理活动,切实解决好违规设站、代征捆绑收费等问题,为公众出行提供高品质的交通运输服务。普通公路要按照国务院办公厅《关于进一步完善融资政策促进普通公路持续健康发展的若干意见》的要求,扩大融资渠道,落实养护资金,加快建设进度,优化路网结构。同时,积极探索在普通干线公路设立综合服务区,拓展收费站、开放式养管站、超限检查站的服务功能,为司乘人员提供休息、加水、汽车维修、路况查询等服务,更好地发挥普通公路基本公共服务的能力。

三、关于2012年的交通运输工作

(一)稳步推进交通运输基础设施建设。

全面加快高速公路建设步伐。集中力量会战永登至古浪高速公路乌鞘岭隧道群,尽早完成柳园至星星峡高速公路的路面工程,确保年内实现我省境内连霍国道主干线全线高速化。营盘水至双塔、武都至罐子沟高速公路部分路段建成通车,全年新增高速公路200公里以上。进一步加快雷家角至西峰、成县至武都、金昌至武威、临夏至合作、徽县至天水高速公路以及兰州至永靖沿黄快速通道建设,完成年度任务。力争开工建设临洮至渭源、兰州南绕城、酒泉至航天城、渭源至武都、白疙瘩至明水高速公路,开工项目总里程达到400公里。做好天水至平凉、甜水堡至罗儿沟圈、西宁至武威至临河、柳园至花海子等高速公路的各项前期工作。积极支持酒泉至嘉峪关城际一级公路、金大快速通道等项目的建设。

全力以赴推进县城通二级公路建设。把握建设节奏,强化资金保障,加强协调沟通,建成长官路口至正宁至长庆桥、庄浪至天水、岷县至合作等14个项目,新增通车里程800公里以上,力争年内基本实现全省所有县通二级以上公路的目标。迭部至宕昌二级公路要做好对设计施工总承包模式的探索与总结,完成路基和桥隧等控制性工程。

继续加强民航机场建设。加快夏河机场和中川机场二期扩建工程建设,尽快完成庆阳机场收尾工程,确保5月份前顺利复航。力争年内开工建设陇南成州机场,积极推进敦煌机场(扩建)、平凉机场和天水机场(迁建)项目的前期工作进度。

完成舟曲交通灾后重建任务。舟曲县城至峰迭新区省道313线连接线工程全面竣工,恢复省道313线受损路段的路面、排水及防护工程,确保道路技术等级和路况质量全面提升。客货运汽车站、养护、路政部门的办公用房尽早投入使用。进一步落实"军营畅通工程",重点抓好已开工国边防公路的建设进度。

(二)大力推进国省干线路网改造和公路养护管理。

充分利用国家实施国省干线公路改造工程的政策机遇,加快推进国省干线公路拥堵路段、卡脖子路段的提等升级和扩容改造,提高国省干线公路中二级以上公路的比重。确保年内建成省道311线冶木峡隧道及连接线、华池新堡至南梁等项目9条306公里。新开工省道301线海石湾至岗子沟、国道312线岔路至西沟矿项目12条1 024公里。确保国道312线岔路至西沟矿、临泽县城区过境段项目当年开工,当年建成通车。进一步加大公路安保、危桥改造、灾害防治工程的实施力度,努力把路网结构改造工程做成花钱少、亮点多、人民群众满意、社会舆论赞誉的民心工程,进一步提升路网整体安全保障能力和服务水平。

坚持"畅通主导、安全至上、服务为本、创新引领"的方针,加强公路养护管理。进一步完善日常养护巡查、小修保养、大中修工程、桥隧养护管理等规章制度,有序推进养护绩效考核体系建设。全面实施科学养护,充分发挥养护技术研究机构的作用,积极开展路况快速检测、分析、决策支持成套技术、预防性养护技术标准、新材料、新工艺的研究开发及推广应用。合理配置养护资源,加快高等级公路养护工区建设。在做好日常养护的基础上,大力实施公路大中修工程,切实提高养护工程质量,力争全省高速公路和普通国省干线公路技术状况指数MQI值分别达到90和80以上,优良路率达到95%和58%以上。完善养护、运营、路政、交警协同机制,进一步加强高速公路养护管理,做到病害发现及时,处置科学合理、车辆分流顺畅,作业安全规范。高度重视桥隧养护管理,逐桥逐隧界定养护责任,加强安全检测和隐患排查,对已运营高速公路上的长大桥隧道要积极协调武警值守,确保桥隧安全运营。努力为人民群众创造"畅、安、舒、美"的公路交通环境。

积极贯彻落实《公路安全保护条例》,强化路域环境治理,集中力量查处一批侵占路权、蚕食路产、占路为市的突出案件,促进公路与周边环境的和谐适应。强化新形势下的路政管理工作,在创新工作思路和改进执法方式上下功夫,做到文明执法、阳光执法、严格执法。加快路政信息化平台建设,逐步推行网上办理行政许可、大件运输联合审批等业务,提高便民为民服务效率。认真借鉴学习山西治超经验,坚持源头监管和路面执法并重,落实治超责任追究制度。加快治超监控网络建设，强化对货运车辆的全路网监管，确保在巩固成果、防止反弹的基础上，建立健全治超工作长效机制。

(三)全面加强农村交通运输发展。

继续坚持“扩大成果、完善设施、提升能力、统筹城乡”的原则，建立健全行业主导、地方为主、群众参与、社会支持的农村公路建设模式，在加快建设进度、提高工程质量的基础上，力争在完善网络、提升抗灾能力上取得新进展。要抢抓国家倾斜支持西部地区、边远贫困地区和县乡道改造、连通路建设的机遇，加快以建制村通沥青(水泥)路为重点的农村公路通达、通畅工程建设步伐。要按照省政府为民办实事的要求，建成通乡油路500公里，完成农村公路通畅工程和国有农林场公路改造工程3 000公里。在具体工作中，要做到“四个倾斜”：倾斜支持民族地区的通乡油路建设；倾斜支持集中连片贫困地区的通达工程建设；倾斜支持红色旅游区农村公路的提等升级改造；倾斜支持移民乡镇、农林场公路建设。继续深化农村公路养护管理体制改革，落实责任主体，稳定资金渠道。积极组织开展农村公路管理养护年活动，建立健全管理养护考评指标体系，并将考核结果与年度资金、项目安排相挂钩，形成农村公路管理养护的硬性约束和良性循环。加快农村客运发展，继续巩固和发展全省农村客运网络建设成果，努力开辟和延伸农村客运班线，提高通达深度和班次密度，着力推进城乡交通一体化进程。进一步加快乡镇客运站、行政村汽车停靠站建设。年内新建乡镇客运站150个，新建和维修改造行政村停靠亭2 000个。切实加强全省农村公路路政管理工作，适时召开全省农村公路治超工作现场会。

(四)不断提升交通运输服务保障能力。

加快建设国家级公路运输枢纽站场，确保嘉峪关综合客运枢纽站、兰州汽车北站、平凉综合客运枢纽站、张掖客运中心站等8个项目年内开工建设。落实城市公交优先发展战略，进一步理顺城市公交管理体制，积极开展“公交都市”和城市客运智能化示范工程建设。完成刘家峡港区和黄河白银二期航运建设工程，开工建设黄河乌金峡库区、龙湾至南长滩、大峡库区航运建设工程，继续抓好兰州新港、黄河玛曲段航运工程等项目前期工作。加强航道整治与养护，推进甘宁蒙黄河航运开发工作，积极开展与长航局的“结对子”活动，加快我省水运发展步伐。

加快运输结构调整，支持实力强、信誉好、管理优的骨干运输企业发展甩挂运输和多式联运，切实提升运输组织化和集约化水平。加强运力准备和运输的组织协调，做好煤炭、矿石、石油、粮食、化肥等重点物资、城乡居民生活必需品及抢险救灾物资的运输和应急保障，确保春运、节庆集会、寒暑假期群众出行安全便捷。有针对性的开展长途客运、农村客运、危货运输等领域的专项整治工作，规范市场运营秩序。落实燃油补贴政策，建立健全出租汽车稳定良性发展的长效机制。大力培育和发展现代物流业，加快物流先进技术推广应用，引导传统货运企业转型升级，探索建立多种形式的农村物流运营形式。

加强高等级公路的运营管理。积极开展“管理练内功，服务树形象”活动，全面打造“人文高速”的品牌。一是加强收费管理，进一步提高收费员的业务技能，加大对偷逃费车辆的联合治理，严格执行鲜活农产品“绿色通道”政策，全年预计完成通行费征收54.5亿元。二是加强专项工程管理，全面完成服务区改造、收费站点改扩建、计重收费设施升级等工程建设任务。三是加强队伍管理，建设一支业务熟练、礼仪文明的收费员队伍，培养一支热情周到、经营有方的服务区管理队伍，打造一支纪律严明、反应及时的清障救援队伍。为社会公众安全便捷出行提供良好的缴费服务、公共信息服务和救援保障服务，树立行业窗口形象。

(五)切实提高安全监管和应急处置能力。

一是要牢固树立安全发展的理念，始终坚持安全第一、预防为主、综合治理的方针，在交通运输行业认真贯彻落实国务院《关于坚持科学发展安全发展促进安全生产形势持续稳定好转的意见》，确保群众出行安全、交通生产安全。二是深化“一岗双责”，全面落实安全生产责任制。强化企业主体责任、部门监管责任和属地管理责任，各司其职，齐抓共管，加强责任追究，把安全责任真正落到实处。三是加强安全生产基础建设。高度重视道路客运和危货运输安全，建立与公安交警、安监部门的信息共享机制，对新增“两客一危”车辆强制安装卫星定位装置，并实时联网监控。坚持抓源头管理与途中监控并重，抓科技应用与教育培训并重，抓制度落实与责任追究并重，切实预防和减少群死群伤恶性事故发生。水运安全要重点从市场准入、船舶适航、船员适任三个环节入手，全面履行海事职责，进一步规范水运市场秩序。要积极开展营运快艇、皮筏漂流、私自摆渡专项治理活动和渡口渡船专项检查验收活动，确保水上运输安全。积极推广公路桥隧工程设计、施工安全风险评估制度，摸清风险源、排查隐患点，制定防范预案。重点加强桥梁、隧道、高边坡等施工现场的安全监控。结合治安反恐体系建设，加强对工地务工人员、机械设备、民爆物品的管理。有步骤、有重点建设一批平安工地、平安码头、平安车站。

切实加强应急反应体系建设。以现有高速公路监控中心为基础，整合路政、养护、运管等信息监控平台的资源，研究组建专门的省级路网监测与应急处置中心。完善路警联席会议制度，切实统筹辖区内的路网应急救援的调度管理。进一步细化制定针对交通运输不同特点突发事件的专项处置预案，着力提高预案的可操作性和实效性。积极推广交通战备“两个试点”建设成果，整合交通行业资源，继续加强以现有交通专业保障旅为基础的交通应急救援队伍建设，增强应急抢险救援和交通战备保障综合实力。结合武警交通部队的职能转变，组织开展警地联合应急救援演练。积极开展应急救援保障基地建设，强化应急救援专用器材和物资的配备。充分发挥民间救援力量的作用，进一步完善黄河兰州段、刘家峡库区等重点水域的水上搜救机制。

(六)进一步做好体制机制改革和交通依法行政工作。

一是积极推进公路管理体制改革。按照稳步推进事业单位分类改革的要求，从统一管理、层级清晰，事权与财权统一的基本要求出发，加快推进公路养护管理体制改革。抓好公路系统“三定”方案的审批、实施工作，力争上半年完成全省公路系统的岗位设置工作。立足于依法行政，保证养护管理与路政执法统一。结合路网组成结构，科学划分管理事权，建立集中、高效、统一的公路管理体制。全面做好税费体制改革后续工作，建立管理顺畅、执法有力的公路路政管理体制。二是加快交通投融资体制改革。加强与金融机构的衔接沟通，在积极争取银行信贷规模的同时，继续扩大中期票据、企业债券的发行额度，积极引进民间资本进入交通领域。着力提高资本的运作能力，优化筹融资结构，降低融资成本和债务风险。三是稳步推进机场管理体制改革。加强与海航集团的协调沟通，进一步加快甘肃机场集团的重组步伐，积极探索我省发展民用航空和通用航空的基本途径。四是继续深化企业改革。充分把握国家大力发展实体经济的机遇，进一步加快交通运输企业资产重组和产权制度改革步伐。选择基础好、实力强、品质优的企业为重组主体，整合优良资产、优秀人才和优质资源，组建一批在勘察设计、施工监理、路域资源开发领域产权明晰、规模优势明显和市场竞争力强的交通企业集团。五是积极支持邮政监管体制改革。充分发挥综合运输体系的整体效能，统筹协调全省交通运输规划与邮政行业规划的衔接，促进邮政与交通运输资源的整合，积极支持和协助地方政府在年内完成邮政监管体制改革工作。

加强交通立法和政策研究，争取年内出台《甘肃省农村公路条例》，正式启动《甘肃省道路运输管理条例》的修订工作，进一步推进《甘肃省出租汽车管理条例》、《甘肃省城市公共交通管理办法》的立法进程。全面推行依法行政，完善交通行政执法规范，认真实施执法标志标识"四统一"方案，严格执法评议考核，加强路政、运政、海事等执法队伍建设。继续深化执法监督活动，健全行政执法内部监督制约机制，积极探索跨省区联动执法的有效途径。积极开展形式多样的普法宣传活动，努力提高全体干部职工的法制意识和全行业法治化管理水平。

(七)深入推进交通科技创新。

继续加强交通科技攻关，推进长大桥梁隧道防灾减灾与安全控制技术、特殊地质条件下的路面铺筑技术、智能交通技术的研究，充分发挥科技对行业发展的支撑和引领作用。依托重大项目和重点企业，积极建设试验检测、路面工艺、桥隧施工等专业性强的重点实验室和研发中心，强化对新技术、新材料、新工艺的消化吸收再创新。年内要选择1~2个重点公路工程项目，组织实施科技示范工程，加快科研成果的应用推广。加强交通软课题研究，组织开展相关地方性标准、规范、指南的编制，进一步完善交通运输行业标准体系。以推进信息化应用为重点，加快交通运输系统各大数据库资源整合步伐，尽快启用客运联网售票系统，做好兰州市出租汽车行业信息化试点建设，大力推广高速公路联网不停车收费ETC系统和重点领域、关键部位的视频监控系统。在公路系统积极开展科技信息攻坚年活动。完成机关信息化办公系统改造，加快推进电子政务建设。深入开展"车船路港"千家企业节能减排专项行动，通过政策引导、宣传动员、技术支持等措施，重点做好隧道照明节电、车辆节油、机关节电、节水工作，积极构建低碳、绿色交通运输体系。

(八)切实加强交通运输行业文明和反腐倡廉建设。

深入开展为民服务创先争优活动，在车站码头、出租车和高速公路收费站、服务区推出一批在全省有影响力的示范窗口、金牌班组和服务明星。以学习型党组织建设为重点，抓好基层组织建设和党员的教育管理，不断提高机关党建工作科学化水平。积极开展"联村联户、为民富民"行动，着力提升交通行业"破解难题"、"机关干部下基层"和"基层组织建设年"活动的成效。要进一步完善人才培养机制，重点加强对青年干部的选拔和培养，采取送出去学，请进来教，生产一线锻炼，管理岗位成长的方式，大力培养一批业务的顶梁柱、行业的领头人和管理的主心骨。深入践行交通运输行业核心价值体系，不断丰富"学树建创"活动的内容，切实加强交通运输行业思想政治、精神文明建设。大力实施"十百千"工程，有步骤、有重点地培养和推出一批交通文化建设的品牌企业、示范单位和先进典型。争取在敦煌立项建设甘肃公路文化展览馆。加强与新闻媒体的沟通合作，积极做好交通运输重点题材的策划宣传，完善新闻发言人制度，加大网络媒体交通舆情的研判，建立健全应急宣传体制机制，为交通运输行业创造良好的舆论环境。建立科学合理的薪酬体系，着力提高职工的工资收入和福利待遇。结合交通工作实际，加强和改进离退休工作，充分发挥工青妇等群团组织和协会、学会的作用，进一步增强行业的凝聚力和战斗力。高度重视社会管理创新和群众来信来访工作，把一些苗头性、倾向性的矛盾和问题解决在萌芽状态。

认真落实党风廉政建设责任制，建立健全具有交通运输特色的惩治和预防腐败体系，力争在拒腐防变教育长效机制、反腐倡廉制度体系和权力运行监控机制上取得新的成效。严肃党的政治纪律，保持党的纯洁性。认真贯彻执行党内监督条例，加强对人财物管理等关键岗位的监督。坚持民主集中制，严格落实"三重一大"集体研究决策制度。继续深入开展以交通基础设施建设领域突出问题为重点的专项治理，加强对工程建设项目的审计监督，关口前移，全程跟踪，整改落实，确保资金安全运行。积极推进天水过境段部省联建及预防腐败试点工作经验，进一步完善交通工程项目联合派驻纪检监察组制度，有效防止和杜绝腐败行为的发生。深入开展民主评议政风行风活动，不断加大纠风治乱工作力度，切实解决群众反映强烈的以罚代纠、乱收乱罚、吃拿卡要等突出问题。加强作风建设，发挥领导机关和领导干部的表率作用，努力在全体干部职工中形成勤政为民、踏实苦干的浓厚风气，推进交通运输各项事业又好又快发展。

在 2012 年全省交通运输工作会议上的总结讲话

——省交通运输厅党组副书记、副厅长 石培荣

(2012 年 2 月 16 日)

一、凝心聚力,统一思想认识

这次交通运输工作会议根据全省经济工作会议对全省经济社会发展形势的分析判断和对 2012 年经济工作的部署,结合全国交通运输工作会议精神和我省实际情况,深入分析了当前交通运输发展面临的形势,明确了新形势下进一步加快发展现代交通运输业、努力推进各项工作的思路举措,各部门、各单位要结合各自工作实际,切实把思想认识统一到会议精神上来。

首先,要充分认识到交通运输发展面临的严峻形势。目前,随着全国和我省经济发展中面临的不确定性因素增多,交通运输工作也面临着前所未有的冲击和巨大考验。一是金融危机的不利影响导致交通运输业发展的宏观经济环境和经济政策偏紧,交通基础设施建设筹融资难题非常突出;二是随着近年来我国经济社会的快速发展,人民群众对交通运输的管理服务工作提出了更高的要求;三是在交通运输的快速发展中积淀的矛盾也逐渐凸现,这些都增加了我们的应对难度。我们要充分估计当前发展形势的严峻性和复杂性,把困难和问题估计得多一些,把工作做得更扎实一些,进一步增强忧患意识,在困难和风险中准确判断形势,在挑战和考验中清醒把握方向,齐心协力,共渡难关。

第二,要充分认识到加快交通发展的重大机遇。尽管金融危机对我省交通运输业的发展带来了非常不利的影响。但必须看到,我省交通运输发展的基本趋势是好的。一是交通运输经过这些年的快速发展,无论是管理水平、筹融资能力都有较大的提高。二是交通基础设施建设作为扩大内需、惠及民生的重要方面,得到了中央和国家各部委的支持,迎来了难得的发展机遇。三是我省作为经济欠发达地区,交通运输发展相对滞后,广大人民群众加快交通建设的愿望很迫切,支持交通建设的积极性也很高,交通发展的潜力还很大。成品油价格和税费改革更进一步理顺了交通运输管理发展体制。另外,重要的一点就是省委、省政府的坚强领导和对各项工作的全力支持。所有这些,都为我们做好今年的各项交通运输工作提供了难得的机遇,创造了良好的条件。

第三,要准确把握今年交通运输工作的总体要求。会议确定了 2012 年交通运输工作的总体工作思路和具体的工作任务。在新形势下我省交通运输业又好又快发展,要牢牢把握总基调,坚持交通运输总体工作思路,进一步加快交通基础设施建设,进一步提升交通运输服务水平,进一步推进综合运输体系建设,认真开展各项工作。这是今年全省交通运输工作的主线,也是对交通运输工作的总体要求。具体而言,就是在保证完成融资任务的前提情况下,要以交通基础设施建设为主要抓手,抓前期、促在建、保建成,努力扩大投资规模,不断加快工程建设进度,持之以恒地抓好质量安全管理,确保投资、进度、规模、效益的良性互动。切实抓好公路养护、收费管理、运营服务、运输保障工作,切实提高公路服务水平。高度重视交通运输体制改革、科技创新、行政执法、精神文明建设,不断促进综合交通运输业的发展。

二、周密部署,强化工作措施

省委、省政府对今年的交通运输工作提出了新的要求,对交通系统广大干部职工寄予厚望。杨咏中厅长的工作报告中提出今后一段时期,要重点抓好交通基础设施建设、交通运输扶贫攻坚、努力解决交通拥堵、强化交通综合管理四项工作。今年要稳步推进交通运输基础设施建设,大力推进国省干线路网改造和公路养护管理,全面加强农村交通运输发展,不断提升交通运输服务综合保障能力,切实提高安全监管和应急处置能力,进一步做好体制机制改革和交通依法行政工作,深入推进交通科技创新,切实加强交通运输行业文明和反腐倡廉建设。做好今年的交通运输工作,贯彻落实好会议精神,关键是要按今年交通运输工作总体要求,结合各自实际,进行全盘部署,周密安排,强化各项工作措施。各部门、各单位要按会议安排,认真总结工作,以奋发有为、昂扬进取的精神状态,以务实高效、开拓创新的工作作风,把省

委、省政府对我们的要求和期望转化为我们的具体行动，真抓实干，把工作一项一项地落到实处。

三、结合实际，抓好贯彻落实

抓落实是事业成败的关键，也是各级领导干部的一项重要职责。越是工作头绪多，越是任务艰巨繁重，越是要讲究方式方法，统筹兼顾、科学谋划，把工作真正抓到手上，一抓到底，抓出成效。

一是传达好会议精神。要在全面深刻领会会议精神的基础上，把这次会议精神传达好、学习好、落实好。会后，各市州交通部门要尽快将虞海燕副省长的重要讲话和会议精神向市州党委、政府汇报，争取地方党委、政府对交通运输工作的领导和支持。各单位要抓紧组织传达学习，统一干部职工对交通发展面临形势和任务的认识，把力量凝聚到实现会议确定的各项目标任务上来。

二是做好调查研究工作。今年，我省交通运输发展面临着许多新情况、新问题，改革和发展的任务很重。各级领导干部特别是主要领导一定要身体力行，深入实际，注重调查研究，了解人民群众对交通的需求，全面掌握交通发展的实际状况和矛盾，努力把握交通发展的规律，使我们的改革和措施更加符合实际，既照顾当前，又着眼长远，更好地服务于经济社会发展和人民群众安全、便捷出行。

三是切实抓好落实工作。厅机关各职能处室和厅属各单位要结合各自职责和工作实际，将今年的目标任务细化分解，落实目标责任制，加强督促检查。“一年之计在于春”，目标任务明确之后，要迅速行动起来，制定工作计划，定期检查督促，有力有序推进，确保按时完成。各地要结合本地区实际，把会议精神和工作要求贯彻落实到工作部署中，注重分析研究和解决影响发展的突出问题，创造性地开展工作。交通系统各级领导干部要切实转变工作作风，求真务实，埋头苦干，察实情、讲实效、鼓实劲，出实招、办实事、求实效。工作要做到有布置、有督促、有检查，切实抓好落实，确保今年各项目标任务的全面完成。

2012年，我省交通运输改革发展任务十分繁重。我们要在省委、省政府的正确领导下，继续发扬艰苦奋斗、开拓创新的精神，顽强拼搏，锐意进取，团结奋进，不断开创我省交通运输工作新局面，为促进我省经济社会平稳较快发展做出新的更大的贡献。

在2012年全省公路路政执法管理工作会议上的讲话

——省交通运输厅副厅长 杨映祥

(2012年2月18日)

2011年，全省各级路政管理机构认真贯彻落实厅党组部署，求真务实，真抓实干，攻坚克难，锐意进取，在机构没有正式批复、管理体制不顺的情况下，实现了路政、征稽两支队伍的平稳融合和路政管理工作的正常运转。各级领导干部不辱使命、尽职尽责，在抓班子带队伍、规范执法、文明服务、保护路产路权、治理超限运输、维护公路畅通、公路应急保障救援等方面都发挥了积极作用；广大干部职工思想稳定、态度端正，在一次次应急抢险、保通保畅工作中，冲锋在前、连续作战、奋勇争先，完成了一个又一个急难险重任务，付出了艰辛的努力，表现出了较高的职业素养和大局意识。可以说，路政执法管理局的成立，既是厅党组的正确决策，也是全体路政人员自身努力的结果。

一、认清形势，增强做好公路路政执法管理工作的责任感和紧迫感

2011年年底，在厅党组的积极努力下，省编委正式批复了全省公路路政执法管理机构和人员编制，在省一级设立公路路政执法管理局，在市一级设立执法处，在县一级设立执法所，实行三级垂直管理。这是我省交通运输管理体制改革的一项重大举措。之所以要建立和实行这种管理体制，从大背景来讲，是国家实施成品油价格和税费改革，征稽部门职能转变、机构调整、人员安置的现实需要，也是在全省公路交通运输加快发展的新形势下，有效维护路产路权，保证安全畅通，促进公路交通运输事业可持续发展，服务全省经济社会发展的需要。就路政管理事业发展本身而言，建立省、市、县三级垂直管理体制，实现公路路政执法管理工作的科学化、规范化、法制化，整合交通行政执法资源、提高执法管理效能也具有十分重要的意义。但是，新的路政执法管理体制也给我们提出了一个新的课题，使我们面临一系列新的困难和挑战。譬如：如何正确应对新体制与原有管理体制的矛盾和冲突，实现新旧体制的平稳衔接过渡，充分发挥新体制的管理优势；如何准确做好自身定位，加强与建设、养护、运营等部门的协调配合，建立高效的工作协作运行机制；如何正确处理管理与服务的关系，避免管理者和服务者之间的矛盾和摩擦，实现公路的社会、经济、政治效益的有机统一等等。如何破解这些难题，既是路政执法管理工作服务甘肃交通运输发展大局的需要，也是路政执法管理工作突破瓶颈、创新发展的需要。

当前的形势对于路政系统来讲是机遇与挑战并存。"十二五"期间，我省将以高速公路和农村公路建设为重点，加强国省干线扩容改造。到2015年，全省公路总里程达到13万公里，其中高速公路达到3 600公里以上。省域高速公路网基础网络初步形成，主要的省际出口通道均实现高速化，全省所有市州政府驻地与兰州实现高速连接；县(市、区)政府驻地与市州政府驻地实现二级及以上公路连接，一般国省干线公路联网、加密，繁忙路段力争达到二级及以上标准；农村公路网基本建成，农村公路里程达到11万公里以上。面对日趋庞大的路网体系，面对日益提高的社会需求，如何更加有效地维护路产路权、保障公路路网完好和安全畅通，对路政执法机构提出了更高的要求。同时，省政府明确要求，交通运输行业要成为支撑甘肃工业经济发展的重要力量，路政执法管理系统作为交通运输行业保障公路安全畅通的职能部门，在保障工业经济建设所需的物资运输方面起着十分重要的作用。因此，我们一定要充分认识当前路政执法管理工作的重要性，认清所肩负的重要历史使命和重担，不折不扣地执行好厅党组有关要求部署，认真思考和应对路政执法管理工作面临的困难和挑战，增强工作的自觉性、积极性和主动性，创造性地开展工作，圆满完成管理体制改革的各项工作任务。各级路政管理部门一定要从促进工业经济建设的大局出发，在政策法规允许的范围内，把执法工作的原则性和灵活性有机结合起来，积极创造条件、全力以赴地构建工业经济建设所需物资的"高效安全运输通道"。同时，按照交通运输部"三个服务"的要求，坚持"以路为本，以车为本，以人为本"的管理理念，把管理和服务有机结合统一于服务交通、奉献社会的大局中，坚持依法行政、科学管理、规范执法、文明服务，积极推行便民、利民服务的新举措，最大限度地为群众提供各种便利，才能适应时代的需要。

二、攻坚克难，稳妥推进，圆满完成路政执法体制建设

目前局、处两级路政执法管理机构已经正式挂牌成立，各项工作正在逐步理顺、走上正轨。从当前情况来看，新体制运行初期面临的各种矛盾和问题还很多，工作任务还很繁重，有些问题必须加大力度、尽快解决，要有改革创新的精神，立足现实，稳妥推进。

1. 准确定位新形势下路政执法工作。从职能来讲，公路路政执法管理就是要通过保护路产路权，充分保障人民群众的出行利益，这是公路交通运输行业落实"以人为本"的具体体现；同时公路路政管理与公路建设、养护、运营工作紧密联系，在维护和保障公路建设、养护、运营秩序方面发挥着重要的作用，是推动交通运输工作全面、协调、可持续发展的必不可少的组成力量。一条公路建成后，如果管理不到位，公路的通行状况只会越来越差，方便广大人民群众出行只是一句空话，公路交通运输的科学发展更无从谈起。因此我们一定要从推动公路交通运输事业科学发展的高度，来认识和把握加强公路路政管理工作的重要性。新型的路政管理体制，要求路政执法部门按照落实科学发展观和"三个服务"的要求，首先从管理理念上不断进行总结和创新，树立科学的路政执法理念。把路政管理工作与公路建设、养护和运营工作有机结合起来，建立完善的协作运行机制，重点研究和解决好常规状态、正常养护生产状态、发生交通事故状态以及正常收费秩序状态下公路的安全畅通问题，为推动全省交通运输安全保畅整体工作做出积极的贡献。

2. 准确把握路政管理工作的内涵，科学谋划路政工作。根据新的管理体制，按照统筹兼顾、协调发展的要求，从健全内部管理制度、规范执法行为标准、统一执法形象标识、严格执法管理程序、完善路产路权档案、提升依法管理水平等方面入手，进一步健全完善规章制度体系和工作规程规范，夯实内部管理各项基础性工作。通过制定和建立科学、稳定、符合实际、兼顾各方的指标考核体系，实现速度、质量、效益相统一，才能促进我省路政工作又好又快地发展。

3. 当前急需解决几个问题。一是建立高速公路路政管理运行机制。按照省厅要求，高速公路路政机构实行双重管理，要尽快建立完善执法局与高管局双重领导的运行机制，优化组织结构，充整合现有资源。二是建立完善与公路养护部门配合机制。要建立健全区域联动协调机制，完善与公路养护部门之间的协作机制，定期召开联席会议，互通情况，形成互相促进、协调运行、无缝衔接的工作格局。三是厅机关各相关部门要按照省厅2011年11月23日会议的要求，根据自身职能，抓紧研究制定执法局成立后的相关配套政策，加强协调配合，尽快完成人员身份甄别、原路政资产划拨、单位名称和执法主体资格变更、单位银行账户建立等工作，保证路政工作的正常运行。四是执法局要尽快理顺工作关系，完善工作机制，建立工作制度，保证新的路政执法管理体制平稳运行。

三、加强领导班子和干部队伍建设，努力建设高素质的路政执法队伍

实践证明，领导班子坚强有力，干部队伍奋发有为，经济就发展、内部就和谐、事业就兴旺。在新的机构刚刚组建的特殊时期，新的路政执法管理体制能否正常运行、高效运转，领导班子是关键，干部队伍是基础。一方面要按照学习、团结、廉洁、务实、民主、科学、高效的要求抓好各级班子建设。各级领导班子要认真贯彻落实民主集中制原则，确保决策的民主性和科学性。领导干部要带头学习，注重自身政治理论修养和综合素质的提升，努力提高驾驭全局的能力、科学决策的能力、综合协调的能力、应对复杂局面的能力以及团结带领群众执行和完成任务的能力。班子成员要增进团结、顾全大局、勇于负责、互相支持,努力形成团结共事、科学谋事、依法办事、廉洁成事的工作氛围。另一方面要抓好队伍建设。要建立经常化的培训教育机制,不断加大培训力度,创新培训方式方法,重点突出路政管理业务知识、相关法律法规及路政管理实践工作技能的培训,全面提升路政执法队伍的综合素质。要建立干部考核管理机制,深入开展执法队伍作风专项整顿和执法民主评议活动,加大惩治失职失责和治懒治庸治散力度。积极推行首问责任制、限时办结制、执法过错责任追究制,建立符合路政执法实际的行政执法责任制,形成干部有权有责、权责一致、有功褒奖、失职追究的工作机制。要建立科学化的干部激励保障机制,健全向基层一线执法人员倾斜的政策措施,切实做到对干部职工政治上关怀、工作上支持、精神上激励、生活上关心,充分调动广大路政执法人员的工作积极性。

四、当前要重点做好的几项工作

1. 不断巩固和扩大国检成果,积极推进路政执法标准化建设。在去年全国公路养护大检查中,路政管理作为单独一块接受了检查。各级路政管理机构以迎检为契机,整合资源,加大投入,形成了一系列标准化建设成果,执法标准化程度有了显著提升,但还存在诸如地区发展不均衡、标准执行不统一、执法硬件建设相对滞后等问题。因此,我们一定要认真总结,进一步巩固和扩大国检过程中形成的建设成果,对照国检各项标准要求,对路政执法标准化建设进行一次"回头看",深入查找内业、外业管理方面存在的差距和不足,制订出切实可行的整改措施,明确整改时限,落实整改责任。并结合"回头看"活动,立足实际、着眼长远、科学谋划、统筹安排,制订出"十二五"后四年路政执法管理系统标准化建设规划,力争全省路政执法标准化建设再迈上一个新台阶。

2. 深入开展公路建设养护运营秩序维护行动。各级路政管理机构要把维护公路建设、运营秩序做为一项重要工作来抓。一是要继续实行重大建设项目路政执法派驻制度,对公路建设项目要及时派驻路政执法机构提前介入、超前管理,将管理工作贯穿于征地拆迁、工程建设、投入运营的全过程。二是要进一步做好高速公路运营秩序的维护工作,确保高速公路运营工作高效、有序和稳定。三是要科学地做好公路巡查工作,学习和借鉴外省先进经验,结合路政管理信息化网络建设,把信息化手段运用到公路巡查工作中去,如采取设置路面监控摄像装置等方式,对高速公路通行状况真正实现24小时实时监控,通过科技手段来降低巡查成本和提高管理效率,推动建立路政管理应急保障、案件查处快速反应机制。

3. 继续稳步推进车辆违法超限超载治理工作。治超工作是一项具有长期性、艰巨性和复杂性的工作。近年来,我省治超工作取得了一些成效,但由于受道路运输结构不尽合理、产生超限超载的各种条件和基础并未完全消除等多种因素的影响,车辆非法超限运输的问题非但没有彻底解决,在部分地区和路段还有蔓延趋势,在治理力度稍一放松的情况下,还会出现反弹的现象。国务院明确要求,要把车辆违法超限超载作为安全隐患来排查治理。去年全国治理车辆超限超载工作电视电话会议上,李盛霖部长指出,治超工作是安全发展的重要内容。杨咏中厅长也提出了"治超也是养护"的理念。因此,尽管目前治理难度大、影响制约因素极为复杂,但我们路政管理部门作为具体承担治超任务的职能部门,一定要立足于全省交通运输事业安全发展的大局,从贯彻落实科学发展观,确保人民群众生命财产和公路基础设施安全的高度出发,不断创新工作机制,努力把这治超这一项重要工作任务完成好。要认真学习和借鉴山西省治超工作经验,在省治超领导小组的统一领导下,按照"政府主导、部门联动,立足源头、标本兼治,依法严管、联防联治,规范行为、追究责任"的总体要求,切实加强与公安、工信、工商、质检、安全监管等部门的联系沟通,加大源头治理力度,完善信息沟通机制,坚持定期向地方政府主管领导汇报治超工作开展情况,充分尊重地方政府在治超工作中的主导地位,努力构建良好的路面执法治超协作机制、源头与路面执法联动机制,形成治超工作的强大合力。

强化管理　落实责任
全面推进全省交通运输行业安全生产工作

——省交通运输厅副厅长阮文易在全省交通运输行业安全生产工作会议上的讲话(摘要)

(2012 年 3 月 2 日)

一、2011 年全省交通运输行业安全生产工作简要回顾

2011 年,全省交通运输行业共发生生产安全事故 24 起,死亡 53 人,失踪 1 人,受伤 60 人,直接财产损失 230 万元,与上年相比事故起数、死亡人数、受伤人数、直接财产损失分别下降 11.11%、5.36%、38.78%和 11.5%。其中发生道路客运交通事故 18 起,死亡 46 人,受伤 47 人,直接财产损失 146 万元,与上年相比事故起数、死亡人数、受伤人数、直接财产损失分别下降 21.74%、8%、52.04%和 21.9%; 发生水上交通事故 1 起, 失踪 1 人; 发生公路工程施工事故 2 起, 死亡 3 人,受伤 2 人;厅属单位发生事故 3 起,死亡 4 人,受伤 11 人。全省交通运输行业连续 8 个春节未发生道路、水路运输安全生产事故。安全生产各项指标均有不同程度地下降,安全生产形势稳定。

(一)领导重视,安全生产责任进一步落实。厅党组高度重视安全生产工作,全年召开了 6 次厅安委会会议和安委会扩大会议,对每一重要时段的安全生产工作都进行了详细的安排部署。"双目标责任制"成效初显,各市、州交通运输局认真落实属地管理责任,积极组织召开联席协调会议,定期开展安全检查活动,强化责任落实,逐步形成了行业指导、地方主管、横向到边、纵向到底的安全监管网络。按照国发 23 号文件要求,落实企业安全主体责任,大多厅直属企业成立了安全管理部门,在各重点建设项目成立安全科,配备专职安全管理人员。大力推进企业安全生产标准化建设工作,制定下发了《全省交通运输企业安全生产标准化建设实施方案》,全面、系统地规范了企业安全管理工作。按照《"平安工地"建设标准》,年内在重点公路建设项目评选出 3 个"示范项目"和 20 个"示范合同段",其中武罐高速公路建设项目被交通运输部评为"平安工地"示范项目,且在 2011 年 6 月份交通运输部在安徽马鞍山组织召开的"平安工地"推进会上进行了交流发言。严格安全考核制度,按照《甘肃省交通运输行业安全生产目标管理责任考核办法》, 对全省交通运输行业各部门、各单位 2011 年的安全生产工作进行了检查考核,并按照厅两年一评优的规定,评选出先进单位 19 个,先进工作者 35 名。

(二)排查隐患,专项整治工作取得实效。年内组织开展了继续深化"安全生产年"活动、打非治违专项整治行动、公路水运工程"平安工地"创建活动、安全生产事故遏制行动、高速公路桥梁和隧道工程预防坍塌事故专项整治活动、安全隐患专项排查整治行动、道路安全隐患排查专项整治行动、道路客运隐患整治专项行动等。结合安全专项活动的开展,共排查一般安全隐患 1.08 万条, 已整改 1.07 万条, 整改率 99.5%, 重大隐患 44 条,已整改 44 条,整改率 100%。开展执法行动 1 983 起, 累计出动执法车辆 8 580 辆次, 执法人员 3.07 万人次,查处无证经营车辆 1 968 辆次,查处不规范经营行为 7 536 起,完善危货运输档案 1.15 万份,责令停业整顿 61 家危货运输企业、521 辆危货运输车辆,144 辆危货运输车辆转为普货运输或退出市场。强制解体 3 艘"三无船舶",关闭未取得安全生产许可证采砂企业 2 户, 查封 10 艘挖沙船舶,查纠违章行为 2.5 万起,对存在重大安全隐患的 8 个施工现场进行了停工整顿处理,下发整改通知书 500 余份,处罚严重违规建设单位 16 户。处罚不按规定进行安全培训或无证上岗 67 起,其他非法违法建设、生产、经营行为 66 起,全行业安全生产形势有了明显好转。"11.16"事故发生后,按照省政府统一部署安排,与公安、教育、安监等部门一道开展校车安全督查工作,并进行校园及周边环境综合整治工作。

(三)加大投入,安全基础设施逐步完善。2011 年,累计完成安保工程投资 2 400 万元,治理安全隐患路段 10 处,共计 1 468.6 公里;投入 5 050 万元专项资金,加固改造干线公路危桥 91 座;完成省级督办整改治理事故多发路段 9 处、市级督办25处、县级督办145处；投资2.17亿元，在高速公路上实施养护维修工程651公里(单幅)；投资4亿元，在普通干线公路上实施养护维修工程862.8公里；投资1 160万元，完成全省116道渡口的改造；投资360万元，完成了14处索渡船塔架及27处候船亭建设；投入207.8万元，为各地配备海事监督艇4艘，海事执法车9辆；投入960万元，完成了40艘老旧渡船改造。截止2011年底，已建成省级安全监管平台1个，市(州)级监管平台16个、县(区)级监管平台87个，企业监控平台149个，安装GPS终端的营运车辆达1.17万辆。2011年投资505.5万元、累计投资1 800余万元，为三级以上汽车客运站配置行包检测仪111台，建成并投入使用汽车客运站车辆安全门检系统44个。加强了高速公路隧道消防系统建设，完成了大红山、胡洼山、高岭子、新庄岭等7座隧道内盖板拆除及恢复1.3万余米、消防主管道拆除及安装1.5万余米；安装消防支管716米、灭火器1 208套、消防箱290个；完成隧道洞口阀门井检修24处，检修地下室消火栓井14座。

(四)加强演练，安全应急保障能力进一步提升。充分利用现有的资源，按照平急结合、群专结合、统一指挥、协调运转的原则，加强应急救援队伍建设，建立公路工程建设项目应急救援队伍18支，道路运输保障大队14个，高等级公路应急消防救援队3个，民间水上救助站17个，组建道路养护应急抢险保障中队15个、小分队135个，共有队员1 278人。积极筹备应急保障物资，在高速公路应急救援保障方面，购买50吨位吊车6辆，应急施救车6辆，清障救援指挥车6辆，通信及个人防护装备180套。全省交通运输行业各部门、各单位年内开展各类安全应急演练活动120余次。2011年7月11日，在黄河白银景泰段开展了以“军地联合、快速反应、以人为本、保障安全”为主题的庆祝2011年“中国航海日”暨军地联合水上应急搜救演练活动。完成了中山桥、七里河桥封闭维修期间的摆渡任务，长达483天的摆渡期内安全渡运达294万人次。不断修订完善道路、水路运输、公路养护、公路建设和高速公路专项应急预案，行业安全应急保障能力得到有效提升。

(五)深入检查，确保工作措施落到实处。年初组织开展了2010年安全生产目标考核暨春运安全生产检查工作，抽调人员组成检查组，对全省各市、州交通主管部门、道路、水路运输、公路工程建设项目、公路养护和高速公路运营管理部门2010年的安全生产目标责任落实情况及2011年春运安排部署情况进行了全面检查，评选出优秀单位6家，良好单位9家。按照继续深化“安全生产年”活动和安全专项整治行动的安排部署，在5月、7月、9月、11月开展了四次安全生产检查工作。为提升全省公路工程建设项目安全管理水平，年内组织开展了两次在建项目安全质量大督查大整改活动，组织有关部门和单位的专家及技术人员对全省所有在建公路项目进行了拉网式的检查，排查出质量安全方面存在的隐患530余处，并提出整改意见，责令相关部门限期进行整改。年内，迎接交通运输部安全督查及调研活动4次，省安委会办公室安全督查2次，参加省政府组织安全督察2次，省安监局组织安全督察2次，并与省安监局及相关厅局人员组成联合调查组，对兰临高速公路新七道梁隧道“4.8”事故和“10.29”兰渝铁路施工建设重大交通安全事故进行调查，圆满完成了各项工作任务。

(六)加强宣教，行业安全文化不断推进。组织开展了主题为“安全责任，重在落实”的第十个“安全生产月”活动，活动期间，厅安委会印制宣传资料20 000余份，制作安全展板200余个，印发安全培训资料750余份。组织厅属单位开展安全培训12期，培训人数达8 000余人次。全省交通运输行业年内共召开各类学习会、安全分析会120余次，参加人员6 500余人次，出动宣传车230台(次)，悬挂横幅安全标语3 390多幅，散发安全宣传传单64 650份，办宣传板报专栏136期，开展知识竞赛(讲座)50余场。从2011年6月份开始在全行业组织开展安全生产知识竞赛，全行业103家单位6 500多人次参加，并于2011年12月举办了有10家单位参加的决赛，对优胜单位给予了重奖。印发行业内刊物《安监动态》20余期，累计印发50余期。编写了《全省交通运输安全生产与应急管理知识培训教材》，举办了全省交通运输安全生产与应急管理培训班，为提高各单位安全生产管理人员责任意识、业务水平和应急管理能力起到了积极作用，营造了良好的安全文化氛围。

二、正视成绩，寻找差距，进一步提高做好安全生产工作的责任感和紧迫感

2011年，通过全省交通运输行业各部门、各单位的共同努力，行业安全生产工作取得了一定的成绩，安全生产形势进一步好转，具体表现在以下三个方面。一是安全生产四项指标均有不同程度地下降，安全生产事故得到了有效控制；二是行业安全监管体系进一步完善，各单位相继成立了安全监管部门，配备专职人员，推动了安全监管工作稳步开展；三是安全指标逐步纳入综合考核体系，特别是在公路工程建设方面，已将安全生产体系作为市场准入必备条件之一，提高了准入门槛，推动了安全生产工作的顺利开展。

在肯定成绩的同时，我们也要正视安全生产工作中存在的薄弱环节和问题。一是安全监管手段相对滞后。随着交通运输安全监管范围的进一步扩大，原有的传统管理模式和方法，已不能适应交通运输快速发展对安全工作的新要求。二是个别部门、单位负责人对安全生产工作重视程度依然不够。三是安全主体责任落实亟待加强。道路、水路运输、公路工程建设企业重效益、轻安全的思想依然严重。四是安全执法强度和广度不够，非法违法行为、违规违章现象屡禁不止，部分运输企业特别是城乡客运企业驾驶员法制观念淡薄，在运营过程中存在超载、超速等违法违章行为。五是安全文化建设进度缓慢，培训教育工作大多浮于表面，落实不够。六是安全信息上传下达不及时，迟报、漏报、瞒报生产安全事故和安全信息的现象依然存在。

三、2012年全省交通运输安全生产工作重点

(一)高度重视，深刻理解，全面贯彻落实国发40号文件精神

《国务院关于坚持科学发展安全发展促进安全生产形势持续稳定好转的意见》(国发〔2011〕40号)是继2004年《国务院关于进一步加强安全生产工作的决定》和2010年《国务院关于进一步加强企业安全生产工作的通知》(国发〔2010〕23号)之后，以国务院名义下发的关于安全生产工作的又一重

要文件，是指导“十二五”乃至更长时间内安全生产工作的纲领性、规范性文件。各部门、各单位要高度重视，牢牢把握意见的精神实质、基本内涵和相关要求，抓好贯彻落实。要不断增强坚持科学发展、安全发展的自觉性。既要认清安全生产的长期性、艰巨性和复杂性，自觉做到警钟长鸣、常抓不懈，又要认清当前交通运输行业科学发展、安全发展的必然趋势，看到近年来安全生产工作取得的积极进展和明显成效，进一步增强做好安全生产工作的信心和决心，坚定不移地推进科学发展、安全发展。要以《意见》为指导，全面落实全省交通运输行业安全生产“十二五”规划各项工作，研究制定强有力的安全生产措施，通过更加科学的管理、更加健全的制度、更高标准的行业准入、更加有力的科技支撑、更加完备的技术保障、更加高效的应急救援、更加严格的目标考核和更加严厉的责任追究等，进一步形成安全生产的长效机制，促使行业安全生产水平不断提高。同时，要充分利用各种途径，大力宣传贯彻国务院《意见》，以“科学发展、安全发展”为主题，组织开展好全国第11个“安全生产月”系列活动。通过广泛深入的宣传教育，使党中央国务院坚持科学发展、安全发展，促进安全生产形势持续稳定好转的重大决策部署和各项政策措施深入人心。

（二）严格落实“一岗双责，一责双管”安全生产责任制

要进一步加强行业安全监管责任和企业安全主体责任的落实，贯彻落实全省安全生产工作会议精神。在行业监管方面，要严格落实“一岗双责”责任制，各部门、各单位的主要负责人要分别对本行政区域、本行业安全生产工作负全面领导责任；分管安全生产的负责人要对安全生产工作负组织领导和综合监督管理责任；其他负责人要对各自分管工作范围内的安全生产工作负直接领导责任。各市、州道路、水路运输管理部门、公路养护、高速公路运营、公路建设项目和路政执法部门要积极接受地方交通主管部门的监督检查和指导，积极参加地方主管部门召开的安全联席会议，实现交通运输安全工作区域联动，整体推进。要把企业安全生产主体责任落到实处，依照国发〔2010〕23号文件要求，督促各交通企业遵守和执行相关法律法规、规章制度和技术标准，依法依规加强安全生产工作，加大安全投入，设置安全专项资金，提高专业技术装备水平，深化隐患排查治理，配足配齐各类安全防护设施设备，不断强化企业职工安全培训教育工作。加强班组安全建设，规范安全生产流程，保持安全设备设施始终处于完好状态。企业主要负责人、实际控制人必须定期安排部署安全生产工作，带头执行现场带班制度，加强现场安全管理，努力提高企业本质安全水平。要按照“四不放过”和“科学严谨、依法依规、实事求是、注重实效”的原则和要求，做好事故调查处理工作，明确责任，重拳惩处。

（三）突出重点，排查隐患，继续深入开展各项安全专项整治活动

一是继续深化“打非治违”行动。按照张德江副总理提出的“四个一律”（对非法生产经营建设和经停产整顿仍未达到要求的，一律关闭取缔；对非法违法生产经营建设的有关单位和责任人，一律按规定上限予以处罚；对存在违法生产经营建设的单位，一律责令停产整顿，并严格落实监管措施；对触犯法律的有关单位和人员，一律依法严格追究法律责任）要求，运用联合执法机制，严厉打击未取得道路运输经营许可，擅自从事道路旅客运输的非法经营行为；“三无”船舶以及渔船、农用船舶、货运船舶非法载客行为；违反建设项目安全设施“三同时”规定、施工企业“三类”人员无证上岗行为及瞒报事故和重大安全隐患、拒不执行监管指令等违法违规行为，进一步整顿规范生产经营秩序。二是继续深入开展“平安工地”建设活动，进一步完善“平安工地”评选标准和考核实施办法，将“平安工地”建设活动纳入制度化、标准化管理轨道。2012年，全省在建重点公路建设项目创建“示范项目”要不少于3个，“示范合同段”不少于20个。三是继续开展道路运输专项整治活动。各级道路运输管理机构要协同公安交警等部门联合开展道路运输安全检查工作，加强对道路运输企业的安全监管。要继续推动长途客运、危货运输车辆安装使用卫星定位装置，并作为行业准入的强制性条件，不断建立完善省、市、企业三级动态监管平台。各级路政执法部门要继续加大路面执法力度，严厉整治超限超载等非法违法行为。四是开展特种设备安全专项整治工作。加强特种设备安全管理，在公路工程建设过程中，督促施工企业严格履行特种设备使用登记制度、定期申报检验和维护保养制度，保证特种设备作业人员持证上岗，按章操作，确保特种设备的安全运行。同时，深刻吸取“11.16”事故教训，根据行业内部养护车辆、通勤车及公务用车数量较大的实际情况，加强行业内部车辆的安全管理工作，制定单位内部车辆管理办法，确保从业人员人身安全。五是继续深入开展道路桥梁安全隐患整治工作。各级公路养护管理部门要对事故多发路段和危桥开展专项治理工作，要在2011年道路桥梁整治工作已取得成绩的基础上，继续对全省高速公路和国省干线公路上的桥梁构造物进行安全检测和隐患整改。省高管局要继续加大对隧道消防设施和高速公路标志标牌的配备，加强安全监控，确保高速公路运行安全。六是开展公路建设项目桥梁和隧道施工安全风险评估工作。省交通质监站、各建设单位要加强对部质监局下发的《关于开展公路桥梁和隧道工程施工安全风险评估试行工作的通知》（交质监发〔2011〕217号）的学习，熟悉桥隧工程施工安全风险评估的方法，对照《通知》要求划定需要进行评估的桥隧工程范围，积极组织开展施工风险评估工作，从源头上消除施工安全隐患。

（四）加大投入，科技兴安，逐步实现交通运输行业本质安全

要加大投入，加强管理，全面提高安全生产管理水平。各部门、各单位要把促进行业本质安全水平的持续提高作为行业安全管理的核心目标，综合运用法律、行政、经济手段，充分调动企业提高本质安全水平的积极性。省运管局、省水运局要督促道路、水路运输企业提高车、船安全技术性能。加快运力更新，优先发展大型客（滚）船、厢式货车和高级客车等，逐步提高营运车（船）技术标准，将双主机、车辆舱CO消防系统、保温救生服和全承载车身、ABS、缓速器、乘员安全带等作为我省重点车、船的标准配置。进一步加大投资，提高车站和码头的安全保障能力，配足配齐车站、码头安检设备，提高安检能力和安检质量。充分利用3G通信技术，提高车辆运行轨迹、声音、视频的安全监控能力。省公路局要不断提高公路安全保障能力，加大危桥改造和公路安保工程建设力度，完善

公路标志、标线，科学组织公路养护施工作业，消除公路设施安全隐患；省高管局要加强高速公路网安全管理，安装监控设备，设置指挥调度机构，协助做好交通管制；省路政执法局要加强“双超”治理，降低车辆“双超”违章率，提高路政管理水平。同时，各部门、各单位要高度重视人的本质安全在安全系统中的先导性、基础性地位，强化对从业人员的管理，不断提高从业人员的安全意识和安全技能。坚持从安全系统的整体出发，深入排查和整治薄弱环节，促进安全要素之间的和谐统一，实现人机互补、人制互补，强化系统内在的安全保障机制。

（五）完善制度，强化基础，不断推进企业安全生产标准化进程

继续深入贯彻落实国务院《关于进一步加强企业安全生产工作的通知》精神，强化交通企业安全主体责任落实，以国务院安委会《关于深入开展企业安全生产标准化建设的指导意见》为指导，着力推进企业安全生产达标创建。2011 年，厅制定了《全省交通运输企业安全生产标准化建设实施方案》和《关于加强全省交通运输企业安全生产绩效考核的指导意见》，今年要抓紧研究制定出《全省交通运输企业安全生产标准化建设细则及标准》以及《全省交通运输企业安全生产绩效考核办法》，建立和完善企业安全技术标准，加快制定修订生产、安全技术标准，制定和实施行业从业人员资格标准，把符合安全生产标准作为交通企业准入的前置条件。要继续推广《甘肃省道路客运企业安全生产控制法》和《甘肃路桥建设项目安全控制法》，加快水路运输、公路养护、高速公路运营管理等方面的安全标准化建设进程。道路运输、水路运输、公路工程建设等行业管理部门要选择在基础条件较好的企业开展安全生产标准化试点工作，重点培育和树立一批安全生产标准化建设较好的典型示范企业。同时要加强跟踪和监督检查，不断巩固建设成果，坚持与时俱进、突出建设重点、解决突出问题，做到持续改进和升级，切实提高企业安全生产标准化建设水平。要结合日常安全检查，加强对企业安全生产标准化创建工作的巡检抽查和定期评估，动态掌握企业在安全标准化实施、保持以及持续改进等方面的情况，确保企业安全生产标准化创建工作有序推进。对已达到安全生产标准化的企业要重点抓巩固、抓提升，对尚未达标的企业要抓督促、抓整改。对在规定期限内仍达不到最低标准，不具备安全生产条件，不符合国家产业政策，以及发生各类非法违法生产经营建设行为的企业，要依法关闭取缔一批；对具备基本达标条件，但安全技术装备和管理相对落后的，要促进其达标升级。要建立安全生产标准化建设工作信息化管理平台，加强对工作进展的实时管理，及时掌握动态信息，提高工作效率和服务水平。通过安全生产标准化建设，要实现岗位达标、专业达标和企业达标，不断促进全行业安全生产水平明显提高，安全管理和事故防范能力明显增强。

（六）完善预案，加强演练，不断提高交通运输安全应急救援水平

一是要加强安全生产应急制度建设。结合我省交通运输行业安全应急工作实际，不断制定和完善各项应急预案，建立相应的培训与演练制度，根据实际需要，定期或不定期开展应急培训工作，建立对应急人员的奖励机制，提高其参与应急工作的积极性。二是要加强安全应急管理体制建设。按照综合协调、分类管理、分级负责的要求，全面加强安全应急管理工作的领导机构、指挥机构、办事机构和应急队伍建设，加大应急装备的投入力度。充分发挥各级应急管理机构的应急值守、信息汇总和综合协调作用。细化各级各类机构之间的职能划分，理顺内部关系，强化工作衔接，实现快速反应、高速运转、保障有力。三是要健全安全应急管理工作机制。坚持完善隐患监控排查、突发事件监测预警、信息报告和共享、应急处置协调联动、信息发布和舆论引导等机制，建立健全相应的规章制度，把具体的工作措施落实到应急管理的每一个环节，有效提高应急管理能力。四是要加强安全应急救援队伍建设。加强运输保障队伍建设，道路、水路运输管理部门要以道路、水路客、货运输骨干企业为依托，建立应急运输保障车队、船队，完善指挥调度联络和协调机制，保障应急物资抢运、旅客疏散；加强公路工程建设安全应急队伍建设，各建设单位要逐步建立以项目自救为主、专业救助为辅、安全专家为技术支撑的交通运输建设安全应急队伍体系；加强公路应急抢险保通队伍建设，以公路养护管理部门、路政管理部门以及日常养护队伍为基础，构建基层公路安全应急抢险保通队伍。五是要加强协调联动机制。积极协调公安、消防、气象、通信、卫生、军队等有关部门，建立联动机制，实现应急队伍的统一调度、密切协作，提高应急救援工作水平。六是要加强安全应急演练工作。各部门、各单位，尤其是交通工程施工企业、道路、水路运输企业要积极抓好预案演练工作，提高应急预案的科学性、实用性和可操作性，不断提高安全应急人员在各种紧急情况下妥善处置突发事件的能力。

（七）加强宣传教育，提高培训质量，营造行业安全生产良好氛围

充分利用各种媒体，大力宣传党和国家安全生产的方针政策、法律法规和安全知识，进一步营造加强安全生产、促进安全发展的社会氛围。各部门、各单位要做好从业人员的安全教育工作。道路运输行业要确保全员 100%持证上岗，认真落实客运车辆司乘人员、危险品运输车辆驾驶员、押运员、管理人员以及客运站“三品”检查员、安全例检员等重点岗位人员的安全教育培训制度。进一步实施营运驾驶员素质教育工程，推进诚信考核，提升营运驾驶员的整体素质。公路工程建设管理部门要加强安全生产“三类人员”的培训、考核、发证工作，加强安全监督队伍自身建设，提高监督人员执法能力，努力适应全省交通建设工程安全生产管理需要。要继续加大重点建设项目的安全培训工作，将安全培训教育工作重心下移，对特殊工种人员、农民工和使用新技术、新工艺作业人员必须进行上岗前的安全常识和安全技能教育适应性培训，使广大从业人员的安全意识和自身的防范能力不断提高，从而使行业安全管理水平进一步得到提升。

深入推进交通运输特色反腐倡廉建设 为实现交通运输科学发展提供有力保证

——省交通运输厅党组成员、纪检组长艾玉德在全省交通运输系统廉政工作会议上的讲话

(2012年2月29日)

一、2011年党风廉政建设和反腐败工作回顾

(一)加大监督检查工作力度,中央和省委决策部署得到有效落实。

全省交通运输系统各级党组织和纪检监察部门,始终把中央和省委决策部署贯彻落实情况作为监督检查的重点,深入开展行政监察、效能监察和廉政监察。加大对《廉政准则》宣传学习和贯彻执行情况的监督检查,推动《廉政准则》在全省交通运输系统的全面贯彻落实。

紧紧围绕加快转变交通运输发展方式,研究制订了《甘肃省交通运输厅开展加快转变经济发展方式监督检查的工作方案》,按照统一领导、各司其职、各负其责、上下联动、齐抓共管的工作原则,加强对交通运输"十二五"发展规划制定、交通基础设施建设立项审批政策执行情况、履行项目建设程序、完善优化路网布局结构、推进综合运输体系建设、交通运输科技创新及人才培养和科研成果推广应用、节能减排与环境保护政策措施落实情况、项目建设节约用地政策落实情况等八个重点方面的监督检查,认真组织开展自查自纠和突出问题整改落实工作,促进交通运输持续快速健康发展。

为落实中央和省上有关恢复重建的政策措施,研究制定了《甘肃省交通运输厅舟曲灾后交通运输恢复重建监督检查工作实施办法》,向舟曲灾后交通运输恢复重建项目派驻了纪检监察组,建立健全了项目数据库、定期报告、监督检查、挂牌销号、案件受理核查等工作机制,切实加强对项目大额度资金使用、大宗物资采购、重大项目招投标等情况的监督检查,坚决防止和纠正决策程序不规范、措施办法不科学的问题,为舟曲交通运输灾后恢复重建顺利推进提供了有力的纪律保证。

(二)创新反腐倡廉教育手段,领导干部廉洁自律意识进一步增强。

坚持把深化反腐倡廉教育作为一项基础性工作来抓,突出教育重点,创新教育手段,丰富教育形式,着力培育领导干部廉洁从政的价值理念和营造崇廉鄙腐的社会氛围。大力开展正面典型示范教育,积极组织开展向王瑛、杜登芳、杨善洲等先进典型学习的活动,着力发挥先进典型的示范引领作用。深入开展警示教育,按照《甘肃省交通运输厅关于开展警示教育活动的实施办法》,以全系统近年来查办的违法违纪案件特别是兰州公路总段所属基层单位发生的贪污贿赂案件为反面教材,以案说法,以案说纪,以身边事教育身边人,进一步增强了领导干部和重要岗位党员干部的廉洁自律意识,促进和带动广大党员干部遵纪守法,爱岗敬业,勤政廉政。积极开展岗位廉政教育,举办交通运输系统第三期廉政论坛,研究探讨廉政建设新的思路方法,进一步增强了各级党政主要领导抓好廉政建设的责任感、使命感和紧迫感。加快实施《关于加强甘肃省交通系统廉政文化建设的指导意见》,以庆祝建党90周年为契机,开展了陇原清风书画作品征集活动、"红歌"演唱会、反腐倡廉建设理论研讨征文活动、反腐倡廉知识竞赛活动、反腐倡廉工作成就展等活动,大力弘扬廉荣贪耻的价值理念;继续深入开展廉政文化"六进"活动,在机关、工地等场所设置了廉政标牌、标语、廉政漫画等,在系统门户网站及内部刊物设立了廉政警言、廉政信息、廉政论坛等专栏,开展"亲情助廉"活动,努力构建具有交通运输特色的廉政文化体系,广大党员干部的廉洁自律意识进一步提高。

(三)强化权力运行监督制约,交通运输特色惩防体系建

设取得明显成效。

坚持以规范权力运行为抓手,深入推进惩治和预防腐败体系建设。按照《甘肃省交通运输厅关于廉政风险防控体系建设工作的实施办法》,认真开展廉政风险防控。各单位均制定了《工作实施方案》,成立了领导小组和工作机构,召开学习贯彻专题会议,统一思想认识,强化防范意识。紧紧围绕重点岗位和关键环节,全面查找个人、部门、行业容易发生问题、诱发腐败的廉政风险点,逐项确定风险等级,绘制廉政风险防控工作总体流程图和各风险环节分项防控流程图。针对查找廉政风险点暴露出来的制度缺失和漏洞,进一步修订完善各项管理制度,完善权力运行机制和监督制约机制,加大源头治理工作力度。

认真贯彻落实《党内监督条例》,坚持和完善"三重一大"集体决策、重大事项报告、述职述廉、廉政谈话、经济责任审计等监督制度,切实加强对领导班子和领导干部的监督。积极深化干部人事制度改革,加强对民主推荐、组织考察、集体研究等关键环节的监督制约,建立健全了领导干部初始提名、竞争上岗、公开选拔等办法,在基层开展"公推直选"试点工作,不断提高干部选任工作的透明度。全面推行首问责任制、限时办结制和一站式服务,行政审批的法规依据、主体、程序更加规范,交通运输行政审批制度改革进一步深化。在基层单位积极推行会计委派制,强化财务监管和内部审计监控,加强预算执行情况的监督检查,确保各项交通资金安全有效使用。全年共进行离任领导干部经济责任审计82个,基本建设资金审计296个,财务收支审计245个,共查出损失浪费金额2 383.9万元,违纪违规金额4.9亿元,审计结果得到综合运用。深化招投标制度改革,加大信用评价体系建设,研究制定了《关于公路工程施工企业信用评价结果在招投标中应用的指导意见》,将信用评价结果在招投标环节予以应用,有效增强了公路工程建设施工企业在我省的守法、诚信意识;加大对招投标全过程的监督,继续实行网上在线开标、评标专家随机抽取和封闭评标制度,防止围标、串标现象的发生。驻厅纪检组监察室全年共组织纪检监察人员对29个招标重点项目、8个二级公路项目实施了现场监督,确保了招投标活动的公开、公平、公正。进一步深化党务、政务公开,拓展公开载体,扩大公开内容,切实保障了职工群众的知情权、参与权和监督权。

继续深入开展"制度落实年"、"制度推进年"活动,进一步加强制度的废改立工作,根据交通工程制度评估情况,研究提出了交通工程建设领域廉政建设法规制度建设计划,对部分制度进行了修订完善,并加强对制度落实情况的监督检查,制度适用性和执行力进一步提高,用制度管人、管事、管权成效显著。

(四)深入开展专项治理工作,群众反映强烈的突出问题得到进一步解决。

按照中央和省上的部署,把工程建设领域突出问题专项治理工作作为加强交通基础设施廉政建设的重要抓手,结合《甘肃省交通运输厅关于突出问题专项治理工作的实施办法》,扎实开展"回头看"活动,继续巩固专项治理成果。从16个方面入手,对2008年以来规模以上投资项目进行全面排查,共排查公路工程、航运工程、交通运输站场建设、计重收费改造工程等项目110个,农村公路项目6 064个。坚持"边查边改,随查随改"的方法,对检查中发现的25个项目存在的51个具体问题,提出整改措施并督促相关单位部门进行整改,积极查找和整改监管工作的薄弱环节和漏洞。进一步完善了"横向到边、纵向到底"的排查工作体系和量化考核体系,深入推进"1234"工作法,着力构建科学规划立项、严格履行基本建设程序、信用体系建设和项目信息公开等方面的长效机制,项目建设管理水平得到提升。

"小金库"专项治理成果进一步巩固。全系统按照中央综合治理、纠建并举、注重预防的要求,继续全面推进"小金库"治理工作。自2009年"小金库"专项治理以来,发现小金库共19个,其中自查发现16个,重点检查出3个,按照有关规定进行了严肃处理。对定西市人民检察院移交的定西公路总段高等级公路养护管理中心设立"小金库"的相关责任人予以责任追究及相关处理。

天水过境段工程廉政部省联建及预防腐败试点工作圆满完成,是对我省交通基础设施建设领域廉政建设的积极探索和有益的尝试;组织召开交通工程建设项目派驻纪检监察组述职暨工程廉政试点项目观摩推广会议,试点工作形成的工程廉政建设"3个机制"、"5个体系"、"10个重点方面、29个关键环节、45个风险点"的经验做法目前已在全省交通运输系统工程建设领域推广应用。

推进派驻项目纪检监察工作,修订了《甘肃省交通基础设施建设项目纪检监察派驻工作实施办法》,进一步完善纪检监察派驻工作机制,召开了两次派驻重点建设项目纪检监察组述职会,加强对派驻项目纪检监察组的组织领导和指导考核。推动派驻项目纪检监察工作向非重点工程建设领域延伸。

集中开展公务用车突出问题专项治理,重点纠正超编制超标准配备公务用车和违规换车、借车、摊派款项购车、豪华装饰及公车私用等问题。查出纳入摸底调查范围的所属事业单位违规车辆45辆,对超标车辆已上报了处理意见,有力遏制了多配车、配好车以及攀比用车等不正之风。

(五)加大行业纠风治乱力度,交通运输行业服务能力进一步提升。

切实加强各级领导机关和领导干部党性修养和作风建设,结合深入开展争先创优"窗口服务月"和"破解难题"主题活动,认真落实服务承诺制、限时办结制、首问责任制和作风投诉制。加强对领导干部作风状况的监督检查,对领导干部作风方面的苗头性、倾向性问题,采取诫勉谈话、批评教育、责令检查等措施,及时予以纠正。进一步加强了对民主生活会、述职述廉和重大事项报告等制度执行情况的检查,积极推行领导干部问责制,严肃查处失职渎职行为,健全领导班子和领导干部考核评价机制,加大了治懒治庸力度,进一步提高了行政效能。

进一步巩固全省公路基本无"三乱"的治理成果,严肃查处以罚代纠、乱收乱罚、吃拿卡要等违规违纪问题,全年累计明查暗访21次,查处公路"三乱"问题3件,党纪政纪处分5人。加大对落实鲜活农产品运输"绿色通道"政策落实情况的监督检查,保障"绿色通道"高效畅通,全年绿色通道通行费减免3.8亿元,较好地支持了农业生产和农民增收。结合交通运输系统行政执法监督检查和"六五"普法的实施,深入推进规范交通行政执法处罚自由裁量权工作,进一步明确执法主体、权责、依据、标准等,加大对违法违纪违规行为的查处力度,加强执法队伍建设,进一步树立依法行政、公正规范、文明执法意识。认真开展全省收费公路专项清理工作,坚决纠正和查处违规审批、违规设站、违规收费的行为,全年共清理收费项目60个,站点174个,收费里程5 334公里,撤销收费站8个,移站3个。

深入开展民主评议政风行风活动,认真解决和答复群众关注的突出问题和政策咨询,进一步提高了社会服务质量和办事效率,树立了交通运输行业的良好形象;利用交通运输系统门户网站、省纠风网、舟曲灾后重建监督检查网等平台,加强反腐倡廉舆情网络信息收集研究,有针对性地开展舆论引导,认真回应社会关切的问题,切实做好信息发布和澄清是非、释疑解惑工作,进一步密切了与人民群众的联系。

(六)严肃查处违纪违法案件,惩治腐败的高压态势得到继续保持。

始终把查办案件作为惩治腐败的重要手段,进一步畅通和拓宽群众信访举报渠道,注重从信访中发现领导干部滥用职权、徇私舞弊、违规插手干预工程建设以及违反财经纪律私设"小金库"等案件线索,对案件线索进行了摸排和初核。驻厅纪检组监察室全年共接到上级转办和群众检举来信66件(其中上级转办21件),涉及违反组织人事纪律行为6件,违反廉洁自律行为12件,贪污贿赂行为13件,违反财经纪律行为9件,其他检举类26件;涉及县处级干部34件,科级干部20件;涉及工程建设类15件。初核16件,立案2件。受党纪处分1人,政纪处分2人。在查处违法违纪行为的同时,通过查办案件,也为部分干部澄清了是非,保护了干部干事创业的积极性。注重发挥查办案件在源头治理腐败方面的重要作用,积极将办案效能向教育、制度、监督等领域延伸,充分发挥查办案件治本作用。

(七)严格目标责任管理考核,党风廉政建设责任制得到较好落实。

各级党组织认真落实党风廉政建设责任制,把党风廉政建设和反腐败工作与交通运输改革发展各项工作同部署、同落实、同检查、同考核,层层签订党风廉政建设目标责任书,明确工作要求,细化工作内容,分解工作任务,将责任落实到部门、岗位、人员。加强目标责任考核,定期组织开展党风廉政建设责任制落实情况的检查考核,并将考核结果作为干部业绩评定、奖励惩处、选拔任用、单位评先创优的重要依据。各级领导干部严格落实"一岗双责"制,主要负责同志认真履行党风廉政建设第一责任人职责,其他领导干部履行分管部门党风廉政建设责任人的职责,建立了分工协作机制,保证了党风廉政建设工作健康有序开展。

厅党组高度重视党风廉政建设责任制落实,按照年中重点抽查、年末全面检查考核的要求,对厅属单位领导班子及成员履行党风廉政建设责任制、领导干部遵守廉洁自律各项规定以及开展党风廉政建设和反腐败工作情况,通过召开述职述廉大会、民主测评、走访座谈等方式进行检查考核,查找问题,分析原因,对责任不落实,措施不得力,敷衍塞责,造成工作落空、出现问题的,严肃追究有关领导的责任,推动了党风廉政建设和反腐败工作深入开展。

(八)加强纪检监察队伍建设,履职能力和服务意识进一步提高。

认真贯彻落实《2009—2013全国纪检监察干部教育培训工作规划》和省纪委的实施办法,健全完善纪检监察干部教育培训、日常管理和内部监督等机制,不断加强和改进自身建设,着力提高服务和保障交通运输科学发展的能力。加强对纪检监察干部教育培训,组织8名纪检监察干部和业务骨干参加了省纪委、交通运输部组织的案件查办、西部交通纪检监察干部培训等学习,不断提高纪检监察干部业务素质。进一步加大调查研究,围绕反腐倡廉制度建设、权力运行监督制约、构建交通运输特色惩防体系、交通工程建设领域招标投标、交通运输系统领导干部从业限制及离职后行为限制等内容,组织开展调研工作,形成了调研报告。甘肃交通工程建设领域腐败机理及风险防范管理研究、交通工程建设项目招投标廉政风险防控研究两项课题的研究工作进展顺利。系统内涌现出了一批秉公执纪、爱岗敬业、无私奉献、成绩突出的先进集体和优秀纪检监察干部,其中1名同志受到中央纪委和监察部的表彰奖励,获得"全国纪检监察系统先进工作者"荣誉称号。

二、反腐倡廉建设取得阶段性成效

(一)坚持把深化反腐倡廉教育作为一项基础性工作常抓不懈。重点从丰富教育形式内容,创新方式方法,强化措施手段入手,突出重点、突出特色、突出实效,做到传统教育与现代教育相结合、经常性教育与主题教育相结合、正面示范教育和反面警示教育相结合、集中教育与日常教育相结合,教育的针对性和实效性不断增强。广大党员干部的政治敏锐性、鉴别力不断增强,筑牢了反腐防腐的思想防线,在全行业营造了廉洁从业、廉荣贪耻的浓厚氛围,为反腐倡廉深入开展提供了坚实的思想基础。

(二)坚持把开展监督检查作为发挥纪检监察部门职能作用的有效途径和重要手段不断强化。紧紧围绕维护党的纪律、确保中央和省委重大决策部署的贯彻落实、推动交通运输改革发展、维护人民群众切身利益等权力运行的重点方面和关键环节加大监督检查力度,不断完善监督机制,创新监督手段,整合监督力量,发挥纪检监察、财务、审计等职能部门的监督合力,发挥群众监督、舆论监督作用,着力开展廉政风险防控,以规范权力运行、推进权力阳光运行为重点的监督制约体系不断健全,为反腐倡廉深入开展提供了坚强的纪律保证。

(三)坚持把强化反腐倡廉制度建设作为惩防体系建设的重要内容和源头治理腐败的根本保障不断推进。紧紧围绕规范权力运行,提高制度执行力,加大制度废改立工作,目前,我厅已建立了52项廉政制度,涵盖了教育、制度、监督、改革、纠风、惩处等方面,贯穿于交通基础设施建设、养护、运营、执收执法等项工作的各个方面,初步形成了内容科学、程序严密、配套完备、有效管用的反腐倡廉制度体系。坚持把落实制度摆在与建立制度同等重要的位置来抓,加强对制度落实情况的监督检查,在提高制度执行力上下功夫,使各项制度执行更加有力、有效,为反腐倡廉深入开展提供了有效的制度保障。

（四）坚持把强化交通基础设施建设领域廉政建设作为加强交通运输系统廉政建设的重要着力点紧抓不放。构建了以工程建设招投标监督、事前申报、事中全程封闭运行、事后跟踪追责、网上在线开标等为主要内容的监督体系；完善了以重点项目派驻纪检监察组、工程廉政联席会议、聘用廉政义务监督员、建设资金“三方协议监管”、质量管理“四级保证”、设计变更“五方会审”等为主要内容的制度体系；探索形成了工程廉政建设联动、风险预防、和谐共建“三大机制”以及目标、教育、制度、责任、监督“五大体系”，全省交通基础设施建设领域廉政建设水平得到提升，为反腐倡廉建设深入开展提供了重要的实践基础。

（五）坚持把推进改革创新作为深化反腐倡廉建设的永恒主题常抓常新。从体制、机制、制度等方面不断发现和解决影响反腐倡廉建设的因素，把握反腐倡廉建设发展变化的内在规律和趋势，积极探索反腐倡廉新的有效途径和措施，围绕群众反映强烈的突出问题破解工作难题，着力提高反腐倡廉建设科学化水平，反腐倡廉建设不断适应形势发展变化的要求，探索形成的好的经验做法在全行业推广实施，为反腐倡廉建设深入开展提供了不竭的动力源泉。

当前，在反腐倡廉建设中还存在着一些不容忽视的问题。主要表现在：交通基础设施建设领域腐败问题易发多发的现象虽然得到有效遏制，但远没有根治；交通运输执收执法不规范、服务水平不高的问题依然存在；部分从业人员办事不公、与民争利以及行业不正之风问题还不同程度的存在；极少数领导干部作风漂浮，形式主义、个人主义、享乐主义问题比较突出，行政不作为、乱作为，有令不行、有禁不止的问题依然存在；反腐倡廉制度体系还不健全，制度的系统性、执行效能亟待进一步增强；基层纪检监察队伍力量薄弱，纪检监察人员业务水平和素养需要进一步加强和提高；反腐倡廉工作理念、思路、方法创新还不够，现代信息网络技术手段应用不足等问题。根据形势和任务要求，我们必须深刻认识反腐败斗争的长期性、复杂性和艰巨性，切实增强政治意识、责任意识和忧患意识，以改革创新、开拓进取、求真务实的精神，深入探索研究，着力破解热点难点问题，推动交通运输系统党风廉政建设和反腐败工作不断开创新局面。

三、2012年主要工作任务

2012年，全省交通运输系统反腐倡廉工作总的要求是：全面贯彻党的十七届六中全会、十七届中央纪委七次全会、十一届省纪委八次全会精神，按照全国交通运输系统廉政工作会议、全省交通运输工作会议的部署，以邓小平理论和“三个代表”重要思想为指导，深入贯彻落实科学发展观，坚持标本兼治、综合治理、惩防并举、注重预防的方针，以推进交通运输特色惩防体系建设为主线，以保持党员干部思想纯洁、队伍纯洁、作风纯洁和清正廉洁为重点，严明党的纪律，加强作风建设，着力开展警示教育、风险防控和专项治理三项工作，着力抓好交通基础设施建设领域廉政工作，着力解决反腐倡廉建设中群众反映强烈的突出问题，坚持突出重点、整体推进、改革创新、狠抓落实，不断提高反腐倡廉建设科学化水平，为实现交通运输科学发展提供有力保证，以党风廉政建设和反腐败工作的新成效迎接党的十八大胜利召开。

（一）以维护党的政治纪律为重点加强监督检查，推进交通运输科学发展。

全省交通运输系统各级党组织和纪检监察部门要认真学习领会十七届中央纪委七次全会、十一届省纪委八次全会和全国交通运输系统廉政工作会议精神，准确把握今年中央和省委关于反腐倡廉建设的决策部署，紧贴“服务经济转型跨越、社会稳定和谐、民族共同繁荣、群众安全便捷出行”这个中心，加强对重大决策部署落实情况的监督检查，确保各项任务措施落到实处。

坚决维护党的政治纪律。各级党组织要深入开展政治纪律教育，引导和督促广大党员干部坚定政治立场和政治方向，增强政治敏锐性和政治鉴别力，自觉同以胡锦涛同志为总书记的党中央在思想上政治上行动上保持高度一致，坚决维护党的团结统一。各级领导干部要严格要求自己，切实担负起本单位本部门严格执行政治纪律的领导责任。各级纪检监察部门要加强对党的政治纪律执行情况的监督检查，坚决反对和纠正散布违背党的理论和路线方针政策的意见、公开发表同中央的决定相违背的言论、对中央的决策部署阳奉阴违、泄露党和国家秘密、参与各种非法组织和非法活动、编造和传播政治谣言以及丑化党和国家形象等行为。对违反政治纪律的，要及时给予批评教育或组织处理；对造成严重后果的，要依纪依法严厉惩处。

要围绕贯彻实施“十二五”规划，以推进交通运输实现“六个发展”、做到“五个坚持”为重点，加大转变发展方式和调整结构的监督检查力度，加强对重点工程和灾后恢复重建项目的监督检查，坚决纠正有令不行、有禁不止的行为，确保中央和省委重大决策部署不折不扣落实到位。

要加大对省委“联村联户、为民富民”重大行动贯彻落实情况的监督检查，深刻认识到这一行动是深入贯彻落实科学发展观的生动实践，是坚持重中之重战略思想的必然选择，是改进机关作风、加强干部队伍建设的有效途径，是加强基层基础工作的重要举措。要坚决执行“三个防止”、“八个不准”的行动纪律，建立领导责任制、目标责任制和监督约束机制，把这项行动开展情况纳入领导班子和领导干部考核的重要内容，对工作不力、群众满意度不高的要严肃追究责任。

要认真总结近年来开展监督检查工作的实践经验，紧紧围绕提高监督检查执行力、增强综合效能，进一步把工作重心向基层组织、基层部门、基层党员干部倾斜，把监管关口向重点领域、重点岗位、关键环节前移，拓展延伸监督检查的范围和深度。

（二）以保持党的先进性和纯洁性为重点推进作风建设，促进政风行风不断好转。

胡锦涛总书记在十七届中央纪委七次全会上，深刻阐述了保持党的纯洁性的极端重要性，是对全面推进新形势下党的建设新的伟大工程提出的重大课题。认真学习领会，坚决贯彻落实胡锦涛总书记的重要讲话精神，切实把保持党的纯洁性摆上突出位置，贯穿到交通运输改革发展及反腐倡廉建设的各个方面，是当前和今后一个时期交通运输系统各级党组织和广大党员干部的重要任务，也是交通运输系统各级纪检监察部门的重要使命。要以保持党的先进性和纯洁性为核心，切实加强领导机关和领导干部作风建设，促使各级领导干部特别是新任职领导干部加强党性修养，弘扬良好作风，进一步密切党群干群关系，切实成为政治坚定、勤政为民、求真务实、思想纯洁、队伍纯洁、作风纯洁和清正廉洁的表率。认真落实中央关于加强和创新社会管理的要求，加强对党的群众路线执行情况的检查，督促领导干部落实基层调研、定期接访下访等制度，问需于基层，问计于基层。加大作风整顿力度，坚决纠正少数党员干部脱离群众、作风霸道、特权观念严重等不良倾向，坚决克服官僚主义、形式主义、弄虚作假、心浮气躁等不良风气，严禁搞劳民伤财的"形象工程"和沽名钓誉的"政绩工程"。认真治理庸懒散问题，严肃处理不作为、乱作为等行为。继续执行中央有关厉行节约、反对铺张浪费的规定。

要按照"谁主管谁负责"和"管行业必须管行风"的原则，切实抓好民主评议政风行风评议工作中群众反映强烈的突出问题的整改落实，以实际成效取信于民，赢得群众的满意。继续加大明查暗访力度，深化治理公路"三乱"工作，巩固治理成果。继续清理公路违规收费问题，对违法违规问题未及时纠正的，要进行重点督导整改，确保按期完成清理工作任务。要认真贯彻落实国务院关于鲜活农产品运输"绿色通道"惠民政策，确保"绿色通道"高效畅通和免费政策执行到位。加强对交通行政执法人员的教育、管理和监督，进一步提高执法人员综合素质和执法水平。严格执行《交通行政执法规范》和治超人员"十条禁令"，促进文明执法、规范执法，进一步提高行政执法透明度。坚持领导干部带队明察暗访，严肃查处以罚代纠、乱收乱罚、吃拿卡要等违规违纪问题。严厉打击执法人员与"车托"勾结，非法护送车辆谋取私利等行为。加强交通基础设施建设项目中劳务人员工资发放情况的监督检查，保证劳务人员工资按时足额发放。加强对安全生产法律法规和安全生产责任制落实情况的监督检查，加大生产安全事故责任追究力度。

(三)以规范权力运行为重点推进廉政风险防控，确保惩防体系建设五年规划任务全面完成。

要认真抓好惩防体系建设五年规划落实情况的监督检查，加强工作指导，加大落实力度。对已经完成的工作，要巩固提高；对正在开展的工作，要抓紧推进；对进展缓慢、难度较大的工作，要提出有针对性的推进办法，确保五年规划确定的各项任务圆满完成。要加强调查研究，认真总结经验，按照中央和省上的要求，密切联系本单位实际，认真谋划好下一个五年惩防体系建设的总体思路、目标任务和具体措施。

要围绕规范权力运行深入推进廉政风险防控工作，将廉政风险防控工作放在反腐倡廉工作的重要位置认真抓紧抓好，已经完成查找工作的要组织开展回头看，对查找的风险点、制定的防控措施和绘制的防控流程图逐步进行完善。对工作尚未完成的，要抓紧组织完成。厅党组将于近期组织人员对各单位廉政风险防控工作进行评估，对不认真查找、敷衍塞责、推诿扯皮的要严肃追究相关领导责任。各级交通运输行政机关和事业单位要围绕行政权力和重要业务事项，全面开展廉政风险防控，进一步推进行政权力规范运行和公共服务公开透明。运政、路政、海事等交通运输行政执法部门，要以规范行政许可和行政处罚为重点，着力构建全员参与、监督制约、防范有效的廉政风险防控体系。要进一步加大部《工程建设项目廉政风险防控手册》推广运用力度，努力推动所有政府投资和使用国有资金的工程建设项目全部实施廉政风险防控。已经实行廉政风险防控工作的单位，要进一步抓好深入推进和巩固提高，使防控措施真正落到实处。

要认真执行《党内监督条例》，加强对领导机关、领导干部特别是领导班子主要负责人的监督，加强对人财物管理等关键岗位的监督，规范权力运行。坚持和完善民主集中制，严格落实"三重一大"集体研究决策、重大事项报告制度，积极开展批评和自我批评，自觉克服好人主义，提高民主生活会质量。严格执行领导干部述职述廉、诫勉谈话、函询等制度，坚持把在干部选拔任用中征求纪检监察部门意见制度和领导干部经济责任审计制度落到实处。认真执行《党政主要领导干部和国有企业领导人员经济责任审计规定》，深化对领导干部的经济责任审计。深入开展行政监察、效能监察和廉政监察，促进各单位各部门勤政廉政。深化行政审批制度改革，进一步减少和规范行政审批。深化干部人事制度改革，完善干部考核评价、管理监督和激励保障机制。加强资产和政府采购管理，逐步把资产管理和政府采购工作纳入党风廉政建设责任制考核和领导干部经济责任审计的内容。按照中央和省委"基层组织建设年"活动的部署，加强党的基层组织建设，健全组织机构，完善组织生活，切实发挥党的基层组织的战斗堡垒作用和党员先锋模范作用。继续抓好党的基层组织党务公开，进一步深化政务公开，认真执行政府信息公开条例，扩大行政决策和管理事务公开的领域和范围。

(四) 以工程建设领域突出问题为重点加大专项治理力度，切实解决群众反映强烈的突出问题。

深入推进工程建设领域突出问题专项治理。继续抓好项目决策、招标投标、规划管理、建设实施、资金监管、物资采购等重点环节廉政风险排查和治理。严厉打击挂靠借用资质和以收取管理费等方式出借资质等违规行为，严肃查处围标串标、转包和违法分包、工程质量低劣等纠而复发、屡禁不止的违法违规问题。推进信用评价体系建设和项目信息公开，加强工程建设项目质量安全管理。要针对发现的突出问题，不断探索丰富理论基础和实践内涵，建立健全交通工程廉政建设的制度体系，形成工程廉政建设监督检查、督促落实、排查整改、成效巩固等长效工作机制，不断提高工程廉政建设制度化、科学化水平。着力抓好天水过境段工程廉政部省联建及预防腐败试点工作经验的推广应用工作，推动交通工程建设项目质量、安全、效益和廉政建设水平的不断提升。

以严格审批程序和经费管理为重点，深化庆典研讨会论坛过多过滥问题专项治理，把举办节庆活动、研讨会论坛活动的管理纳入政务公开事项，坚决制止和取消那些增加基层负担、形式重于内容的活动，对经过批准举办的活动要严格控制规模，厉行节约。深化公务用车专项治理，规范执法执勤用车的配备使用，加强对越野车配备使用的管理；抓好对违规车辆的纠正处理，坚决减少公务用车总量；完善和落实公务用车编制管理、购置审批、经费预算管理等制度，切实加强日常监管。对已经取得阶段性成果的公款出国(境)旅游、"小金库"等专项治理，要继续抓好巩固成果、建章立制等工作。

(五)以严肃党的纪律为重点加大案件查处力度，始终保持惩治腐败高压态势。

坚持党要管党、从严治党，对腐败案件发现一起坚决查处一起，决不手软、决不姑息。以严肃党的纪律为重点加大案件查办力度，严肃查办发生在领导机关和领导干部中贪污贿赂、失职渎职的案件，严肃查办严重损害群众经济权益、政治权益、人身权利的案件，严肃查办违反政治纪律和组织人事纪律的案件，严肃查办发生在工程建设领域的案件，加大对行贿行为的惩处力度，切实做到有纪有法必依、执纪执法必严、违纪违法必究。探索案件查办协作机制，提高依纪依法、安全文明办案水平。进一步强化查办案件的治本功能，努力取得良好的政治效果和社会效果。

（六）以贯彻落实《廉政准则》为重点加强反腐倡廉教育，全面推进廉政文化建设。

紧紧围绕社会主义核心价值体系建设，认真开展在新形势下保持党的纯洁性教育、理想信念教育、党性党风党纪教育和从政道德教育。大力加强政治品质和道德品行教育，促使党员干部模范践行社会公德、职业道德、个人品德、家庭美德。深入开展示范教育、警示教育和岗位廉政教育，把培养廉洁价值理念贯穿于党员干部培养、选拔、管理和使用的全过程。在坚持行之有效的传统教育、警示教育的基础上，积极探索和实践反腐倡廉教育的新途径和新办法，注重运用现代教育手段开展反腐倡廉教育，进一步增强教育的吸引力、感染力和影响力。认真抓好《廉政准则》等各项规定的贯彻执行，约束和规范领导干部的用权行为。继续整治领导干部违规收受礼金、有价证券、支付凭证、商业预付卡问题，治理违规多占住房问题，治理违规融资以及利用职权以委托理财等形式谋取不正当利益等问题。严禁参加可能影响公正执行公务或用公款支付的高消费活动。加大对执行《廉政准则》情况的督导检查力度，提高执行效果。

要以改革创新精神推进交通运输特色廉政文化建设，大力推进廉政文化“六进”活动，不断丰富廉政文化内涵，改进和创新方法手段，健全制度保障体系，完善长效工作机制，把廉政文化建设融入到交通运输改革发展各方面，强化教育引导，大力弘扬主旋律，努力营造良好氛围。各级党组织和纪检监察部门要高度重视廉政文化建设，把廉政文化建设纳入年度工作目标，加强组织领导，加大经费投入，确保廉政文化建设取得实效。

（七）以提高制度执行力为重点加强反腐倡廉制度建设，提升反腐倡廉工作制度化水平。

继续完善反腐倡廉制度体系，切实提高制度执行力、增强制度实效。要从交通运输工作的实际出发，总结经验教训，特别是各类案件暴露出的制度漏洞，进一步完善各项制度，注重加强反腐倡廉教育制度、监督制度、预防制度和惩治制度建设。在制度制订完善过程中，注重分析腐败现象滋生的深层次原因，对症下药，设计出切合实际、操作性较强的制度体系，对制度本身存在的漏洞和缺陷，及时修订，对制度空白，及时弥补，不断提高制度的针对性、实效性和可操作性。在加强制度建设的同时，更加注重制度的落实，特别是针对个别案件暴露出的部分基层单位管理混乱，制度执行不力甚至形同虚设的问题，着力抓好制度执行和管理“重心下移”工作，多措并举抓好各项制度在基层单位和建设项目的执行和落实，彻底根除“上有政策、下有对策”和个别单位和领导干部制度“挂在墙上、写在纸上、说在嘴上”，工作中不落实的现象，保证各项制度得到不折不扣的落实，切实维护制度的严肃性和权威性。

（八）以提高履职能力为重点加强纪检监察队伍建设，为深入推进反腐倡廉建设提供组织保证。

各级纪检监察部门要认真学习贯彻胡锦涛同志在十七届中央纪委七次全会上的重要讲话精神，深刻理解精神实质，充分认识保持党的纯洁性的极端重要性和紧迫性，切实做好保持党的纯洁性各项工作。要把保持党的纯洁性作为纪检监察干部队伍建设的首要任务，组织纪检监察干部深入学习贯彻党的基本理论、基本路线、基本纲领、基本经验，自觉用中国特色社会主义理论体系特别是科学发展观武装头脑、指导实践、推动工作。要通过交流、自办及“送出去”等多种方式，加大纪检监察干部的学习培训力度，督促纪检监察干部加强党性修养和作风养成，进一步坚定理想信念，增强政治意识、大局意识、忧患意识、危机意识、责任意识和服务意识。继续深化“做党的忠诚卫士、当群众的贴心人”主题实践活动，不断加强和改进纪检监察干部作风，树立纪检监察干部可亲、可信、可敬的良好形象。健全纪检监察干部选拔任用交流调整和考核评价等制度机制，着力解决队伍结构不合理、人才流动不畅的问题，选拔培养一批政治素质高、熟悉业务的优秀干部，注重从年轻后备干部中选拔一批优秀干部，优化纪检监察干部队伍结构，增强队伍活力，提升履职能力水平。要加强对纪检监察干部的管理和监督，督促纪检监察干部以更高的标准要求自己，严格遵守政治纪律、工作纪律、办案纪律、保密纪律和廉政纪律，保证纪检监察干部思想纯洁、队伍纯洁、作风纯洁和清正廉洁。

在2012年全省高速公路管理工作会议上的讲话(摘录)

省交通运输厅副厅长 王繁己

(2012年2月18日)

2011年,全省高速公路管理工作成绩斐然、可点可圈。一是高管局得到省编办批准,高速公路管理费用纳入燃油税预算,使高速公路在快速发展过程中得到了体制性的保障,赋予了高管局依法管理高速公路的职能。二是高管局在厅属单位2010年度、2011年度考核中连续两年名列第一,得到了省交通运输厅的表彰奖励。三是高速公路标准化管理工作通过研讨、践行,改善服务、提升管理、树立了良好的社会形象,得到社会的广泛认同,也得到交通运输部的充分肯定。四是高速公路通行费征收工作迈上了新台阶,征收和减免车辆通行费总额突破42亿元,为甘肃交通基础设施建设大规模的投入,提供了强有力的融资保证。五是两个文明建设取得了丰硕的成果,职工收入得到大幅度提高,高管局党委被省委授予“先进基层党组织”荣誉称号。这些成绩来之不易,凝聚了全省高速公路管理系统全体职工的心血和汗水,是每一名收费职工在全省2 000多公里的高速公路战线上,常年累月坚守一线、爱岗敬业默默奉献的结果。

在总结成绩和安排工作的同时,我们要清醒地看到,过去的工作中还存在一些不尽人意的地方,必须引起我们的高度重视。一是新七道梁隧道4.8事故,在全国影响很大,引起了国家和部委的高度重视,也敲响了全省高速公路安全运营管理的警钟。二是在收费管理上,个别收费人员徇私枉法,在社会上带来很大的负面影响。三是平凉、瓜州的交通拥堵,给交通保障带来了很大的压力。四是兰州南收费站、刘寨柯收费站收费秩序还存在一定的问题、甚至还出现过人身安全问题。这些问题的存在,说明在高速公路的安全、收费、应急保障和收费秩序等方面还存在很大的不足,在今年的工作安排和落实上要下大功夫重点去解决、去改善、去根除。

一、牢固树立大局观念,增强做好高速公路管理工作的紧迫感和责任感

高速公路的管理要站在全省经济社会发展的高度、综合运输发展的高度、现代交通运输业发展的高度,去谋划、去安排、去落实。一是根据甘肃交通运输“十二五”发展规划,谋划好高速公路管理工作。按照“十二五”甘肃交通运输发展规划,十二五末,全省高速公路要达到3 600公里以上,是“十一五”末的两倍。在“十三五”期间,根据国家公路网的调整,甘肃的高速公路要达到4 700多公里,是现在通车里程的两倍。随着高速公路规划的实施,高管局责任越来越大、任务越来越重、要求越来越高,高管局所有的工作安排、部署、落实都要立足于全国公路网的发展、立足于甘肃高速公路的建设去谋划。二是从甘肃转型跨越、兴陇富民的高度抓好高速公路管理工作。省委提出了“稳中求进、好中求快、转型跨越、兴陇富民”的经济发展总基调,作为高速公路管理部门,如何转型,要牢牢抓住两个重要环节,即:牢牢把握全国正在深入开展的收费公路清理整顿工作,加快高速公路为主体的收费道路和以普通干线公路不收费公路网络的完善,这个转型将使高速公路管理变得更加重要、更加敏感;牢牢把握国省干线公路和农村路网的转型问题,要在加快国省干线建设的同时,加快完善农村公路网络。只有完善农村公路网络,才能充分发挥国省干线主通道的作用,才能吸纳更多的交通量,才能提升高速公路的整体服务水平。三是从综合运输的加快推进,做好高速公路管理工作。随着我国经济体制的深化改革,综合运输进入了快速推进的过程。在刚刚完成民航、机场的智能管理后,最近国务院下发了邮政体制改革意见,将邮政与行政管理体制纳入地方交通部门的管理职能,这就使交通运输形成一个公路、水路、民航、邮政的大格局,尤其是邮政的纳入,必将加快现代物流业、邮政金融业与交通运输业的有机结合,也必将为高速公路的发展提供新的战略契机。四是从现代交通运输业的快速推进,认真研究高速公路的管理工作。高速公路作为现代交通的重要转型,作为现代交通信息业的主通道,如何在现代交通转型和信息主通道上,发挥现代服务业的功能,是需要我们认真研究的问题。在公路运输上,通行费征收电子化的程度还很低,还处于计算机打票的初级收费手段,如何加快货币的电子化,是我们要加快研究的问题。同时,要加快探索高速公路物流网的发展问题。我们国家已经对物流网的发展提出规划,这是未来高速公路发展的归宿,即通过路上传感器、车上接收器、卫星接收和发射以及数据库的集成功能,实现高速公路收费与管理的电子化和智能化。在现代交通运输业的发展过程中,高速公路管理部门要加快推进货币的电子化,当好现代交通运输业发展的排头兵。

二、加快完善高速公路管理体制,切实提高高速公路管理水平

我省高速公路管理体制经历了三个发展阶段,第一个阶段是各自为政,谁建谁收;第二个阶段是集中清分,各自管理;第三个阶段是成立高管局,依法管理高速公路。从目前来看,高速公路的管理,职能还不到位,高速公路的养护、收费、执法和服务的保障,还分属不同的部门,与高速公路的路网发展还不适应,与高速公路的高效、快捷、安全、舒适的要求也不适应。厅党组已经多次研究,在年内要完成高速公路职能的转变,加快理顺高速公路管理体制,形成一个集中统一领导、行业指导监督的高速公路管理体制,这就要求高管局依法行使高速公路养护管理、收费运营、路政执法和服务保障等工作,使高速公路能够真正达到养护、收费、执法和服务的集中统一领导。所以,高管局及所属各单位要加快职能转变,履行行业管理职责,保障高速公路良好的通行条件。一是要加强公路的养护管理。现有的高速公路大部分路段已经进入了大修期,一些桥梁、隧道、机电老化程度较高,加上甘肃地理环境影响,使高速公路运行质量正在逐步下降。如何加强养护、加大投入、加快改扩建,是当前养护工作上要着重解决的问题。高管局要尽快提出今年高速公路养护工程建设计划,厅财务处、规划处要对今年的养护工程做好前期准备工作,尤其是对拟定的一些重点改扩建项目要加快推进,如隧道的安保工程、天水和谐园的交通枢纽建设、酒泉嘉峪关的出口改造、树屏的立交建设、服务区的改扩建等,要按照计划的安排加快推进。二是要加强收费管理,下决心解决一些突出的重点问题。今天的打击偷逃费表彰活动非常好,高速公路每年的车辆偷逃费是通行费征收中一笔很大的损失。这项活动今后要继续坚持下去,要进一步加强内部管理、严肃法纪,对一些敢于顶风违纪、私吞票款问题,要加大惩处力度,决不能姑息。三是要严格责任追究制。要把责任落实到管理处处长、收费所所长、收费站站长身上,哪个环节出问题就追查哪个环节的责任,谁的辖区严重违纪,就撤谁的职,把各级领导的问责制建立起来,一级抓一级,层层抓落实。四是加强路政执法。既要保证路产路权的完整,又要保证正常的收费秩序,还要保证养护作业的交通疏导,尤其是要突出各种设施的完善工作。有的地方护栏及其他交通设施,损坏后一两个月都没有修复,我们要尽快设置规定,交通设施损坏的修复时间小的不过天、中的不过周、特大的不过旬,保证设施的完好和交通的安全。五是做好高速公路服务保障工作,为社会提供公益性保障工作。高速公路的服务区通过规范、改善和提升,服务质量有很大进步,但还要进一步加快设施的规范、改善和提升,营造更加良好的交通环境;做好高速公路的应急保障工作,目前高管局已经成立了九个应急保障大队,应急保障工作要做到服务周到、措施到位、解决及时。高管局要认真履行行业管理职能,依法管理高速公路,要实行集中统一的管理模式,突出养护、收费、执法和服务工作。目前这项工作已被省政府纳入交通运输厅三大体系建设之一,省厅在年内将加快推进这项工作,同志们在思想上要有充分的准备,在工作上要顾全大局,在具体实施中要尽职尽责。

三、深入推进标准化管理,不断提升高速公路的服务水平

在高速公路实行标准化管理是甘肃高速公路管理的一大特色,也是厅党组根据甘肃高速公路管理实际做出的重大决定。这项工作推行两年以来,取得了很大成效,我们的基础设施、基础管理等都发生了很大变化,有力地推动了高速公路的管理和建设。今天表彰的标准化管理示范单位,就是这些年进行标准化管理的一个浓缩。希望大家在下一步的工作中,结合当前在管理上存在的问题,进一步细化标准化管理的目标、任务和措施,把标准化管理的目标放在服务水平的提升上。交通运输部决定今年在甘肃召开标准化管理工作会议,这对我们加强管理、提升服务、扩大影响是最好的鼓励和鞭策,希望同志们把这项工作深入推进下去,尤其要抓好通畅、保畅和舒畅的"三畅"服务。一是"通畅",重点做好交通拥堵问题,这是当前社会对我们提出的要求,要下决心采取一些措施,通过工程完善、管理的提升去疏导,尤其要做好公路、路政、交警的协同工作,保障道路的通畅。二是"保畅",切实抓好监控、调度和应急保障工作。我们监控设施设计是全路段的监控,要用作路网监控,做好交通疏导工作。高速公路应急保障已经有一个初步的队伍和装备,如何建立快速反应、保障迅速、及时到位,是我们在管理上要下功夫研究的问题。三是"舒畅",即人、路、车感到舒畅,苏书祯局长在工作报告中提出的"三个服务"即"文明优质的服务、应急保障的服务、信息引导的服务",我感觉非常好,文明优质是对人,应急保障是对车,信息引导是对司乘人员和社会。通畅、保畅和舒畅也是对标准化管理进一步延伸的新要求,标准化的根本目的就是使养护作业、收费管理、路政执法、服务保障全部能够在标准化的体系下规范和提升起来。

四、认真解决一线职工的困难,激发广大干部职工爱岗敬业的工作积极性

近年来,高管局在解决一线职工的困难问题上,下了很大功夫,也解决了许多问题。但随着路网的扩大、职工队伍的壮大和工作要求的提高,解决职工的困难显得越来越重要。去年有几个问题,如:给职工发通勤车、购买职工意外伤害保险、增加职工收入等都解决得比较好。今后,我们还要从以下几方面解决好一线职工的突出困难,为广大职工解决后顾之忧,创造一个积极、轻松、健康、向上的工作氛围。一是解决好收费职工的安全问题。比如兰州南、刘寨柯的问题,要坚决杜绝,不能发生类似的问题。二是解决好职工工作环境的保障问题。包括汽车尾气的污染和区域环境的污染,为职工营造良好的工作环境。三是解决好职工的通行问题。如何解决好职工的通行,也是关心职工、增加收入的一个途径。四是办好职工食堂。今年我们要把这项工作作为关心职工的实事去解决。第一是职工吃水的问题,要有合乎标准的饮用水;第二是每个收费站都要搞温棚;第三是每个有食堂的单位都要养猪、养鸡。五是解决好职工工作住房问题。由于高速公路管理系统用房不够,去年建设了一些单身公寓房,今后我们要在生活条件、环境较好的地方建设公寓房,解决好职工住房困难问题。

在2012年全省公路工作会议上的讲话(摘录)

省交通运输厅副厅长　赵彦龙

(2012年2月18日)

2011年,是我省公路行业加快发展、开拓创新的一年,全省公路养护管理工作取得了显著成绩,省公路管理局和各总段付出了艰辛的努力。一是突出了公路养护这一主业,较好地完成了迎国检、公路灾后重建、路网建设"三大任务";二是全系统在应对突发事件中反应敏捷、措施得力,保障了公路的安全畅通;三是行业文明建设和基础管理工作取得了新成效。这些对于我们开展今后的工作,对于全面完成"十二五"目标,加快公路事业不断发展都具有十分重要的意义。

一、认清形势,更加积极、主动地开展好工作

当前,我省公路事业发展具备"三个支撑"。一是具备坚强有力的政策支撑。公路建设和改造作为保障和改善民生的重点领域、发展实体经济的先导工程、扩大内需的重要内容和服务业中优先发展的领域,在新一轮的发展中处于有利态势。交通运输部提出要加大对西部地区的倾斜力度,加强集中连片特困地区的交通联系,这为我省完善公路网结构提供了良好机遇。公路作为实施"中心带动、两翼齐飞、组团发展、整体推进"区域发展战略的纽带,也得到了省委、省政府的高度重视。二是具备坚实可靠的资金支撑。省委、省政府指出要着力抓好公路等重大项目建设,保持固定资产投资增长势头;交通运输部将坚持车购税等财政投资向中西部地区倾斜;省公航旅投资集团的筹资融资能力也逐步增强,这些都为我省公路事业发展提供了坚实的资金保障。三是具备扎实有效的动力支撑。我省公路事业经过"十一五"期间的跨越式发展,已经取得显著的成就,其中普通干线养护管理在全国排第15名,公路事业发展能力明显提高,为公路发展提供了扎实的动力支撑。

与此同时,全省公路事业发展还面临"四个需要"。一是需要进一步完善全省公路网结构。目前我省公路总体数量不足且分布不均,国省干线公路技术等级层次不齐,需要逐年升级改造。二是需要解决公路建设中的一些矛盾。公路建设与资金需求之间的矛盾比较突出,进度与安全、质量之间也存在矛盾,需要省公路管理局和各建设单位加大协调力度,化解矛盾,推动项目建设顺利进行。三是需要加强公路行业监管体系建设。去年,公路系统个别单位因监管不严发生了一些不该发生的问题,这说明我们的监管还有漏洞,需要加强制度建设和基础管理。四是需要进一步提高公路养护管理水平。虽然我省公路养护管理水平不断提高,但仍需要在科技信息建设、队伍综合素质建设等方面下大力气。

对此,我们要增强机遇意识、责任意识,充分利用好"三个支撑",妥善解决存在的困难和问题,推动我省公路事业科学发展,更好更快地为全省经济社会发展大局服务。

二、真抓实干,着力抓好"四大任务"

在今年的省政府工作报告上,刘伟平省长对干线公路网建设、农村公路建设、交通灾后重建提出了明确要求,省交通运输厅也做了量化部署。同时,公路养护作为公路系统的主业,更要作为重中之重来抓。各单位一定要齐心协力,全力抓好"四大任务",确保各项公路养护工程和公路建设项目在11月中旬前完成。

第一大任务是公路养护管理。各单位要继续发扬迎国检精神,保持良好的工作势头,以迎国检的标准继续抓好公路养护管理工作,做到日常养护及时高效、养护维修工程时效、质量落实到位、路网结构改造工程保质保量。尤其是随着公路建设步伐的逐年加快,公路桥隧数量也在增大,各单位一定要严格落实桥隧管养和安全责任,尤其对危旧桥梁、大中桥、长大隧道要实时监控,保证桥隧时刻处于安全的运行状态。要精心组织实施安保工程,认真做好安保设施的日常管护和维修工作,严格落实避险车道养护责任,提高公路安全性能,最大限度地降低公路交通安全事故。

第二大任务是干线公路网建设。省公路管理局今年承担的重点项目、县通二级公路和经济干线项目比较多,这也是完善我省公路网结构的一次良好机遇。从目前情况来看,今年的资金仍然比较紧张,但任务不能减。省公路管理局、远大集团和参与项目建设的总段对此要有充分的思想准备,把握机遇、正视困难、率先发展。要把质量始终放在第一位,严格把好材料关、工序关、检测关,坚决不能以牺牲质量为代价赶进度。如果质量出了问题,不管任务完成与否,都是无形的犯罪,也是最大的不廉洁,对不起党和人民,对不起交通行业,也对不起参建职工和自己。

第三大任务是农村公路建设。省公路管理局要督促各级地方政府及其交通部门进一步落实主体责任,确保农村公路建设任务顺利完成。各总段要继续支持农村公路巡回督查组的工作,在技术上多指导、多支持,确保农村公路建设项目的合格率达到100%。

第四大任务是舟曲交通灾后恢复重建。这是备受中央、省上高度重视和社会各界密切关注的政治工程、民心工程,省委、省政府明确规定要在年内基本完成,我们必须无条件地落实,没有丝毫余地。同时,省公路管理局要督促地方政府落实主体责任,全面完成舟曲农村公路灾后重建任务。

除了“四大任务”,全省公路系统承担的其他工作任务也比较繁重。要保证每一项任务按期高质量完成,确保每一项工作都有新成效,就必须做到以下四点:第一,要在思想上高度重视,各总段要积极、主动地开展工作,把广大干部职工的工作热情充分调动起来,集中精力抓好省厅、局下达的各项任务,形成上下一条心,全局一盘棋的良好局面。第二,要把责任落到实处,各单位一定要树立起各司其职、责任到人的责任意识,要推行严格的目标责任考核制,确保各项工作有条不紊、忙而不乱。第三,要采取有力的保障措施,各单位要结合承担的具体任务,提出切合实际的保障措施并付诸实施,重点针对如何提高公路综合服务水平、如何改进和提高养护管理方式、如何推动行业稳步发展等重点问题,理清思路,保障各项工作任务出色完成。第四,要将统筹兼顾的工作方法贯穿始终,各单位要通盘考虑,统筹兼顾,科学调度,既要抓好“四大任务”,也要统筹做好省厅、局部署的应急保畅、科技信息化建设、事业单位体制改革、安全生产等其他各项工作,做到重点突出、全盘跟进、整体推动。

三、加强文明创建和队伍建设,为公路工作提供坚实的保障

要大力弘扬在应急抢险、迎接国检中体现出来的行业精神,为公路事业发展营造健康向上、奋发有为的良好环境。要围绕省公路管理局建设“五型机关”的要求,进一步转变工作作风,强化服务意识、效能意识,形成团结协作、争当一流的工作势头。要吸取教训,加大对工程建设招标投标、设计变更、材料采购、资金拨付等环节的监督力度,堵住容易产生腐败问题的漏洞。要认真解决关系人民群众切身利益的突出问题,在公路建设征地拆迁、养护工程施工等方面严格落实有关法律法规和政策,坚决杜绝拖欠工程款和农民工工资的现象。要针对当前干部队伍“总数上不少,工作中不够”的矛盾,结合全省公路系统“三定”工作及事业单位改革,合理配置人力资源,建设一支有知识、有文化、有修养、能打硬仗、德才兼备的干部队伍。要把技能培训作为职工队伍建设的主要内容来抓,努力提升职工综合素质和工作水平,推动公路养护管理工作科学发展。

2011年12月14日,“科研杯”全省交通运输职工五小发明成果表彰大会在兰召开。省科技厅厅长张天理,省科协副主席杨新科,省交通运输厅领导杨咏中、艾玉德、王繁己以及省总工会等相关部门领导出席表彰大会。

兰文治 摄

TEZAI

特　载

2011年，定西公路总段威远公司职工在宋家沟桥梁预制厂进行桥梁井桩钢筋笼的绑扎焊接预制。

喻建平　摄

2011 年甘肃交通运输经济运行分析

2011 年是“十二五”开局之年，在省委、省政府的正确领导下，在交通运输部和地方各级党委、政府和有关部门的大力支持下，全省交通运输系统广大干部职工坚持以科学发展观为指导，深入贯彻落实中央西部大开发战略、省委“中心带动、两翼齐飞、组团发展、整体推进”的区域发展战略和跨越式发展战略等一系列决策部署，紧紧围绕“十二五”交通运输发展规划和 2011 年重点任务，创新思路，扎实工作，妥善解决遇到的各类危机和困难，全年交通运输工作保持了平稳较快发展的良好局面。

一、交通基础设施

(一)公路。

公路网规模不断扩大。2011 年底，全省公路总里程达 123 696 公里，比上年末增加 4 817 公里。全省公路密度为 27.22 公里/百平方公里，比上年末提高 1.06 公里/百平方公里。

2006-2011 年全省公路总里程及公路密度

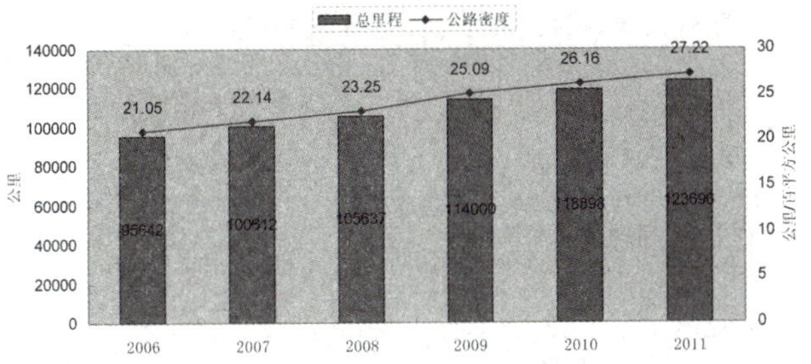

等级公路所占比重进一步提高。全省等级公路里程 91 692 万公里，比上年末增加 5 960 公里。等级公路占公路总里程的 74.13%，比上年末提高 2.01 个百分点。其中，二级及以上公路里程 8 369 公里，比上年末增加 447 公里，占公路总里程的 6.77%，比上年末提高 0.11 个百分点。2011 年，全省建成敦煌至当金山口、静宁至庄浪、武威至仙米寺三条二级公路 265 公里，68 个县城实现了通二级及以上公路。

2011 年全省各技术等级公路里程构成

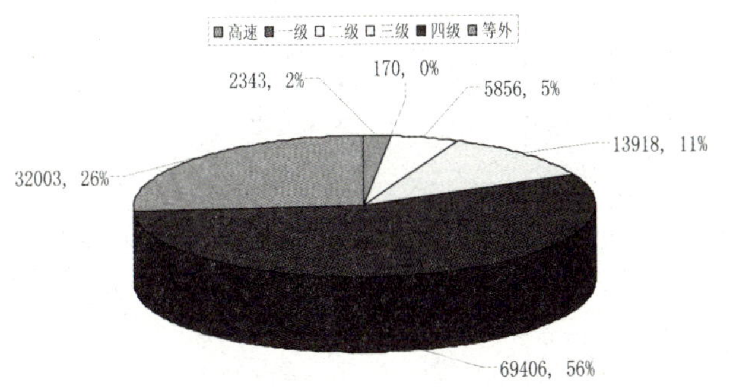

2006-2011 年全省二级以上公路里程

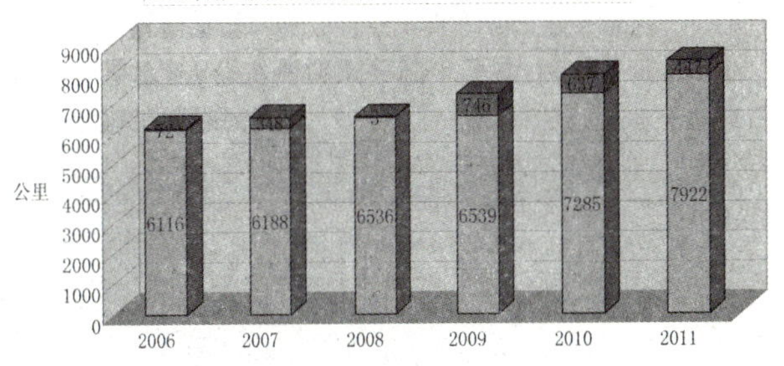

2006-2011 年全省等级公路里程

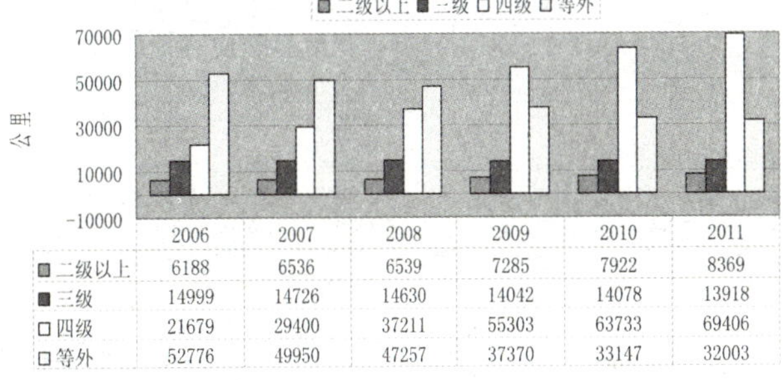

	2006	2007	2008	2009	2010	2011
二级以上	6188	6536	6539	7285	7922	8369
三级	14999	14726	14630	14042	14078	13918
四级	21679	29400	37211	55303	63733	69406
等外	52776	49950	47257	37370	33147	32003

各行政等级公路里程分别为：国道 6 756 公里、省道 6 214 公里、县道 15 706 公里、乡道 12 299 公里、专用公路 3 209 公里、村道 79 512 公里，比上年末分别增加 93 公里、17 公里、12 公里、-10 公里、77 公里和 4 629 公里。

2011 年全省各行政等级公路里程构成

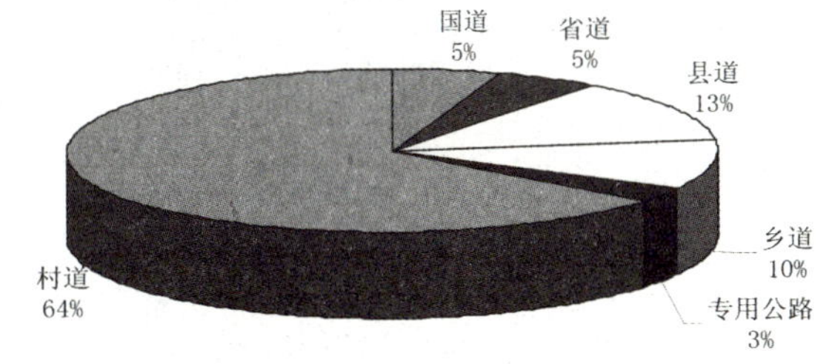

2006-2011 年全省各行政等级公路里程

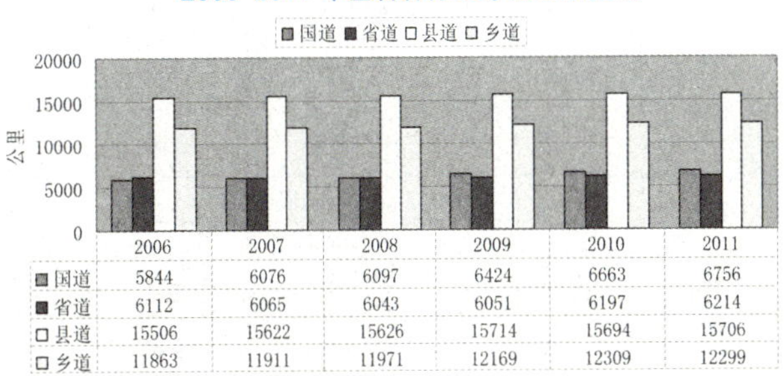

	2006	2007	2008	2009	2010	2011
国道	5844	6076	6097	6424	6663	6756
省道	6112	6065	6043	6051	6197	6214
县道	15506	15622	15626	15714	15694	15706
乡道	11863	11911	11971	12169	12309	12299

路面状况显著改善。全省有铺装路面和简易铺装路面公路里程 53 059 公里，比上年末增加 4 525 公里，占公路总里程的 42.89%，比上年末提高 2.1 个百分点。各类型路面里程分别为：有铺装路面 22 034 公里，其中沥青混凝土路面 8 748 公里，水泥混凝土路面 13 286 公里，比上年末分别增加 3 610 公里、579 公里和 3 031 公里；简易铺装路面 31 024 公里，比上年末增加 915 公里；未铺装路面 70 637 公里，比上年末增加 292 公里。

2011 年全省各路面类型公路里程构成

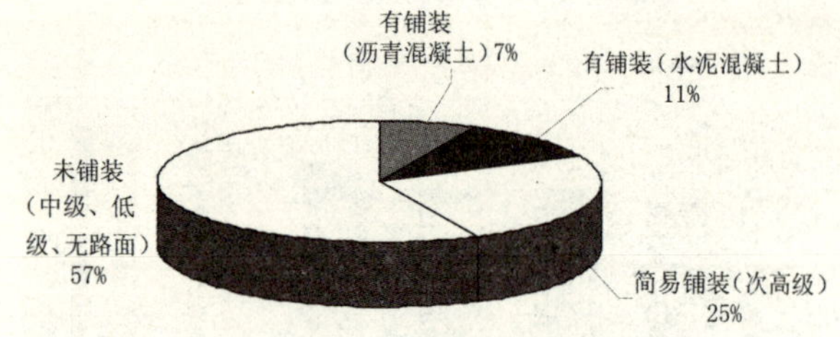

2006-2011 年全省各路面类型公路里程

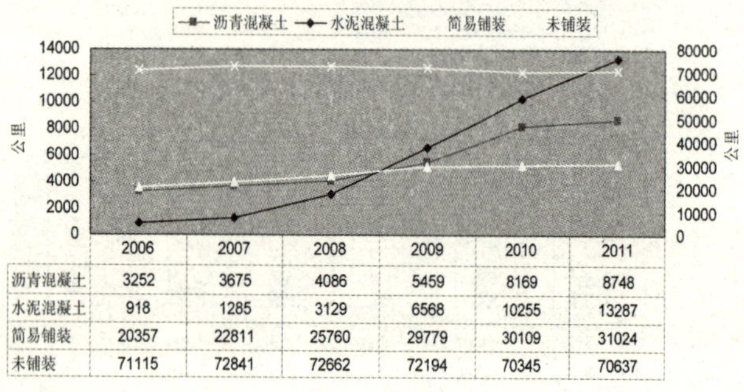

高速公路网络更加完善。全省高速公路达 2 343 公里，比上年末增加 350 公里。2011 年，建成通车天水过境段、西长凤、徐家磨至乌鞘岭、瓜州至柳园高速公路，连霍国道主干线在我省境内基本实现了全线高速化。全省建成和在建的高速公路达到 3 280 公里。

2006-2011 年高速公路通车里程及全国排位

2006-2011 年全省高速公路里程

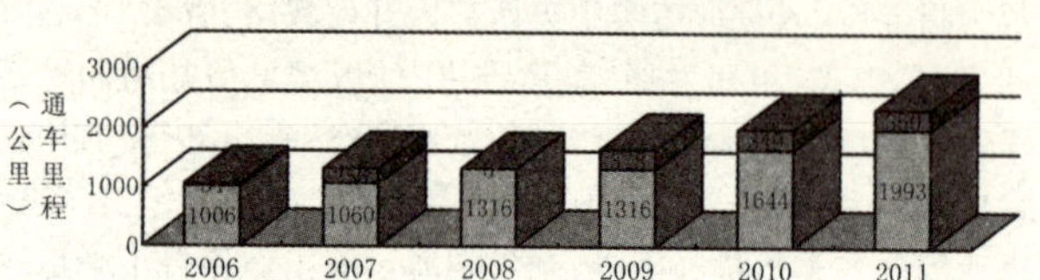

农村交通条件进一步改善。全省农村公路（含县道、乡道、村道）里程达 107 517 公里，比上年末增加 4 630 公里。全省 100%的乡镇和建制村通公路，96.59%的乡镇通沥青（水泥）路，42.99%的建制村通沥青（水泥）路。乡镇客运站达到 1 185 个，行政村汽车停靠站达到 7 960 个，覆盖全省 96%的乡镇和 48%的行政村。2011 年，全省完成农村公路投资 23.45 亿元，新建改建农村公路 1 267 项 5 563 公里。

2011 年西部地区公路基本情况排名(一)

名次	总里程		高速公路里程		二级及以上里程		二级及以上比例	
	省 份	公 里	省 份	公 里	省 份	公 里	省 份	%
	总计	1 622 784	总计	25 310	总计	128 064	总计	7.89
1	四川	283 268	陕西	3 803	内蒙古	20 273	宁夏	18.65
2	云南	214 524	四川	3 009	四川	18 983	内蒙古	12.59
3	内蒙古	160 995	内蒙古	2 874	新疆	13 990	广西	12.23
4	贵州	157 820	广西	2 754	云南	13 141	青海	10.48
5	新疆	155 150	云南	2 746	广西	12 830	新疆	9.02
6	陕西	151 986	甘肃	2 343	陕西	12 253	重庆	8.39
7	甘肃	123 696	贵州	2 022	重庆	9 948	陕西	8.06
8	重庆	118 562	重庆	1 861	甘肃	8 369	甘肃	6.77
9	广西	104 889	新疆	1 459	青海	6 733	四川	6.7
10	青海	64 280	宁夏	1 306	贵州	6 018	云南	6.13
11	西藏	63 108	青海	1 133	宁夏	4 570	贵州	3.81
12	宁夏	24 506	西藏		西藏	956	西藏	1.52

2011年西部地区公路基本情况排名(二)

名次	国省干线中二级及以上比例		等级公路里程		等级公路比例		水泥、沥青路面里程	
	省 份	%	省 份	公 里	省 份	%	省 份	公里
	总计	55.47	总计	1 233 527	总计	76.01	总计	704 087
1	广西	76.82	四川	220 947	宁夏	97.42	四川	141 316
2	重庆	72.81	云南	165 843	内蒙古	91.89	陕西	103 414
3	陕西	70.57	内蒙古	147 946	陕西	91.75	新疆	80 974
4	宁夏	70.27	陕西	139 453	广西	83.23	内蒙古	63 922
5	内蒙古	67.48	新疆	104 336	四川	78.00	广西	59 933
6	四川	66.29	甘肃	91 692	青海	77.74	云南	56 485
7	甘肃	59.18	广西	87 296	云南	77.31	甘肃	53 059
8	新疆	50.72	重庆	83 614	甘肃	74.13	重庆	51 600
9	青海	47.97	贵州	79 643	重庆	70.52	贵州	44 026
10	贵州	44.2	青海	49 971	新疆	67.25	青海	22 497
11	云南	42.43	西藏	38 911	西藏	61.66	宁夏	18 138
12	西藏	8.03	宁夏	23 875	贵州	50.46	西藏	8 723

2011年西部地区公路基本情况排名(三)

名次	水泥、沥青路面铺装率		国省干线水泥、沥青路面铺装率		公 路 密 度			
					以国土面积计算		以人口计算	
	省 份	%	省 份	公 里	省 份		省 份	
	总计	43.39	总计	91.34	总计	23.53	总计	44.99
1	宁夏	74.01	陕西	100	重庆	143.89	西藏	210.21
2	陕西	68.04	宁夏	99.23	贵州	89.62	青海	114.24
3	广西	57.14	贵州	99.15	陕西	73.92	新疆	71.01
4	新疆	52.19	广西	98.46	四川	58.09	内蒙古	65.12
5	四川	49.89	内蒙古	97.77	云南	54.45	甘肃	48.32
6	重庆	43.52	重庆	97.37	广西	44.31	云南	46.32
7	甘肃	42.89	四川	96.93	宁夏	36.91	贵州	45.36
8	内蒙古	39.70	甘肃	94.3	甘肃	27.22	陕西	40.69
9	青海	35.00	云南	93.03	内蒙古	13.61	宁夏	38.72
10	贵州	27.90	新疆	88.95	新疆	9.34	重庆	35.93
11	云南	26.33	青海	76.29	青海	8.91	四川	31.47
12	西藏	13.82	西藏	50.46	西藏	5.14	广西	20.33

2011 年西部地区公路基本情况排名(四)

名次	乡镇通达率		乡镇通畅率		建制村通达率		建制村通畅率	
	省 份	%	省 份	%	省 份	%	省 份	%
	总计	99.93	总计	93.29	总计	98.18	总计	51.16
1	广西	100	重庆	100	甘肃	100	宁夏	83.83
2	重庆	100	宁夏	100	青海	100	广西	67.33
3	贵州	100	广西	99.73	宁夏	100	新疆	65.9
4	陕西	100	内蒙古	99.27	内蒙古	99.99	陕西	64.59
5	甘肃	100	贵州	99.1	重庆	99.99	四川	58.58
6	青海	100	陕西	98.35	广西	99.86	青海	44.92
7	宁夏	100	新疆	97.23	贵州	99.45	甘肃	42.99
8	四川	99.98	甘肃	96.59	四川	98.22	内蒙古	39.01
9	云南	99.85	青海	94.76	云南	98.01	重庆	38.84
10	新疆	99.78	云南	92.61	新疆	97.73	贵州	36.34
11	西藏	99.71	四川	91.4	陕西	96.18	云南	28.78
12	内蒙古	99.56	西藏	40.32	西藏	85.97	西藏	14.16

2007-2011 年全省乡镇和建制村通达通畅率

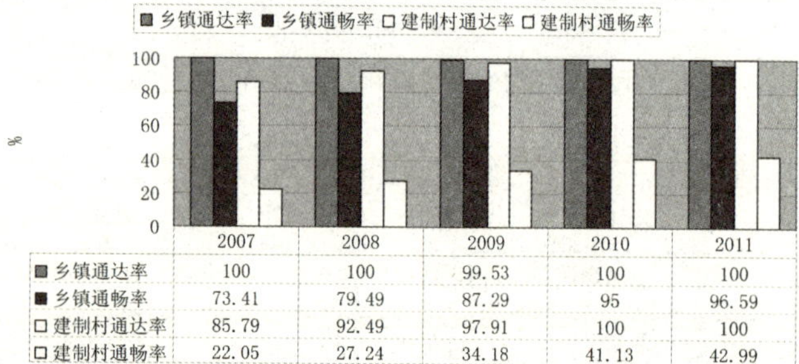

2006-2011 年全省公路桥梁长度

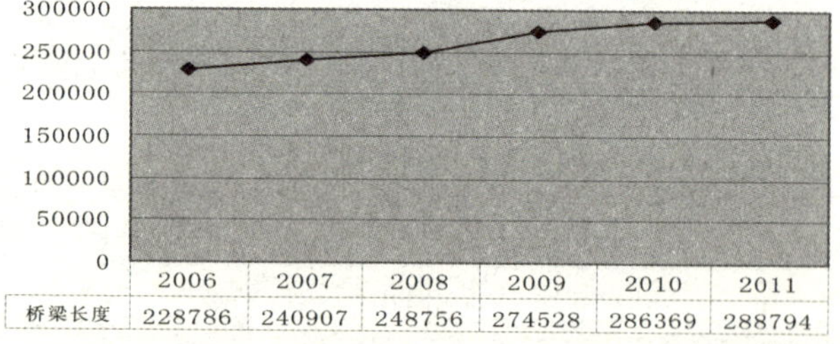

公路桥梁、隧道总量持续增加。全省公路桥梁达 8 117 座、288 794 米,比上年末增加 3 座、2 425 米。其中,特大桥梁 10 座、3 101 米,大桥 597 座、93 433 米。全省公路隧道为 92 处、55 694 米。其中,特长隧道 2 处、8 073 米,长隧道 14 处、22 468 米,中隧道 16 处、12 273 米,短隧道 60 处、12 881 米。

2006-2011 年全省公路隧道长度

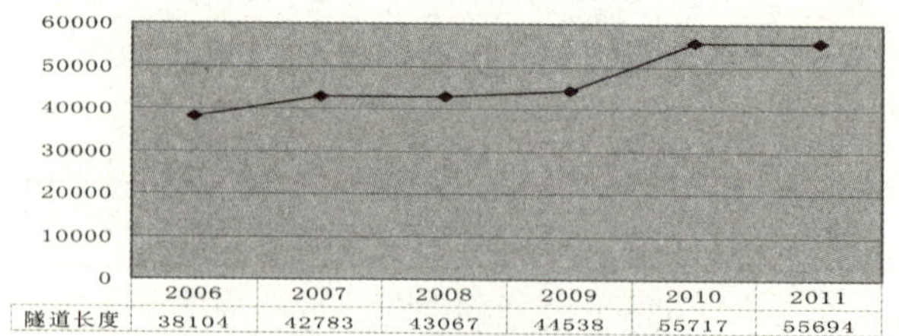

2006-2011 年全省公路桥梁座数

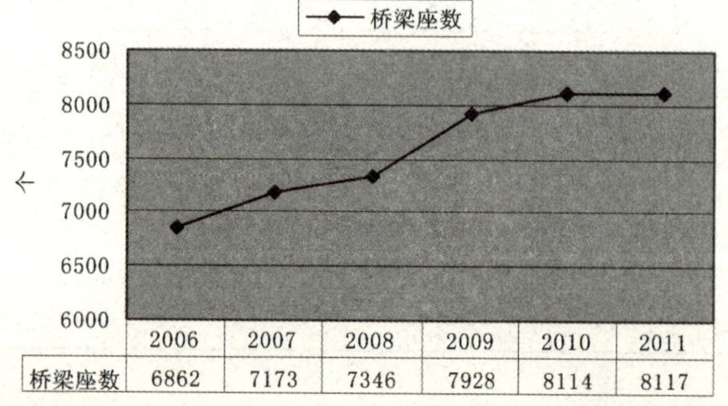

养护、绿化公路里程所占比重继续提高。全省公路养护里程 88 463 公里,占公路总里程的 71.52%,比上年末提高 1.84 个百分点。全省公路绿化里程 21 098 公里,占公路总里程的 17.06%。

2006-2011 年全省公路绿化和养护里程

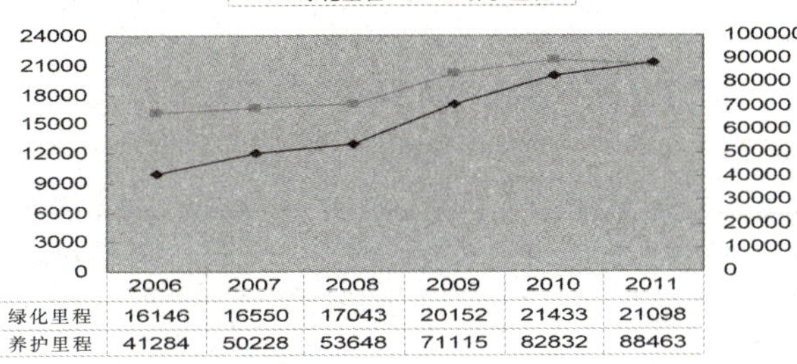

(二)内河航道。

航道等级结构进一步优化。2011 年底,全省航道总里程 1 355.92 公里,通航里程 913.77 公里。通航里程中:五级航道 216.5 公里,六级航道 13 公里,七级航道 151.7 公里,等外航道 546.57 公里。五级航道共四段:黄河白银四龙至龙湾段 105.9 公里、黄河兰州段钟家河桥至包兰铁路桥 38.40 公里、盐锅峡电站至刘家峡电站 31.2 公里、刘家峡电站至炳灵寺 41 公里,其余均为自然航道。2011 年,黄河白银四龙至龙湾段航运二期工程和刘家峡港区航运设施工程开工建设,陇南市地方海事局信息化综合楼投入使用,完成老旧渡船更新改造 15 艘、索渡船塔架改造 14 个,建成候船亭 27 处。

2011 年全省内河航道里程构成

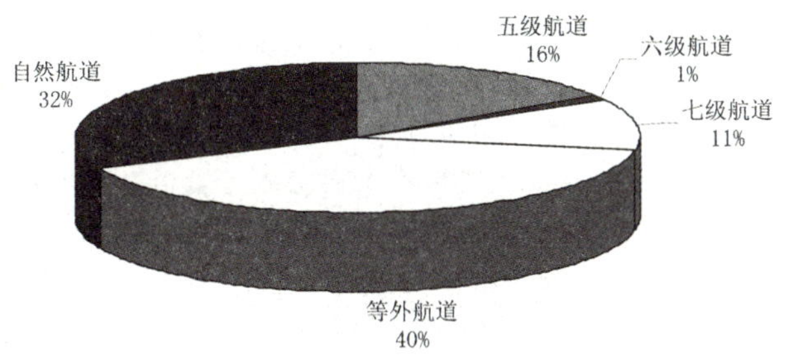

(三)公路运输站场。

公路运输站场建设进度加快。2011 年,武威道路运输应急保障中心、甘南道路运输应急救援指挥中心 2 个项目建成运营,酒泉公路客运站等 9 个项目进展顺利,张掖客运中心站等 28 个项目前期工作取得显著进展。建成 150 个乡镇汽车站和 400 个行政村停靠站。

(四)民航机场。

民航机场建设实现重大突破。金昌、张掖机场建成通航,占全国当年新增机场数的 40%。庆阳机场飞行区工程基本完成,已具备复航条件。夏河机场、兰州中川机场二期扩建工程正在进行基础施工。陇南、敦煌(扩建)、天水(迁建)及平凉等机场项目前期工作取得积极进展。

(五)灾后恢复重建。

灾后恢复重建工程进展顺利。舟曲县城至峰迭新区省道 313 线连接线工程进展良好,舟曲客运站、货运站、公路管理段、路政大队办公楼 5 个项目的主体工程基本完工,舟曲县、乡、村道的灾后重建总体进展顺利。陇南暴洪灾后公路恢复重建工程全面结束,国道 316 线等受损路段完成改造维修任务,累计投资 4 亿元。

二、公路水路运输装备

(一)公路营运汽车。

公路客货营运车辆运载能力持续增长。截止 2011 年底,全省营业性车辆达到 24.43 万辆,同比增长 13.1%。其中,营运客车 5.51 万辆,同比增长 3.96%,营运货车 18.92 万辆、879 248 吨位,同比增长 16.07%、11.9%。

2006-2011 年全省公路旅客营运车辆

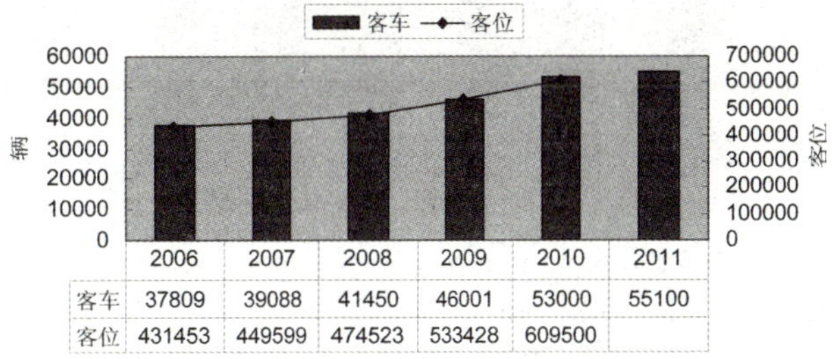

2006-2011 年全省公路货物营运车辆

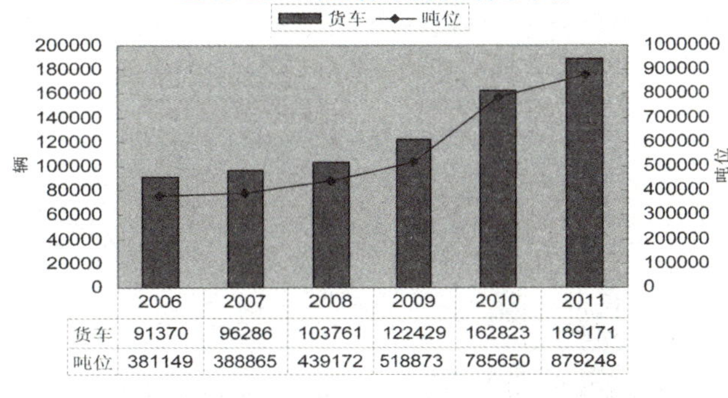

(二)水路运输船舶。

运输船舶结构不断优化。全省营业性运输船舶 557 艘,其中,机动性船舶 512 艘,非机动渡船 45 艘。

2006-2011 年全省水路运输船舶数

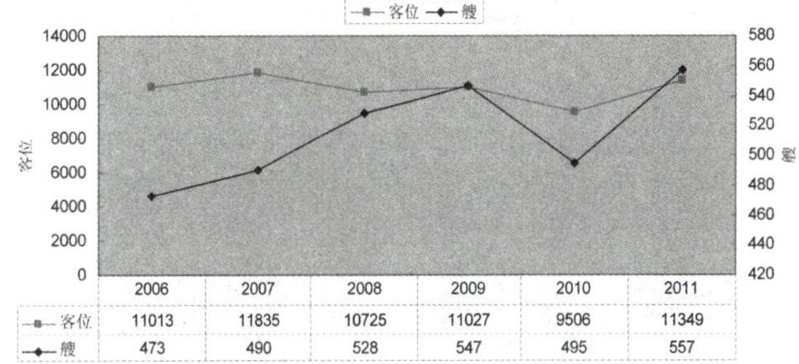

三、运输服务

(一)公路水路民航运输量。

公路旅客货物运输继续快速增长。2011 年,全省营业性车辆完成公路客运量 58 355 万人、旅客周转量 2 650 685 万人公里、货运量 28 790 万吨、货物周转量 6 474 126 万吨公里,同比分别增长 13.52%、20.41%、19.71%、23.53%。在综合运输体系中约占 95.8%、44.6%、84.3%和 36.1%。

2006-2011 年全省公路客运量、旅客周转量

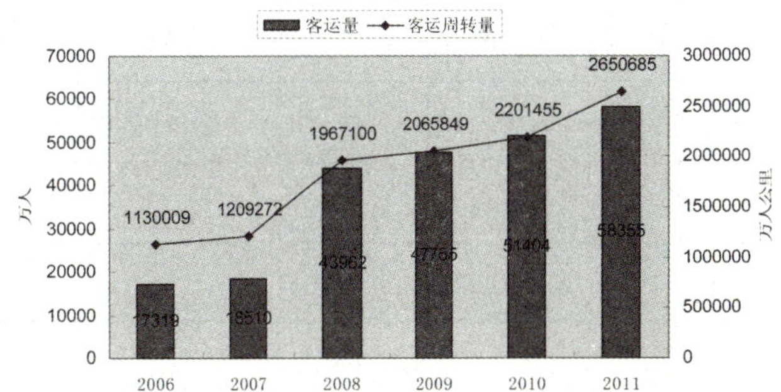

2006-2011 年全省公路货运量、货物周转量

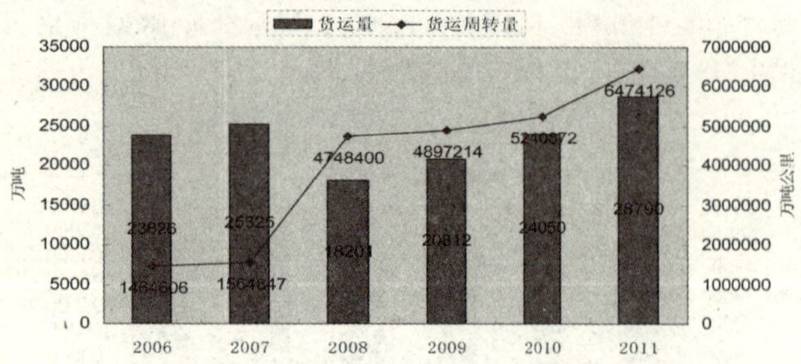

注:2008 年开展了全国公路水路运输量专项调查，统计数据有较大调整。

水路旅客货物运输保持稳定增长。全省营业性船舶完成水路客运量 96 万人、旅客周转量 2 190 万人公里、货运量 33 万吨、货物周转量为 40 万吨公里，同比分别增长 2.18%、2.32%、3.88%、8.32%。

2006-2011 年全省水路客运量、旅客周转量

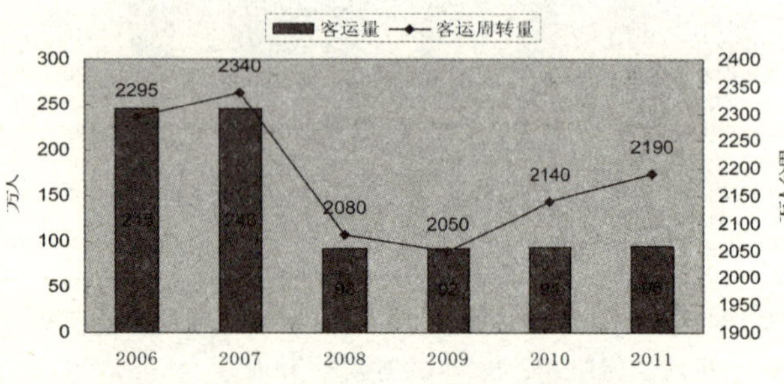

2006-2011 年全省水路货运量、货物周转量

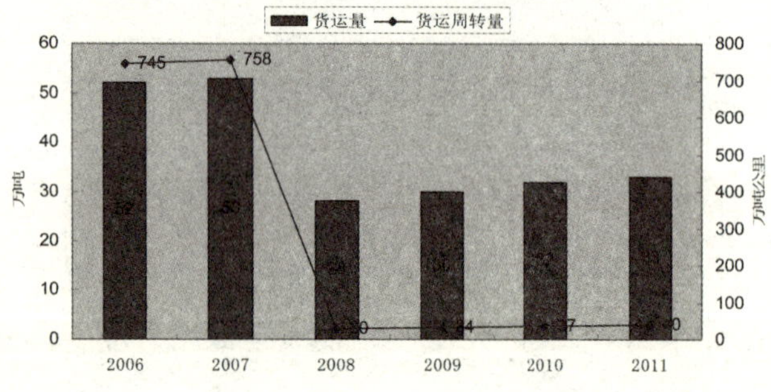

民航旅客货物运输保持稳定增长。全省机场旅客吞吐量 4 293 229 人次，货邮吞吐量 32 788.6 吨，同比分别增长 7.91%和 5.4%。

交通运输综合服务水平进一步提高。加强重点时段、重要物资和重大节庆活动的运输保障，完成了春运、“十一”黄金周等节假日和第十七届“兰洽会”、“敦煌行·丝绸之路国际旅游节”等重大活动期间的运输保障工作。强化运输组织协调和运力调配，保证了煤、粮、油、矿的正常运输。以金昌机场、张掖机场的顺利通航为契机，通过临时委托经营的方式，新开辟了金昌至兰州至西安和张掖至兰州至西安等多条航线。加强各种运输方式的有效衔接，积极与铁路、邮政、管道等部门进行沟通协调，“运邮合作”、公铁联运试点工作取得了新的进展。在农村客运方面，各地合理配置线路资源，通过政策引导和财政补贴等办法，鼓励开辟边远农(牧)乡村客运班线和季节性客运班线，支持城市公交向周边农村延伸覆盖，保证了农民群众出行方便快捷、乘车经济安全。

高等级公路运营服务水平不断提高。严格执行收费公路政策，积极开展劳动竞赛和礼仪培训，着力提高收费人员的业务技能与文明服务水平。大力整治收费广场秩序、加强计重收费管理、深入开展打击偷逃费活动，认真执行“绿色通道”政策，努力降低鲜活农产品流通成本，全年共减免通行费 4.67 亿元，占全年通行费征收总额 47.71 亿元的 9.8%。深入开展“人文高速”创建活动，投入资金 4.56 亿元，对路网智能监控、电子缴费、隧道安保、应急保障、管理设施、服务区进行了全面的改造升级，交通热线、短信平台、公路沿线信息发布设施的服务功能进一步完善。

(二)公路运输生产。

2011 年，全省道路运输产值达到 380 亿元，增加值 178 亿元，同比分别增长 15%和 12%。全省道路运输行业新增社会就业岗位 2.2 万个，从业人员达到 46.6 万人。

2011 年甘肃省综合运输体系运输量

单　位	客运量（万人）		货运量（万吨）		旅客周转量（万人公里）		货物周转量（万吨公里）	
		比重（%）		比重（%）		比重（%）		比重（%）
全社会合计	60 906.41	100.00	34 179.15	100.00	5 945 560.96	100.00	17 912 096.99	100.00
铁路	2 353.00	3.86	5 355.00	15.67	3 145 705.00	52.91	11 436 046.00	63.85
公路	58 355.00	95.81	28 790.00	84.23	2 650 685.00	44.58	6 474 126.00	36.14
水运	96.13	0.16	32.93	0.10	2190.02	0.04	39.58	0.00
民航	102.28	0.17	1.22	0.00	146 980.94	2.47	1 885.41	0.01

2006-2011 年全省公路运输产值和增加值

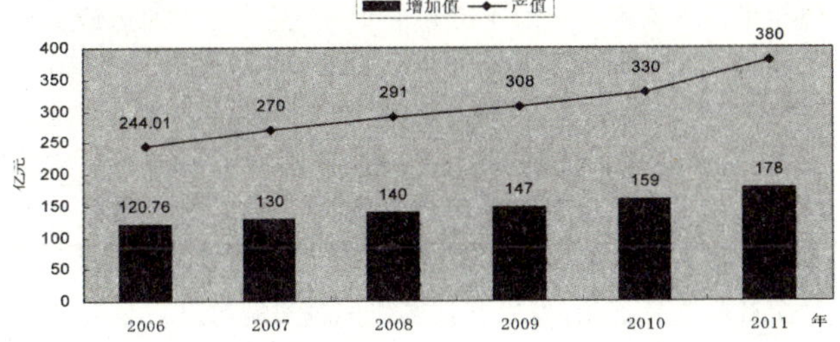

2006-2011 年全省公路运输从业人员

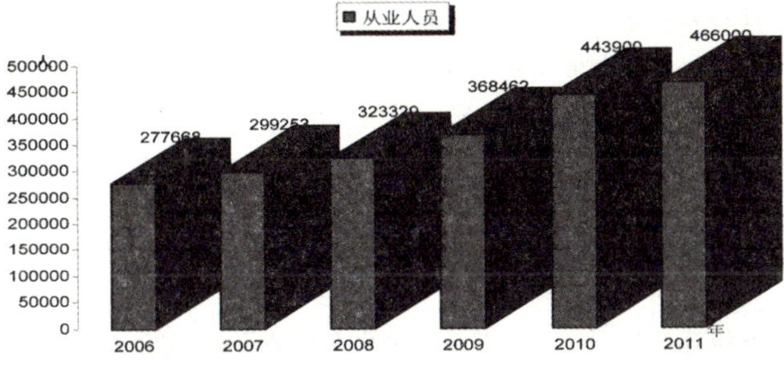

四、交通固定资产投资

交通基础设施建设投资规模持续较快增长。2011 年，全省交通固定资产完成投资 274.83 亿元，同比增长 21.6%，占全省总投资 4 200 亿元的 6.54%，其中，重点项目、路网结构改造及农村公路、运输站场及港口码头、民航机场建设投资分别完成 204.2 亿元、51.13 亿元、15.09 亿元、4.41 亿元，分别占 74.3%、18.61%、5.49%、1.6%。

2006-2011 年全省交通固定资产投资额及增长速度

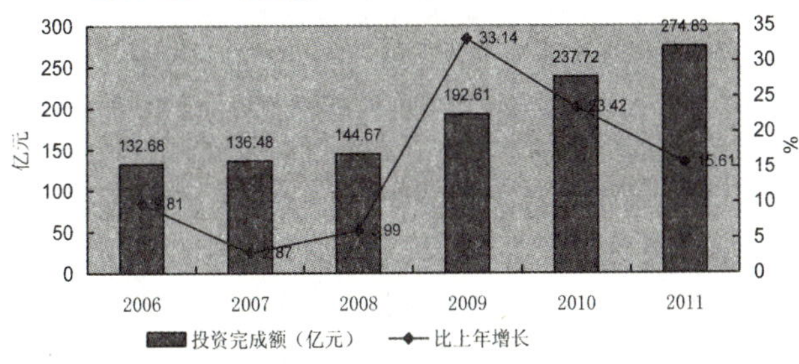

2006-2011 年全省交通固定资产投资构成

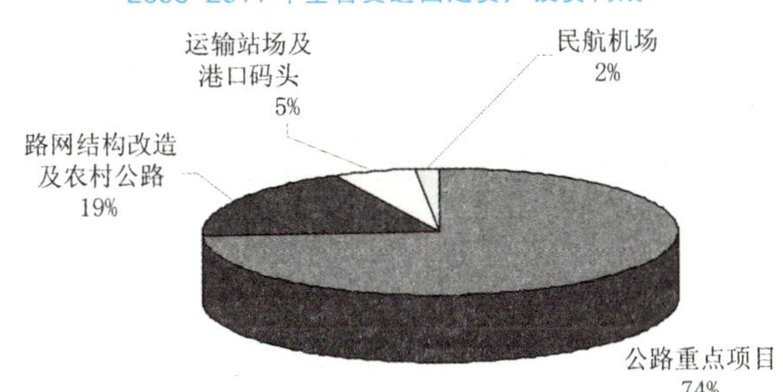

交通基础设施建设资金到位保持稳定。全省交通基础设施建设到位资金 212.24 亿元，与投资完成额相比，资金到位率为 77.23%。到位资金中，国家预算内 3.54 亿元，占 1.67%，交通运输部车购税 80.89 亿元，占 38.12%，国内贷款 113.46 亿元，占 53.46%，利用外资 5.92 亿元，占 2.79%，地方自筹 8.43 亿元，占 3.97%。

1998-2011 年甘肃省交通固定资产投资额及资金到位情况图

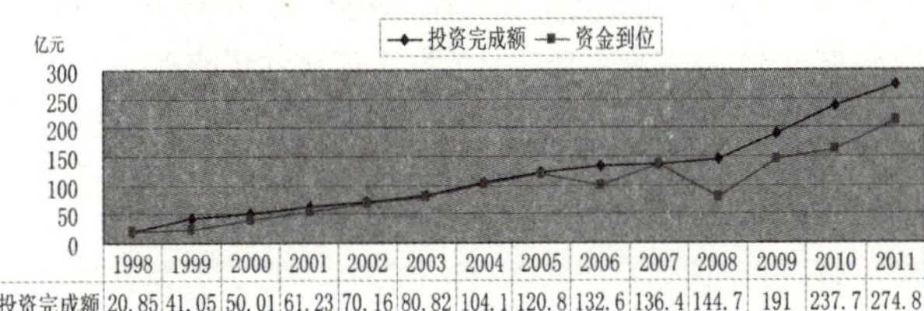

	1998	1999	2000	2001	2002	2003	2004	2005	2006	2007	2008	2009	2010	2011
投资完成额	20.85	41.05	50.01	61.23	70.16	80.82	104.1	120.8	132.6	136.4	144.7	191	237.7	274.8
资金到位	20.28	23.51	39.73	54.05	68.7	79.74	102.4	119.6	98.44	136.4	79.09	143.3	162.5	212.2

五、交通安全

交通安全保障和应急救援能力进一步增强。2011 年全省交通运输行业发生生产安全事故起数、死亡人数、受伤人数分别比上年下降 11.11%、5.36%、38.78%。深入组织开展“安全生产年”和“安全生产月”活动，加强交通运输安全生产基层基础建设。大力排查整治各类安全隐患，积极推进企业安全生产标准化建设，全面开展在建项目桥梁和隧道工程专项整治，不断完善安全质量联动监督机制，“平安工地”达标创建活动取得显著成效。狠抓道路运输源头管理，重点开展长途卧铺客车、危险货物运输专项整治，“两客一危”企业监控平台和车载终端已实现与行业监管平台的联网。在全省一二级汽车站统一配备了 X 光行包检测设备和安检门系统，有效预防了较大以上道路运输事故的发生。落实水上安全管理责任制，强化船员、渡工培训和船检工作，对刘家峡库区和黄河兰州、白银段等水域的航道和营运快艇进行了重点整治，水上交通安全进一步好转。

进一步加强应急救援体系建设。完善高等级公路区域联防机制，组建了 9 个高速公路清障救援大队，配备了一批应急抢险救援设备，形成了指挥顺畅、步调一致的高等级公路抢险保通机制。结合“航海日”纪念活动，在黄河白银段举行了“军地联合水上搜救演练”。全面完成了交通战备应急指挥中心和训练基地试点建设工作，并与国家交战办共同举办了试点建设现场观摩会，有力地提升了我省交通战备和应急保障水平。

六、交通科技和人才队伍建设

科技创新工作和人才队伍建设取得显著进展。以企业为主体，以项目为依托，积极搭建产学研一体化的科技创新平台，有序开展交通科研项目攻关和科技成果推广应用工作。黄土地区公路路基路面修筑技术、公路生态系统建设、高等级公路养护、隧道建设和管理技术等科研项目获得重大进展。群众性的小发明、小创新、小技改活动蓬勃开展，研制和推广了一批简单易行、操作方便、实用性强的公路施工、养护科技成果。加大信息资源整合力度，公路路政、养护、治超、通行费征收、运政管理的数据库融合工作取得阶段性成就。隧道施工实时监控、投资计划管理信息系统在项目建设中得到广泛应用。高速公路电子缴费系统、出租汽车服务管理信息系统试点工程、汽车客运站、港口码头的视频联网监控工程不断向前推进。积极推广高速公路隧道照明节能、公路养护废旧沥青再利用、道路运输节油等技术，交通运输节能减排和发展循环经济取得了长足进步。

大力实施人才强交通战略，通过与高等院校联合培养，鼓励自学成才等方式，重点加强创新人才、专业人才和技能人才的培养，全省交通行业人才队伍的整体实力不断提升。2011年,厅系统新增高级职称人员166人。举办多工种的职业技能大赛,有力提升了全行业职工的业务技能。

七、行业文明和党的建设

行业文明和党的建设再上新台阶。认真贯彻党的十七届六中全会精神,以庆祝建党90周年为契机,开展了征文、红歌比赛、报告会等丰富多彩的文化活动。深入开展精神文明建设工作,加强《交通运输行业核心价值体系实施纲要》的贯彻落实,以“学树建创”活动为载体的群众性文明创建活动取得显著成效。经中央文明委复核,厅机关继续被确定为全国文明单位。以“为民服务创先争优”为主题,扎实开展“窗口服务月”、“破解难题”等主题实践活动,交通行业有两家单位被省委命名为“全省创先争优活动示范点”。加强学习型党组织建设,推进基层组织党内民主建设。交通系统涌现出了一大批先进基层党组织、优秀共产党员和优秀党务工作者。

认真抓好《廉政准则》的贯彻执行,加强廉政风险防控,交通运输行业的惩治和预防腐败体系进一步完善。深化党风党性党纪教育,推进政务公开,强化审计监督,切实提高干部廉洁从政水平。组织开展“小金库”、公务用车等专项治理,进一步做好厉行节约工作,交通运输系统党风廉政建设取得新成效。全系统有1个集体和1名干部获得“全国内部审计工作先进集体”和“全国纪检监察系统先进工作者”荣誉称号。及时召开新闻发布会和通气会9次,组织社会媒体积极开展省际通道建设、民航发展、道路运输等重点热点问题的宣传活动。自觉接受人大依法监督和政协民主监督,2011年共办结了183件人大代表议案建议和政协提案。

八、面临的形势和主要任务

当前,我省正处于黄金发展期、难得机遇期和负重爬坡期。交通运输作为拉动经济增长的排头兵、保障经济发展和促进社会进步的生力军,要立足省情、把握机遇、正视困难、率先发展,继续发挥在全省经济社会转型跨越发展中的先行作用。从国家宏观调控政策走向和全省经济社会发展的基本面来分析,我省交通运输行业发展的优势明显、机遇众多、潜力很大。具体表现在:一是国家一系列宏观调控措施释放了许多加快交通运输发展的政策利好。无论是扩大内需、发展实体经济,还是加快改革创新、保障和改善民生的政策措施,都把交通运输业作为优先发展的领域和倾斜支持的对象,这为交通运输发展提供了更为广阔的空间。二是国家相关部委对我省交通运输的支持力度不断加大。国家发改委、交通运输部和国家民航局充分考虑我省区位特征和加快交通发展的迫切要求，不仅专门与我省签订了支持交通运输建设、民航事业发展的会谈纪要,而且在项目审批、资金落实等方面给予了许多实实在在的支持和帮助。三是我省交通运输业经过连续多年的快速发展,已步入良性发展的阶段,为科学发展、安全发展奠定了坚实基础。随着我省高速公路网的逐步完善,公路运营的质量与效益不断提升,良好的资产状况和信贷结构为市场融资提供了重要保证,而市场融资规模的扩大又反过来为交通运输业的发展提供了强大的资金支持。四是全社会支持交通、发展交通的氛围越来越浓厚。全省各地都把交通运输作为加快区域经济发展的先决条件,不仅为重点项目建设营造良好的环境。而且千方百计筹措资金,动员社会各种资源,主动建设区域性的运输大通道,有力地支持了全省交通运输发展大局。但是,我省交通运输工作也面临诸多困难与挑战:一是建设资金不足,严重影响到交通运输重点项目建设进度。二是工程质量管控措施不到位问题未得到根本解决,不仅影响到工程的实体质量,而且使交通形象受到冲击。三是交通运输结构不合理,区域城乡交通运输发展不平衡的问题越来越突出,加快推进交通运输基本公共服务均等化刻不容缓。四是安全生产形势严峻,基层基础工作仍然比较薄弱。

九、2012年工作重点

2012年是实施“十二五”规划承上启下的关键一年。做好全年的交通运输工作,对于全面实施交通运输“十二五”发展规划,推进交通运输科学发展、安全发展具有十分重要的意义。一是稳步推进交通运输基础设施建设。全面加快高速公路建设步伐,全力以赴推进县城通二级公路建设,继续加强民航机场建设,完成舟曲交通灾后重建任务。二是大力推进国省干线路网改造和公路养护管理。充分利用国家实施国省干线公路改造工程的政策机遇,加快推进国省干线公路拥堵路段、卡脖子路段的提等升级和扩容改造,提高国省干线公路中二级以上公路的比重。三是全面加强农村交通运输发展。继续坚持“扩大成果、完善设施、提升能力、统筹城乡”的原则,建立健全行业主导、地方为主、群众参与、社会支持的农村公路建设模式,在加快建设进度、提高工程质量的基础上,力争在完善网络、提升抗灾能力上取得新进展。四是不断提升交通运输服务保障能力。加快建设国家级公路运输枢纽站场,加快运输结构调整,加强高等级公路的运营管理。五是切实提高安全监管和应急处置能力。牢固树立安全发展的理念,切实加强应急反应体系建设。六是进一步做好体制机制改革和交通依法行政工作。七是深入推进交通科技创新。八是切实加强交通运输行业文明和反腐倡廉建设。

大事记

DASHIJI

2011 年 6 月 11 日至 15 日，全国干线公路养护管理检查组，在张掖公路分局管理养护路段进行全面细致的检查。图为路况检测组在进行沿线路况检测。

赵小强 摄

1月

5日 酒泉至嘉峪关城际一级公路项目、肃北至阿克塞二级公路项目奠基仪式在酒泉举行。省委副书记鹿心社，省人大常委会副主任崔玉琴，省政协副主席李永军，省交通运输厅厅长杨咏中，酒泉市委书记李建华、市长康军，嘉峪关市委书记马光明、市长郑亚军出席奠基仪式。

同日 省交通运输厅党组书记、厅长杨咏中，副厅长阮文易，省公路局党委书记任忠章，与酒泉市委常委、纪委书记都伟，市委常委、副市长王喜成到酒泉公路总段调研，并慰问困难职工。

同日 酒泉市交通运输局正式挂牌成立。同时挂牌的还有酒泉市道路运输管理局、酒泉市公路管理局。省交通运输厅副厅长阮文易，酒泉市委常委、纪委书记都伟，副市长王喜成参加揭牌仪式。

同日 酒泉客运汽车站奠基仪式在酒泉举行。省交通运输厅副厅长阮文易，酒泉市委常委、纪委书记都伟，副市长王喜成出席奠基仪式。

6日至8日 省交通运输厅副厅长阮文易深入千里河西走廊的嘉峪关、酒泉、张掖、金昌、武威，慰问了公路养护、运输管理、收费运营等单位的一线职工，把厅党组的问候送到了职工和离退休职工的手中，同时对2011年春运安全工作进行检查。

11日 2011年全省交通运输工作会议在兰州召开。省委常委、常务副省长冯健身，副省长石军，省政协副主席李永军，兰州军区军事交通运输部部长冯海兵出席会议，副省长石军主持会议。省交通运输厅党组书记、厅长杨咏中作了题为《加快转变交通运输发展方式，为推动全省经济社会跨越式发展再立新功》的工作报告，全面总结了2010年我省交通运输工作，分析了当前我省交通运输工作面临的新形势和新任务，安排部署了2011年全省的交通运输工作。省上领导冯健身、石军也分别发表讲话。

同日 2011年全省公路工作会在兰州召开，省交通运输厅副厅长杨映祥主持会议，省交通运输厅副厅长、省公路局局长赵彦龙就"十二五"以及2011年各项工作任务作了安排部署。

同日 2011年全省道路运输工作会议在兰州召开。省交通运输厅领导阮文易、艾玉德、王繁己出席会议。会议确定了我省"十二五"期间，道路运输将实施"一圈两翼、圈层带动、两翼支撑、组团突出"的发展战略。

12日 2011年全省公路路政管理工作会议在兰州召开，省交通运输厅副厅长杨映祥出席会议并讲话，驻厅纪检组组长艾玉德主持会议。

同日 2011年全省水路交通工作会议在兰州召开。会议提出，"十二五" 期间将投资15.83亿元推进水运基础设施建设，全力壮大水运发展实力，为百姓办好事、办实事。省交通运输厅副厅长阮文易、王繁己出席会议并讲话。

13日至14日 省交通运输厅党组成员、驻厅纪检组组长艾玉德带领有关人员，冒着摄氏零下20多度的严寒，深入甘南公路总段、甘南公路总段临时路政支队、王格尔塘收费所及王格尔塘养管站看望慰问困难职工及一线养路工、收费员和路政管理人员。

14日 全省2011年交通运输春运工作视频会议召开。会议安排部署了全省交通运输行业2011年春运工作，要求各相关单位确保圆满完成今年春运各项工作任务。省交通运输厅副厅长阮文易出席会议并讲话。

同日 营盘水至双塔高速公路白银段建设用地统征包干协议签字仪式在兰州举行。省交通运输厅厅长杨咏中，副厅长杨映祥、阮文易、赵彦龙，白银市委书记肖庆平，白银市人大常委会主任宁金辉，白银市委副书记、市长吴仰东，白银市政协主席张廷魁出席协议签字仪式。杨咏中、吴仰东签订了统征包干协议。

16日 晚上全省公路系统职工春节慰问演出在兰州金城剧院隆重举行。省交通运输厅领导杨咏中、杨映祥、阮文易、王繁己、赵彦龙以及全省公路系统劳动模范和先进典型代表共同观看了由公路职工自己编演的节目，辞旧迎新。

17日 省交通运输厅副厅长杨映祥一行冒着严寒，慰问白银公路总段的困难职工。

同日 省交通运输厅直属机关党委召开直属单位党委(总支、支部)的党办主任座谈会，厅23个直属机关党办主任欢聚一堂，畅谈2011年党建工作新思路。

19日 2011年春运拉开帷幕，同时我省春运农民工平安返乡(岗)优质服务竞赛活动暨兰州至天水高速公路客运专线开通仪式在兰州举行。省交通运输厅副厅长阮文易宣布优质服务竞赛活动启动、兰州至天水高速公路客运专线开通，兰州市副市长姚国庆出席仪式并对春运工作提出要求。

同日 省交通运输厅副厅长王繁己主持召开预算财务审计工作座谈会，贯彻落实全国、全省交通运输工作会议精神，对交通运输系统2011年预算、财务、审计工作进行了安排部署。

同日 在春运第一天，省地方海事局检查组对临夏州春运水路交通安全工作进行了检查。

20日 全省高速公路运营管理工作会在兰州召开。会议回顾总结了"十一五"全省高速公路运营管理工作情况，分析判断了"十二五"高速公路运营管理工作面临的形势和任务，安排部署了2011年全省高速公路运营管理工作。省交通运输厅副厅长王繁己出席会议并讲话，省交通运输厅副厅长赵彦龙主持会议。

21日 下午，副省长石军到兰州汽车东站、兰州客运中心检查春运安全工作，省交通运输厅副厅长阮文易陪同检查。

24日 省教育厅、省交通运输厅在兰州签署协议，联手共建甘肃交通职业技术学院，副省长郝远出席签字仪式并讲话。省教育厅党组书记、副厅长、省高校工委副书记孙杰，省交通运输厅党组书记、厅长杨咏中签署了《甘肃省教育厅、甘肃省交通运输厅共建甘肃交通职业技术学院协议书》。

25日 省交通运输厅召开2010年度厅属在兰单位述职考核大会。厅领导杨咏中、杨映祥、阮文易、艾玉德、王繁己出席会议,厅属在兰单位党政负责同志和厅机关有关处室负责人参加了会议。

同日 晚,省交通运输厅在兰州金城大剧院举办2011年迎新春文艺晚会《陇原交通铸辉煌》。省交通运输厅领导杨咏中、杨映祥、阮文易、艾玉德、王繁己以及厅属在兰单位的主要负责同志观看了晚会。省交通运输厅党组成员、驻厅纪检组组长艾玉德代表厅党组向全省交通运输职工拜年并致新春贺词;晚会上,还向近年来为甘肃交通运输事业作出突出贡献的劳模和先进个人颁奖献花。

25日 甘肃省公路航空旅游投资集团有限公司成立揭牌仪式在兰州举行。省委书记、省人大常委会主任陆浩为公司揭牌。省委副书记、省长刘伟平作了重要讲话。省委常委、省委秘书长姜信治出席仪式。省政府秘书长李沛文主持揭牌仪式,省交通运输厅党组书记、厅长杨咏中介绍投资集团情况,省政府副秘书长张勤和,省发改、财政、国土、金融等有关部门的负责人出席仪式。

是月 由省公路局编写的《甘肃路谱》正式出版。《甘肃路谱》概述以史为络、追古溯今,以路为谱、图文并茂,按编分类、章目记事,按古代道路、早期公路、当代公路和规划展望分4编20章526目。书中对526条主要道路列条专记,对17 493条公路以表格形式进行说明和汇总,共78万字,收入图片235幅、示意图63幅。《甘肃路谱》具有很高的史料价值和实用价值,堪称甘肃公路历史文献专著和科普专著。

是月 甘肃陇运快客公司斥资50多万元,与中国电信合作建成了集车辆GPS定位、3G视频为一体的实时监控系统。

是月 省交通运输厅与兰州市政府在兰举行兰州南绕城高速公路工程等4个公路项目联建协议签字仪式。合作加快省城交通基础设施建设。

是月 甘肃路桥建设集团获得中国建筑业企业联合会和中国建筑技术与质量协会授予的"2010中国建筑100强"称号;甘肃路桥建设集团承建完工的国道213线祁家黄河大桥、连霍国道主干线嘉安高速公路6标、平定高速公路静宁隧道3项工程获得甘肃省建设领域最高奖项"飞天奖"。路桥集团下属7个单位、9名个人获得甘肃省建筑业联合会"三优一文明"奖项;《大断面公路黄土隧道双侧壁导坑施工技术》获得"甘肃省建设科技进步一等奖",2010年共有8项工法被评为省部级工法。

2月

1日 上午,全国"五一"劳动奖章获得者、全国交通运输系统劳动模范、新时期产业工人杰出代表许振超在省交通工会负责人的陪同下,深入靖远公路管理段三滩养管站慰问养护一线职工。

9日 农历大年初七,省委副书记、省长刘伟平及省政协副主席、天水市委书记张景辉,省政府秘书长李沛文,省发改委主任赵春一行,在省交通运输厅领导杨咏中、阮文易、赵彦龙的陪同下,来到天定高速公路秦州隧道施工现场慰问建设者,听取建设、设计、施工单位对施工情况的汇报。刘伟平强调,今年全省要力争建成高速公路350公里,为实现跨越式发展提供支撑和保障。

12日 省交通运输厅在兰州召开全省公路灾后恢复重建动员会,安排部署全省公路灾后恢复重建工作。省交通运输厅领导杨咏中、王繁己、赵彦龙以及省公路局党委书记任忠章出席会议。

13日 甘肃省国防交通协会在兰州召开2011年工作座谈会。兰州军区联勤部副部长王子军,省军区参谋长李林,兰州军区联勤部军事交通运输部部长、交通战备办公室主任冯海兵,省交通运输厅厅长、省国防交通协会名誉会长杨咏中,省交通运输厅副厅长、省国防交通协会会长杨映祥出席会议并讲话。

17日 临夏最长的一条客运班线,临夏直达新疆伊犁的客运线路正式投入营运。这条线路的开通对临夏与新疆的经济文化交流必将起到积极的推动作用。

18日 兰州军区交通运输部部长冯海兵、省交通运输厅厅长杨咏中、省交通运输厅副厅长杨映祥一行到省公路运输服务中心检查交通战备建设情况。

20日 国家发改委调整成品油价格。按照省物价局与省交通运输厅《关于建立甘肃省公路客运运价与燃油价格联动机制的通知》规定,省发改委与省交通运输厅决定自2011年2月21日起,启动公路客运运价与燃油价格联动机制,以解决运价矛盾。

23日 晚21时32分,甘南藏族自治州迭部县与岷县交界处发生4级地震,震源深度6千米,震中位于北纬34.3°东经103.9°。省道210线铁尺梁盘山公路部分路段路面被山上滚落的石块覆盖,严重影响行车安全。甘南公路总段连夜出动抢修人员,调集机械组织抢修。

24日 兰州市召开交通运输工作会议,确定"十二五"交通运输发展目标。

25日 省水运管理局三届四次职工大会上确认2012年将完成水路交通固定资产投资6 164万元。

26日 夜,古浪峡至天祝高速公路大雪纷飞,27日凌晨,在古浪峡桥处发生连环撞车事故,多名驾驶员受伤,古浪高速路政大队及时进行进行抢救并协助交警疏导车辆。

27日至3月1日 交通运输部部长李盛霖,中央纪委驻交通运输部纪检组组长杨利民及交通运输部有关司局负责人先后深入我省庆阳、平凉、兰州等地,对我省交通运输工作进行了深入调研。省委副书记、省长刘伟平,副省长石军,省政府秘书长李沛文等领导陪同调研。

27日 我省圆满完成2011年春运工作。春运工作从1月19日开始,至2月27日结束。春运期间,我省累计完成道路旅客运输量2 537万人次、旅客周转量19.03亿人公里,客运量和旅客周转量均比去年同期增长14%;完成水路旅客运输量9.78万人次,比去年同期增长6.4%;运输各类物资3 029.1万吨,完成货物周转量1.88亿吨公里,货运量和货物周转量分别比去年同期增长8.1%和5.2%。道路水路运输基本满足了春运期间旅客出行和假日重要物资运输需求，实现了春运工作“安全、优质、有序”的总体目标。

同日 省交通运输厅召开专题会议，对国省干线公路迎部检工作进行部署。省交通运输厅党组书记、厅长杨咏中，副厅长、省公路局局长赵彦龙出席会议。会议学习了部检要求，明确了交通运输部对国省干线公路检查的各项要求、标准、时限和规范。省公路局向大会作了关于迎部检准备工作的汇报。

同日 全省机场建设管理工作会议在兰州召开，会议总结了我省“十一五”时期机场建设管理工作，明确了“十二五”我省机场建设的基本思路和目标，安排部署了2011年的各项工作。省交通运输厅厅长杨咏中、副厅长阮文易、副厅长王繁己出席会议。

是月 春节期间，我省高等级公路于2日18时至3日18时和8日0时至24时两个时间段免征车辆通行费。共计减免车辆通行费1 300余万元。

3月

1日 交通运输部部长李盛霖、中央纪委驻交通运输部纪检组组长杨利民在兰州与甘肃省委书记、省人大常委会主任陆浩，省委副书记、省长刘伟平就努力推进甘肃交通运输事业科学发展进行座谈，并共同签署了《贯彻落实国务院支持甘肃经济社会发展若干意见加快推进交通运输发展会谈纪要》。省委常委、省委秘书长、省委统战部部长刘立军，副省长石军，省政府秘书长李沛文等领导参加座谈并出席了签字仪式。

同日 交通运输部部长李盛霖，省委副书记、省长刘伟平在兰州接见了全省交通运输系统玉树地震抢险救灾和舟曲、陇南抗洪抢险先进集体和个人代表，并合影留念。李盛霖鼓励大家继续发扬先锋模范作用，为全省经济社会发展作出贡献。中央纪委驻交通运输部纪检组组长杨利民，副省长石军，省政府秘书长李沛文等领导及交通运输部有关司局和省交通运输厅负责同志参加接见。李盛霖代表交通运输部党组向先进集体及先进个人代表表示诚挚的问候和衷心的感谢，并向参加过汶川、玉树地震和舟曲、陇南抗洪救灾的甘肃交通运输战线全体干部职工致以诚挚的问候和崇高的敬意。

2日 甘肃省交通科学研究院有限公司挂牌。省交通运输厅厅长杨咏中参加揭牌仪式并为省交通科学研究院有限公司揭牌，这标志着省交通科研院有限公司在探索产学研有机结合的发展之路上掀开了新的一页。省交通运输厅领导杨映祥、阮文易、艾玉德、赵彦龙和省科技厅副厅长赵旭东、省政府参事辛平参加了揭牌仪式。

2日至4日 省交通运输厅直属机关党委举办第二十期入党积极分子培训班来自全省各地交通运输一线的188名入党积极分子参加了培训。

3日 全省交通运输系统廉政工作会议在兰州召开。会议认真学习了十七届中央纪委六次全会、十一届省纪委六次全会、全国交通运输系统廉政工作会议精神，总结了2010年全省交通运输系统党风廉政建设及反腐倡廉工作，研究部署了2011年工作。省纪委第一纪检监察室主任李恩来、省直机关纪工委书记周见明和省交通运输厅领导杨咏中、石培荣、杨映祥、阮文易、艾玉德、赵彦龙参加了会议。

4日 全省公路建设工作会在兰州举行。会议总结回顾了“十一五”期间我省公路建设工作，安排部署了2011年全省公路建设工作。省交通运输厅厅长杨咏中、副厅长阮文易、赵彦龙和省政府参事辛平参加了会议。

5日 省妇联、省交通运输厅联合召开庆“三八”暨“巾帼建功”表彰大会，表彰了全省交通运输系统荣获巾帼建功标兵、巾帼建功活动先进工作者、全国五一巾帼标兵称号的先进个人和荣获巾帼文明岗称号的先进集体。董小玲等2名优秀交通女职工作了先进事迹报告。省妇联主席韩克茵、副主席管春梅，省交通运输厅领导杨咏中、杨映祥、艾玉德及省总工会有关部门的领导出席了表彰会。

7日 温家宝总理签署国务院第593号令，发布了《公路安全保护条例》。

7日 全省交通运输行业安全生产电视电话会议召开，会议强调要以落实《国务院关于进一步加强企业安全生产工作的通知》精神为核心，紧绷安全生产弦，继续深入开展“安全生产年”活动，促进安全生产形势进一步稳定好转，为“十二五”安全生产工作开好局。省交通运输厅厅长杨咏中，副厅长阮文易、赵彦龙出席会议。

10日 省交通运输厅厅长杨咏中和省交通战备办公室负责人到武警甘肃总队，与武警甘肃总队政委刘武、总队长邢伟志座谈。加强与武警部队的合作交流，开展应急救援演练，使我省交通运输系统抢险救灾、应急保障能力得到进一步提升。

13日 上午，甘肃省交通运输厅在北京召开《甘肃省交通运输“十二五”发展规划》咨询会。交通运输部总规划师戴东昌及有关司局领导和部属规划、科研院所的专家，中国民航局的有关专家，甘肃省交通运输厅领导杨咏中、石培荣、杨映祥、王繁己、赵彦龙出席了会议。

15日 省交通运输厅举行甘肃紫光智能交通与控制技术有限公司、甘肃新瑞交通科技发展有限公司股权划转签字仪式。甘肃省高等级公路建设开发有限公司分别与甘肃省交通服务公司、甘肃省交通科研院有限公司签署了股权划转协议。省交通运输厅副厅长杨映祥出席仪式并讲话。

16日至21日 国家发改委委托博拓投资有限公司对《兰州至海口国家高速公路渭源至武都段工程可行性研究报告》进行了审查，专家组对全线重点工程进行了现场踏勘，并在兰州召开了评审会。专家组本着科学、客观、公正的态度，对该报告给予了充分肯定，并提出相关建议和指导意见，项目顺利通过审查。

17日 解放军总后军交部交战局副局长任延兵、兰州军区交通运输部副部长张永科在省交通运输厅副厅长杨映祥及甘肃省交通战备办公室、省运管局主要负责人的陪同下，先后来到甘肃交通战备指挥中心及训练基地，视察我省交通战备试点项目建设进展情况。

18日 甘肃省公路航空旅游投资集团有限公司申请发行80亿元中期票据工作全面启动。甘肃省公路航空旅游投资集团有限公司是我省交通运输系统第一家启动中期票据发行工作的企业。省交通运输厅党组副书记、副厅长、省公投集团总经理石培荣，国家开发银行评审一局副局长顾安，国家开发银行资金局副局长吴立智，国家开发银行甘肃分行副行长张明出席启动会。

19日 省交通运输厅厅长杨咏中、副厅长石培荣与来访的国家开发银行评审一局副局长顾安、国家开发银行甘肃分行副行长张明一行进行了座谈。

22日 省交通运输厅党组书记、厅长杨咏中在省交通运输厅党组中心组学习会上强调，全省交通运输系统各级党组织和领导干部要坚持党风廉政建设和反腐败工作常抓不懈，坚持拒腐防变警钟长鸣，为加快交通运输发展提供重要保证。省交通运输厅领导杨映祥、阮文易、艾玉德、王繁己和厅机关处室主要负责人参加了会议。

23日 甘肃省机构编制委员会办公室主任赵含栋、副主任高建国一行深入省高等级公路运营管理中心、省运管局等单位就交通运输系统机构编制工作情况进行了调研。省交通运输厅领导杨咏中、阮文易、艾玉德、王繁己陪同调研。

24日 副省长石军在省政府听取省交通运输厅厅长杨咏中关于甘肃省公路航空旅游投资集团有限公司工作情况汇报。省交通运输厅副厅长石培荣、王繁己以及省发改委、省委组织部、省财政厅、省国土资源厅等相关部门负责人参加了会议。

26日至27日 省交通运输厅在天水召开工程建设项目派驻纪检监察组述职暨工程廉政试点项目观摩经验推广会。省交通运输厅党组成员、驻厅纪检组组长艾玉德，省交通运输厅副厅长赵彦龙，省监察厅副厅长蒲志强及天水市纪委、检察院领导出席会议。艾玉德在会上强调构筑惩防体系 确保项目建设健康有序推进。

28日 下午，省交通运输厅在兰州召开《甘肃省交通运输“十二五”发展规划》咨询会。来自省政府研究室、省政府法制办、省发改委、省工信委、省财政厅、省农牧厅、省环保厅等部门和单位的20位领导和专家为我省交通发展献计献策。省交通运输厅副厅长王繁己参加会议并听取专家意见。

29日 省委副书记、省长刘伟平在省交通运输厅调研。在听取了省交通运输厅厅长杨咏中关于甘肃省公路航空旅游投资集团有限公司工作情况的汇报后，刘伟平强调，省公路航空旅游投资集团有限公司要积极进取，扎实工作，切实发挥好投融资平台作用，确保完成今年直接融资80亿元、间接融资100~150亿元的目标任务，努力为实现全省公路、航空、旅游跨越式发展提供稳定、持续的资金保障。省政府秘书长李沛文和省直有关部门主要负责人及省交通运输厅领导石培荣、阮文易、艾玉德、王繁己、赵彦龙等参加了会议。

30日 全省交通运输行业依法行政工作电视会议在兰州召开。省交通运输厅厅长杨咏中强调，要坚持依法行政，建设法治交通，为实现“十二五”发展目标提供强有力的法制保障。省交通运输厅领导杨咏中、石培荣、杨映祥、阮文易、艾玉德、王繁己出席会议。

同日 省安监局局长王建中、副局长周仲平一行对我省交通运输行业安全生产工作进行了调研，并就安全监管工作中存在的问题提出了要求。省交通运输厅副厅长阮文易一同调研。

同日 全省交通工会工作会议在兰州召开。省交通运输厅厅长杨咏中、驻厅纪检组组长艾玉德、省总工会副巡视员文志祥和厅属各单位工会主席参加了会议。

是月 为落实2011年全国农村公路工作电视电话会议精神，全面准确掌握全省农村公路桥梁基本情况和养护现状，建立桥梁规范化管理和科学养护的长效机制，省公路局要求全省各市州公路部门对辖区内农村公路上的所有桥梁展开普查。普查按照属地管理、分级负责的原则进行，从2011年3月上旬开始，至5月底结束。

是月 兰州市正式被交通运输部确定为全国10个出租汽车服务管理信息系统试点城市之一。

是月 甘肃、宁夏、内蒙古三省区黄河航运发展规划编制工作启动。规划确定，2020年以前，兰州至宁夏、内蒙古段全线通航。

4月

2日 “西部地区公路交通价值体系研究”项目可行性研究报告通过交通部评审。

5日至7日 日本协力银行第三方咨询专家对已建成的刘白高速公路和景西地方道路开展后评估。

7日至8日 省交通运输厅厅长杨咏中先后深入我省在建的天定高速公路秦州隧道、天水过境段高速公路、成武高速公路以及陇南暴洪灾后公路恢复重建项目施工现场，督察工程建设情况。

8日 省交通运输厅在陇南成县召开陇南“8·12”暴洪灾后公路恢复重建工程“大干150天”活动现场动员大会，动员全体参建单位和人员圆满完成灾后公路恢复重建任务，努力为灾区恢复重建和经济社会发展提供良好的道路通行条件。省交通运输厅厅长杨咏中在动员会上要求，各参建单位要继续发扬伟大的抗震救灾精神，不屈不挠，迎难而上，圆满完成灾后公路恢复重建任务。

同日 省公航旅投资集团与华龙证券有限责任公司签订30亿元企业债券发行合作协议，我省迄今为止单笔规模最大的企业债券发行工作启动。30亿元企业债券筹集的资金主要用于重点景区的旅游道路及连接线公路建设。重点开发临夏永靖黄河三峡和太极岛、定西贵清山和遮阳山、平凉崆峒山和太统山、张掖马蹄寺和丹霞地貌、天水小陇山、武威天祝小三峡等景区。

同日 凌晨3时3分，2辆重型油罐车在兰临高速公路新七道梁隧道内发生追尾爆炸，造成隧道拱顶及部分机电设施严重损毁的重大交通事故。

9日 舟曲灾后交通恢复重建工程开工仪式在舟曲举行，省交通运输厅厅长杨咏中参加了开工仪式，并在随后召开的舟曲灾后交通恢复重建工程协调会上强调，要努力克服困难，精心组织施工，狠抓质量管理，加强安全生产，确保圆满完成交通恢复重建任务。

10日 2011年中国道路运输百强诚信企业创建活动在兰州举办。活动由中国道路运输协会主办，其主要内容是通过对客货道路运输企业规模、竞争实力、影响力及诚信经营活动等进行科学评价，评选命名一批道路运输优秀企业。

12日 省交通运输厅召开社会治安综合治理工作会议，总结2010年社会治安综合治理工作，部署今年综治工作。省交通运输厅领导阮文易、艾玉德出席会议并讲话。

同日 甘肃省公路航空旅游投资集团有限公司总经理石培荣与国家开发银行甘肃分行副行长张明共同签署了80亿元中期票据主承销协议，标志着省公航旅投资集团向资本市场直接融资迈出实质性步伐。此次发行的中期票据所筹集的80亿元资金主要用于我省金昌至武威高速公路、兰州至永靖沿黄一级旅游公路、兰州南绕城高速公路、永登至古浪高速公路、临洮至渭源高速公路、临夏至合作高速公路、成县至武都高速公路等项目建设。

17日至20日 省地方海事局在永靖县刘家峡举办海事行政执法资格培训班。来自各有关市州交通运输局机关及四个重点水域地方海事管理机构共21个单位、58名海事人员参加了培训。

19日 省道207线靖远黄河大桥通车暨黄河大桥至吴家川二级公路开工仪式在新建成的靖远黄河大桥桥头举行。省委书记、省人大常委会主任陆浩，省委副书记、省长刘伟平等省上领导为靖远黄河大桥通车剪彩。省委常委、省委秘书长、省委统战部部长刘立军，副省长石军，省政府秘书长李沛文出席通车仪式，白银市领导及省交通运输厅领导杨咏中、赵彦龙参加通车仪式。

同日 甘肃省公路管理局、甘肃省道路运输管理局、甘肃省高速公路管理局在兰挂牌。省交通运输厅厅长杨咏中为三家单位揭牌，副厅长杨映祥、王繁己、赵彦龙出席挂牌仪式。当天，省交通运输厅厅长杨咏中还为甘肃省道路运输应急指挥中心、甘肃省道路运输场站资产监管运营中心、甘肃省道路运输科技信息中心、甘肃省道路运输管理局机关服务中心四个副处级建制事业单位揭牌。

同日 副省长、省舟曲灾后恢复重建领导小组组长泽巴足和省长助理、省舟曲灾后恢复重建前方协调指导小组组长夏红民在省交通运输厅副厅长阮文易的陪同下，调研舟曲灾后交通恢复重建项目进展情况。

同日 省交通运输厅在舟曲召开灾后交通重建工作座谈会。省交通运输厅副厅长阮文易、驻厅纪检组组长艾玉德出席会议并讲话。

21日 省交通运输厅召开新闻通气会，向人民日报甘肃分社、新华社甘肃分社等12家中央驻甘媒体及省、市主要媒体通报了我省高速公路规划、建设及发展情况，并组织记者参观了我省高速公路标准化管理的相关设施和运行状况。我省高速公路规范管理、快速发展取得的突出成绩引起了各媒体的高度关注。省交通运输厅副厅长杨映祥、王繁己出席通气会，并与中央及省市新闻媒体记者座谈。

同日 省交通运输厅按照省政府在全省开展安全生产事故遏制行动的决定，制定了《全省交通运输行业安全生产事故遏制行动方案》，对交通运输系统安全生产工作进行了部署。

22日 以"抓源治本、构筑工程廉政建设惩防体系"为主题的省交通运输厅第三届廉政论坛在兰举办。

同日 交通运输厅副厅长赵彦龙和陇南市副市长王月成签署了《成县至武都高速公路建设用地统征协议》，为成武高速公路的顺利推进奠定了重要基础。省交通运输厅厅长杨咏中、副厅长王繁己、陇南市市长许文海出席签字仪式。

25日 全省农村公路工作会议在兰州召开。会议明确了"十二五"期间我省农村公路工作总体思路，安排部署了2011年农村公路工作。会议强调，全省各级地方政府和交通运输主管部门要落实责任，强化管理，大力推动农村公路工作协调快速发展，为"十二五"农村公路工作开好头、起好步。省交通运输厅厅长杨咏中，副厅长阮文易、赵彦龙出席会议。

同日 省交通运输厅在2009年、2010年连续两年开展"安全生产年"活动的基础上，结合当前全省交通运输行业安全生产工作呈现的新形势、面临的新问题，研究制定了《2011年全省交通运输行业继续深化"安全生产年"活动方案》。

25日至30日 省交通运输厅在全省交通运输系统开展为期6天的"五一"节前安全生产大检查。

26日 省政府参事室主任卢有治、副主任苏冠旺、省政府参事辛平、赵聚忠、柴发熹、郎树德等一行到省公路管理局调研我省农村公路建设、养护、管理工作，并与省交通运输厅领导座谈，为我省农村公路建设建言献策。省交通运输厅领导杨咏中、杨映祥、赵彦龙向调研组汇报了我省农村公路建设情况。

同日 省总工会召开庆祝"五一"国际劳动节暨表彰"五一双奖"、"工人先锋号"大会，省交通科研院有限公司被授予甘肃省"五一劳动奖状"荣誉称号。

同日 省建筑业联合会授予甘肃路桥建设集团等67家企业甘肃省五星级建筑业诚信企业荣誉称号。

27日 国道212线韩家河至水泉二级公路改扩建工程开工。省委常委、兰州市委书记陆武成宣布工程开工。兰州市有关领导及省交通运输厅领导杨咏中、杨映祥、阮文易、赵彦龙参加开工仪式。

28日 18时左右，我省出现了9年来最强的一次沙尘暴天气。沙尘暴天气使酒泉、张掖、金昌的部分路段出现流沙填埋公路的情况，给公路通行造成一定影响，全省公路部门积极应对沙尘天气。

5月

1日 “五一”期间,我省公路水路运输秩序井然,确保了旅客安全、优质、有序出行。据统计,我省日均投放客车1.35万辆,日发班次2.15万班,累计完成客运量200.7万人次、客运周转量1.4亿人公里。全省共投入客运船舶499艘,完成渡运量50 897人次,投入渡运船舶23艘。

3日 省交通运输厅召开了全省在建公路项目质量安全分析会。省交通运输厅厅长杨咏中要求各有关单位和部门进一步提升项目管理水平,确保工程质量安全再上新台阶。副厅长阮文易、赵彦龙以及厅属有关单位的主要负责人参加了会议。

4日 全省高速公路服务区职工书屋建设启动仪式暨省级青年文明号、青年岗位能手颁奖典礼在兰临高速公路太石服务区举行。省人大常委会副主任、省总工会主席孙效东与省交通运输厅厅长杨咏中为兰临高速公路太石服务区职工书屋揭牌。省交通运输厅领导石培荣、阮文易、艾玉德等出席仪式。

5日 省交通运输厅厅长杨咏中、副厅长石培荣以及省公路管理局党委书记任忠章一行到甘南公路总段王格尔塘养管站慰问养护职工。

5日 省交通运输厅与甘南州就旅游交通工作在合作召开座谈会。省交通运输厅厅长杨咏中、副厅长石培荣和甘南州州委书记陈建华、州人大常委会主任楚才元、州长毛生武、州政协主席丹智草以及省交通运输厅相关处室、省公路管理局、省机场投资管理有限公司等相关单位负责人参加了会议。双方就进一步加强合作、共同促进甘南旅游业发展初步达成共识。

5日至6日 省交通运输厅副厅长阮文易,省政府参事、省交通运输厅重点工程建设巡回督导组组长辛平带领督导组深入西长凤建设项目督察。

6日 兰州中川机场二期扩建工程建设指挥部揭牌仪式在中川机场举行,省交通运输厅厅长杨咏中,副厅长石培荣、王繁己,民航甘肃监管局副局长王德新以及省交通运输厅机关相关处室、省机场投资管理有限公司、甘肃机场集团有限公司相关负责人出席仪式。揭牌标志着兰州中川机场二期扩建工程正式进入建设施工阶段。

同日 省交通运输厅厅长杨咏中、副厅长王繁己与来访的庆阳市市长周强、副市长付振伟一行就庆阳市交通工作进行座谈,并就一些交通建设项目达成共识。

同日 交通银行甘肃省分行与省公路航空旅游投资集团签署授信协议,向省公路航空旅游投资集团授信100亿元,为省公航旅投资集团融资搭建业务平台、提供金融产品支持。省公航旅投资集团总经理石培荣,交通银行甘肃省分行行长陈双城、副行长郭小静、汪麟,省机场投资管理有限公司总经理马晓军等领导出席授信仪式。

12日 省公路航空旅游投资集团与招商银行兰州分行签署100亿元综合授信战略合作协议。

13日 平定高速公路“断头路”——青兰高速公路宁夏东山坡至毛家沟段建设工程启动。交通运输部党组书记、部长李盛霖宣布工程启动。甘肃省委副书记、省长刘伟平,宁夏回族自治区党委副书记、自治区政府主席王正伟分别致词。国家发改委、交通运输部和宁夏回族自治区有关负责人,甘肃省政府秘书长李沛文,省交通运输厅厅长杨咏中、副厅长阮文易出席了启动仪式。

17日 省公航旅投资集团公开选拔管理人员进行面试,省公航旅投资集团总经理石培荣担任评委并致词。

17日至18日 驻交通运输部纪检组组长杨利民带领交通运输部质监总站、驻部纪检组监察局、部公路局农村处、部财务司审计处、部公路科学研究院等部门的负责人深入我省甘南州舟曲县,督察灾后交通恢复重建工作及农村公路建设情况。

18日 省公路航空旅游投资集团与中信银行兰州分行签署100亿元综合授信战略合作协议,加上此前与招商银行兰州分行签署的100亿元综合授信,共获得200亿元授信用于“十二五”期间我省公路、航空、旅游产业发展。

20日 交通运输部党组成员、驻部纪检组组长杨利民慰问甘南公路总段公路养护、收费一线职工。省交通运输厅厅长杨咏中、副厅长阮文易、驻厅纪检组组长艾玉德陪同慰问。

20日至22日 以交通运输部质监总站站长李彦武为组长的交通运输部督察组一行对我省公路建设质量安全工作进行了现场督察。20日,交通运输部督察组一行在兰州听取了关于我省公路建设工程质量安全工作的汇报。省交通运输厅厅长杨咏中、副厅长赵彦龙以及厅机关、厅属有关单位负责人参加了汇报会。

21日 上午,省交通运输厅在甘肃交通职业技术学院举办“路桥杯”职工职业技能大赛,省政协副主席李永军、省总工会副主席李惠泽和省交通运输厅厅长杨咏中、副厅长石培荣出席开幕式。来自全省交通运输系统14个代表队的112名技术精英参加了大赛。

23日 省交通运输厅厅长杨咏中在临夏州永靖县督察刘家峡库区水运安全工作及折桥至达川二级公路建设情况。

25日 交通运输部西部交通建设科技项目管理中心组织专家在兰州对《连霍国道主干线牛背至天水高速公路地质环境与生态安全评估及对策研究》进行了成果鉴定验收,认为成果总体达到国际先进水平。

27日 甘肃省委省政府与中国民用航空局在兰州举行座谈会,并签署《关于加快推进甘肃民航发展会谈纪要》。省委书记、省人大常委会主任陆浩主持座谈会。省委副书记、省长刘伟平,中国民用航空局党组书记、局长李家祥,副省长石军,省政府秘书长李沛文,省交通运输厅领导杨咏中、石培荣以及省政府和中国民航局的相关部门负责人出席座谈会。

31日 甘肃省十一届人大常委会第二十一次会议审议通过了新修订的《甘肃省公路路政管理条例》。

同日 连霍高速天水至定西高速公路关键控制性工程——秦州隧道(关子隧道)建成通车,标志着全长235.07公里的天定高速公路全线贯通。

同日 省交通运输厅召开视频会议，就开展公务用车专项治理工作进行了部署。省交通运输厅厅长杨咏中，副厅长杨映祥、王繁己出席会议。

同日 全省高速公路电子缴费系统工程项目于5月31日全部完工，50条电子缴费车道正式交付使用，建成电子缴费车道的收费站已占全省高速公路现有收费站总数的25%。

是月 省交通运输厅对我省高速公路平安畅通综合治理工作作出安排部署，要求公路养护、路政管理、高速公路运营和道路运输管理等部门按照部门联动、综合治理的原则，深入开展高速公路平安畅通综合治理工作，切实解决一批影响高速公路安全畅通的突出问题，进一步提升高速公路的通行能力和服务水平。

是月 我省将建成50条国家标准的高速公路专用电子不停车收费车道，向过往车辆提供安全、快速、便捷的服务。

是月 兰州市人大常委会对《兰州市航道管理办法》进行立法调研，并就加快黄河航道立法工作建设步伐提出了许多可操作性的意见。

6月

1日 省委副书记、省长刘伟平等省上领导深入县道507线青河沿至黄渚段公路灾后恢复重建工程施工现场视察项目建设情况。

同日 省交通运输厅厅长杨咏中深入陇南市督察公路建设项目，慰问交通运输职工，并与陇南市委书记、市人大常委会主任王玺玉进行了座谈。

同日 交通运输部召开贯彻实施《公路安全保护条例》电视电话会议。省交通运输厅副厅长杨映祥在甘肃分会场出席会议，省公路局、省运管局、省路政总队、省高管局及厅直机关有关处室负责人参加会议。

7日 武威公路总段研发的“一种复合改性沥青生产系统”获国家知识产权局颁发的实用新型专利证书。

8日 金昌金川机场顺利通过中国民航飞行校验中心的飞行校验。省交通运输厅领导杨咏中、阮文易和金昌市领导、民航甘肃监管局领导及八冶建设集团有限公司、金川集团公司、省机场投资管理有限公司、甘肃机场集团有限公司的领导出席了在金昌金川机场举行的飞行校验仪式。

9日 由河南省交通运输厅、北京市道路工程质量监督站、交通运输部公路科学研究院和新疆公路检测中心组成的路况检测组在我省正式展开检测工作，全面拉开了全国干线公路甘肃境内路段养护管理检查的序幕。

9日 省运管局启动全省道路客运市场百日专项整治活动集中整治工作。

10日 以河南省交通运输厅副厅长赵国强为组长的全国干线公路养护管理检查组一行来兰，听取了甘肃省交通运输厅关于“十一五”以来全省公路养护管理工作情况的汇报。甘肃省交通运输厅领导杨咏中、杨映祥、阮文易、艾玉德、赵彦龙等参加了会议。

12日 省地方海事局会同兰州市地方海事局在黄河兰州段索道码头开展了第10个安全生产月咨询日活动，省交通运输厅、省地方海事局领导现场为前来咨询的船员和市民讲解水上安全规定和常识，发放宣传品。

14日 交通运输部、国家发改委、财政部、监察部、国务院纠风办联合在京召开全国收费公路专项清理工作电视电话会议，对即将在全国范围内开展的为期一年的收费公路专项清理工作进行了部署。交通运输部部长李盛霖主持会议，并就做好专项清理工作提出要求。甘肃省交通运输厅厅长杨咏中、副厅长王繁己等在甘肃分会场参加了会议。

16日 省交通运输厅在兰州召开上半年交通运输经济运行分析会。省交通运输厅厅长杨咏中总结了今年上半年全省交通运输经济运行工作，安排部署了下半年工作。省交通运输厅副厅长王繁己主持会议，并通报今年上半年全省交通运输经济运行情况。

18日 省交通运输厅党组书记、厅长杨咏中与省道路运输管理局、兰州市交通运输局等有关单位的主要负责人在兰州公交集团调研“窗口单位创先争优活动月”活动进展情况。

同日 甘肃省“十一五”干线公路养护管理工作检查反馈会在敦煌举行，由河南省交通运输厅副厅长赵国强率领的全国干线公路养护管理检查组就管理规范化检查组对我省的检查情况进行了反馈，我省干线公路养护管理工作得到检查组肯定。甘肃省交通运输厅副厅长赵彦龙等参加了会议。

21日 中国海员建设工会公路交通联委会在兰州召开三届二次全体会议。会议总结了2010年及2011年上半年公路交通联委会的工作，交流了工会重点工作经验，讨论通过了《中国海员建设工会公路交通联委会关于开展“十二五”劳动竞赛的指导意见》。中国海员建设工会副主席朱临庆、甘肃省总工会副主席李惠泽及甘肃省交通运输厅领导杨咏中、艾玉德等出席了会议。

21至22日 省人大、省政协和省交通运输厅领导分别在平凉市庄浪县和天水市秦安县现场办理提案。省人大代工委副主任李世红和省政协提案委主任户丁一、省交通运输厅副厅长杨映祥等有关领导以及相关部门的负责人参加了现场办案。

22日 省文明办副主任高巨珍一行到省交通运输厅检查精神文明建设工作，驻省交通运输厅纪检组组长艾玉德陪同检查。

24日 上午10时，全省最后一条通县二级公路——临洮至康乐至和政二级公路开工仪式在临夏州康乐县苏集镇苏集村举行，至此，省委、省政府承诺从2010年起至2012年底，全省31个不通二级公路县市实现通二级及二级以上公路的工程项目全部开工。

25日 下午，庆阳市华池县新堡至南梁红色旅游二级公路举行开工奠基仪式。省委常委、副省长石军出席仪式并宣布项目开工。

25日至26日 省交通运输厅厅长杨咏中到青兰高速公路雷家角至西峰段建设项目、庆阳机场扩建工程项目和庆阳公路总段调研,并代表厅党组对奋斗在交通一线的党员干部职工表示慰问。

26日 省委常委、副省长石军一行在省交通运输厅厅长杨咏中、庆阳市市长周强、平凉市市长陈伟等的陪同下,调研西长凤高速公路建设情况。

28日至29日 由交通运输部安全总监刘功臣带队的交通运输部安全生产督察组一行,对我省今年以来交通运输行业安全生产和安全保畅情况进行了督察。

29日 在全省纪检监察系统纪念中国共产党成立90周年表彰大会上,甘肃省纪委、省监察厅驻省交通运输厅纪检组副组长、监察室主任张科元荣获"全国纪检监察系统先进工作者"称号。

30日 省交通运输厅举办纪念建党90周年暨创先争优活动知识竞赛

同日 截至本月底由省交通运输厅实施的舟曲灾后交通恢复重建工程已全部开工。

是月 由省交通规划勘察设计院有限责任公司承担的兰州南绕城、临洮至渭源高速公路初步设计外业勘察工作通过省交通运输厅的验收。

7月

1日至7日 交通运输部组织专家对武都至罐子沟高速公路进行了设计回访。

4日 省交通运输厅召开厅党组中心组学习会,认真学习胡锦涛总书记在庆祝中国共产党成立90周年大会上的重要讲话。厅党组书记、厅长杨咏中主持会议。会议要求,省交通运输厅各部门、各单位要认真学习、深刻领会胡锦涛总书记的重要讲话精神,切实把讲话精神转化为推动全省交通运输事业科学发展的强大动力。省交通运输厅领导杨映祥、阮文易、艾玉德、王繁己以及厅机关各处室负责人参加了学习会。

8日 全省公路养护管理工作安排会召开,会议通报了我省干线公路养护管理检查情况,安排部署了下一阶段公路养护管理重点工作。 省交通运输厅厅长杨咏中出席会议并讲话。省交通运输厅副厅长、省公路管理局局长赵彦龙,全省各公路总段(分局)主要负责人参加了会议。

11日 甘肃省政府与民航西北地区管理局在兰州举行加快推进甘肃民航发展座谈会。甘肃省委常委、副省长石军与民航西北地区管理局副局长王小辉一行进行座谈,就如何加快甘肃民航事业发展深入交换了意见。省交通运输厅厅长杨咏中参加座谈会,并汇报了金昌、张掖、庆阳机场建设等有关情况。

12日 省交通运输厅在陇南市成县举行省人大代表提出的《关于请求解决修建成县红川镇席郝村便民桥的建议》现场办理活动。省人大常委会副主任崔玉琴,省政府副秘书长、省机关事务管理局局长王志贵,省交通运输厅副厅长阮文易和陇南市有关领导在成县红川镇席郝村现场督办。

同日 甘肃省高速公路标准化管理研究课题通过评审。

14日 省交通运输厅在兰召开创先争优破解难题主题活动部署会。省交通运输厅领导杨咏中、杨映祥、艾玉德、王繁己出席会议,厅机关各处室、厅属各单位相关负责人参加了会议。

15日 上午,省交通运输厅召开新闻通气会,向社会公众和新闻媒体通告我省高速公路54条ETC电子不停车收费车道投入运营。

17日至18日 省交通运输厅厅长杨咏中一行督察陇南、舟曲灾后交通恢复重建项目和成武高速公路建设项目,检查陇南公路总段工作,并调研了干部职工的生活情况。

19日 省政府参事辛平和省交通运输厅专家组对营双高速公路建设项目进行现场调研和咨询,解决项目建设中存在的重大技术问题。

21日 省交通运输厅在兰州中川机场召开专题会议,对机场运营安全保卫工作进行了安排部署。省交通运输厅厅长杨咏中出席会议并讲话。省公路航空旅游投资集团有限公司、省机场投资管理有限公司、民航甘肃空管分局、甘肃机场集团有限公司、东航甘肃分公司、海航兰州分公司、中航油西北公司甘肃分公司和厅机关有关处室的负责人参加了会议。

26日 全省道路客运市场百日专项整治活动总结表彰电视电话会在省道路运输管理局举行。会议总结了百日专项整治活动的成果和经验,表彰了在活动中涌现出的先进集体和先进个人,安排部署了下一阶段全省道路客运市场整治工作。省交通运输厅厅长杨咏中、副厅长杨映祥,省公安厅交警总队副总队长吴建忠出席会议。

29日 省交通运输厅联合省体育局在兰州共同举办全省交通运输系统职工运动会。省体育局副局长石生泰,省总工会副主席李惠泽,省交通运输厅领导杨咏中、石培荣、杨映祥、王繁己出席开幕式。杨咏中宣布运动会开幕。

30日 上午,省交通运输厅厅长杨咏中一行深入永登至古浪高速公路施工现场,详细了解工程建设情况,慰问奋战在施工一线的广大干部职工,并对今后一个时期的工作提出要求。

同日 下午,金昌市金川机场完成新建机场的各项试飞科目。东方航空公司一架A320客机平稳降落在机场,标志着金昌金川机场已具备通航条件,预计8月正式通航。国家民航局、民航西北地区管理局相关领导前来指导金昌金川机场试飞的各项工作。省交通运输厅厅长杨咏中,副厅长石培荣、阮文易参加试飞。

是月 省交通运输厅日前发出通知,对当前和下一阶段交通运输安全生产工作作出部署,要求各部门、各单位牢固树立"本质安全"和"安全生产工作始终坚持从零开始"的理念,切实增强责任心、使命感和紧迫感,采取有效措施,标本兼治,坚决遏制重特大事故的发生。

是月 省交通运输厅根据7月27日国务院常务会议精神和交通运输部的有关要求,全面部署了全省交通运输行业安全隐患排查整治工作,要求各部门、各单位以道路旅客运输、水上"四客一危"船舶和特大型桥梁为重点,深入开展安全隐患排查整治工作,遏制安全生产事故的发生。

8月

2日 省委常委、常务副省长刘永富,省长助理、省舟曲灾后恢复重建前方协调指导小组组长夏红民在舟曲调研灾后交通恢复重建项目进展情况。

3日 省人民政府副省长虞海燕、省政府副秘书长负建民一行到省交通运输厅调研。省交通运输厅领导杨咏中、杨映祥、阮文易、王繁己及省公路航空旅游投资集团有限公司和省机场投资管理有限公司的有关负责人参加了会议。

同日 省编办主任赵含栋一行到省交通运输厅调研并召开座谈会,推进交通系统事业单位改革。省交通运输厅领导杨咏中、杨映祥、王繁己出席会议。

7日 省委书记、省人大常委会主任陆浩,民政部部长李立国,省委副书记、省长刘伟平,省政协主席冯健身等领导视察舟曲灾后交通重建标准示范路,现场听取了省交通运输厅厅长杨咏中关于项目整体情况和节点工程施工情况的汇报。省委常委、常务副省长刘永富,省委常委、省委秘书长刘立军,省委常委、副省长、省委统战部部长泽巴足,省长助理、省舟曲灾后重建前方协调指导小组组长夏红民,省政府秘书长李沛文及省直有关部门负责同志一同视察。

7日至8日 省交通运输厅厅长杨咏中先后到舟曲调研灾后交通恢复重建项目、陇南暴洪灾后公路恢复重建项目和天水过境段建设项目。

10日 省政府新闻办召开新闻通报会,经过参建单位近8个月的努力,陇南"8·12"暴洪灾后交通恢复重建工程已全面完成,恢复重建后的公路抗灾能力和通行水平较之灾前有了明显提高。

同日 我省在柳忠高速公路北龙口服务区举办省职工职业技能大赛高速公路试验检测省级决赛。省人力资源和社会保障厅副厅长杨俊斌,省总工会副主席李惠泽,省交通运输厅副厅长阮文易、驻厅纪检组组长艾玉德出席开幕式。

11日 省交通运输厅在兰州召开陇南"8·12"暴洪灾后交通恢复重建工作总结表彰大会,隆重表彰在陇南"8·12"暴洪灾后交通恢复重建工作中作出突出成绩的先进单位和先进个人。省交通运输厅领导杨咏中、杨映祥、艾玉德出席会议并为受到表彰的先进单位和先进个人颁奖。

16日 省政府印发《关于进一步加快全省通县二级公路建设有关问题的通知》,为通县二级公路项目顺利实施保驾护航。

17日至19日 交通运输部海事局纪委全国海事行政执法廉政风险防控中期推动暨预评估第三检查组在我省检查督导工作。省交通运输厅领导阮文易、艾玉德与检查组一行进行了座谈。

18至19日 省交通运输厅组织专家对兰州至郎木寺高速公路(S2)临夏至合作段初步设计进行了外业验收。

22日 省委副书记、省长刘伟平对永登至古浪高速公路建设项目进展情况进行了调研。强调公路建设要为全省经济社会实现跨越式发展提供强有力的支撑。副省长虞海燕、省政府秘书长李沛文及省直有关部门负责人一同调研。

同日 张掖军民合用机场连接线公路建成通车。该公路的建成通车,为即将进行的张掖军民合用机场校飞和今后正式运营提供了良好的道路通行条件。

24日 甘肃省副省长虞海燕一行就落实省委副书记、省长刘伟平在永古高速公路调研时的相关指示精神深入省交通运输厅调研。省交通运输厅领导杨咏中、杨映祥、艾玉德、赵彦龙向虞海燕一行作了工作汇报。

26日 全国交通运输信息化工作会议召开,交通运输部党组书记、部长李盛霖参加会议并讲话。省交通运输厅副厅长王繁己以及厅机关各处室、厅属在兰单位负责人在甘肃分会场参加会议。

26日至29日 省交通运输厅厅长杨咏中、副厅长杨映祥与厅机关相关处室负责人一行在武威、张掖、酒泉等地调研交通运输工作,慰问交通运输职工。

27日 张掖军民合用机场顺利通过了为期3天的飞行校验。省交通运输厅厅长杨咏中、副厅长杨映祥,张掖市委书记、市人大常委会主任陈克恭,张掖市委副书记、市长栾克军,张掖市政协主席王开堂,中国民用航空飞行校验中心副主任魏刚,甘肃机场集团执行董事长兼总裁杜小平,省机场投资管理有限公司总经理马晓军等出席了机场校飞成功庆祝仪式。

27日至28日 省交通运输厅厅长杨咏中、副厅长杨映祥与厅机关相关处室负责人一行在酒泉调研交通战备工作,并就酒航公路升级改造等交通战备工作向酒泉卫星发射基地首长进行了汇报。

29日 下午,金昌金川机场建成举行通航仪式,一架从兰州中川机场起飞的海南航空波音737-800型飞机经过半小时飞行后平稳地降落在金昌金川机场,省委副书记、省长刘伟平,副省长虞海燕,兰州军区空军副参谋长刘广彬少将出席通航仪式并为金昌金川机场正式通航剪彩。通航仪式由甘肃省政府秘书长李沛文主持。民航西北管理局局长王志清,甘肃省交通运输厅领导杨咏中、杨映祥、阮文易以及金昌市和甘肃机场集团等相关单位的负责人参加通航仪式。

是月 省交通运输厅在深入分析我省交通运输行业当前面临的安全生产形势和工作中存在的问题的基础上,积极组织开展安全隐患排查整治工作,要求全省交通运输行业各部门、各单位以长途客运班线车辆、卧铺客车、客船、客滚船、渡船、旅游船舶和长大隧道、桥梁为重点,深入开展安全隐患排查整治工作,防范重特大事故的发生。

9月

3日至4日 建设单位组织专家对兰州(新城)至永靖沿黄河快速通道建设工程进行了防洪评价。与会专家对该项目4座跨黄河桥梁和4座顺河桥梁进行了现场踏勘和认真讨论,基本同意桥梁跨河位置,并建议做实地模型试验,进一步优化调整桥梁布置方案。

4日 因"4·8"交通事故损毁的国家高速75线兰州至临洮方向新七道梁隧道恢复处治工程完工,恢复通车。

5 日至 6 日 省交通运输厅厅长杨咏中到平凉、庆阳调研交通运输工作,看望慰问了一线职工。

6 日 被称为"甘肃第一桥"的泾河特大桥顺利合龙。标志着 G22 青岛至兰州国家高速公路和 G70 福州至银川国家高速公路在我省境内的重要组成路段——西峰至长庆桥至凤翔路口高速公路建设取得重大进展,为今年年内全线建成通车奠定了坚实的基础。

7 日 省交通运输厅在兰州召开电视电话会议,贯彻落实《省交通运输厅贯彻落实省纪委<关于贯彻落实陆浩书记重要批示开展有关工作的方案>的实施方案》。省纪委副书记、省预防腐败局局长杨志宏出席会议并讲话;省预防腐败局副局长方亮和省交通运输厅领导杨咏中、杨映祥、艾玉德、王繁己、赵彦龙参加会议。

同日 武威市城乡融合发展核心区的骨架工程——金大快速通道工程可行性研究报告通过省发改委批复。

8 日 尹家庄至中川机场高速公路茅茨互通立交工程正式开工建设。省委常委、兰州市委书记陆武成出席奠基仪式,并宣布开工。省交通运输厅厅长杨咏中,兰州市委副书记、市长袁占亭分别致词。省交通运输厅领导杨映祥、艾玉德、王繁己,兰州新区管委会副主任杨建忠等出席仪式。

8 日至 9 日 省交通运输厅组织对兰州(新城)至永靖沿黄河快速通道建设项目初步设计进行了预审,通过了该项目设计方案。

13 日 由安徽省交通运输厅副厅长丁庆领任组长的交通运输部安全隐患排查治理检查组来到我省,对交通运输安全隐患排查治理工作进行了检查。

20 日 省交通运输厅组织厅机关及厅属在兰单位的有关人员参观了全国窃密泄密案例警示教育展。树立保密意识,增强保密法制观念,掌握保密知识技能,提升反窃密、防泄密的能力。

19 日至 20 日 由国家交通战备办公室组织、兰州军区和甘肃省交通战备办公室共同承办的首次交通战备应急指挥中心和训练基地建设试点现场演练活动在兰州举行。总后勤部副部长秦银河,工业和信息化部副部长尚冰,交通运输部副部长翁孟勇,总后军事交通运输部部长、国家交通战备办公室主任张伟,兰州军区联勤部政委邓瑞华,兰州军区联勤部副部长王子军,省军区政治部主任兰晓军出席。

21 日 省交通运输厅和省委党校联合举办的全省交通运输系统基层单位领导干部第二期学法用法培训班在甘肃省委党校开班,来自全省交通运输系统基层单位的 128 名领导干部参加了培训班,省交通运输厅副厅长杨映祥、省委党校常务副校长王渊出席了开班仪式。

23 日 下午,张掖军民合用机场试飞成功。一架东航空客 A320 客机经过 1 个多小时的试飞行,顺利抵达张掖甘州机场,标志着张掖军民合用机场已基本完成通航前的各项准备工作,预计将于 10 月下旬正式投运。张掖市委书记陈克恭、民航西北管理局副局长王小辉、省交通运输厅副厅长王繁己及总后勤部、省发改委、东航西北分公司、民航甘肃监管局、甘肃机场集团的有关负责人参加了试飞仪式。

同日 酒泉航天路养护管理委托协议签字仪式在兰州举行,酒航路交由公路部门养护管理。酒泉航天基地、省公路管理局、省交通战备办公室、酒泉公路总段相关负责人共同签订委托协议书。酒泉航天基地副司令员左凯和省交通运输厅领导杨咏中、杨映祥、赵彦龙以及省公路管理局党委书记任忠章出席签字仪式。

26 日 黄河三峡旅游股份有限公司揭牌仪式在兰州举行。省委常委、常务副省长刘永富,省政府副秘书长、法制办主任唐晓明出席仪式并为公司揭牌。省公路航空旅游投资集团有限公司副董事长、总经理石培荣及省财政、国土、审计、工商、金融、旅游等有关部门和临夏回族自治州、永靖县相关负责人出席仪式。

同日 省旅游局直属的甘肃丝路国际旅行社有限责任公司、甘肃省中国国际旅行社和甘肃海外旅游总公司三家旅行社整体划转省公路航空旅游投资集团。 省委常委、常务副省长刘永富,省政府副秘书长、法制办主任唐晓明出席仪式。省公投集团副董事长、总经理石培荣及省财政厅、省人力资源和社会保障厅、省政府国资委、省旅游局等有关部门和三家旅行社的负责人参加仪式。

同日 兰州至郎木寺高速公路临夏至合作段初步设计方案通过省发改委评审。

26 日至 27 日 省政府投资项目评审中心在兰州召开黄河乌金峡库区及龙湾至南长滩段航运建设工程初步设计审查会议,通过了该工程初步设计报告。该项目将列入交通运输部 2012 年内河水运建设计划。

27 日 省政府新闻办召开新闻发布会,省政府副秘书长武志斌就天水至定西高速公路部分路面出现病害、进行返工的初步调查结果进行了通报。

是月 甘南夏河机场征地工作全面完成。

10月

9 日 祁家黄河大桥被甘肃省住房和城乡建设厅评为"2011 年度甘肃省优秀工程勘察设计一等奖"。

10 日 舟曲灾后交通重建任务完成过半。舟曲灾后交通恢复重建项目累计完成投资 2.35 亿元,占项目总投资的 57.11%,工程总体建设任务完成已过半。

14 日 全省创先争优活动经验交流会在兰召开,省交通运输厅作了书面交流,武威市运管局作了发言交流,兰州客运中心被设为创先争优活动观摩点。参加交流会的代表观摩了兰州客运中心创先争优活动暨省交通运输系统创先争优活动开展情况的集中展示。省交通运输厅厅长杨咏中、副厅长王繁己参加了观摩。

16 日 省交通运输厅厅长杨咏中一行来到省机场投资管理有限公司调研,要求省机场投资管理有限公司进一步加强管理,为人民群众出行提供安全便捷的航空运输服务。厅纪检组长艾玉德,副厅长王繁己、赵彦龙陪同调研。

17 日 省政府发布《关于加快内河水运建设与发展的实施意见》。

18 日 省交通运输厅召开全省交通工程质量安全大检查大整改活动安排部署会议。省交通运输厅领导杨咏中、杨映祥、艾玉德、赵彦龙出席会议。

19日 全国公路养护管理工作会召开，在会上我省交流了应急抢险保通能力建设的经验。交通运输部副部长冯正霖指出，甘肃省交通运输厅和武警交通部队建立联合指挥机制，在应对舟曲泥石流灾害中发挥了重要作用。

25日 省交通运输厅召开贯彻落实全国公路养护管理工作会议精神动员大会，传达全国公路养护管理工作会议精神。省交通运输厅厅长杨咏中就贯彻落实会议精神和下一阶段工作提出了明确要求。

26日 兰州（新城）至永靖沿黄河快速通道开工奠基仪式在兰州市西固区新城镇黄河新桥南举行。省委书记、省人大常委会主任陆浩，省委副书记、省长刘伟平，省政协主席冯健身，省委常委、省委秘书长刘立军，省委常委、兰州市委书记陆武成，省人大常委会副主任马尚英，副省长虞海燕，省政协秘书长石晶等省上领导和省直有关单位、兰州市、临夏州有关领导出席奠基仪式。省政府秘书长李沛文主持奠基仪式。

29日 省交通运输厅厅长杨咏中一行到永古高速公路调研。

是月 十一黄金周期间，我省道路运输部门共运送旅客482万人次、完成旅客周转量3.37亿万人公里，实现了道路旅客运输“零滞留”。水运海事部门共发送旅客6.25万人（次），较去年同期增长4.2%，并采取有力举措为旅客提供优质服务，做到了水路客运服务安全到位。

是月 省交通运输厅建设资金监管办公室完成2011年度15个公路项目建设资金使用情况专项检查。

11月

2日 省交通运输厅组织召开厅党组中心组学习会，集中学习十七届六中全会公报和《中共中央关于深化文化体制改革、推动社会主义文化大发展大繁荣若干重大问题的决定》，并就学习十七届六中全会精神提出要求。厅党组书记、厅长杨咏中强调，学习贯彻十七届六中全会精神是当前和今后一个时期的一项重要政治任务。全省交通运输系统广大干部职工要统一思想认识，领会精神实质，切实坚定信心，全力推动交通运输事业又好又快发展。驻省交通运输厅纪检组组长艾玉德、副厅长赵彦龙及厅机关各处室负责人参加了学习。

8日 省交通运输厅召开西长凤等项目派驻纪检监察组工程廉政建设工作汇报会。会议通报了在建项目工程建设领域突出问题专项治理监察整改情况，并对下一阶段工作作了部署。省交通运输厅厅长杨咏中、驻厅纪检组组长艾玉德出席会议并讲话。厅相关处室、各派驻项目纪检监察组负责人参加了会议。各派驻项目纪检监察组总结交流了经验。

同日 全省公路系统思想政治建设暨人事劳资管理工作座谈会在兰州召开。会议对上半年全省公路系统思想政治建设工作情况进行了通报，对下一阶段思想政治建设、人事劳资工作进行了安排部署。省交通运输厅党组书记、厅长杨咏中出席会议并讲话。

9日 全省高速公路收费站“职工书屋”建设图书捐赠仪式在兰州高速公路管理处隆重举行。省人大常委会副主任、省总工会主席孙效东，省委宣传部常务副部长张建昌，省总工会副主席朱亚丽和省交通运输厅领导杨咏中、杨映祥、艾玉德及省总工会相关部门的负责人出席仪式。

10日 兰州市大力整治非法营运“黑车”，从10月10日集中开展打击非法营运“黑车”专项整治活动以来，一月查扣非法营运“黑车”732辆，专项整治效果显著。

12日 2011年度全国交通运输企业文化建设优秀成果表彰会在云南昆明召开，甘肃省交通规划勘察设计院有限责任公司、甘肃省交通科学研究院有限公司、甘肃路桥建设集团有限公司、甘肃华运高速公路服务区管理有限公司荣获2011年度“全国交通运输企业文化建设优秀单位”称号。

15日 交通运输部应急办副主任许湘华一行就我省交通运输系统应急保障工作进行调研，与省交通运输厅副厅长赵彦龙及相关单位负责人座谈。

同日 省交通运输厅厅长杨咏中，临夏州委副书记戴超、副州长魏贺生一行深入折达二级公路施工现场，督察项目建设情况。

16日 副省长、庆阳市委书记张晓兰，庆阳市委副书记、市长周强，常务副市长李银，副市长付振伟、黄继宗及庆阳市政府相关部门负责人一行来到省交通运输厅，与省交通运输厅领导杨咏中、杨映祥、王繁己、赵彦龙座谈，共商庆阳市“十二五”交通发展大计。厅机关相关处室及省机场投资管理有限公司、省公路管理局、厅工程处负责人参加座谈。

同日 正宁县榆林子镇发生重大校车事故，教训深刻。

23日 省交通运输厅召开全省路政征稽干部大会。省编办批复成立甘肃省公路路政执法管理局，撤销原甘肃省交通征稽局和原甘肃省公路路政管理总队。标志着国家实施成品油价格和燃油税费改革后，我省交通运输行政管理体制改革和公路路政执法体制改革取得重大进展。省交通运输厅副厅长王繁己主持会议，厅领导杨映祥、艾玉德出席会议。

同日 省交通运输厅厅长杨咏中在合作与甘南藏族自治州州委书记魏建荣、州长毛生武以及州人大、政协等相关单位的主要负责人座谈“十二五”期间全力支持甘南交通发展。

同日 兰州至海口国家高速公路渭源（路园）至武都（两水）段工程勘察设计公开招标，标志着项目正式启动。

24日 国家发展改革委批复同意建设十堰至天水国家高速公路甘肃段徽县（陕甘界）至天水公路。

28日 省交通运输厅党组书记、厅长杨咏中一行到省运管局、省水运局调研指导工作。

29日 马鬃山边防公路管理段音凹峡养管站终于通上了电，至此，音凹峡养管站结束了建站31年不通电的历史。

是月 根据中共甘肃省委的安排，省交通运输厅在全省交通运输系统开展“机关干部下基层、创先争优解难题”活动。

12月

1日 甘肃省公路路政执法管理局挂牌成立。省交通运输厅领导杨咏中、杨映祥、艾玉德、王繁己、赵彦龙及省人力资源和社会保障厅副厅长王联群等领导出席挂牌仪式。

2日 临夏至合作高速公路开工仪式在甘南州夏河县王格尔塘镇举行，省委副书记、省长刘伟平，省政协主席冯健身，省军区副司令员祁学军，省政协秘书长石晶为工程奠基，副省长虞海燕主持开工仪式。

3日 省道218线静宁至庄浪二级公路全线贯通，为沿线群众出行、生产生活物资运输提供了快捷的交通运输条件。

4日 省交通运输厅厅长杨咏中到酒泉公路总段、酒泉公路路政执法管理处和清嘉高速公路收费管理所调研工作，并慰问广大交通运输职工。

5日 省交通运输厅在酒泉召开现场办理全国人大代表和省人大代表意见和建议座谈会。省交通运输厅厅长杨咏中和全国人大代表贾迎春，省人大代表郭秀荣、李宏伟、刘明福、王莹、许燕、杨德录等就加快酒泉交通运输事业发展等进行了交流。酒泉市市长康军、常务副市长朱涛、市人大常委会副主任赵兴明参加了座谈。

6日 第八届“昆仑奖”全国十大见义勇为英雄司机表彰大会在北京人民大会堂举行。我省兰州光大汽车出租有限责任公司出租汽车驾驶员吴永胜荣获由中华见义勇为基金会授予的“全国见义勇为英雄司机”称号。

7日 我省跨省通道武威至仙米寺公路甘肃段（武威至骆驼河口）二级公路改建工程通车仪式在武威市凉州区省道211线收费广场举行，武威市委书记火荣贵在通车仪式上致辞，省交通运输厅厅长杨咏中宣布武仙公路甘肃段建成通车。武威市和省交通运输厅有关领导出席通车仪式。

同日 省交通运输厅召开专题会议，部署低温冰雪天气公路防滑保畅工作，副厅长赵彦龙主持会议并讲话。

同日 武威公路总段第五届公路文化周暨建段50周年系列活动开幕。省交通运输厅厅长杨咏中、武威市委书记火荣贵及有关领导出席开幕式。

8日 十堰至天水高速公路甘肃段奠基暨宝鸡至天水国家高速公路天水过境段通车仪式在宝天高速公路天水过境段皂郊互通立交枢纽隆重举行。省委副书记、省长刘伟平出席仪式，副省长虞海燕主持仪式。省军区政委傅传玉，省政协副主席黄选平，省政府秘书长李沛文，省林业厅厅长高清和，省发改委副主任刘剑，省环保厅副厅长张政民，陇南市委书记王玺玉，天水市委书记马世忠，省交通运输厅领导杨咏中、杨映祥、赵彦龙等出席仪式。

9日至11日 2011年中国交通运输企业管理创新年会暨第二届全国交通运输企业管理创新表彰会在北京召开，省交通监理公司申报的《监理项目经营目标责任制管理》成果获得全国交通企业管理现代化创新成果一等奖。

13日 山东海事局、甘肃省地方海事局历时八年的海事“结对子”活动圆满结束，双方在兰州召开了总结座谈会。省交通运输厅党组书记、厅长杨咏中和副厅长王繁己、山东海事局党组书记范河林出席座谈会。

同日 省交通运输厅在舟曲召开灾后交通重建工作汇报会，并部署下一阶段工作。

14日 “科研杯”全省交通运输职工五小发明成果表彰大会在兰召开。省科技厅厅长张天理，省科协副主席杨新科，省交通运输厅领导杨咏中、艾玉德、王繁己以及省总工会等相关部门负责人参加了表彰会。

15日 省依法行政考核组对省交通运输厅2011年依法行政工作进行了考核。省交通运输厅副厅长杨映祥及厅机关相关处室、厅属有关单位负责人参加了考核。

16日至18日 由中央国家机关青年联合会、省交通运输厅、团省委、省青联举办的“送文化、走基层”三下乡慰问活动分别在陇南市武都区和甘南藏族自治州舟曲县举行。中央国家机关青联主席吴海英，驻省交通运输厅纪检组组长艾玉德，团省委副书记、省青联主席李磊看望慰问了交通建设一线职工。

18日 省道218线静宁至庄浪二级公路通车仪式在静宁县城南郊举行。省交通运输厅厅长杨咏中、副厅长王繁己、赵彦龙，平凉市委书记陈伟、市人大常委会主任赵景山、市委副书记臧秋华、政协主席赵成城、副市长杨军，庆阳市副市长白振海及省公路管理局负责人出席通车仪式。

21日 连霍国道主干线永登至乌鞘岭暨瓜州至柳园高速公路通车仪式在永登服务区隆重举行。副省长虞海燕、省军区参谋长李林、省政府副秘书长武志斌、省交通运输厅厅长杨咏中、武威市委书记火荣贵、省发改委副主任孙晓文、兰州市人大常委会主任牟少军、兰州市政协主席王冰、省环保厅副厅长孙玉龙、酒泉市常务副市长朱涛为项目通车剪彩。武威市人大常委会主任刘存禄、市长李志勋、市政协主席何伟，兰州市副市长李森洙、市人大常委会副主任蒙自福，省交通运输厅副厅长石培荣、杨映祥、阮文易、王繁己、赵彦龙以及相关单位负责人参加了通车仪式。省交通运输厅厅长杨咏中介绍了项目建设概况。

22日 西峰至长庆桥至凤翔路口高速公路通车仪式在庆阳市宁县长庆桥镇举行。省委副书记、省长刘伟平，副省长、庆阳市委书记张晓兰，省政协副主席张景辉，兰州军区联勤部副部长王子军，省军区副司令员祁学军，省政府秘书长李沛文等省上领导和省直有关部门、庆阳市、平凉市有关领导出席了通车仪式。副省长虞海燕主持仪式。省交通运输厅厅长杨咏中介绍了西长凤高速公路建设概况。

同日 省交通运输厅召开甘肃省公路水运工程“平安工地”创建授牌仪式，命名成武、雷西、金武高速公路等3个建设项目为平安工地“示范项目”，命名由甘肃路桥建设集团承建的武罐8标、中交一公局第一工程公司承建的武罐14标、中铁四局集团第一工程公司承建的武罐22标等20个标段为平安工地“示范合同段”。

26日 省交通运输厅党组书记、厅长杨咏中，省交通运输厅副厅长、甘肃省公路航空旅游投资集团有限公司总经理石培荣一行深入敦煌市和瓜州县看望慰问驻地交通职工。

同日 西部通道——敦煌至当金山口二级公路通车仪式在敦当公路阿克塞收费站隆重举行。省交通运输厅厅长杨咏中宣布敦煌至当金山口二级公路通车。省交通运输厅副厅长、省公路航空旅游投资集团有限公司总经理石培荣主持仪式。酒泉市常务副市长朱涛等出席仪式。

27日 省交通运输厅召开了全省交通运输行业春运工作视频会议暨第六次厅安委会扩大会议，就2012年春运工作作了安排部署。省交通运输厅厅长杨咏中、副厅长赵彦龙以及厅属相关单位的主要负责人参加了会议。

是月 舟曲灾后交通重建年度目标任务完成。截至12月底,由省交通运输厅承担的舟曲灾后交通恢复重建项目共完成投资2.97亿元,占总投资的72.11%,年度目标任务顺利完成。

是月 省水运局参与编制的《甘肃省内河水运发展规划》被甘肃省优秀工程咨询成果评审委员会评为"2011年度甘肃省优秀工程咨询成果一等奖"。

是月 在2011年度全国道路运输一级企业资质评审会上,甘肃陇运(集团)快速客运有限公司等9家道路运输企业获得2011年度全国道路运输一级企业资质,这是新的道路运输企业资质评定标准颁布实施以来甘肃省内运输企业首次获得这一资质。

(刘波 辑录)

2011年4月9日,舟曲特大山洪泥石流灾后交通恢复重建工程开工建设。省交通运输厅、甘南州政府及有关单位领导出席开工仪式。

后志良 摄

2011年8月27日,张掖机场顺利通过校飞。省交通运输厅党组书记、厅长杨咏中,副厅长杨映祥及张掖市、省机场投资管理有限公司、甘肃机场集团有限公司等相关单位领导出席校飞仪式。

省机场投资管理有限公司 供

全省交通工作

2011年6月，张掖市肃南县突降暴雨，张肃公路建设项目办紧急抢通水毁，确保在建公路安全畅通。　　袁得杰　摄

概　述

【交通运输经济运行】　2011年，全省交通固定资产共完成投资274.83亿元，同比增长21.6%，占全省总投资4 200亿元的6.54%，其中，重点项目、路网结构改造及农村公路、公路站场及港口码头、民航机场建设投资分别完成204.2亿元、51.13亿元、15.09亿元、4.41亿元。全年完成公路水路客运量5.84亿人、旅客周转量265.27亿人公里、货运量2.88亿吨、货物周转量647.41亿吨公里，同比分别增长13.5%、20.4%、19.7%和23.5%，在综合运输体系中约为95.8%、44.6%、84.3%和36.1%。全省实现道路运输产值380亿元，增加值178亿元，同比分别增长了15%和12%，新增社会就业岗位2.5万个。2011年底，全省公路总里程达到12.37万公里，二级以上公路8 369公里，农村公路10.75万公里，公路密度达到每百平方公里27.2公里。全省97%的乡镇和43%的建制村通了油路，100%的建制村通了公路，乡镇客运站达到1 185个，行政村汽车停靠站达到7 960个，覆盖全省96%的乡镇和48%的行政村。全省通航运营的民用机场达到7个，营业性车辆19.4万辆，营业性机动运输船舶512艘。

【贯彻落实区域发展战略】　围绕省委区域发展战略的安排部署，结合交通运输工作实际，集全行业之力，研究制定了包括综合运输、公路水路交通、民航、城市公交等内容的《甘肃省交通运输"十二五"发展规划》，并经省政府批复实施。认真贯彻《国务院办公厅关于进一步支持甘肃经济社会发展的若干意见》，并进行目标细化和责任落实，促成交通运输部与省政府签署了加快推进交通运输发展会谈纪要，得到了交通运输部在项目、资金、技术等方面的大力支持。结合《关中—天水经济区规划》的实施，与交通运输部规划研究院、陕西省交通运输厅共同启动了《关中—天水经济区综合运输体系发展规划》的编制工作。通过省地联建、资金补贴、技术帮助等多种方式，积极支持兰州新区茅茨立交、武威金大快速通道、酒嘉城际一级公路、瓜星高速公路辅道、酒泉、嘉峪关城市出入口扩建工程等项目建设，为地方政府深入实施区域发展战略提供了重要的交通运输支撑。

【交通运输基础设施建设】　高速公路建设取得新成绩。天水过境段、西长凤、徐家磨至乌鞘岭、瓜州至柳园高速公路建成通车，连霍国道主干线在我省境内基本实现了全线高速化，全省高速公路通车里程达到2 408公里，新增350公里。徽县至天水、临夏至合作高速公路、兰州至永靖沿黄快速通道开工建设。雷家角至西峰、武都至罐子沟、营盘水至双塔、成县至武都、金昌至武威高速公路进展顺利。临洮至渭源、兰州南绕城、白疙瘩至明水等高速公路项目前期工作有序推进。全省建成和在建的高速公路达到3 280公里。民航机场建设实现重大突破。金昌、张掖机场建成通航，占全国当年新增机场数的40%。庆阳机场飞行区工程基本完成，已具备复航条件。夏河机场、兰州中川机场二期扩建工程正在进行基础施工。陇南、敦煌(扩建)、天水(迁建)及平凉等机场项目前期工作取得积极进展。公路水路站场建设进度加快。武威道路运输应急保障中心、甘南道路运输应急救援指挥中心2个项目建成运营，酒泉公路客运站等9个项目进展顺利，张掖客运中心站等28个项目前期工作取得显著进展。建成150个乡镇汽车站和400个行政村停靠站。黄河白银四龙至龙湾段航运二期工程和刘家峡港区航运设施工程开工建设，陇南市地方海事局信息化综合楼投入使用，完成老旧渡船更新改造15艘、索渡船塔架改造14个，建成候船亭27处。灾后恢复重建工程进展顺利。舟曲县城至峰迭新区省道313线连接线工程形象进度良好，舟曲客运站、货运站、公路管理段、路政大队办公楼等5个项目的主体工程基本完工，舟曲县、乡、村道的灾后重建总体进展顺利。陇南暴洪灾后公路恢复重建工程全面结束，国道316线等受损路段完成改造维修任务，累计投资4亿元。国防交通基础设施建设进一步加快，天水北道至凤台山等7条96公里国边防公路开工建设。全面接养了酒泉至航天城公路82.5公里。二级公路建设有序推进。临洮至康乐至和政、庆阳至镇原县城、肃北至阿克塞二级公路开工建设。敦煌至当金山口、静宁至庄浪、武威至仙米寺二级公路建成通车，全省建成二级公路265公里，68个县城实现了通二级及以上公路。折桥至达川、岷县至合作、迭部至宕昌等县通二级公路和经济干线工程建设进展顺利。农村公路建设成绩显著。充分发挥地方政府在农村公路建设中的主体作用，着力推进通乡油路、通畅工程建设，加大渡改桥、安保工程等专项工程的实施力度。2011年全省完成农村公路投资23.45亿元，新建改建农村公路1 267项5 563公里。

【交通运输综合服务】　加强重点时段、重要物资和重大节庆活动的运输保障，完成了春运、"十一"黄金周等节假日和第十七届"兰洽会"、"敦煌行·丝绸之路国际旅游节"等重大活动期间的运输保障工作。强化运输组织协调和运力调配，保证了煤、粮、油、矿的正常运输。以金昌机场、张掖机场的顺利通航为契机，通过临时委托经营的方式，新开辟了金昌至兰州至西安和张掖至兰州至西安等多条航线。2011年，全省机场旅客吞吐量429.32万人次，货邮吞吐量3.28万吨，同比分别增长7.91%和5.4%。加强各种运输方式的有效衔接，积极与铁路、邮政、管道等部门进行沟通协调，"运邮合作"、公铁联运试点工作取得了新的进展。在农村客运方面，各地合理配置线路资源，通过政策引导和财政补贴等办法，鼓励开辟边远农(牧)乡村客运班线和季节性客运班线，支持城市公交向周边农村延伸覆盖，保证了农民群众出行方便快捷、乘车经济安全。高等级公路运营服务水平不断提高。严格执行收费公路政策，积极开展劳动竞赛和礼仪培训，着力提高收费人员的业务技能与文明服务水平。大力整治收费广场秩序、加强计重收费管理、深入开展打击偷逃费活动，认真执行"绿色通道"政策，努力降低鲜活农产品流通成本，全年共减免通行费4.67亿元，占全年通行费征收总额47.71亿元的9.8%。深入开展"人文高速"创建活动，投入资金4.56亿元，对路网智能监控、电子缴费、隧道安保、应急保障、管理设施、服务区进行了全面的改造升级,交通热线、短信平台、公路沿线信息发布设施的服务功能进一步完善。

【路网改造和公路养护管理】 围绕全国公路养护管理大检查,全面加强和改进公路养护管理工作。一是加大养护维修工程投入。全年共计投入资金6.17亿元,在高等级公路上实施养护维修工程651公里(单幅),在普通干线公路上实施养护维修工程862.8公里,对车辙、坑槽、沉陷等病害进行了全面处治,路面平整度明显提高、破损率明显下降,路况条件明显改善。二是积极实施路网结构改造工程。投入资金7 450万元,加固改造危旧桥91座,在10条国省干线公路上处治安全隐患1 468.6公里,积极实施灾害防治工程,对6条隧道、48座涵洞进行了维修,路网整体安全保障能力和服务水平进一步提升。三是加强公路预防性养护。根据路面结构,积极采用微表处、薄层罩面等技术,着力提高公路全寿命周期,为社会提供了良好的公路交通条件。在全国干线公路养护管理检查中,我省普通干线公路养护管理取得第15名的好成绩,被交通运输部评为"'十一五'全国干线公路养护管理工作进步单位"。四是农村公路养护管理进一步加强。各地积极落实农村公路养护管理专项经费、专职人员和专门机构,全省已有1 130个乡镇成立了农村公路养护管理所(站),通过责任包干、义务投劳等多种方式,使农村公路养护管理工作逐步规范有序。五是加强公路路政管理。大力开展路域环境专项整治行动,积极维护路产路权,全年共查处公路沿线违法建筑2 150平方米、私设平交道口664处,全省路政案件查处率达到98%以上。深入落实全国治理车辆超载超限运输电视电话会议精神,在全省组织开展"百日治超"专项行动,重点整治了短途驳载、恶意超限、冲闯站点等违法行为,共查处超限超载车辆4.2万辆,卸载货物4万吨,超限超载率控制在4.85%。国省干线公路治超检测站点基本建设完成,公路治超监控网络进一步完善。农村公路路政管理和治超工作取得了新的进展。

【交通体制机制改革和行业管理】 一是交通投融资体制改革取得重大突破。完成甘肃省公路航空旅游投资集团有限公司的组建,通过有效整合公路、航空、旅游资源,不断创新资本运作方式,融资规模实现新突破,全年完成融资220亿元。二是机构改革有序推进。在省编办等部门的协调支持下,完成了省公路管理局事业单位岗位设置和高速公路管理局、道路运输管理局机构、编制、人员的核定工作。成立了省公路路政执法管理局,实现了征稽队伍的顺利转岗分流,税费体制改革工作全面完成。三是机场管理运营体制逐步理顺。《关于重组甘肃机场集团的协议》已经省政府常务会议讨论通过,并向国家民航局进行了专题汇报,与海航集团、西部机场集团在经营合作方面迈出了积极的步伐。四是妥善处理企业事企分离改革过程中的债权债务划分、职工持股、业务整合工作,企业经营业绩不断提升。驼铃客车厂在保持稳定的基础上,破产工作逐步推进。依法行政工作稳步推进。积极实施交通依法行政第二个五年规划,《甘肃省公路路政管理条例》已经省人大修订通过,促成省政府出台了《关于加快内河水运建设与发展的意见》。认真做好《公路安全保护条例》宣贯工作,强化执法评议和考核检查,推进执法形象建设,交通行政执法进一步规范。着力加强交通建设市场监管。高度重视交通基础设施工程质量安全管理,在重点项目积极推行远程监控和专家会商制度,进一步强化工程监理和试验检测,桥隧和路面等构造物的质量稳定可控。施工设计总承包和总监负责制试点工作取得积极进展。加快诚信体系建设,初步实现了对公路施工企业的统一信用评估管理。加强建设资金的筹措调度,合理控制工程成本,实现了交通建设进度、质量、安全、效益的有机统一。不断完善道路运输市场管理。联合公安部门,对全省道路客运市场存在的无证经营、欺行霸市、宰客甩客等违法违规经营行为进行了专项整治,维护了合法经营者和乘客的权益。鼓励和引导运输企业积极发展节能、环保、标准化的客货运输车辆,大力推进甩挂运输试点工作,运输企业逐步走上了物流成本降下来,运输效率提上去,安全生产稳得住的良性轨道。进一步加快内河水运发展,继续推进老旧挂桨机船舶淘汰改造工作,积极推广节能产品和新型船舶,水路运输市场秩序规范有序。

【人才队伍建设和科技创新】 大力实施人才强交通战略,通过与高等院校联合培养,鼓励自学成才等方式,重点加强创新人才、专业人才和技能人才的培养,全省交通行业人才队伍的整体实力不断提升。2011年,厅系统新增高级职称人员166人。举办多工种的职业技能大赛,有力提升了全行业职工的业务技能。以"两上两下"、"两公开一见面"为基本模式的领导干部初始提名和差额选任工作逐步完善,在基层单位进一步深化公推直选、党政干部交叉任职试点工作,基层民主建设取得积极进展。着力加强科技创新工作。以企业为主体,以项目为依托,积极搭建产学研一体化的科技创新平台,有序开展交通科研项目攻关和科技成果推广应用工作。黄土地区公路路基路面修筑技术、公路生态系统建设、高等级公路养护、隧道建设和管理技术等科研项目获得重大进展。群众性的小发明、小创新、小技改活动蓬勃开展,研制和推广了一批简单易行、操作方便、实用性强的公路施工、养护科技成果。加大信息资源整合力度,公路路政、养护、治超、通行费征收、运政管理的数据库融合工作取得阶段性成就。隧道施工实时监控、投资计划管理信息系统在项目建设中得到广泛应用。高速公路电子缴费系统、出租汽车服务管理信息系统试点工程、汽车客运站、港口码头的视频联网监控工程不断向前推进。积极推广高速公路隧道照明节能、公路养护废旧沥青再利用、道路运输节油等技术,交通运输节能减排和发展循环经济取得了长足进步。

【交通安全保障和应急救援】 深入组织开展"安全生产年"和"安全生产月"活动,加强交通运输安全生产基层基础建设。大力排查整治各类安全隐患,积极推进企业安全生产标准化建设,全面开展在建项目桥梁和隧道工程专项整治,不断完善安全质量联动监督机制,"平安工地"达标创建活动取得显著成效。狠抓道路运输源头管理,重点开展长途卧铺客车、危险货物运输专项整治,"两客一危"企业监控平台和车载终端已实现与行业监管平台的联网。在全省一二级汽车站统一配备了X光行包检测设备和安检门系统，有效预防了较大以上道路运输事故的发生。落实水上安全管理责任制，强化船员、渡工培训和船检工作，对刘家峡库区和黄河兰州、白银段等水域的航道和营运快艇进行了重点整治，水上交通安全进一步好转。2011年全省交通运输行业发生生产安全事故起数、死亡人数、受伤人数分别比上年下降11.11%、5.36%、38.78%。进一步加强应急救援体系建设。完善高等级公路区域联防机制，组建了9个高速公路清障救援大队，配备了一批应急抢险救援设备，形成了指挥顺畅、步调一致的高等级公路抢险保通机制。结合"航海日"纪念活动，在黄河白银段举行了"军地联合水上搜救演练"。全面完成了交通战备应急指挥中心和训练基地试点建设工作，并与国家交战办共同举办了试点建设现场观摩会，有力地提升了我省交通战备和应急保障水平。

【行业文明和党的建设】 认真贯彻党的十七届六中全会精神，以庆祝建党90周年为契机，开展了征文、红歌比赛、报告会等丰富多彩的文化活动。深入开展精神文明建设工作，加强《交通运输行业核心价值体系实施纲要》的贯彻落实，以"学树建创"活动为载体的群众性文明创建活动取得显著成效。经中央文明委复核，厅机关继续被确定为全国文明单位。以"为民服务创先争优"为主题，扎实开展"窗口服务月"、"破解难题"等主题实践活动，交通行业有两家单位被省委命名为"全省创先争优活动示范点"。加强学习型党组织建设，推进基层组织党内民主建设。交通系统涌现出了一大批先进基层党组织、优秀共产党员和优秀党务工作者。认真抓好《廉政准则》的贯彻执行，加强廉政风险防控，交通运输行业的惩治和预防腐败体系进一步完善。圆满完成了天水过境段部省联建及预防腐败试点工作，交通基础设施建设领域工程廉政建设进一步加强。强化重点工程项目和舟曲灾后重建资金物资使用的监督检查，结合工程建设领域突出问题专项治理"回头看"，深入推进治理商业贿赂工作。严肃查处违反财经纪律、贪污受贿等案件。深化党风党性党纪教育，推进政务公开，强化审计监督，切实提高干部廉洁从政水平。组织开展"小金库"、公务用车等专项治理，进一步做好厉行节约工作，交通运输系统党风廉政建设取得新成效。全系统有1个集体和1名干部获得"全国内部审计工作先进集体"和"全国纪检监察系统先进工作者"荣誉称号。及时召开新闻发布会和通气会9次，组织社会媒体积极开展省际通道建设、民航发展、道路运输等重点热点问题的宣传活动。提高养护、收费一线职工的工资标准，加快"职工书屋"、"亲情网吧"等设施的建设，职工的工作生活条件和福利待遇不断改善。充分发挥工青妇等群众组织的作用，积极维护职工合法权益，妥善解决职工的实际困难。不断加强离退休工作，高度重视社会治安综合管理、维稳和信访工作，积极预防和处置群体性事件，解决了一批交通建设领域拖欠工程款和农民工工资问题。自觉接受人大依法监督和政协民主监督，2011年共办结了183件人大代表议案建议和政协委员提案。

（刘光喜　张志泰）

厅机关处室

【办公室工作】 抓好协调服务，确保厅党组各项重大活动有序开展。一是加强与省委、省政府、交通运输部和省直有关部门的协调，较好地完成了各项重大接待活动。陆浩书记、刘伟平省长、虞海燕副省长等领导先后参加了十堰至天水国家高速公路徽县至天水段、临夏至合作、兰州至永靖一级公路开工仪式，西长凤、天水过境段、徐家磨至乌鞘岭、瓜州至柳园段高速公路通车仪式和金昌机场通航仪式，厅办公室与有关部门精心组织安排，认真准备汇报材料，保证了领导视察及各项重大活动的顺利进行。二是加强对各类会议及机关事务的综合协调。积极配合厅有关部门筹备各类专项会议，参与会务工作，对会议材料进行审核把关，保证了各类会议的顺利召开。在党组会、厅务会和厅长办公会的组织上，重点做好会前准备、会中服务、会后落实工作，努力提高会议效率。在各类事务的协调上，办公室坚持服务至上的理念，不断改进工作方法，坚持按程序办事，坚持原则性和灵活性相结合，急事急办、特事特办，最大限度地提高了协调服务的效率。三是加强办公室内部协调。在组织筹备大型活动和大型会议期间，打破岗位界限，统筹安排，齐心协力，相互补台，不推诿、不应付、不扯皮，依靠团队精神和整体合力，保证了各项工作任务的顺利完成。

突出重点抓调研，充分发挥参谋助手作用。根据厅领导和上级部门的要求，认真做好调研工作。在深入学习和掌握国家的方针、政策，准确领会厅领导的工作思路和意图的基础上，组织办公室工作人员认真讨论，集思广益，紧紧抓住全省交通运输工作的大局以及交通运输发展中的热点、难点问题开展调查研究，完成相关调研文稿，为领导和上级部门了解情况、科学决策提供了重要参考依据。2011年，办公室完成了交通工作会议等各类会议活动材料和上报省委、省政府、交通运输部材料150余份。紧紧围绕厅党组的中心任务，进一步整合资源，畅通渠道，把信息工作与综合调研、新闻宣传、政务公开相融合，采取《甘肃交通专报信息》、《领导参阅信息》、《呈阅件》采编、报刊电视、广播网络报道等多种形式，坚持来稿选编与事先约稿相结合，专项活动与日常工作同兼顾，报喜与报忧共统筹，根据全系统阶段性的工作重点和交通热点、难点问题，挖掘有深度、有价值和决策需要的信息，及时向省委、省政府及交通运输部报送，既为领导提供了参谋服务，又使省委、省政府和交通运输部领导及时了解、掌握了我省交通工作进展情况，对交通工作给予了较多的指导和支持。

切实抓好政务督查，努力推动各项决策的落实。把抓好督查落实作为推进办公室工作的重要抓手，进一步加大督查力度，改进督查方式，跟踪落实情况，不仅完成了省委、省政府各项督办件的反馈落实工作，而且在推进机关和厅属各单位落实厅党组各项工作部署方面取得了新的成效。一是围绕省委、省政府、交通运输部各项重大决策，结合省厅各项工作进展情况进行督促检查。及时以《督查专报》以及专项报告形式向省委、省政府和交通部反馈落实情况。2011年重点反馈了全省交通行业灾后重建、交通经济运行、建议提案办理等各项工作的进展情况。二是加强对领导同志批示和交办事项的专项督办。2011年,省委、省政府领导关于交通工作的批示较多,陆浩书记、刘伟平省长,刘永富、石军、虞海燕副省长等领导先后对交通工作作出重要批示270余次,厅办公室根据厅领导的批示精神,督促有关部门及时办理领导批示意见,并将办理结果及时向省上领导作了反馈。三是加强对省厅重要会议和文件精神以及厅领导有关批示和交办事项的督促落实,以电话督查、书面督查、跟踪督查等多种形式了解掌握工作进展情况,并据实向领导反馈,通过上下有效衔接,促进了各项工作的落实。

认真抓好公文办理工作。2011年厅党组与厅行政共收到各类公文、电报、信函约4 800多件,制发、审核各类公文1 600多件。办公室始终按照当日文件当日办,重要文件不过夜的要求,在不断提高公文的办理效率、办理质量上下功夫。对上级来电来文认真归类传阅,根据公文的轻重缓急,认真做好催办和督办,做到紧急公文跟踪催办,重要公文重点催办,一般公文定期催办,保证上级的批示要求落到实处。对于省厅制发的公文严格把好政策关、格式关、文字关,公文质量稳步提高。此外,进一步加强对厅属各单位公文的指导工作,建立健全科学的收文、退文制度,切实提高公文的规范性,充分发挥公文在指导工作、上情下达、下情上传方面的重要作用。

不断提高建议提案办理质量。2011年,省厅共承办人大代表建议和政协委员提案183件,其中建议119建、提案64件。在办理过程中,采取建议提案交办会、文字答复等形式进行了认真办理,并组织了9次现场办理会由省厅承办的所有建议提案全部办理完毕。

高度重视保密和密码工作。进一步加强保密要害部门、重点岗位的建设,结合省委保密委对厅机关的计算机保密安全检查,重点做好厅机关计算机信息安全工作,努力提高机关干部的保密意识和防范技能。进一步规范机关密级文件、资料的管理、清缴、销毁工作。严格按照省委机要局的要求,切实加强对密码通信系统的管理使用,坚持做到电报及时收取,规范办理,没有发生电报办理失误和失密泄密现象。

进一步做好信访工作。以维护交通系统稳定为出发点,不断规范信访程序,保持信访渠道畅通,配合厅领导妥善处理了驼铃客车厂职工、天定高速公路、平定高速公路施工队伍集体上访等事件。厅办公室共受理群众来信来访121件(次),其中,群众来信59件,与上年相比下降了20%,来信中5人以上联名信10件,重复来信4件。接待群众来访62次709人,与上年相比来访次数上升了19%,其中5人以上集体访31次674人。已办结110件,结案率为91%。

加强交通新闻宣传工作。2011年,认真做好全省交通运输新闻宣传工作。通过省交通运输厅及省公路局、运管局等厅属具有行政管理职能的事业单位网站等形式共发布各类信息4 000多条。《甘肃交通运输信息》共编发63期、1 516条。《甘肃交通专报信息》上报信息256条。策划、协调中央、省、市社会媒体和行业媒体刊发我省交通发展成果及其他重大事件的新闻稿件。协调中央电视台、甘肃电视台、甘肃日报等主流媒体播发我省交通新闻100余次。交通新闻宣传工作的开展为营造全社会关注交通、理解交通、支持交通的良好氛围做出了重要贡献。

做好交通应急和政务值守工作。2011年是自然灾害和突发事件频发的一年,在应对冰雪天气灾害过程中,办公室全体人员不分节假日坚守岗位,不但发挥了协调服务作用,而且及时将有关情况报送省委、省政府和交通运输部。在日常的值守工作中,充分发挥窗口作用,按照首问责任制的要求,对来人来电工作咨询热情接待、耐心解答,做到了电话有人接听、来访有人接待、问题有人解答、要求及时落实,工作热情周到,确保了平时及节日期间政务信息畅通。

做好档案及机关财务管理工作。档案管理工作在及时完成对上年度文件资料的整理、归档工作的同时,继续指导厅属单位创建示范档案室,档案工作逐步规范化。结合治理小金库工作,进一步加强厅机关财务管理,保证了机关行政经费的合理开支。积极组织职工体检,为机关工作人员建立了健康档案。

(厅办公室)

【政策法规工作】2011年,《甘肃省公路路政管理条例》于5月31日经省十一届人大常委会第二十一次会议审议通过。《甘肃省公路路政管理条例》的修订实施是我省公路事业发展中的大事,也是我省交通运输行业法制建设的重要成果,标志着我省公路保护工作在规范化、制度化、法制化方面迈上了一个新台阶。在前期广泛调研论证基础上,组织力量完成了《甘肃省农村公路条例》(送审稿),并经厅务会议通过后于2010年11月30日上报了省政府,争取2012年出台。

从2011年5月至11月,组织各级交通运输执法单位在全省开展了行政执法评议考核工作。执法评议考核工作通过单位自查、市州互查和省厅重点抽查、迎接交通运输部督导检查等方式推进,对各单位2010年以来办理的行政许可、行政处罚、行政强制及投诉处理等进行了重点检查。由各市州交通局牵头,组成14个执法评议考核组分两批对全省交通运输执法评议考核工作进行了互查。本次评议考核共检查市州交通局15个、运管局(处)16个、公路总段14个,路政大队、超限车辆检测站、运管所(分局)、水运(海事)等基层执法单位90多个,主要采取听取情况汇报、审阅相关资料、执法现场检查、实行案卷评查和执法人员法律知识测评等方式进行。对检查中发现的问题,制作了《执法评议考核意见反馈书》,提出了整改意见,限期整改。通过本次执法评议考核工作,全面总结了我省交通运输执法工作好的作法和经验,以及取得的成绩。同时,将执法评议考核情况向全省进行了通报,客观分析了存在的问题和不足,提出了解决问题的具体方法、措施、意见和要求,督促整改、完善和提高,并对张掖市交通运输局等15个执法评议考核优秀单位进行了表彰。

根据省政府法制办《关于开展行政执法主体和依据清理工作的通知》(甘府法发〔2011〕4号),从2011年4月至6月,在全省交通运输系统开展了执法主体、执法依据和执法人员清理确认工作。严格按照文件要求,认真梳理法律依据,审查执法主体和人员资格,并形成工作报告上报省政府法制办依法确认。2011年底,全省交通运输系统法定执法机构212个

(不包括各市州、县区地方交通运输行政主管部门),主要执法依据12件,行政执法职权4类67项,执法人员共有5 459名。从总体上看,交通运输系统各执法单位都严格落实了行政执法主体资格制度和职权法定原则,执法机构和人员没有违法设立和超越职权的行为。

积极推行交通运输行政执法形象建设。根据交通运输部加强交通运输行政执法形象建设的有关要求,研究制定了《甘肃省交通运输厅行政执法形象建设工作方案》,成立了以杨咏中厅长为组长的领导小组,办公室具体负责全省交通运输系统行政执法形象化建设。力争通过2至3年时间,实现全省公路路政、道路运政、水运(海事)交通运输行业行政执法形象对外"四个统一",即:统一执法标志标识、统一执法证件、统一执法服饰、统一执法场所外观形象。通过执法形象建设,以进一步促进我省交通运输行政执法队伍建设的正规化、规范化、专业化、标准化,提升交通运输行业的向心力、凝聚力和社会认同感,树立交通运输行业"窗口"形象。

制定"六五"普法规划,强化法制宣传教育。一是研究制定了《甘肃省交通运输系统法律宣传教育第六个五年规划(2011—2015年)》。"六五"普法规划紧紧围绕"十二五"我省交通运输改革与发展的目标任务,按照依法治国的基本方略和建设法治交通的要求,以提高全系统广大干部职工法律意识和法律素质为中心,明确了全系统普法工作的具体目标、工作原则、主要任务、工作步骤和组织领导,是我省交通运输系统普法工作的纲领性文件。二是继续做好"12·4"全国法制宣传日宣传教育活动。2011年12月4日当天,组织路政、运政和水运海事部门在东方红广场开展了以宪法为核心、以交通运输专业法律法规为重点的专题宣传教育活动,发放各类宣传资料3000余份,并向前来咨询的群众就有关问题给予了认真解答和回复。三是按照省法治办的要求,积极组织全省交通运输系统干部职工参加"百家网站中国特色社会主义法律体系知识竞赛活动",将参加竞赛活动作为贯彻落实交通运输系统"六五"普法规划的重要举措和"12·4"全国法制宣传日系列宣传活动的一项重要内容,广泛动员干部职工参与竞赛,全省交通运输系统共计1 000余名干部职工参加了竞赛活动。四是按照省监察厅、省政府纠风办和省广电总台的统一安排,组织省公路局、省运管局、省路政总队、省高管局,汇同省公安厅,于2011年11月26日在省广电总台举办了一期以"治理公路超限超载,保护公路路产路权"为主题的《政风行风热线》专题节目,并于12月9日播出了专门针对热线节目进行反馈的《政风行风热线》回复版,就群众普遍关心的车辆超限超载治理工作,倾听了广大群众的想法、意见、建议和要求,解答了群众关心的热点、难点问题及法律法规和政策,落实了群众的一系列合理诉求。

认真组织开展"两个条例"的宣贯活动。为了做好《公路安全保护条例》和《甘肃省公路路政管理条例》的宣传贯彻工作,将每年的6月至7月定为宣传月,开展了一系列广泛而深入的宣贯活动。2011年7月,在《甘肃经济日报·交通周刊》先后全文刊载了《公路安全保护条例》、《甘肃省公路路政管理条例》,发表了厅领导署名文章和答记者问,印发了两个《条例》单行本。各市州交通运输主管部门和各级公路管理部门通过当地电视台、电台和报纸等新闻媒体进行了宣传,各基层单位或执法机构利用收费站、养管站(工区)、高速公路服务区、超限检测站等场地,以及公路沿线电子显示屏、社区宣传栏、村镇公开栏等公共宣传载体,发布、张贴、悬挂宣传标语口号和挂图,发放宣传手册,有针对性地开展现场咨询活动,广泛深入地普及公路保护法律知识。同时,各执法单位通过组织讲座、集中学习和培训活动,使全省交通运输系统干部职工深刻领会两个《条例》的基本精神,熟练掌握两个《条例》的指导思想、重要原则和法律规定,切实提高了全省交通运输行业依法行政能力和通行保障服务水平。

继续举办"学法用法"培训班。2011年9月20日至9月26日,在省委党校举办了全省交通运输系统基层单位领导干部学法用法第二期培训班,共132人参加,组成了公路、运管、收费三个教学班进行。通过第一期、第二期培训工作,参训人员已达268人,为实现省厅三年轮训的培训目标奠定了坚实的工作基础。同时,还将2010年修订出台的《甘肃省水路交通管理条例》、《甘肃省内河交通事故处理办法》和制定的《甘肃省交通行政处罚裁量权适用规则》编制成单行本,下发全系统学习宣传和贯彻执行。同时,将依法行政方面的主要文件以及全国、全省和行业依法行政工作会议领导讲话等汇编成《交通运输依法行政学习读本》,下发到全系统进行学习和宣传,收到了良好的成效。

2011年5月,按照《省交通运输厅关于开展全系统财务大检查的通知》要求,根据任务分工,采取从厅属企业抽调财务人员分组交叉督查的方式,通过听取汇报和查阅报表、合同、账簿、凭证等方法,对厅属7家企业2010年度企业国有资产经营管理、对外投资担保、债务风险、制度建设、资金账户管理等情况进行了全面督查。从督查结果来看,厅属企业财务管理制度健全有效,没有违规违纪情况出现。对交通运输系统施工企业资质资信进行了调查。为了进一步加强厅系统施工类企业管理,切实做好施工类企业的清理整顿工作,根据厅领导指示,组织对厅系统施工类企业的生产经营、资产、人员状况和企业资质资信等情况进行了一次摸底调查,并形成了调查报告。

2011年,协助驼铃客车厂政策性破产工作组,与省政府相关部门做好沟通协商工作,并妥善协调了驼铃客车厂人员分流、职工住房、冬季采暖等问题,确保了驼铃客车厂职工稳定和政策性破产工作的顺利进行。 (厅政策法规处)

【交通生产规划统计工作】 交通运输固定资产投资。2011年,全年完成交通固定资产投资274.83亿元,同比增长21.6%。其中,公路重点项目204.2亿元,交通灾后恢复重建3.18亿元,路网结构改造及干线公路养护工程24.5亿元,农村公路23.45亿元,公路运输站场及水运设施建设15.09亿元,机场建设4.41亿元。经测算,全年交通基础设施建设投资占全省生产总值的5.4%,拉动GDP增长约为6.4%,创造就业岗位近13.38万余个。

全省交通运输网络发展水平。2011年,全年建成二级以上公路615公里,其中,高速公路3条350公里,二级公路3条265公里;新开工二级以上公路422公里,其中,高速公路1条102公里,一级路2条68公里,二级公路6条252公里;新建改建通乡油路1 000公里,通制村油路5 700公里,顺利实施舟曲灾后重建项目；基本建成四级以上公路运输站场7个,其中,客运站场4个,货运站场3个,开工建设了乡镇汽车站150个,行政村停靠站840个;完成了张掖、金昌、机场建设并已试飞运营。截至2011年底，全省公路总里程达到12.37万公里,其中,高速公路通车里程达到2 342.55公里,二级以上公路里程达到8 368.66公里,全省农村公路总里程达到10.75万公里,全省97%的乡镇和43%的建制村通了油路,100%的建制村通了公路。公路密度达到了每百平方公里27.2公里,公路养护里程8.85万公里,已绿化里程2.11万公里。全省乡镇客运站达到1 185个，行政村汽车停靠站达到7 960个,覆盖全省96%的乡镇和48%的行政村。全省民用机场达到7个,基本形成了干支线协调发展的民航运输网络。

全省交通运输服务保障能力。截至2011年底,全省营业性车辆达到19.4万辆,其中,客车1.9万辆、货车17.5万辆,累计完成客运量5.84亿人、旅客周转量265.27亿人公里,货运量2.88亿吨、货物周转量647.41亿吨公里，同比增长13.52%、20.41 %、19.71%和23.53%。全省营业性机动运输船舶512艘,累计完成客运量96万人、旅客周转量2 190万人公里,累计完成货运量32.93万吨、货物周转量39.58万吨公里,同比增长2.18%、2.32%、3.88和8.32%,交通运输保障能力持续增强。

2011年交通规划发展工作。一是编制完成了以《甘肃省交通运输“十二五”发展规划》为主体,以红色旅游公路、国家级应急救援保障中心、交通运输环境保护以及舟曲、环县交通扶贫等多个专项规划为支撑的交通运输“十二五”发展规划体系,全面建立了交通运输项目库,为进一步增强行业发展后劲提供了规划支撑和项目储备。《甘肃省交通运输“十二五”发展规划》已于2011年6月上报省政府,《甘肃省“十二五”时期红色旅游公路建设规划》、《国家级甘肃交通运输应急救援中心建设规划》已上报交通运输部,《深入实施西部大开发战略甘肃省交通运输发展规划(2011-2020年)》、《甘肃省交通运输兴边富民行动规划(2011-2015年)》已完成编制正在征求意见。二是贯彻落实《中共中央国务院关于深入实施西部大开发战略的若干意见》和《国务院办公厅关于进一步支持甘肃经济社会发展若干意见》文件,积极把握国家扶持甘肃重大政策给全省交通运输发展带来的机遇,3月,部省签订《关于加快推进甘肃交通运输发展会谈纪要》,为我省交通运输发展获得国家更大支持提供了有力的政策保障。同时,积极利用交通运输部调整国家公路网规划机遇,多次向交通运输部提出了我省重点项目建设建议方案,大部分线路调整建议方案已初步被交通运输部采纳,进一步充实了交通运输重点项目库。三是按照《甘肃省循环经济发展规划》和《关中-天水经济区发展规划》的要求,结合当前特点和区位优势,积极参与交通运输部牵头的《关中—天水经济区交通运输发展规划》编制研究工作,多次与陕西省交通运输厅进行衔接,对《规划》内容进行了及时协调沟通,形成专题材料提交交通运输部。并积极争取将十天高速公路徽县(大石碑)至天水段、银(川)西(安)高速公路甜水堡(宁甘界)至罗儿沟圈(甘陕界)、平凉至武都高速公路平凉至天水段、静宁至庄浪高速公路、华池(打扮梁)至庆城高速公路等一大批项目纳入关中—天水经济区交通运输发展规划,这将为经济区发展提供有力交通支持。

基础管理工作。一是及时准确完成各项统计报表和经济运行分析报告,同时健全完善交通运输经济运行分析会议制度,拓展行业统计的整理、分析深度和广度,有效促进了交通统计工作由行业统计向社会综合统计转变,切实提高了统计信息工作的质量。交通运输统计工作得到省级统计部门的高度赞扬,年内先后获得省统计局“2011年度全省统计工作综合考评先进单位”、“2011年度能源统计报表报送优秀单位”等荣誉称号和“2011年度全省建设领域统计工作评比特等奖”、“全省2011年全省交通运输、邮电统计工作评比先进奖”等多项表彰。二是按时按要求完成燃油税预算和部门预算的上报、审核和批复工作,同时完善基础信息资料、制定人员经费标准、规范项目申报程序等措施,夯实了预算管理基础、形成了一整套预算管理制度,实现了交通运输经费由“自收自支”向预算管理体制的顺利转变,促进了预算管理的规范化,提高了资金使用效率、确保了预算的有效执行。为了发挥预算约束控制作用,参照《公路工程概预算编制办法》对年度公路养护、大中修工程、小修保养,人工费、材料费、机械使用费的合理性进行了审查,提高养护项目的管理水平。三是建立和完善符合社会主义市场经济规律、适应交通运输发展实际的价格体系,在总结燃油价格补贴工作经验基础上制定出台了城乡道路客运、水运客运成品油价格补助办法,健全了燃油价格补贴机制,完善了运输市场的监管、调控手段,有效发挥了价格杠杆的作用,维护了运输市场的平稳运行。四是为适应当前我省交通运输投资拉动和结构调整并重的阶段性特点,化解建设任务较重、管理难度增大压力,破解保障民生、引导产业结构调整等安排的新型项目管理尚无惯例可循难题,以加强建设项目计划管理为手段,规范了项目管理程序。一是全年按时按要求编制下达了2011年20个专项建设计划,并向财政部编报了年度预算,同时,完成了2012年专项建议计划的编报。在紧抓计划管理的基础上,高度重视建设计划的执行,通过实施方案审查等手段规范了通建制农村公路项目管理,有效杜绝了地方随意调整资金、项目的现象,为确保农村公路建设提供了资金保障。五是为全面掌握甘肃交通运输发展情况,客观总结我省交通运输发展经验和存在的问题，深入分析交通运输面临的战略机遇和重大挑战，以求获得对我省交通运输发展若干问题方向性的启示,主要开展了西部地区公路交通价值体系、甘肃省生态公路交通系统研究与应用等课题,研究成果将对把握今后时期交通运输发展趋势、提出一些前瞻性对策建议等提供理论支撑。

项目前期和灾后重建工作。1. 加强了交通运输项目前期工作。2011年以来,为了适应交通运输项目建设前期工作的新需要,严格按照相关规章制度,积极协调相关部门,规范了前期工作的审查、审批等程序,提高了建设项目前期工作质量,加快了项目前期工作。2011年,完成了2个高速公路、11个二级公路工可编制预审上报和51项农村公路项目的工可预审或审批,完成了7个国家级、20个省级(区域级)公路运输枢纽、5个水运枢纽以及高速公路服务区配送中心等项目的工可审查。十天高速公路项目已获得国家发改委批复,临洮至渭源和兰州南绕城高速公路已列入国家发改委项目审批表;11个二级公路改造项目和4个国家级公路运输枢纽项目已获得省发改委批复，正在开展下阶段设计工作，前期工作进展顺利。2. 按照灾后重建总体要求，进一步加大工作力度，加快灾后重建工作，按时审查批复了12项汶川灾后重建项目的设计变更、工程量清单变更，组织了8·12陇南水毁修复工程项目的工可及施工图审查，完成了“4·8”灾害新七道梁隧道恢复处治工程，及时开工了S313线两河口至舟曲县城等9项舟曲灾后重建交通援建项目，舟曲灾后重建在2011年上半年重建任务目标责任考核中荣获“优秀”称号。3. 结合国家宏观政策提出了投资改革思路，调整了交通运输基础设施建设投资方向。一是建设关系民生的公益性交通基础设施，提升服务水平，努力改善群众出行条件；二是建设重点交通运输设施，提升运输周转效率，有效增强对国民经济的拉动作用；三是建设农村运输基础设施，加快农村公路、站场建设，完善农村运输网络；四是建设安保信息设施和支持保障系统，提高行业应急保障和快速反应能力。（厅综合规划处）

【财务资产管理工作】1. 多方筹融资金，确保交通建设项目资金需求。一是充分利用国家专项资金。2011年，我省交通运输车购税补助资金到位80.9亿元，燃油税返还资金到位27.5亿元。这两块资金的及时申请和拨付到位，有力地支撑了全省交通事业的正常运转。二是积极争取银行信贷资金支持。2011年1至8月，省厅立足现有融资平台，利用与银行搭建多年的良好合作关系，提高主动性，积极争取各家银行支持，通过固定资产贷款、流动资金贷款、信托贷款、理财产品等多种渠道，获得银行贷款达100亿元。三是适应经济发展形势及政策要求，支持组建新融资平台。随着国家银监局“三个指引”、“一个办法”的贯彻落实，特别是国家宏观信贷政策的调整及政府融资平台清理工作的开展，我省交通建设“统贷统还”融资模式受到了冲击，2011年上半年公路建设融资遇到很大困难。为适应经济发展形势及政策要求，实现甘肃省政府工作目标，在省政府和各有关部门的积极谋划决策下，省厅合理安排部署，配合组建了甘肃省公路航空旅游集团公司，积极支持搭建了省公航旅集团融资主体，基本完成了我省公路建设筹融资主平台的过度与转换。2011年，省公投集团年度实现发行中票50亿元，争取银行贷款50亿元。在2011年严峻的融资环境下，通过多方筹措，以上各项资金的及时到位，为我省交通建设提供了资金保障，基本满足了新建和续建项目及债务偿还资金需求。

2. 抓好车辆通行费征管工作，为交通事业稳步发展提供资金保障。2011年，全省车辆通行费收入大幅增长，全年收入达47.7亿元，比上年增收9.4亿元，增长24%。一是做细收费公路统计调查工作，为规范化、合理化收费奠定基础。2011年，省厅在完成交通运输部和省上《收费公路统计报表》、《收费公路资产投融资情况调查表》、《交通部费税改革二级公路情况调查表》等多项报表的编报工作基础上，通过摸底抽查、现场调研等多种形式核实统计数据，认定收费里程，动态掌握收费公路资产、债务情况。二是做实收费年审、收费期限变动、新(改)建公路收费报批等各项常规工作，保证收费工作有序进行。2011年，共完成全省60个收费公路项目收费许可证换证和年审工作。结合我省实际情况，多方申请协调，将已通车的41条收费公路收费期限一次性延长至最长期限20年。按要求完成天水过境、西长凤、永古、瓜星4条新建高速公路和武仙、静庄、敦当3条改建二级公路共7条公路收费设站、立项、收费标准等报批工作，保证新(改)建通车项目收费工作的及时开展。三是严格执行政策要求，规范车辆通行费减免。一方面，积极响应国家惠农政策，配合做好灾后重建运输车辆免费通行保障等工作。2011年，我省将“绿色通道”范围由原定的“五纵两横”扩大为全省所有收费公路，更好地支持了农业生产和农民增收。并按照国家跨区作业的规定和省政府要求，联合省农业厅认真核发联合收割机跨区作业临时通行证，支持我省收割机经营企业和农户的生产作业。另一方面，严格把关，规范通行费减免。要求减免车辆、有效时间、减免路段严格按照程序报请省厅审批，省厅运输及公路管理等部门和单位认真核发规范临时通行证。2011年，省厅较好地完成了灾后重建运输车辆通行保障及“第十七届兰州投资贸易洽谈会”、“甘肃·敦煌旅游节”等重大节庆期间道路保通畅任务的同时，做到了部分车辆通行费减免工作的合理规范。2011年，各项通行费减免累计达4.6亿元。

3. 加强建设资金使用和监管，做好交通系统国有资产管理工作，保证资金、资产的安全、合规、有效运行。一是集中开展交通运输系统财务大检查工作。为规范交通系统财务收支，强化行业财务管理，省厅专门部署、集中开展了交通运输系统财务大检查工作。该项工作于2011年年初开始，历时半年，分单位自查、行业局督查、省厅重点抽查三个层次、三个阶段，对本级和所属单位的预算执行、非税收入征缴、资产管理、银行账户、工程外包和发包管理、资金结余、国有资产收益等十个方面全方位展开。此次财务大检查做到了系统全面、部署严密、执行严格、整改落实到位，查出并纠正了不少问题，也提出了不少好的建议和措施，对进一步加强财务资产管理工作起到了良好促进作用。二是做好建设项目资金使用日常监督和工地检查工作。依托省厅所属资金监管办(设在厅引资办)对全省在建高速公路和重点二级公路项目建设资金使用情况进行日常监督，并上下半年两次赴施工一线进行工地检查，检查结果与整改结果向省厅专题汇报。2011年9月，省厅完善了“一委两办”建设资金管理模式，成立甘肃省交通运输厅专项资金管理委员会，下设专项资金管理办和专项资金监督办(原资金监管办)，明确了交通运输专项资金为国家拨付我省的用于交通运输建设及管理的车购税、国债、燃油税等中央资金和省厅负有直接偿还责任、担保责任、救助责任的政府性债务资金，强化交通运输专项资金筹集、拨付、使用全程动态管理。三是做好交通系统国有资产的管理工作。全面启用国有资产管理信息系统，对厅属412户独立核算事业单位的国有资产进行了统计、登记、汇审工作。同时，严格按照国有资产管理规定及程序，做好固定资产审核、报废等管理工作。全年批复交通事业单位报废机械电器资产292万元；审核报经省财政厅批复核销公务车27台、价值536万元，机电设备79台、价值266万元。

4. 完成了“一项调研、两项检查、三项审计和四项清理”共四个方面十项专门工作。一是合理安排，2011年上半年“一项调研、两项检查”工作顺利完成。有效配合国家审计署驻南京特派办完成了对我省公务员津补贴的调研核实工作。配合财政部驻甘肃省财政监察专员办完成了2010年度政府公共预算执行情况专项检查,重点检查了省厅中央资金项目的完成情况和资金使用管理情况。组织完成了全省交通系统财务大检查工作。二是协助完成“三项审计”工作。配合甘肃省审计厅完成了天定、天宝、武罐高速等几个重点建设项目的专项审计;配合审计署和审计厅完成了对陇南、舟曲灾后重建资金管理使用情况的审计;配合审计厅完成了我厅杨咏中厅长任中经济责任审计工作。在检查审计过程中,经过讨论、学习和研究,进一步提升了交通系统对经济事项的管理认识,提高了财务人员政策水平和业务素质;通过接受审计检查,提高了全省交通财务资产管理水平。三是扎实推进“四项清理”专项任务工作,保证治理效果。对已开展三年的小金库专项治理工作突出长效机制建设,逐步建立起“制度保障、职责明晰、监督及时、重点防控、责任到位”的“小金库”治理工作长效机制。对2011年开始的党政机关公务用车专项治理工作,高度重视,精心组织,制定下发工作方案,在完成治理工作各阶段任务后,对厅属事业单位公务用车实行“总量控制、预算管理、集中申报、联合审查、统一采购”的管理办法以巩固治理成果。清理收费公路和清理政府债务工作。对清理收费公路工作要求注重实效,全年共清理收费项目60个,站点174个,收费里程5 334公里。同时,撤销收费站8个,移站3个。对清理政府债务工作全力支持,力求彻底全面。2011年年初,审计署特派办对省厅进行了近一个月的审计核查,对每个项目、每笔债务、每个合同从有债务发生一直查到2012年。审计结果表明,在政府债务管理中,省厅管理的政府债务运行基本正常,风险适度,没有大的违规问题。

5. 继续加强制度建设,健全行业财务管理制度体系,结合我省实际,紧抓当前主要工作任务,集中研究起草了四项制度。一是研究起草了《甘肃省交通行政事业单位国有资产管理实施办法》,以完善健全交通运输系统国有资产管理各项制度和程序。省财政厅资产管理部门多次参会修订,该办法经多次研究讨论基本定稿,将与省财政厅联合印发。二是研究起草了《甘肃省交通运输厅专项资金监督管理办法》(草案)。规范交通专项资金拨付管理,强化交通专项资金使用监督。 三是研究起草了《车辆购置税用于重点公路建设项目的实施细则》(草案)。2011年,车辆购置税用于重点公路项目资金实行国库集中支付,由财政部直拨改变为通过省级财政拨付,由省厅通过国库集中支付系统拨付建设项目。为适应这一改变,按照财政部、交通运输部出台的暂行办法,省厅组织起草了实施细则。四是研究起草了《车辆通行费预算管理办法》(草案)。对2011年我省车辆通行费划转省公投集团管理后,车辆通行费征收、预算、使用等提出管理规定。

6. 做好财会人员教育培训和财会学术交流工作。一是认真安排教育培训,提高财会人员业务素质。加强与财政部门联系,采取集中管理方式,组织所属单位700名会计从业人员,完成了网上继续教育。组织厅属11个企事业单位共90余人参加了中国交通会计学会举办的交通财会培训学习。二是加强理论研究,提升财务管理水平。组织业务骨干做好“甘肃省公路事业单位会计核算办法研究”和“甘肃省交通行政事业单位国有资产管理实施办法”两项课题的研究工作,更好地满足财政预算管理制度改革与行政事业单位国有资产管理的各项要求。2011年编辑出版《甘肃交通财会》4期,总结我省交通财会人员实践经验和学术研究成果。三是积极组织财会人员参加了西部地区第六次交通财会学术研讨会,征集论文20余篇,遴选参会4篇,分获一、二、三等奖。

(厅财务资产管理处)

【人事劳资工作】 2011年,组织人事各项工作有序开展。一是在干部工作方面。按照厅党组的指示,负责组织实施干部考察任用工作。2011年组织参加了19次关于干部任免的党组会议,提任及政策性安置军转干部40名,交流干部67人次,因机构改革、更名等原因重新任命干部47人次;对35名干部进行了试用期考核;配合厅审计办对13名同志下发了离任审计通知书。指导设计院公司、科研院公司等单位开展部分中层管理岗位竞争上岗工作。

二是在机构编制工作方面。积极协调省编办解决交通系统长期存在的老大难问题,顺利完成了省公路管理局、省道路运输管理局、省高速公路管理局“三定”方案的审批工作。与省编办、地税局、人社厅等部门协调,参与完成了成品油税费改革地税部门录用公路养路费征稽人员工作,完成了省公路路政执法管理局及所属各执法管理处、局属事业单位机构编制核定工作,为交通执法体系建设奠定了基础。完成了厅工程处、定额站、路桥投资公司等单位内设机构的调整审批工作、完成了甘州机场管理处、路桥公路投资公司临合高速公路项目办、天水过境段收费管理机构以及天定等4条高速公路路政管理机构的审批工作,切实做到了机构编制工作积极有效地为厅属单位和重点工作服务。

三是在劳动工资管理方面。及时办理了厅系统事业单位各类政策性增资。配合厅办公室财务完成了厅机关公务员第三步规范津补贴到位落实工作。协助省高管局完成了天水过境、西峰、永登、柳园等新开通高速公路收费站点人员的招录聘用工作。按照厅党组的统一部署,协助省高管局和交通服务公司开展了驼铃厂人员的安置工作。完成了2011年工资年报统计和2011年工资季报上报工作。在劳动保障工作中,组织厅属具有独立法人资格的企业,参加了省人社厅企业劳动年检,其中交通服务公司被定为A级企业,享受了三年免检的政策。

四是在干部教育培训方面。共组织各级各类人员培训121人次。组织参加交通运输部、省委党校、省行政学院等举办的各级各类培训31次109人;在甘肃交通职业技术学院培训基地组织173名专业技术人员参加继续教育培训。第八期中青年领导干部培训班于2012年1月8日在和平培训基地开班培训。在出国外培方面,2011年共办理了9个团组11人次出国考察培训计划,并按时完成因私出国境系统人员基本信息更新工作。

五是人才工作方面。完成了640名专业技术人员的职称评审和转报工作,完成省交通运输工程专业高评会、厅政工中评会和厅第一、第二初评会的各项组织工作并顺利召开,有148名同志取得高级工程师任职资格,227名同志取得工程师任职资格,6名同志取得政工师任职资格,65名同志取得助理工程师任职资格。经与省职改办积极协调,顺利解决了甘肃交通新闻信息中心人员职称遗留问题,核定路桥投资公司从事公路工程施工及建设管理的专业技术人员享受艰苦条件优惠政策。同时完成了厅机关新调入公务员的日常登记工作，厅机关及厅属事业单位5名同志的健康休养工作。

（厅人事劳资处）

【交通安全监管工作】 2011年，针对近年来反恐安保形势不断严峻的局面，及时组织召开专题会议，按照省上领导和省反恐办及交通运输部的有关工作要求，切实抓好交通运输行业反恐工作，特别是要求各级道路运输管理机构、道路运输企业（场站）、公路管理机构、建设项目业主等单位充分认识到确保交通运输行业安全稳定的重要性，切实增强责任心，采取有效措施，深入排查隐患，化解矛盾纠纷，坚决杜绝恐怖事件的发生。同时健全安全生产管理机制，落实安全生产管理制度，完善各类安全防范和应急救援预案，巩固提高安全管理水平，全力确保全省交通运输行业安全稳定、科学发展。

强化运输企业安保监管宣传教育。各级道路运输管理机构进一步落实企业安全生产主体责任，督促运输企业建立健全反恐安保组织机构，完善车辆和驾驶员安全监管制度，对全省运输企业、运输车辆、从业人员等进行调查和摸底，建立健全了车辆信息管理档案，加强辖区内营运班车的源头安全监管。对不符合安全条件的，责令进行限期整改，对拒不整改或整改后仍不合格的，依法吊销经营资格；督促企业开展了应急演练活动，确保遇到紧急情况能够及时有效处置；组织司乘人员进行了交通安全和应急处置能力培训，强化了防火、防爆、防抢、防聚众闹事等基本防范意识；广泛开展促进民族团结、强化安全保卫的宣教活动，通过多种形式向车站、司乘人员、乘客等重点防范部位和人群普及安保常识；加大对旅客随身携带物品的检查力度，引导和教育广大旅客自觉抵制携带危险品乘车，切实增强防范意识和应急反应能力。

2011年，为确保在新疆举行的首届“中国—亚欧国际博览会”顺利召开，督促进疆运输企业为重点营运车辆安装符合行业标准的卫星定位装置，并接入符合行业标准的监控平台，要求所有进疆车辆相关动态信息接入全国重点营运车辆联网联控系统，实行全时段、全地域监控；要求全部进疆班线客运车辆必须进站发车，严格行车安全检测工作，严禁车辆站外拉客、不按规定路线行驶、高速公路随意上下客等违法违规行为。特别加强了对进疆卧铺客车和旅游包车的安全检查，各运输企业对营运卧铺车辆、旅游包车进行了一次全面、彻底排查，重点对车辆发动机、燃油、电路系统和安全门、安全锤和灭火器进行检查，严防车辆因漏油、漏电和机械隐患引发事故，确保车载灭火器材齐全、有效、完好和车辆安全出口符合标准，消除了人的不安全因素和车的不安全状态。博览会期间，各级道路运输管理机构针对凌晨3-4时事故高发的规律性特征，进行突击执法检查，对进疆超长途连续运行的卧铺客车、旅游包车，强制推行凌晨2点至5点临时停车休息措施，对不按制度和规定行驶的车辆和司乘人员，采取强硬有效的措施加以训诫、制止和处罚。

强化运输场站安保源头治理。各级道路运输管理机构督促汽车客运站建立健全了安全保障机制，落实岗位安全责任制和车辆安全例检、出站检查的工作程序，严格旅客行李物品检查制度，坚决杜绝易燃、易爆、剧毒危险化学品以及管制刀具、枪支、弹药等违禁物品进站上车，做到职责明确、责任到人，切实履行“三不进站、五不出站”安全管理职责；督促汽车客运站进一步完善车站视频监控设备，并将相关监控信息接入各级道路运输应急指挥中心，一级客运站信息直接接入甘肃省道路运输应急指挥中心，部分具备条件的市（州）还将车站周边人员监控信息接入了公安联防网，实行多部门、多方位联防联控；加大车站周边环境综合治理力度，加强与公安、工商、城管等部门的沟通协调，开展联合执法，对车站周边环境进行全面整顿清理，建立可疑人员、物品、包裹、行李的报告处置制度，设置人员紧急疏散通道，确保消防通道畅通及紧急避险场地空旷。

深化危险货物运输市场整治。2011年继续深入开展了道路危险货物运输市场整治，督促道路危险货物运输企业建立法人治理结构、落实安全生产制度、建立GPS监控平台、确保全员持证上岗，并加强夏季安全生产防护措施，防止发生重大环境污染和财产损失事故；加快了GPS监控设施建设进度，督促和确保所有危险货物运输企业年底前建成符合交通运输部规定标准的GPS监控平台和车载终端，并要求确保危险货物运输企业GPS平台及终端全天候正常使用；督促危险货物运输企业建立车辆技术、驾驶人员、押运员以及安全管理档案和台账，建立车辆调度管理制度、危险货运车辆运输任务登记制度；进一步落实从业人员安全教育制度；严格安全操作规程，督促企业严格落实货物配装、运输、车辆停靠等相关操作规程，防止临危操作失当、押运员脱岗和随意停车。

2011年，要求各级道路运输管理机构督促货物运输、代理速递及车站行包寄存、客运货物托运等承运人严格货物受理环节安保管理，防止发生恶性破坏事故，确保人民生命财产安全；督促运政管理机构建立健全监督检查机制，加强对货运申请人安全生产制度和安全保障能力的审核，严禁无证无照的道路货物运输、货运代理等经营者进入站场内经营，坚决依法查处无证经营行为，坚决查处不认真履行安检责任、不严格执行验视等安全制度的道路货物运输经营者；督促道路货物运输经营者严格执行货物受理环节的验视工作，切实加强对各类禁运物品、违禁物品、危险物品的检查、甄别和处置，坚决堵塞安全管理漏洞；进一步明确客货运输场站货物承运责任和公共安全责任，督促强化对旅客随身携带行包、不能确定安全性能物品（如机电装置、粉末、不明金属、装有不明气体或液体的密闭装置）或寄件人拒绝验视物品的受理环节管理；督促各货物承运人建立健全货运托运人、运输合同信息的可追溯机制，严格货物运输单证填写、运输合同签订、货物查验登记等环节管理。

2011年，要求各城市交通运营企业强化和规范城市交通秩序，完善城市公交、出租汽车安全防护措施和工具，加大对驾驶员、乘客安全防护和急救宣教，确保城市交通行业安全稳定；健全完善车辆运行技术例检例查制度，特别要确保车辆电路、CNG罐体、消防器材及车辆降温设备技术达标；督促企业加大中心枢纽站等客流密集地的安全检查力度，强化司乘人员对可疑乘客、可疑物品的鉴别盘问检查，杜绝“三品”上车。

强化公路基础设施和在建项目的安全防范措施。坚持预防为主，从队伍建设、应急制度建设等方面入手，全面加强对公路基础设施及在建项目的安全防范工作，确保公路及基础设施运营安全。省公路管理机构经常性组织各公路总段(分局)对桥梁、隧道等公路设施进行安全检查,同时,加大养护巡查力度,对重点路段、桥梁和长大隧道进行监控,全力做好畅通保障工作的组织协调、值班预警等工作。省高速公路管理机构建立健全路政、养护、交警与运营管理机构之间的联动协调机制和高等级公路区域联防新机制;成立了高速公路应急处置大队,形成了指挥畅通、步调一致的高等级公路应急保通机制,加强协调联动,定期对高速公路出入口、服务区、加油站等重点部位加大安全防范力度,并配合公安交警部门做好特殊情况下的交通疏导工作,既保障了公路和设施的安全,又增强了紧急情况下的应急应变能力和应急处置能力。同时组织各建设项目业主单位深入开展平安工地建设活动,全面加强在建项目安全管理,特别是加强对工程建设中易燃易爆危险品的管控;严格按照公安部门关于加强易燃易爆危险品管理的要求,认真落实危险品审批购买、危险品库房建设、从业人员培训、出入库登记使用管理等制度,确保危险品不外流,实现安全管理和使用;加强对易燃易爆危险品从业人员的背景审查、安全教育和业务培训,切实提高其安全防范意识和工作水平,确保在建项目建设工作安全有序开展。

强化水上交通反恐排查控制。要求海事部门制定了重点水域排查控制工作方案,将重点水域重点人员的登记、调查、走访相结合,由专人管控。在辖区重点部位、重点水域设立海事巡查点,对可疑人员和可疑船舶实行检查和管控,及时排除安全隐患。同时加大了对从业人员反恐防范的安全教育,提高防范意识,加强水上运输安全的监管,防止安全事故和恐怖事件发生。

健全完善应急管理机制。进一步加强道路运输应急保障工作体制和运行机制建设。一是进一步健全应急救援机制。建立健全了全省道路运输行业各类突发事件应急运输领导小组,具体负责应急预案的启动、响应、运力的组织、集结、调配,人员、物资的集疏、调查处理等工作;二是进一步健全应急预案体系,制定发布了《甘肃省道路运输行业应对各类突发事件保障预案》和11项专项应急保障预案,全面提升道路运输综合保障能力和快速应急处置能力;三是加强应急救援道路运输监测预警工作,在全省19处道路运输场站、11处高速公路事故频发路段安装监控设备,在14个市(州)运管局(处)设立应急运输监控中心,并与省运管局"96779"应急救援指挥中心联网运行。 (厅安全监督处)

【建设管理工作】 2011年3月,组织召开了全省公路建设工作会议,分析总结了"十一五"全省公路建设项目实施情况,研究了项目建设中存在的问题,对下一阶段工作有针对性地提出了管理措施。先后进行了6次综合督查,对全省在建重点公路项目质量安全综合督查情况通报2次。安排质监站对全省公路建设项目进行了4次综合检查,下发公路工程质量安全综合督查意见91份,质量和试验检测等专项检查23次,公路施工水平和工程质量有了不同程度的提高。

完善制度,规范管理。2011年,根据国家有关公路建设管理的法律法规及行政规章,结合我省实际,相继出台了《甘肃省公路建设市场信用信息管理实施细则》、《甘肃省高速公路建设标准化管理指南》、《甘肃省高速公路交通安全设施标准化指南》。组织起草了《甘肃省交通运输厅公路工程设计变更管理实施细则》、《甘肃省公路建设项目考核评价办法》,提出了更加明确的管理目标和衔接配套、可操作性强的质量保证措施,不断提升我省公路建设管理水平。

加强市场监管,全力推进市场诚信建设。2011年,按照部、省全省公路施工企业信用评价工作实施细则的要求,组织省交通质监站及各建设单位对2010年度我省公路施工企业进行了信用评价,参与此次信用评价的施工企业共75家(131个标段)。初步评出信用较好施工企业(A级)18家,占总数的24%;信用一般施工企业(B级)48家,占总数的64%;信用较差施工企业(C级)7家,占总数的9.3%;信用差施工企业(D级)2家,占总数的2.7%。同时把信用评价结果与招投标挂钩,出台了《关于公路工程施工企业信用评价结果在招投标中应用的指导意见》,在投标合同段数量限制等条件方面给予奖励或限制,有效增强了我省公路工程建设施工企业的守法、诚信意识。在招投标方面,严格执行招投标程序,加强招标投标各环节的工作监督,从公告的发布、投标报名、投标单位资质审查、招标文件审核备案、控制价上限审定、专家抽取,到开标、评标、定标等环节都严格把关。全面推行电子招投标制度,采用网上在线开标等形式,降低投标成本,提高工作效率。严格监督执法,主动邀请纪检、监察及公证部门对招标全过程进行现场监督,并将评标结果在网络上公示,增强了招标工作的透明度。

加强设计管理,不断提高勘察设计质量。一是进一步加强地质勘查与外业验收的调查工作。2011年先后完成了十堰至天水、兰州南绕城、临洮至渭源、临夏至合作、兰州至永靖沿黄快速通道等5个项目的初步设计外业验收和地质勘探专项审查,重点解决设计与施工脱节、地质勘查工作深度不够等问题,避免了大的不良地质灾害对公路建设的影响,降低了实施风险。二是加强勘察设计单位的服务意识,提高设计质量。在勘察设计招标文件中,对由于设计原因造成重大变更或较重大设计变更、不能按照投标文件承诺派驻设计代表、工程量清单缺漏、取(弃)土场及料场调查资料失准等情况,视违约程度轻重,扣减相应的违约金或通报批评,促进设计单位进一步提升勘察设计质量。

三是继续实行了"法人负责、四方会审、相互监督、共同把关"的变更设计审查原则,对重大或较大设计变更按照交通部《公路工程设计变更管理办法》的要求,组织专家充分论证后,由厅重大设计变更审查领导小组通过会议研究决定,有效防止了虚报工程变更数量、变更费用等弄虚作假现象的发生,保证了设计变更方案科学。2011年,先后完成了宝天、永古、武罐等项目72份变更文件的审批。

强化服务意识,主动协调解决工程中存在的问题。一是借助省厅重点工程建设巡回督导组、在建公路项目质量安全分析会等形式,充分发挥专家智慧和有关部门的积极性,有针对性地解决工程建设中存在的各类问题。二是深入施工一线,现场解决施工中存在的重点和难点问题。先后就天定、永古、营双等项目建设中存在的问题,召集相关专家现场审定,确保项目建设顺利进行。三是积极与省发改委、水利、铁路等部门联系,增强了工作的积极性和主动性,有力地促进了公路项目建设进度,营造了加快公路发展的良好环境。

加强信息交流,准确把握项目建设动态。2011年为及时反映项目进度和建设中存在的各类问题,全面准确地掌握建设动态,2011年按季度向交通运输部上报了全省高速公路进展情况报告4期,按月向省政府督查室上报全省重大项目及基础设施建设进展情况报告8期,编印《交通建设》6期。

加强资质管理,严把市场准入关。共收到申报公路工程二级、三级资质及公路交通安全设施专项资质申报材料12份,监理资质复核6份,本着实事求是、客观公正的原则,对申报材料进行了认真细致的核查,提出了审查意见,有效净化了我省公路建设市场秩序,从源头上把住了准入关。

积极推进日常管理工作。(1)天水过境段、西长凤高速公路建成通车,永古、瓜星高速公路部分路段建成通车。静宁至庄浪、武威至仙米寺、敦煌至当今山口等4个二级公路建成通车。临合、十天、沿黄快速通道以及陇西文峰至殪虎桥、东乡锁南镇至临夏折桥、宕昌至迭部、庆阳市至镇原县城等14个项目开工建设。(2)完成了成武、临合、天平、沿黄快速通道、渭武、永古高速屯沟湾至安门段、省道309线金崖至定远等项目勘察设计招标工作。完成了永古、金武、雷西、折桥至达川、韩家河至水泉等项目路基、路面、房建、机电、交安及绿化等项目招标文件审查。(3)完成了沿黄快速通道、临合、十天、定临公路安定区过境段等7个项目的初设预审,分别向省发改委、交通运输部上报了初步设计文件,并积极协调,加快了项目审批进程。(4)完成了金武、雷西、营双、平凉城区过境段、临洮至康乐至和政、肃北至阿克塞、文县高楼山隧道及引线工程等13个项目施工图设计文件审查。(5) 完成了瓜星、永古、酒嘉一级公路、临夏至大河家、华池县新堡至南梁、省道207线靖远黄河大桥至吴家川、东乡(锁南镇)至临夏(折桥)等17个项目施工图设计文件的审批。(6)完成了对庆阳市合水县段家川至马莲河大桥、华池县李良子至上里塬、两当县广金坝至放马坪、会宁县三房吴至韩家集等8个以工代赈项目施工图设计文件的审批。(7)完成了漳县路政大队综合办公楼、武威公路路政综合业务楼等2个初步设计文件的审批。(8)完成了对巉柳高速三角城收费站至榆中机场公路、天水市警民综合训练基地、永靖岘塬至转导等4个国防战备公路项目设计文件的审查。完成了对嘉峪关市68213部队出口道路、榆中县羊寨至马衔山雷达站等2个国防战备公路施工图设计文件的审批。(9)组织完成了天水市风动厂至南崖、甘泉至十字国防战备公路竣工验收。(10)组织完成了省推进质量振兴工作领导小组对我厅推进质量振兴暨产品质量安全监管工作的目标责任考核工作。 (厅建设管理处)

【综合运输工作】 2011年,全省运输产值持续增长,客货运量平稳上升,运输基础设施建设进展有序,安全生产形势趋于平稳,运输经济总体运行良好。2011年,全省机场建设完成投资4.4亿元,道路运输站场投资14.7亿元,水路交通基础设施投资6 651万元, 分别占年计划的51.1%、101.3%、100%。全年全省道路运输产值380亿元,增加值178亿元,与上年同期相比分别增长15%和12%;全省道路运输行业新增社会就业岗位2.5万个,从业人员达到46.9万人。全省营业性运输车辆达到19.4万辆,完成公路客运量、旅客周转量5.8亿人、265亿人公里,完成公路货运量、货物周转量2.8亿吨、647亿吨公里, 与去年同期相比分别增长13.5%、20.4%、19.7%和23.5%。

2011年,全省水路运输完成客运量和旅客周转量分别为96.12万人、2 189.89万人公里,同比增长2.18%、2.32%。货运量和货物周转量分别为32.93万吨、39.58万吨公里, 同比增长3.88%、8.32%。

运输基础设施建设有序推进。 1. 机场建设:2011年,全省在建机场项目有金昌、张掖、夏河、庆阳机场扩建工程、兰州中川机场二期扩建工程五个项目。目前金昌、张掖机场已建成通航,其它三个项目建设进展顺利。截至年底,累计完成投资11.27亿元,占项目总投资的36.2%,其中2011年完成投资4.4亿元,占年度计划投资的51.1%。2. 道路运输站场:2011年,全省共完成道路运输站场投资14.7亿元,占年计划的101.3%。全年计划安排的39个等级枢纽建设项目中2个已建成,9个项目在建,其余28个项目正在进行前期工作。9个信息化项目待下达资金计划后实施。新建乡镇客运站150个,2011年首批计划建设的400个行政村停靠站已全部建成。 3. 水运基础设施:2011年,全省水路交通基础设施建设完成投资6 651万元,为年计划的100%。灾后重建项目陇南市地方海事局信息化综合楼项目已完成交工验收;完成了老旧渡船更新改造15艘和14处索渡船塔架改造,候船亭建设27处;黄河白银四龙至龙湾段航运建设二期工程和刘家峡港区航运设施建设工程已开工建设;黄河乌金峡库区及龙湾至南长滩航运建设工程、黄河大峡库区航运建设工程及黄河兰州新港建设工程等水运重点建设项目前期工作进展顺利。

深化运输结构调整和产业升级步伐,运输服务保障充分有力。2011年积极协调统筹城乡运输、客货运输、公路水路航空运输发展,全面提高交通综合运输保障能力。一是指导道路客运班线改革, 全面完成了2011年到期省级许可的道路客运企业和客运班线的延续经营工作,明确了“禁止挂靠经营,鼓励公司化、规模化、集约化经营”的客运班线管理原则,平稳有序地推进道路客运企业公司化改革和公车公营步伐;加快全省道路旅游客运发展,完成5家专业旅游客运企业组建工作,投放高档旅游客运车辆350辆。二是严格新进运力的审批,通过淘汰改造老旧挂桨机船舶,推广节能产品和新型船舶,结合黄河兰州段水上旅游开发,积极开展“水上公交”调研,水运效能进一步提高。三是圆满组织完成了“兰州国际马拉松赛”、“第十七届兰洽会”和“敦煌行·丝绸之路国际旅游节”等重大活动期间的运输保障工作,受到社会各界的一致好评,省厅被评为“敦煌行·丝绸之路国际旅游节” 执委会先进单位,切实提高了服务人们群众出行和服务地方经济发展的水平。

2011年,加强运输组织管理,规范运输市场秩序。 一是与省公安厅联合开展了为期100天的全省道路客运市场专项整治活动,重点整治了道路客运市场存在的无证经营、欺行霸市、损害旅客权益等违法违规经营行为, 整治期间全省累计查处无证经营车辆1 968辆次,查处不规范经营行为7 536起。通过开展道路客运市场专项整治,全省客运市场秩序明显好转,汽车客运站秩序明显改观,全省道路班线客运服务质量明显提升。二是加强对各类船舶、渡口、水运作业户的监督管理，严把水运市场准入关，进一步规范水运市场秩序，水路运输平稳有序，服务质量有所提高，未接到旅客投诉事件，初步实现了“安全、有序、优质、高效”的水路运输管理目标。三是加强运力储备和运输组织协调，有效完成了春运、五一、十一、暑运等节假日和重要时段的旅客运输任务，保障了电煤、成品油、节日应市商品等重点物资和生活物资运输的平稳有序。四是密切关注行业动态，对省政府应急办转来的省政府专报信息，积极调查反馈，及时化解矛盾纠纷，基本做到件件有回音、事事有落实。积极协调解决了网友反映武威汽车站存在乱收费问题、天水市火车站发往各市县的汽车管理混乱等问题。

整章建制，不断提升管理效率。2011 年加强对道路运输站场建设的管理，下发了《关于进一步加强道路运输站场建设管理工作的通知》，强化了对站场建设全过程管理；加快客运线路资源优化整合，推进道路客运公司化改造，指导出台了《甘肃省道路旅客运输班线试行管理办法》，组织对《关于进一步加快甘肃省城市公交优先发展的意见》和《关于进一步规范和加强全省出租汽车行业管理的指导意见》开展调研。积极协调水运行业争取政策支持，省政府《关于加快甘肃省内河水运建设与发展的实施意见》已经颁布；积极落实与长航局签订的框架性合作协议，就海事“结对子”活动在兰进行了协调沟通，达成了初步协议。通过加强对外交流合作，内扩外联，为水运行业发展创造了良好环境。

2011 年，强化了交通运输安全管理，应急保障水平明显提升。一是加强运输基础设施建设项目施工安全监管，要求项目业主单位科学合理安排施工进度，完善安全质量联动监督机制，做到抓关键、早预防、能落实，努力实现施工零事故。二是狠抓道路运输源头管理，要求道路运输行业继续深入开展“安全生产年”、“安全生产月”活动，完善安全管理制度，健全安全警示告知、违规人员安全学习、行车事故统计报表、投诉举报奖励等制度。深入推进道路客运安全隐患整治活动，集中整治排查安全隐患，开展了营运卧铺客车安全整治，坚决落实长途客车强制休息检查登记制度。认真汲取“4·8”七道梁隧道危货车辆追尾起火事故教训，从 4 月 11 日起至 6 月 30 日结束，安排在全省开展了以道路危险货物运输市场为重点的安全生产专项整治行动，加快了危险货物运输车辆挂靠经营清理工作，整治期间全省累计出动执法车辆 8 580 辆次、执法人员 3.07 万 人次，完善危险货物运输档案 1.15 万份，61 家危险货物运输企业、521 台危货运输车辆责令停业整顿，144 辆危险货物运输车辆转为普货运输或退出市场。三是进一步强化水上安全管理责任制，结合“安全生产年”、安排部署了打非治违、隐患排查、营运快艇专项整治等行动，特别是在兰州“6.2”水上交通事故发生之后，开展了营运快艇专项整治行动，检查黄河兰州段餐饮趸船 15 艘，检查快艇 50 余艘，签发隐患整改通知书 15 份，停航通知 3 份，强化企业和船员的责任意识和安全意识的教育和培训，进一步整治了水上交通安全和航行秩序，营造了良好的水上安全生产氛围。2011 年“7.11”航海日，海事机构与某舟桥部队联合在黄河白银段举行了“军地联合水上搜救演练”，建立了协调联动机制，为创新西部黄河水上搜救机制作了有益的尝试。

（厅综合运输处）

【交通科技工作】 1. 2011 年初制定了《2011 年度省交通运输厅科研项目实施指导意见》，主要从重点攻关技术、工程建设关键技术、科研成果推广应用、软科学研究等四个方面，有效增强了科技工作的针对性，对推进行业科技创新工作起到了积极作用。

2. 积极做好交通部西部交通建设科技项目管理和协调工作。(1)配合西部项目管理中心，对“连霍国道主干线牛背至天水高速公路地质环境与生态安全评估及对策研究”和“气象灾害对平定高速公路边坡的影响及防治技术研究”进行了鉴定验收，两个项目顺利通过部科技司组织的鉴定验收。(2)受交通运输部西部项目管理中心的委托，组织对 2011 年度西部项目“西部地区公路交通价值体系研究”项目进行了研究大纲的评审，目前该项目研究工作已顺利开展。(3)受交通运输部西部项目管理中心的委托，组织对我厅承担的“黄土地区隧道修筑技术推广应用研究”、“油砾石路面技术在甘肃公路建设和养护中的应用研究”2 个西部项目研究成果进行了预验收，并已对研究报告进行了补充完善，上报西部项目管理中心申请鉴定验收。

3. 针对我省交通运输建管养运工作实际，积极开展各项科技工作。(1)科研项目实施情况。根据 2011 年交通工作的重点内容，组织厅属各单位申报各类科研项目 37 项，通过初审和专家评审，共有 26 个项目列入 2011 年度省厅科研项目计划，并投入科研补助资金 150 万元。(2) 科技管理工作。2011 年为了督促各在研项目的实施，使科研工作真正服务于交通建设，组织所有承担科研项目的单位召开了厅长办公会议，提出了具体要求和措施。加强了对科研项目执行过程的监督和管理，对部分承担科研项目较多或存在问题的单位进行了科研项目进度检查，对进度较滞后的项目进行了督促，并对存在的问题及时进行协调解决。(3)科技成果鉴定情况。2011 年共组织鉴定验收的项目 4 项，均通过了鉴定验收，已有 20 个项目提交了验收申请，按照管理办法的要求，组织对各项目进行鉴定验收。(4)其他科技工作。2011 年，共组织完成了 2010 年度交通运输部科技统计工作；组织厅属相关单位参加了交通运输部科技司主办的 4 期“科技大讲堂”视频讲座，共有约 300 人次参加了讲座；组织相关单位对交通运输部、省直单位编制的各类标准规范及实施方案共 13 项提出了合理化建议；联合部公路科学研究院到全国 14 个省、市、自治区进行了公路建设应急预案编制调研，并在我省组织召开了公路建设应急预案编制调研座谈会，主要对公路建设及运营管理中应急预案的实施情况、应急处置的经验和措施提出了意见和建议。

4. 信息化建设工作。2011 年开展了交通运输系统网络情况调查工作。于 2011 年 3 月对厅属各单位的网络布设情况进行了调查了解，为下一步整合网络资源提供了重要依据。对全省交通运输信息化开展情况进行调研分析工作，2011 年 8 月由交通科技通信中心负责，委托专业技术单位，开展了全省交通运输信息化建设情况调研分析评估工作，并编制了全省交通运输信息化调研、分析、评估报告，组织开展了厅机关信息化改造工程。按照厅机关信息化改造的相关要求，组织专家对施工设计图进行了评议，提出了修改完善的建议，目前厅机关信息化改造工程正在顺利进行中。开展了交通运输信息化建设考察工作。2011年11月，组织厅属相关单位和部门负责信息化工作人员赴江苏省交通运输厅进行考察学习，主要从信息化建设工作的组织与管理体系、交通运输信息化建设和信息化推广应用情况、信息化规划情况及建设目标、信息化工作绩效评估考核方法及信息化建设项目后评价机制、信息化建设及推广应用过程中存在的问题及对策等五个方面全面了解了江苏省交通运输厅在开展交通运输信息化建设与管理工作方面的先进经验，为今后我省交通信息化建设发展提供了参考。2011年，推荐上报了交通运输行业信息化工作先进单位，省运管局被交通运输部表彰为全国交通运输行业信息化工作先进单位。按照省国家保密局的要求，为进一步规范办公用计算机管理，杜绝失泄密情况发生，对厅机关78台办公用计算机安装了移动存储介质应用管理系统。组织编写了《2011年甘肃省交通信息化发展报告》(初稿)，修改完善后将提交部科技司。组织编写了《甘肃省交通运输厅交通科技信息资源共享平台建设方案》，待报部审批后实施。

5. 节能减排工作。2011年汇总上报了"十一五"节能减排情况及"十二五"工作计划。按照交通运输部和省政府的要求，全面总结了"十一五"我省交通运输行业节能减排情况，并结合交通运输部"十二五"节能减排规划，制定了符合我省交通运输实际情况的工作计划。2011年6月11日至17日是第21个全国节能宣传周，省厅相关负责人参加了省委宣传部等16家单位共同举办的2011年甘肃省节能宣传周主会场启动仪式，并在宣传周期间统一制作了10万份交通运输节能宣传卡片在客运车站、码头、高速公路收费站等公众集中区域免费向群众发放，进一步扩大了交通运输行业节能减排宣传的覆盖面。在宣传周期间，省公路局、省运管局、省水运局、省高管局以及全省十四个公路总段(分局)等单位结合各自工作开展形式多样的宣传活动，通过张贴海报、悬挂节能标语、制作宣传专栏、印发宣传材料等形式开展"节能我行动，低碳新生活"的宣传。2011年申报了交通运输节能减排专项资金项目，结合我省交通运输节能减排实际情况，按照部节能减排专项资金项目申请要求，组织申报了3项节能减排专项资金项目，并通过积极争取，由交通服务公司申报的"甘肃省高速公路服务区太阳能热水及太阳能照明工程"项目获得了交通运输部节能减排项目管理中心76万元的专项资金补助。举办了全省交通运输节能减排工作培训班。2011年12月，举办了为期2天的全省交通运输节能减排工作培训班，全省交通运输行业共有105人参加了培训，培训邀请了交通运输部规划研究院、交通运输部节能减排项目管理中心、省发改委、省委党校等5位专家授课，通过理论讲解、案例分析、互动交流等形式，进一步提高了行业节能减排管理人员的综合素质。公共机构节能减排工作。为扎实有效地做好公共机构节能工作，加快推进节约型机关建设，确保完成节能目标，2011年以来，制定下发了《交通运输系统2011年公共机构节能工作要点的通知》、《交通运输系统公共机构能源资源消耗统计工作实施方案》，进一步规范了公共机构节能工作，注重从节电、节水、节煤、节气、节油着手，积极推进无纸化办公进程，有效降低了能耗资源。在2011年省机关事务管理局公共机构节能考核当中，省厅被省政府办公厅授予公共机构节能减排先进单位称号。积极组织了交通运输部的"车船路港"千家企业低碳交通运输行动，全省在活动总结表彰奖励中有一家企业和一名管理人员受到表彰。

(厅科技处)

【离退休人员管理工作】 2011年，积极探索务实管用、灵活便捷的党组织设置形式，扩大组织工作覆盖面；创新支部活动的方式和内容，增强支部活动的效果；换届选配党性强、威信高、讲奉献的老同志担任党支部书记和委员，进一步提高支部工作水平，把离退休党支部建设成为组织、凝聚、教育老同志的坚强堡垒。组织部分支部书记参加全省培训。继续深入开展"党员评议党员"、争创"五好"支部、"四好"党员以及"党员评议支部"等行之有效的创先争优活动，开展"学先进、比奉献、促和谐"和"我为甘肃跨越发展献一策"主题实践活动，推荐更多更好的建议入选《甘肃省老干部建言献策录》。省厅选择推荐参加全国、全省座谈会和摄影展。针对离退休党员居住分散，部分党员高龄多病且行动不便，以及个别基层党支部作用发挥不明显的实际，进一步落实好老同志的各项生活待遇，认真分析和研究解决在落实离退休老同志生活待遇方面存在的问题，推行"大病互助"，探讨在现行政策条件下扶贫帮困的方法和途径，切实解决好离退休群体的特殊困难，努力保持离退休人员队伍的和谐稳定。

加强对离退休工作的管理与宏观督导。一是抓好《甘肃省交通运输厅关于进一步加强和改进离退休工作的意见》精神的贯彻落实，切实理顺管理工作体系，明确工作责任，细化管理措施，推动全系统离退休管理工作整体提高；二是继续加大对基层离退休、老龄和关工委工作的检查，通过上级机关督导，落实一级抓一级的工作责任。三是继续在全系统开展示范性活动室达标创建活动，切实加强老年文化活动阵地建设，并以交通运输厅老年艺术团、老年诗社为龙头，发挥好带动示范作用，进一步丰富和活跃老同志晚年退休生活。四是积极探索利用社区资源做好为老同志服务、发挥老同志在社区关心教育下一代工作中作用的方法路子，适时总结为老同志提供"四就近"即：就近学习、就近活动、就近得到关心照顾、就近发挥作用的工作经验。五是加强对工作的调查研究，努力研究解决新形势下离退休、老龄和关工委工作中出现的新情况和新问题，不断提高老干部工作、老龄工作和关工委工作服务交通运输发展的能力；六是全面总结干部离退休制度建立以来老干部工作的成绩和经验，着力推动老干部工作创新发展。组织开展丰富多彩的庆祝活动，纪念干部离退休制度建立30周年。

扎实开展"学先进、见行动、争优秀"活动，着力加强工作部门自身建设。一是深化主题实践活动，建设政治坚定的过硬队伍。按照中组部老干局的要求，组织从业人员深入学习全国老干部工作先进集体和先进个人的典型事迹，引导从业人员向先进典型看齐，不断砥砺思想品格，提升精神境界，爱岗敬业、无私奉献，争当让党组织放心、让老同志满意的优秀干部。二是开展学习教育培训，建设业务精通的过硬队伍。通过岗位锻炼提高从业人员组织协调能力、维护和谐稳定的能力和工作创新能力，提高服务管理水平。三是坚持从严要求，建设作用优良的过硬队伍。要求从业人员深入老同志当中，密切与老同志联系，增进对老同志的感情，热情周到地为老同志服务。大兴求真务实之风、狠抓落实之风，对工作紧抓不放，一步步推进、一项项落实，直到取得实效。总结推广好的做法和经验，发现并解决存在的问题和不足，努力提高工作的质量和水平。（厅离退休人员工作处）

【交通战备工作】2011年，全省交通战备工作按照兰州军区交战办和省国动委的部署要求，以推进交通战备保障能力生成模式转变为主线，以提高应急应战交通保障能力为牵引，以交通战备基础设施建设为重点，坚持抓重点，带全局，打基础，谋发展，扎实推进交通战备现代化建设，着力提高平时服务、急时应急、战时能战的水平。

（一）认真修订完善“十二五”交通战备建设发展规划。根据上级有关部署要求，认真回顾总结“十一五”期间我省交通战备建设发展的经验教训，广泛听取军地有关单位和部门对全省交通战备工作的意见建议，着眼未来五年乃至远期国防交通战备建设发展需要，顺应我省“十一五”期间公路、铁路、通信、民航等行业发展趋势，按照“平时服务、急时应急、战时应战”的总要求，自上而下对交通战备建设发展“十二五”规划进行了修订完善，理清了发展思路，明确了建设任务，拿出了对策措施。各级加大规划落实协调力度，积极做好向军地有关综合计划部门、财务部门和交通行业主管部门的汇报及协调工作，在建设经费、补助标准、政策扶持等方面争取支持，为“十二五”规划任务落实创造条件。

（二）继续加强国防交通基础设施建设。做好“十一五”规划的收尾、总结工作，抓好“十一五”续建项目建设资金落实，抓紧建设进度，确保按时形成保障能力。各市（州）对“十一五”国防交通基础设施建设规划完成情况进行了梳理总结，省交通战备办公室会同军队有关部门对2011年战备公路等重点建设项目进行了检查验收，安排落实年度国防交通设施建设计划。组织对全省驻军单位火车装卸载场站进出道路进行了摸底调查。各项目建设、管理单位坚持建用一致、建管结合，精心组织施工，抓好建设全过程监督管理和已建设施的使用维护，确保工程进度和质量。继续抓好交通基础设施贯彻国防要求工作，主动征求驻地部队意见建议，研究提出国防要求及技术标准，发现问题，及时协调解决，积极推进地方交通建设军民融合式发展。

（三）注重抓好交通专业保障队伍建设。把交通专业保障旅作为专业保障队伍的主体力量来抓，进行了队伍的整组点验，进一步明确了大、中、区队的组织机构、人员编制、岗位职责、装备配置等，规范了队伍编成。本着“服务、应急、应战”一体化的原则，根据可能担负的应急交通保障任务，利用公路建设养护、抢险救灾、保障部队军事行动和专项集训等形式，进行了以部队摩托化机动道路保障、公路钢桥架设、道路紧急抢修、应急救援运输、桥涵加固、交通管制等为主要内容的交通保障针对性训练。结合筹备“两个试点”建设现场活动科目演示，组织对包括铁、交、信、航在内的本级交通战备干部进行了以启动战时交通保障机制、受领任务、提出保障决心建议、修订保障计划、部署保障任务和征召集结为主要内容的带战术背景的应急指挥演练，组织进行了点验整备、道路交通管制、铁公联合倒运、隧道抢险救援、战备钢桥架设、航空输送装卸、应急通信保障为主要内容的战时保障支援综合演练。坚持顶风雨、战酷暑，既练程序方法也练指挥协同，既练技术战术也练思想作风，全面锻炼和提高了专业保障队伍的快速反应和综合保障能力。并结合科目的演示预演，对各市、州和行业交战办主任进行了以演代训。

（四）全力搞好交通战备应急指挥中心和训练基地试点建设。认真贯彻胡主席主题主线和军民融合式发展的重要战略思想，按照国家交战办的部署要求，坚持把抓好试点建设作为年度工作的头等大事来抓。本着“平战结合、军民两用，依托现有、整合资源，立足当局前、着眼长远，重点推进、逐步完善，建管并重、提高效益”的原则，精心筹划设计建设方案，聚合军地、行业和系统资源力量，攻坚破难，锐意创新，依托省交通运输信息中心和现有国防交通信息网络及铁、交、信、航专网，建成了具备平战指挥机构转换、保障行动控制、战备值班调度、交通资源管理、训练模拟推演等多种功能，能够有效担负起实时监控交通情况、指挥交通保障、调用保障队伍和物资器材、采集分析信息数据等任务的交通战备应急指挥中心，在平时可以用于交通战备干部和队伍骨干培训，交通专业保障队伍点验、训练和演练，储备交通战备物资器材，在急时和战时可作为交通专业保障队伍集结、整备的场所，还可开辟为实施交通保障的支援保障基地的集成化、模拟化、一体化交通战备训练基地，较好地解决了指挥控制无专用平台、队伍训练无综合场地、教学培训无系统保障、救援储备无先进手段、交通保障无健全机制等问题，大大提高了交通战备指挥的信息化、一体化和队伍训练的集成化、模拟化保障水平。

（五）努力完善战备物资器材储备体系。着眼应战与应急保障需要，做好交通战备储备物资器材的布局调整和结构优化。加大交通战备物资储备，严格落实年度储备计划，抓紧完成“十一五”安排的储备库房改扩建任务，稳步推进物资器材储备布局和储备品种的调整，省交战办按照上级下达的年度战备物资储备计划，协调军地有关部门抓好落实。开展了储备物资器材的摸底清理和造册登记，依据有关规定，完善储备器材调拨、使用、轮换、出入库和报废等管理制度，规范调用程序，对公路物资储备仓库统一编号、统一挂牌、统一标识，逐步推进物资器材的正规化管理。重视交通战备物资器材的维修养护，严格落实钢桥等战备器材保养制度规定，保持物资器材良好技术状态，保证应急调拨使用需要。

（六）精心完成各项交通战备保障任务。各级交通战备部门进一步强化为国防建设服务、为经济建设服务的思想，坚持主动作为，靠前工作，善于协调，勇于奉献，切实履行保障职能。组织好重大军事行动交通保障，认真总结保障部队演习训练、救灾的经验做法，加强与军队和地方有关部门的沟通协调，及时了解保障需求，注重研究解决问题，精心制订保障方案，抓好具体组织实施，圆满顺利完成了部队训练演习、换装接装、运送物资等交通保障任务，在社会稳定方面作出了积极贡献。（厅交通战备办公室）

【交通审计工作】2011年交通审计工作，进行领导干部经济责任审计91个，基本建设资金审计300个，财务收支审计245个，专项审计调查39个，经济效益审计29项，财务决算审签92个。审计建议被采纳431条,完善规章制度54条,共查出损失浪费金额2 383.9万元，违纪违规金额49 398.4万元。

重点做好对建设项目和建设资金的审计监督。2011年按照交通部《交通建设项目审计实施办法》的规定和《关于加强交通建设项目审计监督的通知》精神,加强对建设项目和建设资金的审计监督,开展了公路、水路、民航等建设项目的审计。审计过程中,将审计关口前移,推进建设项目全过程跟踪审计,规范建设程序和项目管理工作,及时发现和纠正各种挤占、挪用、贪污、浪费建设资金等问题。2011年完成基本建设项目审计300个，其中:竣工财务决算审计268个,在建项目审计13个;公路改扩建等开工前项目审计19个。经过审计的已完工程及在建项目的投资额为461.19亿元，已完成投资额282.52亿元,共查出违纪违规金额4.83亿元,其中超预算3.99亿元、超规模4.257.9万元、挤占挪用4 084.9万元;资金不落实4.47亿元,已归还原渠道资金41.4万元。

在基本建设项目审计中,特别加大了工程建设中概预算执行情况的审计,对未经批准擅自超预算支出、无预算支出、单向费用之间调整的违规行为，要求坚决予以纠正和整改,初步达到了提高预算权威、加强预算约束的效用。提出建议有关单位积极协调,落实借款工程资金来源;尽快收回被占用资金;积极与地方政府协商解决自筹资金;坚决杜绝在建设过程中发生无预算、超预算支出的行为，维护预算的严肃性,对批复的预算,未经批准不得在单项费用间擅自调整。对已完工的建设项目,坚决做到未经审计,不得付清工程尾款,不得批复竣工决算,不得办理竣工验收。

继续开展领导干部经济责任审计。2011年严格按照交通部《交通企事业单位领导人员任期经济责任审计规定》和《甘肃省交通厅党政领导干部任期经济责任审计实施办法（试行)》的规定、本年审计计划和厅党组的安排,扩大内部审计的广度和深度,坚持审计不留死角,坚持审计无盲点。2011年完成对领导干部经济责任审计91个。在审计中共查出违纪违规资金404.9万元;账外资产424.3万元;有账无物82.9万元;国有资产保值增值单位33个,增值金额2.47亿元;资产减值单位7个,减值金额1 970.5万元;损益不实1个,金额227.6万元。同时,审计中还发现一些单位对下属单位监管不力、财务管理工作薄弱等问题。对存在的问题向被审计单位提出了整改意见和建议,对重大问题及时向厅领导进行了汇报,做到了积极稳妥地处理各种问题。2011年着重从管理指标、内控制度、经营成果、遵守财经纪律等方面进行,做到未经审计,不得解除经济责任,逢离必审,确保审计覆盖面达到100%。并在此基础上积极开展任期经济责任审计工作,作为离任审计的必要补充,为干部管理和监督提供可靠依据。

继续深化财务收支、预算执行情况审计。2011年认真贯彻落实国家预算管理体制改革的相关要求,加大预算执行审计力度。按照厅党组提出的“财务收支审计工作要制度化、规范化、经常化”的要求,省公路局、省运管局、省交通征稽局、省路政总队和省高速公路管理局等单位以单位自查、行业检查的方式对2011年度预算执行情况进行交叉互审，着重对财务预算编制与执行、资金管理使用与绩效、资产使用与处置、非税收入收缴、财经纪律和财政法规制度的执行情况、政府采购、“收支两条线”管理规定执行情况、专项资金使用情况、国有资金产使用管理情况、国库集中支付以及会计基础工作等方面进行了全面的检查。2011年完成财务收支审计245个,查出违纪违规金额651.4万元;损益不实3个,虚减利润1.9万元;资产不实2个,金额2 695.4万元;负债不实1个,金额1.1万元;其他616.4万元 。通过财务收支检查,使各单位及时发现了管理中存在的问题和薄弱环节,并予以及时纠正,对加强资金管理起到了积极作用,同时也为迎接政府审计做好了准备。

开展以经济活动的真实性、合法性、效益性为重点的财务收支审计工作。突出强化了预算(计划)的执行情况和各项交通规费的征收、解缴和使用情况,有效防止会计信息失真,资产、损益不实,私设“账外账”等问题的发生。重点关注各级事业单位擅自对外投资、擅自向金融机构贷款、擅自对系统内外企业担保、以各种形式进行有偿集资等问题。进一步规范和加强了会计基础工作,完善了内部控制制度。在促进细化预算编制、严格预算执行、规范预算管理、提高资金使用效益等方面发挥了重要作用。也为切实落实预算资金“预算有标准、执行有约束、决算有考核”的制度,规范财务管理奠定了基础,从而避免了预算编制和计划安排的粗放性和执行过程的随意性。建立交通系统企事业单位财务收支年度审计制度,使财务收支审计工作做到制度化、规范化、经常化。

开展专项资金审计,确保专项资金专款专用。按照交通运输部2011年审计工作计划,厅审计处完成了2010年舟曲特大山洪泥石流和陇南地区特大暴雨自然灾害建设项目、舟曲县中央财政5.12地震灾后农村公路恢复重建项目,以及国省干线公路地震和冰雪灾后恢复重建工程在建项目建设资金和资金管理的审计,审计专项资金项目2个。省公路局完成了2010年农村公路建设项目实施情况和建设资金使用情况的专项审计调查。在恢复重建工程项目审计中,以资金为主线、坚持“全面自查、突出重点”的原则,对建设资金所涉及的重点领域、关键环节进行重点审计检查。建设资金能够做到专户存储、专项管理,资金使用基本合法、合规,会计资料能够真实反映建设资金的收支情况。但在项目和财务管理中,存在对施工及监理过程的监管不力、施工合同管理不规范、项目竣工财务决算编制不及时、资金不到位等问题。对审计发现的问题或薄弱环节,进行了定性定量分析,提出了审计建议,要求查明原因,逐项整改,做到全面、彻底、不留死角。

加强内部审计机构和审计人员队伍建设。2011年由于内部审计工作得到了厅党组的高度重视和支持,为审计工作的开展创造了良好的环境,同时,内审工作在加强监管、提高资金使用效益、促进廉政建设等方面也确实起到了积极的作用,这项工作越来越受到各单位的重视,现已建立审计机构24个,其中处级2个、科级22个;配备审计人员176人,其中专职51人、兼职125人,具有大专以上学历的163人。

全年组织125人次参加交通运输部、省内部审计师协会举办的经济责任、基本建设审计等培训班。对65人的“内部审计人员岗位资格证书”进行了年检。上报审计论文11篇,其中有两篇获奖,同时审计处获得论文组织奖。通过培训学习，进一步提高了内部审计人员的业务水平和综合素质,使内部审计工作更好地为交通事业服务。

充分发挥审计职能的作用,为党风廉政建设提供技术保障。2011年厅审计处与兰州商学院共同协作,开展了"甘肃省交通运输系统内部审计质量控制体系研究"科研课题研究,探索内部审计工作的新思路和新方法。建立健全甘肃省交通运输系统内部审计质量控制与考核体系,保证内部审计工作的效率及效果,进而充分发挥内部审计的"监督、服务"等职能。

2011年先后获得了国家审计署"2008年—2010年全国内部审计先进集体"和甘肃省审计厅"2008年—2010年内部审计先进集体"荣誉称号。

(厅审计处)

【厅直机关党委工作】2011年,以建设学习型党组织为重点,加强厅直机关思想建设。一是着力抓好党组和党委理论中心组学习。围绕推进党风廉政建设和文化建设等专题,组织了11次厅党组理论中心组学习,督促厅直各单位坚持每月一次的中心组集体学习,坚持学习通知单、学习考勤和专题讨论制度,基本上做到人员、时间、内容和效果四落实,提高了学习实效。二是认真学习贯彻十七届六中全会精神。通过举办专题讲座和辅导班,选送党员干部参加省直工委培训班,配发学习辅导读本等多种方式,组织广大党员干部认真学习讨论《中共中央关于深化文化体制改革推动社会主义文化大发展大繁荣若干重大问题的决定》,增强了各级领导干部推进文化建设工作的责任感与使命感。三是积极推进"学习型党组织"建设工作。认真贯彻落实《关于贯彻推进学习型党组织建设的实施意见》,并就学习型党组织建设做出了安排部署,为基层党支部配发了党支部工作教程等党务工作书籍,组织人员参加了省直机关工委组织的读书交流活动。在广大党员中开展学习党史活动,从机关党委留存党费中拿出近2万元为厅机关全体党员购置了《中共党史》一、二卷。加强党员和党务干部培训,积极派人参加省直工委举办的各类讲座和培训班,选派20余名党务干部外出进行了学习培训。

不断增强党组织的活力,强化基层组织建设。一是认真做好组织发展工作。2011年2月,举办了第20期入党积极分子培训班,厅直各单位170余名同志参加了培训;厅直各单位党委在党员发展工作中,严格把好培训关、考察关、政审关、谈话关和审批关,加强对入党积极分子和预备党员的培养、考察,保证了组织发展工作的质量。2011年,厅直各单位共发展新党员197名,转正预备党员169名,进一步改善了党员结构,为交通运输事业发展提供了有力的组织保证。二是积极抓好新修订《条例》的贯彻落实。2011年根据《条例》精神,及时调整和充实了机关党委、新闻信息中心等单位党组织,批复成立了舟曲灾后公路恢复重建项目部和驼铃客车厂破产期临时党委。健全了的党组织机构,进一步推动了各单位基层党组织的规范化、制度化建设。三是抓好基层组织建设和党员的教育管理。认真贯彻《条例》精神,向所有基层党支部配发了《党支部工作手册》。下拨7万余元党费用于厅直各单位党组织购买党员教育设备。强化党费收缴工作,督促相关单位按照上级要求调整党费收缴基数,并把基层党委党费留存比例提高到40%。以"三会一课"制度的贯彻落实为重点,加强对党员学习教育活动的督促检查,进一步规范了基层党组织生活。在加强党员日常教育管理的同时,进一步建立健全了厅直机关党员管理信息数据库,提高了党员管理的信息化水平。省高速公路管理局党委被省委表彰为全省先进基层党组织。四是进一步加强厅直机关党的制度建设。根据党建工作实际,对厅直单位党委中心组学习制度进行了修订,为了督促厅直各单位提高党建工作制度化、规范化水平,按照《甘肃省交通运输厅直属机关党建工作目标责任制考核实施办法》,抽调专人对厅直单位党建工作进行了督查,学习交流了党建工作好做法和好经验,进一步增强了各单位做好党建工作的责任感和使命感。五是开展纪念建党90周年活动。就纪念建党90周年进行了认真安排部署,大力宣传中国共产党的光荣历史和丰功伟绩,组织收听收看中央和省委举行的纪念中国共产党成立90周年庆祝大会精神,厅直各单位通过开展纪念征文、知识竞赛、红歌比赛、报告会、座谈会、重温入党誓词、主题实践活动等群众喜闻乐见的活动,营造隆重的纪念氛围。厅直机关党委重点开展纪念建党90周年论文和读书心得征文、建党90周年暨创先争优活动知识竞赛等活动,取得了良好效果。

以发挥党组织和党员的作用为目标,认真开展"创先争优"活动。一是在全省公交、出租、车站和高速公路收费、服务区等窗口单位开展"窗口服务月"活动。二是开展"破解难题"主题实践活动,厅直各单位结合实际共查找出40余个难题进行破解。三是开展"机关干部下基层,创先争优解难题"活动,共确定102个基层联系点。四是开展创先争优理论研讨,撰写的论文被收入《甘肃省创先争优理论选编》,刊发简报180期,省委创先争优活动《简报》先后四次报道省厅工作,中国交通报、甘肃日报和甘肃电视台等媒体对省厅创先争优工作也多次进行了报道。"七一"前夕,省高管局党委和武威市运管局党总支被省委命名为"全省创先争优活动示范点",白银公路管理段党支部被白银市委命名为"五星级基层党组织"和"白银市创先争优示范点";在全省创先争优活动经验交流大会上,省厅作了书面交流,武威市运管局作了大会发言交流,同时兰州客运中心被省委确定为"全省创先争优活动观摩示范点",接受了与会200多名代表的观摩,获得一致好评。

以构建社会主义核心价值体系为重点,切实加强思想政治和精神文明建设。一是不断加强思想政治工作。2011年厅直各单位县级以上领导干部都撰写了学习体会和心得,大部分单位的党政主要负责同志撰写并发表了理论文章。各级领导干部主动学习、带头研讨,有力促进了厅直机关学风的明显好转。以省交通职工政研会《思想政治研究》为阵地,坚持开展行业思想政治工作的理论研讨。制定下发了政研会的工作计划,下达了重点研究课题,并将任务分解到厅属各单位。将《思想政治研究》由季刊改为双月刊,全年共审核稿件200余篇,审定刊发106余篇,编辑出版《思想政治研究》会刊6期,论文集1册。向交通运输部政研会推荐优秀论文11篇,其中四篇获优秀论文奖。以政研会为依托,积极开展政工干部培训工作,2011年5月举办了第一期厅直单位政工干部培训班,邀请省委党校教授就新形势下如何加强和改进思想政治工作作了专题讲座,同时组织学员进行了考察学习。二是深入开展精神文明建设工作。2011年在厅机关全体职工的共同努力下,中央文明委继续保留省厅的全国文明单位称号。

积极协调厅属单位做好全国文明单位的复核工作，指导厅属单位做好省级文明单位创建工作，省高速公路管理局、长达公司等15个行业所属单位分别被省委、省政府表彰为省级文明单位标兵、省级文明单位和省级精神文明建设先进单位。积极配合兰州开展全国文明城市创建工作，并在兰州市创建全国文明城市工作协调会上进行了重点交通发言。

以促进和谐社会建设为方向，积极加强群团和社会治安综合治理工作。一是认真做好综治和维稳工作。召开了厅社会治安综合治理工作会议，与厅属部分单位签订了目标责任书，分解了目标责任。开展了中央关于加强社会管理综合治理两个决定颁布20周年纪念活动，在甘肃广电总台《甘肃新闻》栏目对省厅综合治理工作及纪念宣传两个《决定》工作进行了新闻报道。多方筹措经费对省厅综治工作联系点陇南市武都区进行帮扶，建立了交通运输厅综合治理中心(试点)，综治联系点190户村民家庭安装了“黑猫警长”防盗装置，并建立平安文化长廊，该联系点对3000米村道进行了硬化，为我厅扶贫联系点的城郊乡中心小学购置课桌50套，对16名学生进行了帮扶，购置彩瓷综治宣传板画763.5平方米，在53个行政村进行综合治理和平安文化的宣传。省厅连续第五次被省委、省政府表彰为全省社会治安综合治理工作先进单位。二是积极做好共青团工作。2011年五四前夕，会同团省委表彰命名了一批省级青年文明号和青年岗位能手，组织团员青年参加了省直团工委组织的纪念建党90周年知识竞赛活动，继续开展关爱农民工子女志愿服务行动，积极开展青年文明号集体负责人培训工作，共培训青年号集体负责人20余人。建立健全了团员信息库，开展了五四红旗团委、优秀团干部、优秀共青团员评选表彰活动，一批团组织和团干部、共青团员受到省直团工委的命名表彰。作为省直机关团建工作代表，接受了团中央青工部领导的调研和督查。厅直机关团委被省直团工委推荐为省级五四红旗团委。三是积极完成其他相关工作。按照省直工委的安排部署，组队参加了省直机关职工运动会和省直机关首届“先锋杯”演讲比赛，获得了优秀组织奖和较好成绩。选送作品参加了省直机关举办的书画摄影展。同时，认真完成双拥、扶贫支教、统战、禁毒、扫黄打非、爱国卫生等相关工作任务，并按照省上有关部门的要求，加强协调，进行相关工作的部署和检查指导，及时上报各种信息，报送有关材料，得到了省上相关部门的充分肯定。

(厅直机关党委)

【纪检监察工作】 一、明确目标任务，认真安排全年反腐倡廉工作。2011年3月，召开全省交通运输系统廉政工作会议，全面总结了2010年全省交通运输系统党风廉政建设和反腐败工作，研究部署了2011年反腐倡廉建设的各项工作任务，厅党组与厅属各单位签订了《党风廉政建设目标责任书》，厅属各单位也与所属基层单位层层签订了《党风廉政建设目标责任书》。印发了《2011年纪检监察工作要点》、《2011年党风廉政建设和反腐败工作计划安排》，对全系统反腐倡廉建设任务进行了细化、分解，厅属各单位也分别制定了《2011年党风廉政建设和反腐败工作计划安排和任务分解表》，将责任落实到部门、岗位、人员，形成了党组(委)统一领导，党政齐抓共管，一级抓一级、层层抓落实的目标责任体系。同时根据中央和省上的要求，分别就交通运输系统治理商业贿赂、纠风等工作进行了专项安排部署，明确了重点，落实了责任。

二、深入开展反腐倡廉教育，促进领导干部廉洁自律。一是扎实开展廉政典型示范教育和警示教育活动。大力开展正面典型示范教育，组织党员干部开展向王瑛、杜登芳同志等先进典型的学习活动，着力发挥先进典型的示范引领作用。深入开展警示教育，组织党员干部观看违纪违法案件专题教育片、参观监狱等预防职务犯罪警示教育基地，听取犯罪人员现身说法，教育党员干部要善于吸取教训，引以为戒。二是积极开展岗位廉政教育。举办交通运输系统第三期廉政论坛，分析交通工程廉政形势任务，研究探讨交通工程廉政建设新的思路方法，进一步增强了各级党政主要领导抓好工程廉政建设的责任感、紧迫感。以全系统近年来查办的违法违纪案件特别是兰州公路总段所属基层单位发生的贪污贿赂案件为生动的反面教材，以案说法，以案说纪，进一步增强了领导干部和重要岗位党员干部的廉洁自律意识，促进和带动广大党员干部遵纪守法，爱岗敬业，勤政廉政。三是加快实施《关于加强甘肃省交通系统廉政文化建设的指导意见》，着力推进交通运输特色廉政文化建设，努力构建具有交通系统特色的廉政文化体系。以庆祝建党90周年为契机，开展了陇原清风书画作品征集活动、“红歌”演唱会、反腐倡廉建设理论研讨征文活动、反腐倡廉知识竞赛活动、交通运输系统党风廉政建设和反腐倡廉工作成就展等七项活动，充分展示党90年来走过的光辉历程和近年来我省交通运输系统反腐倡廉建设取得的成就，大力弘扬崇廉鄙腐的价值理念。继续深入开展廉政文化“六进”活动，在机关、工地等场所的显著位置设置了廉政标牌、标语、廉政漫画等，在系统门户网站及内部刊物设立了廉政警言、廉政信息、廉政论坛等专栏，努力营造“人人参与廉政、人人崇尚廉洁”、有利于交通运输廉政建设和反腐败工作深入开展的社会氛围和舆论环境，充分发挥交通廉政文化对交通运输事业发展的推动、保障作用。

三、加强监督检查，确保中央和省委决策部署落到实处。一是加大对《廉政准则》宣传学习和贯彻执行情况的监督检查，把《廉政准则》贯彻执行情况列为党风廉政建设责任制考核和民主评议、领导干部述职述廉的重要内容，作为评先选优和干部考察、任用、奖惩的重要条件，严肃查处纠正党员领导领导干部违反《廉政准则》的行为，着力解决涉及领导干部廉洁自律的突出问题，推动《廉政准则》在全省交通运输系统的全面贯彻落实。二是紧紧围绕加快转变交通运输发展方式，研究制订了《甘肃省交通运输厅开展加快转变经济发展方式监督检查的工作方案》，按照统一领导、各司其职、各负其责、上下联动、齐抓共管的工作原则，加强对交通运输“十二五”发展规划制定、交通基础设施建设立项审批政策执行情况、履行项目建设程序、完善优化路网布局结构、推进综合运输体系建设、交通运输科技创新及人才培养和科研成果推广应用、节能减排与环境保护政策措施落实情况、项目建设节约用地政策落实情况等八个重点方面的监督检查，认真组织开展自查自纠和突出问题整改落实工作，促进交通运输科学快速健康发展。三是认真贯彻落实中央和省委、省政府、省纪委的要求和部署，先后研究制定了《甘肃省交通运输厅舟曲特大山洪泥石流地质灾害救灾捐助资金和物资监督管理办法》、《甘肃省交通运输厅舟曲灾后交通运输恢复重建监督检查工作实施办法》，成立了舟曲灾后交通运输恢复重建监督检查工作领导小组，建立健全了项目数据库、定期报告、监督检查、挂牌销号、案件受理核查等工作机制，切实加强对舟曲灾后交通运输重建项目大额度资金调拨使用、大宗物资采购、重大项目招标投标等情况的监督检查，坚决制止和纠正决策程序不合规、措施办法不科学的问题，为落实中央和省委有关恢复重建政策措施，推动舟曲交通运输灾后恢复重建顺利推进提供了有力的纪律保证。一年来，我厅在灾后交通重建监督检查中，未发现违纪违法问题。

四、加强反腐倡廉制度建设，惩治和预防腐败体系进一步落实。认真贯彻落实中央《实施纲要》、省委和交通运输部《实施意见》精神，坚持把反腐倡廉制度建设摆在重要的位置来抓，努力构建具有交通运输特色的惩防体系。积极深化干部人事制度改革，加强对民主推荐、组织考察、集体研究等关键环节的监督制约，建立健全了领导干部初始提名、竞争上岗、公开选拔等办法，提高了干部选拔任用工作的透明度。全面推行首问责任制、限时办结制和一站式服务，行政审批的法规依据、主体、程序更加规范，交通行政审批制度改革进一步深化。积极推行会计委派制，强化财务监管和内部审计监控，有效维护了财经纪律。全年，进行离任领导干部经济责任审计 91 个，基本建设资金审计 300 个，财务收支审计 245 个，专项审计调查 39 个，经济效益审计 29 项，财务决算审签 92 个，审计结果得到综合运用。深化招投标制度改革，继续实行网上在线开标、评标专家随机抽取和封闭评标制度，防止围标、串标现象的发生。全年，驻厅纪检组监察室共组织纪检监察人员对 22 个招标重点项目、8 个二级公路项目实施了现场监督，确保了招投标活动的公开、公平、公正。严格设计变更管理，实行项目法人、设计、施工、监理、派驻纪检监察组会审和主管部门会议审查制度，严格工程项目建设管理。

继续深入开展“制度落实年”、“制度推进年”活动，进一步加强制度废改立工作，根据交通工程制度评估情况，协调有关部门，提出了交通工程建设领域廉政建设法规制度建设计划，对部分制度进行了修订完善，并加强对制度落实情况的监督检查，制度适用性和执行力进一步提高，用制度管人、管事、管权成效显著。省公路管理局、交通厅工程处、路桥公路投资公司等单位，结合本单位、本部门的实际，对反腐倡廉制度进行了清理、修订和完善，做到了既整章建制，又强化监督执行。

五、深入开展工程廉政建设。一是从 16 个方面入手，对 2008 年以来规模以上的投资项目进行全面排查，共排查公路工程、航运工程、交通运输站场（中心）建设、计重收费改造工程及办公楼装修、改造等项目 110 个，农村公路项目 6 064 个。二是坚持“边查边改，随查随改”的方法，对发现的 25 个项目存在的 51 个具体问题，均提出了有针对性的整改措施和要求督促相关单位部门进行整改，并积极查找和整改监管工作的薄弱环节和漏洞。三是进一步完善了“横向到边、纵向到底”的排查工作体系和量化考核体系，建设单位、监管部门“两条线”排查的做法和“解剖麻雀”式的检查方法，探索出了“树立一个目标、抓好两项检查、做到三个结合、问题整改四个不放过”的“1234”工作法，着力构建科学规划立项、严格履行基本建设程序、信用体系建设和项目信息公开等方面的长效机制，不仅有效预防和遏制了腐败现象的发生，而且使项目建设管理水平得到提升。四是结合工程建设领域突出问题专项治理，进一步加强交通运输行业治理商业贿赂工作。重点围绕组织领导、宣传教育、自查自纠、问题整改等方面开展监督检查，着力解决领导干部插手工程建设、招标投标及围标、串标，坚决纠正不正当交易行为，治理商业贿赂工作向纵深发展。

组织召开交通工程建设项目派驻纪检监察组述职暨工程廉政试点项目观摩推广会议，总结推广工程廉政部省联建及预防腐败试点项目经验，对我省交通基础设施建设领域党风廉政建设进行了积极探索和有益尝试。探索形成的工程廉政建设联动机制、风险预防机制、和谐共建机制“三个机制”，目标体系、教育体系、制度体系、责任体系、监督体系“五个体系”、“10 个重点方面、29 个关键环节、45 个风险点”的经验做法目前已在全省交通运输系统推广应用。

六、切实加强领导干部党性修养和作风建设，进一步密切党群干群关系。按照党的十七届五中、六中全会的要求，切实加强各级机关和领导干部党性修养和作风建设，结合深入开展争先创优“窗口服务月”和“破解难题”主题活动，认真落实服务承诺制、限时办结制、首问责任制和作风投诉制。加强对领导干部作风状况的监督检查，对领导干部作风方面的苗头性、倾向性问题，采取诫勉谈话、批评教育、责令检查等措施，及时予以纠正。进一步加强了对民主生活会、述职述廉和党员领导干部报告个人重大事项等制度执行情况的检查，积极推行党政领导干部问责制，严肃查处失职渎职行为，健全领导班子和领导干部考核评价机制，加大了治懒治庸力度。

进一步巩固全省公路基本无“三乱”的治理成果，严肃查处以罚代纠、乱收乱罚、吃拿卡要等违规违纪问题，截止目前，累计查处公路“三乱”问题 7 件，处理违规执法人员 3 人。加大对落实鲜活农产品运输“绿色通道”政策落实情况的监督检查，保障“绿色通道”高效畅通，2011 年全省“绿色通道”累计减免通行费 4.67 亿元。结合交通运输系统行政执法监督检查和“六五”普法的实施，深入推进规范交通行政执法处罚自由裁量权工作，进一步明确执法主体、权责、依据、标准等，加大对违法违纪违规行为的查处力度，加强执法队伍建设，牢固树立依法行政、文明执法意识，强化行政执法监督，切实强化交通运输行政执法工作。认真开展全省收费公路专项清理工作，坚决纠正和查处违规审批、违规设站、违规收费的行为。截至 2011 年 11 月底，全省公路收费站点总数为 170 个，其中高速公路收费站点 99 个、一级公路收费站点 2 个，二级公路收费站点 69 个。坚决纠正交通工程建设领域损害群众利益的行为，深入开展治理“小金库”回头看活动，进一步规范津贴补贴工作，严格规范财务行为，维护国有资金的安全。集中开展公务用车突出问题专项治理，重点纠正超编制超标准配备公务用车和违规换车、借车、摊派款项购车、豪华装饰及公车私用等问题。加强预算执行情况的监督检查，各项支出基本控制在预算之内。进一步提高了行政效能，人民群众的合法利益得到切实维护。

七、严肃查处违纪违法案件，继续保持惩治腐败的高压态势。严密关注查办发生在领导机关和领导干部中滥用职权、贪污贿赂、腐化堕落、失职渎职的案件和索贿受贿、徇私舞弊以及违反财经纪律私设"小金库"的案件线索,以及工程建设中领导干部违规插手干预招标投标、工程转包和违法分包、资本运营和经营管理中隐匿、私分、侵占、转移国有资产造成国有资产流失的案件线索,对一些案件线索进行了摸排和初核,充分发挥查办案件治本作用。重视群众信访工作,抓好信访举报信件的转办和督办工作,注意从信访中发现涉及腐败的案件线索。2011 年,驻厅纪检组、监察室共接到上级转办和群众检举控告来信 60 件(其中上级转办 17 件),初核 12 件,立案 1 件。对反映问题比较具体的信件组织力量进行了认真的调查核实。受政纪处分 1 人。

八、加强自身建设,履职能力和服务水平进一步提高。

认真贯彻落实《2009—2013 全国纪检监察干部教育培训工作规划》和我省的实施办法,努力在交通运输系统建设一支政治坚强、公正清廉、纪律严明、业务精通、作风优良的纪检监察干部队伍。采取"走出去"的方式,加强对纪检监察干部教育培训,组织 8 名纪检监察干部和业务骨干参加了省纪委、交通运输部组织的案件查办、西部交通纪检监察干部培训等活动,提高了纪检干部业务素质。进一步加强课题研究,完成了甘肃交通工程建设领域腐败机理及风险防范管理研究、交通工程建设项目招投标廉政风险防控研究两项课题的立项工作,调研起草工作进展顺利。围绕反腐倡廉制度建设、权力运行监督制约、构建交通运输特色惩防体系、交通工程建设领域招标投标、交通运输系统领导干部从业限制及离职后行为限制等内容,组织开展调研工作,形成了调研报告。积极开展纪检监察系统先进集体和优秀纪检监察干部评选推荐表彰活动,系统内涌现出了一批秉公执纪、爱岗敬业、无私奉献、成绩突出的先进集体和优秀纪检监察干部。其中,有 1 名纪检监察干部受到中央纪委和监察部的表彰奖励,获得"全国纪检监察系统先进工作者"荣誉称号。这充分体现了中央纪委和省纪委及社会各界对近年来甘肃交通运输系统党风廉政建设和反腐败工作的肯定和认可。

加强项目派驻纪检监察组建设,制定了《甘肃省交通基础设施建设项目纪检监察派驻工作实施办法》,进一步完善纪检监察组派驻工作机制,强化交通工程建设项目纪检监察派驻工作,加强对派驻项目纪检监察组的组织领导和指导考核。先后两次召开派驻重点建设项目纪检监察组述职会,听取了驻天水过境段、平定、天定、西长凤、永古、康临、武罐、瓜星等高速公路和折达二级公路、灾后重建纪检监察组工程廉政建设及派驻工作情况汇报和下一阶段工作计划,对今后的工作进行了具体安排部署。 (厅监察室)

【交通工会工作】 2011 年,结合交通行业特点,组织指导各基层单位工会广泛开展各种形式的劳动竞赛、岗位练兵、技术比武、合理化建议等群众性经济技术创新活动的基础上,先后与甘肃路桥建设集团共同组织开展了"路桥杯"全省交通职工职业技能大赛共 8 个工种的竞赛活动,与省交通质监站共同组织承办了全省职工职业技能大赛高速公路试验检测省级决赛活动,有 306 名选手通过预赛选拔参加了各工种的决赛。对于 2011 年组织开展的技能大赛活动,省总工会和省上有关领导给予了高度重视,在"路桥杯"技能大赛开幕式上,孙效东主任发来贺电,要求切实组织开展好职工素质提升活动,并祝愿竞赛活动取得圆满成功,省政协李永军副主席出席了开幕式,省总工会李惠泽副主席亲临比赛现场,观看了各工种竞赛活动开展情况。为了进一步扩大活动影响力,努力营造良好的竞赛氛围,竞赛期间,邀请甘肃电视台记者对竞赛活动全程进行了拍摄采访,并在《甘肃卫视·百姓交通》栏目中对竞赛活动进行了专题报道。同时,对在决赛中成绩优异、符合条件的优胜选手,及时向省组委会进行了推荐,共推荐上报"全省技术能手"6 名,"全省技术标兵"44 名,"全省优秀选手"19 名,晋升技术等级人员 30 名。

2011 年组织开展五小发明评选表彰活动。结合省总工会开展的职工优秀技术创新成果征集评选活动,为了进一步提高广大交通运输职工的科技素质和创新意识,鼓励科技发明与创新活动,在全系统营造崇尚发明、尊重创造、尊重技能人才的良好氛围,联合省科技厅举办了"科研杯"全省交通运输职工"五小发明"(小发明、小改造、小设计、小革新和小建议)成果征集评选活动。经过逐级推荐、审核,并经专家评审,共评选出五小发明优秀成果一等奖 3 个,二等奖 6 个,三等奖 9 个,优秀奖 19 个,优秀组织奖 6 个。2011 年 12 月 14 日,联合省科技厅隆重召开表彰大会,对评选出的优秀成果和优秀组织单位进行了表彰奖励。通过开展这次评选表彰活动,使各级党政和工会组织对职工科技创新活动的重要性有了更加深刻的认识,有效调动了广大职工参与科技发明与创新活动的积极性,也为加强交通人才队伍建设,推进交通科技进步奠定了坚实的基础。

2011 年,根据省总工会的安排和要求,以"抓班组,提高管理水平;重教育,推进安全文化。"为主题,组织厅属有关单位开展了"安康杯"竞赛活动,全年共有 14 个总段(分局)和厅属 7 个企业的 269 个班组报名参加了竞赛活动。通过开展竞赛活动,进一步提高了职工的安全生产意识和自我保护意识,降低了各类安全生产事故的发生,职工的生命财产安全得到了有效保障。在近几年的竞赛活动中,先后有 6 个单位被全总授予"全国安康杯竞赛优秀单位",5 个班组被授予"全国安康杯竞赛优胜班组",受到了表彰。

加大资金投入力度,深入推进职工书屋创建活动。2011 年先后与省交通服务公司、省高管局共同出资 30 万元,在高速公路服务区建成标准化职工书屋 3 个,其中北龙口服务区职工书屋已被确定为"全国职工书屋示范点",并已初步通过全总、省总的审查验收;从工会自有经费中出资 30 万元,为定西公路总段等 6 个单位的 12 个养管站职工书屋捐赠图书 1.3 万余册;与省高管局共同筹集资金 100 万元,在高速公路收费站所新建成 36 个职工书屋,共捐赠图书 4.1 万余册。截至 2011 年底,全系统共建成"全国职工书屋"示范点 6 个,并顺利通过全总的复查验收,已被确定为示范点建设达标单位;自建"职工书屋"101 个,其中省兰州公路总段职工书屋和巉柳高速公路收费管理所职工书屋被全总评为"全国工会优秀职工书屋";设立流动书箱 37 个,捐赠图书 8.84 万余册,图书借阅量达到 10 万余次;共建成亲情网吧 45 个,拥有电脑 113 台,活跃了职工的文化生活。职工书屋创建活动得到了省委宣传部和省总工会领导的高度重视和充分肯定,省人大副主任、省总工会主席孙效东先后出席了高速公路服务区职工书屋建设、高速公路收费站所职工书屋建设启动仪式，为太石服务区职工书屋进行了揭牌，并代表省总工会向太石服务区职工书屋捐赠了图书，省委宣传部张建昌副部长出席了高速公路收费站所职工书屋启动仪式并作了重要讲话。在高速公路收费站所职工书屋启动仪式上，朱亚丽副主席代表省总工会作了重要讲话，对省厅的职工书屋建设工作给予了高度评价和充分肯定。在省总组织召开的全省职工书屋建设经验交流座谈会上，作为职工书屋建设的先进典型，进行了大会经验交流发言。

深入开展创先争优活动，充分发挥先进的示范带动作用。2011年对交通生产建设中涌现出来的各类先进及时进行了推荐上报。一年来，共推荐上报“甘肃省模范职工之家”1个、“模范职工小家”2个、“甘肃省优秀工会工作者”1名，“甘肃省五一巾帼奖”集体2个与个人1名，“全国交通建设系统工会工作先进集体”4个、“优秀工会工作者”6名、“优秀工会之友”2名。同时，在巾帼建功创建活动中，先后有2个集体和2名个人分别荣获“甘肃省巾帼文明岗”、“甘肃省巾帼建功标兵”称号，2个集体荣获“全国巾帼文明岗”称号；在职工职业道德建设方面，有1个集体和1名个人分别被省总评为职工职业道德建设“先进单位”和“先进个人”；在五一双奖和工人先锋号创建活动中，先后有2名个人分别荣获“全国五一劳动奖章”和“甘肃省五一劳动奖章”，2个集体被全总授予“全国工人先锋号”，5个集体被省总授予 “甘肃省工人先锋号”，15个集体被中国海员建设工会授予“全国交通建设系统工人先锋号”；在班组建设方面，3个单位被省总评为“全省班组建设工作先进单位”，3个班组被评为 “全省班组建设工作先进班组”；在交通运输部和中国海员建设工会联合组织开展的创先争优评选表彰活动中，先后有4个集体和7名个人分别被评为春运农民工平安返乡(岗)安全优质服务竞赛“先进集体”、“先进个人”，4个班组和4名个人分别被评为“全国模范道班”和“全国模范养路工”，受到了表彰奖励。

坚持完善职工民主管理工作制度，健全困难职工帮扶机制，努力维护职工合法权益。2011年继续坚持职代会督查制度，在各单位召开职代会期间，由厅领导带队，分六个组对厅属28个单位召开职代会情况进行了督查。同时，为进一步建立健全职代会民主评议领导班干部制度，切实发挥好职工代表的民主监督作用，2011年厅党组下发了《关于职工代表大会民主评议领导干部的实施意见》，对切实组织开展好职代会民主评议领导干部工作做出了明确规定。按照文件精神要求，职代会期间，由全体职工代表分别从德、能、勤、绩、廉和关心职工生活、落实职工福利待遇、困难职工帮扶、职工提案落实、职工权益维护、重大决策公开等2个方面对本单位党政领导干部进行了民主评议，对于当年的评议结果，将在2012年职代会上由厅督查组带队领导进行通报，并作为厅党组奖惩任免干部的重要依据，这对于进一步维护职工合法权益，提高职代会质量和水平必将起到积极的促进作用。进一步加强厂务公开制度建设，按照《甘肃省厂务公开条例》的有关规定，厅属38个单位已全部建立了厂务公开制度，并且在厂务公开工作方面实现了“四做到”，即：属于常规性的工作，做到定期公开；属于阶段性、长期性的工作，做到分阶段公开；属于短期性、临时性、一事一议的工作，做到随时公开；属于事前的工作，做到提前公开，增强了透明度，使职工的知情权得到了切实保障，有效稳定了职工队伍。深入推进平等协商集体合同制度和工资集体协商制度建设。目前，厅属各企业单位全部建立健全了平等协商集体合同制度和工资集体协商制度，集体合同、女职工专项集体合同签订率均达到了100%，路桥集团、物资公司、服务公司和投资公司签订了专项工资集体合同，其他3个企业单位虽未签订专项工资集体合同，但都将工资集体协议作为平等协商集体合同制度的重要容，在集体合同中单项作了规定。在各单位召开职代会期间，对集体合同和劳动合同履行情况进行了重点监督检查，各单位合同履行情况良好，职工满意率较高。

组织开展定期、不定期“送温暖”活动。2011年加大困难职工帮扶力度，先后对3名患重特大疾病职工进行重点帮扶，共发放帮扶资金6万元，向天水公路总段工会下拨帮扶资金6万元，作为总段工会建立困难职工帮扶基金的启动资金，向省总工会争取专项资金10万元，对在洪水灾害中遇难的叶莲收费所职工家属进行了慰问。“两节”期间，从厅行政争取资金35万元，工会自筹27 000元，厅属30个单位也不同程度拿出部分资金，由厅领导带队，通过上门慰问、集中座谈慰问等多种形式，分组、分片对564名困难职工和25名单亲困难女职工进行了慰问，向省总工会争取专项慰问金7万元，对驼铃客车厂的148名特困、困难职工进行了慰问，及时发放了慰问金，使广大职工切实感受到了组织的温暖和关怀。同时，在省总法律保障部的具体指导帮助下，2011年以来，逐步建立健全了困难职工帮扶软件，对全系统困难职工全部进行了登记，为推进困难职工帮扶管理工作规范化建设奠定了良好的基础。

组织开展职工文体活动，丰富职工业余文化生活，增强职工凝聚力。2011年以来，围绕庆祝建党90周年，各级工会结合工作实际，积极组织开展了丰富多彩、形式多样的职工文体活动，省武威公路总段工会、省金昌公路总段工会开展的文化艺术周活动，省交通设计院、省运管局开展的职工运动会，省交通服务公司开展的职工书画摄影展等活动都收到了良好的效果，极大地丰富了职工业余文化生活，充分展示了广大交通职工健康、文明、积极向上的精神风貌。为进一步增强交通职工队伍凝聚力，深入推进全省交通运输系统“两个文明”建设，切实提升职工身体素质和团队协作精神，2011年7月29日至8月4日，联合省体育局在兰州一中体育馆组织举办了全省交通运输系统职工运输会，比赛包括篮球、乒乓球、羽毛球、拔河、象棋、扑克和跳绳等七个项目，来自厅属35个单位的近千名交通运输职工分别参加了各个项目的竞赛。对在比赛中取得优异成绩的31个优胜团队和96名优秀选手分别进行了表彰奖励。同时，为了给本次运动会营造一个良好的竞赛氛围，努力扩大活动的影响力，在甘肃交通职业技术学院体育场举办了隆重的开幕式，各单位在入场式上以不同的形式展现了在全省交通生产建设大发展的背景下我省交通职工奋勇拼搏的良好精神风貌，省总工会副主席李惠泽，省直机关工委副书记李虎，省体育局副局长石生泰，团省委副书记李西新和所有在家厅领导出席开幕式并观看了文艺演出。这次运动会也是近年来我省交通运输系统规模最大、职工参与面最广、影响力和活动效果最为明显的一次活动,得到了各级党政和广大交通职工的一致好评。

加强工会自身建设,努力提高工会工作水平。2011年厅属各单位已全部建立健全了工会组织和女工组织,并建立了工会组织和会员花名册,工会组建率达到了100%。在会员发展方面,始终要求各单位对新分配人员要及时办理入会手续,确保了较高的入会率。2011年度工会关系隶属交通工会的单位职工总数为12 896人,会员总数为12 850人,职工入会率达到了99.64%,与2010年相比,会员人数增加202人,超额完成了省总下达的会员发展任务数(2011年省总下达我会会员发展任务数200人)。切实加强工会干部业务知识培训,先后组织21名工会干部参加了省总工会、中国海员建设工会和交通运输部党校组织举办的各类培训班。加大工会工作宣传力度,对交通工会重点工作开展情况及时以信息形式向上级工会组织和新闻媒体进行了推荐上报。一年来,共报送工会信息116篇,被选登95篇,其中:中国交通报4篇,甘肃日报4篇,工人日报1篇,中青报1篇,甘肃工人报7篇,省总工会信息13篇,省总创先争优简报9篇,中国海员建设工会信息简报9篇,新华社高管信息2篇,厅政务信息12篇,交通周刊33篇。重视加强女职工工作,坚持女工工作与工会工作同安排、同部署、同考核,对于女工委组织开展的各项活动,在人力、财力方面都给予了大力支持,有效保障了女职工工作的顺利开展。2011年"三八"前夕,联合省妇联组织开展了全省交通运输系统巾帼建功活动评选表彰,对评选出来的10个先进集体和23名先进个人进行了表彰奖励,省妇联韩克茵主席出席表彰大会并作了重要讲话,对近年来全省交通运输系统巾帼建功活动给予了充分肯定。2011年11月,邀请陕西著名妇科病专家到基层38个基层单位举行女职工妇科病预防专题讲座,使广大女职工的保健意识得到进一步加强,收到了明显成效。同时,根据省总工会女工部的安排,在全省交通系统女职工中继续开展了女职工"建功立业"和"素质提升"活动,使女职工在工作岗位上充分展示各自的才华,进一步增强了女工组织的凝聚力和战斗力。

在确保完成各项重点工作任务的同时,按照省总工会、中国海员建设工会和厅党组的要求,还组织开展了以下几项活动:一是组织23名巾帼建功先进个人外出进行考察学习,并组织2名劳模参加了全总组织的劳模疗休养活动;二是组织承办了中国海员建设工会公路交通联委会三届二次全体会议,通过举办会议,使兄弟单位对甘肃省情和甘肃交通发展状况有了更加深刻的理解和认识,也对交通工会工作作了一次很好的宣传,为进一步加强交流创造了便利条件,对这次会议,厅党组给予了高度重视支持,厅里专门拨付20万元用于会议筹备及各项支出;三是组织9名职工参加了山西"信通杯"全国交通运输职工乒乓球比赛,并获得了组委会颁发的"优秀组织奖"和"精神文明奖",通过参加比赛,对自己的不足有了更加明确的认识,也为进一步组织开展好职工文体活动积累了经验;四是充分发挥手机短信平台的作用,进一步加强与各单位的工作联系;五是为厅机关全体人员和厅属在兰单位省部级劳模订置了生日卡,不断增强交通工会的影响力和亲和力。六是按照省总法律保障的安排,组织开展了全省交通运输职工队伍稳定状况调研活动,并及明上报了调研报告;七是开展了班组建设经验材料的推荐评选活动,并向省总经济技术部上报班组建设经验材料3篇。

(省交通工会)

【机关后勤服务工作】 一是加强综合事务管理。2011年,中心认真履行"为厅领导服务、为机关工作服务、为职工生活服务"的宗旨,强化科学管理,增强保障能力,提高服务水平,为省厅中心工作提供了有力的后勤保障。完成机关文印工作,全年共打印文件2 836余份、材料8 004余份,复(油)印文件、材料65万多页;完成机关信函、文件的传送工作,全年发送信函23 229余件,向省委、省政府及省直有关部门报送领取文件339余次;完成大厦报刊分发工作,全年分发报刊、杂志和信函20余万件;完成医疗卫生服务工作,卫生所全年接诊1 571余人次,打针输液268余人次;完成办公用品、福利劳保发放工作,全年发放办公用品2 197余人次、1.15万余件,发放福利劳保3 168余件。二是加强财务资金管理。严格执行中心财务报销制度,按部门预算合理使用有限资金,坚持少花钱、多办事、办好事;严格实行"财务收支两条线"管理;统一规范财政收费票据,规范资金收付管理,加强财务监督,堵塞经费支出漏洞,确保资金和人员安全,全年共审核、粘贴会计凭证5 385份,装订126册。三是加强机关车辆管理。中心共管理40多辆公务用车,采取集中管理、相对固定的原则,始终坚持车辆的定期检修、保养和审验,保证了车辆的技术性能完好,严格执行车辆管理规定,加强安全教育管理,提高服务保障水平,保证了机关公务用车安全及时。每逢出长途车,提醒驾驶员严禁超速行驶、疲劳驾驶、酒后驾驶;加强驾驶员业务技能培训,鼓励驾驶员参加专业培训、考工考级,2011年有6名同志通过了工人技术等级考试,取得了技师资格证,有效提升了驾驶员队伍业务素质。全年安全行驶72万公里无事故,车辆完好率达到96%,服务满意率和保证率分别达到97%、100%。四是加强房产设备管理。中心多方筹措资金,不断加大安全生产投入力度,对管理区设施设备进行维修改造,全年共投入资金52.13万元。维修改造三个管理区的监控系统和消防设施设备;按国家规定定期年检、保养锅炉和电梯,严禁带故障运行;有计划地改造老化的水、电、气管网和线路,清洗消毒生活水箱;强化线路、管网和设备的日常巡查,预防"跑、冒、滴、漏"和消防安全事故发生;邀请兰州房地产测绘中心对萃英门住宅楼面积进行重新界定,并在小区业主中进行了公示,完成单位面积价格和花名册的上报审批工作。五是加强职工食堂管理。大厦职工食堂始终坚持"服务第一、品种多样、干净卫生"的原则,加强人员管理和培训,不断提高工作人员的素质和水平,赢得了厅领导及大厦各单位干部职工的一致好评。定期组织食堂工作人员学习宣传《食品安全法》等法律法规;严把食品入口关,严格执行公用餐具消毒制度和食堂卫生制度;面对日益上涨的物价压力,集中采购价格低、质量高的食品,精打细算,严格控制成本,严格物品采购、验收、管理关;采取集中、定点采购方式采购原材料,从生产厂家直接进货,减少中间环节,减少不必要的开支;坚持每天擦拭桌椅、清洗地面,尽力为大厦干部职工提供干净、舒适的就餐环境;结合职工食堂的特点,研究制定了《交通综合大厦职工食堂管理细则》,并在食堂全体工作人员中进行了学习培训,使他们充分了解和掌握岗位职责及工作流程,为提供优质服务奠定了基础。六是加强安全生产管理。"安全责任重于泰山"。中心逢会必讲安全生产工作,及时传达上级有关安全生产方面的文件,加强人员教育管理,不断提高干部职工的安全意识。加强与公安、消防、信访、维稳、应急部门及社区的密切配合,做到防患于未然;认真做好上访群众的疏导工作,大厦门卫全年共接待来访人员 1.3 万余人次,上访 121 次、826 人次,其中 5 人以上上访 16 次 600 余人。门卫值班人员对来访人员做到热情接待、正确引导,从而维护了机关正常的办公秩序。消防工作管理到位、措施到位。设施设备按要求进行维护,及时换装到期灭火器,全年未发生消防责任事故;对消防通道经常性地巡查,对楼道、安全通道、楼层设备间等进行清理,确保生命通道畅通;为提高干部职工和小区业主的安全消防意识,专门邀请兰州市政安消防中心人员分别在交通综合大厦和萃英门、张家园小区举办了三期消防安全知识讲座,取得了良好的教育效果;年初,结合机关后勤实际,中心与各科室、物业公司分别签订安全生产目标责任书,形成一级抓一级,层层抓落实的良好局面;严格执行 24 小时值班制度,实行来客登记制度,建立重大节假日和重点岗位安全检查制度。每逢节假日,组织人员对交通综合大厦、萃英门、张家园三个管理区进行安全检查,发现问题,现场办公,及时纠正解决。七是加强会议服务管理。会议服务是机关后勤保障的重要环节。加强对会议服务人员的保密教育和业务培训,提高服务质量和水平;认真做好会议准备工作,确保会议准时、顺利召开;经常对会议室音响设施进行检查维护,确保会议正常、有序、安全;会后对会议室进行认真清扫,平时进行日常保洁,确保会议室干净、整洁、舒适。全年完成会议服务 535 余场,参加会议人员 1.6 万余人次。八是加强物业规范管理。物业公司清洗了住宅区化粪池和蓄水池;改造了北园 7 号楼和张家园住宅楼的水电表;对大厦各单位和小区住户反映的问题,及时派维修人员前往进行解决;根据天气变化灵活调整供冷时间,保证冷气供应尽可能地满足大厦各单位工作人员的需求;维修更换了萃英门、张家园锅炉附属设施设备,粉刷了锅炉房;改造了张家园供热管道;在住宅小区设置了意见箱、岗位公示栏、温馨提示栏等;按时对三个管理区 9 部电梯进行了年检并适时进行维修维护;认真地收取了水电费、停车费、物业费和取暖费;公司同各小区签订了目标责任书,同中心签订了物业管理委托合同;南关大院根据季节变化适时更换摆放鲜花;不定期召开交通综合大厦业主委员会会议,通报水电费、物业费和冷暖气费收支等情况。召开了收费工作督促检查安排部署会议,对 2010 年 1 月至 2011 年 10 月收缴的水电费、暖气费、物业费、停车费等项费用的收支情况及票据认真地进行了核对检查。通过检查,查找收费工作中存在的问题,总结好的经验和做法,逐步建立物业收费管理长效机制。九是加强节能降耗管理。认真贯彻落实中央、省上有关节能降耗会议精神,结合机关后勤实际,采取有效措施,狠抓落实,节能降耗工作取得阶段性成效。广泛开展节能宣传活动,宣传《节约能源法》和《公共机构节能条例》,使节约意识入心入脑;加强公共机构节能工作的信息沟通和工作协调,认真开展能耗调查和统计工作,及时上报相关数据;加强车辆管理,实行定点维修,车辆保险采取招标方式,选择信誉高、服务好的保险公司进行投保,从而降低了公务用车运行成本;加强用水用电管理,定期维护,及时维修,随时巡检,防止"跑、冒、滴、漏"和"长明灯、长流水";在省机关事务管理局的大力支持下,机关各处室更换了节能灯,取得了较好的节能效果。

(厅机关后勤服务中心)

在兰单位

【公路养护管理工作】 2011 年,全省公路养护管理工作成绩显著。在 5 年一次的全国干线公路养护管理检查中,我省取得了普通干线公路养护管理在各省(自治区)评比中第 15 名、高速公路养护管理在全国省(自治区、直辖市)评比中第 19 名、在全国省(自治区、直辖市)中综合排名第 20 名的好成绩。省公路管理局被交通运输部表彰为"农村公路建设质量年活动先进集体"。全省公路工作在"十二·五"实现了良好开局。

2011 年目标任务完成情况。2011 年全省公路养护、灾后恢复重建、公路建设改造等共完成投资 98.17 亿元,占年计划 113.95 亿元的 86.15%。

(一)公路养护管理。投资 2.17 亿元,在高等级公路上实施养护维修工程 651 公里(单幅);投资 4 亿元,在普通干线公路上实施养护维修工程 862.8 公里;投资 5 050 万元,加固改造危旧桥 91 座;投资 2 400 万元,在 10 条国省干线公路上处治安全隐患 1 468.6 公里。

(二)公路灾后恢复重建。全面完成了陇南暴洪灾后公路恢复重建工程,累计完成投资 4 亿元。舟曲灾后交通重建项目累计完成投资 3 亿元,完成总工作量的 72.79% 。

(三)公路建设和改造项目。

1. 瓜星高速公路完成投资 13.2 亿元,占年计划的 132%。瓜州至柳园段双幅 80 公里、柳园至星星峡段单幅 77 公里已完成。2. 县通二级公路 15 项 1 373.6 公里全部开工,完成投资 42.66 亿元,占年计划的 88.75%。其中:敦煌至当金山口二级公路已完工,完成投资 2.24 亿元;宁县长官路口至长庆桥二级公路完成投资 4 亿元,占年计划的 100%;临夏折桥至兰州达川二级公路完成投资 4 亿元,占年计划的 100%;岷县至合作二级公路完成投资 6 亿元,占年计划的 100%;庄浪至张家川至天水二级公路完成投资 6 亿元,占年计划的 100%;尕秀至玛曲二级公路完成投资 1.42 亿元,占年计划的 71%;临夏至大河家二级公路完成投资 3.5 亿元,占年计划的 100%;泾川至灵台至渗水坡二级公路完成投资 3 亿元,占年计划的 100%;陇西文峰至漳县殪虎桥二级公路完成投资 2.5 亿元,占年计划的 100%;张掖市甘州区至肃南县城二级公路完成投资 3 亿元,占年计划的 100%;临洮至康乐至和政二级公路完成投资 1.8 亿元,占年计划的 81.82%;东乡县锁南镇至临夏折桥二级公路完成投资 7 000 万元,占年计划的 102.67%;宕昌(南河)至迭部二级公路完成投资 1.2 亿元,占年计划的 30%;庆阳市至镇原县城二级公路完成投资 1.8 亿元,占年计划的73.47%;酒泉市肃北至阿克塞二级公路完成投资1.5亿元,占年计划的60%。3. 经济干线公路共4项223.9公里,完成投资7.49亿元,占年计划的94.81%。其中:静宁至庄浪二级公路已完工,完成投资3.06亿元;武威至仙米寺二级公路已完工,完成投资1.85亿元;内官营至临洮二级公路完成投资2.5亿元,占年计划的100%;冶木峡隧道及连接线完成投资750万元,占年计划的15.4%。同时,张掖军民合用机场连接线已完工,累计完成投资3 870万元;夏河至夏河机场二级公路工可已批复,初步设计和资格预审已完成,完成投资5 000万元,占年计划的25%;武山洛门至礼县工可已批复,完成投资5 000万元,占年计划的25%。

(四)农村公路建设。完成中央投资19.5亿元,占中央投资23.9亿元的81.59%,建成农村公路1 267项5 563公里。

(五)二级公路通行费征收。全省局管二级公路共征收通行费8.9亿元,占年计划8亿元的111.25%。

2011年主要工作完成情况。(一)全省公路系统工作效能明显提高。积极推行科学养护,建立了事前、事中、事后多层次控制的预防性养护体系,依靠信息化建设成果对养护实行了动态化管理。科学、合理地设置公路养护工区,高等级公路养护管理机制逐步建立。严格实行预算调节制和"双查双定"考核制,进一步完善了日常养护和养护维修工程的考核机制。

(二)全省公路养护管理能力显著增强。全力做好迎接全国干线公路养护管理检查工作。在重点路段上实施了一批养护维修工程,完善和刷新了交通工程设施,整体提高了公路路况质量。对高养中心和公路段、养护工区和养管站进行了规范和统一,基层养护单位基本实现了面貌一新、设施完善的目标。

(三)陇南和舟曲灾区交通状况明显改善。在2011年7月底前完成了8·12陇南暴洪灾后公路重建任务,灾区公路抗灾和通行能力显著提升。精心组织实施舟曲泥石流灾后公路重建项目,省上领导、地方政府和灾区群众给予了高度评价。

(四)精心组织实施以县通二级公路和农村公路为重点的路网建设项目,路网结构进一步优化。全省实现了68个县通二级及以上公路的目标。在省公路管理局局管建设项目推行远程监控系统,开展了样板工程创建活动,促进了工程质量的全面提升。充分发挥农村公路巡回督查组的作用,加大农村公路建设督查和技术培训,保障了全省农村公路建设顺利进行。

(五)高效开展应急保畅工作,保障了全省公路的安全畅通。合理建设应急物资储备点,科学规划区域性应急抢险保畅服务中心。在汛期对路基、路面、纵向排水、防护、桥涵等进行动态监控,及时应对水毁、塌方等灾害。在冬季冰雪天气,及时组织人员、机械上路防滑保畅。成立了公路养护保畅工作领导小组,保障了第17届兰洽会、"敦煌行·丝绸之路国际旅游节"等节会期间公路的安全畅通。我省公路交通应急抢险保畅工作在全国公路养护管理工作会议上进行交流,得到交通运输部领导和全国同行的充分肯定。

(六)严格落实安全生产制度和责任,全系统安全生产形势稳定。制定了《甘肃省公路系统安全生产目标责任管理考核实施细则》等制度办法,加强了公路养护、工程建设等施工现场的安全管理。同时为全省公路系统所有在岗人员办理工伤保险和人身意外伤害保险,为临时雇佣人员全员购买了人身意外伤害保险。

(七)加强收费公路规范化管理,二级收费公路管理水平进一步提高。建立了通行费征收联动机制,认真落实鲜活农产品绿色通道政策。对全省所有二级收费公路里程规模、站点设置、收费期限、收费标准等进行摸底统计,并依据国家政策向省交通运输厅提出了部分收费站点撤并意见。

(甘肃省公路管理局)

【机场投资建设管理工作】 项目建设。2011年,我省民航机场建设取得重大突破,累计完成投资5.41亿元。金昌、张掖机场顺利建成通航,在全国当年新建投入使用的5个支线机场中,我省占了2个,占全国的40%,结束了我省近30年来未新建机场的历史。夏河机场、庆阳机场扩建工程、兰州中川机场二期扩建工程建设进展顺利。特别是庆阳机场在飞行区工程完成但尚未开展竣工验收的情况下,面对大雪天气,精心组织,认真筹备,攻坚克难,在各方面的配合下,圆满完成了温家宝总理专机保障任务。

1. 金昌金川机场于2011年8月29日举行通航仪式。累计完成投资3.76亿元,占项目总投资3.43亿元的109.62%,其中2011年完成投资1.39亿元。年内行业验收及竣工验收时提出的问题已整改完成,变更审批工作已接近尾声,工程结算等后期工作正在进行。2. 张掖军民合用机场于2011年11月1日成功首航。累计完成投资3.32亿元,占项目总投资2.96亿元的112.33%,其中2011年完成投资1.53亿元。年内已开展验收整改和工程结算工作。3. 夏河机场进场便道、岩土勘察、推除草皮、机场原地面强夯及航站区人工成孔灌注桩、实验桩动力测试、地梁混凝土浇筑等工作已全部完成。正在开展道槽区、土面区的回填。当年累计完成投资1.71亿元,占项目总投资7.1亿元的24.07%,其中2011年完成投资1.31亿元。4. 兰州中川机场二期扩建工程可研报告已上报待审批。初步设计报告已编制完成,机场工程已通过民航工程咨询公司的评审,年内待出具评审报告。航站楼素土挤密桩和不良体处理已完成,钢筋混凝土灌注桩已完成试桩作业及检测工作。累计完成投资1.18亿元,占可研评估投资15.23亿元的7.72%,其中2011年完成投资5 748万元。5. 庆阳机场扩建工程可研报告已通过评审,国家民航局行业审查意见已出具,年内待国家发改委批复。航站区平面布置调整已经民航西北管理局评审通过。年内飞行区整体工程已具备复航条件。累计完成投资1.30亿元,占复航保障资金总额1.46亿元的89.16%,其中2011年完成投资6 068万元。6. 兰州中川机场口岸联检综合大楼项目可研报告已经省发改委批复,设计招标已完成,年内正在开展设计工作。7. 陇南机场项目预可研报告已经国家发改委审查通过,年内已上报国务院、中央军委审批。8. 敦煌机场扩建工程项目立项审批所需材料已齐备,待审批。9. 现有天水机场通信导航、助航灯光设施设备已完成更新改造。天水机场(迁建)项目选址报告已完成预评审,选址报告已上报民航西北管理局,兰州军区空军已出具意见,待国家民航局评审后批复选址报告。10. 平凉机场项目空域协调会已召开，选址报告已编制完成，待兰州军区空军出具审查意见后报民航西北地区管理局和省发改委。

航空运输。2011年，全省通航运营的兰州中川、敦煌、嘉峪关、天水、金昌、张掖(庆阳机场因扩建停航)6个机场共完成运输起降3.98万架次、旅客吞吐量429.32万人次、货邮吞吐量3.28万吨，同比分别增长3.13%、7.91%和5.4%。其中甘肃机场集团运营的兰州中川、敦煌、嘉峪关机场以及新建金昌、张掖机场共完成运输起降3.96万架次、旅客吞吐量428.83万人次、货邮吞吐量3.28万吨，同比分别增长3.78%、8.29%和5.4%。西部机场集团天水机场公司运营的天水机场由于航空公司战略调整，导致机场自7月中旬以来一直处于停航状态，全年完成运输起降190架次、旅客吞吐量4 966人次、货邮吞吐量2.1吨，同比分别下降44.8%、26.6%和76.5%。嘉峪关机场运输起降、旅客吞吐量、货邮吞吐量分别达到2340架次、22.21万人次和616吨，同比分别增长64.79%、66.38%和206.11%，3大生产指标增幅达65%以上，位居西北地区各机场首位。天水机场公司针对川航战略调整导致停航的不利局面，积极应对、多方联系，天津航已于2011年12月31日恢复了西安—天水往返航班，每周3班。

运营管理。2011年建成通航的金昌、张掖机场已委托海航甘肃机场集团运营，为确保机场国有资产的安全与完整，省机场投资管理有限公司与甘肃机场集团经多次协商讨论，形成了《金昌、张掖机场临时委托经营协议》。对于夏河、天水、陇南、平凉机场运营事宜也与西部机场集团进行了多次洽谈，形成了《甘肃机场建设、运营、管理合作协议》，已由省交通运输厅上报省政府。在航油供应方面，委托中航油西北分公司作为金昌、张掖、夏河机场航油供应的经营主体，并签署了金昌、张掖机场《资产无偿使用、亏损补贴合同》。同时根据省政府出台的《甘肃航空发展引导专项资金管理暂行办法》，起草了《甘肃航空运输发展航线航班补贴暂行实施办法》，年内征求意见。为加强机场资产和运营管理，将《民用机场管理条例》赋予地方政府对机场的监管职责落到实处，经省交通运输厅批准，金昌金川机场管理处已组建成立，张掖甘州机场管理处正在筹建中。

体制改革。为理顺我省现有机场管理运营体制，按照省委、省政府总体部署，在省交通运输厅的指导下，公司先后积极配合省政府国资委、省公路航空旅游投资集团有限公司等单位与海航机场集团进行了多次会谈和函件交换。2011年，海航机场集团已基本同意我省重组意见，省政府也向国家民航局上报了《关于恳请审定甘肃机场集团重组等事项的函》(甘政函〔2011〕91号)和《关于请求支持重组甘肃机场集团有限公司等有关事宜的函》(甘政函〔2011〕150号)，积极寻求国家民航局的支持。年内，《关于重组甘肃机场集团的协议》已经省政府常务会议讨论通过，并向国家民航局进行了专题汇报，年内征求意见。 (省机场投资建设管理有限公司)

【道路运输管理工作】2011年全省道路运输工作开展情况。2011年，全省实现道路运输产值380亿元，增加值178亿元，分别比上年增长15%和12%；预计全省道路运输行业新增社会就业岗位2.5万个，从业人员达到46.9万人；预计全省营运车辆数达到23.2万辆(其中营运客车5.7万辆，营运货车17.5万辆)，比上年增长7.4%；全省累计完成全社会公路客运量和旅客周转量5.83亿人和265.06亿人公里、公路货运量和货物周转量2.88亿吨和647.41亿吨公里，分别比上年增长13.52%、20.41%、19.71%和23.53%，在综合运输体系中约为95%、46%、84%和36%。

(一)道路运输服务保障充分有力。加强运输组织协调，保障了电煤、粮油等重点物资运输畅通，完成了春运、“五·一”、“十·一”等假日运输，及“兰州国际马拉松赛”、“第十七届兰洽会”和“敦煌行·丝绸之路国际旅游节”等重大活动期间的运输保障工作，省道路运输管理局被省政府评为“敦煌行·丝绸之路国际旅游节”先进单位。加强应急演练，圆满完成了国家交通战备办公室、兰州军区和省交通战备办公室交付的“两个试点”(交通战备应急指挥中心和训练基地建设试点)建设及现场演练任务，得到了军地各级领导的肯定和好评。

(二)道路运输场站建设有序推进。2011年全省共完成道路运输站场投资14.7亿元，占年计划的101.3%。全年计划安排的39个等级枢纽项目中，武威道路运输应急保障中心、甘南道路运输应急救援指挥中心2个项目已建成；酒泉公路客运站等9个项目在建，张掖客运中心站等28个项目年内进行前期工作。2011年计划建设的150个乡镇汽车站已全部建成；首批计划建设的400个行政村停靠站已全部建成；第二批计划建设的600个行政村停靠站12月初下达计划，年内已完成选址定位和招标工作，年内将开工建设。计划安排的3个舟曲道路运输灾后重建项目(舟曲峰迭新区汽车客运站、老城区汽车客运站、货运站)，主体工程已完工，2011年4月底前已完成全部工程。

(三)道路运输专项整治活动成效显著。坚持日常管理和专项整治相结合。按照省交通运输厅和省公安厅安排，自2011年3月18日起在全省开展为期100天的道路客运市场专项整治活动，重点整治了道路客运市场存在的无证经营、欺行霸市、损害旅客权益等违法违规经营行为，整治期间全省累计查处无证经营车辆1 968辆次，查处不规范经营行为7 536起。同时，认真吸取“4·8”七道梁隧道危货车辆追尾起火事故教训，从4月11日起至6月30日结束，在全省开展了以道路危险货物运输市场为重点的安全生产专项整治行动，加快了危险货物运输车辆挂靠经营清理工作，整治期间全省累计出动执法车辆8 580辆次、执法人员3.07万人次，完善危险货物运输档案1.15万份，责令停业整顿61家危险货物运输企业、521台危货运输车辆，144辆危险货物运输车辆转为普货运输或退出市场。

(四)道路客运结构调整取得新突破。深化道路客运班线改革，按照“延续经营和重新许可”两步走的思路，全面完成2011年到期省级许可的道路客运企业和客运班线的延续经营工作；印发《甘肃省道路旅客运输班线试行管理办法》，明确“禁止挂靠经营，鼓励公司化、规模化、集约化经营”的客运班线管理原则，平稳有序地推进道路客运企业公司化改革和公车公营步伐。加快高速公路客运专线运营工作，开通兰州至天水、定西至天水、定西至平凉高速客运专线；印发《关于加快全省道路旅游客运发展的通知》，完成5家专业旅游客运企业组建工作，加大旅游客运车辆投放力度。

(五)道路运输信息化建设取得新成果。继续拓展信息网络,完成甘肃省交通战备应急指挥中心及网络通道建设、省交通运输厅政府网站改版和省公路管理局移动办公系统的开发测试工作;实施道路运输IC卡智能管理系统应用建设项目,完成全省运政移动稽查系统开发;加快出租汽车服务管理系统建设,兰州市被确定为全国15个出租车服务管理信息系统试点城市之一,并争取到了部650万元建设资金。完善信息系统功能,结合全省交通运输资源整合项目测试增强各系统协同运用;结合汽车客运站站级核定工作对一级汽车客运站实施视频联网监控管理;按照交通运输部等4部委要求,加快行业监管平台改造升级,督促“两客一危”企业加快监控平台建设和车载终端安装,年内已完成行业监管平台、企业监控平台和车载终端联网。2011年省道路运输管理局被交通运输部评为“十一·五”交通运输信息化先进单位。

(六)道路运输安全管理进一步加强。继续深入开展“安全生产年”、“安全生产月”等活动,健全安全警示告知、违规人员安全学习、行车事故统计报表、投诉举报奖励等制度,及时印发《关于进一步加强全省道路运输行业安全管理工作的紧急通知》、《关于在省内重大活动期间加强道路运输安全生产工作的通知》等文件。深入开展营运卧铺客车安全集中整治工作,坚决落实长途客车强制休息检查登记制度。积极协商保险公司及相关单位,提高承运人责任保险额。继续加快安保工程建设,为27个汽车站统一配备X光行包检测设备,建成9个汽车客运站安检门系统。2011年全省道路运输行业共发生行车安全责任事故18起,死亡46人,受伤45人,与上年同期相比事故起数、死亡人数、受伤人数分别下降22%、8%和54%,行业安全形势稳定好转。

(七)基础工作管理和机构改革迈上新台阶。修订《甘肃道路运输“十二·五”发展规划》和《甘肃省城市出租汽车管理条例》(草案),向省交通运输厅上报《关于加快全省道路客运业结构调整和转型升级的实施意见》、《关于进一步加快甘肃省城市公交优先发展的意见》、《关于进一步规范和加强全省出租汽车行业管理的指导意见》。开展财务大检查和行业经营性收费自查自纠工作,完成公务用车专项治理,及22个市县运管机构和5个站场建设项目内部审计工作。两次启动公路客运油运价联动机制,完成2010年度燃油补助申报工作,提请省财政厅、省交通运输厅印发《甘肃省城乡道路客运成品油价格补助专项资金管理实施细则》。会同省公安厅交警总队印发《关于进一步规范和加强全省道路运输行政执法监督检查专用车辆管理的通知》,统一全省运政执法车辆外观标识和示警灯。深化机构改革,省局机关及局属单位人员编制和“三定”方案分别得到省编委和省交通运输厅批复,省局更名为省道路运输管理局,局属4个中心升格为副县级建制事业单位。

(八)行业文明和党风廉政建设扎实推进。深入推进行业精神文明创建,启动行业“六十佳”竞赛活动(十佳运政单位、十佳企业、十佳车站、十佳执法人员、十佳驾驶员、十佳服务员);制定印发《关于深入推进全省道路运输行业和窗口单位创先争优活动的实施方案》,兰州市客运中心站、兰州市公交集团、兰州奔马汽车出租有限公司3家单位被确定为全省创先争优“窗口服务月”活动示范单位。加强人员教育和培训,组织行业46名基层单位领导干部参加省交通运输厅组织的学法用法培训班,组织70余人次参加各类专业技术培训,完成了12期机动车驾驶培训教练员培训考试,全省累计配发道路运输从业资格证件6万余本。加强行业文化建设,成功举办首届全省道路运输管理系统职工运动会。深入贯彻落实《廉政准则》,开展廉政风险排查整治、工程建设领域突出问题专项治理、清理“小金库”及商业贿赂等工作,不断加强以完善惩治和预防腐败体系为重点的反腐倡廉建设。

(甘肃省道路运输管理局)

【公路路政管理工作】 管理体制改革情况。2011年按照省交通运输厅党组的总体部署,省交通征稽局、路政总队合署办在坚持系统稳定的前提下,围绕重点找措施抓突破,狠抓队伍稳定、制度建设、内部管理和履行新职能等各项准备工作,较好完成了改革过渡期间税务系统考录、交通征稽人员转岗培训、内部财务资产清查等工作,系统内部团结稳定,各项工作正常推进。全省共有1483名转岗人员得到妥善安置。其中,60名交通征稽人员考入国税部门、227名考入地税部门。2011年11月14日,省编委批复撤销省交通征稽局和省公路路政管理总队,成立省公路路政执法管理局,加挂省治理超限超载车辆工作领导小组办公室牌子,实行省、市、县3级路政执法机构垂直管理,标志着我省路政事业从此步入新发展阶段。

“迎国检”工作情况。2011年全省各级路政执法管理机构认真落实省交通运输厅党组的安排部署,积极行动,对照国检标准,加强路政管理工作标准化建设,统一规范外部形象标志标识,开展路产普查工作,建立路产档案,各类迎检资料充实完备。开展路域环境专项整治行动和超限运输车辆治理活动,集中整治公路沿线违法建筑、非公路标志标牌等突出问题,切实加强涉路许可后续监管。在全省路政人员的共同努力下,顺利完成迎检任务。

路域综合环境整治情况。各级路政管理机构认真落实巡查制度,组织开展路容路貌整治活动,重点查处一批违法建筑、非公路标志标牌和损坏公路设施的案件,查处率达到98%以上,有效保护了路产路权。2011年,在全省组织开展高等级公路非公路标志牌专项整治,重点查处兰州至中川机场高速公路沿线非公路标志牌,共拆除广告牌12块,送达《强制拆除告诫书》34份,依法注销到期的非公路标志牌行政许可4项。开展“百日治超”专项治理行动,有力打击违法超限运输行为。全省14个Ⅰ类超限检测站已建成13个并投入运行,5个Ⅱ类超限检测站已建成3个并投入运行。在青海玉树地震、我省“8·8”舟曲特大山洪泥石流、“8·12”陇南特大山洪灾害和新七道梁隧道爆炸事故后,合署办及时启动应急预案,周密安排部署,举全系统之力投入到抢险救灾工作中,为保障公路安全畅通做出重要贡献。加大对农村公路路政管理工作指导力度,开展了前期试点调研工作,积极探索建立县、乡、村3级联动、养护管理并重、村民联防的路政管理模式,为加强和规范农村公路路政管理工作积累有益的经验和做法。

队伍建设情况。省交通征稽局、路政总队合署办高度重视执法队伍建设,按照政治合格、纪律严明、业务精通、作风过硬的要求,注重一线执法人员素质提升、执法理念转变和执法水平提高。健全完善了合署办抓上岗培训、业务骨干培训,各基层单位抓日常教育培训的工作机制。通过有针对性地开展行政执法、网络操作、财务会计等培训工作和作风纪律整顿、军事训练等活动,不断提升路政执法人员整体素质。推行岗位考核制度,建立社会评议制度,形成积极向上的良好风气。两年来,全系统共举办各类培训班、讲座95期,累计培训2 225人,培训覆盖率达100%。

基础管理工作。积极推进法制化进程,协助省交通运输厅对《甘肃省公路路政管理条例》部分内容进行修订,经省人大审议通过并颁布实施。全系统严格按照《公路安全保护条例》、《甘肃省公路路政管理条例》有关规定,完善相关工作制度。建立省交通路政执法管理局、处政务服务大厅,完善工作流程和审批许可程序,为服务对象提供优质便捷的"一站式"服务。

努力加强财务管理。各级路政执法管理机构坚持依法收费,落实"收支两条线"制度,注重预算管理、成本核算和内部审计监督,严格国库集中支付和非税收入管理,路政票据领用、管理和使用规范合理。坚持科技强路,大力推进信息化建设。全省路政管理信息系统一期工程已经建成,形成省、市、县3级信息网络,初步实现路政巡查、行政许可、超限运输、路政案件和综合办公等功能。年内省路政执法管理局对全省7个I类超限检测站可进行实时监控,部分路政执法车辆安装了GPS定位系统,路政巡查信息做到实时上报,初步推行网上许可和案件办理等工作。两河口中队办公楼建设项目已竣工并投入使用,舟曲大队办公楼已完成主体工程。合署办认真落实"安全生产年"各项工作要求,完善安全管理制度,明确责任,落实到人,安全管理形势良好。不断加强路政宣传,坚持开展路政管理法律法规"六进"和"两个条例"宣贯活动,营造良好的路域执法环境。

(省公路路政执法管理局)

【水运、海事管理工作】 2011年全省水路运输完成客运量和旅客周转量分别为96.12万人、2 189.89万人公里,同比增长2.18%和2.32%。货运量和货物周转量分别为32.93万吨、39.58万吨公里,同比增长3.88%和8.32%。全省共有航运企业72家,营运船舶512艘,全省水路运输市场平稳、有序。在运输管理工作中,各地强化水运市场准入关,优化运力结构。加强水路交通运输市场的监管,维护旅客的合法权益。通过水运基础设施建设的逐步完善和新码头及候船亭的建成,极大方便人民群众对水上出行的需求,促进我省水运旅游经济的发展,基本满足人民群众出行的需求。

2011年,全省水路交通基础设施建设完成投资6 651万元,为年计划的100%。灾后重建项目。陇南市地方海事局信息化综合楼项目已完成建设任务,2011年10月25日完成交工验收;黄河白银四龙至龙湾段航运建设二期工程和刘家峡港区航运设施建设工程已开工建设;完成老旧渡船更新改造15艘和14处索渡船塔架改造,候船亭建设27处;黄河乌金峡库区及龙湾至南长滩航运建设工程及黄河大峡库区航运建设工程的初步设计文件省发改委已经批复,有望列入2012年部建设计划。黄河兰州新港建设工程可行性研究报告省发改委已经批复,环境影响评价报告已由省环保厅批复,年内已办理兰州市规划局审批手续。开展甘肃省水路交通水上救捞设施工程、海事公务艇建造前期工作。年内工可研工作已完成,省交通运输厅已争取在交通运输部立项投资建设。

加强现有航道的管理和养护。临夏州地方海事局专门成立航道养护站,负责库区航道养护。兰州市地方海事局对在建跨黄河大桥进行了监督检查,保障航道畅通。陇南市地方海事局加强对采石挖沙船舶的管理,发放《停航通知书》18份,《水上交通安全隐患整改通知书》1份,查封10艘,对航道实行有效管理。年内在省交通运输厅支持下,省水运局争取交通运输部航道应急抢通资金100万元,已通过财政部门全部分解下拨到有关市州航道养护部门。

2011年,全省水上交通发生1起水上交通事故(兰州"6·2"事故),失踪1人,直接经济损失31万元。年内根据交通运输部海事局、省政府和省交通运输厅的安排和要求,相继开展"安全生产年"、打非治违、隐患排查、营运快艇专项整治等行动,共出动海事执法人员695人次,出动车辆(监督艇)218(艘)次,处置安全隐患23起,在白银市强制解体了3艘"三无船舶",进一步整治了水上交通安全和航行秩序,营造了良好的水上安全生产氛围。特别是在兰州"6·2"水上交通事故发生之后,专项开展了营运快艇专项整治行动,检查黄河兰州段餐饮趸船15艘,检查快艇50余艘,签发隐患整改通知书15份,停航通知3份,并强化企业和船员的责任意识和安全意识的教育和培训,达到规范、治理、教育、警示的目的。注重源头管理,强化船员的培训和船检工作。全年共举办3期船员培训班,共培训船员114人次,其中机动船驾驶员99人次、漂流工5人次、安全员10人次。我省船检工作坚持以"夯实基础、培训人员、落实责任、依法执检"的原则,审核批准14套船舶设计图纸和技术文件,完成委托营运检验30艘,完成建造船舶检验68艘,未发生责任事件,从源头上防范事故的发生。11月,天津海事局刘福生局长亲自带队对我省船舶检验机构资质认可进行现场审核并实地调研,本次抽查的省船舶检验处和临夏州地方海事局通过了现场核查。

2011年"7·11"航海日,省地方海事局和白银市地方海事局、某舟桥部队联合在黄河白银段举行"军地联合水上搜救演练",建立协调联动机制,为创新西部黄河水上搜救机制作了有益的尝试。圆满完成兰州国际马拉松比赛、兰州国际大学生皮划艇比赛以及黄河七里河桥和中山桥渡运组织安排等重大活动的水上交通安全保障和接待任务。水运交通战备保障中队参加由兰州军区和甘肃省交通战备办公室承办的我国首次大规模交通战备保障演练活动,锻炼了队伍,展示了风采。我省获得国家海上搜救中心2010年度社会力量参与水上搜救奖励资金16万元,在非水网省份处于前列。通过渡船改造以及严格新进运力的审批,新船型、新船舶不断进入;新建码头、候船亭及其亮化工程的投入使用,改善水运基础设施条件,并在一定程度上提升水运新形象,提高服务人们群众出行和地方经济发展的水平。信息化监控在实际监管工作中得到运用。在2011年刘家峡库区大雾气象条件下,装备了GPS船舶定位系统的营运船舶;在临夏州地方海事局搜救中心的统一指挥下,迅速安全靠岸,保障了人民群众生命财产的安全。

2011年,在省交通运输厅支持下,完成《甘肃省人民政府关于加快内河水运建设与发展的意见》以及《航运法》专题调研工作,组织开展海事行政执法资格培训班1期,21个单位、58名海事人员参加培训。举办法制讲座1期(行政强制法)。开展水路交通系统行政执法评议考核工作。深入推进和规范水路交通行政处罚自由裁量权的实施。建立普法宣传教育长效机制,制定并实施《关于贯彻落实全省交通运输系统法制宣传教育第六个五年规划的实施意见》,推动水路交通系统"六五"法制宣传教育工作扎实有效开展。兰州市地方海事局被省交通运输厅表彰为"2011年全省交通运输行政执法评议考核工作优秀单位"。年内全体水运海事执法人员无人违纪受处分,无投诉事件和行政复议事件。各海事单位和管辖区域社会治安秩序正常,未发生集体上访和社会治安事件。

2011年,省水运局促成了第二届黄河航运开发论坛于9月在山东济南召开,下一届定在宁夏银川举办。《甘、宁、蒙黄河航运发展规划》(初稿)已编制完成,并提交论坛会议讨论,产生了积极影响。省水运局(海事局)与山东省交通运输厅船检局签订《2011年度船检结对子活动方案》,在人员培训、装备支持、装备和技术力量支持等方面达成协议,同时拟将我省4个市州地方海事局与山东济南局、枣庄局等结成"结对子"单位,将活动不断深化并引向基层。积极落实省交通运输厅与长航局签订的框架性合作协议,与长江海事局主要领导就海事"结对子"活动在兰进行协调沟通,并于年内达成了初步协议,长江海事局2012年拟为我省海事投入装备建设及人员培训经费及物资支持达50余万元。2011年12月,我局与山东海事局在兰召开海事"结对子"总结座谈会,8年的海事"结对子",双方共计举办了以海事业务管理、海事执法监督体系、行政处罚管理体系和行政处罚为主要内容的专题业务培训5期,参加培训人数达300余人次。安排干部双向交流挂职53人次,山东海事局资助甘肃海事局装备建设及信息化资金达100余万元,达到"兄弟情谊深、事业同进步"的目的。交通运输部海事局于2011年12月专题安排到我省召开西北片地方海事执法人员5年轮训现场调研会议,我省水运海事工作得到了交通运输部海事局及兄弟海事局领导的肯定,并愿意继续支持甘肃水运海事事业的发展。

(省水运局 地方海事局)

【高速公路运营管理工作】 2011年,全省高速公路征收通行费达38.77亿元,完成省交通运输厅下达通行费任务35.6亿元的108.90%,比2010年同期增收8.46亿元,增长率27.94%。除去新开路段,实际增长额为5.63亿元,增长率为18.60%。政策性减免车辆通行费4.05亿元,占通行费收入的10.45%,其中"绿色通道"车辆减免通行费3.34亿元。有效发挥行业监管,切实履行公路养护监督和服务区监督职能。6大系统项目共完成投资4.56亿元,实施高速公路专项工程。完成高速公路管理机构体制的改革,完成省高管局机关"三标一体"质量管理体系认证工作。全年共处理各类业务事件9.11万起(其中,车队调度和交通管理工作事件2 509起、路况气象及计重收费政策咨询事件8.14万起、协助救援事件579起、突发事件4 404起、其他事件1 368起)发布可变情报板信息300条、短信平台信息1 515条。

针对计重收费过程中出现的各种偷逃费行为,加强监控力量,增加现场监控点,发挥监控职能作用,积极与相邻省份收费、交警等部门建立协作机制,共同联防,有针对性地采取硬件设施改造等防治措施,有效整治垫钢板、跳秤等逃费行为。组织召开全省高速公路办理偷逃车辆通行费、盗损公路设施等违法犯罪案件法律事务专家咨询会,邀请公安、检察等部门专门就《关于办理偷逃高速公路车辆通行费、盗损高速公路设施等违法犯罪案件的意见》草拟稿进行研究讨论,推动高速公路收费管理法制建设进程。

行业监管职能有效发挥。完成平定高速公路67处水毁处治,完成工作量2 057.66万元。严格落实养护监督月报制度,加强公路巡查,及时发布养护施工占道作业信息,向养护单位发告知函22份,对影响高速公路安全运营的主要问题及时向养护单位进行反馈,切实履行养护监督职责。加强服务区监督管理。细化服务区管理制度,加大检查考核力度,督促服务区经营管理单位提高经营服务质量,深入开展争创"星级服务区"活动,及时有效解决服务区冬季高标号柴油供应紧张等突出问题。按照"敦煌行·丝绸之路国际旅游节"活动的保障要求,投资400多万元对高速公路沿线跨路桥160座(3.98万平方米)广告牌进行版面更换,大力宣传甘肃旅游文化。

"6大系统"工程和专项工程顺利实施。6大系统项目共完成投资4.56亿元(其中,电子缴费系统工程完成1 701.52万元;隧道安保工程完成投资6 076万元;应急保障工程完成投资2 540万元;路网智能监控工程完成投资2.81亿元;管理设施工程完成4 831.2万元;服务区改造升级工程完成投资2 288万元)。兰州新区茅茨互通立交工程完成投资1 930万元。新七道梁隧道"4·8"灾害恢复处置工程完成投资3 395万元。同时对重要路段、隧道、桥梁的部分标志标牌进行增加完善。建成不停车缴费车道54条,推广电子标签5 607套。实施了对部分高速公路管理处、所职工公寓楼、综合办公楼建设,对部分重点收费站、服务区改扩建等高速公路专项工程。

高速公路管理体制进一步理顺。完成高速公路管理机构、编制、人员的核定工作,成立甘肃省高速公路管理局和6个高速公路管理处,组建柳园高速公路管理处。修订完善高速公路管理制度,规范局、处、所3级管理机构的职能权限和工作机制,建立包括车辆通行费征收、信息化建设、应急救援、交通保畅、交通战备以及养护、服务区、广告监管等工作内容的高速公路管理新机制。

社会服务能力逐步增强。组建了9个高速公路清障救援大队,制定完善了清障救援管理制度和应急预案,完成清障救援标准的制定和省发改委批复工作,编制《甘肃省高速公路清障、应急救援操作实用手册》,组织开展3期120人次的业务培训,应急救援保障能力进一步增强。推动全省高速公路信息化建设,建立"甘肃高速在线"网站和路网监控、应急救援、交通服务热线、会议管理"1个网站、4个平台"的交通信息服务架构,提升交通服务信息化水平。充分利用信息平台,为社会公众提供及时准确的交通信息服务。推行高速公路精细化管理,积极应对城市出入口站点的车辆拥堵,采取多项措施,保障道路畅通。

安全和应急保障能力进一步增强。强化安全管理责任,开展全省高速公路隧道安全和职工人身安全隐患排查活动，加强收费职工安全管理，加强专项工程安全管理。

精神文明建设成果显著。投资100多万，在各收费站建立“职工书屋”、“职工健身房”、“亲情网吧”、“文化走廊”；购置10台大型通勤车，基本解决异地职工回家难的困难；加大投资力度，改造收费站点硬件设施等，积极为职工办实事、办好事。面向全国创办发行《中国高速公路·甘肃高速》月刊。

（省高速公路管理局）

【交通工程质量监督工作】 2011年，省交通基建工程质量监督站直接承担监督任务的公路项目共30个，全长约3 615.4公里。主要包括：武罐、成武、雷西、金武、营双、西长凤、瓜星、永古、天水过境段、金昌连接线等10条高速公路1 002公里，酒嘉城际一级公路20公里，折达、锁折、尕玛、岷合、临大、临康和、文殰、内临、庄天、宁正长、静庄、泾渗、张肃、武仙、肃阿、敦当、冶峡隧道及连接线等17条二级公路1 389.6公里，以及陇南8·12特大暴洪灾后恢复重建工程1 188公里和舟曲灾后恢复重建工程15.78公里。全年共开展质量安全综合督查4次，共发出督查意见91份，向省交通运输厅及省交通运输厅工程建设管理联席会议成员单位报送质量安全督查情况通报4份，向交通运输部质监局上报质量安全分析报告2份。

质量监督工作。2011年组织召开全省公路工程质量安全监督交底座谈会，就监督工作信息化建设、质量监督、安全监督、监理管理和试验检测管理5个方面的主要工作内容向各项目进行交底说明，为各项目质量和安全管理工作提供科学指导。制定并发布《质量安全综合督查工作程序及要求》，使各项目的相关参建单位了解、支持质量安全监督工作，切实履行质量安全控制职责，共同保障全省交通建设工程质量和施工安全。提前委托交工检测单位对隧道工程施工过程中的关键质量指标进行跟踪检测，发现问题及时整改，为隧道工程的顺利交工奠定了坚实的基础。全年完成天水过境段、西长凤、瓜星（部分路段）、永古（部分路段）等4条高速公路和敦当、静庄、武仙3条二级公路交工验收检测工作，出具7份质量检测意见。规范沥青混合料配合比设计流程，加强沥青路面施工质量过程控制。向各建设单位印发《关于进一步加强路面工程质量控制及对存在问题及时整改的通知》和《关于2011年路面工程交工检测有关事宜的通知》，要求各在建项目要认真汲取天定高速公路路面质量问题教训，大力提高沥青路面质量控制力度，对存在的问题及时进行整改落实。

积极开展全省交通产品质量抽查工作，加大从源头控制质量的力度。全年重点对8项交通产品进行质量抽查及复查，对不合格交通产品及时向建设单位进行反馈，要求施工单位停止使用，并采取切实可行的措施进行补救。对不合格交通产品的生产厂家进行省内通报，并严格实行黑名单制度，杜绝不合格交通产品流入我省交通建设市场。督促各从业单位进一步健全质量责任制，建立质量责任登记表，专门印发《关于进一步落实公路工程质量责任登记制度的通知》。根据各单的报告数据初步建立起我省公路工程质量责任数据库，为开展质量责任追究奠定基础。积极推行标准工艺工法，严格预应力施工质量责任制度和精细化管理，提高了施工管理的规范性和科学性。在全省组织开展公路桥梁工程预应力施工质量专项治理活动，确定成武8标、营双7标、雷西4标3个规范化示范标段和成武15标、营双9标、雷西1标3个成熟新工艺示范标段。在营双、雷西两个项目召开桥梁预应力施工质量专项治理活动现场观摩会。

牵头有关单位编制《甘肃省高速公路建设标准化管理指南》（试行）和《甘肃省公路桥梁预应力精细化施工指南》，进一步规范我省高速公路施工建设和管理行为，细化和加强了施工现场管控，推动我省高速公路标准化建设进程。加强建设市场管理，对2010年度全省各建设项目75家（131个标段）施工企业进行信用评价，信用较好施工企业（A级）18家，信用一般施工企业（B级）49家，信用较差施工企业（C级）6家，信用差施工企业（D级）2家。

认真参与工程质量问题投诉情况调查。全年共收到关于会宕路路面及四标桥梁、天定高速公路唐湾大桥和永古高速公路庄浪河大桥3起工程质量问题举报，对庄浪河大桥举报问题质监站委托项目办进行调查，其它2起也进行现场调查核实，并将结果向省交通运输厅和举报人员进行汇报和反馈。

安全生产工作。督促各建设项目积极开展事故遏制、教育培训、打击“两非”、预案演练、防汛防灾等各种安全专项活动。在省交通运输厅领导下，按照“平安工地”创建标准和验收标准，结合日常监督检查情况，评选出成武等3个平安工地示范项目和成武18标等20个平安工地示范合同段，树立起学习样板，引导其它项目学习他们的先进经验和工艺功法。武罐高速公路建设项目在全国公路水运工程“平安工地”建设推进会上被交通运输部树立为“示范项目”。施工作业人员基本能够做到持证上岗，“三违”现象明显减少，大多数施工单位的特种设备都能够及时检验验收。全年“三类人员”延期教育共培训186人。2011年全省各建设项目共举办防汛、消防、隧道坍塌、高空坠落等专项应急保障演练152次，综合预案演练11次，进一步规范了生产安全事故应急救援工作，有力地保障了建设项目顺利实施。在全年的安全监督工作中，共发现各类安全隐患7 910处（个），较2010年有所增加，发出督查意见和整改通知81份，各类隐患整改率达99.5%。一般安全事故得到有效控制，无较大以上事故发生。

加强试验检测市场培育和规范，全省交通工程试验检测技能明显提高。全年共完成20个建设项目共计160个工地试验室的登记备案和发证工作。组织完成了我省2011年公路工程试验检测人员过渡考试工作。全省共报考1 830人，考试通过试验检测工程师98人，试验检测员571人。截止年底，全省试验检测工程师累计达到607人，试验检测员达到1 846人。完成我省2010年度公路工程试验检测信用评价工作，为试验检测管理和项目招投标工作提供依据。2010年我省信用较好的检测机构（A级）为17家，信用一般的检测机构（B级）为6家，分别占被评价检测机构的73.9%和26.1%；授权负责人中有123人被评为了信用良好，4人被评为信用较差，分别占被评价人员的97%和3%。与省交通工会联合举办“2011年全省交通运输系统试验检测职工技能大赛”。对2010年全省21家公路乙级资质以上监理企业和在61个监理驻地办从业的327名部监理工程师进行信用评价。信用A

级企业 11 家,信用 B 级 10 家,对一批有失信行为的单位和人员的进行记录,净化监理市场。组织 2011 年公路工程监理工程师执业资格过渡考试和监理人员培训。全省共报考 558 人,(其中报考部监理工程师 380 人,报考部专业监理工程师 178 人)。培训监理企业从业人员 105 名,逐步满足我省日益扩大的公路工程建设市场对监理人员的迫切需求。完成甘肃兴陇监理有限责任公司等 11 家公路工程监理企业相关的资质复查、变更或监理人员岗位登记等工作。对《监理驻地办监理人员到位情况统计表》等工作用表重新进行了规范,提高监理管理工作的规范性。在省内 20 家从业单位开展监理制度普遍调研工作,分析研究我省监理市场供需、现行制度下监理履责和行使权利时存在的主要问题及原因,对完善我省监理工作提出一系列良好的建议。

强化行政执法主体地位,完善执法职权,积极树立监督职能的权威性。经过积极沟通协调,2011 年 11 月 30 日,由省交通运输厅发布《关于委托省交通基建工程质量监督站实施公路工程质量监督行政处罚权的通知》,重新委托质监站行使公路工程质量监督行政处罚权。

(省交通基建工程质量监督站)

【交通工程建设工作】 项目建设情况。全年累计完成概算投资 43.81 亿元,占年计划 43.37 亿元的 100.99%。天水过境段高速公路:完成全部概算投资 22.22 亿元,2011 年 12 月 8 日建成通车,进入运营阶段。西长凤高速公路:完成全部概算投资 32.56 亿元,2011 年 12 月 22 日建成通车,进入运营阶段。年内尚剩余少量房建、机电、绿化、交安工程未彻底完工。雷西高速公路:累计完成概算投资 35.38 亿元,占概算总投资的 39.76%,当年完成概算投资 25.38 亿元,占年计划 25 亿元的 101.5%。十天高速公路:年内完成概算投资 8.05 亿元,占年计划 8 亿元的 100.6%。项目工程可行性研究报告于 2011 年 11 月 24 日经国家发改委批复,并于 2011 年 12 月 8 日举行奠基仪式。年内初步设计已上报交通运输部,交通运输部已组织专家进行现场审核。初步设计文件待批。平天高速公路:年内完成概算投资 2.003 亿元,占年计划 2 亿元的 100.2%。项目工程可行性研究报告已上报省发改委,省发改委已完成工程可行性现场调研和审查;环境影响评价、水土保持评价、建设用地的前期工作已委托有资质的单位开展工作,进展顺利。

安全生产。2011 年共举办各类安全生产培训班 4 期,培训人员 500 余人次,为树立安全生产意识、营造良好的安全施工环境奠定了基础。细化安全管理责任,完善了教育培训安全细则,有效改变以前安全管理制度较为凌乱的现象,使安全管理制度更具规范化、标准化。加强安全生产责任制的落实,并加强施工安全管理中责任制落实情况的日常检查和巡查。认真开展安全生产专项活动,并以此为契机开展了 8 次全面的安全生产督查和检查,排查并整改安全隐患。五是加大安全经费的投入。全年在建项目安全经费投入 3 336 万元。全年未发生重大安全生产事故,项目资金安全运行。

基础管理情况。按照党委中心组、党支部和干部职工 3 个层次,坚持抓好党员干部政治理论学习,在庆祝建党 90 周年之际,以重温入党誓词等形式为载体,开展了一系列革命传统教育活动,使广大党员干部进一步坚定理想信念,增强做好本职工作的信心,保持积极向上的精神风貌。加强干部的思想教育、考核管理。针对天定路发生质量事故、一些干部职工在工作中出现畏难情绪的实际,处领导经常深入一线,与职工谈心交流,疏导思想负担,引导大家既要认真汲取经验教训,又要正确面对社会舆论和压力,勇于承担责任,讲政治、讲大局、齐心协力做好工作;同时实行科级干部工作周报告制度,加强对科级干部的动态管理和绩效考核,有效促进全处干部职工凝心聚力、克服困难,确保项目建设任务的全面完成。紧紧围绕项目建设,按照省交通运输厅党组总体部署,结合"机关干部下基层,创先争优解难题"活动,认真开展"创先争优"活动,以服务项目、提高工作效率为主线,以加强基层党建工作为抓手,引导党员干部在实际工作中创先进、争优秀。以深入开展"平安工地"建设活动为契机,强化文明施工、治安管理、施工队伍管理、农民工工资支付一人一卡、环境卫生管理等,营造了健康稳定的建设环境。主动做好信访调处和排查化解矛盾纠纷工作,全年共办理 12 件信访案件。认真落实退休职工"两项待遇",坚持落实重大节日必访、生活困难必访、退休职工去世必访制度。深入开展文明创建活动。省交通运输厅工程处被省重大项目办评为先进单位,天水过境段被团省委、省交通运输厅评为"青年文明号",有 1 人被评为"青年标兵"。

(省交通厅工程处)

【交通运输新闻信息工作】 2011 年,省交通运输厅组织召开新闻发布会和通气会 9 次,组织社会媒体开展集中采访活动 36 次,各媒体报道甘肃交通运输行业稿件近 2000 篇(条)。其中,中央电视台播发电视新闻 6 条;新华社刊发各类稿件 300 余篇;《甘肃日报》刊发交通类稿件 220 余篇、头题 6 篇、专题报道 10 篇;甘肃电视台播发电视新闻 200 余条;《中国交通报》刊发 500 余篇;《兰州晨报》刊发 90 余篇。《甘肃经济日报·交通运输》也对版面定位进行了调整,并按照"走基层、转作风、改文风"要求,采写刊发了一批有深度、有分量的稿件,全年共出刊 48 期 232 个版面。在这些报道中,新华网刊发的《甘肃省 100%通油路》、《中国西部两大城市兰州与西安实现高速公路相连》、《甘肃陇东地区出行告别"六盘山时代"》,香港《大公报》刊发的《甘肃 2015 年高速公路通车里程将超过 3 600 公里》、《打通省际连接,甘肃着力省际高速公路网瓶颈》,《甘肃日报》刊发的《甘肃省全力打造公路综合交通网》、《甘肃省全力打通省际"断头路"》,甘肃电视台播发的《全省将打通十五条省际高速公路》,《中国交通报》刊发的《消除"梗阻"畅门户,根治"断头"连通衢,甘肃优先推进省际接头路建设》、《一次科学发展观的生动实践——甘肃交通灾后重建助推陇南经济驶入快车道》等稿件,引起强烈的社会反响,取得良好的社会效果。

坚持正确的舆论导向,以党报党刊、通讯社、电视台广播电台为主,重视都市类媒体和网络媒体等宣传资源,主动加强与省委宣传部、省委外宣办、省政府新闻办等新闻主管部门以及新华社、人民日报、甘肃日报等主流媒体的联系互动,还与新华社建立了战略合作伙伴关系。多渠道搭建交通新闻宣传平台,在继续做好人民网甘肃频道"甘肃交通"栏目的同时,在新华网甘肃频道开设了"甘肃交通"栏目,及时全面刊登了大量新闻稿件和视频。建立的交通广播电台通讯员网络发挥了积极的作用,每天都有各地公路路况信息的报道和采访。同时,还完善了甘肃交通新闻记者QQ群和移动飞信联系组,大大方便了与各媒体记者的联系,提高了工作效率。

2011年,省交通运输厅通过组织召开新闻通气会、邀请记者深入实地进行采访等,策划了一批有深度、有分量的稿件,深入宣传全省交通运输部门加快交通基础设施建设步伐,抢抓机遇,迎接挑战,超前谋划,扎实推进交通建设发展的经验和做法,大力宣传交通部门落实省委、省政府为民办实事的各项举措。以天水过境段、西长凤、徐家磨至乌鞘岭、瓜州至柳园高速公路建成通车为契机,大力宣传连霍国道主干线在甘肃省境内基本实现了全线高速化,全省高速公路通车里程达到2 408公里。以徽县至天水、临夏至合作高速公路和兰州至永靖沿黄快速通道开工建设为契机,大力宣传全省建成和在建的高速公路达到3 280公里。以敦煌至当金山口、静宁至庄浪、武威至仙米寺等3条二级公路建成通车为契机,大力宣传全省68个县实现了通二级及二级以上公路。以金昌机场、张掖机场顺利通航为契机,大力宣传全省加强各种运输方式有效衔接,综合交通运输体系加快形成。同时,以全年完成农村公路建设投资23.45亿元、新建改建农村公路1 267项5 563公里为契机,加强对农村公路的宣传报道。此外,做好节假日旅客运输和重点物资、鲜活农产品运输保障措施的宣传。宣传了全省交通运输部门在春运、"十·一"黄金周等节假日和第十七届"兰洽会"、"敦煌行·丝绸之路国际旅游节"等重大活动期间的运输保障工作。宣传全省深入开展"人文高速"创建活动,对路网智能监控、电子缴费、隧道安保、应急保障、管理设施、服务区进行全面改造升级,交通热线、短信平台、公路沿线信息发布设施的服务功能进一步完善。

加强对舟曲和陇南灾后公路恢复重建工作的宣传。在"8·8"舟曲特大泥石流灾害发生一周年之际,对交通灾后重建节点工程的建设进行多方位、多角度、多层次的宣传报道,并对陇南"8·12"暴洪灾后公路恢复重建工程全面完成进行报道。

对在兰州举办的交通战备应急指挥中心和训练基地建设试点现场演练活动的宣传中,省交通运输厅同兰州军区和地方电视台共同合作,制作甘肃交通战备成果专题汇报片1部,制作甘肃交通战备成果展板30块。与兰州广播电视中心首次合作,对应急演练活动进行实况直播,并在中央电视台新闻频道、军事频道、甘肃电视台新闻等多个频道播出。新华社、人民日报、甘肃日报等中央省市媒体均以《我国首次进行大规模交通战备应急演练》为题予以报道,取得良好宣传效果。

积极宣传交通建设融资工作取得的成果。2011年,甘肃省公路航空旅游投资集团有限公司根据全省公路、航空、旅游事业发展需要,努力克服信贷紧缩、控制债券发行规模等因素的影响,全力推进融资工作,全年完成融资总额150亿元。省交通运输厅积极组织记者进行采访报道,不仅让社会了解交通建设完成的投资,还让社会了解交通建设资金的来源。宣传报道全省在高等级公路运营服务中严格执行收费公路政策,整治收费秩序,认真执行"绿色通道"政策,努力降低鲜活农产品流通成本,强化运输组织协调和运力调配,保证煤、粮、油、矿的正常运输。通过社会媒体着重宣传交通运输部门在组织运力、保障安全、优质服务等方面采取的有效措施。

结合"走基层、转作风、改文风"活动,组织信息中心新闻工作者深入基层一线,对在全国公路养护管理工作会议上荣获"全国模范道班"称号的甘南公路总段合作公路管理段王格尔塘养管站等4个养管站、荣获"全国模范养路工"称号的张掖公路分局高养中心梁荣等4名养路工的事迹进行了深入采访报道。通过集中宣传,在全省交通运输系统扩大了先进集体和个人的影响力,形成了学先进、赶先进、创业绩的高潮。

2011年,部分新闻媒体刊播关于天定高速公路存在质量问题的新闻报道。针对报道中部分失实的内容,省交通运输厅积极与有关单位、部门协调联系,进行实事求是报道,加强正面引导和宣传,努力减少负面影响。七道梁隧道交通事故发生后,省交通运输厅立即派记者在第一时间赶赴事故现场,及时采写关于事故发生原因、经过及交通部门应急处置的稿件,向社会媒体进行了统一发布。在七道梁隧道加固维修期间,积极配合有关单位向社会车辆发布绕行通告,及时向社会各界提供通行信息。2011年举办1期培训班,对厅属各单位和各市、州交通局的近70名宣传骨干进行新闻写作的培训和指导,提高基层通讯员的素质和水平,加强与通讯员的沟通与联络,使交通新闻宣传队伍建设得到进一步加强。同时,为鼓励社会媒体记者宣传甘肃交通,省交通运输厅于年内联合甘肃新闻工作者协会举办两年一届的"交通好新闻评选"活动,表彰一批社会媒体宣传甘肃交通的优秀稿件。同时积极表彰奖励了一批新闻宣传先进单位、新闻宣传先进工作者和优秀通讯员。 (省交通新闻信息中心)

【公路网规划工作】 交通规划等业务工作完成情况。1. 交通规划工作开展情况:一是完成了《甘肃省交通运输"十二五"发展规划(送审稿)》(含《甘肃省公路养护管理与应急保障"十二五"发展规划》、《甘肃省农村公路"十二五"建设规划》、《甘肃省道路运输"十二五"发展规划》、《甘肃省内河水运"十二五"发展规划》、《甘肃省综合交通运输枢纽"十二五"建设规划》和《甘肃省交通战备"十二五"规划方案》等6个专项规划)的编制工作,并于2011年12月报经省政府批准实施。二是完成《甘肃省二级公路交通运输应急救援保障服务区规划(送审稿)》的编制工作,已按期提交项目业主。三是完成《"十二五"期甘肃省红色旅游公路建设规划》的编制工作,经省交通运输厅审查同意后已按期上报交通运输部。四是完成《国家级甘肃交通运输应急救援中心建设规划》的编制工作,经省交通运输厅审查同意后已按期上报交通运输部。五是完成《深入实施西部大开发战略甘肃省交通运输发展规划(2011-2020年)》(送审稿),已上报省交通运输厅待审查。六是初步建立《甘肃省"十二五"交通运输基础设施建设项目库》。七是完成甘肃省高速公路出入口拥堵问题的调查研究工作。八是完成《交通运输环境保护"十二五"规划方案暨重点建设项目》的编制工作。九是根据省交通运输厅的安排部署,配合交通运输部开展《国家公路网规划》(含普通国道网和国家高速公路网两个层次)的研究编制工作;全面启动《甘肃省道网规划》的研究编制工作,已形成初步阶段性成果。十是配合交通运输部规划研究院开展《黄河干流桥梁(隧道)建设规划》和《关中—天水经济区综合运输体系发展规划》的研究编制工作。十一是参与完成《舟曲县"十二五"交通扶贫规划》和《环县"十二五"交通扶贫规划》的编制工作。2. 课题研究工作开展情况:一是完成《甘肃省交通运输业与现代物流业一体化发展研究》课题的研究工作,研究报告已上报省交通运输厅待评审。二是有序推进《新时期甘肃省公路交通发展战略研究》、《甘肃省干线公路网布局研究》、《甘肃省干线公路网建设支持保障体系研究》、《甘肃民用机场建设和营运管理研究》等4项课题的研究工作。由于国家公路网调整、民航管理体制改革等因素影响,以上课题研究进度稍有滞后,已向省交通运输厅提出了延期结题的申请。三是完成《甘肃省交通规划信息支持系统研究》课题的申报工作,并启动课题研究工作。四是参与开展交通运输部西部交通建设科技项目——《西部地区公路交通价值体系研究》课题和《甘肃省生态公路交通系统研究与应用》课题的研究工作。3. 项目前期工作开展情况:一是完成《兰州至永靖一级旅游公路工程可行性研究报告》等17项工可研报告的行业预审工作;完成《兰海高速公路(国道75)甘肃段新七道梁隧道"4·8"灾害恢复处治及升级改造工程一阶段施工图设计》等12项设计文件的行业预审工作。二是完成肃州至酒泉卫星发射中心公路、甜水堡至庆城至罗儿沟圈高速公路、兰营高速公路中川机场至景泰段等3个项目的可行性研究工作。完成京新国家高速甘肃段白疙瘩至明水公路工可报告的修编工作。三是完成金昌至武威高速公路等80多项公路建设项目初步设计或施工图设计的咨询审查工作。四是完成武威市城乡融合发展核心区金大快速通道等100多项公路建设项目工可研报告的咨询审查工作。4. 省交通运输厅交办的其他业务工作完成情况:一是根据省交通运输厅重点工程建设巡回督导组的安排部署,完成督导组工作实施方案的拟定等基础工作,前后6次赴重点工程建设项目现场进行了督导,完成了督导报告的撰写及督导办的日常工作和督导组的后勤保障工作。二是承担并完成2011年全省两会50项议案及提案的答复办理工作,起草全国两会议案及提案素材2项。三是完成《交通运输部关于征求国道103线等15条国道"十二五"建设规划方案意见的函》的办理等150多项省交通运输厅交办的大量临时性、紧急性工作任务。

管理工作开展情况。1. 加强学习型团队建设,加大人才培养力度。2011年初,根据新形势和新任务,路网规划办在前几年创建学习型组织的基础上,提出了创建学习型团队的新思路,明确了"营造学校般的学习氛围,培育军事化的工作作风,打造协作配合、整齐划一、步调一致的工作团队"的创建目标。一年来,路网规划办正确处理"两个关系"(工作与学习的关系和政治理论学习与业务学习的关系),严格坚持"两项制度"(隔周一次的政治理论学习制度和业务学习制度),前后组织全体党员干部职工集中学习10余次。学习型团队的创建活动得到有序推进。与此同时,路网规划办继续遵循职工个人的成长成才与单位的持续展相一致的原则,通过"以师带徒"、岗位练兵、外送培训等多种方式,加大了职工教育培训的力度,全年累计有5人参加了研究生学历教育,其中有4人完成了香港公开大学工商管理硕士(MBA)的学习;有4人分别取得高级工程师、工程师任职资格;有30多人次参加了交通运输部、省交通运输厅等上级有关单位、部门举办的继续教育和业务培训。2. 严格坚持例会制度和技术会议制度,巩固良好工作机制。例会制度是路网规划办独立运转6年多来一直坚持的一项基本制度,并已全面形成"年初有工作要点、年终有工作总结,月月有上月工作小结、有本月工作计划,周周有上周工作简要回顾、有本周工作安排部署"的一整套例会体系,做到大循环和小循环的有机结合,使例会制度真正走上程序化、规范化的良性运转轨道。在实践中,例会制度也充分发挥在理顺思路、统筹安排、合理调度等方面不可替代的作用。技术会议制度是路网规划办独立运转几年来一直坚持的另外一项基本制度。一方面各科对各自承担的技术业务工作在完成初稿时,均提交由科内部技术人员参加的技术会议讨论;另一方面凡是上报省交通运输厅的重要技术方案和研究成果,在科内讨论的基础上,均提交由办副高以上专业技术人员和省公路学会交通规划专业委员会有关专家参加的技术会议审查。既整合人才资源,发挥专家的技术优势,确保技术会议和技术成果的质量,也显示技术会议制度在集思广益、群策群力、集中智慧方面的优越性。3.强化专业技术管理和财务管理工作,管理效能明显提升。作为专业技术型事业单位,专业技术管理工作显得尤为重要。2011年,为进一步提高交通规划、课题研究和项目前期工作等技术业务工作的质量,确保技术管理工作科学化、规范化、程序化和制度化,路网规划办狠抓专业技术管理体系建设,有序推进技术文件标准化工作。年内专业技术管理体系和技术文件标准化大纲已草拟完成,并经多次修改,待进一步完善后印发执行。财务管理工作作为一项基础性的管理工作,多年来路网规划办一直常抓不懈。2011年,针对事业单位财务资产管理的特点,根据财务资产管理工作的需要,以省审计厅开展的经济责任审计为契机,路网规划办认真学习并严格执行事业单位财务资产管理的各项规定,从细化年度财务预算和收支计划入手,每月对财务收支情况进行整理、分析,严格控制各项经费的支出,将有限的经费用在了事业的发展上,用在了职工切身利益的维护上,为各项工作的正常开展提供了有力保障。

(省公路网规划办公室)

【引进外资项目管理工作】 2011年,厅引资办对有关15个在建公路项目共计165个标段工程进度和资金使用情况进行工地检查,查出违反信贷资金使用管理规定项目11个,累计违规标段41个,涉及金额2 209万元。对存在的直接或间接向上级单位缴纳管理费、违规购买固定资产、财务账务处理混乱、合同签订不规范、违反项目账户开设使用规定、资金中心归集项目资金等主要违规问题进行查处并要求限期整改,年内共签发《建设资金监管意见书》12份,4家业主单位累计提交书面整改报告7份,存在问题的标段已全部整改完毕,违规资金已全额退回。主动上门对4家建设业主单位资金管理情况进行检查,检查内容主要包括:概预算批复及执行情况;工程款支付、质保金提留和退付情况;履约保函、开工预付款保函提供情况;合同协议签订情况。通过检查督导,促使各业主单位进一步严格执行公路基本建设资金管理规章制度，按照项目合同办理价款结算和资金支付，做到合理、有效使用公路建设信贷资金。针对施工单位对《甘肃省交通运输厅信贷资金管理办法》精神理解不透彻；个别监管银行执行“三方监管协议”力度不够、业务不熟悉、监管缺位；抱有侥幸心理挪用建设资金；财务人员变动频繁、专业技能不强，财务管理不善等常见病、多发病；资金监管工作人员通过坚持“紧扣交通建设资金监管职责，服务工程安全优质高效建设”宗旨，不断增强服务意识，积极争取省交通运输厅和业主单位理解支持，全方位掌握建设项目信息，通过实施工地检查结果通报制度，及时跟催业主单位，要求专项检查问题整改“从速、从严”，并要求业主按计划申报信贷资金，防止资金沉淀，加大信贷成本，同时突出新开工项目检查，做到早检查、早规范，防微杜渐，力求实现建设资金科学化、精细化、动态化监管。按照省交通运输厅安排部署，作为建设项目督查组，对省机场建设投资公司、省公路管理局、省交通运输厅工程处、远大集团、路投公司、长达公司等单位2010年各项目资金的使用和管理，特别是在建项目建管费的预算及使用，罚没收入、招投标收入、代扣代缴税金手续费收入的使用，上年度财务检查所反映问题的整改情况以及项目工地施工单位资金的使用情况进行全面督察，极大促进项目业主单位的履职履责意识，规范财务管理工作。

不断加强对外资项目的跟踪和监管，努力争取外资项目取得新进展。一是陪同亚行检查团分别对武罐项目和平定项目进行了检查。检查团对项目进行实地考察并就项目工程进展、采购支付、移民安置、环境保护及设备采购等问题与省财政厅、省发改委、省环保厅、陇南市政府及项目实施机构进行了座谈。经过反复协商沟通，亚行代表团与执行机构和实施机构就武罐路贷款关账目、使用国内程序对两个路面标进行招标、武礼路重新招标、加快客运站提款报账等问题达成了一致意见并形成备忘录。检查结束后，根据备忘录内容，将后续行动相关事宜进行任务分解，并下发给各实施单位，督促其按照亚行要求完成任务。二是在亚行代表团项目中期检查期间，提出将贷款关账日期延长至2016年6月30日，经多方协商努力，亚行最终同意延长关账日期，确保了我方权益的最大化。三是按照亚行要求，积极跟催协调省公路管理局、省运管局等相关单位做好武礼路调概、重新招标和提款报账等事宜。同时，按照省交通运输厅指示精神，根据交通运输部文件要求，经与厅规划处协商并严格筛选，向交通运输部和省发改委上报了高速公路项目和二级路改造项目8个，客运站和物流园区项目3个，水运项目1个，与省发改委等相关单位积极沟通，力争推动项目进入2012—2014年滚动计划。

不断拓宽国内经济合作渠道和领域，持续推进交通事业多元化发展。一是积极落实省委、省政府、省交通运输厅关于鼓励吸引民间资本进入我省交通运输建设的指示精神，起草完善《甘肃省交通运输厅招商引资优惠政策》等，指导项目引资融资工作，规范行业管理。与中交二局、中咨公司等投资意向明确的单位进行密切沟通，就合作方式和合作项目进行广泛探讨，同时组织业务处室人员赴青海省就西宁绕城项目(BT)学习融资建设先进经验，积极推动交通运输建设投资多元化渠道发展。二是做为省交通运输厅兰洽会保障工作的牵头单位，与兰洽会执委会积极沟通，向厅主管领导及时汇报，及时推出8条招商引资公路项目，并协调相关单位，做好兰洽会期间的交通运输保障工作。厅引资办作为兰洽会执委会接待部成员之一，按照执委会的设计和要求，为大会办理了600张高速公路车辆通行证，6月25日至7月15日期间，参与和保障会务的车辆在全省高速公路(含二级路)上免费通行。按照执委会指派，此次对口接待四川省代表团，全办上下动员，全力以赴，高标准、高规格做好接待工作，得到了代表团成员的一致好评。三是代表省交通运输厅参会第15届中国东西部合作与投资贸易洽谈会(西洽会)，推出了平凉至天水等3条高速公路招商项目，受到与会者的热切关注，并与有意向合作单位进行广泛接触，并在会议期间与中交集团二公局签署《战略合作框架协议》，招商引资工作取得可喜成果。

(省交通厅引资办)

【公路工程定额管理工作】 2011年，在全省范围内宣贯《甘肃省执行交通部2007年基本建设项目概算预算编制办法补充规定》等公路工程计价依据，及时收集在执行过程中的意见和建议，通过对这些计价依据全面推广应用，在我省公路建设合理有效控制投资等方面起到指导作用。开展“甘肃省公路工程造价数据库”、“甘肃省公路工程预算补充定额”科研项目的研发工作，造价数据库项目已进入数据录入阶段，补充定额项目已深入开展调研基础数据，并下发相关表格，正在填报整理阶段。审核公路建设项目及其配套工程施工图预算。受省交通运输厅委托，先后审核省道306线徐合公路岷县至合作二级公路改建工程、连霍国道主干线(GZ45)永登(徐家磨)至古浪高速公路土建工程、平(凉)天(水)高速公路庄浪(韩店)至张家川至天水(社棠)连接线工程、省道313线郎木寺至玛曲段三级公路改建工程、临夏折桥至兰州达川二级公路两阶段施工图设计、甘肃省高速公路隧道安保升级改造工程、2011年养护维修工程、2011年普通干线公路迎国检追加养护维修工程、甘肃省高速公路应急保障系统(气象预警系统)工程、连霍国道主干线(GZ45)永登(徐家磨)至古浪高速公路房建工程、甘肃省高速公路清障施救大队车库及室外工程、设备购置、临夏折桥至兰州达川二级公路房建工程等施工图预算12项51个预算。

受省交通运输厅委托，先后审核国道213线祁家黄河大桥建设项目、宝天高速公路建设项目第5期、宝天高速公路建设项目第6期、宝天高速公路建设项目第7期、宝天高速公路建设项目第8期、省道203线马安路追加工程交(竣)工验收质量检测费用、省道304线庄浪至莲花段改建工程交工(竣)工质量检测费、省道203线马峪口至安口段改建工程、省道203线马峪口至安口段改建工程追加监理服务费、岷县西江洮河大桥引线工程、康临高速公路路面工程沥青价差增加费用、宝天高速公路麦积隧道超速检测系统、西长凤高速公路安全设施工程量清单复核、天水过境段高速公路房建工程清单复核、天水过境段高速公路路面工程清单复核、武罐高速公路施工通道麻崖子梁段路基工程抢险保通增加费用、省道206线大姚路灾后重建项目增加保通养护费用、天定高速公路土建工程延长监理服务期增加监理费用、天定高速公路路面工程、甘肃省高速公路计重收费配套工程劝返站、甘肃省高速公路路线命名编号调整及标志更换、宝天高速公路天水过境段TSGJ-1合同段梁家山隧道变更设计、武罐高速公路施工通道工程量清单复核、甘肃省国省干线公路地震灾后恢复重建项目第2批、西长凤高速公路路面工程清单复核、平定高速公路第7批变更工程、营盘水(甘宁界)至古浪双塔段高速公路路基工程量清单复核等项目变更项目29项,审定总金额5.9亿元,审减金额2 641.94万元,占总费用的4.3%。先后编制审核永古高速公路路面工程、金昌至武威高速公路土建工程、临夏至合作高速公路土建工程、肃北至阿克塞二级公路路基路面工程招标控制上限预算,并已由各建设单位顺利招标。

2011年,《甘肃省公路工程造价信息》期刊紧紧围绕权威性、指导性、多面性、实用性的要求,以完善栏目合理构架为重点,以完善材料价格信息调查、发布,拓展劳务、机械租赁调查,探索砂石材料分布专项调查为突破点,及时发布价格信息,以满足重点施工需要,突出了材料价格的时效性。一是公路建设材料价格调查。全年完成"钢材"价格市场调查18次,经销商近246家(次)的现场价格调查,收集2 050余条信息;水泥价格厂家实地寻访调查3期17家(次),通讯联系收集到信息11次、信息200余条;对沥青材料、钢丝绳、钻杆、水泥制管、金属丝网及金属标准件、铝、压制弯头法兰、土工类材料等30种(类)主材,按期到专营经销单位进行调查,收集各类信息1 300条;收集到绿化苗木价格资料6份、信息110条。同时通过发文向重点项目业主、施工单位、各地州市交通局、公路总段调查收集各类材料价格信息。全年先后7次、共计49天,完成对全省7个重点工程项目、67个标段、63个县(区)、285个砂石材料料场进行实地调查,完成材料价格调查收集。二是《甘肃省公路工程造价信息》期刊及"主要材料价格"发布。2011年共完成《甘肃省公路工程造价信息》期刊4期,发布"主要材料动态价格"4期,"主要材料指导价格"7期;按月给甘肃《交通建设》期刊提交"甘肃省公路工程沥青、钢材、水泥主要材料价格波动分析"及"沥青产品价格变化图表"、"钢材市场价格变化图表"、"水泥挂牌价格与票证价格对照图表"共8次、稿件22份;按季度填报上报交通运输部"公路建设人工及材料价格情况"报表4期。根据交通职业评价中心、部公路工程定额站的要求,在省交通运输厅人事劳资处的具体指导下,完成2010年公路工程造价人员过渡考试成绩汇总、考试总结、证件发放工作。做好2012年公路工程造价人员过渡考试前期准备工作,完成考试资格审核和现场报名确认等工作。

2011年,交通运输部对全国公路工程造价管理工作进行全面摸底,开展全国公路工程造价管理工作调研。根据调研工作任务分工,在省交通运输厅建设管理处的具体指导下,在厅属有关单位的大力支持下,通过为期2个月的时间对我省公路行业造价工作的管理现状、存在的主要问题以及要求,包括机构设置、职能、职责、制度建设等情况调研,完成甘肃省的基础调研报告提交,为今后全省公路工程造价管理工作的发展奠定了基础。2011年,参加西南、东北、华北、中南等全国各大片区的公路工程造价管理联络网学术交流会议,通过参加这些会议,对当前工程造价管理中存在的热点、难点问题进行了讨论和交流,加强我省同全国其他片区各造价管理单位的沟通,对当前全国各省市的造价管理情况有了一定的了解,从交流中获取一些其他单位的宝贵经验,对我省造价管理工作的发展起到积极的作用。认真贯彻党的十七大精神,不断加强党的建设。以科学发展观为指导,深化创先争优活动,加强学习型党组织建设,加强党风廉政制度建设。

(省公路工程定额管理站)

【交通史志年鉴编写工作】2011年,甘肃省交通史志年鉴编写委员会编辑部深入落实全省交通工作会议精神,积极完成年初确定的各项目标任务,努力为繁荣和发展全省交通运输文化献策献力。

统筹规划,合理安排,强化重点,保质保量完成全省交通史志年鉴编写任务。1. 顺利完成2011版《甘肃交通年鉴》的编辑出版工作。《甘肃交通年鉴》(2011版)于2011年11月由兰州大学出版社正式出版发行,总字数135万字,彩页48面,彩图148幅,单色插图147幅,印数2 000册,年底完成发行工作。本版年鉴继续在体例结构的完善,框架设计的创新,类目设置的调整,编纂程序的优化方面积极改进;努力提高各类入鉴稿件质量,提升资料工具书的信息含金量,增强时效性缩短发行周期,加大图文宣传力度;全面客观地反映2010年甘肃交通发展的全貌,着力记述全省交通运输发展的新动态、新发展、新成就,努力突出行业特色;全书重点突出,一般兼顾,内容全面,资料完备,查阅方便,在实用性、可读性、查考性、时效性、欣赏性方面都有一定程度的提高。2. 全面完成《甘肃交通征稽史》的编纂和发行任务。《甘肃交通征稽史》自2009年4月确定编写宗旨、编写任务、编写组织机构及人员、编写时间要求和其他组织编写事宜,历经2年时间完成全书的编纂及出版工作。全书记录了甘肃交通征稽机构从1987年成立,到2008年国家成品油价格和税费改革实施,共21年的发展历程。旨在全面记述甘肃交通征稽事业21年的奋斗历程,聚焦文明交通征稽的风貌。该书总字数33.5万字,汇集彩图50幅,插图62幅。反复修改5次,校对5次,保持了该书记载真实,内容丰富,资料可靠,图文并茂,可读性强。本书印数2 500册。《甘肃交通征稽史》的发行受到广大交通征稽工作人员的关注和好评。

坚持"以人为本"及科学发展观的管理理念,不断加强全省交通史志年鉴编写队伍建设,提升全体交通史志年鉴编写人员的整体水平。坚持以会代培、以老带新,"走出去引进来"的培训方式,逐步提高编纂人员业务能力,提高业务水平,广泛增强业务交流。2011年4月,编辑部在武威顺利召开全省交通史志年鉴工作会议暨2011版《甘肃交通年鉴》审稿会议,全省各市、州交通局,厅属各单位代表近50人参加会议。会议全面总结2010年我省交通史志年鉴工作,安排部署2011年交通史志年鉴编写任务。会议得到了武威市交通局和武威公路总段的大力支持和协助,取得圆满成功。会议期间,编辑部依据工作实际针对往年年鉴编写中出现的问题做专题讲解,同时对当年入鉴的所有稿件进行汇总、筛选、复审和定稿。

狠抓文化品牌,图书编纂质量进一步提高。编辑部把2012版年鉴和《甘肃交通征稽史》两书作为品牌来抓,年初制定了切实可行的工作计划和工作方案。各级编纂人员在收集资料、制定选题、撰写稿件等方面作了大量的工作，严格条目入鉴标准，挖掘有深度、广度的资料，进行记载。一些经常出现问题的年鉴条目在逐年减少。2012版年鉴共收到条目1 800多条，总字数134.7万字，选入年鉴条目1 200条，占收到条目总数的60%，两项均比上年有所增加。由于严把质量关，在年鉴条目逐年增多的情况下，条目质量上了一个新台阶。年鉴图片质量也有很大提高。2011版共刊载彩图148幅，插图147余幅，反映了交通行业的方方面面，受到了好评。《甘肃交通征稽史》资料多、资料零散，任务重，工作量大，今年主要作了拾遗补阙工作，进行了资料的完善、最后的校阅和终审，完成了印刷、出版和发行工作，收到了较好的社会效果。

加强出版、印刷管理，提高责编质量和装帧质量。兰州大学出版社与编辑部形成了长期协作机制，已连续编辑出版《甘肃交通年鉴》20多册。近年来，在出版管理费逐年加大的情况下，编辑部亦提出了更高的责编要求。面对工作量大、时间紧的实际情况，出版社抽出资深编辑做年鉴的责任编辑，精雕细琢，将差错率控制在万分之一以内，责编完成后，出版社简化了程序，迅速办理出版手续。印刷工作做到全程监控。印刷厂抽调最优秀的打字员进行录入工作，保证了质量，降低了校对工作难度。采用最新的装帧技术，印刷水平大大提高。继续实行"三校一读"制度，年鉴主编、副主编每人通读一遍，保证年鉴总体质量。

按照全省事业单位改革工作的要求，重新建立和完善各项组织机构工作。鉴于省交通史志年鉴编辑部机构小、建制低、先天条件不完备的实际，编辑部领导及具体经办人员，想方设法，努力争取，借助此次改革时机重新建立《甘肃省省直事业单位机构编制台账》，重新审核了《事业单位法人证书》及《组织机构代码证》。同时完成《甘肃省事业单位工作人员岗位等级结果认定》及全体在职人员《甘肃省事业单位聘用合同》的签订工作，重新填报完成《甘肃省事业单位岗位设置管理册》等各项工作。历时半年终于将编辑部各项组织机构工作纳入正轨，为今后实行事业单位改革工作的规范化管理奠定了基础。

继续加强内部管理，协调好各项管理工作。年内编辑部共处理各级各类收文339件，编辑部发文17件，公文处理严格按规范进行，登记落实两不误，不遗漏，不拖延；年底分别按照有关部门的要求，完成人事劳资年报、党务年报、事业单位机构编制年报，离退休人员年报、工会工作年报、女工工作年报等各级各类年报材料10余份；完成各类总结材料及表格编制填写约3万余字；全年整理文书档案356件，书稿档案151万字。同时，努力做好编辑部上传下达的各项协调工作，积极完善内务管理，按要求完成全年各项工作任务。

（省交通史志年鉴编写委员会编辑部）

【《中国交通报》驻甘记者站工作】 2011年，中交报驻甘记者站在《中国交通报》上刊发各类稿件362篇（幅），其中记者站记者发稿177篇（幅），记者站通讯员发稿135篇（幅），刊发专题照片50幅。全年在一版发稿53篇（幅），头版头条位置发表重大选题报道7篇，稿件被报社评为好稿8篇。组织策划地方交通综合报道9期。同时，记者站在《中国交通报》宣传征订发行及通联队伍建设方面取得了新的成绩。记者站2010年被中国交通报社评为"十佳"记者站，并荣获2011年度中国交通报社"贡献奖"。

认真组织重大选题的策划和采访，对甘肃交通中心工作和重要事件进行了重点宣传报道。2011年年初，根据全省交通工作会议精神和报社的总体安排，记者站对全年新闻宣传报道的重大选题进行认真策划，在省交通运输厅领导明确指示和点题下，确定了舟曲交通灾后恢复重建、交通工程廉政惩防体系、交通安全保障与应急能力建设等9个方面的重大选题。一年来，围绕选题进行深入采访，逐一对选题进行落实。一是对交通运输部部长李盛霖、中央纪委驻部纪检组组长杨利民到甘肃调研交通运输工作进行全程跟踪报道。2月27日至3月1日，交通运输部部长李盛霖、中央纪委驻部纪检组组长杨利民来甘肃调研，与甘肃省领导就推进甘肃交通运输科学发展深入交换意见。记者站记者全程跟踪采访，配合报社特派记者采写了《李盛霖、杨利民在甘肃调研时强调努力推进"十二五"甘肃交通运输科学发展》的报道。二是对甘肃推进高速公路网建设情况进行采访报道。记者站记者通过对甘肃省交通运输厅厅长杨咏中进行采访。了解"十一五"期间甘肃交通发展成就和"十二五"期间的发展战略，在2月10日《中国交通报》头版头条位置上刊发《甘肃大路网建设锁定内畅外联覆盖城乡》的报道，该报道被报社评为好稿。三是对甘肃交通部门精心组织实施舟曲灾后交通恢复重建工程所采取的举措进行采访报道。采写的《舟曲交通恢复重建全面展开》报道，刊发在3月31日《中国交通报》头版头条位置上。对甘肃交通部门坚持"四个务必"，打造"四个工程"，为灾区整体重建和经济社会发展提供交通运输保障的情况进行了具体报道。该报道被报社评为好稿。四是对甘肃交通重点工程建设项目派驻纪检监察组工作和宝天高速公路天水过境段工程廉政部省联建及预防腐败试点工作经验进行宣传报道。采写的《甘肃交通工程廉政惩防体系 高筑防火墙深挖风险点》报道，刊发在4月26日《中国交通报》头版头条位置上。五是对甘肃加大省际接头路建设情况进行突出报道。采写的《甘肃优先推进省际接头路建设》报道，刊发在5月23日《中国交通报》头版头条位置上。对甘肃加大省际接头路建设力度，全力推进省际接头路高速化进程，极大改善全省路网结构，提高道路通行能力的做法进行深入报道。该报道被报社评为好稿。六是对甘肃创新安全监管模式，提高公路建设安全保障水平的做法进行宣传报道。采写《甘肃：创新监管筑牢公路建设安全防线》的报道，刊发在8月12日《中国交通报》头版头条位置上。对甘肃创新安全生产监管的思路、措施和方法，构筑覆盖全行业安全生产防线及推进"平安工地"建设情况进行报道。七是对甘肃推进交通战备军民融合式发展取得的经验进行宣传报道。根据国家交通战备办公室在兰州举行交通战备应急指挥中心和训练基地建设试点现场活动情况，记者站及时刊发了《深化军民融合 提升交通战备保障能力 交通战备应急指挥中心和训练基地建设试点现场活动在兰州举行》的消息，并采写了《甘肃：两个试点成效显现 交通战备能力跃升》的报道，刊发在9月26日《中国交通报》头版头条位置上。对甘肃推进"两个试点"建设的具体做法和取得的5项成果进行全面介绍。

围绕全省交通运输系统的重点工作和重大事件，积极策划组织战役性宣传。记者站充分利用中国交通报社提供的《地方交通》专刊平台，围绕全省交通运输工作会议、创建“平安工地”、甘肃交通运输系统帮扶困难职工及维护行业稳定、交通工程廉政建设、陇南地震和舟曲特大山洪泥石流灾后交通恢复重建、“十一五”甘肃省国省干线公路管理养护、交通建设安全管理水平提升、实施“东部会战”战略等重大活动和重点工作，精心策划，积极组织稿件，集中宣传甘肃交通建设发展、廉政建设、灾后重建、养护管理、安全管理等方面取得的成绩和经验。一是对甘肃交通运输系统开展“平安工地”创建活动情况进行重点策划报道。记者站记者深入“平安工地”创建示范项目之一的武都至罐子沟高速公路工地，现场观摩了小石村隧道坍塌应急保障实战演练，对甘肃省交通运输厅深入开展“平安工地”创建活动进行深入采访，采写了《创建“平安工地” 夯实安全基础——甘肃省交通运输系统开展“平安工地”创建活动纪实》的长篇报道，刊发在1月7日《中国交通报》5版上。为配合全国公路水运工程“平安工地”建设推进会召开，记者站在6月28日《中国交通报》5版上推出《创新：安全保障的强力支撑——甘肃提升交通建设安全管理水平纪实》的长篇报道，对甘肃省开展“平安工地”建设的做法和经验作了全面报道。二是对甘肃交通运输工作会议精神进行解读报道。配合甘肃省2011年交通运输工作会议召开，采写了《为推动经济社会跨越发展再立新功——甘肃省交通运输会议确定“十二五”交通发展新思路》的长篇报道，刊发在1月12日《中国交通报》7版上，宣传了“十一五”甘肃交通运输发展取得的丰硕成果和“十二五” 发展新思路、新战略和新目标。在4月11日《中国交通报》7版上，刊发杨咏中厅长《加快交通运输发展步伐 为甘肃跨越式发展提供交通运输保障》的署名文章，阐述“十一五”全省交通运输发展成就及“十二五”交通运输发展的新战略、新任务。三是对甘肃交通运输系统情系民生、扶危济困、解决难题所采取的措施进行具体报道。采写了《跨越发展 情系民生——甘肃省交通运输系统帮扶困难职工、维护行业稳定工作》的报道，刊发在1月21日《中国交通报》3版上，对近年来甘肃省交通运输厅紧紧围绕中心工作，在抓好职工思想政治建设、组织建设、队伍建设和维权机制建设等各项工作中坚持特色、推进重点，送温暖、办实事、解难题，用真情帮扶困难职工的做法进行了报道。 四是对甘肃创新交通工程廉政建设工作情况进行了全面深入报道。采写了《创新交通工程廉政建设之路——甘肃宝天高速公路天水过境段工程廉政部省联建及预防腐败试点工作纪实》的长篇报道，刊发在4月1日《中国交通报》4版上，对甘肃省交通运输厅采取一系列行之有效的措施，实现项目建设与廉政建设良好互动的做法进行了深入报道。五是对陇南地震灾后交通恢复重建3年带给灾区的巨变进行了重点策划报道。记者站记者通过深入灾区采访，采写了《一次科学发展观的生动实践——甘肃交通灾后重建助推陇南经济驶入快车道》的长篇纪实报道，刊发在5月10日《中国交通报》8版上。在一版“重建之路 汶川特大地震3周年特别报道”栏目中，采写了题为《陇之南：一幅交通新画卷》的通讯，对交通灾后恢复重建给陇南带来的勃勃生机和活力作了报道。此稿被报社评为好稿。六是配合全国干线公路养护管理大检查活动，选择甘肃省公路系统养护管理先进单位的典型代表作了深度策划报道。采写了《张国臂掖 路通天下——甘肃省张掖公路分局“十一五”公路管养工作纪实》的长篇报道，刊发在5月30日《中国交通报》4版上，图文并茂地报道了甘肃公路养护管理工作取得的显著成就，反映了甘肃公路人以路为业，顶酷暑、冒风雪，守护千里长路的精神。七是对舟曲灾后交通恢复重建工作进行了策划报道。在舟曲特大山洪泥石流灾害发生一周年之际，记者通过现场采访，采写了《攻坚克难 重筑灾区生命线——甘肃舟曲泥石流灾后交通恢复重建见闻》 的长篇报道，刊发在8月5日《中国交通报》4版上，对筑路大军抢抓施工黄金季节，加快工程建设进度，狠抓工程质量的情况进行了全面深入的报道。八是对甘肃实施交通建设“东部会战”战略取得重大进展作了深度策划报道。在全国交通运输工作会议召开期间，采写了《“东部会战”告捷 “东西推进”尤酣——甘肃交通建设“十二五”开局稳健》的长篇报道，刊发在12月29日《中国交通报》5版上，图文并茂地报道了甘肃实施交通建设“东部会战”战略以来取得的重大进展和“十二五”甘肃交通运输发展新战略。该报道被报社评为好策划、好版式。同时对杨咏中厅长进行采访，采写了《甘肃省交通运输厅厅长杨咏中：又好又快 良性互动》的报道。

围绕交通运输发展的新动态、新亮点、新热点，及时、有效、准确地做好常规性和应急性报道。一是认真做好全省交通各类重要会议活动的采访报道工作。根据2011年全省交通运输工作会议精神，记者站及时采写了《甘肃率先构建西北区域特色综合运输体系》的报道；根据全省道路运输工作会议、省养公路工作会议、水路交通工作会议、公路路政管理工作会议、民航建设工作座谈会及全省交通行业廉政工作会议精神，先后采写了《甘肃道路运输实施“一圈两翼”发展战略》、《甘肃国道省道5年后二级及以上公路超八成》、《甘肃实施四大工程开发黄河航运》、《保通、保畅、保安全——甘肃打造“公路卫士”服务品牌》、《甘肃陇南机场2011年开建》、《甘肃交通部门健全廉政监督机制》等报道，使各类会议主要精神及时得到宣传。同时采写了《甘肃省公路管理局等三家单位挂牌》和《甘肃：公路路政执法管理局成立》的报道。二是及时做好国家及省上领导视察调研交通运输工作的报道。2011年交通运输部和甘肃省委、省政府领导多次视察交通运输工作，记者站先后采写了《民航局甘肃省协力加快推进民航发展》、《刘伟平雪中考察建设工地并强调加快交通建设服务经济发展》、《刘伟平在甘肃省公投集团集团调研时要求确保2011年直接融资80亿元》、《刘伟平调研舟曲陇南交通灾后恢复重建工程时强调打造灾区重建的先导工程》、《石军调研西长凤高速公路建设时强调强化质量监管保证安全生产》、《虞海燕到省交通运输厅调研时要求确保实现既定目标做好交通安全保障》、《刘伟平调研永古高速公路建设时强调下决心完成今年高速公路建设目标》、《张晓兰调研雷西高速公路建设时要求按期完成任务服务老区发展》等稿件，对上级领导视察指导交通运输工作情况及时作了报道。三是及时有效地做好交通突发事件的应急报道。2011年9月27日上午，甘肃省政府新闻办召开新闻发布会，介绍社会广泛关注的天水至定西高速公路约31公里路面病害处置及现场调查情况,我站第一时间采写发表了《甘肃天定高速公路病害处置完毕 返工费用约1.2亿元均由施工单位承担》的报道,向行业内外报道了天定路出现路面病害的主要原因及下一步调查处置的措施。接着又采写了《天定高速质量问题调查全面启动》的报道,对甘肃省政府成立联合调查组开展调查核实工作情况进行了报道。另外还根据交通突发事件采写了《酒泉完善预案保畅柳星公路易堵路段》、《甘肃排查危货运输企业和车辆》、《秦安县泥石流冲毁路段恢复通行》等报道及《宕昌公路职工抢修水毁路段》、《甘南公路总段抢险人员抢修水毁公路》、《徽县公路段抢险人员抢修水毁公路》等图片报道,起到了正面引导舆论的作用。四是多角度报道甘肃交通工程建设、加快省际接头路建设及甘肃谋划"十二五"规划的情况。记者站落实全国新闻战线记者"走转改"活动,深入到嘉峪关镜铁山、西长凤、雷西高速公路等建设工地一线采访,采写了《镜铁山上养路工:坚守高原保畅通》、《会战老区 奉献精品——甘肃西长凤高速公路建设管理纪实》、《雷西高速:"五字"描红 工程出彩》、《甘肃:畅通省际接口 拓展路网潜能》等通讯报道,其中《甘肃:畅通省际接口 拓展路网潜能》被报社评为好稿。还采写了《甘肃2010年12个县城通上二级路》、《天定、平定高速公路沿线建设生态走廊》、《成武高速建设用地统征协议签订》、《天定高速全线通车》、《甘肃东临二级公路改建工程开工》、《甘肃:首条高原高速公路开工》、《十天高速公路徽县段开建》、《永乌、瓜柳高速公路建成通车》、《甘肃:庆阳老区首条高速公路通车》、《甘肃靖远黄河大桥建成通车》、《甘肃屯沟湾至安门段维修工程完工》、《甘肃开展村路桥梁普查工作》、《甘肃:每县建两三个农村公路通畅示范工程》、《陇原村路连"田"接"市"》等报道。在加快省际接头路建设方面,我站采写了《甘新加快省际公路通道对接》;在谋划"十二五"规划方面,我站采写了《甘肃交通"十二五"强化企业科技创新》、《甘肃交通运输规划邀专家献良策》;在陇南舟曲灾后恢复重建进展情况方面,记者站采写了《舟曲交通运输灾后重建月底开工》、《舟曲交通灾后重建扎实推进》、《陇南灾后交通恢复重建完工》等消息,通讯《铸就灾区公路"钢筋铁骨"——陇南"8·12"暴洪灾后交通恢复重建周年纪实》等报道。五是对甘肃组建公路航空旅游投资集团有限公司和其融资等工作作了及时客观准确报道。我站采写了《甘肃组建公路航空旅游投资集团》、《甘肃省公投集团完成组建》、《甘肃省公投集团发行30亿元债券》、《甘肃省公投集团拟发80亿元中期票据》、《甘肃省公投集团成为建行重点客户》、《甘肃公投集团获200亿元银行授信》等报道。六是对甘肃机场校飞、试航、通航及机场发展动态作及时报道。记者站采写了《甘肃金昌机场顺利通过校飞》、《甘肃金昌机场试飞成功》、《甘肃金昌机场建成通航》、《张掖:军民合用机场通过校飞》、《张掖军民合用机场预计10月前通航》、《嘉峪关机场加密航线配合节会》、《庆阳机场于海南航校展开合作》等报道。七是加强对春运、道路运输发展及市场监管的报道。春运期间,我站记者多次深入兰州各大汽车站进行采访,先后采写了《甘肃落实应急运力应对客流高峰》、《甘肃近期两次减免通行费》、《甘肃道路运输行业争创"60佳"》、《甘肃"温暖春运"服务农民工平安返乡》等报道,从不同角度报道了甘肃交通运输部门加强春运组织和市场监管的情况。我站还采写了《甘肃开展客运市场百日专项整治》、《兰州出租车管理将更智能化》等稿件。此外,我站还结合庆祝建党90周年及学习贯彻十七届六中全会精神,对甘肃交通运输系统开展创先争优活动、文化建设、加强交通安全及应急保障能力建设等内容进行客观及时报道。

认真完成报社交办的各项工作任务,积极协调报社与省交通运输厅之间的关系,发挥了记者站的桥梁纽带作用。一是根据报社关于每周按时报送交通信息的要求,记者站及时了解掌握甘肃交通系统的重大活动及工作动态,坚持每周五下午按时向报社通联部报送信息。如遇特殊情况不能按时报送时,我们都采取补报的办法上报。记者站全年共上报甘肃交通信息80余条,有些信息被报社通联部采用。同时,对报社和业务部门下发的有关文件和报道要求,记者站都及时向厅领导汇报,或向厅有关部门及单位进行通报联系,使报社与省交通运输厅之间保持了信息渠道畅通。二是根据报社关于开展全国诚信物流(快递)企业推选宣传活动、全国城乡客运一体化经验交流会典型经验宣传、"十一五"全国干线公路养护管理成就经验宣传、以及年底高速公路通车项目专题报道等活动,记者站及时向省交通运输厅领导汇报,根据厅领导的批示,及时联系相关单位积极做好甘肃交通运输发展成就的宣传报道工作。

认真做好2012年《中国交通报》的宣传征订发行工作,不断提高报纸在甘肃交通运输系统的发行量和覆盖面。一是记者站高度重视《中国交通报》的宣传和征订发行工作,把它作为记者站的首要任务来完成。2011年按照报社要求,及时向厅领导作汇报,争取省交通运输厅的最大支持,及早着手展开2012年报纸征订宣传工作。10月10日,甘肃省交通运输厅下发《关于做好2012年〈甘肃经济日报〉、〈中国交通报〉征订工作的通知》(甘交办[2011]70号),明确要求各市州交通局、运管处(局)及厅属各单位要按照厅下达的建议征订数量,认真做好《中国交通报》的征订工作,确保报纸在交通系统的发行量和覆盖面。明确要求各单位主管新闻宣传工作的负责人要认真负责地抓好本单位的征订宣传工作,确保本单位每个科室、每一个基层单位都能阅读到《中国交通报》。二是我站通过积极沟通协调,在甘肃省交通运输厅政府网站"通知公告"栏目上发布宣传征订《中国交通报》的通知及《中国交通报》的宣传发行词。同时还联系报纸发行重点单位的分管领导及工作人员召开通联会,对有关单位工作人员进行物质奖励,对报纸发行任务作了进一步落实。同时,记者站记者还及时与全省特约记者、特约通讯员和通讯员联系,对特约记者和通讯员推介宣传《中国交通报》征订工作提出了明确要求。三是记者站积极向民航(海航甘肃机场集团)、邮政(甘肃省邮政管理局、省邮政公司、市州邮政公司)、城市公交(兰州公交集团及其所属客运分公司)、交职院校(甘肃交通职业技术学院)等单位大力推介《中国交通报》,通过主动上门送文件、打电话联系等方式,尽最大努力,想各种办法,动员他们多征订报纸,努力拓展报纸征订范围。年内记者站已按照省交通运输厅对各单位下达的建议征订数量,督促各单位尽快完成征订任务,同时对征订《中国交通报》的情况进行统计汇总,争取在完成上年同期征订数量的基础上,2011年订报数量有新的提高。

(中交报驻甘记者站)

【甘肃长达路业有限责任公司工作】 2011年工作开展情况。长达路业公司承担建设管理任务的项目有武罐、成武和营双高速公路及兰永快速通道项目。年初,省交通运输下达固定资产投资计划任务80亿元。其中:武罐项目30亿元、营双项目20亿元、成武项目25亿元、兰永快速通道5亿元。经过一年的不懈努力,公司各项目累计完成建设投资76亿元,完成年计划的95%。其中:武罐项目完成投资30亿元,占年计划的100%。全线路基土石方完成总量的71.2%;桥梁下部工程完成总量的82.2%,桥梁上部工程完成总量的1.7%;涵洞完成总量的45%;隧道累计掘进7.14万米,占总量的86%;衬砌完成6.57万米,占总量的79%;路面工程招标工作正在按计划实施。营双项目完成投资20亿元,占年计划的100%。全线路基土石方完成总量的88%;桥梁工程完成总量的59%;涵洞完成总量的94.2%;隧道掘进538米,占总量的58%;衬砌完成429米,占总量的46%;路面工程招标工作正在按计划实施。成武项目完成投资25亿元,占年计划的100%。全线路基土石方完成总量的19.4%;桥梁下部完成总量的49.7%,桥梁上部完成总量的7.5%;涵洞完成总量的40.3%;隧道累计掘进1.84万米,占总量的24%;衬砌完成1.32万米,占总量的17.2%。兰永项目已于10月26日正式奠基,年内施工图设计文件已完成编制,建设用地丈量登记正在进行,完成投资1亿元。渭武项目勘察设计招标工作已经完成,各项前期工作已全面启动。从全年的项目建设进展来看,省交通运输厅下达的年度计划任务除兰永项目外,其他均全部完成。兰永项目没有完成的主要原因是受国家宏观调控政策影响,前期工作相对滞后,影响公司年度整体计划任务的完成。

前期工作扎实推进。针对兰永项目前期工作时间紧、任务重、审批环节复杂等困难,按照省交通运输厅要求,采取加强组织领导,落实目标责任,加强与省直部门的沟通汇报等方式,按期完成了兰永项目的各项前期工作,项目已于10月26日正式奠基。同时,按照省交通运输厅安排,全面启动渭武项目前期工作。

信息管理全面推广。积极开展信息化管理,在武罐、营双及成武项目全面推广工程信息化管理,建成了工程生产远程视频监控系统。积极开展标准化建设,制定下发《开展施工标准化活动方案》,在营双、成武项目全面开展工地标准化建设活动,建成了标准化预制场、拌合站、钢筋加工场、施工驻地和工地试验室,初步实现了工地管理规范、施工现场文明、质量安全管理到位。从全年省交通运输厅及省质检站反馈的检测数据来看,各项目质量技术指标均满足设计和规范要求,工程质量始终处于稳定可控状态。

建设资金安全使用。加大建设资金监管,在多次审计的基础上,积极配合财政部专员办等上级单位及部门完成对项目建设资金使用情况的专项审计,并针对发现的问题,通过致函承包人,责令限期整改,及时就整改落实情况进行"回头看"。加强对工程价款结算和中间支付的审核监督,做到计量工程符合技术规范及设计图纸的要求,各种批复手续和检查验收程序齐全,确保了建设资金按计划、按预算、按合同、按进度结算支付。严格设计变更程序,按照省交通运输厅及公司的相关要求,对变更工程量逐级进行审核批复,避免不合理费用的发生。

科研工作进展顺利。针对承建项目施工技术难度大的特点,把开展技术公关,提供科技支撑作为重点来抓。狠抓技术服务,通过开展设计回访,召开专家会议等形式,及时研究解决各类技术"疑难杂症"。全力做好新工艺、新材料和新设备的使用。武罐项目通过推行预制梁钢筋加工模架施工法,全线梁体钢筋网架加工质量得到全面提高。通过砂石料清洗机械的引进使用,解决了原材料清洁度低的问题。

安全形势总体平稳。根据人员变化情况,重新调整充实了安委会。层层落实目标责任,在年初与省交通运输厅签订《安全生产目标责任书》的基础上,与各项目办签订《安全生产目标责任书》,各项目办分别与各施工、监理单位层层签订了目标责任书,全面落实了"一岗双责"和"双目标责任考核"制,构建了安全监管长效机制。全年公司实现安全生产零事故,成武高速公路建设项目被省交通运输厅授予甘肃省公路水运工程"示范项目",武罐高速公路建设项目被交通运输部评为"全国平安工地"创建活动示范项目。

信访综治扎实深入。紧紧围绕公司中心工作,狠抓信访及综治措施落实,全年办结群众来信来访案件10件(起),结案率为100%。深入开展工程建设领域突出问题专项治理,着重对武罐、成武和营双3个项目开展工程建设领域突出问题的专项治理。不断加强社会治安综合治理,把维护本单位、本部门的稳定工作作为一项政治任务来抓。全年公司未发生任何违法乱纪行为,全体干部职工普遍保持较高自律性,职工队伍始终保持高度团结稳定,为公司各项工作的深入开展提供强有力保障。 (甘肃长达路业有限责任公司)

【甘肃路桥公路投资有限公司工作】 2011年,圆满完成公路重点项目投资计划和建设任务。年初省交通运输厅下达投资计划26亿元,其中永古20亿元、临合1亿元、临渭3亿元、兰州南绕城2亿元。2011年,路桥公路投资公司各项目全年共计完成投资22.06亿元,其中永古项目完成投资20.03亿元,占计划的100.13%;临合项目完成投资1.2亿元,占计划的120%;临渭项目完成投资3 300万元,占计划的11%;兰州南绕城项目完成投资5 000万元,占计划的25%。2012年临渭和兰州南绕城项目由于受国家宏观经济政策调控等因素的影响,导致工程可行性手续未批复,影响了投资计划的完成。

1. 全面完成永古项目建设计划。续建的永古项目2011年主要进行路面、隧道、交通安全、房建等工程建设。该项目自2008年12月底开工至2011年12月31日累计完成投资51.9亿元,占总工作量的88.42%。其中,路基土石方总工程量1 617.19万立方米,已完成1 608.22万立方米,占总量的99.45%;排水防护工程总工程量69.08万立方米,已完成63.17万立方米,占总量的91.45%。桥涵工程大桥7座,已完成6座;中桥19座,已完成18座;小桥34座(含立交区)已全部完成;通道桥78座(含立交区)已全部完成;天桥9座已全部完成;涵洞554道(含立交区),已完成545道。隧道工程总工程量4.38万米(单洞)/5座,已完成3.37万米(单洞),占总量的76.83%。路面工程,本年度主要完成了徐家磨至乌鞘岭段105公里的建设任务,12月21日顺利通车。其余房建、交通安全、机电等工程按计划进度完成施工任务。

2. 开工建设临合项目。临合项目路线全长98.65公里，计划总投资88.9亿元，建设工期4年。于2011年12月2日奠基开工，并完成了土建工程招标和征地放线、丈量等工作，年内已组织进行驻地建设。

项目前期工作有序推进。着力加大临合项目前期工作协调，确保该项目水保方案、土地预审、环境影响报告以及工可、初步设计及概算于年内批复并开工。由于近两年来，国家宏观经济政策趋于紧缩，国家审批的重点项目程序更复杂、节奏更慢，2011年，公司继续加大对待建项目前期工作的报批和协调，但国家部委的审批进程缓慢，年内兰州南绕城、临渭、渭宕3个项目主要手续仍然停留在国家发改委的审批阶段，其中临渭、兰州南绕城项目水保、环评、土地预审手续已批复到位，但工程可行性手续上报国家发改委后一直处于待批，同时临渭、兰州南绕城的土地手续批复已超出有效期，2011年公司又协调国土部办理延期手续。渭源至宕昌项目工程可行性研究报告已编制完成，并通过交通运输部和国家发改委的现场评估，年内仍在修改工程可行性报告。勘察设计招标工作已完成，水土保持方案、环境影响报告和土地预审手续正在积极报批阶段。在推进项目前期工作上，由于大环境的影响，遇到的困难较多，公司始终不懈怠、不搁置，坚持勤汇报、勤协调，勤跑多催，遇到问题及时与省交通运输厅相关部门沟通，积极、主动的加强与省上及国家发改、国土、环保等部门的联系、汇报，及时了解上报项目手续批复进展情况，尽最大努力确保项目手续能顺利推进。

建设项目工程质量、安全、进度实现良好控制。2011年，路桥公路投资公司进一步加强设计审查、工程招标、施工管理，严格合同履约，创建并维护更为良好公路建设市场秩序和建设环境。全面加强质量管控，努力解决一批技术难题和质量通病，永古项目路基、路面、桥涵、隧道等工程质量稳步提升，省交通运输厅及质检站检查提出的一些质量隐患得到有效整改，该项目整体工程质量得到良好控制。大力加强安全监管和应急保障体系建设，安全生产隐患和事故得到有效遏制，特别是结合永古项目"保通保畅"路段安全管理难度大及乌鞘岭隧道群地质条件复杂的特点，公司重点监管，邀请各方专家认真会诊并制定安全施工方案，采取科学有效的安全保障措施，同时大力开展"平安工地"建设活动，有效提高参建单位的安全生产法规意识，2011年永古项目有2个标段获得了全省"平安工地"建设示范合同段称号，全年我公司在建项目未发生任何安全生产事故。在建设项目工期上协调调度、统筹安排、科学组织，特别是在永古项目旧路改建段要全面建成通车，工期紧、任务重的形势下，我公司及项目办加大督查协调，科学调度安排，倒排工期，圆满完成永古项目徐家磨至乌鞘岭段建设任务，并顺利通车。

项目建设资金实现有效保障。2011年，受国家紧缩货币政策的影响，路桥投资公司建设项目资金遇到了前所未有的困难，往年按程序能正常到位的资金，但2011年国家卡的更紧、审批更严格，特别是贷款资金，银行资金链紧张，造成审批和拨付流程都非常缓慢。项目资金不能及时到位影响了项目的正常建设，资金运转困难，公司一方面督促和要求施工单位克服困难，想办法想措施努力推进施工进度，不能停止施工和延缓施工工期，同时努力加强与省交通运输厅及省公旅投集团和各贷款银行的协调汇报，积极争取建设资金，确保资金能尽快拨付和到位。同时，公司也加大对施工单位拨付款的监管，对各标段使用及执行建设资金情况认真开展检查，对施工单位提前计提上级单位管理费以及挤占挪用资金等行为，每发现一起严厉查处和督促整改一起，确保紧缺的资金能足额用到工程建设中。2011年，公司与永古项目参建单位共同应对、共同努力，在资金紧张、困难多的条件下，采取各种措施共克时坚、共渡难关，有力保障永古项目前100公里的建成通车，按期保质保量完成各项建设任务，没有影响全年交通建设目标任务完成的大局。

科研创新工程取得新的进展。继续组织开展对《乌鞘岭特长公路隧道群建设与运营安全控制技术研究》、《甘肃省大温差地区沥青路面修筑关键技术研究》、《乌鞘岭地区路基修筑中生态保护技术研究》和《徐古高速公路旧路基利用技术研究》科研项目的实施；加快推进《三维技术在高速公路建设中应用研究》、《新型高速公路边坡柔性防护技术研究》、《甘肃地区大温差时变效应对桥梁结构影响研究》和《沥青路面层间剪切性能指标体系研究》报告书的编制。完成对《重载交通条件下高等级公路沥青路面结构研究》科研课题的鉴定，取得良好成果。

（甘肃路桥公路投资有限公司）

【甘肃远大路业集团公司工作】 2011年，远大路业集团公司紧紧围绕"项目建设管理"，上下协调、共同努力，较好地完成了各项工作任务，为集团事业的可持续发展提供强大支持。

集团所管各项目进展情况。2011年，集团承建的各项目计划完成建设投资29.35亿元，由于建设资金和征地拆迁的影响，实际完成28.79亿元，占年度计划的98.1%。1. 瓜星高速公路项目：计划完成投资9.77亿元，实际完成13.3亿元，占年度计划的136%。2. 敦当二级公路项目：计划完成投资2.05亿元，实际完成投资1.85亿元，占年度计划的90.2%。3. 折达二级公路项目：计划完成投资4.19亿元，实际完成投资2.43亿元，占年度计划的58%。4. 庄天二级公路项目：计划完成投资7.3亿元，实际完成投资7.21亿元，占年度计划的98.8%。5. 金武高速公路项目：计划完成投资6.04亿元，实际完成投资4.0亿元，占年度计划的66.2%。

宕昌(南河)至迭部二级公路改建项目——项目探索性采用施工总承包模式进行招投标，年内设计、施工和监理单位已全部进场，完成驻地标准化建设，同时进行不受气候影响的桥梁桩基、隧道洞身和挖方的施工。

白明高速公路项目前期工作情况——项目工程可行性研究报告交通运输部已审查通过，根据预审意见修改后的工可研报告已送国家发展和改革委员会，待批。地震动参数复核报告、地质灾害危险性评估已评审通过，环评、水保及调整自然保护区、压覆矿产资源、土地预审等工作已委托相关单位开始工作。

项目建设管理工作稳步推进。2011年，远大路业集团认真贯彻落实省交通运输厅、省公路管理局的安排部署，切实加强组织领导，严格落实责任，加大协调力度，采取有力措施，确保集团所管项目建设管理发展势头良好。严抓工程质量不放，确保建设项目工程质量。2011年，集团根据省交通运输厅开展的公路建设“质量提升”活动方案和我单位制订的“远大路业集团开展‘质量提升’活动实施方案”，结合以往开展的混凝土、原材料、预应力及“工程质量回头看”等专项质量活动，及时调整了工作思路，完善各项管理制度措施，提出更高质量要求。狠抓安全生产管理，安全生产形势稳定。作为公路建设业主单位，公司始终将安全生产作为大事来抓，集团上下始终坚持“安全第一、预防为主、综合治理”的方针，牢固树立“以人为本，安全发展”的理念，采取多项措施，确保了各在建项目安全生产形势的稳定。集团和各项目办在抓工程质量和安全生产的同时，严格控制工程进度，确保不为“赶进度、赶工期”埋下质量、安全隐患。在保证工程质量、安全生产的前提下，为确保建设任务按期完成，各项目办结合剩余工程量，对工程总体进度进行了详细的安排，采取倒排工期、重奖重罚等激励措施，保证计划的落实。科学管理，有效控制，切实加强资金管理。为保证项目建设资金安全、高效使用，集团、各项目办和各参建单位都严格执行省交通运输厅建设资金管理制度，严格按照规定程序申请拨付，做到对上不瞒报，对下不截留。对建设资金实行“专户存储、专款专用、封闭运行”，在资金划拨中严格执行3方监管协议。

（甘肃远大路业集团有限公司）

【甘肃路桥建设集团工作】 2011年，甘肃路桥建设集团以施工设计总承包模式成功承揽了房建工程和公路工程两个类别两个项目的施工任务，实现企业高端项目运作的新突破；成立甘肃路桥建设集团养护科技公司和甘肃曼特睿尔公路材料研发公司，专门开展公路养护工程施工和材料的研发、销售等业务，进一步细分施工市场、扩大市场份额；启动“甘肃省道面工程施工技术研发中心”开办工作。企业被建筑行业最权威机构——中国建筑业协会授予“中国建筑业最具成长性百强企业”，成长性指数在全国同行业企业排25名。

公司加强“大管控体系”建设，即由原来单一的成本管控，推广到战略管控、品牌管控、人力资源管控、财务管控、业务管控等方面，构筑大管控体系。制定出台《工程劳务用工风险防范管理办法》、《完工项目财务开门管理实施细则》等18项管理制度和办法，对企业整体工作的重点环节和重点岗位，用制度进行规范和约束；完善项目财务“开门”、“关门”机制，加强事前、事中、事后审计工作。路桥集团财务开门、关门经验受到了我省交通运输系统领导和兄弟单位的一致好评并逐步开始推广，省审计厅在工作简报中也专门对集团的经验进行宣传。

公司推行“大标准体系”建设，即在管理、生产、施工等方面，都按照标准化要求进行考核评价。在施工技术上，严格按照施工规程、规范进行技术操作。要求各项目根据隧道、路基、桥涵等分项工程的作业指导书和专业施工方案，坚决贯彻落实“五不施工、三不交接、三检制度”，以技术为支撑，确保工程质量稳步提高。制订出台《首件工程许可制实施办法》，用首件工程各项质量指标指导后续批量生产；继续深化“三位一体”标准体系要求，严格按照业务流转规定、程序进行管理；路桥集团的标准化建设成效明显，营双9标、雷西4标等项目的标准化建设被同行业企业竞相观摩学习；路桥集团的标准化建设工作走在全省施工企业前列，甘肃省工程建设标准办公室也因此委托集团制定《路桥工地建设标准》，为全省路桥施工行业制订标准规则。

公司加大安全投入，确保工程顺利推进。编制并发布实施了《安全生产目标管理责任考核实施办法》、《劳务队安全管理实施细则》、《项目班组安全管理实施细则》等制度，切实指导项目安全生产；积极开展“平安工地”创建活动。承建的6个项目被省厅授予“平安工地”示范合同段，成武18标被推荐为交通运输部示范项目；路桥集团被省交通运输厅评为全省交通运输行业“2010—2011年度安全生产先进单位”荣誉称号，这是企业自1998年以来首次获得安全管理奖项。

公司坚持将“科技强企”作为重点工作来抓，鼓励职工总结、创新、发展，通过加大人力、物力、财力的投入，实现企业“产、学、研、用”一体化发展目标。打造高新技术企业。根据试验检测公司甲级资质的发展需求，路桥集团确定将其打造成为高新技术企业的定位，积极支持其完成高科技企业认定工作和兰州高新技术开发区入区工作，鼓励试验检测公司在贵州成立了分公司，积极承揽试验检测任务。试验检测公司实现了集团高新企业零的突破；加快科研成果转化步伐。路桥集团以瓜星高速公路路面项目为载体，制定《改性沥青技术攻关小组“产学研用”一体化模式实施方案》，全面开展改性沥青技术的研发和生产，收到了显著成效；高度重视工法总结和编制申报工作。全年共审定通过企业级工法12项，其中9项被评为省（部）级工法，2项被评为国家级工法。目前，路桥集团已经拥有企业级工法27项、省（部）级工法17项、国家级工法2项；大力开展科技攻关活动。依托承建项目，积极开展科技研发，金永路面1标、康临南阳山隧道被评为甘肃省“建设科技示范工程”，《上承式钢管混凝土拱桥盖梁预制吊装施工技术》、《高速公路ATB-25柔性基层施工技术》等5项应用型科技成果喜获甘肃省建设科技进步一、二、三等奖，企业科技水平迈上了一个新台阶。

公司从建立标准化体系入手，全面落实质量、进度、安全保证措施，加强项目管理。依托瓜星项目改性沥青加工生产试点工作和宽幅大厚度水泥稳定碎石课题研究，组织召开路面技术现场交流会，认真研究总结成功经验，形成学技术、比技术的良好氛围。2011年，集团项目管理水平有较大提升，承建的52个省内外项目先后受到业主通报表扬26次，流动红旗6面，获得奖金共计311.5万元，云南元武B5合同段获得云南省2011年度优质工程二等奖荣誉称号。

2011年，路桥建设集团充分发挥企业资源优势，主动承担社会责任。承接我省兰临高速公路新七道梁隧道“4·8”事故抢险工程和秦州隧道处治工程；对集团和原公路局75名家属工、五七工办理了社会保险，缴纳社会保险费用91.63万元，维护了社会和谐稳定。

公司积极创新党员教育模式，利用手机飞信群发功能，组织创建“甘肃路桥党建工作信息平台”，有效解决以往党员干部学习难以集中，时效性差，形式单一的问题。2011年，路桥集团集团获“全国交通运输企业文化建设优秀单位”荣誉称号。

（甘肃路桥建设集团有限公司）

【全省交通规划勘察设计工作】 2011年，省交通规划勘察设计院有限公司，全体员工在激烈的市场竞争中抢抓机遇，乘势而上，苦干实干，奋力拼搏，圆满完成了各项工作任务。

抓生产，强服务，任务指标取得新突破。作为我省公路建设前期工作的主力军，省交通规划勘察设计院有限公司始终以省交通运输厅确定的重点建设项目为重点，以做好技术服务为己任，牢固树立"为交通厅服务、为业主服务"的理念，超前谋划，精心组织，加强生产资源的统一调配和集约管理，建立了快捷高效的生产组织体系和及时有力的后续服务体系。在十天、南绕城、临合高速，沿黄一级4个重点项目中开展以"比质量、赛进度；比创新、赛能力；比配合，赛协调"为主题的劳动竞赛活动，将后续服务作为窗口服务和培养人才的重要途径，认真做好天水过境、西长凤等开工项目和武罐、雷西等在建项目设后服务工作，认真抓好现场服务和设计回访，认真履行总体设计单位职责，及时解决施工中的各种技术问题，充分发挥为我省交通建设提供技术保障和技术把关的作用。一年来，全体员工立足岗位创佳绩，掀起大干苦干新高潮，各项目标任务超额完成，各项生产经营指标均创历史新高。公司共参与完成32个项目52个合同段公路工程勘察设计的投标工作，先后中标承揽高速公路勘察设计193.01公里，一级路47.95公里，二级路420.39公里，市政快速路87.99公里，房建工程约18万平米，高速公路机电工程180.33公里。共完成兰州北绕城高速等工程可行性研究8项2 501.47公里，临合高速和沿黄一级公路等初步设计5项381.21公里，施工图设计4项350.65公里，正在进行施工图设计3项233.21公里；完成宕昌至迭部、临洮至康乐至和政二级等其它公路初步设计270.21公里，施工图设计1 064.11公里；及时做好康临、平定、天定等高速公路水毁抢修技术服务，同时完成房建初步设计13.34万平方米，施工图设计10.65万平方米；完成21项高等级公路建设监理任务，监理完成产值2 197.54万元；完成临合高速公路环保初步设计等水保绿化设计11项，兰州南绕城高速公路机电初步设计等机电设计15项；完成地质勘探2 212孔5.72万米，探井545孔3 408米，地质调绘461平方公里，物探11.89万米，声波测孔81个。完成产值3.99亿元，实现利润1 721万元。

抓规划，求发展，多元化产业迈上新台阶。公司坚持以加快发展为第一要务，注重发挥战略规划的根本导向作用，于年初讨论制定《公司"十二五"发展规划》，明确提出建设一流综合设计咨询企业的总体目标，提出打造"产业发展基地"，践行"三个服务"，做强"五大产业"，实施"五大工程"的发展目标。2011年，公司以巩固主业为立足点，牢固树立面向市场、敢为人先、宽容失败、拒绝守旧的新理念，将竞争优势逐步扩展到市政、试验检测、机电施工等新领域，实现资源共享和产业拓展，推动企业多元化发展。一是成功取得市政行业(道路工程、桥梁工程)甲级设计资质，在咨询资质原有公路专业甲级基础上，申报扩大建筑、市政和岩土工程三个专业范围和等级并取得新证书。二是中标取得兰州新区东、北快速路等项目，成功进入市政道路设计领域。三是大力拓展试验检测市场，承担多项新建路面配合比设计、工程质量抽查等现场检测服务工作，由公司两名博士带队完成西长凤高速、静庄二级等交工检测任务，其中天定高速路面早期病害检测报告与国家道路与桥梁工程质量检验中心检测结果一致，充分印证公司的养护、检测技术实力。在国省干线公路迎国检工作中，公路养护技术研究院工作得到国检专家组高度评价，认为我省养护技术研究走在全国前列，具有超前眼光和思维，为我省普通公路养护管理工作在全国各省、自治区取得排名15的历史最好成绩贡献了力量。四是千方百计扩大机电施工市场份额，先后中标6个公路机电施工项目，合同额首次突破2亿元。同时完成了新疆、湖南、浙江等省市投标进驻备案，为开拓省外市场奠定了基础。五是积极推动基地建设。甘肃交通科技产业园区建设工程在第十七届兰洽会签署招商协议书，即将进行招拍挂程序。交通综合大厦一期食堂维护修缮工程于6月底验收竣工，已正式运营；二期公共卫生间及开水间维护修缮工程于10月竣工验收通过，现已投入使用；三期会议中心维护修缮工程年内完成。

抓设计，创精品，技术水平实现新飞跃。公司坚持以重点工程建设为载体，加大科技研发投入，全面提升技术水平，突破了高地震区大跨度桥梁设计、波纹钢腹板连续刚构桥设计、湿陷性黄土地区分岔隧道设计等关键技术，打造西固黄河大桥、西果园枢纽立交、柳泉3号隧道等一批品牌工程，各项目亮点频出，实现技术创新重大跨越。一是桥隧设计创多项之最。主跨480米的兰州南绕城高速公路西固黄河大桥设计为目前国内8度以上地震区最大跨度斜拉桥，也是西北拟建最大跨度斜拉桥，拟采用的液压粘滞阻尼器和桥梁健康监测系统均为我省桥梁建设上首次采用。柳泉3号隧道设计在国内湿陷性黄土地区首次提出了"连拱-小净距-分离式"的分岔隧道设计方案，为我省黄土沟壑地区路线布设和隧道结构选型提供新思路。临渭高速公路小河沟桥设计为西北首座悬臂施工和最大跨度波纹钢腹板桥，也是国内第一座波纹钢腹板连续刚构桥。高度110米的十天高速公路六巷河大桥设计为我省公路桥梁中的最高桥梁。沿黄路双塔斜拉桥河口黄河大桥设计为西北地区同类结构中跨径最大的桥梁，长4 500米的太极岛特大桥设计为省内最长的公路桥梁。二是枢纽立交设计打造兰州标志性工程。兰州南绕城高速公路西果园枢纽立交设计为大型5层直连式枢纽互通立交，建成后将成为我省规模最大的枢纽立交。三是养护技术研究取得新成绩。我省河西裂缝密集路段使用橡胶沥青混凝土加铺技术、宝天高速麦积山隧道使用混凝土路面抗滑超薄罩面加铺技术等4项新技术，有效解决我省高速公路运营期间的病害难点和重点；完成甘肃省干线公路养护技术标准、甘肃省石料分布数据库等5项标准指南的编制。四是科技研发成果显著。开展20余项科研课题的研究工作，其中4个项目被省交通运输厅批准为2011年度立项研究项目。《干旱地区湿陷性黄土路基边坡植物防护技术和甘肃公路自然区划信息系统》入选交通运输建设科技成果推广目录。交通科研项目网上申报管理系统等4个软件申报著作权并通过国家版权局认证，朗青公司开发的高速公路开放式计重收费系统等2个软件成功申请了甘肃省信息化产业发展专项资金和科技型中小型企业技术创新基金。年内获得甘肃省优秀工程勘察设计一等奖1项，甘肃省优秀工程咨询成果二等奖2项，甘肃省优秀工程咨询成果三等奖2项。

抓队伍，育人才，人力资源再创新优势。在人才管理机制建设上，科学把握人才成长规律，疏通拓宽人才成长渠道，根据新产业开发和资质申报计划，积极做好高端人才和紧缺人才引进培养工作，2011年引进博士5名、硕士11名、市政设计专业技术带头人1名，组织150人余次参加注册建筑工程师、注册结构工程师等各类培训和资格考试。与哈尔滨工业大学签订联合培养博士后协议书，加强双方科学研究、成果转化与人才培养，搭建了国家重点大学和甲级设计院所的人才交流和技术共享平台。坚持以品德、知识、业绩、能力和经验作为人才选拔、评价、使用的标准，年内对6个管理岗位进行公开竞聘选拔，考察任命9名中层管理干部，10余名干部进行岗位交流，为"想干事，能干事，干成事"的优秀人才搭建干事创业和施展才华舞台，形成"能者上、平者让、庸者下"的良好用人机制。2011年公司有博士6名，硕士67名，正高级职称8名，高级职称84名，技术人员比例为78%，35岁以下青年比例为51%，呈现出高学历、高职称、专业强、年轻化的特点，继续保持我省交通建设的技术人才优势。

抓管理，促质量，内控体系再行新举措。公司坚持把内控体系建设作为企业健康发展的重要保证，一是不断深化管理机制改革。下放管理权限，扩大各基层单位自主经营权、设备购置权和用人自主权，制定各单位用人自主权指导意见，积极为各生产单位自主经营、拓展对外环境创造沟通联系的桥梁，逐步将机关管理部门的工作重点转变到政策研究、业务指导、协调控制、审核监督和服务保障上。二是不断完善制度体系建设。制定《岩土工程生产技术管理实施细则》，修订《勘察设计质量责任追究办法》等制度近10项，保证制度的适宜性、实用性和可操作性；各部门结合实际制定绩效考核、质量管理等制度实施细则，各投资公司不断完善内控管理机制，努力做到科学化、规范化、标准化管理。三是不断完善质量控制体系。严把各阶段、各环节的质量关，力求外业测设基础资料准确齐全，加强总体设计、方案设计和重点工程方案的比选研究，认真落实"一校三审"制度，从细节入手提高设计深度。顺利开展质量管理体系内审和外审，抓好质量责任追究和质量评定，加大质量与经济责任制、专业技术职称评聘挂钩的力度，突出重奖重罚，提高操作性。推行标准化设计，出版《甘肃省公路设计指南》，应用"方案+装配"的设计工作方法，建立推广通用图库。四是不断完善技术创新体系。加大技术成熟、工艺简便、安全可靠、成本适当的新材料、新技术、新工艺的推广应用，举办技术咨询会、技术交流会以及技术讲座6次，员工发表学术论文84篇，其中国家核心期刊21篇。结合全省交通工程质量安全大检查大整改活动开展以组织设计回访、开展自查总结、举办专业知识竞赛为主要内容的勘察设计交流活动。年内还筹备开展以技术、管理和产业发展经验交流和技术研讨为主题的"创新发展"论坛，论坛每年举办一届，旨在不断挖掘员工潜能，持续培养创新意识和创新能力，突破思维瓶颈，创新工作理念，提升技术服务水平，加快企业改革发展步伐。五是不断完善财务审计管理体系。严格执行预算管理，建立覆盖资金运行各环节的制度体系和内部监督制约机制；认真做好产值核算，根据预估产值、往年预留产值等情况综合确定工资总额，充分体现公司按劳取酬、部门效益和业绩挂钩的政策；认真履行好财务管理、审计和监督职责，指导下属单位、投资公司做好各项内部财务管理。六是不断加强安全生产管理。开展了"平安交通"、"安康杯"、"安全生产年"等专项活动，共进行安全生产大检查6次，工地检查3次，车辆检查3次，消防培训2次，有效保障了办公区、住宅区、作业区安全，以及车辆和仪器设备使用安全。

2011年，公司被中国交通企业管理协会、交通行业优秀企业管理成果评审委员会评为全国交通运输企业文化建设优秀单位，公司精神文明建设工作获得中央文明办充分肯定，继续保留"全国文明单位"荣誉称号。

（省交通规划勘察设计院有限责任公司）

【交通科学研究工作】 改革调整运行模式，努力增强企业发展活力。2011年，我省交通行业转变发展方式、调整发展结构的思路进一步开阔，步伐进一步加快。面对新形势和新任务，交通科研院领导班子审时度势，主动应对，及时调整工作思路，完成了企业"三五八"发展规划编制工作，组织召开企业发展规划专家咨询会，为公司长远发展明确了方向。在省交通运输厅关心支持下，完成"所"改"院"工作，成立"道路工程研究所"和"桥隧工程研究所"，促进科研与生产的有效结合，在构建产学研一体化创新平台方面做出了有益尝试。全力提升勘察设计竞争能力，完成下属甘肃康大公路设计咨询公司的注销及勘察设计资质变更，设计资质升级工作取得明显进展。依托试验检测中心成立设备经营管理部，合理调配试验设备，开展设备租赁业务，提高资产使用效率，确保国有资产保值增值。积极协调解决企业整合重组遗留问题，与省交通运输厅工程处正式签订甘肃新瑞交通科技发展有限公司国有股权转让协议，进一步理顺法人治理结构，为移交企业稳定发展创造良好环境。

全力落实生产任务，确保经营效益保持稳定。面对愈来愈激烈的市场竞争，交通科研院经营班子不等不靠，紧紧围绕公路建设和养护两个主战场，积极拓展省内和省外两个市场，巩固优势业务，延伸产业链条，加大投标力度，2011年中标承担生产项目11个，合同额6 650万元，实现产值1.04亿元，企业产值首次突破亿元大关。一年来，交通科研院完成西长凤、天水过境段、西藏拉贡等1 290公里高速公路的交竣工检测任务，承担了雷西、成武、武罐、兰州新区城市道路、广西桂来高速等多个在建项目的桩基检测、地质超前预报、施工质量监测、基础材料试验和施工监理任务。围绕省交通运输厅"迎国检"和安全隐患排查治理活动，完成全省所有运营期内高速公路和国省干线公路的路基、路面、桥梁、隧道等交通设施的养护检测和安全排查，参加了"4·8"新七道梁隧道火灾事故的灾损调查评估工作。积极争取勘察设计任务，完成公路可行性研究310公里、初步设计和施工图设计257公里、危旧桥梁维修加固设计20余座。

加大科技创新力度，全面落实人才强企战略。积极开展交通科技创新平台建设工作，组织参加了公路养护技术工程研究中心和新型道路材料重点实验室申报工作，为我院加快建设科技创新服务平台储备经验。围绕公路建设、养护关键技术和低碳交通发展需求，依托我省重点高速公路项目，申报承担了"甘肃夏热冬寒区沥青路面车辙防治技术研究"、"刘家峡大桥施工关键技术研究"、"甘肃省废旧沥青混合料冷再生试验研究"等7个新的科研项目，"气象灾害对平定高速公路边坡的影响及防治技术研究"等3个科研项目完成结题验收工作。加快推进信息化建设,着眼我省养护工作需要,启动甘肃省国省干线公路桥隧动态数据库建设工作,初步完成了公司生产经营信息管理系统、试验检测数据处理系统和OA办公自动化系统的研究开发工作。重视人才队伍建设,积极引进吸收高科技人才,通过公开选拔、竞争上岗等方式,为工作实绩突出、综合素质高的基层年轻职工搭建施展个人才华的舞台。加强职工继续教育和能力培养,在全省职工职业技能大赛高速公路试验检测技能比武和“科研杯”全省交通运输职工5小发明活动中取得优异成绩。

夯实企业管理基础,促进质量效益协调发展。积极推行全面预算管理,按照责权统一、绩效主导、控制成本、多劳多得的原则,不断改进完善目标任务和经营效益考核方式,初步确立以生产利润和账款回收为主要指标的经营考核体系,生产单位和一线职工工作积极性普遍提高。重视制度建设,组织开展“落实制度促管理,加强监督抓执行”和“完善制度体系,提升管理效能”主题活动,先后制定、修订各类管理制度30余项,建立一套包括生产经营、人力资源、财务资产、后勤管理等主要内容的制度体系,各项管理工作更加规范化、精细化和流程化。提升服务水平,对院本部中心试验室基础设施进行了维修改造,成立接样室,简化试验流程,加快试验进度,公司中心试验室窗口形象得到显著改善。关注客户需求,进一步加大对合同履约和客户投诉的检查处理力度,定期开展生产项目回访和质量回头看工作,公司对外服务水平和能力有所改善。 (省交通科学研究院有限公司)

【交通工程建设监理工作】 2011年,省交通监理公司共承建工程监理项目28项,全年累计承担各项业务合同金额6 477.60万元,占全年计划经营任务的175%,完成产值5 307.97万元,占年计划总产值的106%,实现利税539.36万元,中标额、产值和利润创历史新高,集中体现了管理体制改革所带来的良好效应,实现了公司持续快速发展目标。

结合工作实际,公司制定《机关部门年度目标责任考核办法(试行)》和工作人员岗位职责说明书,并与各职能部门签订《工作目标责任书》,明确规定各职能部门工作目标和考核标准。公司首次对各职能部门进行全面考核,并与个人述职相结合,进行综合考核评价。加强监理项目经营目标责任管理,在总结近3年经营管理创新成果的基础上,修订完善《目标责任制实施办法》、《目标责任考核实施细则》及相关项目管理制度,形成了比较系统的目标责任制管理体系,“监理项目经营目标责任制管理”成果获2011年全国交通企业管理现代化创新成果一等奖。公司分别与各驻地办和子公司签订《经营目标责任书》,严格落实经营目标责任。各驻地办结合实际建立健全管理体系,坚持巡视与旁站相结合的监理方式,认真开展工程质量通病治理工作。驻地办试验室独立开展试验检测工作,坚持以科学的抽检数据指导施工。各驻地办针对施工过程中发现的问题,发出监理指令550多份,拒绝使用不合格材料2 600多立方米。2011年7月和11月,公司从项目管理、工程实体质量、廉政建设和安全生产等方面开展两次定期检查考核,对存在的问题及时进行通报和反馈,并要求各驻地办制订措施,限期整改,确保目标任务得以实现。加强日常监督管理,公司领导和中层管理人员不定期深入一线检查指导工作,现场解决监理过程中存在的困难和问题。根据公司发展实际,时隔6年多时间,公司调整工资分配方案,按照提高技术管理中坚力量以及最基层普通职工实际收入的指导方针,进行较大幅度的调整。真正体现企业发展依靠职工,企业发展成果由职工共享的理念,实现企业效益增长,职工获得更多利益的目标。

2011年,公司紧抓我省交通建设跨越式发展的良好机遇,积极参与市场竞争,全力以赴做好公路工程监理主业。全年中标或受委托承揽雷西高速公路、瓜星高速公路、酒嘉城际一级公路、文殪二级公路、韩水二级公路、庄天二级公路房建工程、国道312线屯安段旧路维修工程、白银市政工程、新七道梁安保维修及升级改造工程、甘肃省高速公路服务区升级改造、隧道美化亮化、管理设施标准化建设工程等监理项目。同时,积极承揽机电工程监理、房建工程监理、市政工程监理、项目代建、工程咨询、招标代理、试验检测、竣工资料编制等业务。承担的兰州新区水阜至秦王川道路工程代建管理任务,是公司首次承担项目代建业务,年内此项目进展顺利,为今后公司拓展项目代建业务积累了经验。华顺公司咨询业务和招标代理业务有新进展,开展的竣工资料编制业务,成为推动公司发展的新亮点。华强公司承揽的项目中心试验室业务稳步发展。多业并举的发展模式,为公司发展注入新生机与活力。2011年,公司服从省交通运输厅重点工作部署,交工的项目主要有陇南“8·12”暴洪灾后交通恢复重建工程、天水过境段高速公路、西长凤高速公路、瓜星高速公路、永古高速公路、敦当公路、静庄公路、武仙公路、国道312线屯安段旧路维修改造工程等;按时完成全省高等级公路维修改造工程。 (甘肃交通工程建设监理公司)

【交通物资供应工作】 2011年,省交通物资供应公司按照年初五届三次职代会上确定的“围绕经营中心工作,做实做精沥青供销、高等级公路广告、宾馆及物业服务3项业务,深化劳动用工、人事、工资分配3项制度改革,加快发展理念、企业实力、经济效益、管理水平、队伍素质5个提升,努力实现公司市场竞争力和职工收入水平2个提高”的工作思路和“明确定位、规范经营、强化管理、发挥优势”的总体方针,努力推进沥青购销、高速公路广告、宾馆物业经营3项业务稳步健康发展,各项工作总体呈现稳步推进的良好态势。

目标任务圆满完成,各项经济指标较上年提高。2011年,公司实现营业收入2.16亿元,其中沥青销售收入2.07亿元,宾馆及物业管理收入260万元,高速公路广告业务收入618万元,投资收益20万元。上缴各项税费208万元,计提固定资产折旧253.5万元,利润总额205万元。企业年末资产总额为9 919万元,净资产总额3 347万元,实现国有资产的保值增值。超额完成公司年初确定的营业收入1.8亿元、利润110万的目标任务。

2011年,公司在确保企业长远发展的前提下,按照企业发展成果职工共享的原则,按工龄和任职时间长短提高职工的岗位工资标准,月人均工资增加200元;为离退休职工发放养老补贴及福利36万元,实现职工收入与企业经济效益的同步增长。

紧密结合交通建设发展实际,明确发展思路,提升发展理念。公司结合当前交通建设发展总体形势，在发展思路和理念上进行积极探索。一是在2011年发展思路上以“立足交通、面向社会、谋求发展”为指针，围绕公司市场竞争力和提高职工收入水平两个提高，通过创新经营管理思路扎实有力的推进3项业务工作；二是在发展理念上，牢固树立市场、创新、效率、品牌4个意识，结合公司实际积极拓展新的经营项目和业务范围，勇于打破国有企业传统管理模式，创新内部运行管理机制，规范管理程序，提升企业运行与发展质量；三是将公司的发展与我省交通跨越式发展的需求紧密结合，依据我省交通综合运输体系整体发展规划及产业政策，结合企业发展实际，准确定位，科学谋划，编制企业“358发展规划”。

依托企业内部资源理顺结构，强化产业升级，奠定发展基础。公司在3项业务的具体运行过程中不断加快改革步伐，加快企业内部资源调整，理顺管理关系，优化资源配置，推进产业升级，提升企业实力。一是以华通广告公司为主体，实现广告业务组织结构、业务、人员的整合。推进运行管理制度、工作标准和工作流程体系建设，实现业务与人员的一体化统一管理。加大对新兴广告业务的投资，增加华通广告的注册资本和整体经济实力，提升企业市场主体地位和综合竞争能力；二是整合、规范、理顺沥青购销业务内部管理体系，推进高等级公路建设和公路养护工程沥青业务的协调发展；三是全面强化了对司属单位的监督管理，认真履行出资人责任，加强对资金投入和运行过程的监控，强化企业财务监管职能，做到及时有效控制项目风险，切实提高投资使用效率；四是着力解决企业历史遗留问题，破除公司改革发展的各种障碍，清理整合内部资源，为企业健康发展奠定基础。

努力推进3项业务创新发展，强化流程监管，提升经济实力。公司不断总结分析企业运行管理情况，认真查找制约公司3项业务科学发展的理念问题和体制机制问题，按照解放思想、明确定位、发挥优势、长远发展的理念，努力做到巩固优势产业，发展朝阳产业，创新传统产业。1. 加强运行监管，沥青供销优势产业得以巩固。公司沥青业务按照“抓投标、强管理、保工期、优服务、重效益”的总体要求，一是认真研判我省公路建养沥青需求信息，抢抓供应机遇；二是优选沥青供应厂商，完善供应网络，保证沥青供应工作的顺利推进，提高沥青采供工作的整体水平；三是通过不断优化沥青采购方式，为我省公路建设降低沥青采购成本；四是强化配送流程管理，严把各个建设项目的沥青质量关，确保我省各条建养公路不因公司所供沥青而出现路面质量问题；五是以服务交通建设大局为主，建立沥青采供应急保障机制，在重大自然灾害公路恢复重建工作中发挥重要作用；六是坚持文明优质服务，在行业内树立企业良好形象；七是注重打造优秀营销团队，为企业发展提供人才保障；八是加强资金运营监管，确保专款专用和运营效益的最大化。通过以上工作措施推进公司重点公路建设和公路养护工程沥青供应业务的协调发展。2011年，公司共为天水过境高速公路、永登至古浪高速公路、瓜州至星星峡高速公路建设项目和甘南、临夏等公路总段养护项目采供沥青3万多吨，圆满完成供应任务，保证公路建设工期。2. 完善体制机制，公路广告朝阳产业发展良好。公司高等级公路广告业务按照“主动出击、强化协调、科学规划、全程参与、规范运营”的总体要求，一是完成广告公司的管理整合，经营场所改造装修，环境设施大幅度提升，各项管理制度和业务流程逐步建立，广告牌建设招标、审批许可、对外发布、设计制作、维护维修等各环节工作程序进一步规范，现代广告公司的架构、机制和风貌已初步具备；二是为华通广告公司追加注册资本400万元，壮大其资金实力，新竣工路段广告牌规划建设进展顺利，公司资产规模快速扩大，业务范围有效拓展。公司克服重重困难，自筹资金，在西长凤、天水过境等在建高速公路上抢占有利位置新建广告牌，扩大经营规模和实力；三是在迎接部检和丝绸之路旅游节期间以大局为重，斥资100多万元将公司所管辖的高速公路广告牌全部更换为公路公益宣传，展现甘肃交通良好的行业形象；四是在下半年省上开展的非公路标志牌清理整治工作中，公司坚决服从我省经济建设大局，对不符合规定的标志牌依法进行了拆除，在经营效益明显减低的状况下，制定方案向广告发布受影响的客户做解释说明，在职工中间，尤其是情绪波动较大的恒发广告公司职工中讲明政策，维护公司职工队伍稳定，严格维护省交通运输厅清理工作大局；五是针对广告公司自整合以来运营管理中出现的一系列问题，组织分管领导和部门进行专题工作调研，在寻找差距、指出不足的基础上为广告公司下一步工作提出相关建议和要求，努力推动公司广告业务科学、规范、高效发展。3. 拓展经营思路，宾馆物业传统产业不断创新。在宾馆和物业管理业务方面，按照“强化管理、提升服务、拓展思路、挖掘潜力、确保安全”的总体要求，针对宾馆现有硬件设施严重老化，经营规模较小的现状，组织专题工作调研，号召职工献言献策，对宾馆的经营做进一步的思考和深入的市场调查，积极寻找新的经营模式和发展突破口。同时，在当前条件下想方设法从软件方面提高竞争力，严格落实各项管理制度，进一步提升客房服务质量，全面细化服务流程管理，严格控制费用开支，落实安全生产责任，尽最大努力提高宾馆的经营收入。

大胆运用现代企业管理举措，着力机制创新，提升发展质量。公司立足企业多年来的改革发展实际，积极借鉴和运用现代企业经营管理模式，注重现代企业法人治理结构和内部运行机制的建立完善，努力促进公司向新型物资流通企业科学发展。1.强化目标管理，落实工作责任。年初公司与各单位签订了《经营目标责任书》、《党建目标责任书》、《党风廉政建设目标责任书》和《安全生产目标责任书》，对公司所属各单位生产经营及基础管理工作进行指导、规范，细化分解工作任务，责任落实到人，全面推进企业基础管理工作的科学化、目标化进程，在严格确保各项工作任务落实的基础上提高了公司综合管理水平。2.进一步规范干部职工队伍建设。结合企业发展实际，公司对《中层干部任用管理办法》(试行)进行了全面修订，严格组织考察程序，完善考核评价体系，切实加强了公司对中层干部选任的监督管理，为企业营造公开平等、选人择优的用人环境。在职工队伍建设方面制定《劳动用工管理办法》以及《职工教育管理培训制度》，推动了职工队伍建设的科学化进程。3. 深化岗位工资分配制度改革。公司经过反复调研，在2010年修订《工资分配改革办法》的基础上，将岗位、责任、效益、薪酬有机地结合起来，以体现尊重职工劳动、突出岗位责任为原则，参照参加工作及任职时间适当拉开岗位工资差距，同时为激励职工的工作主动性和积极性,研究制定了《公司绩效考核办法》,做到薪酬制度与企业发展、建立现代企业制度相适应,与市场规律相接轨。4.加强成本预算管理与资金运行监控。公司在运行过程中不断加强以成本管理与控制为中心的“精细化”管理,建立成本核算和分析制度,推行各项经费预算管理,严格控制办公成本和经营成本。 (省交通物资供应公司)

【省交通服务公司工作】 2011年,省交通服务公司坚持以科学发展观为指导,创新思路、扎实工作,在奋进中实现了“十二五”开门红,企业综合实力显著提升,连续两年进入省交通运输厅目标考核企业排名前3名。2011年实际完成产值4.02亿元,实现利税1 969万元。其中,房建施工完成产值0.64亿元,绿化施工完成产值0.83亿元,公路施工完成产值2.18亿元,服务区经营收入0.21亿元,印刷及其他产业经营收入0.16亿元。

立足公共服务,创新经营管理,高速服务质量全面提升。一是整体工作实现了一个转变。按照落实“三个服务”的总体要求,通过进一步完善服务功能,加强基础管理、提升服务质量、强化保障能力,整体运营管理工作实现全新转变,社会形象发生了深刻变化,初步树立了我省“高速服务”的新品牌。二是基础管理优化了两个体系。随着新接管服务区数量的增加,为进一步完善内部管理体系,成立服务区管理公司人力资源部,并在原兰州、武威等中心管理片区的基础上,增设了天水片区,优化“服务公司综合管理+专业化公司管理+片区中心管理+服务区现场管理”的4级管理体系,保障了各项工作的有序开展;以“三标一体”管理体系为依托,新增了物业、人员类管理制度12项,优化“管理科学化、经营规范化、服务标准化、品牌一体化”的温馨服务标准体系,提升了服务区综合管理能力。三是经营管理实现了三个创新;实现了用工及分配制度的创新。四是重点工作体现“四个完成”。较好地完成了交通部5年大检查工作。按照省交通运输厅“迎检”工作的整体部署,制定计划、明确任务、落实责任,通过开展各类专项整治活动,找差距,补漏洞,集全公司之力开展此项工作,较好完成迎检任务,得到检查组一致认可,圆满完成“迎节会,保畅通”的工作任务。在第十七届兰洽会、青海环湖赛甘肃赛段及敦煌行丝绸之路国际旅游节等重大节会期间,通过整治环境、保障安全、便民服务、加强宣传等措施,有效提升我省服务区对外宣传良好形象;平稳完成甘肃驼铃客车厂政策性破产182名再就业职工的接收安置任务。按照省交通运输厅的统一安排,公司坚持大局意识,针对再就业安置工作的特殊性,先后4次召开专题会议,从培训地点、教学组织、课程设置、日常管理、后勤服务等方面反复进行了研究和确定。年内已有104名职工妥善安排到各服务区,职工队伍稳定较好的开展了“创先争优”、“窗口服务月”、“争创青年文明号”等专项活动,有力推进服务区精神文明建设。

强化质量意识,转变管理机制,工程施工质量显著提高。一是房建施工更趋规范化。全面落实了《项目管理办法》,在劳务结算、材料采购、现场管理等方面严格把关,规范项目管理行为,提升项目管理能力;创新项目管理模式,通过建立健全项目预警机制,落实项目预算管理办法,将成本控制从事后核算向整个施工过程延伸,建立了一整套责、权、利相结合的项目成本控制体系;建立了项目质量保证体系和质量问责考评制度,通过树立样板工程、加强现场观摩学习、实施分节点考评等有力措施,房建施工项目凸显了全新转变。二是绿化施工更趋标准化。从管理、技术、作业标准3个层次入手,制定相应文明工地建设、劳务用工、内业资料等各类标准化手册,搭建相对完善的绿化项目标准化管理体系;以目标管理、责任管理、考评管理为核心,建立严格工序交接、自检和验收制度,确保每道工序的交接质量和工程质量,完善项目施工程序化管理系统;以提高科技支撑能力为重点,大力推行新工艺、新材料和新技术的应用,通过采用植生袋、三维网和客土喷播等新技术,攻克施工路段石质边坡多、绿化难度大等难题;绿化养护技术不断提升。按照目标化、标准化、定额化的养护模式,建立并完善符合我省公路养护体制的绿化养护制度,促进绿化养护工作与全省公路养护机制的接轨;全面推行机械化绿化养护作业,先后投入百万元购置了专业化的养护设备,全面提升机械化绿化养护水平。特别是在“迎国检”、环湖赛和国际旅游节期间,保质保量的完成了全省高速公路绿化养护任务,全年完成绿化养护产值700多万元,绿化养护里程达2000多公里。三是公路施工更趋精细化。继续加大公路施工的投入力度,新增固定资产500多万元,购置了搅拌、吊装等大型设备,为公路施工提供了强有力的设备保障;创新了项目管控体系。充分利用网络资源,积极引入并运行“数字化”的现代工程管理理念和模式,实现工程管理的可控、在控;创新项目考评体系。建立机关管理人员和项目现场工作人员的双向联动考评体系,充分调动了全员参与项目管理的积极性;一年来,公路施工项目取得良好成绩,特别是舟峰3标项目继康阳灾后重建项目后,在时间紧、任务重、压力大的情况下,坚持从讲政治的大局出发,在保证质量的前提下采取一切措施加快工程进度,确保工程优质,3次荣获业主通报表扬,2次获得流动红旗,出色地完成了省上领导检查时要求的8月8日前两公里的油面铺筑工程任务,树立了全新的公路施工品牌。

采取有效措施,抢抓发展机遇,市场拓展工作取得显著成绩。紧紧围绕“发展抓项目”这一思路,结合国家扩大内需加大基础设施投入的政策机遇,大力加强市场开拓。绿化施工以拓展培育新的产业领域为重点,在机场绿化方面迈出坚实一步;房建施工立足自身发展,积极开展楼宇装饰装修业务;公路施工坚持主动出击,通过资质提升、战略联盟等方式,工程任务量显著提升;印刷厂着力调整产业结构,以向高速公路附属工程项目渗透为突破,实现扭亏为盈;长兴公司广告和路域产业也在不断拓展,全公司整体呈现出以“高速公路服务区管理和高速公路施工”为龙头,联接印刷、广告、路域经济、交通机电等产业的互补发展态势。

建立现代企业制度,完善法人治理结构,积极推进企业内部改革工作。整体推进全面预算管理体系。投入人力和资金以全面预算管理为核心,加强对企业内部控制的信息化、系统化、制度化建设,通过将预算管理与目标责任制考核的有机结合,形成了完整统一的预算管理体系;逐步完善全员绩效考核体系。全面推行基于特征、行为、结果及民主测评四位一体的考核评价体系,将考核结果与绩效工资相挂钩,充分调动员工的工作积极性,建立企业和员工的核心价值观,促进企业规范管理、科学考核；整体建立三标一体管理体系。在司属各单位均通过三标一体认证工作的基础上，严格按照标准体系的各项要求，统一管理模式、规范管理细节、理顺管理流程，使企业的质量、环境与职业健康安全工作逐步实现了系统化、程序化和规范化。与此同时，2011 年 3 月完成了甘肃紫光公司国有股份划转移交工作；并深入研究了集团化改革整体方案，推进了改革的各项前期准备工作，集团化改制迈出了积极的步伐。

突出管理重点，狠抓管理细节，企业基础管理迈上新台阶。在巩固 2010 年“精细化管理年”活动成绩的基础上，开展了以提升企业发展质量为核心的“质量管理提升年”活动。制度建设方面，修订各项综合类管理制度 12 项，建立基础管理的长效机制；工程管理以项目目标后预算为重点，从劳务队伍选择、大宗材料采购、劳务费用结算、合同管理等方面搭建了相对完整的项目管理体系；财务管理方面，投入资金 60 余万元全面引进财务网络管理平台和用友 NG 系统，对企业内部的所有资金流统一核算流程和标准，有效提高了资金的监管力度；劳动用工管理方面，继续深化干部人事制度改革，增强干部任用工作的规范性、科学性和有效性，确保企业对生产经营性人才的需要。

2011 年，企业精神文明创建成果丰硕。荣获甘肃省交通运输厅颁发“纪念建党 90 周年知识竞赛优秀组织奖”；荣获甘肃省交通运输厅颁发 “纪念建党 90 周年征文活动优秀组织奖”；荣获甘肃省交通运输厅、甘肃省体育局颁发的“全省交通运输系统职工运动会优秀组织奖”；被中华人民共和国交通运输部评为“2008—2009 年度全国交通运输行业文明单位”；被中华人民共和国交通运输部评为 “2010 年度全国交通运输行业文明单位”。公司下属的 2011 年甘肃华运园林绿化工程有限公司被甘肃省妇女联合会授予 “三八红旗集体”荣誉称号，被省妇联、省交通运输厅授予“巾帼文明岗”荣誉称号；华运高速公路服务区管理有限公司被全国妇女联合会、全国妇女巾帼建功活动领导小组授予“巾帼文明岗”荣誉称号，被中国企业交通管理协会、中国行业优秀企业管理成果评审委员会评为 “全国交通运输行业文化建设优秀单位”，北龙口服务区被中国海员建设工会全国委员会授予“工人先锋号”荣誉称号，通渭服务区被共青团甘肃省委授予“青年文明号” 荣誉称号；甘肃新路交通工程公司康阳一标项目部被中华全国总工会、国家安全生产监督管理总局评为“2010 年度全国安康杯竞赛活动优胜班组”，甘肃新路交通工程公司舟峰三标临时党支部被省公路局党委授予“先进基层党组织”称号，被项目办评为“先进党支部”。

（甘肃省交通服务公司）

【省公路运输服务中心工作】 2011 年，公路运输服务中心干部职工认真贯彻落实科学发展观，围绕年初与省道路运输管理局签订的目标责任书确定的经营与发展目标，团结协作，开拓进取，大力推进社会主义精神文明建设，狠抓生产经营、项目建设和企业管理，不断加大市场开拓力度，努力扩大经营规模，各项工作协调发展、顺利推进，圆满完成省交通运输厅和省道路运输管理局下达的各项任务，企业呈现出又快又好发展的新局面。

大力拓展市场，加强企业管理，生产经营迈上新台阶。在省交通运输厅和省道路运输管理局的大力支持下，公路运输服务中心陆上货运交易公司、交通职业培训学校和道路运输救援中心于 2009 年 9 月建成并投入经营，加上原有的汽车检测中心，我中心现有 4 个经营单位。2011 年是我中心进入规模化经营的第 3 年，由于现代物流、职业培训和道路运输救援是我中心新开辟的业务，一切工作都是从零起步，因此拓展市场、扩大经营、构建经营网络仍然是我中心 2011 年生产经营工作的重点。为完成中心下达的年度经营目标任务，各经营单位围绕开拓市场、扩大经营这一重点做了大量具有开拓性的工作。

陆上货运交易中心在巩固已招商入园的经营户的合作关系、进一步完善企业管理体制的同时，积极通过多种方式、多种渠道招商引商，在看到仓储业务需求旺盛的机遇后，该公司千方百计筹措资金近 300 万元，利用公司的空闲场地建起了 4 座仓库，总面积达 8 300 平方米，建成后很快就投入了经营，其中队伍租赁的 3 座仓库一年就可以创收 57 万元。

交通职业培训学校在同行竞争激烈的情况下，一方面通过改革用工制度和人事制度，增强内部经营活力，另一方面深入周边大专院校和街道乡镇宣传学校的硬件优势和优惠政策，大力挖掘学校和农村培训资源，2011 年招收的社会生源比 2010 年增长了 98%，经营收入比 2010 年增长 100.8%。

汽车检测中心通过优质高效服务，进一步深化与兰州市运管部门和全省交警部门的业务合作关系，实现经营业务量 5 年连续增长，但他们并不满足于现状，2011 年仍然在扩大业务规模上下功夫，一是成功注册了一个司法鉴定所，为开展事故车辆司法鉴定奠定了基础；二是继续扩大全省公路交通事故车辆技术鉴定市场份额。汽车检测中心事故车的鉴定数量近几年一直保持着不断增长的势头，特别是 2011 年受委托承担了震惊全国的兰渝铁路 “10·29” 翻车事故和正宁“11·16”校车撞车事故的车辆技术鉴定任务，为事故调查组提供了高质量的鉴定报告，进一步提高该中心的知名度和影响力。该中心在 2010 年已与全省 76 个交警大队建立了合作关系的基础上，年内又与 4 个交警大队建立业务关系，年内汽车检测中心现已占有全省公路交通事故车辆鉴定量的 75%，2011 年的汽车检测鉴定数量、经营收入和实现利润比 2010 年分别增长了 6.2%、8.6%和 57.1%。

道路运输救援中心在中心领导的帮助下，通过积极联系沟通，已与省高等级公路管理局建立业务合作关系，大部分救援设备已投入应急救援工作。在协助高等级公路管理局做好应急保障工作的同时，救援中心还积极利用剩余设备开展创收活动，2011 年取得 18 万元经营收入。

中心控股的陇运快客公司认真抓了分配制度和人事制度的改革，优化了车辆管理方式，提高干部职工和加盟车主的积极性，经济效益大幅提升。与此同时，他们积极争取省运管局的支持，2011 年初步取得 13 条客运线路的经营权，为扩大公司的经营规模提供了有利条件。陇运快客公司 2011 年不仅经营收入和实现利润比 2010 年分别增长 10.6%和 44.4%，而且实现全年无重大责任事故、无人员伤亡的安全生产管理目标，保持良好的安全生产形势。

经过全中心干部职工的不懈努力，2011 年各经营单位和陇运快客公司都取得了比较好的经济效益,经营收入共计达到 5 938 万元,缴纳税金和管理费 191 万元,实现利润 267.6 万元,其中营业收入为省运管局与我中心签订的目标责任书提出的指标的 4 倍,税后利润为目标责任书提出的指标的 3.35 倍。

加强工作协调,狠抓施工管理,项目建设任务基本完成。从 2006 年以来,我中心按照新的发展战略,开展产业结构调整工作,到 2010 年底,已建成两个生产经营基地的 3 个经营项目,2011 年项目建设的主要任务是完成榆中交通枢纽综合楼和兰州东岗雁儿湾快速货运集疏中心的建设。这两个项目既是省运管局"十一五"站场建设的重点工程,也是我中心产业结构调整规划的组成部分。因此,我中心就这两个项目的建设做了充分的准备工作,一是在认真调研的基础上,制定了周密的建设计划;二是在项目建设的组织工作上,抽调骨干力量调整和充实了项目管理班子,并决定由中心分管领导长驻施工现场指导协调。

1. 榆中交通枢纽综合楼是该枢纽的主要设施之一,于 2009 年 8 月开工建设,2010 年年底已完成主体工程,2011 年的主要任务是内外粉刷、水路、电路的安装、有关设备的配置以及室外场地、设施的建设。在该工程建设过程中,省交通运输厅 7 月又为我中心下达在榆中枢纽建设交通战备训练基地的任务。为保证两项工程互不干扰,同步进行,我们重新调整了施工方案和管理办法,在厅交战办的指导和各施工单位密切配合下,两项工程协调运行、进展顺利,到 8 月底,两项工程的建设任务全部完成。其中建成的综合楼面积为 9 700 平方米,室外场地面积 4.3 万平方米,累计完成投资 7 660 万元,同时综合楼的各类设备也于 8 月底全部配备到位,总价值为 350 万元。在交通战备训练基地建设方面,建成战备器材仓库一座,2 300 平方米,其他训练设施 5 项,共计完成投资 800 万元。经过 9 月 19 日全国交通战备演练现场会的实际检验,榆中交通枢纽和交通战备训练基地各种设施设备运转良好,满足了战备演练的需要。年内我中心已完成对这两个项目的自检,正在进行工程决算,迎接有关部门的检查验收。

2. 雁儿湾快速货运集疏中心 2011 年 4 月完成前期准备工作,5 月开工建设。由于建设用地为柳忠高速公路项目办所征用,未办理土地使用证,项目建设遇到不少困难,其中主要的困难是无法通过规划许可。其次是因过去征地的遗留问题,当地农民阻挠施工,曾一度占领施工工地近一个月时间。面对这两大困难,我中心一是抓住兰州市实施交通畅通工程、在兰州周边建设大型停车场的机会,与市有关部门积极联系,在市政府协调下,以临建工程项目启动了工程建设。对于当地农民对工程建设的阻挠,我中心积极寻求城关区政府和当地街道办事处的支持,经他们做农民的疏导工作,劝返占领施工场地的农民。在解决这两个问题后,雁儿湾快速货运集疏中心项目建设进展总体上是顺利的。2011 年,已硬化场地 2.6 万平方米,建成钢结构仓库 7 800 平方米,办公用房等设施 136 平方米,共计完成投资 800 万元。年内雁儿湾项目主要设施已全部建成,初步具备投产经营的条件,我中心已开始招商入驻工作。

3. 在完成交通战备训练基地的建设后,协助兰州军区和厅交战办做好全国交通战备演练现场会的的筹备和保障工作是我中心 2011 年的一项重要工作任务。从 7 月以来,我中心一边抓交通战备设施的建设,一边抓综合楼内交通战备器材设备的购置安装,在 8 月又抽调部分中层领导干部和青年职工组成应急队伍,对训练场地和综合楼所有设施进行了全面的检查完善、对综合楼所有的办公室和客房的设备进行安装布置,对室内和场地卫生进行大扫除,使训练基地完全具备训练和接待条件。9 月 19 日,全国交通战备基地建设试点现场演练会在榆中交通枢纽顺利举行,参演人员达到了 600 余人,其间所有的训练设施、办公和生活设施设备均运转正常,为现场会提供有力保障,战备基地建设和服务工作也得到了上级领导的充分肯定和赞扬。

(省公路运输服务中心)

厅属驻地单位

【兰州公路总段】 2011 年,兰州总段以迎接交通运输部公路大检查为重点,积极应对辖区高等级公路基础薄弱、普通干线公路大多超期服役、养护管理难度大的问题,始终坚持养护是第一要务的理念,主动调整工作思路,努力理顺养护与建设、管理与服务的关系,积极实施公路养护维修工程,认真开展标准化养护,全力推行规范化管理。圆满完成了上级下达的日常养护管理任务和阶段性急、难、重任务。一是路况质量明显提高。紧紧围绕迎国检工作,加强小修保养,投资 400 余万元,积极处治公路病害,维修、更新和粉刷交通安全设施,修复公路防护构造物,全面完成路容路貌整修任务,创建标准化养护示范路 317.83 公里;完成巉柳、白兰、兰临、树徐等 4 条高速公路及国道 109 线兰包路、河海路,国道 312 线河屯路、西兰路,省道 201 线营兰路等 5 条普通干线公路共 236 公里 9 563 万元的养护维修工程任务,完成 6 座 200 万元的危桥加固改造工程,使辖区迎检高速公路优良路率达到 99.5%,普通干线公路优良路率达到 78.2%,同比分别增长 1% 和 5%,高速公路的平整度、安全度、舒适度有了明显提高,达到了交通运输部的检查要求。二是应急保障能力得到锻炼和提高。及时排查公路、桥梁安全隐患,对在巡查中发现的两次桥梁坍塌隐患,及时采取有效措施进行处置,避免了车毁人亡事故的发生;针对冰雪阻路、交通困难、救援难度大的实际,总段组建训练了迂回救援队伍,购置救援工具,积极维修保养各类机械,储备充足的防滑、防汛材料,为每位职工发放 300 元应急抢险通讯费,利用短信平台及时传递路况信息。抽调 106 名职工参加省交通运输厅开展的"迎接国家交通战备应急指挥中心和训练基地建设甘肃省试点现场活动",圆满完成训练任务。妥善处置公路突发事件。今年 4 月至 9 月,在兰临高速公路新七道梁隧道发生交通事故封闭维修期间,兰州南出口车辆全部绕行国道 212 线甘川路,总段专门成立公路保通领导小组,每日组织大量人员、机械上路处治病害、洒水除尘。并按照省厅、局部署,完成前期准备工作,报省发改委批准立项,对该线路按照二级收费公路标准进行改造。7月,永登(徐家磨)至古浪高速公路辅道屯沟湾至安门段被省政府列为“敦煌行·丝绸之路国际旅游节”重要旅游线路,总段按省厅、局要求,组织机关、养护中心、永登段、中川段职工集中会战,40天就实施12.2公里3 000余万元的养护维修工程,按时完成了省厅下达的特殊任务。三是基建工程项目进展顺利。总段承担的西长凤、营双、敦当、陇南暴洪灾后恢复重建等基本建设项目累计完成工作量8.49亿元,占全年目标任务的140.5%,除营双项目外,其余项目均已交工。其中敦当项目被省公路局评为“局管建设项目先进标段(文明工地)”。四是收费运营水平不断提高。在树徐高速公路建设施工,车辆绕行国道312线、省道201线,车流量剧增,收费管理难度加大的情况下,总段下属中川、河屯收费所分别于今年7月和9月提前完成全年收费任务。全段共完成通行费征收额5 576万元,占年计划的131.2%。五是路政执法工作成效显著。在临时路政支队过渡期间,总段围绕迎国检中心工作,本着团结、稳定、进取、有为的原则,强化路政执法管理,全段共查处各种路政案件447起,案件查处率达到100%,结案率达到98%;查处超限运输车辆4 100辆,将超限超载率控制在了5%以内。在养护生产和养护维修工程中,充分发挥了安全保障作用;在迎国检的上路检测中,很好地履行了交通保障职能。六是基础管理不断加强,规范化管理水平进一步提高。以整理迎检内业资料为契机,不断加强规范化管理。严格按国检标准,对“十一五”期间的基础资料重新归类、整理。全段共整编公路养护规范化管理内业资料33册525本,做到了既规范统一又突出亮点和特色。与此同时,对重点迎检线路的所有养管站、养护工区、收费广场、超限运输监控站进行维修或粉刷。以全新形象迎接了交通部全国公路大检查。七是加强科技教育,努力提升公路养护水平。在养护生产中积极推广应用新技术、新材料,推行预防性养护,鼓励职工进行“五小发明”,改装了割草机、扫路车、太阳能安全报警器等公路养护设备;举办科技论文交流大会,共征集论文80篇,表彰奖励优秀论文作者16名;深入开展节能减排活动,努力节约养护成本;通过多种途径加强职工教育培训,全年共举办培训班78期,培训职工2 009人次,有效破解生产建设中的技术难题,进一步提高了全段各类技术、管理人员的专业理论水平及业务技能。与省交通职业技术学院签订了人才培训及科技交流合作协议,为总段的可持续发展提供了有力的人才和科技保障。八是努力为职工办实事、办好事,确保职工队伍稳定。总段遵照厅党组关于做好职工生活“三个一”工程和文化建设“三个一”工程的要求,努力为职工办实事、办好事,全面超额完成年初职代会承诺为职工办的10件实事,总段经济实力也进一步增强,全段固定资产达到2.5亿元,连续三年平均年增长7%;全段在职及离退休职工年人均收入明显提高,进一步促进了总段的政治稳定。 (牛晓静)

【白银公路总段】 2011年,迎接全国公路大检查 白银总段多次召开专题会议,不断统一思想,提高认识,强化措施,靠实责任,将迎检工作深入人心,形成了人人重视国检、人人为国检出力的良好氛围。总段两级组织按照“抓住重点、突破难点、弥补弱点、展示亮点”的要求,细化各项工作措施,做到思想动员到位、责任要求到位、制度方案到位、保障措施到位、廉政警示到位。充分发扬“高、严、细、实”的工作作风,总段领导分段包线,分段领导划段包站,业务科室具体指导,广大干部职工加班加点、无私奉献,保质保量完成了各项迎检目标任务。特别是省道308线被确定为受检路线后,面对时间紧、任务重、质量要求高、施工难度大的实际,总段科学指挥,集全段之力在省道308线展开养护维修工程大会战,在不到半个月的时间内,圆满完成47公里的养护维修工程任务,为省交通运输厅获得“十一五全国干线公路养护管理工作进步单位”做出了积极的贡献。

公路养护管理工作。一是加强公路日常养护。2011年,全段认真贯彻科学养护方针,大力实施日常性养护、季节性养护、预防性养护、标准化养护和机械化养护,不断细化路面养护、路基养护、桥隧涵养护、交通(安保)设施养护和冬季养护管理,把“精细化养护、规范化管理、人性化服务”不断推向深入。全年干线公路共处治翻浆2.04万平方米,修补油路16.6万平方米,路面灌缝29.2万延米;高速公路完成路面病害处治1.01万平方米,维修构造物380立方米,完成水毁修复工程回填土方1.15万立方米。二是加强养护维修工程管理。按照《甘肃省公路养护工程招标投标实施办法》,成立了养护维修工程项目办公室,采取总段养护管理工作指令及各季度的养护生产督查通报等形式对工程项目进行全面管理;建立健全施工质量保证体系,做到了重铺工程路面平整、路容整洁,路缘石齐全,线型顺适;罩面工程表面平整密实,无推移和破损现象;碎石封层工程表面平整、均匀密实,无碎石剥落和撒布不均匀现象;稀浆封层工程表面均匀密实、无离析和剥落现象。干线公路完成国道109线挖补罩面34.45公里,国道312线沉陷处治9 895.2平方米,省道308线油路罩面28.57公里;完成高速公路白兰段沥青混凝土路面沉陷、龟网裂等重点病害局部处治1.19万平方米,刘白段二期工程AC-16改性沥青混凝土22.71万平方米、ATB-30改性沥青碎石18.13万平方米、微表处路面82.35万平方米。三是对管养各条路线上交通安全设施进行了维修、矫正,修复了破损变形的波形护栏、防护墩、示警桩、桥栏杆、标志牌,对公路里程碑、百米桩按新标准进行了全部更换,补充省道201线安全标志牌44块。四是细化桥涵隧道养护,重点开展了桥梁桥面平整、泄水孔无堵塞、涵洞畅通无淤塞、构件无破损等专业化养护工作。进一步加强了桥梁日常维修保养工作,保持了桥涵的经常性完好,全年共加固危桥6座。

公路建设工作。白银公路总段工程建设工作紧紧围绕“发展抓项目、管理创效益”的目标,把抓好招投标、项目管理、资金管理、安全管理作为首要任务,正确面对激烈的市场竞争以及项目建设中出现的种种困难,全力以赴谋求发展机遇,增强整体实力,并通过加大在建工程管理、优化财务管理措施、加强资金监管、开展内部审计等措施,进一步加强了对工程建设企业的成本效益管理,确保了工程建设项目质量。2011年,共完成陇南暴洪灾后恢复重建县道507线青黄公路工程HFQH合同段,省道309线临夏至大河家二级公路改建工程LD3合同段,省道211线武威至仙米寺二级公路武威至骆驼河口(甘肃段)改建工程WX3合同段,瓜星高速公路管道工程等项目建设任务。

公路路政管理。开展了多形式、多渠道的路政管理法律法规进村社、进学校、进单位、进社区活动，散发路政宣传资料 9 126 份，喷写、悬挂宣传标语 133 幅；加大路政巡查力度，各路政管理大队坚持上路巡查，及时查处违法行为，加大路域环境综合整治工作，共清理公路沿线及商业广告牌 203 块；加强路政许可工作，路政许可办结率为 100%；认真贯彻落实《公路安全保护条例》、《甘肃省公路路政管理条例》，进一步明确了依法行政的工作要求。全年，依法查处各种违法案件 180 起，收缴公路路产赔偿费 188.7 万元；查处超限车辆 5 724 辆，收缴超限补偿费 163.3 万元。

通行费征收管理。各收费所按照“带好队伍收好费”的总体要求，紧紧围绕通行费征收管理这一中心，狠抓内部管理，严格执行省局《局管二级收费公路绩效工资考核办法》，建立“奖优罚劣”的工作机制，不断提高收费队伍的团结力、凝聚力和执行力；加强绿色通道管理，严格落实国家鲜活农产品绿色通道减免优惠政策；积极探索收费公路的服务新模式、新理念，在收费站点设立便民服务台，积极为过往司乘人员提供优质服务；充分利用收费广场 LED 电子显示屏及时准确的发布天气预报和路况信息；开展创建“文明收费示范广场”活动，努力打造良好的“窗口”服务形象。全年，共征收通行费 9 389.7 万元，超计划 2 259.7 万元，“绿色通道”减免通行费 2 272 万元。

在白银养护工区建设上培育亮点。坚持高起点、高标准，建成 2 万立方米石料储备库 1 座、1 000 吨的沥青储备罐 2 个、60 吨的沥青储备罐 5 个、工区实验中心楼 1 座，配备 1 500 型沥青混合料拌和站、摊铺机、路面铣刨机、稀浆封层车、微波综合养护车、乳化沥青生产设备等高速公路养护专用机械化设备 30 多台(套)，成为全省公路行业布局合理、设备先进、功能齐全、标准化规范化建设最好的高速公路养护工区。

安全管理。严格落实安全生产行政“一把手”负责制和安全生产“一票否决制”，建立了主管领导、分管领导、站(股)长、班长、安全员、职工六级安全责任体系；以开展“安全生产年”、“安全生产月”、“安全生产隐患排查整治” 等活动为契机，严格落实安全管理制度，切实做到安全生产工作的标准化、规范化、制度化；加大安全检查力度，把季节性、突击性、随时性、专业性安全检查同各基层单位每月自查自纠工作相结合，确保安全管理各项工作任务的落实；严格落实《白银公路总段安全检查奖罚办法》，把安全管理工作与养护生产管理同检查、同考核、同评比、同奖罚，按照“三分析”和“四不放过”的原则，重点开展查思想认识、查制度措施、查管理力度、查组织领导、查漏洞隐患、查违章行为等活动，积极做好重点部位安全隐患排查治理工作，切实提高了全段安全管理水平。

基础管理。一是坚持精细化管理，健全了各项考核体系和奖惩机制，总段信息化建设、车机管理、人事劳资以及政务公开等各项工作稳步推进。二是加强职工教育培训，举办了信息化建设、养护生产等培训班；有针对性地开展了岗位练兵和技术比武活动。三是注重新材料、新工艺、新技术的推广应用，在沥青路面冷补、改性乳化沥青同步碎石封层等技术应用方面进行了探索实践，取得了较好的效果；鼓励职工自主开展技术革新，有 2 项职工小设计成果被省厅表彰；四是认真总结“五五”普法工作经验，制定了总段“六五”普法规划，将普法教育与依法行政工作相结合，进一步提升了总段依法行政工作水平。五是严格执行财务核算和报账制管理规定，坚持大额支出会议研究决定，强化内部审计，完成了段属单位常规审计以及工程建设单位在建工程成本效益的审计工作，进一步规范了财务管理工作。

办实事办好事。一是在近两年内筹措资金，对两级机关和基层班站进行了维修刷新、绿化美化，在全段建成职工书屋 17 个，荣誉室 16 个，活动室 16 个，健康餐厅 19 个。二是多方努力积极争取到综合养护车、平板拖车、压路机等设备 11 台，较大提高了公路养护机械化水平，降低了养护职工的劳动强度。三是坚持在重大节日及生产大忙季节开展慰问活动。全年共组织慰问在职及离退休困难职工、党员和省级劳模 56 人次，筹集发放困难补助金 5.76 万元；按照人均 375 元的标准为全段在职职工购买了意外伤害保险；兑现了省厅、局对养管站、收费站的各项补贴。

行业文明建设。一是加强基层党组织和领导班子建设，结合开展创建“学习型党组织”、“示范性基层党组织”、“五星级基层党组织”和“党建带工建促团建”等活动，进一步强化了两级中心组学习制度的落实，细化两级领导班子成员的工作分工，认真推行了两级领导班子“划线包段”和周安排报备制度，层层靠实了工作责任，加强了管理，转变了工作作风。二是认真贯彻落实党的十七届六中全会精神，以庆祝建党 90 周年为契机，开展了丰富多彩的文化活动，组队参加了白银市庆祝建党 90 周年歌咏比赛，荣获“凤凰杯”比赛最高奖。三是加强舆论宣传。2011 年，在各类媒体刊发稿件 624 篇，编发公路信息 105 期 130 余篇。四是继续深化党风党性党纪教育，严格执行民主集中制和党风廉政建设责任制，认真落实义务监督员工作制度，开展了“小金库”、公务用车以及工程建设领域突出问题专项治理，进一步完善了廉政风险防控机制。五是深入推进创先争优活动，积极破解发展难题，全面加强示范性党组织建设、领导班子建设以及职工队伍建设，在景泰段兴泉养管站进行了养管站站长“公推直选”试点工作，深入开展了 “文明服务窗口创建”以及“学树创”、“五十佳”评选等活动，不断提升公路文化建设水平，行业文明建设成效显著。一年来，共涌现出“全国模范职工之家”、“全国模范道班”等市级以上先进单位、集体 20 余个，在职工队伍中涌现出了“全国模范养路工”白建胜等一大批先进个人。

(闫玉仁)

【定西公路总段】 2011 年，定西公路总段重点确保了迎国检、项目建设和养护维修工程三大任务，着力抓好了日常养护、应急保障、安全管理等八项工作，立足民生为职工办理了六件实事，圆满完成了全年各项目标任务。

重点确保了三大任务。一是确保了迎国检任务顺利完成。围绕提高路况质量和规范化管理水平两个重点，把迎检工作贯穿到日常工作方方面面。全年，完成公路病害处治 43 万平方米，查处超限超载运输车辆 2.96 万多辆，收缴公路路产赔补偿费 1 362 万元，完成通行费征收 4 034.2 万元。二是确保了工程建设任务顺利推进。今年，总段承担了省道 311 线内官营至临洮、陇西文峰至漳县殪虎桥和国道 212 线韩家集至水泉三项公路改建工程，总投资达到12.36亿元。年内完成公路工程建设投资3.58亿元；另外，完成灾后恢复重建等工程施工任务3 843万元。三是确保了养护维修工程圆满完成。今年，总段把实施养护维修工程作为提升路况质量的突破口，在巉柳高速、天巉公路2条高等级公路和国道212线、国道312线等3条干线公路实施养护维修工程19.6公里，完成危桥加固工程8座。

六个方面的工作有了显著提升。一是应急保障水平得到提升。今年，按照省厅指示精神，总段参与了平定高速公路抢险和天定高速公路病害修复工程。面对全局工作，省厅局一声令下，总段义无反顾，高质量地完成了应急抢修工程884万元/17处、路面修补541万元/1.92万平方米。二是路况通行能力得到提升。今年，针对部分路段超期服役路况质量有所下降的实际，总段及时调整工作思路，通过自筹资金贴补材料费、基层养护职工义务奉献，对路况较差的省道209线、县道093线等路段实施集中整治11.5公里，有效提高了管养道路的整体通行能力。三是工程管理能力得到提升。今年，总段承担了内临、文殪、韩水三个项目的工程建设管理任务。面对工期紧、任务重、征地拆迁阻力大多等实际困难，总段从全段范围内抽调管理、技术骨干成立了项目办，在组织领导、制度建设、工程管理、质量控制、安全管理等各个方面、各个环节严要求、高标准，有效确保了工程的顺利推进。四是机械化养护能力得到提升。今年，总段共计投入资金近600万元配备了养护机械设备车辆，目前全段机械设备固定资产达到7 680多万元，拥有各类养护设备373台(辆、套)，其中百万元以上的大型设备11台(套)。近年来，总段坚持每年为职工办理六到八件实事。今年。总段在为职工办实事方面就投入资金接近1 000多万元。通过落实职工待遇，为职工办理实事，职工的凝聚力和向心力得到显著增强，形成了团结一心干事创业的良好局面。总段的爱心救助工作也得到了职工和上级部门的普遍好评。六是段容段貌的改善得到提升。今年，总段投入资金90多万元对陇西段等部分段站房屋进行了修缮；投入资金260多万元对原公路宾馆进行了维修改造，解决了高养中心的办公场所问题。目前，总段基层各单位和所属28个养管站全部实现了公寓化、标准化的“双化”建设标准。

立足民生为职工办理了六件实事。一是投入资金372.3万元，配备10辆养护作业车和通勤车；二是投入资金600万元，配备除雪车等大型机械设备；三是投入资金59.3万元，对全段职工和离退休职工进行了体检；四是改造维修了原公路宾馆，解决了高养中心的办公场所问题；五是对陇西段等部分段站房屋进行了修缮；六是投入资金80万元，为28个养管站食堂配备了冰箱等用具，为部分养管站配备了太阳能淋浴间、接通了自来水、维修了供暖锅炉。

经过一年的努力，总段全面完成了养、建、收、管各项目标任务，管养的巉柳、兰临高速公路和天巉公路共计187.4公里顺利通过了国检路况检测，为全省公路系统在国检中取得良好成绩做出了积极贡献。被省交通运输厅表彰为全省安全生产工作先进单位，被省公路管理局表彰为全省公路工作先进单位、全省高等级公路养护管理先进单位、全省局管二级收费公路通行费征收先进单位、全省行业文明建设先进单位、全省新闻宣传工作先进单位。

高等级养护管理工作。确保了迎国检任务圆满完成。在去年准备工作的基础上，制定了详细的迎检准备工作后续方案，继续推行党政一把手负责制，从组织领导、工作安排、责任明确各方面抓好落实。围绕提高路况质量和加强规范化管理两个重点，着力抓好了养护维修工程和春季公路养护，及时处治各类路面病害，加强桥隧涵养护和防排水设施维修，加大路容路貌整治力度，确保了路况质量稳步提升；认真对照国检总体方案和评分细则，抓好内业资料整理，多次修改完善，确保了内业资料达到“两个统一”；加大投入力度，做好段站房屋、院落美化工作，进一步巩固了“双化建设”成果。全年，高等级公路完成病害处治1.7万平方米、路面灌缝13.5万米，维修路肩墙、拦排水设施3.5万米，更换、矫正、维修波形护栏5.71万米，对全线桥隧涵及交通设施进行了正常维修养护。6月下旬，天巉公路、巉柳和兰临高速公路共计187.4公里顺利通过了国检路况检测，为全省在国检中取得良好成绩做出了积极贡献。

确保了养护维修工程圆满完成。今年，总段在高等级公路实施养护维修工程5.55公里，完成工作量936.8万元，占计划的100%。其中：巉柳高速公路，完成沉陷处治1 129平方米、水泥板块修复2 043平方米，完成工作量105.8万元；天巉公路，完成翻浆处治4 950平方米、沉陷处治3 336平方米、罩面5公里5.1万平方米，修复排水沟450米、拦水带109立方米，完成工作量831.04万元。

确保了省厅局交办的重大事项圆满完成。面对事关全局的工作，总段在思想上始终与省厅局保持高度一致，在行动上始终不讲条件、不遗余力，保质保量完成任务。8月初，受省厅高等级公路应急抢险指挥部委托，总段参与了平定高速公路定西段应急抢修工程，于10月初全面完成了17处应急抢修任务，累计完成：土方挖填6.76万立方米，铺筑水稳底基层4 115平方米、基层3 929平方米，铺筑下面层3 990平方米、中面层3 570平方米、上面层7 903平方米，修复排水设施606.5米，喷涂标线350平方米，完成工作量884.13万元。9月初，按照省厅要求，总段参与天定高速公路病害处治工作，于9月底全面完成了路面修补任务，累计完成：路面铣刨1.92万平方米，沉陷处治1.13万平方米，路面修补7 900平方米，完成工作量541万元。

围绕全年目标和三大任务，在高等级公路养护管理工作中，总段着力抓好了四个方面的工作。一是进一步完善了“高养中心+专业养护队”的高等级公路养护组织方式，大力实施预防性养护，突出养护的主动性、时效性和超前性；积极引进、推广新技术、新材料和新工艺，提高公路养护的质量和效率。二是完善各类应急预案，提高预案的系统性、针对性和操作性；强化应急队伍建设，坚持应急管理培训与演练制度，加大应急物资储备力度；建立突发事件联动响应机制，加强应急信息预警和报送管理，总段应急保障能力进一步增强。三是以继续深化“安全生产年”活动为主线，把安全生产各项要求落实到养护生产的全过程，做到了安全管理常抓不懈。严格落实安全生产行政“一把手负责制”和“一票否决制”，逐级签订目标责任书，把安全生产目标责任落实到单位、具体到个人。四是继续把基础管理作为提升科学养护水平、转变发展方式的前提抓细抓实,为公路养护生产提供了有力的服务保障。

干线公路管理工作。2011 年,定西公路总段以科学养护为中心,以迎部检为重点,把主要精力集中在提升路况质量上和规范化管理水平上,在国道 212 线、国道 312 线、省道 103 线实施养护维修工程 14 公里,完成计划的 100%;在省道 103 线、省道 309 线等 4 条干线公路实施危桥、渡槽加固工程 8 座,完成工作量 329 万元,占计划的 100%;完成干线公路翻浆处治 14.7 万平方米,油路修补 26.5 万平方米(包括集中整治 8.3 万平方米);完成标准化养路 560 公里;对桥、隧、涵、构造物进行了正常的养护和维修,对管养路段全线的安保设施按照标准进行了刷新;对普通国省干线公路里程碑、百米桩进行了更换、刷新,国省干线公路养护管理工作再上水平。

围绕上述目标任务,一年来总段着力抓了四项工作。一是抓日常养护,推动养护管理向精细化迈进。日常养护以路况评定为基础,科学制定干线公路养护方案,明确时限、任务,加大机械设备投入力度,提升机械化养护水平,开展职业技能竞赛活动,把完成生产任务同强化职工队伍建设结合起来,做到了全方位精细化养护。二是着力提升路面病害处治质量。年初,组织专业技术人员对管养线路展开路况调查,制定切实可行的病害处治方案,做到了"早发现、早安排、早预防、早处治";春融以后,集中人员和机械全面掀起病害集中处治会战,规范施工工艺,强化质量控制,做到了"处治一处,成功一处,根治一处"。三是全面加强桥隧涵及公路附属设施养护。严格落实桥梁养护责任制,组织桥梁工程师对全线桥涵进行检查,完善桥涵技术档案,对桥涵及防排水设施全面维修,对各类构造物及标志标牌全面更换、刷新。四是深入开展标准化养护示范工程创建活动。对国道 212 线、国道 312 线、省道 209 线、县道 447 线等重点线路实施标准化养护工程的基础上,在所有管养路段大力实施标准化养护,使养管全线基本达到了路面平整、路肩整洁、边坡顺适、边沟畅通的要求。

工程建设管理工作。受省公路管理局委托,2011 年总段承担了省道 311 线内官营至临洮、陇西文峰至漳县殪虎桥和国道 212 线韩家集至水泉三项公路改建工程,三项工程总投资达到 12.36 亿元。

项目启动以来,总段高度重视,精心组织,迅速抽调近 50 多名管理及技术骨干成立了项目办,着手完成了项目前期准备工作。在工程管理中牢固树立"勤、严、细、实"的理念,合理调度,加强技术指导,严格工序验收检测和材料的使用,定期组织检查消除质量隐患,严格落实质量责任追究制度,督促施工单位及时增补人员、机械,确保施工力量投入充足。开展劳动竞赛,在保证质量的前提下确保工程进度。在人员安全管理、标志标牌配置、隐患排查、现场管理等方面加大监管力度,确保安全生产。建立健全廉政建设机构和监督机制,围绕关键环节加强监督管理,营造出风正、气顺、劲足的工程建设局面,有力保障了工程建设顺利推进。

收费管理工作。一是巩固军事化比武、岗位技术练兵成果,不断提高职工技能素质。二是继续开展服务竞赛活动,为过往司乘人员提供政策宣传和咨询、开水供应和临时休息室等服务,坚持执行"绿通"政策,努力营造和谐的收费环境。三是加强与公安、交警、路政等部门的联系,联动开展专项整治行动,打击冲卡逃费等违法行为。在 3 月份和 7 月份发生的恶意围堵占道事件中,在省局的大力支持下,总段高度重视多方协调,积极争取地方政府和相关部门的支持,妥善处理了一系列突发事件,维护了收费秩序稳定。四是抓好了隧道维修工程质量和安全管理,完成隧道内壁粉刷 1.88 万平方米,更换照明灯 748 个、反光轮廓标 1 200 个。五是在省局的大力支持下,筹措资金对管理所办公区部分设施进行了维修美化。木寨岭隧道管理所全年完成通行费征收任务 4 034.2 万元,完成年计划的 115%;减免"绿通"车辆 1.5 万辆 58.3 万元,减免拉运灾后重建物资车辆 3 100 辆 29.6 万元。

路政管理工作。2011 年,定西公路总段坚持"以路为本、以车为本、以人为本"的理念,积极配合省厅的路政管理体制改革,认真落实"保护路产路权、保通保畅保安全"中心工作。

一是加强路政执法人员教育培训,完善检查考核机制,规范执法案卷管理,不断提升路政执法水平,大力宣传路政管理工作,营造良好执法氛围。二是组织开展路容路貌专项整治行动,严肃查处公路用地范围内堆放杂物、倾倒垃圾、摆摊设点、挖沟引水等违法行为,维护了路产路权;全面排查清理非法设置的公路标志标牌 61 块,有效净化了路域环境。三是依托定西十八里铺超限运输监控检测站在渭源会川、漳县大草滩、安定、临洮设立了四个临时治超点,实行固定检测和流动检测相结合,深入开展"百日治超"行动,重拳出击治理超限超载运输车辆,逐步建立起超限超载治理长效机制。四是完善应急保障联动机制,实现路政执法与养护生产协调统一。兰临高速公路七道梁隧道发生事故后,路政部门第一时间到达现场指挥疏导交通,隧道修复施工期间全面承担车辆分流任务;天定、平定高速公路施工维修期间,路政部门派专人值守,24 小时引导分流车辆,有力确保了道路施工和车辆通行安全。全年,查处各类违法案件 486 起,收缴公路路产赔偿费 499.8 万元,路政人员上路率达到 92%,案件查处率 100%,结案率 100%。查处超限超载运输车辆 3.42 万辆,对不可卸载的车辆收缴公路补偿费 1 016.03 万元,超限率控制在 4%左右。

应急保障工作。2011 年,定西公路总段投资 148 万元,建成国道 212 线分水岭和天巉公路马营梁应急抢险保通站,成立应急管理办公室,物资储备更加合理,队伍调度更加迅速,应急保障体系不断完善。

进入汛期,完善了水毁应急保障机制,建立防汛值班制度,顺畅信息共享渠道,开展汛前大检查,加强机械保障和物资储备,成立防汛抢险突击队,做到了防汛措施到位、水毁修复迅速。9 月 8 日县道 093 线山体滑坡导致交通中断,总段迅速调集 30 多人、10 多台机械车辆组成突击队全力抢通,当天下午便恢复了交通,两个工作日内将 2.6 万立方米的塌方全部清理完毕,并卸载山体消除了安全隐患。7 月份和 8 月份,天巉公路、天定和兰临高速公路发生多次塌方,在保证安全的基础上,均在规定时间完成了清理工作,保证了道路的畅通;进入冬季,制定了冬季养护计划,储备防滑物资,确定了重点防滑线路,充实了冰雪灾害应急突击队,加大巡查力度。全年储备防滑砂 7 650 立方米,炉渣 3 600 立方米,工业盐 303 吨。在完成日常保畅任务的同时,积极服务全局工作,按照省厅、局指示精神，一个多月时间完成平定、天定高速公路应急抢修工程近2 000万元，给上级部门和社会群众交上了一份满意的答卷。

安全生产工作。2011年，定西公路总段以“安全生产年”活动为主线，把安全生产各项要求贯彻落实到养护生产、工程建设的全过程，做到了安全管理常抓不懈，确保了全年没有发生安全责任事故。

一是严格落实安全生产行政“一把手负责制”和“一票否决制”，逐级签订目标责任书，把安全生产目标责任落实到单位、具体到个人。二是重点加强施工作业现场安全管理，严格落实安全生产“八不准”规定。三是在工程建设领域和日常养护工作中定期组织开展安全隐患排查，及时消除安全隐患，投入资金60多万元购置了安全标志牌、锥形桶和防撞桶等安全设施。四是深入开展安全警示教育活动，切实增强职工的安全生产意识，投入资金5万元加强安全宣传教育工作。五是加大安全生产投入力度，投入资金56万多元，为一线养护职工配备养护标志服827套、养护鞋794双、安全帽877顶；筹集资金60多万多元，为所有职工购买了意外伤害保险和工伤保险。六是加强机械设备安全管理，加大资金投入力度，对机械设备及时进行维修保养，确保设备性能完好。

为职工办理六件实事。2011年，定西公路总段在积极开展各项工作，推动科学养护上水平的同时，将维护职工队伍稳定，加强队伍建设作为增强单位可持续发展能力的重要举措落到实处，全部落实了为职工办理的6件实事。

一是投入资金372.3万元，配备10辆养护作业车和通勤车，进一步改善了职工上路作业的条件；二是投入资金600万元，配备除雪车、路面清扫车、微波综合养护车、压路机等养护机械设备，加大了机械化养护力度，降低了职工劳动强度；三是关注职工健康，投入资金59.3万元，对全段职工和离退休职工组织进行了体检；四是投入资金260多万元，对原公路宾馆进行了改造维修，彻底解决了高养中心的办公场所问题；五是投入资金90余万元对陇西段、岷县段的办公楼进行了维修美化，对部分段站房屋进行了修缮，进一步改善了职工工作环境；六是投入资金80万元，为28个养管站食堂配备了冰箱、微波炉、电磁炉等用具，为部分养管站配备了太阳能淋浴间、接通了自来水、维修了供暖锅炉，进一步改善了一线职工的生活环境。同时，为了落实厅党组“三个一”的文化建设工程，投入资金15万多元，为直属各单位和28个养管站配备图书10 000多册；举办了第五届职工书画摄影展、“高养杯”职工运动会，为职工提供了展示自己的平台；总段分期分批举办了养护技能培训班、政工干部培训班等，为职工提供了培训机会。（伏浩元）

【庆阳公路总段】全面加强公路养护管理工作，圆满完成了迎国检任务。组织开展了公路养护“好路杯”百日竞赛活动，处治公路翻浆、路面坑槽和严重沉陷等病害9.94万平方米，完成油路修补面积11.22万平方米。对交通标志标牌、波形护栏、防护墩、示警桩等沿线设施进行了增设、矫正、清洗、刷新等工作，完成投资385.5万元。对辖区内167.3公里的干线公路实施挖补罩面、碎石封层及路面重铺工程，完成总投资6 108.5万元。投资180万元对子午岭隧道进行了加固维修；投资851万元对11座危桥进行加固改造，已完成庆城西河大桥、温台大沟门桥等6座危旧桥梁的加固改造工程，完成投资597.4万元，剩余5座桥梁计划于2012年6月底完工，圆满完成了迎国检工作任务，为全国第二届红色运动会在庆阳市召开提供了良好的公路交通条件。

积极努力，切实抓好工程项目建设管理。新堡至南梁红色旅游路建设项目，在地方各级政府和有关部门的大力支持下，工程项目的招投标已经完成，征地拆迁等前期工作进展顺利，施工单位已逐步进场开工；为了切实承担起西长凤高速公路养护管理工作，完成了高养中心临时办公楼的维修、办公设施购置和规范化建设等工作，正在积极筹备养护工区的选址、建设工作；承担的陇南灾后重建项目国道212线宕两段7.6公里的路基工程施工任务已全部完工，完成总投资1 400多万元。

加强通行费征收管理，确保完成全年任务。在努力完成通行费征收任务的同时，重点加强队伍建设，强化站点整治力度，提高文明服务水平，树立行业“窗口”形象。并按照上级的安排部署，完成了朱家河畔收费站的撤并工作。2011年，全段西长、木板、打庆、甜木四个收费所共完成征收任务1.02亿万元，占全年任务9 600万元的106.39%，超额完成了通行费征收任务。

紧紧围绕措施抓落实，着力做好安全生产和应急保障工作。按照“安全第一、预防为主、综合治理”的方针，将安全管理工作放在重要位置抓紧抓好。通过建立安全监管预警机制，履行安全监管职责，认真贯彻落实《甘肃省公路养护安全作业八不准》，进一步加强养护施工作业现场的安全管理，筹措资金，配发标志服500套、应急抢险服300套，投入80余万元完善公路安全设施，保证了生产需要，确保安全形势持续稳定，全年未发生一起安全责任事故。同时，还突出重点，着力构建总段、基层段（所）、站三级联动、职责明确、反应迅速、信息畅通、保障有力的应急处置机制，在各公路养护单位投资新建了规范统一的应急抢险器材库，不断提高应急处置能力。在雨雪天气、防汛期间、节假日以及红运会期间等各项重大活动中做好公路应急保障工作，确保管养公路安全畅通。

努力改善提高广大职工生产生活条件。2011年，在省交通运输厅、省公路局的关怀下，增加了职工艰苦边远津贴及规范性津贴，全额补发了2009年度职工个人生活补助，为全体职工购买了意外伤害保险和工伤保险，兑现执行了2006年工改后的退休职工10%保留津贴，提高了职工住房公积金的缴纳比例和液化气补贴、误餐补助等标准。筹措资金190万元，解决了十五里沟等22个养管站餐厅设施配备、洗澡间改建、厕所改造等问题，进一步改善了职工的生产生活条件。并坚持深入基层一线，了解和关心职工生产生活，节假日慰问困难及离退休职工，发放慰问金、慰问品，切实解决职工的实际困难，保持了职工队伍的稳定，调动了职工的生产积极性，促进了各项工作任务的圆满完成。

紧紧围绕党的建设，着力加强思想政治和职工队伍建设。开展了党风廉政警示教育和廉政风险排查机制建设；改选、调整了部分基层党支部和机关离退休职工党支部，进一步充实了基层组织机构，部署了示范型党组织建设试点工作;进一步规范了干部选拔、任用、管理工作程序,落实了基层领导干部交流制和交叉任职的制度;开展了公推直选养管站站长试点工作;采取组织推荐和个人报名的方式,在基层单位公开选拔了文秘、财务工作人员,建立了文秘、财务工作人员储备库。在建党 90 周年来临之际,通过配发党建书籍,走访慰问老党员,举办红歌演唱比赛和职工运动会,评选表彰先进党支部和优秀共产党员等系列庆祝活动,激励全体党员和广大干部职工奋发向上、开拓进取。 (李世雄)

【平凉公路总段】 2011 年,平凉公路总段坚持“养护引领、项目支撑、重点突破、全面提升”的发展战略,按照支线保通、干线保畅、高速保舒适的工作思路,积极促进高速公路专业化养护,大力开展国省干线标准化、预防性养护,科学组织实施养护工程,高等级公路 MQI 值为 93.5,优良路率 100;普通干线公路 MQI 值为 78.7,优良路率 43.9;不断提高应急保畅效能,促进了路况质量全面提升。一是日常养护。坚持开展公路日巡查、月考核制度,及时处治翻浆沉陷、封灌裂缝、清扫路面、清理边沟、校正刷新标志标牌等沿线设施,完成油路面灌缝 153.2 公里, 不良路基处治 122.6 千立方米, 油路修补 143.7 千平方米;清理桥涵淤泥和垃圾 74 座(道)2 776.6 立方米,更换栏杆立柱 48 根,修复桥面 550 平方米,清理桥梁伸缩缝 736 米;补栽里程碑、百米桩、警示桩、轮廓标 731 根,维修矫正波形梁护栏 343 米,维修隔离栅 909 米,换填避险车道砂砾 500 立方米; 刷新百米桩及里程碑 3 783 块, 划线 738.58 公里。二是标准养护。将国家高速 022 线、国道 312 线、省道 304 线、省道 318 线确定为标准化养护示范路,实施标准化养路 233 公里;严格按照公路养护技术规范和操作规程,认真实施病害处治、路肩整修、水沟疏通、边坡整理、路面保洁、公路绿化、构造物维修等养护作业,补栽里程碑、百米桩、警示桩、轮廓标 1 252 根,刷新各类标志标牌 3.79 万块,换填避险车道砂砾 626 立方米; 完成标准化养路 237.53 公里。三是桥梁养护。加强桥梁监控检测,对县道 043 线新集桥、新集小桥,国道 312 线孟家沟桥、无名 8 桥、无名 10 桥,县道 049 线策底河桥、莽庄沟桥,乡道 137 线神峪中桥,县道 521 线水渠沟桥,县道 049 线峡门桥共计 10 座危旧桥梁实施加固改造,累计完成投资 304.6 万元,占计划任务的 84.4%。四是养护工程。省局计划下达养护维修工程任务 44.95 公里,其中国道 312 线高等级公路沥青混凝土罩面 5.0 公里, 国道 312 线、省道 304 线、省道 203 线普通干线公路重铺、挖补罩面 39.95 公里, 10 月底累计完成投资 4 382.54 万元占计划任务的 100%。自筹资金 188.24 万元,对国道 312 线平凉西出口、县道 049 线平华路峡门沟等脏乱差问题突出、病害较多、社会关注度高的村镇过境路、城市进出路、省市接头路实施油路重铺或集中整治,已全部完成。

2011 年,省道 218 线静宁至庄浪段二级公路改建工程完成工作量 4.2 亿元,占概算总投资 4.3 亿元的 98%,除蛟龙掌大桥桥面、收费站广场及房建工程外,其余均已全部完成;省道 202 线泾川至渗水坡二级公路改建工程完成投资 2.0 亿元,其中路基工程已完成 85%。安保工程国道 312 线、省道 202 线、乡道 127 线安保工程完成投资 733.5 万元,占计划任务的 88.1%。段站建设灵台新集、华亭蔺家沟、庄浪万泉、静宁段机关养护作业点改造升级完成投资 75.74 万元, 占计划任务的 100%。

2011 年通行费征收工作以严格执行收费“六公开”制度,及时开通“鲜活农产品绿色通道”及“电煤油运输快速通道”,持续加大“特权车”、“人情车”和冲卡逃费车辆整治力度,经常性开展岗位练兵、技能比武活动,及时刷新、完善、更换各类收费设施,为司乘人员提供力所能及的救助服务,营造了干净整洁、服务至上、和谐稳定的通行费征收环境。全年共征收车辆通行费 1.42 亿元,占年计划的 107.29%,上解率 99%,较上年同期增收 2 654.17 万元,绿色通道减免费用 491.29 万元。 (马亚明)

【天水公路总段】 1. 迎检工作取得优异成绩。抽调精干力量,成立了 7 个养护维修工程项目部,明确了责任人和工作任务,加强检查考核力度,确保工程进展顺利。施工中,认真落实“三工”、“三检”制度,加强对材料、级配、工序、试验等重要环节的管理, 总段试验室新购了 80 余万元的试验检测设备,麦积段、秦州段各自添置了 6 万元的试验仪器,完善了工地试验室,重点加强了对进料、拌和、摊铺、碾压等工序的协调管理,确保每个环节实现无缝衔接。尤其是牛北路确定为迎检路段后,高养中心、麦积段、秦州段采取人歇机不停的方式,实现了“10 天罩面 30 公里”的目标。全段普通干线公路路况水平得到大幅提升,天巉路、江天路、莲叶路、牛北路路况质量达到了近五年来的最好水平。2011 年,全段普通干线公路技术状况指数 MQI 达到 78.23, 路况优良率达到 55.52%;高速公路 MQI 达到 90 以上,优良率达到 95%以上。同时,按期完成陇南洪灾重建工程和武罐高速辅道年度施工任务,完成投资 6 000 万元;洛礼路改建工程完成工可批复。

2. 普通干线公路养护管理步入良性循环。各养护单位认真制定养护方案,明确时限和任务,分阶段组织开展好路杯、水毁预防抢修、迎国检大干六十天养护竞赛等活动,重点抓好翻浆处治、油路修补,坚持“三早”、“两抓”,在油路修补中重点把好开挖关、材料级配及油石比、压实度、平整度、外观质量等关键环节,全面提高养护质量,有效降低返修率。同时,各养护单位严格遵循“治早治小,及时主动”的原则,加大养护巡查频率,对公路路面、桥涵构造物轻微病害进行及时处治,有针对性地实施了一批薄层封面、碎石封层等预防性养护工程,有效地提高了养护质量,延长了养护周期。省道 207 线、专用道 162 线等支线公路路况质量得到了明显提升,全段日常养护管理工作真正进入了良性循环。2011 年,全段累计处治翻浆 3.49 万立方米,修补油路 9.52 万平方米,清理塌方 9.39 万立方米。

3. 高等级公路养护管理逐步走向规范化。以提高养护工作效率为目标,充分发挥“养护中心+专业化养护队”的养护组织方式的作用,积极探索运用公路养护新工艺、新材料、新技术,日常养护工作逐步走上规范化道路。全面抓好路面沉陷、坑槽、车辙等病害的处治,及时疏通边沟,对路面进行日常保洁清扫,对沿线防排水设施、波型防护栏和交通标志做到随坏随修。对于常见病害采取一次性处理, 实行全年 365 天无间断作业,“发现一处、处治一处”。通过设立监督牌,明确养护责任人员,定期换填消能砂,加大对境内桥隧涵以及天巉路等9处失控车辆避险车道的养护管理，保持避险车道消能砂疏松，无板结，对隧道内检修井、电绳沟、中央排水沟定期检修，对损坏部分及时维修，对桥梁收缩缝及桥面不定期检查和维修，最大限度地确保了桥隧涵等交通设施使用状况良好。同时，加大基础建设投入，完善高养中心和养护工区设施功能，自筹资金130万元修建了1个2 300余平方米的机械库房。

4. 桥梁养护管理和危桥加固改造工程顺利开展。2011年，全段管养桥梁958座107.6公里、隧道74座118.7公里、棚洞11座1 042米。总段进一步完善“段长—桥梁工程师—专职养护工”的责任追究体系。在日常养护和桥梁检测中实行“一桥一档”，实行挂牌监督，坚持对桥涵、隧道开展经常性检查和定期检查，及时处治修复桥涵基础冲刷、裂缝等各种病害，确保桥梁功能稳定，运行安全。在病害处治和危桥加固中推行“一桥一策”，对不同桥梁采取不同的养护和维修措施，努力提高其使用质量。对316国道杨沟门桥以及鸡嘴山隧道等13座桥梁、隧道进行了加固维修改造，对存在重大安全隐患的169专道莲花桥拆除重建。同时，对存在安全隐患的316国道庞家沟桥、石岭桥采取了限载限速、限高限宽等交通管制措施，对310国道乍岭棚洞加强监控，并实施维修加固。2011年，全段共完成养护维修工程5项6 665.98万元(其中，水毁修复工程1 030.14万元)，完成安保工程9项718.9万元，完成危桥加固改造工程11项499万元，完成段房建设工程2项163.85万元。

5.通行费收入增幅创历史新高。以“带好队伍收好费”为总体工作思路，紧紧围绕通行费征收这一中心工作，充分发挥稽查监督职能作用，建立收费目标考核体系，推行总段—收费所—收费站—收费员四级考核工作机制，将全年收费任务进行层层分解，进一步加大对各收费单位的监管力度。加强与公安、交警和路政部门联系，在各收费所大力开展“百日无差错收费服务之星”、军事化训练和“打击治理冲卡逃费车辆专项治理”活动，坚持收费人员在全段和各收费所之间以及不同岗位之间的内部交流制度，有效地优化了收费外部环境，拓展了文明收费服务内容，超额完成了全年收费任务。同时，严把月票审批关，认真规范月票审批程序，严格落实国家新的“绿色通道”减免政策，全力做到“应征不漏、应免不收”，全年减免通行费400.65万元，占通行费收入的6.84%。2012年共完成通行费征收5 857.90万元，完成年计划任务的117.16%，较上年同期增长24.06%，增幅创历史新高。

6. 公路应急保通能力明显增强。继续深化“安全生产年”活动和安全隐患排查治理行动，加大安全生产资金投入和监督检查力度，对水毁路段路面及附属设施病害进行全面修复，对桥涵、易塌方、易阻车路段实行动态监控，对地质灾害隐患点进行巡查、排险和加固，切实消除道路安全隐患。全年投入资金423.62万元，排查一般隐患402条，重大隐患22条，并全部整改落实。同时，充分整合全段现有人力、机械、制度、信息资源，努力建设一支“平急结合”的专业化应急养护队伍。成立了9支应急抢险队伍，储备了60余台应急抢险机械车辆和数量充足的各类应急抢险物资，组织开展了各种形式的应急演练，全面提高了抢修效率和处置速度。全段公路水毁抢修、除雪保通等公路应急保障工作成效显著，公路应急保通能力明显增强。10月11日宝天高速公路东岔收费站匝道山体塌方后，立即启动应急预案，组织了22台抢险车辆和58名抢险人员投入抢修，清理塌方达3.2万余立方米。

7. 基础管理规范化水平稳步提升。按照省局安排部署，成立了项目及资金管理委员会，严格执行收支预算和财务报账制等各项管理规定，加强工程项目及大额资金监管，加大对预算执行的监督检查力度，杜绝超支现象，将监管重心下移至基层各单位及重点领域，确保项目及资金安全运行；大力推进养护技术创新，积极研究推广新材料、新技术、新工艺在养护生产中的应用，自主研发的小型滚筒式沥青拌和设备、手摇式集料清洗机等4项发明改造成果在养护生产和试验检测中得到初步应用，并有效降低了劳动强度，取得了一定的经济效益；进一步完善质量监督体系，顺利通过总段乙级试验室验收工作；有针对性地加强职工培训，重点对87名分段养护技术骨干、桥梁加固技术干部、大型机械操作员、设备管理人员进行岗位培训，有效地提升了职工队伍的整体素质和操作技能；全面推进信息化建设，开通“天水公路总段网站”，并制定了网站新闻及信息发布管理制度，在收费站新建3个LED信息显示屏，多渠道地为社会公众便捷出行提供路况等服务信息。

8. 单位发展软实力进一步增强。全面加强基层组织建设。开展了示范型基层党组织创建活动，在洛礼路项目办成立临时党支部，对25名基层党政主要领导实行了交叉任职，对在同一岗位任职满五年的正科级干部逐步开始调整交流；加强和改进作风建设。全面落实党委成员“划线包段”责任，推动各项工作顺利开展；高度重视党风廉政建设。成立了项目及资金管理委员会、资金监督委员会和资金运行监督检查小组等工作机构，从4月1日开始，实行财务报账制，总段所属各基层单位的重大经济活动和大额资金支付均由总段统一管理和审批。并加大对违纪行为的查处力度，对职工信访反映的个别单位领导干部违反财经纪律的行为从严从重进行了查处，2名科级干部被处以通报批评或党内警告处分，其中1名被免职；推进民主管理工作。聘请26名职工代表义务监督员，负责监督本单位年度目标任务、阶段性工作事项的进展和落实情况。在皂郊养管站组织开展了养管站站长公推直选试点活动，产生了1名站长、2名副站长；扎实开展行业文明创建工作。举办了庆祝建党90周年“党在我心中”红歌比赛，来自基层一线的14个代表队400余人唱响了“共产党好、伟大祖国好、改革开放好、公路事业好”的主旋律。深入开展“学、树、创”活动，开展了争创全省公路系统第五届“五十佳”活动，对争创活动中涌现出来的17名先进个人进行了表彰奖励。皂郊养管站、汪来文分别获得“全国模范道班”和“全国模范养路工”荣誉称号；切实加强新闻宣传工作。全年在各级各类新闻媒体上发表作品445篇，超额完成了省局下达的年度宣传任务，为中心工作的顺利开展营造了良好氛围；下大力气改善职工生产生活条件。为全体职工办理了重大疾病医疗保险，提高了职工住房公积金缴存比例；给部分养管站配备和更新了通勤车，配备了太阳能热水器，对养管站职工食堂给予适当伙食补助；投入资金247万元购置养护机械7台，并筹集资金30万元对中巴车司机进行了增驾培训；筹措近100万元为全段职工办理了人身意外伤害商业保险；筹措救助资金19万余元,建立了特困职工救助基金;筹措资金90余万元,为全段离退休职工和在职职工进行了健康体检,并坚持节日慰问和住院看望制度,对困难职工组织了捐助慰问。

（陶 虹）

【陇南公路总段】 国省干线公路养护任务完成情况。2011年,共完成公路路面病害处治1.7万余平方米,校正修复波形护栏1 585米,维修防护墩467个,维修示警桩320个,更换新栽里程碑1 102块,更换新栽百米桩9 918个,对全线的标志标牌、防护墩、波形护栏等公路构造物进行了多次全面清洗,清除各类违规及废弃标志标牌167块。冬季养护中采备防滑用工业盐140吨,防滑砂3 800余立方米。

桥梁涵洞隧道养护任务完成情况。截至年底,完成国道212线官鹅沟桥等4座桥梁加固改造工程,完成投资478.7万元;完成国道212线骆驼巷隧道维修工程,完成投资10万元;投入29万余元对省道205线四沟桥等2座桥梁进行预防性养护。目前正在进行国道212线何家堡2号桥等3座桥梁的加固改造工程,投资216万元。

养护维修工程任务完成情况。主要实施了国道212线麻子川至宕昌县城段养护维修工程,完成双基层路面重铺2.6公里,单基层路面重铺5.36公里,软基换填4 396平方米1 976立方米;现浇C20砼路缘带1 714.45立方米;挖补处治9 124平方米,软基换填9 124平方米。热熔标线11.96公里1 868平方米。完成投资共计1 278.83万元。总段还对国道212线碧口境内公路进行养护维修,完成2公里罩面和9公里挖补。另外,总段工程处实施的国道316线“8.17”暴洪灾后恢复重建工程目前已开工,正在进行设备安装、原料储备等工作。

公路水毁抢险保通任务完成情况。2011年陇南境内发生“5·19”、“7·3”、“8·17”3次特大公路暴洪灾害及多次重大公路水毁、泥石流灾害,总段均做到第一时间上路进行抢险保通,累计清理塌方35万余立方,清理泥石流47万余立方,清理边沟淤塞6.1万余米,河床清淤7.8万余立方,共计投入职工7 400工日/1 800人,雇工2 7001.08万工日人,挖掘机60台240台班,装载机160台640台班,大型运输车300台1 200台班,通勤车160台640台班,抢险保通使用铅丝笼4 900余方,砂砾回填1.7万余立方米,累计投入抢通保通费用3 370余万元。

2011年年初,制定了《陇南公路总段“十二五”发展规划》,确立了“在2011年全面恢复养护核心功能,实现养护管理水平稳中有升”的工作思路,将提升“三貌”即路容路貌、站容站貌和职工精神面貌;办好“三灶”即职工大灶、综合养护工区“生产灶”和职工福利保障“生活灶”;完成好“三大任务”即“保通保畅保洁”作为整体工作任务。围绕这一思路和工作任务,将树立科学养护理念、恢复养护管理水平、提升养护管理技能、完善养护管理措施作为核心工作全面展开。

制定落实养护生产现场会制度。在养护工作较好、路容路貌整洁的路段召开现场会,组织各养护单位负责人观摩小修保养、路面保洁、边沟清理等养护标准化作业流程,并要求各单位随后召开本单位现场会,将新经验、新做法、新规范全面传达到基层一线,树立规范化作业理念,提升养护技术层次,日渐摆脱老一套的做法。2011年5月在两当、徽县,10月在两当、康县、文县分别召开了养护生产现场会,为职工树立了工作典范和标准,有效地推动了养护工作的发展,保证了路容路貌整洁,尤其是保障了迎“国检”期间路况质量的提升。

高度重视职工技能培训。为了跟上公路养护标准化、规范化、专业化和机械化的发展趋势,2011年开展了职工技能培训教育。在总段工程处、设计所建立了机械操作手培训基地和工程技术人员培训基地,在文县段、成县段、康县段和麻沿超限站建立了南北片培训中心,在总段和各基层单位配备了投影仪等现代教学设备,总段领导和各科室负责人都进行授课,全面提升了技能培训的软硬件配备。共开展各类培训25次,培训职工438人次,全年选派70余人参加省厅局举办的各类培训班,选派30余名优秀养护管理人员赴华东等先进地区学习养护管理经验,拓宽了视野。

深入推进预防性养护。针对陇南地区地质结构复杂、自然灾害频发的情况,开展预防性养护工作,将日常小修保养与加强公路基础设施养护管理、路容路貌保持充分结合,做到“抓日常、保重点,一月一督查,一季一总结”,以迎“国检”为契机,开展“大干60天”活动,集中力量使用大量机械进行道路清扫和沿线设施清洗,重点对村镇路段、施工路段、平交道口等易污染路段加大清扫力度。对由于人为、行车造成的公路沿线设施损坏变形的及时予以修复校正,迅速完成了里程碑、百米桩的更换工作,实现路面整洁、边坡顺适、边沟畅通、设施完善的目标,路容路貌有了前所未有的变化。另外,为了保障冬季养护工作顺利开展,今年10月份再次组织开展“大干30天活动”,充分利用新建的堆料台储备足够数量的防滑材料,对影响行车安全顺畅的路面病害进行集中处治,加强上路巡查,检修机械设备,及时了解天气状况并发布路况信息,全力做好冬季道路养护工作和除雪防滑安全保畅准备。

着力加强桥涵隧道养护。桥梁涵洞隧道养护是公路养护的重要组成部分,责任重大。为了做好此项工作,今年进一步完善了《桥梁养护管理办法》,对桥、涵、隧实行一人一桥(涵、隧)专职管理和养护责任人、工程师挂牌公示制度,通过公开招标,投入27万余元设置了420余块桥梁养护责任公示牌,有效的保障了桥梁、涵洞、隧道日常维护和安全检查“有专人管、有专人做、有专人负责”,确保了安全运行。

抓紧抓好养护维修工程。2011年主要实施了国道212线麻子川至宕昌县城段养护维修工程。为了加强工程管理,保障工程质量和进度,深入落实项目管理责任制,将技术、质量、安全等责任明确细化到个人。严把工程质量关,由总段相关领导和科室负责人牵头,从原材料进场到工程实施进行全程监督和不定期抽查,落实“一旬一检查、一月一调度”制度。施工单位充分克服自然灾害较多、施工条件艰苦、有效工期较短的困难,实行标准化作业,严格执行技术标准,做到以试验数据指导施工,确保了养护维修工程质量和进度。

（陇南公路总段）

【甘南公路总段】 迎国检工作。甘南总段高度重视迎检工作,提出了“突出‘管理规范化、养护工程质量、行业服务水平、应急保障能力'四个重点,从根本上提升养护管理水平"的迎检思路。强化了迎国检领导小组,围绕迎检目标,对重点工作任务进行了责任分解,明确了工作标准、工作要求和完成时限,先后三次对迎检工作进行了自检评估,对存在的问题不断进行整改落实。于6月11日开始全力配合交通运输部全国干线公路养护管理大检查工作,取得了良好成绩,达到了预期目的。

养护维修工程。全年完成国道213线196公里加251米至321公里加709米段养护维修工程,共计完成20厘米厚水泥稳定砂砾基层1 087.88平方米,2厘米厚沥青砼面层1.81万平方米,3厘米厚沥青砼面层3.66万平方米,5厘米厚沥青砼面层6.72万平方米,7厘米厚沥青砼面层2.11万平方米等,完成投资1 360万元。优质高效地完成2011年下达的养护维修工程任务,施工路段的路面平整度指数和破损率指标均达到国检标准的要求,工程质量达到交工条件。

标准化养护工程。全年在国道213线、省道312线两条二级收费公路全线实施,共计273.37公里,其他三级公路共计完成163.56公里,累计完成436.93公里,其中各公路管理段机关人员继续在段机关附近10公里开展标准化挂牌示范养护路段,共计60公里,在国道213线临合公路新做彩色路肩7公里。

预防性养护工作。全年完成油路修补3.84万平方米,其中翻浆处治6 102.7平方米、路面沉陷处治6 503.56平方米、松散、坑槽处治2.58万平方米。投入资金232.14万元,完成了省道306线274公里加922米至308公里加945米段油路重铺0.3公里,沥青同步碎石封层2.4公里;省道204线0公里加000米至18公里加000米段实施重铺1.5公里。投入资金48.2万元,完成了防排水构造物维修,共计完成M10砂浆勾缝、抹面2.72万平方米、M7.5浆砌片石重做313.4立方米、增设边沟涵99米。

安保工程。全年共计完成钢筋混凝土防撞墙970米491.4立方米,混凝土防撞墩40个28.8立方米,波形护栏维修66米、波形护栏清洗28.1公里,标志牌新做8块、维修66块,新做里程碑10块、百米桩30块,移栽里程碑272块、百米桩2 448块,补栽护柱169根,刷新混凝土防撞墩1 012个2 633平方米、钢筋混凝土防撞墙1 153米923.9平方米、护柱1.2万根1.15万平方米,避险车道更换豆砾石填料340立方米。投入资金82.65万元。

防汛工作。全年累计清理塌方34处6.03立方米,清理路面泥石流199处12.18万立方米,清理边沟淤塞27.9公里1.1万立方米,清理涵洞淤塞32道3 747.6立方米。累计完成抢修工作量401.11万元。并投入资金46.63万元完成了国道213线235公里加800米至235公里加860米段等2处水毁修复工程共计M7.5浆砌片石挡土墙1 179.8立方米,重做路面900平方米,路基填土方1 628平方米,石笼防护30立方米,保障了管养路线的安全畅通。

通行费征收工作。2011年,合郎所完成收费任务4 656.26万元,完成计划任务的160.56%,唐尕昂站完成收费任务1 603.67万元,完成计划任务的145.79%。王达收费所完成收费任务355.79万元,完成计划任务的88.95%。

(李少光 刘强 白生平)

【临夏公路总段】 公路日常养护。2011年,临夏公路总段共处治翻浆3.7万平方米,修补油路5.2万平方米,沥青胶灌缝4万延米。完成标准化养路460公里。自筹资金61万元,创建标准化养护示范路段197.9公里,铺筑彩色路肩86公里。更换涵洞盖板15立方米,清理疏通涵洞淤塞1 325立方米。维修浆砌边沟175.6立方米,维修路肩墙3 000米,更换里程碑、百米桩120块,增设农路涵12处60米。更换损坏的示警桩3处210根。

养护维修工程。省公路局下达的养护维修工程全部完工,共完成工作量2 329万元。其中一期工程完成挖补罩面2.75公里2.7万平方米,处治沉陷2公里1.3万平方米。二期工程完成国道213线兰刘路碎石封层20公里20万平方米,路面病害处治1.8万平方米,路面灌缝6.2万米。完成油路重铺1.9公里1.5万平方米,预制、安装砼路肩墙3 600米333立方米,完成沥青砼罩面0.11公里1 650平方米。迎检路线省道310线挖补罩面工程完成重铺1.2公里1.3万平方米,沥青砼罩面14.38公里15.7万平方米,翻浆处治2.3万平方米,各类标志牌16块。以上工程总段组织了交工验收,工程质量合格。

水毁修复工程。共清理塌方5处1.7万立方米,夯填路基边坡1处945立方米,新建M7.5浆砌片石挡土墙30米239.1立方米,直径50厘米PE管急流槽2处450米,直径40厘米PE管急流槽3处116米,直径20厘米PE管急流槽1处200米,夯填土方7处5 336.8立方米,排水沟清淤3处2 460立方米。

安保工程。完成安保工程工作量218.54万元,主要工程量为:路面热熔标线76.6公里1.8万平方米,交通标志牌9块,钢筋砼防撞墙4处190米,示警桩1 250根,里程碑93块,百米桩711块,沿线波形护栏矫正、维护、清洗及诱导标志刷新。完成国道309线安全保障工程25万元。

房建工程及双化建设。投资259万元,完成康临收费所房建工程及院落硬化、美化等附属工程建设任务,于2011年5月底投入使用。投资593万元,完成牛津河超限检测站房建及院落硬化等附属工程建设任务,于2011年6月底投入使用。投入194万元,完成总段机关综合楼、临夏段机关、东乡段机关、康乐段机关、景古养管站、董岭养管站的"双化"建设及维修工程。

隧道养护维修工程及危桥加固工程。国道213线大岭隧道维修工程已完工,共完成工作量20万元。完成国道309线湟水河大桥主体的加固,完成工作量350万元。国道213线驴蹄子沟桥加固工程已完工,完成工作量19万元。省道317线苏集桥加固工程已完成工作量90万元。

工程建设。省道309线临夏至大河家公路改建工程累计完成投资2.62亿元,占工程总投资7.4亿元的35.4%。其中:路基清表完成32.4万平方米,完成路基填筑土石方167.4万立方米,桥梁完成桩基27根504米,浇筑桥梁混凝土基础20座,桥墩22根,盖梁14片,混凝土桥台台身20座,防排水工程完成浆砌片石防护7.2万立方米,排水设施3.3万立方米,乩藏山隧道洞身掘进76米,二衬完成49米。

路政管理。全年路政案件发案100起,结案97起,结案率97%,共收缴赔偿费60.4万元。查处污染路面591.2平方米、损坏挖掘路面121平方米、划坏划伤路面83.6平方米、挖掘路基71立方米、损坏护栏板711米、护栏立柱151根。牛津河治超站共检测车辆8万余辆，转、卸载货物2.5万吨。同时在兰刘路开展了临时治超，共收取道路补偿费137.6万元。

通行费征收。康临收费所征收通行费572.7万元，占省局计划的47.7%，临合路双城收费所征收通行费1 504.9万元，占省局计划的143.3%，刘家峡收费所征收通行费1 737.7万元，占省局计划的115.9%。 （刘志功）

【武威公路总段】 2011年，武威公路总段克服永古高速公路封闭施工、屯安路建设车辆绕行对养护管理带来的困难与挑战，在推进科学养护进程中求发展，在完成武仙路改建重点任务上下功夫，在建立常态化管理机制上做文章，在党建和行业文明建设上出成果，圆满完成了全年工作任务。

科学养护深入推进。一是圆满完成迎国检任务。精心组织实施养护维修工程，圆满完成了2 550万元的计划任务。深入开展标准化养护，创建标准示范路段357公里。狠抓管理规范化工作，促使养护管理逐步向制度化、常态化迈进。打造亮点，展示形象，高起点、高标准地完成6个迎检点建设，在技术应用、服务保畅、绩效考核、公路文化等4个方面进行创新。二是精细化养护机制基本建立。制定了考核评价、精细作业和质量控制等方面的管理流程、操作规程和工作标准。大力推行精细作业，强化施工工艺控制，落实管理规范化标准。三是预防性养护全面实施。在普通干线开展小型课题研究和技术攻关，大胆尝试应用SBR和SBS改性乳化沥青，实施碎石封层15公里；在高速公路上实施微表处136公里；注重沥青路面早期水损坏的防治工作，对公路路面裂缝进行灌缝；重视防排水设施的维修养护，保障了排水设施的完好和使用功能的正常发挥。四是全面养护措施有效落实。开展标准化养护示范路段创建活动，主要路线全面达到了国检标准。高度重视和加强桥梁养护管理，发挥桥涵专业队伍的作用，应用新技术、新材料修复桥梁病害，创建示范桥梁10座，高质量地完成8座桥梁的加固改造。五是养护技术应用成效显著。积极引进和消化先进的养护技术，加快科研成果转化应用。合作研发的橡塑复合改性沥青生产系统，获得了国家实用技术专利证书；自主研发SBS改性乳化沥青，应用到微表处和碎石封层中，成功铺筑实验路段，达到国内先进水平；继续研究应用橡胶沥青表面处治关键技术和高粘薄层技术，完成了科研课题；在高速公路预防性养护中尝试铣刨料再生微表处，取得了良好效果；在武仙公路改建工程中，反复试验，自主改造大粒径撒布设备，提高了施工效率和质量；在国道312线乌鞘岭高寒阴湿路段，首次应用大粒径透水路面施工技术，有效处治了路面病害；在普通干线油路修补中，进一步推广应用废旧油皮再生利用技术，质量比往年有所提高。

工程建设任务全面完成。省道211线武仙路改建工程建成通车，完成投资3.75亿元。陇南暴洪灾后重建工程圆满完成，实现了工程进度快、内在质量优、外观形象美、安全廉洁好的目标。在国道312线屯安路改建工程中，有效发挥协调服务职能，确保项目按期完工。

应急保障和公共服务能力明显增强。面对永古高速公路封闭施工、营双高速公路建设、屯安公路改造、省道308线车辆阻塞和谢河中桥水毁等突发事件带来的多重应急保障压力，以高度的政治责任感和敏锐感，采取得力措施，保障了公路安全畅通。全力做好低温冰冻天气的应急保畅和服务工作，形成应急演练常态化机制，举办多项演练活动。围绕乌鞘岭这一全省重点和难点路段，组建防滑应急站，备足防滑物资，建立信息观测点，同沿线群众协作除雪防滑。充分利用沿线服务设施，开展形式多样的拓展服务，为群众出行提供安全、通畅、快捷的通行条件。

常态化管理机制初步建立。目标管理和绩效考核不断深化。完善目标管理和绩效考核机制，实现绩效考核和目标任务的全面结合。调整绩效工资的构成部分，充分发挥调节作用，促进了养护管理效能的提升。收费管理再创佳绩。提前140天完成任务，收费额首次突破1亿元。路政管理有序推进。进一步提高规范化建设水平，完善养护、收费、交警和地方政府协调配合的联动机制，有效巩固了公路建设和养护成果。安全生产持续稳定。加大养护作业区安全布设和现场管理力度，整治重点部位、重点环节、重点路段存在的隐患。深入开展各项安全生产活动，投入199万元，更新和补充安全设施。信息化建设明显加快。建成并运行总段办公自动化管理系统；在道路巡查车上安装GPS定位系统；在基层养管站建立电子阅览室；更新办公电脑和局域网硬件设备，提高了办公效率。 （柴兆森 张伯尧）

【金昌公路总段】 2011年，金昌总段始终坚持以养好公路为第一要务，紧紧围绕科学养护这一中心，突出迎部检和陇南暴洪灾后恢复重建两个重点，切实抓好养护生产、通行费征收、路政执法、安全生产、基础管理、科技创新和文明创建等工作，较好地完成了全年各项工作任务，公路养护管理水平显著提高。

抓科学养护，提升公路路况质量。认真做好公路技术状况评定工作，采用自动化检测仪器和设备进行路况检测，依据管养公路路况实际，科学制定小修保养和养护工程计划和养护措施；在公路日常管养工作中坚持做到“九个及时”，达到路面整洁、横坡适度、行车舒适、路肩整洁、边坡稳定、排水畅通、桥涵构造物完好、沿线设施齐全，着力提升路面病害处治质量，确保病害处治迅速高效；高度重视预防性养护，及时处治翻浆和沉陷，及时处治路面出现的龟裂、网裂病害，有效控制了路面病害的发展，延长了使用寿命；全面加大桥涵养护力度，严格落实分管领导和桥梁工程师为直接责任人的桥涵养护责任制，坚持对桥涵进行定期不定期检查，详细做好监测记录，确保桥涵通行安全；精心组织养护维修工程，通过微表处、油路重铺、危桥加固等措施，管养路段路况质量大幅提升，公路通行能力显著提高；进一步完善和修复沿线标志牌、波形护栏、防护网等安全防护设施，确保了路况质量优良、标志齐全鲜明、路容路貌整洁，达到标准化养护要求。2012年完成国道30线永山高速公路养护维修工程21.98公里，累计完成工作量4 145万元；完成普通干线公路安保工程工作量54万元；完成乡道328线墩子桥改造工程及隘门沟1号桥等6座小桥维修工程；完成高速公路处治沉陷、松散2.99万平方米，路面灌缝2.78万米，微表处5.69万平方米，处治辅道翻浆4 787立方米6 839平方米，喷涂热熔标线2

754平方米;完成国道312线罩面400米,修补油路2.59万平方米,路面灌缝4.48万米,处治翻浆6 033立方米8 044平方米,填补路肩缺口1.39万立方米,路肩铺砂2 145立方米,清除流沙2.86万立方米,喷刷路面标线2.03万平方米;完成省道212线补强重铺400米,生物固沙种植梭梭8万株;巩固标准化养护路段160公里。

抓工程质量,提升项目管理水平。在国道316线陇南暴洪灾后恢复重建项目建设中,金昌总段坚持以工程质量为根本,以安全生产为保障,严格落实质量责任目标,总段与项目部、项目部与技术员、施工员、劳务队层层签订目标责任书,明确质量考核责任,把责任细化到人;加大了工程进度控制力度,定期召开协调会,统筹兼顾,合理安排施工计划,分配施工任务,力保工程进度。在施工黄金季节,组织开展了"抓质量、抢进度、保安全、大干150天"竞赛活动,极大地调动和激发了参建职工的积极性和创造性,提前69天圆满完成国道316线陇南8·12暴洪灾后恢复重建项目,累计完成工作量5 213万元。

抓文明服务,提升收费管理水平。在收费管理工作中坚持从抓实征率、抓标准到位、抓制度执行、抓文明服务上下工夫,组织开展了"便民服务"、"百日收费无差错服务明星"评选活动、"零投诉"竞赛活动及以规范上下岗、规范内务整理为主要内容的军事化训练活动,将服务质量、服务水平纳入绩效考核,不断提高服务标准,积极创建"文明收费示范广场",营造和谐的收费环境,收费文明服务水平显著提升;认真落实"绿色通道"等国家惠民减免政策,全年共减免通行费20.3万元。坚持专项治理与建立长效机制相结合的原则,进一步清理整顿"人情车"、"特权车"、"免费车",严格月票车辆的审批和办理,将月票收入控制在收费额的6%以内。2011年,省道212线金永段收费公路征收通行费1 788万元,完成年计划的162.5%。

抓文明执法,提升依法治路水平。牢固树立"以人为本、以车为本、以路为本"的管理理念,创新路政管理思路,以加强路政队伍建设为重点,以保护路产路权为中心,不断完善各项管理制度,组织开展路政法律法规宣传活动,营造良好社会舆论环境;加大路政巡查,及时查处路政违法案件;强化治超手段,完善治超网络,超限超载率控制在5%以内;不断规范执法程序,路政基础管理工作更趋完善,路政人员业务素质、执法水平显著提升,有效保障了养护成果,维护了路产路权。全年查处公路违法案件139起,结案139起,路政案件查处率达98%以上,结案率达100%,收缴路产赔(补)偿费177.8万元,

抓责任落实,提升安全生产监管水平。按照"一岗双责"的要求,与各基层单位签订了安全生产目标责任书,建立了横向到边、纵向到底的安全生产责任制,把安全生产责任落实到了部门、具体到了个人;以开展"双基"建设活动为契机,以提高安全生产意识和安全技能为重点,通过开展"安全生产年活动"、"打非治违和专项整治活动"、"安全生产月活动"以及其它形式多样的安全生产宣传教育活动,进一步提高了从业人员的安全操作水平和责任意识;加大安全生产监管力度,狠抓养护作业现场的安全管理,对一线施工人员进行安全教育培训,重点就各类标志标牌的规范摆放进行讲解和演练,规范作业人员的安全行为,做到了安全施工、文明施工;进一步加大安全生产资金投入,筹集资金76.24万元购置安全标志服和安全标志牌,有效改善了一线作业人员的安全防护条件;共投入资金20.77万元,及时为全体从业人员购买了人身意外伤害保险和工伤保险,有效落实了全体职工的各项社会保险待遇。

抓基础管理,提升服务保障水平。加强机关效能建设,全面推行目标责任考核制和责任追究制,实行绩效考核,将职工工作质量、工作纪律、工作效率等纳入绩效考核,有力地推动了机关作风的转变;认真落实《全省公路系统资金运行监督管理规定》,严格实行财务报账制度,各类支出均按照审批程序及权限进行审核,保证了财务支出合理、合规、合法;充分发挥审计部门的监督职能,加强内部审计,对所属单位年度预算执行、干部任期经济责任审计、专项资金使用等加大审计监督力度;进一步加强了职工队伍建设,大力开展"争当学习型养护职工"活动,通过技能大赛、技术比武、技术培训等活动,全面提高了职工的综合素质;坚持段务公开,切实保障了广大干部职工对大额资金使用、大宗物资采购、工程招投标等重大事项的知情权、评议权和监督权;认真贯彻《公共机构节能条例》,深入开展节能减排宣传周活动,提高职工节能减排意识;做好了信访接待工作,着力解决了职工群众关心的热点难点问题,营造了和谐稳定的发展环境。

抓基础设施建设,提升职工工作生活条件。新建标准化集中拌合场1处;建成下四分超限运输监控检测站;改建应急物资储备库房5处;改造了河西堡公路段家属院供暖管网;解决了永山养护工区用水问题;解决了周家井养管站生产生活用电问题;改造了总段家属院水网,实行分户计量;立项修建职工家属住宅楼2栋计40套楼房。

抓文明创建,提升单位文明水平。深入推进"创先争优"活动,全面推行"一诺三评三公开"措施;组织党员干部开展了"红歌大家唱、大家唱红歌"活动,庆祝建党九十周年,激发了干部职工爱国主义情怀;10月份组织开展了以职工运动会、经典朗诵和文艺表演等为主要内容的第三届"公路文化艺术周"活动,增强了职工的主人翁责任感和集体荣誉感;继续深入地开展了党风廉政建设和反腐败工作,加大从源头上预防和治理腐败的力度,营造了良好的廉政交通局面。

(高中华)

【张掖公路分局】 2011年,张掖公路分局坚持以科学发展观为指导,以迎接全国干线公路养护管理检查为契机,以提升路况质量和规范化管理水平为目标,锐意进取,扎实工作,全面完成了年度目标任务,实现了"十二五"良好开局,为甘肃在"国检"中取得优异成绩做出了积极贡献。

公路通行服务水平显著提升。2011年高速公路优良路率达到100%,普通国省干线公路优良路率达到83.5%。坚持质量进度并重,精心组织实施养护维修工程,共投入3 396万元,实施挖补罩面35.02公里、重铺工程0.4公里、微表处31.77公里,显著提高了整体路况质量。大力推行预防性养护,开展标准化养护示范作业,共实施标准化养路590公里,国省干线公路路况质量有了较大幅度提升。强化桥梁养护监管,及时处治桥涵病害,精心实施危旧桥涵加固改造,共投入

102万元，加固维修改造桥梁4座，新建、改造涵洞9道，保持桥涵构造物运行安全。投入330万元，在国道312线、国道227线增设交通安全标志牌、安装示警桩，实施平交道口硬化和交通安全渠化等，提高了公路安全行车水平。加强重点时段和重大节庆活动的公路养护工作，为春运、"十一"黄金周等节假日和"敦煌行·丝绸之路国际旅游节"等重大活动提供了安全畅通的公路通行服务。分局及高台、山丹、民乐、肃南公路管理段被所在地方政府表彰为"2011年度支持地方经济发展先进单位"。

路网改造项目建设有序推进。抓好省道213线张掖市至肃南县城公路、张掖军民合用机场连接线公路建设，全面加强工程质量管理，千方百计加快工程进度，加强与公路沿线政府及相关部门的协调沟通，确保了工程建设有序推进。机场连接线公路工程全面完工，累计完成投资3 870万元，该项工程受到了省厅、局及市委、市政府的表扬。张肃公路项目累计完成投资2.88亿元，路基工程完成95.1%，在局管路网项目综合评比中获得了第一名的好成绩。永古高速公路辅道屯安段第一合同段维修工程按期完成。

通行费征收任务超额完成。严格执行收费政策，强化绩效考核，加大对内监控、对外稽查力度，规范职工行为，减少费源流失，提高了收费管理水平。严格执行"绿色通道"政策，全年共减免通行费145.3万元，真正将惠民政策落到了实处。持续开展了"争'五星'创佳绩"劳动竞赛、"四美三快两优一满意"文明服务竞赛及军事化训练等活动，进一步提高了收费文明服务水平。认真开展二级公路收费站点清理自查工作，完成了所辖三条二级收费公路里程规模、站点设置、收费期限、收费标准等摸底调查和上报工作。特别是在收费环境较差的情况下，两个收费单位克服困难，均超额完成了全年的收费任务。

路政管理工作稳步推进。广泛深入地宣传贯彻《公路安全保护条例》和《甘肃省公路路政管理条例》，加大路政巡查力度，积极开展路域环境整治活动，使管辖公路路域环境有了较大改观。加强与地方政府协调沟通，对公路两侧建筑控制区内的违法建筑进行了清理，全年共查处损坏路面1 244平方米、路基321立方米，查处路政案件235起，路政案件查处率达到96.2%。以国道312线、国道227线和省道220线、省道213线为重点，集中开展超限车辆整治活动，降低了超限运输车辆对公路的损害。

应急能力和安全保障水平不断提升。进一步加强公路应急能力建设，完善专项应急预案，充实应急值班人员，积极发挥服务热线、短信平台的作用，强化预警防范工作，确保在出现雨雪冰冻、大风等特殊天气和发生公路突发事件时，能够迅速启动应急预案，组织机械和人员及时抢险，以保证道路安全畅通。加大安全监管力度，规范养护和施工作业现场安全管理，深入开展了"安全生产年"、"双基"建设及"安全生产星级达标"等活动，安全生产工作呈现出平稳健康发展态势；加大安全生产投入，全年共投入182万元，购置安全示警筒1 050个、安全标志标牌296块、安全标志服932套，为16辆养护巡查车安装电子警示屏，为全体职工购买附加医疗保险、在职职工和临时用工分别办理意外伤害保险和雇主责任险，命名表彰了11个安全生产星级达标单位和40名安全生产先进个人，分局全年无安全事故发生。

公路养护管理科技创新成效明显。树立科学养护理念，加大科技创新力度，在养护生产中大量应用新技术、新材料、新工艺，推进科研成果向现实生产力转化。大力实施公路预防性养护，做好日常堵水、封水和排水工作，及时采用灌缝、微表处、稀浆封层、同步碎石封层等技术处治裂缝、路面破损等，延长了公路使用寿命。在省厅、局的支持下，投入150万元，购置了灌缝机、小型压路机等经济实用的养护机具，减轻了职工的劳动强度，提高了机械化养护作业水平。积极鼓励和组织职工开展"小改小革"、技术创新活动，分局职工发明的高速公路安全设施液压校正机获得国家专利，山丹、高台公路管理段职工组装革新的路面吹扫机分别荣获"科研杯"全省交通运输职工"五小发明"二等奖和优秀奖。加大综合办公系统、视频会议系统、车辆监控系统及电子显示屏的应用力度，对分局门户网站进行了全面改版升级，新建局属单位子网站，有效地发挥了单位网站信息沟通、服务公众、对外宣传、形象展示的作用。

（王维学）

【酒泉公路总段】 2011年，酒泉公路总段以科学发展观为指导，认真贯彻落实全省交通工作会议和公路工作会议精神，紧紧围绕年度工作目标，以迎"国检"为契机，务实创新，克难奋进，全面完成了各项工作任务，被省公路局评为2011年度全省干线公路养护管理工作先进单位，总段公路事业步入了良性发展的新起点。

着力抓好迎国检工作，路况质量稳中有升。2011年上半年，总段紧紧围绕迎接全国干线公路大检查这一中心工作，坚持"突出重点、全线备检"的思路，结合"三比三看"百日竞赛和"大干五十天"劳动竞赛等活动，全面细致地做好迎国检各项准备工作。共投资5 483.7万元在重点路段实施养护维修工程，通过"计划、执行、监督"三位一体的管理机制，按期完成了省道214线、国道215线和嘉安高速公路养护维修工程任务。

着力抓好养护主业，养护水平显著提高。在日常养护工作中严格执行公路养护技术规范和公路桥涵养护规范，根据养护季节性特点，全面抓好翻浆处治、路面修补、桥涵维修、水毁预防抢修、冬季保畅工作。管养的2 320.68公里普通公路技术状况评定结果为优等路495.23公里，良等路283.51公里，中等路551.6公里，次等路200.18公里，差等路247.26公里，普通公路优良路率达到44.1%，比计划提高0.3%，全线MQI值达到73.45。高等级公路211.84公里，优良路率100%，MQI值保持在90以上。

着力抓好应急保障建设，突发事件处置能力不断提升。通过健全组织机构、完善应急预案、落实工作职责，应急队伍建设、技术支撑、资金保障得到进一步加强，全年开展公路突发事件应急演练7次，并成功应对了2011年6月和9月较为严重的敦煌水毁和柳园堵车等突发事件，应急管理工作经受住了实践的考验。

着力抓好桥涵养护、安保工程、水毁保通工作，公路安全得到保障。在继续落实专职桥梁工程师制度的基础上，建立完善公路桥涵检测评价体系，坚持经常性检查和定期检查。全年共维修桥梁20座、涵洞65道，维修防护构造物23处，桥涵清淤547(座)道,危旧桥加固完成10座。以国道312、国道215、省道314、省道214线等国省干线为重点,通过安排实施安保工程,有效降低了事故多发路段的安全隐患。按照"早预防,早排险"的原则加强水毁抢修工作,确保了雨季期间公路安全畅通。

着力抓好责任落实,安全生产形势基本稳定。坚持安全生产"一岗双责"制度,贯彻"横向到边、纵向到底、不留死角"的管理理念,认真落实安全生产责任制和安全隐患排查制度,强化施工现场和养护作业现场的管理,同时积极抓好职工、民工安全生产教育培训。全年共投入100多万元购置增设了职工上路作业安全防护用品和各类安全标志标牌,投入20多万元为上路作业人员缴纳了工伤保险和意外伤害保险,保持了安全生产平稳态势。

着力抓好四新技术推广应用,科技教育工作取得显著进展。通过转变养护理念,创新工作方式,精细化养护、专业化养护和机械化养护观念逐步得到了认可,改性沥青、橡胶沥青、奥米无机纤维、微表处、密封胶灌缝等新材料、新工艺、新技术得到了大力推广和应用,有效提高了养护质量。切实注重了干部职工培训教育工作,全年共有420人参加了各类学习培训班,共有13人获得中级以上专业技术职称。

着力抓好养护基础设施建设,单位发展实力不断增强。投资1 000多万元完成了占地240亩的肃州区茅庵河养护工区建设,配置了乳化沥青生产设备,沥青储存和拌合设备。同时,积极与建设单位协调沟通,基本完成了柳园养护工区、敦煌养护工区的建设。投资626万元购置各类养护机械设备30台(套),机械化养护水平进一步提高。总段试验检测中心建设进一步完善,试验检测手段更加规范,数据更加科学准确,为公路养护科学决策提供了重要依据。

着力抓好路政执法,有效维护路产路权。通过加大政策法规宣传、执法队伍建设、违法案件查处、超限超载治理、大件运输管理等工作力度,有效保护了路产、维护了路权。全年共查处各类超限、超载车3.51万台,主要路线超限率有效控制在4%以内;查处路政违法案件210起,查处率100%、结案率99%;投资494万元完成了金塔超限检测站建设任务。

着力抓好管理服务,收费任务超额完成。以严格执行收费法规、确保完成收费任务为重点,多措并举抓任务、偷逃费治理抓源头、树立形象抓服务、严格管理抓落实,有效提升了公路管理服务水平。全年绿色通道减免通行费310.22万元,酒嘉、安敦收费所共计完成通行费征收5 572.36万元,占年计划的148%,原柳猩收费所第一季度完成通行费征收2 421万元。

(酒泉公路总段)

【嘉峪关公路总段】 公路养护工作成绩显著。全面加强了路面养护,分阶段、分步骤、分季节、有计划地对病害进行了处治。加强了公路病害处治技术管理,标记病害、处理基层、修补面层环环相扣,严格把关,实现了病害处治零返修率。共修补油路1.3万平方米,砂砾路面铺砂40万平方米。维修更换护栏板1 400余块,校正护栏板5.9万余米,路面灌缝1.17万米。认真贯彻落实了防汛工作制度,完善了应急预案,成立了抢险队伍,共处治水毁8次30余处。认真落实标准化养护措施,实施标准化养护示范工程,整修标准路84公里。全面加强桥涵养护,共投入297万元维修桥梁10座,维修改建涵洞23道,确保了桥涵安全使用。

路网服务水平实现新提高。投入1 514.57万元,完成了国高30清嘉高速公路车辙处治、微表处工程。投入97.3万元,完成了省道215线2公里挖补罩面和国道312线安保工程。在工程管理中,总段以质量管理为核心,严格按照项目管理的原则和程序组织施工,落实了招投标制、项目法人负责制、合同管理制和工程监理制的"四制"管理要求,对工程的合同、质量、工期、安全等工作进行了全面的部署和安排,积极把橡胶沥青、SBS改性沥青应用到施工中,取得了较好效果。

养护硬件建设实现新跨越。在国家高速30线2 425公里加200米处新建了养护工区,占地面积7万平方米,计划投资4 000余万元。截至2011年底,养护工区已完成工区道路、绿化沟换填土、拌和场料仓、办公区的部分建设,相关设施已配备到位。试验室主体工程已完成,抢险物资库、阳光大棚区在建设当中,累计完成投资1 286万元。

综合管理力度得到新加强。固定资产管理进一步加强,截至2011年底,总段固定资产达到4 951万元,比2010年底增长了30.77%。加强了应急管理工作,设立了专门的应急管理办事机构,建立健全了长效的应急保障机制。加强了职工培训工作,选送干部职工参加了省交通运输厅、公路局举办的各类培训班80人次,总段选派50人次赴公路养护先进地区学习考察,借鉴和学习公路养护管理经验。做好机械技能的培训工作,组织职工集中参加了小型机动车、大型货车和特种机械的培训,对取得相关驾驶和操作资格的人员给予了1 000元的补助,调动了职工的工作积极性。开展了专业技术人员和筑养路机械技术比武,切实提高了职工的业务水平和工作能力。加大了科研力度,自主引进了生产设备,积极组织试验人员进行技术攻关,把橡胶沥青和SBS改性沥青的研制应用作为一项重要科研项目进行研究。经过多次试验和不断改进,达到了橡胶沥青各项技术指标的要求,较为成功地应用到施工中。橡胶沥青和SBS改性沥青的应用,在总段尚属首次,突破了传统施工工艺,使四新技术研究应用工作迈上新台阶。

(嘉峪关公路总段)

【兰州公路路政执法管理处】 2011年12月31日,兰州公路路政执法管理处挂牌成立,主要职责是依法开展公路路政执法管理、公路路产保护和路权维护、超限超载治理和查处、路政执法安全生产监督管理等。处下设8个路政执法管理所。新机构的成立,科学整合了兰州交通执法资源,对推动兰州路政事业科学发展必将产生积极而深远的影响。

截至10月31日,全总段共查处各种路政案件447起,案件查处率达到100%,结案率达到98%;依法办理路政许可12起,办结率达到100%;收缴路政赔补费594.49万元,解缴率达到100%;依法查处超限运输车辆4100辆,超限超载率控制在了5%以内;清理广告杂牌1745块;清理"三堆"3 526立方米。

1. 开展路容路貌的整治活动。为了切实履行好保护路产、维护路权职责,有效查处各种路政违法行为,确保公路完好、安全和畅通,各路政大队按照支队要求,从2011年3月下旬开始,开展了保护路产路权专项治理活动。各路政大队根据各自所辖路段的实际情况,通过开展联合执法、综合治理的方式,加大了国省主干线乱堆、乱放、乱倒垃圾和乱设广告杂牌等违法行为的整治力度。并对未经许可擅自增设的平交道口和在建筑控制区内修建的违法建筑,依法进行了拆除,对公路造成损坏的,足额收取了路产赔偿费,有效保护了路产路权。通过整治,公路沿线的脏、乱、差现象和占路为市、摆摊设点等违法行为得到了有效控制,路容路貌有了明显的改观。

2. 加大超限车辆治理力度。从3月份开始,各监控站对超限超载车辆冲闯站卡、避站绕行、短途驳载等违法行为进行了有效地查处,特别对车货总重超过55吨的超限车辆进行了严管重罚。4月8日兰临高速公路隧道发生爆炸事故后,支队及时组织监控站人员在国道212线进行了为期两月的超限车辆治理活动,为兰州南出口道路的安全畅通发挥了积极作用。5月份,支队组织60多人,在皋兰设立临时治超点,对国道109线皋兰段的超限车辆进行了为期40多天的整治,为迎检的顺利进行提供了有力保障。8月1日开始,开展了"百日治超"专项行动。在此期间,监控站重点对兰州北出口及东岗收费站、省道212线兰临路段、河窑路及永窑路的超限车辆进行了有效查处。同时,路政大队和高速路政大队在各自所辖路段开展了治超活动。在此期间共查处超限车辆600余辆。自10月15日开始,支队抽调20多人在永登大同设立临时超限检测点,对国道312线河屯段的超限车辆进行集中整治。截至10月31日,今年共查处超限车辆4 000多辆,劝返车辆800多辆,为将超限车辆控制在5%以内做出了积极努力。

3. 精心组织非公路标志牌的整治行动。为了加强对非公路标志牌的管理,今年开展了两次集中整治活动,3月份开展了一次,9月份,在省安委会的牵头下,开展了机场高速公路非公路标志的整治活动。通过两次整治,摸清了底细、健全了档案,为规范管理和深入整治打下了基础。目前,所辖高速公路沿线共有各类非公路标志601块,其中建筑控制区内274块,控制区外327块。机场高速路共有非公路标志牌426块,其中建筑控制区外181块,控制区内245块。10月份,省安委会决定,对机场高速公路的49块存在安全隐患、影响行车视距的非公路公路标志牌予以拆除。目前,由路政总队牵头,支队积极配合,已拆除15块,其中机场路拆除10块,树徐路拆除5块。在开展集中整治期间,各高速路政大队加强了对非公路标志牌的日常管理工作,截至目前,所辖公路沿线未出现新的违法非公路标志牌。

4. 积极维护公路施工、收费工作秩序。一是加强了雨雪等自然灾害天气的路政巡查频率,及时向养护部门反馈路面信息,为快捷有效地处治路面病害、消除安全隐患提供有力的信息支持。二是顺利完成了事故路段的保通保畅任务。4月8日兰临高速公路七道梁隧道发生爆炸事故后,支队及时组织路政人员,按照省合署办的要求,配合相关部门开展了保通保畅工作。三是认真履行职责,维护公路施工作业的正常秩序。在总段公路改建、养护维修等工程施工中,路政人员积极参与,24小时协助施工单位维持交通秩序,配合各项目办协调解决阻止施工案件。今年,参与维护公路施工作业秩序的路政人员达800多人次,路政专用车辆300台次,协调解决阻止施工案件248起。（兰州公路路政执法管理处）

【白银公路路政执法管理处】 路政管理工作情况。1至12月份,共查处路政案件193起,结案181起,结案率达94%。共查处:污染路面2 044平方米,腐蚀路面1 541.5平方米,损坏挖掘路面394平方米,违法建筑263.5平方米,清理广告杂牌758块,清理公路三堆及垃圾2 873平方米,擅自增设平交道口390处,查处损坏路缘石356米、护栏板3521.4米、护栏立柱518根、支承架924套、防眩设施465块。依法查处超限车辆5 774辆;受理路政许可事项20件,经省路政总队、总段审查批准20件,路政许可办结率100%;收取路产赔补偿费199.07万元,收取超限补偿费164.41万元。

路政管理工作的主要做法。(一)全力做好迎国检工作。1. 内业管理方面。进一步完善了路产档案和路政管理现状档案,在各路政大队认真调查登记、采集数据的基础上,机关新印制了"非公路交通标志牌"、"公路平交道口"、"服务区"、"治超站和收费站"、"避险车道"等档案资料23册。各路政大队、新墩超限检测站对内业资料进行了一次"回头看",进一步规范了路政执法案卷的印制、填写,提升了案卷质量;进一步健全和完善了票据台账、案件查处台账等资料;新墩超限检测站认真对照《甘肃省公路治超检测站点标准化管理实施标准》,健全和完善了工作日志、统计报表、票据台账、执法文书等资料。处机关对资料整理方面比较薄弱的大队进行了重点帮助,对其资料进行审核,全面指出存在的问题和不足。为进一步提高新墩检测站内业资料水平,处专门组织有关人员到武威路政执法管理处青林检测站参观学习,进一步找到了内业资料等方面的差距,明确了下一步工作的努力方向。2. 外业管理方面。各路政大队坚持上路巡查,及时查处违法行为,加大路域环境综合整治力度,并将查处干线公路、高速公路沿线违法建筑、非公路标志、擅自设置平交道口和占路为市、脏乱差现象作为工作的重点,建立非公路标志牌台账,杜绝新增非公路标志牌,拆除擅自设置、影响视线和公路安全的非公路广告杂牌。平川高速路政大队完成高速公路非公路标志牌分类清理工作,共清理整顿立柱广告牌19块、天桥广告牌18块,国省干线各路政大队也完成了非公路标牌的登记和分类清理工作,在迎国检期间,各路政管理机构共清理公路沿线及设施商业广告牌200余面,使公路路容焕然一新。(二)大力加强治超工作。1. 加快治超站点建设。治超检测站建设工程在上级的支持和关心下,在勘察、设计、监理、建设等各方人员的共同努力下,白墩子超限检测站二期工程于8月24日通过总段交工验收、投入使用。新墩超限检测站二期工程完成了办公楼装饰及旧办公楼改造等工程,并于11月4日通过总段交工验收,交付新墩检测站使用;刘白高速公路新墩超限检测站对原设计未考虑超限车辆进出引道问题进行了补充设计,目前该工程已全部完工。完成治超检测站投资1 028万元,占合同价的100%。2. 加大治超工作力度。完善治超网络。在充分发挥新墩超限检测站的治超主阵地作用的同时,根据省路政总队《关于尽快启动运行201省道白银白墩子超限检测站的通知》精神,支队积极争取总队、总段支持,做好白墩子超限检测站的筹备启动工作。提前编制购置计划，购置办公、生活用品，积极协调解决治超工作用水、用电、网络等困难和问题。根据总段的统一安排，成立了白墩子检测站筹备领导小组和工作组，抽调支队机关、景泰临时路政大队工作人员进驻白墩子检测站，做好开办启动、分班运行、财产登记建账等基础工作。规范地制作超限补偿案卷等执法文书，严格落实财务票据管理制度、安全管理制度信息报告、廉政建设等制度，使检测站内业管理水平有了长足的进步。3. 开展百日治超专项行动。8月1日起，省合署办启动了“百日治超”专项行动。支队以新墩超限检测站为主阵地，以“标本兼治、综合治理、协调联动、注重实效”为工作原则，从宣传、路面执法、联动机制等多方着手开展治超工作，治超工作取得了一定的工作成果。“百日治超”专项行动，新墩超限检测站累计检测车辆1.4万多辆，查处超限车辆1 240辆，转载货物1.8万吨，有力地遏制了擅自超限违法行为反弹的苗头。(三)大力提升路政执法能力。全面提升路政队伍素质。《公路安全保护条例》和新修订的《甘肃省公路路政管理条例》颁布后，支队于7月份举办为期4天的培训班，对33名路政人员进行培训。8月中旬，又参加了省合署办组织的两个《条例》培训班。11月8日至11月10日，组织支队机关、白银临时大队、新墩超限检测站30名路政人员参加了白银市政府举办的2011年度依法行政培训班，学习了《行政复议法》、《行政处罚法》、《行政诉讼法》等知识，进一步理清了处理案件的基本思路和方法。通过学习培训，提升了依法行政、依法治路的能力。进一步规范了路政许可和治超工作。为确保两个《条例》颁布后的路政许可工作的规范实施，支队下发了《关于进一步规范路政许可工作的通知》，认真落实部分许可权限下放到市州、县区公路管理机构的规定，本着“合理与合法、效能与便民、监督与责任”的原则，分省公路管理机构负责的许可事项及办理流程、总段负责的许可事项及办理程序、加强网上许可的推广应用三个方面，作了具体的要求和规定，对许可事项、申请材料、申请方式、受理期限等多方面作了明确要求，确保了依照法定的权限、范围、条件和程序实施路政许可。为规范治超工作，支队下发了《关于进一步规范治超工作的通知》，要求治超人员结合两个《条例》、《公路超限检测站管理办法》，深入领会法规、规章的新特点、新要求，充分了解对超限运输的事前监督权、对扰乱检测秩序和逃避检测等违法行为的查处权和行政强制权、检测站规划建设和运行管理、法律责任等规定，明确治超工作目标，突出工作重点，强化治超工作措施，严厉打击擅自超限等违法行为，全面加强公路安全保护工作。要求检测站加强路面治理，完善治超网络，健全和完善超限车辆违法信息抄报和信息反馈制度等，促进了治超工作的进一步规范化、法制化。提升了高速路政管理水平。平川高速路政大队努力创新高速公路管理方式，认真履行路政管理职责，加大了工作力度，为高速公路的平安畅通提供了高效优质的管理和服务。上半年，大队进一步健全了规则制度，完善了内业管理制度，强化了办案监督制度，落实了重大案件集体讨论制度，提高了路政案卷的制作水平。下半年，大队积极开展了打击损坏公路附属设施逃逸案件的活动。9月5日，大队路政人员在国高G6线1 447公里加950米勘验事故现场时，发现1 447公里加970米处也有路产损坏。经现场调查、采集残留碎片，将目标锁定到一辆车号为蒙B的厢式货车上，并在王家山镇各修车店、旅馆进行了排查，经两个小时的追查，终于找到肇事车辆，驾驶员承认了交通肇事损坏路产后逃逸的事实，挽回公路路产损失1.24万元。(四)继续开展路政标准化建设工作。为平川高速路政大队新安装了门头，制作公示栏、规章制度、岗位职责牌等21块；为机关六楼会议室安装了主席台、背景墙、窗帘盒、木地板，为景泰所制作了灯箱和竖式门牌、门头、会议室形象墙，为白墩子治超站安装了公示牌、路政文化宣传牌等。省路政征稽合署办为白墩子治超站的标准化建设提供了大力支持，配备了办公桌、办公自动化、路政执法装备。11月下旬，开展了路政案卷评查工作。先后对各路政管理机构的执法及许可案卷进行了评查。这次案卷评查，共抽查路政案卷57件，所评查案卷占全年已办结案总数的30%；经评查，优秀的38件，占评查案卷的67%；合格的18件，占评查案卷的32%，基本合格的1件，占评查案卷的1%。通过案卷评查，纠正了路政执法和许可案卷中存在的一些问题，促进了路政执法的规范化、法制化。(五)全面落实安全管理和应急保障工作。2011年，开展了“安全生产年”、“安全生产周”等活动。与各大队、检测站签订了《安全管理目标责任书》，在落实安全管理目标责任、加大安全隐患专项整治力度、夯实安全管理工作基础等方面下功夫。通过散发宣传资料、设立咨询台等多种形式，积极向群众宣传安全管理理念、法律法规和安全常识，支队还积极参加了省合署办组织的全省路政系统安全知识竞赛(兰州片区)活动，在路政队伍和群众中营造了“交通安全、人人有责，关爱生命、从我做起”的良好氛围。从细节着手，深入排查安全隐患，各路政大队落实路政巡查制度，做到路政巡查覆盖全线、不留死角，结合路容路貌专项整治，及时排除了公路安全通行的隐患；发现交通事故后及时告知交警部门，并协助疏导车辆、救助人员车辆，在做好受损设施的勘验，及时向养护部门送达《维修告知书》，降低了发生二次事故的风险；此外，加强了对路政执法现场、公路养护作业现场、路政车辆安全管理的督促、检查工作，落实安全管理责任和自身安全防范措施，为路政管理工作安全稳定发展营造了良好环境。全面加强保畅工作。一是为保障大雾、霜冻、冰雪等恶劣天气下公路安全畅通，制订了《恶劣天气路政管理工作预案》，对恶劣天气下路政应急工作的组织机构、预警与预防、工作职责、工作措施、工作要求等做了明确要求；针对永古高速公路建设项目施工期间大量车辆绕行省道201线、308线景泰段的实际情况，制订了支队《省道201线和省道308线保畅工作方案》。二是订购了30套应急包，为各路政大队、新墩检测站各配备4套，应急包装备了锤形组合工具、多功能手电、应急药包、消防式呼吸器、多功能军用铲、轻水灭火器等20种应急用品。三是全力配合做好养护施工现场的秩序维护工作。景泰大队在省道308线204公里至224公里公路碎石封层、省道201线27公里至33公里微表处、省道201线77.5公里至90公里路面铣刨等施工现场，白银大队在国道109线1 627公里至1 639公里薄层封面工程等施工现场加强管理，督促施工车辆规范停放、规范设置安全标志，维护了良好的通行环境，保障了施工路段的安全畅通。四是强化了联动机制，与交警、养护、收费、运营等单位、部门保持密切联系。6月14日，全国干线公路养护管理检查路况检测组检测白银公路路况，为确保路况检测顺利实施，路政支队在认真摸排路况、路域环境的基础上，制订了详细的《国检检测路段安全保畅方案》，提前联系平川交警大队、响泉高速交警大队，通过路警联动，扎实做好通行保障；安排了51名路政人员，重点把好村镇路段和高速上行线的17处路口，交警负责路面交通管制和车辆出入控制工作，确保了所有检测路段畅通无阻、检测工作安全平稳完成。受"柴油荒"和武威、中卫限量供油影响，11月7日省道308线、201线出现了严重的交通拥堵，滞留车辆3 000余辆。在景泰县政府的统一安排下，景泰路政大队积极采取应急措施，配合有关部门疏导车辆、维持交通秩序，使受堵路段逐步恢复了通行。

（白银公路路政执法管理处）

【定西公路路政执法管理处】 2011年，继续按照省交通运输厅党组《关于印发<加强公路路政执法方案>的通知(甘交党【2009】39号)文件要求，实行省定西交通征稽处和省定西公路总段路政支队的合署办公，定西临时路政支队的工作有条不紊的开展。认真贯彻落实全省交通工作会议精神和全省公路路政管理工作会议精神，努力践行"以人为本，以车为本，以路为本"的管理理念，以迎接国检为契机，紧紧围绕年度目标，抓重点，打基础，上台阶，积极开展路政管理各项工作，进一步提高了行业管理水平和服务质量，各项工作步入了新的起点，较好地完成了全年各项工作任务。

路政案件查处率达到98%以上。全年路政人员上路率为92%，查处各类违法案件537起，结案537起，案件查处率达到了100%。其中查处违法建筑54平方米，查处损坏、污染、腐蚀路面2 249.6平方米，查处损坏路基、路肩、边沟、边坡和公路用地553.48立方米，清理公路"三堆"及垃圾1.58万立方米，清理查处非公路标志标牌622块，查处损坏护栏板7 885.5米、立柱1 211根，查处损坏桥涵、桥栏杆127.1米，查处损坏支承架2 059套，查处损坏隔离栅540.3米，查处损坏防眩板4 573块。

超限超载率控制在5%以下。全年共查处超限超载车辆3万多辆，卸载货物1 529.3吨，查处各类违规车辆312辆。车辆超限超载率为4.8%。有效地遏制了超限运输车辆蔓延的趋势。

公路路产赔(补)偿费解缴率达到100%。公路路产赔偿费及超限补偿费共收缴1 626万元，已全部向省财政厅解缴，依法有效地保护了路产，维护了路权。

大力开展了"百日治超"专项活动，按照省路政执法管理局的统一部署，加强组织领导，强化宣传，积极行动。在治超工作中，始终采取"三项措施"，做到"四个坚持"、"一个杜绝"。"三项措施"：一是实施路面治超责任倒查制。对重要路段实施24小时不间断巡检，对超载超限车辆货运实行责任倒查，对严重超限和屡次超限的车辆，实施信息抄告制度，以有效打击源头超限行为。二是启用省局配发的首辆新型流动检测车上路流动检测，以满足路面巡查中对违法超限超载行为实施有效检测的需要。三是"治超""打黑"并举。为保证治超工作正常进行，对治超工作中出现的拒检、拒卸、强行冲卡、恶意殴打执法人员以及故意破坏治超点设施行为，以及特别对恶意堵车、聚众抗法的行为，及时制定突发事件应急预案，并积极与公安部门联系配合，做到了及时、坚决打击，避免了事态升级和引发群体性事件。"四个结合"：一是坚持固定检测和流动检测相结合，实施24小时不间断检测，重点加强对夜间超限超载车辆的稽查；二是坚持高速公路和干线公路治超相结合，会同收费站点联合行动，对55吨以上货运车辆一律实施卸载，对不可解体的超限车辆进行护送，确保大型超限车辆安全上路过桥；三是坚持日常稽查与重点部位、重点时段稽查相结合，掌握超限超载车辆上路规律，调整稽查作息安排，加大对重点路段、重点时段的治超力度；四是坚持日常稽查与节假日重点稽查相结合，针对节假日超限超载运输频发的情况，组织稽查力量重点加大节假日期间治超力度。"一个杜绝"：坚决杜绝了"以收代管、收费放行、私放车辆、内外勾结"等行为，确保了"百日治超"行动取得的实效。

为保护路产、维护路权，保证公路的完好、安全和畅通。按照省局的统一安排，在清理非公路标志牌的专项整治行动中，我们高度重视，加强领导，全面部署，周密安排，积极行动。在第一阶段的调查摸底工作中，各大队对辖区公路用地范围内的非公路标志牌进行了逐块清理登记，共清理出非法设置的公路标志牌67块，并对清理出的非公路标志牌发放《违法行为通知书》和《行政处罚决定书》。

2011年，在利用电视、报纸、网络等新闻媒体广泛宣传路政管理法律、法规的同时。在5月份的"路政管理宣传月"、6月份的安全生产月活动和6月、7月两个《条例》和8月1日起施行的《公路超限检测站管理办法》宣传活动中，处、所采取多种形式，开展了以"依法治超、保障畅通、爱护公路、人人有责"和"安全责任，重在落实"为主题的路政法律和安全生产宣传活动。活动期间，共散发宣传材料7 500多份，路政咨询1 830多人。2011年，全处在《甘肃交通周刊》、《甘肃公路信息网》等报刊和网站发表的新闻稿件102篇。8月19日，在定西日报第3版整版刊登《公路安全保护条例》1次，上报政务信息32期，印发路政简报17期。出动宣传车总计行程21.3万公里，喷写悬挂标语、散发传单、张贴布告宣传画等4.09万张(幅)，通过广泛宣传，有力地扩大了我单位路政管理工作的社会影响面，营造了良好的舆论氛围。

发挥路政管理职能，公路安全畅通得到了有效保证。在"五四"巡查、路政执法文书的制作、行政许可、许可事项的监管等日常工作中坚持首问责任制、限时办结制和执法过错责任追究制度，通过严格的管理来不断创新服务方式，深化服务内涵，提升服务水平的同时。积极开展收费站(口)、广场路容路貌专项整治活动，坚持与收费单位联合打击偷逃过路费行动。临洮所充分发挥路政管理职能，承担了4月8日凌晨兰(州)临(洮)高速公路七道梁隧道因发生交通事故中断后隧道修复施工期间近5个月的车辆分流工作。同时，根据省局的安排部署，在天定高速公路施工维修期间，先后组织人员在定西南立交两次上路进行全天24小时的车辆引导分流，在累计为期6个月的车辆分流工作中，处领导率先垂范，在节日期间亲自分流车辆，还多次深入分流点检查慰问，安排指导车辆分流工作。路政人员放弃节假日，吃住在活动板房搭成的简易值班室，加班加点，顶严寒、冒酷暑，个别路政人员甚至带病坚持车辆分流工作，保质保量完成了分流任务，确保了该路段在施工维修期间的安全畅通。

2011年12月31日，省定西公路路政执法管理处挂牌正式成立。（定西公路路政执法管理处）

【庆阳公路路政执法管理处】 原庆阳交通征稽处2008年底因费税改革，成立了临时路政支队，与庆阳公路总段原路政执法人员合署办公，2011年11月经甘肃省机构编制委员会(甘机编发[2011]60号文)批准，撤销原省庆阳交通征稽处、省庆阳公路总段路政管理支队，成立了甘肃省庆阳公路路政执法管理处，下设甘肃省西峰公路路政执法管理所、甘肃省庆城公路路政执法管理所、甘肃省环县公路路政执法管理所、甘肃省华池公路路政执法管理所、甘肃省合水公路路政执法管理所、甘肃省宁县公路路政执法管理所、甘肃省正宁公路路政执法管理所、甘肃省镇原公路路政执法管理所和西长凤高速公路路政执法管理大队共9个基层单位，机关设有办公室、人劳科、财务科、审理科、法规科、稽查科6个职能科室，现有执法人员167人。主要职能是承担庆阳辖区国道309线、211线及省道202线、303线、318线共990.89公里干线公路路政管理、127座桥梁、1 160道涵洞的路产路权维护和道路保通保畅保安全工作。

加强春运保畅，落实值班制度。春运保畅工作是路政工作的重点，省厅视频会后，处迅速召开了春运动员会，成立了领导小组。机关和各所具体细化了春运值班安排，制定了工作方案，完善了应急预案，组建了保畅应急中队、分队，进行了模拟演练，储备了一定数量的应急物资。严格落实了24小时值班和领导带班制度，处班子成员不定时深入保畅一线，检查各项措施落实，及时协调解决春运保畅工作中存在的困难和问题，慰问干部职工，保证了春运工作平稳有序，圆满完成了春运保畅工作任务。

履行职责，全力做好迎国检工作。迎接全国公路养护与管理大检查是去年路政管理工作的重中之重。年初我处对迎部检工作做了专项安排部署，平凉迎国检工作推进会后，及时召开了迎国检督促会，印发了《庆阳公路路政执法管理处关于进一步落实迎国检推进会工作安排的紧急通知》。外业管理方面，加强了日常路政巡查，加大了对路域环境的治理力度，纠正了公路、公路用地及公路建筑控制区内的违法行为。重点加强了对国道309、国道211线村镇过境路段、省道202线长庆桥至西峰、省道303线正宁、镇原辖区、省道318线镇原辖区路段的整治力度。内业管理方面，进一步建立健全了各项规章制度，完善了路产路权管理档案，统一规范了外部形象标志标识，确保了迎检资料充实完备，路域环境符合标准要求。在6月份国检中，路政管理各项工作取得了较好成绩。

加大《条例》宣传力度，增强公民护路意识。根据省交通运输厅《关于做好<公路安全保护条例>和<甘肃省公路路政管理条例>宣传贯彻工作的通知》要求，制定了《庆阳公路路政执法管理处宣传贯彻两个〈条例〉活动实施方案》，要求处机关和各所采取自学、集中学、研讨、培训等形式，学习、领会、掌握两个《条例》的内容。随后组织人员参加了省局举办的两个《条例》培训班，利用两天时间对基层各所领导及业务骨干进行了两个《条例》专题辅导培训。采取悬挂横幅、开辟报刊专栏、广播宣传、设立咨询点、出动宣传车、张贴宣传标语、散发宣传单等多种形式，深入辖区公路沿线对两个《条例》进行了大力宣传，营造了浓郁的宣传氛围，掀起了学习贯彻两个《条例》的新高潮。据统计：全处共刷写固定墙体宣传标语162幅，悬挂、张贴宣传横幅标语1687幅，发放宣传资料3万余份，在各类报刊、电台等宣传媒体上发表稿件13篇，报送各类公路路网信息56次，出动宣传车辆2.14万公里，接受群众咨询210余次。刻制两个《条例》宣传光碟10张，播放两个《条例》录音材料50余小时，在庆阳电视台新闻时档连续一周时间播放了两个《条例》摘选内容，在《陇东报》第二版开辟法规宣传专栏，连续刊发两个《条例》。通过大力宣传，进一步增强了公民爱路护路意识，提高了公路的畅通能力。

加大治超力度，维护路产路权。2011年，在正常治超的基础上，按照省局“百日治超”要求，制定了《庆阳公路路政执法管理处“百日治超”专项行动实施方案》，联合相关执法单位，依托长官超限站，抽调人员，集中时间在甜水堡、打扮梁、太白、调令关等辖区出入口设立流动治超检测点，对过往车辆24小时不间断进行超限运输检测。要求全体执法人员在超限治理中严格遵守“五不准”、“十条禁令”和《交通行政执法禁令》、《交通行政执法忌语》等纪律，做到挂牌上岗、着装整齐、用语文明、礼貌待人。在“百日治超”中，累计检测过往车辆2.8万辆，查处超限运输车辆1.4万辆，卸载车辆177辆，卸载货物1295吨，因车辆超限超载造成的侵害路产路权案件明显下降，车辆超限超载率控制在了5%以下。截至11月中旬，全处共查处路政事案55起，损坏路基、路肩、边沟294.7立方米，污染、腐蚀、挖掘、损坏路面1 057.7平方米，违法建筑240平方米，广告牌、龙门架1 300平方米，平交道口8处，未经批准随意栽设的光缆、杆线113米，损坏桥栏杆90.5米，桥涵护柱46根，路缘石63米，损坏警示墩、柱、护栏立柱30根，清理路障1 109次，广告杂牌294块，公路三堆及垃圾4 249立方米。共追缴公路路产赔(补)偿费473.56万元(包括超限运输补偿费)。公路路产完好率99%，结案率100%，较好地服务了地方经济建设。（庆阳公路路政执法管理处）

【平凉公路路政执法管理处】 2011年，平凉临时路政管理支队紧紧围绕保通保畅保安全的中心工作，全力以赴迎接全国干线公路养护工作大检查，加大公路路域环境整治力度，狠抓队伍学习教育和思想稳定，不断夯实党建工作，较好的完成了各项目标任务。全年共查处各类案件349起，查处超限车2 731辆，劝返超限车1.16万辆，收缴赔补偿费644.5万元。案件结案率达到了100%，受理上报路政许可事项9起。

1. 加强交通环境整治工作。一是着力解决了村镇过境路段集市贸易、占道经营、打场晒粮、乱停乱放、加水洗车、“三堆”等影响公路畅通的问题，重点查处了一批违法建筑、非公路标志牌和损坏公路设施的案件。二是组织开展了高等级公路非公路标志牌专项整治，拆除非公路标志牌42面184.25平方米，制止迁移擅自设置的大型非公路标志牌1面128平方米。三是抽调人员积极协调配合平凉市公安交警支队、市运管局巡查疏导国道312线交通拥堵。四是完成了国家818项目运输车队的4次护送任务，在冬季冰雪天气、春运、雨季等不同时期，主动协助养护部门扫雪除冰，防汛防堵。五是对建筑区内违章建筑进行摸底排查，登记造册，依法进行拆除和迁移，杜绝出现新的违章建筑和构筑物。

2. 加强超限源头治理工作。一是加大路面执法力度。启动神峪治超检测站，采用新技术、新设备进行治超。二是强化高速公路治超。按照“高速公路入口堵截”的原则，在高速公路入口及相关收费站入口实施治超劝返，坚决禁止车货总重超过55吨的车辆上路通行。三是加强大件运输车辆监护。对未办理超限许可证的超限车辆，禁止上路行驶，对涂改许可证、持假证或检测数据与实际不符的超限车辆，严管重罚。

3. 强化宣传工作力度。重点对《公路法》、《公路安全保护条例》等法律法规通过电视、电台、报刊、宣传车、宣传材料、路边宣传标牌标语、音碟播放等多种方式向社会各界展开宣传，参加了省上组织的“超限超载政风行风”及平凉市治理公路“三乱”热线直播节目，及时解答群众投诉及疑问。全年共出动宣传车150台1 130人次，行驶6 971公里，发放宣传材料2万份，悬挂宣传标语100条，悬挂横幅30幅。

4. 推进迎国检标准化建设工作。外业方面：开展了路域环境专项整治活动，消除了平凉市进出口路段脏乱差现象；强化了超限治理工作；维护了施工现场保畅工作。内业方面：对2006年以来的各类文件、报表、人员、装备档案、管理制度、宣传照片、执法证件及执法依据等内容制作成电子档案；配合省合署办在平凉召开了全省路政行业迎国检推进会；对各单位的门牌标识、岗位职责、各类公示牌、宣传栏、文化墙进行了统一制作。对2011年路政执法案卷进行了自查，及时解决了案卷制作中的各类问题；所有路政巡查车配备了GPS定位系统。通过大家的共同努力，全面完成了迎国检各项工作任务，向国检检查组展示了平凉公路路政的良好形象。

5. 加强目标责任考核。年初提出了2011年路政管理工作十大目标任务，规划了“十二五”路政工作蓝图，分解了全年考核目标任务。与各大队分别签订了党的建设、行政、综合治理和安全生产四项目标责任书，细化量化了目标责任。重新修订完善了《工效挂钩考核办法》，规范了劳动纪律。每季度对各单位工作进行一次全面考核，每月对职工进行一次考核，规范了工作程序。

6. 加强财务管理工作。修订完善了单位内部《财务管理制度》、各项财务节支措施等，落实“收支两条线”制度，依法收取补(赔)偿费，上解率达到100%。路政票据领用、管理和使用规范合理。对办公费、电话费、水电费、差旅费、车辆使用费、业务费等下达了高限，超过部分不予核销。年初制定详细的审计方案，重点对各单位的经费预算执行情况和赔补偿费的征收管理与解缴情况进行了审计，促使单位的各项规章制度和各项计划得到落实和有效执行。

7. 加强路政执法与安全管理工作。一是维护公路施工养护作业现场、收费站匝道安全秩序，严厉打击偷盗、损坏公路标志、标牌的违法行为，遏制了重特大事故的发生。二是车辆做到了专人驾驶，日常巡查中统一着反光马甲，车辆开启警示灯，做到了不抢超抢会，不追车，不违规上路、不超速行驶，做好相关政策的宣传、解释工作，及时消除了矛盾隐患。三是继续深化了“安全生产年”活动。重点对辖区公路路面、桥梁、涵洞、隧道、标线及附属设施进行了拉网式排查，对影响行车安全的坑槽、裂缝及时告知养护部门进行了处理。四是加强24小时值班和领导带班制度。抓好人、车、票、款、物的安全管理工作，保持了正常工作秩序　　（毛晓娟）

【天水公路路政执法管理处】 2011年11月14日，经省编委审定并以甘机编发〔2011〕60号文件批准，成立甘肃省天水公路路政执法管理处，属省直全额拨款事业单位，84名原征稽人员全部划转到公路路政部门从事路政执法工作，撤销原甘肃省天水交通征稽处。2011年天水路政执法处共查处各类路政案件　起，检测车辆1.56万辆，其中查处超限车辆227辆，收缴公路补偿费275.55万元。路政案件结案率99%。

重点做了四项工作：

一是大力宣传路政管理法律法规，开展了《公路安全保护条例》和新修订的《甘肃省公路路政管理条例》的宣贯工作。全省路政行业两个《条例》知识竞赛获得二等奖。结合“百日治超”专项行动，深入沿线大型车队和厂矿召开座谈会、散发传单，宣传治超法律法规、宣传治超工作新政策；积极参加全省路政行业安全生产知识竞赛，全面普及安全生产知识，获片区第一，全省决赛三等奖的好成绩。结合不同时段安全管理情况，多次印发文件，告诫和提醒路政人员重视自身安全，加强执法现场安全防护。协助养护、运营单位对天宝高速、天巉公路全线所有隧道展开拉网式隐患排查，对存在的隐患和问题共同采取措施予以处置。全面开展汛期高速公路安全隐患排查，重点对公路排水设施进行了检查，未出现任何安全生产事故。

二是全力以赴组织迎国检工作。按照上级的安排部署和迎国检要求，以路政管理标准化建设为主导，大力提升路政内业管理水平，建档立案，完善内业资料，积极开展路域环境集中整治，制定《迎国检整改方案》，针对查找出的问题、遗漏环节及急需改进的方面，倒排完成时限，明确责任人，抓住重点逐个攻破。通过再补充、再完善、再筛选、再整理，对迎检内业资料及时纠正解决，及时补充完善，各类规章制度进一步细化，路产路权管理档案齐全完善，各项文书资料充实完备，共完成基础资料装订300余册，许可卷和赔(补)偿卷装订3 000余卷，统一制作服务大厅形象墙5块，会议室背景墙6块，门头7块，公示栏31块，道路指示牌4块，路产示意图1张，楼层分布图2张，岗位职责76块，道路指示牌4块；积极开展清理整顿活动，共出动路政人员35次214人，登记公益性广告牌68块，拆除、迁移非法广告牌165块；集中精力开展路域环境集中整治。重点加强国道316线江天路、国道310牛北路、莲叶路等迎检路段路域环境整治。集中整治采取“先教育再查处”，及时下发《违法行为通知书》，采取强制措施清除各种广告牌、店面招牌等非公路标牌，坚决制止了随意占道洗车加水、乱堆乱放等涉路违法行为。针对天巉公路、天定高速占道水果贸易严重，影响路容路貌的实际情况，统一部署，集中精力进行专项整治，采取强制措施坚决取缔，临时搭建物依法予以拆除，实现了畅、洁、美的整治效果。整治活动，共出动路政人员21次269人，发放宣传单516份，拆除非公路标牌173块，取缔非法洗车加水点21处，清理公路三堆453立方米。

三是全面加强高速公路管理。认真总结高速公路路政管理经验，深入分析影响和制约高速公路路政管理根源，制定了高速路政大队规章制度和工作机制,形成了一套较为可行的管理措施。天水高速大队加大路面执法力度,积极维护道路畅通,强化沿线附属设施管理,主动协助养护、运营单位开展了隧道隐患拉网排查。按照省厅和省局指示要求,及时成立秦州隧道技术检测保畅领导小组,天定高速大队制定了《秦州隧道检测期间公路保畅实施方案》,设立临时保畅执勤点,抽调24人组成保畅临时大队,坚持24小时不间断工作制度,加强对过往车辆的指挥、疏导和管理,确保了秦州隧道技术检测正常进行和车辆行驶安全。

四是有效开展超限超载治理。继续坚持以超限站为依托,加大高速公路出入口以及国省干线公路超限超载查处力度。积极开展"百日治超"专项行动,对易发路段和高发村镇路段、交汇口实行路面蹲守检查和不间断流动稽查,有效遏制了超限超载治行为,超限超载率控制在5%以内。

(天水公路路政执法管理处)

【陇南公路路政执法管理处】 2012年1月8日,陇南路政执法管理处正式挂牌成立,标志着陇南公路路政管理事业自此翻开了新的一页,按照上级提出:新机构的成立意味着管理理念的转变、管理职能的增强,是机遇更是挑战,要求陇南公路路政管理机构一定要精诚团结,密切协作,求上进、谋发展,立足新起点,履行新职责,努力开创甘肃公路路政政执法工作的新局面。

路政案件查处率达到98%以上。全年共查处公路违法建筑276平方米、查处损坏路基路面1 668.72平方米、损坏行道树2株、损坏标牌桩125块、损坏桥栏杆(护栏、墩)139根,查处蚕食侵占公路2.43万平方米,查处违法埋设电杆、广告牌480根(块),查处挖路引水、利用边沟排污981平方米。

公路路产赔(补)偿费解缴率达到100%。共收取路产赔偿费138.89万元,超限补偿费1 349.27万元,已全部向省路政总队解缴。

车辆超限超载率控制在5%。共检查货运车辆63.27万辆,其中超限车辆2.66万辆,卸载货物268余吨。公路货运运价平稳,鲜活农副产品、工业原材料、电煤、抗震救灾等重点物资运输畅通,公路通行效率提高,交通流量呈明显增长态势。

行政许可事项办结率达到99%。共受理审批各类许可事项10项,其中挖掘、占用、利用、穿(跨)越公路等8项、不可解体的大件运输2项,办结9项。保障国家重点建设项目顺利实施,对兰渝铁路、中贵石油天然气工程管道等穿越公路的许可事项进行实地勘察,签订管道穿越与公路交往协议,妥善处理了国家重点项目建设与维护路产路权的关系。

路政宣传普及率达到90%以上。全年共在甘肃省公路路政网上刊登信息稿件123篇,在《甘肃日报》、《甘肃经济日报·交通周刊》、《甘肃法制日报》等媒体刊发路政宣传稿件92篇,同时通过出动宣传车、印发资料、书写标语、悬挂横幅、设立咨询点、进村进校进社区等方式,大力宣传公路管理法律法规,营造了良好的社会舆论氛围。

保通保畅保安全,开展春运保畅工作。为确保春运期间陇南各条省养公路畅通无阻,及时启动冰雪天气工作应急预案。从1月19日开始,陇南路政领导亲自带队,调遣支线路政人员,在全区开展了重点线路春运"保通保畅保安全"活动。一是为尽快进入春运工作状态,召开专题会议,成立春运工作领导小组,制定了春运保畅实施方案。二是为确保春运保通工作顺利实施,各大队积极组织车辆和人员上路巡查的同时,对《公路法》、《甘肃省公路路政管理条例》进行了宣传。三是坚持"四个巡查"制度,对各大队所管辖路段乱堆乱放、加水洗车、以路为市、超限超载等违法行为进行了集中整治。四是划分路段、责任到人,突出抓好降雪路段保安全工作。向各县大队发出"关于在国道316、国道212、省道205线加强保通保畅的紧急通知",要求对所辖路段实施不间断、高频率的密集巡查,及早、及时发现并有效处置各类因道路设施和冰雪引发的安全隐患,尤其是所辖路段的隧道口、桥梁和阴山路段进行实时管控。五是下发春运保畅工作分工分段名单,人员交叉配置、分段负责、分别把守、责任到人。六是指派机关科长全线往返巡回,专项负责保畅路政人员自身的作业安全工作,加强了春运期间对路政人员和车辆的安全管理。大家克服临近春节回家过年的思想波动和异地开展工作的种种困难,圆满完成春运任务。经过几天的奋战,共出动路政人员367人次,动用路政执法车辆78台次,辖区国省干线没有发生一起大的因道路结冰而引发的交通事故,确保了过往人员和车辆的安全通行。

加强日常路政巡查,确保公路安全畅通。一是紧紧围绕依法保护路产路权中心,立足现实,强化管理,不断加大路面巡查力度,坚持日常巡查和节假日值班制度相结合。在巡查中突出实效,发现路产损坏立即跟踪追偿,加大了对违法行为在源头上的管理和控制。各临时大队加强与辖区交警的联系,在公路巡查中互通上路巡查情况,确保24小时掌握路产路况信息,并在处理案件中相互支援,对发现的违法逃逸案件及时沟通,迅速出击,使路政案件查处率进一步得到提升。在加大重点路段巡查的同时,加强了与养护单位的协调配合,发挥养护职工监管方便的协管作用,并通过鼓励群众举报涉路违法案件,强化了对公路的监控能力。同时,积极配合各养护单位及时处理公路突发事件,保障了公路安全畅通。二是徽县8·17暴洪灾害抢险期间,派员加强路政巡查,对水毁路段定时、定点、定岗巡查。参战人员加班加点,指挥交通疏导车辆,救助被困车辆,有效保障了水毁路段的安全畅通。三是成武高速公路开工之后,及时对施工涉及省道205线所增设的临时性平交道口,进行了严格的审批和管理。首先,反复要求各施工单位对临时平交道口搭接公路20米范围内进行硬化;其次,收缴开设平交道口的路产赔偿费和路面污染保洁费用;再次,由属地路政大队与施工单位签订了安全责任书,明确了双方的管理权责。

加强超限运输管理,保护公路灾后重建成果。一是根据辖区实际情况,依托固定治超站点,充分利用沿线养管站、收费站增设流动治超点,扩充了超限治理人员。采取了固定治超和流动治超相结合方式,不定时、不定点的进行稽查。在治超设备落后、社会综合治理有待加强环境下,最大限度的设法开展了治超工作,使超限运输车辆对公路的损害进一步降低。二是认真组织开展治超人员队伍专项整顿活动,组织治超人员学习治超流程、治超设备操作规程。通过"正面典型引导,反面典型警示",激励治超人员树立爱岗敬业、无私奉献思想，有效防止了治超工作中徇私枉法、弄虚作假、滥用职权、收受贿赂等行为发生。三是严格落实治超违法责任追究制度，认真贯彻治超工作“五不准”、“十条禁令”和《交通行政执法禁令》、《交通行政执法忌语》，加强对治超工作的监督检查。万元以上路政案件和55吨以上超载车辆，由机关监督处理，强化了治超人员的执法责任感，增强了依法治超、规范治超的责任意识。四是积极推行流动治超站政务公开，制作了公示牌，将批准机关、主管部门、执法依据、超限车辆认定标准、收费标准、执法人员、监督电话和举报电话及时公开，认真听取广大群众的意见或建议，自觉接受社会监督。

以“迎国检”为契机，不断提高规范执法程度。严格执行《甘肃省公路路政管理条例》和交通部《路政管理规定》，凡行政许可事项，及时受理，符合许可条件的，按权限在法定的时间内迅速办理，不符合条件的依法说明原因，落实限时办结制。加大了对许可项目的后续监管力度，指定专人实施现场监管，严格按审批标准和数量监督控制，并要求按公路工程施工规范恢复原貌。加强路产赔(补)偿费收缴。认真执行《甘肃省公路路产损坏赔偿收费标准》，对收缴的路产赔(补)偿费严格执行“收支两条线”、“专款专用”、“罚缴分离”等规定，加强了票据的管理与使用，严格实行票据台帐制度、交旧领新制度，机关和大队均有专人负责票据管理，定期核对，做到了票款一致，并按规定及时上解，解缴率达100%。规范法律文书制作。针对行政执法责任制的要求，制定了《执法案卷评查制度》，定期开展案卷评查活动，从执法主体合法性、执法程序的合法性、法律文书制作的规范性等多方面对案卷加以考核评定。通过查找不足、总结经验、积极整改，使路政案件文书从内容到形式做到了程序合法、规范统一，法律文书制作的整体水平有了显著提高。加强路政稽查工作。严格落实路政管理工作稽查制度，采取日常稽查和专项稽查方式，加大了对内、外业规范化管理、办案程序、证据收集的合法性和路政人员执法行为、着装风纪、文明执法、礼仪执法的监督考核。发现问题及时纠正，明确责任，跟踪落实，增强了工作的主动性、规范性，促进了路政管理工作的有效落实。

(陇南公路路政执法管理处)

【甘南公路路政执法管理处】 一、做好迎部检工作，加快行业标准化建设。

为迎接交通部检查工作，加快推进路政行业标准化工作进程，全面做好全国干线公路养护管理检查中路政管理的迎检工作，按照“建队伍、强素质、抓管理、树形象”的思路，确保外业执法依法行政、依法治路，公路安全畅通和路产路权不受侵犯；内业管理建立健全各项规章制度，规范统一文书档案等内业资料，确保了交通部检查的顺利实施。

针对甘南路政工作实际情况，抽调专人对管辖路段违法行为进行了全面排查，在确保稳定的前提下，对206个违法公路广告牌进行了拆除，对46个公路广告牌按照路政工作要求进行了规范、对42个公路广告牌按规定进行了后移，粉刷墙体广告1.43万平方米，并做到了“严格要求、落实责任、随时督导、跟踪管理”，书写公路路政宣传标语30条，计885平方米。6月15日，国省干线国检检查组来甘南检查，甘南公路路政执法管理处迅速行动，积极协调，周密部署，根据迎国检保畅工作方案，及时与甘南州交警支队协调联系，安排部署各受检路段的交通管制及各主要平面交叉道口、路段的执勤工作，针对甘南牧区牛羊季节转场实际，积极与养护部门配合，在重点路段派专人职守，防止牛、羊等牲畜上路或穿越公路，而影响检测工作。国检当日共出动路政人员58人，路政执法车18台，养路工人60名，交警65名，交警执勤车20台，晚九点检测工作结束，由于部署周密、准备充分、措施到位，圆满完成了国检检查组在甘南受检路段的检测工作。

严格按照省合署办要求，进一步加强内业规范化管理。全面安排了全处办公场所、路政政务大厅建设，规范上墙公示内容；规范路政人员的仪容仪表；建立完善路政执法上墙公示制度，统一规范上墙公示的格式和内容。根据要求一是制作超限超载车辆信息档案、超限超载法律文书、超限超载月报表等电子档案。二是对依法治路、超限治理等7个部分的国检内业资料做到了分类设置、统一规范，档卡资料齐全、分类清楚、编目登记、装订归档。三是对需要公示上墙各项规章制度、执法流程等136个制度牌进行规范制作。四是按要求制作3个“中国公路”标志门头，会议室形象墙及路政文化牌，做到标识醒目规范，路政文化氛围浓郁。

二、加强基础设施建设，关心职工工作生活。

把关心职工做为一项重要工作抓实、抓好，做到“急为职工所急，想为职工所想”，力所能及的为职工提供较好的工作、生活环境，以激发职工在艰苦地区搞好本职工作的积极性。通过积极努力，在省局党委的关心和支持下，舟曲灾后重建两河口路政办公楼于11月28日竣工验收合格后投入使用；舟曲路政执法所办公楼已完成主体工程，有效的改善了职工办公和生活条件；迭部路政执法所地震灾后重建已完成主体工程；碌曲路政执法所旧办公楼藏式风貌改造已完成，新办公楼的建设正在进行地勘及工程可行性研究，同时逐步向具备条件的基层单位配备了办公家具，花木，健身器材，文体用品，丰富职工的业余生活，为职工创造了良好的工作和生活环境。同时组织路政人员到河西兄弟处学习考察，开阔眼界，拓宽思路，提高自身的工作水平。

三、加强安全管理，坚持“五四”巡查制。

始终坚持“安全第一、预防为主、综合治理”的方针，狠抓安全生产工作，重点加强人身、现金、车辆安全管理和办公房场“三防”工作，消除安全生产工作中存在的漏洞和薄弱环节，将一些不安全隐患消灭在萌芽状态，严格请销假制度、24小时值班和领导带班制度。利用学习时间不间断地组织广大干部职工开展有关安全生产方面的学习宣传教育活动。加强了对财务、汽车驾驶、门卫等岗位工作人员的安全教育，提升岗位操作水平和突发事件反应能力。加强消防安全知识教育和防震抗灾教育，增强职工的安全防范意识和自护自救能力。做好车检工作，杜绝车辆“带病”上路，及时排除各类安全隐患，确保执法车辆处于良好的技术状态。

甘南地处高原，地质情况复杂，甘南公路路政执法管理处始终坚持“五四”巡查制，遇到雨雪、恶劣天气主动出动，清理违章，积极配合养护人员在公路上抛散防滑料，指挥引导车辆，确保道路畅通、行车安全，并安排路政人员长期到收费站、施工现场执勤，确保收费和施工工作正常开展。对巡查中发现在公路两边控制区内违法堆放杂物、开山炸石违法行为进行了严格取缔及制止，全处截至目前累计已上路巡查316天、8 160人次，出动巡查车辆1 612台次。巡查期间共清理公路“三堆”324起，共计762立方米，全年举办宣传栏四期，集中上路宣传《公路法》、《路政管理条例》等相关法律法规32天，散发宣传资料6 720余份；制止开山炸石违法活动8起，有效遏制了在公路两侧违法堆放杂物、开山炸石等活动，维护了路产路权。全处举办路政执法及业务培训班3期，受培训人员146人次，支队机关培训10天、316人次，进一步提高了路政人员的业务水平和素质。

四、加强财务管理，做好部门预决算工作。

严格按照财务管理规定，进一步加强财务管理，一是严格执行财务计划。按照财务管理制度，加大财务计划的执行力度，坚持先计划后开支，使全处财务计划得到了落实。二是做好部门预算。根据省合署办预算安排，结合甘南自身实际，及时分层下达。全处经费预算437.31万元，截止十一月底支出465.83万元，占预算的106.52%。三是做好决算工作。根据省上要求，及时组织各单位对财务收支等情况进行整理，严格填制决算报表，认真撰写编报说明，圆满完成财务决算工作。四是加强内部审计。严格执行审计制度，对基层所从票据、财务收支等方面通过查看资料、翻阅凭证的方式，进行跟踪审核，进一步加强了审计监督，促进了审计工作。五、加强财务资产管理，对全处固定资产及低值易耗品清查，及时办理入账报废报批手续，做到账账相符，账实相符。对内部审计发现的问题制定措施整改。

五、制定路政应急保障方案，为处理公路突发事件提供保障机制。

为加强甘南公路畅通应急管理工作，建立健全应急管理体制和机制，提高突发事件的预防、应对和公路通行保障能力，最大程度地减少突发事件及其造成的损害，有效地保护公路路产路权，确保公路的完好、安全和畅通，促进交通运输事业又好又快发展，依据《甘肃省交通运输突发事件总体应急预案》，结合甘南公路路政行业实际，制定《甘南公路路政畅通应急保障方案》，由三级应急机构组成，分常规事件、重大事件和特大事件，做到了应急工作有机构，有措施，保障到位。

甘南路政执法处应急机构共编制直属大队1个、应急中队8个。应急直属大队编制10人：支队路政管理部门稽查科（2人）、审理科（2人）、治超站（2人）、办公室（2人）、政策法规科（1人），人劳科（1人），直属大队大队长由业务副支队长兼任；8个应急中队共编制40人，每个中队设中队长1名（由路政副大队长、中队长兼任）。

常规事件和一般事件由各所处置，处置结果向处汇报。重特大事件已经或预计发生，事发地路政所应当在最快最短时间内报告甘南公路路政应急工作领导小组，一般不得超过10分钟，在先行处置等特殊情况下不超过20分钟，应急工作领导小组应当在接报30分钟内报告省公路路政应急指挥中心。公路畅通保障所需的物资，按照上级要求，在合作、迭部所、舟曲所设立储备基地，统一储备了行军床40张、棉大衣40件、挎包40个、手电筒40个、方便面食品等应急物资，由应急指挥机构统一调拨，确保应急工作随时随地顺利开展。

六、严格超限治理，切实做到有序规范。

（一）规范治超执法行为。一是执法过程中严格按照操作程序进行管理，治超执法中杜绝了“吃、拿、卡、要”现象，杜绝了公路“三乱”行为的发生。二是实施阳光工程，设置包括“车辆超限超载认定标准”、“执法依据”、“执法程序”、“执法人员公示栏”、“举报投诉电话”等内容的“六公开”制度，严格、规范执法，自觉接受群众监督。三是提高服务意识，积极向社会推出“有困难找路政”的承诺，变管理为服务，针对群众的不解和疑问，执法人员都不厌其烦地进行解释和宣传，寓服务于执法之中。四是在治超工作中严格交通执法纪律，做到上岗着装整齐，热情文明服务，禁止与司助人员为收费问题发生肢体冲突，耐心解释相关法律法规。五是加强票据管理，严格执行收支两条线，力争做到资金解缴足额及时，坚决杜绝了截留和挪用情况的发生。

（二）严格治理超限超载。在治超工作中，深入贯彻落实《公路安全保护条例》、新修订的《甘肃省公路路政管理条例》和《甘肃省人民政府办公厅批转省交通运输厅关于进一步加强全省车辆超限超载治理工作意见的通知》（甘政办发〔2009〕221号）精神，进一步突出治超重点，强化治理措施，按照严管重罚超限运输车辆，重点严厉打击超限运输擅自上路行驶、绕行逃避检测、非法制作使用假证冲闯站点等违法行为，切实有效遏制超限运输势头。

从2011年8月1日至11月10日开展“百日治超”专项行动，成立领导小组，制定实施方案，动员全处路政人员，切实加大治超工作力度，严格按工作要求，以王格尔塘治超站和流动治超车为重点，严厉打击超限运输车辆，确保了“百日治超”活动落实到位，突出实效。“百日治超”期间，一是实施24小时路面治超，对超限超载运输车辆冲卡逃费违法行为进行专项整治。二是利用路政流动检测车性能卓越精度极高的优点，采用电子监控称重系统，加大了路面巡查中对违法超限超载行为和屡次超限的车辆查处力度，从源头给予了有效打击。三是为保证治超工作正常进行，对治超工作中出现的拒检、强行冲卡等违法行为与公安部门配合，给予坚决打击，取得了治超工作的良好成效。

通过此次“百日治超”专项行动，有效打击了甘南辖区车辆超限超载现象，取得了治超工作的良好成效。据统计，“百日治超”期间，甘南公路路政执法管理处共出动执法车辆934车次，出动路政执法人员3 736人次，检测货运车辆8 475台次。王格尔塘治超站共检测车辆23万多辆，其中超限车辆1.2万多辆，转运货物1.3万多吨，收取超限运输补偿费502万元。同时，王格尔塘治超站对运输鲜活农产品的车辆，执行“不扣车、不罚款、不卸载”的三不政策，确保了鲜活农产品运输地快捷畅通。

（甘南公路路政执法管理处）

【临夏公路路政执法管理处】 1. 全力以赴做好迎国检工作。在上半年的“迎国检”工作中，一是精心组织、广泛动员，确保迎检工作落到实处。及时召开了迎国检专题会议，成立了迎国检工作领导小组，明确了迎国检工作第一责任人，总支成员分工明确，责任到人，层层落实。二是强化外业管理，加大整治力度，营造良好的迎检环境。按照实施方案，加强公路法律法规宣传，加大重点治理工作，努力营造良好的迎检环境。组织人员深入到基层6个所管辖公路沿线村镇开展了重点执法百日专项整治及路政法规宣传活动。对辖区内公路沿线违章建筑、非法经营摊点、非公路标识进行重点整治。共上路巡查742公里，出动稽查车辆60台次，稽查人员192人次，发放宣传单2 000余份，查处各类路政案件38起，其中清理“三堆”41处、非法加水洗车摊点28处，查处违章建筑5处，拆除非公路标识109块，特大非公路标识一块。在此基础上，要求各路政执法管理所在切实落实“五四”巡查制度的同时，加强了节假日期间对管辖路段的巡查力度，着重对管辖路段内的集镇路段沿线群众利用公路乱堆乱放等影响公路路容路貌和行车安全的行为进行了及时制止和查处。我处根据所管辖路段的实际情况，开展了为期20天的“路容路貌专项治理活动”，重点对迎检路段上堆放建筑材料和杂物、占路为市、摆摊设点等老大难问题，进行了彻底的清理和整治。通过专项治理活动，确保了公路安全畅通。期间，共出动车辆和机械50余台次，人员158人次，清理各类杂物1 800立方米。三是加强内业管理，规范内业资料。集中各所内业管理人员历时四个月，将迎检资料按照《交通行政执法规范》的要求对照检查。对资料中存在的问题和不足，严格按照规范要求逐一进行了规范，并按照要求重新进行了归档。同时，组织抽调的内业人员在广泛采集管辖公路路产信息的基础上，对管辖的10条线路上的公路桥梁、涵洞、公路标志标牌等路产进行了认真细致的归档工作。并按照省合署办（甘交路临[2010]58号）文件要求，进行了公路路产档案的编辑装订工作，共装订路产档案资料一套十六册。使路政管理档案的规范化程度有了显着提高，有力促进路政规范化建设进程。四是精益求精、保质保量，切实做好标准化建设。按照省合署办的要求，对处所基层路政行业形象标识，进行了及时的更换。其中包括迎检单位的门头标识、路政大厅、各类公示制度牌（执法公示栏、执法依据、执法程序、路产示意图、各类岗位职责、桌牌以及部内规定必须公示的内容）会议室形象墙等标识。

2. 严格依法行政，规范执法程序。一是强化政务公开，公正执法，在各路政服务大厅设有专职人员，在醒目位置公示、公开执法内容和办事指南。二是严格执法程序，以《公路法》、《甘肃省路政管理条例》、《行政许可法》等相关法律法规为执法依据，严格按程序和规范办理各类路政许可事项，除符合法定条件可当场作出决定的以外，其他必须经集体研究决定，以此强化依法办事的意识和能力。三是针对路政许可审批事项所设定的法律依据、审批条件、申请材料、办理期限、有效期限、自受理—承办—审核—批准—结办等审批程序各环节负责人及详情都做了明细的登记，明确了责任。四是规范执法行为。要求文明执法，依法行政，严禁工作方式简单、态度粗暴等现象的发生，加大对违法违规行为的查处力度，做到防微杜渐。五是规范执法文书制作，准确使用和填制执法文书，建好路政管理档案。六是规范自由裁量。将路政执法裁量权进行细化，对路政执法裁量权所涉及的事项进行梳理，健全行政执法自由裁量权配套制度，完善执法责任、裁量公开、集体会办、执法回避、职能分离、错案追究等制度，从源头上解决了自由裁量权过于“自由”的问题。通过规范自由裁量权，使路政执法工作更加规范透明，行政处理更加公平合理，执法人员更加遵纪守法。七是严格预防职务犯罪和渎职、失职和不作为的行为发生，文明执法，服务社会，树立良好的路政执法形象。

3. 提高应急处置能力，确保道路安全畅通。一是按照支队印发的《临夏路政执法管理处应急救援预案》的要求，进一步健全了应急体系，以警路联合执法为保障，与相关部门积极联动，严格做到统一指挥、统一调度、统一行动，切实成为应急保畅救援的中坚力量；二是强化应急保障，从组织保障、人员保障、物资保障和制度保障方面着手，健全应急管理组织机构，快速反应，以有效应对恶劣天气、重特大自然灾害等突发紧急事件。三是要求各所制定应急预案并根据实际情况开展了不同形式和规模的应急救援演练，实地检验了应急救援预案的适宜性、有效性，提高了应急救援能力。四是着力在防范事故、保障行车环境上下功夫。进一步落实了“五四”巡查制度，要求各所各司其职、各尽其责，做好保通保畅保安全工作。尤其是重点安排部署了2011年年初“两会”、春运期间以及节假日期间公路保通保畅工作，从强化路面安全监管、抓好治超工作、严明执法纪律、加强安全管理和应对冰雪灾害等五个方面做好了保通保畅工作。四是以全国公路大检查为契机，加强了城镇过境段、城乡结合部、经济开发区等路段的整治力度，重点对在公路及公路用地内摆摊设点、倾倒垃圾、挖沟引水、污染公路等情况进行治理，提高道路的通行能力。五是强化事故多发路段的清查与整治，通过增设标志牌、警示牌等措施，加大对事故多发路段的整治，将影响安全和畅通的因素降到最低。针对山区道路弯多、弯急，冬季雾雪天气容易发生事故的情况，加强了路面监管，使事故发生率降到最低。六是进一步完善交通事故的处置程序，加强路警协作协调力度，提高清障效率。对两小时内不能清理完事故现场的，要果断采取改道通行措施，减少车辆滞留时间，并切实做好安全防护和警示工作。七是在保障收费秩序和养护施工现场秩序上加大力度，切实加强对收费广场的巡查力度和排堵保畅力度，做到区域联动，快速反应。对养护施工现场进行交通管制，现场督促公路施工人员穿戴安全标志服、标志帽，并要求施工车辆要有序停放，施工标志标牌设置规范、齐全、醒目，确保施工安全。八是进一步做好冬季公路保通保畅工作。要求各大队制定冬季公路保畅工作实施方案，并做好除大雪、抗大灾的思想准备，尽快熟悉、完善、细化、落实应急救援预案中每个环节，同时要密切关注气候变化，一旦发生大雾降雪等灾害性天气，要立即启动预案，全力开展各项工作，努力做到“大雪不封路、大雾少封路”，确保公路的安全畅通。九是根据省合署办的要求，及时成立了康临高速“非标”清理整治领导小组，明确了责任。按照“统一个管理、统一审批、统一标准、统一查处”的原则，对辖区非公路标志牌分路段逐一进行登记清理。

4. 加强超限治理工作，确保道路安全畅通。一是积极开展“百日治超”专项行动，按照“严防重管高速公路，全面控制干线公路”的治超原则，查处和劝返超限车辆，和交警部门联合执法，实施削煤头、盖篷布、治污染等措施，对超限车辆进行治理。对车货总重超过55吨的超限运输车辆禁止其上路，并进行卸货后才准予上路行驶。对恶意超限运输车辆一经发现，立即责令停驶并实施卸载，实行严管重罚，确保桥涵等重要基础设施的安全，防止出现压垮桥涵等重大安全事故。二是路警联动，加强车辆超限超载治理。积极加强和当地公安交警等部门的联系，对超限车辆展开“集中整治”行动，对长期逃避超限检查的运输车辆实行重点打击，就车辆恶意冲卡、聚众闹事等新问题，开展了“动、静”结合式的集中整治，有力推进了联合执法力度。三是严格执法，树立良好路政形象。在治理超限超载工作中，注重做好治理超限超载的宣传工作，使社会各界了解、支持治超工作，同时树立良好的路政执法形象、营造良好的社会环境。严格执行执法程序，超限车辆按程序检测、卸载和处理，严禁目测判定超限车辆、“以罚代管、以收代卸、收费放行”和办理超限运输车辆“月票”等不规范行为的发生。严格执行检测、开票、收款“三分离”制度。今年以来治超站点共投入执法人员 9 352 人次，检测车辆 10.78 万余辆，查处超限转载车辆 5 389 辆，转载各类货物 3.6 万余吨，将超限率严格控制在 5%以内，截至目前治超站共收缴赔补(偿)款 84 万余元。（临夏公路路政执法管理处）

【武威公路路政执法管理处】 2011 年，较好完成了迎接国检工作任务。按照省交通运输厅和省路政征稽合署办的安排部署，以迎接全国普通干线公路检查工作为中心，全力加强路政行业标准化建设、强化路域环境整治和爱路护路宣传，整章建制、规范完善内业管理和制度建设，围绕路政行业标准化要求，有计划、按步骤细化各项迎检措施，责任到人抓落实，并注重争取地方政府部门的支持，主动配合养护维修、高速运营及交警部门的联动管理，特别是在加强路域环境整治方面，深入公路沿线就外业工作进行调查，专题会议安排，采取强有力措施，对公路沿线违法设置的非公路标牌、公路设施(排水、防护、通道等)的标语广告、利用公路路肩边沟加水洗车、公路建筑控制区内的移动非公路标志牌，利用公路及公路用地范围内摆摊设点、占路为市、堆放物品、倾倒垃圾等影响公路畅通等不法行为，联系公路沿线县乡两级政府牵头，相关部门配合，集中力量，联动执法，逐段逐点连续进行了治理。将公路沿线路政宣传标语进行刷新，对路政宣传牌以及非公路标志牌的画面进行更换及清理整顿，使公路环境得到了明显改观。全体职工付出了艰辛的努力，圆满完成了迎接国检的各项工作任务，受到部检查组和上级的好评。

一、始终坚持做好依法治路工作，维护路产路权完好。

1. 加强日常路政巡查制度，及时查处各类违法建筑、损坏公路设施等案件，加强公路用地的依法保护，坚决杜绝辖区道路发生新的违法建筑。去年共查处污染路面 486 平米、损坏路面 1 890.5 平米、违法建筑 84 平米、损坏道口标桩安全桩 50 根、损坏护栏板 2 197.8 米、损坏立柱 214 根，发案 221 起，全部得到查处，一年来公路巡查率 96%，案件发现率 99%，查处率 100%，结案率 99%。

2. 加强规范治超、重点治超。依托青林超限检测站固定治超与流动治超相结合，加强超限运输的现场管理，整治超限违规运输车辆上路行驶，开展百日治超专项活动，共检测车辆 4 820 辆，查处超限运输车辆 232 辆，超限超载率控制到了 4%以内，有效遏制了辖区路段超限运输势头。

3. 大力开展《公路安全保护条例》和《甘肃省公路路政管理条例》的学习宣传，年内组织全体路政人员进行了两次法律法规业务知识学习培训活动，并进行了“两个条例”考试答卷和知识竞赛活动，在参加省合署办举行的“两个条例”知识竞赛中，取得了第二名的好成绩。

4. 定期开展案卷评查活动，使每一个执法案件都做到执法依据定位准确、证据确凿、处理及时规范，并经得起时间的检验。在去年交通运输部的执法案卷评查检查和省市法制办执法评议考核中都受到了好评。

5. 严格涉路行政许可事项。按照《行政许可法》及其有关规定和许可程序，规范了受理、审查、决定、送达、监管等各个环节工作，严格按照职权范围办理了供水、供电、通信等路政许可事项，按规定勘查现场，审核申请资料，全年共受理许可事项 26 件，审核上级审批 10 件，职权范围内审批 16 件，办结率达 100%，业务咨询服务 38 人（次），群众满意率达到 100%。

二、切实提高路政执法队伍的应急保障能力。

武威辖区冬春季节乌鞘岭路段、省道 308 线大岭路段保通保畅是重点，无论何种原因，始终要求路政人员第一时间到位，开展疏导交通和救助服务，努力在司助人员和人民群众心目中树立起武威路政的品牌形象。在去年的数次降雪及低温冰冻灾害等恶劣天气下，养护、交警等部门共同努力确保了重点路段的应急保畅工作，受到了社会的好评。

在徐古高速公路徐乌段封闭施工阶段，处承担在天祝华藏寺界牌、古浪土门收费站、双塔收费站、黄羊收费站匝道口分流劝返车辆、疏通交通任务，抽调 30 多名路政执法人员，全天候执勤，在养护、高速运营、交警等单位的支持配合下，完成了省厅交给的徐古高速公路封闭施工期间武威路段车辆分流任务。谢河中桥水毁抢险中，全力配合养护部门，确保了谢河中桥水毁损害后便道施工期间的交通保障工作。针对营双、金武高速公路、金大快速通道建设穿(跨)越与辖区国高 G30 线、国道 312 线、省道 308 线等公路相联接问题，及时与建设业主协调，既保证了重大工程的顺利实施，又维护了路产路权的完好。

在永古高速公路工程建设和国道 312 线天祝路段养护施工过程中，派驻路政人员，积极主动与项目办、施工单位、养护单位协调解决施工和养护过程中出现的各种困难和问题，规范了施工现场和养护现场管理，确保了施工、养护路段的安全畅通，强化了路政管理部门的积极作用和服务功能。

三、增强路政人员凝聚力和战斗力，全力保持路政队伍稳定。

没有一个稳定的队伍，做好路政管理工作就是一句空话，特别是路政征稽合署办公期间，人员思想复杂，管理体制又不顺，如何带好队伍，保障路政执法管理有序开展是亟待解决好的问题。有针对性地做好职工思想政治工作，首先抓干部，工作组成员实行分片包点、包线；其次抓职工学习教育，学政治理论、学路政管理法律法规知识、学业务；再次抓考核，落实规章制度，以路政人员考核评议工作为抓手，落实岗位责任制和绩效考核办法；四是每半年开展一次职工思想动态分析，认真分析队伍状况，查找重点问题和重点人，重点开展帮教活动；五是开展送温暖活动，帮助个别弱势职工解决困难；六是不断加强文明创建活动，组织开展“创先争优”活动，演讲比赛、智力竞赛和体育比赛等活动，丰富职工精神文化生活，围绕创建“五个好”先进党组织和争当“五带头”优秀共产党员，在集中核查学习实践活动整改落实“回头看”的基础上，全面推行党支部（党小组）和党员公开承诺活动，扎实开展“一诺三评三公开”工作，活动期间共发放《征求意见表》350份，对党组织综合评价“好”的占96%，对党员承诺事项完成和先锋模范作用综合评价“好”的达到了98%。通过这些措施，有效地促进了两支队伍的融合，保证了路政执法队伍稳定和各项管理工作的落实。（黎天民）

【金昌公路路政执法管理处】 2011年，为严厉打击恶意超限运输车辆，有效降低超限率，切实维护公路安全畅通，确保有一个良好有序的公路运输环境，金昌临时路政支队按照“依法严管、标本兼治、立足源头、长效治理”的总体要求，积极开展“百日治超”活动。

活动开展中，该支队制定了详细的实施方案，统一标志，亮证执法，共投入路政人员80人次，出动路政执法车辆8辆次，进行24小时不间断整治，并对服务区内或收费广场的一些严重超限运输车辆进行稽查，在重要路段实施布控，结合流动巡查车展开行动，取得了较好的效果。

2011年，金昌路政支队以积极开展以“一诺三评三公开”为主题的活动，严格要求基层党组织和党员深入查找和改进执法服务工作中的不足；科学“定”诺，就是承诺内容要充分体现责任意识、纪律意识和模范带头意识；公开“亮”诺，就是以各种媒体为载体亮明创建目标、承诺内容、具体措施、完成时限和履行责任人；全面“践”诺，就是采取个人自评、党员互评、党组织考评、群众参评相互结合的办法，加强对承诺落实情况的检查督促。“三评”就是对整改工作的情况，交由组织、领导、群众评定，领导给予好评的效果；“三公开”就是对存在问题、整改措施和整改情况及时进行了公开，做到点、线、面结合，让群众方便监督，让党员树立标杆。“一诺三评三公开”活动开展以来，金昌路政支队先后整改了自身查找和群众提出的10多个重点问题，队伍形象、服务质量和执法水平有了明显提升。

2011年，金昌临时路政支队积极推行路政案件回访制，对一年来管辖路段所发生的路政案件采取抽调案卷、现场查看、电话回访等方式，本着“事前介入、事中监督、事后回访”的原则，从“执法人员是否使用文明用语，是否端正服务态度”、“执法人员和清障施救服务是否严格遵循‘热情服务、行为规范、就近拖离、按章收费’的原则，有无违法乱纪的现象”、“对事故中损失路产的数量是否认可或是对排障施救工作收费是否认可，有无变相收费的现象”等多方面对路政人员和排障服务进行督察，并把回访的满意度纳入绩效考核之中。通过案件回访、排障回访，纠正工作中存在的问题，不断增强了干部职工勤政廉洁、文明执法的意识。并坚持把回访制度作为衡量路政执法水平的标尺，更好地宣传人性化执法、优质服务，树立了良好形象。

（金昌公路路政执法管理处）

【张掖公路路政执法管理处】 2011年，张掖公路路政执法管理处紧紧围绕“保护路产路权、保通保畅保安全”的中心任务，以提高路政执法队伍素质为根本，以迎接“国检”为重点，强化路域环境综合整治，努力提高行业管理水平和依法行政能力，圆满地完成了各项工作任务。

一、巩固成果，确保迎国检各项工作的顺利完成。以迎“国检”为重点工作，统筹安排，精心组织，结合在平凉召开的“全省路政行业迎国检工作推进会议”精神，成立了迎“国检”工作领导小组，加强了组织领导，制定下发了《2011年迎“国检”工作实施方案》，各单位按照交通运输部下发的《全国干线公路养护管理检查管理规范化评分细则》进行详细的对照检查，认真查找在整理国检资料中存在的问题和不足，为顺利迎接“国检”夯实了基础。

1. 加强内业管理，规范内业资料。在2010年迎“国检”准备工作的基础上，一如既往地按照全省公路路政行业标准化管理实施标准的要求，切实加强了路政相关档案的管理，做到了规范、整洁、统一。一是加强了对路产档案的动态化管理，实现了公路路产信息数据的完整。抽调专门力量对辖区内的公路桥梁、涵洞、标志标牌进行了逐一核对、记录造册，保证了路政档案工作的有序开展；二是规范了内业资料，统一了交通行政执法文书的格式，对原有内业资料进行了查漏补缺，分类整理，并由专人负责文书归档工作，案卷逐一重新核实，做到了归档及时、准确、有效，无错漏现象发生；三是完善了标准化建设。严格按照省局规范化建设工作要求，对处机关和各单位全面实施了标准化建设，统一制作了各类标识标牌及公开公示牌，各类制度做到了全部上墙悬挂。

2. 以迎接国检为契机，加大了路域环境整治。一是认真组织开展了以“大干六十天”全面整治公路“脏、乱、差”为主要内容的专项活动。集中执法力量对辖区内的非公路标志标牌进行了摸底、调查，采取分段分点治理的方式，严格按照执法程序进行了清理整顿；对辖区内以路为市、占道经营、三堆现象以及城镇出入口路段脏、乱、差的问题作为工作重点来抓，加大了巡查频率，强化了路面监控力度。甘州所结合张掖市“城乡清洁卫生大行动”，对国道312线上秦、明永、沙井、小河过境路段脏乱差和“三堆”现象进行了彻底整治，使所管辖的路段路容路貌有了彻底的改观；九龙江高速大队对改革30线永山路段蘑菇摊点进行了整治；高台所对临泽城西红枣摊点、路边堆积物进行了整治和清除；高台高速大队对临泽县新华镇过境段、高台服务区、酒泉屯升乡过境段、清水匝道、清水镇过境段依托高速公路隔离栏栅堆放杂物、倾倒生活垃圾现象进行了彻底治理。通过一系列的路域环境整治，辖区主干线公路达到了“五无一畅一通”的管理要求，做到了畅、洁、美的管理目标。在检查中，张掖处扎实的准备工作和良好的精神风貌得到了检查组的充分肯定。全年共拆除非公路标志牌1 092块，查处损坏公路路面25起1 193平方米，查处损坏公路路基、路肩、边沟33起321立方米，路政案件查处率100%，结案率达97.7%。

二、依法治路，努力营造良好的执法环境。

1. 加大路面执法力度，确保公路安全畅通。以依法保护路产路权、保障公路安全畅通为中心，严格路政管理巡查制度，坚持日常巡查和节假日值班制度，在巡查中突出实效，加大了对违法行为的源头管理和控制。迎国检工作开展以来，对所辖路段一些临时设置、未经许可的平交道口（包括历史遗留）进行了清理整顿；对经过许可的通村公路平交道口严格按许可事项规定的工程技术标准进行了整改；加强了兰新铁路建设穿跨越公路的路政监管工作，并及时与各施工单位紧密联系，办理路政许可业务，确保了公路大动脉的安全畅通和国家重点建设项目的顺利进行。

2. 加强公路建筑控制区的清理和监管力度。年初，就下大力气对辖区公路建筑控制区违法建筑进行了详细的梳理排查和调查摸底，并积极和地方政府协调沟通，进行了认真清理。五月中旬处稽查科组织治超站、九龙江高速大队执法人员协同驻地公安派出所民警出动执法车辆7台、挖掘机1台对国道国高30线2 192公里加600米处公路右侧建筑控制区内一处违法建筑进行了依法强制拆除，并邀请新闻媒体参加，现场拍摄，在电视台进行了播放。通过依法严惩"钉子户"、"难缠户"，使国家法律法规的尊严得到了有力维护，公路的安全畅通得到了全面保障。在做好清理工作的同时，也加强了与养护单位的协作，分点包片，强化监管力度，提前预防，杜绝了新的违法行为的发生。全年共查处和制止违法建筑5起261平方米。

3. 规范行政审批许可，提升许可审批效能。结合《公路安全保护条例》和《甘肃省公路路政管理条例》的颁布实施，重新制作了《路政许可办理流程和审批指南》，并充分应用甘肃省公路路政执法办公网络平台，对符合条件的审批事项，严格按照路政管理法律、法规的要求逐级审核，进行网上审批，审批事项实行限时办结制度，切实做到不缺位、不越位、不错位。全年共办理各类路政许可事项43起。

三、规范行为，切实加强车辆超载超限治理工作。

去年，张掖处把治超工作贯穿于全年的路政管理工作的全过程。年初，下发了《2011年治理车辆超限运输工作安排》，各单位根据辖区工作环境及检测设备情况，在辖区路段进行车辆超限超载治理，对重点路段、桥梁、绕行严重路段进行了24小时监管。一是各单位根据管辖路段实际情况确定出了整治重点，制定了详细的超限超载治理计划。治超站实施24小时不间断检测，采取不定点、不定时流动治超的方式对进入国道312线、国道227线、省道213线的超限车辆逐一监测，严防管辖路段内55吨以上车辆上路、上桥行驶；各所对发现超限超载车辆严重的路段及时与治超站取得联系，并提供车辆行驶的详细情况，及时治理，防止了超限超载车辆上路行驶危及桥梁安全；高速路政大队以高速公路出入口为依托认真对超限超载车辆进行拦截劝返，将其对公路及其桥梁的危害降到了最低点。二是加强了对大件不可解体超限运输行驶公路的管理工作，有针对性的对大件运输绕站避检、车托带车、使用假证、调换车牌等违法行为予以了严厉打击。对所有经检测确定可卸载货物的超限超载车辆，一律实施卸载，坚持严管重罚，坚决消除违法行为；对运输不可解体的车货总重在55吨以上的超限运输车辆，严格按照《超限运输车辆行驶公路管理规定》进行了办理和执行。三是认真开展了"百日治超"专项行动。省局"百日治超"专项行动开展后，我处及时召开了治超工作会议，制定了《"百日治超"专项行动实施方案》，成立了"百日治超"专项行动领导小组，进一步加强了治超各部门之间的组织协调，专人负责，明确任务，形成了一级抓一级、层层抓落实的局面，做到了主要领导全面抓，分管领导具体抓，路政人员具体负责，确保了专项行动落到实处。全年共查处超限超载车辆2 367辆，劝返超限车1.15万辆，收回超限超载补偿费91.07万元，赔偿费320.77万元，车辆超载超限率控制在了5%以内。（周　亨）

【酒泉公路路政执法管理处】 2011年，在省厅、省合署办的正确领导下，酒泉临时路政管理支队按照省厅、省合署办的统一安排和明确要求，认真落实全省交通工作和路政管理工作会议精神，紧紧围绕"保护路产路权、保通保畅保安全"这一中心任务，以迎接国检为契机，不断推进路政管理标准化、规范化建设，以队伍建设为根本，不断加强路政执法人员的学习教育，推进党风廉政建设的深入开展，创新工作方式，加大执法力度，狠抓辖区超限治理和公路建筑控制区的监管，有力地促进了各项路政管理工作的平稳有序协调发展。全年累计上路巡查38 522人次，上路率达到了96%；查处路政案件210件，结案率达到了99%；拆除非公路标志牌253块；查处超限车辆35 104辆，卸载875辆、3 975吨，劝返593辆；办理《超限车辆运输通行证》785件；累计上解路产损坏赔偿费501.36万元；年内无安全事件发生，有效地维护了路产路权，较好地履行了保通保畅和服务经济发展的职能。

1. 抓落实，全力以赴做好迎国检工作。上半年，围绕迎接全国公路大检查这一中心工作，一是明确责任，实行支队领导分片包干蹲点，细化分解工作任务，实行责任到岗、到人、到路、到点和到牌的落实机制，确保了辖区迎检工作的全面顺利推进；二是从基础管理入手，进一步建立健全了项目齐全、内容完整、规范统一的内业资料和路产档案，深入了推进路政规范化和标准化建设；三是进一步规范了公路沿线非公路标志牌、构筑物和平交道口的管理，基本确保了"畅洁绿美"的路容路貌；四是严格按照路政管理法律法规和各项管理规定办理路政行政许可事项，全年共办理许可事项35件；五是精心部署，全力以赴做好迎接国检的保障工作。在对受检路段（国道215线87公里至137公里区间）公路道口进行详细摸底排查的基础上，支队制定了《迎"国检"路政执勤工作方案》，并在6月10日的检查中抽调86名路政人员在受检路段重要路口进行执勤，指挥交通，维持秩序，有力保证了外业检测工作的顺利圆满完成，充分展示了酒泉路政的良好形象；六是全力做好路政管理应急保畅和护送国家重点物资的工作。在敦煌暴雨洪水灾害和柳星路段拥堵等突发事件的处置中，路政人员在第一时间内到达现场进行疏堵保畅，并积极开展食物救助，得到了省厅局和社会的好评。在兰治会和敦煌行丝绸之路国际旅游节等重大节会的道路保畅工作中，路政部门都发挥了服务社会的职能。

2. 抓监管，加强超限治理和监管工作。一是针对辖区实际，继续采取固定检测与流动稽查相结合的办法，通过设置限宽墩、劝返卸分载和收取补偿费"三管齐下"的方式，查处超限车辆行驶公路及桥梁的违法行为；二是在职权范围内强化治超政策的宣传和规范车辆的合法装载，最大程度从路政管理的源头降低超限运输对公路的损害；三是抽调机关和其他大队的路政人员充实到超限车辆比较集中的路段开展治理工作；四是采取领导带班、职工交叉轮班和支队明察暗访的方式对治超工作进行有效监督，有效制止治超过程中执法不严、执法不公和违法执法行为的发生；五是建立了治超信息报送制度。对各治超站点的超限车辆登记台账、交接班记录、补偿费票据和行为规范进一步进行了规范；六是注重联合执法，形成综合治理的长效机制。坚持与嘉峪关处联合开展风电设备运输的稽查，加强对风电设备运输车辆的管理；七是扎实开展“百日治超”活动。在为期3个月的专项整治期间，支队累计投入路政执法人员7 200余人次，检测车辆18 560辆，卸载超限车辆451辆，卸载货物2 315吨，办理超限车辆通行证216份，取得了明显成效。

3. 抓教育，进一步规范路政执法行为。一是结合“菜贱伤农”、部分省市桥梁垮塌等媒体报道的事件，有针对性地下发了进一步规范路政执法行为和加强路政管理工作的《通知》，从讲政治、讲和谐和依法依规开展工作的高度规范治超工作；二是按照《交通行政执法五个规范》和治超工作的有关规定要求，支队对各路政大队、治超检测站在路政执法工作中出现的问题及时进行自查自纠，严明纪律，防微杜渐；三是推行执法公开，对路政审批项目、收费标准、办事程序、当事人权利、执法依据、执法监督、案件办理结果上墙公示。同时对群众投诉反映的问题坚持有诉必接，接诉必查，查实必究，做到件件有着落，事事有回音；四是结合兰州总段典型案例的查处，认真落实省厅、局的工作要求，扎实开展“三项专题教育活动”。

4. 抓党建，坚持开展主题实践活动。一是加强党建，着力抓好党员领导干部带头实践，在党建工作中创品牌，见特色。支队与所辖基层单位签订责任书，实行党建、廉政“双问责”；二是推进主题活动，切实加强党员队伍建设，在重点工作和抢险应急等工作中创先争优，体现党员领导干部的先进性。三是创新创先争优活动载体，着力抓好承诺兑现，在公开承诺、群众评议等活动中贯穿廉政要求，落实“一诺三评三公开”，从四个方面做出了九项承诺，使职工看得见，有参与，不落空，有成效。在做好路政管理工作的同时，积极开展了征稽处的相关工作，对全处的资产进行两次核查；收回了外租的宾馆；将玉门所的办公设施进行集中统一管理，人员暂时合并到玉门镇所参与路政工作；对原职工家属楼征稽职工的供水管道进行了补贴改造，并全额承担了离休人员的改造费用；撤出并解聘了原职工家属楼由征稽处雇佣的门房管理人员；对肃州西所办公楼的供热问题进行了多次协调；在力所能及的范围内为职工办了一些福利，组织慰问了离退休人员、困难职工和遗属；开办了机关食堂，解决了单身职工的吃饭困难问题；夏季对一线的执法人员进行了送清凉慰问活动，密切了干群关系，增强了职工队伍的感召力、凝聚力和战斗力。

5. 抓宣传，营造良好的社会氛围。以迎国检、路域环境整治、百日治超、两个《条例》的颁布实施为契机，利用酒泉路政信息专刊、路政网络平台以及报刊等媒介开展了多形式、深层次的路政法律法规宣传。特别是在8月初，分东西两个片区，设立肃州和玉门两个宣传点，集中开展了以“增强公民爱路护路意识、服务公众安全便捷出行”为主题的《公路安全保护条例》和《甘肃省公路路政管理条例》大型宣传活动，极大地营造了社会舆论氛围。一年来，各单位共散发宣传单5.4万余份，制作宣传横幅51条，制作灯箱宣传牌9块660平方米，张贴宣传资料60次，清洗公路标志标牌310块，创办并编发《酒泉路政信息》16期，刊发工作动态信息50多条，在路政专网刊发报道99篇，在《甘肃经济日报》等发稿3篇，使对外宣传和政务信息工作对促进支队工作的全面发展起到了积极的推动作用。

（傅矿生）

【嘉峪关公路路政执法管理处】 2011年来，临时支队路政管理工作认真贯彻落实全省交通运输工作、路政工作会议精神，以提高路政执法队伍素质为根本，以迎国检为重点，强化路域环境综合整治，主抓路产路权管理、依法治超，以保护路产、维护路权、保障畅通安全为中心，大力倡导“以路为本、以车为本、以人为本”管理理念，以全面规范路政行业管理为手段，以文明执法，优质服务为保障，以全面提升综合实力为目标，坚持严格执法不动摇，狠抓行业管理不放松，推动路政工作向法制化、信息化、标准化、规范化、现代化、人文化、人才高素质化的目标迈进。

一、加强内业管理，全力以赴做好迎国检工作。

迎“国检”工作时间紧、要求严，省局领导高度重视，临时支队的同志为了保证工作质量，保证各种档案的资料和数据完整准确，利用巡查机会和双休日，并对辖区内公路所有桥梁、涵洞的类型、结构、设计荷载、使用年限、技术状况等数据做了详细的记录造册；对公路标志、非公路标志按省局的要求也都做了详细登记，不合格的坚决予以拆除。

统一形象标识，建设标准化服务大厅，更新完善了硬件设施，进一步提高了为车辆服务能力。进一步加强内业管理，统一交通行政执法文书的格式，并由专人负责文书归档工作，每一案卷都做到归档及时、准确、有效，无错漏现象发生。对各类路政管理档案进行了归类、整理，路政档案从制作到归档程序更加规范；在硬件投入的同时也抓紧软件资料的整理工作，资料整理严格按照省局规范化建设要求逐条对照，建立健全路政电子化档案，便于日后查阅，路政内业管理工作逐步走上制度化、规范化轨道。

规范路政收费票据的使用和管理，进一步明确票据管理使用人员的岗位职责，把票据的申领、保管、发放、填制、报表、建帐立卡、监督检查等各个环节有机衔接起来，做到职责分明，有章可循，票据和办公设备实行专人保管，严防丢失，继续推行路政专户储蓄，严格执行“收支两条线”的规定，杜绝出现截留、挤占、挪用等违法事件的发生。

二、加大路域环境整治，保障路产路权不受侵犯。

今年临时支队在抓好日常路政巡查工作的同时，在3月至4月配合总段及总段各单位，对国道30线开展路容路貌专项整治活动，清洁了公路，美化了环境。10月，针对辖区违法修建地面构筑物、乱堆乱放建筑材料和垃圾、个体工商户违法设立非公路标牌等情况，支队开展了专项治理活动，治理期间，路政人员对违法修建地面构筑物、乱堆乱放占道、违法设立的非公路标志、占用公路的当事人，进行法律法规的宣传教育和安全警示教育，联合境铁段和雄关段，放弃节假日休息，先后3次对公路沿线的违法现象进行专项治理，拆除非路用标志牌64块，拆除省道215线临时性乱搭乱建房屋3处，清理公路两侧垃圾8处，使所管辖的公路达到路面畅通无障碍、路容路貌有了彻底的改观，真正达到畅、洁、美的管理目标。

三、依法查处路政案件，维护路产路权。

在严格公路两侧建筑控制区的管理的同时，进一步加强路政巡查，维护路产路权不受侵犯，及时查处各类路政案件，对损坏公路路产案件做到发现一起，查处一起。截至11月28日，支队共查处路政赔偿案件130起，其中高速公路查处路政案件123起，结案121起，收回路产损失赔偿费208.82万元，普通干线查处路政案件7起，结案7起，收回路产损失赔偿费7.03万元,查处率和结案率均达到98%以上，执法过错率保持为零，切实提高了依法行政质量和执法效率。

四、加强超限治理工作，确保道路安全畅通。

治理公路超限运输是一项长期而重要的工作，支队根据“依法严管、标本兼治、立足源头、长效治理”的总体要求，认真开展“百日治超”活动，查处和劝返超限车辆，对超限车辆进行治理。车货总重超过55吨的超限运输车辆禁止其上路，并进行劝返卸货后才准予上路行驶。对恶意超限运输车辆一经发现，立即责令停驶并实施卸载，实行严查严管，确保桥涵等重要基础设施的安全，防止出现压垮桥涵等重大安全事故。对于冲卡和不服从管理的，以劝解和教育为主，并主动到各车队宣传政策，加强沟通，对违规车主及时向车队领导反映，全力实现和谐治超。截至12月1日，共检测车辆四万余辆，查处超限车辆2 000余辆，，卸载转运货物60余吨，收缴公路补偿费124.68万元，切实将超限率切实控制在5%以内。

五、以迎国检为契机，规范行政审批许可工作。

今年为迎接全国公路大检查，临时支队将路政许可审批工作进行了全面、系统的整理、汇总和登记，进一步规范内部管理工作。一是针对路政许可审批事项所设定的法律依据、审批条件、申请材料、办理期限、有效期限、审批程序等各环节都做了明细的分工，明确了责任。二是制定了路政许可工作制度，建立了路政许可档案，制作了路政许可审批流程版面，对许可事项办理提出了具体要求，将每一项路政许可的办理责任分解落实到人。2011年，共受理嘉峪关市建设局行政许可申请两起，已全部上报省局获得批复，并实施完毕，以上两起许可，上报及时，勘验准确，程序合法。

六、加强路政宣传，引起社会共识。

宣传工作是基础，为了让群众知道公路管理法律法规，理解我们的工作，确保宣传成效，切实营造出良好的执法氛围，利用报纸、宣传材料等媒介大力宣传，宣传《公路法》、《公路安全保护条例》、《路政管理条例》等相关法律法规，在辖区人口密集区和沿线村镇，采取发放传单、广播等形式进行宣传。2011年共悬挂路政标语、宣传横幅16幅、发放宣传单5 000余份。对公路沿线群众进行广泛深入的宣传，有效提高了广大人民群众知法、守法、爱路、护路的自觉性，使沿线村镇积极参与公路环境治理，为干线公路综合治理工作奠定了坚实的基础，形成了浓厚的综合治理舆论氛围。

七、严格管理，维护稳定，加强综合治理和安全工作。

安全工作是一切工作的基础和前提条件，临时支队积极开展了路政管理“安全生产月”和“安全生产年”活动，认真学习安全生产活动实施方案的通知，学习安全法规和知识，路政人员树立了安全防范和自我保护意识，自觉遵守各项安全规定，路政人员夜间上路处理案件时必须穿着反光马甲，路政车辆勤保养，勤检修，不带病上路，机驾人员不开快车，不酒后驾驶车辆，签订安全工作目标责任书，将安全责任细化到个人，确保路政人员的人身安全和车辆安全。根据临时支队辖区内的特点，认真开展安全生产隐患排查整治工作，分析原因，加大安全设施的投资，完成G30线和国省干线公路标线喷刷工作，积极投入到公路养护工作现场，指挥交通，维护施工现场的交通秩序。在冰雪、雨雾天气，路政人员坚持上路巡查、疏导指挥交通。（嘉峪关公路路政执法管理处）

【敦煌公路路政执法管理处】 认真做好“国检”、“节会”各项工作。在做好迎“国检”迎两个“节会”——敦煌行·丝绸之路国际旅游节、第四届中国·敦煌（国际）葡萄节，公路“保通、保畅、保安全”工作期间，全面加大国省干线公路巡查与保洁力度，积极落实公路防汛应急保障工作，进一步加大上路巡查力度，“国检”、“节会”举行以来，按照迎“国检”迎“节会”以及国家五部委和省、市举办（敦煌行·丝绸之路国际旅游节、葡萄节）总体活动方案和工作部署，以“彰显文化特色，提升敦煌品牌，促进经济发展”为主题，以国省干线公路巡查与维护路产路权“保畅通、保安全”为中心，各项工作秩序井然，实现了“国检”期间、“节会”闭幕式工作方案预期的“三无一降”（即：无事故、无污染、无伤亡，最大限度降低对国际旅游名城经济的影响）管理目标，并取得了阶段性成效。

加强领导，落实责任。针对工作实际和迎“国检”迎“节会”标准化要求，将具体任务分解细化、明确时限、责任到人。按照省合署办、酒泉路政支队迎“国检”、迎“节会”工作要求，自上而下相应成立组织机构，制定实施方案，对迎“国检”、迎“节会”工作进行了全面安排部署，有力确保了各项任务落到实处。

修订规范，制定标准。结合迎“国检”和“节会”标准，对内部管理制度、规定，又进行了梳理、修订。根据合署办印发的《全省公路路政行业标准化管理标准》，分技术标准、管理标准、服务标准三大类，其中技术标准6项、管理标准8项、服务标准6项，涵盖了路政管理工作的方方面面，这些标准，在全大队得到了有效的落实。

狠抓落实，深入推进。紧紧围绕迎“国检”和“节会”目标，大力实施保护路产路权专项治理、车辆超限超载专项治理、公路保通、保畅、保安全“三项行动”，路域环境得到有效治理，应急保畅能力得到明显提高。切实加强路政内业管理，统一规范迎检资料和“国检”规定的六类资料，全大队干线公路档案基本建立，案件查处、案卷归档管理、执法程序等方面进一步规范。大力推进行业标准化建设，基本完成了辖区标准化建设任务，达到了“六统一四规范”的要求。继续深入实施保通、保畅、保安全”工程，有效落实了路警联动、区域联防协作机制，提高了突发事件应急处置能力。

1. 保“节会”安全、促正常生产。全处辖管国省干线公路492.95公里，分东西主要两部分。迎“国检”和“节会”前后，既开通旅游节专用车道（入口处放置统一的“专用通道”指示牌），又加强与公安、交警部门的联系和协作，加大对相关路段的指挥力度，防止强超抢会等违章行为及交通事故引发道路堵塞。全处不但以6月10日全国干线公路大检查、敦煌行·丝绸之路国际旅游节、葡萄节为契机，而且利用“节会”闭幕式在敦煌举行，辖管国省干线公路、路政管理工作的有利时机展示和不断提升“三个服务”的能力和水平，尤其是在“节会”中，加大公路日常巡查力度，路政人员坚持全天侯上路巡查,先后对国道312、国道227、国道215等线路进出口村镇的路容路貌,非公路标志牌、波形护栏及公路两侧建筑控制区的"三堆"进行清理整治和维护,路容路貌得到了较大改观。同时,为了搞好机关外观形象标识和政务大厅建设,先后统一制作岗位职责、管理制度、管理流程图、执法依据、执法公示栏、收费标准等上墙公示内容130块,完成政务大厅5个、标准门头5个、路政形象墙5块、门牌56块、桌牌76个、路政文化宣传牌86块、洗手间温馨提示牌10块,并为装备档案室购置了20组铁皮柜。

特别是进入迎"国检"、迎"节会"攻坚阶段,对排查出的城镇出口、乡镇路段的脏乱差和沿线的广告牌、占道经营、以路为市、乱堆杂物等安全隐患,违法违章行为,进行了拉网式的清理和整治,在专项整治活动中,与公路沿线乡镇、国土、城建、公安等部门进行沟通联系,争取市县(镇)有关部门对整治工作的支持与配合,形成了齐抓共管的工作局面,提高了对公路的监管力度。集中整治期间,将4块公益性宣传牌、3个历史遗留的门式标志全部更换为路政宣传版面,共清除三堆87处104立方米,拆除各种违章广告牌180块,清理摊位92处,取缔私设平交道口5处,补报行政审批事项22项,使所辖路段路容路貌焕然一新,以"通畅、干净、美观、安全"的路域环境迎接"国检"、"节会"的到来。

2. 路政管理上台阶、提水平、促发展。结合酒泉支队开展的"百日专项整治行动",加大路政巡查力度,突出预防性和日常管理,加强对国省干线的执法管理。对未经审批的非公路标志牌进行拆除,对破损、锈蚀、歪斜等影响路容路貌和存在行车安全隐患的要求设置者采取修复、加固或拆除等措施,及时发现、制止新的违法建筑。同时,加大超限补偿费票据管理、监督力度,主动与媒体打交道,做好政策、制度方面的交流沟通,通过多形式、多渠道宣传,营造了良好的舆论氛围和治超环境。站、点采取复核案卷和车、票、证,抽检超限运输车辆称重记录、车货总重、许可手续、补偿费等办法加强自查,健全和完善了治超执法监督工作。

3月17日,迎"国检"工作推进会议在平凉结束后,严格落实会议有关决策和工作部署,按照"迎国检、上台阶、提水平、促发展"和"敦煌行·丝绸之路国际旅游节"、"葡萄节"总体要求,强化措施,积极备战,各项工作进展顺利。特别是自国道215线敦煌过境路段被确定为交通运输部"国检"外业检测路段后,为确保公路安全畅通,以高标准高质量迎"国检"迎"节会"。从5月下旬开始,在做好路政管理工作的同时积极协调,抽调敦煌、安敦路政大队和柳园治超检测站50余名路政执法人员,13台路政执法车辆投入到国道215线展开敦煌过境段油路罩面大会战中,发扬甘肃公路"铺路石"精神,战高温,斗酷暑,夜以继日地奋战在施工一线,疏导交通,维持施工路段行车秩序,为顺利完成迎"国检"迎"节会"路段油路重铺罩面工程保驾护航,认真做好了"国检"外业组在敦煌检查期间的道路安全保畅工作。

6月15日,敦煌发生五十年不遇特大暴雨袭击,因暴雨出现山洪,造成水利设施、公路、农田受损。火车站部分建筑物受到洪水威胁,以及附近的农户房屋被洪水冲塌。致国道313线、火车站道路交通受阻,农田被淹没,市道通往莫高窟的专道110专用公路和大桥西侧防洪坝被洪水冲断,大量游客滞留。处领导立即启动应急预案,在第一时间,组织20多名路政人员与公路段、相关部门全力以赴投入到抗洪抢险第一线,疏通道路,协调被洪水冲毁的坝堤和路面抢修工作。

(敦煌公路路政执法管理处)

2011年6月16日,敦煌遭受特大洪水灾害,酒泉公路总段迅速启动应急救援预案,集中抽调350多人和20余台机械设备第一时间赶赴水毁现场抢通便道,恢复交通。图为敦千线水毁抢险场景。

李皓林 摄

SHIXIANJIAOTONGGONGZUO

市县交通工作

2011年1月1日，兰州市1路公交车全线更新仪式在兰州举行。甘肃省委常委、兰州市委书记陆武成出席仪式。

郝俊奎 摄

兰 州 市

概 述

【交通运输主要经济指标完成情况】 2011年,兰州市完成客运量2 975万人,旅客周转量32.85亿人公里,分别完成年计划的110%和111%,与上年同期相比分别增长了13%和15%;完成货运量7 663万吨,货物周转量40.89亿吨公里,分别完成年计划的109%和108%,与上年同期相比分别增长了12%和13%;完成固定资产投资10.14亿元,完成年计划的169%;百万公里肇事率0.02次(国家控制指标为3.5次);兰州公交集团总收入达到5.86亿元,完成计划的102.4%,与上年同期相比增收1 338万元,其中营运收入5.3亿元,为计划的101.28%;车厢服务合格率97%,车辆整洁合格率98%;乘客满意率95.53%;行车责任事故间隔里程180万公里次。

【全市交通运输重点工作】 1.省市联建干线公路和农村公路建设。配合抓好省市联建协议公路建设项目,南绕城高速公路前期工作已基本按要求完成。机场高速茅茨出口、永登县城出口与永窑公路连接线已正式开工建设。省道301线海石湾至岗子沟段改建工程工可研报告已获省发改委批复,国道309线定远镇至榆中钢厂段改建工程各项前期工作已基本完成,市交通运输局将督促榆钢公司落实建设资金承诺,尽快开展施工、监理招标工作;抓好国道309线和平至关山公路建设工程,七里河区八里镇清水营村至魏岭乡白家岘村25公里路段,按三级公路标准进行改建,该段目前已进行施工、监理招标、项目初设等前期工作,抓紧衔接省厅划拨国家交通战备补助资金,协调市政府和七里河区政府拿出配套资金尽快启动建设。市政府为民兴办实事确定的500公里农村公路重点养护任务已提前超额完成,全年完成重点养护里程604公里,是计划任务的120.8%;新建改建农村公路650公里,完成投资2.34亿元,是年计划的130%。2.运输站场和水运项目建设取得明显进展。兰州市被确定为全国15个出租汽车服务管理信息系统试点城市,与兰州出租汽车调度指挥中心合并建设,项目工可报告已通过审核并取得土地证;截至2011年年底,城关货运枢纽站已建成并投入运营,安宁货运枢纽站进入装修收尾阶段,西固、榆中货运枢纽站项目正在进行初步设计;客运北站、中川空港物流园区等项目开始启动;安宁快速公交项目已开展车辆选型等运营准备工作。“酒钢号”游船完成基本建设任务,正在进行测试、装修和试航前的各项准备工作;大峡库区航运建设项目初步设计已由省发改委批复,正在进行施工图设计;盐场堡中心客运码头建设项目已完成施工、监理招投标,计划2012年初开工建设;航道维护基地建设项目即将进行施工、监理招标,力争早日开工建设;雁儿湾船舶法定检验起舶项目已完成基本建设内容,正在完善相关后续工作,确保年内交工验收;“2011中国MBA黄河漂流赛”码头建设和安全保障工作圆满完成。3.交通运输领域改革不断深化。一是加快推进兰航站和兰州航道养护公司进行整合重组。拟对两户企业的资产重新进行评估,组建国有控股、社会资金和企业职工参股的有限责任公司。目前正在完善组建方案,待上报市政府审批后开始实施。二是稳步推进兰州市第三汽车运输公司企业改制工作。参照国企改革“393”攻坚战的相关政策,正在抓紧完善改制方案,改制有关问题将专题报市政府。三是配合做好原国有企业“五七工、家属工”参加养老保险工作。经过认真调查摸底,交通运输局系统共有“五七工、家属工”733人,已全部登记完毕并报市人社局审查,已有550人经审核后办理了养老保险。4.出租汽车、公交行业整治创建活动深入推进。开展了出租汽车、公交行业综合整治和精神文明创建活动,加强职业道德教育,规范运营行为,整肃车容车貌,出租汽车、公交行业文明服务水平明显增强,营运秩序明显好转,遵守交通规章意识明显提高,市民满意度明显提升。2011年8月9日兰州市文明城市创建工作推进大会上,市委、市政府对整治创建活动中涌现出的300名五星级出租车驾驶员和33名五星级公交车驾驶员进行了表彰奖励。5.道路水路运输市场监管得到进一步加强。开展道路运输市场百日专项整治活动,共出动执法人员6 028人次,出动执法车辆2 304辆次,查处非法营运“黑车”232辆,查处不规范经营325起。联合市交警支队和高速公路管理部门,组织开展了北线客运秩序专项整治行动,查处了一批违法揽客场点和违规经营的长途客车。从2011年10月10日开始,市城运处集合全处力量上路稽查,严厉打击各类非法经营行为,取得了比较明显的成效,截至12月下旬已查获“黑车”855辆。同时,整体推进货运物流、洗车修车、水路交通和公路建设市场专项整治工作,集中整改危险化学品运输和水路运输安全生产隐患,进一步维护了道路水路运输市场秩序;加强交通行业法制建设,《兰州市水运航道管理条例》已由市政府报市人大审定;积极协调燃油价格财政补贴,落实发放2010年和2011年一、二季度补助资金1.52亿元,减轻了企业和驾驶员的经营负担。(兰州市交通运输局)

五区三县

【城关区】 公路建设。2011 年,区公路段与建设局签订的农村公路建设任务共 4 项 11 公里。已完成盐场堡村道、大洼山村道、上坪村村道建设项目 3 项共 6.8 公里,完成碱水沟小桥维修转接项目 1 项。区公路段加强与上级公路主管部门的协调联系,积极争取到白道坪村道、民族村至卓家沟村 2 项农村公路建设项目,争取到三大国有林场和雁儿湾至青白石街道县乡道改造项目。截至 2011 年底区公路段已完成白道坪村道、民族村至卓家沟村 2 项农村公路建设项目,三大国有林场和雁儿湾至青白石街道县乡道改造项目由于省市公路主管部门任务下达较迟,仍在进行项目的施工图设计工作。2011 年,区公路段积极协调省、市公路主管部门,共争取到中央、省、市农村公路建设、养护、维修及安全保障等计划资金 1 300 多万元,保障了该区农村公路建设任务的完成。

公路养护。2011 年,兰州市委、市政府确定"完成农村公路重点养护里程 500 公里"的任务中,涉及城关区县、乡、村公路各 1 条共 25 公里。城关区公路段在养护管理工作中,积极创新思路,完善工作措施,农村公路养护工作实现了两个转变,即养护观念从"重建设,轻养护"向"建养并重"转变,养护方式从"粗犷型、一般型"向"精细化、人性化"转变,使城关区农村公路路况质量不断提高。一是进行了春季路面病害的治理。针对春季城关区农村公路翻浆、水毁等病害较严重,组织人员加班加点,全力处治各种公路病害。完成了 2 400 平方米的路面修复、670 米的边沟维修、240 米的急流槽维修等公路病害治理工作。二是进行了伏直公路养护大中修工程和盐什公路水毁修复工程。针对伏直公路、盐什公路存在的路面、构造物水毁情况,争取省市公路补助资金进行了养护大中修、水毁修复,已完成伏直公路的养护工程任务和盐什公路的水毁修复工程。三是开展路况、桥梁评定工作。组织专业技术人员完成了 2 条县道、1 条乡道、7 座桥梁的技术等级评定工作,在评定中对发现的安全隐患做好记录,采取有效的措施进行了处治。四是做好公路沿线设施维护工作。在主要农村公路拐弯处安装了 63 块广角会车镜,对伏直公路、大头公路的 11 公里重点路段进行了热喷标线,在伏直公路沿线学校、游客较多的地方喷绘 4 处斑马线,在 2 所学校门口安装 4 块交通警示牌。五是进行了盐什公路安保工程。在公路重点路段安装了 742 块 2 572 米隔离网和 1 716 根防护桩,使交通事故和公路沿线乱倒垃圾行为明显减少。同时针对小砂沟桥的实际情况,在桥头两侧安装了限载警示牌,在桥面安装了具有反光道钉的限宽墩,喷绘了限制会车标志,确保了桥梁的运营安全。六是开展了 2011 年县乡公路交通量观测调查。根据上级主管部门要求,2011 年 9 月 15 日、9 月 25 日分别在盐什公路、伏直公路设置了 4 个交通量观测点,每个观测点安排 2 名观测员 24 小时轮流观测、记录,及时将观测记录的原始数据整理、审核、分析后,上报市公路主管部门,为宏观决策、公路管理和公众出行提供支撑与服务。七是做好农村公路标准化养护检查。按照省市公路主管部门标准化要求,细化工作内容,从公路养护、路政管理、养护工程、统计工作、道班建设及管理五个方面,对农村公路养护与管理进行了一次全面的自检工作。重点在管辖公路上制作了公路养护公示牌,对管养公路、养护责任人、监督单位等进行了公示,接受社会各界的监督;在养护道班上制作了制度牌,对养护职责、养护标准、养护路线、人员上岗等进行了明示,完善了养护管理的各项规章制度。2011 年全区公路共维修边沟 1 200 多米;维修急流槽 350 米;清理水毁塌方 25 处 6 400 立方米;整修路肩 4.8 万米,各项养护指标均超额完成,该区农村公路精细化养护管理在 2011 年的检查中受到了检查组的好评和肯定。

路政管理。城关区公路管理段,集中组织开展了 2 次路政联合执法活动,重点治理了大墼岘、二墼岘摆摊设点严重影响公路畅通的问题,保证了路产、路权不受侵犯。2011 年在沿线张贴宣传材料 210 份,发放宣传材料 890 份;安装永久性警示牌 2 块;查处路政案件 4 起,结案 4 起;清理公路摆摊设点、乱停乱放 5 起,结案 5 起,结案率 100%,有效维护了道路交通安全畅通。

公路交通安全。一是加强上路巡查力度,及时排查整治安全隐患;二是加强对职工和养路工的安全教育工作,为养路工购买了具有反光标志的工作服和意外保险,配备了施工标识牌、锥形桶等安全防护设备,有效提高公路养护作业安全。全年该区管辖公路上共发生了 25 起塌方事件,均无人员伤亡。对突发事件,区公路段制定了预警方案,做出了快速处理。 (晨 旭)

【七里河区】 公路工程。2011 年,七里河区全年完成农村公路投资 917.7 万元,建设农村公路 15 条总计 52.4 公里。1. 通畅工程:2011 年通畅工程 7 条,总里程 22.4 公里,总投资 751 万元,其中:省补资金 561 万元,区配套 190 万元。具体项目为:(1)青岗岔至上岭,全长 5.2 公里,投资 174 万元,已完工;(2)省道 101 线至大沟村道,全长 5 公里,投资 167 万元,已完工;(3)草原村道,全长 2.5 公里,投资 84 万元,已完工;(4)绿化村村道,全长 1 公里,投资 34 万元,已完工;(5)蒋家湾至张家岭,全长 4 公里,投资 134 万元,正在建设。(6)省道 101 线至侯家峪村道,全长 1.3 公里,投资 44 万元,已完工。(7)牟家坪至牟家大山村道,全长 3.4 公里,投资 114 万元,正在建设。2. 通达工程:2011 年通达工程项目 8 条,总里程 30 公里,合同资金 166.7 万元,其中:市财政补助资金 60 万元,区配套 106.7 万元。具体项目为:(1)琅峪什字至坪岭,全长 5 公里,合同资金 42.2 万元,已完工;(2)苟家湾至关子岭,全长 2.7 公里,合同资金 16.7 万元,已完工;(3)宋家沟至赵家洼,全长 7.6 公里,合同资金 20 万元,已完工;(4)马连沟至黑洼,全长 3 公里,合同资金 9.4 万元,已完工;(5)白家岘至冰沟,全长 3.6 公里,合同资金 15 万元,已完工;(6)国道 309 线至东大梁,全长 1.7 公里,合同资金 20.6 万元,已完工;(7)丁家庄至下沟底,全长 2.7 公里,合同资金 15 万元,已完工;(8)乡道 260 线至伍角岭,全长 3.7 公里,合同资金 27.8 万元,已完工。

公路养护。实行县道县养,重点乡道由养护公司管养,采取定人员、定路段、定标准、定质量、定资金的办法,确保了所管路段的养护工作。全年共完成投资 127 万元,养护里程 165.90 公里,其中:县道 128 线 24.7 公里,乡道 35.25 公里,村道 105.96 公里。1. 大中修工程:根据市公路部门 2011 年下达龚湖公路养护 51 万元大中修工程计划,依据《兰州市农村公路养护大中修工程设计预算文件的有关规定》,制定和设计工程计划,完成招投标工作,已开工建设,完成边沟开挖及 200 米特殊路基处理。2. 桥梁养护工作:对现有 17 座的公路桥梁等设施进行了年度检查,对照标准全区暂无危桥。3. 重点养护线路:2011 年市下达七里河区重点养护里程 27.5 公里,其中:乡道韩王公路 18.72 公里,优良里程达 16.7 公里,技术状况评定 MQI 值为 84.71;村道 3 条,彭家坪镇彭家坪至土门墩道路 2.2 公里,优良里程达 2.2 公里,技术状况评定 MQI 值为 82.50;魏岭乡龙池村道 2.16 公里,优良里程达 2.16 公里,技术状况评定 MQI 值为 85.47;西果园镇青岗岔至袁家湾道路 3.47 公里,优良里程达 3.47 公里,技术状况评定 MQI 值为 85.7。

路政管理。依据《公路法》和《甘肃省路政管理条例》的规定,平时巡查与重点监管相结合,坚持每周不少于 3 次巡查,形成了区、乡、村组成的路产路权监控网络。协调乡(镇)、村进行联合执法。2011 年对全区农村公路进行了 5 次集中整治,共治理侵占公路路产路权 29 次 64 起,出动宣传车 25 次 1 210 公里,发放宣传单 200 份,处理路政占用案件 1 起 2 处 50 米,收缴赔偿费 1.5 万元,结案率达 100%,确保了县乡公路的安全畅通。

(晨　旭)

【安宁区】 农村公路建设。2011 年,兰州市下达安宁区农村公路建设计划共 2 条,建设总里程 4 公里,计划总投资 134 万。其中:乡道仁寿山至夹河滩,全长 0.8 公里,水泥路面,总投资 27 万(车购税投资 20 万、地方投资 7 万),该项目已完工。乡道 274 线至北滨河路,全长 3.2 公里,水泥路面,总投资 107 万(车购税投资 80 万、地方投资 27 万),该项目已完工。2011 年农村公路建设由村上负责实施,区公路局为保证道路施工质量,一是在施工期间坚持开展工地检查、发现问题及时整改,二是坚持实行工程监理。过去村、街修建非重点道路工程,不搞工程监理,为了确保施工质量,安宁区公路局 2011 年坚持实行了工程监理制度。以上这两条路的建成将促进安宁堡街道南部的休闲农业发展。

农村公路养护管理。安宁公路局于 2011 年 5 月成立了"安宁区农村公路养护维修队",专门从事乡道、村道养护工作。养护队负责人由从事养路费征收,有较强工作能力的人选担任,其他养护人员从社会上招聘。在全区推行了"养护公示牌"制度,将养护内容、养护责任人及监督电话公布与众,接受社会各界和群众的监督。至此,养护工作走上了正轨。2009 年 7 月《安宁区农村公路养护管理实施细则》公布实施,安宁区开始列养农村公路走上规范管理,2011 年成立养护队后,农村公路基本上达到养护质量标准,对市上重点养护路线优良路段达到了 80%,全区列养农村公路优良路段达到了 70%。

(晨　旭)

【西固区】 农村公路建设。1. 通畅公路工程:2011 年共完成通畅工程建设项目 7 项,合计里程 15.9 公里。各项目与施工单位、监理单位签订合同,实行合同化管理。配合省公路局检测中心对建设项目质量进行检测;定期对建设项目工程质量、进度、安全等方面进行考核,王家坡至岸门村通畅工程被评为该区 2011 年优良示范建设项目。截至 10 月底,完成投资 603 万元,100%完成通畅工程建设任务。落实项目公示制度,要求各施工单位现场设置公示牌,公布举报电话,于 2011 年 9 月将本年度农村公路建设项目在报纸上公示,接受社会各界监督。2. 公路大中维修工程:2011 年西固区公路段大中维修工程共 1 项,即乡道 261 线西柳公路 0 公里至 1 公里加 500 米处养护维修工程,工程总预算 49.7 万元。该项目由甘肃广林建筑安装工程有限责任公司承建,甘肃经纬工程建设监理咨询有限责任公司监理,于 2011 年 9 月 15 日开工建设,10 月 30 日完工,现已交工验收投入使用。

路政管理。2011 年 5 月先后 3 次召开专题会议,组织工作人员认真学习《公路安全保护条例》和《甘肃省公路路政管理条例》,成立了"宣传贯彻工作领导小组"。设立了宣传牌、张贴宣传标语、发放宣传资料。调整工作思路,改正工作方法。在本单位细化岗位职责、个人考核标准、签订岗位承诺书,保障规范执法。于 2011 年 7 月份开展非公路标志牌集中清理专项整治活动。经查西固区农村公路区域内不存在违章建筑及设立非公路标志牌的现象;于 8 月底组织为期 10 天的车辆治超专项行动,查处超载超限车辆 3 辆,宣传教育 7 人次。针对张岗公路沿线车辆超限超载严重,西固区公路段与当地政府、公安、交警沟通配合,设置限高、限宽门架 1 付。一是加强舆论宣传:2011 年在县乡公路沿线设立路政宣传标语 12 副,张贴标语 60 余张,分发路政、禁限宣传材料 110 份,口头宣传 70 余次;二是现场巡查:从 3 月份起,按月、按季认真开展路政巡查工作。经检查,西固区农村公路控制红线内无违法违章建筑、非公路标志设置等;三是严肃路政案件查处:处理路政案件 1 起,即:吉林石油集团工程建设有限责任公司兰成项目部在西固区深湖公路 3 公里加 500 米至 17 公里加 964 米处下埋设 9 处石油管道;区公路段已向市路政办报告,具体事宜正在处理中;四是严肃执法程序、规范内业管理:通过设立岗位责任制、签订岗位承诺书以确保执法人员文明执法,各项环节严肃规范、审批流程阳光透明、资料归档完整准确。

公路养护管理。对全区 45 条 151.26 公里农村公路进行了养护,落实了 30 万元区配套养护专项资金,通过各乡镇、街道的投入,保障了通村公路养护率达 100%的预期目标。全区农村公路养护质量 MQI 值均达到 78.42 以上。重点养护线路质量指标 MOI 值均达到 80 以上。西固区公路养护:一是推行县乡公路专业化养护和养护优良示范项目管理。通过公开招投标,与专业养护公司对深湖、张岗、西柳、金关 4 条县乡公路签订了养护协议,抓好金关公路养护示范路线的管理,组织专业技术人员对养护人员每周进行 1 次现场示范讲课,确保金关公路达到养护优良工程标准;二是西固区公路段,与全区 10 个乡街签订了 104.3 公里的村道养护承包协议,全区通村公路实现了养护管理;三是 2011 年 10 月底完成了上报 46.92 公里县乡道、128.55 公里村道的养护评定工作;四是成立农村公路应急抢险中心、建设金关公路标准化养护道班和实验室综合楼。西固区公路段整合了标准化养护道班、工程实验室、农村公路应急抢险中心、多方筹措资金,在金关公路K3处建成占地8亩的标准化养护道班1座;五是规范管理:西固区公路段于3月份向街道、乡镇转发了《兰州市农村公路养护管理质量标准和检查考评办法》,下达了《2011年西固区农村公路养护质量指标计划》,确保公路养护指标完成;六是及时处理水毁,保证养护工作取得实效:西固区公路段按月、季度对列养公路进行检查。特别对该区7条61.09公里线路进行重点养护。并于6月、10月接连下发了《关于全区农村公路养护管理检查情况的通报》,对存在的问题限期整改并反馈整改情况。面对2011年相继发生的山体滑坡、水毁等自然灾害,公路段第一时间调集工程机械赶赴现场,迅速采取措施,保证了各受灾公路于次日安全通行。2011年,共抢修水毁3起,清理塌方5 000立方米、路面修复1 100平方米、挡墙维修400立方米、管涵修复2道;七是于5月份在36条村道、4条县乡道沿线统一设立公路管养公示牌42块,做到养护质量状况、农村公路技术等级、路面类型等技术指标向社会公开;八是于2011年4月、9月先后组织乡街养护人员进行专业培训,要求对管辖路线出现的路面坑槽、边沟破损、波浪拥抱、翻浆、沉陷等病害做到及时处理。通过发放养护手册、技术员现场指导等,提高了养护人员的专业水平。

安全生产。成立了“西固区农村公路安全隐患排查专项整治活动领导小组”,并于2011年7月、9月相继组织开展了“安全生产大检查”和“全区农村公路安全隐患排查”活动。一是在各责任单位自检的基础上,区公路段对施工企业、管养单位进行现场检查,从安全制度落实、人员安全教育、警示标志设置等方面进行考核;二是对管养公路易水毁路段、涵洞等进行定期检查,在急弯陡坡狭窄路段及易发生塌方、滑坡路段设立警示标志、警示桩,确保危险路段的行车安全。三是区公路段于9月底对全区易发生安全隐患的路段和14座桥梁、1座隧道逐一进行了排查。发现安全隐患8处,及时抢修处理6处,责令更换安全牌10个,整改落实11次。针对深湖、金关县乡公路教练车辆练车现象,区公路段于3月份专门设立两块警示标志予以制止,还在金关公路急弯陡坡处增设墙式护栏49立方米、安全护柱180根,该线路安全状况整体得到提升。

改革农村公路管养模式。1. 落实村级道路乡街直管模式:取消村级管养小组,村道养护工作全面实行乡街直管。2. 列养公路全面实行挂线养护:开展了“创建标准化养护”主题活动,全面推进农村公路养护规范化管理。3. 设立大型宣传公示牌:在4条县乡公路沿线分别设立10块3.5米×1.8米(宽×长)的钢架宣传公示牌,主要为公路路政、养护、安全生产等内容。

(晨　旭)

【红古区】　2011年公路建设重点项目。1. 连海快速通道建设(海石湾至岗子沟段改建项目)取得进展。省道301线海石湾至岗子沟段改扩建项目,工可研报告由省交通设计院编制完成,并通过了专家预审,省发改委将在近期召开项目工可研报告评审会。因海窑隧道工程是省道301线海石湾至岗子沟段改扩建项目中的重点控制性工程,而海窑隧道特许经营权遗留问题严重影响了项目的整体进度。区交通局多次与省市相关部门进行了联系协调,向省政府申请将海窑隧道特许经营权废止,把海窑隧道纳入省道301线整体建设方案。2011年6月28日省交通运输厅向省政府报送了申请废止海窑隧道特许经营权的报告,省政府已原则同意。兰州市交通运输局已委托省交通设计院对项目施工图纸进行初设,2011年6月5日省交通设计院40多名技术人员进驻海石湾,进行实地勘测,对项目施工图纸进行了初步设计,并着手项目招投标前期的准备工作。2. 重新启动川海大桥项目。根据刘伟平省长的意见,省政府督查室汇同省交通运输厅、省国土资源厅、省公路局等方面的专家组成调研组,于2011年10月24日赴红古区实地查看了川海大桥桥位选址、对桥型设计及桥北引道布线方案进行了研究,听取了区委区政府主要领导的汇报,对川海大桥项目提出了指导性的意见和建议,对此刘伟平省长也作了重要批示。2011年10月26日红古区政府领导组织区交通运输等部门的人员,就项目的性质、设计方案、建设费用及征地拆迁费用分配与民和县进行了沟通联系,两县区在签署“合作建设川海大桥协议书”的基础上,加快项目前期工作。红古区交通局同区国土局、区住建局等部门联系,对征地拆迁费用、设计施工费用进行了核算,项目概算总投资为9 774万元。建议将川海大桥项目列入兰西格经济区交通干线辅助工程,申请省发改委审查立项,将川海大桥纳入国债项目,争取国家资金支持。

公路交通主要工作。1. 农村公路建设有序推进:2011年区政府下达建设农村公路40公里的目标任务,以整村推进方式实施村道硬化工程,重点抓好村道、田间道路、台地路、农业示范园道路工程。工程建设于2011年3月相继展开,已完成路面工程46.6公里,实现投资1 631万元,工程整体进度占计划的116.5%。建成的新建村村道、麦冬台上山路、红山村至红山大坪道路质量较好,受到省市公路督查组的肯定和好评。2. 公路养护:2011年重点养护村道2条5.7公里,进行路面、路肩、边沟、桥涵、行道树的管护。乡镇开展了公路标准化养护突击月活动,整修路肩3 700米925平方米,疏通边沟1 700米,路面病害处置120平米,坚持路面清扫和边沟清理,做到每周清扫道路2次,清理边沟1次,及时铲除路肩杂草,疏通边沟及排水系统,提高养护线路质量。3. 客运市场专项整治:2011年3月因油价上涨导致红古区部分出租车司机在华龙广场聚集,造成集体停运事件,按照市委、区委、区政府领导同志的批示精神,红古区交通局立即召开了班子会议,与客运车辆经营户代表进行了座谈,借鉴外地的管理经验,探索建立和完善客运市场管理的长效机制。在全区开展了以客运市场营运秩序为重点的专项整治活动,按照“疏堵结合、市区联动、综合整治”的原则,严厉打击非法经营,共查处各类非法营运车辆1 000余辆,罚款60万余元。纠正各种违章百余台次,整改隐患车辆50余台次,进一步规范了班线客车、公交车、出租车运营行为,并有效地杜绝了因客运秩序混乱而引发的投诉和上访事件,整治活动取得明显成效。整改阶段,在海石湾东口附近选址,规划筹建停车场,本着谁投资谁经营谁受益的原则,招商引资,开发建设海石湾公共停车场,规范客货运车辆停放秩序。公交公司加大投资力度,计划新增4辆公交车,恢复海石湾2路公交线路,因红古路东西两端城建基础设施还没到位,待条件成熟后再适时开通运营。开展了对三轮载客摩托车的取缔,依据《兰州市红古区人民政府关于限制取缔三轮客运摩托车的通告》精神,修改完善红古区出租车管理、更新、置换、经营办法,逐步取缔三轮摩的。4. 交通运输安全:一是抓好2011年交通运输安全生产目标责任制的落实工作,交通局与运管所、公路局已签订2份安全生产责任书。行业管理单位与各运输企业(车站)、各工程施工单位已签订17份安全生产责任书,运输公司、客运中心与客运经营者逐个签订安全生产经营责任书。二是开展安全生产专项整治,制定了专项整治方案。加强对道路交通企业安全生产隐患排查和治理,定期进行大检查,共发出安全隐患整改通知书9份,责令整改安全隐患20件。三是定期召开交通系统安全生产分析会,对安全工作进行分析和总结,对下一阶段安全工作进行部署。5. 接受人大政协监督,推进交通工作又好又快发展;2011年区交通局共收到建议、提案11件,针对每件提案建议内容,展开调查研究,征求意见,商议的解决办法,已于2011年底全部落实。认真做好信访维稳工作,加大矛盾纠纷排查,妥善化解了公交车、班线车、三迪车、出租车3起集体停运上访事件。 (晨 旭)

【永登县】 农村公路建设。2011年永登县农村公路建设计划下达57项215.5公里,计划总投资3 957.5万元。其中,畅通工程40项115.5公里,计划投资3 757.5万元;通达工程17项100公里,计划投资200万元。实际全年共完成农村公路52项184.1公里,完成投资2 914万元。其中完成通畅工程35项84.1公里,完成2 714万元,占年计划的73%(计划内第二期通畅工程6项33.7公里,市公路部门9月底才将任务下达永登县,因任务下达较迟,所以2011年10月底开工了5项26公里,完成路基工程26公里,完成混凝土路面2.3公里,由于11月份该县进入封冻期不能施工,因此,剩余部分计划2012年4月底全部完工)。通达工程17项100公里,至2011年10月底,共完成17项100公里,占年计划的100%。

重点项目建设。1. 徐古高速与永窑公路连接段工程。该项目永登县住建局为责任单位,交通运输局为配合单位,2010年已配合完成施工图设计,并上报省交通运输厅。2010年12月30日,省交通运输厅与兰州市人民政府签定了“徐古高速永登县城出口与永窑公路连线”联建协议。已落实省交通运输厅2 000万元建设资金,项目于2011年6月8日进行了招投标,8月3日开工建设,建设工期为1年。2. 机场高速茅茨互通立交工程。该项目是永登县一项重点交通建设项目。2010年12月30日,省交通运输厅与兰州市人民政府签定了“尹家庄至中川机场高速公路树屏出口(茅茨立交)建设工程”联建协议。工程总投资7 396.12万元,项目工可报告于2011年6月3日通过评审论证,8月3日得到省发改委批复,省交通运输厅已经将2 000万元建设资金划拨给建设单位(省高速公路管理局)。项目于2011年9月8日全面开工建设,建设工期为24个月。茅茨互通立交工程建设将直接打通省道201线和机场高速公路的联系,极大地改善了兰州新区开发建设环境,有力推动了树屏产业园发展步伐,对促进区域经济社会发展具有重要作用。3. 省道301线改扩建工程。项目工可研报告已经省发改委批复,正在抓紧协调批复初步设计并着手施工、监理招标工作。4. 2011年永登县政府为民兴办12件实事。其中2件实事即公路建设由县交通运输局承担。(1)新建100公里通村水泥路。2011年共建成农村公路52项184.1公里,完成投资2 914万元,超额完成县政府下达的任务。(2)机场高速茅茨出口工程。工程总投资7 396.12万元,项目工可报告于2011年6月3日通过评审论证,8月3日得到省发改委批复,省交通运输厅已将2 000万元建设资金划拨给建设单位。项目于2011年9月8日全面开工。

公路养护。按照年初签订的目标责任书,农村公路养护实行分线分段分片管理。全县列养农村公路共316条1 270.41公里。其中县道5条167.55公里;乡道7条147.94公里;村道304条954.92公里。县乡道路标准化养护线路5条127.23公里,村道标准化养护线路77条330.84公里。全县18个农村公路管理所、241个村级养护站,36名公路养护专干、484名养护工人,责任到人,奋战在农村公路养护一线。村道养护完成市上下达标准化养护线路12条56.64公里,完成县下达标准化养护线路65条274.2公里。整修路肩760.11公里,清淤、开挖边沟560公里,桥梁清淤68座,对县境内559.90公里的硬化路面进行了清扫。开展了县乡公路路况技术评定2次、村道1次。完成全县桥梁普查106座4 210.3延米,建立健全了桥梁普查资料。在2011年的全省农村公路大检查中,受到省市县领导的充分肯定和好评。

公路运输生产及专项治理。2011年县汽车运输公司完成营运收入220万元,上缴利税50万元;完成客运量160万人次,客运周转量7 750万人公里;完成货运量2万吨,货运周转量12万吨公里;报废更新车辆23辆。县运管所完成社会运输客运量420万人次;客运周转量23 969万人公里;货运量552万吨,货运周转量32 671万吨公里;完成货运车辆检测2 160辆,二级维护车辆4 320辆次;检测长途客车194辆,出租车251辆,完成二级维护1 084辆次。汽车站共运送旅客80余万人次,总发班次14.6万余班,完成营业收入74万元。开展“城市管理综合整治年”活动。按照县委、县政府的统一部署和县“城市管理综合整治年”活动领导小组的安排,自2011年元月开始,县交通运输局在全系统开展了交通秩序综合整治活动。一是加大“黑车”打击力度,联合县公安、交警等部门,开展了几次规模较大的联合执法行动,全年共依法查扣各类违法违规车辆138辆,其中“黑”出租车108辆,面的8辆,三迪22辆,整治活动取得明显成效。二是推进出租车规范化管理。至2011年底,永登县出租车实现了“四个统一”,即统一了车体颜色(湖蓝色)、统一安装了LED智能顶灯、统一了报废更新车型(夏利)、统一了门徽,使出租车管理逐步迈入规范化管理。

认真办理人大代表建议和政协委员提案。2011年,共承办人大代表建议、政协委员提案19件,其中人大代表建议13件,政协委员提案6件。通过实地察看、电话征求、上门协商等形式,召集提案涉及单位负责人参加专题会议,研究答复意见。2011年4月底前将答复意见送至代表和委员,这项工作得到县人大、县政府、县政协领导的充分肯定。 (晨 旭)

【榆中县】 2011年经济指标全面完成。完成固定资产投资

7 486.4 万元，占目标任务 6 200 万元的 120.7%，争取资金 4 270.47 万元。组织社会车辆完成客运量 752 万人次，客运周转量 3.76 亿人公里；完成货运量 710 万吨，货运周转量 3.31 亿吨公里，分别占年度计划的 100%。完成重点养护里程 134.67 公里，标准化养护里程 118 公里。客运企业实现收入 236 万元，占年度任务的 107%，上缴税金 17.1 万元，缴纳“三金”55.5 万元。

重点公路项目建设。1. 通畅通达工程。2011 年确定通畅通达工程共 54 条 186.2 公里，占年度任务 80 公里的 226%。其中通达工程 24 条 99.7 公里，通畅工程 30 条 86.5 公里，现已全面完工。2. 青城黄河大桥工程。现已完成各项建设任务，待交工验收。3. 专用道路。定远至二炮、兰空运输团飞机场至三角城高速公路路口 2 条专用道路建设已完成，羊寨至兰空马衔山雷达站道路正在建设中。4. 大中修工程。开工建设水坡桥、龙泉桥危桥加固工程，完成白榆公路新建、维修边沟工程 3 公里，路面修补 2 620 平方米，车甘路重铺 3 公里和夏方路安保工程。5. 即将开工进行前期筹备的项目。一是投资 981 万元的小康营—新营 17.74 公里通乡公路改扩建工程完成立项审批，正在进行施工图评审，准备招投标工作；二是黄坪—兴隆山—银山（旋马滩）—普济寺 31.3 公里通乡公路改扩建工程正在组织工可设计；三是国省干线国道 309 线金崖至定远段、省道 101 线阿干镇至兴隆山段公路工程的改造升级已完成设计，即将开工；四是榆中货运集散中心建设，正在进行征地工作。

农村公路养护管理。2011 年，共列养县道 6 条 246.14 公里，重点乡道和一般乡道 8 条 95.64 公里，村道 266 条 901 公里，重点养护 14 条 148.07 公里。一是签订目标责任书，实行合同管理。县政府与乡镇、公路局与乡镇公路管理所、乡镇公路管理所与村养管小组、村养管小组与养护员层层签订了管理养护责任书，具体细化量化对村道的管理养护内容。县道和主要乡道由公路局列养，面向社会公开招标，中标单位与公路局签订养护合同，二是按照《榆中县农村公路管理养护实施意见》，对全县农村公路养护管理制度、技术规范、养护定额、质量评定标准和验收标准等作出规定。对乡道和村道采取划片包干，定期或不定期的进行检查，对存在的问题限期整改，落实每月考核一次，每周督查两天的工作要求。对县道及重点乡道实行合同管理，作业计划的下达和检查考核直接由县公路局负责，根据检查结果分为五个档次兑现养护资金。三是加强专业培训，2011 年，组织了由各乡镇管养所所长、专干、相关村社干部及施工工程队负责人参加的 2011 年农村公路建设、管理、养护培训班。四是建立应急体系，确保道路畅通。县公路交通运输局建立了公路水毁、自然灾害、交通事故、交通拥堵等重大事件的应急、抢修、救援、疏导应急预案，做到了快速反应。

治理车辆超限超载。根据《榆中县车辆超限超载治理工作实施方案》，按照“县乡公路执法监管，农村公路限宽限高”的要求，县路政大队和各乡镇通力合作。坚持县乡公路和通村公路同步治理，与驻榆企业及矿山协调，督促按核载装运。全年共出动巡查宣传车辆 220 辆次，发放宣传材料 2 000 余份。办理路政处罚案件 30 起，上缴县财政公路维护费 17.81 万元；办理路政许可案件 7 起，收取赔偿费 4.2 万元；雇用装载机、车辆 10 台次，清理路障 182 处 2 000 余吨，保证了道路的安全畅通。

客运市场专项整治。根据市、县开展客运市场“百日”专项整治的安排部署，从 2011 年 6 月 10 日开始，与公安、交警、执法等部门联合执法，通过采取群众投诉、拉网清查、设卡检查、机动巡查等方式，坚决打击“黑车”猖獗势头。在专项整治中，出动执法人员 540 人次，车辆 108 台次，共依法查扣非法营运“黑车”96 辆、查处各类“违规车”789 辆次。对查扣“黑车”处理做到了依据公开、处理标准公开、处理结果公开，并全程接受社会监督的方式，使专项整治取得了实效。

加强运输市场秩序监管，路检路查车辆 1.70 万辆，其中：货车 0.68 万辆，客车 1.02 万辆。查处各类违章 852 辆次，其中：货车 341 辆次，客车 511 辆次。违章处罚结案率达 95%。处理各类投诉案件 12 起，结案率达 100%。同时开展了机动车维修市场和“黑驾校”的整顿，取缔黑驾校 10 所、维修业户 19 户，进一步规范了驾培维修市场。

道路运输安全监管。一是运管部门加强源头管理，安排运管人员在客运站轮流值班，对经营业户的从业资格、营运证、二级维护及技术性能检测等进行监督检查。路查路检重点放在国省道干线，确保了道路运输安全。 二是公路养护部门定期对管辖范围内的路面进行巡查，对易出现交通堵塞和有安全隐患的路段、桥、涵采取安全防范措施，确保公路安全畅通。三是客运部门从整顿客运市场秩序入手，配合运管、公安部门加大“三品”和车辆技术安全检查，落实“门检”制度和车辆回场检查制度，杜绝了客车超员、“病车”上路。 四是突出重点时段的监管。在“春运”、“清明”、“五一”、“中秋”、“十一”等重大节假日，组织运管、客运、公路养护等部门负责人，加强组织领导，坚持领导带班、干部值班制度，制定切实可行的应对各种突发事件的应急方案，2011 年共制作安全生产宣传专栏、板报 18 期。张贴宣传标语 26 条、制作横幅 24 条、宣传画 5 副、印发宣传资料 2 300 余份，实现了全县交通运输安全的目标任务。

（晨　旭）

【皋兰县】 经济指标全面完成。1. 全县维修企业实现产值 452 万元，占年计划的 117.4%，交通运输中心完成营运收入 369.8 万元、上缴运输税金 20.3 万元，分别占年计划的 129.3%和 203%；2. 全县道路运输完成货运量 653 万吨、货物周转量 28 637 万吨公里，分别占年计划的 112.2%和 115%，完成客运量 457 万人次、旅客周转量 2.68 亿人公里，分别占年计划的 113.4%和 118.4%；3. 全县交通固定资产投资完成 7750 万元，占年计划的 107.6%。

重点工作。1. 项目建设：(1)农村公路建设。2011 年共完成农村公路建设 13 项 77.1 公里，累计完成投资 2 321 万元。其中通畅工程 9 项 57.1 公里(三和村村道 4 公里、乡道 252 线至和平村 5.8 公里、县道 124 线至省道 201 线 6.8 公里、下泥湾至桥头广场 6.5 公里、国道 109 线至郭家窑 8 公里、长川至水源 11.8 公里、县道 131 线至蔡河 4 公里、白崖村道 6.8 公里，县道 131 线至下泥湾村 3.4 公里)，完成投资 1 921 万元；通达工程 4 项 20 公里(漫湾至赵家铺 5.1 公里、豆家庄至涧沟川 6.5 公里、朵家滩至北岔 5 公里、新地至尖山川 3.4 公里)，完成投资 400 万元；(2)皋兰至兰州新区快速通道连接线。全长12公里,计划投资1 770万元。工程于2011年5月完成工程可行性研究报告和申报立项工作;2011年6月完成初步设计;2011年8月完成施工图设计;2011年10月完成招标。2011年底基本完成路基工程,计划2012年10月底前建成通车。(3)公路大中修工程。2011年共完成养护维修工程3条8公里(甘土公路3公里、罗水公路5公里、安高公路天斧砂宫桥维修改造),完成投资473万元。(4)公路安保工程。完成皋兰县至盐场堡(皋兰段)安保工程,共安装安全护柱1 932根,浇筑砼防撞墩138座,安装标志标牌49块,完成投资85万元。(5)交运中心安检门建设。安检门已列入2012年全省客运站场建设计划,计划投资40万元。2. 行业管理:一是增加客车运力,满足群众出行需要。根据县城范围扩大,增加公交车循环发班次数,新开城南至梨花路至七号楼公交线路,新增公交车4辆,缓解群众乘车难问题;根据县政府常务会校车管理"一取缔,一规范,一调配,三定,五到位"要求,每周五、周日增加长途客运车辆,循环发班16个班次,增加客流量500余人次,缓解学生乘车难问题。二是加强货运管理。2011年初兰临高速危货运输事故发生后,对辖区内货运企业特别是危险化学品运输企业进行了一次普查统计和安全检查,坚持对运输企业定期开展安全大检查,及时排除安全隐患。三是加强车辆二级维护管理。与辖区内各客运车辆维修企业签订维修协议,保证车辆及时维护;加强对维修企业资质的审核,做好维护车辆的抽检测试工作,保证车辆维修质量。四是打击非法营运。2011年,结合"客运市场百日专项整治"活动,对黑车进行摸排,循环稽查和定点稽查相结合,共出动稽查车辆640辆次,出动稽查人员5 760人次,查处各类道路运输违章行为280起,共处罚14.09万元,五是加大安全监管力度,严惩违法行为。加大对公路、客运、出租车、危险化学品运输的安全监管力度(危险货物运输企业车辆的受检率达到95%以上)。做好"五查"工作:即查客车在营运过程是否安检;查超载、超速、超员、疲劳驾驶等违法行为;查无证经营、超范围经营和"宰客"、"拉客"、"甩客"、"倒客"、兜揽旅客等各种违规经营行为。六是强化路政管理。全年共查处超限超载车辆276辆,收取公路路产补偿费8 000元;查处路政案件3起,清理公路乱堆乱放30处860立方米,重点路段基本达到"三无一化"。3. 安全生产:一是严格落实安全生产责任制和安全生产例会制。县局与局属各单位、局属各单位与班组、班组与个人层层签订目标责任书。严格落实安全生产一票否决制。每季度召开一次安全生产例会,通报有关安全生产事故,对安全生产情况进行抽查、指导、落实。二是会同交警部门,每月对员工进行安全知识培训和考试。落实学习制度。提高员工的安全生产防范意识。三是强化源头管理,在县客车站设置双人"三品"检查点,检查率达100%,运管部门上路稽查,也将"三品"列为重点。四是定期对客货运输企业进行安全检查,一查企业安全制度建立和落实情况,二查从业资质,三查车辆车况。四查持证上岗情况。五是对各个公路施工现场,重点检查施工安全责任制落实情况和安全标志设置情况,与施工单位签订劳动用工安全协议。六是做好校车安全协同管理。坚决取缔接送学生的"黑车",对县乡道途经的学校周边交通安全标志设置进行调查,共缺少安全标志牌57块,计划分两批补齐。同兰州公路总段衔接,对学生出行的国道109线、县道124线,缺少的安全设施进行补装,保证出行安全。全年没有发生一起安全责任事故。4. 工程质量监管:一是规范交通基础设施建设市场管理,全年累计有3次质量整改的施工单位必须退出交通建设市场。二是对拟建设的每一条农村公路,组织工程技术人员对道路交通量、路基路面状况做到深入细致的现场测量调查,做到一路一设计,确保测设质量。三是创新工程质监方式。聘请项目所在村支部书记或村委会主任作为质量义务监督员,实行交通部门、建设单位、义务监督员从材料进场到工程建设全过程的监督,建立了"施工方自检、政府监管、社会监督"三级质量监管体系。四是严把工程质量关。发挥公路局工程技术中心实验室的作用。从源头上保障工程质量。在具体施工建设中,严把"五关",即:设计关、施工关(路基、进料、配比、路肩、防护五个环节)、监督关、资料关、验收关。落实质量保证措施。5. 公路养护:2011年皋兰县共列养县乡村道66条576.73公里,其中重点养护道路11条145.42公里。全年共整修路肩、边坡179.85万米;清扫路面837.4公里,整修砂砾路面294.61公里,清理疏通边沟446.62公里,填补路基缺口105处3 403立方米,填筑水毁路基土方129米1 778.6立方米,清运山体滑坡土方1处49.5立方米,清理涵洞286处114立方米。该县2011年年获得兰州市农村公路建、管、养综合考评第一名。完成了全县桥梁普查。全年普查桥梁15座932.48延米,其中县乡道路桥梁9座607.64延米,村道桥梁6座324.84延米。确定三至五类桥梁4座,二类桥梁9座,一类桥梁2座。并对3座四至五类危桥进行了封桥。完成了乡道病害普查和处置。对县管各乡道进行了路况普查,经统计,路面严重病害达1.83万平方米,需处治路面1.48万平方米,挖补坑槽、翻浆3 454.88平方米,并投入维修资金136.39万元,对各种病害进行了处治。完成全县列养道路路况评定。县道1条28.46公里、MQI指数90.39,乡道8条163.37公里、MQI指数平均值77.33,村道65条436.10公里、MQI指数平均值84.69。举办了乡镇养管所长培训班。对全县道路工程技术人员和养护管理人员进行了农村公路养护和规范化管理为内容的道路养护培训班。组织乡(镇)养管所长赴永登参观学习,提高农村公路建设、管理、养护水平。 (晨 旭)

白银市

概　述

【交通固定资产投资】 2011年，市委、市政府确定全市交通基础设施建设完成固定资产投资计划为12亿元。至年底，全市交通运输系统累计完成投资15亿元，为年初计划的125%，超额完成全年交通固定资产投资目标任务。其中，营双高速公路建设项目完成投资10亿元；高速公路大中修及平定高速公路收尾工程完成投资8 000万元，国道109线、国道312线、国道309线、省道217线、省道201线大中修工程完成投资8 500万元；省道207线靖远黄河大桥至吴家川二级公路建设项目完成投资4 500万元；国道109线白银东出口公路改建工程完成投资600万元；全市农村公路建设项目86项，共完成投资2.24亿元；黄河水运建设项目完成投资600万元；全市客货运输站点建设、乡镇汽车站及村级停靠点建设共完成投资3 000万元；更新出租汽车448辆，完成投资3 584万元。

【交通基础设施建设】 1.国省道建设。营盘水至双塔高速公路建设项目景泰段新建高速公路62.7公里，路基及大部分桥涵工程已完成，按期完成了年度计划任务；国道109线白银东出口3.8公里改建工程开工建设，完成了两座桥梁的下部结构工程，今年全线开工建设；省道207线靖远黄河大桥至吴家川二级公路项目开工建设，新建里程17公里，工程实施进展顺利，完成了全部的路基及桥涵工程；迎接交通运输部五年大检查，对境内高速公路、国省道进行全面大中修，公路通行能力显著改善，综合排名居全国第十五位。2. 农村公路建设。2011年全市农村公路建设项目86项，完成通乡油路建设项目3项共70公里；完成农村公路通畅工程项目73项358.8公里；完成农村公路养护维修工程10项，农村公路安保工程3项，危旧桥梁加固工程3项。3.水运建设。累计完成投资840余万元。黄河白银段四龙至龙湾航运建设二期工程累计完成投资500余万元；平川区月河港船舶法定检验起泊设施工程完成投资20万余元，目前已完成了施工图评审工作，待省局批复后即可进行相关施工和监理招标工作；完成2010年度老旧渡船改造8艘，累计投资约240余万元，目前正在进行有关船舶及资料交接工作；省局下达9处农村渡口侯船亭建设任务全面完成，并于6月底通过了省局组织的交(竣)工验收工作，累计完成投资40余万元；四龙民乐码头亮化工程全面完成并已申请省局进行交(竣)工验收工作，累计投资40余万；靖远县沿寺渡口改造工程已经省局批复并即将开工建设。4. 站点建设。会宁光明货运集散中心建成正式运营；白银西区客运站、平川城乡汽车换乘站已建成并通过竣工验收，现已投入使用。5. 其他项目。日产3万立方米天然气公交加汽站项目完成前期准备工作；完成农村渡口候船亭建设9处；完成老旧渡船改造8艘；完成渡口改造6处；更新出租汽车448辆，更新环保公交车43辆。

【县乡公路养护管理】 建立健全了全市、县(区)、乡、村四级农村公路养管体制，所有的农村公路已基本纳入养护管理范围。全年共完成标准化养护里程360公里，消灭差等路7公里，整修公路3 160公里，拉备养护砂36万立方米，清理水毁塌方212.4万立方米，修补油路284.6千平方米，完成文明样板路6条200.52公里，县乡公路平均好路率为60.57%，综合值69.38，主要线路好路率为75.08%，综合值74.54，均超过了年计划。全市县乡公路路政管理共查处违章埋设管线2起26平方米，依法收缴“三费”9 600元，拆除违法广告牌2处。

【公路运政管理】 全市道路客货运输量保持了良好的发展态势。圆满完成了国庆、春运、省第六届农民运动会及市三运会等重要节会的旅客运输任务，保障了鲜活农产品及粮、煤、农资等重点物资运输。到年底，道路运输客运量和客运周转量分别完成4 790万人次和20.02亿人公里，与去年同比增长23%和22%；道路运输货运量和货运周转量分别完成6 010万吨和106.88亿吨公里，与去年同比增长22%和23%。水路运输方面，全市52艘渡船安全正常运营，保证了沿河群众安全便捷出行，共计完成客运量46万人次。运力结构得到深化调整，班线客车运营档次不断提升，农村客运得到长足发展。到2011年底，全市共有高级客车74辆、中级客车205辆、普通客车799辆。共投放省际班线13条16辆；投放市际班线68条178辆；投放县际班线51条240辆；投放县内农村班线218条644辆。大力推进“城市、城际、城乡、乡村”四级客运网络建设，积极推进农村客运的公交化改造。新开通长征至王家山、新堡子至河畔、会宁至丁沟、会宁至甘沟等4条线路。全市乡镇通班车率继续保持100%，行政村通班车率达到98%。服务质量明显提高。截至目前，全市共举办客货道路运输从业人员培训班24期，培训从业人员7 010人次；举办乘务员培训班2期，培训从业人员28人；举办危险货物运输从业人员培训班4期，培训危货操作员375人(包括押运员260人)。共培训道路运输从业人员7 413人，与去年同比增加了12%。继续整顿和规范运输市场秩序，认真开展“客运市场百日专项整治”、“打非治违”和“治理三超一疲劳”活动，加强对出租汽车和城市公交行业监管，提高了城市公共交通服务质量。继续平稳做好全市出租汽车更新置换工作。严格按照市政府关于出租汽车更新报废的有关政策，采取“总量控制、退一进一”的原则，采用提前公示的方式分5批(次)完成了448辆出租汽车的报废更新工作。

【水运管理】 结合“航海日”纪念活动，在黄河白银段成功举行了“军地联合水上搜救演练”。水运海事基础管理。按照水路运输核查和年度审验工作计划，全面完成了辖区内水路运输核查和《船舶营运证》的年审以及船舶年度检审验工作，完善了所有船舶档案，明确专人负责管理。8月份，专门安排1个月时间，累计核发《船舶营运证》36本，审验《船舶营运许可证》30本，应核查省内水运企业1家，通过核查1家，应核查个体工商户37家，通过核查35家，限期整改1家，未通过审核1家；应核查客船30艘，通过核查30艘，应核查普通货船8艘，通过核查6艘，限期整改1艘，未通过审核1艘。检审验船舶68艘，特别是对四龙和龙湾等旅游景区船舶进行了重点检查。

【公共交通事业】 1. 基础指标。全年完成行驶里程：计划1 122万公里，实际运行1 164.73万公里，超额完成计划3.81%；营运收入：计划2 878万元，实际完成2 990.65万元，超额完成计划3.91%；客运量：计划4 286万人次，实际完成4 561.61万人次，超额完成计划6.43%。全年共办理IC卡2.59万张，累计发卡量17.05亿万张，完成政府公益性任务中，为离休老干部、伤残军人(警察)办理免费乘车IC卡，累计办理394张。为下岗再就业人员累计办理优惠卡1 178张。2. 线路调整。按照“优化老线路、开辟新线路、延伸短线路”的原则，着力对市内新建小区、商业区开展公交扫盲工程，加大城区线网调整力度，扩大公交覆盖面，最大限度方便市民快速出行。2011年共购置更新双燃料环保公交车43台，对10路、11路、13路公交线路车辆进行全线更新，进一步提升了城市公交服务档次，夯实了企业发展的基础；开通了市区到白银西火车站定时定点公交专线，解决了市民到西火车站出行难的问题；开通了东晟纺织有限公司专线通勤车；对5路、11路公交线路的运行区间进行了调整，填补了天津路、祥和小区、郝家川小学等公交盲区，缓解了部分路段交通拥堵。

【安全生产】 按照省、市的统一部署，认真开展了“安全生产年”活动和“安全生产月”活动，加强了交通安全生产管理和“安保工程”实施力度，扎实开展了安全生产宣传教育，深化了安全生产综合治理。以交通行业安全预警救援机制体系建设为突破口，严格落实安全生产管理责任制，健全和完善了安全监管体系。市局与各县(区)签订安全生产管理责任书5份，同时积极组织开展安全生产大检查，并进行安全监管的制度创新，修订了《白银市交通运输局安全工作及相关制度》。与有船单位、船户、漂流工签订《水上安全责任书》180份；成立了四龙和龙湾景区社会力量水上搜救站，每站确定2名社会力量搜救人员；全年培训船员20人；成功解体“三无”船舶3艘；制做渡口安全告示牌40余处。在强化安全监管技术建设的基础上，实现了对全市8家客运企业、21家危险品运输企业GPS监控平台的完全监控，共计安装GPS、行车记录仪车辆758台。登记在册的危货车辆全部通过了年度审验，合格率达到100%。

继续开展了汽车客运站“三优、三化”达标活动，提高了旅客运输服务质量，有效地杜绝了重、特大安全事故的发生。水运生产继续贯彻落实安全生产责任制及乡镇船舶安全管理责任制，签订水运安全生产责任书51份；加大安全投入，积极筹措资金200万元，对渡船的跨河钢缆塔架进行改造，解体“三无”渡船3艘，确保了渡河群众的生命财产安全。积极参与了甘肃省交通战备应急指挥中心和训练基地试点建设现场观摩会，有力地提升了我市交通战备保障能力和应急救援水平。到年底，全市公路水路运输生产及交通基础设施建设没有发生安全责任事故，消防安全事故为零。

【人大政协议案办理】 认真办理人大代表建议和政协委员提案，举办现场办理答复会，圆满完成了16件建议、提案的办理答复。

(许　恒)

二区三县

【白银区】 交通基础设施建设。一是共完成农村公路建设132公里，其中，硬化农村道路112公里，砂化公路20公里，完成投资4 210万元，同比增长40%。完成年计划的100%。二是水运码头均按计划全面完成，完成投资2 220万元。三是试验室基本成立，按照上级主管部门的要求，投资近20万元购置试验设备及软件，制定了各类试验规程，基本达到了工地试验室要求，能够满足现有工程试验需求。

公路养护管理。组织开展了“好路杯”、“筑路月”等公路养护竞赛活动和桥涵普查活动，消灭养护“死角”，对所养路段进行了全面整修，其中，维修县道公路55公里，乡道20公里，对水毁设施及时进行了修复。列养的总体优良路率为49.9%，公路技术状况指数(MQI)达到了81.5。共建成优等养护路线1条，良等养护路线3条，中等养护路线3条。共填补路基缺口1 130立方米，修复水毁路段80米，整修边坡2.6公里，整修土路肩3.2公里，涵洞清淤35道280米。养路工出勤率达到了97%。养护体制改革进一步深化，初步形成了一套完整的养护机制。同时，加快公路绿化，打造绿色通道。以创建文明城市为契机，在景白、白榆、靖白、水平四条公路旁绿化44公里，栽植各类苗木1.2万株，保养原有树木8.5万株，各种苗木长势良好。

路政管理。认真抓好路政方面的法律、法规宣传工作，利用广播、标语、传单等多种形式宣传路政管理的有关法律法规和政策，采取多种形式扩大宣传的范围，出动宣传车12台次，喷刷宣传标语6幅，散发宣传单2 000份。共制止违章建筑3起，清理路障10起，清理路面堆积物30处。同时，争取乡镇政府和沿线各村社的支持，有效的控制了公路街道化、公路打场晒粮等现象，维护了路产路权，保障了道路畅通，特别是一些违法案件得到及时查处。把违法建筑彻底消灭在“萌芽”状态。

运政管理。1. 基础管理。加快完善道路运输市场体系的建立，各项行政许可、车辆的日常管理工作，全部实行网上申报、网上审批的一站式办理，高效、便民、公正、公开。2011 年 1—12 月份，共完成客运量 248.4 万人次，客运周转量 1.2 亿人公里，分别比去年增进长 2%和 3%；完成货运量 789.7 万吨，货运周转量 2.7 亿万吨公里，分别比上年增长 3%和 4%，运输业产值保持了 8%的增长速度，占本区 GDP(国民生产总值)的 2.4%。交通运输业的发展，有效地带动了社会各项事业的发展。一是认真贯彻交通运输部《道路旅客运输及客运站管理规定》，加强客运站源头管理，规范站内经营行为；二是严格客运经营许可证、标志牌、进站证等证牌的发放，切实规范客运秩序；三是加大农村客运网络的监管力度，规范农村客运班线的运营秩序，为农民群众出行提供方便；四是优化运输环境，整顿客运市场，严厉打击“黑车”。根据省交通厅、公安厅联合文件《关于开展客运市场非法营运专项整治活动的通知》精神，集中力量，在城乡结合部、乡、镇、车站，与邻省、市、县接壤地带，对从事非法营运的客车、面的出租车以及从外地购进的淘汰的老旧车辆从事客运的进行严厉打击。共检查车辆 188 台，处罚违章车辆 31 台，打掉“黑车”8 台；五是春运、“五一”假期运输工作全面完成。为确保春运和假日运输安全和运输服务质量，运管所专门成立了领导小组，加强对节日道路运输工作的组织领导，确保节假日期间道路运输安全有序。2.出租车管理。针对出租车从业人员结构复杂，素质参差不齐等特点，我们坚持着眼长远，狠抓当前管理。同时加强对出租公司的安全监管，使出租行业切实履行“服务至上”、“寓管理于服务”的宗旨，全面提升出租车驾驶员的综合素质，不断提高他们遵纪守法、规范经营、文明服务的意识。3.运输市场管理。进一步加大危货管理力度，一是深入全区货运企业、站场和货物集散地等源头部位，认真开展调研，提出区货运市场发展规划，为今后发展明确方向。二是强化危险货物运输市场的管理，落实危货运输安全责任制，每月进行一次安全监督检查，对危货车辆技术状况及从业人员资质进行检查。在维修驾培市场方面，坚持“整顿秩序、规范市场、综合治理、标本兼治、疏堵结合”的原则，依法打击和取缔无证修车、占道经营；制定行规行约，严厉打击欺诈行为。通过有重点、分阶段整治维修市场秩序，维护了合法经营者的权益；在认真总结汽车修理企业的基础上，积极创造条件，引导维修企业向规范化、规模化方向发展。驾培、检测管理水平逐步提高。一是开展创建文明驾校活动，进一步完善了驾校内部管理制度，强化了对教练员的管理。二是提高培训质量，在驾校开展“优质课、公开课”活动，在驾校教练员中掀起“比、学、赶、帮、超”的热潮，推动驾驶员培训从“应试教育”向“素质教育”转变，促进驾培教学质量的提高。三是加大对非法经营、恶意降价等违法、违规经营活动的打击力度，为驾校创造良好的市场环境和发展空间。

安全生产。进一步强化管理措施，层层签订了安全目标管理责任书，把安全工作落实到各项工作的全过程。抓好水运、客运、工程施工安全管理，通过认真开展“安全生产月”活动和安全隐患整治活动，进一步提高了广大干部职工的安全生产意识和责任意识。利用专项整治的有利时机，出动宣传车，悬挂横幅，散发传单，广泛开展安全宣传教育活动，在施工工地营造了“关爱生命，关注安全”的施工氛围，赢得了工程管理人员和施工人员对安全生产工作的积极支持和参与，使安全生产工作由被动转向主动。从元月份开始，共出动宣传车辆 10 余台次，张贴宣传标语 40 余条，悬挂横幅 3 幅，散发宣传单 3 000 余份，材料 5 份，举办培训班 1 期，培训人员 40 余人。

（许　恒）

【平川区】 交通基础设施建设。1. 完成确保项目 2 个，完成投资 1 832 万元。其中：建成农村公路畅通工程 5 条 31 公里，完成投资 1 492 万元，其中：国家补助 737 万元，地方自筹 755 万元。投资 340 万元，购置公交车 20 辆；开通了城区至王家山镇、城区至魏家地、城区至大水头 3 条公交线路。2. 争取项目 2 个。其中：水沟沿危桥改建工程，总投资 1 166 万元，国家投资 382 万元已到位，其余为自筹，计划明年初开工建设。平高公路二期宝共段 21.45 公里铺油改造工程，已立项。3. 计划外争取并完成项目 4 个，完成总投资 282 万元(全部为国家投资，资金已到位)。其中：完成省道 308 线辘共段路面整修罩面工程 4.3 公里，完成投资 76 万元。完成县道 333 线双界路双稍段安保工程，完成投资 54 万元。完成省道 308 线大坝口桥重建工程，完成投资 25 万元。新建黄河渡口渡船 3 艘，完成投资 127 万元。4. 招商引资。招商引资 1 090.5 万元，超额完成全年任务。对新建的 2 家驾校，10 家汽车修理厂，1 家汽车租赁公司，3 家物流公司等非公企业给予了大力扶持和帮助，为新建的顺意驾校协调贷款 60 万元。

农村公路养护。加强现有公路养护管理，公路养管水平有新的提高。全区列养道路 295.76 公里，2011 年累计拉补养护砂 1 万立方米，土方 6.5 万立方米，清理公路两边垃圾 1 100 余立方米，整修公路 140 公里，其中标准化养护 50 公里。好路率达到 67%以上，投资 18 万元及时完成了水毁道路的抢修，保证了公路安全畅通。较好的完成了养护任务。

路政管理。压设危桥警限标志投资 4 万元，刷新标语 10 副，清理堵塞边沟 32 米，拆除公路用地内违法电杆 8 根，拆除广告牌 3 块，拆除违章建筑 12 平方米。

运政管理。1. 开展了道路运输市场秩序百日专项整治活动，成效显著，道路运输秩序得到了规范，道路运输市场健康发展。2011 年 7 月，区运管所被省交通运输厅、省公安厅评为全省道路客运市场百日专项整治活动先进集体。开展了出租车行业“百日优质服务竞赛，争当服务明星”活动，规范了运营秩序，方便了群众出行，提升了城市品位。2. 优化公交线路，拓展公交车辆覆盖范围。先后新开通了 3 条公交线路，使群众安全快捷出行，满足了群众需求。3. 2011 年，完成公路货运量 483 万吨，货运周转量 11 500 万吨公里，公路客运量 389 万人次，客运周转量 10 860 万人公里，客货运量分别比上年增长 8%和 5%。交通运输事业的发展，有效拉动了各项社会经济事业的发展，累计为社会提供就业岗位 4 286 个，取得了良好的社会效益。4. 截至 2011 年底，全区拥有营业性班线客车 179 辆，其中：跨省级班线 2 辆，市际班线 81 辆，县际班线 71 辆，区内班线 25 辆。定线小客 105 辆。出租汽车 660

辆(其中白银市腾达运输公司399辆,平川运输服务公司160辆,白银宝惠出租车有限公司50辆,白银宏运出租汽车有限公司51辆)。货运车辆1 643辆、6 891吨。危货企业1家,危货车辆13辆、56吨。村村通小客45辆、360座。全区拥有维修企业70家、二类9家、三类61家。驾驶员培训学校4家,拥有教练车辆81台,教练员85人。汽车检测中心1家。建成农村客运站10个,乡镇通班车率100%,行政村通班车率达到96%,基本满足我区经济和社会发展需求。

安全生产。始终坚持“安全第一,预防为主,综合治理”的方针,把安全工作做为重中之重来抓。一是开展以关爱生命,关注安全为主题的安全活动2次,营造了人人关爱生命,关心安全的良好社会氛围;二是开展安全大检查18次,排除安全隐患20起;三是开展安全培训9期,培训司乘等工作人员1 200余人次;四是整治安全隐患1次,解体小黄湾黄河渡口“三无”渡船1艘;五是实行安全生产目标责任管理和安全生产“一票否决制”,层层签定了安全生产目标管理责任书,使安全工作得到了进一步落实和加强。 (许 恒)

【靖远县】 交通基础设施建设。一是省道207线靖远黄河大桥至吴家川二级公路建设,累计完成工作量3 384万元。二是完成通乡油路1条16.91公里。三是通畅通达工程14条62公里。四是农村公路大中修工程建设项目计划立项乌东公路大中修工程,其中路面重铺8公里,新建过水路面一处80米,危桥维修一座,争取项目补助资金304万元。五是提高路政、养护管理水平,平均好路率明显提高。六是承办人大、政协提案15件。1. 省道207线靖远黄河大桥至吴家川二级公路建设稳步推进。该项目是县政府2011年年初确定的十件惠民实事之一,目前项目前期工作全部完成,于2011年6月15日开工建设,截至年底,中桥完成钻孔灌注桩基8根,桥台一座,2座小桥均已开工建设下部构造,梁板预制已经结束,完成涵洞41道494米,完成路基土方102万立方米,累计完成建安费1 950万元,完成征地拆迁费用1 300万元,完成前期工作费134万元,累计完成工作量3 384万元,占总投资41.6%。力争年底基本完成路基工程,明年复工后即进行路基整修并进行路面铺筑,我局一定按期、保质完成建设任务,以方便人民群众出行,使县政府确定的惠民实事落到实处。2. 住寨至大芦通乡油路工程已建成通车。项目全长16.91公里,总投资830万元,是县道平川至大芦的重要路段,工程建成后将为沿线社会、经济发展提供致富快车道。该项目已于9月底全线建成通车,并于10月21日通过了交工验收。3. 通畅工程计划有序开展。2011年省公路局安排我县通畅工程共14条,建设里程为62公里。上半年计划7条34公里(石门至小口、国道109线至兴电一渠、红湾至董庙、长坪至靖坪、东宁至独山、刘寨柯至靖坪、国道109线至小红沟)已于6月份全面完成建设任务,累计完成投资1 700万元;下半年计划7条28公里(靖平南路平堡段、国道109线至张马川、黄有庙沟至苏家坪、姜庄至五星、苏家湾至红柳、永和村通村道路、新建社至吊圈小学),总投资1 400万元,已全面完成建设任务。4. 县旅游配套工程。红罗寺道路、小坪山道路、虎豹口、吴家川等红色旅游道路建设已完成,完成投资150万元。高共路(二百户)至屈吴山旅游公路已完成设计12.13公里并开工建设,目前已完成建设里程4.5公里。5. 农村公路大中修工程建设项目。根据白银市交通运输局文件精神(白交发[2011]55号),预安排我县乌东公路0公里至12公里加800米路段路面重铺8公里,新建过水路面1处80米,危桥维修1座,补助资金256万元。已完成外业测设、施工图设计和预算编制工作。由于乌东路在东关地段和三合街道处,上下水管道多,井盖密布、施工难度大、耗费时间多。乌东路东关地段于2010年埋设集中供热管道,纵横管道交叉,开挖面积较大,在今年维修后,下年开挖需再次维修,由于地处城区范围,政府也无任何费用补贴,只能申请市交通主管部门补助解决维修经费,加之资金筹措困难,资金不到位,给该项目的实施造成不便。由于以上原因该项目调整至2012年实施,将争取在2012年上半年完成。6. 高度重视桥梁养护和危旧桥梁维修加固。随着交通量的发展和超限车辆的增多以及运营负担的进一步加大,糜滩黄河吊桥相继出现索夹严重移位,拉杆受力不均桥面钢板纹裂,桥梁预拱度不够等多种桥梁病害。为了保障两岸居民的安全便捷出行,延长糜滩黄河吊桥寿命,于2011年6月18日发出通告,对糜滩黄河吊桥进行封闭维修,该项目总投资88万元,车购税补助46万元,已于9月中旬完工并通车。尚欠维修资金42万元。

运政管理。1. 基础管理。一是靖远县客运中心已完成项目工程可行性研究报告、建设用地预审意见、规划许可证和工程地质勘察报告、工程初设报告等前期工作,正在积极协调土地。待土地划拨后即可付诸实施。二是春运工作圆满完成,累计输送旅客19.22万人次,完成周转量1 364.62万人公里,无旅客滞留,无安全责任事故。三是道路运输车辆年度审验工作圆满结束。5月26日,全县2011年度营运车辆年度审验工作正式开始,截至目前,累计审验各种车辆4 252辆。四是认真履行行政许可权。今年依法审批货运企业4家,维修企业9家,汽车租赁企业8家。新批公交线路6条,新增公交车辆35辆。新增驾培机构1家,升级2家。五是举办从业资格证培训班2期,培训1 335人。六是运力运量有效发挥,截至目前,累计完成客运量273.4万人次,客运周转量20 497.5万人公里,货运量267.5万吨,货运周转量32 560万吨公里。2.运输市场管理。始终把规范市场秩序放在突出位置,通过强化各种措施,努力创造公平、公正、公开的运输环境。一是突出管理责任,制定了市场监管目标责任书,将市场监管任务、目标、奖惩进一步细化,靠实责任,完善机制,确保市场平稳有序。二是先后组织开展“运输市场秩序集中整治月”、“客运市场百日专项整治行动”、“落实三个严禁,确保客运市场安全有序”,在客运出租驾驶人员中开展“三比活动”、“客运出租市场集中整治”等一系列互动活动,基本做到每月有稽查,每季有巡查,确保道路运输市场稳定。累计出动稽查车辆380辆次,稽查人员5 400人次,查纠各种违章行为965起,罚款21余万元。三是坚决取缔出租市场无证黑车。继续完善出租客运市场监管体制,将打击无证黑车分解落实到每个稽查队,明确目标,靠实责任。坚持集中稽查与日常稽查相结合,正常稽查与节假日稽查相结合,不断加大市场监管力度,净化出租市场环境,维护市场稳定。2011年累计查扣无证出租黑车100余辆(次)。通过一系列的整顿规范,客运市场秩序明显改善。

公路路政养护管理。完成路政巡查160个工作日；制止违章建筑2处46平方米；收缴非法公路标牌47块；清理占道堆放物6处120立方；全年共查处路政违法案件13起，案件查处率100%，办结率100%；查处超限车辆360辆，较好的维护了路产路权；共发放《公路安全保护条例》和《甘肃省公路路政管理条例》及宣传材料3 600余份，提高了广大群众爱路护路意识。加大危险路段的整治力度，对急弯、陡坡、视距不良路段进行综合整治，补充、完善干线公路的指示、警告、禁令标志，制作安装各类标志标牌160块。加强公路打场晒粮和道路畅通以及施工环境综合整治力度，出动路政执法人员86人次，查处污染公路案件2起，20平方米，保证了公路的安全通行。认真开展"百日竞赛"养护活动，加大了重点路段的养护，组织养路工拉备养护砂，清理边沟，补修路面。共改造整修翻浆道路6段1 100米，挖补油路面6 000平方米，维修加固锥坡、挡土墙浆砌片石80立方米，新修急流槽30米，维修加固桥梁4座，完成抢修水毁路段10处，动用土石方500立方米。积极推进农村公路养护体制改革工作，按照县上《农村公路养护管理改革实施意见》精神，挂牌组建了乡镇公路管理所18个，落实了养管人员，明确了责任主体，建立了养护管理目标责任制，开展了农村公路管理养护工作专项检查考核，有效提升了农村公路的养护质量。全县县乡公路主要线路好路率达到69.93%，综合值72.19，平均好路率达到54.69%，综合值65.74，确保了县乡公路的安全畅通。

安全生产。一是加强对安全生产的管理，及时调整了交通运输安全生产领导小组，签订了《水运安全生产目标责任书》和《工程安全生产目标责任书》。二是建立和完善了各项安全管理长效机制，明确了安全生产的责任主体和监管职责，有效维护了公路水路运输市场的安全生产秩序。三是落实安全生产责任制，局属部门按规定配备完善了专兼职安监员，责任到人。四是深入开展安全生产法律法规宣传和知识竞赛活动，发出安全生产方面的宣传资料1 000余份。五是认真开展安全生产大检查6次，做到了防患于未然，将事故消除在萌芽之中。六是加强水运专项整治。开展水上安全检查32人次，并针对全县24个渡口码头、25艘渡船、5个采砂场(5个采砂船、15个运砂船)进行了全面摸底检查，发现隐患4处，均已责令进行了整改。

(许　恒)

【会宁县】　重点项目建设。通乡油路建设全面完工。甘沟至韩集、县城至八里两条公路铺油改造全面完成，新增油路里程53公里，完成投资2 550万元，实现了乡乡通油路的目标。通畅工程项目按期推进。第一批12条47.9公里水泥硬化道路全面完工，完成投资1 916万元；第二批11条78.5公里投资计划已下达，年内开工在建4条，完工2条，硬化道路10公里，完成投资400万元；结转2010年的3条通畅工程项目，全面完成建设任务，硬化道路26.8公里，完成投资1 100万元。项目前期工作进展良好。三房吴至韩集四级公路二期工程完成施工图设计评审，争取国家投资670万元；苍哇河跨河工程完成一阶段施工图设计评审，争取国家投资960万元；会宁县城至冯家湾四级公路改建工程启动实施，争取国家投资230万元。刘寨桥工程建成通车，完成投资410万元。完工项目通过验收。"十一五"期间实施的通乡油路及通达通畅工程全面通过市级交（竣）工验收，正式投入运营养护。2011年，县政府下达我局招商引资目标任务360万元。招商引资项目南河苑住宅小区工程建设进展顺利，当年完成投资2 000万元，

农村公路养护。年内争取省市安排农村公路养护维修工程4项，争取国家投资518万元；危旧桥加固改造工程2项，争取国家投资236万元；安保工程1项，争取国家投资54万元；与甘肃长达路业公司签订委托包干协议，争取受损公路维修资金325万元；与省市积极衔接，争取2010年灾后恢复重建水毁维修资金396万元，郭谗公路、双界公路水毁路面修复补助8万元，汉岔乡荆坪村组道路补助资金20万元。目前，大中修工程、安保工程全面完成建设任务，危旧桥加固改造工程计划调整上报待批，双界公路青江驿至老君坡受损路段维修工程全面完成，结转的2010年郭谗公路养护维修工程完成改造任务。全年累计下达农村公路养护经费304万元，其中农村税费改革转移支付乡村道路养护资金70万元，县乡公路养护经费234万元，通过定任务、定路段、定指标、定人员、定措施，加强了重点路段的日常维修养护管理，列养线路养护质量逐年提高，农村公路实现安全畅通。

行业管理。运政服务大厅运转正常，城市公交、城乡公交及出租行业管理规范，运输站点建设顺利推进，车站经营状况良好，运输效益不断增强。年内新建草滩、土高、八里、丁沟乡镇客运站4个，完成国家投资80万元，争取上级拨付会宁客运站建设补助资金300万元，争取下达成品油价格改革财政补贴602.81万元。继续加大运输行业投入力度，通过组织听证和风险评估，新投放城区出租车74辆，新开通会宁至罐子峡、新堡子至红堡子、新堡子至头寨、新堡子至河畔城乡公交线路4条，新增加城市公交车8辆，全面完成了客运班车升级换代和信息化系统建设。开展城区交通环境综合治理，与交警、建设等部门联合执法，加强了城区及周边交通秩序综合整治，完善了交通运输应急预案，全县运输服务保障能力得到进一步提升。

安全生产。牢固树立"安全第一"的思想，把安全生产工作贯穿于全行业各项工作始终，坚持从强化源头治理、建立安全生产管理体系、安全管理制度、重大交通安全应急处置机制、落实安全生产行政、行业、企业一把手负责制等环节入手，不断强化对交通基础设施建设、公路养护维修、道路运输生产等各领域的全方位监管，签订目标任务，落实主体责任，重点加强了工程建设领域和运输行业安全生产监管，有针对性地开展了安全生产月宣传、道路运输安全隐患排查、交通"打非"专项行动、校园周边环境及城区交通秩序整治等活动，强化重点治理，推进工作落实，确保了交通运输行业安全生产稳定。

(许　恒)

【景泰县】　交通基础设施建设。争取国家交通项目资金。共争取交通项目资金4 614万元，其中：道路建设项目26项118公里2 474万元；大中修工程资金242万元；安保工程资金56万元；成品油价补贴1 642万元。共计完成五佛乡政府—车木峡、老湾—五佛苗圃等道路建设108.4公里，其中水泥路89.4公里，油路19公里。总投资2 270万元。

县乡公路养护。按照"修建、养护、管理"并重的原则，进

一步抓好道路养护管理，积极推行养护体制改革，组织开展了“好路杯”、“质量年”、“筑路月”活动，全面整修公路。一是继续落实农村公路养护管理体制改革的步伐，进一步完善“县、乡、村三级养护管理体制，完善社会主义市场经济要求的养护运行机制，保障全县农村公路的日常养护管理和使用，实现农村公路管路养护的正常化、规范化的要求”。巩固“改革有领导、经费有保障、管理有机制、养护有队伍、工作有场所、考核有规范、责任有奖罚的目标”的改革思路，设机构、组队伍、建制度、抓考核，农村公路养护管理体制改革稳步推进。目前，全县 11 个乡镇都成立了农村公路养护机构，全县共计成立乡(镇)养护所 11 个，行政村养护组 136 个等机构都运转顺利，发挥着乡村道路养护主力军的作用；二是继续坚持抓好其他油路、砂砾路的养护工作，全面落实道路养护目标责任制，组织开展各种形式的养护活动；三是完成道路养护工程投资 174 万元，其中：完成大龙路养护工程 56 万元；宽兴路养护工程 18 万元；条十路养护工程 50 万元；条芳路养护工程 30 万元；芦草路养护工程 20 万元。

路政管理。路政管理工作随着农村公路建设的发展，公路里程和技术等级发生了很大变化，根据我县公路点多、面广、分散难管理的特点。我们采取了相应的工作举措，一是加强路政人员的学习培训，增强法律、法规知识，使执法依据、执法程序法制化、规范化，提高路政执法水平。二是县乡公路站成立了两个执法队，加强巡查，制止各种破坏公路的违法行为；三是针对农村公路点多、面广、分散、路政人员少的特点，充分发挥各村委会作用，协助管理，共同治理超限车辆，取得了一定的成效。共上路巡查 120 天，出动宣传车 40 次，散发宣传材料 6 000 份，上路率 85%。清理油路路面砂石 6.3 万平方米。征收公路补偿费 4 万元。

运政管理。继续深入开展整顿和规范公路、水路运输市场工作，巩固成果，寻找差距，突破重点，克服难点，确保全县公路水路运输市场规范有序。一是继续加大班线客车整治力度，特别是对班线客车多年存在的沿街高声鸣号、私设站点等行为进行重点整治，取得了较好的效果，二是对全县出租车市场特别是司机反映强烈的“黑车”进行了多次整顿，由运管所牵头、交警、工商协调配合，对出租车存在的车客不整、乱停乱放、无证黑车、违章经营等行为进行了多次整治，目前，共出动稽查 1 500 多人次，查扣违章运营货车 45 辆。查扣非法营运的“黑车”150 辆，异地经营的出租车 18 辆，进一步规范了经营行为；三是进一步加大运输市场宏观调控力度，积极探索和培育我县现代物流业，努力提高交通运输服务质量，使我县客货运输市场秩序有了根本好转；四是继续加强公路水路的安全管理，重点对龙湾、五佛 2 个旅游景点特别是羊皮筏子的经营进行了检查指导，对查出有安全隐患的船舶、码头有条件的现场予以整改，不具备条件的限期整改。今年，共计检查船(艇)筏 280 船(艇、筏)次，查出有事故隐患的 14 次，现场整改 11 次，2 次限期整改，停航整顿 2 船次。现全县 9 个码头渡口、9 艘渡船、140 只羊皮筏子、5 艘旅游快艇以及 182 名水运从业人员，都证照齐全，对今年十一期间新增的 5 艘游艇进行了停航处理，督促其办理有关手续，确保了黄河水运安全。完成客运量 200.6 万人次，客运周转量 9 050 万人公里，完成货运量 160.7 万吨，货运周转量 8 862 万吨公里。

(许 恒)

2011 年 6 月 21 日，武威市重点项目督查组在营双 10 标双塔立交施工现场就工程建设情况进行督查。

兰州公路总段 供

定西市

概　述

【交通基础设施建设】 2011年,定西市交通固定资产投资稳步增长。全市交通运输固定资产投资达到15.74亿元。其中重点建设项目投资13.08亿元;结转2010年农村公路建设项目投资3 318万元(通乡油路项目2项55.1公里,总投资2 791万元;危桥改造项目1项,补助投资87万元;渡改桥项目1项,总投资440万元);2011年农村公路建设投资2.32亿元(通乡油路建设项目2项73公里,总投资5 734万元;通畅工程项目90项466.4公里,补助投资1.4亿万元;林区道路建设项目1项18公里,补助投资1 080万元;养护维修工程30项投资1 308万元;危旧桥维修加固和新建项目8座,投资957万元;安全保障工程项目2项,补助投资183万元)。

2011年,定西市交通基础设施建设扎实推进。1.重大项目建设顺利推进。一是定西至临洮二级公路内官营至临洮段改建工程,线路全长76.7公里,概算投资5.16亿元。该项目法人为省公路管理局,由定西公路总段组织实施。路基、桥涵、隧道等工程进入全面施工阶段,其中隧道完成690米,共计完成投资2亿元,占年计划任务的100%。二是陇西县文峰至漳县殪虎桥二级公路改建工程,线路全长48.5公里,概算投资6.02亿元。全线为一个施工标段,由四川武通路桥工程局承建,项目法人为省公路管理局,由定西公路总段组织实施。路基、桥涵、隧道等工程进入全面施工阶段,其中隧道完成1 800米,共完成投资2.47亿元,占年计划任务的82.3%。三是定临公路安定区过境段改建工程(南环路),线路全长9.8公里,总投资1.9亿元。年底开工进行征地拆迁工作。2.前期重点项目取得新进展。通渭马营至陇西二级公路改建工程,线路全长74.58公里,其中主线长约42.85公里,支线长31.74公里,总投资5.98亿元,项目业主为省公路管理局。该项目于2011年11月中旬被省发改委批复立项,进行初步设计工作。3.农村公路建设步伐进一步加快。以开展农村公路建设"质量提升年"活动为契机,全面加快农村公路建设。2011年下达全市农村公路建设项目93项557.4公里,投资1.95亿元。至2011年11月底,已建成农村公路46项280公里,新增85个行政村通硬化路,全市行政村通硬化路率达到40.2%。剩余47项277.4公里按省上要求2012年建成。

2011年,定西市以"质量提升年"活动为契机,规范项目管理,提高工程质量。一是针对通畅工程补助资金增加的情况,全市提高了建设标准,所有项目路面宽度按4米标准实施,项目完成后,社会反响和使用效果较好。二是落实责任。年初市政府与各县区政府签订了《农村公路建设养护管理专项目标责任书》、市交通运输局与各县区交通运输局签订了《目标管理责任书》,各县区交通运输局与各乡镇签订了《农村公路建设养护管理目标责任书》,明确了任务,靠实了责任。三是加大检查力度。按照《定西市农村公路管理养护考核办法》,市局加大对各县区项目建设情况的监督检查,采取月检、季查、半年检查、年终考核等方式进行检查,并对现场查看中发现存在质量隐患的工程责令限期整改。四是加强质量监督工作。市交通质监站定期或随机检查施工现场工程质量,对发现的质量问题,及时下发《公路工程质量抽查意见通知书》,从严要求、限期整改、跟踪检查,对整改结果进行复查,把好政府质量监督关。五是加大试验检测力度。市局试验检测中心经常深入工地,随时抽查用于工程建设中原材料的质量,尤其把好通村水泥路的路面质量关,对通乡公路和通村水泥路的路面逐条进行钻芯取样,检测厚度及强度。并且要求县区交通运输局也对路面进行钻芯检测,随时监控路面质量。六是与省巡回督查组密切配合,以规范管理、狠抓质量为主题,及时查找项目中存在的质量通病,将质量隐患消除在萌芽状态。七是市局于7月中旬召开了全市农村公路建设养护管理半年生产调度会,总结了前半年的工作,查找了存在的问题,安排部署了下半年的工作,进一步推动全市农村公路建设养护管理工作,为确保全面完成各项任务起了重要作用。

【养护管理】 2011年,定西市以创建"优良示范项目"为重点,全面提升农村公路养护管理水平。全市农村公路管理养护机构、人员、养护资金全面落实,市、县区农村公路管理机构人员工资全部实现了财政供给,各乡镇均成立了乡村公路管理所,县区财政承担了农村公路日常养护经费。全市各县区应到日常养护资金724万元,实际到位973万元,超拨249万元。农村公路日常养护工作全面推开。市交通运输局根据省公路管理局创建优良示范项目的有关要求,坚持以质量建设为主,以加快公路建设、完善公路设施、加强路域综合治理、全面推进养护体制改革为主要内容,以提高农村公路服务水平,努力打造畅通、安全、舒适、优美的农村公路运行条件为目标,明确任务,责任到人,扎实开展创建活动。各县区农村公路养护管理部门已相继组建了专业化的养护队伍。在克服了资金不足等困难的前提下，分别购置了装载机、拌合楼、压路机、切割机等养护设备，为油路专业化养护提供了保障，进一步提升了机械化养护水平。陇西县县乡公路管理站近几年通过多方筹措资金200多万元，购置了近30台(辆)沥青拌合、运输、摊铺、碾压等施工和养护设备，建立了专业化养护公司，对自己管养的近300公里县、乡、村道油路进行专业化的修补，对养护的县乡公路路肩进行挂线整修，使全县主要的油路路面全年基本完好，在处治翻浆、坑槽等专业化养护方面，严格按规范修补，完成的油路路面规则、平整，接茬平顺，质量好，确保了道路的畅通。漳县全面推进农村公路养护管理工作，各乡镇确定了养护管理人员，负责联系、督促、考核养护工作，做到了责任到人，工效挂钩，确保了农村公路养护管理工作正常有续的开展。市局在4月份开展了农村公路"养护月"活动。活动期间，各县区农村公路养护部门对春融后产生的油路翻浆等病害进行了专业化修补，各乡镇乡村公路管理所对砂路村道进行了拉备养护砂、处治坑槽和整修路面等规范化养护，使全市农村公路路况质量得到了较大提高。临洮县交通运输局在9月底召开了由各乡镇主要领导和养管人员参加的乡村公路养护月活动安排及养护管理培训会，对全县养护工作开展起到了积极的推动作用。

【路政管理】 2011年，定西市加强农村公路路政管理工作。各县区交通部门在路政执法人员、路政装备和宣传经费上给予了大力支持，有效地改善了路政管理工作环境。各县区在5月份开展了"路政法律法规进校园"活动，全市路政管理法律法规宣传教育活动成效明显，路政外业执法、内业管理等规范化建设迈上了新的台阶。各县区在有条件的农村公路上设置了较规范的限高限宽门架或砼限宽墩，在一定程度上遏止了超限车辆对农村公路的损坏，效果较好。市交通局和各县区交通公路管理部门在8月份对《两个条例》进行了大力宣传，营造了良好依法治路氛围。

2011年，交通运管部门以规范道路运输市场秩序为重点，不断加大市场监管和整治力度。一是开展了道路客运市场百日专项整治活动。成立了由市政府分管副市长为组长的专项整治活动领导小组，交通运管、公安交警、文化宣传、城管执法、纪检监察多部门联合，广泛宣传动员，全面完善基础管理档案，共出动执法人员4 460人次，执法车辆890台次，对客运汽车站场、班线客运市场、城市出租车及公交车市场经营行为进行了全面整治。期间纠正各类违章经营行为1 550余起，查扣"黑"出租412辆，处罚金额111.2万元。二是开展了道路危险货物运输市场专项整治。从4月8日开始在全市范围开展了道路危险货物运输市场专项整治活动，对全市4家危险货物运输企业、71辆危险货物运输车辆、172名从业人员逐一进行审核、检测和审查；对1户管理不规范的危货运输企业下达了限期整改通知书，将达不到危货运输条件的5辆危货运输车辆转为普通货运车辆，收回了危险货物运输车辆营运证；督促安装GPS远程监控系统10台。经过清理整顿规范，危货运输企业各项管理制度进一步完善，目标管理责任制度进一步健全，市、县(区)和企业三级危货运输车辆及从业人员档案和管理台帐全面建立，现代科技监管措施得到有效应用，全市4户危货运输企业、66台危货运输车辆及在岗从业人员全部符合行业规定资质条件，日常管理规范，运行状态良好。三是开展了驾驶员培训市场专项整治。市运管局与交警支队联合对全市21所机动车驾驶员培训机构重点从经营资质、管理制度、设施设备、教练场地、教练车辆、教学人员等方面，逐门逐户、逐条逐项进行了全面清查整治。共下发整改意见书19份，责令各县(区)运管分局对辖区驾培机构进行集中整改，其中停业整顿1所(定西交通技工学校)，限期整改5所，责令整改问题13所。同时对21所培训机构进行了半年质量信誉考核，对整改不到位，质量信誉考核为B级的8所驾培机构吊销了经营许可证。整改达标重新许可恢复经营的有5所，尚有4所仍在整改之中。整治期间，协调省局换发教练员证IC卡49张，报送省局培训教练员209人，其中已参加培训考试合格196人。整治期间，督促驾培机构安装了驾驶员培训计时管理系统，共安装教练车GPS终端和计时管理系统358部，在全省率先实现教练车卫星定位系统监控。整治中全市驾培机构更新完善硬件设施投入达到1 163.1万元，清理非法教练车112辆，清退无证教练员92人，全市驾培机构基本实现了标准化建设、规范化管理。四是开展了城区交通秩序专项整治活动。根据市政府的安排部署，积极配合公安交警部门，从6月底开始，扎实开展了城区交通秩序专项整治活动。期间共举办市区出租车司驾人员培训班3期，参训人员1 600多人次。对68辆公交车进行登记造册纳入行业管理，对136名公交车司乘人员进行了培训并办理了从业资格证。整治活动中，出动执法人员651人次，查处各类违法经营车辆167辆，处罚32辆，取缔了市区南郊自发形成的发车点1处。通过整治，市区公交车、出租车、城郊车经营行为进一步规范，市区交通秩序日趋好转。

2011年，定西市交通运输行业安全稳定形势进一步好转。全行业以强化源头管理，预防和减少安全事故为目标，加强运输行业安全监管，继续深入开展安全生产专项整治活动。一是加强了宣传教育。把安全教育作为安全生产管理工作的基础性工作来抓，在交运集团建立起全市第一家安全教育基地，组织全市道路运输从业人员及其家属在此轮训，接受教育，做到警钟长鸣，提高从业人员的安全从业意识。二是健全了组织机构。全市各县区运管分局全部设立了安全股，确定了专职安全管理员，各运输企业全面成立了安全生产管理领导小组，设立了专门的安全管理机构，确定了专门的安全监管人员，建立起了全市道路运输安全监管组织网络台帐。三是完善了责任体系。经过认真调查研究，总结多年管理经验，市局对道路运输行业安全生产目标责任管理书分门别类，按照纵向到底、横向到边的要求进行了修订完善，涉及7类33项内容的安全目标管理责任，全市道路运输行业安全生产目标管理责任体系规范建立。四是强化了监督检查。建立和完善了全市道路运输行业安全生产定期检查制度，做到县区分局一月一检查，市局一季一检查，协调安监、公安、交通等部门半年一联合检查，安全隐患一月一排查，边查边排除。各级检查均下发情况通报，存在的问题直接点到企业、点到岗位，列为下次检查的重点内容。市局把经常性排查与集中排查相结合，共组织行业安全专项检查92次，召开专题会议34次，共排查事故隐患775处，督促整改751处(当场整改263处，下发限期整改通知书512份)，整改率为96%。

2011 年,定西市道路运输生产持续较快增长,公路客货运输在全社会客货运输方式中继续发挥龙头作用。全市共完成道路运输客运量 4 566 万人次,同比增长 21.73%,旅客周转量 22.17 亿人公里,同比增长 29.28%;完成货运量 2 551 万吨,同比增长 24.31%,货物周转量 54.59 亿吨公里,同比增长 29.35%。

【领导名录】2011 年底,定西市交通运输局党组书记、局长文国良;副局长兼市交通战备办公室主任张平;副局长兼市公路运输管理局局长李茂荣;总工程师沈世科;副局长王鸿远;纪检组长赵建麟;调研员蒋继忠;副调研员曹世吉。

(石红霞)

一区六县

【安定区】 2011 年底,安定区公路总里程达到 2 308.2 公里,其中国道 5 条 264.5 公里,连霍高速和青兰高速穿境而过,省道 2 条 70 公里、县道 11 条 306.8 公里、乡道 10 条 149.8 公里、村道 249 条 1 505.8 公里、专用道 2 条 11.2 公里;乡镇通油路率达到了 100%,建制村通畅率为 38.6%;公路密度达到了百平方公里 63.4 公里,每万人拥有公路里程 48.1 公里。共建成乡镇客运站 17 个,村级停靠站 45 个,简易候车点 49 个;乡镇通班车率达到 100%,行政村通车率达到 75%;已开通农村客运班线 38 条,营运里程达到 7 200 公里;公路货运量达到 1 275.3 万吨,货物周转量达到 70 145.5 万吨公里,公路客运量达到了 596.5 万人。交通道路基础设施建设步伐的加快,有效带动了以马铃薯为主的农副产品流通,加快了产业结构调整步伐,基本解决了长期困扰边远山区群众出行难、农产品运出难和信息交流难的"三难"问题,加快了农民脱贫致富步伐,对经济发展的拉动作用日益显现。

农村公路建设:2011 年安定区共有农村公路建设项目 11 项。其中续建项目 2 项 49.2 公里,一是葛西路铺油改造工程,该项目路线全长 38 公里,国家通乡油路补助资金 1 520 万元。2010 年 9 月份开工建设,2011 年 10 月底全面竣工。随着该条路铺油改造的完成,安定区 19 个乡镇通油路率达到了 100%。二是以工代赈项目内西路硬化工程。该路线全长 11.2 公里,申请国家以工代赈补助资金 383 万元,2010 年 9 月开工建设,年内全面完成了建设任务。农村公路通畅工程 9 条 76.6 公里,总投资 2 298 万元。其中:高峰乡三条沟至坪湾、白碌乡中山至录丰、鲁家沟镇定水河至马塬路、凤翔镇安家坡至岳家山等四条 39.2 公里公路于 3 月 21 日在《定西日报》公示,4 月 13 日完成水泥招投标,5 月 5 日完成工程招投标工作,5 月中旬开工建设,年内全面完成了建设任务。其余西巩驿镇葛西路至下阴山、青岚山乡花岔至大坪、西巩驿镇肖川至中驿、石峡湾油坊豁岘至站湾、鲁家沟镇紫云至老窝川等 5 条 37.4 公里通畅工程,由于项目计划下达较迟(9 月 19 日),项目于 2012 年 1 月 10 日完成招投标工作。

农村公路养护管理工作:安定区管养线路 268 条 1 861.56 公里,区农村公路管理局共管养县乡公路 19 条 335.98 公里(其中县道 7 条 182.48 公里,乡道 10 条 149.83 公里,专用道 2 条 3.67 公里),通村水泥公路 19 条 194.1 公里,19 个乡镇共管养村道 230 条 1 331.48 公里。共管养公路桥梁 38 座。全区有管养机构 20 个,其中区上 1 个,乡镇 19 个,配有专职养护人员 115 人。2011 年,区农村公路养护以"养好公路、保障畅通"为己任,以提高路况质量、改观行车环境、完善服务功能、提升社会效益为目标。一是进一步提高了乡镇对农村公路养护重视程度。安定区人民政府将农村公路养护管理工作纳入了乡镇工作目标考核,并与各乡镇签订了目标责任书,进一步靠实了责任,提高了乡镇重视程度,为村社道路的养护提供了保障。同时,农村公路管理局积极协调各乡镇,对乡村公路养护管理所人员进行了适当调整,并为乡镇养管所配备了办公桌椅,文件柜,制作了图表,编写了软件目录,部分乡镇配备了电脑,实行了农村道路档案管理。乡村道路按照每年年公里 500 元的标准,对乡镇进行补助。结合每月巡查情况,对养护责任不到位,养护任务没完成的乡镇下发巡查通知单,责令限期整改,确保农村道路畅通。二是按时完成了养护维修工程、危旧桥加固改造工程及安保工程建设任务。2011 年,省、市共下达养护维修工程、危旧桥加固改造工程及安保工程 5 项 352 万元。其中:巉郭公路养护维修工程补助资金 110 万元,定通公路养护维修工程补助资金 99 万元,王定公路养护维修工程补助资金 30 万元,红土桥加固改造工程补助资金 36 万元,定通公路安保工程补助资金 77 万元。三是道路日常养护工作开展顺利。2011 年,安定区农村公路管理局为每条县乡道路都确定专职养护人员,每公里确定 1 至 2 名常年养护工,成立养护组,并按每年每公里 500 元标准支付养护工工资,对公路进行巡查,对存在的病害及时处治。2011 年,安定区道路养护主要处治了高内公路、王定公路、梁高公路、梁称公路、巉郭公路、马塬公路沉陷 152 处 2.03 万平方米,翻浆 5 处 2 496 平方米,清理路肩边沟 133 公里,补油 1 487 立方米,拉备冬季防滑砂 6 300 立方米。

路政管理。在路政管理工作中加大了爱路护路宣传,扩大了宣传覆盖面,进乡镇、村社、学校大力宣传路政法律法规,张贴标语,悬挂横幅,重新刷写路政宣传牌 57 块,在汽车站牌上刷写爱路护路标语 30 条,公路沿线边坡张贴横幅 20 条,并投资 2.2 万元制订安装了 200 块宣传牌。同时,严格执行"五四"巡查制度,由路政执法人员上路巡查,对发现的挖掘公路、填埋公路边沟、违法建筑、堆放杂物、损坏公路路产路权等违法行为及时进行制止,对路旁垃圾、污染路面进行清理,重点对巉郭公路石峡段采石厂进行整顿,对王定公路乱倒垃圾车辆早晚进行流动检查,有效整治了公路"脏乱差"现象;对王定公路、马塬公路农村供水和饮水工程建设穿越、开挖农村公路情况,积极协调,下发通知单,要求施工单位及时恢复原貌;对西内公路、葛西公路拉料重型车辆进行劝返。特别是 8 月份开始,针对靖定公路(安定段)路面损坏严重的现象,安定区交通运输局联合公安、安监、国土、水务、工商、运管等 9 部门对该路段超载车辆及沿线砂石料厂进行了重点整治,共发放通告 1 500 份,查处违规车辆 343 辆。同时针对大吨位超载车辆日益剧增,农村公路破坏严重的现状,多方筹集资金 35 万元为 17 条县乡道路和 19 条水泥路设立了 72 个限超限载设施,有效缓解了公路超负荷运营现状。

安全生产管理工作。2011年,安定区交通运输局与农村公路管理局、定西宏达公司签订了安全生产目标管理责任书,并按照"谁主管,谁负责"的原则,农村公路管理局、定西宏达公司又与单位各股室、各车间签订了安全生产责任书。同时,为了在工程施工过程中创造安全、高效的施工环境,切实搞好在建项目的安全管理工作,与各施工企业签订了《安全生产合同》。并结合交通行业实际,成立了交通工程建设项目安全生产领导小组,同时根据区上的整体安排,进一步加大了安全生产的宣传、教育活动。在"五一"、"国庆"等节假日及安全生产月活动中,积极组织交通运输系统广大干部职工上街宣传,张贴标语,不断提高企业的安全意识,营造"安全生产,人人有责"的氛围。2011年共张贴宣传图片、标语210幅,悬挂横幅12条,发放安全资料3 500份,年内区交通运输系统没有发生安全事故,创造了平安、和谐的交通运输环境。

运输市场管理。采取市、区联动,部门配合的方式,会同交警、城管执法、城市交巡警大队,抽调素质高、业务精、作风硬的执法人员21名,组成专项整治联合执法队,对城市客运市场进行了全方位整治。将列入黑名单车辆作为重点稽查对象,采取源头稽查与上路稽查相结合、普查与重点稽查相结合、白天稽查与夜间稽查相结合、定点稽查与流动稽查相结合、定时稽查与不定时稽查相结合的"五结合"方式,严厉打击黑出租。共查扣黑出租车75辆,查处各种违章车辆310辆,出动宣传车辆12辆,张贴宣传标语27条,张贴政府通告280余份,电台播放通告10余次,出动执法人员1 400人次,出动稽查车辆120辆次,处罚13万元。还通过对维修市场的清理和整顿,共查处维修企业无证经营23户,限期整改85户。

驾培市场管理。深刻汲取"6.27"事故的沉痛教训,根据市政府文件精神,联合交警部门,在市安监局的指导下,对全区7所机动车驾驶员培训机构重点从经营资质、管理制度、设施设备、教练场地、教练车俩、教学人员等方面,逐门逐户、逐条逐项进行了全面清理整治,共下发整改意见书6份,停业整顿1所(定西交通技工学校),限期整改3所,责令整改3所。对符合条件的我们重新进行了许可并恢复经营。督促驾培机构使用驾驶员培训计时管理系统,共安装教练车GPS终端和计时管理系统106台,在全市率先实现教练车卫星定位系统监控。整治中全区驾培机构更新完善硬件设施投入达到27.56万元,清理非法教练车24辆,无证教练车4辆,下发违法通知书3份,处罚2.3万元。全区驾培机构基本实现了标准化建设和规范化管理。

农村客运网络建设。安定区把农村客运网络建设作为一项重点工作来抓,立足农村客运网络建设服务社会主义新农村建设,为使广大农民出行从"走得出、坐得起、行得顺"提升为"走得舒适、走得便利",给农民群众早进城、晚回乡提供安全、便捷的道路运输服务。一是积极疏导安定区宏达运输公司和定西交运集团客货公司进一步深化运力结构调整,按照"提高档次、调优结构、满足需求"的要求,使农村客运车辆陆续向高档次发展,农村客运安全保障系数全面提升,进一步加快了农村客运经济适用型车辆更新换代的步伐。二是根据农村客运发展计划,在全区所有乡镇全部开通了城乡班线客车,乡镇通车率达100%,行政村通车率达79%,在管理上实行集约化经营,公交化运作,公司化管理,有效推动了城乡公交一体化进程。三是根据农村公路建设的进展情况,按照"修好一条路,开通一辆车"的原则,2011年已开通9条农村客运班线,有效的解决了农民乘车难的问题。

(安定区交通运输局)

【临洮县】 2011年底,临洮县公路密度为每平方公里0.42公里,每万人拥有公路29.9公里。临洮交通便捷,路网纵横交错,国道212、省道103线、309线、311线等主干线穿境而过。包括临洮至渭源、玉井至尕路梁、临洮县城至古达川、普济寺至榆中县银山、站滩至榆中县蒲滩等5条161.2公里县道和上营路、巴红路、边海路等11条170.2公里通乡公路和国省道主干线一起构成了全县"四纵十横"路网主框架。

农村公路建设。2011年,省市共下达临洮村公路通畅工程项目10项66.8公里,国家投资2 004万元,其中当年完工5项37.7公里,完成投资1 131万元,其余5条29.1公里由于计划下达太迟,计划2012年实施。争取到农村公路桥梁建设工程4项,其中:边家湾洮河大桥、王马家洮河大桥和经济开发区小河沟桥,均于2011年11月底前建成,完成投资1 404.5万元;王家大庄小河沟桥工程计划2012年实施。危桥改造1座51.1延米,完成投资106万元,养护维修工程4项,完成投资244万元。到2011年底,全县323个行政村中,有118个通了水泥路或沥青路,行政村通畅率达到36.5 %;204条1 204.8公里通行政村公路中,已硬化308.2公里,通行政村公路硬化率达到25.6%。

2011年,因乡镇撤并未列入"十一五"通乡公路改造工程计划的朱康路已列入省交通厅"十二五"农村公路改造工程计划,全线按四级油路标准设计,争取到国家投资1 289.6万元,已进入施工图设计批复及招投标等开工准备阶段,计划2年完成建设任务。

国省道主干线改扩建呈现出快速发展势头。省道103线兰州至太石段二级公路改造工程已完成施工图设计批复等工作,进入工程招投标等施工准备阶段;国道212线水泉至殪虎桥临洮段二级公路改造项目施工图设计年内获得批复;临洮至康乐二级公路改造项目完成所有施工准备工作;临洮至冶力关旅游公路项目可研年内批复。

农村公路管理养护。全县现已纳入管理养护的农村公路共1 514.8公里,其中县道4条136.8公里,乡道11条170.2公里,专用道1条2.9公里,村道204条1 204.8公里。2011年9月29日,县上召开了全县农村道路管理养护工作会议,将10月份定为全县"筑路月"。一年来,通过县直各有关单位和各乡镇的共同努力,较好地完成了农村公路管理养护任务。全年共处理县道翻浆、坑槽病害1.33万平方米,修整路肩96公里,清理塌方2 270立方米,清理道路堆积物260立方米,清理排水边沟104公里,疏通涵洞28道,有效治理了各类病害。同时,对漫坝河桥、八羊河桥进行了维修加固,朱康路洮惠渠桥进行了拆除重建,曹家沟桥设置了限宽墩,限制超限车辆通行。全县县道整体路况水平得到进一步提高。2011年,全县列养线路好路率达到69.82%,综合值达到74.22%。

路政管理。全县路政执法管理工作紧紧围绕"保护路产路权,保通保畅保安全"的中心任务,坚持"以路为本,以车为本,以人为本”的管理理念,按照“强化路政执法,坚持依法治路”的总体要求,坚持把加强队伍建设作为重点,把稳固治超成果作为关键,把保障路产安全作为根本,实施精细化管理,推进人性化服务,有力地保障了全县公路的安全、完好和畅通。一年来,路政执法人员共劝返大型超载车辆430余辆,制止违章建设建筑物7处,制止在公路上打场晒粮80余处,清理在公路上乱堆杂物80余处,清除非公路标牌13块,查处违法栽设通信电杆55根、路损案件16起,并对擅自挖掘公路及附属设施事件的当事人依法严肃处理,有效地保证了各级公路的安全畅通运行。

运政管理。为了全面加强汽车客运站综合管理,充分发挥客运站的作用,按照车进站、人归点的原则,县运管分局重新划定班线客车进站报班范围,规范了客车在城区的行车路线,强化了客运站站务管理,严格交通执法行为,做到了公交车不出城,城郊车不进城,客运经营秩序进一步规范。

临洮汽车北站运营进一步规范。临洮汽车北站经营临洮至兰州、白银(靖远、四矿)、卓尼、冶力关、临夏、榆中、金昌、中铺、峡口、云谷等跨区、跨县、县内线路28条,日始发客运车辆200余班次,营运里程3 000多公里,日均发送旅客量4 000余人次。

(临洮县交通运输局)

【渭源县】 2011年,渭源县实施的各类项目共8项,总投资1.3亿元,当年完成投资9 516万元。具体情况为:1. 祁家庙至庆坪四级通乡油路项目,全长17.3公里,总投资986万元,其中国家投资680万元。于3月1日由甘肃第六建筑工程公司中标建设,11月底完成建设任务。2. 2011年大中型桥梁及道路维修工程,总投资140万元,资金全部由市上下达,县农村公路管理局承建,于11月底已完工。 3. 2011年第一批农村通畅工程,总长34.6公里,总投资1 384万元,其中国家补助资金1 038万元。该工程共分3个标段进行了公开招投标,5月开工,11月全部完工 4.高家堡至黑鹰沟四级砂路改建工程,全长10.04公里,总投资400万元,其中以工代赈资金300万元。由甘肃滕泰公路建筑公司中标承建,4月通过市级初验。5. 河口至火车站市政道路项目,全长6公里,总投资6 300万元,为县上自筹资金,由甘肃兴泰建筑安装公司中标建设。到2011年底,除需改道的620米外,其余路段路基及雨污管网工程已完成,供水、电信管网安装基本完成,灰土层、水稳层、人行道铺设已完成。累计完成投资4 740万元。6. 黑爷庙至天井峡下峡口四级旅游公路项目,全长10.8公里,总投资590万元,其中国家补助资金233.2万元。于2010年9月3日由甘肃滕泰公路建筑公司中标建设。2011年6月底路基、桥涵已基本完工,完成投资360万元。由于县上决定将该道路提升等级,7月份停工。委托设计单位编制了三级公路施工图设计,待县政府批复后实施。7.锹峪河毛家窑至河口段左岸堤防工程,新修河堤5.7公里,总投资1 506万元,资金由县上自筹。于2010年11月由甘肃华辰建筑安装公司中标建设,2011年8月通过竣工验收。8. 2011年第二批农村通畅工程,总长31.7公里,总投资1 268万元,其中国家补助资金951万元。该工程计划于9月下达,11月完成了施工图设计及批复,2011年12月20日进行了招投标。

农村公路管理养护工作。一是各乡镇成立了以乡镇长为养护所长的3~5人养护机构,同时,交通局调配专业技术人员分片包乡,具体指导各乡镇公路管理所工作。二是9月份召开了由各乡镇镇长及乡镇农村公路管理所业务人员,县交通局、农路局全体职工参加的全县农村公路养护管理工作会议。会议回顾总结了农村公路养护管理工作情况,深入分析了当前农村公路养护管理工作存在的突出问题,并对下阶段农村公路养护管理工作进行了具体安排和部署。同时,对各乡镇农村公路管理所业务人员进行了业务培训。三是以开展的“路政管理宣传月”活动为契机,开展以“依法行政,构建和谐交通,加强路政管理,保护路产路权”为主题的路政法律法规宣传活动;积极开展路政法律法规进校园进村庄专题宣传活动,通过设置咨询台和播放专题片等形式,向师生、家长、群众大力宣讲路政管理法律法规,扩大宣传教育的覆盖面。四是县政府将农村公路养护管理纳入全县综合目标考核体系,与农路局、各乡镇签订了全县农村公路管养目标责任书。在整体工作上,建立年初有安排、平时有督查、半年有考核、年终有奖惩的工作机制。五是公路养护里程将养护人员细化到每条养护线路、养护路段,定任务、定职责、定标准,承包到路、到人,制定出明确的奖罚办法进行量化考核。共完成县乡道整修公路274.11公里,整修路基土方19.09万立方米,开挖边沟1.38万立方米,清理水毁塌方172处2.09万立方米,整修路面和路肩274.11公里,拉备铺砂0.7万立方米,动用民工26.22万个工日,动用车辆1 097个车日。村道整修公路712.7公里,整修路基土方6.42万立方米,开挖边沟3.22万立方米,清理水毁塌方310处2.92万立方米,整修路面和路肩712.7公里,拉备铺砂17.51万立方米,动用民工22.07万个工日,动用车辆2 138个车日。临渭、西五、沈峡3条县道合计94.92公里,平均好路率达到61.63%,综合值达到68.96。其中主要路线西五公路46.97公里,平均好路率达到62.1%,综合值达到68.86。

路政管理。一是积极开展路政管理法律法规的宣传,进一步提高公路沿线人民群众热爱公路、保护公路、建设公路的法律意识。规范完善标志管理,使各条线路标志保护得到进一步加强。共出动宣传车4 750公里,散发张贴宣传材料2 100张。二是路政人员坚持县道、乡道、村道路政巡查制度,深入各条路线进行巡查。共查处污染路面59平方米,查处划坏划伤路面3米,查处道路清障23次,查处挖掘公路用地21立方米,清理广告杂牌1块,清理公路三堆及垃圾91立方米,查处警示墩、柱、桶27个,查处超限车辆13辆。路产案件17起,结案率达到100%。

工程管理。一是县委、县政府领导多次亲自衔接项目,深入施工现场检查指导,及时研究解决工作中存在的困难和问题。二是实行“领导包段责任制”和“倒排工期制”,进一步分解目标任务,制定工作计划。县交通运输局严格落实领导和技术人员包片、包路责任制,每条路定责任人、定工作任务、定完成时间,把督查考核、奖优罚劣贯穿于工作的始终,实行定期或不定期对工程进度和工程质量进行检查考核。三是进一步完善了《渭源县通乡油路建设管理办法》及项目管理配套制度,实行项目法人责任制、招投标制、工程监理制和合同管理制。进一步加大对施工队伍和监理人员的管理力度,强化质量监督,严格把好质量关口。落实设计、施工、监理和业主责任制，做到分层管理，逐级负责。建立农村公路质量责任人档案，将每条公路的施工单位、项目负责人、技术负责人的名字挂牌公示，并存入档案，实行施工质量终身追究制。进一步建立健全三级质量监控体系，坚持施工单位自检、监理站巡检、交通部门复检抽检，做到分级管理，层层负责。包路技术人员深入建设现场，现场解决施工技术、安全、质量问题，全力搞好技术服务和指导工作。

水路运输。深入开展了“交通行业水路安全生产年”活动，采取多种途径进行宣传教育。制定出台了《渭源县渡口安全管理责任制》、《渭源县渡口渡船安全工作管理制度》、《渭源县渡口渡船安全检查工作制度》、《渭源县渡口渡船安全工作宣传教育培训制度》和《渭源县渡口渡船紧急情况应急预案》等规章制度，对重大安全隐患和管理过程中发现的问题及薄弱环节进行了专项整治。强化了乡镇政府对渡船的安全管理责任，积极研究水上安全管理新措施。

运输生产。全年完成客运量67.7万人次，客运周转量5 416万人公里；货运量42.8万吨，货运周转量4 280万吨公里。其中春运和假日期间，累计共运送旅客16.38万人次，完成旅客周转量1 310.4万人公里。

运输市场管理。一是本着培育和发展相结合的原则，引导和鼓励道路货物运输企业向集约化、规模化、网络化方向发展，选用封闭厢式、多轴重型运输、灵活专用型，大力提倡节能减排经营理念，积极引导分散的业户转入相应的公司经营；二是督促各客运企业加强对农村客运班车监控力度，对重点农村班线客车采取工勤人员和企业管理人员包车、包路段等措施，利用已建立的GPS监控平台，对车辆进行网上实时监控，特别加强对坡大、弯急的重点路段进行监控，落实安全预防措施，及时掌握车辆运行情况。三是对全县货物运输企业进行认真检查，从企业各类管理基础台账、安全管理台账、安全生产责任制和安全生产各项规章制度入手，夯实管理基础，使道路货运企业稳定发展。2011年，累计新增货物运输车辆320辆，其中封闭厢式货车40辆，多轴重型货车10辆，其他各类货车270辆。

站场建设。渭源县公用型汽车站建设项目可研已经省交通运输厅批复，总投资1 800万元。

运政管理。重点对客运市场整顿和规范运输经营行为进行了专项整治。进一步加大了对各种非法营运车辆的打击力度，把存在问题较多的农村客运班车，出租车和城乡车作为整治重点，采取源头检查与上路稽查相结合、全面检查与专项检查相结合，白天检查与夜查相结合的“三结合”方式，对违法营运车辆进行了严厉打击，净化了市场环境。继续整治了车站内外经营秩序。要求客运站从抓好自身管理做起，强化内部管理，配合客运站对站外发车、乱停乱放问题进行集中整治、严管重罚，站内外经营秩序有了根本性的好转。2011年，全县共检查车辆1 760余台次，出动稽查车辆600辆次，查处各类违法违规车辆400多辆次(其中打击非法营运车辆65辆)，分别给予警告、罚款、停业整顿、中止车辆运行等处罚。通过大力整顿和采取行之有效的监管措施，促进了全县道路运输行业文明、诚信、规范经营。

汽车维修市场管理。一是根据全县维修市场的状况及规模水平，年初与各维修企业签订目标责任书，严把维修厂家二级维护合格证的签发管理力度，严格维修操作规程，建立健全二级维护台账，加强对汽车维修行业监管，针对维修企业安全生产责任不明确，制度混乱，操作规程不统一、维维修工时费存在乱收费等现象，要求各维修企业制度上墙，明细规范标准，严格操作规程，全县维修企业制度、规范、标准、流程做到了四个统一。

驾培市场管理。新建“渭源县林源驾驶员培训学校”1所，开展驾培市场专项整治1次。

出租车营运。在出租车行业开展“五星驾驶员”和示范窗口创建活动，针对出租车经营中宰客、甩客、拒载、不使用计价器等不规范行为进行了严厉查处和整顿，创建活动中全县出租车统一装贴了服务监督卡，粘贴了文明服务用语。通过规范和整治活动，全县出租车驾驶人员安全意识明显提升，经营意识和服务意识明显增强，乘客投诉明显下降，行业形象显著提升。

安全生产。一是完善了《渭源县农村公路自然灾害和突发事件应急预案》和《渭源县客运站站内突发事件应急预案》。二是对全县公路工程建设、水路交通、公路运输企业和维修企业进行了安全生产大检查。2011年共组织检查企业、客运站场安全生产工作20多次，协同市、县有关部门集中检查10次，抽查客运车辆驾驶员从业资格证80多人次，抽查二级维护出厂车辆60多台次，查出安全隐患60条，下达整改通知书30多份，并及时整改靠实责任。三是开展全县道路客运市场百日专项整治活动，重点打击了无证经营“黑车”、欺行霸市、损害旅客权益等违法违规经营行为。四是在“春运”、“五一”和“十一”期间开展了集中整治。督促客运站认真履行“三关一监督”职责，监督落实“五不出站”制度；监督各施工单位制定施工安全保证措施，组织从业人员进行安全教育与培训，增强全员安全意识，预防伤亡事故，消除事故隐患。对查出的问题和隐患，进行了通报和严格整改。

(渭源县交通运输局)

【陇西县】 2011年，陇西县交通基础设施建设方面重点实施了以下项目：1. 第一批通畅工程5项43公里，总投资1 720万元，其中中央预算内专项资金1 290万元。当年工程全部完成并进行了交工验收。2. 第二批通畅工程共10项28.4公里。其中7项19.1公里全面完工。3. 文殪二级公路全长48.52公里，其中陇西段16公里。当年新建小桥13座，下部构造完成85%，大桥下部构造完成80%。中山隧道明洞掘进540米，完成投资5 000万元。4. 南门汽车站改扩建工程。项目建设面积1 002.2平方米，占地面积7 856.6平方米，总投资400万元。当年工可研通过省交通运输厅组织的评审。

争取到的项目有：1. 陇西县云田镇安家嘴至福星镇红岘村公路改建四级公路22.56公里，总投资925.9万元。年内完成工程可行性研究报告。2.陇西县福星镇酒店村至双泉乡何家沟公路(酒店至老山梁段)改建四级公路19.82公里，总投资909.6万元。年内完成工程可行性研究报告，市上完成初评，上报省发改委。3.连霍高速陇西出口连接线工程。建设一级公路16.5公里，估算投资4.99亿元。年内工可研完成并上报省交通运输厅。储备的项目有：通渭至陇西公路改建工程。新建二级公路73.1公里，投资5.9亿元，其中陇西段17公里。年内工程可行性研究报告已上报省发改委待批复。

养护管理。投入养护经费500余万元,机械设备2 600台次,对1 154公里152条农村公路进行全面养护,其中县道181公里,乡道143公里,村道830公里。共清扫路面192万平方米,挖补罩面3.6万平方米,修整路肩整修路肩295公里,换填砂砾3 550立方米,坑槽松散等病害3.6万平方米。公路养护年度计划任务全面完成,县乡道优良率达71.1%。一是加大公路桥梁监管力度。对公路桥梁进行全面大检查,对所有公路和桥梁各项数据记录存档,对发现的病害及时汇总,根据病害的严重程度制定养护方案,并根据检查情况适时调整养护计划,对发现病害较为严重的道路或桥梁根据情况向上积极争取养护维修工程项目,对无法安排养护维修工程项目的,在桥头或路口设立限行警告牌等,防止道路或桥梁病害加大,防止发生安全事故。对每条公路聘请了1~2名公路沿线群众作为护路员,定期反映公路桥梁健康状况,确保公路健康、安全运行。二是加强日常养护管理。对桥涵跳车、涵洞淤塞、沿线设施的缺损认真调查、及时修复,及时清除路面杂物,对苟文公路、西五公路、直草公路、南昌公路、渭蒲公路、渭马公路、胡何公路、牟雪公路等重点线路安排人员和机械进行边沟清理、涵洞口杂草淤泥处理、路肩边坡铲草和补缺口、路面坑槽沉陷处理、砂路备砂、油路修补等集中整治工作,对其他非重点线路,安排人员和养护设备进行水毁修补,坑槽填换,努力做到路面平整,行车顺畅。当年共清理疏通边沟180公里,处理翻浆1.52万立方米。当年筹资300多万元,购置机械设备20台。三是认真开展示范工程创建。结合4月份"养护月"活动,认真开展农村公路养护管理示范创建工作。选定全长27公里的通陇公路作为标准化养护示范路,开挖标准边沟4 500米,整修路肩5 500米。四是大力抢修水毁公路。在雨季到来之前,根据工作经验,科学制定防汛预案,周密制定公路水毁抢修方案,遇到险情或公路中断,不分昼夜,加班加点,全力开展公路水毁抢修工作。农村公路水毁抢修累计投入资金100万元,机械1 830台班、人力3 260人次、清理边坡塌方9 000立方米、清除泥石流620立方米。

路政管理。当年出动巡查车2.44万公里185台次,清理路肩堆放杂物1.24万平方米,查处违法建筑31起945.5平方米,收缴公路赔补费7.15万元,结案率98%,办理路政许可案件3起,路政案件发现率98%。一是加强学习培训。组织路政人员认真学习《公路法》、《公路安全保护条例》、《甘肃省公路路政管理条例》等路政法律法规和路政管理业务知识。二是规范执法行为。加强队伍建设,规范执法程序,严格依法行政。三是加大上路巡查力度。在巡查过程中做到"三勤"、"四早"。加强公路红线控制区的管理工作,停止永久性建筑物的审批,严格控制临时建筑物的审批,加强审批后的督查工作。四是加大治理超限。制定治理超限工作方案,加大源头监管,完善治理措施,建立目标责任追究制度,组建成立超限治理稽查队,在保证消防、医疗救护车正常通行的情况下,以现浇混凝土限宽墩为主,在主要农村公路出入口和节点位置,设置了限宽设施和限宽限载标志,与公安交警部门共同印发通告,有效治理了农村公路的超限行为。当年查处各类超限、超载车360台,主要路线超限率有效控制在7%以内。

运输管理。一是规范班线客运经营行为。以从乡镇始发的农村班线客车为重点,强化"车进站、人归点"制度的落实,严厉打击营运客车超员、私设发车点等行为。二是打击"黑车"非法营运。重点对"黑车"聚集的文峰火车站站前广场、西铝路口及城区酒店、医院、小区门口等处候客的"黑车"进行打击。当年开展联合执法行动及打击"黑车"专项整治行动46次,出动运政稽查人员2 320余人次,出动稽查车辆820余台次,路检路查车辆6 200余台次,查处"黑车"282台次,查处班线客车违规经营行为51台次,纠正其他各类违规经营行为430起。全面推进道路运输业结构调整:一是大力推进公交优先战略,统筹城乡公交线路资源配置,优化线路结构和车型结构,探索对客流稳定、班次密度大的农村客运班线实行公交化改造。投资585万元,新增客运车辆14台,更新客运车辆14台。新开通县际班线2条、农村班线6条,县内乡镇班车通达率100%,行政村班车通达率86.7%。二是以公交车票价调整为契机,加强对公交车的监督管理,解决部分公交车服务态度差、运营管理混乱的问题。三是积极与城建、行政执法部门协调,合理规划建设城区公交车停靠站。加强出租车市场管理:一是积极协调配合,及时掌握情况,确保出租车行业整体稳定。二是结合开展道路客运市场专项整治及"六十佳"创建活动,督促出租汽车公司进一步强化公司内部管理,建立健全各项优质服务工作制度,切实整顿规范出租车经营行为,对出租车无故拒载、不打表、随意掉头、乱停乱放等违规行为进行查处,共纠正违规经营出租车92台次,处理涉及出租车的群众举报投诉6起,结案率100%。三是合理新增出租车运力。新增长安天语出租车100台,方便群众乘车出行。强化监管,实现了出租车车型统一、座套统一、车内外装饰统一,落实了出租车监督牌,规范了经营行为,提升了服务水平。

行业安全和运输生产。加大安全生产行业监督管理力度,督促运输企业认真履行安全生产主体职责,落实本单位安全生产责任制度,杜绝车辆带病运营和超速、超载、疲劳驾驶、"三品"上车等违规现象的发生。督促汽车站严格落实安全生产的各项规章制度,严格安检、"三不进站"和"五不出站"制度,加强源头管理,严禁超载、超员和三品进站上车。督促县乡公路管理站和各公路参建单位抓好公路养护生产和公路建设施工中的安全生产工作,落实施工安全责任制,确保安全生产。继续深入开展"安全生产年"活动,严查道路运输安全隐患,做好整改工作。开展"安全生产月"活动,悬挂横幅14条、散发宣传资料1 100余份。牵头开展交通安全大检查4次,下发整改通知书41份,提出整改督办意见56条。组织全县运输企业开展安全生产专项整治,重点突出旅客运输,通过挖根源、查漏洞、狠抓源头管理,在全县道路运输行业中及时清查整改安全生产隐患、杜绝事故苗头,进一步加强安全生产管理基础工作,建立健全道路运输安全生产、监督、管理的长效机制。开展道路运输安全生产标准化建设,督促道路运输行业各单位安全生产基础资料达到"三统一、三确定"。运输生产:当年运输企业完成营运收入749.5万元,实现利润13.2万元,上缴税金49.2万元;完成客运量147.8万人次,完成客运周转量13 745万人公里。 (陈向前)

【通渭县】 2011年,通渭县交通项目建设取得新进展。1.重点项目争取情况。一是投资5.98亿元、建设规模74.58公里的马陇二级公路建设项目已批复立项，年内积极配合业主省公路局完成初步设计;二是投资3 762万元、建设规模48公里的靖天公路下张家至通渭公路改建项目已批复立项；三是投资6.67亿元、建设规模50公里的通渭至榜罗革命遗址公路工程可行性研究报告已上报省发改委审查。2.在建项目进展情况。共新建交通项目8项，总投资3 022万元。一是投资987万元、建设规模32.9公里的第一批农村公路建制村通畅工程已全面完成建设任务；二是投资219万元的农村公路养护维修工程完成建设任务；三是投资76万元的县道087线通甘公路李店桥危桥加固改造工程施工图已批复；四是投资106万元的通高公路、定通公路通渭段安保工程完成建设任务；五是投资849万元、建设规模28.3公里的第二批农村公路建制村通畅工程完成施工图设计并已批复，力争年内完成招投标工作；六是投资785万元的县汽车站改扩建工程已完成地基工程，完成投资120万元。

农村公路管养。坚持建管养并重和以养护为中心的原则，从加强管理、完善机制、提高服务三方面入手，继续深入推进农村公路养护管理体制改革。一是靠实责任抓管养。县政府与各乡镇、交通局与乡村公路管理所分别签订了村道养护目标管理责任书，细化了工作任务，明确了工作重点，靠实了工作责任。二是完善机制抓管养。制定印发了《通渭县农村公路养护管理考核奖罚办法》，修订完善了《通渭县农村公路养护管理办法》，明确规定了公路管理养护职责和标准，有效实现了工作重心下移。县乡公路坚持统一作业与分散作业相结合、专业养护与包干到人相结合，日常检查与定期评定相结合的办法；乡村道路以组建各行政村道路管理养护组，实行以家庭承包、个人承包和村社承包、“一事一议”等多种形式的养护方式，并建立了月检查，季评比，年终总评奖罚的工作机制。做到养护工作有制度，任务有指标，岗位有责任，检查有标准，考核有奖罚。三是强化服务抓管养。把重点维修、日常养护和路政管理相结合，全年共投入资金346.5万元对农村公路进行了日常养护，其中投入229.5万元对通甘公路、通静公路等6条公路进行了维护，投入45万元对华兔公路和靖天公路进行了整修，投入38万元储备养护砂、防滑砂1.3万立方米。四是强化执法抓管养。把治理超限超载和宣传教育作为路政管理的重点，努力遏制破坏公路和乱建乱挖的现象。投入资金8.4万元，在3条通村水泥路安装限载门6个；共查处各类路政违法案件5起，依法收缴公路路产赔偿费3.69万元。

道路运输。共完成客运量182.3万人(次)，客运周转量7548.7万人公里，客运收入1 546.1万元，上交税金32.4万元，同比分别增长4.1%、4.1%、30.2%和32.7%。进一步加大道路运输和客运市场整治，先后开展了全县道路客运市场百日专项整治活动、道路客运隐患整治专项行动和“打非治违”行动，通过舆论宣传、联合执法、综合治理，始终保持对客运市场的高压态势和严管细查。通过开展一系列整治活动，查处非法营运车辆60辆、货运车辆20辆，纠正违法违规车辆28车次，查处非法营运黑车6辆。深入开展“安全生产年”、“安全生产月”和“12.4”法制宣传活动，散发宣传资料800余份。继续加强行业监管，严格落实“一岗双责”责任制，加强日常安全生产监督检查，加大各种安全隐患整改力度，严密防范各类安全生产事故的发生，确保了道路运输安全平稳运行。

(张永宁)

【岷县】 等级公路建设。省道306线徐合公路建设协调工作，该工程由省公路局实施，工程于2010年初开工建设。岷县段沿途3个乡镇征地、拆迁工作已全面完成。累计发放征地拆迁费1 577万元。

桥梁建设。1.陈家崖洮河大桥全长266.54米，桥梁宽度9米(其中行车道宽7米)，预算总投资1 102.5万元。工程于2010年11月开工建设，主体工程全部完成。2.秦许学寨西河桥建设项目。秦许学寨西河桥施工图设计由省公路局甘公计[2010]370号文件批复，工程预算总投资89万元。工程于3月开工建设，已建成通车。

县乡公路和通村公路建设。1.通乡公路建设：岷阳至西江通乡油路工程项目。岷阳至西江通乡油路工程项目由省公路局以甘公计〔2011〕203号文件下达计划，公路全长25公里，项目概算总投资2 000万元，该项目工程可行性研究报告已通过省发改委审批，施工图设计及预算2012年2月已通过市局批复。2.通村公路建设：结转2010年农村公路通畅工程。实施结转2010年下达农村公路通畅工程项目共6项29.4公里，总投资1 176万元，涉及2个乡镇6个建制村。工程于2010年8月份开工建设，于2011年5月底全面完成并通过市局竣工验收。3.锁龙至柏家庄旅游公路。路线长4.2公里，路基宽4.5米，路面宽3.5米，天然砂砾路面，工程总投资160万元。工程于2010年9月份开工建设，于2011年5月建成通车并通过验收。4.2011年农村公路通畅工程。争取到农村公路建制村通畅工程共16条62.9公里，总投资2 516万元，其中：第一批项目乡道213线—二郎山等10条39.4公里，工程于5月开工建设，9月全面完成了工程建设任务，通过县上的交工验收；省公路局10月份追加下达锁龙—双燕等6条23.5公里，年内准备招投标工作。5.2011年养护维修及桥梁加固工程。争取到养护维修工程3项(梅维路、战扎路桥、虎砖路)，补助资金129万元，已全面完成建设任务。

站场建设。1.公交车总站建设项目。拟建公交车总站规划已落实，占地面积为20亩，站址位于岷阳镇东照村火烧沟口，正在办理相关手续。2.梅川镇乡级汽车客运站工程。可研已批复，施工图设计已通过省交通厅评审。

农村公路养护管理。全县农村公路养护经费按年财政收入的2%比例列入了县财政预算共85万元，全部核拨到位。投入200多万元建成了沥青拌合场、水泥预制件厂，已投入使用。同时根据工作需要，分片成立了西南川、北路、东山区片3个县乡道养护站，全县18个乡镇都成立了农村公路养护管理所，并统一制作了相关规章制度、图表，悬挂上墙。制定了乡镇农村公路考核办法及全年工作目标管理责任书，印发了《关于下达2011年农村公路养护计划的通知》，并制定完善了《县乡道养护站管理制度》、《农民养护工管理制度》等制度，将任务落实到人，责任落实到岗。先后拨付养护经费85万元，加强县乡道日常养护，发生病害及时治理、修补，确保路面平整，道路畅通，使全县农村公路好路率达到51.15%，综合值达到62.06。并定期不定期对全县农村公路的各类桥梁进行全面检查,建立了桥涵养护管理档案,确保了桥梁安全使用。

路政管理工作。一是成立路政水运办,抽调10名干部充实到路政工作队伍当中,购置交通稽查专用车1辆,配备执法服装。全年共向各乡镇、农村公路管理所、学校、卫生院等社会群体印发《公路安全保护条例》、《甘肃省公路路政管理条例》、《中华人民共和国道路运输条例》学习手册2 000多本、发放布告、宣传单等5 500余份,同时开展交通法律法规进校园、进家庭宣传活动,得到广大师生、群众的好评。并在乡镇明显路段张贴,悬挂宣传标语,在电视台开办了专题节目,并刻录公路安全保护条例、甘肃省公路路政管理条例、中华人民共和国道路运输条例CD碟10盘,分发到交通运输局让各位驾驶员随车播放,各乡镇管理所、村委会通过喇叭宣传,提高了广大群众对三个条例的了解和认识。二是对在公路上私设平交道口、非公路标志、控制红线内违章建筑、乱堆乱放等进行彻底治理,对各种占用、挖掘、侵占、损坏公路设施的行为集中进行整治,确保了全县公路无"三乱"和路产路权完好。并在工作中建立健全了路政巡查制度,集中开展路政案件查处工作,对路政案件发现一起查处一起。全年共出动稽查车巡查里程1 065公里,道路清障共60次,共查处各类违章建筑118平方米,路政处罚案件自行履行6起,并已全部结案处理。

运输生产。全县有运输企业59户,道路运输业完成客运量248万人次,旅客周转量9 895万人公里,货运量269万吨,货物周转量12 145万吨公里。县公用型车站圆满完成了"春运"、"五一"、"十一"黄金周及农民工集中运输任务,各项工作安全有序。公用型汽车站发送客车18 450台次,安全输送旅客40.42万人次,完成营运收入913万元,上交税金15.6万元,分别比上年同期增长1%、3%、2.2%、5.4%。按时保质保量完成县上的各种用车安排,集中输送农民工4.6万人次。

(岷县交通运输局)

【漳县】 2011年,漳县交通固定资产共完成投资24 821万元,其中文殪二级公路改建项目完成投资23 500万元,2011年农村公路、养护维修工程、以工代赈和危桥加固建设项目完成投资1 321万元。1.文殪二级公路改建工程。该项目经省发改委甘发改交运〔2010〕1748号文件《甘肃省发展和改革委员会关于陇西文峰镇至漳县殪虎桥段公路改建工程初步设计及概算的批复》审核批准修建。主要建设内容为:线路全长48.42公里,全线按二级公路技术标准改建,设计速度每小时60公里,路基宽度为12米、10米,全线设置隧道2座2 717米,新建桥梁10座,涵洞108道,加长利用41道,平面交叉191处,设置木林收费站、隧道管理站和养护工区各1处,全线设置完善的防排水设施和必要的交通安全设施,项目总投资为6.02亿元。项目于2011年3月开工建设,年内全线征地拆迁已完成95%,路基、防护、桥梁和隧道工程进展顺利,隧道工程完成隧道洞身掘进1 722米,其中:佛梁隧道掘进938米,中山隧道掘进784米。累计完成投资2.35亿元,占总投资的40%,工程计划2012年10月底建成通车。2.通乡公路工程。石川至新寺和新寺至韩川段通乡公路建设项目全面完成建设任务,于2011年4月通过交工验收。高家沟至石川和东扎口至金钟支线2条通乡公路于2011年12月通过竣工验收。3.农村公路工程。完成2011年第一批农村公路通畅工程35.5公里,完成投资1 065万元。第二批农村公路8条25.7公里,总投资771万元,年内已完成项目前期准备工作。榜沙至黑虎林场林区道路18公里,投资1 080万元,年内实施方案已由省交通运输厅批复。4.以工代赈工程。完成2011年以工代赈项目4条17.1公里,完成投资117万元。5.养护维修工程。完成高新公路高家沟至石川养护维修工程5公里,完成投资109万元。6.危桥加固工程。完成朱家河桥危旧桥改造1座,完成投资41万元。

农村公路养护管理。2011年,按照市政府与漳县政府签订的《农村公路建设养护管理目标责任书》的要求,漳县交通运输部门认真贯彻落实市、县政府及上级交通主管部门有关农村公路建设养护管理的精神,全力以赴紧抓农村公路养护管理工作。年初县政府与交通局、各乡镇签订了农村公路建设养护目标责任书,交通局与各乡镇养护管理所签订了农村公路建设养护目标责任书,各乡镇养护管理所也与村委会签订了农村公路建设养护目标责任书,进一步靠实了工作责任,明确了工作任务,确保了农村公路养护工作的顺利开展。乡镇农村公路养护管理所工作正常开展,年内开展了农村公路"养护月"活动,积极开展养护工作,保障了农村公路的安全畅通。同时在"五一"、"十一"两节来临之前,漳县交通运输局对贵清山旅游公路进行了全面标准化养护,确保了道路的畅通和路容路貌的整洁。年内县政府落实养护资金59万元,确保了农村公路日常养护工作全面推开。

路政管理。2011年,漳县路政管理工作按照市局"三加大一改善"的工作思路,继续扎实开展路政管理工作,有效地保护了路产路权,保障了公路的安全畅通。一是加大路政法律法规的宣传力度,深入开展了路政法律"宣传月"活动,路政管理人员共在一城二镇(漳县县城、金钟镇、四族乡)繁华地带设置咨询台,接受群众咨询,散发各类传单5 000多份。二是在全县主要养护线路陇漳路、高新路、北青路刷新永久性宣传牌10块,在主要路段醒目位置书写固定宣传标语20条。三是进一步加强公路巡回检查力度,及时纠正侵占公路用地和损坏公路设施的行为,清理乱堆乱放120多处,查处公路违法案件4起,结案率100%。

道路运输发展。2011年,加强项目建设,进一步完善道路运输基础设施,年内完成漳县公用型汽车站建设,主体工程已投入使用。道路运输工作坚持以结构调整为主线,以降耗增效为前提,以集约化、公司化经营为目标。全年更新中高级客车13辆,新增中型货车9辆,小型货车20辆,通过招商引进漳县荣昌出租车有限责任公司,一次性投放出租车25辆,使全县营运车辆达到了316辆。同时,积极推进城乡客运一体化进程,实现乡镇客车通达率达到100%,行政村通车率达到85%以上。认真做好车辆审验工作,年内共审验道路运输车车辆316辆,其中客车179辆,货车127辆,教练车10辆。不断加强驾培市场管理力度,漳县职中驾校硬化教练场地6 000平方米,新购置教练车1辆,教学车辆全部安装了GPS定位系统。运管部门加强监管,规范运输市场,年内圆满完成了城区90余辆三轮载客摩托的退市,开通了城区公交车,投入运行公交车11辆,规范了道路运输市场秩序。 (黄拴喜)

庆 阳 市

概　　述

【交通基础设施建设】 2011年全市共实施高速公路建设项目2个,机场改扩建项目1个,二级公路建设项目3个,新建改建农村公路(水泥路)982公里,运输站场建设19个,是近年来交通基础设施投入资金最大、发展速度最快、人民群众享受发展成果最多的一个时期,累计完成投资63.58亿元,比上年同期增长61%以上。(一)重大项目建设。1.高速公路:①西长凤高速公路,总长75.75公里,总投资32.5亿元,经过3年艰苦卓绝的工作,已于12月22日建成并顺利通车,结束了庆阳不通高速公路的历史。②西雷高速公路,全长126.7公里,估算投资93.5亿元,已完成投资27.6亿元。③国道211线甜水堡至庆城至罗儿沟圈高速公路完成了交通量经济分析调查工作,正在编制工可研报告。④打扮梁至庆城高速公路完成了工可研工程方案现场踏勘选线调查工作。2.二级公路:“十二五”规划的10条二级公路已开工建设3条,累计完成投资6.5亿元。①宁长二级公路,全长157公里,总投资12.3亿元。已完成投资6亿元,路基、路面及桥涵工程均按照项目建设计划进度有序推进。②庆镇二级公路基本完成征地拆迁和驻地建设工作。③新南二级公路正在加紧登记丈量工作,12月底可全面开展征地拆迁工作,明年3月底完成。

(二)农村公路建设。2011年全市农村公路建设工作共召开农村公路油(水泥)路建设正宁、宁县、合水现场会3次,调度会2次。1. 通乡油路:2010年追加的项目3条47公里,总投资3 324万元。目前完成3条,累计完成路基47公里,路面47公里,累计完成资金3 864万元,占总投资的116.25%。2011年计划下达通乡油路项目6条,211.5公里,总投资1.59亿元。目前完成6条,累计完成路基211.5公里,路面211.5公里,累计完成投资15 581万元,占总投资的98%。2. 通畅工程:2011年计划下达通村油路、水泥路通畅项目38条288.9公里,补助投资8 130万元;目前完成38条,累计完成路基288.9公里,路面288.9公里,累计完成资金16 804万元,占总补助资金的206.69%。3. 养护维修工程:今年下达的养护维修项目12个59.99公里,补助资金1 707万元,目前完成12条,累计完成路面59.99公里,完成资金2 062万元,占总补助资金的120.80%。4. 安保工程:今年下达的安保工程3条97公里,补助资金205万元。目前已完成3条,累计完成资金205万元,占总补助资金的100%。5. 危桥改造工程:2011年下达的危桥改造项目4座,补助资金505万元。目前完成4座,累计完成资金1 079万元,占总投资的213.66%。(三)公路养护。基本实现了“有路必养”的目标。全市列养的1 380公里县道、1 480公里乡道和7 400公里村道公路技术状况指数(MQI)值分别达到85、83和71,农村公路养护率达到100%,保证了辖区内公路基本完好畅通。年平均好路率达到85%以上,综合值达到90以上,标准化养路达到520公里,树立文明样板路320公里。保证了路况完好,晴雨通车。

【路政管理】 一是制定下发了《全市农村公路路政管理工作实施意见》,全市路政执法人员由23人充实到107人。加大了执法宣传力度,深入开展了《公路安全保护条例》和《甘肃省公路路政管理条例》的宣传贯彻工作,以日常巡查和集中整治相结合,坚持“五四”巡查制度,治理超限车辆2 300多辆次,超限运输率控制在5%以下,路产路权得到了有效维护。二是加大了路政执法和治理公路“三乱”力度。主要列养路线无打场晒粮现象,路面无堆积物,边坡路基平整,边沟无阻塞。及时查处了各类违法、违规和侵占损坏公路案件,案件查处率年达到98%以上,结案率96%以上。同时明查暗访,查纠公路“三乱”行为,有力的保证了公路的完好畅通和全市所有公路基本无“三乱”的目标。

【站场建设】 2011年规划预安排实施的运输站场建设项目315个,总投资1 050万元。上半年开工建设5个,完成投资400万元,占总投资的45%。其中,行政村停靠站300个,已全部完成选址等待省上批复;乡镇汽车站15个,5个已开工建设,其他的正在协调征地等有关工作,列入“十二五”规划的镇原综合客运中心项目概算投资2 035万元,经多方争取,已于3月份提前开工建设,完成投资650万元。

【运政管理】 2011年市、县运管部门共查处取缔违规从事经营活动的“黑车”(证照不全)360辆,并对于长期以来非法经营、抢客拉客的西峰—庆城、西峰—宁县的小轿车进行了整顿,纳入行业管理,定点排班,规范了运营秩序。

【规划编制】 编制上报了《关(关中)天(天水)经济区发展规划——庆阳市“十二五”交通发展规划》、《鄂尔多斯能源开发——庆阳市交通运输‘十二五’发展规划》、《循环经济建设——庆阳市交通运输‘十二五’发展规划》、《庆阳市‘十二五’交通运输发展规划》、《庆阳市‘十二五’交通运输农村公路建设发展规划》、《庆阳市‘十二五’交通运输综合运输发展规划》等十余项规划。

【建议提案办理】 根据市政府的安排,由市交通局承办的政协提案共 11 件,11 件提案涉及政协委员 47 名, 已全部办理完结,办理结果已寄给各政协委员。从内容看委员们最关心的是出行畅通和安全问题。11 件政协提案涉及农村公路建设的 4 件,国、省道管理的 2 件,客运市场管理的 1 件,取消收费站的 2 件,提升出租车司机素质和道德教育的 2 件。从办理结果看,11 件提案基本落实或正在落实的 A 类提案 3 件,有望落实的 B 类提案 8 件。在建议提案办理上,内部交办明确, 办理答复程序规范。按期办结率达到 100%, 满意率达 100%。 (汪永才)

一区七县

【西峰区】 交通基础设施建设。 全年项目建设累计完成投资 2.4 亿元。(一)征拆协调工作。1. 西长凤高速公路建设项目:共签订附属物统征协议 1 389 份 (全迁户 198 户,半迁户 1 191 户),签订土地统征协议 84 份,兑付高速公路征用补偿款 9 703 万元,完成庄基搬迁 198 户,提交项目建设用地 2 116 亩,全线工程量已基本完成,个别征拆遗留问题正在积极稳妥处理中。2. 西雷高速公路建设项目:西雷高速公路西峰段我局配合彭原乡、土管局等单位对线路涉及的征拆地段完成了土地丈量和地面附属物登记。等待征拆资金到位后兑付拆迁款,交付公路建设用地。3. 庆镇二级公路建设项目:庆镇二级公路西峰段全长 14.8 公里,该项目主要由市交通局和公路局实施。我局主要配合协调征拆工作,正在积极配合市局开展征拆协调工作。(二)公路项目建设。1. 西环路南段拓宽取直工程:南起南五路,北至兰州西路,全长 3 995 米。全线采用城市Ⅱ级主干道标准建设,路面宽度 60 米,采用四板块形式布置, 双向 8 车道, 工程概算投资 10 161 万元。 已全部完成土路基 3 875 米,综合管沟沟槽开挖 3 995 米,雨污管沟开挖 7 960 米。路缘石安装 33 公里,下剩 6 950 米,主车道水稳层已铺完,铺油罩面剩余 100 米,副车道水稳层剩余 800 米,铺油罩面剩余 3 000 米。2. 西峰区毛家寺至巴家咀环川三级公路新建工程:建设标准为三级公路技术标准,路基宽度为 8.5 米,全长 33.2 公里,工程概算总投资 16 256.25 万元。全线共分为三个标段,毛家寺至纸坊为第一标段;纸坊至北石窟为第二标段;北石窟至巴家咀为第三标段。今年一标段已完成挖土方工程量 89.18 万立方米,路基填土方 49.91 万立方米,建设桥梁 1 座,长 50.33 米。 圆管涵 13 道全部完成,盖板涵 10 道,灌溉涵 4 道。二标段现已完成垫层铺砂工程,路基挖土方 69.32 万立方米,路基填土方 21.16 万立方米,圆管涵 379 米,灌溉涵 63 米,盖板涵 77.9 米,桥涵台背回填 8 820.34 立方米。三标段正在进行桥涵工程施工。概算完成投资 8 700 万元。3.西峰区工业园区董北公路改建工程:工业园区董北公路改建工程起点世纪大道末端,终点冯堡村街西。全长 2 834.46 米,按城市一级主干道标准建设。红线控制宽度为 80 米,双向 8 车道。总投资 1.09 亿元。该项目现已完成综合管沟开挖 990 米, 排水管道完成 4 117 米, 路基填方完成 3.76 万立方米,挖方完成 2.98 万立方米,涵洞完成 84 米。4. 西峰区工业园区 A1、A3 路新建工程: A1 路为南北走向,北起董北路,南接 A3 路,全长 2 893.56 米,按城市Ⅱ级主干道标准建设,总投 9 295.31 万元。A3 路为东西走向,起点接省道 202 线,终点接工业园区 B1 路。全长 2 257.71 米。总投资 7 252.69 万元。以上两条道路于 2011 年 9 月 29 日进行了公开招标,由庆阳市宏达路桥公司承建。(三)通村油路工程:1. 通村公路续建项目:2011 年以前通村油路结转续建项目 2 个, 总里程 15.63 公里,总投资 1 017.74 万元。①董志至陈户油路工程全长 10.01 公里,总投资 790.04 万元,全线采用四级公路技术标准修建,路基宽 6.5 米,路面宽 5.0 米;工程于 2010 年 9 月开工,2010 年完成土路基, 砂砾垫层,2011 年开始做水泥稳定层和吴川大桥及部分附属工程,8 月 14 开始沥青罩面,目前全线道路工程基本完成, 吴川大桥正在做片梁和后续工程。②下马村道:全长 5.62 公里,总投资 227.7 万元,按公路四级标准修建。2010 年 10 月开工, 当年完成部分土路基。2011 年 4 月开始做砂砾垫层,水泥稳定层,9 月 21 日开始沥青罩面,全线已完工。2. 通村公路新建项目:今年实施的新建项目 13 个,总里程 53.7 公里,总投资 1 794 万元。其中省列第一批计划 8 个,总里程 30.1 公里,总投资 1 006 万元;省列计划第二批 5 个,总里程 23.6 公里,总投资 788 万元。第一批省列计划共分为 5 个标段。其中:Ⅰ标段,地庄至公刘庙(地庄段、齐庄段、北庄至东坳段)全长 4.21 公里,总投资 231.76 万元,为水泥路面。目前齐庄段 2.6 公里已完成路基、砂砾垫层、水泥稳定层,水泥面层于 9 月 26 日完工。地庄段路基、垫层、水泥稳定层于 10 月底完工,目前全线已完成施工任务。北庄至东坳段(皮革厂巷)总长度 2 公里,目前地下排水工程,垫层、水泥稳定层,沥青罩面等工程已全部完工。Ⅱ标段,公刘庙段(公刘庙段、新庄段),全长 2.92 公里,总投资 220.62 万元, 主线公刘庙段路面宽度 6.0 米, 支线新庄段路面宽度 4.0 米,目前全线已完成土路基、砂砾垫层及水泥稳定层、水泥路面等全部工程已完工。Ⅲ标段,(何家坳至崔家山、西合路至宫家咀)全长 5.02 公里,总投资 217.25 万元。目前该项目已完工。Ⅳ标段(南庄新庄至北田)全长 3.0 公里,总投资 125.0 万元,已做完砂砾垫层、水泥稳定层,十月份完成沥青罩面,目前全线已完工。Ⅴ标段,(什社至李岭)全长 4.0 公里,总投资 165.39 万元,已于 9 月底完成沥青罩面,全线完工。

公路养护与路政管理。一是公路养护体制改革顺利。2011 年把农村公路养护管理工作当作“关注民生、为民办事”的重点来抓,牢固树立“公路建设是发展,公路养护管理也是发展”的新理念,坚持建、养、管并重,为了确保把养管任务落到实处,成立了西峰区公路局,建立区、乡、村三级养护机制(乡上成立了农村公路管理所,村上成立农村公路管理站),全部达到“五有”标准(有人员、有制度、有办公场所、有经费、有任务), 为农村公路养护管理工作提供了有力地组织和人员保证。制定了《西峰区农村公路养护管理办法》、《西峰区农村公路养护管理制度》、《西峰区农村公路养护管理检查考核办法》,按照县道县养、乡道乡养、村道村养的原则,将养护管理任务分解到区公路局和各乡镇、村组,逐级层层签订《农村公路养管责任书》,做到责任清、任务明。同时,将农村公路养管工作纳入年度乡(镇)经济目标管理考核之中,加大评分权重,实行"年终总评,以奖代补"的考核机制。二是公路养护管理成效显著。按"有路必养,养必有效"的原则,做到突击养护、日常养护、抓示范路相结合,确保了路况良好,路面畅通。今年对全区 1 043 公里(县道 2 条 40 公里,乡道 4 条 55 公里,村道 46 条 939 公里)的农村公路进行了全面的养护及水毁维修,按照春季重点整治路面病害,夏季加强边沟等排水设施的清淤和路面坑槽搓板整平保畅通,精心组织,落实目标责任,对全区农村公路重要路段进行了养护。全年公路养护共开挖边沟、修整边沟、培路肩 40 公里,挖土方 2 100 立方,回填方 1 282.6 立方,回填白灰砂砾 245 立方,挖补坑槽 3 000 方,整修边沟 32.53 公里,铺油罩面 2.5 万平方米,完成投资 390 万元。在重点整治的同时,加强日常养护工作,公路局将备料、公路险情排查、病害整治做为重点,制定切实可行方案,组织力量开展道路修复,公路养护率达 100%,好路率 72%,综合值达 72。基本实现了"有路必养,养必有效"的目标。三是公路管理常抓不懈。从宣传引导教育入手,通过报刊、电台报道、散发宣传单、悬挂横幅、标语等多种形式进行宣传,全年共散发宣传单 1 万余份,出动宣传车 40 余次,悬挂横幅 25 条,刷写标语 300 幅,大力宣传《公路法》、《路政管理条例》和《农村公路养护管理办法》及《实施细则》等法律法规。坚持日常上路巡查,重点治理城乡结合部和居民集中区过境段脏乱差现象,及时查处和制止侵占路产行为 4 起,清排路障 5 处,取缔马路市场 8 起,制止违法建筑 600 平方米,清理路面堆积物 160 起 2 780 立方米,查处铲除道路用地范围内各类非法宣传广告牌、门架 18 个,在东北方、西南方设立两处流动治超点,共处理超载案件 45 起,收回公路补偿费 5.25 万元,罚款 8 500 元。坚决制止超载和乱挖乱建,维护道路交通安全畅通,实现了"有路必管,管必有效"的目标。肖显公路大中修工程:西峰区肖(金)显(胜)公路全长 14 公里,2003 年按四级公路改建,路基宽度 6.5 米,路面宽度 5.5 米,路面为 3 厘米厚沥青表处。今年我局按省厅下达的大中修工程任务,对显胜街道以北 6 公里加 500 米至 9 公里加 500 米路面由庆阳市胜利筑路有限公司进行重铺,已全部完成沥青路面重铺 3 公里 16.5 万平方米,完成投资 150 万元。

交通运输平稳运行。大力推进农村客运网络建设,客运班车通达深度和服务质量进一步提升。以肖金汽车站为中心,向周边行政村辐射,增加"村村通"小型客车,使乡镇通车率达到 100%,行政村通车率达到 95%。全区辖道路运输企业共 227 户。其中:客运企业 8 户,汽车客运站 3 个,货运企业 7 户,货运站场 1 户,二类维修企业 25 户,三类维修企业 183 户。共有营运车辆 3 495 辆,其中:旅客运输车辆 164 辆;出租车 875 辆;定线小轿车 140 辆;货物运输车辆 2 316 辆。全区共有客运线路 96 条,其中:跨省线路 3 条,跨市线路 3 条,跨县线路 59 条,区内线路 31 条。从业人员达到 600 人。担负着西峰区旅客运输、货物运输和机动车维修任务。道路运输业的快速发展,保障了人民生活必需品和生产建设任务的运输,有力地支援了工农业生产,方便了广大旅客安全快捷的出行,提高了运输保障能力。 (贾 娜)

【庆城县】 交通基础设施建设。(一)重点工作取得新成果。1. 项目工作取得新突破。一是项目资金:今年年初我们千方百计与上级业务部门多联系、多汇报,利用各种渠道和途径共争取项目资金 8 281 万元,其中争取 12 条 80.9 公里农村公路项目资金 2 023 万元,争取 2011 年危桥改造建设项目资金 186 万元,争取养护维修工程项目资金 149 万元,争取周祖陵景区道路、庆南路改建项目资金 1 000 万元,争取油区道路养护资金 100 万元。争取 2011 年市级农村公路建设补助资金 296 万元。争取高楼街道建设补助资金 30 万元,农村公路水毁资金 297 万元。争取建制村通畅工程项目资金 1 048 万元。争取化工厂道路建设资金 32 万元。争取油田道路维修资金 120 万元;争取南门宽幅路(雷西高速庆城出口引道延伸段)建设资金 3 000 万元。二是 50 万以上项目建设完成情况:实施 50 万元以上建设项目 25 项,总投资 9 667.94 万元,完成投资 8 046.16 万元,其中:农村公路建设项目 22 条 159.52 公里,完成投资 6 649.16 万元;农村公路养护维修工程,完成投资 580 万元;农村公路水毁维修工程,完成投资 397 万元;交通大厦建设工程,完成投资 420 万元。2. 突破性工作取得新进展。一是西河大桥项目已完成初设,工程总概算 1 894.8 万元。全长为 120 米,宽为 12 米,桥高为 22 米,桥梁引道为 410 米,结构为 6 孔 20 米钢筋混凝土预应力空心板桥。今年 6 月份已完成前期准备工作,因该桥为县自筹项目,待县上确定具体招标时间,才能招标建设。二是莲池至高楼项目我局已争取到位,目前已开工建设,董冰路、庆南路改造项目已纳入省上计划,目前正在做勘测设计;三是交通大厦已全面竣工,我局已于 6 月 24 日搬迁至交通大厦开始办公;四是雷西高速征地拆迁配合工作及银西高铁测设协调配合工作。雷西高速征地拆迁配合工作庆城县交通局和相关各单位完成了土地丈量、登记、造册、补偿标准公布、下拨赔偿款等一系列工作,驿马、葛崾岘、庆城、白马四乡镇已全部移交工程用地,目前本县境内各标段工程进展顺利;银西高铁测设工作我局积极参与配合,已完成我县境内外业踏线及测设工作。3. 业务工作取得新成绩。一是公路建设成效显著。2011 年共实施农村公路建设项目 22 条 159.52 公里,完成投资 6 649.16 万元。截至年底,续建工程 12 条 85.66 公里已完成 10 条 72.46 公里,占目标管理任务的 102%;争取新开工建设项目 10 项 73.87 公里,目前已完成 3 条 3.79 公里,占目标管理任务的 126%。这些农村公路的建成,将有效解决沿线及周边 6 万多名群众出行难的问题。二是公路养管达到新水平。2011 年对全县农村公路通行状况和安全隐患进行了大排查,编制了详细的档案,对于存在较大安全隐患的路段进行了维修处理。在坚持经常性养护的基础上,开展了春秋两季农村公路养护专项整治活动,重点抓了县、乡油路和通村砂路的整修维护,补植了行道树,养护投入共计 580 万元。同时花费巨资修建的葛崾岘道班和蔡口集道班已投入使用,签定农民个人承包养护合同 223 份,使养护工作由点向面不断延伸,养护率达 100%。列养路线好路率 72.05%,综合值 78.51。主要养护路线好路率79.3%,综合值81。大大改善了农民群众的出行条件。路政管理方面,我们以4月份我县被省路政总队确定为全省农村公路路政管理试点县为契机,进一步健全完善了县、乡、村三级机构,各乡镇配备了2名专职协管员,各行政村管养站聘请了1名群众路政信息员,全县共聘请223名群众管养员,"四员"联动,实现了农村公路路政管理无缝隙覆盖。县路政执法大队加大了路政巡查力度,坚持"六八"巡查制(即每周不少于6天,每天不少于8小时),扎实开展路政巡查治理工作。共清除公路乱堆乱放18处83平方米,制止违法设立广告牌13起,拆除建筑控制区内违章建筑5处,查处侵害公路违法案件17起,结案率100%。同时,面对农村公路超限运输严峻形势,采取"固定为主、流动为辅"的方式加大了治超工作力度。有效地保护了路产路权,路产完好率达到97%。

安全生产。1. 年度安全生产工作开展情况。2011年建立健全了安全生产各项工作制度,与各施工企业、下属单位签订了《安全生产责任书》,制定了严格的考核奖励办法,落实了责任制,并定期组织检查,发现问题及时督促整改,消除了安全隐患。年内召开系统安全生产工作例会12次,并组织开展了安全生产专项整治活动和宣传月活动,编发《农村公路安全生产知识读本》120余本,取得了较好的效果。2011年我局未发生任何不安全事故,安全生产工作形势稳定。2. 安全生产大排查大整治电视电话会议精神贯彻落实情况,根据安全生产大排查大整治电视电话会议精神和"11.16"正宁发生的特大交通事故血的教训,我局迅速行动,加强组织领导,周密安排部署,认真开展了交通系统安全生产大检查工作。(1)紧急会议召开完毕后,我局立即召开了专题会议,成立了安全生产大检查领导小组,要求局属各单位要立即行动起来,全面开展自查自纠,深入检查,不留死角,切实从源头上排查治理各类安全隐患,把安全管理提升到一个新的水平,彻底杜绝此类悲剧的再次发生。(2)县公路局对全县所有道路项目进行了安全生产大排查,对存在问题的施工单位下发了整改通知书,并督促相关责任工队做好整改工作。同时将我局自己编制的安全生产知识小读本和县安监局印制的安全生产知识小册子共计200份发放给公路建设施工企业人员及运输企业人员,现场讲解了安全生产基本常识。(3)县路政执法大队加班加点利用两天时间对我县115条1 031公里农村公路进行了安全隐患排查,对于检查出的隐患问题,及时组织相关工队进行了抢修,对缺失的防护设施和警示牌进行了补做。针对2011年的特殊气候和雨雪天气,我局组织人员对全县主要道路配备养护砂,确保道路安全畅通。同时,路政执法大队组织执法人员和乡镇党委、派出所、司法所、武装部、村委会等单位共同联合执法,到县乡公路上严查超限超载车辆50余辆,取缔非法公路旁乱推乱放、占道经营16处。处理违法穿越挖掘公路路肩、边沟埋设输油、输水油管线案件5起,结案5起,庆城电视台新闻媒体对此次执法行动进行了报道。(4)县运管局对汽车南站班车进行了集中整治,督查了"三不进站、五不出站"制度落实情况,对城市公交和农村客运汽车排查了安全隐患,上路对客货运输车辆进行了检查;年内共检查运输企业、汽车客运站、维修企业、驾校共34家。(5)县运输企业和车站进一步加强了安全生产工作,对班线客车、出租车、公交车的车况进行了全面的检查,保证车辆在良好的状况下运行。

(庆城县交通运输局)

【环县】 交通基础设施建设。1. 道路规划情况。(1)积极争取衔接上报建设项目。2011年经过多方争取,共落实公路建设项目10条213.6公里,其中:洪罗、甜南通乡油路2条120.1公里,唐塬、刘家塬等通村油路6条74.5公里,山城堡战役遗址三级油路10公里,秦团庄至狗拉壕出境路9公里,落实大洪公路大中修项目15.2公里,曲子镇楼房子村姬家河沟过水桥1座,环城镇鸳鸯沟环江河大桥1座,共落实项目资金1.27亿万元。衔接上报2012年通乡油路1条33.5公里、通村油路11条392公里。(2)依照规定按照标准测设线路。2011年以来,环县交通局委托有资质单位测设通乡油路2条、出境路1条、红色旅游线路1条,通村路3条,自行测设通村路3条,承接测设扶贫路、财政一事一议路52条342.9公里,总计测设里程达556.4公里。2. 道路建设情况。(1)通乡油路:今年市局下达县通乡油路2条120.1公里,即:洪德至罗山65.5公里、甜水至南湫54.6公里。目前已委托甘肃科地工程咨询有限公司完成外业测设工作,正在进行施工图设计和预算编制工作,年底完成招标工作,明年4月初开工建设。(2)通村沥青(水泥)路:环城镇张滩滩至唐塬通村沥青路23.19公里、木钵镇李湾湾至刘家塬通村水泥路11.81公里于2011年10月17日完成招标工作,总投资1 670万元,于10月29日开工建设,计划年内完成土方工程,预计明年8月底建成。(3)结转工程:杨三公路范家湾至陶洼子段大中修,全长10.45公里。累计完成工程量370万元,现已竣工。(4)扫尾工程:今年上半年,突击会战百天,全面完成了历年下剩的13项扫尾工程,累计完成工程量650万元。(5)大洪路洪德至耿湾段暨耿四路改建工程:这段路全长43.48公里,分别于2003年、2004年建成,2008年采七进驻该区域后路面彻底破坏,经市、县衔接由采油七厂投资改建。然采七厂没有按照我局提出的技术要求施工,既不备案任何施工资料,也不接受业务部门的质量督查,一意孤行,我行我素。因该改建工程是市县人大代表的一件议案,在跟随人大领导视察时发现工程质量较差,管理工作不到位,反馈采七后仍不予理睬,导致该段道路改建工程设计明显不合理,施工明显不规范,质量明显不达标。市县业务部门均束手无策,无法管理。(6)县列工程:今年县政府安排交通三项工程,总投资103.8万元。代樊路挡墙工程和陶洼子街道排水工程已全部完成,完成工程量93万元。八珠乡街道排水工程由于乡政府对毁物补偿资金筹措不到位,至今未开工建设。

农村公路养护。1. 日常养护:对全县6条243公里通乡油路、7条68公里通村油路、115条1 206公里通村砂砾路的路面、边沟、涵洞、桥梁进行了全面维修、养护,累计整修路基669公里、路肩475公里、清理边沟447公里、维修疏通涵洞17道、维修混泥土边沟5 700米、新修混泥土边沟2 030米、清理塌方24处2.3万立方米、铲除油面淤泥37 501平方米、修补油面580平方米、新修混泥土过桥87处244米、维修桥梁锥坡2处、砂砾路补砂9 870立方米,累计完成工程量493万元。使列养路段的MQI值达到85以上。2. 抢险维修:一是对耿秦路山体滑坡、王车路、环固路、虎小路路基塌陷进行抢险维修,累计投入抢险资金56万元。二是对水毁的洪罗、甜桐、环何、环固、杨三、王车、大洪、毛井至李上山等8条公路主干线进行了抢险抢修。累计投入资金218万元。3. 创建中心示范道班、打造文明样板示范路：向市公路局争取资金25万元，在范家湾道班实施了扩地扩建工程，改造增加用地441平方米，新建机械工棚6间220平方米，达到了中心示范道班标准。投入资金41万元，完成杨三路文明样板路养护18公里、杨三、环固路标准化道路养护90公里。

路政管理。1. 加大宣传力度，营造执法氛围。《公路安全保护条例》、《甘肃省公路路政管理条例》今年8月1日颁布实施后，利用电视台滚动播放《条例》原文90次，在县城悬挂横幅120条、在乡镇张贴标语1 580条、农村集市散发材料1.2万份、深入运输企业宣讲12场次。出动宣传车4台上路宣传40人次。同时，强化了执法人员对两个《条例》的学习。通过宣传，使广大人民群众了解了条例的内容，通过学习使执法人员提高了路政管理水平。2. 推行“三员”联动，健全组织机构。2011年聘请义务“路政信息员”56名、“路政联络员”115名，“路政管理员”21名，全面负责提供所辖路段路政案件线索，对“三员”实行举报有奖制度，凡举报一次违法案件，奖励100元。今年前三季度，经“三员”举报现场处理和立案查处破坏路产路权案件就达37起，罚款4.1万元，有效地提高了路政案件查处质量和效率。

实行依法治路，维护路产路权。全年共查处损坏公路警示牌19个、路桩51个、里程碑23个、损坏混泥土边沟243米、破坏限高限宽设施1处；清理填没堵塞边沟、路肩堆土252方，清理水沟堆放牲畜粪便柴草等杂物62处，收取补偿费9.31万元。积极配合扬黄续建局安装穿越公路管线34处277米，有力维护了公路路产路权。

强化路政巡查，整治超限超载。通过坚持“五四”巡查制及重点蹲守和流动治超相结合，在已建的7条通村油路入口处设置了限行设施及警示标志，修建限高双管门和限宽水泥墩10付，杜绝了超限超载车辆驶入。同时利用移动测重仪在通乡油路主要路段进行了重点蹲守和流动检查，共查出超限超载车辆560辆，劝返420辆，卸载95辆，收取超限超载公路补偿费3.2万元。 （闫建春）

【华池县】 交通基础设施建设。1. 项目资金争取。县上下达任务2 000万元，实际完成5 290万元，是下达任务的2.6倍，超额完成3 290万元。2. 规模投资。县上下达任务2 000万元，实际完成6 726万元，是下达任务的3.4倍，超额完成4 726万元。3. 招商引资。县上下达任务1 000万元，实际完成1 079万元，引进农村公路养护企业1家。目前，该企业已开始营运，达到了“六有”标准，即：有执照、有资质、有场所、有人员、有机械、有流动资金。4. 项目前期工作。年初，县上下达的项目前期计划是完成李良子至上里塬、悦乐至铁角城（元城至铁角城段）、通村油路及新南二级公路4条项目的前期工作。至2011年底已全部完成。5. 农村公路项目建设。2011年，全县农村公路建设项目共6项9条114.13公里，计划总投资8 432.56万元。目前，已完成项目5条86.08公里，在建项目4条28.05公里，累计完成投资6 726万元。(1)建制村通畅项目。2011年，市交通运输局以庆市交发(2011)78号文件下达计划，以庆市交发(2011)180号文件批复施工图设计，批复2011年建制村通畅工程5条36.05公里，总投资2 321.86万元。其中：元城至林沟崾岘通村油路9.5公里，预算总投资627.77万元。目前，该工程已完成土方89.9万立方米，石方8 667立方米，涵洞9道。完成投资153.6万元。油坊咀至碾子掌通村油路4.2公里，总投资298.33万元。目前，该工程已完成土方3.48万立方米，涵洞4道39.5米，砂砾垫层20 242平方米。完成投资106.47万元。毛上公路至南湾通村油路8公里，总投资298.32万元。目前，该工程已完工，共完成土路基8公里，3厘米厚热拌沥青碎石混合料面层3.6万平方米，15厘米厚5%水泥稳定砂砾基层3.72万平方米，10厘米厚天然级配砂砾石垫层3.92万平方米，培路肩2万平方米。完成总投资298.32万元。关道岔至刘沟通村水泥路5.35公里，总投资421.1万元。目前，该工程土路基拓宽基本完成，3座加宽桥梁全部完成，1座新建桥梁基础已开挖到位。累计完成投资74.1万元。赵咀子至曹塬（赵咀子至刘沟岔段）通村水泥路9公里，总投资704.67万元。目前，该工程完成土方8.9万立方米。完成投资95.3万元。(2)以工代赈项目。华池县李良子至上里塬公路改建工程，由甘肃省发展和改革委员会以甘发改赈迁〔2010〕768号文件批复工程可行性研究报告，由甘肃省交通运输厅以甘交建〔2011〕31号文件批复施工图设计，全长18.58公里，工程预算总投资1 098.41万元。年底，该工程已完工，共完成路基土方18.56公里3.46万立方米；填土方8 778立方米；铺筑10厘米天然砂砾垫层13万平方米，15厘米水泥稳定砂砾基层18.56公里1 261万平方米；新建涵洞2道33米；铺筑3.5厘米厚沥青碎石路面18.56公里11.78万平方米；安装标志牌23块；安全护柱553根；完成投资1 098.41万元。(3)企地共建油路项目。柔（远）高（桥）坪（庄）企地共建四级油路改建工程，由市发改委以庆市发改〔2010〕310号文件批复工程可行性研究报告，市交通运输局以庆市交发〔2010〕148号文件批复施工图设计及预算，全线采用四级公路工程技术标准建设，路线全长42.51公里，批复总投资3 846.61万元。目前，该工程已完工，共完成路基挖方162.16万立方米，路基填方51.82万立方米，路基石方7 589立方米；混凝土边沟加固19.6千米，排水沟1 069米，挡土墙5处3 214.39立方米；油路面铺筑42.51公里。新建桥梁5座198.75米，维修利用桥梁9座232.7米；新建钢筋混凝土圆管涵15道144米，石拱涵1道8.55米，维修利用涵洞72道604.84米。完成投资3 846.61万元。(4)养护维修工程。悦铁公路养护维修工程，由市交通运输局以庆市交发(2011)128号文件下达计划，以庆市交发(2011)206号文件批复施工图设计，其中：县道017线悦铁路（元城至乔川段）5公里；县道017线悦铁路悦乐街道1公里。批复预算金额为297.59万元。目前，该工程已完工，共完成挖除旧路面层3.08万平方米，处理沉陷379平方米，铲除拥包220千平方米，重铺病害处置3厘米厚热拌沥青（碎石）混合料面层734平方米，5%水泥稳定砂砾补强基层3.32万平方米，重铺3厘米厚热拌沥青（碎石）混合料面层3.02万平方米，2厘米厚沥青表处罩面1.2万平方米。完成投资297.59万元。(5)2010年结转项目。元城至老庙咀通村水泥路建设工程，由庆阳市交通运输局以庆市交发(2010)89号文件下达建设计划，以庆市交发（2010)165号文件批复施工图设计，全长11公里，审核预算金额为755.09万元。该工程于2010年8月20日开工建设，于2011年10月30日完工。共完成路基11公里，挖土方3.84万立方米，填土方8.28万立方米，新建1~1.0米钢筋混凝土圆管涵16道127米，维修1~1.0米钢筋混凝土圆管涵13道98.8米，现浇C20混凝土梯形边沟加固2 365米287立方米，现浇C20混凝土梯形排水沟加固260米50.91立方米，现浇C20混凝土边沟涵一字墙131米6立方米，现浇C15混凝土矩形急流槽280米170.64立方米，M7.5浆砌片石挡土墙12米38.4立方米，维修石拱桥6座，M7.5浆砌片石8.98立方米，C25混凝土栏杆系6.509立方米，10厘米厚天然级配砂砾石垫层4.94万平方米，15厘米厚5%水泥稳定砂砾基层4.86万平方米，18厘米厚水泥混凝土面层4.1万平方米，C20钢筋混凝土安全护柱381个13立方米，安装里程碑11块；标志牌46块。完成投资755.09万元。(6)危桥改造工程。市交通运输局以庆市交发(2011)162号文件下达我县危桥改造工程为寇沟门桥，桥长67米，桥宽6.5米，补助资金113万元。年内已上报施工图设计，待批复后将立即组织施工。(7)正在前期阶段的项目。共4条44.54公里，估算总投资3 158万元，其中：省发改委和财政厅以甘发改投资〔2011〕1460号文件下达元城至铁角城通乡油路23.74公里，估算总投资2 326万元。市交通运输局以庆市交发〔2011〕255号文件下达路琪至蒋塬通村水泥路8.2公里，估算总投资328万元；王塬至李家塬通村水泥路5公里，估算总投资200万元；鸭儿洼至土坪通村水泥路7.6公里，估算总投资304万元。以上项目均在施工图设计阶段，待批复后我县将组织实施。同时，全县15个乡镇按照县政府年初的安排，完成了39条271.5公里的村组道路建设任务。

农村公路养护管理。2011年，全县共列养农村公路1 131公里，标准化养护82公里，县财政列支养护资金329万元(含转移支付29万元)。1. 日常养护。共完成县乡公路疏通边沟、铲草累计1 533.4公里，完成砂路补砂、坑槽处理1.63万立方米，油路翻浆、坑槽等病害1.46万平方米，清理塌方2.44万立方米，填水毁路基1.66万立方米，铲除油路淤泥12 328平方米，新建挡墙2处50米，维修桥梁19座，新建涵洞1道，维修涵洞18道，疏通涵洞16道，新修维修流水槽358米、砼边沟726米，处理悦上、柔东、九南、五白等县乡油路及乡村油路路面264公里。另外，按照"路面平整无坑槽，路肩成形无杂草，边沟畅通无水毁，设施完整无损坏"的标准化养护要求，完成了对柔东路0公里至57公里、悦铁路0公里至25公里共82公里的标准化养护。标准化养护路段累计完成处理沥青路面翻浆4 620平方米，坑槽1 630平方米，清理塌方土5 360立方米，填水毁坑4 890立方米，清理涵洞11道，维修涵洞9道，新增涵洞1道，新修维修流水槽82米，维修桥梁9座，铲草、清边沟累计246公里。全年累年完成养护投资400.1万元。全县县、乡、村公路MQI指数(综合指数)分别达到86.38、85.62、74.05，实现了畅通、安全、整洁、绿化的标准。2. 水毁维修。共维修砼边沟726米，硬化路肩83平方米，拦水带86米，新修挡土墙2处50米，处理水毁路基1.66万立方米，清理路面淤泥1.23万平方米，清理塌方土2.44万立方米，新修涵洞1道，维修涵洞18道，疏通涵洞16道，新修流水槽358米，疏通边沟198公里，完成投资46.3万元。3.公路绿化。全年新栽和补植中槐景观树2.27万棵，绿化农村公路261.63公里。10月中旬，又对当年栽植未成活的行道树进行了补植，共补植各种树630多棵，对已成活的行道树进行了修剪整形。4. 实验室建设。于2011年3月建成并投入使用，投资32万元，现有压力试验机、电动振筛机、无侧限成型机、电动击实仪、沥青延度仪、沥青针入度仪、路面钻心取样机、路强仪等44台实验仪器，占地面积70平方米。实验室实行主任负责制管理，实验内容重点围绕路基路面内容要求设立的常规实验为主，包括路基路面强度指标测试、路面使用性能测试、路基路面材料密度、含水量测试、路面材料力学强度测试、沥青及沥青混合料试验、路况调查等操作单元。

路政管理。以"保护路产路权，保通保畅保安全"为中心，坚持"以路为本、以车为本、为人为本"，不断加强队伍建设和制度建设，进一步加强内外业管理，通过抓宣传、抓管理、抓队伍，使路政管理工作再上台阶。全年路政人员上路巡查1 422人(次)，上路率达91%以上。共清理侵占公路边沟、路肩和路面堆倒粪土杂物38起303平方米；制止农户利用公路打场晒粮6起；制止在公路两侧建筑控制区内修建房屋1起48平方米；查处超限超载车辆1 326辆次，劝返车辆178辆次；查处损坏公路路产赔(补)偿案件12起，收缴公路路产损坏赔(补)偿费8.26万元。在柔东、悦乔、乔紫3条公路事故多发路段设置安全标志标牌15块。　(王　全)

【宁县】　交通基础设施建设。2011年承建的交通项目共计17个，预算总投资6.54亿元。其中新建项目9个，争取资金5 076.8万元，包括通乡油路1条9.5公里、通乡砂路1条20.3公里、通村水泥路5条31.5公里、道班建设项目2个；续建项目8个，其中宁长二级公路74.4公里、长野二级旅游路5.8公里、通村水泥路4条24公里、宁文路大中修20.2公里、马坪南辅道及滨河路852米。同时积极衔接，储备项目17个，其中通乡油路2条40公里、通村水泥路15条105公里。配合乡镇争取到其他部门的道路建设项目58个。

2011年宁县交通局承建17个交通项目，全部开工建设，已完成9个，分别为：方寨子至冯咀通乡油路工程、马坪南辅道及滨河西路建设工程、续建的长野二级旅游路工程、5条通村水泥路工程、宁文路大中修工程均已按期完成建设任务。正在建设的项目8个，其中早青公路雨落坪至新华段通乡砂路工程，全长20.3公里，预算总投资740万元，目前山坡段土路基已基本贯通，正在实施排水工程；塬面路段由于拆迁问题暂且搁置，待乡镇协调解决后即可开工建设，已完成土方64.5万方，完成投资540万元。4条通村水泥路工程，已由相关乡镇完成路基工程的砂砾垫层，路面工程正在招投标。2个道班建设项目中春荣道班已建成围墙和办公房屋主体工程，九岘道班已完成围墙和办公房屋的基础工程，完成投资41万元。宁长二级公路长米段建设工程，目前，全线路基工程基本完成，其中老旧油路拓宽改造路基43.7公里，劈山开道新建路基28.03公里，共完成土方820万立方米；5座大桥桩基工程全面开挖，已完成桩基钻孔103孔，浇筑103孔，承台30个，灌注墩身21个1 520立方米，预制梁板85块，共完成混凝土体积1.03万立方米，累计完成总投资2.98亿元；路面工程已启动,施工单位已陆续进场开始项目部、实验室、沥青拌和炉等基础设施建设,其中路面一标、四标已备料5 000立方米,按施工总计划基本完成了建设任务。

道路养管。一是日常养护。按照县、乡、村三级公路养管机制,全面落实养管任务,全年共养护县道217公里、乡道317公里、村道1 308公里。同时,开展了春季农村公路集中“养护月”活动,完成养护任务1 142公里,栽补植行道树67 500棵。使全县列养路线平均好路率达80%以上。二是水毁修复。今年汛期持续时间长,达80多天,降雨量大,道路水毁十分严重。共维修水毁149处,其中路基沉陷78处6 757平方米,路面破损13处8 250平方米,路肩、岘子、高崖等塌方55处2.16万立方米,便桥1座,涵洞4道40米,砼边沟1 955米,移动水毁土方1.68万立方米,维修加固土岘子3处,完成土方1.51万立方米,投入资金115万元。确保了县乡道路的始终安全畅通。三是抢险保通。为了确保宁长二级公路的全线畅通,专门成立了宁长二级公路全线养护保通专项活动领导小组,由局长亲自负责,坚持每天上路巡查,项目办工作人员实行划片包段,责任到岗,任务到人,坚持全天深入施工现场,检查落实,监督施工。县交通局坚持24小时值班制度,且每天确定一名值班领导,向市、县新闻媒体公布了道路保通值班电话,及时解决人民群众的投诉,及时处理道路维修问题,确保路况和车辆畅通。11月20日至30日,连续10个昼夜的艰苦工作,共投入平地机120台班,压路机180台班,装载机260台班,民工1 000多人次,完成养护整修路基57公里,修补坑槽7.49万平方米,处理翻浆4.29万平方米,清理疏通边沟14.5公里,铺筑豆石磨合层57公里,设立警示标志、标牌30多面,完成投资92.5万元。四是路政管理。开展了路产路权专项治理和车辆超限超载专项治理活动,查处破坏路产路权案件2起,制止违章建筑7起。在青新路上设立了超限超载站,共治理超限超载车辆1 176辆次,收回公路赔(补)偿费1.65万多元。

安全生产。一是工程建设安全。每项工程在开工前,项目办都与施工、监理单位签订了《安全生产管理责任书》,由工程专职安全员对施工人员进行安全生产培训,增强了施工人员的安全生产意识和防范能力,并督促落实施工单位为从业人员购买人身安全保险;在施工中,每个通车路段均设立了安全警示标志牌,熬油厂、拌合站等危险场所都设置了安全栏、安全网,工作人员全部配备了安全帽,落实了工程规定的各项安全防护措施。项目办、监理办采取经常检查和定期督查的方式,督促各施工单位落实安全措施,开展了工程安全隐患大排查、大整治活动,共发现安全隐患6处,整改6处,通报处置施工单位2个。二是道路运输安全。重视并加强运输企业的监管,严格按照《汽车客运站安全生产规范》的要求,履行“三不进站,五不出站”的安全管理职责,落实车辆安全例检,危险品检查等安全生产规范和工作要求,从源头上治理安全隐患。为了深刻汲取正宁“11.16”重特大安全事故的教训,配合运管部门开展了“营运车辆安全隐患大排查、大整治”活动,对全县营运车辆及消防设施进行全面检查,对运输从业人员进行严格的审查,凡车辆技术条件达不到要求、安全设备不合格、驾乘人员不符合要求的不准发放营运资格证,坚决防止车辆“带病”运营和从业人员无从业资格证上岗。确保了车辆技术状况合格率达到100%,加强了从业人员安全意识和防范能力。年内共排查营运车辆198辆,查处安全隐患8处,整改8处,配发灭火器70台。打击非法营运车辆30辆次,停运车辆3辆,培训从业人员50人次。与公安、交警等部门联合执法查获违章车辆43辆次,营运车辆驾驶员违章记分17人次,安装GPS卫星定位车辆185辆,占全县营运车辆的93.4%,有效的监控了营运车辆全程依法依规、安全高效运输。一年来,县客运公司接待省、市、县安全生产检查、调研共8次,7月份被县委评为“先进基层党组织”并荣获省工会“全省工人先锋号”殊荣。 (卜文虎)

【正宁县】 交通基础设施建设。2011年,全县交通基础建设完成投资1.58亿元,建设里程103.25公里,是正宁交通史上投资最大的1年。1. 宁长二级正宁段改建工程。全长41.15公里,主线长31.94公里,乡镇街道过境段长9.21公里。全线设计车速每小时60公里,路基宽14米,行车道宽9米,沥青混凝土路面。主线分别由东营市鲁东路桥有限责任公司、大庆建筑安装集团有限责任公司承建Ⅰ、Ⅱ标段,陕西兴通监理咨询有限责任公司承担全线监理服务;支线分别由东营市鲁东路桥有限责任公司、庆阳正德工程建设有限公司承建Ⅰ、Ⅱ标段,北京正远监理咨询有限公司担任监理服务。自2010年8月16日开工,2011年3月15日复工至今,主线段已完成31.24公里油路铺筑,新建涵洞8道、防护排水7 504平方米,永正、榆林子、宫河三个街道过境段建设任务全面完成,累计完成投资1.2亿元(其中主线段9 530万元、过境段1 226万元、拆迁完成1 272万元),实现了全线通车运行。2. 农村公路建制村通畅工程。2011年省市下达正宁农村公路建制村通畅工程共15条73.24公里。全部采用四级公路工程技术标准建设,设计速度每小时20公里,路基宽度6.5米,路面宽度4.0米,除南邑至西渠为沥青路外,其他均为水泥混凝土路面。完成12条62.8公里,新建涵洞10道,累计完成投资3 454万元,剩余3条10.44公里结转2012年实施。

农村公路养护。1. 养护大中修工程。庆市交发(2011)128号文件下达2011年农村公路养护维修工程计划为张刘公路养护大中修,总投资175万元。经公开招标,养护大中修工程于6月初开工,8月底全面完成2处土岘加固土方15.4万立方米,安装护柱170根,消除了安全隐患,保证了行车畅通。2. 水毁维修工程。针对今年降雨多、水毁多的实际,我们一是加强水灾预防。严格落实24小时领导带班值班制度,对易发生水毁路段进行了预防处理,共疏通边沟6.9万米,铲除路肩杂草5.2万平方米,培整路肩29公里。二是及时抢通道路。水毁发生后,我们第一时间赶赴现场,设置警示标志,抢通道路。共清理塌方2.8万立方米,回填路基3.6万立方米,基本保证了道路畅通。三是迅速招标维修。我们充分利用县政府拨付的50万元水毁维修资金,清理路基塌方0.4万立方米,回填土方1.3万立方米,处治路面坑槽、裂缝、沉陷等病害3 470平方米,更换护柱60根,维修砼边沟164.5米,拦水带180米,清理边沟430公里,培整路肩380公里,涂白行道树0.8万棵,全部工程于11月底完成。3. 不断完善农村公路养护工作机制,加强道班、安保设施建设工作。一是在张刘公路设置柱式钢筋混凝土护柱834根,墙式混凝土护墩120个,波形钢板护栏400米等安保设施。于5月底完成61架限高彩门及150处限载墩维修工作。二是实施榆林子道班标准化建设,配置办公桌椅8套,购置养护机具16套(件),刷新道班围墙、门窗260平方米,建立完善了养护、管理制度12项并喷绘上墙。为罗沟圈道班配置办公桌椅6套,购置养护机具9套。三是完成西坡道班新建土地租用工作,租用土地3 040平方米,已完成道班围墙及院坪建设任务。4. 公路日常养护。各乡镇农村公路管理所、行政村管护小组积极开展农村公路日常养护工作,年内共疏通边沟14.5万米,培整路肩3.6万平方米。县交通局在加强日常管护的同时,分别于4月13日和5月30日对南张、正艾、张刘及12条通村油路进行了招标养护,完成修补路面基层0.7万平方米,挖补坑槽0.48万平方米,3厘米沥青面层重铺0.65万平方米,累计完成投资86万元,全县农村公路通行能力进一步提高。

路政运政管理。1. 深入开展宣传教育。我们以学习宣传新颁布的《公路安全保护条例》和《甘肃省公路路政管理条例》为重点,编制了《交通法律法规汇编》,路政、运政人员人手一册,举办了6期学习班,分级分类、分期分批对领导干部、一线执法人员等进行了培训及上岗考试,参学人员达到了100%,过关率100%,确保了执法人员熟练掌握和灵活应用两个《条例》。同时,我们还联合县公路段路政大队、交警大队、运管局于全县各乡镇逢集日,深入基层一线,在街道设固定宣传点,开展两个《条例》现场法律宣传和咨询活动。共发放宣传资料2.2万份,发放《条例》小册子600多册,咨询人数达1 800余人。编排了眉户小戏《护路风波》,在人民广场和县委礼堂分别演出2场,进一步增强了群众爱路护路、依法保护公路的意识。2. 集中进行专项治理。我们于7月至10月开展了治超百日整治活动,累计整治超限运输车辆130辆,卸载货物1 540吨。重点查处了西罗周公路超限超载问题,整治了油田重型车辆,收缴公路补偿费30万元,并责成对损坏路面进行了修补。9月份开展了路政、运政专项整治月活动。会同县运管局联合执法,对车辆超限超载、无证行驶、非法载客、"黑车"上路和违法建筑、非公路标志等问题查源头、找病根,查禁结合,依法深入开展了专项集中整治。3. 坚持开展经常巡查。严格按照"五四"巡查制度,积极开展巡查执法,年内共清理"杆、管、线"144处,公路用地内非交通标志牌28块,公路周边乱占乱堆建筑垃圾102处,清理整治加水洗(修)车站点11户,清理乡镇公路占道摆设摊点88个,整治平交道口36个,查扣"黑车"5辆,发放公路违章通知书21份,查处损坏路产及附属设施路政违章案件3起,查处率达100%,结案率达100%,切实保护了公路完好、安全、畅通。

安全生产。2011年认真组织开展了打非治违、事故遏制、道路客运隐患集中整治、安全生产大检查、事故隐患大排查、大整治及"安全生产年"等活动,行业安全形势保持了稳定态势。一是召开了14次安全生产工作会议,同各下属单位签订安全生产目标管理责任书,充实安全生产工作领导小组成员,成立了督查小组及公路保畅通24小时值班小组,保证了安全生产工作组织领导到位,安排部署到位。二是通过举办学习班、以会代训、设立咨询点、散发宣传资料、进村入校走社区宣讲、组织眉户小戏《护路风波》演出等方式,进一步加强安全宣传教育工作,增强了群众道路交通安全意识。三是对全县所有桥梁、农村公路限宽墩、限高彩门、护柱、护墩、公路标志、标牌等安保设施进行了全面维修刷新,新增安全标志牌52块,划制公路标线4 600平方米,设置减速带2条,同时,狠抓公路养管,农村公路安全通行能力进一步提升。县运管局认真履行"三关一监督"职责,各运输企业严格落实安全生产主体责任,加强车辆安检工作,严查"三品"上车,严禁超员、超载。对驾驶员资质、车辆安全技术状况、GPS监管设备、安全锤、灭火器等进行地毯式排查,建立疏通了安全应急通道,组织应急救援队伍进行了集中培训和演练,排查出的21项隐患已整改到位,全县运输市场安全、有序发展。各公路工程施工企业坚持安全施工,在各施工地、危险路段设立了醒目的安全警示标志,施工路段配备专职交通安全员,建立健全了各项安全生产制度,全面完成了"平安工地"建设任务,全县交通运输系统安全生产形势持续好转,为和谐社会做出了应有贡献。

(邓芳芳)

【镇原县】 交通运输基础设施建设。2011年向上争取交通运输基础设施建设项目17个,计划投资1.23亿元。年内开工建设7个,建成5个,累计完成投资6 220.12万元。1. 重点公路项目建设。按照省委、省政府提出的"三年内全省所有县城所在地通二级及以上公路"的战略部署,我县积极配合启动了庆镇二级公路项目建设。该项目路线全长64.31公里,总投资7亿元。我县境内49公里,投资4.88亿元。于9月25日开工建设,计划2012年底完成建设任务。我县主要工作任务是协调配合征地拆迁。目前,建设区域内的青苗补偿、公路行道树砍伐、路面清表工作已经结束,农户庄基和地面附属物拆迁已完成了80%的任务,工程建设正在按计划顺利实施。同时,我局对二级路途经的县城南区主干道路段,按照城市主干道Ⅲ级、双向四车道标准进行了先期建设,预算总投资1 971.5万元。今年3月份开工建设,10月份完成了建设任务。先后完成征地68亩,整体拆迁农户庄基、企业18户,移动土方40万方,地下敷设排洪、排污、供水、供电、供热、供气等管道(网)6道,铺筑沥青路面0.64公里,累计完成投资1 836.3万元。2. 农村公路项目建设。今年计划下达我县农村公路建设项目15个,计划投资8 246.2元。其中:通乡油路建设项目4个76.18公里,投资5 957.5万元。具体为渠口至马渠四级通乡油路项目,建设里程26.31公里,总投资2 513.5万元。今年4月20日开工建设,计划2012年8月建成通车。目前,已完成了交口河桥和李家洼桥主体工程,完成路基土方85万方,累计完成投资900万元。王地庄至方山四级公路改造项目,建设里程14.66公里,计划投资964万元。席沟圈至孟坝四级公路改造项目,建设里程25.21公里,计划投资2 180万元。庙渠至川口四级公路改造项目一期工程,建设里程10公里,投资300万元。以上3个项目目前已完成了工可评审和批复立项,正在进行施工图设计,计划2012年3月开工建设,10月底完成建设任务。通村水泥路建设项目8个40.83公里,计划投资1 875.4万元。其中第一批下达的太平镇枣林至席兰、南川乡河李至成赵2条水泥路,计划里程14.23公里,投资811.4万元,于6月9日完成了招投标,6月15日开工建设。目前,已完成了建设任务,建设里程12.09公里,累计完成投资724.5万元。第二批下达的孟坝至九沟川、什字至何范、屯字陈畅、东关至马堡、镇北路至太阳池、闫孟至张咀6个水泥路项目，建设里程26.6公里，计划投资1 064万元，由于计划10月份才下达，目前，完成了线路勘测和施工图设计。计划2012年3月完成招投标，4月开工建设，10月建成通车。养护大中修工程1个，为席沟圈至蒙塬4.0公里，投资194.3万元。已完成了全部建设任务。危桥加固改造工程1个，为姚新庄桥，投资173万元。已完成了勘察鉴定和施工图设计，待批复后明年实施。安保工程1个，为平泉至中原公路，投资46万元。已完成了全部建设任务。安装标志标牌79块、钢筋混凝土护柱1 572根、混凝土护栏600米、拦水带120米。同时，各乡镇依托"一事一议"、"扶贫开发"、"整村推进"等项目支持，新改建乡村道路39条325公里，完成投资900万元。3.运输站场项目建设。为了有效缓解我县运输站场场地紧张的矛盾，通过招商的方式，引资2 024.3万元，征地50亩，于2011年开工建设县城二级综合客运中心，总建筑面积4 752平方米。目前，已完成了客运综合楼主体工程和站前广场建设任务，累计完成投资1 900万元，计划2012年6月全面建成并投入运营。

农村公路养管。2011年我县养护农村公路121条1 342公里，其中县道8条285公里，乡道11条203公里，村道102条854公里，县、乡、村道路况综合指数(MQI值)分别要达到85、83和71以上。标准化养路3条87公里。建成标准化达标道班1个。为了确保公路养护管理各项措施落到实处，我们不断改革创新，积极探索农村公路养护管理的有效形式和措施，确保农村公路安全畅通。1.深化改革，落实养管责任。按照"统一领导、分级负责"的原则，不断完善县、乡、村三级"分养"责任体系。年初，县政府向各乡镇下达了公路养护任务指标，并将农村公路养护管理工作纳入乡镇综合目标管理考核。县局督促指导全县19个乡镇公路养管所、215个行政村养管站进一步明确任务，完善机构，配齐人员，健全制度，落实经费，进一步靠实"县道县养、乡道乡养、村道村养"责任。全县共有农村公路养管机构235个，养管人员746人。县财政按上年度财政收入3%的标准确定公路养护资金，各乡镇采取企业捐资、群众投劳的办法筹措养护经费。通过努力，全县农村公路养管责任进一步明确，分级负责的养管机制正常运行，三级养管机构实现了"五个到位"，为农村公路的养护管理提供了有力的保障。2.建立健全制度，规范过程管理。在深化改革、全县养管体制发生重大变化的情况下，制定与之相适应的规章制度和管理办法，显得非常必要。因此，按照市公路局下发的"一规则"、"两办法"三个规范性文件，进一步建立健全了《农村公路养护管理实施细则》、《农村公路养护管理检查考核办法》、《农村公路养护工程管理办法》、《公路桥梁养护管理实施细则》和《农村公路养护"以奖代补"考评办法》等一系列相关制度，从养护组织机构、管理职责、养护质量、资金筹措、检查考评、奖罚兑现等各个环节加强管理，不断加快全县农村公路养护管理工作制度化、规范化进程。3.多方筹措，加大养护投入。今年县财政预算列支农村公路养护经费442万元，实际到位550万元。投资25万元，对临泾、屯字2个养护道班进行了维修改造，对孟坝道班按照标准化示范达标道班的要求进行了改建，维修房屋10间210平方米，新建库房3间80平方米，院落铺砂2 600平方米，配置了相应的生产生活设备，完善了相关内业资料，预备了充足的沥青、砂石料，充分发挥了道班在养护生产中的基础性作用。同时，在市局的大力支持下，自筹24万元，配备了沥青路面综合养护车、胶轮挖掘机、装载机、小型压路机、翻斗车、切割机、冲击夯、割草机等养护机械设备30台(件)，购置了养护作业服、施工标志牌、橡胶锥筒等基本生产设备，为实现农村公路养护专业化、机械化奠定了基础。4.多措并举，落实养护措施。一是实行标准化养护。对镇北、镇草、镇殷等3条87公里县道实行标准化养护，精细化打造。下大力气对路面病害、路肩杂草、边沟水毁、路容路貌、公路设施进行了全面处置和养护。对公路行道树进行了补植和涂白。对里程碑、标志牌、桥梁栏杆、护柱等设施进行全面刷新涂漆，实现了畅通、安全、整洁、绿化、美化的目标，充分发挥标准化养护的"典型引领、示范推动"作用。二是全面处治油路病害。对全县34条油路路面病害处治和桥涵构造物维修等小型养护工程采取承包养护的办法，由专业养护队伍分片集中养护，实行合同管理、专人计量、定额支付。今年共处治油路沉陷翻浆208处1.4万平方米，挖补路面坑槽78处6 203平方米，修补油面1.34万平方米，维修涵洞11道152米、边沟125处4 115米，完成工程量360万元。三是开展集中突击养护。今年汛期持续时间长，降雨量大，我们坚持24小时值班和上路巡查制度，及时组织对水毁道路进行抢修。共处理路基塌方沉陷35处2.21万立方米，修复水毁路肩、边沟、拦水带2万多米，修补油面3 800平方米，维修涵洞23道，完成工程量170万元。各乡镇根据养管责任权限，积极组织对辖区乡村道路开展春季、汛期、秋季三次集中突击养护，完成了路基加固、路面补砂、涵洞维修、路肩铲草、边沟清理和路容路貌整理等养护作业，全面养护乡村公路854公里，完成工作量86万元。四是不断创新日常养护。对主要县乡公路的日常养管工作，实行沿线农民划段包干养护，按照"四定四保"签订养管协议，制定了养路员考核管理办法，设置了养护责任公示牌，每人养管2公里，按每公里每年1 500元确定报酬。我局组织人员定期上路检查指导，根据检查评定结果，每月及时兑付报酬。目前全县共有包干签约养管员289人，这些养管员发挥较好作用，日常养护管理各项措施基本得到了落实。五是全面加强桥梁管护。严格落实《甘肃省农村公路桥梁养护管理制度》，落实桥梁工程师制度，完善桥梁养护管理措施和办法。5月份，组织人员对全县境内的42座桥梁进行了一次全面的检查，完善了公路桥梁档案，做到了一桥一档。对危旧桥梁组织专业技术人员定期进行技术检测，对超期服役桥梁设置限载标志牌16块，设置警示标志18处。积极实施农村公路危旧桥梁加固改造工程和安保工程，不断提升桥梁管护水平和通行条件，确保全县公路桥梁安全运行。通过不断的探索和实践，我县基本形成了多种养管形式并存、互为补充的农村公路养管模式，全县列养线路得到了全面有效养护，路况综合指数(MQI值)、标准化养护均达到了市上下达的指标，农村公路通行水平不断提高。

路政管理。一是加强执法队伍建设。目前，路政执法队共有执法人员19人，确定了专门分管领导，配备执法车3辆，分三组开展路政管理工作。为了加强执法队伍建设，组织全体执法人员集中学习了《公路法》、《公路保护条例》、《行政许可法》等法律法规,严格规范执法行为,努力建设一支纪律严明、业务精通、作风过硬的执法队伍,树立文明、高效的公路路政执法形象。二是集中整治路域环境。坚持“五四”巡查制度,对路面打场晒粮、乱开道口、占道经营、倾倒垃圾、污染公路、乱堆乱放、乱搭乱建等行为进行了严肃查处。清理公路乱堆乱放160多处,拆除乱搭乱建65起,取缔马路市场11处,封闭平交道口3处,确保了农村公路的整洁安全畅通。三是严厉打击超限运输行为。依照《镇原县农村公路超限超载治理工作的实施意见》,采取固定监测、流动巡查、专职管理、群众举报、限载限行等一系列措施,加大超限超载车辆治理力度。加强货运源头监管,对全县境内的12家大型砂矿企业实行蹲点监控,严禁超载车辆出矿上路。对油区公路,探索形成了石油企业出资补偿,企地共建、共管、共享、双赢的长效机制,有效解决了石油开发与农村公路建养管的矛盾。年内,共巡查农村公路2.9万多公里,向华北油田争取公路补偿资金960万元,对新原、平湫两条通村油路进行全面整修,在重要出入路段设置限载钢架门6座,查处和卸载超限超载车辆800多辆,立案查处路政案件2起,处罚2起,结案率达到100%,有效遏制了各种侵害公路路产路权问题的发生。

运输市场培育。2011年,许可货运公司2户,驾校2户,二级维护企业1户,新增县内客运线路1条,新增货车144辆,农村区域运输车辆53辆,报废更新车辆17辆。目前,全县共有运输企业6户,二级以上维修企业2户,驾校3所,客运线路58条,各类营运车辆882辆,全年共完成客运量77.5万人次,客运周转量8 357.5万人公里,货运量108.7万吨,货运周转量5046.1万吨公里,分别与去年同期增长0.8%、0.9%、1.1%和0.4%。

运输市场监管。2011年共审验各类营运车辆880多辆,营运车辆二级维护率达到99%以上,培训道路运输从业人员500多人(次),客货驾驶员、客运乘务员、驾校教练员、车辆维修技工、质检员持证上岗率达到95%以上。各运输企业、各运营车辆均安装了GPS卫星定位系统,行业管理的科技化、智能化、数字化水平进一步提高。结合各项专项整治行动,督促运输企业完善应急预案,加强应急演练,提高应对突发事件的能力。加大路面监控力度,查处违章车辆726辆,暂扣“黑车”433辆,有力打击了各类非法营运行为,全县道路运输市场秩序不断好转。

安全生产管理。以构建安全保障体系为重点,以深入开展“安全生产年”活动为契机,以强化源头管理,预防和减少安全事故为目标,加强运输行业安全监管,继续深入开展安全生产“三项行动”、“三项建设”,全面落实安全生产两个主体责任,加强安全隐患排查和治理,加强对重点区域、重点部位、重点时段的安全监管,达到了“杜绝特大事故、遏制重大事故、减少一般事故”的目标,未发生重特大安全生产事故。

2011年全县公路总里程达到1 509公里,油路(水泥)增加到734.7公里,占48.8%;路网密度百平方公里43.14公里,油路路网密度百平方公里21.1公里,56.7%的行政村通了油路。全县路网结构不断优化,技术等级、通达深度不断提高,建养管运工作协调发展,基本满足了广大人民群众的出行和生产生活要求。

(张 剑)

【合水县】 交通基础设施建设。1. 雷西高速公路。该路是“国家高速公路网”青兰高速的重要组成路段,起点位于陕甘交界的太白镇雷家角,终点位于西峰区李家寺,全长128公里,在我县过境线长96.93公里(其中:二级连接线17.3公里),涉及太白、蒿咀铺、老城、板桥、西华池5个乡镇,15个行政村。共需征地5 843.44亩,路基工程总投资29.87亿元。自2009年5月勘测设计以来,全县上下积极配合,全方位服务,目前完成投资4.5亿元。2. 柔太二级公路。柔远至太白二级红色旅游路起点位于华池县柔远镇,终点位于合水县太白镇,路线全长73.3公里,其中华池县境内44.4公里,合水县境内东华池至太白段28.9公里(含支线1.9公里)。该路拟采用部颁二级公路技术标准,在原路基基础上进行改扩建。以“贷款修路,收费还贷”方式筹资和建设。2011年4月8日市政府召开“华池至南梁至太白红色旅游二级公路工可研编制工作座谈会”,根据会议安排,委托甘肃省交通科学研究院有限公司按照《关于委托庆阳市南梁革命根据地红色旅游柔远至太白二级公路工程可行性研究报告的函》的要求,已完成工程可行性研究报告的编制。3. 西峰至合水二级公路。该路全长61.39公里,其中:合水境内(含望宁堡至寨沟2公里支线)约35公里,起于铁李川西坡头(马塬畔),经过铁李川、望宁堡、吉岘、新城子岘子、黄寨子、严沟圈、师家庄、合水县城,终点为五里沟圈。该路拟采用“贷款修路,收费还贷”方式筹资和建设。全工程估算投资6.03亿元,合水段估算投资3. 5亿元。现已编制完成了《庆阳市西峰至合水通县城二级公路工程可行性研究报告》。4. 甜水堡至罗儿沟圈高速公路,在我县境内走向大致为板桥至县城至吉岘望宁堡进入宁县,长度约40公路。省设计院、市交通局专家分别于5月23日、28日,11月7日对我县境内线形进行了勘测。

农村公路建设。2011年全县共开工公路工程27条195.3公里,其中油路11条85.3公里,水泥路14条102.4公里,砂石路2条7.6公里,桥梁1座149.68延米;国投项目9条91.7公里,县政府自筹18条103.6公里,工程预算总投资1.12亿元。年内所有通村公路工程全部完成。在工程建设中突出表现为“多、大、快、高、好”五个特点。

2011年全县开工建设公路项目27个,其中农村公路建设项目26个169.5公里(其中省列项目70公里),总投资达1.12亿元;全年共投资286万元,对152条农村道路进行了全面养护,其中对11条县乡道路、5条村道进行了养护,对西合、合固、罗段、新玉等公路进行坑槽修补5 835平方米,新修混凝土边沟285米,移动土方2 400立方米,处治公路翻浆11处(570平方米),全县范围内大小桥梁32座,投资135万元对,全县境内小河沟等5所危桥进行了维修加固,保障了全县农村公路的畅通,完成了MQI指数值的指标,全县农村路网整体水平明显提升。农村公路建设、养护项目数与投资额均创合水县农村公路建设历史新高。2011年全县交通建设涉及10个乡镇,23个行政村,有3万群众直接参与公路建设,14个部门136名干部参与雷西高速征地拆迁工作,呈现出公路建设遍地开花,乡乡有项目,处处有工地的宏大场面。2011年全县公路建设共需征地5 843.44亩,其中雷西高速公路需征地5 843.44亩,整体搬迁170户群众,我县仅用2个月时间,完成任务的96.63%,仅4个月时间整体搬迁135户,完成了77.41%以上的搬迁任务，是近年来我市，乃至我省征地速度最快地项目。农村公路自5月份开工建设以来，完成投资1.12亿元，建成通村油路(水泥)169.5公里，占全年计划的100%。2011年全县农村公路建设项目下达后，我们积极克服春寒、酷暑、秋雨带来的不利影响，坚持高标准规划，高标准建设、养护，高标准验收的原则。抢抓时间进度，科学组织施工，确保农村公路建设能够高质量、高标准完成。2011年，全力以赴配合雷西高速公路征地拆迁工作，抽调136名干部参与雷西高速公路建设配合工作，有效地促进了雷西高速公路的建设进度，79.1公里的高速公路主线已基本完成，子午岭隧道、合水隧道、柳沟互通立交等控制性工程进展顺利。

公路养护。全年共投资286万元，对152条农村道路进行了全面养护，其中对11条县乡道路、5条村道进行了养护，对西合、合固、罗段、新玉等公路进行坑槽修补5 835平方米，新修混凝土边沟235米，移动土方2 400立方米，处治公路翻浆11处(570平方米)，完成了MQI指数值的指标，全县农村路网整体水平明显提升。建立健全了桥梁养护各项管理工作制度，及时设置了专职桥梁养护工程师，安排了专职桥梁养护人员，切实担负起了管辖范围内所有桥梁的养护管理任务，彻底改变养护中重路轻桥的思想。同时将桥梁日常养护列入公路养护检查和巡查内容，每个季度对桥梁实施定期检查和记录，桥梁养护逐步实现日常化和规范化。今年6月、11月，我县对所管养桥梁的技术状况组织了一次新的评定，排查了全县范围内大小桥梁30座，其中存在隐患的桥梁共5座，针对存在隐患的桥梁，及时设立警示标志，由专人监管，严防不安全事故的发生。

路政管理。在路政管理工作中，我们狠抓超限运输的现场管理和源头管理，加大力度整治公路沿线非法占道经营活动，逐步完善全县的路政协管机制，把路政管理逐步推向"规范化、法制化"，使路政案件查处率达到100%，路产完好率达到95%以上。一是加强队伍建设。为了加强全县农村公路路政管理工作，我局抽调工作人员14人，对路政执法人员进行严格挑选和业务培训，以提高路政执法人员的业务素质。同时，指派1名单位领导专门负责此项工作，有效地保证了路政管理工作的正常开展。在日常巡查中，我们注意把宣传教育与强化管理结合起来，以宣传预防为主，随时掌握路产情况，及时查处违法行为。针对目前存在的超限情况，我们采取源头管理和加强现场管理力度的方法，分发宣传资料进行宣传教育，动员公路养护人员及乡镇养管站工作人员，分片包干，各尽所能，全面治理。二是加大宣传力度，出动宣传车5台次，对公路沿线进行广播宣传，发放公路法律法规宣传资料6 000余份，利用公路挡土墙和房屋墙壁书写宣传标语20余条，悬挂横幅5条。三是加大公路巡查和路政案件的查处力度。发现和制止违法建筑6处，查处公路违法案件8起，结案8起，结案率达100%以上，大大提高了我县农村公路的通畅能力。

运输行业管理。以规范市场秩序为重点，以依法行政为保障，继续深化运输改革，增强行业发展活力，加快运输结构调整和运输基础设施建设，不断加强运输市场整顿和监督，强化行业管理和运政能力建设，强化运政执法人员和运输从业人员培训，努力提高服务质量，进一步规范了道路运输市场行为，创造了良好的道路运输环境。一是按照"车辆运输市场百日整动"方案，采取联合执法，疏堵并举的措施，分别对城区、车站、重要路段、重点乡镇的"黑车、黑站、黑户"进行了查处，共查处各类"黑车"8辆，严厉打击和清理了一批"黑车、黑户"，有效的维护了道路运输经营者的合法权益，净化了道路运输市场秩序。二是优化企业组织结构，合水县运输有限责任公司规模不断扩大，企业竞争力不断增强，经济效益迅速提高，形成了以县公用汽车站为龙头，以运输为主导，多元化发展，集公路客运、站场服务、货运物流、公铁联运、公交出租、宾馆酒店等与运输相关产业同步协调发展的经营格局。运输公司全年完成运输总收入1 002万元，工业总产值完成275万元，实现利税58.5万元，客运量完成128.5万人次，客运周转量完成5 840万人公里，货运量完成33.5万吨，货运周转量完成8 280万吨公里，分别比去年增长5.4%，6.8%，5.5%，5.2%，2.8%，9%。三是建立完善了车辆二级维护台帐，规范二级维护管理，客运车辆维护率达到100%，其它车辆达到98%。

(合水县交通运输局)

平凉市

概　　述

【交通基础设施建设】 全年交通基础设施建设。西长凤高速于2011年12月23日建成通车，累计完成投资9亿元，2011年完成投资4亿元；静宁至庄浪二级公路于12月18日建成通车，完成投资4.2亿元；泾渗路工程累计完成投资2.0亿元，其中路基工程已完成85%；韩店至张家川二级公路建设完成投资0.62亿元；市列重点建设项目2项，双桥路泾河大桥完成投资800万元；国道312线平凉城区过境段改线工程，年内完成投资1.2亿元，建成桥梁10座、涵洞64道，治理河堤22公里，完成铺油21公里。农村公路建设项目，2011年共实施各类农村公路建设项目130项，完成投资2亿元。1.建制村通沥青(水泥)路项目。107项450.9公里，完成投资1.44亿元。2.县乡道改造工程4项95.6公里，完成投资2 730万元。分别为庄浪县苏庄公路、支线孔韩公路；灵台县陶家咀至瓦玉公路；泾川县城至柏树公路。3.养护维修及安保项目17项，其中公路养护维修项目11项52.9公里，危桥加固及重建项目6项455延米，完成投资2 310万元。4.安保工程2项66.3公里，完成投资187万元。

【公路养护】 2011年，平凉公路总段按照支线保通、干线保畅、高速保舒适的工作思路，积极促进高速公路专业化养护，大力开展国省干线标准化、预防性养护和村镇过境路、城市出口路集中整治，科学组织实施养护工程，果断处置冰冻雨雪、地质灾害等道路突发事件。全年实施标准化养路233公里；投资3 610.5万元，对45公里迎国检重点路线实施了养护维修及标志标线刷新；投资304.6万元，对9座危旧桥梁实施了加固改造；投资269万元，对16处急弯陡坡、视距不良和常年渗水、冬季结冰等隐患路段进行了重点整治；完成水毁修复任务547.7万元；自筹资金218.2万元，对国道312线郿苋段、县道049线平华路进行了综合整治，辖养公路呈现出了畅洁美安的崭新服务形象，促进了路况质量全面提升。

2011年，平凉总段共征收车辆通行费1.42亿元，占年计划的107.29%，上解率99%，较上年同期增收2 654.17万元，绿色通道减免费用491.29万元，提前58天完成了全年收费任务。

农村公路养护工作坚持建设、管理、养护并重，巩固、完善、提高并举，通过扎实开展“管理养护年”活动，积极创建“建设示范工程”和“养护示范路段”，切实强化项目管理，着力提升管养水平，较好地完成了年度工作任务。一是以“农村公路管理养护年”活动为抓手，按照“有路必养、养必优良，有路必管、管必到位”的要求，把县、乡、村上等升级路段和全部桥梁都纳入养护范围，强化养护管理。二是不断创新体制机制，强化养管意识，建立健全县道县管县养、乡道乡管乡养、村道村管村养的三级责任体系，健全机构，配备人员，落实场地，列支经费，完善制度，严格考核。三是切实加强日常养护，定期开展病害调查处置，清洁路容路貌，修补路面病害，培补路肩边坡，疏通边沟涵洞，处置翻浆塌方，努力保障公路安全畅通。庄浪县成立7个道班，聘用57名养护工开展日常养护；崇信县确定106名农民养管员，开展技术培训，签订养管合同，将农村公路统一养护整修后交给农民养管员就近划段承包养护；华亭县投入194万元，对水毁严重的华上路等路段进行了重点养护。全市农村公路路面完好率达到86%以上，县道、乡道优良率分别达到了25%和30%以上。

【路政管理】 国省干线路政管理以保通、保畅、保安全为中心工作，全力迎接全国干线公路养护工作大检查，加大公路路域环境整治力度，狠抓队伍建设，务实奉献，开拓进取，全面完成了年初确定的各项目标任务。一是严格管理，加强公路环境治理。以迎国检为契机，开展专项治理，重点路段专项整治，确保了路产路权完好。二是依法行政，全面落实行政执法程序。三是加强宣传，营造良好管理氛围。全年共查处各类案件328起，结案328起，查处率达到了100%，结案率100%；清理公路“三堆”及垃圾6 661.6立方米，清理广告牌702块，加水洗车点117处，占道经营摊点128处，查处超限车2 731辆，劝返超限车1.16万辆，收回超限补偿费181.4万元，收缴赔补偿费575.2万元。

农村公路路政管理工作以“保护路产，维护路权”为主要任务，以保通、保畅、保安全为目标，以规范化建设和依法行政为手段，全面提升农村公路路政管理和服务水平，全力保护农村公路建设成果，为全市经济又好又快发展，提供了有力保障。全年累计保护路面7 348.5平方米，道路清障1 231次，保护路基、路肩、边沟5 243平方米，查处违法建筑及广告牌799平方米，清理公路“三堆”及垃圾5 233平方米，处理损坏公路界桩、安全桩及警示墩152根，处理损坏护栏立柱33根；张贴及散发各类宣传单4 686幅(张)，发表稿件13篇；处理路产赔偿案件35起，处罚案件2起，结案率均达到100%；收缴路政赔补(偿)费38.79万元；全年农村公路路产完好率达到98%,超限超载率控制在6%以内。

【运输管理】 加大运输市场监管力度,改善运输环境。年初在全市组织开展了百日道路客运市场专项整治活动,共打击查处"黑车"541辆(次),取缔马路发车点6处,查处私制线路牌38块,处理站外揽客、私涨票价、超范围经营、串线经营、超员超载、倒客甩客等不规范经营行为197起,处理服务质量投诉39起,在市政府门户网站公开曝光"黑车"号牌3次366辆,有效遏制了客运车辆超范围经营和"黑车"非法营运行为,受到了省交通运输厅、省公安厅的表彰奖励。强化运输车辆信息化动态监管,为营运车辆安装GPS终端设备4 448台,审验营运车辆1.73万辆,全市8个道路运输管理机构、3户危货运输企业、19户客运企业、12个客运汽车站全部建立了GPS监管平台,实现了对所有旅游包车、三类以上班线客车和运输危险化学品车辆的信息化动态监管。同时,进一步加强运输企业和维修市场管理,对全市176户运输企业工作进行了质量信誉考核工作,积极开展了维修市场专项整治和危险货物运输专项整治,扎实开展了燃油补贴发放工作,全市道路运输环境进一步优化,道路运输管理工作考核名列全省第一。严格落实安全生产目标责任管理,加强节假日等重点时段安全监管,全市道路运输行业连续4年未发生一般以上行车安全责任事故,水上交通、农村公路安全生产无事故。

【精神文明建设】 结合开展全国文明城市工作任务,以"转变行业作风,规范行业行为,提高服务质量"为目标,以出租车和客运车辆文明建设为重点,创新载体,以各项专题创建活动提升行业文明创建水平,先后在市直交通运输系统开展了"庆七一、颂党恩"诗歌朗诵演讲比赛活动,在全市道路运输行业开展了以"十佳出租车司机"、"十佳驾驶员"、"十佳乘务员"等内容的争创"六十佳"和创先争优活动,举办了全市出租车驾驶员技能大赛,开展了出租车行业"文明使者"评选活动,更新双燃料出租车272辆,建成行政村停靠亭200个,开通城乡公交班线14条,使行业文明建设取得显著成效。同时,畅通来信来访渠道,开展运输环境治理16起,处理班线纠纷、客运投诉12起,查办群众举报的执法违纪案件2起,积极参加了全市"政风行风热线"直播节目,扎实开展了民主评议政风行风工作,使市直交通运输系统的服务水平和工作效率明显提高,行业作风得到较大转变,全市客运班线车服务质量投诉明显下降,在全市开展的客运班线车辆服务质量问卷调查中,满意率达到96%。

2011年底平凉市交通运输局领导:局党组书记、局长闫虎明;副局长任明珠、张立军、尚忠锋;纪检组长赵启祥。

(刘 云)

一区六县

【崆峒区】 交通基础设施建设。2011年,全年实施交通运输基础设施建设项目18项,年内完成投资8.57亿元。其中,农村公路建设争取上级补助资金5 148.2万元,完成投资7 871.62万元。一是重大项目建设进展顺利。配合做好国省重大项目建设,有效保证了交通大项目的快速推进。312国道改线工程年内完成投资1.2亿元,路基全线贯通,路面铺油22公里;安青路颉河大桥工程、幸福桥工程全面建成通车,聚仙桥除险加固工程全面竣工。二是农村公路项目圆满完成。全年计划实施村道通畅工程100公里,实际建成42条105.9公里,占计划的105.9%,累计完成投资5 295.42万元。其中:落实省列计划19条71.9公里,完成投资3 695.02万元,占计划任务的100%;乡镇自筹及整合资金1 600.4万元,自建村道通畅工程23条34公里。加大公路养护和管理,提高道路通行能力,完成了张高路维修及南环路口至高庄村板桥新建工程,实施了平高、崆索、白西等县乡道路和村道水毁的养护维修,完成投资690.2万元,占年计划500万元的138%。13.7公里的太统山景区旅游专线道路工程全面建成通车。投资54万元建设行政村停靠点30个。全区通油路(水泥路)的村累计达到154个,通畅率达到61%。农村道路基础设施有效改善,广大农村群众出行更加方便。三是前期项目加速推进。按照国家省市区交通建设总体部署,全面加快各交通项目的前期工作,宝中铁路二线、平定兰铁路、天平高速公路、平凉支线机场等省市重大项目完成了项目可研、论证、协调配合工作;省际平沿公路17.5公里二级标准改建工程完成可行性研究报告上报省交通运输厅,完成平定高速公路养护维修中心项目的选址。寨河至西阳至大庄公路、明星至杏林公路完成了可研报告,并上报市发改委;大秦至栾塬公路项目已经省发改委批复立项,并提前开工建设,完成路基土方10公里,砂砾垫层5公里。四是农村公路建设质量不断提高。在年终全省农村公路建设工作检查考核中,省检查考核组高度评价了区农村公路建设。在全市通畅工程验收中,由区实施的省列19条71.9公里通畅工程,全面通过了竣工验收,其中三天门至太统山、草峰镇马洼村道、寨河乡闫湾村道3个项目被评定为优质工程。并一次性通过了2008年以来结转的9项32.5公里通畅工程和2项养护维修工程的市级竣工验收,彻底解决了近几年项目遗留问题。

农村公路养护。积极主动,强化与各乡镇部门的协作配合,通过修复路基路面,完善排水设施,增加安全标识,运铺养护砂砾、清理疏通边沟,整修铲除路肩等措施,全力做好公路养护保通畅工作。全年列入养护计划的1 314.4公里公路养护任务全面完成。其中:养护县道4条94公里,养护乡道200.4公里,养护村道1 020公里。对平高路等4条县道、转闫路等7条乡道进行了全面养护维修。结合开展"农村公路管理养护年"活动,把县道平高路、乡道安青路、村道冯家河滩3条40.7公里创建为养护示范路段,道路养护标准不断提高。及时抢修水毁路段,认真开展"筑路月"活动,确保了道路畅通。全区农村公路好路率达到66.6%,公路通行能力进一步提升。

交通运输管理。全年累计查处超限车辆3 500余辆,收取公路赔补偿费61.5万元。全区农村公路实现了经常化、规范化管理。全面加强对客运、货运等运输市场的监管,采取集中整治和日常管理相结合的办法,严厉打击“黑车”、“非驾”、串线经营、占道经营和无证、违规等现象,年内共出动稽查人员3 536人次,出动车辆879辆次,查获非法营运“黑车”460辆次。全区道路运营秩序明显好转,较好地维护了合法经营者和人民群众的权益。着力提升城市公交服务能力,全年恢复、延伸、新开公交线路3条,开通城区至大秦、城区至东九2条城乡公交班线,恢复太统山庄旅游专线;将2路终点站延伸至世博伟业家居广场,解决了十里铺居民乘车难问题。在全市率先开通学生公交专线,途经医专、一中二部、特殊教育学校等16个学校,缓解了学生上下学乘车难的问题,受到广大师生和家长的广泛欢迎。全年公交车辆总行车趟次40.3万趟,占年计划的102%;行车里程达795万公里,占年计划的103%;客运量完成3 170万人次,占年计划的144%;完成经营收入3 170万元,占年计划的119%,较上年2 449万元增长29.4%;上缴税金110万元,占年计划60万元的183%,较上年增长33%;车辆完好率、正点率达到98%。大力发展交通运输事业,培育壮大运输企业,年内全区新增客车18辆,货车827辆,全区营运车辆达到5 040辆,其中客运车辆146辆3 710座,货运车辆4 894辆3.20万吨。全年完成客运量608.3万人,货运量841.2万吨,道路运输产值1.34亿元。

2011年3月,经崆峒区委、区政府批准,崆峒区交通局更名为崆峒区交通运输局,同时对局领导班子作了调整。调整后的班子成员是:局党委书记、局长张世悌;党委副书记、纪委书记曹志坚;副局长吕国刚;副局长秦晓钰;副局长王小军;总工程师马荣。 (信锦红)

【泾川县】 农村公路建设。2011年,泾川县共实施农村公路建设养护工程项目21项91.4公里,其中:通乡油路1项16公里、通畅工程18项69.4公里、养护维修工程1项6公里、危桥改造1座。当年建成通村油路(水泥路)14条57.1公里,养护维修工程1条6公里,维修加固改造桥梁1座,完成总投资3 018万元。一是蒋家大桥危桥加固改造工程。全长205.8米,2011年4月10日开工,在对原拱桥加固维修的基础上,并列加宽新建梁板桥1座,荷载等级为公路-Ⅱ级,宽度由4米增加到10米,11月20日建成,完成总投资546万元,其中省公路局补助234万元,自筹312万元;二是泾川县城至柏树通乡公路改建工程开工建设。该工程可行性研究报告经省发改委甘发改交运〔2011〕1320号文件批复,路线全长16.26公里,总投资1 076.8万元,其中国家通乡公路补助资金960万元,其余部分由地方自筹。由中交通力建设股份有限公司设计,四级公路标准,路基宽6.5米,路面宽6米。9月30日完成了工程施工招投标,由平凉市公路工程局中标承建,武汉交科工程咨询有限公司中标监理,于10月9日开工建设,当年完成路基工程6公里,新建涵洞4道,完成投资60万元,计划2012年9月建成通车;三是通畅工程。2011年,省、市下达农村公路通畅工程项目计划18条69.4公里,总投资2 320万元,其中省补资金136万元,自筹584万元。当年共完成通村油路、水泥路14条57.1公里,完成投资2 227万元,经市交通运输局检查验收,工程质量达到合格标准。其余4条13.3公里通畅工程已全部开工建设,完成砂砾垫层工程;四是养护维修工程。泾川至荔堡公路经甘公计[2011]64号文件列入2011年养护维修工程计划,批准重铺0公里至5公里路段5公里,11公里至12公里挖补罩面1.0公里,市交通运输局平交发[2011]174号文批复了工程施工图设计。工程于8月9日开工,10月16日完工,共完成0公里至5公里段沥青路面重铺5公里3万平方米,挖补坑槽1.92千平方米,2厘米厚沥青碎石罩面6 000平方米,完成投资191万元。

公路养护管理。继续深化农村公路管理养护体制改革,推行县、乡、村三级养护责任制,采取专业养护与群众养护相结合,日常养护与集中养护相结合,加强农村公路养护维修工作。认真扎实开展了“农村公路管理养护年”活动,创建高邵路、泾荔路、荔堡至张茂才3条市列养护示范路段80.1公里,县列养护示范路段5条95.9公里,创建示范工程2个,11.7公里。修补后党路、泾荔路、高邵路油路面坑槽6 100平方米,整修乡村道路186条562公里,改建、新铺砂砾公路22条68公里,全县主要公路好路率达到90%以上,养护质量和通行能力进一步提高。

公路路政管理。认真宣传贯彻《公路安全保护条例》和《甘肃省公路路政管理条例》,实行农村公路昼夜巡查制,路政人员上路巡查平均每月23天,严查县乡公路和重点通村公路上超限运输车辆650辆(次),清理公路路肩、边沟内堆放的杂物1 186立方米,广告牌14块,查处挖掘损坏公路路面案件2起,全县路产完好率达到99%,路政案件破案率、结案率均达到100%,超限超载率控制在6%以下,确保了公路路产路权完好,公路安全畅通。

运输市场管理。泾川汽车客运站建设项目工可、初设通过省交通运输厅评审并批复,建成15个行政村停靠站并通过市运管处和省运管局验收。开通泾川至枣林、泾川至燕雷城乡客运一体化班线2条,新增县城至长庆桥、县城至景村至荔堡班次2个,更新市际、县内班线客车各1辆,新增货车132辆,总数达到829辆,新增三类机动车维修业户14户,总数达到87户,新增社会就业岗位465个,从业人员达到3 800人,发展道路运输协会个人会员710人。道路客运量和旅客周转量同比增长24.4%和24.8%,分别达到168万人次和5 622万人公里,道路货运量和货物周转量同比增长22.5%和23.8%,分别达到86万吨和4 770万吨公里,完成道路运输产值1.13亿元。信息化建设稳步推进,建立运输企业车辆动态信息监控平台6个,全县110辆客车(其中省际:6辆,市际:7辆,县际:24辆,县内:63辆,公交:10辆)、156辆出租汽车、20辆4轴以上和新增3轴以上货车均安装了GPS车载终端系统,安装率达100%。监控平台实现市、县联网,泾川汽车站实现微机联网售票。狠抓客货运市场及出租车市场整治,开展了道路客运市场百日专项整治活动,查扣“黑车”73辆,排查客运线路矛盾纠纷4起,纠正各类违章违规经营行为99起,处理服务质量投诉7起,三轮“摩的”彻底取缔。配合教育局、公安交警大队、城市综合执法大队等部门和单位,重点对全县各中小学、幼儿园周边交通运输秩序进行集中整治,确保了学生乘车安全。加强维修市场清理整顿和规范,查处违规机动车维修户18户,取缔4户,规范14户。组织32名维修从业人员参加了行业技能培训,使维修从业人员持证上岗率达到95%以上。应用营运车辆二级维护综合管理系统,营运车辆二级维护网上备案签章率达到了100%。强化驾培学校业务管理,普及IC卡计时培训系统,发放IC卡1 200个,应用率达到100%,全年培训学员1 005人,办理培训结业证932本,结业证办理率为92.7%。审验班线客车100辆,出租车115辆,货车793辆,分别占年检审车辆总数的100%、100%和95.7%。

安全生产管理。各运输企业与经营者签订了《2011年度安全生产目标责任书》,成立了道路运输安全生产工作领导小组,制定了《道路运输突发性公共事件应急保障预案》、《出租汽车行业维稳处置应急预案》等制度。建立交通应急保障队伍,储备客车50辆,货车30辆。组织开展道路运输行业"安全生产年"、"安全生产月"和道路运输安全生产隐患排查活动,集中对全县中小学、幼儿园学生上下学交通安全进行全面检查,合理调整客车运营班次,确保学生上下学安全。配合市运管处开办道路运输从业人员培训班2期,培训从业人员519人次(其中驾乘人员487人,维修工32人),道路运输安全生产形势平稳,未发生重特大道路交通运输责任事故。 (吕国君)

【庄浪县】 项目建设。当年共开建交通项目16项,建成14项,在建2项,完成投资41 540万元。1.二级公路建设。静庄公路和韩社公路顺利完成征地拆迁工作,静庄公路征地1 560亩,拆迁7 969平方米,已建成通车,完成投资3.0亿元;韩社公路征地208.6亩,拆迁42.5平方米,年内建成路基工程,韩店大桥正在吊装T梁,长1 569米的张棉驿隧道已打通,完成投资6 200万元。2.农村公路改造工程。苏庄公路全长44.5公里,其中主线长40.5公里,支线长4公里,总投资3 236.3万元。支线孔韩公路4公里已建成,主线已铺油30.5公里,完成投资2 500万元,2012年全面建成。3.通畅工程。围绕新农村建设、产业开发和旅游开发,投资2 840万元建成通畅工程13条71公里,占计划里程66.8公里的106.3%。分别是:乔余路至大牛湾沥青路11公里,朱店至刘庙沥青路9公里,北川路至王川至郑山水泥路16公里,水洛镇二李村水泥路8公里,卧龙乡张余村水泥路5公里、魏山村水泥路4公里,万泉镇邵坪村水泥路3公里,柳梁乡下岔村水泥路3.5公里、孟山村水泥路2.5公里,水洛镇王家山水泥路1.5公里,郑河乡具峡村水泥路2.5公里,杨河乡至安王家水泥路2.5公里,云崖寺至大寺水泥路2.5公里。

公路养护。按照"有人养路、有钱养路、有方养路、有章养路"的要求,制定下发了《关于2011年县乡公路养护工作安排意见》,对列养的232.5公里县乡公路由7个班组聘用养护工57人进行常年养护。今年4次强降雨造成县部分道路水毁严重,县上积极开展抗灾自救,抢修中断道路,确保公路畅通。共清理道路塌方5万多立方米,修补油面、水泥砼路面4 600多平方米,抢修水毁道路8条26公里。为村道铺砂50条165公里,配套涵洞214道1 220米、边沟2 280米、挡墙350米,确保了道路安全畅通。县公路路政管理大队严格执行路政巡查制度,对各种侵占公路路产的违法行为予以坚决制止。全年共查处违法建筑126.5平方米,立案查处各类损坏公路案件6起,收缴路产补偿费6 000元,较好的保护了公路路产路权。

庄浪县交通局成立于1987年2月,2010年10月因机构改革设立庄浪县交通运输局,为县政府工作部门。内设办公室、规划股和财务审计股3个机构,下辖运管所、地道站和路政管理大队3个事业单位。共有职工67人,其中局机关16人(含路政管理大队),运管所19人,地道站30人。

局长王进选;副局长李国柱、何万仲、刘宏伟、田建伟;纪检组长张六回;工会主席曹仓富。 (庄浪县交通运输局)

【灵台县】 2011年共实施项目19项,完成投资2.75亿元。运输经济持续增长,更新长途客运班车4辆,增加货运车辆23辆,年客运量399万人次,客运周转量16 837万人公里,货运量完成54.85万吨,货运周转量13 138.9万吨公里,实现道路运输产值1.25亿元,同比增长26%。

项目争取。2011年共争取建设项目18项,补助资金3 515万元。其中,通畅工程14条80公里,争资2 000万元;危桥改造加固工程灵五路朱家湾大桥,争资250万元;雷新路养护维修工程,争资197万元;"7·23"水毁工程,争资18万元;陶瓦路改建工程,争资1 050万元。

交通基础设施建设。注重抓调度、抓协调、抓服务,上下通力配合,全力支持泾渗二级公路建设,积极实施桥梁建设,完善交通基础设施建设。泾渗二级公路完成98%的征迁工作量,兑付资金3 241万元,主体工程完成投资2.06亿元。投资410万元,按2孔20米T型梁桥标准,加长灵五路朱家湾大桥(朱家湾1号桥)43米,完成省道202线东风桥续建工程,现已通车使用。朱家湾2号桥新建工程,完成工程量796万元,占计划的88.44%。建成汽车停靠站15个,新开通城乡公交班线2条。

农村公路建设管理养护同步推进。严格实行工程质量与进度末尾包干制,坚持经常督查,采取现场点评、下发整改通知书等方式,质量、管理与以往有了较大提升。全年投资2 160万元,完成通村硬化路10条54公里。陶家咀至瓦玉公路改建工程,完成独店段5.35公里改建铺油,完成工程量502万元,投入使用。雷新公路县城至杨村段维修工程,投资195万元,铺油6.8公里,完成全部工程量,并投入使用。不断深化农村公路养护体制改革,按照"县建县管县养、乡建乡管乡养、村建村管村养"的原则,健全机制,落实人员和经费,加强了农村公路的日常养护,使以县为主的养管主体责任得到较好落实。深入开展"筑路月"活动,强化了农村公路质量监管,进一步提高了行车安全和养护水平。共养护县乡公路7条175公里,使全县公路好路率达到75.5%,优良率达到66%,有效保证了公路安全畅通。

行业管理。依法取缔"黑车"38辆,查处违法经营出租车29辆,下发限期整改通知书42份,落实行政处罚10万元,营造了诚信守法、公平经营的交通运输环境。客运、出租车辆审验率都达到了100%,货运车辆审验率达到96.3%,运输市场基本得到规范。大力推行公路巡查制度,严厉打击以路为市、乱堆乱放、乱搭乱建现象,集中治理了公路打碾晒粮行为和马路市场。按照《公路法》及相关法律法规查处超限超载车辆235辆,查处损坏公路案件9起,罚没公路补偿费1.65万元,有效维护了路产路权,预防了交通事故的发生。继续把治理公路"三乱"工作纳入行业目标管理,变集中治理为常规管理,形成长效机制,从源头上预防了公路“三乱”现象的发生,年内无一例公路“三乱”事件发生。严格落实行业安全监管责任,加大监督检查力度,购置安装GPS监控仪设备。安装GPS车辆171辆,依法报废更新长途客运班车4辆,强化源头治理,全县道路运输行业安全生产形势稳定,无安全责任事故发生。 (灵台县交通运输局)

【华亭县】 交通基础设施建设。截至2011年底,共改建华亭至上关至神峪、华亭至田尔哈等通乡公路6条123.3公里,等级改造村社道路268条510公里,水泥硬化通村公路68条290公里,建成策底、山寨、神峪等7个乡镇汽车站和95个行政村汽车停靠点,累计完成投资3.9亿元。环城公路建设工程建成路基6.57公里,295米的皇甫山隧道全线贯通,完成投资7 800万元;华石二级公路改建工程路基基本建成,桥涵防护工程进展顺利,完成投资4 000万元;水泥砼硬化通村公路和新农村道路32.2公里,完成投资1 130万元;建成下关、柳家河等农村公路桥梁3座,完成投资708万元。

围绕解决广大群众出行难问题,投资2 124万元更新公交车48辆、出租车100辆,有效提升了群众的出行服务条件。深入开展道路运输市场专项整治活动,全县运输市场秩序进一步规范。

加大路政执法力度,路产路权得到了有效保护,公路畅通整洁,路产完好率达到98%以上,超限率控制在5%以内。

全面完成了华上路等6条通乡油路、通村水泥路水毁修复及维修保养工作,累计投入养护资金194万元,农村公路精细化养护水平位居全市前列。截至年底,全县农村公路总里程达到569.4公里,其中县道4条99.4公里(其中平华路26公里),乡道10条150公里,村道72条320公里,公路密度每百平方公里58公里。全县10个乡镇、1个工业园区全部通油路,101个行政村有97个通水泥路或油路,基本实现了“乡乡通油路、村村通水泥路、汽车站点全覆盖”的目标。

(华亭县交通运输局)

【崇信县】 交通基础设施建设。2011年全县累计投资3 190万元,实施各类交通项目26项48.6公里,其中省列通畅工程15项35.2公里、养护维修工程4.5公里,县财政投资建设公路6条8.9公里、漫水涵4座72.6延米,总投资和项目规模分别占年初第一批计划1 850万元和35.2公里的172%和138%。经过实际检测和上级主管部门抽查,所有农村公路建设项目合格率均达到了100%,优良率达到了20%。2011年8月,崇信县交通运输局被交通运输部授予“全国农村公路建设质量年活动先进集体”。

农村公路养护管理。崇信县6个乡(镇)养管站共确定了106名农民养管员,划分了养管路段,明确了养护标准,逐级签订了养护管理合同,落实了日常养护措施。全年共清理回填水毁土方45处55 304立方米,补划路面标线26公里1 830平方米,补设了交通标志牌、百米桩和里程碑,投资2万元购置了试验设备,完善了农村公路工程试验室。全县农村公路养护覆盖率达到了100%,好路率达到了87%。泾土路、赤五路2条公路已被平凉市交通运输局命名为“农村公路养护示范路”。年初县财政预算,安排养护经费及人员工资380万元,其中养护经费220万元,占上年财政收入的2%。

农村公路路政管理。2011年,崇信县农村公路路政管理工作扎实开展,路政人员累计出勤496天,出勤率100%,累计巡查公路458天,上路率92.3%,行程约3万多公里。共查处损坏公路违法案件6起,查处超限运输车辆126辆(次),其中:损坏油路路面4处522.5平方米,污染路面1处1 200平方米,损坏路肩、边沟、边坡1处5.76立方米,损坏混凝土路缘石1处7.5米,清理公路“三堆”及垃圾34处190立方米,培育路政管理示范路段5条。走上街头宣传《公路法》、《公路安全保护条例》等路政管理有关法律法规5次,悬挂宣传标语2幅,散发传单2 300多份。共收缴公路赔(补)偿费92 530元。有效地保证了农村公路路产路权不受侵犯,路政案件结案率达到了100%,路产路权完好率达到了98%。

运输管理。2011年,全县客运量完成173.26万人次,占任务的109.37%,客运周转量完成7 080万人公里,占任务的104.2%;货运量完成20.71万吨,占任务的109%,货运周转量完成4 600万吨公里,占任务的103%;道路运输产值完成0.77亿元。在具体工作中,一是加强对运输市场的整顿和监管力度。依法打击“黑出租”141辆(次),处理违法违规客运车辆38辆,取缔无照经营驾培学校报名点2处,处罚使用假冒伪劣配件经营户5户,使“黑车”、“非驾”、串线经营、占道经营和无证、违规经营等现象得到了有效遏制。二是严格客运车辆燃油补贴发放工作。严审各项手续,按标准逐车发放,共发放2010年燃油补贴款201万元,确保了国家惠民政策的落实。三是不断完善运输网络。年内新建了15个行政村停靠站,开通了2条城乡客运班线,新投放城乡公交车3辆,城乡客运一体化网络逐步形成。四是加强安全管理工作。对所有营运车辆及三轴以上货车全部安装了GPS全球定位系统,坚持定期和不定期督查,对查出的安全隐患问题及时监督整改,为了切实加强学校周边安全防范工作,年内对全县各级公路沿途的49个学校设置了斑马线和交通警示牌,保障了人民群众生命财产安全,全年交通运输安全生产工作平稳健康发展,无重特大安全事故发生。 (崇信县交通运输局)

【静宁县】 2011年,静宁县交通运输工作在全市年度责任目标考核中取得了农村公路建设养护第一名、运输管理工作一等奖的好成绩。

交通基础设施建设。一是以建制村通畅工程为重点,抓管理,保质量,全年共争取农村公路项目16项,总投资2 985万元。建成水泥硬化路50.5公里、谭店河桥主体工程,完成梁马大桥项目前期工作,项目建设完成总投资2 300万元。二是完成威戎至静庄交界段电力电讯杆线移栽、占地拆迁等工作,确保了省市重点项目静庄二级公路建成通车。

农村公路管养工作扎实。1.健全机制,靠实责任。为了切实做好农村公路建设、管理、养护工作,我们制定了《静宁县通村公路建设管理办法》、《静宁县农村公路管理养护体制改革实施细则》、《农村公路建设管理养护及运输工作考核办法》,明确了乡镇政府在农村公路建设管理养护工作的责任主体,健全了县、乡、村三级管养机构,将农村公路建设养护管理工作纳入全县农村经济责任目标年度考核,县上与各乡镇签订目标管理责任书，分解下达农村公路建设养护管理任务，确保了全县农村公路建设和养护管理责任的全面落实。2. 注重科技，加大投入。一是完善机构设置，成立了农村公路规划设计室、质检室和试验室。二是加大投入，在配备了 GPS 测量仪、全站仪等测量仪器，安装了纬地、同望等规划设计软件，购置了钻芯取样机、压力机等检测设备的基础上，2011 年又投入 5 万元，新购置了混凝土综合性能检测仪等设备，为质量监督提供了先进的技术手段。三是通过钻心取样和混凝土综合技术指标试验对在建的通畅工程巡回检测，掌握了工程内在质量。对存在的质量问题签发工程指令要求整改完善，并扣除质量管理得分，对施工单位予以相应的经济处罚，有效提高了通畅工程建设质量。3. 强化监督，严格考核。2011 年制定下发了《静宁县通村公路质量管理暂行办法》，建立了专业技术人员巡回检查指导、村干部、群众代表全程监督的县乡村三级参与的质量监督体系，加大日常检查力度和年度考核，并将督查检查情况同管养资金拨付、交通项目计划安排直接挂钩，严格兑现。交通运输局派出技术人员 16 人次，积极参加省市举办的培训班 4 期。同时对项目在建乡镇政府分管领导、项目建设村干部、村民代表、施工单位负责人进行技术培训开展现场培训班 1 期，开展现场监督指导 200 多次，让他们掌握水泥路施工关键环节和主要技术指标，在执行社会监督过程中做到有据可循，进一步推动农村公路建设管理养护工作。4. 部门协作，县乡联动。一年来，无论在项目申报、评估、审批和实施过程中，得到了县上主要领导、分管领导，农村公路建设领导小组成员单位及各乡镇政项目村干部群众的大力支持。特别是农村公开管理养护中，各乡镇在资金紧张，困难重重中想办法，建机制，确保了道路畅通。一是实施新红路、治深路、贾河剪岔至秦安梨树梁大中修养护维修工程 3 项 65 公里，靳邢路安保工程 1 项 33 公里，完成投资 748 万元，确保了重点路段的安全畅通。二是以“农村公路管理养护年”、“筑路月”活动为契机，积极发动各级养护机构，对全县 320 公里通乡油路进行了全面的小修保养；各乡镇对通村路、田间路、林带路、园区路等进行了全面整修，栽植行道树 745 公里，养护维修通村公路 2 418 公里；投入 55 万元对汛期水毁路段进行抢修，道路通行能力普遍提高。三是完成静西路、静司路和梁马至张齐 3 条养护示范路段创建工作，达到了“畅、洁、绿、美、安”的管护要求。四是加大对《公路安全保护条例》和《甘肃省路政管理条例》的宣传力度，全面提高了公路沿线群众爱路护路意识，全年共查处公路违法案件 36 起，结案 35 起，结案率达到了 97.2%，有效的维护了路产路权完整。

道路运输管理。以“创先争优”活动为统领，组织开展了以“抓服务，保质量，讲诚信”为主要内容的客运服务质量倡议行动，举办了道路运输行业争创“六十佳”竞赛活动和“十佳出租车驾驶员”、“十佳服务明星”评选工作，积极参加“平凉市十万职工职业技能大赛”，大力倡导“文明诚信、优质服务”的客运经营理念，有效提升了“三个服务”水平。

运输管理。一是开通城市公交 2 路，城乡公交班线 2 条，分别投放车辆 12 辆、4 辆，建成行政村停靠站 35 个，方便了城乡居民出行。二是加强了信息化推广应用，对已安装的监控平台和车载终端进行了维护，完成了道路货运车辆、班线客车和出租汽车 GPS 安装的全覆盖。三是扎实开展道路运输市场整治行动，联合县交警、城管等部门持续开展了县城区交通秩序集中整治，优化了县城区交通环境；四是严厉查处客货运资格证照不全、“黑车”等违规、违章现象，有效维护了运输市场安全稳定发展。2011 年完成客运量 499.8 万人次，客运周转量 2.28 亿人公里，完成货运量 137.3 万吨，货物周转量 2.99 亿吨公里，实现道路运输产值 1.13 亿元，比上年增加 14%。

（静宁县交通运输局）

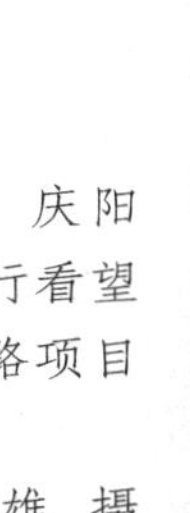

2011 年 12 月，庆阳市副市长白振海一行看望并慰问雷西高速公路项目办职工。

李世雄　摄

天水市

概　述

【交通基础设施建设】 2011年全市交通基础设施建设实际完成投资14.4亿元,其中地方投资完成9 000万元。1. 高速公路:续建天定高速公路项目,年内完成年度投资1亿元,于5月30日实现全线通车;续建天水过境段高速公路项目,完成年度投资2.7亿元,项目已于12月8日建成通车;湖北十堰至天水高速公路甘肃段全长189公里,项目估算投资188.1亿元。其中,天水境内长约24公里,估算投资24亿元,项目已于12月8日奠基;天水至平凉高速公路全长234公里,项目估算投资163.8亿元。其中天水境内约71公里,估算投资72亿元。年内,省发改委已完成了工程可行性研究现场调研和审查。2. 二级公路:续建庄浪至天水二级公路项目,全长103公里,总投资15.76亿元。截至2011年底,已累计完成投资7.3亿元,占总投资的42%;武山洛门至礼县二级公路项目,全长84.5公里(天水境内42公里),总投资6.03亿元,年内完成征地拆迁丈量登记工作。3. 国防战备公路:续建藉口至罗家堡战备公路,全长40公里,总投资2 995万元,年内已全部完工。年内新建麦积区至凤台雷达站战备公路项目,全长13.43公里,总投资747.63万元,完成年度投资计划300万元,占总投资的40%。4. 农村公路建设:2011年省上第一批下达农村公路建设项目共5类66个411.9公里,总投资1.51亿元。年内,除5个危桥加固项目正在进行施工图设计外,其余全部完成。第二批下达通畅工程项目共71条239.3公里,总投资6 931万元,年内已全部开工建设,并完工10条,累计完成投资974.9万元,占总投资的14.1%。通乡油路项目中:续建的麦积区后川至千户、贾家河至红门子、甘谷县三十里铺至武家河、清水县黄门至新城4条通乡油路项目,全长51公里,总投资3 558万元。已经全部完成。通畅工程项目中,第一批通畅工程项目43条260.6公里,总投资7 653.5万元,全部完工。第二批通畅工程中已完成10条,其余项目年内进行了备料工作。另外,秦州区提出利用2~3年时间,率先在全市实现村村通沥青(水泥)路的目标,2011年筹措资金9 000多万元,启动实施村村通水泥路84条近300公里,已全面完工。维修、安保工程及危桥加固项目中:养护维修工程18项,总投资1 288万元,已全部完成;安保工程项目3项100.5公里,总投资281万元,已全部完成;实施危桥加固项目5项509.85延米,总投资1 564万元,其中2个项目年内进行施工图设计,3个已完成施工图评审工作。5. 站场建设项目:续建的天水中心客运站项目,建筑面积1.45万平方米,总投资475万元,工程主体已于2011年5月27日封顶,累计完成投资4 628万元,占总投资的88%;续建的天水汽车客运西站,总投资2 720万元,项目已完成投资878万元,征地拆迁及“三通一平”工作基本完成;新建的麦积客运站项目,建筑面积31 500平方米,总投资3 500万元,年内已完成工程可行性研究报告的编制上报工作。天水道路运输应急保障救援中心总投资3 700万元,初步设计年内通过省交通运输厅评审续建的张家川亨运客运站、清水顺达客运站项目,累计完成投资1 647万元,年内已竣工等待交验。6、麦贾公路收费:截至2011年12月25日,麦贾公路收费管理处吴家崖收费站共征收通行费5 928万元,比去年同期增长36%。

【公路养管】 2011年,按照《天水市农村公路管理养护体制改革实施意见》,全市7个县区在2010年制订出台农村公路管理养护体制改革实施细则的基础上,大胆探索更加符合实际的农村公路养护管理新办法及管理养护考核标准,组建专业养护队伍,重点解决养护主体不作为、养护资金不落实的问题。年内,市财政预算列支的115万元,各县区财政每年列支的70万元资金均已全部落实到位。部分县区在乡镇成立了农村公路养护所,村上建立了村级养护管理小组,村级配备了养护路政协管员。有的县还成立了养护道班,组建了专职养护队伍,全市农村公路管理养护机制进一步完善,人员、机构、资金保障得到了加强,形成了“县上统揽、乡镇主管、部门监管、群众参与”的农村公路养护管理新格局。2011年,全市共实施安保工程和养护维修工程21项,完成总投资1 965万元,更新完善了桥梁数据库,公路始终保持安全畅通。年内全市多次受到特大暴雨袭击,农村公路受损严重,直接经济损失达7 929.07万元,市交通运输局积极组织县区公路部门进行抢修。全市共出动机械1 362台次、劳力4 785多人次,清理塌方15.84万方米,及时修复了损毁的公路和桥涵。2011年,在经常性养护工作中,全年共出动各类机械520台次,挖补坑槽4 218.3平方米,整修路肩103公里,清理边沟83公里,新开挖边沟1.9万米,疏通淤塞涵洞15道105延米,清理塌方836处6.17万立方米。截至年底,全市重要养护路线1 098.37公里完成优等路632公里,良等路448.68公里,次等路49.69公里。全市主要养护路线358.58公里全部为优等路。

【路政管理】 2011年，全市累计出动宣传车1.72公里，书写、张贴标语90幅，散发传单7 403张，查处挖掘路基2 400立方米、损坏挖掘路肩、边沟、边坡7 411.8立方米，清理广告杂牌108块，清理公路"三堆"及垃圾1.23万立方米，查处违法、违章建筑669.4平方米，查处架设、埋设管线、杆线、光缆等59米，收取公路赔偿费29.16万元。路政处罚案件自行履行40起，路产完好率达到95%以上。

【道路运输管理】 2011年继续加快客货运输车辆更新换代步伐，加快发展豪华型、清洁型客运车辆，稳步提高高速公路大通道和干线公路运力档次。全年全市公告到期报废出租车343辆，审核报废客车42辆，新增客运班线42条，新增班线车辆119辆。羲通公交集团筹资1200余万元，购置37辆豪华客车，更新2路、8路、12路等7条公交运力，并在全市公交车上加装了171块LED电子显示屏。天嘉交运集团筹资1 500万元，购置10辆"尼奥普兰"高级大客车，投放天定高速公路客运专线。2011年，依托宝天、天定高速公路开通后的路网优势，大力发展快速客运、城市间直达班车客运、旅游客运。积极与兰州、定西有关方面衔接，对开通天水至兰州、定西高速公路客运专线工作进行了部署，对开通秦州至甘谷、武山、洛门高速快客班线工作进行调研，并组织召开了服务质量招投标会议，年内运营工作已经进入实施阶段。年内全面实施农村客车通畅工程，合理布局城乡公交网络，稳步推进农村客运公交化改造。全市新开通农村客运班线18条，先后对全市2、9、12、21、23、34、35、38路等公交线路资源进行了优化和调整，将2路公交车延伸至贾家寺，22路公交车延伸至西十里，新开辟秦州公交站至藉口镇的14路公交线路和天水火车站至甘泉镇的30路公交线路，新开通火车站至石门的46路和麦积区至曲溪景区的47路公交旅游专线。

2011年，全市道路运输行业共完成客运量6 600万人次、旅客周转量287 000万人公里；完成货运量2 069.2万吨、货物周转量444 655万吨公里，与2010年同期相比分别增长幅度达22%以上。

2011年，全市共审验营运车辆13 092辆，占全市营运车总数16 610辆的79%。审验运输经营业户571户，办理车辆二级维护签章2.1万次，检测各类运输车辆12 200台次，培训道路运输从业人员4 282人。从3月底开始，与市公安交警部门联合行动，在全市范围内开展为期100天的道路客运市场百日专项整治活动。全市道路运输管理机构和各级公安交警部门联合开展路检路查98次，出动执法人员4 176人次，出动执法车辆2 254台次，共查处非法营运"黑车"145台，查处不规范经营车辆695台次。加强货运市场管理，全面整顿货运代理、货运配载、危货运输和超载超限车辆等关键环节，严把货运企业资质关、从业人员培训关和运输车辆安全关，强化危货运输车辆年审，对危货资质企业专用车的容器和专用设备进行检验，责令3家未安装GPS监控平台及GPS终端的危货运输企业停业整改，对15家驾驶员培训学校进行了安全检查，严格审定培训学校资质，规范培训内容。

【行业精神文明建设】 2011年，联合团市委评选出青年文明号单位3个，文明出租车50台，文明班线车10台，文明公交车10台，评选道路运输行业青年岗位能手30名。节会期间在公交、出租车行业开展了以"弘扬伏羲文化、传承中华文明、凝聚世界华人、打造祭祖圣地"为主线的"微笑迎宾客，文明伴我行"主题实践活动，创建了宝天高速专线"五心"服务品牌等一批行业文明单位和服务品牌，推动了行业文明水平进一步提高。市交通运输局先后被市委市政府表彰为麦积山景区创建国家5A级景区工作先进单位、"三城联创" 工作先进单位、全市人大代表建议政协提案办理先进单位；被市委、省交通运输厅表彰为政务信息工作先进单位；在天水市庆祝建党90周年"红旗飘飘"红歌演唱会比赛中获得一等奖。

（天水市交通运输局）

二区五县

【秦州区】 2011年，共新争项目27个，争取项目资金6 000万元。区上自筹资金近1亿元实施村村通水泥样板路建设项目95条312.6公里。项目争取情况分别为：天松、藉罗、上李通乡油路后续工程项目资金1 000万元，天大通乡油路争取国家投资1 020万元；国有农林场通乡油路（李子林场至长河）争取国家投资910万元；省列村村通水泥路建设工程23条82.3公里2 057万元；农村公路养护维修工程争取国家投资213万元，其中甘十战备路维修工程154万元，皂华路维修工程29万元，辖区公路日常养护维修资金市级拨款130万元；栖铁路改造工程资金330万元，市级拨付栖铁路经费60万元；邓家门大桥工程资金159万元，牡丹辛家沟大桥工程资金38万元，川口大桥市级拨款10万元；农村客运站（中梁、藉口、秦岭、皂郊）建设经费80万元；2011年农村公路水毁修复资金638.2万元，市级拨付水毁资金30万元（牡丹25万元，太京5万元），养护资金20万元，办公楼维修资金8万元；天松路安保工程资金103万元；2011年拖养费返还款120万元。

2011年，秦州区委、区政府提出利用2–3年时间，在全区实施村村通水泥路建设工程337条1 139公里，率先在全市实现村村通水泥路的目标。工程涉及16个乡镇420个行政村，惠及40多万农村群众。规划总投资3.4亿元。该项目通过市区共同努力，被省交通运输厅全部列入"十二五"农村公路建设规划。年内，区委、区政府先期筹资3 000万元，完成村村通水泥样板路102.8公里。

2011年，省、市下达通畅工程建设计划23条82.3公里，总投资2 469万元，其中国家补助资金2 057万元（每公里25万元）。截至目前，第一批9条32.9公里，下达计划已全面完工。秦州区委、区政府又迎难而上，开拓进取，筹资近1亿元，启动实施村村通水泥路建设工程312.6公里，工程涉及124个行政村，工程现已全面完工。今年项目实施后，全区通村水泥路共完成544公里，占通行政村道路的52.7%。

2011年，区上成立了农村公路建设领导小组，实行区级领导包挂重点路、交通部门领导包挂通乡路、乡镇干部包挂通村路的“三包”责任制，并与各乡镇签订了农村公路建设目标责任书，把农村公路建设作为一项重要考核内容，进一步明确了工作职责，靠实了工作责任。包挂项目建设的区级领导深入各项目建设工地，通过现场办公、督查检查等方式，及时有效解决了施工过程中存在的困难和问题。区交通运输局由局长、书记各负责西、南两片，各包8个乡镇，成立了4个工作组，每组包抓4个乡镇，由1名副职领导任组长，配备2名技术人员，对所有开工建设的项目实行驻地管理，有力推进了农村公路建设进度。

2011年，农村公路养护维修工程为皂华通乡油路和甘十战备油路养护维修，其中：皂华通乡油路维修里程0.55公里，项目预算总投资60.65万元，省上补助资金60万元。已完成浆砌片石导流堤106.74立方米，移动土方2 700立方米，铺筑4厘米厚沥青路面3 225平方米，18厘米厚水泥稳定砂砾基层3 225平方米，15厘米厚天然砂砾垫层3 440平方米，浆砌片石边沟300米，浆砌片石排水沟300米，浆砌片石挡土墙435.4平方米，其它工程正在实施当中；甘十战备油路维修里程2.32公里，项目预算总投资154.77万元，省上补助资金153万元。已完成20厘米厚水泥稳定砂砾基层1.39万平方米，10厘米厚天然砂砾垫层17 430平方米，新建边沟66米，浆砌片石挡土墙568.5平方米，浆砌片石路肩墙464.8平方米，浆砌片石边沟加固272米，以上两项维修工程年内已全面完工。

天水市秦州区藉口至罗家堡国防战备公路是甘肃省“十一五”国防公路建设规划项目之一。跨越天水市秦州区，陇南市礼县两区，其中主线起点位于秦州区藉口镇郑集村，与国道316线相接，终点为礼县盐官镇罗家堡，与省道306线相接。途径藉口、铁炉、秦岭、牡丹、华岐、盐官等乡镇全长37.50公里。牡丹镇支线全长3.1公里，项目总长40.60公里。该项目预算总资金为2 997万元，其中国家补助资金2 400万元(每公里60万元)，地方配套资金597万元。主要完成的工程量有纵向排水34 672.8米；防护工程1 496.8米4 743.79立方米；4厘米沥青碎石路面26.98万平方米；18厘米稳定层26.98万平方米；15厘米天然砂砾28.59万平方米；新建涵洞43道367.37米；旧涵加利用8道17米；旧涵修复55道；小桥5座19.18米。2011年9月顺利完成竣工验收工作。

2011年，投资30万元建起了农村公路标准化检测试验室，购置压力机、钻芯取样机、沥青抽提仪、振摆仪等试验设备24台(套)，选派3名工作人员到市交通质监站进行了为期一个月的培训学习，熟练掌握了农村公路检测试验技术。全年共检测实体质量120次，抽检面层的厚度、宽度、平整度、相邻板高差及纵横缝顺直度、砼抗折强度、砼回弹强度、路肩宽度，统计各项数据34 256个，其中合格数据33 215个，合格率达97%，从时间上实行定期或不定期抽查，从而有效地保证了工程质量检测覆盖面，加强了对重要分项工程和重点部位的质量控制，提高了施工、监理单位的质量意识和业务素质，对检查中发现的问题现场提出，及时解决，对不合格工程强行予以铲除，有效保证了工程质量。

2011年，天松通乡油路安保工程预算总投资105.86万元，其中国家投资103万元，年内已完成公路标线5 625平方米，防撞墩135个，护柱329根，里程碑15块，百米桩220根，各类标志牌43块。完成工程投资约103万元。工程已全面完工。

2011年，全面推行农村公路养护体制改革，制定出台了《秦州区农村公路养护体制改革工作实施细则》、《秦州区农村公路养护考核办法》，将农村公路养护工作纳入年度考核，保证了制度、机构及责任三落实。在广泛调研的基础上，积极衔接，多方筹措资金，在全区420个村各配备了1名养护路政协管员，具体负责本村农村公路养护及路政协管工作，人员工资每人每年4 000元(四个一：由区财政配套1 000元，乡镇整合各类项目资金配套1 000元，民政医疗补助1 000元及村级办公经费配套1 000元四个方面解决)。在抓好村道养护的基础上，积极衔接，经区政府常务会议研究，成立由80名养护人员组成的县乡道专业队伍，具体负责区内县乡道全天候养护生产，人员工资由人社局公益性岗位工资每人每月670元及区财政每人每月配套300元两个方面解决。在各乡镇设立了农村公路建养办公室，建立了阵地，成立了领导机构，专门从事农村公路建设及养护，取得了较好的效果；区财政每年列支100万元的专项资金用于农村公路养护，确保了人员、资金、机构“三落实”。农村公路养护资金及人员经费得到有效保障，干部职工创业的积极性明显提高，以政府投入为主体，责任明确、管理规范、运行高效的农村公路养护体制初见成效。

2011年，全区管养的县乡公路里程已达到313.58公里，其中县道3条111.89公里，乡道10条170.51公里，专用道路2条7.19公里。全年养护工作，采取日常养护与集中养护相结合的方式，开展大规模集中养护两次，对皂华、刘什等公路进行了全面整修养护；开展“筑路月”活动，紧抓乡镇主干道的砂化、通村公路的整修及公路沿线村庄巷道、村容村貌的整治，及时派出专业技术人员现场指导。整修农村道路114条324.5公里，道路铺砂44条82公里。2011年，持续强降雨使全区农村公路水毁灾情损失约1 670万元。其中县乡公路水毁经济损失814万元，农村道路水毁经济损失856万元。按照既定的水毁抢修方案，累计投入资金100余万元，机械500台班、人力2 000人次、清理边坡塌方2 000立方米。积极抓好安全生产管理，成立了安全生产领导小组，建立健全安全生产规章制度，更新安全生产设施，安装安全警示标志25块，维修加固危桥危涵9座，排查安全隐患23处，全年无一例安全生产事故发生。

2011年，加大宣传力度，大造舆论声势，提高群众爱路、护路、管路的自律意识。全年共出动宣传车96个车日，行程15 600公里，结合两个“条例”的宣传与贯彻，印制宣传单，对公路沿线主要村镇进行张贴宣传。全方位加大投入力度，在机构上成立了路政临时监察大队，在人员上由原来的3名充实到10名，在资金上，筹集专项资金购置依维柯执法车1辆、便携式称重仪1台、车轮锁3部、执法取证仪1部，路政专业服装7套，配备了专用电脑及打印机。实现了“机构、人员、资金”的三落实，执法条件进一步改善。在藉罗、皂华公路上加大超限超载治理，对非法实施车辆超限超载的运输经营者、营运驾驶员及为其提供便利的运输站(场)，依法给予了严厉处罚。全年共投入资金近 30 万元,出动宣传车 96 个车日,行程 15 600 公里,张贴、散发宣传材料 1.6 万余份,书写大型宣传标语 6 条;制止公路打场晒粮 20 天 3 000 平方米;清理“三堆”及垃圾 1.37 万立方米;清除广告杂牌等 220 块;治理超限运输车辆 556 台次,举办军训 1 次及业务培训 20 次,收取路政“两费”23 万余元,路政执法人员累计出勤 1 230 天,公路巡查天数 1 230 天,上路率为 100%。

(秦州区交通运输局)

【麦积区】 2011 年,麦积区省市重点建设项目协调保障工作及时到位。宝天高速公路天水过境段,东起麦积区甘泉镇白石村,西止秦州区西十里铺接天定高速公路起点,全长 36.858 公里,其中麦积境内路段长 16.93 公里。在一如既往地协调做好宝天高速公路一期工程建设遗留问题的同时,还积极调处了宝天高速公路天水过境段各施工单位与沿线群众和有关单位发生的矛盾纠纷等问题,为施工单位创建了良好的建设环境,有效地保障了工程建设的顺利进行。

庄浪(韩店)至天水(社棠)二级公路是《甘肃高速公路网规划》中延(安)九(寨沟)地方高速平凉至天水段高速公路的重要连接线,经张家川县、清水县至麦积区社棠镇跨渭河与国道 310 线相接,路线总长 100.5 公里。该项目在麦积区境内路段长约 7.1 公里,沿线涉及到社棠镇的石岭、柏林、李家渠 3 个村和马跑泉镇的潘集寨村。自 2010 年 4 月 22 日该项目启动实施后,区上立即组建了由交通、建设、国土资源、林业等部门以及沿线乡镇的人员组成的区协调保障办公室,具体负责征地拆迁及协调保障等工作。年内,施工所需的 159.67 亩土地,已向建设单位移交了 150 多亩,其中涉及影响工期的施工路段及控制性工程所需占用的土地均早已移交给施工单位。

2011 年,农村公路建设工程全面完成任务。1. 中滩后川至秦安千户通乡油路工程:该工程全长 19.12 公里,其中麦积段 15.4 公里,按四级公路设计,总预算为 1 073.13 万元。工程自 2011 年 3 月 6 日开工,现已完成所有建设任务。2. 中滩渭河大桥建设工程:中滩渭河大桥是连接三阳川地区渭河两岸的主要通道,该桥自 1976 年建成以来,为三阳川片区群众出行带来了方便,由于受“5.12”汶川大地震影响,桥体出现了裂缝成为危桥,该桥原为旧桥上部拆除,下部利用加固工程,由于旧桥下部桥墩出现质量问题,经省市交通部门调研后决定全部拆除重建,新建 9~20 米预应力钢筋混凝土连续箱梁桥 1 座,全长 187.32 米,桥面净宽 9.0+2×1.5 米,引道 40 米,总投资为 998.2 万元。工程于今年 4 月 7 日开工,年内完成所有建设任务。3. 卦台山景区配套工程:该配套工程包括引龙桥、土方工程和排水工程,预算总投资 92.83 万元,其中引龙桥全长 24 米,投资 67 万元。工程于 3 月 20 日开工建设,年内已全部完工。4. 麦积区锻压机床厂至风台雷达站战备公路建设情况:该工程起点位于锻压机床厂门口,终点在风台雷达站,全长 13.43 公里(含两条支线),按四级公路设计,总预算 747.63 万元。该工程于 2011 年 6 月 24 日正式开工。年内路基工程已完成。5. 市列通畅工程:省、市下达通畅工程 14 条 66.1 公里,预算总投资 2 644 万元。已全面完成了建设任务。6. 区列通达、通畅工程:年初区委、区政府下达全区新建 200 公里通达,100 公里通畅任务。年内完成通畅 113 公里,通达 212 公里。7. 一城两园道路建设情况:南山公园 2.98 公里的主干道的路基工程,目前已全线贯通,并配合区住建局完成了南山公园道路规划设计工作。对北山园区的道路建设提供了全程技术指导,并做出了一城两园区域整体道路建设规划。8. 完成颍川河流域内道路建设规划任务:麦积区颍川河流域包括麦积区马跑泉、甘泉、麦积 3 镇的 49 个行政村,区域内人口达 4 万余人,颍川河流域共有通畅道路 27 条 97.74 公里,通自然村道路 91 条 172.6 公里,规划产业主干线道路 3 条 42.2 公里,规划产业区内中桥 2 座 135 延米,小桥 4 座 90 延米。目前正在实施外环路至红花咀至屈家坪产业道路工程,已完成路基 13.6 公里,配套构造物和砂砾路面即将开始实施。9. 宏罗村东柯河桥梁工程:麦积镇宏罗村东柯河桥按农村公路技术标准设计修建,全长 41.32 米,桥面净宽-7.0+2×1.5 米,预算总投资 260 万元,资金来源为:申请国家以工代赈资金 250 万元,区自筹 10 万元。工程自 2011 年 11 月 15 日开标,年内进行前期准备工作。

2011 年,列入全区公路养护计划的里程为 1 481.68 公里,其中县道 209.43 公里,乡道 159.61 公里,专用道 49.05 公里,村道 1 063.59 公里;沥青路面 168.02 公里,混凝土路面 172.96 公里,砂砾路面 890.63 公里。年内,以市列养护路线为全区养护的重点,集中财力人力物力整治出现的公路病害。由于麦甘公路目前的交通荷载超过设计标准,近年来刚建好的峡南公路、秦南公路由于超重车辆的碾压,路面破损严重,成为热点问题。为了尽快修复路面,多方筹资 100 多万元,对这 2 条路进行了全面修补。共修复破损面积超过 6 000 平方米,边沟 500 米,路肩 3 公里,清理边沟 15 公里,维修桥涵 2 座 25 延米。

2011 年 7 月初,成立了由交通局牵头,交警、运管、路政三方联合治超治乱组,以治理车辆超限超载、乱停乱放乱收费及醉酒、疲劳和无证无续驾驶及严格控制公路两侧的违章建筑为重点,加大公路巡查力度,查处各类路政违法行为,全面落实属地管理责任制。共依法查处各种路政案件 18 起,处理 18 起,结案率 100%。共收缴公路补偿费用 3 万元。

2011 年,开通了全区重点乡村的班线车辆在三阳川片区及城郊区建立了汽车停靠站。

年内共检查企业安全生产 20 多次。确保安全生产和运输安全生产平稳运行。

2011 年,承办市、区人大代表议案和政协委员提案共 23 件,其中市人大议案 1 件,市政协提案 3 件,共有 2 件达到 A 类;区人大议案 12 件,区政协提案 7 件,共有 4 件达到 A 类。

(麦积区交通运输局)

【秦安县】 2011 年,全县农村公路通畅工程。分两批下达新建农村公路通畅工程 15 条 66.9 公里,批复总投资 2 995.23 万元,其中国家补助资金 2 007 万元。截至 10 月底已完成建设任务。是 2011 年下达的中央预算内投资项目,批复总里程 15.98 公里,全线按四级公路技术标准实施,核定总预算 1 249.89 万元,其中中央预算内农村公路改造补助资金 960 万元。2011 年 11 月 29 日召开了工程开标会议。

年内结合农村公路现状,将刘坪乡确定为通畅工程建设示范乡，至年底，共完成张秦路至仁沟、张秦路至墩湾等通畅工程示范乡道路5条16.7公里，至此，刘坪乡21个行政村有17个实现通畅，通畅率达81%，居全县行政村通畅之首。

2011年，在公路养护管理工作中，实施了县道462线张秦公路马河至蔡河段改建工程。该工程批复总投资413.29万元，其中中央投资224万元，自筹189.29万元。路线全长7.5公里，按三级公路技术标准实施，路基宽度8.5米，路面宽度7.0米，桥涵设计荷载汽-20。该工程于2011年8月开工，10月完工，完成的主要工程量为：移动路基土方3 570立方米，软路基换填3 724立方米，排水工程4 220米590.8立方米，路面工程42 000平方米，完成总投资377.33万元。实施县道450线秦远公路安保工程。该工程批复总投资67万元，其中国家补助资金50万元，自筹17万元，重点安排实施防撞墩、标志牌、护柱、路面标线工程内容等。工程于2011年9月开工，10月完工，完成的主要工程量为：增设护柱2 216根，防撞墩379座，标志牌90块，完成总投资68.53万元。2011年，列养线路总里程229.698公里，计划完成优等路80公里，良等路100公里，次等路49.698公里，截至目前主要养护线路58.85公里全部达到优等路，重点线路完成优等路88公里，良等路106公里，次等路35.70公里，好路率达到82.75%，综合值61.68。全年完成清扫沥青路面180公里，修复沥青路面9公里54 000平方米，整修路肩、清理边沟229公里，处置坑槽70处1.5万平方米，处治翻浆90处1.5万立方米，投工投劳2.64万个工日，疏通涵洞89道715米，平整砂砾路面26公里15.6万平方米。修复水毁路面240处1.2万平方米，修复涵洞2道18米，挡墙151米845立方米，新修边沟8 600米1 900立方米。投入维修资金620万元。

至2011年11月底，共查处违法建筑6起232平方米、腐蚀路面720平方米，埋设杆线320米，恢复损坏路面160平方米，路肩、边沟、边坡6 817立方米，清理公路“三堆”150处260立方米，书写悬挂宣传标语15条，散发宣传单2 000余份，收缴补偿费2 100元。路产赔偿发案7起，结案7起，结案率100%，有效维护了公路的路产路权。

2011年，全年共报废客车6辆，新增客车23辆，全县客车拥有量达到了222辆4 513个客座位。积极发展农村客运，开通农村客运线路3条（王尹—西川镇李堡村、秦安—郭嘉镇黄湾村、秦安—陇城乡赵王村）。全年共查处超员、超载案件8起，未按期进行二级维护客车5辆。查处未经许可擅自经营“黑车”、私家车205辆次，罚款86万元。至年底，已审验客车222辆，年审率达100%，审验货车369辆，年审率达95%。完成了对1 673名驾驶员的诚信考核。审核发放2009—2010年度班线客车、出租车燃油补贴229.5万元。

2011年，开展了大规模的农村产业道路建设工作，共完成产业道路120条300多公里。

2011年，先后三次召开农村公路管理养护工作会议，认真查找工作中存在的问题，制定整改措施，提高养护质量。严格落实管理养护责任制，由站长包路线，站员包路段，对照农村公路养护质量检查评定标准和《公路养护技术规范》制定养护生产任务，每月由分管领导带队对辖区内的公路进行检查评比，严格兑现奖罚。从8月份开始，对每月未完成工作任务，养护质量不高、工作没有起色、出勤不出工的道班工人进行了严厉处罚，辞退4名，警告处罚20多名，增强了管养人员的责任心和工作的积极性，促进了养护工作经常化，养护机制常态化。

（秦安县交通运输局）

【清水县】 2011年，争取项目无偿资金达5 468万元，到位4 000万元。顺达运输公司物流配载中心场地与兰州宏泰汽车维修中心签约引资260万元，建成清水县顺达修理厂，已正式投产使用；顺达运输公司候车办公综合大楼1-9轴客房42间998平方米与麦积区紫金花装饰工程有限公司签约引资450万元，成立清水县顺达宾馆，已正式投入使用；与湖北东方特种汽车有限公司达成初步协议，拟投资290万元，开通城市双开门无人售票公交业务。

2011年，全县交通基础设施建设项目进展顺利。1.平凉庄浪至清水至天水社棠公路改建工程是省政府确定的重要通县二级公路建设项目之一，全长103.27公里，清水段全长55.96公里（含清水支线6.06公里），清水段总投资约5.8亿元，沿线经过黄门、红堡、永清3乡镇23个行政村。年内，清水段累计完成工作量约3.5亿元，占清水县内总投资的59.67%，其中清水支线累计完成工作量2 655万元。协调完成永清、红堡、黄门3乡镇23个行政村1 259.83亩土地征用工作，其中永久性征用土地1 220.48亩，临时性征用土地39.35亩；黄门、红堡、永清3乡镇15个行政村115户拆迁面积达6 767.18平方米房屋拆迁工作，工程建设用地已全部交付使用。2. 续建通乡公路。续建黄门至新城通乡公路为“十一五”未完成结转今年农村公路建设项目，全长8.9公里，由甘肃国力路桥工程有限公司中标承建，中标价为580.2万元，由甘肃同兴监理工程公司监理。2010年12月开工，截至2011年年底工程已基本完工，铺筑2厘米厚水泥混凝土面板5 192平方米，18厘米厚水泥稳定基层5.51万平方米，15厘米厚天然砂砾垫层7.3万平方米，软基处理2 830立方米，增设浆砌片石边沟4 050米，累计完成工作量564.4万元。3. 通畅工程。2011年第一批4条50.6公里通畅工程项目经省公路局以《关于2011年农村公路建制村通畅工程预安排计划的通知》（甘公计〔2011〕2号）下达，分别为：红堡镇古道至远门、秦亭桥至唐青路口、红堡至玉屏、红崖观至张杨。《施工图设计文件》委托天水通达路桥勘察设计有限公司编制完成，经天水市交通运输局天交路发〔2011〕27号文件批复了4条路的施工图设计。2011年5月25日在《甘肃经济日报》发布清水县2011年通畅工程施工招标公告，招投标工作于6月10日完成，6月20日施工单位进场开工建设，年底已全部完工，铺筑18厘米厚水泥混凝土面板208.38万平方米，18厘米厚水泥稳定基层218.59万平方米，18厘米厚天然砂砾垫层462.45万平方米，增设浆砌片石边沟3 557米，钢筋混凝土圆管涵16道118米，盖板涵3道22.5米，累计完成工作量1 654.8万元；根据省公路局《关于下达2011年农村公路建设计划的通知》（甘公计〔2011〕203号）精神，共下达清水县第二批通畅工程项目5条26.9公里国家补助807万元，分别为高峰路口至高峰、清秦路口至安业、下分界石至坪道、左沟路口至樊家路口、县道045线至前湾，于11月17日开工建设，正在整修路基，年内累计完成工作量20.8万元。4. 养护维修工程。县道463线大湾口至温沟百家至秦亭段5公里、白沙至杜沟桥 1.2 公里大中修工程项目，经甘肃省公路局以《关于下达 2011 年农村公路养护维修工程预安排计划的通知》(甘公计〔2011〕64 号)文件下达,《施工图设计文件》委托天水通达路桥勘察设计有限公司编制完成,经天水市交通运输局天交路发〔2011〕31 号文件批复,于 6 月 29 日发布招标公告,7 月 20 日完成招投标工作,于 8 月 1 日开工建设,年内已全线完工，铺筑 4 厘米厚沥青碎石面层 3.12 万平方米,20 厘米厚水泥稳定基层 2.4 万平方米,15 厘米厚天然砂砾垫层 3.39 万平方米,换填路基 3 628.8 立方米,增设浆砌片石边沟 500 米,累计完成工作量 244.9 万元。5.林区道路。根据省公路局《关于下达 2011 年农村公路建设计划的通知》(甘公计〔2011〕203 号)精神,下达清水县育通工区至山门林场 4.5 公里林区道路,委托天水通达路桥勘察设计有限公司编制完成施工图设计文件,已于 11 月 15 日进场开工建设。6.2011 年优良示范工程项目。根据天水市交通运输局《关于确定全市农村公路建设示范工程项目的通知》(天交路发〔2011〕74 号)文件精神，确定红崖观至张杨 9.94 公里通畅工程为 2011 年优良示范工程项目,实施工程监理制由第三方监理机构甘肃同兴工程监理有限公司进行监理,截至年底已全线完工。共铺筑 18 厘米厚水泥混凝土面板 4.51 万平方米,18 厘米厚水泥稳定基层 5 万平方米,15 厘米厚天然砂砾垫层 8.46 万平方米,增设浆砌片石边沟 490 米,累计完成工作量 311.4 万元。7. 场站建设。年内,利用场地规模,开工建设清水县二级货运车站,截至年底完成货运配载中心物流仓库主体工程,完成投资 1 064 万元。山门、新城、丰望等 3 乡镇汽车站基础设施建设,累计完成工作量 60 万元。8. 小城镇道路建设。年初县政府确定,对金集、白驼、白沙、秦亭、新城等 5 乡镇小城镇道路及排水工程进行完善。为确保工程建设的顺利实施,组织技术人员对金集、白驼、白沙、秦亭、新城等 5 乡镇小城镇道路及排水工程进行了规划测设，年内已完成白沙、新城等 5 乡镇小城镇道路及排水工程施工文件编制工作。9. 白沙乡鲁湾村牛头河大桥。设计全长 57.0 米,为 4~13 米混凝土预应力空心板桥,分为桥梁工程和桥头引道工程两部分。设计荷载为公路-II 级,桥面宽为净 3.5 米+2×0.5 米(安全带),设计洪水频率为 1/50,抗震设防裂度为 8 度(0.2g)。桥头引道工程为鲁湾桥配套项目,已列入桥梁主体工程,两侧引道共 443 米,其中南岸接桐温路 231 米,北岸接鲁湾村 212 米。引道路基宽 6.5 米,路面宽 4.5 米,两侧各设 1 米培土路肩。路面结构采用 2 厘米厚水泥混凝土面层+18 厘米厚水泥稳定砂砾基层+15 厘米厚天然砂砾垫层。工程预算总投资 169.61 万元,国家补助 55 万元,截至年底累计完成工作量 153.1 万元。

2011 年,农村公路养护管理体制改革全面实施,建立了县、乡、村三级养管体系,初步形成了“市上指导、县上统揽、乡镇主管、部门监管、群众参与”的农村公路养护管理新格局。成立县农村公路管理养护站,具体负责全县农村公路日常管理养护工作,检查、验收、评比、考核各乡镇管养所农村公路养护质量,负责全县农村公路路政管理和路产、路权保护工作。在 18 乡(镇)都成立农村公路管理养护所,协助县公路管养站做好有关县、乡道的养护,负责辖区内乡道、村道养护管理。村民委员会在乡镇政府的领导下和乡(镇)农村公路管养所指导下,成立村民管养小组,组织沿线村民对辖区的村内道路进行日常管养。在县农村公路管理养护站配备相应人员,乡镇农村公路管养所配备养护专干、路政专干,并将县乡村道养护任务具体落实到相应人员身上,确保农村公路养护工作的正常进行。2011 年农村公路建设养护省财政燃油税改革拖养费返还 46 万元，市财政配套资金到位 76 万元,县财政配套及转移支付投入资金 97 万元，清社公路水毁修复资金 300 万元，村镇备料 61 800 方折合资金 185.4 万元,投工投劳 23 000 个工日折合资金 80.5 万元，用于我县农村公路水毁抢修、日常养护,确保了我县农村公路养护工作的正常进行。完成重养公路 157.11 公里,其中:优等路 100 公里,良等路 57.11 公里,主要养护公路 56.58 公里,全部达到优等路,好路率达 50.02%,综合值达 67.91。共整修大温、张清、温阎公路路基 59.5 公里、疏通边沟 22.6 公里、清理塌方 3 628.5 立方米、填补坑槽 1 468.5 立方米、挖补沥青路面 3 700 平方米、处理翻浆 8 段 763.6 立方米,累计完成工作量 60.7 万元。完成窠老塬至大坡墩 3.5 公里通村公路砂化工作，累计完成工作量 18.56 万元。建立汛期水毁道路抢修长效机制,制定了防汛预案，建立道路抢修及抢险救灾 2 个应急工作队，分 3 个抢修保畅工作组,年内抢修清社路、清陇路、大温路、鲁沟村道水毁道路 17 条,累计完成工作量 223.8 万元。县财政投资 24.6 万元设立清社公路联合执法超限治理站,加大对清社公路道路安全管理力度。

2011 年,清理公路“三堆”32 处 75 立方米,治理马路市场 6 处,查处擅自增设平交道口 1 处,查处违法建筑 8.4 平方米,印刷宣传单并发放 1 万份,超载超限率控制在 6%左右,路政巡查率达 80%,路政结案率达 95%以上,路产完好率达 85%,受损路产修复率达 85%以上,确保公路安全畅通和切实维护路产路权。

2011 年,根据省公路局《关于对农村公路桥梁进行普查及更新桥梁数据库的通知》(甘公地养〔2011〕5 号)及天水市交通运输局天交路发〔2011〕9 号文件要求,对全县境内所有桥梁进行了详细调查,共普查桥梁 69 座,其中一类桥 28 座、二类桥 31 座、三类桥 10 座,桥梁总长 2 122.45 延米,其中大桥 137.4 延米、中桥 1 248.42 延米、小桥 736.63 延米,为全面准确掌握全县农村公路桥梁基本情况、技术状况和养护现状,监理桥梁规范化管理和科学养护的长效机制,提供了科学依据。

2011 年,全县共完成客运量、客运周转量分别达到 160 万人次、3 800 万人公里，货运量、货运周转量分别达到 190 万吨、8 012 万吨公里，同比分别增长 7.5%、8.0%、6.3%、7.2%。

2011 年,落实安保工程措施,积极推进危货运输车辆和长途客车 GPS 信息联网联控，完成了县二级汽车站 X 光行包检测仪和安全门检系统建设。（清水县交通运输局）

【武山县】 2011 年,新建、续建通乡油路 3 条 16.1 公里,通畅工程 4 条 38.7 公里,磐草公路养护维修工程、姚杨公路安保工程、令川渭河大桥和侯北公路 4 座小桥建设工程、“双通”工程等 5 大类 11 项,完成总投资 3 149.61 万元。1. 通乡油路:新建、续建通乡油路 3 条 16.1 公里。其中:杨岷公路 6 公里、温草公路 4.5 公里、城咀公路还建段 5.6 公里,完成总投资986.4万元。同时,对“十一五”期间实施的城关至咀头、四门至马力、丁家门至高楼3条92.06公里通乡油路经过试运行,于12月13日经天水市公路工程竣工委员会组织验收,均达到合格。2. 通畅工程(水泥路):全年共实施通畅工程项目4条38.7公里。其中:城关镇渭北至韦庄2公里、杜楞至车岸12公里、洛门镇高桥至杜庄7.3公里、沿安乡李庄至半坡山17.4公里,完成投资1 190万元。2镇1乡16个行政村2.8万人道路通行条件得到较大改善。3. 令川渭河大桥以工代赈建设项目:该项目总长度为563.11米,其中:桥长186.44米,宽度12米,结构为9孔20米预应力空心板桥,两端孔道长376.67米,工程造价985万元。11月24日举行了开工奠基仪式。侯北公路桥梁建设:年内在侯北公路新建小桥4座,完成投资289.7万元,桥涵设施进一步完善。4. 大中修、安保工程建设:对磐草公路甘谷界至铁疗段全长6.4公里进行重铺罩面,完成投资183.4万元。完成姚杨公路部分路段改造、增设防护挡墙、安全柱、防护柱等设施。同时根据县上安排,完成了旅游线路指示牌7块,为水帘洞景区升4A级景区创造了良好的交通条件。5. “双通”工程:全县的“双通”工程建设确保“三个重点”,一是人大代表、政协委员议案建议,新修道路7条61.9公里;二是围绕沿天定高速公路10万亩蔬菜产业带“一园三区”产业基地建设,新修产业道路36条52公里;三是通自然村联网道路42条182公里,田间道路101条115.3公里,完成投资500万元。

2011年,积极开展省上组织实施的重点项目协调保障工作。洛礼二级公路建设项目以甘发改交运[2010]347号文件批复,全长81.37公里,其中:武山段41.2公里,原工程可行性研究报告概算批复总投资5.5亿元,初设批复总投资为6.04亿元,增加5 400万元。工程建设由省公路局承担,项目办于2011年3月份进驻洛门镇,年内完成了占用林地、耕地、环评、地勘等前期工作。在沿线洛门、四门、杨河等2镇1乡的全力配合下,已完成一期土地丈量登记、确认工作,涉及22个行政村1 798户,土地面积646.12亩。在保障天定高速公路项目后续工程顺利进行的同时,积极协调天定高速公路项目办,完成了武山出口渭北匝道的路基工程、排水边沟、路面铺油等后续工作。

2011年,全县15个乡镇成立管理养护所,做到有机构、有制度、有人员,乡镇对本辖区内道路进行分阶段养护,如杨河、四门、高楼、山丹、咀头等乡镇采用农村低保户划段包干养护和农闲时节组织群众开展集中养护等形式,收到良好效果。年初,组织15个乡镇分管领导和养护专干对公路养护和管理进行培训,熟悉和掌握公路管理养护常识及基本要领,县上选派技术人员组成检查组对乡镇每一季度公路管理养护进行督促检查,促进公路养护完好率达到标准要求。不断探索和学习先进经验,将公路管理养护与建设相统一,做到了三分建七分管的要求,把全县主养线路分两部分养管,一部分由公路站实行定时、定量、定责任专业养护;一部分由乡镇管理养护。全县有四马、温草、丁高、城咀、李榆、姚杨、龙榆、侯白、四礼、观温、漆岷、杨岷等12条281.5公里主养线路。其中将丁高、杨岷、温草、李榆、龙榆等5条103公里线路交乡镇养护管理。

2011年,配合中贵输油管道二期工程做好协调保障服务工作,严把管道穿越公路审批关,对占用公路控制线,拉运管道超载治理,实行卸载分装运行。加大对公路巡查频率,严查侵犯路产路权案件,全年共查处公路案件4起,道路清障241次,清理公路“三堆”8 412立方米,收取赔偿费4.35万元,有效地维护了路产路权。配合县交警队在主干线公路安装智能监控9处。

2011年,全县新增农村客运线路6条,增加运营车辆9台,开通武山至天水高速客运线路,投入客车33台,为武山公用型汽车站配备价值20万元行包检测仪1个;全年共出动运政执法人员1 080人次,查处无牌、无证和基本达到报废的“黑车”27辆,不规范运营车辆186辆;对执法人员和道路运输从业人员法律法规培训6次,安全生产培训11次,培训人员800多人次;对全县道路运输车辆、运输证件进行了年度审验,共审验道路运输经营业户19户,营运客车228辆,审验率达100%。营运货车258辆,审验率达90%。出租汽车128辆,驾驶证从业资格证1 541人。

2011年,根据省公路局《关于对农村公路桥梁进行普查及更新桥梁数据库的通知》,成立了武山县农村公路桥梁普查领导小组,抽调了5名业务精通、工作责任心强的专业技术人员,从3月19日开始对全县88座3 618.5延米农村公路桥梁进行了全面普查。其中:五类桥33座972.6延米,四类桥19座1 064.1延米,三类桥11座448.8延米,二类桥6座172.2延米,一类桥19座960.8延米。

2011年,为了配合“全省蔬菜生产现场会暨中国·天水武山蔬菜博览会”筹备工作,分别对清池、郭庄两个观摩点的产业道路,城关、洛门镇区道路,以及韦庄渭河大桥等路段和桥梁进行了全面维修,为“两会”的圆满召开创造了良好的交通环境;为水帘洞祈福游活动创造良好便捷交通条件,修补公路9.2公里。

全年共收到人大代表提出的建议15条,其中涉及到农村道路建设的有10条,公路桥梁建设的有3条,运输管理的2条,已办理的9条,占总建议的60%,正在办理的有6条,占总建议的40%。共收到政协委员提案7条,其中涉及到农村公路的有6条,公路养护的有1条。已办理的5条,占总提案的71%,正在办理的有2条,占总提案的29%。

(武山县交通运输局)

【甘谷县】 2011年,全县交通重点工作任务全面完成。三武公路改建工程:省发改委以甘发改交运〔2010〕607号文件批准立项,市交通运输局、市发改委以天交路发〔2010〕51号文件批复了施工图设计。该路全长11.8公里。三级公路标准,水泥混凝土路面。于2010年10月28日开工,由兰州昌通公路工程有限公司承建,甘肃同兴监理工程有限公司监理,天水市交通基建质量监督站质量监督。于11月份全部完成建设任务。通村水泥路建设:2011年通过项目整合、垫支水泥、一事一议、社会捐资等多种形式,投资7 730万元实施各类农村公路水泥硬化项目110条252公里,具体是:第一批计划下达通畅工程项目7条35.7公里。分别是:1. 严家庄至吕家岘(9公里);2. 316国道至土寨至金沟寺(9.7公里);3. 姚朱路至崔家(2公里);4. 姚朱路至魏家(1.8公里);5. 北甘路至杨场村委(1.7公里);6. 姚杨路至老毛沟(2.5公里);7. 武家河至古坡(9公里)。第二批计划下达通畅工程项目8条30.9公里。已完成6条16.2公里,分别是:川子路口至川子村委(2.2公里)、大庄至八里湾(6.4公里)、冯菜路口至冯菜村委(0.5公里)、小庄路口至小庄村委小学(2.8公里)、谢贯路至谢家湾乡政府(1.3公里)、张家井至黄家村(3.0公里)。未完成2条14.7公里,分别是:郭家湾至马家山小学(6.7公里)、魏家岔至马家山(8.0公里)。今年县上投资近600万元,垫支水泥1.65万吨,建设通村水泥路20条66公里。采用一事一议的方式,整合项目资金建设水泥路82条134.7公里,完成总投资2 906.65万元,其中:国家投资1 641.84万元,自筹1 264.88万元;整村推进项目建设水泥路3条3.4公里,完成总投资119万元,其中:国家投资102万元,自筹17万元。

2011年,养护维修工程全部完成。省公路局甘公计〔2011〕64号文下达养护维修工程安排计划2项。其中:县道087线通甘路36公里加310米至36公里加400米段0.12公里油面重铺及浆砌挡墙3 200立方米,29公里至32公里段3公里油面重铺。乡道670线谢贯路0公里加500米贯寺桥桥台防护工程,已全面完成。

2011年,省公路局甘公计〔2011〕117号文下达的姚庄渭河大桥加固工程,补助资金517万元。鉴于该桥修建及加固历史和目前出现的诸多病害,无加固的必要。县上决定投资2 000万元左右拆除重建,并积极多渠道争取项目缺口资金,年内已完成勘探、施工图设计。

2011年3月20日至5月10日,历时50天,组织技术员对全县农村公路上所有桥梁进行了全面普查,并对桥梁数据库进行更新。这次桥梁普查共196座,其中列养路线32座,评定为一类桥梁9座,二类桥梁11座、三类桥梁9座,四类桥梁1座,五类桥梁2座。非列养路线164座,评定为一类桥梁7座、二类桥梁6座、三类桥梁12座、四类桥梁110座,根据技术规范要求对桥梁技术状况卡片进行了更新整理,对全县三、四、五类桥梁设置了明显的示警桩及限载限速标志,限制超限超重车辆通行。并建立了桥梁日常检测制度。主要是对全县评定为三、四、五类的12座桥梁,采取对桥面设施和桥台附属构造的技术状况进行日常巡视检查,以目测方式进行,三类桥梁每月检查1次;四类的桥梁每半月检查1次;五类桥梁每周检查1次,发现桥梁重要构件存在明显缺陷时,安排专人定期检查及时发现缺损进行小修保养工作。

2011年,对列养的15条314公里公路加强日常养护,同时对病害较多的通甘、泾甘、安礼、谢贯、磐谢、城白公路进行了重点养护。具体是:1. 通甘公路。完成了14公里加800米处1~1米涵洞维修;26公里加800米处1~2米石拱涵挡墙和急流槽的维修;新建36公里加700米处石砌排水沟58米;新建29公里加100米处石砌矩形边沟90米;修复26公里至33公里段石砌路肩墙390米;新建36公里加400米处石砌挡墙80米1 200立方米;对全线的翻浆和路基沉陷进行了处置,换填天然沙砾960立方米。2. 磐谢公路、城白公路、泾甘公路。处治磐谢公路小型水毁27处;城白公路水毁5处;泾甘公路255公里至258公里段增设边沟160米,处治翻浆18处1 100立方米。3. 姚杨公路。对姚杨公路进行了全面整修,共备铺养护砂3 200立方米。4. 油路修补。修补安礼公路、谢贯公路、通甘公路、泾甘公路、北甘公路等公路油路破损3.6万平方米。5. 桥梁维修。完成了金西公路湾儿河桥、安礼公路贯寺桥、谢贯公路贯寺桥南桥的防护维修工程。6. 桥梁刷新。对全县公路42座桥梁进行了刷新。同时对15条县乡公路进行了全面整修,疏通边沟,清扫路面,共疏通边沟淤泥1 560立方米,整修路肩100公里5 000平方米。7. 成立了3个养护道班。分别是:安远养护道班、金山养护道班、谢家湾养护道班。各养护道班都制定了各项制度,并投入资金96多万元,配备了12套切割机、电夯、压路机、装载机等养护设备。3个养护道班的启用,对局列养的重养线路的日常养护管理和维修起到了有力的助推作用。截至目前,共投入养护管理资金456万元。全县农村公路路况质量得到了稳步提高。8. 指导各乡镇养管站开展工作。全县15个乡镇都成立了公路养护管理站,配备了专职站长,共聘用养护管理人员196人,村与村之间都设立了养护管理界碑,落实了管养责任。今年以来,我局在搞好局列养线路的同时,进一步加大了对乡镇重养线路的指导和督查,乡镇重养的67条573公里公路路况质量有了明显的提高。

2011年,制作路政宣传牌72块,通畅工程公示牌50块,印发宣传材料5 000份,书写路政标语76幅。在姚庄渭河大桥、散渡河桥、爱民桥、贯寺桥设置桥梁限载标志8块,有效保证了桥梁安全运行。依法查处公路两侧违法建筑案件16处,当场拆除2处违法建筑84平方米,收缴公路赔补偿费6.85万元。清理"三堆"1 200余立方米,及时制止各类违法利用公路、开沟引水、堵塞边沟、污染、毁坏和破坏公路的行为25起,彻底改善了公路沿线路容路貌,保证了公路的安全畅通。全年共查处超载车辆235辆,卸载60辆,劝返100多辆,有力地遏制了超限超载车辆绕行农村公路的势头。

2011年,县运管所与公安交警等部门密切配合,对"黑车"非法参营、出租车"不打表"乱要价、班线客车中存在的乱停乱放、欺行霸市、罢运、聚众闹事等扰乱运输市场秩序的违法行为进行了严厉打击。共出动执法人员800多人次,出动执法车辆160余辆次,稽查纠正班线客车、城市公交车、出租车违章经营行为200余起,共查扣"黑车"40多辆。为了彻底解决渭北片班线车、公交车没有客运站(西北客运站租期去年8月到期)乱停乱放交通秩序混乱的局面,由县交通运输局牵头,通过实地考察比选方案,与新兴镇政府、姚庄村委多次进行协商,决定将原姚庄剧场新建成渭北客运站。报县政府同意后,于2011年5月开工建设。完成了场地拆迁、清运、平整硬化、围墙、大门、站场办公房屋建设等工作,已于2011年9月5日开始启用。取缔了渭北片所有的马路站点,渭北片所有的班线车、公交车全部进站管理,极大的缓解了城区交通压力,彻底改善渭北地区交通秩序,方便了群众快捷出行。同时对站场打了车位线,划分了各班线车停发车区域,制定了警示牌、站务管理制度和驾驶员上岗培训制度。

(甘谷县交通运输局)

【张家川回族自治县】 2011年,全县争取的交通建设项目及中央和省市财政补助资金总额为5 269.3万元,其中:2011年通畅工程计划下达资金2 764万元,到位资金2 073万元;2011年省市专项补助资金计划47.25万元,到位资金43万元;2011年养护维修工程计划下达资金40万元;农村公路养护标准化计划资金840万元;危桥改造计划下达资金150万元,到位资金150万元;车购税项目农村公路水毁养护补助计划资金366万元,到位资金366万元;省财政厅补助资金10万元,到位资金10万元;项目前期费计划资金8万元,到位资金8万元;农村公路安保计划资金104万元;通乡油路天河至恭门至河峪公路改建工程恭门至付川段,计划资金870万元。二级公路征地拆迁费3 100万元,到位资金1 890万元。年内实际到位资金4 620万元。2011年,招商引资1 100万元,成立了张家川县星月客运公司,将县内"面的"和出租车纳入公司化、规范化管理。

2011年,新建交通项目5项,总投资3 776万元。其中通畅工程8条40.2公里,危桥维修加固工程1项,养护维修工程1项,农田道路建设2 760公里,村内道路硬化41个村。完成了庄浪至天水二级公路征地拆迁遗留工作。二级公路途经张家川县4个乡镇23个行政村,全长33公里,投资4.9亿元。征用土地总户数1 253户,面积1 162亩,房屋拆迁总户数181户,拆迁房屋面积14 490平方米。在施工过程中,由于设计变更、重新征地等原因,出现了11个征地拆迁遗留问题。通过反复做群众的思想动员工作,解决了5个。其他6个遗留问题由公安、法院强制执行,出动养护、路政人员15人配合,征地拆迁工作于10月底全部结束,保证了二级公路建设顺利进行。完成了农村公路通畅工程建设任务。今年省市安排第一批通畅工程8条40.2公里,每公里补助资金30万元,补助资金1 206万元,已全面完成建设任务。第二批通畅工程9条28.9公里,已完成施工图设计。完成了养护维修工程。省公路局以甘公计〔2011〕45号文件下达计划,省上补助资金40万元,张蔡路浆砌片石边沟1 800米,张石路浆砌片石边沟2 000米,已完成建设任务。张秦路龙山桥危桥维修加固,省上补助资金150万元,已完成施工图设计。县上投入资金25万元,对张秦路进行修补,修补面积11 337平方米。完成了暴雨灾害受损公路的抢修工作。由于夏季全县普降暴雨,农村公路严重受损,直接影响公路运输和交通安全。受损通乡油路4条28公里,通达通畅公路15条56公里,水毁造成直接经济损失1 584万元。及时组织人员,对张蔡路等通乡油路进行了抢修,对张秦路至楸木、孟寺至柳湾等通畅公路进行了恢复重建,共计投入资金232.5万元。完成了农田道路建设任务。为了进一步改善全县农村道路基础条件,县委、县政府安排资金1 000万元,在全县15个乡镇220个行政村开展农田道路建设,每公里补助资金5 000元。县交通部门制定出了切实可行的实施方案,并确定技术人员深入乡镇、村组,进行技术指导与质量监督。各乡镇发动群众投工投劳,开展机械施工,精心组织实施,共完成农田道路2 760公里,超计划38%。基本完成农村巷道硬化工作。2011年县委县政府安排对全县15个乡镇实施巷道硬化,已完成41个村,硬化面积32.3万平方米,免费供水泥1.1万吨,折合资金466万元。

为了切实搞好全县农村公路建设,2011年4月份,组织工程技术人员、甘肃三力建筑工程有限公司等6家施工企业负责人,前往武山县参观农村公路建设成果,学习建设管理经验。先后深入桦林乡、鸳鸯镇、高楼乡、马力镇、滩歌镇、四门镇,对8条76公里农村公路通畅工程进行现场参观。县交通运输局里每月召开一次生产调度会,研究解决工程建设中存在的具体问题。局主要领导经常深入通乡油路、通畅工程、桥梁维修加固工程建设工地,抓质量、促进度。同时,向建设项目派驻质量管理人员,现场进行质量监督,跟踪进行质量管理。

2011年,省市下达通畅工程8条40.2公里。建设任务下达后,确定领导专门负责,确定3名技术人员专门管理。首先进行野外测量,每天工作12小时左右;搞施工图设计时,晚上加班作业,8条通畅工程测设仅用了1个月,在最短的时间内上报市交通局批复。4月18日,召开全县农村公路建设会议,要求严格控制工程质量,发现问题及时解决,不留隐患,确保工程质量达到优良标准。为切实搞好通畅工程建设质量,重新确定了技术标准,路面由原来的3.5米提高到4.5米,水泥混凝土标号由C25提高到C30。

2011年,创新工作理念,实施了精细化养护,积极开展"养护杯"活动。全县重养公路123公里,完成优等路70公里,良等路53公里。完成了路面灌缝831延米;路面挖补8 620平方米;整修路肩9 540米。完成县乡道龙黑路、张石路、孔韩路的养护任务,累计完成填筑面积1.6万平方米,处理路面病害2 962平方米,疏通边沟29公里,整理路肩35公里。进入汛期以来,组织人员抢修公路等附属设施,投入资金7万元,租赁机械143个台(次),投入人力1 021人(次),清理边坡塌方1.3万立方米、整修路基43公里,疏通涵洞10道。对30座桥梁341道涵洞坚持定期检查。

2011年,共查处违法建筑8起279平方米,强制拆除6起183平方米,清理路障147起3 140平方米,清理公路"三堆"530立方米,收缴公路补偿费1 000元,路政结案率达98%,路政人员出勤率达98%。年内,落实宣传经费1万元。在人车流量较为集中的街道、学校、公路重要节点悬挂宣传横幅50余条,设立咨询台,接受群众咨询2 000人次;向公路沿线群众、驾驶员散发宣传单1万余份;在公路沿线墙体上刷写宣传标语30条。

2011年,共审验客货运车206辆,从业资格证615本,二级维修企业1家。把整顿客运市场秩序作为重点,共查处"面的"非法经营车辆65辆,查处无资格证货运车辆17辆,查处超员客运班线车4辆,查处违章行为45次。

2011年,共接到的两案办理43件,市人大代表意见建议1件,县人大代表意见建议37件,县政协委员提案5件。经过认真办理,完全办理的A类建议10件,正在办理的B类建议17件,列入项目规划解决的C类建议16件。办理情况经局务会议审查确认,草拟书面答复,报县政府办审核后,向代表正式答复,做到了严格规范的办理代表建议。所有建议均在规定时间内向代表作出了书面答复,办结率100%。

(张家川县交通运输局)

陇南市

概　述

【交通基础设施建设】 截至2011年底,陇南市公路通车总里程达1.48万公里。其中国道554.13公里,省道714.30公里,县道1 661.03公里,乡道1 058.58公里,村道1.06万公里,专用公路232.26公里;等级公路1.32万公里(二级公路806.41公里,三级公路753.71公里,四级公路1.17万公里),等外公路152.21公里;有路面里程3 780.57公里;公路网密度达每百平方公里53公里;有水运码头41个,渡口11处,通航里程446公里。其中省际航线20公里,区内航线426公里。2011年,全市共完成道路客运量3 178万人次,旅客周转量16.4亿人公里;完成货运量1 735万吨,货物周转量11.74亿吨公里,与2010年同期相比,客运量、客运周转量分别增长了8%和8%;货运量、货运周转量分别增长了18%和19.5 %;道路运输产值达19.2亿元;完成铁路客运量9.85万人次,客运周转量98万人公里,完成货运量12万吨,货运周转量110万吨公里;完成水路客运量21万人次,客运周转量276万人公里;货运量5万吨,货运周转量51万吨公里。

项目建设。截至2011年12月底,武罐高速公路累计完成投资54.67亿元。占概算总投资117亿元的46.7%。征用土地5 239.67亩,占任务的95%;拆迁房屋572户,占任务的96.5%;迁移树木57.24万株,占任务的106.2%。成武高速公路累计完成投资35.23亿元,占概算总投资120.96亿元的29.1%。征用土地3 080.11亩,占计划任务的94%,拆迁房屋91户,占计划任务的21.5%,迁移树木26.28万株,占任务的89.5,保证了工程建设用地。控制性工程米仓山隧道全长8 694米,累计掘进2 695米,占总工程量的15.5%,桥梁桩基础全面施工,完成4 869根。建设中,市、县(区)各有关部门积极协调配合,围绕项目建设、全力解决拆迁占,协调工程建设中的用水用电、国土治理、水保、环保、河道采砂、弃渣场选址、通讯线路拆迁、治安秩序等问题,确保了工程建设进度。陇南市区长江大道东西延伸工程全长21.19公里,估算总投资约9亿元,引进BT建设模式。西段一、二、三标段5.4公里路段路基土石方完成总量的30%;4.53公里白龙江干流堤防工程已建成3.6公里;东段征地、电力杆线迁移已基本完成,一、二、三标段均已进场开始施工。一期工程施工监理划分为5个标段,于4月28日进行了公开招标,5家监理单位全部进场。一期工程完成工作量约1.02亿元。十天高速公路全长189公里,工程可行性研究报告国家发改委已于11月24日批复;12月8日举行了开工仪式;初步设计已上报国家交通运输部,即将审批,省交通运输厅正在安排施工招投标工作,争取2012年上半年全线开工建设。国家兰海高速渭武高速公路陇南段138公里,估算投资349.98亿元,桥隧构筑物比例57%。该项目可行性研究报告1月上报国家发展改革委,国家发改委、交通部线路审查专家组分别进行了现场调研评估,国家环保部委托交通部环评中心进行了现场环评调查;部、省有关部门和项目业主按照调研评估意见正在抓紧落实有关事项,项目压覆矿产评估、地震安全性评价、水土保持评估、地质灾害评价、文物评价等工作正在编制评估意见报告书;省建设厅已批准项目选址意见书;争取2012年上半年得到国家发改委工程可行性研究报告批复。2011年底,省交通运输厅已安排渭武项目进行线路勘测设计招标工作。武九高速公路全长76公里,估算投资126亿元。省上已将其纳入地方高速公路网和国道干线规划,同时委托省路网办完成了预可研报告。在市政府领导下,陇南市交通运输局与甘南、四川阿坝藏族自治州等有关州县进行了协调座谈,并先后两次向交通运输部进行了汇报,积极争取将该项目作为省际高速联网路纳入国家高速公路网规划,并取得新进展,相关州市正全力加快前期工作,力争早日开工建设。陇南成州民用机场为国内支线机场,分类属于小型机场,按4C标准设计。本期建设规模:一条2 800米跑道,航站楼3 500平方米,站坪机位4个(2C2B),以及空管、供电、供水、供油等公用配套设施,占地总面积2 643.2亩。项目预可研评审总投资11.94亿元。目前,项目预可研报告已完成评审,待国家发改委会签总参后上报国务院、中央军委审批。项目争取2012年开工建设,2014年底前建成并投入使用。南腊路(宕昌县南河乡至甘南迭部县腊子口乡)公路。陇南境内长25.28公里,估算投资约2亿元。目前,项目办刚成立,施工标段刚进入场地,正在做前期工作,共2个项目部,一分部15公里,已完成项目驻地建设,桩基施工187米共12根;二分部8.43公里,隧道1座1 845米,已完成土石方2万立方米,隧道累计掘进20米。洛礼路(天水洛门至礼县)通县二级公路,全长81.36公里(陇南段40公里),工程可行性研究报告估算总投资7.09亿元。截至目前,工程可行性研究报告已报省交通运输厅规划处,等待省发改委批复。礼武路(礼县至武都)建设项目预算调整已基本完成。根据省交通运输厅意见,结合陇南实际,拟争取省厅投资22亿元,将礼武路按高等级收费公路标准进行建设。

交通建设项目规划编制及建设项目、资金争取工作全面完成。一是"十二五"综合交通运输规划通过市发改委组织的规划审查评审会,并上报市政府审批。二是完成了全市《桥梁建设规划》和《公路路网结构改造工程建设规划》编制工作;配合省厅完成了红色旅游公路建设规划项目相关资料的收集工作,初步将宕昌县哈达铺滨河路和哈达铺至理川公路以及两当县"两当兵变"太阳寺革命遗址公路确定为升级改造项目,将国道212线哈达铺过境段确定为路面改造项目上报省厅,争取纳入全省红色旅游经典景区出口公路建设规划。省上已对规划做了初步审查,陇南市国道212线哈达铺过境段和两当县"两当兵变"太阳寺革命遗址公路纳入规划,总投资1.0亿元。三是配合市发改委、市扶贫办完成了《秦巴山区连片特困地区陇南片区扶贫攻坚规划》(初稿)的编制;配合市发改委编制完成了《陇南市生态文明示范工程试点规划》(初稿)。四是通过努力,争取省上下达农村公路建设项目总投资1.39亿元。其中通村公路硬化工程40项202.4公里,投资1.16亿元;安保工程2项69.4公里,投资147万元;养护维修工程28项投资1 752万元;危旧桥梁改造7座,投资410万元。下达成县"8·12"暴洪灾害恢复重建项目8项,总投资7 400万元。五是及时编制了2011年农村公路建议计划。其中编制上报的成县"8·12"暴雨灾害恢复重建建议计划(成县除外),共争取项目18项708公里,总投资1.83亿元。编制上报国省干线沿线村通乡通村公路硬化工程实施计划总投资2 000万元;县乡公路升等改造建议计划6项184.4公里2.6亿元;编制上报2012年中央预算内投资建议计划4项280公里25.2亿元;补充编制上报2011年建议计划31项471公里5.25亿元。六是完成了农村公路建设项目库的建立和不通公路行政村摸底调查工作,建立了农村公路建设项目库。

农村公路建设。2011年共实施农村公路建设项目235项1 560.2公里,总投资4.13亿元,全面完成建设任务。这些项目的建成,标志着全市"十一五"建设任务、灾后重建及2011年建设任务的全面完成。

农村公路建设期间,陇南市交通运输部门灾后重建资金3.03亿元到位严重滞后,至今仍欠1.63亿元的情况下,通过银行贷款、企业垫资等措施,全力以赴、以干克难,确保了建设任务的全面完成。一是"十一五"2 763项1.58万公里和灾后重建1 436项8 690.1公里,总投资近30亿元的建设任务全面完成,与"十五"末相比,实现了"四个翻一番"。即通油(水泥)路乡镇数量翻了一番(由"十五"末的81个增加到172个)、通公路行政村数量翻了一番(由"十五"末的1 654个到3 237个建制村基本通公路)、农村公路通车里程翻了一番(由"十五"末的6 697.97公里增加到1.35亿公里)、等级公路里程翻了一番(由"十五"末的3 000多公里增加到1.2万多公里);二是2011年计划项目全面完成,全市建制村基本实现了村村通公路的目标。90%的乡镇通了油路(水泥路)。三是面对2009年"7·17"、2010年"8·12"、2011年"8·17"特大暴洪灾害给全市农村公路带来的毁灭性损坏,迅速启动农村公路抢险应急预案,在水毁修复无项目及资金支撑的情况下,完成了急段、险段的水毁修复工作,确保了道路的畅通。

【农村公路养护】 2011年,全市交通运输系统公路养护部门坚持"建养并重,协调发展"的原则,全面推行"建、养、管、运"齐抓共管工作机制,结合全市交通大建设活动,落实措施、狠抓管理,使养护工作取得了突破性进展。一是落实政府主体责任,健全管养机制,农村公路日常养护工作趋于常态化和规范化。以"五落实"为主的农村公路养护体制改革全面完成,全市9个县区全部成立了副科级建制的农村公路管理养护站,195个乡镇全部成立乡镇农村公路管理养护站,全市9个县区财政落实日常养护经费2 130万元,97条2 251公里县乡公路落实日常养护人员703人,2 045个行政村成立村级养护协会或养护队,为农村公路日常养护工作的正常开展奠定了基础。二是加强水毁修复和日常管养工作,农村公路服务水平和通行能力得到了有效提升。全市农村公路日常养护整修7 756.4公里,清理疏通边沟6 708.3公里,清理水毁塌方268.19万立方米,处治翻浆4.81万立方米,完成公路养护维修工程46条,完成投资1 576万元,有效提升了农村公路路况的通行能力,县乡公路优良率达到25%以上,乡村公路优良率达到8%。三是开展了危旧桥梁调查,加强了危旧桥梁的加固维修和项目申报工作。完成了13座危桥的加固维修,完成了2012年15座危桥改造建设方案的审查上报,对部分四、五类危旧桥梁进行了限载,强化了安全措施。四是强化管理,积极推进农村公路日常管理养护上台阶、上水平。在9个县区积极推进内务建设规范化、标准化,积极推进道班化养护,集中开展了标准化示范养护和"好路杯"养护竞赛活动,编制完成了《陇南市公路基本情况手册》、《陇南市农村公路桥梁技术状况资料》、《2012年养护维修工程建议计划》,完成了农村公路电子数据库的更新维修工作。

【路政管理】 2011年,全市出动公路路政巡查车、宣传车672次,巡查公路10万多公里,张贴布告、宣传画1.09万份,喷刷宣传标语937幅,制作宣传标牌444块,查处违章建筑43起1 603.4平方米,查处损坏路基12起645平方米,损坏路面13起2 511.4平方米,蚕食公路461起3 566.4米,挖路引水6起35平方米,埋设管线13起154米,公路打场晒粮堆物57起,堆放杂物170起3 079平方米,损坏桥栏、护栏、墩、埋设电杆、广告牌41起81根,查处以路为市、摆摊设点12起65米;路政处罚案件自行履行62起、路政案件结案率达98%,共收缴赔补偿费75.47万元,农村公路路产路权得到了有效保护。深入开展专项整治活动,有效维护路产路权。开展路容路貌整治、缺损公路标志修复、制止公路打场晒粮、规范平交道口搭接、管线埋(架)设行为,确保公路建筑控制区内无违法建筑,保证车辆安全便捷通行。着力解决农村公路乱扔垃圾、乱贴广告、乱设摊点、乱停车辆、乱排污水、乱堆杂物的"六乱"问题,创建"文明公路线"和"文明旅游线"。建立治超工作长效机制。完善充实治超设施设备,在重要县乡道设立流动治超站点,在部分村道路口设置限宽门墩、限高门架、"S"型限宽墩、公示告知牌、警示牌、温馨提示牌等相关治超设施,治超工作进一步得到加强。在辖区开展"严惩超限超载、保护桥梁安全"专项整治行动,有效制止和防范了各类违法违章行为的发生。

【交通大建设活动】 2011年,全市交通大建设期间,完成农村公路建设项目719项4 662.2公里。一是对全市2010年建成的41项926.7公里通乡油路改造工程及大、中桥梁进行了质量监督；对完工的36项749公里通乡油路和10座桥梁进行了交工验收前的质量检测；全年共开展巡回质量监测5次(配合省公路局实验检测2次、主动检测3次)，现场测量数据1 750个，合格1 520个，合格率达86.8%，下发《质量监督抽查意见通知书》5份，并对农村公路质量检测情况进行了通报。二是制定了《陇南市交通运输系统质量振兴工作实施方案》和《关于农村公路建设工程质量监督管理实施意见》，对全市农村公路质量监管工作进行了整体规划。三是积极组织筹建农村公路质量监测实验室，为大力推进全市农村公路质量监测规范化、科学化提供保障。

【交通运输改革】 1. 道路运输管理改革发展势头良好。一是全市道路运输管理体制改革工作取得新突破，运管人员县到市垂直管理工作基本完成。11月底，完成了9个县区224名省财政供给运政人员档案移交工作。二是积极组织实施“道路运输公司化推进年”活动，引进四川省广运集团先进管理模式，整合兼并了两当县3家运输企业，由省运管局核发了《道路运输经营许可证》并已经开始运转。陇运集团公司成功兼并徽县顺达运输公司，南部运输集团成功兼并成县黄渚道路运输服务中心，宕昌县已着手对现有3家运输企业实行联合重组。三是从4月1日起，省际、市际和县际班线更新的客车，一律进行公司化改造，实行股份制经营。所购置的新车，客运企业必须入股。新增的省际、市际和县际客运班线客车必须是公司全资购车。四是按照《甘肃省客运班线招投标管理办法》，对徽县至成县(成县至徽县)客运班线实行客运班线招投标。五是按照“国家所有，委托监管，授权经营，保值增值”的总体原则，根据授权履行出资人职责、权利和义务，对武都汽车站和成县汽车站等站场国有资产实行了产权管理。2. 交通运输站场建设任务较好完成。2011年，全市乡镇汽车站建设项目3个，其中宕昌县两河口汽车站和徽县江洛镇汽车站已完成建设任务，省运管局已经验收。康县阳坝汽车站前期工作已经完成，开工在即。陇运集团公司公交枢纽总站建设项目总投资3 195万元，目前主体工程已完工95%，附属工程已完成50%；西枢纽站维修工程已验收并交付使用；建成了旧城山职工安居楼、廉租房建设，解决了职工的生活困难，维护了队伍稳定。市地方海事局完成投资600万元，建成并及时启用了市地方海事局信息大楼。借秦巴山区连片扶贫开发的重大机遇，完成了秦巴地区公路水路站场建设扶贫规划。3. 交通运输安全生产投资力度不断加大，安全生产管理水平不断提高。2011年，全市交通运输系统各单位及省交通运输厅驻陇各单位共投资5 600多万元，用于安全生产和监管建设。市运管局多方筹资建立市、县运管和运输企业三级道路运输安全监管平台，给1 280辆营运车辆安装了GPS监控系统，对14个等级汽车站中的8个站安装了“X光机”三品检测仪，5个安装了安检门，更新省际、市际和县际客运班线客车32辆；市局投资70多万元配置了安全监控设备，举办了安全生产培训班。海事局投资40多万元进行了木质挂桨机船舶改造；县(区)交通运输部门投入132万元实施了农村公路安保工程，有效夯实了安全基础工作。特别是成县交通局强化公路养护安全管理，筹措资金60多万元建立了支伏路友联中心道班和成康路南山道班，投资55万元落实了安全防护装置和设施，在学校及主要村庄路段设立警示桩和减速带，在全省县、乡公路养护中率先推行防滑砂料储备池，保障了安全生产，提高了安全监管水平。2011年，全市交通运输系统实现了全年安全生产零事故。

全面完成人大、政协建议和提案办理工作。2011年，市政府交办市人大代表议案(建议)、政协委员提案(建议)64件，转办2件，实际承办62件。其中人大代表议案(建议)29件，政协委员提案(建议)33件。其中公路建设50件，桥梁建设7件，养护管理2件，运政管理2件，路政管理1件。议(提)案办结率为100%。其中A类10件，B类37件，C类14件，D类1件。分别占议（提）案总数的16.1%、59.7%、22.6%和1.6%。A类议(提)案比例同比有所上升。

(陇南市交通运输局)

一区八县

【武都区】 基础设施建设。2011年，武都区“十一五”末结转项目和2011年下达计划项目共计73项454.7公里，其中：1. 结转项目32项。(1)危桥改造工程2项。(2)通乡油路8项160公里。(3)整村搬迁项目21项63.5公里。2. 2011年下达计划项目42项217.5公里。(1)通达工程项目22项153.7公里。(2)畅通工程7项32.8公里。(3)养护维修工程3项31公里。(4)国省干线灾后重建项目沿线主要村镇路面硬化项目10项13.7公里。3. 各类项目完成情况。(1)危桥改造项目2座。即：两水后坝白龙江大桥，琵琶两河口桥。(2)通乡油路7项160公里。其中已完成待验收的有5项，分别是：①麻崖子至月照；②月照至五库；③两河口至五马；④五马至裕河；⑤马营至金昌。在建项目1项，即月照至关头坝，目前已完成形象进度的85%；未开工1项，即大姚路至枫相3公里，由于兰渝铁路隧道工程施工，无法开工建设。(3)整村搬迁项目21项63.3公里，已全部通过验收。4. 2011年下达计划项目完成情况。1. 通达工程22项，153.7公里，其中除萱麻沟至乌草湾8.3公里，下坪至百缺11.6公里，截至目前已完成形象进度的80%外，其余19项113.7公里已全面完成待验收。(2)通畅工程7项32.8公里。其中：四河坝至化马坪套7.2公里，已完成形象进度的90%；麻沟至银坪7.6公里，已完成项目前期工作；豆家庄安置点道路2.5公里，目前已完成项目前期工程；樊家坝至石大坪(优良示范路)6公里，已完成石门乡草坝子2公里及项目的前期工作；王坝村安置点道路4公里，已完成项目前期工作；赵坪村3.5公里，该项目已完成待验收。(3)养护维修工程3项31公里。其中汉王至龙凤11公里；三河至郭河8公里；曹家坝至磨坝12公里。三项养护维修工程已全面完成待验收。(4)国省干线灾后重建项目沿线主要村镇路面硬化工程项目10项13.7公里。其中省道205线甘泉街1公里、张家山0.5公里、龙湾1公里，现已完成待验收。国道212线后坝村1.23公里、后村1.5公里，角弓街道、汉王街道、汉王罗寨村、城关镇王家庄、角弓白草坝等7项工程已于12月全面开工建设。

养护管理。1. 管护机构的建立与责任落实情况。按照“县道县养、乡道乡养、村道村养”的原则，我区采取“县设站、乡设所、村社成立小组或协会”的办法层层成立了农村公路管理养护机构，落实工作人员、职责、办公场所，政府解决养护经费200万元。全区36个乡镇均成立了农村公路养管所，确定了兼职养管所长和专兼职养护专干，大部分乡镇已督促安排各村成立了村道养护协会和养护小组，达到了养护管理“五落实”要求。2. 农村公路日常养护情况。2011年将辖区除改建之外的3条75.57公里县道、8条103.28公里乡道和2条52公里专道列入管养站实施养护范围，将马街姜家山等3条村道硬化路列入村道养护试点路，共确定农民养护工55人，并签订了养护承包合同，明确了养护标准和责任。对在建的县乡道路待建成后即可安排。其余村道由乡镇、村、社采取“一事一议”的方式，筹措资金，落实人员，开展季节性养护和经常性养护，确保了农村公路安全畅通。3. 农村公路管理养护内务标准化建设情况。全市农村公路养护管理现场会暨交通大建设动员会议之后，区财政筹措落实养护经费共计200万元，用于农村公路日常养护资金和水毁修复，由局具体负责指导和督促、协助区养管站、乡镇养管所、村养管协会(小组)建立健全和完善了各种上墙图表、资料、制度、档案、台账等，初步实现了内务标准化建设的规范要求。4. 公路养护维修情况。2011年，全区共整修养护农村公路总里程2 398.74公里，其中县道3条110.18公里，备砂4 188.8立方米；乡道11条140.28公里，备砂5 457.44立方米；整修村道408条2 148.28公里，备砂64 448.46立方米。开挖疏通边沟1 329公里，清理水毁塌方683处3.87万立方米，投劳5.26万人次，投入机械台班3 896台次。通过整修养护使全区农村公路基本达到无水毁塌方、无路基缺口，路面无坑槽等公路病害，保持了边沟畅通、路容整洁、安全畅通的目标。

路政管理。通过对系列公路路政法规的宣传和贯彻落实，强化组织领导，建立长效机制，加强路政执法队伍建设和执法人员的执法知识和业务培训，强化管理，坚持持证上岗，执法亮证，上路巡查，执法人员多次深入区乡村公路和国道212线、省道205线、208线，对违章建筑、乱挖乱占、乱堆乱放、乱设广告牌等非公路设施和以路为市、摆摊设点，侵占蚕食、损坏公路基础设施的违法行为进行了严肃查处，截至12月底，共查处违章建筑4处77平方米，查处乱堆杂物5 975处1.26万平方米、蚕食侵占公路20处138平方米，开山炸石5处61米，挖沟引水2处11米，损坏路面2处13.5平方米，查处私自开设平交道口3处，制止摆摊设点、违章占道370处1 122米。使区乡公路路产完好率达到90%以上，年内查处行政案件69起，其中立案3起，一般行政案件(自行履行的)66起，结案3起，结案率为100%。通过路政人员的勤查严管，区境公路违法行为得到了遏制，交通秩序有了进一步好转，交通环境进一步优化，路容路貌达到美观整洁，创造了良好的交通运输环境。

不断强化内业管理，路政司法建档率达到100%，通过广泛的社会调查，征求社会各界意见，群众对路政管理交通行政执法满意度达到95%以上，路政案件结案率达到100%，一年来，无路政行政复议上诉案件发生。

(武都区交通运输局)

【徽县】 基础设施建设。2011年，徽县交通基础设施建设共完成交通项目建设投资8 000多万元，先后按三级标准改造公路1条9.19公里，按四级标准改造公路2条52.42公里，完成通村水泥路硬化10条56公里。截至2011年底，全县15个乡镇，已有14个乡镇通油路，占93%；213个行政村全部通公路，98个行政村通油路或水泥路，占46%。全县农村公路通车总里程增加到1 146公里，路网密度每百平方公里达到42公里，以“二横四纵五连接五延伸”的公路建设主骨架已基本形成。一是“十一五”期间交通建设项目全部完成。“十一五”期间我县共实施交通建设项目172项，其中：通乡油路工程5项，通乡等级公路工程1项，农村公路通达通畅工程61项，新农村道路工程1项，灾后重建工程94项，整村搬迁道路工程6项，灾后重建桥梁工程2项，渡改桥工程1项，维修项目1项。截至年底，除徽县县城至大河店通乡油路路基工程完工、待验收外，其余171项全部完工、通过验收并交付使用。二是全面完成了灾后恢复重建任务。2008—2009年省市分别2次下达我县农村公路地震灾后恢复重建项目98项563公里，项目总投资5 376万元。截至年底，工程已全部建设完成，并顺利通过竣工验收、投入使用(包括：高桥至太白、成县支旗至伏镇公路徽县段等2项通乡油路工程)。三是续建项目全部建成。总投资1 820.72万元的2009年通乡油路项目县城至大河店通乡公路改造工程路基施工已全部完成、待验收；总投资93万元的2010年农村公路通畅项目嘉陵镇田河村道路硬化工程也已全面完成、通过验收；总投资112万元的2010年养护维修项目谈家庄至虞关公路维修工程已全面完成建设任务、待验收。四是新建项目扎实推进。截至目前，县列重点办实事项目徽县火车站改扩建项目实施顺利；2011年第一批4项农村公路通畅工程主体已完成；第二批12项农村公路通畅工程由于建设计划下达较迟、降雨频繁等因素影响，目前已有5项开工建设，剩余7项正在进行招投标。2011年养护维修项目麻沿河至刎家阙工程已建成。2011年11座561米便民桥建设工程,已建成9座，2座正在建设。五是前期重点项目有序开展。县列前期重点项目徽县县城至徽县火车站快捷通道建设工程，路线全长20公里，改线后沿县城西河朝南而下，起点位于徽县城区与国道316相接，途经城关镇西寺村，水阳乡牟坝村、南山村，嘉陵镇田家河村和嘉陵村，接徽虞白县际公路，终点止于徽县火车站(嘉陵镇谈家庄)，属新建和改建项目。截至2011年底，徽县县城至徽县火车站快捷通道的申报、立项等前期工作正在积极进行之中。

交通大建设活动成效明显。为了从根本上解决“8·12”特大暴洪对县乡村公路造成的严重损毁，县委、县政府及时安排部署了以农村公路养护管理为主要内容的交通大建设活动，通过加强领导，落实责任，量化任务，加大投入，督查检查，全面完成了19条213.2公里重点养护的骨干乡村道路和134.6公里县乡道路养护整修任务，114条691.3公里一般村道也按照要求进行了养护，并超额完成了市上下达的公路交通大建设各项目标任务。在公路养护管理基层组织建设上，及时成立了徽县农村公路管理养护站，配备了站长，落实了办公场所、工作人员及养护经费，建立健全了各项制度；15个乡镇也都成立了农村公路管理养护站，配备了站长和养护专干，落实了养护站办公场所和办公设施，制定了养管制度，靠实了养护责任;骨干村道沿线的行政村成立了养护管理协会或公路养护队,确定了日常养护人员,划定了养护路段,落实了养护责任。通过各项措施的落实,初步建立起了县乡村三级管养体系,实现了季节性养护和日常养护的有机结合。

路网整体服务水平不断提高。一是及时成立了副科级建制的徽县农村公路管理养护站,配备了站长,落实了办公场所,实现了人员、资金、机构“三落实”。同时,2011 年县财政核拨养护经费 240.20 万元,有效解决了养护资金不足问题。二是加强日常养护工作。县列养公路总里程为 986 公里,其中县道 3 条 75.2 公里,乡道 3 条 67.8 公里,专道 1 条 6.8 公里,村道 127 条 836.2 公里。面对繁重而艰巨的养护任务,我县及早组织开展了春季公路大整修活动,重点对麻沿河至剡家阙、永宁(洛坝)至杏树垭、谈家庄至虞关、成县支旗至伏镇徽县段等骨干公路进行了全面的整修和养护,确保了我县农村公路安全、畅通。同时,“7.23”、“8.17”暴洪灾害发生后,我们又及时组织开展了以抢通水毁公路为主的公路抢通、保通活动,并取得了阶段性胜利。三是扎实开展路政管理。坚持每月至少两次道路宣传巡查,在夏季小麦收割季节积极配合公路段及交警队组织开展路政宣传活动。全年共出动宣传车辆 26 台次,制止破坏公路现象 12 次,张贴各类宣传标语 255 幅,清理违章建筑 1 处。四是全力实施养护维修工程。年初下达我县养护维修项目 1 项、即麻剡公路养护维修工程,项目总投资 66 万元。截至年底,工程已建设完成。

水毁抢修工作取得阶段性胜利。2011 年“8·17”暴洪灾害造成国道 316 线江洛至天水段,县道麻剡路、谈虞路、徽大路,乡道高太路等一批骨干线公路及麻沿河牡丹至麻安、麻沿至胡广至河西接天水苏城、柳林镇柳林至庙坪、虞关乡虞关至苇滩、江洛镇龙头至刘坝、高桥乡太白至东峪等村道和麻沿河熊北村桥、栗川乡栗亭便桥等水毁极为严重,致使交通中断,“8.17”暴洪灾害造成全县农村公路水毁直接经济损失 3 200 万元,其中:县道 4 条 98 公里(其中涵洞 20 道);乡道 5 条 85.1 公里(其中涵洞 12 道);村道 128 条 939 公里(涵洞 120 道);便桥 33 座 200 延米。徽县交通运输局在灾情发生的第一时间立即启动重大自然灾害紧急预案,组织成立了 4 个抢险保通突击队,分赴麻沿、榆树、高桥、柳林等乡镇全力抢险救灾。在全力组织开展抢修保通工作的同时,按照省市要求,本着“实事求是、科学合理、因地制宜、着眼长远”的原则,抽调有关人员,及时对全县“8.17”暴洪损毁的农村公路进行了灾后恢复重建的规划编制,为全县交通基础设施灾后恢复重建工作提供了可靠的科学依据。

项目实施中拆迁工作扎实有效。在国道 316 线、省道 205 线地震灾后恢复重建和“8.12”水毁修复及高桥至太白、支伏公路和县城至大河店通乡公路等工程建设中,为了加快工程建设进度,多次赴天水小陇山林业实验局与各有关林场协调解决工程施工中占用林地等有关事宜;同时,为及时解决工程建设中拆迁占地等问题,徽县交通运输局领导多次深入乡镇、村社指导、协调和现场解决项目实施中涉及的拆迁占地等相关事宜,及时给群众发放补偿费用,有效确保了工程建设的顺利实施,同时为项目健康、有序进行提供了保障。

交通运输服务保障能力显著增强。2011 年,全县共完成公路客运量 108.67 万人次,比上年同期增长 7.5%;完成客运周转量 1.14 亿人公里,比上年同期增长 14.4%;完成货运量 206.6 万吨,比上年同期增长 9.5%;完成货运周转量 3.20 亿吨公里,比上年增长 9%;道路运输业实现产值 0.78 亿元,增加值 0.11 亿元。按照“一县一站”的原则,积极协调解决汽车站运营的各类问题,使其营运正常。道路运输业为社会提供就业岗位 2 020 个,行业自主发展能力进一步增强。截至 12 月底,运政执法人员共上路稽查 282 天,出动稽查车 1 200 台次,人员 3 950 人次,检查车辆 10.46 万台次,纠正违章 1.22 万台次,下发整改通知 24 份,整改意见 32 条。

人大政协意见建议和提案办理工作。尤其是 2011 年,县人大十六届五次会议代表对我县公路建设方面提出建议 48 件,政协委员提案 10 件,按照要求一一进行了答复,满意率达 99%。

(郝　炜)

【宕昌县】 基础设施建设。2011 年,宕昌县交通项目建设成效显著。1. 城镇区路桥项目:(1)完成了旧城区北滨河路 1.6 公里及 4~20 米预应力岷江桥建设工程;(2) 建成了大堡子、小堡子两座跨岷江大桥;(3)完成哈达铺南滨河路一、二期路基工程,哈达铺红军长征纪念馆出口路、北滨河路、迎宾大道、工业集中区道路等建设项目完成可研上报省市正在争取;(4)完成计子川道路 8 公里路基和 1.3 公里路面工程;(5)建成了县城东苑、新城区、红河桥 3 处停车场建设。2. 通乡公路项目:(1)完成角狮公路 25 公里安保工程;(2)通过积极争取新城子大河坝公路已立项批复,正在进行施工图审查报批。3. 联网路项目:(1)通过积极争取宕昌至迭部二级公路已立项批复,项目办已成立,宕昌境内 2 个施工标段进驻;(2)哈达铺至大舍 13.22 公里公路改建项目已立项批复,正在报批施工图。4. 通畅公路项目完成 9 条 24.3 公里建设任务,已通过县上验收。5. 便民桥项目建成坞麻桥等 14 座 703.96 延米农村便民桥,超 17%完成了市政府下达的建设任务。

公路养护。2011 年,宕昌县公路养护取得新的突破。公路养护工作,按照县乡公路“路面平整,边沟畅通,边坡平顺,路基稳定,桥涵、构造物、安全设施完好,里程碑、标志牌齐全,铺备养护砂(重点险段每公里铺备砂不少于 40 立方米)。通村通畅公路以整理夯实路肩和清理边沟整修路面、铺备防滑砂为主,达到“无水毁塌方、无路基缺口,路容整洁,安全畅通”的目标,交通运输局及各乡镇克服困难,包乡单位全力帮扶,积极开展集中和日常养护。1. 县道养护的 12 条 258 公里县乡公路通过道工日常养护和病害路段集中处治,整修处治路面 5 332 平方米,修筑挡墙 55 处 1 576 米 1.35 万立方米,清理水毁塌方 177 处 2.24 万立方米,全线清理疏通边沟,各险段都铺备了防滑砂,基本达到了安全畅通目标。2. 各乡镇通村公路养护和通社公路建设共下达乡镇养护通村公路 118 条 597.64 公里,铺备砂 2.41 万立方米;整修新建通社公路 50 条 173.5 公里。截至 11 月底,全县共开工养护通村公路 86 条 417.39 公里,已完成养护 71 条 358.6 公里,铺砂 1.5 万立方米;开工整修新建通社公路 63 条 169.3 公里,已建成 52 条 155.6 公里。

路政管理。2011 年,宕昌县路政管理工作逐步规范、治理超限上取得突破。办理了《路政管理站执法主体资格证书》及路政管理人员《执法证》,取得了执法资格,规范了路政执法行为。积极汇报县政府解决投资13.8万元,采购了电子秤、摄像机、路政人员服装,加强了路政执法装备,大力开展公路法规宣传,严肃查处占道经营、乱堆乱放、打场晒粮、破坏公路等违法违章行为。在县乡主干道轮流蹲守,开展超限检查。积极配合各乡镇开展公路违法查处活动,切实规范路政秩序,保障路产路权完整。

交通运输生产稳步增长。按照"优化运输环境,服务交通运输,方便群众出行"的要求,加强了交通运输工作,使交通运输生产稳步增长。一是完成新城区车站扫尾工程;二是完成了哈达铺客运站选址征地,正在进行前期工作;三是招商引资完成了两河口物流中心;四是运输生产稳步增长,全县拥有经营性客车218辆,完成客运量42.12万人次,客运周转量2 106.3万人公里;经营性货车96辆,完成货运量42.9万吨,货运周转量2 122万吨公里,为全县经济建设做出了积极的贡献。

道路交通安全工作加强。加强道路运输安全工作,在客运站严格执行"五不出站"和车辆安检合格报班制度,严查"三品",按照"谁检查、谁负责"的原则靠实责任,确保了客运安全;对全县道路进行全面排查,在危险路段设置了安全警示标志牌,特别针对春冬季路况实际,在陡坡急弯险段备足防滑砂料,保障交通运输安全;加强了对水运的安全监督力度,确保水路运输安全;在公路建设工程施工过程中不断加强各施工单位的安全生产工作,与各施工队伍签订了《安全生产合同》,把安全生产工作纳入年度考核,健立健全了各项安全生产制度。同时坚持开展经常性的安全宣传教育活动,提高广大职工和群众的安全意识,及时消除事故隐患。

(郝 炜)

【康县】 基础设施项目建设。2011年,康县在项目建设上紧紧围绕省市下达的公路交通任务和县委、政府确定的发展目标,全力抓了灾后重建项目、"十一五"结转项目、通达通畅工程、便民桥项目和大中型养护工程等项目的实施。周家坝至渡口23.5公里、底垭至三河12.8公里、郑湾至迷坝28公里、大南峪至大堡41公里结转通乡油路工程建设项目全面完成;豆坪至昌河坝39公里结转通乡油路工程建设项目,完成了毛坝至昌河坝段补油和病害处理;深圳援建项目双石公路15.5公里,已完成路基工程的90%;两河至托河25公里乡际连网公路、阳坝至太平22.87公里自筹公路建设项目,已于7月下旬开工建设,目前,两路工程形象进度达到40%,阳太路工程形象进度达到53%。以工代赈通村公路硬化项目阳坝至大沟3.3公里、龙潭村道配套工程8公里、望关至阳山3.8公里,已全部完成建设任务。市上预下达村道通畅项目5项26.5公里,已全面完成。第二批下达的6项村道通畅项目,望关至阳山5.5公里已全面完工,其余5项正在进行施工图审查批复,力争明年四月份之前全面完成建设任务。产业开发公路中寨至张坪沿明月渠至贯沟21公里,已完成路面硬化7.36公里,完成路基改造13.64公里。市县筹资建设的许家河桥等15座便民桥项目已全面完成建设任务,等待验收。阳坝梅园路、豆店路、寺长路等三处养护维修工程已全面完成建设任务。结转2010年危桥改造项目云台关沟桥、大南峪郑湾桥、街道桥、大堡桥、李山桥已全面完工并通过了交工验收。2011年危桥改造项目,成康路双水磨桥已完工,寺长路苏家山桥正在进行施工图审查。

农村公路养护和路政管理。按照省、市农村公路养护体制改革实施意见,康县制定出台了农村公路养护管理实施细则,县农村公路养护管理站落实了副科级建制,落实了19个人员编制,全年落实了170万元工作经费和日常养护经费。成立了农村公路养护试验室,购置了钻芯取样机等设备,开展了试验检测工作。21个乡(镇)分别成立了农村公路养护管理站,县委任命副乡(镇)长为养护管理站站长,落实了工作人员和办公场所,制定了工作制度,建立了工作台账,落实了养护措施。按照"县道县养,乡道乡养,村道村养"的分级养护原则,县养管站将对已交付使用的12条240公里县、乡公路确定了86名养护人员,培训后持证上岗,签订了养护合同,制定了养护、考核办法。落实了"四个一、两公示"的工作任务,即每人一套养护服、一辆架子车、一把铁掀、一把洋镐,公示路线养护责任人和养护标准。明确了养护内容,靠实了养护责任,全面开展了农村公路养护工作。各乡镇还配备了1~2名专(兼)职公路养护信息员,负责对本乡镇辖区内的所有公路、桥梁的管理养护。全县绝大多数行政村成立了村级养护队,负责本村道路管理养护工作,县、乡、村公路养护机构逐步建立。在抓日常养护的同时,在全县范围内开展了交通大建设工作,全年发动群众新修乡村路、产业路12条43公里,疏通边沟870公里,治理公路滑坡110处6 900方,备沙备石1.6万方,折合资金128万元,投工投劳3.5万个,折合资金175万元,清理塌方210处1.98万立方米,新修板涵38处,埋设管涵109处。

路政管理工作。一是积极开展了对《中华人民共和国公路法》、《甘肃省公路路政管理条例》和《康县人民政府关于进一步加强公路建设路政管理工作的通告》的宣传工作。全年共制作公路建设专题宣传片2部,新闻媒体宣传13次,悬挂腾空标语69条,书写永久性标语82条,印发各种宣传单4 800份,结合成武高速及国家重大项目建设的宣传,出动宣传车辆,利用高音喇叭宣传16场次。二是加强路政管理队伍建设。结合结构改革,将县路政办改设为正科级建制,新增2名路政办工作人员编制,配备了路政专用车辆,制作了路政管理人员执法服装,办理了工作人员执法证,设立了路政管理资金专户,制定了考核办法和路政执法工作纪律,规范了工作人员言行,调动了工作人员积极性。三是路政执法人员积极上路巡查,严格路政执法。依法制止、查处在公路上乱堆乱放以及在公路两侧红线控制范围内乱修乱建、开山炸石等违章违法行为,同时还整治了中石油管道公司超限运输管道行为,积极配合县上联合执法组和县公路段路政大队在干线公路上巡查,制止了公路运输违法行为,确保路容路貌整洁,保证了公路的安全畅通。一年来,县路政办对县乡公路进行了重点巡查,发现问题及时整治解决,共上路巡查181次,累计1.59万公里,制止各类公路违法行为123次,增设安全标志牌43块,累计收缴赔偿补偿占用费5.45万元。四是在县乡公路上设置"S"型限宽墩46处,限制了超载车辆通行,筹集7.5万元,购买了称重仪、锁车器、摄像机、照像机等器材。在小康路定点昼夜值班,巡查治理车辆超载,加大治超力度,确保公路设计使用年限。

(郝 炜)

【礼县】 基础设施建设。2011年,礼县交通建设项目均完成年初既定的目标任务。一是通乡油路中坝至白河至教面、牛尾至沙金、雷坝至滩坪3条82.9公里通乡油路项目已完成施工图设计批复,正在招投标,年内全面开工建设。二是通村公路共60项,343.3公里,总投资3 433万元,全部完成建设任务,并通过市县检查验收。2011年下达的小北至孙家、宽川至冯山等6条23.7公里,总投资711万元的第一批通畅工程,已全面完成建设任务。冯家至杨堡等6条33.6公里,总投资1 008万元的第二批通畅工程,目前已完成施工图设计文件批复及招投标工作,力争近期开工实施路基工程。三是便民桥建设今年全县共列11项。目前,滩坪冉家坟桥、洮坪康河桥、盐官燕麦沟桥、城关吉家沟桥、祁山西汉桥、马河川地桥、桥头南峪河桥、江口王台桥、江口陈湾吊桥、盐官镇漫水桥全面完工,城关磨石嘴桥进展顺利,形象进度达90%以上,12月底全面完成建设任务;结转项目滩坪元安桥、滩坪杨坝桥、雷坝教面桥、东台大桥、龙林大桥5座便民桥全面完工。四是礼武公路石桥过境段建设工程于2010年前4月份开工建设,已全面完成路基建设任务。五是礼县盐官镇道路及排水工程目前各项工作进展顺利,已完成路基及管网工程,力争2012年5月底前全面完成建设任务。六是县自列项目建设情况。清水河公路,全长25公里,已全面完成路基及桥涵工程;县城至石桥公路改建工程,全长6.38公里,已全面完成建设任务。

公路养护。2011年,礼县公路养护取得了明显成效。全县累计投劳24.3万多人次,投入机械5 640台次,对352条公路进行养护,整修路面2 200多公里,疏通涵洞196道,疏通边沟2 100多公里,铺备养护砂12.5万立方米,完成工作量达600多万元。认真按照《礼县农村公路管理养护体制改革实施细则》,进一步建立健全"县道县养,乡道乡养、村组道路村组养"的农村公路养护体系,坚持"县局抓道班,管养主干线,乡镇抓村组,包养通村路"重点,以清理水毁、处治翻浆、提高路面平整度为中心,疏通排水、铺备养护砂,全面加强全县农村公路养护管理。进一步健全了农村公路管理养护经费筹措机制,县财政按比例筹措下拨养护资金350万元,专项用于公路养护。并严格实行专户储存、单独核算、专款专用,确保了养护经费的有效使用。不断充实养护力量。在成立6个基层中心养护道班、聘用34名公益性岗位养护人员的基础上,再次招聘养护工137人,组成了171人的养护队伍,包养县乡主干线路;并在29个乡镇成立了由分管交通工作的副乡(镇)长兼任养护站长的公路管理养护机构,分别对辖区内各类公路按照养护标准实施养护。确定雷王乡、宽川乡为2011年农村公路养护管理试点乡镇。试点乡镇充分利用农村评议低保对象的机遇,评选了既符合低保条件,又热心公益事业的群众,常年做公路养护工,享受低保待遇,划段包干,全面养护,初步形成了"有路必管、有路就有人养"的良好养管格局。强化公路养护宣传。在徐礼公路、石草公路等主干道沿线制作安装大型双面宣传牌10块,在养护责任区内制作安装公路养护责任牌29块,全面落实了养护路线、养护里程、养护人员及监督电话,做到标识清楚、责任明确。同时印发宣传单3 000份,签订爱路护路公约500份,书写永久性路政管理标语80多条,悬挂公路管养横幅60多条,为道班配发红旗120面,配套养护服170套,制作施工标志牌12块,维修道班房2处,搭建活动板房5套,极大改善了养护工作条件。全面完成了市局下达的养护维修工程。预算总投资124万元的红宽路和预算总投资176万元的白临路全面完成了养护建设任务。进一步理顺了养护机制。全县养护管理工作基本实现机构、编制、人员、责任、资金落实;进一步提高了公路路况水平和公路通行能力;理顺了公路养护管理体制机制,做到县乡公路养护领导、人员、经费、制度、措施、任务、责任"七到位",达到了"有路必养,养路必畅"的目标。至目前,全县24条517公里的主干线公路,在各中心道班全面养护下,基本达到路面平整无病害、路肩整洁无堆积、边坡稳定无塌陷、边沟畅通无积水、桥涵完好无堵塞、标志齐全无短缺的养管标准,共投入各类养护机械2 436台次,投入人工3.94万人次,开挖边沟520公里,疏通涵洞557个,清理塌方75.17万立方米,铺备养护砂4.52万立方米,主干线公路通行能力显著提高。

水毁抢修。2011年,完成小修保养工程雷王薛河等4项,完成投资32.45万元。抢修水毁,确保畅通。自进入汛期以来,全县各类公路水毁侵害严重,及时组织养护人员,调用养护机具,多次进行了集中水毁抢修,累计清理塌方5 683处41.3万立方米,清理泥石流23处1.58万立方米,疏通边沟32公里,疏通涵洞43道,完成工作量300多万元。

路政管理。2011年,一是及时成立了交通运输局路政管理大队,在原有2名路政人员(市事业编制)的基础上,抽调局里5名骨干人员,确定全县6个基层中心养护道班班长为路政工作人员,聘用公益性岗位工作人员3人,组建了16人的路政管理大队,维修路政巡查车1辆,设置办公室1处,制作完善各类制度。在资金异常短缺的情况下,筹措经费量身定做了16套四季路政标志服,购置了超限超载检测仪1台,配备照相机、电脑、打印机等部分路政执法设备,全面完成了路政大队正规化建设目标任务。同时,将36名公益性岗位养护专职人员列为路政协管员,实行"身兼多职、养查结合、上下联动"的办法开展路政工作。二是在全县范围内积极开展在公路两侧乱修乱建集中整治"百日行动"活动,下发了《在公路两侧乱修乱建集中整治"百日行动"活动实施方案》,成立了领导小组,按照全县统一部署,交通牵头,法院、检察、公安、城建、盐官公路段及各乡镇鼎力配合,抽调工作人员,调配车辆,对全县主干线公路进行了强力集中整治,取得了明显的社会效果。三是建立健全各项规章制度,加大对执法人员执法行为的监管,完善路政人员岗位管理制度,坚持路政人员执法必须持证上岗,着工作服巡查,认真做好巡查日志以备查验;严格实行路政巡查报告制度,除路政大队日常巡查外,6个基层道班路政员和协管员及养护承包人员对辖区内路段发现的路政案件坚持第一时间上报路政大队依法进行处理。依法收取的公路及其附属设施损坏赔(补)偿费,做到使用票据规范,费用解缴及时;四是加大宣传力度,将路政宣传活动作为重点,通过广播、电视、报纸、宣传车、永久性标语等形式构建主体宣传网络,使群众家喻户晓,提高公路沿线群众爱路护路意识。全年累计出动宣传车263车次,行程9 718多公里,参加人员1 052人次,印制散发宣传单5 800份,张贴制止公路超载、超限运输宣传标语150份,下发违章通知书370份，书写永久性宣传标语60条，悬挂横幅40条，制作双面路政提示牌170块，分别安装在主干线公路沿线；查处违章建筑34起547平方米，查处损坏公路13起2 076平方米，清理乱堆乱放及各类路障162处420立方米，处理路产损害赔偿案11宗，纠正占道行为142起，整改率为90%。县乡主干道、乡村道路平均好路率分别达到98%、95%。

运政管理。2011年，一是不断加强学习，提高运政人员的政治素质和业务技能，把运政管理相关的政策和法律法规作为重点，加强理论学习，提高业务人员素质；二是严格落实内部管理制度，制定和完善机关各类工作制度，以制度管人，不断增强运政人员遵纪守法、爱岗敬业、勤奋工作的自觉性；三是加强行业安全管理，成立了安全管理组织机构，设立了专职安全员，制定了岗位安全责任制，并与运管局签订了《运政管理安全生产责任书》及《内部车辆安全管理责任书》；四是严格道路运输操作规程，严禁"三超"行为发生和"三品"上车，对营运车辆定期强制二级维护，对达不到安全要求的车辆，坚决停止营运，对客货运输人员进行岗前培训，使其持证上岗；五是坚持执法人员依法行政，持证上岗、亮证执法，对非法营运、超员、超载、宰客、甩客、客货混装等违规行为常抓不懈，将安全隐患遏制在萌芽状态；六是利用各种形式开展了水路运输行业安全宣传活动，对苗河、红河水库安全营运实施长期的监督检查，确保了水运安全。

人大议案、政协提案办理情况。2011年礼县列交通人大议案项目11项，政协提案6项，全部办理完毕。（郝 炜）

【成县】 基础设施建设。2011年，成县全年共实施续建、新建项目37项，其中：已完工19项，在建11项，即将开工7项，累计完成投资8 600多万元。一是续建项目，结转的支伏路、翻马路、南河桥至大坪、南康至宋坪、小李路5项通乡油路已全部完工，并投入使用；结转的7项整村搬迁项目已全部完工；中央重建基金八一路工程已完成路基土石方、防护、涵洞工程和路面垫层，南河桥危桥改造项目已完工并投入使用。二是新建项目，支黄路、三渡水至黄渚、王台大桥等8.12水毁修复项目均已完成60%以上的工程量；孙家河桥已建成通车，透水磨桥、雷草路、成寺路已全面开工建设，累计完成投资4 000多万元；11项通畅工程已完成5项，正在开展施工图设计的6项，世行贷款南河桥工程已完成下部工程和梁板预制工作；祁成路抛沙段改线工程已完成抛沙大桥下部工程和箱梁预制；陈庄桥危桥改造项目前期工作已全部完成，正在做开工准备工作；养护维修工程成寺路已完成20公里水毁路基修复；柏柳便民桥已全面开工，正在进行桩基础施工。

养护管理。2011年，成县公路养护按照省、市交通部门提出的"五落实、五提高、三达标"的要求，牢固树立"三分建、七分养"的思想，从健全软件、提升硬件入手，积极探索和实践"公司+道班"的养护模式，做到"四化"养护（公司化养护、道班化养护、机械化养护、精细化养护），提高养护水平，进一步深化农村公路管理养护体制改革。一是加强养护站正规化建设依据《成县农村公路养护管理养护体制改革实施细则》，制定了"一个预案、两个办法、三项图表、四项制度"，进一步完善规章制度，进一步加强队伍建设。二是进一步加快道班标准化建设。把成康路、支伏路作为全县养护工作的重点，投资60万元新建友联、南山两座中心道班，占地面积达1 000平方米，实现了"四个一、六个有"，即一条线路、一个道班、一班人马、一套机具。配备养护机具，为提高生产效率和养护质量，投资15万元为每个道班配备了2辆农用三轮车、5辆架子车、20把铁锹，80个锥桶，扫帚20把、4把铲雪工具以及施工养护信号灯，购置养护反光背心150件，养护工人着装上路生产作业已成为农村公路一道靓丽的风景。三是积极探索公司化养护。把支伏路、成康路等主要线路的日常养护任务承包给有资质的养护公司，签订养护承包合同，由县养护站派出1名养护管理人员常驻道班，具体负责监督管理，养护公司按照每2公里1个人的标准配备养护工人，开展日常养护工作。截至年底，支伏路、成康路、成寺路共清理边沟65公里，清理塌方1.74万立方米，修复支伏路、成康路路基缺口6处150米380立方米。四是完善沿线交通设施。在支伏路、成康路设置温馨提示牌2块、养护责任牌20块、养护公示牌5块，在镇、村出入口、学校等路段设置警示桩66个，在道班出入口设置强制减速垄32米，对沿线行道树进行了修剪、在阴湾、陡坡等易积雪结冰的路段设置防滑料池50个，美化了路面环境。

冬季农村公路民工建勤集中养护整修活动。2011年，成县以保通保畅为目标，掀起民工建勤高潮。12月13日召开全县大办交通年暨2011年冬季农村公路民工建勤集中养护整修活动动员大会进行了全面安排部署，要求重点开展农村公路建设攻坚、乡村道路民工建勤、机关干部义务修路、城乡道路依法治路四项活动，全力抓好9个重点项目、11条57.9公里通畅工程建设和182条1 212公里农村公路养护整修，努力实现"村村通公路、打通断头路、修好田间路、建成产业路、形成联网路、服务新农村"的目标。

路政管理。2011年，成县以路政管理为保障，依法保护路产路权。一是深入宣传教育，开展了《公路安全保护条例》等公路法规宣传活动，共张贴公告和宣传画3 657份，发放宣传资料545份，法律汇编40本，在支伏路沿线挡墙书写固定标语6幅620平方米，设置立柱式路政宣传牌24块，路政公示牌2块，在市、县新闻媒体刊登稿件7篇。二是开展专项治理。全年共查处损坏和蚕食公路9起，查处损坏限宽钢柱2起，清理公路堆积物60起736平方米，查处晒粮堆物4起60平方米，立案6起，结案6起，结案率100%，下发责令改正书40份，收取路产赔偿费8 700元。三是加大治超力度。全年共查处运输车辆1 650余台，其中超过20吨运输车辆79台2 409吨，依法卸载156吨，依法暂扣行驶证2本。

运输生产安全。2011年，成县以清理整顿为重点，规范运输市场秩序。全年完成客运量164.2万人次，周转量5 015万人公里，完成货运量190.5万吨，周转量1.47亿吨公里。一是大力发展城市公交，开通了支旗至一中公交线路1条，加大公交车投放数量，加密了公交车班次，增开了成县至江洛城乡公交班线，有效缓解了广大群众乘车难的问题。二是规范出租车市场，为270辆公交车全部统一颜色、顶灯、统一安装计价器，加装LED显示屏和GPS车载终端，严查严处私家车非法营运行为，净化运输市场。三是清理整顿"面的"车。共查处非法营运"面的"车670多台次，没收私设的线路牌400多块。

（郝 炜）

【文县】 基础设施建设。2011年,文县共实施各类交通项目61项237.74公里,其中续建33项150.4公里,新建28项87.34公里,总投资27 367.24万元。截至年底,已建成45项168.83公里,在建16项68.91公里。一是全力支持境内重大项目建设,武罐高速文县过境段建设工程已累计完成投资9.5元。二是快速完成了滨河路路面硬化工程。滨河路改造暨国道212线文县城区过境段路面改造工程,全长1.73公里。该段公路病害严重,"5.12"地震后未纳入国家灾后恢复重建项目计划。为了提高国道212线过境段通行能力,改善城区群众出行条件,自筹566万元在1个月内完成了路面硬化,进一步推动城区经济社会快速发展。三是共实施通乡油路工程4项78.51公里(其中续建2项30公里),现已建成中杏、屈口2项30公里,在建2项。自筹4 690万元按三级公路技术标准进行改建的赵天公路,已完成总工程量的55%,完成投资2 579.5万元。总投资1.02亿元的河口路改建工程,现已完成4公里路基工程。四是共实施通村公路通畅工程31项157.5公里(其中续建22项120.4公里),现已建成碧口镇李子坝等27项137.1公里,4项通村公路通畅工程正在抓紧实施中,力争在2012年上半年建成。五是共建设各类桥梁22座(其中2011年便民桥建设任务12座),现已建成西元桥、新关上坝桥等12座(其中便民桥7座),李子崖等10座桥梁正在抓紧建设中,其中玉垒筏子坝人行吊桥已完成总工程量的52%,2012年将建成投用。六是养护维修工程,共实施锆铁路、何马路、李子坝等养护维修工程3项,共投资244万元,现已全面完成。

公路养护。2011年,文县稳步推进养护体制改革,6月份,全县所有乡镇成立了"农村公路养护管理站",择优聘用常年养护工56人,对锆铁、何马、冷梨等7条212.2公里县乡公路实施日常养护,对水毁塌方路段及时进行了修复,确保全县农村公路的安全畅通。2011年9月起,对马刘路实施了防护工程,完善了安全设施,建设防护挡墙5 000余方、防撞墩1 00个,在何马路、鸪铁路、安中路等县乡公路设安全警示标志160处,共投资160余万元。11月初对何马路进行了1次全面养护,同时动员全县各界干部群众,积极开展"民工建勤"活动,对尚德镇丰元山等201条1 517公里通村公路进行了全面养护。今年以来,农村公路养护累计投入人工21 360人次,机械625台班,清理塌方2万多方,开挖疏通边沟1 675公里,处理各类路面病害415处7 130平方米,铺备养护砂46 860多方,完成投资381万元,基本实现了"有路必养,养必畅通"。

路政执法。2011年,文县切实加强路政执法工作。共组织路政巡查75次,处治和制止乱堆乱放、乱修乱建等违法行为123次(处),整治村庄过境段脏、乱、差现象102处。

道路安全生产。2011年,文县高度重视安全生产工作,成立了专项治理工作组,下发了各类安全文件16份,以春运、冬季安全生产为主,开展专题检查活动6次,张贴各类宣传标语200余条,发放安全宣传单500余张,发整改通知书27份,整改率达100%;进一步加强水上安全集中整治,针对文县白龙湖、麒麟寺、碧口、汉坪嘴4个库区开展了专项整治活动,共整治各类船舶162艘,责令停航、停业船只36艘。

扶贫交通基础设施重点建设项目规划编制。2011年,文县完成了"十二五"扶贫交通基础设施重点建设项目规划编制工作。规划以重点项目、升级改造县乡路、建制村通达通畅、产业路、桥梁工程、车站(每村)、码头(四个库区)等7项为主,共编制项目1 999项,估算总投资1 044.8亿元。

2011年,文县着力探索交通瓶颈制约难题。国道212线过境县城,由于该段公路等级低,街道宽7.7米~12米,且混合交通严重,通行能力差,影响县城发展,急需解决出口问题。为抢抓全省"十二五"时期对国省道升级改造建设机遇,2011年10月,文县组织组织技术力量,实地勘察,编制了国道212县文县县城过境段预可研。拟从白水江南岸采用隧道方案改线过境公路,公路等级为二级,路基宽12米,路线长7.15公里,隧道长1 640米,并已上报预科研方案,请求将国道212线文县县城过境段改线列入"十二五"国省道升等改造建设。 (郝 炜)

【西和县】 基础设施项目建设。2011年,在农村公路建设方面。西和县共开工建设农村公路31项218.6公里。其中:结转2010年通畅水泥路面项目10条50.15公里,国家补助投资共972万元,目前已全部完成;续建项目1项,为西高山至大桥公路改建工程,建设里程44公里,总投资3 240万元,目前路基工程已全部完成,铺筑水稳30公里,硬化路面30公里,工程形象进度88%;第一批通畅项目9项45.39公里,总投资1 951万元,其中国家补助1 299万元。已全部完工。第二批通畅项目9项38.86公里,国家补助1 552万元。已完成4项,其余5项已开工建设;开展重点建设项目1项,为十里姚河至洛峪花园公路改建工程,建设里程14.2公里,总投资849万元,于今年6月份开工建设,目前水稳基层已全部铺筑完成,硬化路面7公里,形象进度为70%。何坝至洛峪公路改建工程,建设里程26公里,计划总投资1 839.34万元,该项目工可研已经发改委批复,施工图已报市交通运输局审批。同时,西和县经多方筹措资金,今年建成县际出口路、乡际联网路28条376公里,县域基本形成了"乡镇互通"的交通新格局。在便民桥建设方面。2011年市上下达西和县便民桥建设项目10座,总投资472.38万元,分别为何坝镇北沟桥、河口桥、马元乡鲍河桥、王庄桥、佛孔桥、洛峪甸沟桥、稍峪白杨树桥、兴隆党河桥、洛峪袁坝桥、六巷郭坝桥,已完成9座,何坝河口桥正在开工建设,累计完成投资408万元。场站建设方面。西和县公交枢纽站建设项目属灾后重建项目,该项目位于西和县城北,西靠伏羲大道,总用地26.8亩,工程总投资995.3万元,资金来源为中央灾后重建资金800万元,县财政自筹195.3万元。于2011年3月30开工建设,截至年底,已完成垫方工程17.5万立方米,浆砌挡土墙、排水渠340米,公交枢纽站办公楼主体工程已完工,内外粉刷正在进行,附属工程因资金问题尚未完全开工建设。目前累计完成投资1 099.5万元,(包括公用型汽车站垫方工程),实际到位资金970万元,形象进度96%。公用型汽车站占地总36亩,建筑面积5 485平方米,概算投资1 747.5万元。截至目前,垫方工程已经全面完成,目前,项目主体工程已招标建设。养护维修工程。2011年省市下达养护维修工程为西姜路、卢六路,其中:西姜路全长10.42公里,国家补助198万元,已按5厘米沥青面层+16厘米水稳基层+15厘米天然砂砾垫层的路面结构形式完成5公里铺油，新建M7.5浆砌片石边沟150米121.5立方米，累计完成投资356万元。卢六公路全长45.5公里，主要工程量为新建路基坡面防护755米1 512.5立方米，清理水毁塌方1 170立方米。预算资金为51.21万元，国家补助50万元，工程形象进度100%。水毁修复工程方面。2011年省市下达西和县水毁修复工程为西晒路13公里，全段清理塌方2 400立方米，新建浆砌片石挡土墙870米3 201.6立方米。预算总投资108.98万元，国家水毁补助资金80万元，工程形象进度98%。危桥加固工程。今年省市下达西和县的危桥加固工程为何坝镇河口桥，为2~10米斜交30度钢筋混凝土空心板桥，全长26.97米，国家补助资金53万元，目前已开工建设。

管理养护。一是自筹资金，由农村公路管理养护站对西苏路进行破损路面修补、基层换填、整修边沟等养护工作；二是按照划段包干的方式，将养护路段按公里数承包给道班工人，由道班工人按承包公里数进行清边沟、铲杂草等日常养护工作。三是对病害严重、工程量较大的路段推行公司化养护模式，由专业养护单位进行养护，西姜路、洛昌路、水毁严重的乡际联网路养护由专业化公司承包养护；四是由施工单位按照其应承担的责任进行缺陷期内病害养护，西马路、西晒路由施工单位进行缺陷期内养护；五是对水毁塌方路段、通村砂砾路由西和县交通运输局养护机械队进行养护，目前西晒路、龙凤至仇池山公路、长道陈沟至马元周富由养护机械队进行养护；六是结合西和县每月10号开展的全县“保洁日”活动，由各乡镇发动沿线群众对公路进行集中保洁养护；七是由公路所在区域的企业投资对公路进行养护，目前六巷至十里页水13公里公路由恒安工矿有限公司进行日常养护，西马路部分路段由所在企业进行养护。截至年底，共集中养护公路187条1 229公里，其中：推行日常养护的线路13条232公里，推行标准化养护2条60公里；乡村两级养护174条997公里，疏通边沟260公里，清除水毁塌方32.8万立方米，目前全县公路通行能力明显提高，通行环境得到了极大的改善。

路政管理。2011年，西和县以“城乡环境整治和文明长廊建设”、“美在西和”等活动为契机，抢抓机遇，创新机制，扎实工作，开拓进取，以保障公路完好畅通，维护路产路权，保通保畅保安全为己任，路政管理工作扎实有效开展。一是在县委、政府的高度重视下，4月份县人事部门给路政大队分配了5名退伍军人，路政大队工作人员由原来核定的10人充实至15人，使有效开展路政管理工作和实现路政管理工作常态化得到人员保障。二是强化舆论宣传。结合“五五”普法和开展“城乡环境卫生大整治和文明长廊建设”、“交通程序专项整治”、“公路保洁”、“美在西和”活动，全面宣传公路路政管理法律法规。三是突出专项整治。与公安、交警、工商、商务等部门联合执法，以管为主，严厉打击各类违法行为，多次组织人员深入开展公路“六乱”、打场晒粮、违章建筑清理、以路为市、农村公路超载超限等各类专项整治活动。截至年底，路政人员上路巡查280天，上路率为78%。设置公路标线37.40公里，设置减速带6条72米，治理事故多发点段3处(洛昌路磨石沟、曹庄、省道219线麻池桥段)；查处开山炸石2处；办理交通行政许可3起；立案查处路政案件1起；散发宣传材料320份，利用有线电视宣传8次；举办业务培训班2期20人。路产完好率和路政案件查处率达到98%以上，路政案件正确率达到100%，许可率达到100%；路政法律文书使用率和建档率达到100%；路产赔偿率、补偿率和占用回收率达到98%以上。

(郝 炜)

【两当县】 基础设施建设。2011年，两当县项目争取共12项，实际到位资金7 487万元。一是姚庄口至张家乡通乡油路列入了2011年投资计划，投资3 761万元，其中到位资金3 300万元，县级配套461万元，拟进行路基工程。二是两当至党川战备公路的可行性研究报告已批复，估算投资9 280万元，2012年申请国家补助资金6 483.2万元，地方投资2 797.05万元。三是广金坝至放马坪公路系以工代赈项目，正在组织招投标工作，投资946.8万元。四是两当至太阳红色旅游路2011年年底完成工可研报告，争取投资约1.31亿元。五是显西公路田坝子大桥争取维修加固资金120万元。六是西坡镇嘉陵江大桥争取资金190万元。七是两站路争取养护维修资金122万元。八是争取乡村公路硬化项目6条，资金1 632万元。九是争取设备购置费7万元。十是农村客运站建设项目40万元。十一是农村公路水毁项目1 129.2万元。十二是争取路政大队公路管理车1辆。2011年，两当县通乡油路工程建设项目3项：一是两当至太阳公路，该工程是2008年下达的通乡油路项目，全长28公里。2009年前半年路基土石方基本完成，同年“7.17”水毁，使已经完成的路基12公里全部被冲毁。为了避免洪水对两太路再次造成损害，经现场对此勘测，结合实际，将12公里易毁路段提高到半山腰，重新修建路基，目前，整合了通乡油路和灾后重建资金后，路基工程已全面完成，并通过陇南市交通运输局验收。二是两当至西坡国防战备公路，全长34.00公里，按三、四级公路技术标准实施，工程总预算2 625万元(国家补助资金2 030万元)。该工程于2009年7月份开工建设，目前路基工程完成100%，路面沙砾垫层铺设基本完成，正在进行部分路段混凝土路肩施工。三是云屏至广金坝通乡公路改建工程，路线起点位于云屏乡，终点止于广金坝，全长22公里，按四级公路技术标准实施，预算2 552.99万元，实际到位资金976万元，该工程于2010年1月份开工建设，目前路基、涵洞及桥梁工程已全面完成，并通过市交通运输局质量监督管理站的质量验收，路面工程将急需争取列项投资。2011年，两当县便民桥建设任务5座，其中：两太路1号桥已完成全部维修加固工作，杨店乡土蜂沟桥、泰山乡兴桃桥2座便民桥已完工，城关镇刘家沟1号桥、云屏侯家磨桥2座便民桥已基本完工，待市交通运输局验收。

灾后重建项目。2011年，两当县灾后重建项目共122项，887.2公里。其中：第一批灾后重建项目(2008年)31项151.4公里，已全部完成，并通过验收和审计工作。第二批灾后重建项目91项(2009年、2010年)735.8公里，已基本完成(灾后维修项目85项708.2公里)。西坡镇嘉陵江大桥新建项目、站儿巷嘉陵江大桥加固工程和田坝子大桥加固工程已全部完成并通过验收。

公路养护。2011年，两当县公路养护共建设道班3个，其中：加固维修2个(西坡三坪道班、站儿巷道班)，新建1个

(田坝子道班)。目前,均已建成投入使用。公路日常养护工作全面开展。各乡镇成立了养管站,落实了专职养护管理人员,并选择了2~3条主养乡村公路,设立公示牌28块,标明路线名称、等级、里程、养护管理单位,同时对117.2公里主要公路,55公里普通公路进行了全面养护,好路率分别达到了53.7%、58.4%,确保了公路畅通。

路政管理。2011年,两当县路政管理协调成立了副科级建制的农村公路路政管理大队。今年共办结路政违法案件1例,收取路产赔偿费6 000元,送达路政违章清理通知书10份,基本达到了"五无一畅一通"。路政司法文书建档率100%,路产完好率98%以上,路政赔补率100%,基本确保了公路设施完好和道路安全通畅。

运政管理。2011年,两当县运政管理从加强旅客运输源头入手,严把"三关一监督",重大节假日驻站率达100%。以检查客运经营业户的从业资格证和二级维护及性能等手续为突破口,车辆技术监测,维护保养率、车辆年审发证率均达到100%。

水毁抢修。2011年,两当县保畅工作应对及时,保障有力,进入雨季以来,因境内频降暴雨,致使国道316线、两西路、两太路、两云路和两温路等干线公路多处出现路基坍塌,边坡塌方,挡墙损坏,山体滑坡等事故,造成直接经济损失约926万元。灾情发生后,两当县交通运输局立即组织人员进行抢修,共计抢修受灾路段18处520米,出动大型机械15台次,组织劳动力510人次,基本保证了汛期县乡道路的畅通。

(郝 炜)

2011年10月,庆阳市常务副市长付振伟,庆阳市人大常委会副主任郭文奎在庆阳市交通运输局领导陪同下,在庆阳市雷西高速公路建设工地调研工作。

汪永才 供

2011年12月,庆阳市副市长白振海一行看望并慰问西长凤高速公路项目办人员。

李世雄 摄

甘南藏族自治州

概　　述

【交通基础设施建设】 全年累计完成投资18.09亿元，较上年同比增长16%，创历史新高。其中重点建设项目完成投资14.51亿元，农村公路建设完成投资3 274.57万元，运输站场建设完成投资1 205万元，灾后恢复重建完成投资3.08亿元，养护维修、安保工程完成投资510万元。一是重点建设项目强势推进。岷县至合作二级公路累计完成投资7.93亿元，占总投资的46.12%；尕秀至玛曲二级公路累计完成投资2.69亿元，占总投资的50.2%；省道311线冶峡隧道及接线工程累计完成投资7 821.43万元，占总投资的52.18%；省道313线郎木寺至玛曲段三级公路(甘肃段)累计完成投资3 238万元，占总投资的79%；红星至迭部三级公路改建工程顺利通过交工验收，并交付使用；甘青联建沙木多黄河大桥已完成主体工程，累计完成投资900万元，占总投资的60%。临夏至合作高速公路开工建设；夏河飞机场跑道土建工程已完成工程量的65%，航站楼地基处理工作已完成，完成投资1.8亿元，占总投资的25%；合作市至冶力关镇二级公路动工建设；宕昌(南河)至迭部二级公路改建工程正在进行驻地建设、施工便道及恢复中线等工作。二是重点项目前期工作进展顺利。夏河县城至飞机场二级公路项目已完成前期工作，正在准备招投标；卓尼至碌曲二级公路已列入国家发改委"十二五"藏区规划，已上报省交通运输厅批准开展前期工作；临洮至新城二级公路、舟曲峰迭新区至代古寺二级公路项目工可研编制完成，上报省发改委和省交通运输厅审批；黄河玛曲县城至白河口段航运工程和九甸峡库区航运工程已完成工可研并上报省交通运输厅。三是农村公路及运输站场建设迈出新步伐。"十一五"结转实施的58项通达、通畅项目已全部完工。2011年下达72项392.7公里建制村通畅工程，其中第一批下达30项184.1公里项目全部完工；第二批下达42项208.6公里项目全部开工建设。2011年下达的省道313线—坪定、扎西滩—欧拉2项通乡油路进入招投标阶段；养护维修工程、危桥改造工程和安保工程完成年度建设任务。合作汽车站已完工，即将投入营运；州物流中心完成总工程量的60%；州汽车救援中心和18个乡镇汽车站全部竣工投入营运，50个村级停靠点全部完工。四是灾后恢复重建项目进展良好。"5·12"灾后重建项目306条1 936公里已全部交工验收。验收280项1 481.3公里，完成工程总体形象的96.24%。43项206.7公里地震灾后整村搬迁项目目前全部完工，验收41项184.7公里；"8·8"灾后农村公路重建项目13项82.2公里已开工建设，3条23.4公里县乡道完成投资822万元，占工程形象进度的56.3%；10条58.8公里村道完成投资1 436.5万元，占工程形象进度的49.2%。由省交通运输厅承担实施的7个灾后交通恢复重建项目全部开工建设，总体进展顺利。

【公路养护】 认真落实和推进了"县道县养、乡道乡养、村道村养"的公路管理养护新体制，农村公路整体养护水平有了提高。一是启动实施了农牧民群众参与农村公路建设和养护试点工作。碌曲县郎木寺镇波海村、贡巴村通过召开村民大会，设置公示栏，由牧民群众民主决策每一条路的规划设计、预算、资金筹措、工程要求等事项；夏河县黄茨滩着芊村发动群众130多人次，对黄茨滩至着芊村4.3公里通达工程进行义务养护。通过实行乡镇领导包村、乡干部包村包户制度，层层召开动员会，采取"一事一议"的办法，使广大农牧民群众在思想上逐步实现了农村公路建设由"政府要修路"到"群众想修路"的转变，自愿投工投劳，积极参与农村公路建设和养护。二是进一步推进农村公路管理养护体制改革。各县市地方道路站管养人员已全部纳入财政供给，各乡镇陆续成立了农村公路管理养护站，公路养护资金财政预算纳入政策正在逐步落实，碌曲、夏河、卓尼等县已按照年财政收入3%的比例将农村公路养护资金纳入财政预算。组织实施了农村公路春秋两季大养护工程，加强春运等重要节日和日常的养护，及时处治公路病害和水毁，农村公路养护质量和通达通畅水平得到明显提升。全州公路平均好路率达58.2%，综合值65.8。三是全力做好"128"活动保畅工作。先后投入资金935万元，对"128"活动途经路线进行了全面维修养护，确保了第十一世班禅大师来甘南视察期间道路安全畅通。

【道路运输】 切实加强快速客运、干线客运、农村客运和旅游客运等多层次、一体化的公路客运服务网络建设，客运服务质量和效益同步提升。重点物资运输机制不断健全，确保了煤、油、粮、畜产品等重点物资和城乡居民生产生活必需品的运输流通，全州拥有营运性客运车辆1 915辆（班线客运车辆438辆、出租车1 270辆、公交车207辆）营运性货车3 317辆。全年公路客运量和旅客周转量分别达到1 812万人次和7.75亿人公里，同比分别增长2.3%和2.4%；货运量和货物周转量分别达到759万吨和7.99亿吨公里，同比分别增长2.6%和3.4%。深入开展客运市场百日专项整治活动,组织运政执法人员深入国道213线、省道306线、各客运站、公交车停靠点、出租车运营等重点地段,重点整治客运车辆不规范经营、甩客、拒载、哄抬票价等运输市场违法违规行为,并对郎木寺、新城、冶力关等重点集镇客运市场进行了专项整治,共查扣"黑车"88台(次),教育纠正违规车辆220辆台(次),有效净化了客运市场环境。同时,全面加强对各类船舶、渡口、水运作业户的监督管理,规范了水路运输市场发展秩序。

【安全生产】 以保安全、保生产、保畅通为目标,全面落实安全生产责任,狠抓安全源头监管,严格执行公路养护"八不准"规定、公路工程施工安全操作规程,实现了工程质量、安全、效益和进度的同步提升。同时认真落实运输市场"三关一监督"安全监管措施,强化对危险货物运输安全管理,建立和完善了企业安全管理机构和经营制度,对挂靠危货运输车辆进行了清理转户。加强水运执法管理,及时查处"三无"船舶渡运现象,确保水上运输安全。上半年,全州交通运输行业未发生任何重特大安全生产事故。

【路政管理】 深入学习宣传两个《条例》,成立了以局长为组长,主管副局长为副组长,相关科室负责人为成员的两个《条例》宣传活动领导小组,制定了专门工作方案,落实了宣传经费1万元,一是加大路面巡回宣传,在人车流量较为集中的街道、公路重要节点悬挂宣传横幅9条,设立咨询台,接受群众咨询900人次,向公路沿线群众,驾驶员散发宣传单1.5亿余份。二是主动送法上门。走访沿线乡镇,向他们讲解两个《条例》的内容,并发放宣传资料1 000余份,深入释解了两个《条例》。三是举办了全州执法人员培训班,全州40多人参加了培训。每个执法人员都作了1万字以上的学习笔记。三是组织执法人员进行了《公路法》、《公路安全保护条例》、《甘肃省公路路政管理条例》知识考试,使全州路政人员对国家的政策、法律、法规有了全面的了解和掌握,提高了业务素质和依法行政的能力,为搞好本职工作打下了坚实的基础。认真坚持"五四巡查制",严格要求全体路政人员依据法律、法规规定的执法程序、管理权限、职责范围开展工作,在工作中采取教育、说服等方式,处理好教育与处罚的关系。在农村公路交叉的重要节点位置,设置警示标志和限高限宽设施,确保桥梁等重要基础设施的安全。坚持路面治超和源头治超相结合,突出部门联动,齐抓共管,各负其责。对各县市农村公路需要设置限高、限宽水泥墩进行了摸底,完成了338条路的调查工作,在夏河县省道桑达路、碌曲县县道碌河路设置,流动式超限运输检测点,利用对全州农村公路桥梁进行普查的有利时机,及时更新全州农村公路桥梁的各项数据,收集大量路产照片和档案资料,建立新的路政内业管理数据库,全力维护路产路权,继续抓好农村公路治超工作,强化路面监管措施,严禁非法超限超载车辆上路过桥,超限超载率稳定控制在5%以内。

(李相敏)

一市七县

【合作市】 2011年,合作市积极编制《"十二五"农村公路项目库》、《"十二五"藏区交通运输发展规划》和《"十二五"交通运输发展规划》,规划目标是"十二五"期间,建好所有断头路、出口路,逐步形成公路网络,新建旅游公路、游牧民定居点公路、寺院公路、林区公路、桥梁维修重建、通畅通达等项目。一是完成省道306线岷县至合作二级公路改建工程的征地拆迁及日常协调配合工作,保证岷合公路建设工程按时完工。二是配合州交通运输局完成合作至冶力关镇二级公路改建工程可研、初步设计等。新建农村公路通畅工程10条,完成5条投资627万元,长20.9公里的村道水泥路。其中:地瑞村道长5.5公里、罗哇村道长6.5公里、西拉村道长3公里、新寺村道长2.9公里、多河寺院公路长3公里。完成5条长27.4公里的香拉村道、安高娄村道、当周至南木楼村道、江卡拉村道、俄河村道施工图设计,并通过评审,明年将开工建设。完成和合路至土房村道、省道306至多河村道、国道213至达洒村道、峡村村道、希拉可河村道、加拉村道、日加村道结转项目,通过交竣工验收,工程质量合格。完成和合公路(合作段)工程竣工验收的准备工作。2010年年底由市政府组织通过了工程交工验收,2011年3月,甘南州交通局工程质量监督站完成公路质量检测、州审计局完成项目审计,监理施工等资料准备完毕,经过多方的不懈努力,有望尽快解决和合公路长达八年之久的遗留问题,使其通过竣工验收。完成合作至围子梁(合作界)四级通乡油路工程。本工程投资3 452万元(其中国补资金2 400万元,地方自筹1 052万元)长59.93公里。工程自2009年12月开工,其中与二级公路路线重复的第一标段停工,第二标段继续施工。为解决遗留问题,在资金到位1 000万元的情况下,克服重重困难,妥善解决了第一标段工程遗留问题。同时,完成了第二标段的建设任务。完成了恢复重建工程塔哇、扎代、日加3条14.9公里村道和热格曲桥、扎油桥维修,并通过州级验收,工程质量均为合格。实施民生实事工程进展顺利。卡加曼至卡加道通乡油路工程投资960.23万元(其中:中央补助650.2万元),该项目全长16.26公里。自2010年9月开工建设,2011年完成总工程量的80%。白岭阳哇至大草滩公路工程投资654.3万元长18.1公里,路面为天然砂砾,工程自2010年9月开工建设2011年路基工程已全部完工。为解决吉昂村群众的出行难问题,在没有项目计划的前提下,想为群众所想,急为群众所急,交通局积极筹措建设资金150万元,修建勒秀乡吉昂洮河吊桥,该吊桥按柔性钢索吊桥进行设计,长80延米,净宽2米。工程自4月底开工,7月底完工,通过市政府及有关部门组织的交竣工验收,得到了群众的好评。对当周沟景区公路主干道进行建设。在没有建设资金的情况下,市交通局积极筹措资金150多万元,完成沥青罩面1.29公里、浆砌边沟1 000米、安全防护41米、水泥路1公里、标志标线等工程,在规定的时限内按时完工,并通过州交通局、市政府组织的交工验收。积极筹措建设资金46万元,完成罗哇至尼欠昂、县道409线至少地2条村道的建设任务。目前准备工程招投标工作。

2011年为了切实维护路产路权和保障安全畅通,在治理超限超载和损坏公路标志标牌等工作方面,根据《公路安全保护条例》和《甘肃省公路路政管理条例》,一是加大宣传力度。出动路政执法车辆50余台(次),人力160余人(次),散发传单2 000余份,设置禁止通行牌6个,刷写固定标语10条,条幅3个;二是加强公路"五四"巡查,上路巡查589公里,向农牧民群众及驾驶员讲解法律法规,处理路政违法,累计劝返超载车辆160多辆,有效制止了超载车辆的行驶,确保了辖区内的公路畅通。

加强公路养护:一是投资269万元对叉斗至吉昂全线47公里路段进行了维修养护。主要完成路基填方、塌方清理、翻浆处理、边沟开挖、挡墙、盖板涵、浆砌边沟和护栏、护柱等安全设施。二是投资22万元对加茂贡至麻布索那通乡油路进行全面养护维修。三是投入60多万元积极抢修"8.15"水毁公路17公里,确保了受灾时期的公路畅通。并依据《公路桥涵养护规范》的有关规定,认真采集基础技术数据,分析病害原因,准确评定技术状况,作好桥梁的技术状况分类,完善桥梁技术档案。三是贯彻落实《合作市农村公路管理养护体制改革实施细则》,完成试验设备购置和试验检测室房屋修建,落实市、乡两级管理养护站所编制28人,加强市级管理养护站队伍建设,充实工作人员3名,即将成立六乡乡级管理养护所。全年公路好路率50.12%,综合值58.8。

认真贯彻"安全第一,预防为主"的工作方针,严格落实国家关于预防交通安全事故,保障道路安全畅通的法律、法规、政策和标准,认真做好安全生产工作。完善了安全生产管理的规章制度,成立了安全生产领导小组,并和各施工单位签订《安全生产合同》和《安全生产管理目标责任书》,使各项管理程序化、规范化。重点开展以反对"违章指挥、违章操作、违反劳动纪律"为内容的教育活动,坚持标本兼治、综合治理、惩防并举、注重预防的方针,依法纠风治乱,切实加强对公路建设及道路运输安全管理工作的指导,全面实施国家《安全生产法》,牢固树立安全第一的思想,认真解决安全工作中存在的突出问题和重大安全隐患,杜绝了重特大事故的发生,确保了交通系统安全生产形势的稳定。全年,开展安全大检查4次,排查公路安全隐患2次,对查出的隐患登记造册,制定整改措施,积极向上级部门争取整改完善安全设施资金,编制了安保工程建议计划。

2011年,合作市共有各种营运性运输车辆1 207辆,其中:出租车345辆,公交车27辆,班线客车155辆,货车680辆。全年完成客运量140.28万人次,旅客周转量1.58亿人次公里,完成货运量97.2万吨,货物周转量1.77亿吨公里。

(李相敏)

【夏河县】 2011年,重点建设项目临合高速公路于12月2日开工建设,计划工期4年。项目概算投资88.89亿元。夏河机场二级公路目前正在进行招投标工作,夏河至青海同仁二级公路,由甘肃省交通运输厅拟申报交通运输部立项建设,并委托甘肃省交通科学研究院,于9月28日赴夏河县,对该条公路沿线进行实地勘察,进行编制工程可行性研究报告。该条路全长38.6公里,为三、四级公路技术标准,路线起点位于夏河县城东郊洒乙昂,终点至甘青交界甘同桥,拟采用二级公路技术标准进行建设。麻当乡至甘加乡公路建设已完成工程可行性研究报告,已上报立项。续建工程毛道至加毛村通达工程、麻龙村通畅工程、中扎油至上尕口通达工程、桑科至牙利吉通畅工程及麻当至国道213线通畅工程均已通过州级验收。西科至种羊场、科才至科才新村均已完成工程形象进度100%,待验收。2011年建制村新建通畅工程共11条,其中,桑阿公路至特吾昂村工程形象进度的91%,国道213至切龙沟工程形象进度30%。王府至来周、孜和孜寺至格尔迪寺、甘加至作海完成工程形象进度的100%,待验收。其余省道312线至乎尔卡加、八角城至尕代拉卡、加禾至周瓦、桑科至曼玛村、斯柔村至卡加、下滩村至东山村等道路正在修筑路基。夏河县民用机场建设:该项目总投资为6.67亿元,施工单位于5月15日进驻现场,截至2011年底已完成投资1.4亿元。夏河县甘加至甘同桥战备公路该项目路线全长10.01公里,预算总投资400万元。全线按三级公路标准设计。该项目于2010年4月10日开工建设,2011年已完成建设任务,并于8月份通过交工验收。完成夏河县拉卜楞寺院北路综合管廊工程1 100米,占综合管廊工程量的95%。完成雨水、污水管道700米,检查井35个。

公路养护。2011年积极推行养护体制改革,建立健全"统一领导,分级管理,专群结合"的长效机制,坚持"建、养、管并重,以养护为中心"的指导思想,坚持"已改造路段精心养,即将改造路段不失养,其他路段经常养"的养路思想,牢固树立"建设是发展,养护管理也是发展"的新理念,一是加强组织领导,努力克服养护难度大,公路病害多等带来的不利因素,加强常年养护为重点,确保了地养公路的路况质量和安全畅通。二是加强了对桥涵构造物和防护工程的养护,在雨季来临之前,组织力量对县乡公路边沟、涵洞进行疏通。对养护任务大的路段,实行重点养护,加强巡查力度,做好备砂和铺砂工作。三是深入细致地开展了桥梁隐患排查工作,通过排查,共查桥梁38座610.84延米,涵洞387道2 963延米。四是为了积极响应全县交通建设大会战确定的春季村道养护工作,达麦乡着芊行政村、唐尕昂乡隆瓦行政村、甘加乡哇代行政村、吉仓乡西小行政村率先进行了义务养护村道,为各乡镇开展农村公路养护工作起好了头、树立了榜样。桑达路重铺、填坑槽面积为4 758平方米,处理软基8 020平方米;达赛路重铺、填坑槽面积为4 648平方米,处理软基1 200平方米,完成投资490万元。完成养护维修工程科才桥10%的工程量、完成危旧改造项目博拉桥50%的工程量、完成夏同公路和达赛公路安保工程75%的工程量。全年县乡公路好路率达60.4%,综合值达63.38。

路政管理。针对县乡公路超限车辆严重损害公路的实际,为了遏止超载车辆对农村公路的严重破坏,严格落实责任、加强源头治理,采取固定与流动检查、白天与夜间巡逻相结合的方式,对超载严重的车辆加大查处力度,有效遏止了超载车辆的通行。同时推行阳光执法,广泛接受社会监督,规范治超人员执法行为,对治超执法行为进行监督,增强治超执法透明度,同时落实多项便民措施,使治超工作更加公正、透明和人性化。截至2011年底,办理路政案件1起,破案1起,结案1起,路政破案率和结案率达到100%。出动执法人员1 200余人次,共检测车辆3 200辆,劝返车辆412辆,卸载120辆,超载运输现象得到有效控制。

安全生产。2011年在全县交通行业开展了一次"查隐患、堵漏洞、保安全"为主题的安全生产隐患排查治理活动,并成立交通基础设施建设安全生产"隐患年治理"工作领导小组,统一组织局属各单位和施工单位认真开展了安全生产隐患排查治理活动,发动职工查找安全事故隐患,对查找出的事故隐患进行了整改,使安全生产大检查工作取得了实效。并在6月9日召开交通系统安全生产工作会议,安排部署了2011年全县交通系统安全生产工作,进一步提高了安全认识,明确了工作责任。同时在安全生产月来临时,制订了交通系统"安全生产月"活动方案,采取悬挂横幅、张贴标语、散发宣传单、出动宣传车、广播宣传等形式进行了宣传,通过宣传营造出了"以人为本、安全第一"、"关爱生命、关注安全"的社会氛围。在工程建设中,我们还加强施工安全管理,促使各施工单位牢固树立了安全理念,在施工路段设置了醒目鲜明的安全标志牌,尤其是加强了急弯陡坡路段的安全畅通工作,有效地提高了工作效率。实现了交通施工零事故。

运政管理。加强了运输组织管理,道路运输从严格市场准入资格入手,重点抓了经营行为和市场秩序的整治。严格履行"三关一监督"制度,抓好"春运"、"五一"、佛事活动等节日的旅客运输工作,杜绝道路重特大交通事故的发生。组织开展了打黑车除隐患专项整治行动,取缔了非法运营黑车,规范了道路运输秩序,确保了群众出行安全。全县共有各类营运车辆283辆,其中,出租车123辆,班线客车22辆,货车138辆,全年共完成客运量39.8万人次,周转量6 382.27万人公里,完成货运量120.33万吨,货运周转量9 085.68万吨公里。

建议提案办理2011年共收到人大建议22件,当年已办理11件,其余11件,列入2012年—2015年计划,收到政协提案3件,已办理2件,另外1件已列入"十二五"规划中,本年度人大建议和政协提案办结率为100%,代表和委员满意率达到98%,最大限度的解决了农牧民群众行路难、过河难的问题。

(李相敏)

【玛曲县】 交通基础设施建设。2011年玛曲县交通运输部门完成大草滩至阿万仓至哈尔钦通乡油路项目工程。全长50.09公里,总投资2 200万元,按四级标准实施,已全面完成建设任务,州质检站对该项目进行了质量检测,检测结果为合格,于2011年6月22日通过竣工验收。哈尔钦至木西合灾后重建通乡油路项目。全长55公里,按四级公路标准实施,总投资3 030万元,已全面建设完成,州质检站对该项目进行了质量检测,检测结果为合格,于2011年6月22日通过交工验收。黄河桥至曼日玛通乡油路项目。全长51公里,总投资2 250万元,按四级标准实施,该项目受到多种因素影响在建设工期内未按期完工。阿万仓乡政府至五星村道建设项目。该项目为部级示范项目,全长26.3公里,总投资546万元,按村道标准实施,由于该项目当年受建设投资不足的影响,导致工程质量、进度缓慢,今2011年县交通运输部门采取有效措施,加大工作力度,已全面建设完工,并通过验收。曼日玛至斗浪村道建设项目。全长12.6公里,村道建设标准,水泥路面,总投资252万元,已全面建设完工,待验收。通畅项目完成曼日玛牧民定居点硬化工程,全长3公里,总投资90万元。目前已全面建设完工,待验收。河曲马场牧民定居点硬化工程,全长4公里,总投资120万元。已全面建设完工,并通过验收。萨尔玛寺院硬化工程,全长2.3公里,总投资69万元。目前已全面建设完工,待验收。采日玛上乃玛寺院硬化工程,全长2公里,总投资60万元。2011年已全面建设完工,待验收。诺采路养护维修工程,挖补罩面9.5公里,已完成施工图设计并通过评审。县道418线黄群路养护维修工程,重铺1.5公里,挖补罩面4.4公里,已完成施工图设计并通过评审。2011年优良示范项目:河曲马场牧民定居点硬化工程,全长4公里,总投资120万元。2011年底已全面建设完工,并通过验收。采日玛上乃玛寺院硬化工程,全长2公里,总投资60万元。目前已全面建设完工,待验收。

农村公路管理养护体制改革工作取得了初步成效。自2008年被列入农村公路养护体制改革试点县以来,制定出台了《玛曲县牧村公路管理养护体制改革实施细则》,将县乡公路管理站9名职工的工资从2010年6月开始纳入县财政统发范畴。根据2010年7月8日召开的全省农村公路工作会议精神和要求,制定并下发了《玛曲县牧村公路管理养护体制改革实施方案》,牧村管理养护所机构、人员、资金三落实工作进一步完善。全面开展乡镇公路管理养护工作,实现"三级"养管模式。2011年玛曲县县乡道路管养里程530.88公里,其中县道4条437.95公里,乡道2条92.93公里。由于道路大多地处山岭重丘区和草原湿地,普遍存在等级低、病害多、路线长、养护成本高的问题。公路养护经费无法落实,但为了保持牧村公路交通安全畅通,县交通部门克服困难,想方设法筹集资金,确保了道路交通安全畅通。2011年受"7·5"灾害影响县乡道路水毁、翻浆严重,对水毁严重路段全力抢修,保证了道路交通安全运输。抢修路段分别为:扎西公路:冲毁路基2处498立方米,路面翻浆3处2 450平方米,新建涵洞5道22.5米,冲毁桥梁1座,损失约达48.34万元;黄曼公路:冲毁路基1处468立方米,新建涵洞1道6.5米,临时便道圆管涵8米,便道1处137.5立方米,损失约达14.47万元;玛河公路:冲毁路基1处2 295立方米,翻浆处理1处540立方米,开挖排水边沟1处768立方米,整修路面砂砾5 400平方米,损失约达10.27万元;据统计公路以及桥涵水毁损失共达73.08万元。扎西滩至欧拉秀玛乡公路全长107公里,路况差,病害多,技术等级低,抗灾能力弱,自2011年7月25日起由上下欧拉乡党委、乡政府与广大牧民群众自发性组织开展公路养护工作,28天之内完成107公里公路养护工作,养护期间,租用小型装载机2台,每小时100元,租用兰驼8辆，每辆每日台班150元，日均人工40名，通过抢修养护，保障了公路安全畅通。全年平均好路率达44.5%，综合值56.88。

路政管理。一是加强路政人员法制教育，提高执法水平。组织路政人员较为系统地学习了《甘肃省公路路政管理条例》、《甘肃省公路路政管理办法》和《公路法》等，进一步加大了执法人员的法制教育。二是加大法制宣传力度，增强法制观念。2011年累计出动宣传车20台次，制做固定宣传牌3块，散发宣传材料2 600余份。有效维护了路产、路权。针对部分牧民及个体施工队法制观念淡薄，随意破坏公路设施以及在公路边撬石、采砂等现象，通过加大路政人员巡查力度，教育和制止了违法行为，有效维护了路产、路权。四是为了有效维护已建成通乡油路路面破损，县交通部门于2011年5月初分别在黄群路14公里加0米处、118公里加0米处以及黄曼路0公里加500米处新建车辆超限超载，限载墩3处，共投资5.49万元。五是规范了路政内业管理工作。严格按要求做到了执法机构、规章制度健全；做到路政图表上墙，报表上报及时；做到法律文书、案件处理工作程序化、规范化。黄河白河口至玛曲县城河段航运工程建设项目，该航道全长103公里，建设标准等级为三级，2011已完成工可报告，2010年4月7日省交通运输厅通过初审，报告的编制基本符合交通运输部《港口和航道建设项目可行性研究报告和工程可行性研究报告编制办法》（交规划发[2009]712号）和其他相关规定。工程总投资规模为1.45亿元，资金来源按照全部申请交通运输部补助，建设周期3年，拟从2011年开始实施，2014年完成。

安全生产工作。定期对木西合、阿万仓黄河大桥，齐哈玛黄河吊桥进行安全设施检测，落实安全管理责任，强化安全管理措施。在实施的工程中，落实安全生产合同制，加强了安全生产责任管理。通过落实安全生产工作，加强安全措施，保证了交通生产安全。

2011年玛曲县共有多种营运汽车212辆，其中，客车20辆，货车91辆，出租车101辆，年完成客运量24.19万人次，旅客周转量3 596.16万公里，货运量13.09万吨，货运周转量39.75万吨公里。

（李相敏）

【碌曲县】 交通基础设施建设。2011年完成结转农村公路建设项目阿拉至贡去乎通乡公路，该项目由甘发改交运[2007]129号文件批复建设，全长53.24公里，总投资2 301万元，其中国补资金1 960万元，地方配套资金341万元，全线采用四级标准建设，该项目于2007年8月8日开工建设。截至2011年底，完成路基工程，铺筑水泥稳定层53.24公里，完成路面工程48公里，累计完成投资1 800万元，力争年底完工；完成李恰如沟口至李恰如牧场通乡公路建设项目，该项目由州交综规[2009]18号文件批复建设，全长11.68公里，全线按四级公路标准建设，水泥路面，中央灾后重建资金补助638万元，工程于2009年8月开工建设，2011年底完工，待验收；完成旺藏寺院桥建设项目，该项目由州交综规[2009]18号文件下达计划，总投资150万元，建设工期两年。工程于2009年8月开工建设。2011年底已完工，待验收；碌曲县城一西仓寺院村道总投资140万元，于2011年9月完工，待验收。总投资130万元的碌则路大中修工程已完工，并通过州级验收。2011年下达通畅项目玛艾镇至玛艾村水泥村道总投资330万元，于2011年6月20日开工建设，2011年底已完工，待验收；（贡巴至波海水泥村道总投资468万元，于2011年6月13日开工建设，到2011年底完工，待验收。该项目被确定为优良示范工程；达赛路大中修总投资45万元，于2011年6月12日开工建设，到2011年底已完工，已通过州级验收；碌则公路养护维修工程总投资50万元，于2011年6月12日开工建设，到2011年底已完工，已通过州级验收；毛日、尕尔娘村道、尕秀村道、青禾桥至青禾、尕海自然保护区6条水泥路因下达计划迟，尕海自然保护区、尕尔娘村道、尕秀村道已完成施工图设计及评审工作，目前正在进行公开招投标；毛日、青禾桥至青禾均已完工，待验收。县道402线连接线下吾乎扎桥2011年已完成施工图设计。自筹资金104万元、全长160米的郎川民族团结路于2011年5月初开工建设，年底已完工。危旧桥梁维修加固改造工程阿拉大桥投资236万元，已完成施工图设计。但经设计单位现场勘查后，按现有资金无法加固。提载毛日洮河大桥投资16万元，已完成了对该桥的加固，并重新粉刷了栏杆，填补了引道坑槽，设置了限载牌。青禾洮河大桥投资16万元，已完成对该桥的加固，并重新粉刷了栏杆，填补了引道坑槽，设置了限载牌。

养护管理。2011年碌曲县政府通过碌政发[2011]8号文件批复，将县乡公路管理站人员工资及办公经费纳入县级财政预算。经县委办发[2011]51号文件和碌机编办字[2011]30号文件批复，已在全县7个乡镇成立了公路养护所，为全额拨款事业单位，目前养护所及人员已配备。为落实养护责任主体，县政府按照年财政收入3%的比例将公路养护资金纳入财政预算，通过贷款500万元，落实了养护经费，其中300万元用于碌则路大中修工程及其他乡村公路的养护维修，200万元补助阿贡公路。并按照“县道县养、乡道乡养、村道村养”的原则，制定了农村公路养护工作计划，积极开展农村公路养护管理工作，县政府与各乡镇签订了农村公路养护管理目标责任书，明确了各乡镇组织发动群众开展农村公路养护管理的工作任务。2011年下达碌则公路养护维修工程50万元，达赛路养护维修工程45万元，均已完工并通过验收。为确保达赛路碌曲红科段、碌河路段、碌则路、毛日寺院道路安全畅通，县交通部门组织施工队对上述路段存在的病害进行处治抢修和新建部分道路，累计投入装载机28台，挖掘机26台，人工5 200人次，完成投资678.6万元。

认真执行甘肃省公路局制定《桥梁养护管理制度》和《桥梁养护工程师制度》，为管护的66座桥梁建立了档案，组织桥梁养护工程师每月对管护桥梁进行巡查，发现问题，及时处理，保证了县乡公路桥梁的安全畅通。

2011年碌曲县交通运输部门以交通建设大会战为契机，广泛动员教育群众，积极参与到通村公路建设、质量监督和养护管理当中，引导群众树立“乡道乡养、村道村养”的思想，发动群众对本村道路进行以路面清扫、路肩修复、边沟清理为主的养护工作，县乡公路管理站也对列养的县、乡、村道进行了养护作业。县交通部门先后已投入各类养护机械100多辆（台）次，人工1 180余人次，累计清理塌方8 812立方米，疏通边沟24公里、涵洞36道，清扫路面210公里，处治坑槽

2 798平方米，通过扎实有效的养护工作，确保了全县农村公路的安全畅通。全年平均好路率47.34%，综合值50.46。

路政管理。组织路政执法人员认真学习《中华人民共和国公路法》、《甘肃省公路路政管理条例》等法律法规，加大对法律、法规的宣传力度，在碌曲组织的2011年社会治安综合治理宣传活动中，共计发放各类公路法律、法规宣传材料100余份，增强了人民群众爱路、护路意识。加大依法巡查力度，及时对县道404线、县道402线沿线砂石料场堆放的砂料进行了清理，保证了公路的安全运营，路政管理案件查处率达90%以上，结案率达96%以上，达到了保通保畅保安全的工作目标，深入开展治超工作，针对玛艾至红科公路大中型超载车辆过往十分频繁严重损坏公路路面的问题，自2011年3月份以来，我局组织路政人员对超载车辆进行了专项整治，收缴超载罚款8 300元，期间劝返超载超限车辆520余辆。全面开展"安全生产年"活动，排查整改重大安全隐患，深入开展路政行业安全生产专项活动，对辖区路段开展了路面桥涵安全检查，县道404线、红科桥、卡布秀桥属危桥，路政人员对这两座桥实施限载限行，并埋设警示标志牌，在县道404线与国道213线接口处，与赛尔龙公路交界处埋设警示告知牌共计9块。对公路上打场晒粮及占路为市等现象集中进行了治理，保证路道路的安全畅通。

安全生产。一是加强对安全生产工作的领导，及时调整和充实了局安全生产领导小组，并与县交通局属各单位签订了《安全生产目标责任书》。二是建立和完善了各项安全管理制度，明确了安全生产的责任主体和监管职责。三是落实安全生产责任制，按规定配备完善了专兼职安全员，责任到人。四是深入开展碌曲县坚决遏制安全生产事故专项行动。五是认真开展安全生产大检查2次，做到了防患于未然，将事故消除在萌芽之中。六是认真开展了重点行业和领域安全生产专项整治活动。七是在危险路段设立警示牌9块，并报州安监局和州交通运输局备案。八是认真执行安全生产履约保证金制度和生产"三同时"制度，确保了施工期间道路畅通。九是认真组织开展了公路建设工程工地、交通安全检查工作，并做好了统计报表工作。截至2011年底，全县公路交通部门未发生任何安全生产事故。

至2011年底全县共有各种营运汽车167辆，其中班线客车14辆，出租车86辆，货车67辆。年完成客运量18.8万人次，旅客周转量2 065.13万人公里，全年完成货运量4.07万吨，货物周转量1 108.22万吨公里。（李相敏）

【舟曲县】 交通基础设施建设。2011年，舟曲县全力实施"5.12"农村公路恢复重建和通乡油路结转工程及"8.8"灾后重点建设工程。结转实施的沙湾至插岗通乡油路已完成总工程量的70%；两水至插岗、巴藏至曲瓦通乡油路已完工。完成"5.12"交通基础设施恢复重建项目217项，恢复重建农村公路1 022.3公里、桥梁1 752.06米64座。130项通过竣工审计，66项通过竣工验收待审计，12项竣工待验，9项正在实施。"8.8"灾后重建项目进展顺利。重建项目共2项，投资4 380万元。县乡道3条23.4公里和村道10条58.8公里公路分别完成工程形象进度的56.8%和41.3%，完成投资830万元和1 205万元。重点争取的项目正在开展前期工作。铁坝至博峪公路工可研报告已完成编制，并通过了省发改委评审；舟曲至坪定公路计划已下达，正在开展施工图设计；坎坎坝拱坝通乡油路正在争取。

公路养护。采取"一事一议"的办法，广泛宣传，发动群众，针对春季公路病害和养护特点，集中力量对县乡公路和灾后受损通村道路开展了以翻浆处治、路面整修、疏通排水为主要内容的全面养护。2011年全年县乡公路水毁累计损失1 180万元，针对暴雨造成的泥石流，垮塌等灾害，县交通局部门及时组织人力和机械抢通受阻公路。在养护保通的同时，定期不定期的抽调分管领导和专业技术人员，对农村公路进行全面检查，把在检查过程中发现的问题进行汇总讨论，及时解决，有效的控制了公路病害的发生。并且在公路沿线群众中进行交通法律法规的宣传，引导群众树立"谁受益，谁建设，谁养护"的农村公路建设养护观念，增强群众爱路护路意识。全年县乡公路好路率40.32%，综合值58。

在养护保通的同时，针对灾后群众利用公路推放建筑材料和在公路沿线采砂、取石及占用公路路肩建房修院的现象，制定方案和措施，采取宣传与处治相结合的办法进行了公路法规宣传和巡查处治。开展了交通法律法规进村入户宣传，引导群众树立农村公路建设养护观念，增强群众爱路护路和守法意识。加大源头监管和路政执法，严厉打击重点路段的违法违规行为，保障公路完好、安全和畅通。依法管理，巩固"三乱"治理成果，2011年，共出动路政宣传车6台(次)、张贴宣传标语180条(幅)、清理公路"三堆"22起113.2立方米。

为确保灾后重建项目顺利实施和工程质量，严格按照：《公路工程招标投标管理办法》、《甘南州农村公路建设管理实施细则》，对具备招标条件的项目在全社会公开招标，对不具备招标的项目公开报名会议研究择优选择施工单位。成立灾后农村公路恢复重建工作领导小组和项目办、现场办安全生产领导小组和项目办、现场办、安全生产领导小组及内部恢复重建工程监督组，按片区相互交叉进行监督检查，加强项目管理。始终把质量管理作为工程管理的重中之重，严格落实质量责任终身制，将责任靠实到人，分解到每个建设环节。严格督促施工单位落实工程施工合同、廉政合同、安全合同，狠抓工程质量保证体系，不断完善管理措施。加强施工管理，分管项目负责人与技术员坚持驻守工地，进行现场技术指导、规范施工严把工程质量关。认真落实《甘肃省农村公路建设管理实施细则》、《甘肃省农村公路建设技术管理办法》及相应公路建设管理办法，保证农村公路建设质量和投资效益。全力配合省交通项目建设部门，扎实开展重点交通建设项目的土地征用，群众房屋拆迁及料场协调等工作，及时协调解决施工建设中出现的各种困难和问题。充分利用广播、电视、专栏、工作简报、悬挂横幅、张贴标语和入户走访等多种行之有效宣传形式，全方位、多角度大力宣传通畅便捷的交通条件对全县经济社会发展和广大群众对交通建设的重要性认识。

至2011年底，全县共有各种客货汽车293辆，其中：出租车108辆，客车12辆，货车173辆。全年完成客运量17.63万人次，客运周转量3 427.04万人公里，完成年货运量4.81万吨，货物周转量1 235.06万吨公里。（李相敏）

【卓尼县】 交通基础设施建设。2011年重点建设项目：岷合二级公路卓尼段全长87.95公里，截至2011年底未拆迁的乡镇有柳林镇、木耳镇、纳浪，共有25户。投资58 365万元，已完成拆迁的乡镇申藏、完冒、阿子滩、喀尔钦，完成投资4.71亿元。总投资768万元，全长131.84米的叶儿洮河大桥；总投资980万元，全长133.49米的木耳洮河大桥；两座洮河大桥2011年已正式通车，进入合同规定的责任缺陷期。全长38.36公里的洮砚至藏巴哇通乡油路，于2010年12月份完工，2011年5月19日由甘南州质量监督站现场检测合格，并于8月3日进行了交工验收，完成总投资1 967.34万元。总投资563万元，全长12.1公里的杓哇沟口至康多公路，已铺筑水泥路面9.5公里，完成投资400万元。完成通畅公路5条，全长共计28.4公里，计划总投资852万元，分别为唐尕川至奋尼沟、柏林至石达滩、刀告至盘桥、大落路3公里加100米至大族村、盘园路口至牙当寺，待验收。完成结转整改项目：根沙至拉代、临潭卓洛至斜藏、扎列至八什口等三项通达通畅工程和达子多危桥加固项目通过州级验收。

新建完冒乡汽车站、刀告乡汽车站、杓哇乡汽车站、纳浪乡汽车站、柳林镇汽车站等5个乡汽车站，完成工程量的100%。2011年第二次农村公路建设共6条分别是草岔沟：东石沟：恰盖至恰龙滩：黄淀子至冶力关、分路口至大峪沟，牙布村道。全长30.8公里投资1 432万元，已编制施工图设计。待批复后，进行实施。卓尼县麻路至碌曲阿拉公路已完成可行性研究报告；卓尼县城至喀尔钦公路已完成可行性研究报告，并通过州级环评部门组织专家进行了环评报告评审。卓尼多坝至一线天旅游公路属援建项目，2011年已完成路基工程和部分防护涵洞工程。完成县委、县政府交办的其他工作，一是编制完成了《卓尼县交通运输十二五规划》，确定了“十二五”期间卓尼县交通运输事业发展的总体目标。二是认真办理人大政协提案工作，今年共收到人大代表、政协委员提案25件，答复25件，答复率100%，今年计划落实现场办案道路2条，分别为牙布村道和盘园至牙当村道。三是积极开展信息报送及网络建设工作，全年共报送交通政务信息110期。

路政管理。一是进一步加大力度，宣传超限超载治理工作的有关规定和要求，提高驾驶员的养路意识和安全意识，先后上路32人次，张贴标语120多张，散发宣传单500余张；二是加大路政管理力度，切实维护路产路权。因多架山电站扩容建设，严重影响到城大公路的正常使用，给群众出行带来安全隐患，损坏公路路基2 754立方米，沥青路面280平方米，边沟54延米，直接经济损失11.69万元，我局路政办已制止其继续损坏公路的行为，并向其下达了“违法行为通知书”和“公路赔补偿通知书”，有力的维护了路产路权的完整。

养护维修工程。多旗路5.1公里油路面重铺，投资163万元。因多旗公路2011年列入该县重点援建项目，已开工建设。城大路重铺1.7公里，投资32万元，已完成施工图设计。2011年重点对温布滩至力加、恰龙滩至沙寺尔两条村道进行了重点养护，主要完成了路基整修、路面铺砂。2011年10月20日县上成立“卓尼至麻路公路整修工作领导小组”成立了现场工作领导小组，抽调2名领导、6名技术人员分两个施工标段组织沿线电站、砂场、当地群众利用20天时间进行全面养护，按照三年交通大会战工作实施方案，15个乡镇已正式挂牌成立了有1名副乡镇长为站长的农村公路养管站，具体开展农村公路养护工作。全年公路好路率达54.38%，综合值60。

2011年卓尼县共有各种营运性客货汽车274辆，其中：客车25辆，出租车182辆，货车67辆。全年完成客运量22.36万人次，旅客周转量4 362.42万人次公里，货运量48.36万吨，货物周转量6 325.13万吨公里。 （李相敏）

【迭部县】 交通基础设施建设。2011年迭部县在农村公路建设中，抓住三年交通大会战的大好机遇，以项目争取和项目建设为主，宕昌至迭部二级公路改建工程已完成项目招投标，项目办已进驻施工现场，进行施工前准备，施工队全线进场，正在进行驻地建设、施工便道及恢复中线等工作。迭九公路二期工程正在衔接协调中，争取年内有新的进展。2011年完成2009年下达中央财政交通基础设施地震灾后农村公路恢复重建项目共14项，总里程122.5公里，补助资金3 114.8万元；地震灾后整村搬迁农村公路建设项目41项，总长195.7公里，补助资金2 620.8万元。已全部完成施工任务并通过上级部门的验收；通达通畅结转项目阿夏至大阪，卡坝至措美峰，阿夏至崖哇、桑坝至吾乎，桑坝沟9至岔路村、洛大至黑扎、热闹村至达隆村、电尕至沙萍、多儿至后西藏、新正村等10项已完成施工任务并通过上级部门的验收。2011年下达农村公路建制村通畅工程项目9项，总里程59.8公里，项目批复投资2 392万元。其中拉路至资润、益哇至扎尕那东哇，次电公路至吾子、桑坝乡至唐尕公路正在施工，工程形象进度分别为30%、95%、95%、40%。9月份下达的省道313线至更古村、电尕至次龙坝，多儿乡至白古村、江迭路23公里加700米至纳加村、水泊沟沟口至水泊沟等项目施工图设计已通过州交通局审查。2011年下达养护维修项目1项为593线达拉路，补助资金为82万元，工程形象进度为75%，11月底完工。黑河至太河通乡油路工程，路线全长19公里，项目批复投资952万元，其中中央投资760万元，目前正在施工建设中。2011年确定的示范工程项目2项，其中通乡油路1项，农村公路1项，通乡油路麻牙至阿夏通乡油路工程，路线全长9公里，项目批复投资458万元，已交工验收；拉路至资润公路全长14公里，项目总投资420万元，2011年正在进行施工，由于受雨季、路面材料运距远、开工迟等因素的影响该项目工程形象进度为30%。2011年县政府、各乡镇分别成立了由行政一把手任组长、相关部门负责人为成员的县乡公路建设领导小组，负责全县公路建设的组织领导、协调和监督检查工作。为加快交通项目论证、争取、建设力度，县上还成立了由县政府分管领导任组长，抽调相关人员为成员的交通项目建设指挥部，专题负责全县交通项目建设工作。同时，县政府还将公路建设、养护等任务纳入年度目标管理体系，同步考核奖惩，为全县公路建设提供了坚强的组织保障。

2011年，开展项目的各项前期工作。尼傲至尖尼通乡油路22公里已通过过省发改委的批复，目前正在进行施工图设计。腊子口至桑坝通乡油路23公里已完成工可研报告，已上报州发改委。迭部县白龙江大桥、卡坝至措美峰工程，电尕镇白云桥、达拉乡道路及排水建设工程已编制完成工可研报告及施工图设计,已上报州发改委进行审查;其中迭部县白龙江大桥已批复了工可研报告。

加强路政管理。充分利用会议、广播电视、板报、标语及用每年召开的全县经济工作、半年经济分析等会议之际,大力宣传《公路法》等相关法律、法规和公路建设的重要意义,有效的提高了群众的爱路、护路、养路、维护路产路权意识,同时提高了全县干部对县域公路特别是乡村公路建设的认识,充分调动了广大群众积极投身于公路网建设的主动性,为全县公路建设营造出了良好的社会氛围。

积极贯彻落实州政府办《关于印发甘南藏族自治州农村公路管理养护体制改革实施意见的通知》(州政办发[2009]21号)精神,结合迭部实际,编制完成了《迭部县农村公路养护体制改革实施方案》和《迭部县农村公路养护体制实施细则》,建立了农村公路建设养护资金保障机制,将农村公路养护及养护工程资金纳入县级财政预算,并按不低于每年财政收入3%的比例列支公路养护资金,已落实养护经费20万元。8月28日该县突降大雨,桑坝公路发生山体滑坡,致使桑坝公路中断,县交通部门第一时间启动农村公路抢修应急预案,政府下拨30万元抢修资金,经过40多天的抢修已恢复通车。同时该县制定出台了《农村公路养护管理工作实施方案》,各乡镇成立了农村公路管理养护机构,由1名副乡长负责配2名以上专职工作人员。在农村公路日常养护和春秋季养护工作中,我县按照“县道县养、乡道乡养、村道村养”的养护管理模式,认真贯彻“建养并重、强化管理、推进改革、调整结构、依靠科技、提高质量、依法治路、保障畅通”的工作方针,努力转变乡村公路营养模式,严格按照《公路养护技术规范》的要求,通过“一事一议”的方式充分发动群众,加大巡查力度,组织施工生产,实现营养工作逐渐走向专业化、规范化、日常化,全年完成好路率52.5%,综合值59.48。

截至2011年底全县共有各种营运汽车388辆,其中:出租车145辆,班线客车12辆,货运车辆231辆。全年共完成客运量2.08万人次,旅客周转量258.43万人次公里,完成货运量12.7万吨,货物周转量1 561.05万吨公里。 (李相敏)

【临潭县】 2011年临潭县重点建设项目:古术路大中型养护维修项目,施工图已评审,完成总工程量的50%。合作至冶力关二级公路建设项目,初步设计通过省上评审,已开工建设。续建扁都至新堡以工代赈通乡公路建设项目,投资383万元,完成总工程量的60%。续建店子至总寨通乡油路建设项目25.5公里,建设标准为四级,投资1 000万元,已全部完工,具备交工条件。续建店子至洮砚桥通乡油路35.652公里,建设标准为四级,投资1 475万元,已全部完成建设任务,具备交工条件。续建新城至石门至堡子通乡油路46公里,建设标准为四级,投资1 970万元,现已全部完工,具备交工条件。续建冶力关至八角通乡油路建设项目已于2010年12月14日开工建设,2011年4月初复工,2011年底全部完工,具备交工条件。续建牙关洮河大桥建设项目,投资250万元,2011年已完工,具备交工条件。

2011年安排通畅建设项目5条30.2公里,总投资906万元,资金已到位。到2011年底,杨家桥道路建设项目完成总工程量的100%、陈店路至李岐山建设项目完成总工程量的100%、龙元山建设项目完成总工程量的100%;刘旗至羊房建设项目完成总工程量的100%。杨桥村至东明山村建设项目完成总工程量的100%。第二批下达通畅建设项目9条27.2公里,总投资816万元,施工图已评审,2011年底已全部开工建设。2011年农村公路安保工程到年底完成总工程量的70%。公路养护维修工程,目前完成总工程量的50%。2011年危桥改造项目,维修方案已上报州局,待批复。

工程项目管理:按照项目法人、项目负责、技术负责、质监负责、征地拆迁负责、安全负责等不同分工,层层细化责任,与工程建设管理人员签订责任书,让建设、施工、设计和监理单位等公路从业单位和相关人员按制度办事,按规范从业,杜绝各种违法行为,有效地提高项目管理制度化、规范化、程序化。注重抓各参建单位的工作质量,加大项目办管理力度。项目办对工程项目实行全过程、全方位的规范化管理,加大了对监理工作质量和施工单位工程质量的监管、检查力度,对工程质量管理、进度管理、质量目标管理进行总体安排。根据州交建管《关于转发〈关于严格贯彻执行公路工程竣工文件材料立卷归档管理办法有关事宜的通知〉的通知》要求,对所有项目各个阶段的相关公文文件、设计文件、施工资料、监理资料、业主资料及后续的交、竣工验收资料等进行了归档,建立了台帐。加强农村公路质量管理。邀请项目所在地乡镇人大主席,公路沿线有威望、责任心强的老党员、退休干部和村社干部群众担任监督员,从材料进场、施工工艺等方面严把质量关。在所有农村公路建设项目沿线的行政村,每村都设立质量监督公示牌,主动接受社会监督。

公路养护:按照《州政府办关于农村公路管理养护体制改革实施意见》(州政办发〔2009〕21号)精神,制定并出台了《临潭县农村公路养护管理体制改革实施意见》和《临潭县农村公路养护管理体制改革实施细则》,制定了《临潭县农村公路养护管理办法》,建立和完善了管理养护质量标准、操作规程和检查评定机制等工作。按照“县道县养,乡道乡养,村道村养”三级养护责任,全县16个乡镇都成立了养护所,充实了力量,与各乡镇养护所签订工作目标责任书,并要求各乡镇坚持“建、管、养”并重的指导思想,开展群众参与公路养护试点工作,每个乡镇必需养护一条样板路,进行试点养护。在开展日常养护的同时,县交通运输局2011年从6月7日至10日利用4天时间组织全体干部职工及沿线乡镇养管所人员共43人开展了春季道路养护工作,投入装载机一辆,翻斗车一辆,对省道定新路85.97公里进行了全线养护,对城关至卓洛等县道以及部分通村公路进行了养护。9月初县交通运输局组织全体干部职工对县养的省道定新路线行了重点养护,9月底各乡镇投工投劳积极开展辖区内乡道、村道秋季道路养护工作。全年县乡公路平均好路率达48.32%,综合值55.43。

2011年临潭县不断探索对农村公路建养并重和管理养护的新路子、新模式、新机制。探索出了新的农村公路养护模式,一是推行政府引导企业集资的方式,采用县级财政安排一点,联村单位抽一点,社会各界捐一点,各类企业帮一点,沿线群众投工投劳等灵活多样的办法来养护公路。例如今年冶力关镇高庄至小沟和葸家庄至蒿坪村道养护项目,县级财政拨付养护资金1.2万元,通过企业集资的方式,冶海旅游船舶有限责任公司出资 5 000 元，冶力关兄弟漂流公司出资 5 000 元，投入到两条村道的养护中；新城镇至后池村至晏家堡村养护项目，县级财政拨付养护资金 7 200 元，新城镇建华水泥厂集资价值 1 万元的水泥，用于两条村道的养护。二是推行享受农村低保的群众(老弱病残无劳动力者除外)必须每年义务参加两次(春季养护、秋季养护)道路养护，对不参加义务养护的低保户，县政府将于次年对其享受的低保予以扣拨。我县全县共有低保户 13 658 户 43 729 人，全县乡村养护里程为 421.7 公里，按照养护体制改革实施细则，每 20 公里养护路段投入 1 名养护人员的要求，低保户(老弱病残无劳动力者除外)参加义务养护完全能够覆盖全县乡村公路的养护。古战乡，古战至拉直和古战至阿子滩村道养护项目，政府投入项目资金 1 100 元，古战乡发动享受低保的群众，积极参与到村道的养护工作之中，对古战乡管养的村道养护项目进行了全线养护，总计投入 400 工日。三是结合开展的创先争优活动，推行优秀村级党员义务参加农村公路养护管理的方式，发挥党员带头服务群众的先锋模范作用。全县目前村级党员和预备党员人数共为 6 959 人，按照养护体制改革实施细则，优秀党员(老弱病残无劳动力者除外)参加义务养护完全能够覆盖全县乡村公路的养护。

积极推进维护路产路权，牢固树立“依法办事”的理念，抽调路政人员和技术人员对管辖区内道路进行了不定期的巡查，特别是对行车较多的店子至洮砚桥和店子至总寨路段加大查处力度，设立超限超载检查点，共查处超限超载案件 25 起，其中对超限超载车辆遣返 16 辆，卸载 9 辆。对过往车辆进行超限超载专项检查和法律宣传，严格按照《公路法》查处违法违规行为。

2011 年，全县共有各种客货汽车 753 辆，其中：客运车辆 18 辆，货车 427 辆，出租车 308 辆，年完成客运量 84.06 万人次，客运周转量 7 630.3 万人公里，货运量 483.28 万吨，货物周转量 3.72 亿吨公里。

(李相敏)

2011 年 11 月 25 日，省公路管理局、岷县人民政府等相关部门人员在岷县通乡油路工程检查工作。

乔文明　摄

2011 年 5 月，交通运输部督查甘肃公路建设工程质量安全汇报会在兰州召开，省交通运输厅及相关单位领导参加会议并汇报工作。

省交通质监站　供

临夏回族自治州

概　　述

【交通基础设施建设】 2011年，临夏州完成交通基础设施建设投资12.35亿元，其中重点项目建设完成投资8.8亿元，农村公路建设完成投资3.55亿元。

重点项目建设。沿黄快速通道项目于10月26日开工建设，临合高速于12月2日正式开工。临康和二级公路的组织实施由州政府成立了建设领导小组，康乐、和政两县人民政府组建了项目管理办公室。公路全长69.05公里，总投资6.91亿元，6月24日开工建设，累计完成投资1.7亿元，占项目总投资的25%。折桥至达川二级公路由省公路局负责建设，线路全长81.5公里，总投资17.25亿元，于2008年11月19日正式开工，预计2012年12月底建成通车(二标刘家峡特大桥除外，由于设计等原因，二标特大桥于2011年1月份开工建设)。项目建设总体进展顺利，累计完成投资12.5亿元，占概算总投资的60%。临夏至大河家二级公路由临夏总段负责实施，路线全长为74.61公里，项目总投资总投资7.41亿元。于2010年12月31日开工，累计完成投资3.4亿元，占项目总投资的39%；锁南至折桥二级公路由东乡县人民政府负责实施，全线按二级公路标准建设，全长21.68公里，总投资2.2亿元。于4月8日开工建设。累计完成投资1.1亿元，占项目总投资的50%。

农村公路建设。2011年，新建改建农村公路939公里，其中硬化910公里，实现了全州124个乡镇全部通水泥（油）路；通水泥(油)路的行政村达到740个，比例提高到64%。截至年底，已完工并验收的85项农村公路建设项目中，通过验收84项，23项农村公路建设项目被评定优良工程，优良率为27.4%，较2010年提高了5个百分点；一次性验收合格率达到了98.8%，较2010年提高了3个百分点。2011年临夏州有2条7公里养护维修工程由油路变更为20厘米以上的水泥混凝土面层，2条9公里养护维修工程由3厘米厚沥青碎石面层变更为4厘米厚沥青碎石面层，增加自筹资金291万元。通畅项目中，提高建设标准，把路基宽度提高到4.5米以上，路面宽度提高到4米以上，完成的通畅工程402.6公里中，水泥路面里程401.1公里，比例高达99.6%。全州共落实日常管理养护经费1 330万元，占计划的263%，超出测算数937万元。其中临夏市安排养护专项经费30万元，临夏县安排养护专项经费200万元，和政县安排养护专项经费100万元，康乐县安排养护专项经费150万元，永靖县安排养护专项经费150万元，广河县安排养护专项经费370万元，东乡县安排养护专项经费50万元，积石山县安排养护专项经费280万元。

【交通行业管理】 安全管理。2011年，全州交通运输系统以继续深化“安全生产”活动为主线，严格落实政府和企业安全生产两个主体责任，加强领导，靠实责任，强化措施，狠抓落实，认真开展了“打非治违”专项整治行动、交通运输行业安全隐患排查专项整治行动以及道路客运市场百日专项整治等一系列活动。在主要节假日来临前，由主要领导带队，深入车站、渡口码头、企业、施工工地，督促落实安全防范措施，加强安全监管；与州安监局配合，对在建的临夏州重点公路项目折达、临大、临康和锁折等通县二级公路进行了安全监督检查，指出存在的安全隐患，下发隐患整改通知书，督促施工单位限期整改。千方百计筹措资金，加大安全设施投入，夯实安全管理基础，全年共投入计划资金753万元，对全州4条重点县道安保工程和5座危旧桥梁进行了加固改造，各县市交通局也自筹资金353万元，对排查出的道路桥梁安全隐患进行了整改；在省海事局的大力支持下，为水域各县配备了执法车辆，在刘家峡水库配备了1艘集水上巡逻、搜救和救助为一体的价值达170万元的巡逻艇，有效提高了临夏州水运动态监管和水上搜寻应急救助能力。强化道路运输源头管理，加强对企业特别是司乘人员的安全教育培训，按照“三关一监督”的要求，认真落实“三不进站、五不出站”、“三品”检查制度，严防客车超员、超速和疲劳驾驶；加大安全投入，先后建成了临夏汽车站、汽车南站安检门系统，刘家峡汽车站、积石山汽车站、康乐汽车站各筹措资金5万元，购置了X光检测仪，已投入使用。进一步加快信息投入的推广应用，在全州省际、市际班线、危货及出租车辆全部安装了GPS卫星定位系统，有效提升了对客运车辆的动态监控能力。积极培训安全管理人员和交通运输从业人员，七月份成功举办了由各县(市)交通局长、局属各单位分管安全的领导和安全管理人员参加的全州交通运输系统安全生产培训班，从而提高了管理者的安全意识和管理能力；海事部门定期不定期地对船员进行培训，大大提高了水上从业人员遵法和守法意识。在交通运输企业广泛开展以“企业达标升级”为主要内容的安全生产标准化创建活动。截至目前，配合州安监局对14户道路运输企业进行了评估考核并予以授牌。通过增加投入和强化管理，使交通运输安全保障能力得到了进一步提高，保持了全州交通运输安全形势的基本平稳。

【运输生产】 截至2011年10月底，全州新增营运车辆2 311辆，其中客车139辆，货车2 172辆，营运车辆总数达到19 059辆，其中客车5 149辆，货车13 910辆，完成客运量1 037.1万人，同比增长18%，客运周转量41 243万人公里，同比增长22%，货运量404万吨，同比增长20%，货运周转量44 076.5万吨公里，同比增长22%，实现道路运输产值5.34亿元，新增就业人员3 500人，达到31 600人。水路运输完成客运量37.52万人次，客运周转量1 688.4万人公里，比上年有所增长。

（临夏州交通运输局）

一市七县

【临夏市】 交通基础设施建设。2011年，由临夏市交通运输局实施的交通基础设施和农村公路建设项目共6个，总投资达3 246.37万元，其中争取项目1个，为国道213线临夏市过境段环城东路改建工程项目，该项目总投资2 000万元，现已列入康临高速公路副道工程。在建及完工项目5个，总投资1 246.37万元。一是2011年临夏市农村公路通畅工程项目，共7条32.5公里，总投资975万元，现已完工。二是牛津河桥危桥加固工程项目，总投资104万元，现已完工并投入使用。三是折双路牙沟桥危桥加固工程项目，总投资88万元，正在进行招投标工作。四是南木公路路面重铺大中修项目，总投资45万元，全长600米，现已全面完工并投入使用。五是折桥至双城公路安保工程项目，总投资34.37万元，全长16.16公里，现已全面完成建设任务。另外，完成了总投资1 300万元的临夏市大夏河第三大桥建设项目的竣工验收工作。

公路养护和路政管理。一是与各镇签订了《临夏市农村公路建设管理目标责任书》，逐级落实农村公路管护责任；二是认真宣传《中华人民共和国公路法》和新颁布的《甘肃省公路路政管理条例》等法律法规，提高了广大群众爱路护路的法律意识；三是认真开展日常养护工作。投资15万元，处治路面翻浆、修补坑槽2 500平方米，疏通边沟36公里，疏通涵洞34道，维修改造涵洞1道，设立标志标牌48块，设置混凝土护柱140根170米；四是全面开展了标准化养护示范线路创建活动。共投资1.5万元在折双路、马家庄、铜匠庄、聂家村等沿线，制作大型公路养护公示牌6块，宣传版面3块、公示栏2块，悬挂横幅10条；五是安排路政人员每周上路巡查，坚决纠正和制止违章违法侵害路产、路权的行为，严肃查处损坏公路设施的重大案件和农村公路超载超限运输问题，累计查处蚕食侵占公路120起1 087平方米，收缴道路赔偿费930元，签订临时占用协议5份。

客运市场监管。一是结合“破解难题年”活动，根据城市客运上档次、上水平的难题寻找破解方案，联合相关部门集中开展了客运市场百日专项整治活动，进一步加大对“黑车”打击力度。共出动执法人员560人次，执法车辆420台（次），累计检查各类车辆896辆，查扣黑车76辆，证照270本，处理违章160件。二是对全市运行的106辆公交车全部进行了更新，并使用无人售票和语音报站系统。三是更新了剩余的85辆老旧出租车，并且在所有出租车上安装了GPS卫星定位监控系统，进一步提高了客运服务档次和水平。四是严格执行从业人员资格管理规定，完善持证上岗制度，从源头上提高了出租车、公交车行业从业人员的素质。

安全生产管理。一是召开安全生产专题会议，与局属各单位层层签订安全生产目标管理责任书，切实把安全生产管理任务落到实处。二是狠抓春运、“五一”和“十一”期间道路运输安全生产管理工作，联合市运管局、市交警大队集中开展安全生产大检查活动，切实落实安全管理职责。三是督促运输企业和运输站场制定和完善安全生产制度，事故责任追究制度，应急处理预案等各项规章制度，狠抓了安全管理、安全宣传教育和各项制度的落实工作。四是在项目建设中，强化安全管理，签订安全生产合同，做到工程施工与道路畅通两不误。

（临夏市交通运输局）

【临夏县】 公路建设。2011年共实施交通重点项目6项49.18公里，总投资4 499.8万元，其中续建项目2项14公里，投资1 974万元，新建项目4条35.18公里，投资2 525.8万元；新建农村通畅工程共129条400.28公里，总投资1.26亿元，全年累计总投资1.7亿元。1. 续建项目。一是全长14公里、计划总投资1 344万元的大山寺至漫路改建工程，完成全部建设任务并投入使用。二是全长128.64米、计划总投资465万元的马集大桥项目，完成桥梁主体结构和桥面铺装，设计外完成桥梁引道的填方工程，完工投入使用，累计完成投资630万元。2. 新建项目。一是全长6.58公里、计划总投资632.2万元的折达公路至先锋乡公路改建工程，完成路基工程和配套工程，硬化水泥路面4公里，完成投资400万元，计划2012年6月完工投入使用。二是全长14公里，总投资672.6万元的土何公路，完工投入使用。三是全长3公里，总投资310万元的乡道土王公路（土桥至桥寺乡政府段），完工投入使用。四是全长11.6公里，总投资911万元的水尕公路，完工投入使用。3. 通畅项目建设。2011年临夏县实施通畅项目共129个，建设里程400.28公里，总投资为1.26亿元，其中国家通畅补助资金为2 668万元，一事一议资金1 828万元，扶贫资金1 372万元，移民资金80万元，群众自筹3 199.2万元，完成计划内通畅项目22条66.7公里，完工率为100%。

农村公路养护体制改革。2011年，临夏县继续把农村公路的管理养护工作摆上政府的重要议事日程，常抓不懈，多次召开各种形式会议研究部署农村公路管养工作，积极协调解决公路管养工作中存在的问题，农村公路的管养工作稳步推进，取得了阶段性成效。一是落实县乡村三级公路建设及养管工作机构职责，按照“县道县养、乡道乡养、村道村养”的原则，完善了农村公路管理养护机制，确保了县乡村三级养护机构的有效运转。二是狠抓农村公路养护维修。针对县乡公路路基塌陷病害普遍及雨水较多、部分公路超期服役，造成的全县公路水毁、翻浆等病害多的实际，由临夏县交通运输局负责先后投入养护经费203万元，其中处治临三公路路基沉陷、边沟冲毁5处共投入资金43万元；朱银公路全线养护铺砂共投入资金15万元；处治折双公路全线路基坑槽、翻浆共计投入资金40万元；处治黄买公路路基坑槽、翻浆共投入资金10.7万元；处治折银公路路基沉陷、翻浆共计投入资金12万元；处治乡道胡安路、北先路、岔贾路、郭明路路基沉陷、翻浆共计投入资金20.3万元；其他日常养护、标准化养护共计投入资金62万元；累计维修公路边沟282米、处治路基塌陷、滑坡、翻浆5 805立方米、新建浆砌挡墙1处11米、新建涵洞9道107米。通过对路基塌陷、滑坡、翻浆等公路病害及时处置，确保了主要县乡公路的安全畅通。

路政管理。1. 认真开展普法宣传教育活动，进一步提高广大人民群众爱路护路的意识；2. 加大路政管理执法力度，严格实行依法治路。不断加大路政管理执法力度，严格实行依法治路，坚决纠正违章行为，严肃查处损坏公路设施的重大案件，对重点路线、重点路段的路阻、路障进行认真清理，对"瓶颈"路段的马路市场和城乡结合部的"脏乱差"现象进行了重点整治，营造了良好的干事创业环境，切实维护了路产路权，实现了主要公路的"五无一畅通"。

安全生产。进一步牢固树立"隐患险于明火，防范胜于救灾，责任重于泰山"的思想，切实做到预防为主，把事故隐患消灭在萌芽状态，加大对辖区内所有船舶和渡口的安全监管力度，层层签订责任书，对船员进行安全培训，严把出航签证关，在重大节假日期间做好安全大检查工作；路政管理集中清理整治公路上摆摊设点、据路为市、堆放物品、设置障碍、挖沟引水等影响公路安全畅通的违法违规行为，并密切配合运管、交警等部门，在节日期间有针对性的开展专项治理活动，加强路面巡查，及时协调处治突发性公路病害；在工程建设中，一律与施工方签订安全合同，靠实责任，并督促检查施工过程中的安全事项，发现问题，及时整改。

2011年工作特点。一是建设规模大，全县当年共计完成通畅工程400.28公里，其中计划外完成333.58公里。二是各级领导重视，群众积极性高。2011年群众硬化水泥道路的热情空前高涨，在通畅项目上群众筹资筹劳折价达3 200万元。三是质量好，标准高。水尕公路、乡道土王公路土桥至桥寺乡政府段以路基宽7米，路面宽6米的高标准建成；新集镇杨坪村道、苏山陈家山村道等一批样板工程的建成，成为今年临夏县交通工作一个亮点。

截至2011年底，25个乡镇和143个行政村已通水泥路，其中先锋等8个乡镇村道全部实现硬化，尹集镇马九川村等共计58个建制村已全部实现村社道路硬化，行政村通水泥路率达到65.3%，社道硬化率达到35.4%。通畅项目的实施带来了非常显著的经济社会效益，彻底解决了当地群众行路难问题，极大地改善了群众的生产生活条件。

（临夏县交通运输局）

【永靖县】 农村公路建设。2011年修建及续建的农村公路共42条、96.7公里，投资5 016万元；国防公路1条、54公里。①关山至张家寺国防战备公路全长54公里，总投资2 817万元，其中国家交通战备补助1 620万元，该工程年底已全部完工。②农村公路通畅工程：2011年省州下达第一批农村公路通畅项目17条、40公里，目前已全部完工，完成投资2 400万元；第二批农村公路通畅项目9条、24.6公里。截至年底，太极镇大川村道、杨塔乡刘白路至杨塔等4条、9.1公里已完工，完成投资546万元；其余5条、15.5公里正在建设。③计划外建设的村社道路16条、32.1公里，各乡镇广泛动员群众，以"一事一议"等方式依靠社会各界和争取以工代赈、扶贫开发项目等途径筹措资金达1 140多万元。④刘白路大中修工程总投资192万元，于5月份动工建设，现已全部完工，完成重铺油面6公里。⑤列入危桥改造计划的西河桥总投资218万元，由省公路局审批施工图设计，待施工图批复后进行维修改造。全县基本形成了以国道213线、国道109线、国道309线和刘白环县公路为主骨架，以县乡公路和乡村公路为支脉的公路网络体系。全县公路总里程达1 257.84公里，其中县道179.38公里，乡道208.37公里，村道847.7公里。全县17个乡（镇）全部通了油路（水泥路），川塬区53个行政村中83%的村通了水泥路（油路），山区86个行政村中79%的村通了四级公路，其中41个村通了水泥路，30个村通了砂砾路。在通乡油路建设中，永靖县严格实行项目"四制"，即：项目法人责任制、招标投标制、建设监理制、合同管理制，健全了施工质量保证体系。在通村公路工程管理上，严格实行县、乡、村三级管理制度，制定了领导包乡镇，技术人员包村、包项目的措施，有效提高了工程质量。

重点项目建设。①兰州（新城）至永靖沿黄河快速通道全长48.25公里，总投资61.13亿元，采用双向四车道一级公路标准建设。项目起点位于兰州市西固区新城镇新城黄河桥南，终至永靖县古城村。该项目于2011年10月26日开工建设，预计到2014年10月建成通车。为项目顺利实施，永靖县交通运输局积极配合省交规院完成了该项目的选线、布线及勘察设计和协调等工作。②临夏折桥至兰州达川二级公路全长81.6公里，总投资17.25亿元，于2009年8月份建设，现已完成总工程量的70%，该工程目前进展顺利，路面工程正在有序进行。③岘塬至转导（甘青界）国防战备公路全长49.01公里，按四级公路标准建设。该公路工可研已由省发改委甘发改交运[2011]36号文批复，批准总投资4 870万元，施工图设计已编制完成并上报至省发改委等待批复，待批复后，立即进行招投标等工作，争取早日开工。④永八国防公路二期铺油工程全长45.47公里，工可研已由甘发改交运[2011]35号文批复，批准总投资2 892万元，该工程前期工作正在有序开展。⑤项目储备工作。立足永靖县经济社会发展实际和区位优势，通过会议、通知、调研等方式和渠道，向各乡镇、县直部门及工业园区广泛征求意见、征集项目，在认真筛选、反复论证的基础上，完善了《永靖县公路水路交通十二五发展规划》；根据省公路管理局《关于上报"十二五"农村公路建设项目库的通知》文件和10月14日州局会议精神，永靖县交通运输局充分调查研究，在摸清农村公路现状的基础上，按照"突出重点、统筹兼顾"的原则，编制完成并上报了永靖县"十二五"农村公路建设项目库。完成了刘家峡至杨塔（全长37公里，总投资2.17亿元）、焦家至西河（全长30公里，总投资4 000万元）、县城环城公路（全长14公里，投资3 290万元）的工可研，并已上报至省发改委。通过向省州发改委、交通部门汇报反映，刘家峡环库北路等7条公路的规划已上报至省发改委。组织本局技术人员编制完成了盐锅峡至西河、坪沟至孔寺等17条公路的项目建议书。

行业管理。永靖县坚持依法治交，严格监管，有力促进了全县道路、水路运输市场健康有序发展。一是进一步加大对道路运输市场和安全生产的监管力度。牢固树立以人为本的安全发展理念，以彻底消除安全隐患、打击“黑车”营运为重点，深刻吸取“7·31”交通事故的教训，开展专项整治活动。2011年共计出动宣传车、稽查车423辆次，出动执法人员824人次，查验客货车辆785辆次，查纠串线经营行为73起，查处不按时发车行为11起，查处私制线路牌53块，查扣各类证件95本，查处超员行为17起，分流超员旅客62人次，查处无证经营“黑车”117辆次，运输市场秩序明显好转。汽车站切实履行安全源头管理职能，严格落实了“三不进站、五不出站”、凭“安检合格证”报班和“三品”检查制度，将安全隐患堵在了站外车下。2011年会同安监、交警部门组织开展了安全生产大检查，检查工作人员本着对人民群众生命财产安全高度负责的态度，对安全生产工作的制度、客运车辆、船舶和“三品”以及相关台账等情况进行了全面的检查，对发现的问题及时提出整改意见，限期整改，确保消除安全隐患。尤其是在“春运”、“清明”、“五一”、“中秋节”、“十一”等节假日期间对各个企业进行了重点检查，对查出的安全隐患，实行了挂牌销号办理制度，从源头上杜绝了安全隐患。二是不断强化水运管理，确保水运安全。大力宣传水路交通法律法规，努力营造“人人关注水上安全、人人参与水上安全”的良好氛围。2011年，永靖县在刘电宾馆举办了2011年旅游船员培训班，并计划对所有执法人员分期分批在省、州、县有关部门进行培训，使海事执法人员整体素质上了一个台阶。努力改善硬件设施，在向阳码头新建了总投资6.3万元的趸船一艘，投资20万元修建了长175米、高6米的现浇混凝土护坡和长40米、宽14米的码头引道工程；实施了总投资2.7万元的大坝趸船签证房维修改造，通过改善水运基础设施，强化了水运安全管理。进一步加强重点区域、重点时段的安全监管，加大现场检查力度，集中开展水运检查25次，检查船舶1 025艘次，查处违章船舶18艘，对查出的问题当场做了整顿和限期整改，有效排除了安全隐患。加强水上搜救能力建设，建立健全水上搜救联动机制，组织开展了水上搜救应急演练，着力保障人民群众生命财产安全。三是强化路政管理，保障路产路权。切实加大上路巡查力度，狠抓农村公路超限运输的源头治理，并调整思路，强化措施，认真开展了农村公路集中养护与路政管理专项整治活动。路政人员坚持“四四”巡查制，加大路政执法力度，发现问题及时制止。2011年，结合全县村容村貌整治活动的开展，清理道路垃圾1 890立方米，取缔非法占道经营2处，拆除违章广告牌5块，制止违章建筑3起。加强法制宣传教育，散发“两个条例”等宣传材料1 200余份，悬挂横幅3条，切实增强了广大人民群众爱路、护路的自觉性。

养护管理。一是实行公司化养护。通过争取省州支持，本单位自筹和申请贷款的方式，积极购置养护机械和养护设备，聘请养护专业技术人员，实行公司化养护，为日常专业养护和应急抢险提供了保障。2011年，养护公司结合全县村容村貌整治工作的开展和大中修工程的实施，完成刘白路重铺油面6公里、3.6万平方米，其余列养道路重铺油面863米、5 173平方米，修补破损路面4 863平方米；清理疏通排水沟7.5公里，维修排水沟1 250米，新修排水沟285米；新建过水路面1处、120平方米；消除排水隐患1处，安装急流槽38米；设置安全警示桩10公里、警示牌90余块、防护栏2公里。并及时对全县已完工的通畅工程进行了路面清洁、疏通边沟、配套防排水工程等道路养护工作，共清洁路面3 600平方米、整修路肩1 900平方米。二是创建了标准化养护道路。2011年，将刘白路确定为标准化养护县道，小刘路、大太路、红王路、马西路4条道路确定为标准化养护乡道，新寺后坪、杨塔徐湾等30条村道列为标准化养护村道，经过标准化养护，创建的标准化养护道路技术状况基本良好。三是进一步健全养护机制。进一步理顺县、乡、村农村公路养护工作关系，根据《永靖县农村公路管理养护体制改革实施细则》，进一步健全完善了养护机制，各乡（镇）成立了乡镇公路养护所，由一名负责人兼任所长，配备养护专干1~2名，具体负责路政管理工作；各行政村设立了公路管理养护组，由村支部书记或村长兼职队长，对养护路段进行检查，发现病害及时进行养护，加大了对农村公路养护管理力度。四是加强日常性养护。每月初，对养护路段进行检查，发现病害及时进行养护，月底对养护情况进行检查验收，使公路病害得到了及时处治。五是高度重视危旧桥梁的检测工作。对全县22座桥梁逐一进行检查，建立了桥梁档案，并将危桥上报至州局，积极争取资金维修，对检查中发现的部分危桥病害桥梁及时进行了维修。根据州局有关文件要求，及时通知有关乡镇对所属辖区内的危桥加强管理，确保了桥梁行车安全。

办理代表意见建议。2011年，永靖县交通运输局共收到人大代表建议和政协委员提案17件。通过认真办理，妥善办结9件，正在办理的5件，列入计划逐步解决的3件。通过办理，有效解决了群众关注的热点难点问题，得到了县人大代表和政协委员的一致好评。

“破解难题年”活动。2011年，查找出制约交通发展的突出问题和群众关心的热点难点问题6个，上报县“破解难题年”活动领导小组办公室。县上确定“湟水河南岸群众行路难问题”为永靖县交通运输局牵头破解的全局性难题，以及“农村公路建设资金不足问题”和“水运安全管理薄弱问题”2个部门难题。永靖县积极与西河镇、盐锅峡镇政府协调，督促完成了焦家至陈家湾公路的工可研和施工图设计，并多次组织技术人员深入实地勘察，与设计单位、村组织探讨公路路线方案。年内，焦家至陈家湾公路工可研已通过评审，批准路线全长17.71公里，按四级公路标准改建，由西河镇为业主负责实施，永靖县交通运输局负责技术指导，于10月份动工建设，年底完成总工程量的20%。该工程实施后可彻底解决湟水河南岸沿途8个村，近2万名群众的出行问题，方便群众生产生活及农产品运输。针对“农村公路建设资金不足问题”，永靖县进一步加大项目争取力度，多方筹资建设农村公路。2011年，省州下达永靖县的农村公路通畅工程26条64.6公里，总投资达3 876万元，其中国家投资达1 938万元；协调有关乡镇广泛动员群众，以“一事一议”等方式依靠社会各界和争取以工代赈、扶贫开发项目等途径筹措资金达1 140多万元，计划外建设了16条、32.1公里村社道路；积极争取的岘塬至转导国防公路、永八国防公路二期铺油工程、县城环城公路和北山路、刘杨公路等项目总投资达3.78亿元，为农村公路建设提供项目支撑。针对“水运安全管理薄弱难题”,永靖县进一步强化安全学习培训工作,提高水上从业人员的安全意识。在刘电宾馆举办了2011年旅游船员培训班,并计划对所有执法人员分期分批在省、州、县有关部门进行培训,使海事执法人员整体水平更上一层楼。努力改善硬件设施,在向阳码头新建总投资6.3万元趸船一艘;完成了总投资2.7万元大坝趸船签证房维修改造,通过改善水运基础设施,强化了水运安全管理。 (永靖县交通运输局)

【积石山保安族东乡族撒拉族自治县】 农村道路建设。2011年,积石山县以30周年县庆为契机,以破解交通基础设施滞后难题为抓手,加强领导,周密部署,精心组织、加大工作力度,全力推进重点项目建设,使交通基础设施滞后难题得到有效破解。切实改善了交通基础设施滞后状况,进一步缓解了群众行路难的问题,加快了经济社会发展。一是农村道路建设。总投资达8 820.8万元,其中国家补助资金3 393万元,自筹资金5 427.8万元,建设硬化道路23条122.9公里,其中通畅项目16条82.6公里,自建项目7条40.3公里。全年完成道路硬化18条,101公里,共完成投资7 236.8万元;2011年21个行政村通了水泥路,累计达到119个,通村率达到82%;共拓宽改造村社道路255条,289公里,基本实现了全县所有自然村通汽车的目标。2011年积石山县农村道路建设投资力度大、硬化质量标准高、受益群众多、群众反映好的特点。以上这些项目的实施,有效解决了11.5万群众行路难的问题,极大地改善了农村群众的生产生活条件。二是临大二级公路建设。积极协调配合项目办及有关部门,完成了征地拆迁任务,共化解各类矛盾纠纷68起,工程进展顺利,路基工程基本完成,完成投资3.16亿元。三是项目争取工作成效明显。加强项目汇报衔接,2011年共争取到通畅等农村公路项目96.1公里,资金达3 393万元。同时,争取到炳灵寺黄河大桥建设资金2 000万元;总投资15亿元的沿黄公路项目已列入“十二五”全省交通发展规划。四是狠抓工程质量提升。为切实提高农村公路建设质量,加大工作力度,严格实行目标责任制和工程质量责任追究制,实行主要领导综合抓,分管领导具体抓,班子成员分片包干,技术人员包路,一般干部驻现场监督的质量负责制,层层靠实责任,狠抓任务落实。制订了《加强农村公路建设工程质量管理的实施意见》,明确了施工技术规范,建设工序和奖罚措施等各项技术指标,真正做到任务到人,责任到人。严把“四关”,健全公开公示制度,加强工程建设全程监督,对所有硬化道路坚持同一标准设计,同一标准建设,同一标准验收。各项工程建设质量较往年有了明显提升。

农村道路养护。2011年以来,积石山县把农村公路管养工作作为提升农村道路状况的有效措施,专题安排部署,并与各乡镇签订了公路建养目标管理责任书,明确目标,靠实责任。牢固树立“建设是发展,养护也是发展,而且是可持续发展”的新理念,按照县道县养、乡道乡养、村道村养的分级管理养护原则,进一步落实农村公路养护管理制度。实行局领导包片、管理人员包路段的目标管理责任制,使农村公路养管工作实现经常化,制度化。针对近几年积石山县农村公路养护工作滞后的实际,坚定信心,打好养护工作翻身仗。以创建农村公路标准化养护线路为抓手,推动管养工作上水平。全县确定了1条47公里县道、3条41.2公里乡道和25条109.3公里村道为标准化养护路线。逐步建立了农村公路有人建,有人管,有人养的工作机制。同时,积石山县交通运输局组织工程队对一些重点道路进行了彻底的维修养护,共移动土石方1.2万立方米,清理边沟36公里,处置翻浆18处,清理塌方1 650立方米。针对乡村道路“脏、乱、差”的实际,2011年县上开展了两次农村公路清障净化专项行动,取得了显著成效。共整治道路425公里,共查处损害路基21处362立方米;清理路面堆积物4 150立方米;治理城镇过境路段脏乱差33处;有效维护了路产路权,净化了农村公路通行环境。并建立了长效管理机制,各乡镇每月开展1次清障净化行动。同时,加强农村公路水毁抢修,多方筹措资金120万元,对吹桥公路、民俗村旅游公路等重点道路进行了抢修,共新建混凝土边沟500米,新建浆砌片石防护工程1 320立方米,处治翻浆16处753平方米,清理塌方1 670立方米,确保了农村道路安全畅通。

路政管理。坚持以法治路为中心,加大工作力度,认真开展法律法规的宣传教育和路检路查活动,以上路巡查为重点,狠抓各项措施的落实,严肃查处路政违法案件,有效地扼制了在公路上乱挖乱建乱占等各种违法行为。全年出动宣传车17辆次,张贴散发宣传材料420份,书写墙体标语37幅,共查出蚕食侵占公路76起795平方米,挖路引水10起23平方米,查处超限车辆12起29辆。有效维护了路产路权,确保了道路的安全畅通。

安全监管。高度重视安全生产工作,认真执行安全生产领导责任制,形成了一级抓一级,层层抓落实的安全生产管理机制,深入开展安全专项整治行动和“安全生产年”活动,落实安全预防管理措施,加大安全管理的监督检查力度,对汽车站、渡口,道路施工现场进行了多次安全检查,共排查安全隐患7处,及时下达整改通知书,全部整改完毕。全年共出动宣传车23辆次,悬挂横幅16条,散发宣传材料1 230份。投入资金85万元,制作永久性标语7块,设立警示标志牌10块,抢修危险路段15公里。

水路运输。以预防为主,强化安全管理。深入水域乡,认真开展专项整治行动,进一步落实乡镇船舶管理责任,层层签订安全目标责任书,加大工作力度,加强重点时段的安全监控,在“腊月八”、端午节、国庆节等集会活动期间,深入水域现场加强监督,确保了水运安全。

车站管理。为广大群众提供便利的出行条件,充分发挥汽车站的职能作用,加强车站周边客运秩序整治,建立长效管理机制,落实人员,明确职责,巡逻队整天不间断巡逻,打击非法营运,纠正违章运输,规范经营行为。突出对进站客车的安全管理,对进站客车安全检查,凭安全检查合格证报班,客车出站进行出站登记,检查“三品”和超员情况,从源头上确保了行车安全。同时健全制度、明确职责,开展优质服务活动,在此基础上加强客运站源头管理,按“三不进站”,“五不出站”的要求,做好站内工作,按照“三优”、“三化”要求,进一步提升服务水平,保证站内外客运秩序井然,树立了交通行业新形象,车站管理走向制度化、规范化。

(积石山县交通运输局)

【和政县】 交通基础设施建设。通县二级公路建设。临洮—康乐—和政二级公路建设工程是2011年省上确定实施的重点通县公路建设项目。在和政县境内全长23.89公里,预算总投资2.43亿元。经过公开招标,由中铁十五局第二工程处承建4标,山东临沂工程监理公司负责监理,6月24日举行开工仪式,6月29日施工队进驻工地,正式开工。中铁十五局第二工程公司多方筹措资金,完成防护工程1 000立方米,挡墙300米,槐山子隧道掘进130米,完成投资4 800万元,进展顺利。在工程建设中,和政县及时成立由县上主要领导为主任,抽调相关单位负责人及交通技术人员组成项目办公室,实行技术人员常驻工地,现场把关,督促进度,确保了工程建设的顺利进行。

通乡油路建设。年初与州交通运输局签订的目标管理责任书中,要求完成东乡至三合公路、达浪至新庄公路、和政至马家堡公路、三甲集至三合公路、吊滩至大山寺公路等5项公路的竣工验收。为此,和政县专题研究安排,指定专人负责,目前已完成各项验收前的准备工作,待州上确定后积极迎接竣工验收。蒿支沟至陈家集公路是和政县梁家寺、陈家集两个民族乡镇通往县城的一条捷径,但由于近年来的雨水侵蚀和行车碾压等多种原因,致使曹家山段路基翻浆、路面破损,安全隐患突出。为此,在破解难题年活动中,和政县交通运输局将该路建设作为解决民族乡镇广大群众行路难的重大举措,积极向省州业务部门反映、汇报,得到了上级领导关心和支持。目前,省发改委已批复可研报告,已列入以工代赈示范项目,批准投资948万元。省交通运输厅路网办正在进行施工图审查,待批复后,立即开展招投标工作,按期开工建设。与此同时,为改善桦林地质公园及桦林村群众的通行条件,县上自筹428万元,由和政县交通运输局承担,按四级公路标准建设桦林路路基工程,目前已完成建设任务,其中征地60亩,安置撤迁户1户,开挖路基土石方22万立方米,占总土方量的100%。同时,已按三级公路标准完成桦林路和城关至新营道路建设工程的可行性研究报告,上报省发改委、省公路局。

通畅工程。2011年,全县共开工建设村社公路硬化工程48条150.3公里,总投资5 094万元。其中省州两批下达给和政县的通畅工程计划是65.8公里。截至10月底,和政县交通运输局已建设完成山坪—赵家沟等新建通畅公路20条78.6公里,在全面完成下达计划65.8公里任务的基础上,超计划修建5条12.8公里,总投资3 194万元。县财政局、扶贫办投资1 900多万元,结合"一事一议"和整村扶贫开发项目,大力实施村社公路硬化工程,其中县财政局硬化村社公路24条56.5公里,扶贫办硬化村社公路4条7.0公里。截至年底,全县累计建成通畅公路97条345.4公里,油路总里程达109条487.4公里。极大地改善了广大农村群众的通行条件,缩小了城乡差距,促进了共同发展。在通畅公路建设中,和政县交通运输局一改往年做法,实行由交通局提供水泥,选派技术员监督质量,路线受益区群众提供沙石、出动小工,实行共同建设的做法,既加快了通畅公路建设步伐,增强了广大群众爱路护路意识,又减轻了政府负担。

农村公路管理养护。和政县认真贯彻执行《和政县农村公路管理养护工作实施细则》,及时成立了县乡村公路养护机构,配备养管人员,明确责任主体,强化养护责任,从而使和政县的农村公路管理养护工作由原来的阶段性养护向经常化、制度化迈进了一大步。在县乡公路养护方面,一是县政府提高了养护经费,在去年安排养护经费基础上,2011年提高到100万元,并列入财政预算,专门用于农村公路管理养护工作。目前已拨付到位100万元。二是重新组建了新庄、买家集、马家堡、陈家集4个县乡公路养护道班,雇佣道班工人31名,在县农村公路管理养护站的指导下,分别承担二新路、黄罗路等9条重点县乡道路的管理养护工作。并于三月初,和公路管养人员一道举办了培训班,详细培训了农村公路管养的有关知识,极大地提高了养管能力。三是根据州上安排,县上确定了1条标准化养护县道(黄罗路),2条标准化养护乡道(罗漫路、二新路)及20条标准化养护村道,指定专人进行养护,重点开展了整修路肩、清理边沟、病害处治等工作。四是认真开展"农村公路养护月"活动。在加强平时养护的同时,县上把每年的5月和10月定为农村公路管理养护月,集中时间,集中人力,开展调边沟、整路肩、修路面等公路养护工作。五是对路面裂缝进行了沥青灌缝。6至7月份,为防止雨水从路面裂缝中渗入而破坏路基,对全县的县乡公路和重点村社水泥(沥青)路面裂缝进行了沥青浇灌。据统计,2011年共计养护公路106.5公里,修补油路和水泥路1 320平方米,沥青灌缝4 385平方米,处治沉陷14处42.5立方米,清理边沟128.4公里,整修路肩112.8公里,疏通涵洞68道,修补及加固涵洞8道,修建挡墙30米,实现了养护值和好路率的全面提升。在村社公路养护方面,仍然实行由乡镇管护所加强监管,村管护组由村支书或村主任负责,组织各社社长及管护组成员随时对辖区内村社公路上出现的边沟堵塞、路肩蚕食等病害进行处治,加强养护。县交通局按照《和政县农村公路管理养护工作实施细则》,及时拨付养护经费。2011年共计整修养护村社公路39条150公里,清理边沟18公里,整修路肩83公里,路面铺砂5 100立方米。在公路管理方面,积极树立"依法治路,强化管理"的思想,不断加大学习、贯彻、宣传路政管理法律法规地力度,不断提高路政执法素质,积极营造爱路、护路、管路的良好氛围的同时,坚持上路巡查,及时查处路政违章案件,打击破坏公路、损坏交通设施的行为,从而实现了路政管理"五无一畅一通"的目标要求,使县内各级道路保持了安全畅通。据统计,在2011年的路政管理工作中,共计出动宣传车53次1 425公里,悬挂横幅5条,张贴标语86条,发放宣传材料940多份,制作宣传标牌3块,制作超限超载警示牌4块,危险警示标志12块。共计查处占道经营3处,乱堆乱放54处,在红线管理控制区临时构筑物1处。其中,批评教育50起,整改4起,处罚1起,有效遏制了侵犯、占用公路路产、公路用地等违法行为,实现了路政管理"五无一畅一通"的目标要求。

大中修工程。年初州上下达给和政县的建设任务为1项4公里,总投资172.68万元。其中省上下达资金128万元,该项目于9月份公开招标,由甘肃云发建筑工程有限公司中标承建,工程于9月20日开工,至10月底全面完工,完成16厘米水泥稳定层4.2公里,路面铺油4.2公里,修建浆砌石边沟500米,涵洞4道,完成投资215万元。

危桥加固工程。已完成施工图设计审查、招投标、施工便

道等各项前期准备工作,计划明年3月初开工建设,5月底前完成建设任务。 (和政县交通运输局)

【广河县】 交通基础设施建设。2011年,广河县共实施建设临达二级公路等重点工程、通畅工程、路基改造、桥梁建设等道路建设项目54项259公里,桥梁7座,工程总投资2.02亿元。完成道路建设51项251.5公里,其中铺油工程4项12.47公里,水泥硬化道路32条199公里,路基改造道路10条40公里,桥梁5座,完成投资1.63亿元。

重点项目。2011年计划实施重点道路建设工程5项19.87公里。1. 总投资9 872万元,长7.58公里的临达二级公路建设工程于5月初开工建设,现已完成路基土方填筑、涵洞和桥梁主体工程建设任务。2. 总投资3 055万元,长2.2公里的三合公路县城过境段续建工程和总投资471万元,长846米的经济开发区滨河路和纬四路续建工程,于5月中旬开工建设,年内全面完工。3. 总投资345万元,长4.54公里的三合公路康临高速公路预留路段和总投资240万元,长4.7公里的麋临公路齐家坪电站预留路段已完成路基整修和水稳层铺筑任务。

通村公路硬化工程。2011年县委十三届七次全委扩大会议决定将祁家集镇果园山、三甲集镇小沟等17个未通水泥(油)路的行政村道路硬化任务列为全县"五大"民生工程之一和年内确保实现的"四个100%"之一,要求年内全面完工,同时县破解难题年活动领导小组将村社道路硬化列为2011年全县性的重点难题,为了贯彻落实县委、县政府总体安排部署,早日完成难题破解任务。广河县早计划、早安排、早行动,全力加快农村公路建设步伐。一是注重调查研究,确定建设序列。由局班子成员组成调查组,深入各乡镇,调查了解村社道路现状,摸清建设底数,确定建设标准和规模,制定了建设计划。二是加强安排部署,靠实工作责任。根据工程建设计划,制定下发了《交通运输局关于分工负责搞好重点工程和各乡镇通村道路硬化工程的安排意见》,将各乡镇道路硬化任务分解细化,确定1个乡镇一名副局长、1名技术人员具体负责衔接协调、技术指导和质量监管工作,保证了工程建设的顺利开展。三是强化管理措施,加快工程进度。局里根据各条道路实际情况,采取先易后难,全面铺开的办法,对具备硬化条件的行政村道路首先进行建设,对不具备硬化条件的及时指派机械、技术人员进行路基达标改造,有效加快了工程建设进度。同时在通村道路建设过程中,县上主要领导、分管领导经常深入施工现场进行检查指导,了解工程进度,掌握工程质量,帮助解决具体问题;各乡镇高度重视,广泛发动群众,积极拉备路基垫层砂砾,主动协调解决道路建设过程中的占地、拆迁等问题,保证了道路硬化工程的顺利完工。

截至11月18日,列入村社道路硬化破解难题的城关镇牟家窑、三甲集镇小沟、小缶沟、黑山、祁家集镇果园山、何家湾、齐家镇红庄、黄家、周家山,庄禾集镇牙和、宋家山、买家巷镇曹家坡、上王家、张家山、水泉乡张家、排套、阿力麻土乡大庄共17个行政村通村道路硬化任务和馒头嘴至钟鼎山等4条道路已全面完成,共硬化道路164公里,完成投资6 560万元。实现了全县通村道路硬化率达到100%的目标。

同时采取政府补助水泥、群众投工投劳建设的办法,实施建设买家巷、庄禾集、官坊三个示范性乡镇道路硬化11条35公里。

农村公路路基改造工程。2011年共实施城关镇牟家窑、魏家咀至黄家等农村公路路基改造工程10条40公里,总投资800万元。该工程于3月下旬相继开工建设。目前,已全面完成改造任务。

桥梁建设工程。2011年共实施桥梁维修加固和新建共7座,总投资1837万元。目前,甘坪大桥维修加固工程、买家巷镇河那小桥、官坊乡石磊村小张家便民桥、水泉乡张家小桥、田家小巧新建工程已全面完工;广通河五户二号大桥已完成桥梁主体工程建设任务,八仙口桥施工图设计已上报省公路局审批。

养护维修工程。2011年省州下达的养护维修工程于10月底全面完工,完成总投资115万元。

安保工程。2011年省州下达的广康公路安保工程1项,于7月份动工建设,10月份全面完工,完成钢筋混凝土护柱栽设678根,混凝土护墩101块,各类标志标牌31块,路面标线1 259平方米。

至2011年底,广河县行政等级公路达170条866.6公里,其中省道1条42.5公里,县道2条43.1公里,乡道6条126公里,村道161条655.1公里。所有公路中,油路197.4公里,水泥路424公里,全县9个乡镇、102个行政村全部通了油路或水泥路,形成了五纵(康临高速公路、兰郎路、三合路、城齐路、麋临路)六横(马庄路、康广路、临达路、祁虎路、广东路、城吊路)、四通八达的交通网,为全县经济社会跨越式发展奠定了坚实基础。

项目争取工作。2011年广河县紧紧围绕中央扩大内需,加大基础设施建设投资的历史机遇,积极编制可研规划,主动搞好衔接汇报,多渠道争取工程项目和建设资金,长46公里、投资3 055万元的城关至槐山子公路和长28公里、投资2 017万元的城吊公路剩余路段改建工程建设已上报省发改委等待批复立项;争取到农村公路通畅工程13条59.6公里,补助资金1 788万元;八仙口桥拆除重建工程建设资金146万元,农村公路养护维修及安保工程建设资金140万元;甘坪桥维修加固工程建设资金129万元;投资540万元的祁家集大桥拆除重建项目施工图设计已上报省公路局;涉及47个建制村、总长200公里的道路硬化建设项目已列入农村公路数据库。

农村公路管理养护。为保证农村公路持续健康发展,切实把农村公路养管主体责任落到实处,实现农村公路"有路必养、有路必管、养必有效、管必到位"的目标,一是广河县立足县情实际,创新工作思路,探索发展模式,坚持走专业养护和群众养护相结合、常年养护和季节养护相结合的路子,进一步明确了县地方道路养护站和乡村两级公路管理养护机构的管护职责,落实了县道县管、乡道乡管、村道村管的目标要求,形成了一级抓一级,层层抓落实的工作格局。二是及时制定下发了《养护管理考核办法》,采取季度检查和年终考核相结合的方式,加大对县、乡、村三级公路管理养护机构养护工作开展情况的监督检查力度,确保所有的养护资金发挥应有的效益。三是调整充实了地方道路养护站工作人员,组建了县道养护队,购置了压路机1台、割草机1台,投入135.5

万元对三蒿、康广等重点养护路线进行了全面养护，处治路面病害1 750平方米，处治水毁4 470立方米。设置安保工程1处，保障了重点养护路线的安全畅通。四是督促和指导乡（镇）公路管理养护所和村级公路管理养护组积极发挥各自职能，在充分利用县上配套的管养资金的基础上，采取低保补助和养护资金补助相结合的办法，积极开展公路养护管理工作，保证了公路的完好畅通。全县管养163公里的县乡村公路，共整修路肩96.7公里，清理边沟80.9公里，公路路况明显提高，保证了道路的经常性畅通。

路政管理。一是按照公路养护管理体制改革中关于“县道县管、乡道乡管、村道村管”的规定，将乡村道路管理任务分解到各乡村，由乡镇、村委会负责本辖区内道路的路政管理；二是结合县上开展“安全生产月”等活动的时机，在各乡镇设立法律咨询台，出动宣传车等形式，广泛宣传《公路法》、《甘肃省公路路政管理条例》等法律法规，向群众散发宣传材料，提高群众爱路护路意识和遵纪守法的自觉性。三是严格按照“四四”巡查制度规定，积极督促路政人员上路，严肃查处侵占蚕食公路、摆摊设点等各种违法行为，确保公路安全畅通。共出动宣传车72辆次，行程9 225公里，散发宣传材料3 635份，查处蚕食侵占公路案件7起126平方米，挖沟引水9起135平方米，损坏路基路面12起72平方米，违章建筑7起56平方米，埋设广告牌1起2块，埋设管线、管道2起4平方米，乱堆乱放546起3.37万平方米，上路收缴路政赔补费1 200元，从而有效地维护了路产路权，保障了公路的安全畅通。

运输安全管理。根据州县安全整治工作安排意见要求，制定了《2011年交通安全生产工作安排意见》，成立了安全生产领导小组，下设了办公室，狠抓安全管理工作，确保我县交通安全具体目标顺利实现。一是根据州县安排，指定专人负责，加大了对燃油补贴发放车辆的审核力度，保证营运车辆手续齐全、审验合格、从源头上防止安全事故的发生；制定下发了关于整治客运市场秩序的实施方案，督促县运管局以整顿客货运输市场秩序为重点，结合“百日稽查”等整治活动，加强客运市场管理，整顿运输市场，规范经营行为，严厉打击客运车辆无证非法营运，私制乱挂线路牌、报废车辆营运、哄抬票价等违章行为，使公路运输秩序有了明显好转。2011年以来，全县客车二级维护率100%，运管分局查处“黑车”49辆，收缴私制乱挂线路牌69块，制作执法文书24份；散发宣传单210份，张贴通告30份，挂横幅2条。二是水运所坚持以乡镇船舶管理为重点，狠抓乡镇渡口渡船安全整治，积极帮助指导齐家镇把安全管理的任务主体落实到乡村，督促乡与村、村与船主签定了安全生产管理目标责任书。并坚持日常巡回检查和节假日大检查相结合的办法，及时深入渡口进行安全隐患排查和整改落实，从源头上杜绝事故发生。2011年补办了申家滩、黄家湾渡口渡工证，配备了救生、消防设备，建设了黄家湾、申家滩渡口索塔，有效降低了安全事故的发生。三是公路建设养护中，广河县牢固树立了“安全生产、预防为主”的思想，紧紧围绕“公路畅通、安全第一”的要求，组织人员定期对管辖范围内的路面、桥梁进行巡查，对易出现交通堵塞和有安全隐患的路段、桥梁提前进行处治，在交通事故“黑点”及时增设相应的警示标志、栽设护柱、防撞墙，在危桥设立限载标志，以警示过往车辆，有效降低因道路线形、路面状况等因素造成的交通事故。同时加强重点工程项目的施工安全管理工作，及时与施工单位签订了安全生产合同，举办了安全生产培训班，督促工程队确定了安全生产员，落实了安全生产保证体系，确保了工程施工安全。

（广河县交通运输局）

【东乡族自治县】 重点项目建设。1. 锁折二级公路改建工程。锁折二级公路起点位于锁达路盘旋路口，终点至临夏市折桥，接临夏市滨河北路，2010年6月由省发改委以[2010]691号批复立项，省交通运输厅委托东乡县政府负责实施，全长21.68公里，工程总投资22 073.67万元，主线采用二级公路技术标准建设，长19.23公里；支线一：在主线公里加540米处，接县城医院，长0.42公里，为新建公路，采用三级公路技术标准。支线二：在主线9公里加535米处，沿祁家沟而上，经多木寺、王家卡浪，终点至祁家村，长2.03公里，为旧路改造，按四级公路技术标准。主要工程量：新建隧道1座802米，新建中桥3座、涵洞64道，防护工程2.1万立方米，排水工程1.26万立方米，挖土方139.4万立方米，挖石方12.3万立方米，填方89.6万立方米。该项目作为东乡县建县以来投资规模最大的基础工程，也是全省唯一一条由县级政府实施的二级公路项目。工程可研自去年5月批复后，县上及时组建成立了锁折二级公路建设领导小组及项目办，明确具体职责和任务，全面完成了前期工作。2011年2月召开了动员会，全面展开征地拆迁。经公开招标，由甘肃昭通路桥有限公司和甘肃平凉路桥有限公司分两个标段中标承建，山东临沂交通工程监理咨询中心中标实施监理，于2011年4月8日正式开工。截至目前，开挖路基15公里，计划年内完成路基铺砂；隧道工程洞身掘进417米，计划明年3月贯通；三座桥梁正在建设；完成涵洞33道；工程预计2012年8月底建成通车。2. 河滩镇尕常至东干环库公路新建工程，全长9.6公里、投资8 864万元，自7月11日开始建设，环库公路路基共完成约6公里，其中淹没地东干、河东、汪胡段现已完成长约3.1公里路基工程；尕常段已完成路基土方建设，正在建设路基工程完成路基2.6公里。3. 五苏木至唐汪公路改建工程，全长18公里，总投资1 250万元，铺油工程建设任务已于9月底全部完成，安保工程、边沟等附属工程正在建设。4. 国道213线县城环城北路抢险保通工程，全长2.5公里、投资400万元，路基改建等抢险保通工程全部完成，未铺油；因县城整体重建规划要求，正在进行该工程的可研设计，明年将结合县城重建工作进行建设。5. 沿河公路达板经济园区至广河临园经济园区（东乡段）改建工程，全长14.41公里、规划投资1.27亿元，初设已由州发改委批复，可研报告已通过专家评审，现正在进行初步设计。6. 赵家乡（卡家村）至果园乡（红庄村）农村公路改建工程，全长36.53公里，总投资1 360.78万元，已通过评审批复，目前已完成路基开挖和路基垫层铺砂任务。7. 春台至北庄公路改建铺油工程。全长7.3公里、投资180万元，该工程各项开工条件具备，因受中西部人饮工程管道埋设的影响，经县上决定暂缓施工，待明年管道埋设结束后实施。

农村通达通畅工程建设。1. 农村通畅工程建设。2011年，省、州下达东乡县通畅工程建设任务18条、68.5公里，总投资2 740万元。目前，第一批通畅工程10条37.5公里已全面完工，即：国道213线至北庄湾村1.7公里、龙考路至平庄3.5公里、龙考路至坡根2公里、锁蒿路至杜家3.5公里、锁达路至大沿6公里、唐达路至上城门1.7公里、林家至曳湖峡3公里、白后路至免古池4.6公里、锁达路至陈家3公里、关卜岭至白崖8.6公里、锁达路至陈家3公里等10条37.5公里已全面完工，第二批通畅工程8条31公里正在建设。2. 农村道路建设情况：2011年县从着眼于关注民生、解决民生问题的高度出发，把交通基础设施放在更加突出位置，列为今明两年长抓不懈的重点工作，成立了农村道路建设领导小组，制定下发了《关于进一步加快全县农村道路建设的实施意见》，召开全县农村道路建设动员会专题进行安排部署，计划利用两年时间，力争到2012年底，全县所有行政村实施通达工程，实现村村通砂砾路的目标；有条件的村实施通畅工程，基本实现村村通水泥路的目标。2011年投资6 300万元(其中银行贷款1 000万元，整合部门资金1 000万元，社会各界捐款和群众投劳折资4 300万元)，对全县24个乡镇、72个行政村村道主干线进行改造建设，计划实施农村水泥硬化道路38条96.4公里，拓宽改造铺砂道路34条214.7公里。目前，硬化道路已开工建设30条，硬化道路81.9公里；拓宽铺砂道路已完工31条189.1公里。

养护管理。根据省、州文件精神，东乡县于2010年启动实施了农村公路管理养护体制改革工作，按照"县道县养、乡道乡养、村道村养"的原则，结合实际，制定了《东乡县农村公路管理养护体制改革实施细则》，成立了县、乡、村三级公路建设及养管机构，分级确定了县、乡和村道责任管理人员和养护人员，详细制定了公路养护管理方面的管理措施，明确了养护任务和职责。并将农村公路养护管理费纳入县级财政预算，县财政每年统筹道路养护经费30万元，确保了农村养护管理工作的顺利开展。县、乡两级建立养护管理人员机构数据和农村公路、桥涵数据库档案，全面提升农村道路管理养护水平。全县24个乡镇建立了养护管理所，现有177个行政村设立了村级养护组，乡村养护管理人员有277人，专职养护人员42人，负责对6条县道、163公里，7条乡道、96公里，222条村道、974.8公里进行养护作业，2011年完成了锁达路为标准化养护县道，龙考路、陈大路、东祁路为标准化养护乡道，东祁路至大塬、唐汪至峡口等20条村道为标准化养护村道，全面进行了养护维修，保证了县、乡、村道路的畅通。交通局成立了县公路养护队和路政管理大队，配备了8名干部人员具体负责开展工作，目前，县公路养护队安排了固定养护工35名，对6条县道163公里路段进行长年维护管理和养护。2011年主要完成了养护护理边沟149公里，修补坑槽6 800平方米，清理塌方15万方，重修排水1 200米。路政上路巡查110天，查处违章360起，清理违法建筑18处。通过加强公路管理，有力地巩固了道路建设成果，保障了农村公路的正常通行。

公路、水路安全生产管理。强化2011年新开工道路的交通安全设施建设，做到交通安全设施质量达标，布局合理，有效地起到安全警示作用。全年为排除隐患修补坑槽88处9 940平方米，新增防撞墩21个，新增护柱1 290根，旧标线翻新和新增标线7 215平方米，新增标牌32块，桥梁维护2座，新修挡墙12处3 234立方米，清理塌方1.5万立方米，投入安全生产专项资金184万元。

2011年全县交通公路建设累计投资3.97亿元，先后实施了二级公路1项，改建工程4项，通达通畅工程90个项目，建设公路里程240公里。30个行政村实现了公路路面硬化；1 893个自然村中已有1 136个修通公路，自然村通公路率为60%。

截至2011年，全县拥有公路182条1 165.6公里，其中：国道1条71公里，县道6条163公里，乡道7条97公里，村道168条835.6公里。三级公路41.5公里，四级公路200.9公里；全县229个建制村中，有148个行政村通等级公路，81个行政村通水泥公路，通公路率100%，通等级公路率64.6%，路面硬化率35.4%。

(东乡县交通运输局)

【康乐县】 公路建设。1. 临康和二级公路康乐段46公里，投资4.6亿元的临康和二级公路，分三个合同段：第一合同段(0公里至10公里加0米处)由甘肃弘盛路桥建筑工程有限公司承建；第二合同段(10公里加0米至25公里加0米处)由甘肃昭通公路路桥公司承建；第三合同段(25公里加0米至46公里加0米处)由兰州昌通公路工程有限公司承建。该项目涉及征地1 524.03亩，发放征地补偿款6 372万元，完成拆迁户229户，搬迁坟墓165座、拆迁厂房11个，发放补偿款1 018万元；完成移栽和征用林木、苗木210万余株，发放林木、苗木补偿款276万元，发放电力、广电、电信、移动等电力通信设施移动补偿款293万元。该项目7月份开工，三个标段设计填方、石方量为77.5万立方米，总挖方、石方量23.95万立方米，境内设计有大桥1座、总长312米，中桥3座、总长162.09米，小桥10座、总长181.76米，明涵70道、总长856.14米，暗涵69道、总长1 039.25米，片式混凝土挡墙3.73万立方米，计划2012年底完成全部建设任务并通车。2、全长17.41公里，总投资1 098.6万元的白王至八松公路改建工程，10月底已全部完成建设任务并通车；3. 全长69.76米，总投资483.2万元的胭脂河中桥10月底已全部完成建设任务；4. 全长71.04米，总投资207万元的胭脂河人行桥建设工程，6月底已按设计标准完成建设任务。5. 总投资1 866万元(其中国家补助933万元，自筹933万元)的第一批11条31.1公里的农村通畅建设项目，8月底已全部完成建设任务；总投资1 448万元(其中国家补助1 086万元，自筹362万元)的第二批通畅建设项目11条36.2公里，10月底全部开工建设，年底前基本完成路基工程，计划2012年6月底完成建设任务。

公路养护。2011年，康乐县在公路养护工作中，克服暴雨不断和养护经费严重不足的困难，采取经常性养护和突击养护相结合的办法，及时清理边沟、疏通涵洞，清理路面泥石流，处治路面病害，修复水毁和拉铺养护砂，确保了各条公路的完好畅通。全年完成新八公路大中修水泥路面0.9公里；完成新八、康苏、康上路补油1 720平方米；清理边沟81公里，拉铺养护砂200方，垫补坑槽砂200方；处理公路翻浆2 800方；完成广康公路警示护柱800根，护栏400米，完成各类警示标志标牌43处。

路政管理。按照州交通运输局的要求，结合康乐县路政管理工作线长、面广、人员少、装备差的现状和特点，采取突击整治与日常管理相结合，说服教育与严肃查处相结合的办法，坚决查处各类损坏公路路产、侵犯路权的行为，及时得到制止，并清除乱堆乱放杂物和路面障碍物，累计共查处乱堆乱放杂物 860 处，2 500 平方米，查处毁坏路基路面 60 起，150 平方米，出动宣传车 6 次 250 公里，散发宣传材料 2 800 份。通过严查细管，使在公路上乱堆乱放、摆摊设点和随意占路侵路、毁坏路产的现象得到了有效遏制，路容路貌有了很大的改观，确保了各条公路的安全畅通。

汽车站管理。康乐县始终本着为旅客提供安全、及时、方便、舒适的客运服务环境为目的，以旅客至上，服务第一为宗旨，坚持安全第一，预防为主的原则，加强客运行业管理，组织站务管理人员认真学习管理知识，加强业务培训。对司乘人员多次宣传教育，加强联系，沟通思想，使车站管理逐渐走向正常化、规范化。同时通过制作专栏、横幅、散发宣传单等方式加强对驾驶员的安全教育，通过宣传教育，驾驶员的安全意识有了明显提高，自觉抵制超员，全年没发生一起客车安全事故。

水路运输管理。康乐县认真贯彻省、州水运工作会议精神，进一步加强船员、船泊的管理和宣传工作，定期不定期的对河口渡口、阴古渡口渡船、渡工的安全检查，对技术状况和安全性能差的小型船泊、筏子经常性进行整顿，杜绝投放，对无证船员加强业务培训，使船员持证上岗，船泊办证经营，同时加强了水运管理人员的业务培训，提高了水运人员的业务水平。从而使康乐县水路运输管理工作初步走上了规范化管理轨道。

（康乐县交通运输局）

2011 年 7 月 2 日，高台县境内局部地区出现短时特大暴雨，造成国道 312 线 2730 公里至 2739 公里路段部分路基坍塌，路面淤积。张掖公路分局启动公路紧急抢险预案，组织抢险突击队连夜进行抢修，确保公路安全畅通。

李晓云　摄

2011 年 8 月 4 日，民勤县政府在青土湖举行红沙岗镇至东湖镇（白碱湖）公路开工奠基仪式。图为民勤县四大班子领导为项目开工奠基。

武威市交通运输局　供

武威市

概　述

【交通基础设施建设】 1. 武威城乡融合发展核心区金大快速通道项目。项目起点位于凉州区丰乐镇怀西村李家茨庄，与连霍高速公路相连，途经凉州区丰乐镇、永丰镇、五和乡、永昌镇、金沙乡、金羊镇、柏树乡、中坝镇、发放镇、高坝镇、武南镇、河东乡、东河乡、清水乡、清源镇、黄羊镇和古浪县泗水镇、土门镇、黄花滩乡、西靖乡、民权乡、大靖镇等22个乡镇、96个行政村、307个自然村和黄羊河集团，贯穿武威金太阳新能源高新技术集中区、武威新能源装备制造产业园区、武威工业园区、武威煤炭集疏运中心、黄羊工业园区、黄羊河集团工业园区、黄羊公铁联运物流中心和古浪县土门工业园区8个工业园区，终点位于古浪县大靖镇，经新城区规划道路与营双高速公路相接，沿线受益人口近100万人。项目已完成水土保持方案、地质灾害评估和压覆矿产资源情况调查审核、沿线文物调查、环境影响评价、工程可行性研究报告等一系列前期工作，并报省上各有关部门进行了评审和批复；2011年9月7日，省发改委"甘发改交运〔2011〕1467号"文件批复立项建设，全线按《公路工程技术标准》一级公路技术标准建设，设计速度每小时80公里，路基标准宽度为26米，路线两侧分别设置宽度为6米的绿化带，路基设计洪水频率1/100，路拱坡度为1.5%，桥涵设计汽车荷载等级、净空和抗震设防按规范要求设置，全线配置完善的排水设施和交通标志、标线、线性诱导标、轮廓标等安全设施。项目路线总长约158.64公里，其中：主线长124.8公里，支线长33.84公里，估算总投资约45.59亿元。项目于2010年12月16日开工建设，截至2011年底，主线及城区支线、荣华支线和大靖支线道路路基除部分桥涵工程外全线贯通，道路铺油通车13公里。完成土石方653万方；征地8 163亩，拆迁工作已基本完成（拆迁房屋159户、4.66万平方米，拆除日光温室326座、9.67万平方米，拆除暖棚48座、1.49万平方米，拆除养殖场30处，拆迁砖窑2座，迁移坟墓657座），改造水渠110道、4.66公里，修建水渠66道、43.31公里，修建输水涵管162道、6.25公里，迁移电力、通讯杆线196根，迁移通讯光缆875米，完成投资8.6亿元。项目于2010年12月16日开工建设，2011年基本完成主线路基工程并完成13公里油面铺筑；征地8 163亩，拆迁工作基本完成，累计完成投资8.6亿元。

2. 境内高等级公路建设项目。加强协调，跟踪服务，确保了金武高速、营双高速、徐古高速公路和省道211线武威至骆驼河口段二级公路工程建设顺利推进。金武高速公路主线长73.48公里，连接线长5.03公里，总投资约32亿元，其中武威段31.2公里。该项目于2010年12月20日开工建设，截至2011年底，累计完成投资1.54万元。双营高速公路全长157.56公里，总投资74.4亿元，其中武威段约95公里，投资约38亿元。项目于2010年11月10日开工建设，至2011年底，已累计完成投资8.79亿元。徐古高速公路全长145公里，总投资53.6亿元，其中武威段82.595公里，投资29.14亿元。项目于2008年10月开工建设，武威段累计完成投资26.52亿元。2011年12月21日，永登到乌鞘岭段建成通车，其余路段将于2012年实现通车。西武二级公路（省道211线武威至仙米寺）全长70.2公里，总投资3.75亿元，其中武威段44公里，投资2.3亿元。项目于2010年4月开工建设，2011年12月7日建成通车投入运营。

3. 农村公路、站场建设项目。2011年省交通厅、公路局下达武威市农村公路建设项目92项699.7公里，国家补助资金2.37亿元，除此，实施2010年结转项目4项（建设里程77.36公里，国家补助资金3 638万元），自建项目1项（建设里程13.1公里，自筹资金2 956.25万元）。全市完成农村公路新建改建里程385.66公里，投资1.64亿元，占市政府为民办实事中农村公路建设任务315公里的122.43%；武威综合客运枢纽中心经省发改委甘发改交运〔2010〕1395号批准立项，选址位于武威市区南二环路东南角，距武威火车站500米，占地面积7.96万平方米（约119.4亩），规划建筑面积6 635平方米，主要建设内容包括1栋客运综合楼、1栋维修车间、站前广场、停车厂及其他配套设施等，工程总投资5 113.76万元，项目已完成土地挂牌出让工作，待施工图设计审批后即可开工建设；建成武威道路运输应急保障中心；建成乡镇汽车站20个，完成投资800万元；完成了金大快速通道沿线150个候车厅的选址布点工作；争取省上批准立项了民勤县红沙岗货运中心、民勤综合客运中心、古浪县客运综合服务中心等公路枢纽项目。

4. 交通战备公路项目建设。争取国家交通运输部、国家交战办将荣华公司至驻军部队至郭家寨战备公路工程批准列入国家"十二五"交通战备发展规划重点项目实施建设。该项目路线全长11.32公里，全线按三级公路技术标准建设，估算总投资1 614万元，争取到国家国防公路建设资金809万元。2011年7月30日先期开工建设荣华什子至驻军部队南门段2.8公里道路整修工程，完成投资300万元。

【公路养护管理】 加强农村公路管理养护及治理超限运输工作。一是按照市政府批转的《武威市农村公路管理养护体制改革实施意见》，实施了农村公路管理养护体制改革。2011年组织开展了有关农村公路养护竞赛活动，集中处治了农村公路翻浆、破损等主要病害；积极筹措资金，及时对公路水毁进行抢通、抢修，保证了农村公路畅通。二是切实加强农村公路工程质量管理，认真检查和督促落实质量责任，加强工程关键环节、关键部位的质量监控，不断完善工程试验检测手段，促进农村公路工程质量管理水平和工程实体质量进一步提升。全市经常养护的1 276.54公里农村公路平均好路率达到67.06%，比计划提高0.04个百分点，农村公路养护综合技术状况指数达到中等以上水平。三是加大农村公路管理和治理超限超载力度。坚持“畅通主导、安全至上、服务为本、创新引领”的指导方针，加强公路路政管理，大力开展路域环境专项整治行动，积极维护路产路权，遏制了超限超载运输行为。在国家交通运输部2011年重点公路检查中，省道211线民武公路顺利过关。经对主要养护路线290.62公里中的120公里路段进行抽查，其中优等路29公里，良等路66公里，中等路22公里，次等路2公里，差等路1公里，优良率达到79.2%。

【运输安全管理】 一是加强运输生产协调指导和组织保障。加强重点时段、重要物资和重大节庆活动的运输保障，完成了春运、“十一”黄金周和“敦煌行·丝绸之路国际旅游节”等重大活动期间的运输保障，并保证了煤、粮、油、矿的正常运输，进一步推动交通运输发展，全市完成客运量2 574万人次，比上年增长20%，完成客运周转量21.37亿人公里，比上年增长22%；完成货运量2 389.44万吨，比上年增长31%，完成货运周转量32.3亿吨公里，比上年增长36%。二是加强道路运输及安全生产管理。始终坚持“抓行业必须抓安全”的原则，把安全生产作为交通运输部门保稳定、促发展的重要工作，常抓不懈。年初与辖属各单位和各县区交通运输局、重大交通建设项目办签订安全生产责任书，层层分解落实安全管理责任，全面推行安全生产目标百分考核制度，坚持安全生产一票否决制和问责制，加强日常督促检查和节假日重点检查，保证了行业安全形势稳定。深入扎实开展了“安全生产月”和重大安全事故遏制行动，重点对客运安全生产源头管理工作进行了排查整治，消除安全隐患，有效防止了重特大交通安全事故发生。一是争取安保资金165万元，实施农村公路安保工程110公里，巩固和保持了市境内农村公路建设、养护工程全年无事故发生的良好势头。三是认真落实水运安全分级管理职责，督促民勤县、凉州区交通运输局分别与红崖山水库、黄羊河水库签订了安全管理目标责任书，切实加强水库水上运输安全检查，把水运安全管理责任落到了实处，全年未发生安全事故。三是强化道路运输安全源头管理。始终坚持以安全促生产、以安全促发展的原则，认真履行“三关一监督”监管职责，全面落实道路运输经营者安全生产主体责任，认真查禁“三品”，严格执行“三不进站五不出站”安全管理规定和“七证一牌”安检报班制度，精心组织开展道路运输行业安全生产专项治理百日行动，从源头上消除安全隐患。四是认真宣传贯彻《公路安全保护条例》和《甘肃省路政管理条例》，重点对客运站场、道路客运、城乡客运、出租客运、公交客运、危货运输和接送师生校车等安全生产源头管理工作进行了排查整治，认真消除安全隐患，有效防止了重特大交通安全事故发生。完成了878辆出租车、96辆公交车报废更新工作，提升了城市服务形象。

【城乡公交一体化和运邮合作试点工作】 一是着力完善城际、城区、城乡、乡村四级公交网络，优化网络布局，使公交线路由原来的12条增加到16条，公交车数量由原来的149辆增加到了228辆，完成96辆公交车报废更新工作；城乡公交以市区为中心，对辐射周边50公里半径范围内的23条客运线路进行了公交化改造。在农村客运方面，通过政策引导和燃油财政补贴等办法，鼓励开辟边远农(牧)乡村客运班线和季节性客运班线，支持城市公交向城区周边农村延伸覆盖。开通乡村公交线路35条，较好地解决了乡村群众出行、乘车不便的问题，有力提升了城市服务形象。二是在以凉州区8个乡镇作为第一批运邮合作示范点的基础上，去年全市有20条营运线路40多辆客车参与邮政合作拉运邮件业务，运邮合作工作得到了交通运输部、国家邮政总公司、省交通运输厅、省邮政公司的充分肯定，运邮合作试点工作取得实效，被交通运输部和省交通运输厅树为典型加以推广。

【领导名录】 武威市交通局党委书记、局长张国民；武威市交通局党委委员、局长陈甄；武威市交通局党委书记、局长范景林；武威市交通局党委委员、副局长兼武威市运管局局长李恒元；武威市交通局党委委员、副局长，武威市交通战备办公室主任党延锡；武威市交通局党委委员、调研员张忠；武威市交通局党委委员、武威市交通战备办公室副主任张兴堂；武威市交通运输局副调研员赵万显、魏斌。 (严伟才)

一区三县

【凉州区】 项目建设。2011年共完成农村公路建设项目23项208公里，占市、区政府向社会承诺十件实事中农村公路建设里程200公里的109%。全年共完成固定资产投资1.53亿元，其中：争取国家补助资金4 600万元。完成了沙漠公园公路3.3公里二级公路标准建设工程；完成了庙山路、东王路17公里维修工程；完成荣华大道30公里路基工程；完成武南、中坝等15个乡镇30个行政村以及国有农林场道路151.7公里沥青(水泥)路；另外，根据区上的安排，在时间紧，任务重的情况下，完成荣华大道至威龙公司、生物中心、武警支队、戒烟所道路6公里，配合市做好金武高速、金大快速通道建设工作。2011年凉州区被省交通厅评为全省农村公路建设先进县市区，凉州区交通运输局被国家交通运输部评为全国农村公路建设先进集体。

农村公路养护管理。积极推进农村公路养护体制改革，根据区政府的安排，加大区域农村公路管理站建设力度，加强道路的管护工作。2011年建成并运行了清源、黄羊、洪祥3个区域公路管理站，完成投资350万元，将全区农村公路进行分片划段管理，建立农村公路日常养护管理长效机制。加大路面的维补工作，共修补油面33 050平方米，处理翻浆5 230立方米，清扫路面670公里，设置、粉刷宣传牌80块，示警桩350根。2011年8月进入汛期以来，针对牛祁公路、黄哈公路等沿山公路公路水毁严重的实际情况，及时组织人员进行抢修，在最短时间内抢通了道路，保障了公路运行的安全畅通。在公路桥梁养护工作中，及时完成了公路养护维修和危旧桥梁普查及改造工作，确保了公路畅通完好运行。

公路路政管理。进一步强化路政管理宣传工作，加强公路巡回检查，积极纠正侵占公路和损坏公路行为，有效地维护了路产路权。积极探索农村公路超限超载治理新途径和办法，在资金十分紧张的情况下，千方百计筹措资金83.5万元，在凉古路、双清路、发朱路、永洪路、前西路等主要通乡公路入口和主要节点设置限高限宽设施10处，有效地遏制了大吨位超限超载车辆对农村公路的损害。同时，加大流动治超力度，在巡查中对超限超载车辆进行教育劝返，确保了路桥安全。及时发现制止和查处路面违法行为，全年共查处路政案件4起，制止和纠正路面违法行为16起，道路清障6次，清理“三堆”860方，确保公路安全畅通。在夏收期间，会同交警、城建、工商等部门对在公路上打场晒粮现象进行了集中整治。积极配合商务、城建等部门整顿和规范公路两侧市场经营秩序，清理占道经营，使路容路貌和路外经营现象得到有效改善。

安全管理。始终把交通安全生产作为工作重中之重，年初与局属各单位和各施工项目部签订了安全生产责任书，层层分解落实安全管理责任，强化监督检查，确保全区交通行业安全形势稳定。一是加强公路安全管理，认真开展公路安全生产隐患排查治理工作，对易出现交通堵塞和有安全隐患的路段提前采取防范措施。二是积极向省上争取了63万元的交通安保工程项目资金，在凉古路、天马大道交叉路口设置橡胶减速带860米，标志标牌30块、警示牌20块、安全墩45个、从而有效降低了交通事故的发生。三是组织并参与“安全生产月”等多项活动。全年共开展安全大检查12次，排查安全隐患8起，整改消除隐患8起，有效地保障了安全生产形势的稳定。 （张科水）

【天祝藏族自治县】 重点项目建设。2011年，全县交通运输重点建设项目总里程达210.7公里，计划总投资1.59亿元（不含争取、前期项目），其中通乡油路2条（续建1条）41.2公里、大桥1座（续建）、通畅项目15条116.5公里、“罩面”工程（砂砾路）11条22.68公里、自建项目10条30.32公里（水泥路8条17.90公里、砂砾路2条12.42公里），争取项目2项，重点前期项目1项。全年累计完成投资6 153.4万元。1.通乡油路：金强河至代乾公路建设里程28.06公里，核准总投资1 245.11万元，其中国家补助1 120万元，地方自筹125万元，现已完工，完成投资1 245.11万元；哈溪至古城镇公路全长79公里（天祝段72.2公里），概算总投资5 676.85万元（天祝段575.54万元），可研已批复，正在进行设计编制，计划2013年完工；天堂大桥全长167米，桥面宽14.6米，核准总投资925万元，其中以工代赈433万元，省交通厅危桥改造项目补助185万元，地方自筹307万元。完成梁板72片，桩基灌注完成24根，盖梁7块，累计完成投资743万元，占总投资的80.3%，计划2012年7月完工。2.通畅工程：2011年第一批通畅工程预安排5条33.7公里，核准预算总金额1 091.14万元，国家补助资金1 011万元，自筹资金80.14万元。自7月份开工以来，累计完成投资1 091.14万元，全部完工。第二批通畅工程安排9条48.8公里，完成设计编制及报批工作，计划明年8月底完工。其中天堂镇至青岗峡水电站3公里作为全省“丝路节”天祝分会场旅游道路项目先期开工建设并完工。小石门至天池34公里国有林场道路，完成勘察设计工作，计划2013年10月底完工。3.旅游公路：安门至马牙雪山旅游道路建设项目全长13.1公里，核准总投资2 216元，路基、桥梁和所有防护工程全部完工，铺筑油面11公里，完成投资1 800万元，计划2012年7月完工。石门沟至药水神泉旅游专线公路全长17公里，项目总投资1 065万元，目前项目可研已通过省发改委批复，计划2012年完工。4.客运中心：天祝县客运中心项目占地面积2.67万平方米，建筑面积6 181.3平方米。项目已经省运管局批准立项，项目概算总投资3 184万元。待落实项目建设用地后开工建设。5.“罩面”工程：2012年“群众打底子、政府罩面子”道路项目，主要配合县委、县政府年初安排的重点工作，着重解决“五镇一乡”及县上安排的38个种养殖示范园区道路，为了延长里程，将四级水泥硬化路面变为四级砂砾路面，由原10公里延长至11条22.68公里，基本解决了重点种养殖园区道路。全部完工，完成投资211.5万元。6.自建项目：10条30.32公里，项目投资概算2 032.26万元，其中石门至大塘2.02公里、石门至峡门1公里、黄草川移民区1.74公里、打柴沟至多隆村5.6公里、马圈湾日光温室区1.98公里、天堂至大宗台2.82公里等6条水泥路和马圈湾台至中广台1.11公里、毛藏至华山7公里2条砂砾路项目，已完工通车，完成投资546.6万元；宽沟工业园区主辅道6.96公里，投资概算为1 485.66万元，已开工建设，完成投资100万元，争取2012年8月竣工。

农村公路养护。一是积极探索养护管理新机制。2011年全县列养公路总里程397.1公里，按照县道、乡道“一人一路、全年负责、责任到人、全面养护”的总体要求。县道、乡道实行管理人员包线路，雇员养护；园区道路、旅游道路和重点村道进行管理人员包片，养护工包线路养护。采取“以会代训，层层考核”的方法，及时调整充实养护队伍，建立健全了《天祝县农村公路养护管理考核办法》等规章制度，明确了养护工作要求和规范。二是全力做好日常养护。从4月1日起，日常养护工作全面开展，全体养护承包人上路作业，今年投入65万元，对7条县道、2条乡道、3条园区道路和14条重点村道进行了全面整治养护，对淤塞的边沟、涵洞进行清理开挖，路基边坡塌方进行清运，路基、路肩塌陷进行回填恢复，7月份和11月份对列养的农村公路进行了全面检查考核，保证了路容、路貌的彻底改善。同时根据省市要求，对全县各类桥梁进行了全面调查，建立健全了公路桥梁档案，加强对危桥的实地监控力度，加大对危险路段的整治。三是积极抢修公路水毁。2011 年 6 月 24 日、8 月 14、15、16 日，天祝县遭受 50 年来未曾遇到的连续强降雨，造成严重洪涝灾害，尤其是在建和已建成使用的农村公路发生大面积、多路线水毁、泥石流灾害，多条公路中断，直接经济损失达 935.38 万元。依照“先抢通，后抢修”的要求，组织人力、机械全力进行道路抢修维护，以保证道路基本的通行能力，确保了群众出行安全。

运政路政工作。一是深入客运企业和车站，对企业和车辆安全生产情况进行检查，重点检查企业执行客运车辆二级维护制度、安检合格报班制度、“三不进站、五不出站”制度、“三品”检查制度、驾乘人员持证上岗、载客情况登记和车辆检验合格报班运行等制度的落实情况，从源头上消除了安全事故隐患；二是继续加大打击和取缔“黑车”非法经营行为，保持对打击“黑车”的高压态势，重点打击未经许可非法营运的轿车、摩托车、客货两用车和利用包车、候租等形式从事非法营运的社会车辆，取缔“黑车”34 辆。三是在 11 月份开始的安全集中整治专项行动中，抽调工作人员，分组对客运企业基础管理不到位、车辆超载和各乡镇农用车载客等非法营运行为进行了严厉查处，并对道路沿线学校交通安保设施做了全面调查，同时对客运车辆的经营期限、报废期限、始发站点、途经站点、线路牌使用期限、承运人责任险投保情况、二级维护、日常维护、司乘人员的资质等进行了详细的排查摸底和登记。坚持依法治路，加大路政执法力度。一是坚持日常宣传，3 月份责成县乡公路管理站、县运管所在县城和各条管养线上通过出动宣传车 1 次 120 公里、张贴布告、散发宣传单 2 600 份、喷刷宣传标语等多种方式广泛开展《公路法》、《甘肃省路政管理条例》等法律法规知识宣传活动。二是坚持路政巡查制度。一季度做到了县乡道路每月巡查不少于 4 次，园区道路、重点村道每月不少于 1 次，及时杜绝和清理公路“脏、乱、差”现象，制止违章建筑 4 次。三是将治理超限超载运输作为路政管理工作的重要任务，加强对超限超载车辆的查处和管理，及时查处了曹西公路富民采石场大型车辆运送石料的治超工作，完成了古哈、曹西、华东、景天 4 条通乡油路限高门架的安装工作。 （天祝县交通运输局）

【民勤县】 项目建设。2011 年，民勤县交通运输局完成的主要公路建设任务有 29 项，总投资 1.34 亿元，国家补助资金 1.01 亿元，除民南公路 61.5 公里、红白公路白碱湖至西硝池段 50 公里 2 条通乡油路已完成招投标工作外，其余项目均于年底前实施完成。1. 完成通畅工程 23 项 118.9 公里，总投资 3 864 万元，国家补助资金 2 893 万元；2. 农林场道路 7 项 11.4 公里，完成投资 547 万元；3. 完成蒲红公路、黄收公路、民左公路 3 项养护维修工程共 12.4 公里，总投资 537 万元；4. 安保工程 1 项 50 公里，完成投资 100 万元。

截至 2011 年年底，民勤县公路总里程达 2 243.4 公里，公路网密度每百平方公里 14.1 公里。县境内有省道 2 条 100 公里，县道 7 条 391 公里，乡道 36 条 411 公里，村道 1 440 公里。油路总里程 1 08 公里，占公路总里程的 53%。全县除南湖乡未通油路外，其余 17 个乡镇均通油路，通油路的行政村 162 个，占行政村总数的 65%。基本形成了以县城为中心，辐射各乡镇，贯通干支线，连接县内外的县、乡、村、社四级公路标准化网络。

公路养护。全年共养护 311 公里，全年共计整修路肩、边坡、边沟 620 公里；修复路基水毁缺口 5 400 余处，清除民南、民昌等公路沙患路段路面淤沙 3 000 余方。

路政管理。为了进一步强化路政管理，根据国家八部委和省、市交通部门有关源头治超工作会议精神，县上成立了治理超限超载工作领导小组，坚持以“治超是最大的养护”为理念，以“保畅通、保安全、为人民、促和谐”为目标，不断加大治超力度，有效扼制了超限运输不断增长的势头。截至 2011 年年底，共出动路政执法宣传车辆 910 余辆次，实行 24 小时不间断巡查，巡查出勤率 100%；纠正超限运输行为 13 起；查处违规侵占道路行为 15 起；办理行政许可申请事项 11 次，均按规定和程序进行了现场勘查，并在规定时限内办理；清理、清除“三堆”320 余处；开展《公路法》、《公路安全保护条例》、《甘肃省公路路政管理条例》等集中宣传活动，共印发宣传册（单）3 000 余份。

运输生产。2011 年全县共投入客车 304 辆，备班车 14 辆，共发送客运车辆 11 283 个班次，其中加班车 121 班次，完成客运量 20.4 万人次，客运周转量 1 174.2 万人公里；同比增涨 8%，春运期间安全无事故。

运输管理。从 3 月 20 日开始，运政管理执法人员采取全天候不定时检查的方式，集中力量对城乡公交客车不按时发车；班线客运、农村客运不按核定线路、班次行驶，串线、私制线路牌的行为；倒客、甩客、宰客、哄抬票价、随意涨价以及驾驶员服务意识淡薄，服务质量不高，车辆车容车貌脏、乱、差的行为；客运经营者擅自易主，不按规定办理许可手续以及驾驶资格不符合驾驶条件的行为；站外揽客，乱停乱靠，不按签定的进站协议进站，超员、超速运行的行为；经营者擅自停运、罢运、聚众闹事的行为进行了整治。运管局组织出动稽查车辆 95 辆次，参加运政执法人员 562 余人次，检查各类客运车辆 2 450 辆次，查处各类违规经营行为 56 起，同时借助专项整治活动，积极开展了以“抓服务，保质量，讲诚信”为主要内容的客运服务质量倡议行动，增强了广大客运从业人员的文明经营、遵章守纪的意识。

领导名录。2011 年，县交通运输局党委书记、局长何承广；县交通运输局副局长、公路管理站站长辛俊成；县交通运输局副局长张江仁、田万前；县交通战备办公室主任许尔铠；县公路管理站支部书记杨得泉；交通运输局主任工程师、县公路管理站副站长刘永文；县交通运输局纪委书记曹长安。

（曹长安）

【古浪县】 交通基础设施建设。1. 金大快速通道古浪段征地工作。金大快速通道古浪段全长 53.76 公里，估算总投资 15.09 亿元。根据县上安排，金大快速通道古浪段征地工作由我局负责，相关部门和沿线乡镇配合，如期完成了土地征用工作，共征用各类土地 3 715.48 亩，其中工程用地 2 762.81 亩，绿化用地 952.67 亩，确保了工程建设顺利进行。2.通村道路。2011 年，省市第一批安排古浪县建制村通畅工程 5 项，52.1 公里，中央投资 1 563 万元，2011 年底已完成 45 公里；第二批安排我县农村公路 8 项，建设里程 34.3 公里，完成了施工图设计编制，并已上报市交通运输局审批。3. 大中修工程。省市安排古浪县武古路维修工程9公里,总投资340万元,至2011年底全部完成。4.安保工程。根据省市下达安保工程项目,在主要路段实施了安保项目,投入资金37万元。设置减速带8条56米,交通安全标志标牌265个、护桩260个、防撞墩198个,画标线18公里,完善了安全标志。5.县上安排项目。2011年,配套建设示范点道路41公里,目前已全部完成。

公路养护管理。在养护管理工作中,始终以“建设是发展、养护管理也是发展”为指导思想,按照“县道县养、乡道乡养、村道村养”的养护管理机制,切实加强对养护工作的领导,落实养护管理责任制,积极采取预防措施,对路面病害超前预防,早发现,早处治,2011年县境内降水量偏多,正常年景为200毫米,2011年达到600毫米,进入七、八月份,连降暴雨,特别是南部山区乡镇遭受暴雨袭击,农村公路路基冲毁、泥石流堆积路面,山体滑坡,部分路段交通堵塞,造成重大经济损失。对此,县交通局不等不靠,一方面积极向上级报告,一方面及时组织人力物力进行抢修,保证交通畅通,未发生超时阻车现象。年内共处治翻浆9 974平方米,清理塌方1.11万立方米,修补油面1.42万平方米,使主要养护路段达到了路面平整,路肩整洁,排水设施畅通,路容路貌整洁。同时,积极开展道路安全隐患排查,对存在安全隐患的路段提前采取安全防范措施,确保了道路安全畅通,杜绝了安全事故。

公路路政管理。在路政管理工作中,坚持依法治路,从宣传教育入手,加大《公路法》、《公路路政管理条例》的宣传力度,根据点多、线长、面广的实际,严格执行《公路路政巡查制度》,加强了路政巡查工作,路政执法人员每月上路不低于20天,并且在巡查过程中做到“三勤”(腿勤走、嘴勤说、眼勤看)、“四早”(早发现、早制止、早处理、早执行);发现问题及时处理,处理不了的及时上报,年内清理公路“三堆”及路面垃圾879.5立方米。同时,加大治理公路超载超限巡查力度,净化了公路环境,维护了路产路权,路容路貌大为改观。

(古浪县交通运输局)

2011年1月6日,省交通运输厅厅长杨咏中冒雪到嘉峪关公路总段镜铁山公路管理段慰问一线养路职工。

嘉峪关公路总段 供

2011年8月27日,省交通运输厅厅长杨咏中,副厅长杨映祥和张掖市市长栾克军、副市长康清一行在张掖公路分局调研指导工作。

赵小强 摄

金 昌 市

概　　述

【交通运输状况】 截至 2011 年底，全市共有等级公路里程 2 225.00 公里，路网密度达到每百平方公里 23.18 公里，油面里程达到 1 640.55 公里，其中，高速公路 116.16 公里，二级公路 122.71 公里，三级公路 714.49 公里，四级公路 1 262.00 公里；全市通村公路里程 1 812.87 公里，其中，油路（水泥）里程 1 246.42 公里。全市 138 个行政村全部通油路和水泥路。

2011 年，全市道路运输行业从业人员达 1.7 万人。全市共有各类运输企业 26 家，其中客运企业 4 家，出租车公司 7 家，危货运输企业 13 家，公交公司 2 家。营运性客货运输车辆达 8 333 辆，其中客车 221 辆（高中级客车 81 辆，占定线客车的 37%，同比增长了 11%），出租汽车 1 080 辆；公交车 130 辆，同比增长 9%；货车 6 902 辆，其中，危险货车 237 辆，普通货车 6 665 辆。机动车维修业户发展到 351 家，同比增长 8%，其中一、二、三类维修业户分别达到 3 家、33 家、315 家。机动车驾驶员培训学校 10 家。等级客运站 4 家（其中一级 1 家，三级 3 家）。全市客货运输量和周转量继续保持适度增长态势，完成公路运输客运量、客运周转量 907.2 万人次和 11.73 亿人公里，同比增长 20% 和 24.1%；完成公路货运量、货运周转量 1 782 万吨和 12.14 亿吨公里，同比增长 15.3% 和 41.6%。培训道路运输从业人员 2 019 名，其中驾驶员 1 785 人，危货押运员 234 人；全市乡镇、行政村通班车率均达到 100%。落实 2010 年城市公交、出租客运、农村客运车辆成品油价格改革财政补贴资金分配工作。对全市公交、出租、农村客运车辆和出租客运车辆经营者共补贴财政专项拨款 1 159 万元（其中出租客运车辆总数为 529 台，补贴资金 531 万元；农村客运班线车辆总数为 47 台，补贴资金 102 万元；城市公交车辆 66 台，补贴资金 526 万元）。

【交通运输基础设施】 2011 年，开工建设交通基础设施项目 17 项，完成投资 8.15 亿元，同比增长 10.6%。公路、铁路、航空三位一体的立体化交通网络进一步完善。

高速公路建设：市区出口通道高速化战略深入实施，市区南出口金永高速公路全线竣工通车，金永高速金昌连接线工程通过验收；市区东出口金武高速公路全面开工建设，金昌段已完成投资 3.47 亿元；市区北出口金阿高等级公路项目前期工作取得重大进展。

农村公路建设：2011 年，新建改建农村公路 138.4 公里，完成 120 公里，超额完成市政府目标任务 20 公里。河（西堡）清（河）公路改建项目竣工通车，完成投资 2 618 万元。建成通村油路 9 条 97.4 公里，完成投资 4 390 万元。

道路运输基础设施建设：一是金昌市汽车站迁建项目工程主体已通过验收，累计完成投资 3 800 万元。二是乡镇客运站项目。金川区小井子农场和天生炕农场客运站已开工建设，其余 3 个客运站正在办理前期相关手续。三是永昌县、河西堡汽车站安检门项目。省上配套设施和市财政土建补助资金已到位，正在选址筹建中。四是运邮合作项目。拟在河西堡镇总体规划建设中修建邮政、运管和城乡公交站“三位”一体的服务站点，总投资 150 万元，目前该项目正在协调选址之中。

金昌机场。金昌机场是全省自 1982 年以来新建的第一个机场项目，也是全省继兰州中川、嘉峪关、敦煌、庆阳、天水军民合用机场建成后，又一个开工建设的民用机场。该项目于 2011 年 8 月正式通航，完成投资 3.43 亿元。

【公路养护】 按照建管养并重的方针，全市公路养护管理水平全面提升，各项养护生产指标均完成省上下达的计划任务。全年实施农村公路大中修工程 3 条 13 公里，安保工程 2 条 45 公里，示范工程 4 条。全市农村公路养护管理体制改革进一步深化，县、区均落实农村公路养护管理专项经费、人员和机构。积极探索农村公路养护管理模式，各镇、村因地制宜，制定出台了一系列行之有效的养护机制和村规民约。全年全市共投入农村公路日常养护资金 700 万元。

【路政管理】 认真实施路政巡查，积极开展超限治理工作，依法查处各种违法违规案件。截至目前，全市农村公路路政管理机构共出动执法人员 3 000 多人次，出动稽查车辆 1 000 多台次，查处超限超载车辆 1 960 辆，污染路面 1 400 平方米，损坏挖掘路肩、边沟、边坡 7 立方米，清理公路三堆及垃圾 9 立方米，损坏桥栏杆 2 米，查处擅自增设平交道口 3 起，劝返 55 吨以上车辆 26 辆。路政案件结案率达到 98%以上，超限超载率稳定控制在 5%以下。

【优先发展城市公交】 积极落实《关于优先发展城市公共交通的意见》。加快市区公交站点站牌建设，对市区北京路、新华路、建设路、公园路、金川路等 5 条主要街道的 128 座公交候车亭进行了改建，建成 6 个 IC 卡售票房，完成投资 500 万元。积极推广使用“公交一卡通”，市区公交车辆全部实行了“公交一卡通”，提升了公交数字化管理水平，方便了群众乘车出行。进一步优化市区公交运营线路结构，恢复了 5 路公交线，开通了金川公司三厂区专线。落实市区公交线路亏损补贴 100 万元。2011 年累计融资 2 765 万元，更新定线客车 46 辆，新增危险货物运输车辆 14 辆，新增公交车 30 辆。

【交通运输综合服务水平明显增强】 一是强化道路运输市场监管。以全市“五城联创”(全国文明城市、国家卫生城市、全国残疾人工作示范城市、省级园林城市和全国双拥模范城)工作为契机,大力开展道路客货运输市场专项整治活动,累计出动运政执法人员1 800多人次,出动执法车辆350多台次,查扣不规范营运车辆230台次,查扣和处罚“黑车”149台次。积极落实创建全国残疾人工作示范城市目标任务,筹建了残疾人驾驶员培训基地,使我市成为全省第二个有残疾人驾驶员培训基地的市州。配备了残疾人驾驶员培训专用车,制定了《金昌市残疾学员学习驾驶优惠管理办法》,对市汽车站、残疾人驾驶员培训中心和部分城市公交车进行了无障碍改造。二是深入开展信息化管理工作。对全市“两客一危”企业实现了动态信息监管,全市14家危货企业和4家客运企业完成了监控平台建设和运输车辆卫星定位装置安装工作,233辆危货车辆和165辆客车加装了终端设备,建成了市、县(区)监管平台,实现了与省网联网联控。三是扎实开展道路运输行业质量信誉考核工作,加强对维修市场、驾培市场、危险货物运输市场监管。坚持把道路运输企业质量信誉考核作为加强行业管理的基础性工作抓牢抓实。完成了4家客运站、4家道路客运企业、13家危货运企业、10家驾培机构、7家出租汽车公司、351家维修企业的考核工作。按照“整顿秩序、规范市场、综合治理、标本兼治”的原则,对全市维修企业和危险货物运输企业从类别资质、从业人员持证、设施设备达标方面开展清理整顿工作,消除安全隐患。

【安全生产】 始终坚持“安全第一、预防为主、综合治理”的方针,道路运输安全源头管理不断加强,市汽车站安装安检门,长途客车和危货运输车辆全部安装GPS监控终端。层层签订目标管理责任书,安全生产责任落实到位。以“安全生产年”和“安全生产月”活动为载体,认真开展各项安全专项整治工作,大力排查整治各类安全隐患。一年来,开展各项专题安全宣传咨询活动6次,对道路运输、公路建设、水上交通运输等生产经营单位进行安全生产隐患排查整治12次,共查处安全隐患51项,全部进行了整改。重点对长途卧铺客车、危险货物运输进行了专项整治,“两客一危”企业监控平台和车载终端已实现与行业监管平台的联网联控。对不达标的8家危货企业进行限期停业整顿,1家吊销经营许可证,检查规范各类车辆940台次,整改不规范营运行为40多起,整改率达100%。全市交通运输行业安全生产形势稳定。督促安全生产责任企业制定和完善道路运输突发事件应急预案,运输组织和突发事件应急体系日益完善。

【领导名录】 金昌市交通运输局党组书记、局长王辉庆;副局长石永业、吴祁山;纪检组长王东升;市运管处副处长滕宗宏;金昌市交通运输局调研员朱克强,副调研员王维琦。

(李秀卿)

一区一县

【金川区】 农村公路建设。按省公路局下达的项目计划和区交通运输局的工作安排,今年实施的公路项目有8项,其中,新建、改建工程项目4项,桥梁重建工程1项,大中修1项,安保工程2项,共计总里程37.2公里,工程总投资2 200多万元,其中区级财政配套资金已到位380万元。各项目进展情况:1. 中东公路改建工程。建设里程10公里,技术标准三级。项目建设已全部完工,估算完成投资约656万元。该项目在建设过程中,根据当地新农村建设的实际情况做了调整,其中6公里为沥青混凝土路面,4公里为砼路。2. 宁龙公路改建工程。建设里程6.5里,技术标准三级。受征地拆迁工作的影响,完成6.2公里建设任务,剩余0.3公里计划于2012年完成建设任务。3. 金川至大生坑分场路改建工程。建设里程15.5公里,技术标准三级。受征地拆迁工作的影响,完成10.5公里建设任务,剩余5公里只完成路基土方工程,计划于2012年完成建设任务。4. 安阳河桥重建工程。按计划完工。5. 陈油路大中修工程。养护维修7.0公里。按计划完工。6. 金民公路安保工程。处治隐患里程25公里。按计划完工。7. 三角城村至营盘村新建公路工程。建设里程5.2公里,技术标准四级。此项目为省公路局于2011年10月份下达的追加项目,结转至2012年开工建设。8. 宁远堡镇农村公路安保工程。区交通运输局自筹资金13.56万元,补充和更换该镇范围内缺损的各类农村公路标志标牌51块。

农村公路养护与管理。农村公路养护管理体制改革稳步推进。为了进一步加强全区农村公路管养工作,健全完善农村公路管养机制,在2011年3月份召开的全区交通运输工作会议上,区交通运输局代表区政府将旧九路、山亥路等23条农村公路正式移交双湾镇、宁远堡镇两镇管理、养护。移交协议的正式签署,标志着金川区农村公路养护管理体制改革迈出重要的一步,为实行农村公路养护分级管理打下了坚实的基础,推动了农村公路养护管理工作向规范化、制度化、实效化方向迈进。一是理顺养护体制职责,切实加强养护管理工作。根据国家、省、市养护体制改革要求,督促两镇成立了专门的农村公路养护管理所,配备了专职工作人员,并将全区镇、村道路的养护责任移交两镇管理,与两镇农村公路养护管理所签订目标责任书,全面加强农村公路的养护管理工作。二是认真组织开展道路养护,保障公路的畅通。县、乡道路是农村公路的主干线,在近几年养护承包经验的基础上,继续对县、乡重点道路实行承包制,并积极督促各承包养护队伍认真开展养护工作,做到了任务明确,责任到人,全区的农村公路始终处于良好的通行状态。三是加强对两镇镇、村道的检查指导。2011年,根据考核办法和养护移交协议,定期不定期对两镇村道进行抽查检查,及时将检查情况通报两镇农村公路养护管理所,使所有镇、村道路始终处于有人养、有人管状态。为更好的促进村道养护管理工作,抽调直管路段养护工作开展较好的承包人,由区交通运输局委托区公路站组织,两镇农村公路养护管理所配合,分别对两镇27个行政村的养护承包人进行了现场培训指导。四是切实加强养护考核制度,以考核促进养护管理工作。结合工作实际,定期不定期组织工作人员认真开展养护检查活动。2011年,共组织季度检查考核4次,定期检查考核70次,有效地规范和促进了养护工作。五是积极组织开展道路病害处治工作。为真实掌握全区农村公路路况,区交通运输局组织技术人员对全区所有农村公路路况及病害、破损情况进行了全面的统计调查，在此基础上，投入资金70多万元，集中处治病害路面9 535.53平方米，保障了道路的正常通行。六是补充完善两镇道路标志牌。2010年完善了双湾镇所有农村公路标志标牌，2011年又对宁远镇缺损的农村公路标志标牌进行了详细统计并进行了补充更换，共制作安装标志标牌51块。其中，单立柱地名牌8块，双立标指示牌27块，三角形警告牌6块，禁令标志牌10块。根据要求对两镇县、乡道路及重点线路的安保情况进行了详细的统计，为"十二五"期间农村公路的安保工程提供详细数据。为加强山亥路的安保措施，在山亥路沿线现浇防撞墩三组，有力地保障了行车安全。

农村公路路政管理。全面依法加强路政管理，确保农村公路的安全畅通。一是利用日常巡查工作，大力宣传交通法律法规，特别是特别是新颁布的《公路安全保护条例》和新修订的《甘肃省公路路政管理条例》、《金川区农村公路建设养护管理实施细则》的宣传力度，让群众了解、理解路政工作，支持路政管理部门依法保护好路产路权，确保公路安全畅通。全年发放宣传资料1 000多份。二是加强同各镇、村的协调联系，举办农村公路路政管理培训班，对各镇、村主管和从事农村公路养护管理的人员进行路政管理知识培训，使他们真正了解到了路政管理工作的重要性，充分发挥乡村基层组织在农村公路路政管理中的作用。三是强化内部管理，严格许可程序。进一步加强内业管理，统一交通行政执法文书的格式，并由专人负责文书归档工作，每一案卷都做到归档及时、准确、有效，无错漏现象发生。及时查处各类路政案件，严格审批许可事项，加强许可后的监管力度，使许可项目的实施规范有序进行，今年路政许可案件明显降低，从以前的先施工后申请许可，转变为先许可后施工。全年，办理路政许可9起收取赔补偿费9 100元，无一起违规许可审批行为发生。四是坚持"四四"巡查制度，并保证巡查质量，特殊时期、特殊路段加大巡查力度和频率，及时发现和处理路政案件，及时发现和消除事故隐患，共出动路政巡查车辆260余台次，巡查人员900多人次，查处超限车辆513台，有效地遏制了车辆超限超载违法行为；累计查处并清理公路污染路面900平方米，"三堆"67立方米，查处违法建筑580平方米，有效的预防和减少道路交通事故，提高公路使用寿命，确保国家财产和人民群众生命安全。（何庆明）

【永昌县】 农村公路建设。2011年，建成通村道路16条101.12公里，完成总投资3 539.2万元。其中：新建道路10条35.46公里，完成投资1 241万元。分别为：红山窑乡镇区路2.49公里，河沿子村路1.56公里；新城子镇区路0.13公里，毛家庄村路0.26公里；焦家庄乡镇区路0.5公里，楼庄子村路1.3公里；青山农场路16.1公里；水源镇新沟村路4.78公里，杜家寨村路0.43公里；朱王堡镇下汤村路8.35公里。续建道路6条65.66公里，完成投资2 298万元。分别为：红山窑乡水泉子村油路13.09公里，高古城村油路11.56公里；焦家庄乡矿区水泥路7公里；六坝乡下排村油路10.45公里，集镇油路6.16公里；喇叭泉林场铧尖滩油路17.4公里。完成县城骊靬大道旅游道路10.94公里路基、桥涵和砂砾路面，完成投资750万元。

通乡油路改建工程。河西堡至水源公路改建工程，起讫永昌县河西堡镇河东堡村，与省道212线相接，途经河西堡、水源2乡镇及青山堡农场、种羊场、喇叭泉林场3个农林场，终点位于永昌县水源镇宋家沟变电站，接永（昌）民（勤）公路，路线总体走向由西北至东南方向，全长41.05公里。采用设计速度每小时40公里的三级公路技术标准，总投资2 616万元，其中国家通乡油路补助资金1 640万元，地方自筹976万元。该工程已于2011年11月下旬全面竣工通车。

公路大中修工程。永头公路全长20公里，由于该路车流量大，超限车辆多，罩面段路基沉陷变形较大，路面出现了不同程度的病害，对当地群众出行造成了很大的不便，从2011年年初开始，就对该路进行了养护维修，共修补油面1.07万平方米，撒油封面3.46万平方米，处理翻浆3 558立方米，整修路肩1.14万平方米，至九月中旬已全部通过交工验收，完成投资271万元。

农村公路养护与管理。一是小修保养常抓不懈。按照"分类管理，突出重点，兼职一般"的原则，对管养的11条县乡道和102条村道进行了日常性整修养护，投资321万元，重点对路面松散、网裂、沉降等病害进行挖补罩面处理，共完成土方1.85万立方米，砂砾铺筑2.62万平方米，挖补罩面2.58万平方米，并刷新了示警桩，更新补充了标志，按新要求更换了指路牌，补划了标线，增加了混凝土边沟、路肩墙和涵洞，确保农村公路形成"畅、洁、绿、美"的交通环境。二是制度建设日益完善。制定出台了《永昌县农村公路养护管理制度》，同时调研制定了《永昌县农村公路管理养护考核细则》，对公路管理养护的机构与职责，养护的任务和标准，检查的时间与办法都做了明确规定，并建立了月检查，季兑现，年终总评奖罚的工作机制，做到养护工作有制度，任务有指标，岗位有责任，检查有标准；加强资金管理工作，实行"统一计划，统一管理，统一考核，统一拨付"的资金运行方式，对日常养护经费按考核结果拨付，确保公路养护资金用到实处。三是安保工程全面完工。2011年完成永河公路安全保障工程2公里，完成基础混凝土7 556立方米，安装金属防护栏2 520平方米，完成投资82.79万元，九月中旬全部通过交工验收。

农村公路路政管理。2011年，努力践行"以人为本、以路为本"的管理理念，规范执法行为，提高路政执法水平。一是坚持上路巡查制度，及时处治公路病害。组织路政管养人员，对所有列养道路进行了全面细致的巡查，并对去年的养护工作进行了"质量回头看"。二是加大治理超限运输力度，维护路产路权。从四月上旬开始，重点对永民公路、永清公路、永头公路行驶车辆超限超载进行了集中治理。成立3个路政中队，严格执行"五四"巡查制，即每周巡查次数不少于5次，每次不少于4小时，全年公路巡查率达到了98%，累计公路巡查3万多公里，发放《公路法》、《路政管理条例》宣传材料1万余份，共查处超载、超限车辆1 300多台次，收回公路损坏补偿费24万元。同时，投资10余万元，在六坝、青山农场、宋家沟等主要路段合理设置了限宽限高门架，有效杜绝了超载、超限车辆的上路，使路产路权得到了切实保护。

（孙建军）

张 掖 市

概 述

【公路概况】 2011年,全市公路通车总里程达1.04万公里。其中,按行政等级划分,国道537.8公里,省道207.5公里,县道906.9公里,乡道1 138.3公里,专用公路360.1公里,村道7 170.8公里;按技术等级划分,高速公路242公里,二级公路446.7公里,三级公路1 275.7公里,四级公路6 032.6公里,等外公路2 424.5公里;按路面等级划分,高级路面2 052.6公里,次高级路面3 186.9公里,无铺装路面5 148公里。100%的乡镇通了油路,100%的行政村通了公路,56.3%的行政村通了油路及水泥路。

地方交通运输部门负责管养的公路通车总里程9 355.95公里,其中按公路行政等级分:县道811.98公里,比上年减少20.51公里;乡道1 138.33公里,比上年减少6.52公里;专道155.36公里;村道7 270.8公里,比上年增加35.35公里。按技术等级分:二级路53.49公里,三级路1 017.45公里,比上年减少25.73公里;四级路5 916.02公里,比上年增加161.24公里;等外路236.9公里,比上年减少165.59公里。按路面类型分:沥青混凝土路面60.01公里;水泥混凝土路面1 624.45公里,比上年增加288.60公里;简易铺装路面2 682.37公里,比上年减少7.80公里;未铺装路面4 989.13公里,比上年减少272.48公里。

【桥涵情况】 2011年,张掖市农村地方公路桥梁447座9 008.03延米,比上年增加59座1 492.54延米。其中县道82座3 219.22延米,比上年增加了6座564.14米;乡道82座1 352.31延米,比上年增加了7座103.9米;专用公路16座340延米,比上年增加了2座9.4米;村道267座4 096.5米,比上年增加了51座815.1米。危桥52座2 013.19延米,比上年增加了28座1 402.39米。

【公路建设】 1.通乡公路。完成2010年结转的民乐县丰乐乡至六坝42公里、高台县新坝至肃南县水关42公里并通过交工验收。2011年下达的甘州区梁家墩至党寨至国道227线16.3公里、下崖至速展20.6公里已开工建设。2.通村公路。省上共下达通达通畅工程项目65条394公里,完工59条319.4公里,6条74.6公里结转2012年完成。3.大中修工程。2010年结转的皇泱路头坝口桥、梨园河桥(调整至河西桥)完工并通过交工验收;2011年下达的14项41公里,除山丹县周湾桥(已开工)因计划下达迟结转下年实施外,其余项目全部完工并通过验收。4.危桥改造。2011年计划下达3项,肃南流沟水桥完工并通过验收,民乐大都麻桥省局已批复施工图设计,山丹红沙河桥已开工建设。5.安保工程。张罗路(甘州段、临泽段、高台段)、民花路(民乐段),共4项174公里全部完工并通过验收。

【公路养护】 2011年,张掖市交通运输局采取分级落实各县区政府筹措资金930万元,交通运输部门争取养护维修工程和危桥改造工程投资2 031.2万元,对全市农村公路主要路线进行了全面养护。对全市450座农村公路桥梁进行了全面普查并建立技术档案,对危桥采取了技术处置和限行等措施。重点养护县乡公路总里程1 073.36公里,全市平均公路技术状况指数(MQI)为79.8,技术状况等级为中,优良率为65%,保持标准化养路325公里。全年备养护砂3 174立方米,清挖边沟153公里3 599立方米,整修公路56公里,整修路肩边坡958.6公里,清理塌方40处1 292立方米,垫路基缺口1 120处725立方米,修补油路6.71万平方米,清理堆积物3 304立方米,撒备防滑料1.61万立方米,处治翻浆3 445平方米。

【路政管理】 全年全市出动宣传车行程27台次623公里,路政人员上路巡查累计1 932人次,上路巡查率78%,悬挂宣传标语累计198幅,张贴布告、宣传画和散发宣传材料1.5万份,查处损坏路面315.3平方米,查处埋设管线158.6米,清理广告杂牌24块,清理"三堆"4 804.35平方米;收取路产赔(补)偿费、治理超限赔偿费290万元。

【运输发展】 2011年,张掖市共有营运车辆2.63万辆,同比增长26.3%。其中客车2 724辆,同比增长0.3%;货车2.36万辆,同比增长30.1%。客运量2 647.48万人,同比增长12.8%,客运周转量11.88亿人公里,同比增长20.5%。货运量1 289.65万吨,同比增长18.1%。货运周转量16.98亿吨公里。同比增长23.5%。日发班次1 471个,与上年持平。道路运输业为社会提供就业岗位4.5万个,新增就业岗位7 054个,实现道路运输产值7.96亿元,增长11.5%。

年内,依法查处和纠正运输市场违法违规经营行为,道路运输市场秩序明显好转。张掖火车站出租车市场秩序大为改观,形成出租车排队按序拉客的正常经营秩序,无序抢客行为被根治,违规拼客现象被遏止。落实道路客运公共财政奖励制度,两次发放燃油补贴7 883万元,受益公交车、出租车和农村道路客运班车2 568辆。积极调整运输结构,引导企业优化运力，开通市区至张掖丹霞地质公园、张掖国家湿地公园、焉支山、马蹄寺、二坝水库、平山湖景区6条旅游交通专线，投放车辆41辆，运送旅客2.1万多人次。在县乡公路设置旅游标志标牌15块，在各客运企业设立旅游客服中心，为全市旅游经济发展提供了良好的交通运输保障，“中国·张掖汽车拉力赛”和“湿地之夏金张掖旅游文化节”交通运输服务工作受到市上领导肯定。

【站场建设】 2011年，张掖市交通运输局全面加快道路运输项目建设，道路运输基础设施建设概算投资8 310万元，建设项目106个。一是张掖客运中心站建设。2011年确立该项目，计划总投资6 000多万元，市交通局与省运管局签订了联建协议，该项目已完成规划立项、市政规划、土地规划等工作。二是肃南客运站总投资870万，总占地面积1.4万平方米，建筑面积2 728.3平方米，该工程通过甘肃省交通运输厅初步设计及概算后，于2010年6月中旬开工建设，年内三层客运综合楼主体工程已完备，装饰安装工程及内、外粉饰，水暖管安装及室内装饰已全部完成。三是临泽客运站总投资1 200万，总占地面积1.38万平方米，总建筑面积5 809平方米，综合楼主体五层。2011年8月正式开工建设，11月已完成主体建设。四是农村乡镇客运站及行政村停靠厅建设。省运管局下达乡镇客运站计划2个(肃南皇城镇、红湾寺)，投资80万元，行政村停靠厅100个，共投资200万元。其中乡镇站1个主体工程已完工，另1个结转2012年完成。100个行政村停靠厅全部建设完工并已投入使用。

【运政管理】 1.切实加强运输市场源头监管。一是完成了全市9户客运企业、4户危货公司、14户客运站、12户出租车公司、641户机动车维修企业和6所驾驶员培训学校的的质量信誉考核工作，协助省局完成2个汽车综合性能检测站质量信誉考核工作。截至年底，共审验各类车辆1.97万辆，其中客车1 001辆，出租车1 565辆，货车1.71万辆。二是完成客车划型定级34辆，营运车辆技术等级评定1 664辆次。同时，协助省运管局共审验跨市区客运车辆163辆，合格率达100%。三是加强动态监管，全方位开展道路运输市场稽查活动。全市运政机构日常稽查共出动稽查人员4 620余人次，累计出勤1 370多天，查处各类违章2 260余起。2. 切实加强危险货物运输监管。针对危货企业从业人员缺乏的实际，加强危货人员培训。举办危货押运员及操作员培训班2期，培训97人。注重科技手段在安全监管中的运用，全力做好GPS建设工作。严格执行省运管局各项规定，通过公开招投标的办法确定GPS系统安装商，在全市开展GPS信息平台的建设和安装工作。一是建立了安全目标责任体系。层层签订安全生产目标管理责任书，落实安全生产责任制，形成了安全生产长效管理机制。针对安全生产中存在的问题，完善目标考核体系，改进考核办法，加强监督检查。二是严格落实道路运输“三关一监督”制度。强化县(区)运管机构监管，督促企业认真抓好车站源头管理，将事故隐患消灭在萌芽状态。三是加大黄金周旅客运输安全生产工作，确保假日期间旅客运输无大小事故发生。正宁县“11·16”特大交通事故发生后，在全市道路运输企业内掀起运送学生车辆专项整治行动，各县(区)运管所按照市处的统一要求，积极配合交警、教育部门等，对接送学生客运班车超员、超载、超速，使用低速农用汽车、私家车、三轮摩的、改装车辆等投入运送学生等问题进行集中整治，切实改善学生乘车环境。3. 加强安全监督。各县(区)运管所定期深入车站、运输企业，召集由车站、企业负责人及司乘人员参加的安全生产会议，抓安全、讲安全，检查安全生产各项制度的落实情况，把安全生产防范措施落实到每一个环节。全年共培训了5 261人。一年来，抽调128人次赴各县(区)开展安全检查12次，查处各类安全隐患24起，及时下发整改通知书予以整改。特别是山丹县运输公司11·04”安全事故发生后，市处立即派出工作组，协助山丹县运管所进行安全生产整治，并下发通报，开展警示教育。为了把安全生产工作落到实处，市处每季度都召开一次安全生产分析会，针对存在的问题，安排部署应对措施。2011年，全市除市运司“2·28”、山丹运输公司“11·04”两次安全事故外，再未发生道路运输安全事故，全市安全生产运行比较平稳。

2011年，各县(区)针对客运市场中存在的突出问题，采取定时检查与不定时检查、重点检查与流动检查、明查与暗查相结合的方式，昼夜巡查，严厉打击各类非法营运行为。活动中，全市共出动运政稽查人员2 600余人次，出动稽查车辆670余辆次，查处“黑车”56辆，取缔非法站点4户，查纠道路客运市场违章行为860余起。4. 重点整治城区交通秩序。共出动运政执法人员400余人次，查处各类违法、违章行为100余次。针对出租车行业挂靠车辆多、运营秩序差的问题，由出租车行业协会发起倡仪，倡导强化行业自律意识、文明行车、礼貌待客、守法经营。同时，责州区运管所与辖区的6家出租车公司修订完善服务承诺，与出租车公司和司机三方签订文明服务承诺书1 241份，把加强监管与行业承诺、车主自律结合起来，进一步规范出租车运行秩序。强化监督检查。督促出租车公司、公交公司印制监督卡，聘请19名出租车、公交车司机为行风监督员，鼓励乘客参与现场监督，提高监督实效。通过精心整治，使城区和火车站出租车、公交车市场秩序明显好转，服务质量明显提高，从而较好地树立了良好的城市文明形象。

【安全管理】 2011年，共组织执法行动6次，出动执法人员60余人次，检查企业53家，发现一般隐患96处，已全部当场整改完毕，无重大隐患企业。加强对施工现场的安全监管，全年共进行了9次安全生产大检查，共发现安全隐患12处，现场责令整改9处，下发隐患整改通知书3份。认真对全市桥梁进行了安全普查，共检查桥梁450座，建立了安全检查档案。

【领导名录】 2011年，张掖市交通运输局党组书记、局长秦学贵，党组副书记、副局长杨兴年，纪检组长张荣，副局长许多琇、魏士博(1至9月)、蒋立波(10至12月)。张掖市公路运输管理处处长王志伟（1至5月）、主持工作杨兴年（6至12月)，副处长张国强、蔡文隽、张霖。 （张掖市交通运输局）

一区五县

【甘州区】 公路养护。2011年,甘州区交通运输局列养县乡公路230.46公里。全年筹措资金530.5万元，将列养公路230.46公里和桥梁147座纳入重点进行养护。修补破损油面、水泥路面2.9万平方米，处治翻浆4 930平方米，换填砂砾5 400立方米，整修路肩173.11公里,拉运路肩压砂料4 200立方米,刷新公里桩133个,百米桩、警示桩、警示墩355个、涵洞桥台378个、桥梁防撞墙11座,桥栏杆28根,补栽缺损公里桩40个、维修桥墩、桥栏杆32块(根),养护资金投入和工作力度达到历史最高。为调动各管理养护责任主体的积极性，区交通运输局与区道管站、乡镇交通管理站，区道管站和各道班、各乡镇交通管理站和村委会、村委会与各责任路段管理养护人员分级签订《农村公路管理养护目标考核责任书》，建立了农村公路管理养护工作四级责任制奖惩制度,形成了层层有目标任务,层层齐抓共管的工作格局。全区245个建制村成立行政村养护队245个,配备专(兼)职管理养护人员490人开展养护工作。各村普遍推行"五定"质量挂钩责任制,进行月考核、季评比、年总评,并将考核结果作为发放养护协管人员工资的依据。区路管站还将工资下浮15%,按季度考核兑现奖罚,增强了养护人员的工作责任心,有效提高了县乡公路养护质量。

工程建设。2011年，甘州区交通运输局争取交通基础设施建设项目26项，预算总投资9 593.8万元，完成投资5 488.14万元,占总投资的57.2%。1. 通乡油路。一是梁家墩至党寨至227线公路改建工程张党公路段6.91公里顺利完工。该道路起点位于甘州区张掖城区以南,终点至党寨镇,设计路线长6.91公里,全线按照三级公路技术标准设计,预算总投资990万元;工程于2011年3月开工,2011年8月底完工。2011年3月完成招投标,确定第一施工合同段(路基工程0公里加290米至3公里加700米）由甘肃省张掖市公路工程局承建，第二施工合同段（路基工程3公里加700米至7公里加200.73米)由甘肃天地路桥工程有限公司承建,第三施工合同段(路面工程0公里加290米至7公里加200.73米)由甘肃省亿阳建筑工程有限公司承建,监理单位为张掖市大地公路工程咨询有限公司。二是梁家墩至党寨至227线大满干渠段完成前期工作。工程全长9.4公里,总投资1 555.6万元,全线按三级公路技术标准进行设计;该公路由甘肃省科地工程咨询有限公司设计,分为两个施工合同段,分别由甘肃省东乡族自治县第三建筑工程公司、甘肃滕泰公路建筑工程有限公司施工，由张掖市大地工程咨询有限公司负责监理。工程于2011年12月开工建设。三是下崖至速展公路改建工程完成前期工作。该工程全长20公里,主线长15.83公里,按三级公路技术标准设计;支线长4.18公里,按四级公路技术标准设计。该项目由省发改交运〔2011〕1242号文件批准修建,预算总投资2 134万元。该工程第一标段由甘肃省张掖市公路工程局中标承建;第二标段由武威市金羊建筑工程公司中标承建;第三标段由甘肃峰源建筑工程有限公司中标承建;第四标段由庆阳市环宇路业有限公司中标承建;由张掖市路康监理公司中标监理。2. 通村公路。省市下达通村公路计划16条90.9公路，预算总投资3 605.53万元，实际完成11条64.5公里，完成投资2 473.6万元。第一批通畅工程6条46.9公里，已全部通过验收，合格率达100%，优良率达到33.3%，完成投资1 568.37万元；第二批省列计划的通畅工程共5条31.8公里,已完成17.6公里,完成投资905.23万元,工程结转2012年完成;通国有农林场道路5条12.20公里,完成施工图设计等前期工作,工程结转2012年完成。3.养护维修工程。盈科干渠桥危桥改造工程全长11.07米,预算总投资55.41万元,其中争取省补助资金26万元,该桥梁于5月初开工建设,10月中旬完工。张党公路盈科干渠大中修改造工程，公路总长11公里，该项目由于建设资金不足,于2011年先期改造西段6公里，东段5公里计划于2012年改建。西段改建工程项目起点位于党寨镇盈科干渠桥桥头处,终点与张民公路相接,建设里程全长6.26公里,按照四级公路技术标准设计,预算总投资280万元。该工程第一标段由张掖市东升路桥工程建设有限公司中标承建;第二标段由甘肃亿阳建筑工程有限公司中标承建;该工程于2011年10月份开工,累计完成投资227万元,占总投资的80.1%,工程结转2012年完成。

路政管理。全年设立咨询点30处,散发宣传材料1.2万余份,书写各类标语600余条,营造了依法管路的社会氛围;加大公路巡查力度,有效制止打场晒粮、违章建筑、超限超载等行为,清理公路"三堆"及垃圾2 000余处3 000多立方米,办理路政案件4起,制止违法行为12起,清理非公路广告牌4块,清除非公路墙体标语30条,查处超载、超限车辆5 344辆,结案率100%,有效的保护了路产路权。

运输经济。2011年末,全区客运经营企业3家,城区客运站场3处,其中:一级车站2个(张掖汽车站、张掖汽车东站),二级站1个(汽车南站),乡镇客运汽车站15个,村级停靠点185个。客运线路74条，营运班线车323辆，区境内33条104辆;跨区(县)班车11条100辆,跨市18条100辆,跨省11条19辆。延伸3省7市6县(区),营运里程5 360公里,日发班次853辆(次),日客流量1.6万人(次);全区公交车185辆,营运线路27条(城区公交6条,通乡镇公交17条,专线4条),运营里程350公里,停靠点(往返)538个,日发班次1 316个,线网覆盖面积1 400平方公里,辐射12个乡镇,91个行政村,日送旅客3.5万人,受益群众46万人;出租车公司6个,出租车1 225辆,其中挂靠车辆884辆,占2.2%,租赁车辆341辆,占27.8%,车型为桑塔纳(206辆)、威志(724辆)、羚羊(295辆);旅游客车5辆,通达丹霞地质公园、山丹焉支山自然景区、沙漠体育公园、马蹄寺旅游景区等景区;营运货车1.01万辆4.08万吨;机动车维修业户398户,其中:一类维修业户1户、二类47户、三类专项维修和摩托车维修350户,信息配载、物流39户。年完成客运量1 496.26万人次,客运周转量5.98亿人公里,完成货运量1 416.9万吨,货物周转量7.82亿吨公里,比上年同期增长28.3%和30%,道路运输产值达到4.86亿元，实现增加值2.54亿元，占全区GDP的

4.3%以上,实现了道路运输产业的全面、健康发展。

运政管理。规范客运市场运营秩序,开展以火车站、西关盘旋路、自来水厂、军分区等重点地段的城区客运市场百日专项整治活动,查处违规经营32辆(次),形成整治的长效机制,维护了公平有序竞争的市场环境。以公路网为依托,培育和完善运输市场,提高了道路运输组织化程度,圆满完成了“春运”、“五一”、“十一”等黄金节假日的运输任务;加快运力结构调整步伐。为方便群众出行,开通区政府至滨河新区19路公交车,延伸9路公交至区政府办公楼,恢复7路公交运营,南北延伸8路公交开通湿地公园至张掖国家地质公园旅游专线;提高行业文明和服务水平。充分发挥区出租车协会作用,签订《规范经营、文明服务承诺书》1 225份;举办出租车驾驶员培训班,对806名出租车副驾驶员进行职业道德、交通法规安全、诚信经营、文明服务等方面的培训;在公交车厢内公布服务承诺、投诉电话,出租车内悬挂正、副班驾驶员《出租车服务卡》,鼓励乘客参与监督,提高监督实效。

(左永毅)

【临泽县】 公路养护。2011年,临泽县列养公路187.42公里,其中标准化养护路线75公里,重点养护路线71.11公里。全县公路技术状况指数(MQl)值为83.2,评定等级为良等。其中县道技术状况指数(MQl)值为85.3,评定等级为良等;乡道技术状况指数(MQl)值为73.13,评定等级为中等。认真开展“畅通杯”养护竞赛活动,全年累计使用人工日6 675个,车机日867个,共调查路况187.42公里,修补油路3.12万平方米,整修路基2次374.84公里,垫坑槽4 068平方米;桥梁检测坚持每月1次22座,接长涵洞56道61米;新栽公路警示桩、百米桩等219个,校正警示桩、百米桩534个、路缘石1 350延米;刷新各类标号志2 296个、桥栏杆757延米、涵洞路缘石640延米,喷写标志牌56块,拆除非公路标志牌、旧电杆及警示桩98个(根);清挖疏通边沟45立方米,铲除路肩杂草92公里,清扫油路100公里,清理堆积物2 296立方米,有力地保障了公路畅通。

项目建设。2011年,全县共完成重点交通基础设施建设项目8项,累计完成投资7 038万元,比上年增加55.8%。国道312线临泽过境段(甘临交界至大沙河桥)大中修工程由本县自筹资金建设,全长2.46公里,于5月初开工建设,7月底通车使用。园区西路扩建工程位于临泽县城东南大沙河东岸,在原公路的基础上扩建了宽12米、长4.8公里的车行道,两侧配套了2米宽的人行道,工程于3月份开工建设,8月底完工通车。实施通畅工程项目8条,新建通村道路59.6公里。完成结转的建筑面积2 906平方米的县交通运政管理信息中心大楼主体工程,计划2012年4月交付使用。建筑面积3 500平方米的县客运中心于8月份开工,至年底完成了基础工程和主体一、二层工程。建成占地17 256平方米的县汽车综合性能检测站,并安装10吨级汽车综合性能检测线1条,于10月底通过省质量技术监督局和省运管局验收评定,已开始运营。完成昌源机动车辆驾驶员培训学校场地建设、设施设备及车辆购置、教练员的招聘及制度的完善工作。完成结转的3个景区客运站和今年下达的20个停靠厅建设任务,并投入使用。同时,投资2 615万元的国道312线临泽过境段和1 631万元的省养县道临梨公路改造项目完成批复立项。

路政管理。认真落实“建、管、养”并举的要求,不断强化公路路政管理工作,结合创建省级公路路政示范县,进一步健全“大路政”管理网络,加强路政执法力量,强化宣传教育,加大上路巡查力度,路政管理成效显著。一年来,共创建路政管理示范乡(镇)2个,示范村5个,爱路护路文明户142户;共出动宣传车14次,喷写宣传标语25副、刷新路政宣传牌98块、利用赶集时间集中散发宣传单6 000张,在各类媒体发表宣传稿件12篇;共上路巡查1 240人次,上路率达到96.74%,案件结案187起,查处超载、超限车辆1 574辆,收缴上解路产赔补偿费91万元;查处污染路面308平方米、损坏路肩、边沟、边坡750立方米、损坏公路警示桩13根;增设弯道警示桩2处78根、新栽严禁大吨位车辆行驶路政牌3块,处理增设平交道口许可2起,有力保护了路产,维护了路权。

运输经济。2011年,全县道路客运线路50条(跨县20条,县内26条,公交4条);有营运性班线客车60辆,出租车70辆,公交车21辆(城乡公交12辆,城区公交4辆,旅游景区公交5辆);有营运性货车2 331辆;有道路运输服务、维修、搬运装卸业户77户,家),其中:二类以上维修企业4家。全县7个乡镇,74个行政村已全部开通班车,客运班车通乡、通村率均达到了100%。全县累计客运量完成392万人次,比去年增长22%,客运周转量完成1.44亿人公里,比去年增长21%;累计货运量完成216.82万吨,比去年增长25%;货运周转量完成1.02亿吨公里,比2010年增长23%。全县道路运输产值保持32.6%的增长速度,增加值可达1.26亿元,占全县当年GDP的4.05%。

运政管理。积极推进城乡公交一体化进程,整合改造班线车9辆,新增公交车3辆,开通了新华—新民城乡公交和丹霞景区—大沙河景区旅游公交线路2条。积极配合全县教育布局结构调整,整合临泽到平川、临泽到板桥、临泽到蓼泉3条农村客运班线,增加班次密度,调整发车时间,实行循环发班,有效解决了城区中学寄宿学生周末乘车困难的问题。实施市场退出机制,强制淘汰三轮摩迪21辆,更新、新增车型统一,车辆档次较高的环保型出租车18辆,依法取缔不符合开业条件的三类维修经营业户4户,新审批开业维修经营业户7户,有力保障了客、货运输市场健康稳定发展。坚持交通工作规范与管理并重的原则,进一步完善市场行业监管体系,畅通投诉渠道,多措并举,严厉打击违法违规经营行为和出租车乱收费行为,不断规范运输市场秩序。全年累计查处违章客运车辆95辆次,其中:查处无证从事出租客运经营的“黑车”10辆,查处货运输违章车辆164辆次,暂扣各类证件92个。进一步加强从业人员培训、发证等工作,全年组织培训营业性驾驶员512人,发放从业资格证435人,举办道路运输从业人员安全生产培训班1期,培训客运、城市公交、出租车和站务从业人员227人。坚持标准、严格程序,认真开展了年审工作,共审验车辆2 377辆,其中:班线客车60辆,公交车21辆,货车2 231辆,出租车66辆,分别占应审验车辆的100%,100%,95.7%和100%。狠抓道路运输安全生产工作,先后开展安全隐患的排查活动8次,有效预防了运输安全事

故的发生。一年来全县没有发生一起运输安全责任事故和交通工程建设安全事故。　（蒋永隆　张万晶　张会议）

【高台县】 公路养护。2011年，共投入资金185.72万元，修补县乡油路1.68万平方米，废旧油皮补路410.8平方米，沥青浇灌裂缝280.8平方米，处治翻浆3 747平方米，处治底层1 694平方米，撒铺防滑砂262立方米，填垫路基缺口885处532立方米，路肩培土3 945立方米，修复水毁155立方米，拉运养护料1 741立方米，整修路肩边坡2次425公里，处置涵顶跳车10处206.86平方米，维修涵洞4道36米、桥栏杆扶手14根，刷新里程碑246块、桥栏杆扶手344根、涵洞路缘石432道、警示桩594个、路政牌41块，完成路况调查4次1 130.44公里。地处六坝黑河大桥南端的六坝桥道班，因全县重点项目黑河温地公园开工建设后占用土地，我局重新选址搬迁，投资156万元新建了骆驼城养护道班，月牙湖、罗城、新坝3个养护道班保持正常运行，各项养护措施得到全面落实，确保了县乡公路的良好通行能力。

认真落实《高台县农村公路管理养护体制改革实施意见》，各类农村公路的管养主体、管养责任、经费筹措办法和检查奖惩机制全面明确，年度管理养护工作任务通过层层签订责任书办法实行目标管理，新建的通村公路全部移交行政村管理养护。9个乡镇设立交管站8个(城关镇除外)，共有专兼职工作人员19人；已通沥青路、水泥路的77个行政村全部设立养护管理领导小组。乡镇交管站健全了道路交通网络图、公路规划建设、公路养护管理等档案资料，修订完善了高台县乡镇交管站职责、通村公路管理养护制度、农村公路标准化养护标准、农村公路养护检查考核办法、农村公路巡查制度、交管站安全管理工作制度、道路交通安全监督检查工作制度、道路交通安全宣传员工作职责等制度和办法；已修建沥青路、水泥路的行政村健全了村社道路网络分布图、公路养护管理等档案资料和通村公路管理养护制度、农村公路养护巡查制度、道路交通安全监督检查工作制度、交通安全宣传员工作职责等规章制度，各项养护管理制度、检查考核办法和行政村管养领导小组基本建立。乡镇交管站和村民养护小组的职能作用得到较好发挥，全县农村公路的养护管理步入正常化轨道，“县道县管、乡道乡管、村道村管、有路必养、完好畅通”的长效管养新机制进一步健全完善。2011年4月高台县被省交通运输厅表彰为“2010年度全省农村公路养护管理工作先进县区”，在2011年底检查考核中我县养护管理工作继续位居全省、全市先进行列。

公路建设。2011年，共实施农村公路建设项目4项，完成总投资3 180.24万元，其中国家投资2 232万元，自筹配套948.24万元。新水公路高台段改造工程通过交工验收。该项目起点位于高台县新坝乡，与元红公路(373线)相接，途经新坝乡、摆浪河水库、西岔河(原水关乡)，终点位于肃南县大河乡，与省道220线26公里加50米处相接，改造工程高台段全长9公里，采用四级公路技术标准设计0公里至0公里加540米路段(新坝乡政府街道)路基路面宽度均为9米，0公里加540米至9公里加0米路段路基宽度6.5米，行车道宽度5米，两侧为0.75米培土路肩，栽设水泥混凝土路缘石。项目总投资637.2万元，其中国家补助360万元，我县自筹配套277.2万元。项目于2010年12月通过公开招标形式确定，施工单位为甘肃省张掖市公路工程局，监理单位为张掖市路康公路咨询有限责任公司。2011年4月1日开工建设，9月10日全部完工，9月23日通过市交通运输局交工验收。张罗公路养护维修工程通过交(竣)工验收。省市下达张罗公路养护维修工程计划9.2公里，其中采取铲除旧路油皮铺筑水泥路面5.04公里，采取沥青碎石挖补维修0.96公里，采取沥青碎石重铺改造3.2公里；项目总投资460.64万元，其中省公路局补助294万元，我县自筹配套166.64万元。6月下旬开工建设，9月中旬全部完工，9月23日通过市交通运输局交(竣)工验收，并被评定为优良工程。张罗公路高台段安保工程全部完工。该路段全长55.64公里，共完成投资87.4万元，其中省公路局补助83万元，自筹配套4.4万元；共处治翻浆8 729平方米，换填天然砂砾2 445立方米，铺设沥青面层8 729平方米，设置安全护柱23个、警示标志牌86块、公路标线10公里。8月上旬开工建设，10月20日全部完工，10月27日通过市交通运输局交(竣)工验收，并被评定为优良工程。通村公路超额完成建设任务。省市下达建设投资计划1 995万元，其中省上补助1 495万元，乡村和农户自筹500万元，建设长度9条59.8公里，其中骆驼城村15.3公里、曙光村8公里、五一村5.4公里、三桥村6公里、六三村2.1公里、高地村4.8公里、新开村9公里、蒋家庄村2公里、团结村7.2公里。4月下旬陆续开工建设，10月下旬全部完工，10月27日通过市交通运输局交(竣)工验收。此外，通过财政“一事一议”奖补等各种资金整合，又修建通村公路23条54.86公里，2011年实际修建通村公路32条114.66公里，其中水泥路28条103.47公里，沥青路4条11.19公里。同时，按照县委、县政府的安排要求，完成全县亮点工程王家村高新农业示范区500米水泥路、湿地公园4.7公里砂石路和胭脂堡村养殖示范点1.5公里砂砾路的建设任务。

工程质量管理。2011年共完成公路建设工程12项，经市交通运输局等有关部门验收评定，优良工程达到7项，合格工程达到5项，工程合格率、优良率分别达到100%和58.33%。经省公路局确定，骆驼城村通村水泥路为农村公路工程建设示范项目，巷宣线为农村公路养护路线示范项目。

路政管理。2011年共印发路政治超宣传资料1 570份、六坝黑河大桥限载公告35份，限载公告在高台电视台播放5天，清理路障和路边“三堆”1 478.4立方米，查处路政案件24起、超限超载车辆2 302辆，案件结案率达到100%。

运输经济。2011年全县共有道路旅客运输企业1户(安信汽车运输公司)，出租汽车公司1户(昌达出租汽车公司)，客运从业人员421人；共有等级汽车客运站4个，客运线路71条，营运里程4 968公里，班线客车140辆，日发班次263个；共有出租汽车129辆，货运汽车2 272辆，二类以上维修企业9户，三类维修及专项修理业户57户，货运配载及信息服务4户，装运搬卸服务1户。公路年客运量351.5万人次(比上年增加29.98万人次)，客运周转量8 103.5万人公里(比上年增加821.85万人公里)；公路年货运量156.4万吨(比上年增加13.2万吨)，货运周转量5 004.5万吨公里(比上年增加678.11万吨公里)。

站场建设。完成续建村级停靠点15个(累计达到54个)

并通过省运管局验收,全县公路客运网络更加健全完善。投资40万元的大湖湾、梧桐泉2个旅游景区汽车站建设项目已上报省水运局和市运管处,待项目批复后即可动工实施。投资300万元的六坝黑河大桥至大湖湾旅游景区航运码头建设项目,省水运局已立项并下达投资10万元。投资520万元、建筑面积2 000平方米的机动车维修中心搬迁项目和投资300万元、建筑面积220平方米的汽车驾驶员培训中心新建项目均已竣工投入使用。投资1 500万元、建筑面积1.2万平方米的汇通商贸综合楼新建项目已完成基础工程。投资350万元的加油站新建项目,省发改委已批复立项,计划重新选址后开工建设。

运政管理。2011年共查处非法营运的"黑"出租车36辆、不规范经营行为65起、客运投诉举报案件8起,调处客运矛盾纠纷5起,"黑"出租车猖獗横行的势头得到有效遏制。对全县129辆出租汽车全部实行了"六统一"管理,即:统一车辆颜色,统一标志灯、计价器、空车待租运营标识,统一摆放驾驶员"客运资格证",统一运价标准,统一建立寻呼对讲系统,统一卫生标准,止9月份全部完成。 (雷永会 孙进林)

【山丹县】 公路养护。2011年,成立了农村公路管理养护站,进一步规范乡镇交通管理站,115个行政村成立了管养小组,强化了县、乡、村三级管养职责。二是养护设施到位。全年投入养护经费284.5万元(养护设备购置费53万元)。2011年共筹资123万元,率先购置了养护车、装载机、压路机、切割机、破碎镐、平板振动夯路面清扫机、翻斗车等养护设备,确保实现"有路必养、养必畅通"的目标。三是管养措施到位。采取"四定一包二挂钩"的方法对县乡公路实行专业养护,全年共修补路面6 500平方米,整修路肩91公里,处理翻浆4 800立方米;对村社道路,采取四种管养方式:对居民点道路,实行门前三包,包路面清扫,包边沟整修,包"三堆"清理;对共用路段,采取养护经费补助和低保供养的筹资方式,定人员,定路段,分段管理,随时养护;村道路面病害,由农村公路养护站进行专业维修;按照村规民约,结合新农村建设和村庄保洁工作,组织村民定期清扫路面,清理"三堆",在养护实践中增强群众的爱路护路意识。

工程建设。以构建"畅通山丹"为目标,全年完成项目总投资6 600万元。一是建设通村水泥路42条、204公里。其中:计划内建设通村水泥路15条、84.3公里;计划外建设通村水泥路27条、119.7公里。二是完成养护维修工程山红路城区段3.7公里。三是开工建设李桥乡河湾桥、陈户乡红沙河桥。四是完成了艾黎纪念馆出口路、清老路和山马路李桥至马场段工可研及前期有关工作。

采取措施提升工程质量。严格招标重质量。规范招标程序,优选资质深、实力强、技术好、信誉高的施工单位承建公路工程。多方监督抓质量。采取巡回监理组全程监、村社干部及义务监督员跟踪监、技术及施工人员现场监、广大群众及社会各界随时监的方式,及时发现,强力整改。依靠科技保质量。多方筹措资金,购置实验设备,成立了农村公路实验室,全程检测质量指标;各施工队伍全部采用强制式搅拌机,严格控制配合比,防止偷工减料,确保工程质量。强化力量夯质量。充实技术队伍,充分发挥"传、帮、带"的作用,在工程实践中培养和锻炼专业技术队伍,确保建设项目有人抓、有人管。落实奖惩促质量。制定《施工现场管理办法》,对不合格路段和环节,采取停工整顿、返工、经济处罚等办法,督促施工单位规范施工,切实提升工程质量。

路政管理。全年出动宣传车4场次;发放宣传材料6 000多份;清理广告牌38块,清理违章占道物2 000多方;新设交通标志牌34块,路政宣传牌22块;早宣传,勤巡查,及早预防占道打场晒粮现象;针对"兰新双线"等重点项目的开工建设,超载车辆迅猛增多,路面受损严重的实际情况,切实加大治超力度。坚持宣传与治理、定点与巡查相结合,昼夜检查;采取劝返、卸载、处罚等办法,控制超载车辆,保护路产路权。

运输经济。全县道路运输生产快速增长,完成出入客运量273.9万人次、客运周转量1.23亿人公里,保持9%和10%的增长速度。进出货运量达407万吨,货物周转量3.46亿吨公里,分别增长11.5%和12%。全年共查处非法营运出租车38辆,对查扣的车辆统一处罚标准,做到了公正、公开、公平,实现了市场平稳运行。全县共有二类维修企业4家,三类维修企业50家。积极探讨维修行业结构调整、资源整合工作,促进企业向规模化、品牌化发展。促使客车二级维护率达到了100%,货车维护率达到了95%以上,维护返修率低于5%,上线检测合格率达到了85%以上,维修行业没发生举报信访事项。2011年,举办营运驾驶员从业资格证培训班4期,共464人,超额完成目标任务。年初,建立了运管所长为第一责任人的安全生产组织机构,同所属运输、维修企业、客运站签订了安全生产目标责任书。督促车站坚持"三不进站"和"五不出站"制度。结合"安全生产年"活动和"卧铺客车隐患集中整治","两客一危"车辆卫星定位装置等工作部署,定期开展全面的安全生产大检查,保证了全县道路运输生产安全的平稳态势,有效预防了安全隐患。 (陈 娜)

【民乐县】 公路建设。通乡公路建设方面,年内丰六通乡公路通过交工验收。丰六通乡公路起于丰乐乡卧马山村,途经白庙村、六坝镇、柴家庄、赵岗寨,止于洪平公路,全长42公里。工程于2010年6月10日由省发改委以甘发改交运正〔2010〕675号文件批复该项目可行性研究报告,2010年8月13日,市交通局、市发改委以张交发〔2010〕149号文件批复施工图设计及预算,批复总投资2 577万元,其中国家补助1 680万元,县政府配套897万元。该工程由民乐县恒泰公路工程有限责任公司中标承建,张掖市路康工程咨询有限责任公司负责监理,在各参建单位的共同努力下,于2011年10月15日完工,11月5日由市交通运输局、市发改委等部门对该项目进行了交工验收。完成路基土石方7.62万立方米,路面基层25.57万平方米,路面面层23万平方米,浆砌石挡土墙2 263立方米,新建涵洞80道563.52米,接长及维修IN 5~19道,倒虹吸1道8米,浇筑过水路面181米,安装各类标志标牌20块。该路的建成,有力地改善了沿线6.8万群众的出行,为我县现代农业大县建设和加快沿线群众的脱贫致富步伐奠定了基础。通村公路建设方面,2011年省上先后下达通畅工程建设项目计划为11条66.9公里,因群众修路积极性高,年初上报的计划达220公里,经全县农村公路建设现场办公会议确定今年通村公路建设计划为59条150公里。4月20日，交通运输局会同各乡镇、监察等部门对计划建设的道路进行了公开招标和诚信度测评，确定了26家符合资质要求的施工单位分赴各村道施工。全年建成通村公路54条149.3公里，完成投资6 000万元，其中省上下达的计划全部完成。旅游公路建设方面，县委、县政府把海潮湖旅游路的建设作为落实全市“2011旅游发展年”目标的一项重点工作来抓，该路按四级公路标准设计，建设里程为11公里，路基宽度6.5米，路面宽度5米，水泥混凝土路面面层厚20厘米。为保证在旅游旺季前完成建设任务，将该项目划分为四个标段，通过公开招投标择优录用机械设备先进、技术力量雄厚的3家施工企业进驻工地，采取各种切实可行的措施，克服架电、运料等困难，在确保质量的前提下加快建设进度，按时完成了建设任务，完成投资840万元。

公路养护。全年投资746万元完成了大中修工程和小修养护等养护维修工程。完成了6公里投资300万元的瓦杨路大中修工程，铺筑6米宽、20厘米厚的水泥混凝土路面6公里，铺筑垫层7 650立方米，浇筑混凝土7 200立方米；投资273.67万元完成干山路8公里大中修工程重铺罩面，铺筑沥青混合料2 105立方米。投资108万元，完成全年农村公路小修养护，处治翻浆1 837平方米，修补油面1.3万平方米，清理“三堆”337立方米，清扫路面1 002公里，整修路肩边坡147.8公里，铲除路肩高草38公里，路肩压砂49.83公里。养护路线8条185.78公里，平均MQI值为76.69，县乡公路技术状况评定为中等路。投资54.99万元完成了民花路安保工程，安装示警桩28根，各类标志标牌135块，百米桩117块，公路标线36公里。为全面预防和减少道路交通事故的发生，自筹资金10万元在洪平公路、永民公路设置安装各类警示、禁令标志标牌33块，路政宣传牌8块。

路政管理。2011年，民乐县交通运输局加强公路法律法规宣传，加大治理超限运输力度，主抓路产路权管理，确保了县乡公路的安全畅通。从4月上旬开始，重点对洪平公路、民花公路、永民公路上行驶的超限超载车辆进行了集中治理。制定《民乐县公路安全集中整治活动实施方案》，7月1日在县中心广场举行了《公路安全保护条例》宣传仪式，联合交警、运管、农机等部门，启动公路安全集中整治活动，构建全方位、立体化、多部门协作的长效执法机制，切实加强了农村公路管理力度。与中铁二局、八局续签了《延期使用农村公路补充协议》，用法律的手段控制修建铁路对农村公路造成的危害，有效保护了农村公路建设成果。止年底，共查处各类超限超载车辆200余台，强制卸载8台，劝返180台，收缴超限车辆公路赔(补)偿费6.2万元，查处破损污染路面1起，损坏公路设施1起，拆除非公路标志14块，清理路肩、路面堆放杂物54起560立方米，结案率100%，依法收缴路产赔(补)偿费7 090元，有效遏制了公路超限超载，维护了公路路产路权。

运输经济。2011年，民乐县拥有营运车辆4 056辆，在营运车辆中客运班车135辆，4 110个座位，其中：高级客车39辆，占29%；中级客车51辆，占38%；公交车19辆，755个座位；出租车138辆，690个座位。载货汽车3 764辆，1.31万吨，其中：重型货车505辆，占13.4%；专用载货汽车230辆，占6.1%。全县已开通客运班线166条，营运里程达1.65万公里，日发班次287个，乡镇和行政村通班车率达100%。各类维修业户已发展到55户，其中：一类1户，二类4户，三类50户；运输服务业户5户。全年完成客运量259.3万人次，客运周转量9 761.1万人公里，分别比上年增长21.7%和10.7%；完成货运量192.3万吨，货运周转量1.39亿吨公里，比上年增长47.7%和25.8%；全县道路运输产值达0.95亿元，增长11%。举办驾驶员从业资格培训班6期，培训从业人员426人，占计划的142%。办理新增车辆《道路运输证》733个。查处各种违章违规车辆586车次。健全完善了“民乐运政信息网”门户网站，扩大了行业影响。

运政管理。一是圆满实现了出租客运运力更新。不断加大运政稽查力度，继续开展“打黑除患”活动，及时劝阻和化解出租汽车经营者赴省政府上访行为，妥善解决出租车与三轮摩托车双方利益矛盾，一次性取缔报废城区142辆“三轮摩托车”，并根据《城区客运三轮摩托车更换出租汽车工作实施方案》，在不新增运力的前提下，按“退一换一”的方式，坚持统一车型颜色、统一门徽标识、统一出租顶灯、统一装置计价器、统一运价、统一保额标准、统一安装GPS车载监控系统的“七统一”原则，做好客运市场运力投放工作，维护客运市场安全稳定。

（白　龙）

【肃南裕固族自治县】 公路养护。2011年，肃南县有县道7条149.03公里，乡道14条203.81公里，其中重点养护路线7条128.74公里实行经常性养护，一般养护路线14条352.84公里实行季节性养护。至年底，肃南县已有村道106条851.15公里，占全县农村公路总里程1 203.98公里的71%，实现道路通畅的村有40个，沥青(水泥)路已达1 30.22公里。全县县、乡公路由县乡公路管理站养护，通村道路由乡村统筹养护。肃南县公路养护工作突出重点、深化改革、强化措施，通过积极开展“畅通杯”养护竞赛和农村公路“双优双百”活动，及时修复公路翻浆、路面破损、桥涵构造物损坏等病害，狠抓山区公路上的路面砂拉运、路基整修、桥涵加固和排水沟疏通。至年底，投资169.54万元，完成马蹄路养护维修工程，完成路基维修9公里、沥青路面挖补11 702平方米、水泥混凝土路肩墙7 952米777.4立方米、路肩边坡5公里5 000立方米防撞墩41座；投资38.04万元，完成皇城流沟水桥危旧桥梁加固改造工程，共完成浆砌片石228.6立方米，浆砌片石铺底80.38平方米；县乡公路共修补油面5 196.93立方米、清挖边沟69.5公里2 070.4立方米、涵洞清淤3道21米、清理塌方69.5公里9 265立方米、运撒防滑砂186立方米、拉备养护砂969立方米，处置沉陷、翻浆、坑槽25公里443立方米，刮路72公里，清雪打冰27.5公里1 838平方米；村道养护维修处理水泥路面断板7处、散面3处230平方米，拉备村道防滑砂58立方米。养护的主要路线中，公路技术状况评定里程94.67公里，其中优等路38.19公里，良等路41公里，中等路15.48公里，平均MQI值为87.35，评定等级为良等路，优良率为83.65%。

项目建设。2011年，100.4公里的S213线张掖至肃南二级公路改造开工建设并完成投资2.9亿元，占总投资的45%；高台新坝至肃南水关33公里通乡四级公路(肃南段)建成通车，总投资2 290.97万元；完成皂矾沟矿产品集中加工区、县城至桦树湾、县城至天桥湾至营盘、皇城镇至北极村、马蹄顺大路至圈坡村5项共23.3公里通畅工程建设，总投资1 375.26万元；完成2009年结转项目皇城镇东大河二号钢架拱桥，桥长46.24米，总投资118.8万元和头坝口70.95米T梁桥，总投资181.99万元；完成大河乡水关客运站主体工程，投资24万元；完成10个行政村停靠点；完成2010年结转的县城公用型客运站，占地1.4万平方米，建筑面积2 726平方米，总投资919.92万元。同时，国家下达计划的S308线至宝瓶河电站大坝5公里农林牧场道路施工图设计及预算完成报批；隆丰村至马场滩四级公路改造工程47.6公里的路基填筑及部分防护工程建设已完成，完成投资3800万元，占投资总额的51%；完成小孤山黑河大桥桥头引道爆破拓宽和东岸桥台建设，完成投资660万元，占投资总额的55%。

路政管理。肃南县2011年路政管理工作结合肃南县道路分布广的实际，创新管理模式，把道班养护人员同时纳入路政编制，形成了路政与道班分工不分家，管养结合，密切协作的工作机制。2011年内，筹资20多万元，配备了路政稽查用车2辆(新购1辆)，购置了治超设备。2011年底，开展路政法律宣传25场次，共清理公路“三堆”375平方米，查处超载超限车辆65余辆，收取超限超载赔(补)费8 800元。

运政管理。2011年，全县共有各类营运性车辆906辆。其中货车836辆，客车20辆，出租车50辆。客车和出租车二级维护签章率达到100%；货车签章率达96%。全县机动车维修业户达到18家、其中二类维修业户1家，专项维修业户17家。共培训汽车运输从业人员209人次，为社会提供就业岗位186个。

截至2011年底，运政稽查人员全年路检186天744人次，查处纠正各类违章行为1 240余起，收缴罚没款32万元，举报案件查处率达100%。

(安文豪)

2011年1月7日，省交通运输厅副厅长阮文易在张掖公路分局调研指导工作时看望并慰问干部职工。

赵小强 摄

2011年1月，省交通运输厅副厅长阮文易在定西公路总段调研指导工作。

喻建平 摄

酒泉市

概述

【交通改革】 2011年，在2010年完成市级交通运输体制机制改革的基础上，县市区交通行业管理部门按照政府机构改革要求，扎实工作，交通运输机构改革有序推进，全面完成了县(市、区)交通运输部门主要职责、内设机构和人员编制方案制定，经政府和编委审定，批准印发了各县(市、区)《交通运输局主要职责、内设机构和人员编制规定的通知》，县(市、区)交通局更名为交通运输局，增加了城市公共交通管理职能，核定了内设机构、人员编制。同时，全市交通运输管理部门按照省、市农村公路管理养护体制改革文件精神，认真做好"三到位、四落实"基础工作，辖区7县市农村公路管理养护体制改革扎实推进，初步建立起以县为主的农村公路管理养护体制和以政府投入为主的养护资金渠道，保障了农村公路的日常养护和正常使用，农村公路管理养护体制机制改革基本达到了"管理有机构、养护有队伍、办公有场所、资金有保障、作业有标准、考核有制度"的要求。

至2011年底，酒泉市境内公路总里程达1.52万公里。其中：国道971.81公里，省道788.90公里，县道1 967.10公里，乡道1 340.54公里，村道8 677.46公里，专道1 459.16公里。在总里程中，按技术等级分：高速公路367.73公里，一级公路29.60公里，二级公路937.00公里，三级公路2 056.82公里，四级公路1.07万公里，等外公路1 082.29公里。在总里程中，按路面状况分：沥青路面5 231.30公里，沥青混泥土路面1 032.01公里，水泥路面46.16公里，砂石路面8 840.34公里，无路面公路55.18公里。农村公路通达情况，其中：在全市66个乡镇中，通公路达100%，未通油(水泥)路的有6个，占9%；在全市435个行政村中，通公路达100%，未通油(水泥)路的有134个，占30%。

【交通基础设施建设】 2011年，酒泉市交通运输局完成交通重点项目建设投资22.8亿元，实现了历史性突破。其中：(一)"瓜星"高速公路。线路全长156.71公里，项目概算26.48亿元。至年底，累计完成建设投资18.4亿元。新建幅路基桥涵全面贯通。改建幅于当年3月开工建设，路基上石方完成总量的78%；涵洞完成占总量的72%；中小桥完成总量的62%。(二)"敦当"二级公路。线路总长119.6公里，项目概算4.94亿元。至12月底，全线累计完成投资额3.47亿元，占概算总投资的70%。其中：路基土石方、中小桥、涵洞及大桥桥面铺装等工程已全部完工；防排水工程和护栏完成工程总量的98%；路缘石铺筑完成工程总量的90%，预计可完成建设投资1.6亿元，该路年底可建成通车。(三)酒嘉城际一级公路。该项目(酒泉段)全长13.9公里，概算投资3.93亿元，资金来源为国家补助资金、国内银行贷款及地方政府自筹，建设工期2年(2011年—2012年)，项目建设单位为酒泉市人民政府。2011年3月份开工建设，年底路基完成主体工程，已开放交通。(四)肃阿通县二级公路路基、桥涵工程。该项目全长63.27公里，概算投资5.37亿元，资金由省厅统贷统还，为省政府承诺的惠民实事之一。项目建设单位为酒泉市人民政府，建设工期2年(2011年至2012年)。项目前期和基础工作全面完成，施工、监理单位按期进场，当年完成土地征迁和部分路基及桥涵工程，完成建设投资0.35亿元。(五)园区风电运输通道项目。项目于3月开工建设，6月底全部完工，完成投资500万元。(六)农村公路建设。2011年，酒泉市争取落实国家和新改建农村公路建设计划项目120项1 168.6公里，计划投资5.2亿元；市县安排实施的农村公路建设项目46项302.3公里，计划投资1.52亿元；以上两项共计166项1 470.9公里，计划总投资6.73亿元。至年底，全市完成新、改建农村公路126项1 008.5公里，完成投资4.01亿元，圆满完成了市政府今年确定的1 000公里惠民实事之一的农村公路建设任务。其中：1. 通乡公路改造工程。10项322.6公里，投资2.64亿元。分别是：玉门新能源基地公路48公里、玉布路至六敦乡公路38.5公里、清泉至独山子乡公路42.5公里、小金湾至柳湖乡公路31公里；瓜州省道31线至梁湖乡公路37.68公里、沙河乡至腰站子乡公路10公里、七墩滩至七墩乡公路6.5公里；敦煌玉门关至雅丹公路76.1公里；阿克塞省道314线281公里处至多坝沟公路17.3公里、省道314线柳城子沟至多坝沟公路15公里。至年底，建成通乡公路3条103.8公里，完成投资1.16万元，占计划的44%。2. 通畅工程。110项768.3公里，投资3.44亿元。至年底，完成82项524.7公里，完成投资2.32亿元，占计划的67%。3. 通达工程。17项152.1公里，投资1 582.7万元。至年底，完成17项152.1公里，完成投资1 582.7万元，占计划的100%。4. 养护维修工程。20项74.9公里，投资2 248万元。至年底，完成20项74.9公里，完成投资2 248万元，占计划的100%。5. 危旧桥改造工程。6座617.94米，投资2 374.3万元，年底前完成1座90.44米，完成投资1 125.3万元。占计划的47%。6. 安保工程。3 项 153 公里，投资 306 万元。至年底，完成 3 项 153 公里，完成投资 306 万元，占计划的 100%。（七）运输场站建设。1. 国家主枢纽酒泉汽车客运站。项目占地 35 亩，主体工程 7 000 平方米，被列为国家一级汽车客运站。项目建设期限 2011 年—2012 年，投资概算 5 782.16 万元，其中部省补助 2 000 万元，其余自筹。该项目完成了招投标方案和施工图审查，与省运管局签订了《项目法人组建协议》、《出资合同》等相关合同协议文本，落实到位国家投资 1 500 万元，省投 500 万正在积极争取。项目于 2011 年 7 月开工建设，截至年底，完成土建工程投资 1 500 万元（不含土地投入 3 700 万元）。2. 国家主枢纽敦煌客运站。项目占地 42 亩，主体 5 600 平方米，投资概算 3 250 万元，其中：部省补助 2 000 万元，其余自筹。到年底，项目主体和内外装饰工程已全面完工，完成建设投资 2 000 万元，附属工程建设正在加紧进行。3. 酒嘉现代物流园项目。拟规划项目投资 9.09 亿元，项目已通过省厅初步评审，并报交通运输部和国家发改委审批，争取列入 2012 年全省建设计划。4. 省列运输站场项目。肃州运政信息站、肃北汽车站、阿克塞汽车站改造全面完成，完成投资 100 万元；15 个乡镇客运站建设项目基本完成。金塔客运站完成招投标工作。玉门客运站工可项目通过评审。

【重点项目前期工作】 1.白疙瘩至明水高速公路。规划建设的北京至新疆高速公路——甘肃段白疙瘩至明水段 136.67 公里高速公路和马鬃山口岸至桥湾 270.28 公里二级公路，完成环保、水保、土地预审等前期工作以及国家发改委组织的工可预审，待国家发改委批复。2. 酒航高速公路。规划建设的酒泉至航天城高速公路 240 公里，完成项目勘查等前期工作，省交通运输厅完成了工可报告的初审和向国家发改委上报的工作。3. 敦煌至当金山高速公路。规划建设的瓜州至敦煌至当金山高速公路项目，规划线路全长约 270 公里的，省厅路网办已完成了工程可行性研究报告，进入工可预审上报阶段。

【道路运输】 截至 2011 年底，酒泉市道路运输经营业户达到 5 990 户，其中：客运 34 户、货运 5 930 户（专业货物运输 14 户、危货运输 14 户）、其他 26 户。全市道路运输相关业务经营业户 798 户，其中：客货站场 24 户、机动车维修 671 户、汽车综合性能检测 2 户、驾驶员培训学校 13 所、客运代理 2 户、物流服务 6 户、货运代办 40 户、信息配载 40 户。全市道路运输从业持证人数达到 2.42 万人，其中：客运从业人员 8 596 人（驾驶员 6 726 人、乘务员 373 人），货运从业人员 1.28 万人、站场从业人员 384 人、机动车维修从业人员 1 207 人、综合性能监测站从业人员 41 人、驾培从业人员 746 人、道路运输其他相关业务从业人员 389 人。全市道路运输企业经理人达 2 232 人，其中：客运企业 33 人、货运企业 1 854 人、客运站 13 人、货运企业 12 人、培训机构 31 人、检测维修 173 人。全市建成等级以上客运站 87 个，其中：一级站 3 个、二级站 5 个、三级站 9 个、四级站 2 个、五级站 68 个；并建有简易及招呼站 365 个；客运站日均发班 1 810 次，日均旅客发送量 3.41 万人次。全市建有货运站 5 个，其中三级站 1 个、四级站 4 个，日均货物吞吐量 1 万吨。全市拥有营运客运车辆 1 245 辆，其中：班线客运车辆 833 辆 2.01 万客位、旅游客车 412 辆 1 万余客位。公路货物运营车辆 9 948 辆 6.38 万吨位，其中：普通载货汽车 8 043 辆 5.72 万吨位、专用载货汽车 238 辆 2 634 吨位、危货运输车 238 辆 2 634 吨位。

【城市客运】 截至 2011 年底，酒泉市城市客运企业达到 6 户，均为私营企业。运营车辆达到 278 辆 304 标台（其中柴油车 60 辆、天然气车 78 辆），额定载客量 8 434 人。出租车 2 392 辆、公交车 256 辆、货车 8 047 辆。全市拥有客运班线 283 条，其中：跨省 14 条、跨市 40 条、跨县 81 条、县境内 148 条；客运线路平均日发班次 1 808 次，日均旅客发送量 3.1 万人次。全市开通农村客运线路 167 条，投放客运班车 479 辆，乡镇通班车率达到 100%，行政村通班车率达到 99.3%，初步形成了城乡运输资源相互衔接、方便快捷的客运网络。

【路政管理】 在路政执法方面，共查处路政违章建筑 9 起 2 436 平方米，查处损坏路基路面 17 起 3 524 平方米，拆除违章建筑 14 起 231 平方米，查处盗窃破坏公路设施 10 起，查处埋设管线 2 起 100 米，查处路政处罚案件 7 起，结案 6 起，结案率 98%，参与重大活动 78 人次，参与抢险救灾 324 人次，清理公路“三堆”及垃圾 1.75 万立方米，清理非公路标志牌 23 块，增设公路标示牌 539 块，收缴公路赔（补）偿费 400 万元，有效保护了公路路产路权，辖区内无公路“三乱”案件发生。

【行政执法】 运政行业全年受理行政许可 36 件，换发检测员证件 17 件，丢失补办 114 件，完成省、市、县际客车资料录入 529 件，换发 IC 卡 1 954 张。依法查处非法营运车辆 82 辆、不规范经营车辆 57 辆，对 16 户危货运输企业逐户、逐车、逐人进行检查整顿，共计办理行政处罚案件 579 件，处罚依据无误、程序规范透明、处罚程度适当，无投诉执法人员现象发生。

【安全生产】 全市交通运输系统工程项目、水上交通、单位内部保持安全无事故，道路运输统计上报事故一起，死亡 1 人，直接经济损失 10 万元，事故四项指数同比，死亡人数下降 91%，受伤人数下降 100%，事故起数下降 83%，直接经济损失下降 94%，安全生产保持稳定态势。

【交通保障】 一年来，协调省路政总队办理超限运输证 1 595 份，其中跨省 445 份，跨区 1 150 份。在有效地提高运输效率的同时，累计为企业节约资金 360 万元，受到了市委、市政府的充分肯定和企业的广泛好评。对过境和本地到达的鲜活农产品及电煤运输车辆，严格执行国家实施“绿色通道”的相关政策，确保了生活、生产物资运输畅通，为降低物价，抑制通胀做出了应有的贡献。

【领导名录】 市交通运输局党组书记、局长兼市国防动员委员会交通战备办公室主任李明；市交通运输局党组成员、副局长兼市公路管理局局长马学会；市交通运输局党组成员、副局长李吉彪；市交通运输局党组成员、纪检组长钱志明；市交通运输局党组成员、副局长武瑜国；市交通运输局党组成员、公路运输管理局局长陈学军；市国防动员委员会交通战备办公室副主任曹正文；市交通运输局调研员王献书；市交通运输局副调研员关秉；市公路运输管理局副局长杨建军；

市公路运输管理局副局长秦勇。（酒泉市交通运输局）

一区二市四县

【肃州区】 交通基础设施建设。全年交通基础设施建设完成投资4 445万元，新建改建农村公路118.26公里，其中计划内78.7公里，计划外39.56公里。全年计划改建通村公路8条56公里，实际完成95.56公里，超计划完成70.6%。为解决群众行路难的问题，下大力气打通改造断头路，与有关乡镇对接，采取征地拆迁以乡镇为主、交通运输部门适当补助的办法，打通了沙河至旧沟、光辉至总寨、上红至东湾、屯庄堡至余新4条断头路，解决了5个乡（镇）8个村的公路通畅问题。农村公路养护维修工程。2011年下达的养护维修工程计划共3条20.3公里，补助投资327万元。工程的实施内容主要是挖补罩面、翻浆处理、路基换填、交通标志标线设置等。

养护管理。全年修复水毁路基5公里；通过挖补罩面、翻浆处理、路基换填、交通标志标线设置等，实施养护维修工程3条20.3公里，修补油路2.1万平方米。共整修农村公路820公里，铺筑砂砾路面40公里，维修涵洞10道，改建涵洞2道，填补路肩缺口650立方米，清扫路面320公里，超额完成了全年计划。全区重点列养的农村公路330公里，优良路率达60.2%，农村公路养护实现由粗放式向精细化转变。

路政管理。全年查处非法营运车辆70辆次、不规范经营行为900余起，办理行政处罚案件240余件。加强路政监管和超限超载治理，及时查处损害路产路权行为，及时清理公路“三堆”。全年查处路政违章建筑6起，查处损坏路基路面11起195平方米，清理公路“三堆”及垃圾300立方米，确保了农村公路安全畅通。

领导名录。2011年肃州区交通运输局局长尤旭升；交通运输局党委书记何天祥；副局长张兴荣、杨小平；公路管理所所长马世斌；运管所副所长吴宏刚。（肃州区交通运输局）

【玉门市】 公路建设。2011年，玉门市全年实施公路建设项目27项，争取落实建设补助资金8 910万元，建成农村公路20条164.2公里，桥梁3座164.6延米，完成养护维修、安保工程2项85公里，累计完成投资1.29亿元。其中：完成新能源基地公路二期工程26.13公里及连接线2.5公里（东出口连接线1.64公里，城区河西段连接线0.89公里）建设任务，累计完成投资2 933.52万元；完成玉布路至六墩乡通乡油路38.5公里油面铺筑工程，完成投资1 845.85万元；完成酒泉循环经济产业园道路工程3项8.17公里建设任务，完成投资1 536.6万元；完成低窝铺高炮靶场阵地公路工程新建靶场连接线及主干道12.34公里，整修原有道路21.9公里，推筑施工便道25.76公里，新建会车点7处，累计完成投资453.55万元；完成火车站道路工程1.04公里，完成投资32.37万元；完成建制村通畅工程11项75.5公里建设任务，完成投资3 776万元；完成养护维修工程13公里，完成投资228万；完成安保工程72公里，完成投资108万元；完成结转桥梁工程3项，完成投资508.5万元；完成新建玉泉湖桥工程80%的工程量，完成投资900万元；完成新建玉苑路延伸段东外环路1.2公里道路工程80%的工程量，完成投资630.66万元。

站场建设。2011年，全年完成客运站场建设投资14万元，建成六墩乡汽车客运站1个。积极向省交通运输厅争取落实到位玉门市新汽车客运站项目，预算总投资3 361.41万元，争取省交通运输厅基础建设项目补助资金1 530万元，现已完成项目选址和工程设计评审工作，计划2012年开工建设。

公路养护。全年，重点养护县乡公路8条261.80公里。其中，优等路40公里，良等路112.21公里，中等路27.16公里，次等路53.43公里，差等路29公里，平均好路率58.14%，综合值68.21，分别完成计划任务的100%。标准化养护累计完成76公里，修补油路面2 000平方米，采备油路砂1 010立方米，采备、撒铺养护砂4 674立方米；整修公路路基、路肩、边坡87.87公里5 061立方米；清挖疏通边沟16公里，路肩铲草102.71公里，拉运养护料4 674立方米，路况抽查合格率达到100%。维修涵洞3道8米，完成大中修工程1项，修复水毁导流堤混凝土护坡185米1 295平方米，混凝土护坡基础185米260立方米，混凝土拦水墙2道255米，截水墙2道78米，桥底铺砌三孔390平方米156立方米。农村公路全部实行了定人、定额、定量的日常养护，确保了辖区内农村公路的安全畅通。

路政管理。全年增加路政协管人员10名，结合路政管理宣传活动和专项整治活动的开展，出动宣传车行程430公里，散发宣传单20 000余份，张贴宣传标语4幅。重点对玉布公路、黄农公路、花玉公路、玉昌公路、嘉玉赤公路、玉六公路、风电基地公路路政案件和超限超载违规车辆进行了集中整治和查处，共清理“三堆”38立方米，设置农村公路限宽警示墩5个，查处超限车辆3 800余起，查办路政案件7件，结案7件，收缴公路路产损害赔偿费及超限补偿费95万元，辖区内无公路“三乱”情况发生。

运政管理。玉门市2011年有营运车辆1 489辆（含玉门石油管理局），其中普通货车1 050辆，客运班线车135辆，出租车274辆，公交客车15辆，危险货物运输车辆30辆。2011年全市完成道路旅客运输270万人次，客运周转量5 670万人公里，完成货运量215万吨，货运周转量2 246万吨公里。完成年检年审车辆1 288辆。其中，客车386辆，货车902辆，审验合格率达到100%，出租车、客运班线车、危货车年检年审率达100%，二级维护率均达到100%，从业人员持证上岗率达到90%，确保了全市营运车辆的安全运营。重点对辖区内的出租车、公交车、班线车文明出行，文明服务进行了规范。安装出租车计价器203台，新增、调整城区公交线路4条，延伸市区至周边乡镇和团场公交线路4条；积极推进出租车、公交车节能工作，在市区投入6台加气公交车，动员103辆出租车进行了油改气；开通了“企信通”信息平台。同时,在日常监管和全年开展的“春运安全”、“百日客运”、“打非治违”、“铁拳行动”、“三超一疲劳”等各项重点专项整治活动中,主动出击,严格措施,狠抓落实,共打击各类黑车40余辆,受理投诉18起,纠正各类违规车辆400多辆,通过“企信通”平台,及时发布天气情况、安全行车常识、安全警示23次1.5万余条,有效地维护了正常的道路运输秩序。

体制改革。完成政府机构改革,于2011年5月重新命名为玉门市交通运输局,划转为政府工作部门。下设机构1个,玉门市国防动员委员会交通战备办公室;下设事业单位6个,玉门市公路运输管理所、玉门市路政监察大队、玉门市地方公路管理站、玉门市农村公路养护中心、玉门市汽车站、玉门市老市区汽车站。扎实推进养护体制改革,完成养护管理职能由行业管理向政府管理的转变,农村公路养护经费和养护管理人员工资纳入市级财政预算。全年,落实养护经费100万元,进一步完善了农村公路养护中心人员机构的设置、内业管理和运行机制的建立。迅速行动,普查评定通村公路794.08公里,桥梁58座,建成标准化农村公路养护管理所1个。积极探索创新养护管理工作的新举措,新机制,采取路政巡查与日常养护相结合的管理办法,通过提高巡查频次,定人、定量、定责对发现的病害问题及时进行修复,确保了农村公路主干道的畅通。同时,积极督促全市13个乡镇公路管理所,75个行政村公路管护小组开展日常养护管理工作。

现任领导。2011年,玉门市交通运输局局长乔天举;党委书记李国仁;副局长王慧芬、任园庆;纪委书记李兴龙。

(玉门市交通运输局)

【敦煌市】 农村公路建设。2011年,省市交通部门共下达敦煌市农村公路建设任务20项,建设里程111.6公里。其中:第一批,通畅工程项目7项,建设里程31.8公里,国家补助资金795万元,乡村组折资和农民投工投劳267万元;养护维修工程1项,建设里程5.6公里,总投资173万元;安保工程1项,27公里。另有上年结转农村公路建设项目3项,建设里程17公里,其中:通畅工程项目2项,建设里程11.5公里,大中修工程1项,建设里程5.5公里。第二批,通畅工程项目11项,建设里程30.2公里,总投资1 268万元,国家补助资金947万元,乡村组折资和农民投工投劳321万元。截至2011年底,敦煌市共完成农村公路建设工程项目13项,54.4公里,较好地完成了上级下达的农村公路建设工作任务。由于第二批农村公路建设项目计划下达较迟,错过最佳施工期,待明年开工建设。

行业管理。一是2011年将原有的8家旅游汽车公司整合为现有的5家旅游汽车公司;提高旅游车档次,积极争取省上的扶持政策,扶持旅游汽车公司新购置高档旅游汽车38辆,使敦煌旅游汽车行业实力显著增强。重点扶持的北方、光明两家旅游汽车公司已拥有旅游汽车260辆,占到了全市旅游车总数的73.9%。二是在出租车行业继续深入开展“五星级驾驶员创建活动”,积极引导全市客运行业广大从业人员积极争做文明服务、安全优质、干净卫生、遵守法律法规、诚实守信的文明驾驶员,并且在出租车行业中形成了争做好人好事,自觉抵制各种不文明经营行为的良好风尚,2011年以来共涌现出了驾驶员主动寻找失主等拾金不昧、争做好事的事件30多起。经相关单位联评,2011年共评选出“五星级驾驶员”134名,并以市政府名义为所有驾驶员颁发了星级标识;三是开展了客运市场“百日整治”和争创“六十佳”活动。通过集中开展公交车、出租车卫生整治,对车容车貌不整洁,卫生“脏、乱、差”,不按要求着装的行为,立即停运,限时整改。并对全市客运经营者在文明经营、遵纪守法、诚实守信、干净卫生等五个方面进行综合评定,评选出了“十佳文明司机”,在全市旅游工作暨“我爱敦煌”动员大会上进行了表彰奖励。四是开展了严厉打击“黑车”专项整治活动。仅上半年,就查处“黑车”31辆次,查处各类违规行为为500多起。五是开展了营运车辆年度检审验工作。市运管所专门抽调5名人员成立了检审小组,并下发通知并在出租车电子屏上进行宣传,使广大道路运输从业人员及时了解营运车辆年检审的时间和相关要求。审验小组工作人员在审验期间,放弃休息时间,加班加点,严格审验程序,认真进行检审,如期完成了审验工作。共检审营运车辆2 074辆,其中,班线车132辆,出租车981辆,旅游车352辆,公交车41辆,货车568辆,年审率达到了90%以上。六是加大从业人员培训,提高客运服务人员的文明素质。3月份,邀请敦煌旅游艺术中专的老师和旅游服务行业的专家和讲师,分五期集中对全市1 181名出租车、旅游车司机进行了培训,培训采用多媒体,讲解了客运服务规范、职业道德、文明服务等方面的知识、技能,收到了良好的效果。

公路养护管理。1.农村公路养护改革方面:在全市村道养护中全面推行“三定、一包、两统一、一达标”(“三定”即:定路段、定责任、定养护经费;“一包”即:招标确定养护人员,承包农村道路的日常养护、路政违法行为的报告和制止,养护路段出现危害通行安全情况的检查和及时报告;“两统一”即:统一养护标准、统一考核办法;“一达标”即:养护工作要达到〈敦煌市农村公路养护管理百分制考核办法〉确定的养护作业标准)的农村公路养护办法;在县乡道养护中全面实行了分段包干、明确责任的养护新办法,做到了任务到人,责任明确。2.在养护管理方面:在市乡两级农村公路管养站、所全面建立健全和完善“三项制度和三项图表”,即:《养护人员责任及管理制度》、《村道养护作业标准及检查考核制度》、《安全生产制度》、“养护线路及承包人一览表”、“每月养护作业考核结果登记表”、“每月道路状况巡查情况登记表”,逐月检查、逐月考核、逐月登记,同时,市交通运输局按季度组织人员对市养护中心和乡镇农村公路管理所道路管养情况进行检查考核,量化打分,并严格按考核结果兑现养护经费,奖优罚劣,力促农村公路管养走向“日常化、制度化、规范化”的三化目标。

路政管理。建立了市乡公路管理站、农村公路管理所、养护承包人“三级路政管理联动机制”,除市乡公路管理站直接发现查处的路政违法案件和车辆超载行为外,养护承包人发现路政违法案件和车辆超载行为,应在予以制止的同时,及时上报乡镇农村公路管理所,乡镇农村公路管理所接到报告后,应在第一时间报告市乡公路管理站,市乡公路管理站路政执法人员要在接到报告后的40分钟内(阳关镇除外)到达案发现场处理案件。同时,开展了超限超载集中整治,采取流动稽查和蹲点稽查相结合的工作方法,市乡公路管理站分两个路政巡查小组,24小时不间断在农村主要道路进行稽查,全年共查堵劝返大型超载车辆192车次,有效遏制了我市县乡公路超载车辆穿行的势头。市乡公路管理站会同各乡镇农村公路管理所,出动宣传车90台次,发放路政宣传单1 000余份,新栽大型治理公路超限超载宣传牌3块,刷新更新固定路政标语牌90余条,营造了爱路、护路的良好氛围。同时,对全市所有农村公路的路容、路貌进行了集中整治,出动巡查车280多台次,依法取缔流动摊点53个,清理“三堆”560立方米,制止烫棉花籽、公路碾压棉花杆违章活动36起,批评教育在公路上烫棉花籽、碾压棉花杆违章活动参与人员160余人,有力地净化了农村公路的路容路貌。

安全生产。一是抓责任。将道路安全“划片”、运输生产安全“划块”,将安全检查的责任,分乡镇、分行业逐一明确到了分管领导和具体工作人员身上,并制定了责任追究办法,做到责任明确,追究严格。同时,市运管所也与全市各营运企业签订了安全生产目标管理责任书,明确厂长、经理为安全生产第一责任人,把安全生产的责任落实到了每一个运营企业;二是抓重点。对汽车站等重点区域和旅游客运等重点企业进行定期不定期的监督检查,认真履行“三关一监督”职责和“五不出站”制度,坚决杜绝客运车辆不安检报班发车和“三品”进站上车现象的发生。对旅游客运车辆进行动态安全监管,定期检查人员资质和车辆技术状况,坚决把好源头安全关;三是抓检查。2011年以来,在继续落实对全市运输和维修企业的“一月一查”和对客运汽车站的“一天一查”制度的同时,认真组织开展了50天的运输事故专项遏制行动,成立了4个稽查组分片对运输市场进行排查和整治,共查处安全生产违规现象5起,对安全生产管理制度不健全,存在安全隐患的2户企业下发了整改通知书,限期整改。四是抓宣传。结合安全生产月活动,抽调6名工作人员,出动宣传车12台次,印发宣传材料3 000余份,深入汽车站、广场和城市主要道路开展交通法律法规宣传咨询活动;五是抓车辆技术性能安全检测。认真落实营运车辆二级维护管理规定,采取强制措施对营运车辆进行定期维护保养,确保营运车辆保持良好的技术状况。对营运车辆进行全面的技术性能检测和营运资质审核,对技术性能达不到要求的车辆,取消其经营资格,通过年检年审共有50辆出租车办理了更新手续,出租车、客运车和旅游车的年检审率均达到100%。六是建立了安全教育阵地。认真贯彻落实省市行业安全生产的相关要求,督促各客运企业建立完善“三查一室、五个一”,全面落实运输企业安全主体责任,全市5家旅游汽车公司共投资10万余元,建立了驾驶员安全学习教育阵地,完善了各项管理制度,购置了相应的配套设施设备。

汽车审验与检测。2011年共检审客运车辆1 502辆,占应审车辆总数的100%,其中,班线车132辆,出租车981辆,旅游车352辆,公交车41辆;年审货运车辆568辆,占应审车辆总数的96.5%。营运车辆基础台帐健全率达100%。出租车、客运车、危货车二级维护率均达到100%,其他车辆达到90%,维修工培训率达到90%,从业人员持证上岗率达到100%。

节能减排。全市981辆出租车、41辆城市公交车、132辆班线车全部使用了天然气。

从业人员培训。2011年聘请有资历、有水平的专家和讲师,讲解交通运输行业知识、相关法律法规、敦煌历史文化、职业道德规范以及文明服务,规范经营的标准要求,增强从业人员热爱家乡、热爱交通运输事业的思想意识,提高从业人员服务工作的水平。2011年,对全市道路运输从业人员进行集中培训教育,共举办培训班3期,培训人员达1 181人次,使从业人员培训率和持证上岗率均达到了100%。

领导名录。交通运输局局长吴永成;交通运输局党委书记、副局长朱万森;交通运输局副局长、市公路运输管理所所长刘旭;交通运输局副局长杨学武;交通局副局长、市乡公路管理站站长魏志军;交通运输局副局长王瑜。 (李 洁)

【金塔县】 农村公路建设。2011年,全县完成交通基础设施建设投资7 006.7万元,新改建公路134.1公里。一是投资1 300万元,完成酒航公路金塔过境段养护维修工程18.5公里,新建超限检测站1座。二是投资1 820万元,完成红柳洼光电产业园二期道路工程8.1公里,县城东环路改造工程3公里。三是投资570万元,完成金塔至羊井子湾公路养护维修工程16.5公里。四是投资1 611.7万元,建成通村公路88公里,其中:油路27.1公里,砂砾路60.9公里。五是投资175万元,完成中东镇梧桐坝村三塘坝河桥梁项目。六是加快推进综合交通运输网络体系建设,投资1 530万元,完成县汽车客运站项目基础工程及县乡公路养护中心、金城公交公司办公楼项目。共建成金羊公路养护维修和金三路至新寺墩2条农村公路建设示范工程,交通运输局被交通运输部命名为全国农村公路建设质量年活动先进集体。

公路养护管理。扎实开展农村公路养护,全年投入养护资金662.2万元,整修路肩边坡816公里,采备养护砂1.3立方米,修补油路8 300平方米,新建涵洞2道,修复涵洞9道,公路好路率达到83%,综合值83.6。高度重视桥梁水毁修复,投资8万元,增设了金梧路终点、石生路生地湾水毁路段涵洞,维修加固了大树路西岔桥。重点加强对营十公路黑桥大桥的管护,设置了限宽水泥墩和危桥警示标志,保障了大桥的通行安全。不断强化公路路政管理,全年路政巡查120次,发放宣传资料6 000份,清理公路“三堆”210处1 800立方米。继续加强了航额公路超限超载治理,依法检查超限运输车辆3.45万辆。农村公路管理养护工作继续走在全省前列,连续第三年名列全省86个县市区第一名。

运输市场管理。开展了道路运输企业规范化建设年活动,运输企业内部管理制度、记录台帐、操作规程、服务流程、应急预案得到全面规范,共健全制度50项,建立预案5项,规范台帐20余类。开展了运输市场“百日专项整治”活动,共查处无证经营出租“黑车”18辆,违规经营行为536辆次。加快全县道路运输综合网络体系建设,开通了鼎新镇夹墩湾村和中东镇梧桐坝村班线车,协调县上落实了县财政城市公交补贴政策。加大营运车辆年度审验力度,客货运场站和维修企业审验率达到100%,班线客车审验率100%,出租车96%,货车75.2%。严格落实客运车辆油价补贴政策,共发放2011

年成品油价格改革财政补贴资金 547 万元。着力加强交通安全生产工作，全年没有发生重特大班线客运行车责任事故和稳定事件。

至 2011 年底，全县民营汽车保有量 1 786 辆，其中：班线客车 91 辆，城市公交 22 辆，出租车 80 辆，货车 1 594 辆。县内有客运企业 5 家，客运汽车站 2 个，乡镇汽车站 9 个，村级停靠点 53 个，班线客车营运线路 38 条，日发班次 160 个，城市公交营运线路 3 条，货运站 1 个。全年完成公路客运量 215.7 万人次，客运周转量 16 151.5 万人公里，同比增长 36%和 35 %。公路货运量 189 万吨，货运周转量 10 842.5 万吨公里，同比增长 43%和 42%。

交通体制改革。扎实开展政府机构改革，县交通局正式更名为县交通运输局，划入指导城市客运工作职责。全面推进事业单位人事制度分类改革，道管所、运管所 33 名正式职工全部签订了聘用合同，单位用人实现由身份管理向岗位管理、固定用人向合同用人方式的转变。继续深化农村公路管养体制改革，开展了县乡公路路况质量、路产路权和桥梁涵洞三项普查，购置了平地机等工程机械和割草机、贯缝机等小型养护机具，建立起了全县农村公路数据库。至 2011 年底，全县公路通车里程 2 062 公里，其中：省道 105 公里，县道 392 公里，乡道 215 公里，专道 117 公里，村道 1 233 公里，县乡公路有桥梁 18 座 659.62 延米，涵洞 240 道。

全年共办理信访案件 3 件，办结率达 100%，办理“两会”建议 10 件，占全县提案建议总量的十分之一。

领导名录。金塔县交通局局长贺天春；总支书记何青元；副局长兼交战办主任马世宏；副局长兼县运管所党支部书记万玉玲；副局长闫锋。 （金塔县交通运输局）

【阿克塞哈萨克族自治县】 县乡公路建设工作。2011 年，全县共实施省市农村公路建设项目 8 项，其中：通乡油路建设项目 2 项(2010 年接转项目 1 项，2011 年下达项目 1 项)，通畅项目 3 项，养护维修工程 3 项。建设总里程 77.2 公里，完成投资 2 887 万元。1. 通乡油路建设项目(2 项，共计 32.3 公里)。一是省道 314 线至多坝沟 17.3 公里通乡油路建设项目。该项目 2010 年 10 月 20 日开工建设，2011 年 8 月 20 日完工，完成路基土石方 17.3 公里 4.52 万立方米，铺筑路面砂 17.3 公里 12.06 万平方米，新铺路面 17.3 公里 10.24 万平方米，新建防护 1–13 米钢筋混凝土板桥一座，新建钢筋混凝土板函 7 道 92 米，完成投资 924 万元；二是省道 314 线柳城子沟至多坝沟乡 15 公里三级沥青公路建设项目。因项目计划下达已经到 10 月份，错过最佳施工期，目前已完成项目前期工作。2. 通村油路建设项目(3 项，共计 42.9 公里)。一是国道 215 线至半个洼村 17 公里四级沥青公路改建项目。该项目 2011 年 6 月 1 日开工建设，2011 年 9 月 1 日完工，完成路基土石方 17 公里 2.83 万立方米，铺筑路面砂 17 公里 6.8 万平方米，铺筑水泥稳定基层 17 公里 6.46 万平方米，新铺路面 17 公里 5.95 万平方米，完成投资 680 万元；二是省道 314 线至柳城子 11 公里四级沥青公路改建项目。该项目 2011 年 6 月 1 日开工建设，2011 年 9 月 1 日完工，完成路基土石方 11 公里 8 514 立方米，铺筑路面砂 11 公里 4.6 万平方米，铺筑水泥稳定基层 11 公里 4.38 万平方米，新铺路面 11 公里 4.04 万平方米，完成投资 440 万元；三是半个洼村至燕丹图 14.9 公里四级沥青公路改建项目。项目计划下达已经到 10 月份，错过最佳施工期，目前已完成项目前期工作。3. 养护维修工程(3 项，143 万元)。一是国道 215 线至半个洼村养护维修工程。工程已完工，新建涵洞 6 道 60 米，完成投资 27 万元。二是国道 215 线至红柳湾镇养护维修工程。工程已完工，新建 1–13 米桥梁 1 座完成投资 32 万元。三是省道 314 线至博罗转井镇养护维修工程。工程已完工，重铺 2 公里 1.2 万平方米路面，完成投资 84 万元。

农村公路养护及水毁抢修工作。一是认真抓好了早春养护工作。4 至 7 月，认真开展桥涵安全隐患排查、养护竞赛等活动，组织职工进行清挖边沟、疏通桥涵、整修路肩、采备养护砂等工作，为全年养护生产打下了坚实的基础。二是加强科学养护及抗灾保通工作。针对初春砂砾公路出现翻浆和水毁，积极启动“公路翻浆阻车应急预案”，对灾害进行了积极妥善地处治，保证公路正常通行。三是积极进行公路养护维修工作。对 11 座(道)隐患桥梁和涵洞进行及时疏通，对 128 处病害路段进行维修和处理，保障农村公路畅通。四是积极组织人力和物力抢修水毁农村公路，确保公路安全畅通。“6.15”特大暴雨灾害中，抢修水毁公路 500 余公里，确保了公路通行。2011 年各项公路养护指标完成情况：1. 重点农村公路养护里程完成 282.21 公里，标准化养路里程完成 65 公里，完成机械刮路 1.14 万公里 19.38 万平方米，采备养护砂 3 780 立方米，撒铺养护砂 3 780 立方米，清理边沟 79 公里，整修路面边坡 79 公里 158 千平方米。

防汛抢险。“6.15”特大暴雨致使自治县境内国省干线和农村公路均遭受水毁破坏，省道 314 线全线中断，部分路段水毁损失极为严重，造成公路直接经济损失约 2 500 余万元。灾情发生后，阿克塞县交通运输局及时启动救灾和抢险应急预案工作，第一时间组织人力和物力投入抢险救灾工作，投入各种机械 486 台班，投入资金 170 万元进行水毁道路抢修，抢修水毁道路 500 余公里，在最短的时间内恢复道路畅通。

路政、运政管理。2011 年 3 月，在省道 314 线、红柳湾农业开发区和红柳沟矿区公路设置流动治超站开展治超以来，出动治超人员 300 多人次，集中时间、集中力量治超，重点攻坚、逐个突破，做到整治一片，巩固一片，营造良好的交通运输市场环境。年内无一例路政违法案件发生，管养路段实现了“五无一畅一通”管理目标。确保了阿克塞县农村公路路产、路权的完好。2011 年，运政管理共受理行政许可 15 件，办结率 100%，未发生违规审批。规范制作各类文书及行政许可案卷 325 份，其中：简易程序案卷 194 份，一般程序案卷 131 份。查处违法案件 246 余件，其中简易程序 130 件，一般程序 116 件，无一起复议和诉讼案件发生。全年共组织举办各类安全、普法、司乘人员文明礼仪教育，行业技术交流及行业民主测评会 170 余场次。散发各类宣传资料 450 多份、悬挂横幅 40 余幅，接受电视采访报道 15 次，开辟宣传专栏 15 个。全年审理货运车 64 辆，出租车 8 辆，县内班线车 12 辆，危货车 11 辆，新增货运车辆 13 辆，转出 0 辆，审验从业资格证 126 本，年审率 100%，维修企业 27 户。截至 12 月底，全社会完成客运量 3.86 万人，周转量 561.8 万人公里，货运量 5.41 万吨，周转量 670.07 万吨公里。

安全生产。一是开展"安全生产月"活动,6 月中旬配合安监局、交警队等十几个单位开展了"安全生产月"宣传咨询日活动;二是认真开展安全生产大检查活动。在重大节庆日期间,牵头组织相关单位和部门对恒亚水泥厂、神威化工厂、德惠矿业等重点厂矿、企业进行交通安全生产检查,及时排除安全隐患。三是加强运政稽查工作,确保运输市场稳定、有序发展。四是积极开展安全生产专项检查活动,组织职工参加反邪教警示教育活动,开展交通安全、防火、防盗等宣传教育。同时,做好职工工伤、养老、失业保险缴纳工作,维护了交通发展良好形势。全年召开安全例会 12 次,专题会议 6 次,组织检查 15 次,检查车辆 586 辆次,全年来无一起安全生产事故发生。

春运工作。一是认真执行坚持"三关一监督"制度,以春运工作为突破口,努力实现全年工作开门红。1 月 19 日召集全体运输企业及驾驶员参加"春运"启动仪式,与开源运输公司、联通运输公司签订了《2011 年春运安全管理目标责任书》,参加启动宣传车辆 10 余辆,发放安全宣传资料 150 余份,张贴宣传图片 10 余幅,为春运的顺利进行打下坚实的基础。春运期间报送《春运信息》10 篇,播报春运短片(摄像)5 篇,交警联合稽查客车 232 辆,查处安全隐患 12 处,纠正违章事故 5 起。二是开展"客运市场百日专项整治"活动。为使客运市场百日专项整治活动取得成果,联合交警、安检等多部门走向街头,开展集中"安全生产月"宣传活动,发放宣传资料 100 余份,张贴各种宣传图片 10 余幅。三是加大稽查力度。采取定点检查和流动检查,定时检查和不定时检查,交叉检查和联动检查,明查和暗访相结合的多种方式,严厉整治客运市场秩序。活动期间出动稽查车 180 多辆次、执法人员 280 人次、查扣"黑车"4 辆,查处违法违规车辆 32 辆并按照条例进行处罚。四是督促客运企业建立"三查一室"监控阵地。督促客运企业各项安全管理规章制度上墙,规定召开"安全例会"每月不得少于 2 次,做好客运车辆收车后的"定点"维修、检查制度以及"客运企业车辆安全检查报班"等制度,从源头上杜绝车辆"带病"上路隐患。五是全面推行具有民族特色的双语《安全告知》和安全生产主体责任制。在告知制度的落实上我们以书面告知、人工告知和制度影像(双语)、资料采取三种方式在客车发车前向乘客进行安全告知,加强和完善道路客运安全管理制度。

领导名录。县交通运输局局长雷兴云;县交通运输局副局长刘进玉、马丽。

(阿克塞县交通运输局)

【瓜州县】 农村公路建设。2011 年瓜州县交通基础设施建设力度进一步加大。一是通村油路建设项目。2011 年省市下达的通村油路第一批计划 7 条 44.2 公里,涉及广至乡、梁湖乡、锁阳城镇三个乡镇。第二批计划 2 条 20.3 公里,新改建小宛大队通村油路 11.6 公里,广至乡洮砚村 8.7 公里。计划共计 9 条 64.5 公里,项目计划总投资 2 153 万元(其中中央投资 1 612 万元)。实际完成计划内道路铺筑 71.63 公里,占计划任务的 111%,完成计划外沙河乡沙河村通村油路铺筑 9.97 公里,超计划里程 17.10 公里。二是通乡油路建设项目。2011 年省市下达的第一批通乡油路建设项目 3 条 54.26 公里,分别为省道 314 线至梁湖乡 37.68 公里、腰站子至沙河乡 10 公里、七墩滩至七墩乡 6.58 公里。第二批下达的通国有农林团场道路建设项目 1 条 11.5 公里,即 312 国道至小宛大队 11.5 公里。共计 4 条 65.76 公里,计划总投资 5 103 万元(其中中央投资 3 827 万元),要求 2012 年底完工。至 2011 年底,路基工程已完工,完成计划任务的 100%。三是农村公路养护维修工程。计划完成大中修项目 3 项,改建桥梁 3 座,其中三道沟镇四道沟村"希望桥",全长 62.16 米,腰站子乡辉铜村"辉铜桥",全长 52.2 米,玉布路河东乡"生地桥",全长 29.74 米,2011 年底完成主体工程和预制件。同时对东片乡镇破损严重的 15.5 公里油面和 17 道桥涵进行维修加固,确保了道路安全畅通。四是城区道路建设项目。完成县府街东延伸段 1 200 米、西环路 702 米、公园西路 942 米、公园街 1 319 米,丰泽园道路铺筑 631 米,枸杞示范园道路铺筑 1 629 米,县府街东延伸段与东环路连接线 2 处 271 米的油路铺筑,共计 6.69 公里,5.76 万平方米,超计划里程 5.03 公里,总投资 561.8 万元。五是风电厂道路建设项目。完成北大桥西、干河口风电厂规划区 56.155 公里道路油路铺筑,项目总投资 4 738.15 万元。六是瓜星高速辅道建设项目。项目总长 71.89(含天桥连接线 7 公里)公里,省交通运输厅、省公路局于 2011 年 5 月 20 日安排专家进行了现场勘察,并召开了座谈会,12 月 26 日开工建设。高速公路出口连接线省交通厅已委托瓜星高速项目部开工建设,按国家二级公路标准建设,线路总长 2.8 公里,总投资 1 380 万元。

公路养护。2011 年,由于瓜州县国家重点建设项目多,故拉运材料、设备及砂石料的重型车辆多,公路养护面临严峻形势,交通局坚决克服"重建设、轻管养"的思想,建养并举,切实加强公路养护,加大治理超限超载力度,大力组织实施了农村公路养护"五大工程",深入开展路政执法"三项活动",在县乡主要公路干线和重点地段,24 小时展开不间断的治超行动,同时对东片乡镇破损严重的 15.5 公里油面和 17 道桥涵进行维修加固,确保了各类道路畅通无阻。至年底,全县农村公路总里程达到 1 672.91 公里,其中县道 194.38 公里,乡道 252.45 公里,专用公路 203.38 公里,村道 1 022.70 公里。全县计划列养里程 432.4 公里,重点养护里程 229.92 公里,平均好路率达到 81.5%,完成文明样板路创建 15 公里。

路政管理。2011 年,瓜州县交通局继续实施县上制定出台的《关于加强全县车辆超限超载专项治理工作安排意见》、《2010 年纠分工作安排意见》、《2010 年治理公路"三乱"工作实施方案》,建立起了治超长效管理机制,强化路政管理,加大巡查力度,加强源头治理,全体路政人员上路分班轮岗,坚守工作岗位,对重点路段,关键部位进行了重点监控,确保了道路畅通。共清除各种路障 332 起,制止违法违规建筑 8 起,拆除非公路标志牌 12 块,勒令停工违法违规埋置杆线 3 起,查处破坏公路案件 6 起,路政案件的查处率和结案率达 100%。

运政管理。全县客货车辆 1 442 辆,其中客运班车 88 辆,公交 14 辆,出租车 215 辆,货运车辆 1 125 辆,完成客运量 163.84 万人次,客运周转量 1.41 亿人公里,完成货运量296.71 万吨,货运周转量 4.86 亿吨公里,运输业总产值达到 6.09 亿元,提供就业岗位 4 236 个。

安全生产。2011年,交通系统以注重预防,强化源头管理,落实责任为重点,深入排查安全隐患,积极开展专项治理,努力控制和减少各类安全生产事故。深入开展了安全生产法律法规宣传,做到了机构责任、资金投入、宣传教育"三到位",把完善安全管理责任、安全预防、安全监管、应急保障"四大体系"建设作为全系统安全监管工作的重点,狠抓安全生产专项整治工作,强化运输企业安全监管,健全完善应急保障体系建设,进一步提高了安全监管水平和应急保障能力,全年无重特大安全生产事故发生。

领导名录。瓜州县交通局局长聂海龙;副局长兼任道管站站长张青山;副局长任伟。（瓜州县交通运输局）

【肃北蒙古族自治县】 交通基础设施建设。2011年共完成农村公路项目5项15公里,完成投资648万元。建成客运汽车站3个,完成投资120万元。截至2011年底,全县境内已建成的公路有35条,总里程达1 431.66公路。其中,省道2条335公里,油路化里程212公里;县道4条355.10公里,油路化里程29.53公里;乡道3条119.37公里,油路化里程40公里;村道26条600.3公里,硬化里程48.1公里。完成通畅公路建设计划3条。分别为:紫亭湖5公里、县城至喇嘛庙3公里、县城至拉排7公里,共15公里。完成肃盐路养护维修工程1项。完成新建小桥2座。

公路管理养护。责任主体、机构人员、养护资金实现了"三落实"。2011年6月初,县乡公路管理站"三定"方案正式获县政府批准,核定为正科级事业单位,经费财政全额供给,编制15名,其中领导职数2名。6月中旬我们正式成立了3个乡镇牧农村公路养护管理中心,管养中心主任由各乡镇分管交通的副乡(镇)长兼任,每个乡镇养护管理中心落实了2名管养人员。县财政共安排养护经费246万元。一是坚持专业养护和农民承包养护相结合。县乡道路管理站负责主干道和特殊路段的养护,乡镇管养中心分片负责村级道路的养护,同时鼓励有能力的农民进行公路承包养护。二是坚持养护管理与路政管理相结合。在部分路段设立限载墩、限载门和限速、限重标志,杜绝超限超载车辆上路,保障了农村公路安全畅通,维护了农村公路建养成果。三是坚持政府投入与群众、企业参与相结合。针对马鬃山和石包城地区矿山企业多,运输车辆对乡村道路损坏比较严重的实际,养护管理做到了认识、责任、考核"三到位"。制定出台了《肃北县农村公路养护管理办法(试行)》和《肃北县农村公路养护管理考核办法(试行)》,交通局与三个乡镇签订了公路养护管理目标责任书,明确了养护质量要求、养护里程及期限、养护内容及要求、养护质量考核、路政、安全事项等内容,保证公路好路率的不断提高。认真实施安保工程。对辖区34座桥梁和6条重点路段进行了逐一逐条排查,详细记录桥梁病害,制作桥梁档案,对存在安全隐患的路段进行排查,逐一制定隐患整治方案并认真抓好落实。年内隐患排查整改共投入经费近20万元,共预制安装警示桩461根,标志牌27个,限载门1个、限载墩2个,维修涵洞6道、整治急弯陡坡路段6公里,特别是对肃盐路黑大板和党石路尕休大板2处危险路段采取增设警示桩和粉刷桥梁警示标志等有力措施,切实保障行车安全。加大养护设备投入力度,提高养护机械化水平,2011年争取财政支持,先后投入近90万元,又购置了装载机1台、压路机1台、翻斗车1辆、养护用车1辆,使养护效率和质量大大提高。面对十分严重的水毁灾情,按照先抢通、后修复的原则,对党石路、肃盐路、鹰嘴山村、龚岔村、石板墩村、哈什哈尔村、青山道村、金庙沟村、马鬃山村等县乡公路进行了集中抢修和灾后恢复工作,确保了公路畅通和行车安全。至目前共整修路面380公里、整修边沟75公里、机刮路面897万平方米、铺路面砂5.2万立方米、处治水毁路基5.2万立方米16公里、处治水毁路面13.8万平方米23公里、修复涵洞42米6道、整修土坝2.43万立方米18处。道路完好率是历年来最好的年份,得到了群众的一致认可。

运政管理。一是层层签定安全生产管理目标责任书,认真履行"三关一监督"职责和落实"三不进站、五不出站"制度,运管员驻站监管,杜绝客运车辆不安检报班发车的和"三品"进站上车现象。共出动执法人员260人次,出动执法车辆160辆次、检查客车、货车、出租车共计258台次(其中货车65台次,客车140台次,出租车53台次)、查处违章无证车辆25台,至目前无安全事故发生。二是充分利用GPS监控系统对客运车辆进行动态安全监管,预防和减少因路况不熟或赶班赶时造成事故隐患。三是加大出租客运市场整治,采取日常管理与集中整治相结合,行业协会协管与经营业户自主维权相结合,运管与交警等多部门联合执法等措施,对出租"黑车"进行整顿清理,对非法运营"黑车"起到了有效的打击和震慑作用。四是加强客运市场管理,积极开拓农村道路运输市场,按照省上计划,今年在盐池湾、鱼儿红、鱼儿红牧场新建3座客运站,总投资120万元,全部完工并投入使用,县城至盐池湾5天1班、县城至马鬃山3天1班、酒泉至鱼儿红牧场1天1班。至目前,年审出租汽车39辆、货运车辆125辆,班线客车12辆,其中新办证23个。完成客运量累计1.66万人,客运周转量380.2万人公里。货运量8.3万吨,货运周转量1 800万吨公里。

路政管理。一是加强公路法律法规以及路政管理相关知识的宣传普及力度,通过出动宣传车,张贴宣传标语、悬挂宣传横幅、散发宣传资料等多种形式和途径,在全县范围内广泛开展了《公路法》、《甘肃省公路路政管理条例》、《公路安全保护条例》等法律法规的宣传,共出动宣传车11次,散发宣传材料1 000余份,使广大干部群众爱路护路意识和法制观念有了一定的提高。二是加大公路巡查和执法力度。在具体工作中,我们坚持常规巡查和定期不定期执法检查相结合,在巡查管理过程中做到"三勤"(腿勤走、嘴勤说、眼勤看)、"四早"(早发现、早制止、早查处、早治理),保证了巡查时间、巡查质量和巡查效果。我们加大对一些关键路段和重点区域的巡查执法,采取路政人员牵头,积极协调国土、城建、水务、沿线乡镇等部门支持配合,开展联合执法和集中整治活动,从而形成了对在公路两侧违章搭建、乱堆乱放等侵占公路行为进行齐抓共管的局面,取得了良好效果,特别是对损害侵占公路等行为,发现一起,查处一起,至目前共上路巡查223次512人865公里,有效保护了路产路权。三是落实路政管理责任制,把路政管理责任分线路落实到各路政人员,建立奖惩机制,增强路政执法人员的责任感和使命感,充分调动了路政执法人员履行职责的主动性和积极性,至目前共清理公路“三堆”265立方米、纠正擅自挖掘公路和乱占道行为8宗、处理路产损坏赔偿1起，行政许可1件，没有发生公路“三乱”。四是加强超限治理工作，对公路破坏最严重的除了天灾，就是超载车辆。为了坚决遏制这种行为，这几年我们限于人力情况，一直把治超重点放在县城周边，在党河西大桥设置限宽墩，对部分村道发动村民进行自管，对载重车流量较大的肃盐公路设置检查站，昼夜值班。同时，对公路沿线相关厂矿企业开展上门宣传，争取他们的理解和支持，尽最大可能降低超限率。

安全生产。道路运输安全方面，结合工作特点，全面梳理了安全工作程序，与运输企业签订了安全责任书，层层落实安全责任，在抓好安全员队伍建设的同时，加强驾乘人员的安全培训、教育和考核，狠抓现场安全管理，按“三关一监督”做好门检、例检和危险品检查，严厉打击超速行驶、超载运输和带病运行。与县安监局共同组织开展了安全生产宣传日活动，努力做到发现问题及时解决，不留隐患。年内无安全事故发生。工程安全方面，建立了三级安全管理网络，一是与各施工单位签订安全生产合同，将安全责任落到了实处；二是各施工单位明确安全责任人，建立健全了安全管理制度；三是施工单位第一责任人与各施工负责人层层签定安全责任书，同时严格现场管理，重点路段，重点部位设立安全警示标志，施工关键部位设立安全防护设施，防止闲散人员和车辆进入工地，确保了各施工现场的安全生产。施工人员人生安全方面，将卫生防疫和防震防洪列入了安全生产管理范围，建立了施工区域卫生防疫制度和防洪制度，并制定了相应的应急方案。全年没有发生安全事故。

领导名录。交通运输局局长袁兵德；交通运输局党支部副书记、副局长巴雅尔；交通运输局副局长乌云毕力格；运管所所长朝格巴特尔；运管所副所长巴额那。

(肃北县交通运输局)

2011年1月21日，省交通运输厅纪检组长艾玉德在省交通服务公司慰问困难职工。

兰文治 摄

2011年4月8日，省交通运输厅副厅长阮文易在折达公路建设工地检查工作。

临夏公路总段 供

嘉峪关市

概　　述

【重点项目建设】 1. 酒嘉城际一级公路：该项目起点位于酒泉市飞天路（国道312线）的富康路口，终点为嘉峪关市雄关广场。公路总长19.95公里，其中酒泉境内13.9公里，嘉峪关市境内6.05公里（市区段2.42公里，城际段3.63公里）。工程总投资约6.45亿元，其中我市2.30亿元。在嘉、酒两市政府的大力支持下，两市交通运输局密切配合，积极协调，于2011年1月5日奠基，同年3月正式开工建设。截至2011年底，累计完成投资7 000多万元，完成了拆迁、光缆和部分电力改造等工作，主线征地工作正全力推进，计划2012年2月底全部完成。现已完成工程量：路基土石方7万立方米，涵洞14道，桥梁工程1座14.4米，铺设人行道花砖3.5万平方米，安装道牙石1万米，基层砂砾备料8万立方米，面层碎石备料4 000立方米和铁路便线改移。2. 驻嘉某部队营区出口道路：该项目全长34.1公里，总投资2 991万元，其中：中央预算内投资1 700万元，地方政府配套1 291万元。该项目5月25日正式开工建设，10月31日全部竣工，12月2日举行了隆重的竣工通车仪式。3. 2011年农村公路建制村通畅工程：该项目是2011年市政府为民办的十件实事之一，经我局多方积极协调和争取，省公路局下达我市2010农村公路1个项目10公里，2011年2个项目25公里，合计35公里，涉及三个镇14个行政村34个村民小组及部分养殖、种植示范区共26条。于2011年6月正式开工建设，10月底全部完工，实际完成39.4公里，完成投资1 125万元，超额完成了任务。4.开通了德轩街区至关城景区6号公交线：该项目也是2011年市政府为民办的十件实事之一，经深入调查研究，广泛听取群众意见，多次组织专家论证，抽调精干运力，已于2011年12月6日顺利开通。

【交通战备】 完成了《嘉峪关国防战备公路“十二五”建设规划》及实施方案，进一步完善了国防交通信息管理系统等七类国防交通数据库工作；完成了驻地部队进出口道路及辖区县乡公路现状调查和地方工程机械、自卸车资源普查工作；完成了驻地部队营区出口道路、黑鹰山战备公路维修养护工程；完成了2011年双拥各项工作任务。

【公路、桥梁养护维修】 1. 2011年农村公路养护维修工程：2011年省公路局下达我市农村公路养护维修工程3公里，其中县道253线1公里、环城西路2公里，共计养护维修面积2.43万平方米，总投资84万元。该工程于2011年8月中旬开工，11月上旬全部完工。2. 2011年农村公路安全保障工程：该工程为嘉肃县际公路29.3公里，2011年8月底开工，11月完工，修补路面1 450平方米，安装标志牌94块、里程碑29块，累计完成中央资金58.02万元。3. 北大河桥维修工程：该工程由市发改委立项和施工图批复，总投资71万元，其中市财政投资60万元，省公路局投资10万元，自筹1万元。2011年5月10日开工，10月中旬完工，累计完成投资70万元。

【交通运输管理】 1. 路政管理工作：始终坚持抓源头管理，加强部门协调，既支持各项建设工作，又搞好路政管理工作，做到两促进、两不误。加强交通行政执法巡查的力度和密度，着重整治路容路貌。及时制止了超限超载对部分路段造成的损坏。对公路沿线违章建筑和违章占用公路的行为进行清理，对非公路标志、标牌、摊点等进行了规范。加大险桥险段的巡查力度，把巡查中发现的问题及时上报并采取果断措施及时修补，确保道路安全畅通。全年累计路检、巡查784人次，拆除违章建筑25平方米，清理非公路标志牌47块，清除乱堆乱放40处1 894立方米，路面障碍物36处，纠正路政违章行为26件，办理路政许可13起，查处路政案件2起，查处超限超载车辆83台次，收取赔偿费5.84万元、补偿费2.64万元，共计：8.49万元。依法减免了赔（补）偿费2.3万元。分发宣传手册60册、宣传材料4 100余份。加大公路“三乱”检查治理力度，使管辖的路段畅、洁、绿、美且无“三乱”现象发生。2. 水运管理工作：2011年认真学习贯彻安全生产法律法规，落实水上安全生产责任制。与重点水域签订《水上交通安全目标管理责任书》，组织学习《甘肃省水路交通管理条例》，加强思想认识，规范安全生产行为。结合渡口渡船专项整治和“安全生产月”活动，采取多种方式，做到预防为先，杜绝隐患，没有出现水运安全事故。3. 安全生产管理工作：坚持“安全第一，预防为主，综合治理”方针，继续深入开展“安全生产年”、“安全生产月”、“安全事故隐患专项整治”等活动。强化目标管理，突出标本兼治，抓好源头监管，开展隐患排查，完善应急保障，建立安全管理长效机制。消除道路运输、工程项目建设中的事故隐患，强化责任落实，层层签订《安全生产目标责任书》。逐步形成了“横向到边、纵向到底”的安全管理责任网络。开展了百日整治活动，公交车、出租车营运市场秩序得到明显改善。全年无重特大道路交通事故,交通运输行业安全生产形势总体保持稳定,较好地完成了各项安全任务,为构建和谐交通、平安交通奠定了坚实的基础。

【节能减排】 认真落实市委、市政府对节能减排工作的要求,会同有关部门,通过督促企业加快公交车辆更新、强化自检、组织司机进行驾驶操作培训,采取部门联动机制,强化监督检查,与企业签订目标责任书等一系列措施,加强对环保超标公交车的整治,取得了明显成效。全年共更新公交车辆23辆,更新出租车辆103辆,新投放出租汽车20辆,全部改为双燃料。公共机构各项节能降耗指标控制良好。

【领导名录】 嘉峪关市交通运输局党委书记、副局长赵永芳;交通运输局局长、副书记袁保安;交通运输局纪委书记胡智和;交通运输局副局长李先学。

(嘉峪关市交通运输局)

2011年4月19日,甘肃省道路运输管理局及4个中心(道路运输站场资产监管运营中心、道路运输应急指挥中心、道路运输科技信息中心、道路运输局机关服务中心)举行揭牌仪式。省交通运输厅厅长杨咏中,副厅长杨映祥、王繁己、巡视员王吉祥、副视员盖宇仙出席仪式。

省道路运输管理局 供

2011年4月19日,甘肃省高速公路管理局举行挂牌仪式,省交通运输厅杨咏中、杨映祥、王繁己、王吉祥、盖宇仙等领导出席。

徐伟 摄

2011年11月1日,甘肃省公路路政执法管理局成立并挂牌。省交通运输厅杨咏中、杨映祥、艾玉德、王繁己、赵彦龙等领导出席。

蔡富选 摄

甘肃矿区

概述

【公路项目建设】 2011年，矿区交通运输局按照省公路局2011年的项目计划，按期保质保量完成红四线2公里的油路挖补罩面；赤金桥的路基及构造物修复项目。但经有关技术专家现场多次查看后，提出赤金桥由于建设年代较早(1972年建造使用)，设计荷载低，现属于危桥，这样的修复不能从根本上解决病害，建议重修。

【公路日常养护】 针对矿区公路养管实际情况，2011年成立了由职工组建的公路日常养护队，负责70.07公里公路日常养护，包括对公路路面清扫、路肩边坡除草培土、清理边沟、桥涵清淤等公路日常保养工作。制定了公路巡查制度，养护工作例会制度和路政事故报告制度。公路巡查每月按规定进行；巡查重点：排查公路安全隐患、维护公路路产路权，检查和督促公路养护工作，合理制订公路养护计划。每月召开一次公路养护例会，集中解决公路养护问题，研究制定下月工作计划。发现公路设施存在安全隐患的，及时处理。2011年公路养护目标100%完成，对路面拥包、反射裂缝进行维护和补修，提高养护效果。使辖区内的70.07公里公路始终保持综合好路率78.44%以上，其中主要专用线好路率为79.6%，全线养护综合值为79.73。

【交通安全监管工作】 继续推进隐患排查治理长效化，全年共排查出安全隐患27处，整改27处。举行安全教育培训12次，受培人员288人次。开展"安全月"、"安全周"活动四次。举行突发事件应急预案演练两次，广泛开展道路客运专项整治、危险品运输专项整治工作，有效地预防和控制了重特大交通事故的发生，安全形势稳定。

【路政运管行政许可工作】 严控辖区内设置非公路标志，维护路产路权；加强道路运输许可管理与监督；加强路政、运管执法人员作风建设，规范行业管理。根据矿区特点，一方面着重解决执法人员风纪不严、执法程序不规范、不亮证执法、不告知相对人权益、用语不规范、工作效率不高、群众观念淡薄等问题，规范了工作流程，建立了路政、运政规范管理新机制。另一方面分别集中治理了辖区内超限超载车辆运输问题，严格交通部治超"五不准"，杜绝"以罚代管"和乱罚款现象，确保治超工作廉洁高效。加强行业管理，加大稽查力度，集中组织路政与运政部门联动上路稽查超限超载车辆，加强防控措施，采取教育与处罚相结合，重点整治运煤大型车辆的超载超限问题，规范了矿区运输市场，确保矿区道路正常运转，完成省总队布置的超限超载车辆控制在5%以内的指标。

【信息网络管理】 运用现代化信息技术，对OA办公自动化系统、网上即时通系统、GPS监控系统及视频会议系统等先进信息设备，全部启用，实现网上许可、年检年审等业务工作网上审批、传阅文件、网上道路运输信息及时传发、危险货物运输车辆和大客车安全运行状态监控等。其中甘肃矿区公铁运输公司9辆大型高级客车和矿区12辆危险货物运输车辆全部加装了GPS全球卫星定位终端、承保了承运人责任险。

【道路运输企业质量信誉考核】 认真开展道路运输企业质量信誉考核工作，建立健全质量信誉考核档案。督促各企业规范安全运输管理，建立健全各项管理制度，严格道路运输企业质量信誉考核，规范企业经营行为，全面加强矿区道路运输市场管理，使矿区道路运输市场规范、有序、安全运营。甘肃矿区公铁运输有限公司、甘肃矿区汽车站、矿区汽车维修中心质量信誉考核连续五年评为AAA级。

【客运市场管理】 对矿区汽车站安检措施、规章制度及站容站貌、服务质量进行检查，对旅客投诉和意见进行登记和备案，督促车站领导和管理人员改进工作方式、完善规章制度，端正服务态度、提高服务水平；要求车站工作人员做到着装整齐、文明用语、服务热情周到，树立交通窗口精神文明新风貌，加大"三品"检查力度，杜绝乘客携危险品乘车，重点加强了矿区汽车运输公司、矿区汽车站综合治理工作的监督检查，定期对安全生产情况和综合治理情况进行检查考评，实行一票否决制，严格规范驾驶人员上岗资格证制度。

确保"春运"、"五一"、"十一"等黄金周运输，成立专项领导小组，实行领导24小时值班制度。加强对矿区公铁运输公司、矿区汽车站的安全检查。及时加强与气象、交通、公路、新闻等部门的联系，积极协调矿区运输公司、矿区汽车站，合理安排班次，年度安全运送旅客84.2万人次确保旅客安全运输。实现了重特大道路交通责任事故、死亡人数为零的目标。

【打"黑"行动】 矿区交通运输局、运管处、公安交警支队联手从3月18日至6月26日，在矿区范围内联合开展为期100天的"打黑车除隐患，构建和谐交通"客运市场专项整治行动。深入到客运市场和驾驶人员当中，密切关注客运市场的安全与稳定。要求广大出租车从业人员加强安全学习、遵守行业职业道德、规范经营，树立形象。按时做好车辆审验，保证车辆状况良好、安全运营，彻底杜绝倒客、宰客、甩客现象发生。重点打击了未经批准擅自从事道路运输服务的“黑车”和超范围营运的业户，并加强从业资格证管理，对超出从业资格证准驾范围的从业人员，及时进行纠正。

【驾校监管】 加强驾校日常监管，规范驾校培训行为，提高其培训和教学质量，有效防止驾驶技术不合格学员从驾校流出，矿区运管处与交警支队联合成立整治小组，对矿区驾驶员培训学校进行了专项整治。重点从经营资质、管理制度、设施设备、教练场地、教练车辆、教学人员等方面逐条逐项进行检查，对检查中发现的突出问题，要求驾驶员培训学校拿出整改方案，改善教学场地、完善教学设施，并对其下发了整改通知书。

矿区机动车驾驶员培训学校今年共投资175万元对相关设备设施进行改造，重新购置部分教练车、教学设备，硬化了教学场地，升级了教学软件，采用多媒体教学方案，健全了各项管理制度。其中，矿区运管处对驾培学校采取建立学员学时管理档案，对考试合格的学员颁发结业证书等多项管理制度。

【公路客运指标】 全年完成公路客运车次1.69万车次，为去年的82.2%；完成公路客运量84.2万人次。为去年的89.1%。

【汽车维修】 全年完成汽拖内大中修9自然台/3.8标准台。完成汽车二级维护368台、小修1 076台。

【设备维护与更新】 置换4台新金龙中巴客车，淘汰了6台旧金龙客车。

【质量、能源指标】 完成公路客运正点率为99.9%；完成汽拖大中修返修率≤5%；完成万元产值油耗0.24吨；年总用电量53.22万千瓦时。为去年的94%；总耗热量1 502吉焦耳，为去年的198%；总用水量5.5万吨，为去年的118%。

【安全指标完成情况】 工伤死亡、重伤事故、重大设备、火灾、责任交通、铁路行车事故及其他重大事故为零；一般交通事故1次；员工因工负伤为零；三级安全教育、特种作业持证上岗率100%；按职责范围，安全隐患整改率达到100%。

【安全管理】 认真落实“严格、严肃、严细、严谨”四严方针，层层签订“安全生产目标责任书”和“安全管理目标责任书”，严格执行“周检查”、“月讲评”的考核制度，确保交通运输安全。公路运输安全行驶86.4万公里，安全运送乘客84.2万余人次。全年组织班组级安全检查923次；基层单位综合安检55次；局组织专项和综合性安检16次；职能部门现场检查253余次；路检路查115余次；各级查处大小安全隐患270起，全部进行了整改；年查处各种违章行为22起，全部进行了处理。4月份组织开展“安全生产周”活动；6月份组织落实“安全生产月”活动，下发学习资料宣传品60余份；9月开展了核事故职工通过铁路、公路疏散演练；10月针对Ⅲ级事故风险点进行了应急演练，提高了员工安全防护意识，保障了公路、铁路安全运输。年内共查处违章22起，其中轻微违章3起，一般违章14起，严重违章5起；有43人次进行了责任追究(其中科级以上干部13人次)，罚款3.75万元。

(耿献忠)

2011年6月，全国干线公路养护管理检查工作组在省交通运输厅副厅长赵彦龙陪同下在武南服务区检查工作。

兰文治 摄

DONGTAIXINXI

动态信息

2011年，甘肃路桥建设集团有限公司成立改性沥青“产、学、研、用”一体化模式技术攻关小组，对改性沥青技术攻关后在瓜星项目上实施效果显著。图为改性沥青摊铺现场。

甘肃路桥建设集团有限公司 供

管 理 创 新

【交通运输部李盛霖部长就落实国务院《若干意见》在甘肃进行调研】 2011年2月27日至3月1日，交通运输部部长李盛霖、中纪委驻部纪检组组长杨利民到甘肃就贯彻落实中央深入实施西部大开发战略、国务院《关于进一步支持甘肃经济社会发展的若干意见》(简称《若干意见》)等进行调研，与省委书记、省人大常委会主任陆浩，省委副书记、省长刘伟平，省委常委、副省长刘永富，省委常委、省委秘书长、甘肃省委统战部部长刘立军，副省长石军等就努力推进甘肃交通运输科学发展深入交换意见。李盛霖部长和刘伟平省长分别代表交通运输部和甘肃省人民政府签署了落实《若干意见》会谈纪要。全体厅领导一起参加了调研等活动。期间，李盛霖部长一行深入庆阳革命老区和平凉市，考察了青兰高速公路雷家角(甘陕界)至西峰段、西峰至长庆桥至凤翔路口(甘陕界)高速公路建设情况和青兰高速公路六盘山段建设情况，庆阳甜水堡(甘宁界)至罗儿沟圈(甘陕界)能源通道、新堡至南梁至太白红色旅游公路和平凉静宁至庄浪高速公路、平凉至天水高速公路规划情况。考察了省高等级公路运营管理中心，亲切看望和慰问了我省交通运输系统舟曲特大泥石流灾害抢险保通先进集体和先进个人代表。

李盛霖部长指出，“十一五”以来，在甘肃省委、省政府正确领导下，甘肃交通运输系统广大干部职工发扬艰苦奋斗、不怕牺牲、积极拼搏、勇于奉献的精神，在基础设施建设、运输保障、应急抢险等方面取得了显著成绩，为经济社会快速发展作出了重要贡献。“十二五”时期是甘肃交通运输发展的重要战略机遇期，按照党的十七届五中全会精神，交通运输工作要坚持以科学发展为主题，以转变发展方式、发展现代交通运输业为主线，以结构调整为主攻方向，按照适度超前的原则，统筹各种运输方式发展，加快构建便捷、安全、高效的综合运输体系，努力为甘肃经济社会又好又快发展提供强有力的支撑和保障。

李盛霖部长表示，交通运输部将认真贯彻落实中央的决策部署，加大对西部欠发达地区特别是革命老区交通运输发展的支持力度。进一步加强对甘肃交通运输发展的指导和支持。在高速公路建设、国省干线改造、综合交通枢纽建设、农村公路建设、内河水运发展、灾后恢复重建和藏区交通运输发展等方面给予更有力的支持。已纳入国家高速公路网规划的项目要尽快开工；已开工的项目要确保建设质量，确保如期建成。建设过程中要注意施工安全，强化监督检查，保证资金使用安全。交通运输部还将加大力度协调，加快解决影响经济社会发展和人民群众生活的省际“断头路”问题。

陆浩、刘伟平等省上领导对交通运输部多年来给予甘肃省交通运输发展的大力支持和帮助表示感谢。陆浩书记表示，“十二五”是甘肃经济社会加快发展的关键时期，为充分发挥甘肃连接欧亚大陆桥的战略通道和沟通西南、西北的交通运输枢纽的功能和作用，甘肃省将把交通运输作为今后一个时期事关甘肃经济社会发展全局的战略任务，进一步加大资金投入力度，加快发展步伐，努力开创甘肃交通运输发展新局面。

(厅办公室)

【甘肃省交通运输厅制定《甘肃省高速公路运营管理工作保障机制实施办法》】 2011年，省交通运输厅为进一步明确高速公路管理主体责任，建立协调联动的高速公路运营管理工作保障机制，根据高速公路相关法律法规，结合实际，制定《甘肃省高速公路运营管理工作保障机制实施办法》。

一、建立高速公路运营管理联席会议机制

高速公路运营管理联席会议由省交通运输厅主持，高速公路运营、养护、路政、服务区等管理部门参加，必要时邀请公安、交警、气象、石油、消防、急救和新闻媒体等部门。联席会议原则每季度召开一次，遇到重大事项时可随时组织召开。联席会议主要解决影响高速公路运营管理、服务质量等重大问题，并对各高速公路管理部门的工作进行阶段性监督检查。相关部门对联席会议决定事项应在规定的时限内改进、落实，并将落实情况以文字形式向联席会议办公室汇报。各部门应结合本单位实际，逐步建立区域联席会议机制和专题事项联席会议机制，及时解决区域路网内影响高速公路运营管理的突出问题。

二、建立高速公路安全畅通工作主体责任机制

明确各高速公路管理部门主体责任，落实安全畅通保障工作措施。运营部门对高速公路收费运营管理负有主体责任，除履行主体责任外，要做好协调服务工作，对内监督协调养护、路政、服务区等管理部门，对外联系公安、交警、消防、急救、新闻媒体等部门。养护部门对高速公路以及收费广场的养护负有主体责任。路政部门对高速公路路产、路权、收费站秩序维护负有主体责任。服务区管理部门对服务区经营管理、保障服务区公众服务功能完好负有主体责任。各单位应建立工作联系、协调、会商制度，规范工作程序，建立“政府主导、行业尽责、部门联动、社会参与”的高速公路安全畅通工作新机制。

三、建立高速公路路警联动工作机制

高速公路运营、养护、路政和交警部门依托运营部门监

控系统和GPS管理系统,实施路警联合指挥,提高快速反应能力;实施路警联合值班巡查,提高预警能力和工作效率;实施路警联合行动,同出警、同处置、同补偿,维护路产路权、减少延误、防拥堵保畅通。建立健全统一规划、统一编组、联合行动、统一值班和指挥调度、统一设立咨询、报警电话、统一共享资源、统一收集发布信息、统一工作程序和内部纪律的联动工作机制,提高突发事件应对能力。

四、建立高速公路应急保障机制

影响高速公路安全畅通的突发事件主要有:交通事故、自然灾害、群体事件、隧道消防事故等。在各类突发事件应急保障工作中,各部门要建立“统一调度、各司其职、信息共享、协作配合”的应急保障工作机制,并根据突发事件类型,细化职责措施,落实应急保障工作机制。

交通事故应急保障:运营部门接警后互通事件信息,协商后发布出行提示信息,配合实施交通管制,调度清障施救队伍实施清障,处置完成后,发布交通恢复、交通管制解除信息。路政部门发现事故后,互通信息,与交警部门同出警、同处置、同补偿,并协助做好现场交通安全组织。养护部门对事故造成的公路损坏及时修复,改善通行条件。

自然灾害应急保障:运营部门接报后互通灾害信息,发布出行提示,配合实施交通管制,开辟应急通道,确保应急处置车辆、设备快速通行,赴现场配合处置、疏导和救助工作。路政部门接报后赴现场配合疏导、维护现场交通秩序。养护部门根据灾害类型,采取合理处置措施,消除灾害影响,改善道路通行条件。服务区配合相关部门对滞留人员、车辆实施救援、救助。

群体事件应急保障:运营部门及时向当地政府和上级部门报告,协调公安、交警等部门处置,赴现场配合处置,保护职工和公私财物安全,影响交通的,参照交通事故处置程序发布信息、配合实施管制。路政部门出警维护运营秩序。

隧道消防事故应急保障:运营部门接报后互通信息,联系消防、急救等部门处置,封闭事故现场,启动自有消防设施,发布提示信息,处置完成后,发布交通恢复、管制解除信息,及时向上级主管部门上报事故评估报告。路政部门接报后赴现场,配合维护现场交通秩序,勘查事故现场,落实路产赔补工作。养护部门对受损道路及附属设施及时修复,恢复交通。

各部门应完善各类应急预案,按要求组织预案演练,在日常管理中要做好应急保障的各项预防性工作。运营部门要加快高速公路智能监控系统进程,合理布局和组建高速公路清障施救队伍,提高突发事件预警、处置能力和信息服务水平。养护部门要落实路段养护责任制,储备必要的应急保障物资、设备。路政部门要加大巡查力度和应急机动人员储备,提高预警、处置能力。服务区管理部门要依托各服务区网点,储备适量的应急保障物资,以备应急之需。

五、建立高速公路气象预警机制

运营部门认真研究气象服务需求,加强与专业气象部门合作,在重点路段布设气象自动检测站,提高气象预报、预警的准确性和时效性。对重大天气过程、气象灾害预警信息及时通报养护、路政等部门,共享信息资源。各部门接到预警信息后,按预警级别启动相应等级的预案,检查落实应急物资、人员、设备储备情况,做好应急准备。在处置工作中,运营部门要随时向养护、路政等部门提供相关路段气象实况信息和后续天气趋势预报信息,为应对工作提供动态参考。同时,要加大气象预报预警、实况信息的对外发布力度,拓展信息发布渠道,扩大信息受众覆盖范围,最大限度发挥气象信息资源效能。

六、建立高速公路新闻信息发布机制

高速公路新闻信息实行统一管理、分级发布。持续时间较长或对高速公路安全畅通造成重大影响的事件信息,由省交通运输厅统一对外发布,必要时提请省政府新闻发布机构向公众发布。高速公路气象、路况、事故、交通管制、养护占道作业等日常运行信息,以及自然灾害、突发事件处置信息由各部门根据主体责任各自发布。高速公路运营、养护、路政部门要及时通报影响高速公路安全畅通的事件信息,规范新闻通稿、信息共享等工作程序,对影响高速公路安全畅通的信息要统一口径、正确引导,建立不实新闻报道问责制,共同营造社会支持、公众认可的舆论氛围。

七、建立高速公路油品保障机制

油品供销部门要建立合理储备、及时调拨、保障供应的高速公路油品保障机制。要结合高速公路交通流量变化,优化油品及添加剂结构、合理组织配送,保障路网各重要加油站油品储备和供应。建立油品外调机制,在油品供应敏感时期积极协调石油管理部门,确保高速公路沿线加油站油品供应和安全储备。高速公路运营、服务区管理部门在油品供应紧缺期做好协调和信息上报工作。各部门要认真解决因油荒导致的交通拥堵和人车滞留问题。发生拥堵时,运营部门及时协调油品供销部门紧急调配,并广泛发布出行提示信息,配合实施交通管制;路政部门要及时上路疏导拥堵车辆,必要时对因排队加油车辆阻塞交通的加油站采取临时封闭措施,先缓解拥堵、再保证供应;服务区管理部门要收集加油站油品结构、标号、储量等信息,应急状态下实行日报制度;油品供销公司负责应急状态下的油品调拨、配送工作;各部门加强沟通协调,消除因油荒所致的拥堵。

八、建立高速公路特长桥隧安全保障机制

运营部门严格落实特长隧道、隧道群机电系统巡查、维护和专项改造等工作职责,加大对特长桥隧的动态监控和病害缺陷的养护监督工作力度,早发现、早预警。突发事件时,要迅速配合实施交通管制,及时调整通行信号灯、发布出行提示信息。养护部门要将特长隧道、隧道群和特大桥梁纳入重点路段编号管理,加大对上述路段的巡查、日常养护、冬季养护预防工作和突发事件应对工作力度。认真做好上述路段临时占道作业的交通组织和安全防护工作。路政部门加大上述路段的巡查力度,及时办结上述路段路产损坏案件,配合做好上述路段临时占道作业的交通组织和安全防护。

九、建立高速公路新通车路段运营保障机制

运营部门要提前落实新通车路段的收费立项、标准批复、人员招录、培训上岗、系统测试、队伍进驻等准备工作,确保平稳收费、顺畅运营、队伍稳定。对建设项目遗留问题及时协调项目管理单位,共同排查、及时落实,并向省交通运输厅有关部门及时报备。养护部门要及时到位,落实日常维护保养工作、及时修复破损封闭设施,确保路段洁、美、畅、安。路政部门提前进驻，做好各项工作衔接。尤其对影响道路安全的封闭设施破损、平交道口要及时查处，并反馈养护部门。服务区管理部门要提前协调建设单位，力争服务区建设与高速公路建设同步，建成后要尽快完善服务区功能，保障旅客休息、人厕等公益服务功能和加油站功能正常。

十、建立高速公路安全畅通工作行政问责机制

发生高速公路安全畅通责任事故后，省交通运输厅组织有关部门进行责任倒查和行政问责，并根据相关规定，对职责落实不到位，瞒报、迟报事件信息，协调配合不力，产生负面影响的单位和个人严肃处理，对行政负责人进行行政问责，并对单位和个人进行相应的经济惩戒。允许被问责任人就问责事项当面陈述和申辩，采纳被问责任人依据充分、事实清楚的申辩意见。坚持少数服从多数的原则，凡问责事项未通过2/3以上的赞成票不得裁定被问责任人的行政责任。公开过错责任的追究过程和结果，引导干部职工引以为鉴。剖析问责结果，及时疏理工作过程中存在的不足，并结合所发现的问题，适时开展工作督查，强化源头治理和源头控制，严防类似问题再次发生。

各单位要根据以上机制确定的工作职责，认真落实各项工作措施，确保十项工作机制贯彻落实到位，努力实现“管理无瑕疵、运营不拥堵、收费无差错、服务无投诉、行车无障碍”的目标，切实提升我省高速公路运营管理工作保障水平。

本办法由省交通运输厅相关业务部门解释并监督实施，省公路运营中心负责协调。（厅办公室）

【甘肃省公路局更名为甘肃省公路管理局】 2011年4月19日，省公路管理局挂牌仪式在兰州市南滨河东路局机关所在地举行。省交通运输厅党组书记、厅长杨咏中出席挂牌仪式，并为新更名的甘肃省公路管理局揭牌。甘肃省公路管理局成立于1957年，原名为甘肃省交通厅公路局；1995年，更名为甘肃省公路局。2008年，根据省机构编制委员会有关文件批复，将甘肃省公路局由县级升格为副厅级建制，并更名为“甘肃省公路管理局”。在省交通运输厅领导下负责全省公路养护管理工作，具体承担全省路网初始规划、建设改造、养护管理、应急保障、二级收费公路通行费征收管理及公路系统基层党组织建设、思想政治建设等任务。

省交通运输厅副厅长、省公路管理局局长赵彦龙致辞并指出，甘肃省公路管理局的升格挂牌，是省委、省政府高度重视的结果，是全省公路系统职工辛勤努力和工作的结果，这对于进一步强化公路行业管理、推动公路事业科学有序发展、提升公路养护管理水平和服务能力具有十分重要的意义。他要求省公路管理局以此为契机，认真贯彻落实全省交通运输发展战略，切实履行好新的岗位管理职能，进一步增强责任感和使命感，统筹高速公路、普通干线公路和农村公路养护管理，积极推进养护生产专业化、标准化、机械化进程，为社会公众的便捷出行提供放心路、安全路和舒心路。要以县通二级公路工程为重点，不断加快建设安全畅通、衔接更高效的干线公路网络；要努力构建干支相连、安全便捷的农村公路网络，更好地为社会主义新农村建设服务；要大力弘扬公路行业的“铺路石”精神，全面提升职工素质和行业文明程度，在推动公路交通事业又好又快发展中再创新辉煌、再建新功勋。（张军平）

【甘肃省公路管理局机关完成岗位设置工作】 根据省编委下文核定的人员编制，2011年省人社厅对省公路管理局机关人员结构、工资结构现状已初步认定，完成人员岗位等级填报表格、人员聘用、确认备案填报表格及局机关工作人员聘用合同、岗位等级证的填写、审核和确认工作。省公路管理局所属后勤服务中心、离退休职工中心岗位设置基础工作也已启动。（张新玲）

【甘肃省道路运输管理局及4个中心揭牌】 2011年4月19日，甘肃省道路运输管理局及省道路运输应急指挥中心、省道路运输场站资产监管运营中心、省道路运输科技信息中心、省道路运输管理局机关服务中心等4个副处级建制事业单位正式揭牌。省交通运输厅厅领导杨咏中、杨映祥、王繁己，厅巡视员王吉祥等出席仪式，杨咏中为省道路运输管理局及4个中心揭牌。（李文凯）

【甘肃省公路路政执法管理局成立】 2011年11月23日，省交通运输厅召开全省交通路政征稽干部大会，省编委批复成立甘肃省公路路政执法管理局，我省将撤销原甘肃省交通征稽局和原甘肃省公路路政管理总队。这标志着国家实施成品油价格和燃油税费改革后，我省交通运输行政管理体制改革和公路路政执法体制改革取得重大进展。省交通运输厅副厅长杨映祥、纪检组长艾玉德出席会议并讲话，副厅长王繁己主持会议。（厅新闻信息中心）

【甘肃省交通战备应急指挥中心及交通战备训练基地揭牌】 2011年8月5日，甘肃省交通战备应急指挥中心及交通战备训练基地揭牌仪式在省道路运输信息中心举行，国家交战办第一副主任、总后军交通运输部副部长姜锐刚少将，甘肃省军区司令员陈知庶少将，兰州军区联勤部副部长王子军少将，省政府副省长虞海燕等领导出席会议，仪式由省交通运输厅杨咏中厅长主持。兰州军区、省交战办、公安交警、铁路、信息等部门主管交通战备领导及省交通运输系统各部门负责人约60余人参加了仪式。（李文凯）

【甘肃省交通运输厅部署公务用车专项治理工作】 2011年5月31日，省交通运输厅部署公务用车专项治理工作。厅长杨咏中，副厅长杨映祥、王繁己出席会议。此次专项治理的范围包括厅属事业单位、人民团体和资产纳入省级管理的各级地方道路运输管理机构，主要对超编配车，超标配车，违反规定换车、借车，摊派款项购车，豪华装饰，公车私用等违规行为进行专项治理。杨咏中厅长指出，开展党政机关公务用车专项治理工作是党中央、国务院作出的一项重大决策部署。全省交通运输系统各级领导干部要从讲政治和讲大局的高度认真学习领会中央精神，充分认识开展治理工作的重要意义，切实增强做好专项治理工作的责任感和紧迫感。在专项治理工作中要着力抓好5个关键环节：一是全面登记自查，不留死角。对公务用车逐辆逐单位进行登记自查，不遗漏、不隐瞒，彻底摸清车辆底数。二是严格审查核实，不降标准。对

各单位上报情况逐车逐项对照审查,做到“十核实”。三是认真纠正处理,不打折扣。对认定的违规车辆逐车提出处理意见,逐车进行纠正处理,确保取得效果。四是加强重点检查,不走过场。五是抓紧完善制度,不留漏洞。

(厅新闻信息中心)

【甘肃与新疆两省区加强交通运输合作】 2011年1月20日,甘肃省交通运输厅与新疆维吾尔自治区交通运输厅、新疆生产建设兵团交通局在乌鲁木齐市举行了加强甘肃与新疆两省区交通运输合作交流的座谈。期间,甘肃省交通运输厅党组书记、厅长杨咏中与新疆维吾尔自治区交通运输厅党委书记、副厅长王新华共同签署了《加强省级公路通道建设和运输管理合作协议》。《协议》主要确定了重点合作事项:一是加强“三北”(即京新高速公路)高速公路建设合作。双方将共同抓紧该高速公路的前期各项工作,力争项目早日开工建设。二是加强连霍高速公路建设合作。三是加强交通运输管理合作。建立两省区间交通运输信息互通和每年互访交流学习的工作机制,共同推进两省区交通运输事业发展。

(厅办公室)

【甘肃省交通服务公司加强全面预算管理】 2011年,省交通服务公司不断规范预算管理工作流程,以全面预算管理为核心加强对自身内部控制信息化、系统化、制度化建设,全面提升企业基础管理水平。建立全面预算管理机构,完善全面预算管理规章制度,建立全面预算管理信息化系统及考核机制。将预算目标执行情况纳入年终考核和奖惩范围,切实做到有奖有惩、奖惩分明,考核周期分为月度、季度实施考评,预算年度结束后再进行年度总考核,通过将预算管理与目标责任制考核的有机结合,形成完整统一的预算管理体系。

(吴 珺)

【甘肃省高速公路管理局顺利通过3项体系认证】 2011年8月,甘肃省高速公路管理局质量、环境、职业健康安全3项体系顺利通过专业机构审核。2011年,省高速公路管理局在高速公路标准化管理取得一定成果的基础上,进一步着眼于高速公路管理的长远发展,积极推行质量、环境、职业健康安全3项标准管理体系认证,实现用规范化、程序化、标准化的管理办法来提升高速公路管理服务质量。在全省高速公路全面实施“中心辐射、东西推进、区域带动、全面提升”的发展战略期,省高速公路管理局以此次贯标为新起点,进一步推进全省高速公路管理水平的提升,实现我省高速公路管理事业健康稳定发展。

(省高管局)

【甘肃省高速公路管理局努力提升96969服务水平】 2011年,省高管局交通调度指挥总中心积极开展问卷调查活动,提升96969服务水平。2011年7月29日,省高管局交通调度指挥总中心组织职工分别在兰州汽车东站、东岗物流中心、北龙口服务区、新通力驾校、兰州汽车北站等5个客货车集散地,开展96969热线问卷调查活动。调查活动主要围绕96969接通率、服务态度、业务能力、处理效率等社会公众对高速公路管理及交通服务关注度较高的问题展开。同时,结合新颁布的《公路安全保护条例》和修订的《甘肃省公路路政管理条例》及ETC相关业务知识进行现场宣传和咨询。

(省高管局)

【《“十二五”期甘肃省红色旅游公路建设规划》讨论会】 2011年8月1日,王繁己副厅长出席《“十二五”期甘肃省红色旅游公路建设规划》讨论会。省旅游局、省公投集团、省公路管理局、兰州市等10个市(州)交通运输部门和省交通运输厅机关各处室的负责人参加了会议。该《规划》按照交通运输部《关于编制“十二五”期红色旅游公路建设规划的通知》要求,结合《2011—2015年全国红色旅游发展规划纲要》、《中共甘肃省委、甘肃省人民政府关于加快发展旅游业的意见》、《甘肃省红色旅游发展规划》等相关规划及政策文件,立足于甘肃省红色旅游资源分布特点、现状和发展规划,以及红色旅游经典景区出口路建设需求,在深入调研、详细论证、广泛听取地方政府及旅游部门意见的基础上编制完成。

(省路网规划办)

【甘肃路桥试验检测公司获“入疆”从业资格】 自2010年取得综合甲级资质以来,2011年,甘肃路桥建设集团所属试验检测公司积极拓展市场,先后参与了贵州、内蒙等外省区桥隧检测项目公开招标,并取得了一定成效。同时,针对新疆维吾尔自治区广阔的公路检测市场,试验检测公司经过充分调研,决定将业务向新疆地区延伸。根据新疆维吾尔自治区规定,凡参与新疆境内公路建设的区内外单位(工程项目总承包、工程项目代建、勘察、设计、施工、监理、技术咨询、试验检测等)均须办理信用信息登记备案,否则不得在本区进行公路建设投标、承建工程等活动。为此,试验检测公司于2010年12月提交登记备案申请,通过“网上录入”和“资料报审”两个阶段的审查后,年内已由新疆维吾尔自治区交通运输厅通过网站公布准予登记备案,这标志着试验检测公司正式取得入疆从业资格,可以在新疆范围内参与公路工程试验检测工作。

(甘肃路桥建设集团)

【甘肃省机构编制委员会领导调研省交通运输厅机构编制情况】 2011年3月23日,省机构编制委员会办公室主任赵含栋一行调研我省高速公路运营管理系统和省运管局机构编制情况,省交通运输厅领导杨咏中、阮文易、艾玉德、王繁己等陪同调研。调研组先后深入兰州高速公路管理处等单位,对相关单位的人员编制、机构设置及职能范围等进行详细了解。在听取我省高速公路管理和公路运输管理体制及编制工作汇报后,调研组指出,要进一步强化编制意识,着力解决机构编制中存在的问题和矛盾,使机构编制能够适应甘肃交通运输事业发展的需要。同时,要借鉴周边各省高速公路管理等机构编制方面的好做法、好经验,使机构编制更加适应我省高速公路事业的发展。

(省运管局、省公路运营中心)

【甘肃省交通基建工程质量监督站获公路工程质量监督行政处罚权】 2011年11月30日,省交通运输厅发布《关于委托省交通基建工程质量监督站实施公路工程质量监督行政处罚权的通知》,重新委托省交通基建工程质量监督站行使公路工程质量监督行政处罚权。今后省交通质监站将以省交通运输厅的名义对《建设工程质量管理条例》、《公路工程质量管理办法》、《公路工程质量监督规定》、《公路建设监督管理办法》、《公路水运工程试验检测管理办法》等行政法规和部门规章所列的相关违法违规行为实施行政处罚。此举进一步明确了省交通质监站的工程质量监督行政执法主体地位，使省交通质监站的执法职权由单一的行政检查变更为行政处罚和行政检查并用，强化了对工程建设领域违法违规行为的惩戒力度，有利于提高省交通质监站代表政府行使工程质量监督职能的权威性和实效性。（省交通质监站）

【甘肃省高管局召开《关于办理偷逃高速公路车辆通行费、盗损高速公路设施等违法犯罪案件的意见》(草拟稿)专家咨询会】 2011年12月9日，省高管局召开《关于办理偷逃高速公路车辆通行费、盗损高速公路设施等违法犯罪案件的意见》(草拟稿)专家咨询会，省政府法制办、省高检、省高法、省公安厅、省交通运输厅等相关专家、领导参加会议。与会专家发表各自意见，并提出宝贵建议，这将对推动高速公路收费法治化、促进高速公路行业管理进一步规范化起到积极作用。（省高管局）

【甘肃省交通运输厅在北京召开《甘肃省交通运输"十二五"发展规划》咨询会】 2011年3月13日，省交通运输厅在北京召开《甘肃省交通运输"十二五"发展规划》咨询会，向与会的22位专家就《规划》进行了专题咨询。厅领导杨咏中、石培荣、杨映祥、王繁己、赵彦龙出席会议。与会专家对《规划》编制成果给予了充分肯定，认为《规划》思路清晰、结构合理、重点突出、内容翔实，全面反映了"十一五"时期甘肃交通发展取得的巨大成就和目前存在的主要问题，明确了"十二五"及今后一段时期甘肃交通运输工作的目标和主要任务。同时，专家还对《规划》提出了修改意见，并希望作进一步修改完善后，尽快按程序报批。（厅新闻信息中心）

【甘肃省教育厅和甘肃省交通运输厅签署协议联手共建甘肃交通职业技术学院】 2011年1月24日，省教育厅、省交通运输厅共建甘肃交通职业技术学院签字仪式在兰州举行，副省长郝远出席仪式并讲话。省教育厅党组书记、副厅长、省高校工委副书记孙杰，省交通运输厅党组书记、厅长杨咏中签署《甘肃省教育厅、甘肃省交通运输厅共建甘肃交通职业技术学院协议书》。

省教育厅和省交通运输厅实行共建，其目的就是要进一步加快甘肃交通职业技术学院的改革和发展步伐，使之依托行业、突出特色，真正成为我省交通类实用型人才的培养基地。

郝远指出，省教育厅、省交通运输厅共建甘肃交通职业技术学院，是全省高等职业教育发展的一件大事，开创了我省由教育行政部门和行业企业共建高职学院的先河，也为下一步探索建立行业教育集团奠定了坚实的基础。省委、省政府将积极支持学院进一步加快发展，积极支持学院创建示范性院校和特色院校。他要求省教育厅、省交通运输厅认真履行协议职责，省交通运输厅要在甘肃交通职业技术学院的改革、建设、发展和学生实习、就业等方面继续给予积极支持；省教育厅要在政策、经费、建设用地、示范职业院校建设等方面加大对学院的支持力度。郝远要求甘肃交通职业技术学院紧紧抓住共建的重大机遇，继续保持和发扬"团结友爱、无私奉献、艰苦奋斗、敢于争先"的精神，认真学习实践科学发展观，切实制定好学院的发展规划，进一步深化教育改革，增强办学实力，不断提高教学质量，培养更多高素质的技能型人才，为甘肃交通建设、经济与社会发展提供强大的人才保障和智力支持，为我省高等职业教育事业快速协调发展作出应有的贡献。

杨咏中指出，甘肃交通职业技术学院原隶属于省交通运输厅，2009年4月，根据省政府对我省职业教育体制改革的统一部署，由省交通运输厅划转至省教育厅。学院的隶属关系虽然发生了改变，但省交通运输厅依然关注着学院的发展，因为它是我省唯一一所具有鲜明行业特色的交通类高职学院，学院的发展离不开行业的支持，我省交通运输事业的发展也需要学院的人才保障和智力支持，需要大批实用型技术人才奋战在交通运输建设一线。（厅新闻信息中心）

【甘肃省公路航空旅游投资集团有限公司成立】 2011年1月25日，甘肃省公路航空旅游投资集团有限公司成立揭牌仪式在兰州举行。省委书记、省人大常委会主任陆浩为公司成立揭牌，省委副书记、省长刘伟平作了重要讲话，省委常委、省委秘书长姜信治出席揭牌仪式，省政府秘书长李沛文主持揭牌仪式，省交通运输厅党组书记、厅长杨咏中介绍投资集团概况，省政府副秘书长张勤和，省发改、财政、国土及金融、证券等有关部门的负责人出席仪式。刘伟平省长代表省委、省政府对投资集团的成立表示热烈祝贺，并希望公司尽快做大做强，为我省经济社会跨越式发展作出积极贡献。

甘肃省公路航空旅游投资集团有限公司是经省政府批准设立的以公益性项目为主，集融资建设为一体的国有大型独资公司，注册资本200亿元人民币，经甘肃省人民政府授权，由省交通运输厅履行出资人职责。公司主要负责全省高等级公路、民航机场、重要旅游资源的投融资及开发建设、经营管理；建设和经营加油站、停车场、仓储物流、住宿餐饮设施等交通运输附属设施；开发经营重要交通出入口节点、机场所在地和重点旅游景区国拨土地资源；为全省交通运输重大项目建设、重要旅游资源开发、国拨土地的储备开发以及与此相关的产业提供投融资保障及服务。公司下设甘肃省机场投资管理有限公司、甘肃路桥公路投资有限公司、甘肃省旅游投资公司3家子公司。（厅新闻信息中心）

【甘肃省交通运输厅实行《甘肃省交通运输厅与甘肃省公路航空旅游投资集团有限公司联席会议制度》】 2011年，为进一步加强省交通运输厅与省公路航空旅游投资集团有限公司的协调联系工作，有效协调解决集团公司发展过程中的各种困难和问题，全力推进集团公司各项重点工作进程，确保完成省委、省政府和省交通运输厅下达的目标任务，决定建立《甘肃省交通运输厅与甘肃省公路航空旅游投资集团有限公司联席会议(以下简称联席会议)制度》。

一、联席会议参加人员和部门。(一)联席会议由省交通运输厅厅长、相关副厅长,厅办公室、综合规划处、财务资产管理处、建设管理处、审计处等相关处室,省公投集团公司总经理、相关副总经理,集团公司综合办公室、财务审计部、资产运营部、规划建设部等相关部门人员参加。(二)联席会议由省交通运输厅厅长、集团公司董事长负责召集并主持。也可委托其他领导召集和主持。(三)联席会议设秘书长和副秘书长,秘书长由省交通运输厅办公室主任担任,副秘书长由省公投集团公司综合办公室主任担任。(四)联席会议下设办公室,负责联席会议的日常工作,督办落实联席会议讨论事项和交办事项。办公室设在集团公司董事会秘书处。

二、联席会议主要职责。(一)贯彻落实省委、省政府关于加强公路、机场、旅游重大项目投融资工作的相关指示精神。(二)研究需要省交通运输厅和省公投集团共同协调解决的重大问题,建立省交通运输厅与省公投集团联席协调解决重大问题的长效机制。(三)研究省交通运输厅需要省公投集团完成的重大任务的思路和办法。(四)研究省公投集团发展中需要省交通运输厅协调解决的实际困难与重大问题。(五)研究和督查省委、省政府交办的其他事项。

三、联席会议议事规则与要求。(一)联席会议原则上每月召开一次。特殊情况可随时召开。(二)根据工作需要,联席会议可邀请其他人员参加会议,研究相关工作。(三)凡需提交联席会议研究的问题,先由联席会议办公室搜集、整理、审核,拟定议题后报联席会议召集人审定。(四)联席会议以会议纪要的形式确认会议议定事项,经召集人签发后印发各成员部门进行落实。(五)对于具体业务实施中存在的问题,经联席会议召集人授权或委托,可由省交通运输厅、省公投集团其他领导或联系会议秘书长、副秘书长召集专题会议,进行研究协调与推进,并以联席会议办公室的名义下发会议纪要,由各相关单位进行落实。(六)各成员部门要积极参加联席会议,对联席会议形成的决议和议定事项,要按照职责分工,认真落实。各部门间要各司其职,各负其责,切实履行本部门职责。同时,要加强信息沟通,互相配合,相互支持,形成合力,共同落实好各项目标任务。　(厅办公室)

【甘肃省交通服务公司加强3个基础管理体系建设】 2011年,省交通服务公司继续巩固“精细化管理年”活动成果,不断完善全面预算、全员绩效考核和三标一体3个管理体系建设,促进企业基础管理上水平。一是逐步完善全面预算管理体系,投入资金全面引进财务网络管理平台和用友NC系统;二是逐步完善全员绩效考核体系,全面推行基于特征、行为、结果及民主测评四维一体的考核评价体系;三是逐步建立三标一体管理体系,进一步强化基础管理,统一管理模式,规范管理细节,严格按照标准体系的各项要求,明确工作标准,理顺工作流程,使企业的质量、环境与职业健康安全工作逐步实现系统化、程序化和规范化的目标。　(吴珺)

【甘肃省高速公路服务区积极推进标准化建设】 为进一步提升我省高速公路服务区服务质量,2011年省交通服务公司积极开展“管理练内功、服务树形象”活动,全面打造“人文高速”品牌。一是继续按照“服务规范、设施先进、环境优美、顾客满意”的要求,加快服务区标准化建设步伐,扎实开展服务区星级管理建设,全方位提升窗口服务品质。二是继续健全制度体系,实施挂牌服务,诚信服务,合法经营,严格执行价格政策,保证食品卫生,确保停车有序,环境整洁卫生,不断提高服务信誉。三是切实抓好服务区星级体系建设,公开服务承诺,倡导诚信服务,保证服务质量。进一步明确经营规范,细化管理流程,实施统一管理,统一考核,加大社会监督力度,健全“管理者、经营者、消费者”三位一体的管理考核机制,适时开展季节性及针对性的公益化服务,拓宽服务区经营渠道,满足社会需求,切实提升服务形象和服务质量。四是加强员工队伍管理,继续着力培养一支热情周到、经营有方的服务区管理队伍,为社会公众安全便捷出行提供良好的公共信息服务和救援保障服务,树立行业窗口形象。　(吴珺)

【甘肃省高速公路服务区加强4项机制建设】 为进一步提升我省高速公路公共服务质量和管理水平,省交通服务公司以高速公路标准化管理年建设活动和打造“人文高速”品牌为契机,按照“服务规范、设施先进、环境优美、顾客满意”的要求,通过加强服务区4项机制建设促进提升公共服务质量。建立完善以公共服务为第一要务的思想保障机制、完善服务区规范化服务的长效机制、建立完善服务区检查考核机制、建立完善社会监督机制。　(吴珺)

【兰州公路总段查找管理漏洞整章建制】 2011年,兰州公路总段针对下属基层单位部分干部发生经济案件的实际,在成立协查组积极配合检察机关进行案件调查的同时,把深入查找管理工作中存在的漏洞,积极加强规章制度建设作为重中之重。先后成立项目及资金管理委员会、资金安全运行督察小组、养护工程项目监督管理领导小组、工程监督管理领导小组和设备材料采购及设备租赁监督管理领导小组等5个机构;制定4个办法,即总段《资金管理办法》、《养护工程项目监督管理办法》、《工程监督管理办法》、《设备材料采购及设备租赁监督管理办法》。在此基础上,重点强化财务监管,在严格执行省局财务报账制的同时,加大内部审计力度,以工程项目为重点,对各基层单位的账务进行联合审计。发现问题立即要求相关单位限期整改。对清理出的600余万元挂账资金,由总段集中用于养护生产和迎检工作。同时,积极组织开展“小金库”清理、银行账户清理合并整顿工作,对全段资金管理和使用中的关键环节、风险点进行重点排查,制定了管理防范措施,使总段各项业务更加有章可循、有据可依,增强经济工作的严肃性、规范性,有效防止腐败现象的滋生蔓延。　(兰州公路总段)

【白银公路总段机械化养护助战迎国检】 2011年,省道308线镳古路0公里至47公里镳铲坝至银三角47公里的路段被确定为年内国检计划的重要路段,为全面做好迎检工作,白银总段果断采取措施,精心组织,科学安排。制定合理的施工计划和人员分工,投入铣刨机、摊铺机、轮压路机、路面清扫机、稀浆封层车、路面灌缝机等先进的道路养护设备共计50多台(辆),对省道308线路面病害进行处理。在全体工作人员的辛苦努力下,短短12天时间,已完成旧路面拉毛17.44万平方米,铣刨病害1.3万平方米,处理病害1.3万平方米，罩面 18.74 万平方米，灌缝约 20 万延米，微表处理 9.24 万平方米，使省道 308 线的路面状况得到了很大改善，极大地提高了车辆通行能力，给过往车辆提供了良好的通行条件。（白银公路总段）

【白银公路总段强化资金运行安全监管】 2011 年 9 月 8 日，白银公路总段召开资金安全运行监管工作视频会议，重点传达省交通运输厅党组书记、厅长杨咏中和省公路管理局党委书记任忠章在全省公路系统资金安全运行监管工作会议上的讲话精神；总段财务科、监审科对全省公路系统资金运行情况和白银公路总段 2010 年度及近期内部审计工作情况进行了通报。会议就进一步抓好资金安全监管工作，提出了 3 个方面要求。一是发扬成绩，总结经验，不断提高资金监管的能力和水平。2011 年全段在加强资金监管方面做了大量工作，有效遏制和预防了一些问题的发生，为规范财务收支、强化财务管理、充分发挥会计核算和监督职能、确保资金安全有效运行、促进各项工作顺利开展提供了有力保障。同时，也为全段做好资金监管工作积累了丰富经验，打下了坚实基础，要求各单位在全面巩固已有成果的基础上，再接再厉，再创佳绩，不断提升资金监管工作的能力和水平。二是正视问题，提高认识，不断增强资金监管的重要性和紧迫性。全段的资金管理和资金运行总体情况比较好，但从检查和审计中反映出来的各种具体问题比较多，主要表现在：资金运行中账务处理不规范、往来账款多且清理不及时、部门对预决算政策法规学习和认识不够、对财务工作不够重视、报审依据不充分、对报账制执行力度不够以及会计基础工作不够规范、经济业务核算和资金支付不符合相关规定、经济合同管理制度不完善、会签制度没有严格执行、会计职能没有得到有效发挥等问题。分析问题的主客观原因主要表现在：个别单位内部基础管理水平低下、对财务管理工作不够重视、财务人员业务素质不硬、原则性不强且不注重学习提高等方面。要求段属单位进一步转变观念，积极适应新形势，不断加强资金管理重要性和紧迫性的认识，为单位科学发展营造良好的环境。三是深化措施，强化整改，全方位加强资金监管工作。通过加强学习、加强管理、明确责任、强化纪律、加强整改、加强培训，全面提高财务管理人员的工作能力和水平，进一步完善报账制，提高财务预算管理的执行力度，确保资金监管工作落到实处，确保资金安全有效运行。（白银公路总段）

【白银公路总段两大举措积极推进民主管理工作】 2011 年，为进一步推进民主管理进程，保障职工参与民主管理和民主监督的权利，促进总段公路事业和谐健康稳定发展，白银公路总段结合公路工作实际和职工队伍现状，采取实行职工义务监督员制度和职工代表常任制两项措施，积极推进总段民主管理工作。一是实行义务监督员制度。由工会负责从总段机关、段属单位和离退休职工中聘任 22 名义务监督员，每届任期两年。义务监督员的主要职责是了解并反映职工群众对单位贯彻落实省交通运输厅、省公路管理局和总段政策规定，落实年度目标任务等方面存在的问题、意见和要求，了解并反映广大职工对单位部门及工作人员履行职责、遵纪守法、廉洁自律等方面存在的问题和建议，了解并反映职工对单位财务预算执行、工程建设资金管理、干部选拔任用、党风廉政建设中职工群众反映强烈的各种问题和意见。二是实行职工代表常任制。总段工会针对实际制定《白银公路总段职工代表常任制试行办法》，对代表的任期和组织工作，代表的职责、管理，代表履行职责的保障作了明确规定。该项办法将职工代表述职制度、激励制度、培训制度纳入其中，将有利于进一步提高职工代表素质，增强职工代表的责任感和荣誉感，提高其参政议政的水平，充分发挥好职工代表的作用。（白银公路总段）

【白银公路总段出台《白银公路总段职工团体意外伤害责任保险办法(试行)》】 2011 年 11 月，白银公路总段针对公路行业职工长年累月工作在公路线上，作业环境潜在危险因素较多，遭受意外伤害风险高的情况，为了妥善解决广大职工尤其是一线工作人员的后顾之忧，切实保障职工的人身权益，研究出台了《白银公路总段职工团体意外伤害责任保险办法(试行)》，为全段在职并在岗的 1249 名职工(包括临时雇用人员)办理团体意外伤害保险。一是落实保险责任。由单位出资 26 万余元，为全段在职职工购买了团体意外伤害保险。此次购买标准为 375 元/年·人，保险责任包括：身亡保险金、意外残疾保险金、意外伤害医疗保险金，最高偿付额可达 31 万元，较好地解决了基层工作中遭受意外伤害后的保险责任事项。二是领导重视，健全制度。要求总段下属各单位，必须每年在属地为在职职工办理团体意外伤害责任保险，保险费由职工所在单位缴纳，各单位不得向职工摊派或由职工自己缴纳。（白银公路总段）

【白银公路总段开展冬季养护机械设备维修保养检查】 2011 年 1 月 11 日至 14 日，白银公路总段组成督查组，对各公路段和高养中心冬季机械设备、车辆保养、防寒、安全使用、培训工作及规范化管理资料整理情况进行专项检查。通过督查发现，各单位完善了冬季除雪设备应急调配方案，积极安排进行机械设备规范化资料整理工作。一是能够及时将闲置机械交接、验收入库，落实专人看守，做到保管、操作两权分离，确保机械的停放安全。二是能够根据冬季低温情况，采取对机械贮油箱添加防冻液、机身覆盖等措施，防止冻伤、冻坏的情况发生。三是能够按照《白银公路总段机械设备维修保养办法》，对设备进行全面换季保养和安全性能检查，重点加大了价格昂贵的大型及进口设备进行维修保养的力度，恢复设备性能。四是能够保持冬季应急抢险机械铣刨机、平地机、压路机、自卸车等机械和必要的抢险器材物资设备技术状况良好、运行正常，为应对恶劣天气保障公路安全畅通，提供了强有力的保证。五是能够组织职工学习冬季机械设备防寒、保养及安全使用常识，提高事故防范能力。六是个别单位库房内杂物较多，机械车辆停放不整齐，部分机械车辆油污未清理。对于今后的工作，督查组要求：一是充分认识设备车辆在养护施工中所处的地位及其重要作用，加强机械原始记录和技术档案管理工作。二是要根据省公路管理局新的迎检评分要求，抓紧完善机械车辆的使用记录，重点补充灌缝、坑槽修补、路面保洁、绿化修剪、除雪等机械作业的使用记录，并对以上作业中关键步骤的现场照片加以整理，并附工作流程说明。三是要清扫设备库房，将待报废车辆上报总段，经批准后交回收公司处理。四是要将设备车辆清洗、擦拭，彻底清除残留的油砂、油污，保持外观干净整洁，停放整齐有序。

（白银公路总段）

【《福银高速公路联动联席会议合作框架协议》签署】 2011年12月1日，19家福银高速管理机构共同签署《福银高速公路联动联席会议合作框架协议》，搭建福银高速"贯通·联动"大平台。福银高速(国道70)途经福建、江西、湖北、陕西、甘肃、宁夏，全长2 485公里，是国家高速公路网中东西横向线的重线。19家管理机构针对跨省重大地质灾害、交通事故、雪雾恶劣天等突发事件，建立统一的省际联动应急预案。在遇突发事件时，第一时间互通相关信息，或成立省际间联合指挥部。同时，针对跨省逃费车辆实行"一省查验、全线通报"的协查、通报与拦截机制；还将搭建超限治理信息共享平台，统一制定超限运输车辆治理标准。平凉高速公路管理处介绍了有关甘肃省高速公路管理工作情况及福银高速公路甘肃段运营、道路保通保畅有关情况。（平凉高速公路管理处）

【天水市运管部门依托高速路网优势，打造县域经济产业圈】 2011年，天水市运管部门一是依托境内天巉、宝天、天定公路的路网优势，将城乡客运一体化规划和城镇、乡镇规划协调起来，优先扶持中心乡、镇、村的客运交通建设，充分发挥其辐射带动作用。二是交通旅游互动，联手打造景区旅游交通强势品牌。在线路安排上将连接各旅游景点的道路作为振兴地方经济的"出口路"、"经济路"和"富民路"，以"路通、站成、车通"为重点，合理设置省内、省外旅游班线。三是科学布局，完善城乡客运及物流网络。统筹城乡运输一体化，逐步将城市交通管理覆盖到农村，基本实现公共服务均等化。

（天水市运管处）

【陇南公路路政执法管理处挂牌成立】 2012年1月8日，陇南公路路政执法管理处挂牌仪式在陇南市武都区新市街隆重举行，标志着陇南公路路政执法管理处的正式成立。陇南市副市长张庆红、甘肃省公路路政执法管理局局长王权、陇南市交通运输局、陇南公路总段、陇南市公路运输管理处、陇南市交警支队、陇南市中级人民法院、陇南市监察局、陇南电视台、陇南日报社、武罐高速项目办、成武高速项目办等单位的主要领导及有关企事业单位负责人共100余人参加了揭牌仪式。省公路路政执法管理局局长王权同志在挂牌仪式上做了重要讲话。陇南市副市长张庆红、甘肃省公路路政执法管理局局长王权、陇南市交通运输局局长郑作栋同时为甘肃省陇南公路路政执法管理处揭牌。（陇南路政执法管理处）

【临夏公路总段创建"四型"干部队伍促进机关规范化管理】 2011年，临夏公路总段在"创先争优"活动中，坚持以学习型、创新型、团队型和服务型队伍建设为切入点，着力解决机关管理中存在的问题，进一步激发了总段两级机关加强自身建设的内在动力和党员干部"创先争优"的热情，有效促进了机关规范化管理，提高了机关服务水平。一是以加强领导班子建设为目标，加强学习型党组织和学习型班子建设，制定学习计划，明确学习内容，严格学习制度，坚持机关干部每周四下午集中学习，中心组学习每月不少于1次，努力营造"凝聚人心、激发活力、促进工作"的良好氛围。二是以增强干部队伍活力为目标，督促干部牢固树立宗旨意识、责任意识、竞争意识和创新意识，认真履行各项职责，真心实意为群众办实事、办好事，营造了比团结、比干事、比奉献的浓厚氛围。在窗口单位还全面实行了挂牌上岗，积极开展了"四个一"(问一声好、让一个座、倒一杯茶、给一个满意的答复)服务。三是以规范内部管理为目标，建立健全了办公制度、考勤制度、服务承诺制度、首问负责制度、工作记实制度、责任追究制度等各项制度和督查、督导机制，促进机关规范化管理，确保各项工作落到实处。四是以干部群众反映良好为目标，以加强和改进机关作风为突破口，积极改进工作措施和工作方法，坚决杜绝工作中推、拖、卡、不作为等现象，着力塑造机关良好形象，确保群众对干部工作作风和工作实绩的满意率在95%以上。

（刘永雷）

【临夏公路总段破解公路建养难题】 2011年，临夏公路总段针对临夏至大河家二级公路项目建设、康临高速公路建成通车后的养护管理两个难题，扎实有效地开展"破解难题年"活动。一是着力破解省道309线临夏至大河家二级公路项目建设中遇到的质量、进度、安全、征地拆迁等难题。针对项目征地拆迁难、施工地质条件复杂、有效工期相对较短等问题，项目办制定严格的质量、安全、进度等施工组织计划、保障措施和任务落实时间表，落实责任领导和人员，靠实了责任，确保按期优质完成项目建设任务。二是着力破解康临高速公路建成通车后的养护管理难题。临夏公路总段将从建立完善的高速公路养护管理制度入手，大力推行科学化、预防性、标准化养护，加大公路养护科技创新力度，通过应用新技术、新材料、新工艺、新设备增加公路养护的科技含量，逐步加大各类机械设备的配备力度，加强对技术人员和机械操作人员的培训，推进机械化养护进程，逐步探索出一条适合临夏的高速公路养护与管理模式。（刘永雷）

【临夏公路总段"公推直选"养管站站长】 为进一步加强基层养管站建设，提高广大职工参与养管站管理的民主程度，不断完善基层养管站站长选拔任用机制，2011年，临夏公路总段结合实际，在康乐公路管理段景古养管站进行"公推直选"养管站站长试点。在试点中，临夏公路总段坚持"民主、公开、竞争、择优和群众公认"的原则，通过公开报名、组织考察、召开养管站职工大会无记名投票选举、当场宣布推荐结果、党支部正式发文聘任等程序，首次将业务过硬、责任心强、职工们信得过的1名职工公选到站长岗位上。（刘永雷）

【武威公路总段高等级公路养护管理中心武南料场建成并投入使用】 武威公路总段高等级公路养护管理中心武南料场建成并投入使用。武南料场位于古永高速公路武南服务区右侧，占地面积240亩。历经两年的建设和开发，武南料场现已建成机械设备停放维修区、职工生活办公区、乳化沥青生产储存区、材料储备区、混凝土预制区、碎石生产加工区、沥青混合料生产区等7个功能区域，建筑面积1 800平方米。武南料场布设有乳化沥青生产设备1套,40吨乳化沥青储存罐2个,高标准储料仓6个,可储料9 000立方米,安装LB2000型间歇式沥青拌和设备1台,生产能力120~160吨/小时。碎石生产设备1台,可生产各种规格的碎石集料,生产能力50吨/小时。武南料场的建成和投入使用,将为古永、营双、金武、界古4条高速公路的养护提供支撑。 (张伯尧)

【武威公路总段建立领导工作日信访值班制度】 为进一步畅通信访渠道,化解单位内部矛盾,切实维护职工合法权益,推动信访工作长期有序有效开展,2011年,武威公路总段建立领导工作日信访值班制度,规定总段领导每周带领所分管科室负责人按照值班安排轮流接访,要求对职工及社会反映的问题,在深入调查的基础上,对要求合理,当时可以解决的,应当给予解决;对要求不合理,当时不可能解决的,要做好耐心的解释工作。同时,要及时掌握、调处值班期间总段内发生的安全、稳定、信访等事项,若遇重大、紧急突发事件,应及时报告上级主要领导和分管领导,并在第一时间赶赴现场进行处置。 (张伯尧)

【武威公路总段锐志路业工程咨询有限公司正式成立】 2011年7月6日,武威锐志路业工程咨询有限公司正式成立。武威锐志路业工程咨询有限公司是由武威公路总段试验室、公路检测中心发展而来,在总段公路养护事业的发展中承担着设计、监理、试验检测的重要职能,经历了人员、设备、场地、业务范围的较大跨越,实现了质量控制、技术服务和指导生产各项功能的全面提升。该公司是武威市第一家集公路工程设计、监理、测量、试验检测为一体的专业服务公司,公司的成立,是顺应总段行业发展形势、深入推进科学养护进程的重要举措,将为实现总段铸就甘肃公路养护品牌、推进公路养护事业科学发展作出积极贡献。 (詹丽娟)

【武威公路总段武骆工程项目办实行蹲点负责制促进项目建设】 2011年武威公路总段武骆工程项目办实行管理人员包标段蹲点负责制,重点突出指导、协调、服务3大职能,确保各项目标任务进展顺利。一是管理重心前移,通过管理人员进驻各标段项目部,围绕质量、进度、安全管理等方面开展查找问题、技术指导等工作,帮助合理安排工程进度,优化工程施工方案,指导工程施工。二是注重协调组织,积极主动帮助项目部与中心试验室、监理驻地办、当地政府的沟通衔接,解决在技术难题攻破、试验检测、监理验收、征地拆迁等环节问题,确保工程质量和进度。三是强化服务职能,严格工作纪律,真正做到在一线解决问题、在一线转变作风、在一线落实工作,确保各项措施落到实处。 (张伯尧)

【武威公路总段信息化建设暨办公自动化(OA)系统启动运行】 2011年5月29日,武威公路总段举行信息化建设暨办公自动化(OA)系统启动仪式。总段领导、基层单位党政负责人、机关全体人员及基层单位信息化工作人员参加启动仪式。办公(OA)系统项目经理介绍了网络智能办公(OA)系统主要组件、功能模块作用、未来信息化建设的框架和达到的目标。总段各领导分别从当前行业信息化发展的形势要求、总段信息化建设现状和将来的发展构思3个方面进行了分析,并就办公自动化系统实施的目的、意义和步骤等相关工作进行了安排布置,提出具体的工作要求。一是要用得广,实现全员覆盖,特别是各级管理人员,要努力通过信息化手段高质量地促使各项重点工作的完成。二是要用得好,真正达到提高工作效率和降低成本的目的。三是要用得久,持之以恒的推行下去,通过财务管理、生产过程、管理质量控制等信息化,真正将信息化运用作为常态化管理的重要举措。武威公路总段OA系统的正式启动运行标志着总段在继2005年建立开通综合信息网站之后,在推进信息化建设进程中又迈出了坚实的一步,具有重要的里程碑意义。 (詹丽娟)

【武威市运管局创新举措加强驾校管理】 2011年,武威市运管局积极探索,大胆创新,不断规范驾培机构教学管理,提高培训质量。一是严查培训经营行为。通过严查教练员持证上岗、教学车辆管理、《教学日志》和《培训记录》填写情况、学员档案管理情况、培训学时执行情况、学员结业考试情况等,规范驾培机构教学管理。二是加强质量监管。严格道路运输从业资格证考试和驾培机构质量信誉考核制度,同时与交警部门相互配合,加强协调,共同维护驾培市场经营秩序,对未完成培训学时、未参加运管部门结业考核、没有运管部门审核盖章的《培训记录》的学员和“黑驾校”培训的学员交警部门不予受理其考试申请。三是严厉打击非法经营行为。采取强硬措施,坚决取缔“黑驾校”、“黑教练场”、“黑教练车”,并对私自接纳“黑驾校”学员参加结业考试和驾驶证考试的驾校责令停业整顿,确保了驾培市场健康有序发展。 (郭学鸿)

【古浪公路管理段“公推直选”养管站站长】 2011年11月8日,古浪公路管理段7名同志通过“公推直选”正式被聘任为养管站站长、副站长,这是总段范围内首次在基层养护单位试行养管站站长“公推直选”民主选举制度,也是进一步加强基层民主管理的一次重要尝试。为切实落实以人为本理念,真正把一批“想干事、能干事、干成事”的干部职工配备到基层养管站站长岗位上,2011年10月下旬,古浪公路管理段按照总段“公推直选”养管站站长试点工作的要求,研究制定了具体实施方案及工作程序、方法和步骤。为确保这项工作的顺利进行并取得实效,古浪公路管理段通过召开动员会议、发布公告、公开报名、资格审核、支部审定等先期程序,推荐了16名候选人并进行公示,并以无记名投票及个别谈话的方式进行民主选举,确定了7名拟聘人选,于11月8日正式聘任。 (詹丽娟)

【张肃项目办严把大宗物资材料招投标工作关口】 为实现项目廉政建设零违纪的目标,保证工程质量、安全和进度,省道213线张肃项目办在大宗材料采购中坚持公开、公平、公正的原则,严把准入关、招标关和检测关,严格实行大宗物资材料公开招标采购准入制。张掖公路分局派驻项目纪检组在各标段大宗物资材料招标采购中实行全程监督,对每一层面、每一阶段、每一环节实行全程监控。施工单位招标采购程序严格按《中华人民共和国招投标法》规定的程序进行,纪检部门与施工单位负责人共同成立评标委员会,对生产厂商的产品质量及生产能力、业绩信誉进行综合考察，凡通过审查的一律进行公示，确认其准入身份，才能参与投标。整个招标评标过程均是在封闭的情况下进行的，由计算机随机抽取评标专家，对评标过程实行封闭管理。从随机抽取评标专家、开标到评标全过程都由张掖公路分局派驻纪检组全程监督。评标结束后，对评标结果依法进行公示，做到了公平、公正、公开，为工程建设的顺利实施提供了有力保障。

（袁得杰　多金贤）

【张掖公路分局“四新”技术研究和推广应用成效显著】 2011年，张掖公路分局加大新技术、新工艺、新材料、新设备“四新”技术的研究和推广应用，有力推进科研成果向现实生产力的转化，取得了显著成效。2011年主要做好8个方面的工作：一是加大微表处技术推广应用。将微表处预防性养护技术由高速公路养护扩大到普通干线公路，并不断完善提高，有效预防了早期路面病害的发生，延长了公路使用寿命。二是积极探索在涵洞养护中运用新材料，尝试使用钢波纹管代替钢筋混凝土管涵进行涵洞施工，缩短了涵洞施工工期，使得雨雪天气对混凝土管涵结构破坏导致涵洞出现“错台跳车”病害这一难题迎刃而解。三是加强对冬季油路修补技术的研究运用工作。针对冬季油路修补实际，分局专门成立课题研究小组，编写了课题研究大纲，组织技术人员经过多次试验，于2011年10月研制生产了冬春季冷拌冷补沥青缝材料，年内已将此项技术应用于路面养护。四是推广应用BJ200无缝伸缩材料，对高速公路破损桥梁伸缩缝进行维修处治。BJ200桥梁无缝伸缩缝材料是一种高分子聚合体改性沥青，具有粘结性强、弹性大、韧性好的特点，将其与坚固石料高温加热搅拌为混合料，填入压平，并用BJ200材料对混合料孔隙进行浇注，可保证接缝有弹性，不易被车辆碾压破坏，雨雪水不易渗入，有效处治高速公路破损桥梁伸缩缝。五是尝试运用贴缝带处治桥梁桥头路面裂缝，有效防止路面水沿着裂缝下渗对台背填土造成的破坏，节省时间和费用。六是加强对路面养护机具的革新和改造，职工自行发明改装了路面吹扫机和路面吹风机，提高了养护工作效率，节省了养护成本，减轻了工作强度。七是加强试验检测体系建设。不断加大试验检测设施投入，为各公路段建立了试验室，配备试验人员，购置试验仪器，在养护维修、小修保养、危旧桥梁加固改造、水毁修复、段站房维修及安保工程中以试验检测指导生产，严把原材料进场、配合比控制、中间检验以及交（竣）工验收等关口，提高公路养护的科学化水平。八是加快信息化建设管理进程。分局实施了视频会议系统、综合办公系统、GPS车辆定位系统，安装了LED显示屏，初步实现了信息传递网络化、日常办公无纸化、车辆监控动态化。启用职工教育管理、养护管理、人事劳资、公路数据库、机械设备管理、应急信息报送等系统。2011年先后拍摄了微表处施工工艺、标准化养护工艺流程等推进科学养护的专题片，在“国检”中充分展示了分局养护管理的信息化和科学化水平。（葛艳琴　常红梅）

【张掖公路分局“公推直选”基层养管站站长】 2011年，张掖公路分局甘州公路管理段5名同志通过“公推直选”正式被聘任为养管站站长、副站长，这是分局按照省公路管理局党委年初工作安排，首次在基层养护单位试行养管站站长“公推直选”民主选举制度，也是分局加强基层民主管理的一次重要尝试。为进一步落实以人为本理念，提高广大职工对养管站长聘任工作的知情权、选举权和监督权，广开渠道，真正把一批“想干事、能干事、干成事”的干部职工配备到基层养管站站长岗位，在扩大基层民主管理范围的同时，进一步提高站务管理水平，2011年初，分局党委决定试行养管站站长“公推直选”民主选举制度，并将甘州公路管理段确定为试点单位。为确保此项工作的顺利进行并取得实效，分局党委制定了“公推直选”试点工作实施意见，提出了试点工作的指导思想、基本原则、选聘条件、工作程序、方法和步骤。试点单位甘州公路管理段严格按照《实施意见》精神，制定切实可行的具体方案，并于4月上旬组织开展下属甘州、甘浚、大满3个基层养管站3名站长和2名副站长的“公推直选”工作。经公开报名、资格审核、支部审定、公开公示，有10名符合条件的干部职工进入候选人名单。4月19日上午，甘州段党支部组织召开了全段干部职工大会，对10名候选人以无记名投票及个别谈话的方式进行了民主推选。根据民主推选情况，段党支部会议研究确定拟聘人选，并经分局党委审定后，于4月21日正式聘任。从“公推直选”结果来看，选聘的5名养管站站长、副站长，均具有多年的公路养护工作经验，在思想品德、日常表现、养护技能以及站务管理等各个方面，都是干部职工中的佼佼者，在职工中具有很好的口碑和较高的威信，在班站管理和养护工作中能很好地起到带头作用。养管站站长“公推直选”充分体现了公开公正、竞争择优和群众公认的原则，很好地实现了组织任命与职工民主选举的有机衔接与良性互动，既有效提高了组织选人用人的可信度，又充分体现了一线职工的民主管理意志，是公路养护系统加强基层民主管理的一项创新性举措。分局现有13个基层养管站，在2011年进行试点以后，将进一步总结经验，并陆续在基层各养护单位中普及此项工作。（赵海容　汪晓霞）

【张掖公路分局加强工程建设领域廉政建设】 2011年，开工建设的省道213线张掖市（甘州区）至肃南县城二级公路改建工程项目总投资达6.45亿元，是全省确定的重大建设项目之一。为实现工程优质、资金安全、干部廉洁的目标，张掖公路分局高度重视工程建设廉政教育预防工作，不断强化措施，筑牢廉政“防火墙”，为工程顺利实施保驾护航。一是根据省交通运输厅、省公路管理局工程廉政建设的相关规定，向项目派驻纪检监察组，全程参与项目建设监督管理。二是和张掖市检察院联合成立预防职务犯罪工作领导小组，针对职务犯罪预防的重点部位和关键环节，对预防职务犯罪工作进行常态性的监管。三是建立和完善《工程项目廉政建设管理办法》等31项廉政制度，明确廉政责任，规范工程廉政建设，确保工程廉政建设有章可循、有据可依。四是与项目办管理人员签定《廉政承诺书》，公开廉政承诺，自觉接受监督，提高了项目管理人员的廉洁自律意识。五是在工程开工前，主动邀请检察机关相关部门举办专题讲座，对全体参建人员进行党性、党风、党纪和廉洁从政教育。六是组织参建人员定期收看警示教育专题片，开展全方位的警示教育。七是开展廉政文化进工地活动，开辟廉政宣传园地，制作廉政建设格言警句标牌、标语，努力营造“以廉为荣、以贪为耻”的浓厚氛围。

（陈兴贤）

【张掖公路分局加强应急物资库建设管理】 2011年，张掖公路分局高度重视应急工作，通过加强应急物资库建设和管理，为有效应对公路突发事件提供物资保障。一是建立健全规章制度，制定分局《应急物资设备仓储管理办法》、《应急抢险工作制度》、《仓库管理员岗位职责》等，使应急物资管理趋于制度化、规范化。二是各单位确定专职应急管理人员，熟悉掌握应急物资摆放位置、数量、性能及完好程度，并进行定期养护、维修，做好应急物资的清点、核对、出入库记录。三是加大应急物资储备力度，根据各个季节应急重点的不同补充完善应急物资，夏季侧重储备水泥、铅丝笼、编织袋，冬季侧重储备融雪剂、防冻液等必需的物资。年内张掖公路分局已建成应急物资库6个，应急物资达59类，已能基本满足公路应急抢险需要。

（赵文娟）

【张掖公路分局建立科级干部廉政档案】 为加强科级干部的监督管理，规范科级干部从政行为，促进干部廉洁自律，2011年，张掖公路分局建立了科级干部廉政档案。此次建立廉政档案的对象包括分局正、副科级干部。档案内容主要包括干部本人及家庭成员的基本情况、奖惩情况、干部落实党风廉政建设责任制及述职述廉考核情况、干部个人重大事项报告情况等内容。廉政档案内登记表的内容实行动态填报，每年按照上级对领导干部廉洁自律的要求及时更新。同时，廉政档案按秘密等级管理，一人一档，专人负责管理，对新提升的科级干部，及时建档；对交流的科级干部，人随档走；干部退休，其廉政档案交有关部门负责保管。分局纪检监察部门将定期或不定期的综合分析汇总档案材料，及时向党委报告干部在党风廉政建设方面的情况，为党委使用干部提供廉政依据。

（陈兴贤）

【张掖公路分局进一步加强资金运行监督管理】 为认真贯彻落实省公路管理局加强资金运行监督管理的有关规定，2011年，张掖公路分局进一步加强对资金的监管，确保各类资金安全运行。一是组织分局副科级以上干部、机关管理人员、财会人员认真学习省公路管理局党委印发的《全省公路系统资金运行监督管理规定（试行）》文件，并对分局预算资金管理、经营性和非经营性资金管理以及现金管理等提出了详细具体的要求。二是分局成立项目及资金管理委员会、资金安全运行督察小组，明确各自职责，加强对资金运行状况的监督检查，强化预算执行情况和资金运行状况的监管，确保各项工作规范有序进行。三是分局召开财务管理工作座谈会，对落实省局相关会议精神、加强资金使用和监管，以及对局属单位党政主要领导和会计人员工作提出具体要求，确保分局资金运行监管工作规范化、制度化。

（王维学）

【张掖公路分局开展“财政支出管理年”活动】 为强化财政资金使用管理，提高资金使用的规范化、科学化和精细化水平，2011年，张掖公路分局决定开展“财政支出管理年”活动。“财政支出管理年”活动以提升财政资金使用效益和财务管理人员科学理财水平为目标，进一步树立“分配与管理齐抓、投入与绩效并重”的理财观念，努力在分局部门预算执行、国库集中支付、政府采购管理、绩效预算评价、部门财务决算、资产信息化管理等方面改革创新。通过不断完善管理制度，强化预算主体责任地位，建立起科学规范、快捷有序、控制有力的财政支出管理机制。此项活动主要包括严格执行财经法律和规章制度，健全和完善财务管理制度和体系，建立权责明确、监管有效的预算管理体制，加强预算执行和资产监管行为，认真执行财务报表定期报告制度和部门决算的编审管理等内容。活动共分为动员部署、制度修定、强化落实和总结成果4个阶段。同时分局还成立活动领导小组，制定下发活动实施方案，确保活动扎实稳定推进。

（张勤德）

【张掖公路分局使用视频会议系统增强职工冬训实效】 2011年，张掖公路分局首次将视频会议系统、投影仪等技术和设备综合运用于职工冬训学习中，充分发挥视频会议系统的作用，扩大了职工受训覆盖面，提高了职工冬训参与率，增强了培训结果。为认真贯彻省交通运输厅开展文化建设“三个一工程”的精神，切实开展好职工冬训活动，分局在广泛征求意见、集思广益的基础上，提出2011年冬训学习着力突出内容丰富性、形式多样性的要求，学习内容包括政治理论、文化知识、职业道德、业务知识、安全及法制宣传教育等；培训形式以各单位集中培训为主，分局举办培训班、专题讲座和举办知识竞赛活动、先进事迹报告会等。在冬训期间，分局还采用视频会议系统举办规章制度和业务知识解读、职工文明礼仪、国学及传统文化教育、健康知识专题讲座，举办先进事迹报告会等。

（王维学）

【张掖公路分局收费公路管理处实施“三四五”工作法，提升文明服务水平】 2011年，张掖公路分局收费公路管理处提出“三四五”工作法，要求收费人员在工作中规范使用文明用语，微笑服务和用心服务，努力做到“三声”、“四心”、“五规范”。即：在收费工作中做到来有迎声、问有答声、去有送声，服务热心、工作细心、解答耐心、履责诚心，操作规范、用语规范、管理规范、着装规范、行为规范。通过实施“三四五”工作法，进一步提高职工队伍的整体工作效率、服务质量、服务水平。

（孙振花）

【酒泉公路总段高养中心便民服务升级】 2011年，酒泉公路总段高养中心在玉门和瓜州养护工区面向社会开通了0937-3361920、0937-5923219两个服务热线，驾驶员和行人只要拨打电话就可以享受到公路部门的热情服务。服务热线不仅为司乘人员提供了嘉安高速公路通行路况、道路施工情况、咨询出行线路等方面的信息，而且在司乘人员遇到困难或车辆发生故障时提供求助，最大限度地方便群众出行，提高了服务水平，实现了便民服务再升级。酒泉公路总段高速公路养护中心还利用网站、高速公路警示标志标牌、收费广场电子屏及时发布高速公路通行和天气变化情况，公布高速公路救助、车辆维修、应急处置、咨询服务信息，建立健全信息采集上报、发布和反馈机制，拓展服务功能，方便群众出行。

（李荣基）

【酒泉公路总段建立首个后备科级干部库】 2011年9月10日开始，酒泉公路总段集中半个月时间，由总段党委委员带队，深入全段13个基层单位，建立后备科级干部库，树立正确的用人导向。后备干部库严格按照民主推荐、基层党组织集体讨论研究决定推荐人员、总段党办严格审查、总段党委审定等程序进行。科级后备干部则需要有3年以上管理岗位工作经历，大专以上学历，具有助理级以上专业技术职称，能够担负实际工作任务，年龄原则上在35周岁以下，年终考核结果近3年连续在合格等次以上，其中至少有1次优秀；在本职岗位上勤奋敬业、务实肯干、圆满完成各项任务，所承担的工程建设或重点工作任务达到良好以上，没有出现质量、安全、责任等问题。 （李荣基）

【酒泉公路总段实行人性化管理】 2011年，酒泉公路总段积极贯彻"以人为本"思想，全面推行人性化管理。一是筹集资金，加大养护机具更新换代步伐，不断提高公路养护机械化、自动化水平，仅2011年就筹资购置各类养护机具30台（套），提高了公路养护质量，降低了职工劳动强度。二是针对管养线路点多线长，养护职工长期离家驻站的实际，不断加大站班"双化"建设力度。同时想方设法改善一线养护站班职工食堂就餐环境，通过生产大忙季节送餐到工地、补助职工伙食费用等方式，提高一线职工食堂饭菜质量，解决职工饮食困难问题，使职工吃得舒心爽口。马鬃山公路段作为全省唯一的边防公路管养单位，站班建设坚持高标准、高起点，做到了宾馆有什么，职工宿舍有什么，极大改善了职工生活和工作的环境。同时，酒泉总段积极与当地通信部门协调联系，为音凹峡养管站架设固定电话，彻底结束该站职工一驻站上班就无法和家人联系的历史。三是先后两次专题会议研究，将马鬃山公路段的8名职工、金塔公路段的7名女职工调回家门口工作，解决了双职工家庭两地分居、无法照顾孩子、不便赡养老人的问题。四是积极开展"夏送清凉、冬送温暖"活动，针对夏季养护酷暑难耐，总段两级机关及时送清凉到一线、进站班，组织人员把绿豆汤、西瓜、藿香正气水送到职工手中。五是积极做好困难职工帮扶慰问工作。2011年共筹集资金12万余元慰问困难职工和职工遗属84人。六是文化活动丰富。全年先后组织开展了知识竞赛、读书评比、评先树优、文艺巡演、书画摄影展等主题鲜明、内容丰富的主题活动。 （陈永君）

【酒泉公路总段制定出台《关于进一步加强工程管理的规定》】 2011年，酒泉公路总段制定出台《酒泉公路总段关于进一步加强工程管理的规定》。《酒泉公路总段关于进一步加强工程管理的规定》，从8个方面对两级领导和工程项目负责人实施工程建设进行了具体规定。一是严禁两级领导和项目负责人违背工程管理规定和工程施工规律压缩工期、赶进度，导致发生工程质量事故或者严重质量问题。二是严禁两级领导和项目负责人违背工程管理规定和工程施工规律干预安全生产规定、违章指挥、违章操作、违章施工。三是总段两级领导不得随意表态进行无计划施工，谁开支谁负责，切实维护计划的严肃性。四是严禁总段两级领导独立或合伙购买工程机械、车辆、设备、参与由总段管理的所有工程施工。不准总段两级领导干部推荐自己亲朋好友的机械进入工地施工。严禁租用职工个人或合伙购买的机械在本单位的工程中施工。五是严禁雇佣与总段两级领导干部有亲属关系的劳务队伍，总段两级领导干部不准推荐自己的亲朋好友为劳务队伍。雇佣的劳务队伍必须先签订单价合同后进场施工。六是工程结（决）算必须由项目部3大负责人和单位主管共同结算，并将结算情况进行公示。严禁总段两级领导干部及管理人员通过打招呼、说情、授意、暗示等方式干涉工程款项支付和工程结（决）算。严禁违反规定插手干预工程建设资金的使用与管理，对不符合预（决）算规范要求，达不到工程进度需要的工程建设项目，决不能支付资金。坚决杜绝工程项目超付资金。七是工程所需的各类工程材料，水泥、钢材、石料、油料等大宗材料必须通过招标采购，严禁总段两级领导干部通过任何方式要求施工单位和项目部采购亲朋好友的材料。八是全总段的各类工程均通过招（议）标确定中标单位后进行施工，没有进行招标的工程一律视为不规范行为。50万元以上的各种房建工程必须实行公开招标，各建设单位不得将房建等工程任务拆分划小，逃避公开招标。总段范围内的施工、安全、设计、试验等各类资质以及职工个人的各类技术职务资质严禁对外借用。同时，《酒泉公路总段关于进一步加强工程管理的规定》还规定，对于总段基层各领导违反本规定的，依据情节进行诫勉谈话或给予通报批评，情节严重的先免职并按《中国共产党纪律处分条例》和中纪委《党员领导干部违反规定插手干预工程建设领域行为适用〈中国共产党纪律处分条例〉若干问题的解释》等相关规定，给予党纪处分。非党员领导干部及管理人员参照相关规定，给予政纪处分。 （魏邦嗣）

【嘉峪关市交通运输局安排2011年依法行政工作】 2011年，嘉峪关市交通运输局从4个方面安排2011年依法行政工作。一是加强培训。组织干部职工认真学习《宪法》、《行政许可法》、《行政复议法》、《公路法》以及与业务有关的法律法规，积极参加省、市有关部门组织的学习培训，在各单位内部，采取集中学习与自学相结合的方式，保证学习质量。二是建立和完善依法行政工作制度，切实提高制度建设质量。要建立完善行政执法人员学习培训制度、信息公开制度、依法行政报告制度、行政执法人员持证执法等制度，把制度建设作为年度依法行政工作的基础，做到用制度约束和规范行政权利。三是加强行政执法案卷管理工作，提高办案质量。要按照《嘉峪关市行政执法案卷评查办法》的要求，加强行政执法案卷管理，建立健全行政执法案卷评查制度，完善行政执法案卷评查标准和制度；通过执法案卷评查、评比，切实强化行政执法案卷的规范化、正规化管理，促进规范执法。四是畅通行政救济渠道，构建和谐社会。要求各行政执法部门在做出行政处罚、行政强制措施时，要完全告知相对人申请行政复议的救济渠道和期限，保证相对人的救济权。行政复议机关要按照《行政复议法》的规定，畅通行政复议救济渠道，积极受理行政复议申请，最大限度地保护公民、法人和其他组织的合法权益，有效化解社会矛盾，维护社会和谐稳定。 （嘉峪关市交通运输局）

公路工程

等级公路建设

【交通运输部专家组现场调研渭源至武都高速项目】 2011年4月11日至16日,交通运输部规划研究院专家组对兰海高速渭源至武都段项目进行了现场调研。专家组通过现场调研认为:《工程可行性研究报告》建设方案可行,采取的路线推荐方案比选充分、技术指标规范符合沿线地质环境条件。渭源至武都公路起点渭源县路园镇,接连霍高速天水至定西段陇西至渭源连接线,兰海高速临洮至渭源段,止于武都两水,顺接兰海高速武都至罐子沟段。主要控制点渭源县路园镇、漳县殪虎桥乡、大草滩乡、岷县、宕昌县哈达铺镇、两河口乡、两水镇。建设规模与技术标准。建设里程243.5公里,采用四车道高速公路技术标准,设计时速每小时80公里,路基宽度24.5米,桥涵设计汽车荷载等级采用公路—Ⅰ级;设置路园(枢纽)、莲峰、漳县(三岔)、大草滩、梅川、岷县、哈达铺、宕昌、临江、两河口、沙湾等11处互通立交;舟曲连接线按高速公路标准同步建设,起点两河口、止舟曲县城东、全长15公里;其他连接线及辅道二级公路8条65.5公里,其中:哈达铺、宕昌、沙湾连接线为11公里、9公里、10公里;全线设辅道304公里(212线243公里)。建设工期5年适宜。本项目对实施国家西部大开发战略和落实国家进一步支持甘肃经济社会发展,完善国家及甘肃高速公路网,改善区域交通条件,打造高地震烈度区和地质灾害多发地区生命线工程,构筑西北地区通江达海通道,促进沿线优势资源开发及社会经济协调、可持续发展,加快贫困地区脱贫致富等具有重要意义,建设是必要和迫切的。 (郝 炜)

【机场高速公路茅茨互通立交工程可行性研究通过甘肃省发改委审查】 2011年6月30日,甘肃省发改委委托甘肃省政府投资项目评审中心对《机场高速公路茅茨互通立交工程可行性研究报告》进行了审查。参加会议的有甘肃省政府投资项目评审中心及省发改委、省交通运输厅、省国土资源厅、省高速公路管理局、兰州市发改委、兰州市交通局、永登县政府、兰州新区管委会等单位的领导和专家。会议中,专家组对该报告给予了充分的肯定,并提出相关建议和指导意见,该项目最终顺利通过了审查。该立交工程位于兰州市永登县树屏镇茅茨村,是兰州市新城区通过机场高速公路(省高1)进入兰州市主城区的便捷出入口 。茅茨地处兰州市新老城区的过渡区。当前,从尹家庄至中川机场中间没有设置出入口立交,使该区域的建设开发受到较大影响。因此,在尹家庄至中川机场高速公路中间设置机场高速公路茅茨互通立交就显得十分必要。本立交推荐方案双向双车道连接线,路基宽度为12米,路线长0.3公里;对向分隔式双车道匝道路基宽度为15.5米, 长0.54公里; 单向单车道路基宽度为8.5米,长1.47公里;总长为2.31公里。该项目的实施将秦王川通过尹中、连霍高速及省道201线与兰州市区相联系,形成南北相交、路空相接的交通网络,便捷的公路交通条件还有利于发挥兰州主城的辐射带动。随着区域交通网络的完善,特别是城际轨道和兰中快速路的建设,将使秦王川地区成为兰州市的重要组成部分。 (王晓莉)

【尹中高速茅茨互通立交工程开工】 尹家庄至中川机场高速公路茅茨互通立交工程是兰州市人民政府和省交通运输厅联建的重点公路项目之一。该项目位于兰州市永登县树屏镇茅茨村,地处秦王川腹地和兰州新区几何中心,也是兰海高速、机场高速、徐树高速的交汇处,在此设置高速公路出口是通往兰州、永登、机场最便捷的路径。尹家庄至中川机场高速公路茅茨互通立交工程, 在原机场高速茅茨枢纽北约1.4公里与省道201线相接处新建B型单喇叭互通式立交桥,桥长107.5米,主线为双向四车道,设计车速每小时80公里,整体式路基宽度24.5米, 立交桥匝道上跨机场高速公路主线布置,设计车速每小时40公里,5条匝道总长2.28公里,单向单车道路基宽度8.5米。立交桥主线和匝道路面采用沥青混凝土筑建,设计厚度72厘米。项目计划加宽原有桥梁1座,设置涵洞8道,设置收费站1处。项目及沿线设施采用A级标准,设置相应的交通安全设施、防护设施、绿化环保设施等。该工程项目总投资7 396.12万元, 建设工期24个月。2011年9月8日上午,兰州市政府和省交通运输厅隆重举行尹中高速茅茨互通立交工程开工奠基仪式。省委常委、兰州市委书记陆武成出席仪式, 甘肃省交通运输厅厅长杨咏中、兰州市市长袁占亭分别致辞,省交通运输厅、兰州市及相关单位负责同志参加了奠基仪式。 (晨 旭)

【省道207线秦安至叶堡公路进行大修】 2011年4月,天水公路总段养护维修二期工程省道207线靖天公路秦安至叶堡公路开工。秦安至叶堡公路,是省道207线靖天公路的重要组成部分，曾为天水经秦安到兰州的重要通道，承担着大量人员、物资运输的重要任务。自2001年天巉公路开通后，车流量大幅度下降，主要为县城至叶堡等乡镇的农用车提供通行服务，目前路基翻浆、路面大面积松散、沙化等病害严重，日常养护难度加大，严重影响人民群众安全便捷出行。对此，为彻底解决这一问题，天水公路总段积极争取资金，将该路段列为养护维修工程项目进行改造。此次维修，主要是对该路段20公里路面进行重铺，并增加防排水及安保设施，同时对沿线3座危旧桥梁进行改造维修。该工程的实施，将大大改善该路段的通行能力，为沿线群众出行提供良好的道路出行条件。 （陈　明）

【省道208线洛门至礼县二级公路改建工程开工】 2011年，洛门至礼县二级公路改建工程开工。省道208线武山洛门至陇南礼县公路是宝天高速公路和十天高速公路的重要连接线，也是陇东与陇南地区一条重要的经济干线公路。近年来，随着天水和陇南经济社会的快速发展，该路段交通量日益增加，但现有道路技术标准低，防排水设施差，混合交通严重，安全隐患大，已无法适应区域经济发展和交通运输需要。该工程起点位于武山县洛门镇，与国道316线相接，经文家寺、廖阳、上下湾、四门镇、侯堡、杨河乡、界碑山、木树关、三台坝、崖城乡、田河，终点位于礼县县城滨河路，全长79.9公里，其中武山境内40公里。全线按二级公路技术标准改建，设计车速分段采用每小时60公里、每小时40公里。该项目的实施，对于改善沿线交通运输条件和路网结构，促进武山、礼县及周边县区农业、矿产、旅游等资源的开发和利用，带动沿线经济社会发展具有重要意义。 （陈　明）

【武威至仙米寺二级公路（甘肃段）建成通车】 2011年12月7日，省道211线武威至仙米寺二级公路（甘肃段），经过全体参建人员两年多的艰苦奋战正式竣工通车。省交通运输厅党组书记、厅长杨咏中宣布通车。武威市委书记火荣贵出席通车仪式并致辞，武威市人大常委会主任刘存禄，市委副书记、市长李志勋，市委副书记、市政协主席何伟，省交通运输厅和武威市有关领导出席通车仪式。李志勋主持通车仪式。省道211线武威至仙米寺二级公路（甘肃段）改建工程自2010年4月开工建设，于2011年10月31日完成改建工程建设任务。路线起点位于该线99公里加200米凉州区许家庄处，下穿兰新铁路、古永高速，途径凉州区松树乡、西营镇、团庄、九条岭，终点位于肃南县皇城镇骆驼河口（甘青交界处），路线全长69.41公里。项目预算3.46亿元，采取“贷款修路，收费还贷”方式建设。全线按二级公路标准建设，设立武威西收费站1处，养护工区1处。 （严伟才）

【省道218线静庄二级公路竣工通车】 2011年12月18日，省道218线静庄二级公路举行通车仪式，省交通运输厅党组书记、厅长杨咏中，副厅长王繁己、赵彦龙，巡视员王吉祥，省公路管理局党委书记任忠章、局长李潭，中共平凉市委书记陈伟，市人大主任赵景山，市委副书记、市长臧秋华，市政协主席赵成城，副市长杨军等省市领导参加了通车仪式并剪彩。省道218线静宁至庄浪二级公路起于静宁县城，终点止于庄浪县水泥厂，分别与国道312线、省道304线相接。路线全长77.19公里，设计时速分别为40公里、60公里，工程概算投资4.7亿元，于2010年6月20日正式开工建设。静庄公路建成通车后，从兰州发往平凉、庆阳的车辆可经平定高速西段至静宁，然后由静庄二级公路至庄浪，再由省道304线前往平凉或庆阳方向，驶上平定高速公路东段，绕过宁夏六盘山路段。它的建成通车，将有效缓解国道312线六盘山路段的交通拥堵状况，极大地提高区域路网的通行水平，增强现有公路的通行能力，对推动陇东与陇南地区的交流合作、促进地方经济发展具有非常重要的意义。 （马亚明）

【省道301线海石湾至岗子沟公路改建工程】 省道301线海石湾至岗子沟公路是红古区海石湾通往窑街、连城、天祝工矿区和永登县的唯一通道，也是连海经济开发区沿线大型企业和周边近十万群众生产生活物资运输的重要通道。该公路于2004年按三级公路标准进行了改造，但随着近年来当地经济社会的快速发展，现有公路技术标准偏低，桥涵等构造物承载力差，特别是享堂峡滑坡路段经常性堵车，存在严重公路病害，成为制约连海经济开发区和沿线经济社会发展的“瓶颈”。省上决定实施省道301线海石湾至岗子沟公路改建工程。项目工可报告、环评报告、地质灾害危险性评估报告、水土保持方案报告已编制完成。2011年6月28日组织进行了设计招标，省交通规划勘察设计院中标为设计单位；7月12日召开了外业设计征求意见座谈会，7月19日组织召开了项目勘察设计外业验收会。2011年12月12日，甘肃省发改委批复了省道301线海石湾至岗子沟公路改建工程可行性研究报告，同意该项目的实施并确定兰州市交通运输局为业主单位，该项目作为京藏高速、国道109线重要的连接支线和甘青省际间重要出口通道。主线全长61.6公里，起点位于海石湾已建成的方正路末端，终点止于甘青两省交界的岗子沟；另设省道301线连接线1.4公里，并同步实施省道301线享堂峡路段保通工程9公里。全线按二级公路标准设计，起点至连城段设计车速每小时60公里，路基宽度12米，路面宽度10.5米；连城至岗子沟段设计车速每小时40公里，路基宽度10米，路面宽度8.5米；连接线设计车速每小时60公里，路基宽度12米，路面宽度10.5米。主线设大桥9座，中桥22座，小桥3座，隧道4座，涵洞114道；连接线设涵洞3道；保通工程享堂峡路段涵洞拆除重建13道。全线设收费站1处、收费管理处1处、养管站和服务区1处。工程工期35个月，预算总投资14.63亿元，资金来源由省交通运输厅申请交通运输部补助资金和银行贷款等方式解决，项目通过“贷款修路、收费还贷”的方式建设。至年底，项目建设前期工作按计划稳步推进，工可研、环评、水土保持方案和地质灾害危险性评估等报告均已通过省上相关部门的批复，市政府和市交通运输局、红古区政府分别成立了项目建设指挥部，负责做好征地拆迁、衔接协调和工程建设等各项工作。

（晨　旭）

【省道311线定西内官营至临洮二级公路改建工程】 项目建设起点位于定西市内官营镇，经黑山沟口、慢岻、连儿湾、东二十里铺后，沿临洮县东峪沟西岸布线，终点与国道212线红旗桥相接，建设里程69.87公里，工程初步预算投资5.15亿元，计划工期2011年1月至2012年12月底。内临项目于2010年11月24日奠基，2011年1月1日正式开工建设。年内完成路基工程：路基填方121万立方米，占总量的80%；路基挖方391万立方米，占总量的91%；防护工程2.6万立方米，占总量的42%；排水工程1.3万立方米，占总量的15%；特殊路基处理12万立方米，占总量的64%；共计完成工作量7 981.61万元，占总工作量的78%。桥梁工程：完成桩基42根，系梁12道，墩柱20根，现浇盖梁10片，现浇台帽7座，预制箱梁53片，安装梁板20片；完成工作量914.84万元，占总工作量的78%。涵洞工程：完成涵洞118道1 658.72米，完成工作量1 115.88万元，占总工作量的75%。隧道工程：开挖进尺567米，一衬567米，二衬494米，仰拱515米；完成工作量2 898.14万元，占总工作量的80%。项目累计完成投资1.74亿万元，其中土建工程完成工作量1.33亿元，占合同金额的78.3%；监理费完成计量244万元，占合同金额的66%；征地拆迁费支付3 500万元，占总预算的70%。 （杨娟娟）

【省交通运输厅专家组现场踏勘十天高速公路】 2011年7月13日至14日，省交通运输厅专家组对十天高速公路礼县连接线，成武高速公路纸坊府城互通立交，武都区佛崖立交服务区，渭子沟白龙江大桥与水利河堤，武罐高速两水至汉王段与南北长江大道、吉石坝工业园区22处交汇节点和排洪通道规划进行了现场踏勘，召开了陇南高速公路线路优化设计方案座谈会议。专家组认为：陇南各级党政和广大人民群众对高速公路建设积极支持，高速公路建设将为改变陇南落后的交通条件，推动社会经济建设产生巨大推动作用。省交通运输厅十分重视高速公路与陇南地方、城市道路交叉问题，本着科学、合理的原则，加强协调沟通，达到高速公路和地方城市规划建设的协调一致。礼县连接线设计单位四个线路方案，除旧线改建方案外可考虑西汉水河道高架桥方案，在文家村顺接旧路，由礼县政府取得大堡子山文物保护部门的相关意见书后开展下步工作；成武高速公路纸坊府城互通立交调整引线方案避开74座坟茔群；佛崖互通立交服务区原则同意服务区西移高架桥线路调整方案，渭子沟白龙江大桥与河堤交叉及标高由省项目办同市水利部门协商优化解决；武罐高速公路和市区规划南北长江大道、工业园区交汇节点，高速公路尽可能满足城市规划功能，长江大道交叉节点原则同意，交叉形式下步深入研究；工业园区排洪设置由规划部门提供排洪渠设计流量、排洪或城市排水定性资料数据，同设计单位共同论证预留方案，并要考虑高速公路工地、工期建设现状，最大限度利用高速公路已建构筑物功能，避免双方浪费资源；地方规划部门和项目建设单位要加快协调配合，尽快确定节点调整方案，分别报告上级批准尽快建设。专家组意见形成会议纪要报告省交通运输厅审批。

（郝 炜）

【省交通运输厅专家踏勘十天高速公路礼县连接线】 2011年7月12日至13日，省交通运输厅专家组在礼县实地勘察十天高速礼县连接线，并召开座谈会，对优化连接线设计方案进行了讨论并提出了意见和建议。十天高速陇南段规划里程208公里，自西和县长道镇进入礼县境，路线自西向东沿西汉水布设，途径永兴乡、祁山乡、盐官镇，由罗堡村进入天水秦州区。十天高速在长道镇建设立交，初步设计引线跨西汉水北岸接徐礼公路至礼县县城，连接线设计为二级公路技术标准，沿徐礼公路布设改建，全长约16公里。十天高速是穿越礼县的第一条高速公路，紧紧抓住这一重大历史机遇，建设连接县城的高速公路引线工程，并与即将建设的洛礼公路、礼武公路相对接，南北分别与武罐高速和天定高速联通，可全面打通礼县东、南、北三条出口道路，对礼县经济社会发展至关重要。在听取工程设计单位和征求与会人员意见后，省交通运输厅专家组专家一致认为，礼县县委、县政府提出的连接线优化方案，完全符合全县经济社会发展实际，也充分体现了县四大班子对加快地方经济社会发展的高度负责。专家指出，十天高速礼县连接线设计方案优化要兼顾地方发展与文物保护双重利益，大堡子山秦西垂陵园被国务院列为全国第五批重点文物保护单位，引线建设必须符合国家文物保护的相关法律法规和程序。工程设计单位与县政府要积极配合，进一步明确大堡子山文物保护区范围，加强同省、市文物单位等部门的沟通协商，确保引线工程优化设计方案科学、合理、合法，最大限度满足地方经济社会发展需求，为加快县域经济社会跨越式发展打造优越的交通环境。（郝 炜）

【国道212线橙子沟水电站库区淹没段改建主体工程全部完工】 由甘肃五环公司承建的国道212线橙子沟水电站库区淹没段改建工程，自2010年6月开始修建，经过全体参建人员一年多时间的艰苦努力，截至2011年8月2日，除受当地群众阻挡的483公里加190米至540米段路面工程无法施工外，其余所有桥涵工程、路基工程、路面工程及宗家坝隧道工程已全部完工。该项目的完成标志着橙子沟水电站库区还建公路实现了与陇南灾后重建公路的顺利衔接，极大地方便了当地群众的出行。国道212线公路地震灾后恢复重建项目橙子沟水电站还建工程是纳入甘肃省国省干线公路地震灾后恢复重建工程建设的重要项目，主要是对库区淹没路段进行恢复建设。该项目位于甘肃省武都区外纳乡境内，起讫桩号483公里加190米至486公里加512米，路线全长3.32公里，路基宽度8.5米。全线采用二级公路技术标准设计，设计速度每小时60公里。新建桥涵汽车荷载等级采用公路—I级，桥梁抗震设防措施等级为8级。总造价3 773.76万元。

（郝 炜）

【省政府重大建设项目督查组领导督查指导营双高速公路十标项目部工作】 2011年5月28日，由省政府办公厅秘书二处调研员徐志盼带领省公安厅、省发改委、省国土资源厅、省住房和城乡建设厅等单位组成的省政府重大建设项目督查组，在武威市古浪县有关领导及项目办相关人员陪同下，深入甘肃五环公司承建的营盘水至双塔高速公路路基十标双塔立交枢纽工程施工现场，就工程建设情况进行督查。在听取项目负责人汇报后，督查组对此项工程建设取得的进展给予了充分肯定，同时要求该项目部在巩固成绩的基础上，集中精力，克服困难，周密部署，倒排工期，确保工程进度，进一步做好与地方部门的协调工作，创造良好的施工环境；严格质量控制，加大管理力度，提高全体建设人员的质量责任意识，始终将质量管理作为工作的重中之重，抓实、抓细；加强安全生产管理，认真贯彻落实安全生产一票否决制，定期不定期开展自查自纠活动，及时排除安全隐患，坚决杜绝恶性事故发生，确保人身安全和施工安全；加强工程项目党风廉政建设，从教育、制度、措施落实上抓起，防止不廉洁现象发生。进一步健全和完善工作机制，确保各项措施责任到人、落实到位，圆满完成全年生产任务。项目部负责人表示，将认真贯彻落实督查组的指导意见，克服困难、保证工期、严格标准，保证以优异成绩向社会交上一份满意答卷。（牛晓静）

【兰州新城区至永靖沿黄河快速通道开工】 2011年10月26日，兰州(新城)至永靖沿黄河快速通道开工奠基仪式在兰州市西固区新城镇黄河新桥南举行。兰州(新城)至永靖沿黄河快速通道是临夏州各县区与外界联系的重要通道，也是兰州市一小时都市经济圈内的交通要道。项目起点位于兰州市西固区新城镇新城黄河桥南，与已建的西固区至新城一级公路终点顺接，终点位于永靖县古城村。路线全长48.25公里，采用双向四车道一级公路标准建设，建设总工期3年，估算投资61.13亿元。（长达公司）

【定西公路总段实施省道103线油路重铺工程】 2011年，定西公路总段在省道103线86公里加850米处至87公里加500米处与88公里加600米至90公里加000米路段，实施了2.05公里1.7万平方米的油路重铺工程。工程于2011年3月10日开工，8月底全面完工，累计完成：软基换填1.22万平方米，铺筑垫层1.85万平方米，铺筑基层1.74万平方米，铺筑面层1.64万平方米，增加路缘石4 100米，整修路肩4 100米，喷涂热熔标线184.5平方米。定西公路总段抽调优势力量组建施工队伍，科学制定施工组织计划，明确工程三大负责人，做到目标明确，责任到人。施工过程中，加大试验检测力度，严把原材料进场和工序验收关，严格按照《甘肃省公路养护维修工程质量管理办法》等相关规定组织施工，规范施工工艺，确保了工程质量；加强施工现场安全管理，规范设置标志、标牌，统一着装上路作业，安排专人疏导交通，确保了安全生产；抓住施工黄金季节，组织劳动竞赛，掀起大干热潮，确保了工程进度。（赵　智）

【永登至乌鞘岭高速公路建成通车】 2011年12月21日，永登至乌鞘岭高速公路建成通车。永登(徐家磨)至乌鞘岭高速公路是连云港至霍尔果斯国道主干线的重要组成路段。该项目起点位于永登县徐家磨，顺接已建树屏至徐家磨高速公路，路线经永登县红城镇、龙泉寺镇、大同镇、柳树乡、城关镇、中堡镇、屯沟湾、武胜驿镇、天祝县华藏寺镇、打柴沟、安门至乌鞘岭。路线全长104.85公里。全线采用全封闭、全立交、双向四车道高速公路标准建设，设计行车时速为每小时80公里，整体式路基宽24.5米，分离式路基宽12.25米，桥涵设计汽车荷载等级采用公路—Ⅰ级。路基土石方830.83万立方米，防排水工程52.24万立方米，4座大桥831.94米，中桥18座1 085.12米，小桥23座616.9米，分离式立交桥11处，互通式立交6处，涵洞344道4 681.32米，通道148道1 086.24米，公铁立交下穿顶进框架桥2处，渡槽16座，服务区2处。本次建成通车的永登(徐家磨)至乌鞘岭高速公路是对原有的徐古二级公路进行改造修建，该项目通车后可以有效解决兰州至河西走廊地区的交通瓶颈，提升我省对外开放形象，改善全省投资环境，促进沿线区内经济腾飞和社会全面发展，具有十分重要的意义。（张永平）

【榆中钢铁公司至定远镇公路工程工可研报告通过省发改委正式批复】 国道309线榆中钢铁公司至定远镇公路是国道309线的组成路段，是兰州通往金崖镇、会宁及宁夏固原方向的主要道路之一，周边分布着宛川工业园、兰州高新技术产业开发区定远分区及酒钢榆中钢铁公司等重要工农业生产区。该项目起点位于榆中县金崖镇宛川河大桥(2 163公里加800米处)，途经敬家坪、张家湾、爬地洼、高家坪，终点位于榆中县定远镇(2 174公里加000米)，接东岗至榆中城际快速干道。项目计划建设工期11个月，总投资1.06亿元。线路全长47.94公里，按二级公路技术标准建设，设计车速60公里/小时，全线设置桥梁3座(新建1座、完全利用1座、加宽利用1座)，涵洞28道，平面交叉3处。2011年11月28日，甘肃省发改委批复了国道309线榆中钢铁公司至定远镇公路工程可行性研究报告，同意该项目实施并确定兰州市交通运输局为该项目业主单位，要求尽快开展一阶段施工图勘察设计工作，力争及早开工建设。（晨　旭）

【永古高速辅道屯安段维修工程路面工程完工】 永登（徐家磨）至古浪高速公路辅道屯沟湾至安门段维修工程，起点位于国道312线2 248公里加300米处永登屯沟湾西侧，穿越天祝县城，经武胜驿、富强堡、岔口驿、打柴沟、金强驿，终点位于2 293公里加835米处金强河桥西侧安门，接国道312线安古段，全长45.54公里。此路段为连云港至霍尔果斯公路国高30线在建永古高速公路辅道，与国高30线相互平行，互为补充，起到相互分流的作用，是敦煌丝绸之路国际旅游节的重要途经路线。该项目的实施对加快我省河西走廊地区的经济发展具有重要意义。武威公路总段负责组织实施的2 260公里加320米至2 293公里加835米（天祝县城至安门段）维修工程总长33.515公里，由甘肃省交通规划勘察设计院有限责任公司设计，张掖公路分局、甘肃省路桥建设集团总公司两个单位承担工程施工任务，甘肃省交通建设工程监理公司承担工程监理。自2011年6月25日开工建设后，武威公路总段坚持以质量为保证，进度为目标，安全为保障，不断加强项目管理，做好协调服务工作，通过采取施工单位每天汇报施工进度，项目办每十天一次检查通报等措施，严抓工程质量、进度、安全管理等各项工作。各施工单位积极组织精干的施工人员、机械、设备投入工程建设，倒排工期，采取24小时连续作业的方式，保证了施工进度。至8月10日

路面工程已按期全部完成。（詹丽娟）

【国道212线韩家河至水泉二级公路改扩建工程开工】2011年4月27日，国道212线韩家河至水泉二级公路改扩建工程开工典礼在兰州市七里河区韩家河举行。甘肃省委常委、兰州市委书记陆武成宣布工程开工。甘肃省交通运输厅党组书记、厅长杨咏中，副厅长杨映祥、阮文易，副厅长、甘肃省公路局长赵彦龙，局党委书记任忠章及省交通运输厅有关处室负责人，局相关领导和处室负责人及兰州市有关领导参加了开工仪式。国道212线兰渝公路是我国西北通往西南的主要通道，韩家河至水泉二级公路是国道212线的重要组成部分。项目起于兰州市南出口韩家河，终于临洮县太石镇水泉村，路线全长61.2公里，工程计划总投资3亿元，总工期18个月。此次改建工程重点对现有公路路面、桥梁、排水和安全设施进行改造，并完善七道梁隧道监控、消防、照明等设施，全面提高公路整体通行能力和服务水平。工程完工后，兰州通往临洮方向的交通状况将明显改善，同时对充分发挥兰州市中心城市的作用，打造兰州一小时经济圈，带动全省经济发展和社会全面进步具有十分重要的意义。（省公路局）

【渭源至武都高速公路工可研召开评审会】2011年3月16日至21日，国家发改委委托博拓投资有限公司对《兰海国家高速公路渭源至武都段工程可行性研究报告》进行了审查，专家组本着科学、客观、公正的态度，对全线重点工程进行了现场踏勘，并召开了评审会，对该报告给予了充分的肯定。该项目主线推荐方案路线起点为渭源县路园镇三合村，以枢纽立交与天定高速陇西至渭源连接线相接，途经漳县殪虎桥、岷县县城、哈达铺镇、宕昌县城、两河口、沙湾镇，终点位于武都区两水镇，与兰海高速武都至罐子沟(甘川界)段顺接，主线路线全长243.5公里。舟曲连接线起点为宕昌县两河口，以枢纽立交接渭源至武都段主线，终点位于舟曲县城东侧，与省道313线顺接。舟曲连接线长15.41公里。该项目主线及舟曲连接线采用设计行车速度为每小时80公里、路基宽度24.5米的双向四车道高速公路标准建设，立交连接线采用设计行车速度为每小时60公里、路基宽度12米的双车道二级公路标准建设。项目投资估算总金额近350亿元。该项目的建设对加速国家高速公路网建设进程，充分发挥国家高速公路网的整体功能和规模效益，提高甘肃省中南部高速公路联网水平和规模效益，促进西北及西南的交通运输和资源的优化组合，加快外向型经济的发展步伐具有十分重要的作用。（郝　炜）

【兰海高速渭源至武都段项目启动】2011年11月23日，兰州至海口国家高速公路渭源(路园)至武都(两水)段工程正式启动。渭源(路园)至武都(两水)高速公路是国家高速公路网的重要组成部分，也是甘肃省一条重要的南出口公路。项目由主线和舟曲连接线两部分组成，其中主线长243.5公里，舟曲连接线长15.4公里，均采用双向四车道高速公路技术标准建设，设计行车速度为每小时80公里。该项目建成后，将对促进区域经济发展、带动当地旅游业发挥重要作用。（长达公司）

【新南红色旅游公路项目开工建设】2011年，庆阳市华池县新堡至南梁红色旅游公路项目完成前期工作，施工和监理单位逐步进场开工建设。新堡至南梁公路项目是省政府规划的二级公路建设项目之一，是当地重要的红色旅游路线，路线起于华池县悦乐镇新堡村，终于陕甘边苏维埃政府旧址南梁乡，全长60.41公里，估算投资6.97亿元。建设单位庆阳公路总段快速有序推进项目建设，于2011年11月组建成立项目办。项目办及早着手、提前准备，制定了项目管理规章制度，明确了各科室、各岗位的工作职责，严格规范了项目管理。已完成了施工图设计及预算批复，代缴了耕地开垦费，组织完成了路基工程招投标、征地放线及公路界桩栽设工作。该项目已完成前期工作，施工和监理单位逐步进场开工建设。（李世雄）

【天北高速公路辅道首次维修】2011年4月1日，天水天北高速公路辅道交通封闭，路面基层铺筑工作全面展开。这是该路段自1993年开通以来进行的第一次较大规模的养护维修，工程于5月中旬完工。天北高速公路辅道全长5.67公里。近几年来，由于该辅道超期服役，加之拉运砂石等施工重载车辆频繁碾压，使道路出现了大面积松散、沙化等严重病害，日常养护已解决不了根本问题，影响到过往车辆尤其是沿线单位和居民的正常出行。为此，天水公路总段决定对该辅道进行养护维修。此次维修将通过路基砂砾换填、微表处、修筑路肩挡墙等措施，对路面翻浆、龟裂、松散等公路病害进行有效处治，并增加防排水及安保设施，从而全面提高辅道的通行能力，为周边沿线群众出行提供良好的道路出行条件。（陈　明）

【十堰至天水高速公路甘肃段奠基】2011年12月8日，十堰至天水国家高速公路甘肃段奠基仪式在天水市秦州区皂郊镇高速公路口隆重举行。省长刘伟平、省军区政委傅传玉、副省长虞海燕、省政协副主席黄选平、省政府秘书长李沛文、省交通运输厅厅长杨咏中、省林业厅厅长高清和、省环保厅副厅长张政民、省发改委副主任刘剑、陇南市委书记王玺玉、天水市委书记马世忠出席仪式并剪彩奠基。虞海燕主持仪式，杨咏中介绍了工程概况。徽县、西和县、成县、礼县及市发改、交通、国土等部门负责人参加了仪式。十堰至天水国家高速公路徽县至天水段项目是“国家高速公路网”福州至银川国家高速公路的横向联络线的重要组成路段。路线起点位于甘肃徽县与陕西略阳县交界的大石碑，接陕西省在建的汉中至略阳高速公路，经李家河、店村、成县、小川、纸坊、西和、长道镇、盐官镇、天水镇，终于天水市秦州区皂郊镇，与建成的宝鸡至天水高速公路天水过境段相连接，线路全长189公里，同步建设连接线35公里，陇南境内约160公里，建设总工期4年，估算总投资188.1亿元。全线采用双向四车道高速公路标准建设，设计速度每小时80公里，路基宽度24.5米。全线在徽县、店村、成县、小川、石峡、西和南、西和北、礼县永兴、盐官、天水皂郊等10处设置互通式立交。同步建设互通连接线约35公里，其中：徽县互通连接线约8公里采用一级公路标准；店村、成县和礼县等3处互通连接线27公里采用二级公路标准。十堰至天水国家高速公路徽县至天水段项目是我省东南部的重要出口公路，也是省委、省政府今年确定开工建设的重点公路项目之一，天水过境段高速公路是我省干线公路主骨架网的组成部分，对进一步完善我省公路网体系，构建综合运输体系，改善天水、陇南两市交通条件，促进沿线经济繁荣和社会进步都具有十分重要的意义。

（郝 炜）

【十天高速公路徽县大石碑（陕甘界）至天水段高速公路初步设计预审会在兰州召开】 2011年12月15日，十天高速公路徽县大石碑（陕甘界）至天水段高速公路初步设计预审会在兰州召开。省交通运输厅厅长杨咏中，省政府参事辛平，副厅长赵彦龙，省直有关部门负责人，省交通运输厅各部门负责人，天水市政府，陇南市政府副市长王月成，市交通运输局局长郑作栋，两当县、徽县、成县、西和县、礼县政府，省交通规划勘察设计院有限责任公司，中交一院公路规划设计研究院，两当县、徽县、成县、西和县、礼县发改委和交通局等单位领导、专家以及项目主要设计人员参加了会议。会议由省交通运输厅主持，设计单位汇报设计情况，专家组通报初步设计审查意见，市政府副市长王月成代表市委、市政府做了表态发言，建议对两当县连接线采用三套方案，一是李家河至杨店，二是李家河至县城，三是国道改造打通隧道的方案；建议对徽县连接线出口下移2公里方案和连接通火车站的方案；建议礼县连接线大堡子山采用高架桥形式通过的方案；表示将大力支持和配合十天高速公路项目建设，搞好征地拆迁工作，全力以赴支持十天高速公路建设。两当县、徽县、成县、西和县、礼县政府等领导会上也做了表态发言。

（郝 炜）

【兰海高速公路武都两水至文县罐子沟段进展情况】 截至2011年12月底，累计完成投资54.67亿元，占批复概算117亿元的46.7%。累计完成工程量：土石方工程完成1 191万立方米，占全线总工程量的71.2%；桥梁桩基完成6 614根，占全线总工程量的95%；墩柱完成4 489根，占全线总工程量的75.3%；梁板预制完成5 778片，占全线总工程量的40.2%；梁板吊装完成4 441片，占全线总工程量的30.9%；完成涵洞105道，占全线总工程量的45%；隧道累计掘进71 382米，占全线总工程量的86%；防护工程80.2万立方米，占全线总工程量的63%。

（郝 炜）

【陇南市召开武九高速公路线路审查会议】 2011年12月22日至24日，陇南市邀请甘南州、阿坝州、九寨沟县、舟曲县政府和有关部门负责人，在武都召开了武都至九寨沟高速公路线路研究审查会议，共同审查了中交第一公路勘察设计院对武都至九寨沟高速公路的设计方案，并对规划存在的问题进行了深入交流与探讨。副市长王月成出席会议。王月成指出，武都至九寨沟高速公路线路研究审查会议的召开，标志着项目争取工作已经迈出了坚实一步，希望阿坝州、甘南州、九寨沟县、舟曲县一如既往地支持项目前期工作，积极向上汇报，争取项目早日纳入国家高速公路网规划，为项目早日立项实施创造条件。

（郝 炜）

【交通运输部专家回访武罐高速公路初步设计】 2011年7月1日至2日，交通运输部专家组20人在部公路局工程管理处李晓斌主任的带领下，由省交通运输厅总工杨慧林、建管处副处长叔书学、省长达路业有限公司总经理赵发章陪同，中交一院、省交通规划研究院等设计单位参加，依据交通运输部对武罐高速公路初步设计审查意见进行了全线设计回访。重点对武都城区过境段设计变更，桔柑互通立交，麻崖子隧道，琵琶、洛塘、青峪沟立交服务区，固水子古滑坡，枫相等重点地质灾害区域，特大桥梁、隧道设计施工现场考察。7月3日在四川省广元市召开了座谈会议，专家组认为，武罐项目施工设计和施工中认真贯彻落实了交通运输部初步设计审查意见，对项目施工执行设计技术标准、质量管理、落实安全环保措施比较满意。对施工设计变更要本着实事求是、坚持的原则，以保证技术和质量标准为前提，应严格程序审批，加快工程建设，加强工程管理，确保工程按期保质保量完成建设任务，造福陇南人民。

（郝 炜）

【陇西文峰至漳县殪虎桥二级公路改建工程】 项目建设起点位于陇西文峰镇孙家坪，经文峰镇宝凤、漳县武阳镇塔窑坪、漳县县城、三岔镇吴家门后，在漳县殪虎桥镇与国道212线52公里加970米处相接，建设里程48.55公里，工程概算总投资6.01亿元，计划工期2011年3月至2012年10月底。文殪项目于2010年11月24日奠基，2011年3月1日正式开工建设。年内完成路基工程：路基填方50.6万立方米，路基挖方61.2万立方米，防护工程5.9万立方米，排水工程1.3万立方米，低填浅挖路基处理挖方3.5万立方米，换填处理3.8万立方米；路基翻浆处理清挖土方13.3万立方米；完成工作量7 698万元，占年度计划的79.5%。桥梁工程：完成桩基34根，墩柱21根，现浇盖梁7片，现浇台帽4座，预制箱梁8片，完成20座加宽利用及新建小桥基础及桥台的浇筑，完成涵洞74道586米，共计完成工作量2 050万元，占年度计划的60.4%。隧道工程：中山隧道完成洞身掘进633米、仰拱580米、二衬支护520米，佛梁隧道完成洞身掘进620米、仰拱480米、二衬支护304米，共计完成工作量6 741万元，占年度计划的68.5%。项目累计完成投资2.16亿元，占年度总投资3亿元的72%，占概算总投资6亿元的36%。征地拆迁费支付1 950万元，占总征迁量的90%。监理费完成计量311万元，占合同金额的43%。

（朱少斌）

【成县至武都高速公路进展情况】 截至2011年12月，累计完成投资35.23亿元，占概算总投资的29.1%。累计完成工程量：土石方工程完成224.1万立方米，占全线总工程量的19.4%；桥梁桩基累计完成4 869根，占全线总工程量的70%；梁体预制1 004片，占全线总工程量的7.5%；完成涵洞16道，占全线总工程量的40.3%；隧道累计掘进1.84万米，占全线总工程量的24%；防护工程完成15.4万立方米，占全线总工程量的18.4%。控制性工程11、12标段米仓山隧道累计掘进8 694米，桥梁桩基础已全面开始施工，已完成桩基4 869根。

（郝 炜）

【临夏至合作高速公路开工建设】 2011年12月2日上午，

临夏至合作高速公路在甘南州夏河县王格尔塘镇开工。这是我省通往青藏高原甘南藏区的首条高速公路。临合高速公路建设项目批复概算投资88.89亿元,设计工期4年。该项目起点位于临夏市的尕杨家,顺接康(家崖)临(夏)高速公路终点,路线经张家台、尹集镇、土门关、王格尔塘、唐尕昂、香拉、早仁道等主要控制点,终点至合作南。路线全长约98.65公里,其中临夏境内32.08公里,甘南境内66.57公里。项目主线按双向四车道高速公路标准建设,设计速度每小时80公里,整体式路基宽24.5米,分离式路基宽12.25米,桥涵荷载标准采用公路—1级。主要工程数量为:路基土石方1 094万立方米,防护排水工程57万立方米;特大桥两座,大桥43座,中桥23座,小桥10座,涵洞49道;分离式立交桥5座,通道桥53座,通道涵65道;长隧道4座,中隧道6座,短隧道9座。桥隧长度占路线总长的34%。互通式立交4处,分别为双城互通、王格尔塘互通、合作北互通、合作南互通。全线设服务处2处,停车区1处,养护工区2处。临夏至合作高速公路是甘肃高速公路网兰州至郎木寺高速公路(S2)的重要组成路段,是甘肃省会兰州通往临夏、甘南、四川阿坝等少数民族自治州的重要通道,该项目也是我省第一条在高海拔地区修建的高速公路,是一条高原公路。其中50%以上路段的海拔都在2 500米以上。与此同时,该公路穿越黄土高原和青藏高原,地质结构较为复杂,给项目的设计、施工带来了较大的难度。该公路的规划和建设,对加强西北、西南和对外的沟通交流,完善甘肃省高速公路网体系、构建综合运输体系,改善临夏、甘南两个少数民族自治州对外通道条件,促进少数民族地区经济社会全面发展,应对自然灾害,保障运输通道通畅,发展沿线旅游业等具有十分重要的意义。该项目建成后,将彻底结束甘南藏族自治州没有高速公路的历史。 (张永平)

【武威公路总段天马公司中标承建张肃路改建工程】 武威公路总段天马公司在省道213线张掖市(甘州区)至肃南县城公路改建工程中标第一合同段,中标额1.04亿元。省道213线张肃(张掖至肃南)二级公路改建工程,起点位于张掖市甘州区省道213线的10公里加000米处,终点位于肃南县老虎沟,是国高30线连接线的组成部分。主要工程内容包括路基、路面、桥涵及防排水工程。张肃公路第一合同段主线长16.66公里,主要工程量有:新建大桥2座238.16米,新建中桥5座256.78米,拆除重建中桥1座32.04米,新建小桥3座63.65米;涵洞50道650米,接长利用涵洞4道13.51米;排水工程8 244.3米;防护工程3.61万立方米;路面(面层)31.8万平方米。肃南县县城连接线长4.82公里,有中桥1座32.04米,小桥1座19.04米;涵洞2道17米;防护工程3 068.8立方米;排水工程988米;路面(面层)6.53万平方米。 (詹丽娟)

【金昌、武威两市接洽金武高速公路建设有关问题】 2011年8月25日上午,金昌市市委常委、常务副市长方银天带领金昌市政府办、发改委、交通运输局等部门负责人来武威市,就金武高速公路有关问题与武威市进行接洽。武威市市委常委、常务副市长王扎东及市发改、交通、文化等部门负责人参加座谈会。金昌至武威高速公路的建设,对金昌和武威两市,不论是从发展区域经济,还是进行人文交流都具有重要的意义。目前,金昌市已被批准为国家级经济技术开发区,今后金昌市将借此机遇围绕新材料产业进行定位。金昌具有镍、铜、钛等工业优势,而武威也有丰富的矿产资源,双方今后在矿产资源开发领域具有广阔合作前景。武威有雄厚的农业基础,农业产业化发展速度快,金昌市在农业方面可以向武威市学习,而金武高速公路的建设将为武威农产品进入金昌市场打造平台。武威有丰富的旅游文化资源,金昌机场年底就要建成,金武高速公路的建设,对武威旅游文化产业发展具有一定的促进作用。长期以来,金昌市和武威市有着密切的联系,金武高速公路的开通,将为两地人民交往提供平台。金武高速公路是两地交流的重要纽带和桥梁,在项目实施过程中,双方应该进一步加强交流与协调沟通,促使项目早日实施。王扎东表示,金武高速公路建设项目在金昌、武威两市党委政府的共同努力下,经过双方多次对接磋商,项目前期工作进展顺利。金武高速公路的建设,对推动武威、金昌两市优势互补、组团发展、整体推进,切实加快金(昌)武(威)一体化进程意义重大。两市政府要切实加强与省交通厅的联系和沟通,积极落实资金筹备方案,对接相关承诺资金的落实,并做好项目建设各类资料的移交和准备工作。在文物保护和征地拆迁方面,各自要做好辖区内的工作。要加强对项目建设的组织领导和协作配合,通过共同努力,力争使金武高速公路在2011年10月1日开工建设。 (李秀卿)

【武威市金大快速通道建设工作】 金大快速通道是甘肃省统筹城乡发展试验区武威城乡融合发展核心区的主动脉和脊椎,是核心区"一轴(金大快速通道为核心区发展中心轴)、双城(凉州城和大靖城)、三组团(永丰组团、黄羊组团、土门组团)"的骨架工程,也是推动武威经济社会跨越式发展的关键。该项目起点位于凉州区丰乐镇怀西村李家茨庄,与连霍高速公路相连,终点位于古浪县大靖镇,经新城区规划道路与营双高速公路相接。途经凉州区丰乐镇、永丰镇、五和乡、永昌镇、金沙乡、金羊镇、柏树乡、中坝镇、发放镇、高坝镇、武南镇、河东乡、东河乡、清水乡、清源镇、黄羊镇,古浪县泗水镇、土门镇、黄花滩乡、西靖乡、民权乡、大靖镇和黄羊河集团,涉及1个国营农场、22个乡镇、96个行政村、307个自然村,贯穿武威金太阳新能源高新技术集中区、武威新能源装备制造产业园区、武威工业园区、武威煤炭集疏运中心、黄羊工业园区、黄羊河集团工业园区、黄羊公铁联运物流中心和古浪县土门工业园区等8个工业园区和工业集中区,受益人口近89万人。全线按《公路工程技术标准》一级公路标准建设,设计行车速度80公里/小时,路基宽度26米,路基设计洪水频率1/100,路拱坡度为1.5%,全线配置完善的排水设施和交通标志、标线、线性诱导标、轮廓标等安全设施。路线全长158.64公里,其中:主线长124.8公里,支线长33.84公里,估算总投资约45.59亿元。该项目建设对于进一步优化全市路网结构,改善地方运输条件,打造功能配套、承载力强、要素活跃的城乡融合发展经济核心区具有十分重要的意义。对充分发挥园区各自优势,优化资源配置,提高产业聚集能力,实现组团发展、集约发展、互利共赢、优势互补、资源共享、融合发展,具有重要作用。项目已编制完成水土保持方案、地质灾害评估和压覆矿产资源情况调查审核、沿线文物调查、环境影响评价、工程可行性研究报告等一系列前期工作，并报省上各有关部门进行了评审和批复。2011 年 9 月 7 日，省发改委“甘发改交运〔2011〕1467 号”文件批复立项建设。截至 2011 年底，工程已完成 13 公里油面铺筑，拉通主线 124.8 公里路基工程和部分桥涵工程，完成土石方 653 万立方米；征地 8 163 亩，拆迁工作已基本完成(拆迁房屋 159 户、4.66 万平方米，拆除日光温室 326 座、9.67 万平方米，拆除暖棚 48 座、1.49 万平方米，拆除养殖场 30 处，拆迁砖窑 2 座，迁移坟墓 657 座)，改造水渠 110 道、4.66 公里，修建水渠 66 道、43.31 公里，修建输水涵管 162 道、6.25 公里，迁移电力、通讯杆线 196 根，迁移通讯光缆 875 米，完成投资 8.6 亿元。

(武威市交通运输局)

【金永高速公路金昌连接线工程通过交工验收】 金昌至永昌高速公路金昌连接线工程是金昌至永昌高速公路工程的重要组成部分，路线全长 4 公里，投资 4 848 万元。该项目建设总工期为 303 天，2010 年 3 月 26 日路基、桥涵正式开工，2010 年 11 月 20 日完成路基桥涵工程，2011 年 5 月上旬路面工程全部完工。经金昌市交通运输局申请，省交通工程质量监督站于 2011 年 6 月 1 日至 2011 年 6 月 10 日，委托甘肃省公路工程试验检测中心对金昌至永昌高速公路金昌连接线工程的桥梁、路基、路面工程进行了交工验收前的工程质量检测，该工程实体检测频率均满足《公路工程质量鉴定办法》的要求。2011 年 10 月 26 日，省公路管理局组织专家对 S17 线金昌至永昌高速公路金昌连接线工程进行交工验收，经交工验收小组讨论和评议，审定监理单位质量评分值为 93.7 分，质量合格，符合《公路工程竣(交)工验收办法》(交通部 2004 年第 3 号部令)及其实施细则规定的交工验收条件，同意交付使用。2011 年 10 月 27 日将养护管理工作移交金昌公路总段。

(李秀卿)

【金永高速公路绿化项目开工建设】 2011 年 3 月，金永高速公路绿化项目正式获准实施，2011 年将实现金永高速公路的林荫化、生态化和景观化。金永高速公路的开通成为金昌连接周边地区的主要通道和对外开放的重要窗口。为了打造高标准的绿色通道风景线，进一步改善我市生态环境，提升城市品位，改善人居环境，金昌市委、金昌市政府按照创建园林城市的总体要求，从建设“活力镍都，戈壁绿城”的实际出发，决定实施金永高速公路绿化项目，以修复和改善高速公路沿线路域生态环境，提升高速公路的整体功能。项目规划以展现金昌精神、树立窗口形象为目标，突出行车安全与绿色文明两大主题。按照“四段三点一条线”的设计思路，通过因地制宜的配置适生树种，有重点的进行景观设计，达到绿在全线、美在节点的设计目标，形成高标准的绿色通道生态景观。绿化工程总面积 2 000 多亩，计划栽植国槐、云杉、新疆杨、沙枣等各类乔灌木 50 多万株，总投资 5 000 多万元。金永高速公路全长 42.14 公里，主线绿化长度 34.51 公里，共分金水湖、市区、宁远堡、永昌四个区段建设。金水湖段位于金水湖景区，规划后将和金水湖景区融为一体；市区段是高速公路进入市区的门户地段，也是高速公路绿化的重点路段，公路两侧护栏以外按照 50 米宽的标准进行对称绿化设计。宁远堡段、永昌段设计为统一模式，按照公路两侧护栏以外各 15 米宽的标准进行绿化。市区段、宁远堡段、永昌段树种配置以国槐、云杉、沙枣、杨树等乔木为主，适当配置丁香、刺玫等花灌木，景观与绿化设计确保景观效果对行车安全不构成干扰，并且有一定的交通导向性，保证道路的使用功能和交通安全，同时能衬托公路的宏伟气魄。金水湖段、北京路平交口节点、河西堡节点、东寨节点、北京路连接线绿化以植物造景为主，以功能性和美化性结合，以国槐、云杉、刺柏、刺柏球作为基调树种，乔、灌、草相结合，常绿树与落叶乔木相搭配，使不同花期的木本花灌木和草本花卉进行配置，使绿地立体层次更加丰富，达到“四季常青、三季有花”的效果。

(李秀卿)

【敦煌至当金山口二级公路第四合同段通过交工验收】 2011 年 11 月 9 日至 10 日，受省交通质监站委托，省公路局检测中心对甘肃五环公司承建的敦煌至当金山口二级公路第四合同段进行了交工验收检测。检测中心反馈回的检测电子数据显示，路面厚度、弯沉、平整度、桥涵、防护排水等所有项目全部检测合格，标志着该标段顺利通过了交工验收。敦当公路第四合同段全线总长 21.91 公里，工程总造价 1.37 亿元，设计路基宽度 10 米，设计时速 60 公里，路面底基层为厚 20 厘米水泥稳定砂砾土，基层为厚 20 厘米水泥稳定碎石，沥青面层采用二层式结构，上面层为 3.5 厘米厚细粒式沥青混凝土，下面层为 5 厘米厚热拌沥青碎石，工期为 24 个月，自 2009 年 11 月开工，至 2011 年 11 月完工。

(远大集团)

【敦煌至当金山口二级公路通车】 2011 年 12 月 26 日，西部通道敦煌至当金山口二级公路通车仪式隆重举行。敦煌至当金山二级公路是甘肃连接新疆、西藏、青海的重要公路运输通道，全长 119.97 公里，采用二级公路标准建设，投资 4.96 亿元。

(远大集团)

【玉门市新能源基地公路二期工程项目进展顺利】 玉门市新能源基地公路二期工程，全长 26.13 公里，总投资 2 505.52 万元，按照国家二级公路等级设计建设，路基宽度 12 米，路面宽长 9 米，设计时速每小时 40 公里。该工程于 2010 年 11 月开工建设，2011 年 5 月 25 日开始铺筑油面，6 月中旬完成油面铺筑工程并通车。

(李建云)

【国道 312 线酒泉至嘉峪关城际一级公路施工图设计通过评审】 2011 年 1 月 10 日，国道 312 线酒泉至嘉峪关城际一级公路施工图设计通过了省交通运输厅组织的评审会。嘉峪关、酒泉两市交通运输局的领导、咨询审查单位的代表及交通运输厅特邀专家参加了审查会议。在国道 312 线酒泉至嘉峪关城际一级公路施工图设计审查会议上，与会专家和代表认真听取了设计单位关于施工图设计的汇报和咨询审查单位的咨询审查报告，对施工图设计关键问题和路面结构设计进行了认真的审查和讨论。会议认为，该施工图设计文件内容齐全，符合交通部有关标准和规范的要求，设计文件安全可靠、技术先进,符合标准化、机械化施工的要求,会议通过了施工图设计审查。审查会议要求设计单位要本着因地制宜、工艺合理、结构安全可靠的原则,在路面结构等方面进一步优化施工图设计。施工图设计审查顺利的通过,为加快该项目的施工、监理招标进程,推进项目前期征地拆迁等工作提供了科学有力的依据,为加快推进嘉酒一体化建设奠定了坚实基础。 (嘉峪关市交通运输局)

【嘉酒城际一级公路隆重举行开工奠基仪式】 2011年元月5日15时,嘉酒城际一级公路开工奠基仪式在嘉峪关市境内的原安远沟过境收费站西侧隆重举行。省委副书记鹿心社宣布嘉酒城际一级公路建设项目奠基,省人大常委会副主任崔玉琴,省政协副主席李永军,嘉峪关市市委书记、市人大常委会主任马光明,酒泉市委书记李建华出席奠基仪式。嘉峪关市副书记、市长郑亚军,酒泉市委副书记、市长康军分别在奠基仪式上致辞,省委办公厅副秘书长刘玉生主持仪式。省发改委、省国土资源厅、省环保局、省财政厅、省公路局等部门负责人出席了奠基仪式。省交通运输厅厅长杨咏中介绍嘉酒城际一级公路工程项目概况。嘉峪关至酒泉城际一级公路起点位于嘉峪关市雄关广场新华南路路口,途经丁家坝、安远沟,终点为酒泉市飞天路国道312线的富康路口,公路总长19.95公里,总投资约6.47亿元。本项目市区段按城市二级主干路三幅八车道城市道路标准设计,路基宽58.5米;其余路段按一级公路双向八车道技术标准设计,路基宽40.5米,计划两年建成,为不收费城际一级公路。城际公路建成后,嘉酒两市有望在2013年实现10分钟内城际互通。

(嘉峪关市交通运输局)

农村公路建设

【甘肃省交通运输厅采取措施提高农村公路建设质量水平】 一是组织开展农村公路建设质量年活动;二是出台《甘肃省农村公路建设工程竣(交)工验收办法》,规范农村公路建设项目竣工验收工作;三是加强质量监督,采取重点督查、日常督查和专项督查相结合的方式,确保项目督查率达100%;四是成立公路检测中心,负责全省农村公路质量日常检测工作,实现通乡油路检测率100%,通畅工程检测率50%以上;五是开展以创建优良工程项目、培养优秀工程管理技术人员为主要内容的农村公路建设"双优双百"创建活动。 (厅办公室)

【通渭县交通运输局五项措施建好通村公路】 2011年,通渭县为完成好农村公路建设任务,确保工程质量和进度,让民心工程真正建成放心工程,通渭县交通运输局按照上级要求,采取五项措施抓质量、促进度,成效明显。一是严把设计关。局站派技术人员对所有建设项目进行实地测量,完成施工图简易设计,要求各个项目严格按照施工图施工。二是严把准入关。认真审核施工队的资质、信誉,对以往不诚信,出现过质量问题的施工队禁止录用。三是严把程序关。详细制定了工程建设的实施方案,把资金管理、程序管理、技术要求、质量要求等内容全部进行了细化、量化。要求每个项目村开工前必须上报施工合同书、施工质量合同书、安全合同书、廉政合同书以及质量保证金承诺书,明确各自的职责和责任。四是严把质量关。成立了农村公路实验室,抽调3名责任心强、业务精炼的专业技术人员,不定期对在建项目上路检测,对砂石的粒径、路基、水泥的配合比、模板逐一进行检查,不放过任何一个细小的环节。同时,利用钻心取样机、回弹仪等机械设备,巡回督查,钻芯取样,发现问题,狠抓整改,加强工程实施全过程的监控。此外,建立了周检查,旬评定、月调度、年考核的制度,实行定期例会制和一线工作法,在通村公路建设一线发现问题,解决问题。五是兑现奖罚。建立了责任明确、奖罚分明的奖惩激励机制,对每次检测结果进行通报,表扬先进,处罚后进,抓整改,促落实,极大地提高了施工工艺,促进了项目的建设水平。 (定西市交通质监站)

【岷县农村公路建设推行"八到位、八落实"】 2011年,岷县农村公路通畅工程共10条39.4公里,为确保建设质量,岷县推行"八到位、八落实"工作措施。一是人员到位,靠实责任抓落实。严格执行工程建设计划,加大领导力度,狠抓各项措施落实。每个项目都成立现场办,按照"一个项目、一名领导、一套班子、一个方案、一抓到底"的工作机制,责任分解到人,工作落实到位。同时,结合农村公路"质量回头看"活动情况,每月召开一次工程技术人员、施工单位、监理单位负责人参加的全县农村公路建设调度会,以此促进全县农村公路项目的建设。二是制度到位,严格程序抓落实。结合全县农村公路建设实际,制定了岷县农村公路通畅工程建设管理制度和农村公路竣工结算制度。严格执行《公路工程施工监理办法》和《公路工程施工监理规范》,认真做好施工全过程的安全、质量、进度、造价、合同等的监理工作。三是措施到位,兑现奖罚抓落实。工程管理采取奖优罚劣制度,进行预付工程款奖励,完不成建设任务的扣减工程预付款,清退施工队伍。对不按规定施工或形成工程质量问题的,进行经济处罚并责令限期整改。项目建设任务对负责人员实行五个挂钩:1. 与干部年度考核挂钩,2. 与13个月奖励工资挂钩,3. 与下乡补助挂钩,4. 与年终奖金、各项福利挂钩,5. 与电话费补助挂钩。四是物资到位,确保供应抓落实。为了确保工程质量和进度,对农村公路项目建设中的涵管和水泥由交通运输局在正规生产厂家统一采购、供给。五是检测到位,保证质量抓落实。明确建设、施工、设计、监理等参建各方的工作职责,严格以设计和施工技术规范为准则要求质量,以监理为核心实行四级质量检查制度监控质量,以严格执行合同来约束质量,做到了每一环节均由工程管理人员、技术人员把检测关、施工关和验收关。严格工程质量检验检测,紧扣技术服务和质量督查这条主线,工程技术人员加大项目督查和技术指导力度,经常深入实地督促检查和技术指导,对工程质量进行跟踪监督,发现问题随时纠正,通过实行严格有效的质量管理措施,切实保证了工程质量。加强质量检测,检测室采取定期不定期对各路段抽样检查,加大质量检测频率,对项目建设主要材料、关键部位、关键工序、重要指标进行质量抽检,对工程建设实施动态管理。水泥混凝土路面进行强度送样检测，确保了工程质量。每月召开一次交通建设项目调度会，查找质量问题，分析原因，交流经验，研究解决问题的措施和办法。6.监督到位，廉政治理抓落实。加强资金监管力度和项目审计力度，严格资金支付，严格执行《农村公路建设资金使用监督管理办法》，确保通畅工程建设资金正常运行。认真贯彻执行《廉政准则》，严格落实党风廉政建设责任制和党政领导干部问责制，深入开展工程建设领域突出问题的专项治理，有效杜绝非法分包、转包等违法违纪行为。7.管理到位，以奖代补抓落实。通畅工程的实施由县交通局通过招投标的形式，选择机械设备雄厚、施工经验丰富、诚实守信的施工队伍，统一组织实施。通畅工程管理实行以奖代补制度，即根据建设质量和工程进度，对全面完成年内农村公路通畅工程建设任务并通过竣工验收的工程队，进行预付工程款奖励，完不成建设任务的扣减工程预付款，清退施工队伍。8.组织到位，协调配合抓落实。在项目建设中，强化协调配合，树立全局一盘棋的思想，各司其职、各尽其责、相互协作、相互配合、统筹兼顾，既有分工负责又有团结协作，形成了强大的工作合力。提高服务质量和水平，为施工单位做好技术指导，并及时协调解决工程建设中存在的困难和问题，为项目建设创造了良好的条件。（定西市交通质监站）

【会宁县两条通乡油路开工建设】2011年3月11日，会宁县甘沟驿至韩家集、会宁县城至八里湾通乡公路改建工程开工仪式在会宁县甘沟驿镇隆重举行。甘沟驿至韩家集公路改建工程起点位于甘沟驿镇政府驻地南侧，与省道207线相接，向东南经白条岔、张川、庙湾、云台、大李，终点至韩家集乡政府所在地，线路全长25.21公里，项目总投资1 104.9万元。会宁县城至八里湾通乡公路改建工程起点位于县城盘旋路，与省道207线相接，经东山根、乱湾、稍岔、陈家岙，终点至八里湾乡政府所在地，线路全长28.14公里，项目总投资1 454.4万元，总工期12个月，设计路基宽6.5米，路面宽5米。（许 恒）

【庆阳农路巡回督查组力促“民心工程”优质高效】庆阳公路总段新农村交通运输建设领导小组巡回督察组坚持“督真、查实、办准”的要求，按照“抓基础、抓关键、抓过程”的思路，创新督察思路，把握督察重点，细化督察措施，严把工程质量关，做到了责任“明”，底子“清”，工作“实”，落实“快”，要求“严”，联系“勤”。为了保证“民心工程”优质高效实施，庆阳新农村建设巡回督察组针对庆阳老区农村公路建设项目数量多、单个项目里程短、分布地域广的特点，科学制定督察计划，积极创新督察理念，转变督察方式。首先从项目设计评审入手，审查施工图设计是否经济、合理；从项目建设程序入手，检查工程招投标程序是否规范，是否存在工程转包、分包行为，是否成立了项目建设管理办公室；从建章立制入手，检查各项目机构和制度是否齐全，人员责任是否落实；从进场材料入手，抽检主要材料是否合格，政府监督、企业自检、工程监理是否到位；从工程施工入手，督察是否按照《技术规范》的要求进行施工，检查油石比、强度、配合比及材料计量是否符合设计及规范要求，同时进行技术指导，提出合理化建议，督促验收已完工的项目；从资金管理入手，检查建设资金是否专款专用，是否执行工程计量支付程序，是否有资金挪用和转移现象；从工程资料入手，检查工序检验等方面的资料是否规范、齐全，是否按照省厅局有关文件和办法进行整理、编制；从工程验收入手，严格执行验收程序，从严把关。督查组还针对建设、施工、监理单位的不同职能督促其落实质量管理制度，特别对施工单位坚持施工程序、遵守施工规范和监理单位履行监理手续的过程进行深入督察，采取下发督察通报、整改通知单等方式及时指出质量隐患，并跟踪其整改落实，对返工后的工程进行二次质量检查，工程合格后才允许进行下道工序施工。通过以上有力措施，2011年庆阳全市农村公路建设由粗放型、数量型管理逐渐向精细化、质量型的转变，从而确保了庆阳农村公路建设又好又快进行。（李 铖）

【西汉水昌河坝公路全面畅通】2011年10月，西汉水昌河坝公路全面畅通。西汉水昌河坝公路，经康县、成县、礼县、宕昌县、武都区、西和县6个县区，沿线19个乡镇、67个行政村、20多万人受益。纵向路线起于宕昌县的韩院乡接白临公路，经过好梯乡，礼县沙金、白河、桥头、滩坪、雷坝、肖良，西和县蒿林、大桥、西高山，成县苏元，武都龙坝，康县太石乡到毛坝接江武公路，横向起于武都区安化镇接江武公路经隆兴、龙坝，成县苏元到纸坊接祁成公路，与昌河坝交汇，全长255公里。这项工程的启动和实施，铸就了“万众一心、团结协作、自力更生、艰苦创业、百折不挠、顽强拼搏”的昌河坝精神，为加快陇南科学发展提供了强大的精神动力和力量源泉。（郝 炜）

【平凉市积极修建民族地区乡村公路】“十一五”期间累计投资7.56亿元，先后完成了平华、马安、安大3条二级公路改建工程，完成了平凉至寨河通县油路项目，建成赵堡至西阳、甲子峪至上杨、神峪至上关、华亭至田尔哈4条101.81公里通乡油路。13项108.2公里通畅工程和31条126.2公里通达工程。投入资金460万元，在9个民族乡建成三级客运站，开通了城乡公交一体化客运班线。（平凉市交通运输局）

【平凉市崆峒区三天门至太统山景区公路建成通车】2011年，平凉市建成三天门至太统山景区公路。该路起点位于平凉市崆峒区三天门，终点止于太统山平凉广播电视发射塔山顶基站，全长13.45公里，全线按四级公路技术标准设计，设计速度每小时20公里，路基宽度6米，行车道4.5米，路面结构采用18厘米厚水泥混凝土路面。工程分两期实施：一期为水毁修复工程，2011年2月1日开工，4月30日完工，完成全部路基、排水及水毁修复工程，完成投资200万元。二期为路面工程，6月25日开工建设，10月底建成通车，累计完成投资740万元。该路的建成，把崆峒山和太统山两个重点旅游景区连在了一起，大大拓展了崆峒山旅游景区范围，同时，解决了平凉电视台山顶基站每日新闻节目输送路难行的问题。（康杰成）

【崆峒区村道通畅工程建设步伐不断加快】2011年，平凉市崆峒区加大村道通畅工程建设步伐，年初计划建成100公里，实际建成41条105.9公里，累计完成投资5 296.42万元。其中：建成省列计划19条71.9公里，乡镇自筹及整合资金1 600.4万元；建成村道通畅工程23条34公里。在加快农村公路建设速度的同时，更加重视道路建设质量，在年终全省农村公路建设工作检查考核中，省检查考核组高度评价了崆峒区农村公路建设。在全市通畅工程验收中，崆峒区实施的省列19条71.9公里通畅工程，全面通过了竣工验收，其中三天门至太统山、草峰镇马洼村道、寨河乡闫湾村道三个项目被评定为优质工程。至2011年底，全区通油路（水泥路）的村由2010年底的125个增加到134个，通畅率达到54%。

（康杰成）

【灵台县农村公路通畅工程】 2011年，灵台县通畅工程14条80.3公里，总投资2 670万元，争取中央车购税补助资金2 007.5万元。截至10月底已全部开工建设，共计硬化路面57.9公里，铺筑石灰稳定砂砾基层68.2公里，整修碾压路基80.3公里，完成投资2 042万元，占计划的76%。截至年底，灵台县13个乡镇已全部通畅，乡镇通畅率100%；184个行政村，通达184个，通达率100%；通畅102个，通畅率55.43%。村道里程共计837.25公里；已通达里程共计688.1公里，通达里程占总里程的82.19%；已经通畅311.54公里，通畅里程占总里程的37.21%。有效改善了群众行路难，农产物资外运难的问题。（灵台县交通运输局）

【苏台至庄浪公路】 苏台至庄浪公路主线起点为庄浪县县城与省道218线相接，途经水洛镇李庄村、中川村，良邑乡李咀村、良邑村、郭魏村，通化乡高崖韩村、新集村、中庄村、红崖湾水库，终点位于苏台林场，长40.5公里。支线起点为朱店镇孔沟村，途经西山村，终点位于韩川村，长4公里。路线全长44.5公里。全线按四级公路技术标准实施，设计速度每小时20公里。路基宽度6.5(12.5,8.5)米，路面宽度6米。项目总投资3 236.3万元。目前支线孔韩公路4公里已建成，主线已铺油30.5公里，完成投资2 500万元。工程于2011年10月开工修建，2012年全面建成。该项目建成后，可直接解决沿线5万多人行路难和农用物资、农副产品运输难的问题，带动我县对外经济及旅游业的发展，加快我县“六纵六横”路网建设步伐，使我县去平凉的里程缩短40多公里，经济社会效益十分显著。（庄浪县交通局）

【乔余路至大牛湾公路建成】 乔余路至大牛湾公路起点为大庄乡西坡杜家村，途经张山梁、椿树湾、王岔梁，终点至大牛湾村，与胡阳路相接，全长11公里。路基宽度5米，路面宽度4米，路面结构采用15厘米天然砂砾垫层加18厘米水泥稳定砂砾基层加3厘米沥青表处面层。该公路是一条联网路，连通了县道058乔余路和县道070阳胡路。工程于2011年3月开工，2011年5月底建成。累计移动土方7 106立方米，新建涵洞10道65米，沥青表处路面4.4万平方米，完成投资440万元。该公路的改造铺油，方便了沿线群众的出行，带动了当地果品产业的快速发展。

（庄浪县交通局）

【孔韩公路改造铺油工程】 孔（沟）至韩（川）公路起点为朱店镇孔沟村，与泾甘公路相接，途经朱店镇西山村，终点至张川交界处的韩川村，全长4公里。该公路是我县通往张川县的主要通道，全线按四级公路标准设计，路基宽度6.5米，路面宽度6米，路面结构采用16厘米砂砾基层加18厘米水稳层加3.5厘米沥青面层。工程于2011年3月开工，2011年6月建成。累计移动土方2.4万立方米，沥青表处路面2.4万平方米，完成投资285万元。该公路的改造铺油，方便了沿线群众的出行，促进了两县商贸流通，带动了县域经济快速发展。

（庄浪县交通局）

【北川至王川至郑山公路建成】 北川至王川至郑山公路起点与朱刘路相接，途经朱店镇万柳、三台山、窑上洼、王坪、王川、新王等村，终点至郑山村，全线长16公里。路基宽度4.5米，路面宽度3.5米，路面结构采用15厘米砂砾基层加18厘米砼面层。工程于2011年3月开工，2011年6月建成，完成投资640万元。该公路的建成，解决了朱店镇北部山区7个村1万多人行路难的问题，形成了一条产业循环路，促进了当地经济快速发展。（庄浪县交通局）

【朱店至刘庙公路】 朱店至刘庙公路起点为朱店镇上朱河村，途经朱店镇柳李村、大庄乡刘庙村，终点至大庄乡梁山村，全长9公里，路基宽度5.5米，路面宽度4.5米，路面结构采用15厘米天然砂砾垫层加18厘米水泥稳定砂砾基层加3厘米沥青表处面层。工程于2011年5月开工，2011年8月建成。沥青表处路面4.1万平方米，完成投资360万元。

（庄浪县交通局）

【华亭县农村公路通畅工程】 2011年，华亭县共实施农村公路通畅工程8项33.5公里，完成投资1 063万元。分别是王寨至李家塬、马峡至深沟、河西至斜路、河西至建沟、石坪至吴家坪、下关至新寨塬、张磨至塬头、寺底下至马家堡。该县在工程实施中，一是及时成立了通村公路水泥硬化工程领导小组，全面负责工程的协调、规划、组织实施等工作。二是严格按照工程设计要求和技术规范严把质量关，确保了工程有计划、按步骤、快速度、高质量建设。三是严把工程质量、施工硬件、材料使用三个关口，采取专业监理和社会监督相结合的办法，全面加大项目监管力度，确保了工程优质高效建设。农村公路通畅工程的实施有效地拉动了沿线村社的经济发展步伐，对当地经济社会发展起到了积极的推动作用。彻底改变了过去翻山越岭、长途跋涉、晴通雨阻的交通瓶颈和晴天一身土、雨天一身泥的交通现状，解决了当地农副产品运输难问题，改善了人居环境，加快了新农村建设步伐。

（华亭县交通运输局）

【华亭县县乡公路管理站搬入新址】 华亭县县乡公路管理站成立于1977年，现有在职干部职工22人，有公路养护车辆7辆（台），养护机械8台。主要职责是负责7条150.2公里县乡公路的养护工作。近年来，随着农村公路养护任务的不断增加，县乡公路管理站原办公场所已不能满足养护工作需要，为了解决这一实际问题，2011年县财政落实补助资金10

万元，站上自筹资金 185.3 万元，对办公场所进行了迁建。工程于 2011 年 3 月底开工，8 月初建成投入使用，改建三层砖混结构办公楼一座，建筑面积 860 平方米，水泥硬化院落 2 000 平方米，配套安装了锅炉房。该工程建成后，有效改善了县乡公路管理站的办公环境，激发了公路养护人员的工作热情。（华亭县交通运输局）

【崇信县加强农村公路建设工程质量管理】 2011 年，崇信县农村公路建设质量监督站合理安排工程技术人员，把握关键环节，充分发挥试验室职能，利用现有检测仪器跟踪检测，始终做到“上道工序未检测合格，下道工序不得开工”，严格要求施工单位按行业规范施工，确保了工程质量。全年共监督实施农村公路工程项目 11 项 35.2 公里，养护维修项目 1 项 4.5 公里，经验收均为合格工程。质监站始终本着质量是工程之本，在具体工作中主要从以下几方面做起：一是各类原材料未报送原材料报验合格单的项目不得开工建设；砂砾垫层、白灰稳定基层无标准击实试验报告单，水泥混凝土面层无配合比报告单的项目不得开工建设。二是坚持每天到工地监督检查，定期不定期对各个项目工程质量进行抽查；加大试验检测力度，把好原材料关，严禁在施工过程中使用不合格原材料，一旦发现立即将已完成路段返工；严格按照《崇信县农村公路工程质量管理与验收办法》对每道工序进行验收；督促指导施工单位做好施工自检资料，让工程施工与内业资料同步进行。通过不断探索、改进质量监督措施，质量管理工作上了一个新的台阶，2011 年农村公路工程质量合格率达 100%，优良率达 20%以上。（秦万龙）

【泾川县城至柏树通乡公路改建工程开工】 泾川县城至柏树通乡公路改建工程可行性研究报告经省发改委（甘发改交运〔2011〕1320 号）文件批复，路线全长 16.26 公里，总投资 1 076.8 万元，其中申请国家通乡油路补助资金 960 万元，其余部分由地方自筹。该工程由中交通力建设股份有限公司设计，四级公路标准，路基宽 6.5 米，路面宽 6 米。9 月 30 日完成了工程施工招投标，由平凉市公路工程局中标承建，武汉交科工程咨询有限公司中标监理，于 10 月 9 日开工建设，完成路基工程 6 公里，新建涵洞 4 道，完成投资 60 万元，计划 2012 年 9 月建成通车。（吕国君）

【文县实施各类交通项目 50 项】 2011 年，文县加快各类交通项目建设，全县共实施各类交通项目 50 项，其中续建 33 项，新建 17 项，总投资 2.6 亿元。目前已建成 36 项，在建 14 项，累计完成投资 1.2 亿元。全县共实施通乡油路项目 2 项 30 公里，共实施通村水泥路 24 项 132.24 公里，目前已建成 23 项，正在抓紧建设 1 项，实施各类桥梁 21 座 1 383.06 延米，目前已完成 10 座。择优聘用常年养护工人 56 人，对鹄铁、何马、冷梨等 7 条 199.2 公里县乡公路实施日常养护，并积极开展“民工建勤”活动，基本实现了“有路必养、养必畅通”的目标。充实路政执法人员 5 人，组织路政巡查，处治和制止乱堆乱放、乱修乱建等违法行为，保证了公路畅通，为全县经济社会发展提供了坚实的基础保障。武罐高速建设工程是文县唯一过境高速通道，文县成立协调领导小组，协调解决项目建设中出现的各类矛盾和问题，确保项目的顺利实施。目前武罐高速文县过境段建设工程已累计完成投资 5.6 亿元，严格落实“县级领导包乡包路、有关部门和乡镇负责人包村包路”的工作责任制和“一个项目、一套班子”的工作机制，加快推进重点交通项目建设。文县自筹资金 4 600 多万元，按照三级公路标准进行改建的赵天公路顺利推进，目前已完成路基工程。此外，新关上坝桥及引道工程、全省跨省最大的大桥——玉垒筏子坝大桥、白龙江库区淹没公路改建等工程进展顺利。（郝　炜）

【陇南市加快农村公路灾后重建项目】 2011 年 3 月 14 日，陇南市召开全市农村公路灾后重建项目调度会，副市长王月成出席会议并讲话。市交通局通报了全市农村公路灾后恢复重建项目实施情况，各县(区)分管领导作了交流发言。陇南市农村公路灾后重建自 2008 年开展以来，全市共实施重建项目 1 436 项 8 690.1 公里，总投资 8.4 亿元，已完成 1 404 项 8 270.1 公里，累计完成投资 7.1 亿元，其中新建通村公路 624 项 2 737.3 公里，恢复重建项目 741 项 5 267.5 公里。截至目前，除 17 条通乡油路、15 座危桥改造项目未完工外，其余 1 404 项全面完成。农村公路通车里程由 697.97 公里增加到 13 191.71 公里，占全市公路总里程的 90.8%。（郝　炜）

【陇南开展公路大建设活动】 2011 年，陇南市开展交通大建设活动，各县区按照市上的统一安排部署，积极落实主体责任，强化工作措施，认真组织，广泛发动群众开展交通大建设活动，有效弥补了建设和养护资金的不足，增强了群众爱路护路的意识，提升了路况通行能力和服务水平，取得了较好的成绩。宕昌县、礼县、西和县针对农村公路建设和养护资金不足、管养体制不健全、水毁塌方严重、通行能力弱等实际，分别召开了交通大建设活动动员大会，将大建设不断推向高潮，农村公路路况通行能力和服务水平得到不断提升，交通大建设活动成效显著。截至年底，宕昌县 25 个乡镇投入劳力 6.8 万人(次)，出动挖掘机、装载机、运输车、三轮车 1 200 台(次)，开工养护通村公路 86 条 417.39 公里，完成养护 71 条 358.6 公里，铺砂 1.54 万立方米，开工整修新建通社公路 63 条 169.3 公里，已建成 32 条 105.6 公里。礼县累计投入劳力 24.3 万多人(次)，投入机械 5 640 台(次)，对全县 352 条公路进行养护，整修路面 2 200 多公里，疏通涵洞 196 道，疏通边沟 2 100 多公里，铺备养护砂 12.5 万立方米。西和县集中养护公路 196 条 1 225.5 公里，修复水毁 26 条 700 多公里，清除水毁塌方 2.6 万多立方米，修补路面 684 万平方米，备砂 2.1 万立方米，疏通边沟 93.5 公里。公路交通大建设取得了实实在在的效果，切实解决了广大群众行路难、过河难的问题，有力的提升了农村公路管养水平和路况服务能力。（郝　炜）

【礼县实施交通项目 90 项】 2011 年，礼县共实施通村公路以及便民桥等交通项目 90 项，其中，2010 年市上下达 60 项，总投资 3 433 万元的通村公路项目，已全部完成建设任务。下达的第一批通畅工程共 6 条 23.7 公里，已全面完成建设任务。第二批通畅工程共 6 条 33.6 公里，目前已完成施工图设计文件批复。在便民桥建设工作上，礼县共建便民桥11项。目前，滩坪冉家坟桥、洮坪康河桥、盐官燕麦沟桥等10座便民桥进展顺利，年底全面完成建设任务，全长25公里的清水河公路目前已全面完成路基及桥涵工程，全长6.38公里的县城至石桥公路改建工程，现已全面完成建设任务。3条82.9公里通乡油路12月全面开工建设。王坝至三峪、白河至草坪通乡油路工程，已列入2012年通乡油路建设计划，各项前期准备工作有序进行。（郝　炜）

【永昌县“十一五”新改建农村公路500多公里】“十一五”期间，永昌县公路建设取得了显著成绩。先后争取“村村通”项目57个，新改建农村公路511.24公里，完成总投资13.69亿元。全县公路通车总里程达到112条，共计1 085.09公里，其中：县乡级油路11条268.3公里，乡村油路92条605.37公里，村级砂砾路171.7公里。全县111个行政村已有110个村铺通了油路，25个村实现了社社通，通畅率达到99%以上。农村公路网的贯通使得全县公路建设快速发展，乡村通畅水平显著提高，基本形成了以国道、省道、县道为骨架，乡村道路为延伸的“三纵三横”公路交通网络。（李秀卿）

【农村道路建设助推永昌县经济发展】2011年6月25日，在永昌县城通往焦家庄乡骊靬村的新建公路开始施工，这条全长11公里、路面宽12米，按二级公路标准修建的公路，不仅是骊靬村通向县城的快捷路，也是全村300多村民的致富路，更是永昌县加快旅游资源开发、促进区域旅游业发展的“保障路”。近年来，永昌县坚持把农村道路建设作为改善发展环境、促进县域经济发展的一项重要举措，在县财政建设资金十分困难的情况下，采取国家投资与地方筹资筹劳相结合的方式，走出了一条农村道路建设超常规发展的路子。针对农村公路建设项目分散、工期紧、规模小、质量监管难度大等特点，永昌县从各项目村聘请了近百名责任心强的村民代表担任义务质量监督员，全面实施项目法人制、招投标制、监理制和合同制，严把工程设计、招投标、材料质量、设备进场、试验和检测、验收等关口。2007年以来，全县在交通方面投资1.23亿元，先后实施“村村通”项目49个，新建改建农村公路508.1公里。为了改变部分乡村道路通而不畅的状况，永昌县发动全民参与道路养护，县政府与各乡、镇签订了《公路建养目标管理责任书》，靠实乡镇及村社的公路管护主体职责；县财政每年安排资金270万元，用于农村公路日常养护及人员经费，并按每年新增财政收入5%的比例增长，为农村道路建设管理养护和运行提供了保障。县交通局局长焦宗津告诉记者，通过这几年的努力，全县公路通车总里程达到115条1 093.09公里，111个行政村有110个铺通了油路，通畅率达到99%以上；有25%的村实现了社社通。在县域内构建起了“三纵(永皇加永河公路、省道212线、永清公路)三横(国道连霍线、国道312线、河清公路)”的农村公路路网结构，初步形成了以国道、省道为主线，县乡公路为干线，乡村道路为支线，纵横交错、四通八达的公路运输网络。“十二五”期间，永昌县将在实现“村村通”的基础上，进一步加大交通建设力度，力争实现县乡公路达到三级以上标准，全县65%以上的自然村通油(水泥)路。今年永昌县计划投资9 016.9万元，用于河清公路改造及新建骊靬路、红山窑乡水泉子村路等。目前，各项道路建设项目工程正顺利进行。随着农村道路新建、改建路程不断延伸，也使永昌农民增收的道路越修越宽、越修越长，铺就了一条条通向千家万户、通向美好未来的“致富大道”。（李秀卿）

【临大公路开展“抓质量、抢进度、保安全”大干100天竞赛活动】2011年4月10日，临(夏)大(河家)路项目办组织开展了“抓质量、抢进度、保安全”大干100天竞赛活动。项目办要求各施工、监理单位，根据当地的地理、气候特点，充分发扬“能吃苦、善战斗、打硬仗”的公路人精神，团结一心，众志成城，克服困难，迎难而上，科学部署、狠抓管理，抓住当前施工的黄金时机，抓质量、抢进度、保安全，确保完成全年建设任务目标。在活动领导小组的正确领导下，争取实现“工程优质、资金安全、干部廉洁”的项目管理目标。竞赛活动结束时，全线完成路基土石方70%以上，浆砌片石挡土墙70%，涵洞工程完成85%以上，桥梁工程完成全部下部工程，梁板预制60%以上，隧道掘进280米。各标段依据总体目标要求，克服困难，努力拼搏，迅速掀起大干热潮，完成总体工作任务70%以上的目标。（刘永雷）

【民勤县黄(岭)至收(成)通乡公路改造工程开工】2011年4月20日，民勤县黄收公路改造开工仪式在收成乡举行。黄收公路是民勤县湖区片的主要交通要道，起点位于民湖公路黄岭桥，终点位于收成乡，全长8公里。该项目被列为2011年大中修改造项目建设计划。项目总投资280万元，工程于5月底竣工，建设工期为40天。县发改、财政、审计、监察、运管、交警大队等部门单位负责人，收成、东湖、西渠等乡镇负责人和干部群众代表参加开工仪式。（民勤县交通局）

【河西堡至水源段公路改建工程开建】2011年5月23日，县道185线河西堡至水源段公路改建工程在河西堡镇河东堡村开工奠基。建成后，将对彻底改善河西堡镇和清河地区的交通条件，完善全市城乡交通体系，方便沿线群众生产生活发挥积极作用。金昌市委副书记、市长张令平等领导出席开工奠基仪式。县道185线即河清公路，是连接河西堡镇和清河地区的交通要道，也是我市城乡公路体系的重要组成部分。该工程的开工建设，对于改善区域交通条件，方便沿线群众生产生活，加快推进城乡一体化，促进地方经济社会发展具有重要意义。该路全长41公里。工程起点位于永昌县河西堡镇河东堡村，与省道212线相接，终点位于永昌县水源镇宋家沟村，与永清公路相接，沿途经过河西堡镇河东堡村、下洼子村、上三庄村、青山堡等村和水源镇宋家沟村。工程概算投资2 618万元，按三级公路技术标准设计，设计行车速度每小时40公里，建设工期为184天。（李秀卿）

【张掖农村公路督查组坚持“五抓”推动农村公路建设】2011年，张掖农村公路巡回督查组坚持“五抓”，促进了张掖市农村公路建设的质量和进度，为方便人民群众安全便捷出行和新农村建设做出了积极贡献。一是抓技术帮扶，着力解决技术瓶颈。针对县(区)交通运输局技术力量相对薄弱的实际，督查组积极转变工作方式,变事后督查为事前预防,将技术帮扶贯穿于督查工作始终,工程开工前主动参与各交通运输局组织的技术培训,工程施工中现场讲解技术要领、手把手技术示范,切实提高了工程参建人员的技术素质,有效解决了技术难题。二是抓重点工程,切实提高督查实效。在全面督查的基础上,将通乡公路工程、通畅工程、养护维修工程等作为重点,坚持所有项目每月督查不少于2次,对重点项目实行跟踪督查,直到关键工序完成且质量合格为止。对督查中发现的问题,及时进行通报反馈,并要求限期整改。共下发工作指令49份,回复49份。通过抓重点工程,在县(区)交通运输局之间形成了比质量、比进度、比管理的良好风气,提高了项目管理水平。三是抓试验检测,着力解决质量通病。为有效解决施工质量通病,督查组对施工中发现的质量问题不回避、不臆断,坚持以检测数据和事实说话。根据工程实际,现场进行压实度、沥青三大指标及油石比等试验检测,避免质量事故发生,确保各项指标达到合格工程要求,提高了督查工作的科学化、规范化水平。四是抓工程验收,切实履行督查职责。在市交通运输局的组织下,督查组严格按照《甘肃省农村公路建设工程交(竣)工验收办法》的要求,通过实地量测、查看资料、质量评定等方式对已完工程进行了交(竣)工验收,严格做到"五个凡是",较好地维护了省局计划的严肃性。五是抓安全管理,提高施工安全水平。督查组始终坚持督查先查安全的思想,在施工现场首先检查安全措施落实和安全设施布设情况,并将高填深挖等项目作为重点严格督查,坚持做到"三不放过",及时消除了安全隐患,为工程顺利实施提供了安全保障。截至11月20日,张掖市农村公路建设完成工作量2.55亿元,完成年计划任务的83.8%,公路建设质量和管理水平较往年明显提高。 (王维学)

【酒泉循环经济产业园道路工程施工招标工作完成】 2011年8月,酒泉市循环经济产业园道路工程施工招投标工作评标完成,甘肃亿阳建筑工程有限公司等4家公司分别中标取得该项目4个标段的承建权。酒泉市循环经济产业园道路工程全线长8.17公里,估算投资1 812.85万元。其中,开园路全线长2.78公里,建设等级为公路二级,路基宽度14米,路面宽度13.76米,分2个标段进行实施;玉门路全线长2公里,建设等级为公路二级,路基宽度14米,路面宽度13.76米;东清路砂砾路全线长3.38公里,建设等级为公路四级,路基宽度12米,路面宽度12米。此次招标工作,于8月9日在《甘肃经济日报》公布了招标公告。8月22日在酒泉市创通大酒店二楼会议室公开评审招标,共有9家施工企业报名参加投标,经资格审查,评标委员会对9家符合规定的投标单位进行开标、评标工作。整个过程依据《中华人民共和国招投标法》、《公路工程施工招投标管理办法》的办法和规定,在市招标办、市发改局、市审计局和纪委的全程监督下,严格按招投标要求和程序进行。经现场评审和事后候审,层层审批,最终招标评标委员会按照合理低价评标办法最终审定:甘肃亿阳建筑工程有限公司、甘肃滕泰公路建筑有限公司、甘肃省张掖市公路工程局和甘肃金佛寺建筑工程有限公司分别中标取得该项目4个标段的承建权。招标结束后,中标单位进驻施工现场,依照招标文件和工程设计的相关要求准备开工,10月10日工程全部完工。 (李建云)

【玉门市实施农村公路建制村通畅工程】 2011年,玉门市实施农村公路建制村通畅工程建设项目10项,全长70公里,总投资3 500万元,其中,争取中央投资资金1 750万元,地方自筹资金1 750万元,工程全部按照公路四级技术标准建设,完成路面、桥涵、安全及附属设施建设。玉门市交通运输局采用"三优先、一坚持"的措施对农村公路建设进行科学安排和组织实施。一是优先考虑在农村公路建设中,群众修路积极性较高,且已完成路基铺垫的公路项目;二是优先考虑在加快新农村建设和城乡一体化建设进程中,助推农村新型经济组织发展,农产品市场建设、农业标准化建设、农业科技园区建设,新农村建设示范区建设、危房改造等道路工程,且已完成路基铺垫的公路项目;三是优先考虑路况较差,严重影响人民群众出行,且没有通公路行政村的公路项目;四是坚持"乡镇修路基,交通部门铺油罩面,各环节把关验收,全程技术跟踪,集中招标建设"的建设方法,采取严格把关并监督落实的有效措施。为全市农村公路建设任务按期、按进度,保质保量地完成,创造了良好的条件;为切实减轻农民群众负担,实现乡镇、交通部门共建双赢起到了积极的促进作用。2011年6月,玉门市8个乡镇农村公路建制村10项70公里通畅工程完成招标,除六墩乡至疏勒河移民村16.7公里通村公路因自筹资金不到位,无法开工外,其余工程均于7月上旬开工建设,9月底完工。 (李建云)

【玉门市重视公路养护惠民生】 2011年,玉门市交通运输局争取养护资金228万元,对玉门至马昌公路17公里至30公里路段进行了大幅度维修。该工程全长13公里,按照三级公路技术标准建设,路基宽8.5米,路面宽7米,维修养护工程采用2厘米沥青混合料在原路面罩面,铺筑面积达9.1万平方米,2011年7月13日完成招标开工建设,8月17日完工。为进出昌马乡的群众提供了方便,同时也为到昌马石窟、昌马大坝等地观光旅游的人们提供了安全、便捷的通道。

(王建东)

【玉门市玉苑路延伸段东环路及玉泉湖桥建设项目获批】 2011年4月,酒泉市发改委批复了玉门市玉苑路延伸段东环路及玉苑路玉泉湖桥2个城市基础设施项目工可研报告。4月中旬可开工建设。玉苑路延伸段东环路建设项目概算总投资788.33万元,起点位于国道312线3 013公里加120米处,终点位于玉苑路延伸段1公里加200米处,按城市二级主干道技术标准建设,设计行车速度每小时80公里。玉苑路玉泉湖桥建设项目概算总投资1 112.55万元,是横跨玉泉湖的一座公路景观桥。这2个项目的建设,对完善玉门城市路网结构,拓展城市发展空间有重要作用。 (李建云)

【玉门市四项措施保公路建设质量】 2011年,玉门市交通运输局在加大项目争取力度、扩大投资规模的同时,积极采取有效措施加强项目管理,确保全市通乡通村公路建设质量。一是加强原材料质量控制,对铺筑道路、桥梁的沥青、水泥、钢材进行集中采购,对进场材料检验达标后方允许使用;二是采取主要领导亲自抓、分管领导具体抓、技术人员现场抓的工作机制,形成"路路有人抓、处处有人管"的工作局面,做到公路质量监督重点突出、点面结合、不留盲区;三是对所有建设项目进行招标,中标单位人员技术条件必须符合项目管理和质量管理的相关要求,并重点规范施工、设计、监理各方的管理行为,确保工程质量;四是建立工程质量"黑名单"制度,对在近年项目建设中出现过质量问题的施工、监理单位记入"黑名单",在以后的工程招投标中拒绝其参与竞标。

(王建东)

养护管理

【甘肃省"十一五"干线公路养护管理工作概览】 "十一五"以来,我省克服经济基础薄弱、自然条件艰苦等困难,进一步加大干线公路的建设改造力度,突出公路养护管理,全省公路事业实现了跨越式发展。 截至2010年底,全省公路总里程达到11.9万公里,排全国第18位,其中高速公路达到1 992.5公里,排全国第19位。

"十一五"初期,省交通运输厅提出了"养好公路是第一要务"的理念,确立了养护的基础性地位,解决了我省公路工作定位的问题。2009年,省交通运输厅提出"科学养护"的思路,解决了新时期如何养好公路的问题。围绕做好"三个服务",全系统按照"科学养护"的思路,积极促进养护理念、管理方式、养护作业形式"三个转变"。在养护理念上牢固树立建养并重、协调发展的发展观和以人为本、公众至上的服务观;在管理方式上大力推进管理机制创新,全面推行绩效考核,提高信息化管理水平,公路管理由粗放型向集约型转变;在养护作业形式上由手工作业向机械化作业转变。2010年底各类养护机械设备达到3 755台,比"十五"末期增加1 928台。

以"养好公路是第一要务"为主线,坚持"科学养护"。坚持高速公路和普通干线公路养护协调发展,日常养护与养护维修工程有机结合,路、桥、隧、涵养护同步推进,全省干线公路平均优良路率达到64.29%。一是大力推行普通干线标准化养护。制定了《甘肃省普通干线公路标准化养护实施细则》等一系列养护规范,每个公路总段(分局)每年创建1~2条100~200公里的标准化养护示范路段,在加强路面养护的基础上,重点整治路容路貌,推进全省普通干线养护标准化。二是全力促进高速公路专业化养护。2007年,高速公路养护移交至公路养护部门,逐级建立了高速公路养护机构,省公路管理局设置了高速公路养护管理处,各公路总段(分局)成立了高等级公路养护管理中心和养护工区,组建了路面养护队、桥涵养护队、交通设施养护队等专业养护队伍。提出了"一年打基础、两年见成效、三年上台阶"的目标,大力推行机械化、精细化养护,积极开展预防性养护,全省高速公路路况服务水平明显提高。三是精心组织实施养护维修工程。在开展公路技术状况评定的基础上,对进入维修改造周期的高速公路和病害较多的普通干线公路实施养护维修工程7 133.6公里,集中整治了公路病害。在养护维修工程实施中,建立了省公路管理局检测中心、总段(分局)试验室、项目办试验室三级试验检测机构,建立了质量跟踪评价体系,保证了养护维修工程质量。四是加大桥梁养护和改造力度。从2006年开始实施干线危旧桥加固改造三年计划,"十一五"期间共加固改造干线公路危旧桥梁568座,实施渡改桥18座,全省干线一、二类桥梁达到96.7%以上。五是认真实施安保工程。在47条干线公路上实施安保工程和灾害防治工程6 335公里,实施公铁立交66处,根据地形特点合理设置避险车道,提高了公路行车的安全性。六是加强安全生产管理。建立了安全生产预警机制和应急救援体系,制定了《甘肃省公路养护作业区安全设施布设规定》和《甘肃省公路养护安全作业八不准》等制度,加强了安全生产宣传教育,强化公路养护、建设施工现场安全管理,保障了过往车辆和施工人员安全。

围绕"抓两头、带中间"公路发展战略,全省路网结构进一步优化。根据甘肃经济社会和公路交通网发展需要,一头抓高速公路建设,一头抓农村公路建设,中间带动普通干线公路改造升级,"十一五"全省新增公路2.7万公里,全省公路密度由"十五"末期的20.22公里/百平方公里增加到26.16公里/百平方公里,干线中油路占94.3%,比"十五"末期提高了6%。一是加快高速公路建设,完善公路网主骨架。全面实施新调整的《甘肃省高速公路网规划》和"会战东部、突破中部、挺进西部"的公路建设战略,掀起高速公路大建设的高潮。"十一五"期间新增高速公路986公里,高速公路通车里程是"十五" 末期的1.98倍,建成和在建高速公路总里程突破3 000公里。二是大力实施普通干线公路改造升级,提高干线公路整体服务水平。改造普通干线公路4 803公里,全省二级及以上公路达到7 921公里,占干线公路的61.59%,比"十五"末期增加1 775.5公里。对临夏至合作等16条经济干线公路进行二级改造,目前已建成13项,3项正在建设。2010年启动了全省历史上规模最大的县城所在地通二级及以上公路建设工程,目前正在实施的县通二级公路建设项目有12项,全省实现了67个县(市、区)通二级及以上公路。三是精心组织实施灾后公路重建,着力提升灾区公路通行水平。按照中央"5·12"汶川特大地震"三年重建任务两年基本完成"的要求,按期顺利完成了地震灾后公路重建任务,实施"5·12"地震灾后干线公路重建项目1 128公里,工程质量合格率达到了100%,建设资金安全、有效使用。2010年末全面启动了舟曲特大泥石流灾害和陇南暴洪灾后交通重建工程,全力以赴加快灾后重建步伐。 四是狠抓农村公路建设,优化农村地区公路网结构。"十一五"期间全省新建、改建农村公路62 238公里,农村公路里程比"十五"末期增加25 541公里,全省95%的乡镇通了沥青(水泥)路,所有建制村通了公路。加大对老少边穷地区公路建设的扶持力度,甘南州农村公路部级示范工程成效显著,省公路管理局被国务院评为"全国民族团结进步模范集体"。

充分发挥体制优势,不断加强公路行业应急保障体系建设。制定了《甘肃省交通运输厅突发事件总体应急预案》和《甘肃省公路管理局突发事件应对工作管理办法》等一系列规章制度,建立完善了突发事件预测预警体系,确立了"上下联动、职责明确、反应快捷、信息畅通、保障有力"的应急处置机制。省交通运输厅在省国防动员委员会的支持下成立了交通专业保障旅,在省公路管理局组建了公路应急抢险保障大队,在全省公路系统组建了15个中队,135个突击小分队,同时设立1个路政应急大队、16个高速公路路政应急中队、76个干线公路路政应急中队,所有应急抢险队伍实行军事化管理。为应急抢险队伍装备了清雪车、宿营车等多种类型的应急抢险设备,适时组织开展应急集结、保障作业演练,应急抢险能力不断提高。特别在"5·12"汶川特大地震、"4·14"玉树地震、"8·8"舟曲特大山洪泥石流灾害、"8·12"陇南暴洪灾害抢险救灾和应对2008年、2009年冰雪天气中,出色地完成了抢险保通任务。省交通运输厅被中共中央、国务院、中央军委评为"全国抗震救灾英雄集体";甘肃交通援青抢险救灾突击队获"全国抗震救灾英雄集体"称号;省交通运输厅舟曲泥石流灾害抢险救灾前方指挥部获"全国防汛抗旱先进集体"称号。

紧密结合区域特点开展技术推广与攻关,着力提高全省公路养护管理技术水平。一是省公路管理局组建了公路检测中心,千方百计筹措资金加强全省公路养护试验室建设,依靠试验检测数据指导养护工作。二是积极引进和推广养护先进技术和新材料,旧油皮再生利用、超薄罩面、加铺应力吸收层、微表处、灌缝、同步碎石封层、稀浆封层、雾封层等养护新技术普遍应用,抗车辙剂、高模量改性沥青、改性乳化沥青等新材料在高速公路养护中得到推广。三是组建了甘肃公路养护技术研究院和公路桥梁隧道养护技术研究所,并与高等院校、科研单位积极合作,开展了高等级公路冬季养护及路面修补技术研究、干线公路桥梁检测技术研究等科研项目,解决了养护中遇到的技术难题。四是加强培训及学习交流,省公路管理局共举办各类培训班38期,培训职工3 540人次,全省公路系统正高、副高级职称人员达到493人,比"十五"末期增加377人;技师、高级工达到2 298人,比"十五"末期增加630人;大专以上学历人员占总人数的47%,比"十五"末期增加22.4%。五是加强信息化建设,初步建立了包括公路基础数据库及养护管理、人事管理等9个应用系统为主干的信息化管理系统平台,为养护管理和公众服务提供了有力支持。

坚持依法治路,全面提高路政管理水平。一是整章建制,今年新修订了《甘肃省公路路政管理条例》,并于5月31日经人大常委会会议正式通过。省交通运输厅印发了《甘肃省交通运输行政处罚裁量权适用规则》,完善了《甘肃省交通厅行政许可责任追究规定》等9项执法责任制度。二是规范路政执法行为,省路政总队依托省政府政务大厅,推行交通行政许可"窗口式"、"一站式"办理服务,行政许可事项办结率达到100%。开展路政"规范化"建设,做到了形象标识、公示制度、执法文书、作训制度、行业宣传、执法装备"六统一"和人员管理、执法执勤、行为举止、内务秩序"四规范"。三是加强路政执法队伍建设,认真组织行政执法培训工作,执法培训覆盖率和路政执法人员持证率达到100%。四是加大路产保护力度,初步建立了路政、养护、交警和运营联动协调机制,重点打击破坏公路设施、乱开道口等严重影响公路安全畅通的违法行为,全省路政案件查处率达到98%以上,公路路产赔(补)偿费解缴率达到100%。按部颁标准新建、改建干线公路一类治超检测站7个,布局规划了65个高速公路入口治超劝返站,强化了超限车辆联防联控,超限超载运输的比率下降到4.96%,低于全国近2%。

树立"五心服务"品牌,不断提高公路标准化程度和运营服务水平。着力打造以"畅行陇原高速、体验五心服务"为主题的甘肃高速服务"心"品牌。一是以"制度健全科学、管理规范有序"为目标,加强公路行业标准化建设。开展了"甘肃高速公路标准化管理"等课题研究,开发、推广"甘肃公路"、"甘肃高速"视觉识别系统,制定完善了标准化管理规范和管理标准。投资近5亿元对全省高速公路和6条二级公路进行计重收费改造,完成了高速公路19个服务区的基础设施改造,精心实施收费站所房屋和收费广场路面维修,高等级公路运营标准化建设初见成效。制定了《甘肃省公路管理段、养护管理站"双化"建设实施办法》,基层公路养护单位标准化、规范化建设取得阶段性成果。二是提高公路运营和服务水平。充分发挥"96969"服务热线、手机短信平台、可变情报板的信息发布作用,共为社会提供各类交通信息服务近15万次。大力改造ETC车道,建成全省高速公路GPS定位系统,实现了管理资源的集中指挥调度。不断提升服务区公共服务功能和应急保障功能,在抗击冰雪灾害中,服务区全天候免费为司乘人员提供棉衣、食物和药品等基本生活保障;在舟曲抗洪救灾中,为赴灾区救援人员提供了优先就餐、临时休息、免费加水等贴心服务。三是连续开展文明收费、优质服务、树立形象等技术比武和劳动竞赛活动,着力提高公路收费服务水平。深化收费站秩序专项整治活动,不断完善和落实鲜活农产品"绿色通道"政策,五年累计减免通行费11.5亿元。

积极适应燃油税改革,进一步完善公路管理机制。调整和完善了公路养护管理体制,积极协调省编委将省公路局建制升格为副厅级并更名为省公路管理局,加强了省公路管理局对全省公路养护的管理职能。按照科学养护的要求,将公路总段(分局)主要职责归位到公路养护管理,逐级完善绩效考核机制,严格实行预算调节制,形成了统一领导、分级管理、各司其责、指令通畅的工作格局。2009年末,为适应国家税费改革的要求,将全省交通征稽人员全部转岗路政执法工作,路政执法工作步入新的发展阶段。为充分发挥高速公路的公共服务职能,经过省编办充分调研论证,将甘肃省高等级公路运营管理中心更名为甘肃省高速公路管理局,负责全省高速公路的通行费征收、交通调度指挥、服务区及广告管理、养护监督等工作。

(省公路管理局)

【全省公路养护与管理】2011年,省公路管理局紧扣科学养护这一核心,突出公路养护管理迎接国检、公路灾后重建、路网建设三大任务,狠抓应急保畅和安全生产两项重点,稳步推进文明服务、科技推广应用、行业管理、文明创建和队伍建设五项基础工作,全省公路养护管理工作成绩显著,在国检中取得了全国干线公路15名和全国省市区综合排名20名的好成绩。

一、紧扣科学养护这一核心,全省公路系统工作效能明显提高。建立了涵盖路基路面、桥涵隧道以及防护工程在内的事前、事中、事后多层次控制的预防性养护体系,精做、细养、严管的高等级公路养护管理机制逐步形成,全省普通干线公路养护初步实现标准化。加大了机械设备库房建设，基本做到了各类机械设备有专门库房、有专人管理、有专人操作。依靠信息化建设成果对养护实行动态化管理，严格实行预算调节制和“双查、双定”考核制，提高了养护生产效率。

二、突出三大任务，公路养护管理、灾后恢复重建、路网建设改造成效显著。在路况较差、超期服役的路段上实施了一批养护维修工程，加强路基、防排水设施和桥隧涵的维修养护，完善和刷新交通工程设施，做到了路况质量优良、标志齐全鲜明、路容路貌整洁。严格执行交通运输部新修订的《公路桥涵施工技术规范》，保证了桥涵养护和加固改造施工技术符合规范要求；对高养中心和公路段、养护工区和养管站进行了规范和统一，基层养护单位基本实现了面貌一新、设施完善的目标。狠抓公路灾后恢复重建任务，于2011年7月底前完成了陇南“8·12”暴洪灾后公路重建任务，陇南灾区公路抗灾和通行能力显著提升。精心组织实施舟曲泥石流灾后交通重建项目，严格落实责任追究制和奖优罚劣制，坚持日常督查和试验检测相结合，保证了建成路段路面平整、线形顺适美观、标志标线齐全；精心组织实施以县通二级公路和农村公路为重点的路网建设任务，加强拟开工县通二级公路建设项目前期，千方百计加快项目建设步伐，全省实现了69个县通二级及以上公路的目标；充分发挥农村公路巡回督查组的作用，加大农村公路建设督查和技术培训力度，保障了全省农村公路建设顺利进行。

三、狠抓应急保畅和安全生产不放松，全省公路系统安全保障水平不断提升。积极高效地组织开展应急保畅工作，合理建设应急物资储备点，科学规划区域性应急抢险保畅服务中心，定期补充、更新和维护应急抢险物资、设备，全省应急抢险机制进一步完善。针对汛期强降雨天气较多的实际，动态监控，就近储备抢险机械和应急物资，及时应对，保证了汛期道路安全通行，保障了迎国检和第十七届兰洽会、敦煌行·丝绸之路国际旅游节等节会期间公路的安全畅通。制定了《甘肃省公路系统安全生产目标责任管理考核实施细则》，加大了安全生产监督考核和处罚力度，狠抓安全生产专项整治。加强公路养护、工程建设等施工现场安全管理，保障过往车辆和施工人员安全。为全省公路系统所有在岗人员办理了工伤保险和人身意外伤害保险，为临时雇佣人员全员购买了人身意外伤害保险。

四、加强二级收费公路管理，文明服务水平进一步提高。深入开展了各类争优创先竞赛活动，巩固军事化比武、岗位技术练兵成果，二级公路收费队伍综合素质明显提高。建立了通行费征收联动机制，认真落实鲜活农产品绿色通道政策，有效改善了收费秩序。对所有二级收费公路里程规模、站点设置、收费期限、收费标准等进行了汇总统计，在此基础上提出了部分收费站点撤并意见。在部分站点实施远程监控系统，有效加强了收费监管。进一步完善公路行业公众出行网上服务系统，及时将公路阻断情况、道路走向、施工情况向公众发布。

五、加强基础管理，行业服务和发展能力持续增强。科学编制发展规划和年度养护预算，在全省公路系统启动省局、公路总段两级核算制度和公路段财务报账制度。大力推广、创新养护管理新技术，组织开展了沥青路面预防性养护措施等一系列课题研究。围绕事业单位改革，完成了省公路管理局更名和局机关事业单位岗位设置，组织开展了全省公路系统定编定岗的编报等前期工作。完成了108件人大建议和政协提案的办理工作。深入开展“创先争优”活动，在养管站实行站长公推直选，在全省公路系统推行党政干部交叉任职，深化了基层班子建设。制定了《甘肃省公路系统“十二五”人才队伍建设规划》，进一步完善了养管站的配套设施，改善了一线职工的工作和生活条件，全省公路系统干部职工凝聚力、向心力和敬业爱岗精神明显增强。（省公路管理局）

【省公路管理局积极组织做好高速公路接养工作】2011年是我省高速公路建设成果丰硕的一年，西长凤、徐古、天水过境段、瓜星等高速公路的全部或部分路段将于年底建成通车。庆阳、兰州、武威、天水、酒泉公路总段等拟接养单位，先期介入，积极行动，与项目办等单位加强联系沟通，在接养前组织技术人员进行了详细的路况调查，全面掌握了道路技术状况，为做好养护工作打好基础。同时，组建专业养护队伍，加强人员培训，选配责任心强、业务水平高的职工从事高速公路养护管理工作，充实技术和养护力量，为接养高速公路奠定了基础，全省高速公路接养工作有序展开。

（省公路管理局）

【我省普通干线公路养护工作成绩斐然】2011年，省公路管理局以迎“国检”为契机，努力提升普通干线公路路况质量和规范化管理水平，积极推动养护生产科学化、规范化、标准化进程，全面完成了普通干线公路养护的各项工作任务。在交通运输部“十一五”全国干线公路养护管理检查中，普通干线公路养护取得了全国排名第15名的好成绩。一是以打造“畅通、安全、优质”的道路通行条件为目标，在全省开展“标准化养护示范工程”创建活动，对重点路线的重点路段挂牌作业，实行标准化养护，全省普通干线公路路容路貌有了较大的改观，路况服务水平得到很大程度的提高。二是在省养普通干线公路上完成养护维修工程862.8公里，路面平整度明显提升，破损率明显下降，路况条件明显改善；在10条路线上增设了标志牌示警桩、防撞护栏(墙)、路面处治等，处治隐患里程1 468.6公里，公路安全保障能力和服务水平进一步提升。三是依靠试验检测数据指导和评价养护质量和养护效果，积极引进和推广养护先进技术和新材料，积极开展公路预防性养护、路面修补、桥梁检测等技术研究，突出养护机械设备操作和管理培训，建立了以管理平台为基础、数据库为中心、电子政务为依托、制度建设为保障的信息化管理体系，养护管理水平明显提高。四是按照“养护材料规范，养护作业规范，工作行为规范”的要求，狠抓规范化管理工作，从各个环节和细节入手，突出精细化管理，规范工作流程，规范内业管理，做到了制度健全、管理规范。经过全省公路系统的不懈努力，全省路、桥、隧、涵养护管理同步推进，交通运输部“十一五”全国干线公路检查组用五个“没想到”高度评价了我省公路事业取得的成就：没想到甘肃公路事业发展取得的成就之大，没想到甘肃公路养护专业化程度之高，没想到甘肃交通职工队伍整体素质之高，没想到甘肃公路行业管理规范化程度之高，没想到甘肃公路文化氛围之浓厚。（丁红霞）

【全省公路系统重点养护建设项目成立青年突击队】 2011年“五四”前夕，省公路管理局团委在全省14个公路总段(分局)的重点养护项目和舟曲、陇南2个灾后恢复重建项目及瓜星高速公路、文峰至殪虎桥二级公路等23个局管项目中广泛成立了青年突击队。公路系统重点养护建设项目青年突击队主要以“建队育人”为宗旨，以“保质量、保安全、保工期、保效益”和“创新、创效、创先”的“四保三创”为目标，大力弘扬“艰苦创业，崇尚实干，善于学习，锐意创新，拼搏奉献，争创一流”的青年突击队精神，带领广大青年职工在“急、难、险、重、新”的关键时刻和本职岗位上勇挑重担、在技术创新上勤于钻研、在弘扬职业道德和树立行业形象上积极实践、在服务青年成长成才和建功立业上争当表率，在完成养护建设任务的具体实践中提高广大青年职工的整体素质，培育一批优秀的养护建设青年人才。各青年突击队成立后，纷纷启动了以青年安全示范岗、文明工地、技术攻关、技能比武、岗位练兵及文娱活动等为主要载体的竞赛活动，坚持比工程质量、比安全施工、比生产突击、比施工进度、比文明施工、比技术革新，形成了“比、学、赶、帮、超”的良好氛围。

(卢蓓葳)

【我省高速公路养护管理工作成效显著】 2011年，我省高速公路养护管理工作按照“路面设施无损坏、作业现场无障碍、质量周期无重复”的要求，不断加大养护管理力度，路况服务水平有了大幅度提升。一是坚持不懈加强日常养护和预防性养护，做到全面养护、预防性养护和病害快速修复有机结合。加大公路巡查力度，由对路面抛撒物的单一巡查逐步转向对路基、路面、桥梁、涵洞、交通安全设施及道路附属设施的全方位巡查，进一步拓展巡查的广度和深度，及时清扫路面，保持路面干净整洁。对桥栏杆、防撞墙、标线等设施定期刷新，对波形护栏及时修复、更换和清洗，使养护常态化，保持了良好的路容路貌。二是加强预防性养护管理，合理安排小修挖补，及时安排路面灌缝、局部封层等工程，科学处治早期病害，避免影响行车病害的形成，努力做到公路行车舒适畅通。三是集中实施养护维修工程。针对我省目前已建成通车的大部分高速公路运营已进入路况重点修复周期的实际，加大养护资金投入对全省高速公路实施了养护维修工程，使我省高等级公路路况水平有了大幅度提升。四是新技术、新工艺、新材料的应用成效显著。依托养护维修工程和预防性养护项目，在全省推广应用了微表处、雾封层、桥面加铺技术、废旧油皮利用、环氧树脂和无封伸缩缝材料、速凝混凝土、大粒径透水路面施工技术等新技术、新工艺、新材料，取得了较好的效果，为全省公路养护积累了成功的经验。五是基础设施建设有了新进展。在省厅的大力支持下，不断加大投入，陆续完成了几个设施先进、功能齐全的高养中心和养护工区建设，全省高速公路养护基础设施建设有了明显的提升。

(何世强)

【兰州公路总段认真开展省、市级示范公路创建活动】 2011年，兰州公路总段管养的国道109线被省公安厅确定为“省级示范公路”创建路段，省道101线被兰州市政府确定为“市级安全示范公路”创建路段。为确保创建工作顺利开展，该段高度重视，及时成立创建工作领导小组，加强组织领导，研究制定创建工作方案，深入开展互动与互访活动，班子成员及路政管理人员多次深入公路沿线企事业单位及居民家中，宣讲《公路安全保护条例》等有关法律法规，引导沿线群众增强爱路护路意识。同时，向有关单位、居民及过往司机发放调查问卷，及时了解民情民意，加强与地方政府部门的协调和沟通，共同营造良好的联合执法环境；认真开展公路安全集中整治活动，依法取缔公路沿线广告杂牌、加水点，彻底治理公路“三堆”，扎实开展“质量回头看”活动，严格对照创建标准，逐条逐项进行整改落实。通过各项活动扎实有效的开展，国道109线、省道101线路容路貌得到了明显改观，为示范公路创建工作的顺利开展奠定了良好基础。

(兰州公路总段)

【兰州公路总段参加交通战备训练基地建设甘肃省试点现场演示活动】 2011年8月5日，交通战备训练基地建设甘肃省试点现场演示活动在兰州市榆中县和平开发区交通战备训练基地进行，来自全省公路、水运、民航、铁路、消防、通信等十余家单位参加了演示，总后勤部交通运输部交战办主任姜锐刚少将、省交通运输厅厅长杨咏中等领导现场观看了本次演示。兰州公路总段应急保障中队共派出60名队员参加了此次演示，现场演示了在公路发生突发事件后，队员们迅速集结、列队、登车、下车等动作，在规定的时间内完成了所有演示科目，充分展示了公路保障队伍纪律严明、组织有力的良好形象和反应迅速、出动快捷的应急抢险能力。演习结束后，张锐刚少将作了总结讲话，对本次演示活动给予了充分肯定。此次现场演示活动，是对我省交通战备训练的一次全面检阅。为了保证演练效果，兰州公路总段高度重视，自7月6日起，抽调人员进行封闭式训练，并请省交通运输厅交通战备办公室领导进行了现场指导，为8月5日的成功演示奠定了良好基础。

(兰州公路总段)

【兰州公路总段开展迎国检养护工作大会战】 2011年5月25日，经交通运输部抽签决定，将重点检查兰州公路总段国道109线河海路、兰包路，国道312线河屯路养护管理情况，为保证以良好的路况迎检，兰州公路总段根据省公路局要求，于5月25日至6月10日抽调下属兰州、红古、永登、中川等4个公路段和养护中心、工程处等单位职工开展大会战。短短13天时间，就完成了46.3公里的工程任务，工作效率达到平常的3倍。其中国道109线河海路完成挖补罩面11.57公里，油路重铺0.3公里，碎石封层0.4公里；国道109线兰包路完成挖补罩面29.06公里；国道312线河屯路完成挖补罩面5公里，在省公路局预检和交通部正式检查中得到一致好评。

(兰州公路总段)

【兰州公路总段加强国道212线养护保畅工作】 2011年4月8日，兰临高速公路新七道梁上行线隧道内发生油罐车追尾爆炸事故，所有从兰州开往临洮、临夏、甘南等方向的车辆绕行国道212线，致使该路段日交通量由原3 000辆急剧增加到6 000~10 000辆，交通压力巨大。为确保过往车辆的安全通行，兰州公路总段立即成立公路保通领导小组，以对该路段“保畅、保洁、保平安”为目标，每日组织200余名职工，调动装载机、挖掘机、货运车等20多台(辆)，及时处治道路翻浆、坑槽等病害，彻底整修油路路面，加快边沟垃圾清运，全面清洗沿线护栏，对新七道梁隧道堆积物分段清扫，为防止扬尘影响过往群众，还调派洒水车及时上路洒水。同时，路政人员采取流动稽查的方式，加大对超限超载车辆的查处力度，努力巩固养护成果。保通期间，该段共处治翻浆1.87万平方米，拉运砂石回填路基1.98万立方米，实施路面洒水、清扫养护21.24公里，给过往车辆提供了良好的通行条件。

(兰州公路总段)

【兰州公路总段开展“标准化养护示范工程创建活动”】 2011年，为了以良好的路容路貌迎接交通部全国公路大检查，兰州总段组织各基层养护单位，以“畅、洁、绿、美、安”为标准，以路容路貌整治为重点，大力实施精细化养护、精细化管理。集中力量处治公路病害，清理沿线垃圾，疏通边沟、桥涵等构造物，清洗、维修、完善公路标志、标线及附属设施。固定人员每日上路清扫路面，并形成工作制度。认真落实桥梁工程师责任制，加大桥梁动态监测和隐患排查治理力度，确保道路和桥梁安全。同时，总段路政支队积极配合各养护单位，加强路政法规宣传，狠抓重点迎检线路路政巡查工作，加大超载车辆卸载查处力度，开展国道主干线公路环境净化专项整治活动，形成强大攻势，严防死守，努力保护养护成果。国检前夕，总段还千方百计自筹资金110万元，用于重点迎检线路路面保洁、路容整治工作，使所有迎检路线都达到了路容整洁、边沟畅通、标志齐全、鲜明、整齐的标准。截至迎检前，总段高速公路共完成清理边沟8 943公里；安装护栏板7 370米、调平2.2万米；补划标线1.3万平方米；水毁修复完成夯填土方9 500立方米、维修PVC圆管急流槽558米。普通干线公路完成油路修补2.68万平方米，处治翻浆2.19万平方米，整修路容271.30公里，新增各类公路标志、标牌126块，完成各条线路安保工程平交道口硬化5.18万平方米。

(兰州公路总段)

【兰州公路总段实施国道312线屯沟湾至安门段养护维修工程】 2011年，省委省政府举办“敦煌行·丝绸之路国际旅游节”，将兰州总段和武威总段管养的国道312线永登(徐家磨)至古浪高速公路辅道屯沟湾至安门段列为重要旅游线路，省交通运输厅、省公路局下达紧急任务，要求对该线路实施维修工程。其中兰州总段实施的项目起点桩号2 248公里加370米，位于永登县武胜驿镇屯沟湾村，终点桩号2 260公里加320米，位于武胜驿镇界牌村，全长11.95公里。为全面高质量完成任务，并彻底改善沿线路容路貌，兰州总段成立项目办公室，并与永登县委、县政府签订联合共建协议，成立“国道312线屯沟湾至界牌段养护维修工程协调领导小组”，规定了双方的职责，即兰州总段负责实施养护维修工程，永登县政府及各地方部门全力配合，保证以优惠价格提供材料，配合建设施工便道，并教育沿线群众增强爱路护路意识。因本项目工期短，质量要求高，为按期完成任务，参与施工的永登公路段和中川公路段采取从两头向中间推进施工的办法，在确保质量和安全的前提下，加班加点赶工期，短短40天时间就完成了全部养护维修工程任务，完成工作量3 000万元，其中，路基工程完成软基处理1.59万立方米，设置防水层(天然砂砾)7 262立方米，防护工程中现浇砼路肩墙1 366立方米，现浇砼路肩7 760米，使用C25砼预制路缘石9 504米，培土路肩9 504米；排水工程中现浇砼三角边沟3 640米，浆砌片石护肩、边沟1 020米，现浇砼梯形边沟2 000米、砼防撞墩1 530米。路面工程完成全线挖除路面11.58万平方米，铺筑水泥稳定砂砾土底基层12.07万平方米、水泥稳定碎石基层11.55万平方米、改性沥青同步碎石封层11.51万平方米、AC-16沥青混凝土(5厘米)下面层11.52万平方米、沥青混凝土AC-16(7厘米)下面层770平方米、AC-13沥青混凝土(4厘米)上面层12.03万平方米，现浇C40砼过水路面750平方米。施划交通安全标线工程1.68万平方米。

(兰州公路总段)

【兰州公路总段全面完成养护维修工程任务】 2011年，为以良好的路况迎接交通运输部全国公路大检查，兰州总段对辖区白兰、巉柳、树徐、兰临等5条高速公路和国道109线河海路、兰包路，国道312线河屯路、西兰路，省道201线营兰路等5条普通干线公路先后实施了养护维修工程。总段分别成立了高等级公路、普通干线公路养护维修工程项目办公室。在工作中突出“五个注重”：一是注重质量精细化管理，严把原材料进场关，加大试验检测力度和抽检频率，在施工过程中，坚持高标准、严要求，规范施工工艺，严格操作程序，项目办及时跟进监督指导。二是注重资金管理，成立物资采购领导小组，对砂石材料、沥青、水泥等大宗物资采购全部采用招投标方式进行，同时加强工程资金管理，大力推行段务公开力度，强化监督，确保资金安全使用。三是注重安全生产管理，加大投入，购置安全防护筒、安全标志服，在施工中指派专人疏导交通，摆放警示标志，确保各项生产活动顺利开展。四是注重工程进度，及时调整施工组织设计和施工方案，逐日倒排工期，积极克服困难，抢抓施工黄金期，合理调配人力、机械，在确保质量和安全的前提下，加班加点工作，千方百计加快工程进度。五是注重以人为本。根据《劳动法》规定，严格考勤制度，全面兑现职工加班加点工资，并加强伙食管理，随时调整饭菜花样，充分调动了广大职工的工作积极性。自3月15日开工，6月11日完工，高等级公路养护维修工程共完成工程量2 107.28万元，其中，白兰路完成447.35万元，巉柳路完成778.42万元，树徐路完成770.28万元，兰临路完成111.23万元；普通干线公路养护维修工程共完成挖补罩面100.9公里、重铺10.48公里，全面完成了省公路管理局下达的目标任务。

(兰州公路总段)

【排宋公路整修】 2011年12月17日，成县组织县直机关各单位和省市驻成单位干部职工近1 000人，冒着严寒，集中开展排宋公路义务整修活动，迅速掀起了今冬公路建勤“大会战”热潮。成县以“大办交通年”活动为契机，在全县乡镇村社扎实开展冬季农村公路民工建勤集中整修养护活动，按照“最广泛”、“严要求”、“大规模”、“抓示范”、“强保障”和“进度”的总体要求，重点开展农村公路建设攻坚，乡村道路民工建勤、机关干部义务修路、城乡道路依法治路四项活动，迅速形成了“男女老少齐参战，机械人力一起上”的良好氛围。排宋公路义务整修活动共出动机械10余台、车辆30余台，完成清理水毁塌方6 500立方米，疏通涵洞6.7公里，铺沙路面3.5公里。（郝　炜）

【甘南干线公路养护维修工程质量优良】 2011年甘南公路总段在管养的干线公路上全面实施了养护维修工程，在严格管理下，工程质量得到了明显提升。当年完成国道213线196公里251米32公里709米段养护维修工程，共计完成20厘米厚水泥稳定砂砾基层1 087.88平方米，2厘米厚沥青砼面层18.08万平方米，3厘米厚沥青砼面层3.66万平方米，5厘米厚沥青砼面层6.72万平方米，7厘米厚沥青砼面层2.11万平方米等，完成投资1 360万元。（李少光　后志良）

【酒泉公路总段肃州茅庵河养护工区建成投入使用】 2011年11月，酒泉公路总段肃州茅庵河养护工区建成投入使用。茅庵河养护工区位于国道312线酒嘉收费所右侧，料场总占地面积240亩，建成机械设备停放维修区、职工生活办公区、乳化沥青生产储存区、材料储备区、混凝土预制区、沥青混合料拌和区六大功能区域，建筑面积3万多平方米。工区内安装乳化沥青生产设备1套，40吨乳化沥青储存罐2个，高标准储料仓4个，可储料7 000多立方米；安装LB1500型间歇式沥青拌和设备1台，生产能力100~150吨/小时；沥青储备罐两座，可储存沥青50吨，400型小型拌和楼1台。养护工区的建成将为国道312线、省道214线、国道30嘉安高速公路养护提供有力支撑。（酒泉公路总段）

【定西公路总段高等级公路养护维修工程】 2011年，定西公路总段在巉柳高速公路和天巉公路实施养护维修工程共计5.55公里，完成工作量936.8万元，占计划的100%。其中，完成巉柳高速公路沉陷处治1 129平方米、水泥板块修复2 043平方米，完成工作量105.8万元；完成天巉公路翻浆处治4 950平方米、沉陷处治3 336平方米、罩面5公里5.1万平方米，修复排水沟450米、拦水带109立方米，完成工作量831.04万元。工程于4月初全面启动以来，定西公路总段在做好项目部组建、原材料采备、设备投入等前期工作的基础上，组建项目部试验室，配备专职试验人员，加大实验检测力度，严格把关进场材料；加大安全设施投入力度，严格按照规范设置标志、标牌，在确保施工安全的同时保障道路畅通；根据目标任务倒排工期，定期考核加大奖惩力度，加快工程进度，巉柳高速公路和天巉公路两项养护维修工程于5月底全面完工。（师璟琮）

【定西公路总段国道212线养护维修工程】 2011年，定西公路总段在国道212线228公里至265公里路段实施了共计7公里的罩面工程。工程于3月20日开工，5月19日全面完工，累计完成翻浆处治9 890平方米，沥青碎石下面层铺筑1万平方米，沥青混凝土上面层铺筑5.24万平方米7公里，完成投资322万元。3月10日，组织机械设备15台(套)、施工人员40余人进场，工程建设全面展开。施工过程中，项目部明确目标责任，强化绩效考核；加大试验检测力度，严把原材料关口；规范工序管理，建立质量控制体系；科学制定施工计划，加快工程进度；强化监管措施，组织安全文明施工；开展劳动竞赛，掀起大干热潮，全面确保了工程实施的质量、进度和安全。（张蕊娟）

【定西公路总段国道312线养护维修工程】 2011年，定西公路总段在国道312线2 020公里加058米至2 023公里至6 288公里和县道120线11公里加530米至11公里加600米路段(国道312改线路段)，实施了共计5公里的油路重铺工程。工程于3月15日开工，5月18日全面完工，累计完成挖除旧油路面4.23万平方米，铺筑天然砂砾垫层、水泥稳定砂砾基层、沥青混凝土面层各4.23万平方米，修筑路肩墙1 504立方米。定西公路总段周密部署，精心组织，确保工程建设的质量、进度和安全。一是集中施工优势力量，投入500型水稳拌和楼、沥青拌和楼各1台，挖掘机、铣刨机、摊铺机等大型机械12台，运输车辆21辆，为工程建设提供了有力保障；二是及早着手采备原材料，完成备料：基层料1.3万立方米、面层料2 400立方米、沥青150吨，充分满足了工程建设的需求；三是加大实验检测力度，先后完成原材料试验16次，规范完善了自检资料，为工程建设提供了准确的检测数据；四是对省公路局检测中心反馈的问题进行了及时整改，开展了施工现场安全隐患排查，切实加强工程安全管理，全面确保了工程实施的质量、进度和安全。（武咏仪）

【定西公路总段加强避险车道养护】 在定西公路总段辖区，国道212线共有3处设有避险车道（154公里加030米、237公里加700米、237公里加950米）。为了进一步提高辖区公路的安全保障水平。2011年，定西公路总段将避险车道纳入日常养护的重要环节，定期组织人员检测，加大养护力度。一是推行避险车道养护管理责任制，与养护单位签订目标责任书，明确相关责任人，建立起避险车道养护监管机制；二是近期对不符合规范的制动床填料全部进行了换填，保证了制动床技术状况；三是通过日常养护巡查，完善避险车道技术及养护档案，在事故发生后及时铺平和填充制动床集料；四是坚持每月整修避险车道，及时清除杂物，翻松制动床填料，修复和疏通避险车道排水设施。（刘文强）

【定西公路总段招募506名青年志愿者服务养护生产】 2011年初，定西公路总段团委和青年志愿者协会以加大志愿者注册登记管理力度为抓手，在全总段广大团员青年中招募青年志愿者506名，并在基层段、处、所组建了12支青年志愿者服务队，在基层养管站和养护工区建立31个青年志愿者服务站。定西总段组织开展青年志愿者注册招募活动是继2000年成立青年志愿者协会之后的第二次招募，其目的是为进一步充实和壮大青年志愿者服务队伍，继续弘扬“服务社会、帮助他人、锤炼自我、弘扬新风”的定西总段青年志愿者精神，将年龄在40周岁以下的有志青年吸纳为青年志愿者，把青年志愿者的品牌工作做大做实，从而延伸团的工作手臂，扩大团的影响力，充分发挥青年志愿者在公路养护生产、社会公益服务、帮扶救助、应急抢险救灾等志愿者行动中的作用。青年志愿者招募后，将统一实行注册登记编号管理，建立志愿者服务档案和活动记录，根据记录对志愿者进行考核奖励。注册招募活动受到了全总段广大团员青年的踊跃报名，在全总段形成了人人参与志愿服务、人人志愿为公路养护生产贡献力量的良好局面。（付 顺）

【庆阳公路总段力保养护维修工程按期完工】 2011 年 5 月，对国道 211 线庆城至环县甜水堡路段路面进行养护维修。省道 202 线西峰至长庆桥段全长 60 余公里，该段公路地处董志塬人口稠密区，混合交通、公路街道化问题严重，随着西峰油田、正南大型煤田的相继开发，该路段车流量增长幅度较快，日车流量已逼近 1.6 万多辆。由于大型车辆密集通行，路面损坏严重，车辆被堵现象时有发生。为加快维修工程进度，切实为人民群众出行和全国第二届红色运动会在庆阳市召开提供快捷方便的公路交通环境，庆阳公路总段成立养护维修工程项目办公室，倒排工期，利用车辆高峰时间差，采取人停机不停的方式，24 小时不停歇作业。至 6 月初养护维修工程完成。（李 钺）

【国道 312 线凤郿高等级公路养护维修】 2011 年 3 月 10 日，国道 312 线凤郿公路养护维修工程正式开工。国道 312 线凤郿公路于 2000 年建成通车，运营 10 年时间，路面不同程度地出现龟裂、网裂、沉陷、车辙、局部掉颗等较多病害。为提升该段公路通行能力，平凉公路总段经过现场调查，优化维修方案，决定用铣刨机、碎石同步封层设备、大型摊铺机和压路机等特种大型设备，7 月底全部完工。工程由平凉公路总段天翔路桥工程处承担施工任务，主要完成路面铣刨 32.5 万平方米，热熔改性沥青同步碎石封层 32.5 万平方米，AC-13 改性沥青混凝土上面层 25.5 万平方米，9 厘米厚 ATB-30 热拌沥青碎石病害处治 4.85 万平方米，7 厘米厚 AC-20 沥青混凝土病害处治 2.89 万平方米，热熔路面标线 8 220 平方米，改善了公路的行车条件，确保了公路的安全畅通。（马亚明）

【平凉公路总段集中整治矿区公路环境】 2011 年，平凉公路总段联合平凉市国土局、环保、交警等部门，集中对县道 049 线平华公路峡门乡矿区公路环境进行了综合整治，全面解决脏乱差现象。平华公路峡门乡沿线共有采石矿企业 6 家，是平凉市主要的石灰岩供料基地之一，石料加工和运输过程中造成大量粉尘和渣石，加之沿线村镇较多，村民随处堆放垃圾、建筑材料，占用了部分路面，严重影响路容路貌和公路行车安全。这次整顿活动公路部门与当地国土资源局、环保、交警等部门联合，录制了《中华人民共和国公路法》、《甘肃省公路路政管理条例》等光碟，并印制了《关于开展平华公路专项整治的通告》的宣传材料 1 000 份，出动宣传车 3 辆，在平华路沿线进行大力宣传。同时，对公路两侧摆摊设点、占道经营、乱搭乱建、堆积柴草、粪土、沙石、杂物等进行了清理整顿，强行拆除非公路标志牌 5 块，集中清理整治公路沿途加水站 3 处，清理路面堆积物 200 余立方米，并与公路沿线 16 个加水点签订了门前路产“三包”协议书。积极动员当地村民和采矿企业在公路沿线与矿区之间边角空地，填覆客土，植树 1 000 余株，形成路旁绿化带，实现公路与矿区视觉隔离。由环保部门责令各矿山企业制定具体消尘措施，并对运输车辆全部督促加盖篷布，防止矿石洒漏。通过为期一周的治理，有效改善了路内路外形象，巩固了一线职工的养护成果，切实提高了道路通行能力，公路周边环境明显改善。（马亚明）

【平凉市开展第十八个“筑路月”活动】 平凉市第十八个“筑路月”活动自 2011 年 11 月初启动后，各县(区)抓住冬闲有利时机，精心组织，全党动员，全民动手，采用“以工代赈”、“民办公助”、“民工建勤”等多种方式，广泛发动群众落实路况病害调查处置，清洁路容路貌，修补路面病害，培补路肩边坡，疏通边沟涵洞，处置翻浆塌方，修通了许多“经济路”、“果园路”、“产业路”，有力的推动了县、乡、村公路建设。在“筑路月”活动中，崇信县对 287 公里沥青、水泥路确定了 106 名农民养管员，开展技术培训，签订养管合同，将公路统一养护整修后交给农民养管员就近划段承包养护，农村公路列养率达到 100%。华亭县投入 194 万元，处置翻浆沉陷 5 032 平方米，加固边坡 1.17 万平方米，石砌挡墙 2 530 立方米，种植花草 5.2 万平方米。静宁县栽植行道树 6.2 万株，铺砂 10.4 万立方米，投入 55 万元对水毁道路进行了抢修。泾川县筹资 50 多万元，修补油面破损坑槽 6 100 平方米，改建新铺砂砾公路 68 公里。崆峒区对农村公路进行了全面养护维修，处治翻浆坑槽 4 万平方米，夯填路基边坡 4.7 万立方米，清理塌方 3.1 万立方米，并对公路水毁进行了应急抢修。灵台县对农村公路进行了全面养护，整修路肩边沟 175 公里，清理塌方 220 平方米，填补坑槽 1 838 平方米。庄浪县由 7 个班组聘用 57 名养护工开展日常养护，修补路面 4 600 平方米，抢修水毁道路 26 公里。截至 2011 年底，全市农村公路养护率达到 100%，路面完好率达到 86%以上，县道、乡道优良率分别达到了 25%和 30%以上。（刘 云）

【平凉市开展农村公路管理养护年活动】 2011 年，平凉市农村公路养护工作按照“有路必养、养必优良，有路必管、管必到位”的要求，把县、乡、村上等升级路段和全部桥梁都纳入养护范围，强化养护管理。在全省率先开展农村公路管理养护年活动，市交通运输局下发了《农村公路建设示范工程和养护示范路段创建活动实施方案》，提出了创建标准，制定了考核办法。共确定建设示范工程 14 项 104.8 公里，每县(区)2 条；养护示范路段 21 条 342 公里，每县(区)3 条；同时推荐 7 个建设项目和 5 条养护路段。一是各县(区)在“农村公路管理养护年” 活动中积极创建建设示范工程和养护示范路段，提高建设标准，突出养护管理，建立并推行了领导包抓、现场督查、定期通报、会议促进、典型推动“五制推动”工作法，坚持领导包片、技术人员包乡(镇)、乡(镇)包抓人员包工程的包抓责任制，靠实责任抓落实。二是加大现场监督管理力度，技术人员现场蹲点，旁站监督，跟班作业，跟踪把关，加强技术指导，严格质量监管，促进农村公路建设上水平。三是落实项目公示制度，施工现场设立公示牌，公布举报电话，将项目规模、技术标准和监督方式向群众公示，并将今年项目计划在平凉门户网站公示，竣工验收情况在《平凉日报》公示，接受群众和社会监督。四是坚持集中督查和专项督查相结合、定期督查和随时抽查相结合，组织召开全市农村公路养护管理现场督查暨现场观摩会议，共开展季度督查3次，下发督查通报3期，对存在的问题督促整改。通过活动的开展，农村公路建设和养护管理整体水平有了明显提升。进一步提高了全市农村公路养护管理水平，农村公路年度考核名列陇东片区第一。（刘　云）

【平凉市农村公路示范养护路段养护工作成效明显】 2011年，平凉市崆峒区确定了平高等3条共40.72公里的乡道为示范养护路段，制定了示范路段养护工作方案，提出了创建标准和措施，在具体创建工作中主要抓了五点：一是抓养护知识学习，对全体养护人员进行业务培训，做到数据清楚，技术指标明确，业务能力提升。二是抓巡查检查，坚持定期和特殊情况下上路检查，雨前检查防护，雨后巡查修复，同时做好桥梁病害的调查和记录，及时掌握道路情况，为养护维修打好基础。三是抓养护质量，组织专业养护工队按照路基、路肩技术等级要求，做到宽度一致，边缘成线，边坡平顺，路面平整，沟底平顺，排水畅通，严把养护质量关。四是抓规范，给3条示范路段安装了醒目的标志牌、指路牌、指示警告标志、里程碑和养护示范路段标志牌等，对桥梁栏杆、安全护桩进行了刷漆，达到了醒目的警示效果。五是抓制度，建立健全了示范养护路段各项管理制度，保证了示范路段养护工作的顺利进行。通过努力，3条示范路段道路脏、乱、差现象得到彻底整治，路容路貌明显改观，道路安全性能进一步提高，为全区农村公路养护起到了很好的典型带动作用。（任继杰）

【平凉公路总段提升冬季公路行车安全指数】 随着天气的逐渐转冷，平凉公路总段统筹安排，加大人力、机械设备投入力度，积极开展公路养护，全力保障冬季公路行车安全和畅通。针对近期连续降雨造成路面不同程度的沉陷、松散、坑槽等路面病害，各养护单位对所养路段路面病害进行全面处理，修补路面14.3万平方米，清理路面泥石流2 443立方米，整修路容396公里，显著提升了路况质量。同时，以国道312线东峡坡，省道202线华灵路黑河坡，省道304线泾甘路关山，省道318线西郿路潘阳涧、龙爪坡等急弯陡坡、易发生积雪结冰路段为重点，采备防滑料1 350立方米。总段两级单位建立了冰雪天气应急保畅机制，坚持24小时应急值班制度和领导带班制度，降雪时立即组织养护和路政人员上路除雪、防滑，维护交通秩序、疏导过往车辆，在最短时间内恢复交通。总段还在国道312线静宁、崆峒、泾川设立3处交通疏导点，及时发布路况信息，引导车辆及时调整出行计划和行驶路线，各收费站也设立了便民服务点，为过往司乘人员提供力所能及的生活保障及救援服务。（马亚明）

【国道316线牛北路养护维修工程完工】 2011年5月3日，天水公路总段实施的国道316线牛北路养护维修工程提前完工。牛北路养护维修工程自2011年4月26日开工以来，该段提前备好沥青、砂石等材料，调集施工机械设备和人员，并采取有力措施，全面加快工程进度，确保工程高质量完成。自牛北路这条陕甘接头路4月25日被确定为迎检路段当日，该段将事先确定好的190余名职工、80余台运输设备和20余台摊铺碾压设备集结到位，确保工程4月26日开式实施。在施工中，充分利用总段莲叶路、中摊、立远等3个拌和场，开足马力，全面提高生产能力，将任务层层分解到总段高养中心、麦积公路管理段、秦州公路管理段等3个单位，全体施工人员克服任务重、气温高、车流量大等实际困难，并针对运距较远的实际特点，采取加盖保温措施、加大环节控制等措施，确保实验、拌和、摊铺、碾压等重点环节实现无缝衔接、采取人歇机不停的工作方式，有力地提高了工程质量和工作进度，实现了“10日内完工”的总体工作目标。（陶　虹）

【莲叶路江天路养护维修工程提前完工】 2011年4月5日，天水公路总段实施的省道304线莲叶路养护维修工程提前完工，这是天水公路总段今年实施养护维修工程的第一条完工路段。4月9日，国道316线江天路养护维修工程全面完工。自3月初养护维修工程开工以来，天水公路总段及早成立项目办公室，加强对4个项目部的管理，抽调技术管理骨干担任三大负责人，合理调配全段施工机械设备，组建了工地试验室，全面加强检测、拌和、摊铺、碾压等技术环节的衔接，确保工程的顺利完工。施工过程中，各施工单位还有针对性地开展了“大干60天”、“创先争优”竞赛等活动，有效加快了工程进度。截至4月9日，莲叶路已完成排水防护610米、沥青碎石基层5 569.9平方米、沥青混凝土面层15.11万平方米、罩面10公里。江天路完成翻浆处治6 033平方米、油路修补1.32万平方米、灌缝1.08万米、旧路铣刨30.08万平方米、罩面18.23公里。（陈　明）

【天水公路总段接手宝天高速公路过境段养护工作】 2011年12月8日，宝天高速公路天水过境段通车，天水公路总段也正式接管该线路养护管理。宝天高速过境段全长36.8公里，有桥梁24座、隧道3座，养护难度较大。为此，天水公路总段及早介入，主动加强与项目办等单位的联系沟通，在接养前组织技术人员对路况进行细致调查，全面掌握道路技术状况。同时，按照专业化、规范化、精细化的要求，组建了专业养护队伍，加强了人员技术、规范、安全等业务培训，合理配备了养护机械设备，全面充实养护力量，切实加强该路段的日常养护和应急管理工作，并重点加强了防滑工作，划分了两个责任路段、组织预备应急队员20名，撒盐车、除雪车等机械5台，储备了工业盐60吨。截至12月20日，技术、养护职工人力、机械设备等均已全面到位，冬季路面养护和防滑保通工作已全面展开。（陶　虹）

【天水公路总段落实冬季公路养护措施】 2011年冬季，为了消除雨雪天气对公路行车的不利影响，保障道路通行安全，天水公路总段上下联动，多措并举，及早落实冬养各项措施。该段采取“定人员、定机械、定路段、定方案、定责任”等办法，全面加强冬前公路养护管理。各养护单位对冬季应急保通队伍抢险人员进行了补充，提前做好除雪车、平地机、装载机等除雪设备的检修保养，制定完善了冬季养护保通方案和突发事件应急预案，并对重点路段进行分段划分，全面落实养护考核责任。截至12月底，养护人员对管养路段路肩松软、路基缺口、路基沉陷等进行了及时修复，并在急弯陡坡路段、背阴易积雪路段增设了安全警示标志。同时，该段进一步加强对天巉路、牛北路、江天路、莲叶路及宝天高速公路等重点路线的监管养护力度，在弯陡坡急路段采备了足量的防滑砂料，指派专人进行养护。组建了9支抢险队伍，并配备了推雪板、铁锨等除雪用具，在防滑路点路段配备了12台除雪机、撒布机和平地机等机械设备，全力确保及时清除道路积雪，为过往车辆提供安全畅通的运行条件。 (陶 虹 陈 明)

【天水公路总段养护维修工程】 2011年2月28日，天水总段养护维修工程全面铺开。针对今年养护维修工程点多线长，施工时限要求紧的实际特点，天水总段专门成立了4个养护维修工程项目部，采取有力措施，及早投入到工程建设施工中。一是总段养护维修工程项目办继续实行两块牌子、一套人马的管理模式，统筹安排好各项目部人员调整、机械调配、管理衔接，加强检查考核力度，确保工程进展顺利。二是严格优化施工设计方案，认真落实“三工”、“三检”制度，加强对材料、级配、工序、试验等重要环节的管理，加强对进料、拌和、摊铺、碾压等工序协调管理，确保每个环节无缝衔接。三是建立工地试验室，配备专职试验人员，加强对原材料的现场抽检，为工程施工提供科学可靠的技术保证。四是组织好施工现场管理和工序衔接，采取有力措施加快工程进度，确保一期工程5月底完成，二期工程8月底完成。截至3月，已储备沥青1 022吨，采备碎石1.42万立方米，处治基层7 850平方米，路面灌缝320米，路面铣刨1 500余平方米，配备机械设备88台。 (陶 虹 陈 明)

【甘南公路总段大力实施安保工程】 2011年，甘南总段大力实施了公路安保工程。当年累计完成钢筋混凝土防撞墙491.4立方米970米，混凝土防撞墩28.8立方米40个，波形护栏维修66米、波形护栏清洗28.1公里，标志牌新做8块、维修66块，新做里程碑10块、百米桩30块，移栽里程碑272块、百米桩2 448块，补栽护柱169根，刷新混凝土防撞墩2 633立方米1 012个，钢筋混凝土防撞墙923.9平方米1 153米，护柱1.15万平方米1.19万根，避险车道更换豆砾石填料340立方米。投入资金82.65万元。 (李少光 后志良)

【临夏公路总段多举措加强秋季公路养护管理】 2011年，临夏公路总段强化工作措施，应对季节转换，加强公路养护管理，确保道路安全畅通。一是要求段属各单位严格按照油路修补技术规范，严把作业程序，把好“划线、开槽、清底、铺油、压实、养护”等关口，每道工序经技术人员验收合格后方可进行下一道工序，做到修补一处、成功一处，避免前修后坏现象，确保修补质量达标。二是要求临夏至大河家公路工程项目办要克服建设资金紧张、雨季公路影响等不利因素，努力争取省厅局的大力支持，充分调动全体参建人员的工作积极性，全面加快工程进度，路基工程争取年内完成，争取完成年初总段确定的工作计划。三是及时修复损坏的公路安全设施，并对管养全线的警示桩、百米桩、护墩、桥栏杆等进行全部刷新。四是根据具体路段的不同情况，有针对性地加强预防性养护和标准化养护工作，重点做好边沟清理和路肩、边坡的整修，真正做到边沟涵洞常清、路面常扫、路容常整，切实营造良好的公路通行环境。五是要按照省局“八不准”要求，按规定组织职工上路作业，并合理设置养护作业现场安全标志。同时，加大安全检查考核力度，定期对施工现场进行严格检查，发现问题，及时整改，把事故隐患消灭在萌芽状态。 (刘志功)

【临夏公路总段购置专业设备维修高速公路波形护栏板】 2011年，临夏公路总段针对高速公路波形护栏板撞损严重且维修成本远远大于路政赔补标准的情况，购置了维修波形梁护栏板的常用设备，技术人员精心钻研，迅速掌握了设备的使用及维护要领，维修后的波形护栏基本达到了专业队伍维修水平，同时大大降低维修成本，每米降低了200多元，基本接近了路政赔补标准。在高速公路交通安全设施发生损坏后，该总段按照规定时限及时对破损设施进行修复更换，尽量减少交通设施修复给行车带来的不利影响，做到了安全设施随坏随修，保证了设施齐全、醒目、完好，有力的保障了行车安全。据统计，该段2011年累计更换、校正波形梁护栏1 536米，更换防眩板2 398块、防眩板支架270个、预制钢筋混凝土隔离柱600根、修复刺铁丝隔离栏2.35万米。 (刘志功)

【临夏公路总段加强康临高速公路养护】 2011年，临夏公路总段采取多种方式，全面加强养护管理，建立健全各项规章制度，狠抓职工队伍建设管理，全力做好路面保洁养护工作，切实维护路产路权，保障了康临高速安全畅通。该总段全面加强养护巡查，坚持每日上路巡查，尤其加强对雨雪、高温、大风等特殊天气下的全天候巡查，把巡查重点放在路面杂物清理上，做到了日常巡查立体式、常态化，及时消除了道路安全隐患。并加强与交警、路政部门的联系，多次快速有效地清理了路面堆积物，确保了康临高速公路的安全畅通。汛期对康临高速公路全线导流坝、边沟、排水沟、急流槽进行了全面检查维修，加大桥涵、陡坡及特殊路段的安全隐患排查力度，及时消除了水毁隐患，确保公路和桥涵处于良好运行状态。加强高速公路封闭网、隔离栅的维修，确保高速公路封闭完好，行车环境安全畅通。对高速公路沿线损坏的波形梁护栏板进行了及时修复。通过大力实施预防性养护，确保了高速公路路面整洁、行车舒适、路肩整洁、边坡稳定、排水畅通、桥涵构造物及通道完好、沿线设施齐全，实现了标准化养护的目标，有效延长了公路使用寿命。制定了《临夏总段高养中心绩效考核实施细则》，明确了具体的考核范围、内容、标准及具体的奖罚措施，月底根据考核情况兑现奖罚，从而充分调动了职工的工作积极性，工作作风明显转变，工作效率有了大幅提高。 (刘志功)

【临夏公路总段排查公路隧道安全隐患】 2011年，临夏公路总段组成公路隧道安全隐患专项检查组，重点针对管养的康临高速南阳山隧道、国道213线兰刘路柏岭子隧道进行了技术状况评定和安全隐患排查。同时，该段还对管养单位提出了具体要求，一是各隧道管养单位要深刻吸取“4·8”事故教训，高度重视隧道日常养护和安全管理工作。二是要密切关注隧道的运行，实行24小时严密监控，加大养护巡查力度，及时排查消除安全隐患，并对隧道内的附属设施和各类标志标牌进行检查，对损坏的及时进行维修完善，提高隧道的安全状况和通行能力。三是严格落实“一隧一档”制度，长期跟踪监测隧道的技术状况，建立健全隧道安全管理制度，完善隧道的技术档案，确保隧道的正常使用和有效管理。四是建立健全隧道应急抢险预案，要针对不同路段的实际情况，制定切实可行的应急预案，一遇突发情况及时进行应对，确保道路交通畅通。（刘志功）

【临夏公路总段全力处治公路翻浆】 2011年，临夏公路总段管养各条国省干线公路均发生大面积的翻浆，车辆通行受到一定程度影响。病害发生后，该总段立即行动，不等不靠，把处治公路翻浆和预防发生大面积翻浆、保障通车作为当前公路养护工作的头等大事来抓，按照“保主保重，先抢通、后修复”的原则，集中全段养路职工400多人，装载机、挖掘机各14台，压路机12台，运输车辆30辆，投入到翻浆处治工作中，把国道213线锁南至临夏、省道309线兰郎路、省道317线康乐至和政作为重点进行处治。在具体的处治工作中，该段认真贯彻落实省局制定的《甘肃省公路翻浆预防和处治办法》，对翻浆比较严重的路段，首先设立明显安全标志，其次及时组织人力、物力、机械，采取集中作业的方式，严把翻浆处治材料关、压实关、工艺关，把处治、修复与补强结合起来，要求各单位翻浆处治深度不小于45厘米，做到随挖坑随处治，采用20厘米级配砂砾垫层加20厘米石灰稳定砂砾基层加(3+2)沥青面层的结构分层夯实，做到“处治一处，成功一处，根治一处”。（刘志功）

【临夏公路总段召开油路修补经验现场推广会】 2011年5月9日，临夏公路总段召开第三次养护生产调度会暨油路修补现场会，来自段属各单位主要负责人及技术人员约60人参加了会议，临夏段、刘家峡段就公路标准化养护、翻浆处治、路面沉陷处治、油路修补、桥头沉陷处理、桥梁伸缩缝处治等公路养护经验进行了交流发言，全体参会人员还现场观摩了康临公路油路修补，通过现场讲解、学习经验、交流心得，进一步提高了全段公路养护质量意识，为今后提高公路养护质量、解决公路养护难题奠定了基础。该段大力加强标准化养护工作，斥资100余万元，在国道213线临合公路临夏段、省道309线康临路铺筑彩色路肩近百公里，进一步提升了公路整体形象。由于该总段标准化养护工作突出，被省公路局表彰为全省公路系统2010年度标准化养护先进单位。该段不断加大机械设备投资力度，投资1 000余万元，购置了拌和机、挖掘机、铣刨机、摊铺机、压路机、同步碎石封层车等一批实用型机械设备，投入到公路养护工作中，发挥了积极的作用，收到了良好的效果，切实降低了职工劳动强度，加快了病害处治进程，提高了公路养护质量，有力促进了公路养护机械化水平的提高，同时也改革了以往人工作业的传统公路养护作业方式，实现了公路养护工作的新突破。

（刘志功 刘永雷）

【临夏公路总段专项整治高等级公路非公路标志牌】 2011年，临夏公路总段根据上级部门的安排部署，全面整治高等级公路非公路标志标牌，进一步规范高等级公路沿线非公路标志牌的设置和管理，确保高速公路行车安全和畅通，该总段主要采取了以下四项具体措施。一是按照省交通运输厅的整体安排部署，制定具体的实施方案，明确具体步骤和措施，落实工作责任，并加强对高速公路标志标牌整治工作的组织领导。二是对康临高速全线公路标志标牌进行排查摸底，登记造册，建立健全非公路标志标牌管理档案。对不符合规定的标志标牌，将按照相关规定进行清理整治。三是争取地方政府及公安、国土、工商等相关部门的配合和支持，营造浓厚的工作氛围。四是严格落实“五四巡查制”，提前介入，超前管理，有效制止新标志标牌的发生，切实维护康临高速公路行车安全。同时加强对《公路法》、《公路安全保护条例》、《甘肃省公路路政管理条例》等法律法规的宣传贯彻，营造良好的社会氛围，促进专项整治活动的深入开展。（刘志功）

【武威公路总段狠抓冬季养护工作成效明显】 2011年，武威公路总段严格落实省厅局对冬季养护工作的安排部署，把冬季公路养护工作摆在突出位置，综合采取防滑、养护和保畅措施，保证了道路畅通。一是严格执行雨雪天气上路巡查制度，坚持24小时值班制度，加大冰雪天气公路巡查密度，并与辖区交警、气象部门建立联动机制，做到责任明确，监控到位，信息畅通。二是保证冬季养护力量，成立除雪防滑突击队，进一步加强道路日常养护工作，及时对路面隐患进行排查。在乌鞘岭等重点路段设立特殊路段群众信息报送点，建立了同施工单位和沿线群众协作除雪保畅的快速联动反应机制，确保在第一时间进行除雪防滑，疏导交通。三是储备了充足的防滑材料和融雪剂。共撒防滑料7 917立方米，撒工业盐和融雪剂353吨，满足了冰雪天气的应急养护需要，在先后几次冰雪天气中，积极应对，有效地保障了辖区道路的安全畅通。同时对养护机械和除雪设备定期进行保养，购置了破冰除雪机械，自制了部分除雪装置，进一步提高了应对冰雪灾害的能力。四是严格落实信息报送和发布制度。同移动公司合作建立了“12580”公路路况信息服务平台，将实时路况信息和天气情况及时发布，为公众出行提供了服务。

（张伯尧）

【武威公路总段加强汛期养护工作确保兰治会期间道路通畅】 2011年，武威公路总段结合防汛工作，制定四项有力措施，确保“兰治会”期间国高30线武威境内道路畅通。一是成立了防汛领导小组，组建应急抢险队伍，建立24小时值班制度和应急指挥机制。二是组织技术人员对所养路段桥涵构造物、拦水坝进行全面调查，制定切实可行的维修计划，组织进行检查维修，对防汛机械进行了维修保养。三是储备砂石150立方米、编织袋1万个、雨具60套、铁锹150把、应急机械8辆，做到防患于未然。四是加强与收费、路政、交警的联系，及时沟通车辆通行等特殊信息，对特殊车辆、车流量大、车辆堵塞等情况及时通报，共同处理，确保车辆顺利畅通。（詹丽娟）

【武威公路总段五项措施确保养护维修工程顺利开展】 2011年，武威公路总段抓紧部署，采取有效措施确保养护维修工程顺利开展。一是抽调人员组建了养护维修工程项目经理部，完成施工组织方案的编写、审定工作。二是积极做好各种原材料的储备工作，对周边碎石生产场进行了调查、取样，对碎石的各项指标进行了检测，初步确定了碎石供应商，完成一期工程备料3 800立方米的任务，加工微表处碎石1 100立方米。提前就橡胶沥青、改性沥青、改性乳化沥青的生产进行了洽谈协商。三是对养护工程需使用的各种工程机械包括拌和楼、摊铺机、碎石封层车等进行了全面检修，并采购部分常用易损件。四是对2009年、2010年已完成的项目进行了“回头看”，对今年确定的施工路段进行了全面细致的路况调查，掌握了第一手的路况资料。五是在近期天气逐渐转暖的情况下，将对出现的翻浆开始进行全面处治，一期工程计划近日全面开工。 （张伯尧）

【武威公路总段五项举措力保养护作业安全】 2011年，武威公路总段多措并举确保安全稳定，从管理、措施、资金等方面全方位给力，确保养护安全形势持续稳定。一是实行“一岗双责制”，形成主要领导层层管、安技人员层层抓、全体职工层层监督的三层管理保障体系。二是严格规范作业区的安全布设和作业，合理摆放安全警示标志牌，结合路段车流量实际情况，在直线作业区标志牌之间摆设一定数量的安全塔，在弯道作业区警示牌之间增设彩条旗，有效杜绝了车辆的往来穿梭，使整个作业区形成了一个闭合圈。三是健全监督管理制度机制，建立安全隐患排查制度，使制度贯穿养护安全工作全过程、全方位，实现安全生产各环节严密对接。四是资金下达及时、足额到位，通过总段拨付和自筹资金两种方式，及时更新养护作业警示标志标牌等安全设施，为全段职工购买了高赔付额的意外伤害保险及工伤保险，做到在养护管理中求节约、讲成本，在安全生产投入上不吝啬、不讨价。五是安全教育培训常抓不懈，经常性开展养护安全管理、安全防范技能及应急救援等知识培训；坚持每班必开岗前养护安全强调会、每周召开安全生产例会、每月进行安全生产分析讨论，总结经验，查找问题，解决安全生产工作中存在的问题；适时组织开展安全警示教育，消除个别职工的麻痹和侥幸心理，提醒职工时刻绷紧“安全生产”这根弦。 （张伯尧）

【金昌公路总段举办预防性养护管理技术交流会】 2011年4月，金昌总段举办了预防性养护管理技术交流会。总段领导及专业技术人员、现场操作人员共计50人参加了交流会。交流会有理论讲座和现场观摩两项内容，来自北京百思特路桥养护有限公司相关技术人员从理论方面讲述了预防性养护管理方面好的经验、做法，并在管养的省道212线104公里加300~500米处进行了实地路面修补演示，对工农渠桥进行了现场桥梁维修。总段相关专业技术人员认真听取专家的讲座，并实地观摩了养护维修现场操作，积极与专家讨论交流了相关预防性养护技术。 （高中华）

【金昌公路总段全面开展公路绿化工作】 2011年，金昌总段高度重视公路绿化工作，并结合实际，积极开展了公路绿化活动。一是成立了以总段长为组长的绿化工作领导小组，对基层单位植树工作进行了具体分工，责任到人。二是加强宣传，强化公路绿化服务理念，进一步增强职工和沿线群众公路绿化和爱绿护绿的自觉性和责任感。三是制定了详细的工作计划和切实可行的实施方案，根据地理环境和土质情况，在省道212线151公里至164公里沿线补栽杨树1 500棵，在沙漠路段成功种植4万多株梭梭，在国道312线水磨关一带种植杨树800棵，在周家井道班周围栽种杨树500棵，有效改善了道班环境。四是明确管护责任，层层签订管护责任书，根据要求对栽植树木实施浇水等管护措施，保障了公路绿化工作成效。 （高中华）

【永山高速公路养护维修工程顺利交工验收】 2011年12月7日，金昌总段承担的永山高速公路养护维修工程顺利通过交工验收。该项工程于2011年4月1日开工建设，10月20日顺利完工，完成的主要工程量为：沉陷处治2.38万平方米，1厘米厚橡胶沥青碎石封层21.99公里18.03万平方米，7厘米（ATB-25）改性沥青碎石下面层18.03万平方米21.99公里，5厘米厚（SMA-16）沥青玛蹄酯碎石上面层18.05平方米21.99公里，热熔标线1.02平方米。经省公路局检测中心检测评定，该项目工程质量等级确定为合格，同意交付使用。 （高中华）

【全国干线公路养护管理检查组到张掖公路分局检查】 2011年6月11日至15日，全国干线公路养护管理检查分为路况检测和管理规范化两个检查组，先后对张掖公路分局干线公路养护管理工作进行了全面细致的检查。 6月11日至12日，全国干线公路检查路况检测组对分局管养的国高30线2 306公里至2 206公里临清段、国道312线2 651公里至2 701公里谢家湾至新华农场段、省道213线0公里至5公里张掖火车站至东盘旋路段、国道227线245公里至325公里扁都口至党寨收费站段、国道312线2 584公里2 634公里山丹至张掖段、国高30线2 206公里至2 106公里山临段的路况进行了检测。6月14日至15日，全国干线公路管理规范化检查组先后对小寨子养管站、分局机关、张掖路政管理支队、高养中心山临养护工区和应急物资储备点、九龙江高速路政大队、民乐路政管理大队、民乐公路管理段和民乐养管站进行了检查。在分局机关以观看专题片的形式，听取了分局“十一五”干线公路养护管理工作汇报。检查组还实地查看了国道312线太平堡桥和三门桥、省道213线黑河桥，国高30线黑河1号桥、黑河2号桥的桥梁日常养护和危旧桥改造工程实施情况；实地查看了国道312线公铁立交、国道227线安保工程实施情况；实地查看了国高30线2 198公里至2 200公里段微表处实施情况、国道227线养护示范工程和养护维修工程实施情况。同时，沿线核查了路段桩号信息。 （赵小强）

【张掖公路分局甘州公路段掀起“大干90天”养护劳动竞赛高潮】 2011年3月15日开始，张掖公路分局甘州公路段开展了“大干90天”养护劳动竞赛活动，掀起了养护生产热潮。此次劳动竞赛活动主要围绕“三化”目标，开展“三比”活动。“三化”即养护标准化、管理规范化、施工精细化，“三比”即在公路养护管理中开展比工作进度、比工程质量、比安全环保。为确保劳动竞赛取得实效，该段采取了三项措施：一是加强组织领导。成立了活动领导小组，负责活动的组织开展、监督检查，明确了质量要求、任务目标、完成时限，确保每项工作、每个阶段、每个环节都有检查、有评比、有落实。二是周密安排部署。活动分宣传动员、组织实施、检查评比三个阶段，对各阶段、各环节工作逐项进行了周密安排，确保活动的实效性。三是细化活动内容。在活动实施过程中，对翻浆处治和油路修补、养护维修工程、危旧桥加固工程及桥涵防护构造物养护维修、标准化养护、安保工程及沿线设施维修刷新、规范化管理等明确了质量要求和完成时限。通过开展竞赛活动，达到提升管养公路技术状况，路容路貌焕然一新，桥涵及防排水沟造物完好，标志标线齐全鲜明，站班面貌富有特色，迎检资料标准化、规范化、精细化。（王立国 冯玉秀）

【甘州公路管理段采用新技术养护桥涵】2011 年，张掖公路分局甘州公路管理段在桥涵养护中采用新技术，在生产实践中不断总结经验，采用钢波纹管涵代替钢筋混凝土进行涵洞施工，使得雨雪天气对混凝土管涵结构破坏导致涵洞出现“错台跳车”病害这一难题得到解决。通过贴缝带处治桥梁桥头路面裂缝、钢波纹管涵代替钢筋混凝土进行涵洞施工等新技术、新工艺的应用，大大提高了生产效率。专道 075 线 15 公里加 08 米处涵洞为混凝土圆管涵，由于排水不畅，涵底常年积水，遇到汛期或水位高于圆管涵顶部水位时，水不能自流排出，通过涵洞顶部伸缩缝处渗到涵顶填土上，致使涵顶填土翻浆，涵顶路面经常处于破损状态，严重影响行车安全和舒适。该段技术人员经过查阅资料、总结经验，尝试用钢波纹管涵代替钢筋混凝土进行涵洞施工。此方法施工工艺简单，将施工期由原来的 8 至 9 天缩至 1 至 2 天，使用的材料造价也比原来要低。同时，该处理方法还具有耐久性好、对基础要求较低等优点，尤其适合西北地区寒冷霜冻的地理气候环境。（张丽霞 般建涛）

【张掖公路分局高台公路管理段自产冬季路面冷补材料修补路面病害】2011 年，张掖公路分局高台公路管理段针对冬季不便于使用热沥青混合料修补路面病害的问题，在调查研究的基础上，专门成立课题研究小组积极探索冬季油路修补新技术、新工艺、新材料，成功生产了冬季冷拌冷补沥青材料。该冷补沥青混合料是由普通道路沥青、特种溶剂、添加剂和矿料经机械拌和而成的一种新型沥青路面维修养护材料，在冬季低温状态下可以直接使用，即使在-5℃~-30℃的低温环境中仍能保持正常性能。利用该冷补材料修补路面坑槽等病害时无需加热或拌和，可根据实际用量随时取用。冷补材料的研制推广应用，将从根本上解决低温季节路面病害修补难、成本高、质量差的难题，为推进科学养护、预防性养护起到积极的作用。（蒋 福 夏天虎 李晓云）

【张掖公路分局公路推行“五全“养护措施】 2011 年，张掖公路分局将养护重心放在提高路况质量和规范化管理上，将工作重心下移到一线班站、养护施工作业现场，精心谋划抓管理，扑下身子抓落实，严格落实省公路局有关养护的管理制度，严格养护质量标准和要求。全面推行“五全”养护：推行“全跟踪”养护，技术员跟班作业，全面指导日常养护生产工作，提高养护效率和质量；推行“全时制”养护，合理安排养护作业人员作息时间，保证足够的养护作业时间；推行“全路段”养护，有路必养，所有管养路段养护到位，不留任何死角；推行“全方位”养护，公路标牌、警示桩、百米桩、里程碑等公路界限范围内的各种设施全部进行养护，不留空白；推行“全装备”养护，养路工统一着装，养护车辆、机具统一标识，养护作业区规范布设，安全作业，文明养护。（赵小强）

【张掖公路分局公路养护瞄准“五化”促转变】2011 年，张掖公路分局全面推行科学养护，从管理规范化、养护科学化、分工专业化、作业专业化、服务人性化入手，积极推进养护理念、管理模式、作业方式的转变。一是管理规范化。以修、废、立规章制度为抓手，坚持紧贴工作实际、增强实用性和操作性的原则，建立健全干线公路管理、养护制度体系，形成系统科学的业务工作基础台账、管理制度。明确各类人员岗位职责和管理工作流程，加强对管理工作的过程控制、检查评价并持续改进。公路养护工作中路况调查、计划下达、病害处治、养护施工、监理检测、质量验收等各个环节全面控制，不断规范工作流程。结合推广应用的新工艺，对微表处、稀浆封层、沥青同步碎石封层、油路挖补罩面、沥青路面坑槽修补等施工工艺进行提炼总结，印制《公路养护施工工艺手册》进行推广，不断规范养护行为、标准和技术。管养桥涵实行一桥一档、一涵一卡动态管理，养护适时数据随时登记入档，建立科学的养护管理数据库，建立完善公路病害处治图片档案。二是养护科学化。把日常养护和集中养护紧密结合，把全面养护和重点养护紧密结合，逐步实现高等级公路养护专业化、普通干线公路养护标准化、日常养护常态化的目标。同时，坚持“防治结合、预防为主”的方针，加强预防性养护，对路面裂缝、松散、桥涵跳车、构造物破损、防排水不畅等病害，采取稀浆封层、薄层罩面、沥青胶灌缝、同步碎石封层等新工艺、新材料、新措施进行处治。通过预防性养护，减少路面破损病害，延缓病害的发生。更加突出精细化养护，全面落实综合预算调节制度、养护维修工程计量支付制度、绩效考核制度为重点的精细化管理，做到养护投资精打细算、养护施工精益求精、养护工程项目精雕细琢、计量支付精准核算、日常养护精耕细作，将精细化作业落实到日常养护、养护维修工程等各个环节，具体到每个工艺、每道工序、每个细节，稳步提高公路养护管理精细化水平和养护质量。三是分工专业化。坚持“快速、高效、优质”的要求，对养护人员、机械设备进行优化组合配置，组建成立了路面、桥涵、附属设施维修等专业化队伍，实行专业化养护，实行分工协作、优势互补，实现了由“马拉松”式的病害处治向快速反应转变，“人海会战”的人员密集型作业方式向技术密集型作业方式转变，有力提高人力物力资源利用率。四是作业机械化。逐年为普通干线公路养护配备了较为先进的稀浆封层车、沥青拌和楼、摊铺机等大型养护机械设备和切割机、冲击夯等实用的小型养护机具，基本满足公路日常养护机械作业的需要；为高速公路养护配备了扫路机、除雪车、打桩机、灌缝机、多功能综合养护车等机械设备，高等级公路养护实现机械化流水作业，大大降低了养护职工的劳动强度，提高了养护效率和质量。五是服务人性化。实施安保工程，对管养路线中的急弯、陡坡、连续下坡、视距不良和路侧险要路段进行综合整治，降低事故发生率。实施危旧桥改造工程，治理桥涵“内伤”，确保了桥梁的安全畅通。同时，不断提高便民利民能力，由方便管理向方便使用转变，及时处治病害，随坏随修，作业快速完成，避免封闭路段时间过长影响通行，标志标线设置齐全醒目，满足安全行车需要。通过“实施三项工程，提高一种能力”，积极创造“畅、安、舒、美”的道路交通坏境，逐步实现由单一服务向人性化服务转变。（赵小强）

【张掖公路分局桥梁养护管理水平显著提高】2011年，张掖公路分局加强桥梁日常养护和预防性养护，确保了桥涵的安全畅通，提高了桥涵的养护管理水平。一是健全完善制度，落实管理责任。制定了桥梁养护管理制度，设专职桥梁养护工程师两名，各养护单位确定桥梁养护分管领导、专职桥梁养护技术员、桥涵养护工，做到了分工明确、责任到人。二是加强教育培训，提高人员素质。加大桥涵养护管理人员教育培训力度，通过采取集中培训、现场观摩学习等方式，提高了桥梁养护管理人员的业务素质。同时，积极引进外省先进养护技术及专业设备处治桥梁病害，有效提高了桥梁病害维修处治水平。养护单位组成桥涵维修专业组，承担桥梁养护维修工作，使桥梁病害维修质量有所提高。三是加强桥梁日常保养和预防性养护，确保桥梁安全完好。将桥涵日常养护与预防性养护结合起来，加大桥梁日常养护管理力度，及时处治桥涵病害，保持桥涵构造物处于完好状态。认真开展桥梁经常性检查和定期检查，各公路段(高养中心)桥涵养护技术人员每月开展一次桥梁经常性检查，分局桥梁养护工程师每年开展一次桥梁定期检查，并根据检查评定结果，确定养护措施，做到了桥涵养护有的放矢、对症下药。四是注重基础管理，提高了桥梁养护管理的规范化水平。加强桥涵基础管理，按照“一桥一档”、“一涵一卡片”的要求，建立健全了桥涵技术档案及桥梁数据库，并及时进行更新，使管养桥涵状况一目了然，为制定桥涵养护维修加固措施提供了科学依据。注重做好桥涵病害维修记录、病害处治影像资料收集等工作，建立了图文并茂的桥涵病害维修处治档案，提高了桥涵养护管理的规范化水平。（王维学）

【张掖公路分局山丹公路段全面开展路面灌缝工作】2011年张掖公路分局山丹公路段加大预防性养护力度，开展了路面裂缝灌缝处置。一是单位分管养护的领导亲自抓，技术人员跟班作业，并抽调业务技能强、有责任心的技术工人组建了专业化施工队伍进行灌缝作业。二是加强路面灌缝工艺控制，在总结经验、观摩学习兄弟单位现场施工的基础上大胆改进了现有的灌缝工具，采用了进口沥青胶。在施工过程中，严格按工序作业，严把开槽、清缝、灌注、养护四个关键环节，做到“灌好、灌早”，提高灌缝质量。三是进一步完善灌缝处治档案的影像及数据资料，健全了灌缝基础档案，做好病害处治记录，详细填写了维修的数量、地点、桩号等。（林向春）

【张掖公路分局掀起春季公路养护热潮】2011年春，张掖公路分局早安排、早部署、早动手，抓住有利时机，加强公路养护管理，全面掀起了春季公路养护的热潮。一是组织专业技术人员对管养路段进行全面调查和认真检查，对冬季路基封冻、春季路基返融期容易造成的龟裂、沉陷、翻浆等公路病害分析原因，及时掌握了第一手资料，为科学下达计划和养护生产开展提供了翔实的依据。二是加大路面保洁力度，及时组织人员上路巡查，疏通、清理边沟，疏通桥涵伸缩缝、泄水孔，整修路容路貌，保持了路容路貌的干净整洁。三是加大公路预防性养护力度，采取预防性措施，组织人员处治山临、临清高速公路，国道227线、省道220线元白公路、专道084线高火公路路面出现的裂缝，防止病害的进一步扩大。四是积极做好雨雪应对工作，在近期几次降雪后，分局立即启动应急预案，组织人力、机械撒防滑料、清除路面积雪，在确保公路安全畅通的同时，防止了雪融化对路面造成的水损坏。共处治公路裂缝3万多米，疏通边沟54公里，整修路容路貌302公里，疏通桥涵伸缩缝369座1.04万米，更换、维修波形护栏板247块1 037.4米，维修更换示警桩、百米桩234根。（王维学）

【酒泉公路总段护航“天宫一号”】酒泉公路总段辖养的省道214线酒航路、航天路是酒泉出入东风卫星发射基地的唯一公路。近年来，酒泉公路总段通过对该线路实施专业化管理和机械化、精细化养护，不断提升养护质量和水平，全力支持酒泉国防和航天事业。“天宫一号”发射前期，酒泉公路总段多项措施并举，力保航天公路安全畅通，为“天宫一号”保驾护航。一是加强公路日常管理，坚持每日养护巡查与保洁，及时处治路面病害，做好防排水设施疏通工作，以良好的路况迎接飞天盛举，特别是花大力气对航天路82.5公里影响行车舒适度的拥包病害进行了铣刨处治。二是积极实施灌缝等预防性养护和养护维修工程，2011年省道214线酒航路安排维修资金1 000余万元，实施重铺工程9公里，挖补罩面9.5公里。三是落实公路防汛等应急保畅工作，加强易滑塌、易发生水毁路段的巡查和重点桥涵的监测，做到防汛应急物资、抢险机械、抢险人员到位，保障公路安全畅通。四是组织人员、安排机械对省道214线酒航路、航天路全线路容路貌进行整治，为“天宫一号”发射提供了畅通、安全、整洁、美观的公路保障。（蔡丽萍）

【酒泉公路总段加强公路养护科研力度】2011年，酒泉公路总段在不断解决公路养护技术、推广研究应用“四新”技术的同时，通过实地调研，结合地域特点，着手加强对公路养护技术的科研攻关，为公路养护中心工作储备科研课题成果。该总段确立了包括奥米无机纤维改性沥青混凝土养护施工应用、省道214线路面推移原因及处治方案、国高30线国道嘉安高速公路桥面铺装层修复施工技术、橡胶沥青罩面技术试验、极端气候条件下公路应急保畅处置研究、密封胶封堵裂缝成效、翻浆成因及处治方案、乳化沥青处治路面龟网裂技术等八个方面的典型研究课题。为保证课题研究取得实效，总段成立由具备相当技术素养的专业技术人员组成的养护技术科研课题攻关小组，同时要求段属各单位也成立相应课题攻关小组，要求各单位制定切实可行的课题研究实施计划和备选方案，通过个人研究、集体讨论、专家“会诊”等方式，努力实现技术突破，形成成套技术，对部分课题要进行跟踪检测研究;在课题研究过程中,课题研究负责人要在实地勘察的基础上,及时收集整理各类数据、图片、影像等资料,做到科研课题成果能为今后养护工作提供切实可行的技术参数,总段将根据课题的完成情况提供研究费用。与此同时,该总段还要求段属各单位结合本单位养护生产中出现的“疑难杂症”自主开展课题研究。 (李皓林)

【酒泉公路总段全力做好敦煌国际旅游节公路保畅工作】2011年,敦煌国际旅游节之际,酒泉公路总段全力以赴做好了公路安全畅通工作。一是加强组织领导。成立旅游节道路保畅工作领导小组,主要领导亲自抓,分管领导具体抓,明确职责,落实到人,进一步巩固文明公路创建成果,确保抓好抓实。二是加强公路日常养护管理。在节会期间全面加强高速公路及国省干线公路每日养护巡查与保洁力度,特别是加强了国高30线嘉安高速公路、国道312线、省道214线、省道314线、专道110线、专道119线路面清扫及病害处治,及时做好防排水设施的疏通和路容路貌整修维护工作。三是落实公路防汛应急保障工作。在尽快修复各条线路水毁的同时,进一步加大上路巡查力度,坚持雨前、雨中、雨后巡查,特别是加强了易滑塌、易发生水毁路段的巡查和重点桥涵的监测,做到了防汛应急物资、抢险机械、抢险人员到位。四是开展安全隐患排查整治。总段组织相关科室,对管养路段的路况、施工现场、沿线各类安全警示标牌等进行了检查,针对发现的问题,现场进行整改。同时,强化路政巡查与超限治理,联合地方政府和交警部门加大道路安全整治力度。

(酒泉公路总段)

【酒泉公路总段解决省道214线油路修补难题】酒泉公路总段管养的省道214线由于路基排水不畅,导致路面推移病害严重,经常出现前修后坏的现象。酒泉总段在2011年的油路修补过程中,在把好“划线、开槽、清底、铺油和压实”等工序关的同时,组织专业技术人员进行转型研究,钻研各工序施工技术,推行精细化施工,以提高油路质量。开槽时在油路面层凿开宽4厘米深2厘米左右的二台阶,进行错台修补,防止路面水渗入;对基层进行拉毛处理,清底时利用吹风机除尘,增加粘结效果;铺油卸料时保证混合料整体下滑预防离析,避免混合料形成锥体摊铺不均匀,并增加接茬处回压遍数,提高平整度。 (酒泉公路总段)

【酒泉公路总段正式接管航天路养护工作】2011年11月,甘肃省交通运输厅、省公路管理局与酒泉卫星发射基地共同签署酒泉航天路养护管理委托协议,酒泉空军十四号至东风卫星发射基地82.5公里航天路正式委托由酒泉公路总段负责养护管理。酒航路酒泉城区至十四号144.97公里二级公路自2008年9月交由酒泉公路总段管养以来,该段先后投资5 000万元,对该路段实施了挖补罩面、重铺等维修、油砂封层和预防性灌缝等工程,基本消灭了该路段的主要病害。为全面做好酒泉航天路的养护与管理工作,酒泉公路总段按照省交通运输厅、公路管理局专业化、机械化、精细化管理要求,积极组建养护队伍和调配养护机械设备,研究落实养护管理措施和东风养护工区场地选址建设等工作。 (魏邦嗣)

桥梁 隧道

【《公路桥梁技术状况评定标准》颁布】2011年,交通运输部发布公路工程行业推荐性标准《公路桥梁技术状况评定标准》,自9月1日起施行。本标准按照不同桥型进行桥梁评定分类,细化了不同桥型的部件分类,量化了评定标准,提出了单项控制指标,将有效地确定桥梁技术状况,科学地评价桥梁运行状态。根据评定标准,桥梁总体技术状况评定等级分为五类。一类桥梁为全新状态,功能完好;二类桥梁为有轻微缺损,对桥梁使用功能无影响;三类桥梁为有中等缺损,尚能维持正常使用功能;四类桥梁为主要构件有大的缺损,严重影响桥梁使用功能,或影响承载能力,不能保证正常使用;五类桥梁为主要构件存在严重缺损,不能正常使用,危及桥梁安全,桥梁处于危险状态。 (厅办公室)

【全省桥梁隐患排查检测工作全面展开】2011年,按照全省交通运输行业制定的道路安全隐患排查专项整治活动要求,省交通科研院立即行动,以公司现有的全省桥梁数据库为基础,组织人员对在役高速公路和省级干线公路上的1 394座大中桥梁和2 535座小型桥梁进行了梳理分类,按照交通运输部新出台的《公路桥梁技术状况评定标准》制定了详细检测方案。成立了专业检测工作组,由经验丰富的桥梁检测工程师带队,以特大型和大型桥梁、达到一定年限的老旧桥梁为重点,在全省陇东、陇南、陇中和河西4个片区集中展开作业。 (省交通科研院有限公司)

【专用公路169线莲花桥拆除重建】2011年9月,专用公路169线莲花桥拆除重建工程全面开工。莲花桥位于专用公路169线1公里加185米处,建于1971年,全长70米,为空腹式双曲拱桥。近年来,由于交通量的迅速增长和大型车辆的日益增多,该桥出现桥面沉降、腹拱圈拱顶及主拱圈局部裂缝严重、拱圈渗水严重等病害,直接导致桥梁承载能力下降,泄洪能力减弱,给行车安全带来了极大的隐患。为此,甘肃省公路管理局决定对其进行拆除重建。工程投资203万元,主要采取拆除旧桥,重建箱梁、加高桥台、灌注桩基等措施,以全面消除安全隐患,提高该路段的整体通行能力。天水公路总段组织精干技术力量,优化施工设计方案,精心准备项目前期工作,于9月份开工建设,这是2011年该段投资最大、施工期最长的危桥加固改造项目。 (陶虹 陈明)

【兰州公路总段开展桥梁隧道隐患排查活动】为进一步强化公路桥梁隧道的安全管理,2011年,兰州总段组织段属各养护单位认真开展了桥梁隧道隐患排查治理活动。加大日常巡查频率,尤其加大对超重超载车辆较多的路线和特殊原因引起的交通量陡增路线上的桥梁、隧道检测频率,发现问题及时处置。按照桥梁、隧道设计标准和实际检测结果,在所有桥梁、隧道上设置规范的限载标志,特别是对三类以上桥梁全部设置限速、限载和相关警示标志。发现存在安全隐患的桥梁或隧道，立即征得上级部门和地方交警的同意后封闭交通，确定车辆绕行方案，在明显位置设立标志标牌向社会公告，引导车辆绕行。如2011年8月、9月，通过养护人员巡查，及时发现省道301线华家山桥、县道123线大砂沟桥存在的危及车辆安全的隐患，总段立即采取封闭交通的方式，并派专人进行24小时监控，随时记载桥梁病害发展过程，同时积极向省公路局上报，采取危旧桥加固改造的方式提高了桥梁安全通行能力。与此同时，总段还通过加强路政管理，严厉打击超限超载车辆，坚决禁止车货总重超过55吨的车辆上路过桥过隧，保证了桥梁、隧道的安全畅通。

【靖远新黄河大桥建成通车】 2011年4月19日，省道107线新建靖远黄河大桥正式建成通车。省委书记、省人大常委会主任陆浩，省委副书记、省长刘伟平，省委常委、省委秘书长、省委统战部部长刘立军，副省长石军及省上有关部门负责人出席仪式。省道207线新建靖远黄河大桥项目是完善区域交通网络，改善靖远交通条件而实施的一项惠民工程、德政工程。新建靖远黄河大桥至吴家川二级公路同时开工建设。大桥项目总投资1.52亿元，于2008年7月开工建设，2010年11月底建成，大桥及引线工程全长7.56公里，设计行车时速60公里。其中，桥梁全长638.2米，桥梁宽度12.5米，引线工程路面宽度8.5米。原靖远黄河铁路、公路大桥至吴家川路段因受地形限制，急弯多，视线差，交通事故频发，无法适应日益增长的大吨位载重汽车对公路技术指标和质量的要求，成为制约白银经济社会发展的交通瓶颈。新建靖远黄河大桥至吴家川二级公路是省道207线的咽喉路段，也是靖远县与省公路网主干道的重要连接线。该项目路段途经糜滩乡碾子湾、唐土湾、截路沟、南川子，穿越刘川工业集中区，与国道109线相接，全长17公里，设计行车时速60公里，行车道宽7米。项目总投资8 135.4万元，建设工期15个月。这两项工程的建设，将进一步改善靖远县的对外交通条件，为加快靖远县城开发建设和带动当地农业、物流、商贸等产业快速发展奠定坚实基础。（许　恒）

【靖远县平堡黄河大桥及引线完成工程可行性研究】 2011年2月，甘肃省交通规划勘察设计院有限责任公司顺利完成靖远县平堡黄河大桥及引线工程可行性研究。该项目公路等级为二级公路，设计车速每小时60公里，桥长259.52米，上部采用5×50米预应力混凝土连续T梁，下部采用柱式墩、柱式台，钻孔灌注桩基础。（张　娟）

【岷县陈家崖洮河大桥建设多措并举抓质量】 岷县陈家崖洮河大桥全长266.54米，桥梁宽度9米(其中行车道宽7米)，预算总投资1 102.5万元。工程于2010年11月开工建设，到2011年底，主体工程全部完成。在建设过程中，一是加强组织领导，靠实工作任务。严格执行工程建设计划，加大领导力度，狠抓各项措施的落实。成立了陈家崖洮河大桥现场办，按照“一个项目、一名领导、一套班子、一个方案、一抓到底”的工作机制，责任分解到人，工作落实到位。下发了相关文件，明确了目标任务，质量、进度要求等内容，全力加强项目管理工作，为项目建设的顺利实施奠定了基础。二是加强安全管理，确保工程质量。认真贯彻“安全第一、预防为主”的方针，树立以人为本的安全理念，进一步加强和规范安全管理。在加强施工安全管理的同时，根据公路施工安全的有关规定，建立健全安全管理体系，制定了行业突发事件应急处置预案，突发事件应急处置能力得到了进一步增强。定期和不定期对工程现场质量、进度情况进行检测督查，对现场查看中发现存在质量隐患的工程责令限期整改，对项目管理方面存在的问题要求边查边改，并在现场及时召开施工单位、监理单位负责人参加的座谈会议，对检查中发现的问题进行反馈，提出整改建议，明确工作要求。三是加强监督检查，防患于未然。经常深入实地监督检查，使工程质量、安全事故从源头上及时得到预防和根治。认真贯彻“安全第一、预防为主”的原则，把安全管理始终贯穿于工程管理的各个环节和施工生产的全过程，同时，为了使工程质量、安全管理措施落到实处，建立了项目部工作人员岗位责任制，按照分工和要求，积极履行自己的职责，认真要求施工队伍落实工程安全生产责任制，完善施工安全防护措施，加强安全管理。安全生产形势良好，为工程建设创造了正常有序、高效施工的良好条件，确保了整个施工过程中无一例安全事故发生。在工程质量上，我们始终把质量管理摆在首位，把质量当作整个工程的生命线牢牢抓在手上，一是自觉把质量工作置于政府监督和社会监理之下，积极开展质量全面管理，加大质量自控力度，不断完善“政府监督、业主负责，社会监理、企业自检”的基本建设四级质量管理体系，严格以设计和施工技术规范为准则要求质量，以监理为核心实行四级质量检查制度监控质量，以严格执行合同来约束质量，做到每一环节均由工程管理人员、技术人员把好检测关、施工关和验收关。二是严格工程质量检查验收，对不符合工程质量标准的项目责令及时返工，决不姑息迁就，通过实行严格有效的质量管理措施，切实保证了工程质量。三是加强资金管理，严格资金支付。严格执行《农村公路建设资金使用监督管理制度》等财务方面的规章制度，按照专款专用、封闭运行的资金管理原则，严格执行“专项拨付、专户储存、专账管理、专项使用、专门检查”的“五专”制度和工程进度、工程质量拨付项目建设资金。同时，在拨款时，执行质量、安全一票否决制，即工程质量不合格不拨款，安全措施不到位不拨款。（定西市交通质监站）

【定西公路总段桥涵养护工作】 2011年，定西公路总段将桥涵养护摆在更加突出的位置，在坚持桥梁工程师负责、建立桥涵档案等制度的同时，成立专业的桥涵养护队伍，加大桥涵普查力度，制定详尽养护计划，桥涵养护、管理水平进一步增强。2011年初，组织技术人员对管养全线的桥梁、涵洞进行了全面普查，详细检查桥梁的各个部位，记录破损、淤塞的涵洞，在分析桥涵技术状况的基础上制定详尽的养护、维修计划。在日常养护过程中，一是加强制度建设，修订和完善了桥梁养护管理制度和办法，推动桥梁养护管理向规范化和制度化迈进。二是提高人员素质，选派桥梁工程师参加省公路局举办的培训班，通过集中培训和鼓励自学，提高桥梁技术人员业务水平。三是认真开展桥梁经常检查、定期检查和特殊检测，对检查中发现的问题书面反馈给相关单位限期进行整改。四是加大桥梁病害的整治力度，对局部混凝土破损、砌体勾缝脱落、栏杆或诱导标志缺损、泄水管堵塞、河道冲刷与淤积等病害及时实施预防性养护，有效遏制了病害的进一步扩展，做到了防患于未然。（伏浩元）

【国道309线湟水河桥维修加固工程竣工】 2011年10月25日，国道309线湟水河桥维修加固工程顺利完工并正式通车，为保证安全通行，该桥限高2.75米，限载10吨。该工程经省公路管理局安排部署，由临夏公路总段通过公开招标，江西路达交通工程有限公司中标建设，自6月工程开工建设以来，永靖县政府及其相关部门对工程建设给予了大力支持和协调配合，经过施工单位4个月的艰苦努力，完成了全部工作任务并顺利通车。（刘志功）

【武都市区白龙江大桥建成】 2011年10月23日，陇南市区盘旋路口白龙江大桥建成通车。盘旋路口白龙江大桥长198米，宽23.6米，行车道宽17.5米，两侧人行道宽3.05米。工程总投资1 975.73万元，于2011年1月开工建设，10月全面完成。大桥的建成通车，对拓展城市发展空间，加快江南片及姚寨沟景区开发，完善城市基础设施，缓解城市交通压力，方便群众生产生活发挥着十分重要的作用。（郝 炜）

【武威公路总段开展桥梁安全隐患排查治理专项行动】 2011年为了提高桥梁安全通行性能，严防桥梁安全事故的发生，确保“敦煌行·丝绸之路国际旅游节”期间公路桥梁安全畅通，武威公路总段采取边查边改、集中整治等措施，对辖养路段内所有桥梁的安全状况进行了专项检查和治理活动。一是严格落实各项桥梁养护管理制度，规范桥梁养护管理工作，全面检查桥梁病害，严密监测承重构件结构裂缝超标、梁板振动频率小、挠度超标等病害的发生，制定整治措施并及时进行维修。二是加强桥梁日常养护工作，发现水毁、车辆碰撞及其他破坏等情况，采取有效措施进行修复，情况严重时立即启动桥梁应急预案，确保桥梁的正常通行。三是采取设置限载、限速、危桥警示、绕行标志及增设绕行便道等监管措施，加强对四、五类桥梁和特殊结构桥梁的监管工作，由专人进行病害观测、记录和汇总上报工作。四是高度重视危旧桥改造工程现场管理工作，严格项目管理制度，控制施工程序，规范施工管理，做到文明施工，安全生产。五是从基础资料、管理资料、检查资料、养护维修资料、特殊情况资料五个方面，采用图文结合方式，认真做好桥梁技术资料的整理归档工作。（詹丽娟）

【金昌总段五项措施确保桥梁安全】 2011年，金昌总段积极采取措施，扎实做好桥梁养护及安全管理工作。一是召开桥梁安全生产集中整顿工作会议，进一步强化职责，全面落实安全生产责任。二是对国高30线、省道212线等国省干线桥梁进行定期或不定期安全排查，对排查中发现的安全隐患，当场制定整改措施，及时消除隐患，确保公路桥梁的安全畅通。三是因地制宜，重点突出，确保桥梁桥面排水系统畅通和桥面无积水等现象，总段要求各养护管理单位加强日常养护，及时疏通伸缩缝、泄水孔，加固边坡，确保桥梁排水畅通、安全度汛。四是进一步加大人力、物力和资金投入，加大危旧桥涵加固改造力度，完成乡道328线墩子桥改造工程及隘门沟1号桥等6座小桥维修工程，确保通行安全。五是严格落实桥梁巡查制度，加大巡查力度，落实巡查措施，做到安全隐患早发现、早处治。（高中华）

【金昌公路总段为汛期桥梁“体检”】 2011年汛期，金昌公路总段高度重视管养公路桥涵安全，组织工程、养护专业技术人员对管养的国省干线149座桥梁进行了全面检查，并对排查出来的安全隐患问题，积极采取有效措施加以处治，以确保桥梁使用安全。首先把养管站(工区)自查、公路管理段检查和总段督查的情况进行汇总整理，为日后桥梁的维修提供第一手资料；其次按照桥梁养护管理的技术规范要求，做好桥面保洁、伸缩缝和泄水孔疏通等日常养护工作，确保桥梁养护工作制度化、规范化、日常化；三是加强管理，明确分工，责任到人。根据桥梁所处的位置，由管辖养管站及其路段养护人加强桥梁的日常巡查，第一时间发现问题及时上报。（高中华）

【酒泉跨度最大的预应力箱梁桥建成】 玉门新能源基地公路预应力箱梁桥是玉门市交通运输局在新能源基地公路上建设的一座大型预应力箱梁桥。该桥位于疏勒河龙马水电站南横跨疏勒河干渠上，桥梁设计采用3跨25米和1跨20米装配式预应力箱梁，桥长110米，预算总投资463.7万元。工程由甘肃滕泰公路建筑工程公司中标建设，于2010年10月1日开工，2011年2月完成桥板预制和桥墩、桥台浇筑，3月2日进行桥板吊装，8月中旬完成吊装，9月底完成桥面铺装并通车。该桥的建设，是玉门新能源基地风光大道一期公路和二期公路的连接线，也是酒泉辖区内桥梁单跨距离跨度最大的一座大型箱梁桥。（李建云）

【玉门市六墩乡昌河村“连心桥”建成】 2011年10月6日，玉门市六墩乡昌河村村民奔走相告：“桥通了，娃娃们上学不用绕行瓜州了。”多年来，玉门市六墩乡昌河村与乡政府之间被一条防洪沟隔开，孩子们上学、村民出行，都要趟过冰冷的河水或绕行瓜州七墩滩乡。为了早日解决这一困难，玉门市交通运输局想群众之所想、急群众之所急，在酒泉市交通运输局的大力支持下，积极争取项目和资金，让一座“惠民桥、连心桥”落户玉门。昌河桥位于玉门市新建移民乡六墩乡昌河村，是连接昌河村与乡政府的通道，桥长30米，跨径13米，投资140万元。工程于2010年8月开工，2011年10月6日完工。该桥的通车为当地群众安全出行提供了极大的方便，得到了当地群众的好评。从此，玉门市六墩乡昌河村的村民出行和娃娃上学不用再绕行瓜州县了。（李建云）

【玉门首座跨湖大桥建成】 玉门市玉苑路玉泉湖桥是由玉门市交通运输局受市委、市政府委托投资1 105.25万元在市区3号湖上承建的首座跨湖公路景观桥，由兰州昌通公路工程有限公司中标修建。该桥位于玉门市玉苑路的东端，市政府统办楼东北侧，玉门市人民法院东南侧。桥梁全长90.44米。桥面宽幅32米，分双幅修建，左右两侧为2.5米人行道，外侧设汉白玉花式栏杆，中间为12.25米的两条行车道，中央设置宽2米的分隔带。上部结构采用20米预应力连续箱梁，下部结构采用“U型”柱式墩台。景观部分采用钢结构独塔、钢绞线斜拉形式，外套不锈钢钢管，塔高29米，向东倾斜11.5°。工程于2011年6月2日开工建设，7月5日完成所有桩基，8月15日完成梁板预制，8月底完成桥面铺装及附属工程，9月底完成桥梁景观部分主塔、钢索、侧翼及装饰亮化工作，10月份建成通车。该桥建成后、将成为连接玉门新市区两条主干道——昌盛路、石油大道之间的纽带，成为市民休闲散步的好去处，是城市亮化工程的又一座标志性建筑，玉门城市东大门上的“迎客松”。 （李建云）

【定西公路总段危桥加固工程】 2011年，定西公路总段在省道103线、309线、209线和县道093线4条国省干线公路，对红旗桥、红星桥、跃进桥、马家寺桥、深沟桥、马营河桥、祁家河桥以及沙塄桥8座危旧桥梁实施了维修加固。工程于上半年先后开工，9月底全面完工。在施工过程中，定西公路总段全面落实挂牌督办制和时限责任制，强化项目管理，确保工程质量、进度。一是加强工程管理。严格工程建设管理程序，加强施工现场管理和安全管理，认真落实工程施工质量和安全责任制，严格履行施工合同和监理合同。综合分析影响工期的制约因素，因地制宜，合理安排工期，层层分解任务，责任落实到人，每月考核施工单位的工作量，确保了工程进度。二是加强质量管理。对每座桥梁实行了“定岗、定人、定职、定责”为内容的质量岗位责任制，建立了完善的质量监督体系，严把工程材料验收关、施工工序关和试验检测关，加强桥梁加固改造工程的加固前、加固阶段的督察工作以及加固后的质量回访，保证了工程的质量。同时，充分考虑到边通车边施工的特点，向社会发布施工通告，制定车辆、行人绕行方案，在施工现场设置警示牌，为施工人员购买保险，全面做好施工现场安全管理。 （伏浩元）

【庆阳公路总段对管养的127座桥梁进行安全检查】 2011年8月上旬，庆阳公路总段抽调桥梁工程师及工程技术人员对管养的990.8公里国省干线公路上的127座桥梁和子午岭隧道进行了安全检查。检查组严格按照《甘肃省公路桥梁、隧道养护管理办法》的要求，重点对桥梁安全责任、安全规章制度、安全监管措施的落实情况和年度养护维修资金落实、桥梁信息管理系统建设、技术档案管理和桥梁及附属设施完好情况等方面进行了全面检查。检查人员仔细查看桥面、桥台、桥墩、桥拱、桁架、梁片、护坡等构造物的病害状况，详细记录检查情况，认真分析原因，根据检查结果对桥梁进行等级评定，并提出养护工作的合理化建议。同时，对发现存在安全隐患的桥梁，设置了警示标志、危桥绕行标志，并采取定期检测和日常检查相结合的办法，切实加强对桥梁、隧道的管理，消除安全隐患。通过检查做到底数清、隐患清，并做到隐患整改到位、防范措施到位、监管责任到位、日常管养到位、应急预案到位，及时发现并消除桥梁安全隐患，确保公路桥梁技术运营状况良好。 （李世雄）

【平凉市双桥路泾河大桥初步设计通过平凉市发改委审查】 2011年4月，平凉市发改委组织专家在平凉召开了平凉市双桥路泾河大桥初步设计审查会。双桥路泾河大桥设计由甘肃省交通规划勘察设计院有限责任公司承担，是连接南北城区的主要桥梁之一，该项目推荐方案采用下承式系杆拱桥，桥梁宽度为24.4米，长度为327.38米，引桥及匝道长度共949.13米，初步设计造价约9 200万。该桥的建设将进一步完善平凉城区的基础设施，促进城市建设的快速发展。 （张娟）

【平凉市双桥路泾河大桥开工建设】 2011年9月，平凉市双桥路泾河大桥开工，该桥位于平凉市城区双桥路，大桥跨越南滨河路、泾河与国道312线过境段北滨河路立体交叉，双桥路泾河大桥全长336.98米，总宽24.4米，桥面为双向四车道，桥梁主跨采用5孔55米预应力混凝土下承式系杆拱桥，两侧引桥采用20米的简支箱梁结构。按城市交通主干道Ⅱ级标准设计，设计速度每小时40公里，设计荷载为公路-Ⅰ级，设计洪水频率为1/100，抗震设防烈度为Ⅶ度(按照Ⅶ度设防)，桥头引线长240米，互通立交匝道长1 196.91米。该项目由平凉市交通运输局负责建设，建设工期为两年。截至年底已完成基础灌注桩52根，承台5座，完成投资800万元。大桥的建成将进一步提升平凉中心城市对外形象，缓解城区交通压力，解决城东泾河南北两岸交通不便的问题。 （刘　云）

【泾川县蒋家大桥危桥加固改造工程竣工】 蒋家大桥危桥加固改造工程是2010年5月由省公路局批复立项的重点危旧桥梁改造工程，概算总投资546万元，其中省公路局补助234万元，自筹312万元。该工程由甘肃康大公路设计咨询有限公司设计，在对原拱桥加固维修的基础上，并列加宽新建梁板桥1座，加固后荷载等级达到公路Ⅱ级标准，宽度由原来的4.5米增加到10米。2011年3月30日完成工程施工招投标，由甘肃平凉路桥公司中标承建，武汉交科监理咨询有限公司中标监理。于4月10日开工建设，11月20日建成通车，完成投资540万元。 （吕国君）

【定西公路总段国道212线木寨岭隧道维修工程】 2011年，定西公路总段对国道212线木寨岭隧道实施了维修工程，包括隧道内壁粉刷和机电设施维修两部分。工程于4月14日开工，5月13日全面完工，累计完成：隧道内壁粉刷1.88万平方米，更换照明灯748个，安装反光轮廓标1 200个，更换排水沟井盖9个，修补路面破损16平方米。为了保障维修工程的顺利实施，总段成立专项工作机构，公开招标择优选取了施工队伍；木寨岭隧道管理所组建了项目办，确定专人对工程质量、进度、安全等环节加强监管。为了确保施工安全，木寨岭隧道管理所利用横幅、电子屏幕和收费人员口头提示多种形式加大警示力度；与施工单位签订安全管理合同，规范施工人员着装，规范作业现场标志、标牌摆设，为施工人员购买了意外伤害保险；定期开启隧道引风机，清除施工粉尘，保障隧道内视距良好，固定专人在施工路段指挥疏导交通，监督安全生产管理。 （王　斌）

【国道316线鸡嘴山隧道改造工程完工】 2011年4月20

日，由天水公路总段承担的鸡嘴山隧道改造工程全面完工。鸡嘴山隧道全长226.5米，修建于1967年，是国道316线天水至陇西公路上唯一一座隧道，也是我省第一座公路隧道，曾是天水至定西的交通枢纽。现已服役40余年，目前路面病害严重，隧道内出现渗水、混凝土脱落、露骨等病害，影响到公路安全行车。2010年年底开始，天水公路总段组织精干技术管理力量，对鸡嘴山隧道实施了维修改造工程。实行技术干部蹲点制，并修筑便道，实行封闭维修，以全面加快工程进度，确保工程质量。截止2011年4月20日，该隧道已完成洞内路面垫层、基层及路面浇筑1 300余平方米，铺设排水边沟480米。（陈　明）

【天水公路总段加大桥隧涵养护力度】 截至2011年年底，天水公路总段管养桥梁958座107.6公里、隧道74座118.7公里、棚洞11座1 042米。由于普通干线公路桥梁技术状况普遍较低，高速公路桥梁多为大型桥梁，养护难度较大。为此，总段一是进一步完善"段长—桥梁工程师—专职养护工"的三级责任追究体系，通过科学制定养护计划，充实桥梁养护专业技术队伍，努力提高桥梁养护的技术水平。二是在日常养护和桥梁检测中采取"一桥一档"措施，实行挂牌监督，坚持对桥涵、隧道开展经常性检查和定期检查，及时处治修复桥涵基础冲刷、裂缝等各种病害，确保桥梁功能稳定，运行安全。三是在病害处治和危桥加固中推行"一桥一策"，对不同桥梁采取不同的养护和维修措施，努力提高其使用质量。对316国道杨沟门桥以及鸡嘴山隧道等13座桥梁、隧道进行了加固维修改造，对存在重大安全隐患的169专道莲花桥拆除重建。同时，对存在安全隐患的316国道庞家沟桥、石岭桥采取了限载限速、限高限宽等交通管制措施，对310国道乍岭棚洞加强监控，并实施维修加固。全年实施危桥加固改建工程11项，完成投资499万元。（陶　虹）

【文县对管养路段桥梁、涵洞、隧道进行"体检"】 2011年，入汛以来，文县对管养路段桥梁、涵洞、隧道定期进行"体检"，及时排除安全隐患，确保文县公路安全畅通。针对今年汛期来临早，强对流天气较多的情况，文县按照"早安排、早行动"，"一人一桥一隧"的原则，对所遇桥隧定员定岗，进行专人管理，定期检查，每月底各养管站桥隧专职人员就检查情况向桥梁工程师进行汇报。积极和气象部门联系，在雨前、雨中、雨后对桥涵隧道进行检查。检查对象主要为桥涵上部结构、支座、桥(墩)台、翼墙、锥坡以及桥梁两侧200米以内的区域。检查手段为数码拍照、对桥涵技术状况数据登记造册并录入计算机。同时，为保证检查的精度，文县段突出检查重点，对车流量较大的大中桥和服役时间较长的老桥梁进行全方位检查。对所有涵洞泄洪畅通情况进行排查，清理淤塞，挖除垃圾。对桥隧出现的病害，在上报的同时，及时进行维修处理，确保将桥涵隧道隐患清除在萌芽状态。（郝　炜）

【武罐高速公路楼房山隧道全线贯通】 2011年11月23日，武罐高速公路第二十二标段楼房山隧道贯通仪式在文县中庙乡侯家沟村举行。文县中庙乡侯家沟楼房山隧道地处甘肃省武罐高速公路与四川省广甘段高速公路咽喉段，也是全线的控制性工程之一。该工程总投资6 828万元，全长1 391米。2010年12月7日开工以来，参建各方发扬"特别能战斗、特别能吃苦"的团队精神，克服施工中条件艰苦、环境恶劣等困难，严格管理，狠抓质量，使该工程一直处于较好的可控状态。目前，该工程完成投资6 281万元。楼房山隧道的顺利贯通，为武罐高速公路全线按期竣工奠定了坚实的基础。（长达公司）

【武罐高速公路汪家坝隧道双洞贯通】 2011年7月3日，武罐高速公路汪家坝隧道双洞贯通，全长1.09公里的隧道凝聚着武罐高速公路项目办、甘肃路桥建设集团公司、甘肃路桥陇南工程指挥部、甘肃路桥五公司及武罐八标项目部所有建设者智慧的结晶。汪家坝隧道左线长1 089米，右线长1 069米，隧道隧址区属西秦岭山地中低山地貌的峡谷地带，山梁走向近东西向，山坡较陡。隧道左线地面最大埋深约224.8米，隧道右线地面最大埋深约220米。汪家坝隧道隧址所在地为武都区三河镇，地形特殊，隧道处在半山腰，多为陡峭的石头山洼。该隧道的贯通，是甘肃路桥人历时18个月雕琢的丰碑。（郝　炜）

【武罐高速公路赵家坪隧道右线贯通】 2011年12月5日上午9时，武罐高速公路第七标段赵家坪隧道右线顺利贯通。武罐高速公路七标段赵家坪隧道位于陇南市武都区三河镇，按山岭区高速公路分离式断面设计，隧道单洞全长1 292米，净宽10.25米，净高5米。由甘肃路桥建设集团承建、江苏旭方工程咨询监理有限公司提供监理咨询服务。该工程自开工以来，项目参建各方克服工期紧、施工场地狭窄、围岩软弱、技术控制难度大等诸多不利因素，采取先进的"新奥法"组织施工，严格按照"短进尺、弱爆破、强支护、早成环"的原则，加强超前支护，及时跟进二衬作业，有效解决了隧道开挖掘进过程中的质量、安全隐患。同时，强化监控量测，采用地质雷达、激光断面仪等先进仪器适时进行超前地质预报，监测隧道围岩沉降及变形收敛情况，保障了隧道施工的有序进行。（长达公司）

【折达公路考勒隧道顺利贯通】 2011年10月30日凌晨4时整，随着最后一声炮响，由核工业西北工程建设总公司承建的折达公路第三合同段考勒隧道顺利贯通。至此，折达公路7座隧道已全部安全贯通。考勒隧道属折达公路控制性工程之一，全长2 152米，于2009年11月24日开洞施工。在掘进过程中，施工单位克服该隧道穿越地层为Ⅳ、Ⅴ级砂岩夹泥岩地质，岩体破碎、局部围岩出现渗水、坍塌等重重困难，坚持保安全、抓质量、促进度、求效益的方针，狠抓现场质量和安全管理，经过全体人员夜以继日的努力，圆满完成了施工计划任务。（卢谷田　刘永雷）

【舟曲咀疙瘩隧道全线贯通】 2011年11月12日，省道313线舟曲至峰迭新区段控制性工程咀疙瘩隧道顺利贯通。咀疙瘩隧道全长454米，由吉林长城集团承建。在隧道施工中，舟曲灾后交通恢复重建项目办加强管理，严格做到项目管理到位、进度督导到位、质量控制到位、安全监管到位。施工人员坚持“短进尺、弱爆破、强支护、早封闭、勤量测”的原则，加大资源投入力度，优化施工方案，规范现场施工管理，实现了“安全零事故”、“质量零缺陷”的目标。（后志良）

【舟曲锁儿头隧道技术难题全面攻克】舟曲灾后交通重建省道313线锁儿头隧道位于舟曲县江盘村，隧道出口端洞口段围岩地质条件十分恶劣，埋深最大126米，最小2米，地层岩性为F5断层破碎带及崩坡积块碎石岩堆，具有完整性、自稳性差和松散破碎的特点。施工中，项目建设单位采用具有国际先进水平的C6型钻机进行开挖，从机械设备及技术攻关入手，攻克了一系列技术难题。（李少光　后志良）

【甘南干线公路桥涵构造物维修工程全面完工】截至2011年10月，甘南总段实施的干线公路桥涵及构造物维修工程全面完工。该项目主要是对涵洞进出口与桥梁推坡M10砂浆勾缝抹面643平方米，M7.5浆砌片石维修82.5立方米，更换涵洞盖板137块45.5立方米，桥梁栏杆扶手安装26根，更换桥梁伸缩缝154米，刷新涵洞帽石293.6平方米，刷新桥栏杆7 508.8平方米，隧道、渡槽标志刷新1 094平方米。投入资金55.66万元。完成了今年计划下达的危桥改造工程149.71延米8座，对中道213线295公里067米灰楼沟桥等5座桥梁均采用粘贴碳纤维布加固板体底面、重做桥面铺装，对313线198公里453米白云桥、20公里793米上石门桥采用工字梁粘贴两层碳纤维布，并修复了局部损坏，共计完成工作量179.5万元。（李少光　后志良）

【国道309线柏岭子隧道维修加固工程通过竣工验收】2011年11月16日，国道309线柏岭子隧道维修加固工程通过省公路管理局组织的竣工验收，工程质量合格。该工程经省公路局安排，临夏公路总段负责建设，通过邀请招标由甘肃康大公路设计咨询有限公司承担设计任务，甘肃昌远公路工程有限公司负责建设，甘肃省工程建设监理公司临夏州分公司实施监理。该工程于2010年7月20日开工，10月20日完工，共完成投资180万元。2010年11月12日临夏公路总段组织了交工验收。共完成水泥混凝土面层2 380平方米，水泥稳定砂砾基层2 380平方米，挖除旧路面及仰拱填料1 019立方米，黄土陷穴处理8.59万立方米。竣工验收组通过对工程的实体质量和内业资料的检查验收，认真听取设计、施工、监理、建设等单位的汇报，经过认真、细致、充分的讨论，认为工程能够按照省公路局批复的规模及设计图纸完成建设任务，符合交通部《公路工程竣(交)工验收办法》规定的条件，工程质量等级评定为合格。（刘志功）

【武威公路总段全面加强桥涵养护工作】武威公路总段共辖养各类桥梁317座，涵洞2 171道，其中大中桥96座，小桥221座。由于大多数桥涵修建年代较早，设计荷载等级低，随着近年来交通量的迅速增长、超限运输车辆增多，对桥涵损坏日益加重，养护难度和成本逐年加大，为了保证道路桥涵安全畅通，武威总段全面加强了桥涵养护工作。一是严格落实桥涵养护管理责任。成立专职桥涵养护管理组织机构，组建桥涵专业化养护队，配备养护机械和检测工具，深入开展桥涵养护专项培训，不断提高桥梁技术人员和桥梁养护的素质。二是加强桥涵日常养护。在所有桥梁规范编号并喷涂设置“桥梁技术指标牌”，加强汛期巡查工作，维修更换破损圬工体及附属设施，保证桥梁外观整洁，桥面铺装坚实平整，桥头无跳车，排水畅通，结构完好。三是加强桥涵预防性养护。加大路政治超力度，加强水损害治理，及时对砼碳化、破损等病害采用环氧树脂砼、环氧树脂砂浆进行修补，防止了砼进一步碳化以及空气中的水分对钢筋的锈蚀。四是定期开展桥涵普查工作。成立了桥涵普查小组，定期对所有桥梁及涵洞进行普查，及时掌握桥梁运行状况，确保桥梁使用性能良好。根据实际调查结果制订了桥梁维修计划，更新了桥梁档案和桥梁管理数据系统。五是认真实施旧桥维修加固工作。根据桥涵病害特征，分别制定维修加固措施，积极采用“四新”技术进行桥梁维修加固。（张伯尧）

勘察设计

【交通设计院对十天路西秦岭隧道进行详细地质勘察】2011年3月，甘肃省交通规划勘察设计院有限责任公司技术人员对十天高速公路西秦岭隧道进行了详细地质调查。西秦岭隧道布设于洛河左岸，长5 727米，为石质特长隧道，岩性、构造复杂，灰岩岩溶发育，洞身穿越两条大型区域构造，山顶多见有直径达数10米的溶蚀凹坑分布。隧道最大埋深680米，有高地应力分布。隧址区属中山地貌区，地形起伏，相对高差大于700米，山体陡峻，沟壑纵横，多为悬崖陡壁，荆棘丛生，交通困难。根据工程特点，在地质调查过程中，技术人员攀岩涉水，顺洛河逆流而上，针对前期勘探中存在的问题，对隧道两岸岩性、构造、溶洞进行了详细调绘，对隧道布设7个深孔，并进行可控源大地音频电磁法物探，对隧址区进行了地应力测试及地安评价，进一步补充完善了地质资料。（张　娟）

【交通设计院对兰州南绕城设计工作提出新要求】2011年1月12日，甘肃省交通规划勘察设计院有限责任公司召开专项会议，对兰州南绕城高速公路设计提出进一步要求。兰州南绕城设计工作开展两个多月来，省交通设计院组织精兵强将投入勘察设计工作中，着力抓好总体方案比选，落实地质选线，抓好与周边路网衔接，组织各专业技术人员40余人现场踏勘，集体论证，重点抓好西固大桥设计、西果园互通立交设计等难点，不断提高前期工作深度。按照省厅和业主的要求，结合项目实际，公司提出进一步加强勘察设计工作的具体要求。一是加强领导，提高认识，明确责任，靠实任务。提出了项目进度计划表，分工明确，责任到人；成立了西固大桥设计技术协调领导小组，负责大桥项目方案研究、技术指导、对外协调等具体工作；要求与省厅、业主加强沟通，抓好阶段汇报和审查；要求全员树立打造精品工程的统一认识，尽心尽力做好各项工作。二是高标准，严要求，保证工期，树立品牌。将该项目列为公司2011年首要任务，深刻领会社会各界的要求和省厅的期望，竭尽全力保证工期，尽善尽美，力争西固大桥设计创甘肃省科技进步奖以及交通部优秀设计奖。三是抓好设计质量,做到精益求精,争创零瑕疵精品工程。在各专业现场踏勘,集体论证的基础上开展重要工点技术方案竞选,完善落实技术创新激励机制,发挥全员智慧。认真总结周边高速公路设计的成功经验和失败教训,在该项目中彻底解决同类问题。总结继承和主动了解掌握前沿性技术,充分发挥学习考察、专家审查、技术委员会交流的平台作用,坚持安全发展的设计思路,方案比选和实施中充分考虑安全投入。在项目进行的各阶段严格落实奖惩措施,切实将各项要求和措施落到实处。

(张 娟)

【省交通设计院召开技术交流大会】 2011年2月22日,省交通规划勘察设计院有限责任公司组织召开了技术总结暨专题技术交流会,13名教授级高工、专业技术带头人分别就全面技术、岩土地勘、交通工程及沿线设施、桥隧设计、路面设计等作了技术总结,公司全体技术人员参加了总结交流。在广泛深入的交流研讨中,该公司要求设计人员在今后的设计工作中,认真落实技术工作要求,坚持做到"五个字":一是"悟",就是要有悟性。要善于领悟设计的意图、知晓社会的需要,发挥自身的经验和优势,借鉴他人的成功做法和创新亮点,力争在关键领域实现新突破。要用心设计、精心创作,多学习、多思考、多借鉴,不断提升设计理念,开拓设计思路,提高设计水平。二是"立",就是要立志。要志存高远,自尊自励,树立远大的职业抱负,在工作实践中砥砺品质,锻炼作风,提高干事创业的本领,大胆探索创造,倾心本职岗位,为交通事业大发展再立新功。三是"钻",就是要有刻苦钻研的精神。要勤于钻研,培育科学严谨、不畏权威、灵活应用规范的专业态度,敢于坚持真理,修正错误,潜心研究本专业领域的前沿技术和最新发展动向,培养高尚的学术操守和气度,争做学术带头人和设计大师。四是"谦",就是要谦虚。要直面不足,积极向同行学习、向前辈学习,虚心请教,互相交流,取长补短,努力营造出尊重知识、尊重人才、尊重劳动、尊重创作的氛围。五是"淡",就是要淡泊名利、淡定从容。要充分认识到自身的价值,不急功近利,在个人利益上要知足,在个人修养上不知足,在专业技术上不知足,努力成为饱含工作热情、勇于追求真理、具有务实作风、善于团结协作、积极改革创新、争创一流业绩的高素质人才。

(张 娟)

【省交通运输厅召开十堰至天水高速公路徽县(大石碑)至天水段初步设计外业验收暨地质勘察专项审查会】 2011年4月19日至21日,省交通运输厅组织召开十堰至天水高速公路徽县(大石碑)至天水段初步设计外业验收暨地质勘察专项审查会。与会专家和领导认真查阅了设计文件,详细进行了现场踏勘,听取了设计单位的汇报,对该项目外业工作给予了充分肯定,认为设计单位较好的完成了方案选定、航测等大量外业任务,为内业设计奠定了坚实基础。与会专家认为工程地质勘察报告为线路的初步设计提供了基础地质资料及设计参数,勘察方法正确,勘察资料齐全,勘察工作量符合规范要求,地质调绘和工点资料较完善,满足相关规范要求。与会专家和领导分别从不同角度提出了具有指导意义的意见和建议,设计单位将根据审查意见对勘察设计报告进一步修改完善。

(张 娟)

【交通设计院召开"十二五"发展规划研讨会】 2011年12月31日,甘肃省交通规划勘察设计院有限责任公司在兰州召开"十二五"发展规划研讨会。公司提出的《"十二五"发展规划》(讨论稿)客观总结了公司"十一五"期间取得的成就和在发展过程中存在的主要问题和薄弱环节,科学分析了"十二五"期间公司面临的历史机遇和巨大挑战,明确提出了总体目标和发展重点,提出了发展任务和主要措施,规划目标清晰,定位准确,措施得力。围绕规划提出的重点打造"两大基地",践行"三个服务",做强"五大产业",实施"五大工程"等规划蓝图,公司23个单位和部门的负责人结合全体员工的讨论意见,结合部门工作实际作了精彩发言,公司领导也结合分管工作分别作了发言。与会人员在发言讨论中提出了公司"十二五"发展意见和建议,提出了本单位、部门的具体规划、发展思路和落实措施,畅所欲言,深入研究,共同探讨,集思广益,进一步丰富提升了全员的思想认识,理清了工作思路,对公司做好"十二五"发展规划修订完善工作具有重要意义。

(张 娟)

【交通运输部专家赴陇南优化高速公路设计方案】 2011年7月13日至14日,省交通运输厅建管处副处长赵书学带领专家组对十天高速公路礼县连接线,成武高速公路纸坊府城互通立交,武都区佛崖立交服务区,渭子沟白龙江大桥与水利河堤,武罐高速两水至汉王段与南北长江大道、吉石坝工业园区22处交汇节点和排洪通道规划进行了现场踏勘,市委常委、武都区委书记李旺泽,副市长王月成和市县区政府、部门有关领导、工程技术人员,中交一院、省长达路业有限公司及武罐、成武项目办共同参加调研后,召开了陇南高速公路线路优化设计方案座谈会议。专家组认为:陇南各级党政和广大人民群众对高速公路建设积极支持,高速公路建设将为改变陇南落后的交通条件,推动社会经济建设产生巨大推动作用。省交通运输厅十分重视高速公路与陇南地方、城市道路交叉问题,本着科学、合理的原则,加强协调沟通,达到高速公路和地方城市规划建设的协调一致。礼县连接线设计单位4个线路方案,除旧线改建方案外可考虑西汉水河道高架桥方案,在文家村顺接旧路,由礼县政府取得大堡子山文物保护部门的相关意见书后开展下步工作,成武高速公路纸坊府城互通立交调整引线方案避开74座坟茔群,佛崖互通立交服务区原则同意服务区西移高架桥线路调整方案,渭子沟白龙江大桥与河堤交叉及标高由省项目办同市水利部门协商优化解决,武罐高速公路和市区规划南北长江大道、工业园区交汇节点,高速公路尽可能满足城市规划功能,长江大道交叉节点原则同意,交叉形式下步深入研究,工业园区排洪设置由规划部门提供排洪渠设计流量、排洪或城市排水定性资料数据,同设计单位共同论证预留方案,并要考虑高速公路工地,工期建设现状,最大限度利用高速公路已建构筑物功能,避免双方浪费资源,地方规划部门和项目建设单位要加快协调配合,尽快确定节点调整方案,分别报告上级批准尽快建设。专家组意见形成会议纪要报告省交通运输厅审批。

(郝 炜)

【金武高速公路施工图设计顺利完成】 2011年1月，甘肃省交通规划勘察设计院有限责任公司顺利完成金昌至武威高速公路施工图设计。金武高速公路是国家高速公路网省域联络线的重要组成部分，主线采用高速公路标准建设，长73.41公里，路基宽度为24.5米，金昌连接线及武威连接线采用一级公路标准建设，共长4.94公里，路基宽度为24.5米，设计车速均为每小时80公里。该项目建成后将与国高30线、国道312线及省道212线等国省道及金昌武威境内的县乡道路形成四通八达的公路网络，金昌、武威两市将实现全程高速，形成1小时交通经济圈，对促进金昌、武威两市的经济、文化发展和交流，加快区域经济发展有着十分重要的意义及作用。（张 娟）

【金武高速公路两阶段施工图设计通过省交通运输厅评审】 2011年4月1日，省交通运输厅召开金昌至武威高速公路两阶段施工图设计评审会，与会领导和专家一致认为设计方案合理，原则同意设计方案，并提出了一些修改意见，省交通设计院将对专家的意见进行认真研究和讨论，尽快修改完善施工图设计文件，向业主单位提交。该项目金昌连接线起点位于金川区东环路与规划的南环路交叉口处，终点接主线起点2公里加350米处；主线起点2公里加350米位于金昌市金川区双湾变电站以东300米处，终点通过喇叭型立交与古永高速公路衔接，路线全长73.48公里(分离式路基以上行线计)，其中金昌市境内里程45.08公里，武威市境内里程28.35公里两市分界桩号为45公里080米)。金昌连接线(0公里加000米至2公里350米段)按双向四车道一级公路标准建设，设计速度每小时80公里，路基宽度24.5米；主线(2公里加350米至75公里加825米段)按双向四车道高速公路标准建设，设计速度每小时80公里，整体式路基宽度24.5米，分离式路基宽度12.25米。武威连接线（0公里加000米至2公里加535米)段按双向四车道一级公路标准建设，设计速度每小时80公里，路基宽度24.5米。（张 娟）

【兰州南绕城高速公路、临洮至渭源高速公路两项目初步设计外业通过省交通运输厅验收】 2011年6月28日、29日，兰州南绕城高速公路、临洮至渭源高速公路初步设计外业验收暨地质专项审查会在省交通运输厅组织下召开。与会领导和专家在认真听取汇报后，对这两个项目进行了现场踏勘并听取了我院汇报。与会专家组充分肯定了我院勘察手段的先进，测量、地勘等基础数据的准确、完整，与有关单位协议的全面，设计方案的合理，并对下阶段设计工作提出了建设性、指导性的意见，形成了外业验收会议纪要。初步设计外业工作圆满顺利的通过了省厅验收。

兰州南绕城高速公路项目东接巉柳高速，西接兰海高速，并连接兰临高速、国道309线、国道312线、兰州市南山路、西新一级公路等国省干线公路，在国家和甘肃省高速公路网中居重要地位。路线起点为榆中县定远镇，终点黄羊头(大滩)路线总体走向由东南向西北，建设里程58.06公里(含立交)。本项目采用全立交、全封闭、控制出入的四车道高速公路标准，设计速度为每小时80公里，整体式路基宽度24.5米、分离式路基宽度12.25米，全线共设特大桥3座5 010.5米，大桥20座5.35万米；隧道20座，单洞长4.98万米；设互通立交5处(含三座枢纽互通)，桥隧比例高达72%，工可估算总金额78.6亿元。重点和亮点工程有：

西果园枢纽：主线与兰临高速公路呈十字交叉，为大型5层直连式枢纽互通立交，占地面积770.91亩，桥梁面积5.35万平方米，且斜、弯、异形桥梁高度较高，立交总体技术含量较高，建成后将成为我省规模最大的立交桥。

柳泉三号隧道：为解决与西固大桥的连接问题，采用“连拱—小净距—分离式”的分岔隧道设计方案，该方案在国内湿陷性黄土地区首次采用，隧道分岔结构段最大开挖跨度达32米，开挖断面达265平方米，开挖断面为国内公路隧道之最。柳泉三号隧道为中至长隧道，出口端为连拱隧道形式。右线长966米，属中隧道；左线长1 067米，属长隧道。

西固大桥：本项目在牟家台(“月亮岛”上游侧)跨越黄河，受水资源保护区、西新道路、兰新铁路，桥位高度等因素控制，通过多方案比较，拟采用主跨480米的结合梁斜拉桥，桥塔高度173米，桥梁全长1 014米，全宽27.5米，为目前西北拟建最大跨度斜拉桥。由于桥位较高，又位于高烈度地震区，抗风、抗震问题突出，大桥科技含量高、技术难度大。

临洮至渭源高速公路项目与兰临高速公路终点顺接，路线总体走向由西北向东南，终点接天定高速公路渭源连接线的终点，建设里程62.77公里。路线采用四车道，设计速度每小时80公里，路基宽度为24.5米，行车道宽度2×(2×3.75)米。全线共设大桥24座7 922.5米，隧道4座，单洞长1.1万米；设互通立交4处。重点和亮点工程为临渭路小河沟桥，孔跨布置为:58+3×100+58米波纹钢腹板连续刚构桥，为西北首座悬臂施工和最大跨度波纹钢腹板桥，也是国内第一座波纹钢腹板连续刚构桥。

波纹钢腹板桥因其具有良好的力学性能和有效解决混凝土裂缝通病的显著特点，成为近几年中国桥梁工程中的一个热门研究课题，其应用也有不断扩大和推广之势。我省拟建公路项目大多位于山岭重丘区、湿陷性黄土地区和高地震区，波纹钢腹板桥因架设方便和自重轻特别适应于这些地区，通过该桥的相关研究和应用，可使我省在此类型桥梁上处于国内领先地位，起到提高这些地区桥梁安全度、耐久性和节约工程成本的目的。（张 娟）

【兰州(新城)至永靖沿黄河快速通道建设工程可行性研究通过甘肃省发改委审查】 2011年5月2日至8日，甘肃省发改委委托甘肃省政府投资项目评审中心邀请省内外专家对《兰州(新城)至永靖沿黄河快速通道建设工程可行性研究报告》进行了审查，省发改委、省交通运输厅、省国土资源厅、省环保厅、省水利厅、省远大路业集团有限公司、省交通规划勘察设计院有限责任公司以及沿线各县区政府、交通局等有关单位的领导与专家出席了会议。专家组在认真审阅报告的基础上对全线重点工程进行了现场踏勘，并与设计单位、建设单位交换了意见，最终项目顺利通过了审查。该项目推荐方案路线起点为兰州市西固区新城镇新城黄河桥南，与已建的西固至新城一级公路终点顺接，沿黄河两岸布线，经八盘峡、盐锅峡、朱家台、台子地，终点位于永靖县城。路线全长48公里，设计行车速度为每小时60公里，路基宽度23米，为双向四车道一级公路。本项目是为贯彻甘肃省委、省政府“中心带动”区域经济发展战略，提升兰州市中心辐射带动能力，打造沿黄经济带，为兰州扩容建设兰白都市圈以及新的区域经济排兵布阵，从区域经济发展的需求出发，本项目的建设是十分迫切和需要的。（张　娟）

【兰州至海口国家高速公路渭源（路园）至武都（两水）段工程可行性研究通过国家发改委及交通运输部审查】 2011年3月16日—21日，国家发改委委托博托国际咨询有限责任公司对由甘肃省交通规划勘察设计院有限责任公司承担的《兰海国家高速公路渭源至武都段工程可行性研究报告》进行了审查，专家组对全线重点工程进行了现场踏勘，并在兰州召开了评审会。博托国际咨询公司、省发改委、省交通运输厅、定西市政府、陇南市政府等单位的领导与专家出席了会议。专家组本着科学、客观、公正的态度，对该报告给予了充分的肯定，并提出相关建议和指导意见，项目最终顺利通过了审查。

2011年4月11日至16日，交通运输部委托交通部规划研究院对《兰海国家高速公路渭源至武都段工程可行性研究报告》进行了审查，项目最终顺利通过了审查。

该项目主线推荐方案路线起点为渭源县路园镇三合村，以枢纽立交与天定高速陇西至渭源连接线相接，途经漳县殪虎桥、岷县县城、哈达铺镇、宕昌县城、两河口、沙湾镇，终点位于武都区两水镇，与兰海高速武都至罐子沟（甘川界）段顺接。主线路线全长243.5公里，对应国道212线里程295公里。舟曲连接线起点为宕昌县两河口，以枢纽立交接渭源至武都段主线，然后沿白龙江逆流而上，经梁家坝、土桥子，在大川以长2 210米的隧道绕避南峪滑坡，经南峪乡，并两跨白龙江，再与虎家崖以长1 980米的隧道绕开泄流坡滑坡，最后在河南村跨过白龙江止于舟曲县城东侧，与省道313线顺接。舟曲连接线长15.41公里。本项目主线及舟曲连接线采用设计行车速度为每小时80公里、路基宽度24.5米的双向四车道高速公路标准，立交连接线采用设计行车速度为每小时60公里、路基宽度12米的双车道二级公路标准。本项目投资估算总金额为349.98亿元，平均每公里1.35亿元。

本项目不但是国家高速公路网的组成部分，也是甘肃省高速公路网的重要组成部分，是甘肃中南部主骨架公路网的组成路段，也是甘肃省一条重要的南出口公路。本项目的建设对加速国家高速公路网建设进程，充分发挥国家高速公路网的整体功能和规模效益，提高甘肃省中南部高速公路联网水平和规模效益，促进西北及西南的交通运输和资源的优化组合，加快外向型经济的发展步伐具有十分重要的作用。

（张　娟）

【临夏至合作高速公路初步设计顺利完成】 2011年7月，甘肃省交通规划勘察设计院有限责任公司顺利完成临夏至合作高速公路初步设计，本项目起点位于临夏市尕杨家，顺接康临高速公路终点，终点位于合作市以南的柯河村。路线总体走向由东北向西南，路线全长98.64公里。本项目主线按四车道高速公路标准建设，设计速度每小时80公里，整体式路基宽24.5米，分离式路基宽12.25米，合作北立交连接线采用一级公路标准建设，设计速度每小时80公里，路基宽24.5米。合作北立交至香拉辅道工程按三级公路标准建设，设计速度每小时40公里，路基宽8.5米。临夏至合作高速公路是甘肃高速公路网兰州至郎木寺高速公路的重要组成路段，同时也是交通部规划的西部大通道兰州至磨憨口岸的重要组成路段，甘肃境内兰州—郎木寺段，是兰州通往临夏、甘南、四川阿坝等少数民族自治州的重要通道，是甘肃省南部重要的经济、旅游干线，可达旅游胜地九寨沟，是甘肃省重要的南出口。临合高速公路的建设对于完善我省高速公路网体系、构建综合运输体系、促进少数民族地区经济发展、应对自然灾害及突发事件，保障运输通道畅通、发展旅游业均具有重要的意义。

（张　娟）

【陇西文峰镇至漳县殪虎桥二级公路两阶段施工图设计通过省交通运输厅评审】 2011年4月13日，省交通运输厅召开陇西文峰镇至漳县殪虎桥二级公路两阶段施工图设计评审会。与会领导和专家在听取了设计单位甘肃省交通规划勘察设计院有限责任公司的汇报以及路网规划办公室的咨询审查意见。与会领导和专家一致认为设计单位对路线设计根据项目的实际情况，综合考虑沿线自然地理环境、社会环境及技术经济指标，对路线、路基路面、桥涵、隧道、地质等进行了全面详细的外业勘测和调查，并根据初设批复及初设审查意见对局部路线、路面、桥隧等方案进行了优化和调整，确定了本项目工程方案，设计文件图表内容较齐全，基本满足“编制办法”的要求，原则同意设计单位的设计方案，并就设计中存在的不足提出了建设性意见。设计单位将根据专家和业主提出的意见进行认真研究和讨论，尽快完成施工图设计文件的修改完善工作。

（张　娟）

【宕昌至迭部二级公路改造工程两阶段初步设计通过省交通运输厅预审】 2011年4月，由省交通规划勘察设计院有限责任公司承担的宕昌至迭部二级公路改造工程两阶段初步设计顺利通过省厅预审。该项目推荐方案路线全长144.61公里（不含九龙峡隧道改线路段，拟建九龙峡隧道方案路段长4.36公里），主线采用二级公路标准，设计车速每小时40公里，局部困难路段突破指标，路基宽度为8.5米，部分村镇及迭部过境路段宽度采用12米。

拟建项目大部分路段是沿现有省道210线和省道313线改建。省道210线起于岷县巴仁口，与国道212线相接，终于迭部代古寺，与省道313线相接，是迭部县重要的北出口，也是迭部县通往陇南市宕昌县、定西、兰州的一条捷径。省道313线东接国道212线兰州至重庆公路和规划的兰州至海口国家高速公路于两河口，向西延伸接国道213线于郎木寺，既是国道212线和国道213线的联络线，又是国家藏区公路建设重点路线之一，是甘南州的干线公路。本项目的建成将为甘南州增加一个东出口，使路网结构更加均衡完善，有利于甘肃省少数民族及贫困地区城市之间的交通联系与经济往来，对改善区域路网结构和经济建设条件，提高公路通行能力和整体路网效能具有重要的作用。（张　娟）

【韩家河至水泉二级公路改建工程工可研报告通过省发改委

审查】2011 年 6 月中旬,省发改委组织召开了《国道 212 线韩家河至水泉二级公路改建工程可行性研究报告》评审会,省交通厅、省国土资源厅、省水利厅、省公路管理局、省路网办、兰州市政府、定西市政府等相关部门领导和专家参加了会议。与会专家和领导一致认为,该项目工可研报告内容全面细致、方案合理、重点突出,并对报告内容提出了局部修改意见。会议评审通过了该项目工可研报告。 (张 娟)

【酒泉市飞天路敦煌路口至富康路口一阶段施工图设计顺利完成】 2011 年 4 月, 甘肃省交通规划勘察设计院有限责任公司顺利完成了酒泉市飞天路敦煌路口至富康路口一阶段施工图设计。本项目路线起点位于酒泉市飞天路 (国道 312 线)的敦煌路口,以平面交叉与现有城市道路顺接,终点位于飞天路的富康路口,以平面交叉与酒泉至嘉峪关城际一级公路和现有城市道路顺接,路线全长 502.705 米。 (张 娟)

路政管理

【白银公路总段按《条例》要求规范路政许可】 2011 年,为更好地贯彻执行 8 月 1 日起实施的《甘肃省公路路政管理条例》,白银公路总段在学习、宣传《条例》的基础上,下发了《关于进一步规范路政许可工作的通知》, 提出了规范路政许可的新举措和新要求。一是按照《条例》要求,将部分许可权限下放到市州、县区公路管理机构的规定,本着“合理与合法、效能与便民、监督与责任”的原则,从属省公路管理机构负责的许可事项及办理流程、属总段负责的许可事项及办理程序、加强网上许可的推广应用三个方面,做了具体的要求和规定。二是对许可事项、申请材料、申请方式、受理、期限等多方面做了进一步明确, 为更好地维护当事人的合法权益、确保公路管理机构依法实施路政许可提供了保障。三是要求各公路管理机构的路政人员深刻理解,准确领会《条例》的精神实质和制度内涵,牢固树立以人为本、依法行政、执法为民的理念,不断提高管理能力和服务水平,推进公路路政管理工作在法制的轨道上健康发展。 (白银公路总段)

【平凉临时路政管理支队认真开展交通拥堵疏导整治工作】 2011 年 9 月下旬以来,由于国道 312 线宁夏泾源蒿店境内出现交通拥堵致使车流延伸至甘肃平凉境内, 影响居民便捷出行和交通运输效率。 平凉临时路政管理支队积极落实省交通运输厅、平凉市政府关于加强国道 312 线甘宁交界段道路畅通整治精神, 安排了为期 40 天的过境路段保畅治堵工作, 有效地确保了国省干线的安全畅通运行。一是队伍保障有力。按照市政府部署, 组建了国道 312 线甘宁交界拥堵整治专项行动保障组, 抽调了崆峒、平定高速路政大队及机关 20 名路政人员、3 台巡查车, 实行 24 小时执勤巡查, 积极配合平凉交警、运管部门做好这一路段保通保畅工作。 二是责任明确到位。国庆期间, 国道 312 线平凉过境路段日单行车流量达到 1.1 万~1.5 万辆, 大大超出设计的日通行 4 500 辆的范围。支队实行定点岗位责任制,对抽调的保障组人员定人、定组、定路段,在静宁、崆峒、泾川分别设立了 3 个固定道路拥堵疏导执勤点,并在崆峒区安国乡、平凉西收费站、三角城 3 个地方设流动执勤点, 对过往车辆进行提前预告,提示、分流、疏导,有效地避免了加大车流量造成更大的拥堵,缓解了城区东西入口和甘宁交界路段的拥堵状况。三是合作成效明显。国庆期间,支队负责人带队深入国道 312 线平凉西收费站至甘宁交界路段,督查道路运行和执勤情况,并和宁夏固原路政部门积极协调,沟通治堵意见,宁夏蒿店收费站堵车超过 1 公里时收费站免费放行,平凉固原两地路政部门在紧急情况下可跨区联合协作疏导交通。四是疏导反应迅速。在发生短暂的道路拥堵时,支队人员反应迅速,及时到拥堵点疏导,在 3 个道路施工点派员执勤,确保了道路安全畅通,为过境车辆提供了便利通畅的交通环境。 (毛晓娟)

【平凉临时路政管理支队扎实开展“百日治超”工作】 2011 年自“百日治超”工作开展以来,平凉临时路政管理支队根据省临办的“百日治超”工作部署,制定工作方案,成立领导小组,召开全支队治超动员部署会议,采取“堵、疏、卸”等强有力的措施,确保了活动取得成效。一是摸底排查环境,整治重点区域。重点加强了运煤专线超限车、国道 312 线、马安路、平华路沿线的石料场、水泥厂的监管,对国道 312 线、高速辅道、长庆桥运输砂石车及省道 202 线短途拉运建筑材料超限车进行了治理。二是实施固定检测,加大执法力度。及时启动了神峪治超检测站,采用新技术、新设备进行治超。三是强化高速治超,保障安全运营。在高速公路入口处设置流动劝返点,组织各中队在高速公路入口及相关收费站入口实施治超劝返工作,坚决禁止货车总重超过 55 吨的车辆上路通行。四是加强大件运输监管,保障路桥安全。对未办理超限许可证的超限车辆,禁止上路行驶,对涂改许可证、持假证或检测数据与实际不符的超限车,严管重罚。大型超限车行驶公路桥梁、隧道时,封闭交通,保障单车通过,确保了主干线公路桥隧安全。五是严格治超纪律,规范执法行为。严格执行治超“五不准”规定和“十条禁令”等有关纪律,严格按标准收取赔补费,坚持一车一票的原则,杜绝了治超过程中讲人情、私放车辆、内外勾结、车托放车等行为,切实做到了“零投诉、零曝光”。六是加强信息沟通,做好舆论宣传。各基层大队(站)及时到煤运、沙场、运输企业等货运源头加强宣传,向华煤运输三队、五队等运输企业及峡门石料场等发出违章行为通知书 80 份,并在重点路段悬挂、刷写超限超载治理的相关宣传标语,有效预防了超限车辆上路通行。全年共查处超限车 3 702 辆,劝返超限车 1.17 万辆,收回超限补偿费 192.2 万元,为下一步治超工作打下了坚实的基础。 (毛晓娟)

【崇信县坚持依法行政加强路政管理】 2011 年,崇信县农村公路路政管理工作贯彻执行“秉公执法、依法治路,保护路产、维护路权”。全年查处损坏公路违法案件 6 起,查处超限运输车辆 126 辆,其中:损坏油路路面 4 处 522.5 平方米,污染路面 1 处 1 200 平方米,损坏路肩、边沟、边坡 1 处 5.76 立方米, 损坏混凝土路缘石 1 处 7.5 米, 清理公路三堆及垃圾 35 处 190 立方米,收缴公路赔(补)偿费 9.25 万元。有效地维护了农村公路路产路权不受侵犯，使路产路权完好率达到98%以上，路政案件结案率达到了100%。一是加强建设，锤炼过硬的执法队伍。崇信县狠抓素质教育。结合“创先争优”学习活动，组织路政人员学习有关公路法律法规、路政管理业务知识，通过调动每位路政人员钻研业务、勤学技能的自觉性和积极性，在路政队伍里营造起了比、学、赶、超的良好学习氛围。狠抓制度建设。为了尽快实现以机制激励人、以制度管理人、以纪律约束人，整理制定各项管理制度23项207条，充分调动全体路政人员的工作责任心、积极性和创造性，真正做到奖勤罚懒、奖优罚劣。狠抓政治思想工作。意识决定行为，行为反映作风。坚持采用集体座谈、个别谈心相结合的方法，及时掌握路政人员的思想动态，积极引导路政人员树立正确的人生观、价值观、世界观，及时帮助路政人员解决实际困难，同时通过组织一些活动，有力地保证了队伍的稳定、凝聚力及战斗力。二是广泛深入地开展路政法律法规的宣传工作。为深入贯彻《公路法》，扩大路政管理工作的影响力和辐射面，结合国务院新出台的《公路安全保护条例》和新修订的《甘肃省公路路政管理条例》，进行治理公路超限超载运输工作、开展“行风建设”、“文明执法、文明服务”、“安全生产”等活动，利用多种形式广泛宣传路政法律法规。三是逐步推进内业规范化管理。2011年4月中旬，利用1个月时间，抽调专人对所管辖的农村公路路政外业资料进行了采集，初步建立了内业各项档案、台账和记录，按照路政内业管理的规范，建立起了11项电子档案、4项台账。同时开展了路政制度“上墙”工作，包括执法人员公示、路政岗位职责、公路路政执法依据、路产损坏赔偿标准等在内的9个板块29.4平方米的公示版面喷绘“上墙”，进一步提高执法业务水平和工作效率，推进执法监督的规范化与透明化。（王建国）

【成县开展农村公路路政管理专项行动】 2011年，成县交通运输局以被列为全省农村公路路政管理试点县为契机，结合成县路政管理工作实际，大力开展了农村公路路政管理专项行动。成县交通运输局采取广泛宣传，统一行动，多方合作，依法严管，做到先宣传，后治理，以卸为主，多措并举的治超方针，在县乡公路重点路段安装了限高门架2个、限宽钢筋水泥墩4处，设置公路限高限宽宣传警示牌、标志牌26个，散发传单1 000份，筹措资金30万元。在支伏路王坪段建立了治超办公室及临时卸载点，加强了治理超限超载执法力度。对执法人员进行了法律法规及岗前培训，从9月份开始，实行全天24小时不间断上路巡查。大力支持中石油兰成、中贵输油输气工程、成武高速等国家重点项目建设工作，既保证施工企业正常生产工作进度，又对群众反映行路难的问题进行有效解决，受到了施工企业和人民群众的一致好评。

（郝 炜）

【陇南临时路政支队开展第四季度集中整治活动】 2011年为认真组织实施警示教育、廉政风险防控体系建设、突出问题专项治理三项工作，为以良好的路政工作成绩接受上级年终检查，陇南临时路政支队从2011年10月10日至10月20日，抽调支队机关人员分3个小组、3个片区，分别由李兆林、李勤俭、刘杰担任组长，深入基层单位进行《廉政准则》执行情况检查，对辖区公路开展了专项整治活动。一是为了最大限度地保障道路畅通，保障公路运输安全，依法维护路产路权，各大队接到网上通知后，迅速组织人员，采取相邻大队联合行动措施，先行启动了第四季度路域环境整治工作，对各自辖区涉路案件进行了排查摸底。各公路段领导高度重视、亲临现场、参与活动，统一安排了配套作业的机械设备和人员食宿。充分利用人员集中的机会，力求取得整治工作实效。二是保证每个片区都有党务工作人员参加，监督执法纪律执行情况，利用工间、午休和晚上时间由各大队汇报执行《廉政准则》情况，适时开展警示教育和文明执法点评。支队工作组到达各片区时，各大队路政、征稽副大队长带领所属人员准时前往指定地点集结，集中力量对各片区公路进行了集中整治。三是分类指导，重拳整治，工作力度大。对车辆抛洒、乱设道口、洗车加水、违章占用公路、污染腐蚀路面、损坏公路设施等六类路政违法行为，进行了归类治理。着重抓支队10月8日领导班子会议精神的落实：统一了如何界定违法建筑的口径；明确了必须拆除的非公路标志范围；要求平交道口必须硬化，必须落实好清扫事宜；强制拆除了摆摊设点、马路市场延伸到路面的经营棚架；对沙湾、临江、盐官、江洛、伏镇等集镇的违法占道经营行为进行了规范管理。特别是针对辖区内的违章建筑、洗车加水点、非公路标牌、平交道口等四大问题，在大队之间进行了对比式处置和排名，指出存在的不足，要求相互借鉴，把所掌握各大队的情况作为年终工作评比的参考。活动期间，共出动路政执法人员84人次，散发《两个条例》宣传材料1 000多份，纠正路政违法行为56起，清理违章堆积物64处1 200多立方米，教育违章当事人53人次。经过集中整治，辖区国省道路政违法行为明显减少，为人民群众出行创造了安全、畅通、和谐的道路交通环境。

（李汶辉）

【陇南临时路政支队集中开展迎国检保畅通行动】 2011年6月“国检”期间，为有效保障陇南辖区内国省干线公路设施完好和道路安全畅通，确保“国检”外业组在陇南公路检测顺利进行，根据省合署办公党委办总体工作部署，2011年6月12日至18日，陇南临时路政支队成立了迎检领导小组，带领全体路政人员，开展了集中整治和保畅通行动。陇南临时路政支队早部署、早安排，于6月10日向全队发出《陇南临时路政支队迎国检交通安全保畅工作安排》和《实施方案》，把全体人员分成25个小组，定里程、定桩号、包段包点、巡回蹲守，对必检公路和途径路线，再次进行了全线大规模的彻底扫障行动。以迎“国检”为良好契机，集中力量、部门联动，全力以赴打好“迎国检攻坚战”，营造了“全力以赴迎‘国检’，依法行政保畅通” 的良好路政执法氛围。2011年6月17日至18日检查期间，按照“部门联动、源头布防、路面严管”的原则，一是抽调各临时路政大队人员在检测路段内开展详细周密的巡查工作，发现一起违法违规案件就制止一起，做到防患于未然。二是整合队伍力量，积极联系陇南交警部门，在必检路段各个路口安排交警人员配合路政人员搞好执勤保畅工作，确保检测车辆顺利通过。三是深入沿线村庄路口，做好宣传工作，到沿线村庄发放宣传资料，积极争取地方相关部门和沿途群众的支持。（李汶辉）

【甘南公路路政支队开展公路专项整治宣传活动】 2011年3月30日，甘南公路总段路政支队全面展开国省干线公路路域管理集中整治行动宣传教育活动，并于2011年4月1日至4月30日，利用1个月的时间，集中展开了公路路域专项治理行动。此次专项行动重点严厉打击对象是在国省干线公路法定控制区内乱设广告宣传牌，在公路边上私自开设平面交叉道口以及在公路边上私自设置加水洗车、乱堆乱放、占道经营、倾倒垃圾等严重影响车辆安全通行的违法行为，确保路容路貌干净整洁、公路安全畅通。 （李少光　后志良）

【金昌总段纪委全程监督路政案件回访工作】 2011年，金昌总段在总段纪委的全程监督下，路政管理部门对2011年管辖路段发生的路政案件，本着“事前介入、事中监督、事后回访”的原则，定期回访当事人，采取现场查看、电话回访等方式对当事人跟踪回访，总段纪委从“执法人员是否使用文明用语，是否端正服务态度”、“执法人员和清障施救服务是否严格遵循热情服务、行为规范、就近拖离、按章收费的原则，有无违法乱纪的现象”、“对事故中损失路产的数量是否认可或是对排障队清障施救工作收费是否认可，有无变相收费的现象”等几个方面对路政员和排障服务进行督察，并把回访的满意度纳入路政人员的绩效考核。 （高中华）

【张掖临时路政支队依法拆除一起违法建筑】 为了使国家法律法规的严肃性得到有力维护，公路的安全畅通得到全面保障，2011年5月17日，张掖临时路政支队协同九龙江高速路政大队执法人员在国高30线2192公里加600米处公路右侧建筑控制区内依法拆除了一起违法建筑，周围群众拍手称快。这起违法建筑，位于甘州区新墩镇城儿闸村路段，今年三月中旬九龙江高速路政管理大队执法人员在巡查公路时发现，这起违法建筑距公路边沟外边缘3米内，违反了《中华人民共和国公路法》和《甘肃省公路路政管理条例》等有关规定，制约了今后公路的扩建和改建，影响了行车视线，存在着严重的安全隐患。经路政执法人员依法进行现场勘验，调查核实，该建筑物为水泥混凝土围墙，长100米，高2.2米，距公路隔离栏栅1.1米，执法人员于2011年3月31日向甘州区新墩镇城儿闸村委会村干部当场做工作，耐心为其讲解公路法律的规定，制作了《询问笔录》、《现场勘验笔录》、《现场照片》和《现场视听资料》等相关文书资料，随后又制作并送达了《违法行为通知书》、《行政处罚决定书》。但当事人置若惘闻，仍不配合处理，路政执法人员于5月5日制作并送达了《路政强制措施告诫书》，《路政强制措施决定书》，限期当事人于5月11日前自行拆除。对于当事人这种漠视公路法律的不法行为，张掖临时路政支队于5月17日出动执法车辆7台、雇请一台挖掘机，由三十多名路政执法人员和驻地公安派出所民警到施工现场维持治安秩序，依法拆除了这起违法建筑。通过严惩违法“钉子户”，使国家法律法规的严肃性得到了有力维护，公路的安全畅通得到了全面保障。 （周　亨）

【张掖临时路政支队积极开展“百日治超”专项行动】 2011年为进一步加强超限超载治理工作，落实桥梁监管责任，保护公路基础设施，保障公路行车安全和畅通，5月初，张掖临时支队严格按照省路政征稽合署办公室关于开展“百日治超”专项行动的要求，对照支队治超工作实际，认真研究，采取有效措施，精心组织，对“百日治超”专项行动作出了具体安排。一是严格落实新颁布的《公路安全保护条例》和新修订的《甘肃省公路路政管理条例》的相关规定，组织专人对所辖路段的桥、涵附属设施及防护构造物进行全面安全调查，将具体路线、桩号、位置、病害详细登记。二是严格落实高速公路24小时巡查制和一般公路“五四”巡查制，加强路政巡查力度，加大对桥梁的监管力度，全面掌握管辖路段公路桥梁的承载现状，严防车辆压跨桥梁事故的发生，确保公路的安全畅通。三是实施24小时不间断超限超载车辆检测，采取不定点、不定时流动治超的方式对进入国道312线、227线，省道213线的超限车辆逐一监测，严防管辖路段内55吨以上车辆上路、上桥行使。四是加强大件不可解体超限运输行驶公路管理工作，对所有经检测确定可卸载货物的超限超载车辆，一律实施卸载，坚持严管重罚，坚决消除违法行为。五是加强执法监督力度，严肃工作纪律。贯彻治超工作“五不准”、“十条禁令”和《交通行政执法禁令》、《交通行政执法忌语》等相关要求，做到依法治超、文明治超，自觉接受社会舆论监督。六是加强安全管理，确保路政执法人员的人身安全。在做好专项行动的同时，把安全生产工作放到突出的位置来抓，做到机构健全，制度完善，措施得力，责任到人，常抓不懈。在路政事案处理现场按照相关规定，设置明显安全标志，在治超中按照规定着安全反光马甲，摆放规范标准的安全区域，严禁在高速公路上拦车查车；加强路政专用车辆的管理，及时保养、维修车辆，严禁车辆带病行驶，确保专项行动安全顺利进行。 （徐海燕）

【张掖临时路政支队开展治超执法整顿活动】 为了进一步规范治超执法行为，严肃工作纪律，切实有效遏制超限运输势头，全面加强公路保护，从11月22日开始，张掖临时路政支队开展了为期3个月的治超执法专项整顿行动。在专项整顿期间，将重点查处各路政大队在治超过程中是否存在“以罚代管、以收代卸、收费放行”的行为；查处未经称重认定超限车辆；检查路政执法人员行为不规范、态度蛮横、不亮证执法；擅自提高或降低收费标准收取补偿费等情况。并本着高度负责的态度对本单位路政人员执法情况进行自查自纠，建立治超检测站站长定期谈话制度，每月治超检测站站长与执法人员谈话一次，每月召开治超检测站执法人员全体会议一次，及时发现治超执法中存在的问题和动向，有效规范治超执法行为，以此规范路政执法工作和路政人员执法行为，树立良好的社会形象。 （周　亨）

【酒泉路政支队继续深化“安全生产年”活动】 2011年5月中旬，酒泉临时路政支队结合路政管理工作的实际，及时印发《酒泉临时路政支队继续深化“安全生产年”活动方案》，就做好安全生产与应急管理工作，继续深化“安全生产年”活动做出具体安排，进一步深化“安全生产年”活动。活动以落实安全生产责任为主线，以加强“双基”(基层、基础)建设为重点，以解决存在的突出问题为抓手，从5月下旬开始，到12月中旬结束，主要分“安排部署、整体推进、集中整治、巩固提高”四个阶段进行。一是在支队安委会下设了继续深化“安全生产年”活动工作小组，明确了支队、大队两级路政部门的组织领导职责。二是确定了开展“安全生产年”活动的总体目标和工作内容。三是提出了落实“四要“的要求，即：进一步强化行业监管责任，严格落实领导干部“一岗双责”、行业管理“一责双管”责任制，深化责任落实，细化考核办法，加大奖惩力度；从超限超载车辆治理、公路巡查、养护作业现场安全秩序、宣传教育等四个方面开展排查整治，消除各类安全隐患；加强安全生产“双基”(基层、基础)建设，夯实工作基础；加强制度建设，完善安全生产和应急预案。(傅矿生)

【酒泉路政支队迅速疏导瓜星路段拥堵车辆保畅通】 2011年8月31日起，因受燃油供应紧张、大型车辆强超强会、交通肇事车辆堵塞车道等影响导致国道312线瓜星路段造成了路面行车严重拥堵，交通一度受阻中断，出入甘肃、新疆两省的车辆滞留严重，瓜星路段滞留车辆7 000余辆。2011年9月1日，遵照省合署办紧急通知要求，酒泉路政支队立即启动应急保畅预案，迅速从支队机关，肃州、敦煌、瓜州和柳园治超站抽调路政人员50多人和路政执法车8台奔赴柳园开展治堵保畅工作，加强上路巡查，及早解决巡查中发现的隐患或者可能阻碍交通的情况，协助公安交警疏导交通。一是继续加强日常巡查工作，加大桥梁、拥堵多发地段的巡查力度，遇有故障车辆影响车辆安全通行的情况及时与交警部门联系尽快处理。二是治堵保畅人员分为四个组，实行分段包干，安排路政人员采取定点疏导和流动巡查疏导相结合的方式，继续开展交通疏导和维稳工作，杜绝车辆强超强会，保障正常通行秩序。三是要求值班人员坚守岗位，不得脱岗，遇有重大情况立即按规定向上级报告，不得迟报、漏报。四是进一步加强超限运输车辆的管理，加大宣传、治理力度，向过往司机散发“温馨小提示”，做好宣传和解释工作，在治理拥堵工作中提倡文明执法。五是安排拉运物资的救援车辆对客车司乘人员和妇女、儿童等进行重点救助。六是加强路政执法车辆安全管理，确保车辆技术状态优良，遇突发事件时能第一时间到达现场，及时解救被困人员，疏导交通。在全体疏堵人员五天五夜的努力下，终于在9月4日7时，瓜星路段全线道路基本畅通，所有车辆通行正常。在此期间，指挥部指挥长王吉祥、省路政总队副总队长廖明太等一行还对现场参与交通疏导的路政、养护、收费人员进行了慰问。(高万军)

【敦煌市交通运输局建立三级路政管理联动机制】 2011年，敦煌市交通运输局建立了市乡公路管理站、农村公路管理所、养护承包人三级路政管理联动机制，加强了路政管理。即除市乡公路管理站直接发现查处的路政违法案件和车辆超载行为外，养护承包人发现路政违法案件和车辆超载行为，应在予以制止的同时及时上报乡镇农村公路管理所，乡镇农村公路管理所接到报告后应在第一时间报告市乡公路管理站，市乡公路管理站执法人员要在接到报告后的40分钟内(除阳关镇外)到达发案现场处理案件。同时，将农村公路养护承包人承包路段的路政违法案件和车辆超载行为的上报与其承包经费相挂钩，切实提高了农村公路养护承包人的工作积极性。(李洁 李蕾蕾)

【敦煌市交通运输局加强治超工作】 2011年以来，随着农村公路建设力度的不断加大，新修、改扩建农村公路工程和桥涵加固工程正面临着一次新的超限超载车辆挑战，大量的货运汽车不顾公路、桥梁的设计荷载能力，超载超限，给刚建成的农村公路和桥涵造成了很大的破坏，同时也给路政管理工作带来了巨大的困难和压力。为此，敦煌市交通运输局路政大队干部职工，在学习、宣传、贯彻《公路安全保护条例》和《甘肃省公路路政管理条例》的同时，边学习边实践，不辞辛劳，全力投入治超工作，让超限车辆在敦煌境内无路可行。据了解，敦煌市交通运输局路政大队在“两个《条例》”集中宣传月，每天抽调13名路政执法人员，分东西两片，分两个执法小组，根据超限车辆行驶路段的具体情况，在转郭路、肃孟路、柳黄路等重点农村公路上采用灵活布点、严格执法标准的方式，实施24小时全天候布控。通过强力治超，每天平均劝返、卸载车辆达50余台次，有力打击了货运车辆恶意超限的违法行为。(李洁)

【嘉峪关市集中整顿公路路容路貌】 2011年，为切实维护路产路权、保障辖区公路安全畅通，交通运输局路政管理人员从11月7日起利用为期一周的时间开展了路容路貌专项整顿活动，对公路沿线违章、乱摆乱放、侵占路面、随意倾倒垃圾、车辆抛撒、污染公路等影响路容路貌及安全畅通的突出问题、违法行为进行清理整顿。通过这次专项整顿工作，有效遏制了违法行为的蔓延，增强了公路沿线人民群众爱路护路的法律意识，保障了公路的安全畅通，同时也使大家认识到，要让公路有一个良好的路容路貌环境，只有通过严格执法、文明执法，不断加大治理力度，常抓不懈，才能提高全民爱路护路意识，构建和谐交通氛围。(嘉峪关市交通运输局)

抢险救灾

【省交通运输厅全力做好全省公路灾后恢复重建工作】

一、交通灾后恢复重建工作的目标任务

2011年，全省交通运输系统承担的灾后恢复重建工作有3项，即：舟曲交通运输灾后重建项目、陇南暴洪灾害公路灾后重建项目和“5·12”地震灾后重建项目收尾工程，时间非常紧、任务非常重、责任也非常大，各单位必须要按时限要求保质保量完成任务。

(一)舟曲交通运输灾后重建项目：总投资4.55亿元，除县乡道和村道由舟曲县委、县政府负责实施外，其余7个项目由舟曲交通运输灾后重建项目办负责实施。2011年要完成投资3.15亿元，占总投资的70%。舟曲县城至峰迭新区连接线必须要在2011年年底前完成70%的路基及隧道工程，2012年10月底全部完工；省道313线水毁修复工程必须在2011年8月底全部完工；舟曲县汽车站、货运站、公路段办公房主体工程要在2011年年底前全部完成，2012年上半年完工并交付使用；养管站、路政大队和两河口路政中队业务用房2011年年底前必须全部完工并交付使用。同时，要督促地方政府保质保量完成舟曲农村公路灾后重建任务。

(二)陇南暴洪灾害公路灾后重建项目：总投资约43亿元(最终以批复的施工图预算为准)，恢复重建8条公路约900公里范围内的暴洪灾害受损路段，所有项目要求2011年7月底前必须全部完工。其中，国道316线杨店至八盘山段、县道507线青河沿至黄渚段两个重点受损路段要在2011年5月底前完成路基工程，7月底前完成路面等剩余工程；国道212线宕昌至罐子沟段、省道307线白河沟至望关段、省道219线祁山堡至成县段、省道205线江洛至武都段、县道482线康县至陌坝段、县道484线东峪9至青龙桥段6个一般受损路段要在2011年3月底前完成路基工程，5月底前全面完工。

(三)"5·12"地震灾后重建项目收尾工程：国道212线苗家坝、橙子沟水电站淹没段还建工程要在2011年4月底前完成；国道212线比马桥剩余工程要在5月底前完成；国道212线楼上坪桥要在4月底完成剩余拆迁工作，6月底前完工；国道212线何家湾大桥要及早开工建设；省道208线洛马路剩余300米加宽工程要在4月底前完成。

二、总体工作要求

交通灾后恢复重建工作既是省委和省政府交给我们的一项重要政治任务，也是今后一个时期内交通运输工作的重中之重。各单位一定要充分认识到灾后重建工作的重要性和特殊性，认真贯彻执行省交通运输厅印发的《舟曲灾后交通运输恢复重建实施方案》和《陇南"8·12"特大暴洪灾后恢复重建工程实施方案》，学习借鉴公路地震灾后重建项目的成功经验，强化领导、精心谋划、周密部署、真抓实干，又好又快地完成公路灾后重建项目，为舟曲和陇南灾后重建和经济社会发展提供坚实的交通运输保障。各参建单位要在省交通运输厅党组的统一领导下，切实做到"四个务必"，努力打造"四个工程"，确保实现"工程进度快、内在质量优、外观形象美、安全廉洁好"的建设目标。即：务必在规定时限内顺利完成目标任务，努力打造灾区重建先导工程；务必保证所有项目工程质量合格，努力打造优质工程；务必保证灾后重建资金安全、有效使用，努力打造"廉政工程"；务必保证项目建设安全生产形势的稳定，努力打造"平安工程"。

三、要全力抓好6个方面的工作

为了推动舟曲和陇南交通灾后重建工作有序开展，保障各项任务顺利完成，各单位一定要紧紧围绕交通灾后重建目标任务和总体工作要求，切实抓好以下6个方面的工作：

(一)精心组织，全力加快工程进度。舟曲、陇南交通运输灾后重建项目时间要求非常紧，但我们必须按期完成，没有丝毫退缩的余地。各单位要迅速行动起来，紧紧抓住有限的施工时间，加快建设步伐。参与陇南公路灾后重建工作的单位必须在2月15日之前进入工地，项目办要在2月18日逐个项目进行检查，确保2月20日前所有项目开工或复工，并从2月20日开始到5月31日开展一次"大干100天活动"，积极推进工程进度。舟曲灾后重建项目办要在2月18日完成所有项目的招标工作，争取2月底开工建设，并组织开展"大干100天活动"。为了保障"大干100天活动"紧张有序开展，各单位要抓好以下3点：第一，要加强组织领导，层层落实工作责任。要建立健全强有力的工程建设组织保障体系，充实技术骨干力量，加强工程管理。各施工单位的上级主管部门法人代表是灾后重建工程的第一责任人，必须统筹抓好各自施工标段的协调工作，确保项目建设顺利进行。尤其是陇南总段、天水总段、酒泉总段、金昌总段、武威总段、白银总段作为在陇南暴洪灾后重建的主要施工力量，总段主要负责人作为第一责任人一定要高度重视，全力抓好此项工作。如果哪个标段在质量、进度、安全、廉政等方面出现严重问题，施工单位是交通运输系统的，严格按照干部管理权限追究责任；是外系统的，将建议其上级主管部门予以处理，同时清退出甘肃交通建设市场。第二，要制定详细的施工计划，加强工程调度。舟曲和陇南灾后重建项目办要制定严密、科学的施工计划，明确各阶段施工重点，督促各单位严格按计划施工。要认真执行项目巡回督查制度，及时掌握工程进展情况和存在的问题，定期召开生产调度会，研究解决存在的问题。要加大对施工、监理单位履约情况的检查考核，对个别存在问题较多、履约能力差、进度慢、质量无保证的施工、监理单位，要严格按规定进行处罚。第三，要形成合力，全力加快工程进度。参与这次灾后重建的大部分施工单位都参与了公路地震灾后重建项目，经验丰富，技术过硬。希望各施工、监理单位继续发扬成绩，服从大局，服务大局，重合同，守承诺，配足配齐与各自任务相适应的技术力量、劳动力和机械设备，满足项目建设需要。要掀起比、学、赶、超的工作热潮，鼓舞士气，激发斗志，充分调动参建人员的积极性，确保重建工作高效开展。项目办要加强与地方党委、政府和沿线群众的沟通协调，着力解决征地拆迁等方面的问题，同时要及时做好督查、通报和评比工作，推动项目建设步伐。此外，陇南灾后重建项目办要抓紧做好地震灾后重建项目的收尾工作，保证各项遗留工程顺利实施，按期完成。

(二)严抓细管，努力打造精品工程。舟曲和陇南交通运输灾后重建工程备受社会关注，事关党和政府的公信力，事关灾区重建大局，事关行业形象，是一项政治工程和民心工程，在质量上坚决不允许出现任何问题。各单位一定要牢固树立质量意识，严抓细管，真正把公路灾后重建项目建成经得起历史检验的精品工程。一是在项目设计复审时，要加强与当地政府沟通衔接，认真听取灾区政府和沿线群众的意见，使灾后重建项目设计合理、完善，符合民意。二是要进一步强化施工材料管理，充分发挥工地实验室的作用，加大对原材料的试验检测力度和频率，杜绝不合格材料进场使用。施工单位的料场布置要整齐、规范，不得混合备料。三是要加强施工工艺控制，严格按规范标准施工，决不能以牺牲质量来赶进度。特别是要加强施工关键环节的控制，确保工程质量，并坚决克服路肩墙不协调、不美观等外观问题，保证内在质量和外观形象"双达标"。四是监理单位和监理人员要认真履行职责，严格落实旁站监理，严格控制工期、进度和质量，对不符合质量要求的工程必须及时指令返工，决不能姑息迁就。五是项目办要加强抽查检测力度，开展质量攻关活动，解决质量通病，对质量不合格的工程，该返工的坚决要求返工。

与此同时，舟曲项目办要认真抓好房建工程质量管理，严格控制好材料质量、工序质量等关键环节，加大督促检查力度,千方百计保证工程质量。

(三)强化监管,努力打造廉政工程。舟曲和陇南交通运输灾后重建项目资金都来源于中央财政,审计非常严格。各单位一定要树立高度的责任意识和纪律观念,真正做到"工程优质、资金安全、干部优秀"。各参建单位必须开设独立账户,做到专款专用,封闭运行。要严格执行国家、省委省政府和省交通运输厅的有关规定,坚决杜绝挤占、截留、挪用、虚报冒领和浪费资金。要严格资金结算,对劳务费和机械台班使用费及材料价款结算等,要制定具体办法,规范施工结算行为,确保建设资金合法、合理、安全使用。要加强源头管理,进一步规范招投标、材料设备采购、工程分包、设计变更等行为,坚决堵住容易产生腐败问题的漏洞。要加强廉政建设,教育和引导广大参建人员提高廉政意识和拒腐防变的能力。项目办要加大资金监管和检查力度,监理人员要秉公办事,管住自己的嘴和手,不准拿施工单位赠送的礼品或礼金,不准到施工单位报销应由个人支付的各种费用,更不准与施工单位搞权钱交易。省厅、局将加大资金审计和监察力度,对顶风违纪人员,发现一起处理一起,决不手软。

(四)安全生产,全力打造"平安工程"。舟曲和陇南灾区地质条件复杂,施工面狭窄,尤其是公路重建项目都存在边施工边通车的问题。鉴于此,项目办要在强化制度建设、狠抓目标责任制落实的同时,树立"安全是最大效益"的管理理念,对不同时期、不同阶段、不同路段的安全管理工作进行认真部署。要继续加大现场安全专项检查和日常巡查力度,及时排查、消除安全隐患,防止安全事故发生。特别要进一步完善防汛措施,提高应急抢险保通能力。要坚决按照省厅、局的有关要求和部署,认真做好公路安全保畅工作,制定落实保通方案,加大施工路段保畅投入,在施工路段设置规范鲜明的指示牌和标志,并派专人协助交警疏导交通。要狠抓高边坡、桥梁、隧道等重点工程、关键部位、关键环节的现场安全管理和易燃易爆物品的管理,确保施工安全和行车安全。陇南和甘南公路总段要加大路政执法力度,加强路政巡查,对可能发生交通堵塞的路段派路政人员定点值守,协助施工单位疏导交通,保障施工路段交通畅通。如果哪个施工单位在安全和交通保畅方面出了问题,局里将实行一票否决制,严肃追究该单位和主要责任人的责任。

(五)加强养护,保护好来之不易的建设成果。陇南国省干线公路地震灾后重建项目除个别收尾工程外其余已全部完工,并移交养护单位,这些项目也是2011年国检的必检项目。陇南、天水和甘南公路总段等一定要认真组织做好养护管理工作,加强上路巡查和日常养护,保护好来之不易的建设成果,确保路况良好。陇南灾后重建项目办也要认真履行好缺陷责任期内的相关职责,做好职责范围内的相应维修工作。同时,陇南和甘南公路总段等单位要及时做好暴洪灾害、泥石流灾害等公路灾后重建项目的接养工作,做到工程完工后养护管理工作及时跟进,确保重建后的路段长期处于优质、畅通的良好运行状态。

(六)抓好宣传,营造良好的舆论氛围。各单位要充分利用各类新闻媒体,对公路灾后重建工程、交通保畅等工作进行重点宣传。要在灾区公路重建沿线采用标语、横幅、宣传栏等多种形式营造大干氛围,创造良好的施工环境,积极争取社会各界对交通运输重建工作的支持和理解。项目办要认真办好《工作简报》,为灾后重建工作呐喊助威,鼓劲加油,充分展示公路行业良好的社会形象。

(厅办公室)

【2011年舟曲灾后交通重建工作】

一、舟曲灾后交通重建项目概况

省政府下达舟曲灾后交通重建工程总投资4.55亿元,其中省交通运输厅承担7个援建项目,投资4.112亿元,舟曲县政府负责实施15条农村公路,全长82公里,投资4 380万元。承建项目具体为:

1. 舟曲县城至峰迭新区连接线工程,长16公里,投资3.472亿元,实际扩建17.64公里,增加投资1 695万元。杜坝川水源地段增加投资700万元。全线共设大桥3座917.8米,中桥4座178.12米,隧道2条1 095.92米。

2. 两河口至舟曲县城维修工程投资1 500万元。

3. 县汽车站规划面积1 500平方米,投资1 500万元。

4. 县货运站规划面积3 000平方米,投资1 000万元。

5. 舟曲公路管理段办公楼及附属设施共3 500平方米,投资1 000万元。

6. 公路养护管理站投资800万元。

7. 舟曲县路政大队综合业务楼1 380平方米,两河口路政中队业务用房800平方米,投资600万元。

为了加强舟曲灾后交通项目重建工作,2010年11月,省交通运输厅成立了舟曲灾后交通恢复重建工程项目管理办公室,12月1日挂牌运行。项目办设主任1名,副主任兼总工程师1名,驻项目纪检组长1名,下设综合科、工程科、征迁科和安全科4个职能科室,全面负责舟曲灾后交通恢复重建管理工作。各项目实施后,及时在项目办成立了临时党总支和机关临时党支部,在两个公路工程项目成立了临时党支部,把基层党组织建立在项目上,充分发挥了基层党组织的战斗堡垒作用,有力地促进了灾后交通重建项目顺利开展。

二、2011年工作进展情况

(一)明确目标,狠抓落实,确保项目建设有力有序推进

舟曲灾后交通重建项目虽然投资小,但点多、线长、面广,地形狭窄,征地拆迁较多,项目管理难度大。自2011年3月4日进场以来,我厅按照"整体推进,重点突破,全线统筹,分步实施"的原则,对建设任务进行细化分解。各单位紧紧围绕灾后交通重建大局,科学组织,精心施工,有力地推动了重建项目稳步进行,并取得了阶段性成果,受到省委、省政府、交通运输部领导的一致好评。在具体的施工管理过程中,我们根据实际需要及时开展"交通铸精品,共建新舟曲"、"我为舟曲做贡献,创先争优立新功"、"大干60天"劳动竞赛活动和"质量回头看"活动,组建"青年突击队",推动质量、进度、安全、廉政建设等工作齐头并进,促使全体参建人员做到思想上绷紧弦、行动上快节奏、工作上高效率,各项工作按照预定的目标稳步向前推进。

确定目标任务,制定工作计划。及时调整优化施工组织设计,及时分解半年计划和年度目标,动员全体参建人员做好吃苦耐劳的思想准备,全身心投入到既定的目标任务中去,确保各项工作按期高效、优质、安全的完成。

提高质量意识,严格质量管理。一是提高质量意识。加强

质量宣传教育,把“质量重于泰山”的观念和意识植根于每个工程参建者心中,使抓好工程质量成为每个人的自觉行动和应尽职责。二是抓好细节管理。重视每一道施工工序和每一个质量指标,从细微处入手,确保工程建设质量。如针对控制性工程隧道的施工进口端受场地限制无法组织施工,只能从出口端掘进施工等实际情况,项目办多次召集施工单位优化施工方案,加强工序衔接。施工单位引进先进的隧道施工技术,加强设备投入,采用新工艺,强化施工的过程控制和工艺控制,隧道工程进展迅速。三是落实质量责任。进一步细化设计、施工、监理和业主单位的质量责任目标,做到分层管理,逐级负责。通过“质量回头看”活动把工程建设质量落实到每个技术环节、每道工序、每个岗位,以细节保单位工程,以单位工程保标段,以标段保全线,全面消除质量通病。四是树立全新质量观。在确保质量的前提下,在工程的品质、创意、特色上下功夫,努力打造具有时代特征、展示文明形象、体现科技智慧、服务社会经济、致富人民群众的公路工程。

加大设备投入,加快工程进度。充分考虑影响工程进度的不利因素,倒排工期,加班加点,实行三班倒,以天保旬,以旬保月,以月保季,以季保年,人员不足上人员,机械不足上机械。特别针对节点工程工期短、任务重、质量要求高的形势,加强路面材料采备,做好路面标准试验,加快路面设备进场,确保标准示范节点工程和年底完成70%建设任务的目标实现。

截至目前,舟曲灾后交通重建项目累计完成投资2.95亿元,占总投资的71.69%,其中省道313线两河口至舟曲段维修工程已完工;省道313线舟曲至峰迭新区连接线工程完成2.44亿元,占投资的70.13%。控制性工程锁儿头和咀疙瘩大桥梁板预制全部完成,已吊装10跨;武都关大桥梁板预制全部完成,已吊装2跨;锁儿头隧道长641米,已掘进474米,年底基本贯通;咀疙瘩隧道长454米,已于11月14日贯通;两河口路政中队业务用房已交付使用;路政大队主体完成3层,完成600万元,占投资的90.83%;舟曲公路管理段完成3层主体施工,完成725万元,占投资的72.5%;公路养护管理站主体工程已完成,累计完成725万元,占投资的90.63%。新区汽车站主体完成2层,老城区客运站及货运站主体完成2层,累计完成1 860万元,占投资的74.4%。

节点工程任务完成情况:6月初,省政府下达交通重建项目22公里加100米至23公里加100米段1公里标准示范路“8.8”节点工程任务后,项目办根据工程需要,连续召开多次生产分析会议,安排部署节点工程施工任务。对制约工程的浸水挡墙安排了6个劳务队进行集中施工,并及时调运路面设备进场工作。在短短两个月的时间里各单位加班加点,夜以继日,完成路基和路面铺筑任务。共完成路基土方1.31万立方米,钢波纹管涵4道83米,混凝土护肩墙1 000米,梯形排水沟2 466米,沥青碎石下面层(厚5厘米)1.12万平方米。该段工程在“8.8”一周年纪念活动时受到省委主要领导和社会各界的好评。

农村公路建设项目:舟曲县政府自建项目共2个大项,14个小项,共计4 380万元。其中县乡道3条23.4公里,投资1 460万元;村道12条58.8公里,投资2 920万元。县乡道完成61.99%,村道完成58.33%。

加强协调沟通,排除干扰因素。针对援建项目多,相互交叉施工干扰频繁,在施工中经常受到个别群众的干扰和阻挠等问题,项目办在积极主动与地方政府、沿线乡镇共同做好群众工作的同时,加强与其他援建单位的协调,解决好相关问题,提前完成征地拆迁任务,保证工程顺利开展。同时,项目办建议舟曲县专门成立了由县、乡、村相关人员组成的省道313线协调小组,及时排除干扰因素,为项目顺利推进和建设目标实现赢得时间,创造了良好的外部施工环境。其中组织召开县、乡、村协调会4次,与明珠集团协调锁儿头电站征地拆迁3次。

(二)建章立制,强化监管,努力打造优质阳光工程

按照《甘肃省舟曲灾后恢复重建监督工作实施方案》(甘纪发[2011]1号)要求及相关规定,省交通运输厅及时成立舟曲灾后交通运输恢复重建监督检查工作领导小组及办公室,全面负责舟曲灾后重建监督检查工作的组织协调和安排部署,并向项目办派驻纪检监察组。领导小组重点监督检查交通运输恢复重建项目立项审批、招标投标、工程建设管理、质量安全、资金管理使用、重大物资采购、交(竣)工验收等关键环节。监督检查工作由厅规划处、建设处、财务处、安监处、审计处、监察室、省公路管理局、省道路运输管理局、省交通质监站等部门和单位开展。舟曲灾后交通重建办公室全面负责舟曲灾后交通重建工程项目管理工作,解决施工过程中出现的有关问题,定期不定期对项目的工程质量、进度、安全、资金使用情况进行检查督促。项目办在实际管理过程中及时建立各工作人员岗位职责,成立质量、安全、廉政建设领导小组,督促施工单位成立相应领导机构,编制廉政建设组织机构和监督检查组织机构框架图,建立质量责任制卡片,设置政务公开宣传栏,把灾后重建工程建设和监督检查紧密结合,形成有效的监督机制。驻项目纪检组加强制度建设,搭建了较为全面的监督制约制度体系,定期不定期开展廉政督查。对工程建设中的合同执行、质量管理、资金使用、设计变更和计量支付等关键环节都制定了相应的监管办法,坚持推行工程合同与廉政合同“双合同制”,加大工程建设招标投标、设计变更、材料采购、资金拨付等环节的监督力度,坚决堵住容易产生腐败问题的漏洞。按照工程建设领域突出问题专项治理工作要求,对项目前期、工程招投标、施工质量安全等工作进行了排查,建立了专项治理排查工作台账,对存在的问题进行了督促整改。项目开工后,厅领导多次到舟曲调研部署灾后交通重建工作,省交通质监站及省公路局检测中心对灾后交通重建工程质量进行了9次监督检测,使工程质量始终处于可控状态。

舟曲灾后交通重建资金来源于中央财政资金。为确保将灾后恢复重建资金用足用好,省交通运输厅下发了《舟曲灾后恢复重建工程资金使用管理办法》,项目办制定了《舟曲灾后恢复重建工程项目办财务管理办法》,对灾后重建资金的使用作了详细的规定,要求各施工单位在指定的银行开设灾后重建资金专户,做到专户存储,专门建账,单独核算,封闭运行。项目办加大建设资金监管力度,与施工单位、银行共同签订了三方资金监督协议,有效杜绝挤占、挪用灾后重建资金现象发生。10月底,项目办对各施工单位资金使用情况进行了检查,对存在问题的3个房建项目分别致函建设单位加

强管理，确保灾后重建资金安全运行，合力打造阳光工程。

(三)加强宣传，树推典型，为灾后交通重建营造良好氛围

舟曲灾后交通重建项目受到社会各界广泛关注。为及时宣传参建人员在交通重建工作中的无私奉献精神和感人事迹，取得社会各界对重建工作的理解和支持，项目办加强与新闻媒体的沟通与联系，积极鼓励工作人员利用业余时间多写新闻稿件，大力宣传交通重建工程建设动态和涌现出的感人事迹，做到了电视上有图像、广播上有声音、报纸上有文章。目前，舟曲灾后交通重建项目在中央电视台、甘肃电视台、《中国交通报》、《甘肃日报》、《甘肃经济日报》、《甘肃工人报》、《甘南报》及各网络媒体报道共158篇，项目办编辑《简报》50期，发布信息189条，为工程建设营造了良好的舆论氛围。

(四)狠抓安全，关注民生，推进和谐平安工地建设

加强安全生产管理，建立健全安全生产责任制，认真落实保畅措施，构建和谐通行环境。针对舟曲灾后援建项目多、运输车辆拥挤等实际情况，省交通运输厅制定了《舟曲灾后交通运输重建项目保畅方案》，从养护、运输、路政、施工等方面加强交通综合保畅工作。为灾区运送重建物资的车辆办理免费证，开通“绿色通道”，并全力做好通往舟曲的外围道路保畅工作。对暴雨引发泥石流、滑坡造成国道212线、省道313线、省道210线等中断路段，项目办共组织清理32次，出动装载机58辆(次)，翻斗车213辆(次)，累计清理滑坡土石方21万立方米。组织路政人员经常上路巡查，清理公路“三堆”，全力保障通往舟曲的公路畅通。省道313线舟曲段交通量达到3200辆/昼夜。项目办在做好外围交通畅通的同时，加强施工现场组织管理，合理布设施工作业区，保证施工现场整洁有序。注重文明施工，重视环境保护，加强路容路貌整修，加大施工路段保畅投入，创造良好的施工环境。在施工路段设置规范醒目的指示、警示标志，派专职人员疏导交通，确保施工路段行车安全通畅。

工程开工后，项目办始终把农民工工资支付纳入管理日程，制定了“农民工工资支付监督管理办法”，建立健全农民工工资支付监控和处罚制度，建立完善应急预案，畅通举报投诉渠道，发现拖欠情况，及时解决，避免出现各类群体性突发事件。项目办在每次生产调度会议上把农民工工资发放作为重点，反复强调，并采取到施工一线抽查的形式，检查和了解各施工单位的农民工工资发放情况，在每次工程计量支付时按约定比例扣留“农民工工资保障金”，督促施工单位对农民工工资发放到位。农民工工资的支付由施工单位统一纳入财务管理，农民工则加入主体施工班组从事施工，由施工单位的财务部门直接发放工资，切实为农民工建起了一道维护个人权益的“保护墙”，有力地保障了建设队伍稳定。目前，舟曲灾后交通重建项目农民工工资已全部发放到位，没有拖欠现象。

(五)强化督导，技术支持，促进农村公路重建工作顺利实施

省交通运输厅在负责实施2个公路项目和5个房建项目的同时，加强对舟曲县政府实施的15条农村公路督导工作，多次派技术人员对农村公路各项目进行督查，对技术难题给予指导和帮助，对存在的问题及时向县政府进行反馈，促进农村公路重建工作顺利实施。

在全体参建人员的共同努力下，舟曲灾后交通重建项目取得较好成绩。上半年被省重建办综合考评为“优秀”，2个单位被省公路局表彰为“先进基层党组织”，5名同志被表彰为“优秀共产党员”，1名同志被评为“优秀党务工作者”。

(章志云)

【全省公路系统积极开展公路水毁抢修工作】 2011年5月19日18时，陇南境内普降大到暴雨，造成国道312线、县道484线等干线公路不同程度发生水毁、塌方、滑坡、泥石流自然灾害，部分路基、路面、桥涵构造物损毁，公路交通一度中断。灾情发生后，省公路管理局紧急组织人员赶赴水毁现场，指挥抢险保通工作。陇南公路总段第一时间启动公路抢险保通应急预案，组织机关干部职工，武都段、宕昌等抢险队员，机械车辆、物资向损毁路段集结，连夜展开抢险保通工作，总段领导划片负责，赶赴各县区开展抢险，并动员公路沿线各县、乡、村镇派出人员参加抢险。此次抢险救灾，共出动抢险保通人员2 698人次、机械61台、自卸车85辆、指挥车9辆，清理路面淤泥28.54万立方米、边沟淤塞杂物5 535立方米、塌方体2.25万立方米，21日20时国道312线等线路全部抢通。6月15日20时，甘肃敦煌、肃北、阿克塞境内连续普降暴雨，导致山洪暴发，省道314线全线多处洪水漫路，敦煌火车站前雨水成河，洪水漫过膝盖，泥沙将路面掩埋。旅游专线110敦煌至莫高窟全线洪水上路，路基冲毁严重，路面多处开裂，古泉沟桥防洪坝被冲毁200米，莫高窟暂停开放。省道302线路面大部分水漫，路面淤积泥石流，路基、路肩多处被冲毁，3条公路几乎处于瘫痪状态，大量旅客滞留。灾情发生后，酒泉公路总段立即启动暴雨和洪水灾害应急预案，调集敦煌和安西公路管理段抢险队员300余人，机械设备40台(辆)，紧急投入抢修中，正在酒泉陪同交通运输部国省干线养护检查的省交通运输厅副厅长赵彦龙、省公路管理局党委书记任忠章紧急赶赴毁损公路现场，指挥抢险。抢险突击队员，疏通河道、加固河堤、夯填路基、抢通道路、清理淤泥、整修路貌，经过连续奋战，17日13时50分3条线路全部抢通。

(刘科昌)

【省道313线灾后重建LZSG标段完工】 2011年10月6日，省道313线舟曲灾后恢复重建LZSG合同段工程顺利完工，共完成工作量1 045万元。该工程起点位于舟曲县两河口，终点与舟曲县城规划城市道路连接，线路全长15.7公里。工程于2011年3月1日开工，历时7个月，共完成路基土石方11.6万立方米、借土填方1.54万立方米、边沟排水工程90米、防护工程598立方米、波纹涵16米、渡槽33.9米2座、钢筋混凝土盖板涵1道20米、路面1.2万平方米。

(李少光　后志良)

【兰州公路总段冒雨处治兰海路路基陷穴】 2011年夏季，兰州地区连降大雨，致使兰海高速公路上行线1 620公里加950米处在雨水反复浸泡下发生路基陷穴，面积达60平方米，给车辆安全通行造成了严重隐患。此时，正值兰州国际马拉松比赛和第十届青海环湖自行车赛即将开赛，为确保两项

赛事顺利举行，兰州总段当即启动防汛应急预案，指派人员在塌陷区设置明显警示标志，提醒车辆减速慢行，同时，总段领导带领相关单位、科室人员第一时间赶赴现场查看险情，紧急疏通受阻车辆，现场研究路基沉陷处治方案。最终决定采用半幅施工半幅通车的方案，紧急调运挖掘机，冒雨挖掘因下沉而导致陷穴区松软的路基和存在安全隐患的周边区域，并用天然砂砾进行回填。由于料场距离施工现场较远，且路面半幅通行，给施工带来了诸多不便，总段职工克服重重困难，冒着大雨，从6月30日晚11时至7月1日凌晨4时持续工作了5个多小时，在最短的时间内完成了沉陷区的挖除和回填工作，随后又完成了路面水泥稳定砂砾层铺筑和罩面工作。此次抢险共调集装载机1台、挖掘机1台、压路机1台、运输车2台、其他车辆5台，抢险人员20人，完成陷穴处治400立方米。（牛晓静）

【榆中公路段紧急抢修国道312线水毁路面】 2011年4月30日晚7时许，因榆中县魏家营村农业灌溉用水管道突然破裂，大量农灌水涌上公路，致使国道312线2 085公里加780米处路面大面积沉陷，给过往车辆造成了严重安全隐患。兰州总段榆中公路管理段接到路况信息报告后，立即安排4名路政管理人员上路指挥交通，设置安全交通标志牌和防护锥筒，引导车辆安全通行，并组织定远养管站职工连夜进行抢修。截至5月2日，该路段已实现全幅通车。此次抢修共出动人员16名、装载机2台、压路机1辆、自卸车3辆。共完成淤泥清理1 250立方米，路基回填土方300立方米，垫层90立方米，石灰稳定土150立方米。（牛晓静）

【红古公路段连夜清理省道301线道路塌方】 2011年8月16日凌晨2点40分许，由于持续大雨，使省道301线享堂峡1公里加600米处突然发生山体塌方，塌方体达800立方米，占据了大半幅路面，道路交通被迫中断，车辆通行受阻。红古公路段在接到险情报告后，连夜启动防汛应急预案，迅速调集20名公路抢险保障人员、4台装载机、8台运输车前往现场冒雨清理塌方，经过抢险人员两个多小时的连续奋战，道路于16日凌晨5点恢复了半幅通车，上午9点，道路交通完全恢复。此次应急保畅未造成严重堵车现象。（牛晓静）

【国道213线永靖段发生边坡滑坡公路部门全力抢通】 2011年7月20日11时23分，国道213线82公里加700米至800米路段（永靖县刘家峡镇刘家峡村）突发大面积边坡滑塌，滑坡体土方约有1.8万立方米，致使国道213线交通中断，过往车辆被阻，未造成人员伤亡和财产损失。面对突如其来的灾害，临夏公路总段立即启动公路灾害应急预案，总段领导第一时间赶赴现场，研究制定了抢修方案及具体措施，迅速组织装载机、运输车辆等机械设备及人员，加班加点进行抢通，加强对施工现场的安全管理，同时将滑坡塌方险情及抢修进展向省公路管理局应急办即时上报，并在滑坡路段设置了醒目的安全警示标志牌，提醒过往车辆人员绕道行驶，专门派遣路政人员做好车辆绕行及交通指挥工作，受阻车辆基本实现绕道通行，公路技术人员在塌方现场进行现场勘查和灾害评估，对滑坡路段进行密切监测，积极应对新灾害的发生。连续奋战近24个小时，于21日11时抢通了受阻公路，道路交通恢复，受阻的大型货运拖车顺利通过。至此，国道213线刘家峡段滑坡抢通工作在广大公路职工的艰苦努力下画上了圆满句号。随后，该总段还积极组织职工上路作业，认真开展标准化养护活动，及时恢复路容路貌，清理塌方，修补坑槽，修复被毁坏桥涵，疏通排水系统，加强日常巡查，严格落实汛期值班制度，实行24小时监测，做好巡查记录，特别是加强对高边坡、危险桥梁、涵洞及易发水毁路段巡查监测，确保过往车辆和行人的安全通行。（高 锋 刘志功）

【定西公路总段防汛工作有保障】 2011年7月25日，定西境内县道447线40公里至41公里路段3处发生泥石流，交通受阻；44公里至45公里路段河道淤堵严重、挡土墙基础外露，45公里加400米至45公里加420米路段挡土墙坍塌。漳县公路管理段出动养护人员30余名、机械设备4(台)辆组织抢修，1个小时内清除堆积物180余立方米，道路恢复畅通；4天之内疏通河道2 600立方米，回填土方840立方米，修复挡土墙20米44.8立方米，及时消除了道路安全隐患。2011年7月27日，兰临高速公路23公里加000米至24公里加300米路段发生落石、泥石流。临洮公路管理段出动养护人员35名、机械车辆12(台)辆，赶赴现场清通道路。经过4个小时奋战，清除堆积物320余立方米、3立方米巨石1块，道路恢复畅通。2011年7月28日，天巉公路1 541公里加150米处发生塌方，交通受阻。总段高养中心组织养护人员23名、机械车辆5(台)辆，冒雨清通道路。5个小时之内清除路面障碍物160余立方米，道路恢复畅通。2011年8月5日，国道312线1 988公里加475米、2 043公里加120米、2 044公里加600米、2 050公里加300米4处路段排水构造物遭到暴雨损毁，随后安定公路管理段组织抢修，回填土方937立方米，于8月25日前全面完成了修复工作。2011年8月9日，省道306线231公里加500米、231公里加750米、233公里加800米3处路段发生泥石流，交通中断；国道212线237公里加550米处发生泥石流，道路通行受阻。岷县公路管理段投入抢险队员80余名，机械车辆4(台)辆，兵分两路抢通道路。1个小时之内在国道212线清理出半幅路面，经过3个多小时奋战在省道306线清理出半幅路面，道路恢复通行。随后，累计清理堆积物5 570立方米，于8月11日全面完成了修复工作。2011年8月15日，天定高速公路1 522公里加300米处发生泥石流，上行线交通中断。总段高养中心组织抢险队员24人、机械车辆4(台)辆赶赴现场，1个小时之内清理堆积物350立方米，道路恢复畅通；同时，国道212线188公里加189公里路段发生泥石流5处，县道447线40公里加400米至40公里加900米路段发生泥石流2处。漳县公路管理段调动抢险人员40余名、机械车辆5(台)辆，3小时之内清除堆积物250立方米，道路恢复畅通。2011年8月16日，天定高速公路1 518公里加700米、1 521公里加900米路段发生山体滑坡、泥石流。总段高养中心组织抢险队员36名、车辆6(台)辆，连夜组织抢修。经过7个小时的奋战，清理堆积物2 200余立方米，道路恢复畅通。同时，省道207线、县道093线、县道082线排水设施多处损毁、部分路段发生零星塌方。通渭公路管理段组织养护人员10人、车辆3(台)辆，累计清理塌方230立方米，保障了道路安全畅通；随后组织桥涵养护队对损毁的排水设施进行修复，累计清理涵洞淤塞300立方米、维修涵洞急流槽36米、拆除圬工117立方米、填土夯实918立方米，浆砌片石工程预计在9月20日前全面完成。2011年9月8日10时，县道093线66公里加100米处山体发生大面积滑坡，约1.25万立方米塌方体涌上路面，交通中断。通渭公路管理段迅速集应急保畅分队人员20人、机械车辆12(台)辆，赶赴现场清通道路。截至9月9日8时，累计清理塌方4 000余立方米，同时对裂缝山体进行了卸载，彻底排除了安全隐患。与此同时，兰临高速公路22公里加300米至24公里加500米段上行线发生多处小型泥石流，安全设施损坏，交通受阻。临洮公路管理段应急保畅分队队员30余人，机械车辆6(台)辆赶赴水毁现场，于9月8日23时清理淤泥、落石220余立方米，道路恢复畅通。进入汛期以来，定西公路总段辖区道路先后发生塌方、泥石流等水毁10起，涵洞、挡土墙等排水防护设施损毁13处。面对频繁的公路水毁，定西公路总段统筹部署应急抢险力量，在及时组织抢通保畅的同时，科学制定方案加大水毁修复力度，出动抢险队员278人(次)、机械车辆43台(次)，累计清除路面堆积物9 260立方米；疏通河道2 600立方米，回填土方2 695立方米，修复挡土墙116米、急流槽36米，清理涵洞淤塞800余立方米，有力保障了辖区道路安全畅通。 (伏浩元)

【天水公路总段加强汛期应急管理保疏通】 2011年7月，天水市境内强降雨天气偏多。天水公路总段采取有效措施，全面加强公路防汛工作，确保汛期公路安全畅通。该段通过严格落实防汛工作行政一把手负责制、汛期24小时值班和雨天巡路制度，层层分解防汛任务，做到防汛工作制度、人员、材料、机械、方案、措施六到位。抽调人员组织水毁抢修突击队8个，储备编织袋1.4万余条、砂石料4 000余立方米，铁锹洋镐1 500把、防汛保障机械设备50余台。对国高30线宝天高速、天定高速，国道310线天巉路、国道316线江天路等防汛重点路段、部位进行严格排查，制定出有针对性的措施，及时加强桥梁的日常维护和管理，对桥梁河床及涵洞进行清理，对易发生塌陷、滑坡等路段进行及时修复处理，确保了汛期公路的安全畅通。 (陶 虹 陈 明)

【天水公路总段全力抢通宝天高速东岔口塌方路段】 2011年9月12日下午7时许，连续降雨导致国高30线宝天高速东岔收费站匝道出口与国道310线牛北路连接线山体发生垮塌，塌方量达2.1万立方米，致使该匝道交通完全中断。灾情发生后，天水公路总段立即启动应急预案，总段主要领导第一时间赶赴塌方现场，一边指挥人员分流疏导该路段交通，一边向交通主管部门和当地政府上报路况阻断信息。同时，组织技术人员对灾情进行全面评估，制订周密的抢险施工方案，组织人员实行24小时值班，严密监控塌方路段，并协调当地政府临时征用弃土用地4.2亩，组织起2辆装载机、2台挖掘机、18台自卸车辆及58名抢险人员，采取“人机配合、两头并进”的方式，进行塌方路段石方的破碎和清运。在清运抢险过程中由于降雨持续不断，加之山体还不稳定，塌方仍在发生，给清运工作带来了诸多困难，抢险工作进展较为缓慢。截至9月19日，塌方清理工作正在冒雨紧张进行，已清理塌方量5 600余立方米。9月20日匝道交通全面恢复。 (陶 虹)

【天水公路总段全力修复莲叶公路水毁路段】 2011年7月4日晚22时30分，暴雨导致省道304线莲叶公路186公里加000米至197公里加000米段发生14处塌方，塌方量达2 850立方米，其中186公里加800米处2 560立方米的塌方导致莲叶公路交通中断。水毁发生后，天水公路总段立即启动应急预案，对该路段实施交通管制，并派技术人员进行观察，随时掌握塌方动态。7月5日早7时派出2台装载机、4台运输车辆和20余支抢险队伍，冒雨投入抢修，并于次日中午11时30分抢通该路段，恢复了交通。 (陶 虹)

【陇南“8·12”暴洪灾后公路恢复重建工程全面完成】 2011年8月10日，甘肃省人民政府新闻办公室召开新闻发布会，新闻发言人、省交通运输厅副厅长杨映祥向社会发布了陇南“8·12”暴洪灾后公路恢复重建工程全面完成的消息。2010年8月12日，陇南遭受百年一遇的特大暴雨袭击，暴洪造成陇南境内多条公路损毁严重，个别路段交通一度中断。据统计，“8·12”暴洪灾害共冲毁公路路基46.3万立方米，造成塌方、泥石流、流沙及淤泥掩埋道路5.7万立方米，挡土墙、路肩墙倒塌、冲毁28.5万立方米，冲毁路面46.1万平方米，损坏桥梁21座，损坏涵洞81道，损坏隧道4座，损坏水泥混凝土路面5 080平方米，损坏交通安全防护设施4.78万米。特别是国道316线、省道205线及县道507线等路段共有32处路基被半幅或全幅冲毁，挡墙倒塌及冲毁48处，3座桥梁、35道涵洞、4座隧道损坏，30余公里路段洪水上路，部分路面被冲毁；27公里范围公路被塌方、泥石流、流沙及淤泥掩埋，涵洞边沟大量淤塞，大部分路段交通安全防护设施损失严重。面对严重灾情，在省委、省政府的领导下，省交通运输厅迅速动员、科学组织、全力抢险，使陇南受损公路在最短时间内恢复了通行，为抗洪救灾提供了有力的交通保障。在抗洪救灾抢险保通工作取得阶段性胜利之后，在巩固抢险保通成果的基础上，省交通运输厅又迅速组织实施了陇南“8·12”暴洪灾后公路恢复重建工程；目前，经过全体参建单位近8个月的努力，已完成公路恢复重建工程全部投资5亿元。陇南“8·12”暴洪灾后交通恢复重建工程已经全面按期建成。恢复重建的公路抗灾能力和通行水平较之灾前有了明显提高，为陇南灾后恢复重建和经济社会发展提供了良好的道路通行条件。“8·12”暴洪灾害发生后，省交通运输厅及时组织有关领导、专家进行调研，并征询当地政府、人民群众的意见，提出了陇南暴洪灾后交通恢复重建项目建议。2010年12月，省政府正式印发了关于支持陇南“8·12”暴洪灾后恢复重建工作实施方案。根据实施方案，陇南“8·12”暴洪灾后恢复重建工程中国省干线公路有7项、农村公路有6项。其中，省厅负责承建国道316线杨店至八盘山、国道212线宕昌至罐子沟、省道205线江洛至武都、省道307线白河沟至望关、省道219线祁山堡至成县、县道484线东峪口至青龙桥、县道482线康县至阳坝等7项。为支持成县灾后恢复重建工作，省厅决定将县道507线青河沿至黄渚段公路纳入国省干线公路灾后恢复重建项目实施。其余5项由成县政府负责实施，省厅给予资金支持。

(张军平)

【成县灾后重建项目开工】 由省市交通部门下达成县的“8·12”灾后县乡公路恢复重建项目三渡水至黄渚公路、支旗至黄渚公路、成县至寺儿沟公路、雷神庙至草滩公路、孙家河桥、透水磨桥及通村道路和县列成县黄渚镇王台大桥共8个项目，累计总投资达6 974万元，于2011年10月至11月经过公开招标，现已全面开工建设。在项目建设期间，实施单位县交通运输局加强工程管理，规范建设程序；监理单位严格监理，旁站监督；施工单位规范施工，各个项目进展顺利。经过3个月紧张有序的施工，目前三渡水至黄渚公路已完成全线路基土石方工程、防排水工程、涵洞工程，工程形象进度达58%，完成投资450万元。支旗至黄渚公路是“8·12”灾害中受损最严重的一条县道，多处路基被冲毁，参建单位在施工中克服山体滑坡、路基悬空及汛期水位上涨等多种困难、排除种种安全隐患，迎难而上，全力修复，保证了路基工程及全线近4万立方米的防护工程全面完成，工程形象进度达50%，完成投资1 350万元。黄渚镇王台大桥项目是县列的“8·12”暴洪灾后恢复重建的重点工程，桥址北端位于黄渚街道，跨越东河，南端与王台灾后重建安置点主干道相连，桥梁全长107米，桥宽12米(净9+2×1.5米)。该项目自开工以来，省、市、县各级领导高度重视，经常到工作现场视察指导。各参建单位凝心聚力，夜以继日，加班加点。克服工期紧，任务重及汛期和冬季施工等困难，严格按照施工规范操作，认真落实汛期及冬季施工方案，制定切实可行的工作措施，筑围堰、搭温棚，于11月底全面完成了桥梁主体工程及大梁预制工作，现工程形象进度达70%，完成投资450万元。另外，投资180万元，桥长75米的孙家河桥已建成通车，彻底解决了两岸群众过河难的问题。同时成县至寺儿沟公路、雷神庙至草滩公路、透水磨桥、通村道路等恢复重建项目，施工单位已全部进场入驻，正在紧张有序地进行施工。目前成县“8·12”灾后县乡公路恢复重建所涉及的8个交通项目，累计完成总投资已达3 000多万元，项目建设取得阶段性成果。

(成县交通运输局)

【陇南特大水毁抢修】 2011年8月17日晚，持续几个小时的强降雨致使国道316线2 507公里至2 523公里（麻沿—八盘山)计16公里路段发生较大规模水毁，泥石流、塌方、山体滑坡多种自然灾害一起发生，挡墙倒塌、路基垮塌、桥梁破损、边沟涵洞淤塞，多处公路被冲毁，交通完全中断。2 510公里处的路基缺口像黑洞一样；2 513公里加800米至2 514公里加150米处，全幅路基垮塌，一座小桥整体垮塌，陇南总段在道路左侧开设便道，长约500多米；2 517公里加330米处全幅路基被洪水吞噬，左侧村庄被淹。数个沿公路的小村子，如牡丹坪、熊北村都浸泡在洪水中，洪水穿村而过，在村庄和公路上肆意横流，有的房屋被冲得只剩下一面墙，原熊北道班房屋全部被冲毁，村民们有的投亲靠友，有的被迫在地势相对较高的公路上搭起了帐篷，2 517公里加485米甘沟桥半幅被冲毁垮塌；2 518公里加900米右侧山体塌方滑坡；2 520公里加640米处瀑布状的泥石流飞流而下，2 522公里加700米小山似的泥石流横亘在公路上，2 522公里加780米处的泥石流淤积得超过了波形护栏的高度。

灾情发生后，陇南公路总段迅速启动紧急抢险预案，评估受灾情况，抢修人员克服困难，争取早日恢复公路交通。在第一时间以多种方式发布了路况信息，陇南电视台滚动播出，陇南总段网站发布，公路沿线的LED屏滚动显示，与交通广播连线，张贴公告，并将危险地段用彩色小旗圈起来，或者用装满了砂石的编织袋围起来，以不同方式告知去往天水方向的车辆从省道219线(祁山堡—抛沙镇)绕行。8月18日晚，连夜召开会议，研究保通方案、细化抢修方案，部署安排8月19日的工作。同时，陇南总段紧急调用战备钢架桥等各种大型抢险救灾机械赶赴现场，争取在最短时间内恢复交通。

8月19日，陇南总段从各处调集的大型车辆基本全部到位，开始抢修。陇南总段盐官公路段从天水方向进入陇南，清理2 522公里加700米、2 522公里加780米处八盘山2处大型泥石流堆积，打通单车道。国道316线2 517公里加330米处，全幅路基被洪水吞噬，左侧村庄被淹。2台挖掘机和2台装载机协同作战，在村庄的左侧修筑便道，将8月18日匆忙开设的狭窄便道加宽。在2 517公里加485米处，即甘沟桥半幅被冲垮处，公路右侧的河道里开设了便道，便于尽快修复桥梁。陇南公路总段盐官公路段、成县公路段、徽县公路段、两当公路段、工程处共出动人员200多人，出动装载机7台、挖掘机3台、翻斗车14辆、工作用车20余辆，搭设便桥4条，长度总计1 000多米；打通阻车路段20余处，清理堆积1万余立方米。8月20日21时，国道316线麻沿至八盘山段水毁阻车路段，可通行小汽车、三轴以下总重30吨以下货车和中小型客车；30吨以上货车和大型客车请绕道省道219线(祁山堡—抛沙镇)。8月21日20时，国道316线麻沿—八盘山水毁路段所有车辆可正常通行。

据统计，“8·17”暴洪灾害给陇南境内国道316线造成阻车47处，损失达2 822.96万元。共计冲毁沥青路面3.93万平方米，冲毁路基8.8万立方米，冲毁挡墙1.32万立方米1 700米，冲毁桥梁10米，冲毁涵洞53米，涵洞淤塞258立方米，塌方27.45万立方米，泥石流8.71万立方米，边沟淤塞3 610米，河床淤塞7.8万立方米。另外损坏殷家沟道班砖木结构房屋14间、麻沿超限站职工宿舍砖木结构房屋6间、熊北道班砖木房11间、院墙80米，八盘山隧道管理站砖混危房12间、房后挡墙430立方米。

自8月18日抢修以来，陇南总段共计投入机械设备装载机32台128台班，挖掘机12台48台班，运输车60台240台班，通勤车8台32台班。投入职工370人1 480工日，雇用民工540人2 160工日。砂袋7.6万个，开挖便道1 200米，砂砾换填2.02万立方米，备片石1.02万立方米，埋置管涵48米6道，设置标志牌80个。

(贾文琴　韩智琼)

【甘南发生重大洪涝灾害干线公路受损严重】 2011年8月15日14时48分至20时45分，甘南藏族自治州合作市、迭部县等地突降暴雨，降雨量为38.6毫米，暴雨引发山洪和泥石流，导致国道213线临夏至合作公路、省道210线岷县至代古寺公路、省道313线代古寺至花园公路多处路段公路驳岸、护坡被冲毁,路基被掏空,交通完全中断。灾情发生后,甘南公路总段迅速启动了公路突发事件应急预案,第一时间组织抢险人员及装载机、挖掘机、钢丝、尼龙袋、路基回填料、石块等抢险物资全面展开抢险。经过全体公路抢险人员连续15个小时的艰苦抢修,国道213线235公里加800米处的路基掏空路段等受灾严重的几处路段于8月16日凌晨恢复交通,省道210线腊子口至代古寺、省道313线代古寺至花园公路也于16日中午12点30分全面抢通。8月18日,在230余名养路职工的艰苦奋战下,被“8·15”重大暴洪冲毁的213国道唐尕昂段及省道313线代古寺至花园段、省道210线腊子口至代古寺段水毁公路已经完全恢复双向交通。

(后志良)

【舟曲公路职工奋力抢修水毁公路】 2011年7月20日18时,舟曲突降暴雨,持续40分钟,降水量达65毫米,省道313线41公里至62公里峰迭至巴藏段共发生48处大面积泥石流,4座桥梁和7道涵洞发生淤塞,5 176米边沟被堵塞。18时58分,舟曲公路管理段冒雨出动2台装载机、1辆翻斗车、1辆路政执法车、1辆公路养护通勤车及26名抢险人员,紧急展开抢险保通工作。经过8个小时奋战,泥石流、塌方路段全线抢通,共清理泥石流1.55万立方米。7月25日18时,舟曲县又突降30多分钟强暴雨,省道313线舟曲县城至峰迭新区段26公里600米处、26公里800米处、28公里407米处、28公里800米处四个路段暴发泥石流,交通中断,车辆被阻,正在进行舟曲灾后公路重建施工单位的2台发电机和部分钢模板、钢管被泥石流冲走。舟曲灾后交通重建项目办迅速组织6台装载机和1台挖掘机紧急开展泥石流清理工作。经过抢险人员努力,20时40分26公里600米处和26公里800米处率先抢通,21时10分28公里407米处最大的一处泥石流堵塞也被抢通。 (后志良 张学忠)

【舟曲特大山洪泥石流灾后交通恢复重建工程开工】 2011年4月9日上午10点,总投资4.55亿元的舟曲特大山洪泥石流灾后交通恢复重建工程正式开工建设。省交通运输厅党组书记、厅长杨咏中,舟曲灾后重建前方协调领导小组常务副组长任燕顺,省公路局党委书记任忠章及甘南州领导毛生武、范武德、雷和平,甘南公路总段、甘南州交通运输局、舟曲县主要负责同志应邀出席典礼,杨咏中、毛生武作了重要讲话,杨咏中宣布舟曲特大山洪泥石流灾后交通恢复重建工程正式启动,灾后重建项目办、施工、监理、养护、运管、路政部门的代表参加了开工仪式。舟曲灾后交通恢复重建工程总投资4.55亿元,其中由省交通厅承担援建项目投资4.112亿元,舟曲县政府实施15条农村公路82公里,投资为4 380万元。舟曲县城至峰迭新区改扩建公路全长16.74公里,设计标准为公路二级,路基宽12米,峰迭新区沿山过境段1.46公里,路基宽25米,路面宽17米。全线共设置大桥3座,中桥4座,隧道2条1 096米,2012年10月底全部完工并交付使用。两河口至舟曲县城道路维修工程,2011年9月底完工并交付使用。总规划1 500平方米的舟曲县汽车站于2012年7月底交付使用,总规划3 500平方米的舟曲公路管理段办公楼及总规划3 000平方米的县货运站,2012年6月底交付使用。舟曲公路养管站、舟曲路政大队综合业务楼于2011年年底前全部完工并交付使用。由舟曲县政府负责实施的3条县乡及12条村道在年底前完工并交付使用。 (后志良)

【舟曲灾后交通恢复重建项目进展顺利】 自2011年3月4日进场以来,在省重建办、省舟曲灾后重建前方协调指导小组、省交通运输厅及省公路管理局的正确领导下,在甘南州委、州政府和舟曲县委、县政府的大力支持下,经过全体参建人员的不懈努力,舟曲灾后交通恢复重建项目顺利完成了年度计划任务,取得了阶段性成果。截至年底,舟曲灾后交通重建项目完成总工程量的72.79%。为了确保交通灾后恢复重建工作有序开展,项目办按照“整体推进,重点突破,全线统筹,分步实施”的原则,对建设任务进行细化分解,各参建单位紧紧围绕灾后交通重建大局,科学组织,精心施工,有力推动了重建项目稳步推进,项目受到省委、省政府、交通运输部领导的一致好评。一是严格质量管理。细化设计、施工、监理和业主单位的质量责任目标,做到分层管理,逐级负责。从细微处入手,把工程建设质量落实到每个技术环节、每道工序、每个岗位,全面消除质量通病。二是加快工程进度。充分考虑影响工程进度的不利因素,倒排工期,加班加点,实行三班倒。针对节点工程工期短、任务重、质量要求高的形势,加强路面材料采备,加快路面设备进场,确保标准示范节点工程目标按期实现。三是加强协调沟通。项目办积极主动与地方政府、沿线乡镇共同做好群众工作,加强与其他援建单位的协调,解决好相关问题,按期完成了征地拆迁任务,保证工程顺利开展。四是完善监管措施。成立质量、安全、廉政建设领导小组,建立和完善了管理制度。坚持推行工程合同与廉政合同“双合同制”,加大对设计变更、材料采购、资金拨付等环节的监督力度,形成有效的监督机制。与施工单位、银行共同签订了三方资金监督协议,确保灾后重建资金安全运行。四是狠抓安全生产。建立健全安全生产责任制,抓好施工现场组织管理,合理布设施工作业区,保证施工现场整洁有序。加强路容路貌整修,加大施工路段保畅投入,创造良好的施工环境。在施工路段设置规范醒目的指示、警示标志,派专职人员疏导交通,确保施工路段行车安全通畅。 (柳锦琪)

【甘南舟曲灾后交通恢复重建项目进展顺利】 截至2011年12月20日,舟曲灾后交通重建项目累计完成投资2.99亿元,占总投资的72.79%。省道313线两河口至舟曲段维修工程已完工,省道313线舟曲至峰迭新区连接线工程完成投资2.48亿元,占概算投资的71.43%;控制性工程锁儿头、武都关和咀疙瘩大桥梁板预制已全部完成。15条农村公路累计完成投资2 608万元,占概算投资的59.5%。 (后志良)

【甘南总段全力保障汛期公路安全畅通】 2011年8月进入公路水毁主汛期后,为确保主汛期内道路桥隧安全畅通,甘南公路总段集中对管养的8条国省干线公路路基、路面、桥涵、隧道、构造物进行了全方位、无缝隙安检,及时修复易毁路段排水设施,清除桥涵、渡槽淤塞,在公路急弯陡坡、视距不良路段增设了安全设施和警示标志,以确保主汛期公路安全畅通。为了做到有备无患,甘南公路总段在主汛期到来之前，提前储备好足够的钢板、木材、砂石、水泥、编织袋、帐篷、燃料、应急救援车辆等防汛抢险物资，同时组织技术人员对国省干线公路、重要旅游公路和临江、沿河、山区等灾害易发公路重点监控，加大上路巡查频率，及时发现、排除安全隐患，对大型桥梁、隧道等重点部位、重点区域安排专人24小时值守，遇有险情，及时采取措施，防止险情扩大。积极与当地气象、水利、国土、地质等部门建立协作机制，收集雨情、水情、地质灾害、气象预报等信息，随时掌握气象、地质动态，做好局部暴雨、山洪、泥石流的防范工作，以全面提高预测预警能力。同时加强主汛期值班值守工作，实行24小时值班制度，保持所有值班人员通讯畅通。（李少光　后志良）

【甘南总段全力抢修地震受损公路】 2011年2月23日晚21时32分，甘南藏族自治州迭部县与岷县交界处发生4级地震，震源深度为6千米，震中位于北纬34.3°东经103.9°，此次地震造成省道210线岷迭公路沿线的迭部县腊子乡、桑坝乡、卡坝乡及卓尼县部分地区震感强烈。省道210线铁尺梁盘山公路部分路段损毁严重。灾情发生后，甘南公路总段连夜出动50名抢修人员、2辆通勤车、1辆装载机、2辆翻斗车立即上路对位于震中附近的2座隧道、7座桥梁进行了现场巡查，及时清理省道210线铁尺梁盘山路段及腊子口一带发生塌方、落石的19处共940立方米，清理省道210线40公里至55公里处路面落石。（后志良）

【临夏公路总段抢修公路水毁】 2011年9月下旬，临夏地区普降中到大雨，致使该地区的国省干线及农村公路发生塌方、泥石流、水穿洞、排水设施损坏、房屋塌陷等自然灾害，道路交通受到影响。灾情发生后，承担该路线养护管理任务的临夏公路总段立即启动公路防汛抢险应急预案，集中近100名养路职工、2台轮式挖掘机、12台养护车、6台装载机，投入到水毁抢修工作中，为道路及早通行提供了强有力的保障。临夏公路总段领导在第一时间赶赴事发现场，研究制定了抢修方案及具体措施，组织职工、机械设备进行抢修，加强对施工现场的安全管理，在施工路段设立了醒目的警示标志，路政人员合理分工，指挥、疏导交通，经过全体职工的艰苦奋战，道路交通恢复。该总段还积极组织职工上路作业，认真开展标准化养护活动，及时恢复路容路貌，清理塌方，修补坑槽，修复被毁坏桥涵，疏通排水系统，加强日常巡查，严格落实汛期值班制度，实行24小时监测，做好水毁记录，特别是加强对高边坡、危险桥梁、涵洞及易发水毁路段巡查监测，确保过往车辆和行人的安全通行。（刘志功）

【临夏公路总段全力保障舟曲灾后重建公路畅通】 2011年，临夏公路总段制定四项具体措施，全面做好通往甘南舟曲灾后重建公路养护保通保畅工作，为舟曲灾后重建提供良好的道路通行条件，保证灾后重建物资顺利运抵灾区。一是将省道309线康临路、国道213线临合路作为养护重点，全面加强日常养护管理工作，确保养护人员、机械设备全部到位，加大公路养护巡查力度，路面病害随发现随处治。特别是对这两条公路的路基路面、桥梁涵洞和路容路貌进行全面养护，继续保持和发扬迎国检时的路况质量和服务水平，为舟曲灾后重建提供良好的道路通行条件。二是加强公路应急保通和水毁预防工作。该段将在全面排查辖区公路安全隐患的基础上，进一步完善公路高危边坡、易滑塌、泥石流常发路段、易发生水毁路段的应急预案，明确抢险措施，加大巡查频率。同时做好抢险机械和应急物资的准备工作，确保防汛抢险保障队伍时刻处于待命状态，力保汛期公路安全畅通。三是加强养护作业区管理，保障车辆安全通行。进一步加强养护作业和施工现场的安全管理，严格按照公路养护安全作业规程和公路养护安全作业"八不准"的要求，做好养护施工作业区的布设和管理，保障车辆安全通行。四是做好收费公路服务保障工作。该段要求下属的康临、临合收费所要进一步加强管理，提高收费服务水平，各收费站点设立专用车道并放置统一的"专用通道"指示牌，灾后重建物资运输车辆出示相关通行证件均免费通行，警卫人员应在车道积极配合收费员指挥疏导交通、检验通行证件，保证车辆快速、安全通过。（刘志功）

【金昌公路总段加强汛期公路安全保畅工作】 2011年汛期，金昌地区连续降雨，山区多处发生泥石流，金昌公路总段积极行动，采取有力措施，确保汛期公路的安全畅通。一是进一步完善防汛抢险应急预案，储备了编织袋2 500条，铁锹240把，洋镐50把，铅丝网20米，锥形桶300个等充足的防汛抢险物资，落实抢险机械车辆，防汛抢险保障队伍随时待命，做到准备充分。二是严格落实主要领导带班的24小时汛期值班制度，加大公路巡查力度，坚持雨中巡路，确保信息畅通。三是认真开展路况检查，对管养路段的路基、路面、纵向排水、防护、桥涵以及养管站房屋、收费站亭等设施进行汛前检查，对桥梁、涵洞、高边坡、地质复杂路段加大检测和养护力度，确保安全度汛。四是加强养护维修工程防汛工作，对正在实施的养护维修工程和往年易发生水毁的路段、桥涵，制定了切实可行的防范措施，进行重点监控。五是在总段网站、收费站电子显示屏等处及时发布路况信息，提醒过往车辆加强雨天安全防范，确保行车安全。（高中华）

【张掖公路分局高台公路段职工连夜抢通水毁路】 2011年7月2日，高台县内持续降雨，局部地区出现短时特大暴雨，引发山洪，造成国道312线2 730公里400米至2 739公里200米路段部分路基坍塌、路面淤积，严重影响了公路安全通行。张掖公路分局高台公路段应急抢险领导小组第一时间赶赴现场，并启动了公路紧急抢险预案，组织抢险突击队和抢险机械赶赴现场连夜进行抢修。在水毁路段设置醒目的警告牌、示警桩等标志，安排专人指挥疏导交通，确保施工安全。按照先抢通、后修复的原则，共投入人力40多人，出动机械3台、应急照明设备2台，经10个小时抢修，在7月3日凌晨3点恢复道路正常通行。在险情得到控制后，该段组织人员对降雨区域易遭水毁、易发生地质灾害的重点路段进行再一次排查，对不同路段的路面淤积指派人员进行清理。本次应急抢险，共填筑路基1 100多立方米，清理路面淤积8公里。目前，道路后期修复工作正紧张有序进行。

（李晓云　赵来德）

【酒泉公路养护职工众志成城降洪魔】 2011年6月15日至16日，敦煌市遭遇罕见暴雨袭击，敦煌市火车站交通受阻，车站部分建筑物受到洪水威胁，农户房屋被洪水冲毁。暴雨诱发山洪，致使省道314线敦煌旅游专线72公里至98公里段多处路基损毁，沿线桥涵防汛形势严峻，市区通往莫高窟的110线专用公路被洪水冲断，大桥西防洪坝遭洪水侵蚀，大量游客滞留。敦煌公路管理段迅速启动暴雨和洪水灾害应急预案，调集14台机械和沙袋等抢险物资，班子成员分头带领全段150余名职工组成两个应急抢险队，分赴两条线路进行抢险。大部分机械赶往110线专用公路，机械配合人工推筑防洪坝，防止险情进一步恶化，另一部分职工对省道314线火车站水毁路段实行交通管制，并在危险路段设立警示标志。全段职工齐心协力，连夜奋战，截至17日凌晨，省道314线全线通车，冲毁路基填筑完成。瓜州公路管理段50名职工和6台机械于6月15日夜晚，冒着瓢泼大雨在省道314线加固上游拦水坝，清理漂浮物，保证洪水顺利通过桥涵，同时抓住雨势减弱时机，清理路面泥浆和淤砂200立方米。安敦公路收费管理所帮助受困老乡把牲畜赶进收费所院内，让受困司乘人员和旅客把车开进院内高处，并为他们买来食物。17日凌晨雨势减弱后，收费所职工又连夜对收费广场进行清淤，17日早上8时，淤泥清理完毕，道路恢复通行。敦当项目办职工在大雨中，坚持冒雨排查水毁情况，同时协助交警部门疏导交通，维持行车秩序。18日，项目办抽调装载机、挖掘机、翻斗车等20余台设备、防洪沙袋5 000多个，组织抢险人员240多名全力展开水毁抢修工作。高养中心针对国道30线嘉安高速公路2 485公里至2 497公里路段多处拦水坝、边沟、路基、涵洞八字墙被大雨破损的情况，抽调30名养护人员，调集装载机、康明斯等8台机械组成应急抢险队，冒雨展开应急抢险工作。经过10多个小时的努力，于次日凌晨3时，完成了涵洞八字墙填方工作。 (酒泉公路总段)

【酒泉公路总段进行高速公路冰雪灾害应急抢险演练】 2011年1月，酒泉公路总段在酒泉高速交警川北大队和玉门高速路政大队的协同下，在国高30线嘉安高速公路上进行了一次大规模高速公路冰雪灾害应急实战演练。参与演练人员达到105人，其中高速公路养护人员83人、高速交警12人、高速路政执法人员10人，参演车辆20台，动用应急防滑料10立方米、融雪剂1吨。针对实战演练，酒泉总段高养中心以冬季有可能出现的一切情况为依托，拟定了完整的演练方案，对车辆和油料保障、安全设施保障、通信联络保障、现场安全保障及后勤服务保障和物资保障都作了严密安排。演练前，总段应急工作领导小组召开动员会，向职工认真解读演练方案，并针对演练中可能出现的问题准备了第二套方案。

1月19日早晨7点，实战演练拉开序幕。24小时值班人员接到玉门养护工区巡查人员电话："连续一夜的中雪于早6时50分停止，造成嘉安高速公路2 510公里至2 550公里路段大面积积雪，严重危及高速公路安全通行。"值班人员立即将信息报告值班领导，中心应急抢险领导小组迅速启动了《高速公路冰雪灾害抢险应急预案》，同时联系高速交警川北大队和玉门高速路政大队，请求协作，及时封闭部分险情严重路段车道，并通过收费站LED电子显示屏向社会发布路况信息，提醒过往司乘人员减速慢行。经过紧张调配，3个突击队共计83人和20台机械于9时在险情严重路段完成集结。现场演练总指挥下令后，抢险队员迅速在该路段设置警示牌，高速交警和路政人员也同时到达指定地点，疏通过往车辆，提醒司乘人员注意安全。在预定积雪路段，3个突击队先人工撒布防滑料，再开动多功能除雪车，进行部分除雪和机械撒布融雪剂工作，最后人工撒布融雪剂。抢险队员们同时对模拟出现的轻微薄冰路段进行了融冰处理，启用提前储备的防滑料在积雪严重路段、爬坡路段、急转弯路段和大中型桥面撒铺防滑料，防止车辆发生事故，并运用交警车辆和路政车辆对模拟冰雪严重路段进行车速压制，对冰雪严重路段进行机械除雪。演练完成后，抢险突击队将路面上的融雪剂和防滑料全部清扫至行车道，最后由清扫车将路面上的融雪剂和防滑料清扫回收装袋储存。演练在预定时间内结束，演练路段交通恢复正常。 (李皓林)

【阿克塞县境内公路水毁损失严重】 2011年6月15日至16日，阿克塞县连降大雨，局部暴雨，致使县境内所有道路水毁严重，并有多条道路中断，灾情发生后，县交通运输局立即启动抢险救灾应急预案，成立抢险救灾领导小组指挥抢险救灾，抽调4台越野车辆进行灾情调查和一线指挥救灾。组织人员30名，调集大型机械2台参与省道314线公路水毁抢修作业，进行道路疏通，到6月16日11时，抢险队伍全力疏通省道314线20公里工业园区至阿克旗乡多坝沟村段74公里路段。6月18日15时至17时，山区再降暴雨，将刚刚修复通车的省道314线再次冲断，省道314线除大草滩至柳城子沟段60.1公里沥青路段可基本通行外，其余158公里砂砾路段基本冲毁，此次降雨对交通道路造成财产损失，仅省道314线公路经济损失达860万元。此次洪灾造成全县交通运输业经济损失约2 030万元。 (阿克塞交通运输局)

安全生产

【甘肃省创建公路水运工程"平安工地"】 2011年12月22日，省交通运输厅举行甘肃省公路水运工程"平安工地"创建授牌仪式，并授予成武高速、雷西高速、金武高速等3个建设项目为甘肃省公路水运工程"示范项目"，授予武罐8标(甘肃路桥建设集团)、武罐14标(中交一分局第一工程公司)、武罐22标(中铁四局集团第一工程公司)等20个标段为"示范合同段"。省交通运输厅副厅长阮文易参加了授牌仪式并讲话。据悉，10月20日至26日，"平安工地"建设活动领导小组办公室组织省交通质监站、厅工程处、省路桥投资公司、长达公司、远大公司和路桥集团公司相关人员及专家根据相关法律法规规定，对全省在建的重点公路工程建设项目进行了示范达标验收，并评选出"示范项目"和"示范合同段"。阮文易指出，开展"平安工地"建设活动是交通运输部党组根据交通运输基础设施建设领域新一轮大发展、大建设的形势，为促进全行业安全发展,在全国范围内开展的一项重大活动。我省交通运输行业自2011年开展"平安工地"创建活动以来,各从业单位高度重视,能够真正把"以人为本、安全发展"的理念落到实处,交通运输安全生产工作取得了不错的成绩,安全生产形势相对平稳。阮文易要求,各单位要充分认识开展"平安工地"建设活动的重大意义,统一思想,积极部署,进一步明确目标,强化措施;要切实加强领导,全面落实安全生产责任;要建立健全制度,推动安全生产有序发展;要继续深入开展"安全生产年"、"平安工地"建设活动,推进安全生产形势持续稳定。 (厅新闻信息中心)

【交通运输部对甘肃省公路工程质量安全进行综合督查】2011年5月20日至22日,交通运输部质监总站站长李彦武带领部督查组,按照交通部《公路水运工程质量安全督查办法》(交质监发〔2008〕52号)的有关要求,对我省高速公路在建项目质量安全进行了督查。督查组首先听取了省交通运输厅的工作汇报,之后督查组深入到永古高速公路项目,对质量安全进行了现场检查。省交通运输厅副厅长赵彦龙和厅有关处室、质监站、路桥投资公司的负责人陪同检查。本次督查分综合、桥隧、路基路面和内业资料4个组,采取听取汇报、现场查看、随机抽查和检查内业资料等方式进行。在督查意见反馈会上,4个小组分别通报了检查情况,对被检项目在质量和施工安全方面所取得的成绩和好的做法给予了肯定,同时提出了具体的意见和建议,李彦武站长作了重要讲话,对我省高速公路工程建设质量和安全提出了5点具体要求:一是要进一步落实责任,质量是靠干出来的,不是靠监出来的,工程项目法人、项目经理、项目监理是落实责任的关键人物,一定要树立责任意识,忧患意识,增强紧迫感。二是进一步提高工程设计水平,加强设计管理。设计是工程的灵魂,要加强设计标准化管理,努力实现设计的标准化。三是要进一步加强施工过程的全面管理,做到规模化、精细化施工,实现规范化、标准化管理。四是对工程质量要高标准、严要求,对施工的每个环节都必须按标准和规范来要求,只有实行铁的纪律,才能保证安全质量,要严格信用评价考核体系的运用,将其作为投标的考核条件之一。五是进一步加强安全管理,尤其是要抓好隧道施工的安全工作,从技术措施上严格把关,做到稳扎稳打,步步为营,确保施工安全。根据检查出的质量安全问题,结合李站长的讲话要求,赵彦龙副厅长表示,我们将在近期组织一次全省公路工程质量回头看活动,进一步提高思想认识,落实责任,完善管理措施,努力提升工程质量,使我省的工程质量再上一个新台阶。

(厅安全监督处)

【交通运输部来我省调研交通运输基层应急队伍建设情况】2011年11月14日—17日,由交通运输部应急办副主任许湘华带队的交通运输基层应急队伍调研组对我省交通运输安全应急保障工作、队伍建设等情况进行了调研。我厅赵彦龙副厅长、厅机关相关处室及厅属有关单位负责人陪同调研组进行调研。调研组采取"召开座谈会、实地调研"的方法先后对省高速公路应急指挥中心、兰州总段北龙口交通应急物资储备库、省交通战备应急指挥中心、训练基地以及天水高速公路管理处麦积隧道应急救援大队等单位进行了实地调研。调研组充分肯定了我省交通运输安全应急管理工作,并就在调研过程中有关"机制体制、资金保障、综合协调、科技支撑、应急队伍建设、专家库建设"等提出的重点、难点问题进行了解释并提出了相关意见和建议:一是要完善机制体制。明确各级职责、加强应急值守、信息汇总、各级协调、畅通联络渠道。二是要加大资金保障。加大应急保障的资金投入,交通运输部正在研究出台应急补贴机制,从资金的来源、方式进行规定。三是加强科技支撑。加强部、省应急平台建设,为高效便捷的信息汇总提供科技支撑,确保交通运输应急信息畅通。四是加强应急队伍建设。要大力解决制约交通运输科学发展、人才建设等方面的问题,加强兼专结合的人才队伍建设。许湘华指出,甘肃省交通运输厅高度重视安全应急工作,采取有力措施,特别是队伍建设、应急反应处置等工作特色鲜明,成效显著。当前,要进一步加强应急值守、对外联系、综合协调、信息汇总等工作,加强与公安、交警的协调,在必要的时候一同出警。要进一步结合平时演练,完善应急预案,建立预案评审机制,指导基层在预案的制定上要做到"具体化、实用化"。要进一步加大资金投入,根据有关规定,多方协调,确保应急保障资金投入。完善应急体制,提高应急保障能力,确保交通运输应急管理工作稳中求进。

(厅人事劳资处)

【全省公路工程质量安全监督交底会在兰召开】2011年3月11日,全省公路工程质量安全监督交底会在兰州召开。此次会议主要就一些管理系统的使用方法、公路工程质量监督手续办理、监督检查、交工验收程序、质量责任制落实、施工企业信用评价、工程质量控制及安全监管,工地试验室、现场专项检测管理、交竣工检测管理、试验检测信用评价、监理工作管理、质量责任制对监理单位的要求、监理从业单位及人员信用评价等内容展开讨论。

(省交通质监站)

【全省公路系统安全工作会议召开】2011年7月25日,省公路管理局召开全省公路系统安全工作会议,对进一步加强桥梁养护及安全工作进行全面部署。省交通运输厅副厅长、省公路管理局局长赵彦龙就当前全省公路系统安全工作提出了7个"确保"的要求。一是确保思想认识到位。各总段(分局)要从思想上深化对安全工作重要性的认识,尤其是要把桥隧安全作为重中之重来抓,总段(分局)行政至少每季度专题研究一次桥梁隧道养护管理工作,党委至少要每半年专题研究一次桥梁养护管理工作,总段(分局)至少半年组织一次桥梁养护管理工作检查。特别是党政一把手要亲自研究、亲自部署、亲自督促、亲自检查,形成党政齐抓共管桥梁安全工作的良好局面。二是确保安全责任落实到位。总段(分局)行政一把手要担负起安全生产第一责任人的责任,全面落实好以桥梁隧道专职工程师为主的桥梁隧道养护管理责任制。三是确保安全规章制度落实到位。各总段(分局)要进一步细化落实规章制度,强化全员安全教育,确保养护生产作业区布置、每一道工序、每一个环节、每一个行为都符合安全生产规定。四是确保安全监管措施落实到位。领导干部要深入基层、深入现场，加强监管，搞好服务，做到监管措施、技术力量和保障措施“三落实”。五是确保安全整改措施落实到位。各总段(分局)要立即组织开展公路安全生产全面自查，切实做到自查后的整改措施到位，要按照“深挖隐患，强力整治”的要求，建立健全安全隐患排查治理常态化机制。六是确保职工人身意外伤害保险和工伤保险落实到位。加大与当地人社、财政等部门的沟通协调，及早为全体职工尤其是一线职工办理工伤保险。七是确保关心职工生产生活措施落实到位，加快养护作业机械化进程，减轻职工劳动强度，为一线职工创造良好的生产条件。进一步加强安全生产工作，严防死守，确保全省公路安全畅通，确保全行业安全生产形势的稳定。

(省公路管理局)

【省安委会、省安监局领导调研我省交通运输行业安全生产工作情况】 2011年3月7日，省安委会办公室主任、省安监局局长王建中，省安监局副局长周仲平等一行调研我省交通运输行业安全生产工作情况，省交通运输厅副厅长阮文易陪同调研。调研组实地察看了省公路运输管理局道路运输应急指挥中心和省高等级公路运营管理中心高速公路调度指挥中心，了解了全省道路运输安全生产及CPS应用、高速公路运营安全生产及安全监控情况。在座谈中，调研组充分肯定了省交通运输厅安全生产监管工作取得的成绩，同时，要求全省交通运输行业要认真学习《国务院关于进一步加强企业安全生产工作的通知》和《甘肃省人民政府关于进一步加强企业安全生产工作的实施意见》，认真落实安全生产政府监管和企业主体责任，继续深入开展“打非治违”行动；深化交通运输行业专项整治，加快GPS动态监管推广工作，确保按期完成“两客一危”车辆GPS监控系统安装，推进道路交通运输企业安全标准化创建；加强公路、水运、机场建设项目安全监管，建立完善水上搜救奖励与补偿机制；推进道路运输行业应急救援能力建设，严格事故查处，落实事故和隐患挂牌督办制度，强化事故预防，将安全生产工作做得更细、工作做得更实，确保全省交通运输行业安全生产形势保持稳定。

(厅安全监督处)

【省地方海事局制定2011年水上交通安全生产工作重点】 为深入贯彻落实科学发展观，牢固树立以人为本、安全发展的理念，为贯彻落实2011年全省交通运输行业安全生产电视电话会议精神，为确保公路工程建设项目安全顺利实施，近期，甘肃省地方海事局结合行业实际，制定了2011年水上交通安全生产工作重点。一是全面落实水上交通安全主体责任。继续与各市州交通主管部门、海事管理机构签订安全管理目标责任书，进一步落实水上交通安全管理责任，明确水路交通安全工作目标和工作重点；逐步建立以县级人民政府为主体的渡口渡船安全管理体系，督促、指导县乡政府落实水上交通安全职责，通过签订责任书以及通报和抄报上级政府等方式加强责任落实力度；加强同省安监局、渔业及相关部门联系，加大执法力度。二是继续深入开展渡口渡船专项整治活动。结合我省实际，严格按照全国渡口渡船安全管理专项整治活动的要求，加强领导，强化薄弱环节的专项整治，在各地验收的基础上进行抽查，并力争通过全国渡口渡船专项整治活动办公室的检查验收。三是加强重点监控，强化重点时段、重点区域的基础管理。加大执法力度，认真履行安全监督职责，抓好日常安全管理工作，杜绝重大水上交通事故的发生；认真部署节假日等人员集中时期和汛期等季节性恶劣天气及“安全生产月”、“反三违月”、“航海日”等重点时段的安全工作；突出重点，加强“三库两段”水域、“四客一危”船舶和渡口渡船等重点的安全管理。四是认真组织开展水上交通“安全生产年”、“打非治违”、“应急双基”等安全专项整治活动。按照全省交通系统的统一安排部署，强化责任，加强”一案三制建设”，通过安全监管队伍建设、海事科技和信息化建设、设施设备建设，提升水路交通安全应急救援和保障能力；开展水上重大险情、事故隐患监控、整治和管理工作；集中整治水上交通违法行为活动；对以往检查中发现的对安全航行有重大影响的隐患和突出问题的整改情况进行督查。五是加大应急救援体系和内河水域巡航救助一体化建设，建立和完善全面应急救援预案，提升应对公共突发事件的工作能力和水平。加快信息化建设，完善搜救设施的配备；对我省航运企业、打捞企业进行一次摸底，整合资源，并按照部海事局的要求，建立搜救补偿和奖励制度，从资金来源到奖励措施做出明确的规定，在真正意义上鼓励社会力量参与水上搜救和人命救助；组织开展海事船艇人员巡航救助技能培训；指导各地海事机构应急演练工作，督促检查各地应急救援管理工作。六是开展未设海事机构的10个市州的船舶登记和管理工作，做好船舶登记证书的发放工作及加强水上水下施工作业的审批工作。七是继续抓好宣传工作，不断加大对水运安全法规的宣传。增强管理者的责任意识，经营者的守法意识，船员按章驾驶意识和乘客自觉维护生命意识。保障水路运输健康有序、和谐发展。

(省地方海事局)

【省交通运输厅部署2011年“安全生产月”活动】 2011年是全国第10个安全生产月，活动时间为2011年5月30日至6月30日。为深入贯彻全国及全省安全生产电视电话会议和《国务院关于进一步加强企业安全生产工作的通知》精神，按照中共中央宣传部等七部门《关于开展2011年全国“安全生产月”活动的通知》和交通运输部《关于开展2011年交通运输“安全生产月”活动的通知》要求，2011年6月省交通运输厅印发了《关于在全省交通运输行业开展“安全生产月”活动的通知》，对全省交通运输行业2011年“安全生产月”活动作出安排部署。要求全省交通运输系统各单位结合继续深化“安全生产年” 活动和打击非法违法生产经营建设行为专项行动的各项重点任务，以宣传贯彻国务院《通知》文件为核心，以强化安全意识、提高安全素质为着力点，唱响“安全发展”主旋律，深入开展安全生产宣传教育行动，加大安全文化、安全法律、安全科技和安全知识宣传普及，推动交通运输行业认真贯彻落实国务院、交通运输部和交通运输厅关于安全生产一系列安排部署，严格落实安全生产主体责任，有效防范和坚决遏制重特大事故的发生，促进交通运输安全生产形势的持续稳定好转，为安全生产工作提供有力的思想保证、精神动力和舆论支持。通过安全生产事故警示教育周活动、安全生产宣传咨询日活动、安全生产调研交流活动、应急预案演练活动“安康杯”竞赛和“青年安全生产示范岗”等活动形式，采取观看警示教育片、研讨交流、宣讲报告、演讲、文艺演出、影视放映、送安全科技成果和安全文化到企业、展览展示、事故隐患大排查等方式和手段，有针对性地开展交通运输安全生产宣传教育活动。（厅安全监督处）

【省交通运输厅深入贯彻四部委精神加强全省道路运输动态监管工作】 为认真贯彻落实交通运输部、公安部、国家安全生产监督管理总局、工业和信息化部联合下发的《关于加强道路运输车辆动态监管工作的通知》(交运发〔2011〕80号)精神，省交通运输厅与省公安厅、省安监局、省工信委联合下发了《关于加强道路运输车辆动态监管工作的通知》，全面加强道路运输车辆动态监管工作，预防和减少道路交通事故，确保2011年12月31日前所有旅游包车、三类以上班线客车和运输危险化学品、烟花爆竹、民用爆炸物品的道路专用车辆(以下简称“两客一危”车辆)，安装使用具有行驶记录功能的卫星定位装置(以下简称卫星定位装置)工作全部完成。《通知》要求：一是各级交通运输、公安、安全监管、工业和信息化部门要把加强动态监管工作作为一项重要任务，思想上高度重视，工作上精心组织，结合各自安全生产工作实际，制定切实可行的工作方案，细化各项工作措施，建立协调合作机制，加强部门协作，形成监管合力，确保“两客一危”车辆运行安全。二是全省各道路运输企业要按照国务院23号文件要求，尽快为“两客一危”车辆安装符合《道路运输车辆卫星定位系统车载终端技术要求》(JT/T794—2011)的卫星定位装置，并接入全省重点营运车辆联网联控系统，保证车辆监控数据准确、实时、完整地传输，确保车载卫星定位装置工作正常、数据准确、监控有效。各级道路运输管理部门在为车辆办理道路运输证时，要检查车辆卫星定位装置的安装和工作情况。凡未按规定安装卫星定位装置的新增车辆，不予核发道路运输证。对于已经取得道路运输证但尚未安装卫星定位装置的营运车辆，要督促运输企业按照规定加装卫星定位装置，并接入全省重点营运车辆联网联控系统。从2012年1月1日起，没有按照规定安装卫星定位装置或未接入全省联网联控系统的运输车辆，应暂停营运车辆资格审验。公安部门要逐步将“两客一危”车辆是否安装使用卫星定位装置纳入检验范围。工业和信息化主管部门要对2011年8月1日起新出厂的“两客一危”车辆的卫星定位装置安装情况进行督促检查。三是道路运输企业主要负责人要对本单位所属车辆的动态监控工作全面负责。要按规定为其所属车辆安装符合标准的卫星定位装置，接入符合《道路运输车辆卫星定位系统平台技术要求》(JT/T796—2011)标准的监控平台(或监控端)；制定和完善卫星定位装置安装使用规定，建立动态监控工作台账，根据车辆行经道路的实际情况，设置相应的车辆行驶速度限速标准；配备专职人员负责监控车辆行驶动态，分析处理动态信息；充分运用卫星定位监控手段加强对所属车辆和驾驶员的日常监督，按照有关规定及时纠正和处理超速、疲劳驾驶等违法驾驶行为，对多次有违法驾驶行为的要按照有关规定加重处理，对违法驾驶信息要留存在案，至少保存1年时间；定期检查车载卫星定位装置使用情况，确保车辆在线时间。对不按规定使用、故意损坏卫星定位装置的单位和个人，以及不严格监控车辆行驶动态的值守人员，要依照相关规定给予处理；造成严重后果的，依法追究企业负责人和相关责任人的法律责任。四是各市、州交通运输、公安、安全监管部门要充分利用全国重点营运车辆联网联控系统提供的监管手段，依据法定职责，实施联合监管。各市、州交通运输主管部门负责建立营运车辆动态信息公共服务平台，实现与全省重点营运车辆联网联控系统的联网，利用动态监控手段加强对运输市场秩序管理，并向同级公安、安全监管等有关部门开放数据传送，为政府有关部门和运输企业加强动态监控提供有效技术手段；公安部门根据符合标准的卫星定位装置采集的监控记录资料，严格依法查处超速行驶、疲劳驾驶等道路交通安全违法行为；安全监管部门利用动态监控手段，做好应急指挥及事故调查处理工作。五是各级交通运输部门要进一步完善全省重点营运车辆联网联控系统的各项功能，加强对营运车辆动态信息公共服务平台的维护，制定平台长期稳定运行的保障机制。要落实专项经费，保证公共服务平台长期稳定运行，并申请当地政府将其纳入部门和地方的年度预算。要加强考核，建立逐级考核和通报制度，定期对下级管理机构和运输企业进行考核，并将考核情况报送上级管理部门。六是加强信息报送工作。各市、州(矿区)交通运输主管部门每季度结束5日前要向省交通运输厅报送本地区“两客一危”车辆安装卫星定位装置的情况，交通运输厅、公安厅、省安监局、工业和信息化厅将定期通报各市、州工作进展情况，并对各市、州“两客一危”车辆安装卫星定位装置的情况进行督导。（厅安全监督处）

【省交通运输厅制定《全省交通运输行业安全生产事故遏制行动方案》】 2011年4月21日，省交通运输厅制定了《全省交通运输行业安全生产事故遏制行动方案》，对交通运输系统安全生产工作进行了部署。此次专项行动分安排部署(4月25日至4月27日)、自查整改(4月29日至5月10日)、集中整治(5月11日至5月20日)、依法处理(5月21日至5月31日)、总结提高(6月1日至6月13日)5个阶段进行。省厅要求，各部门、各单位要高度认识开展安全生产事故遏制行动的必要性和重要性，进一步强化行业管理部门的安全监管职责，严格责任分工，周密部署，采取果断措施，强力推进。各市、州交通运输局等部门要针对各自的特点，加强工作指导，强化行动措施，确保取得实效。各单位分管领导要深入一线具体抓落实。要积极开展单位自查和行业管理单位检查工作，省厅将适时进行抽查。在检查过程中要深入车站、码头、客运车辆、船舶和施工现场，彻底排查各类安全隐患。要进一步落实企业安全生产主体责任，督促企业建立隐患排查整改台账，对于排查出的安全隐患，要区分性质和程度，梳理归类，及时整改到位，有效预防安全生产事故的发生。

（厅安全监督处）

【省交通运输厅制定下发《2011年全省交通运输行业安全生产与应急工作要点》】 为加强交通运输安全生产和应急管理工作，保持交通运输安全生产形势稳定发展，交通运输厅制定下发了《2011年全省交通运输行业安全生产与应急工作要点》(甘交安监〔2011〕10号)，要求各单位深入贯彻落实科学发展观，牢固树立以人为本、安全发展的理念，以落实《国务院关于进一步加强企业安全生产工作的通知》精神为核心，确保实现“十二五”时期安全生产工作的良好开局。一是加大考核力度，严格责任追究。全面实行“一岗双责”和“双目标责任考核制”的行业安全目标管理，对发生责任事故的部门和单位，按照“四不放过”原则严肃查处。二是认真履行职责，强化源头管理。通过强化重点监管和推广应用先进科研成果，加强源头监控，进一步严格行政许可制度，突出源头治理。三是突出隐患整改，深化专项整治。紧紧抓住水上交通、道路运输、危险化学品运输和基础设施建设等重点领域，深化“平安工地”建设活动和开展有针对性的专项整治，全面排查和消除安全隐患，确保各项专项整治活动取得实效。四是加强“双基”建设，夯实安全基础。结合“安全生产年”、交通运输安全生产和应急“双基”建设活动的开展，以基层、基础为重点，切实提高交通运输安全生产和应急保障能力。五是落实主体责任，开展安全生产标准化建设。认真贯彻落实国发23号《通知》和甘肃省人民政府《关于进一步加强企业安全生产工作的实施意见》精神，强化交通企业安全主体责任落实。六是完善应急体系，提高安全应急救援水平。随着我厅综合应急指挥平台和水上应急指挥平台建设进度的加快，及时修订和完善各类应急预案，在原有的基础上不断充实扩大应急保障队伍，提升行业安全应急保障能力，同时建立路政、交警、消防、养护等多部门联动的工作机制，达到快速高速、效果最好的目标。

（厅安全监督处）

【省交通运输厅组织开展全省高速公路隧道安全隐患排查工作】 2011年“4·8”较大道路交通事故发生后，省交通运输厅制定下发了《关于立即开展高速公路隧道安全隐患排查的紧急通知》(甘交安监[2011]20号)，根据文件精神，4月9日至11日，由省高速公路管理局牵头，省公路局、路政征稽合署办配合，以兰州、定西、天水、平凉、武威、酒嘉6个收费管理处为组长单位，抽调当地公路总段、临时路政支队人员组成检查组，采取比对先前相关统计资料、徒步巡查、核查监控视频等多种方式，对全省所有高速公路隧道存在的安全隐患进行了排查。此次排查共涉及全省高速公路隧道57座，共排查出安全隐患140余处，主要表现在部分隧道路面损坏、隧道内部渗水造成隧道壁反光涂料脱落、隧道内标志标牌缺损；照明系统、监控系统、消防设施运行不正常；对超高、超宽车辆进入隧道未设置相应指示牌，减速震荡线设置数量少等问题。针对排查出的安全隐患，省高速公路管理局结合“五大系统”改造工程，将这些隐患细化分解融入到了系统改造项目中，制定了《甘肃高速公路隧道安全隐患排查工作实施方案》，成立了工作领导小组，决定从4月11日—28日对全省高速公路范围内的所有隧道，特别是对特长隧道进行全面排查。采取现场检查、检查隧道安全资料、检查监控视频，对工作人员就有关隧道应急救援、突发事件基本常识和单位隧道的基础数据进行现场提问等方式，力求一查到底，不留死角，防止事故的发生。

（厅安全监督处）

【兰州公路总段加强冬季安全生产管理工作】 2011年，兰州总段针对冬季为安全事故高发期的实际，提前着手对冬季安全生产工作进行安排部署，要求各单位健全组织机构，加强领导，落实责任。切实抓好冬季养护工作，把处治路面病害、打冰除雪、防滑保畅作为重点，认真落实安全生产责任制，建立健全应急机制，确保春运期间道路安全畅通；进一步强化施工安全管理，扎实开展现场安全事故隐患排查活动，确保不留死角；加大对施工和养护人员的安全教育，促使职工提高防火、防盗、防中毒等自我防范意识；加强与公安、银行等部门的联系，积极采取有效措施，保证收费人员人身安全和票款的安全；认真做好机械车辆的管理和维修保养工作，严格落实机械车辆使用审批制度；强化消防安全管理，对易发生火灾的部位进行重点监控，做到各种消防器材齐全、易燃易爆物品专人监管。同时，重视职工的经济安全和政治安全，努力营造“大安全”的环境和氛围，为促进全段各项生产任务的顺利完成奠定了良好基础。

（兰州公路总段）

【白银公路总段狠抓安全生产不放松】 2011年，白银公路总段增强做好安全生产工作的紧迫感和责任感，细化工作措施，健全生产、计划、技术、安全、监理等部门的责任机制，做到安全生产有方案、有措施、有组织、有落实。一是落实安全责任。坚持“管生产必须管安全，谁主管谁负责”的原则，强化安全基础管理，落实分管领导、站(股)长、职工个人三级安全监督责任。二是强化安全教育培训。重点加强机械操作人员、临时雇用人员的安全培训，落实安全交底制度，做到岗前培训、持证上岗。三是加强日常公路养护管理工作。要及时处治各类病害，规范施工安全标志设置，提高施工质量控制水平。四是做好防汛安全工作。重点做好汛期安全隐患排查，加大桥涵、挡土墙、急流槽及易水毁塌方路段的巡查力度，完善道路防汛应急预案，储备防汛抢险物资，建立道路应急救援机制。五是落实检查通报制和责任追究制。建立健全安全激励约束机制，严格责任追究，对检查中发现的安全隐患，在加大经济处罚力度的同时，严肃追究相关人员责任。

（白银公路总段）

【白银公路总段开展冬季安全生产大检查】 2011年12月中下旬，白银公路总段抽调劳安科、养计科、收费处相关人员组成安全生产检查组，对段属基层单位冬季安全生产工作及年度安全生产目标责任完成情况进行了检查考核。检查组一是排查冰雪天气安全防护措施。重点检查了隧道、弯道、长陡坡路段防滑料的储备，值班车辆保养和防滑链配备等情况，要求各养护单位及时补充防滑砂，密切关注气象信息，加强冬季公路养护和隧道的安全监控，做好冬季公路“保通保畅保安全”工作。二是排查安全取暖、安全用电。对各单位锅炉操作人员的资格证，收费站票厅内职工和养管站值班人员的取暖设施进行详细排查，对发现的安全隐患进行现场纠改。三是排查临时雇用人员管理情况。按照省公路管理局关于临时雇用人员的使用条件，重点对人员年龄、身体状况、办理意外伤害保险、签订安全合同协议等情况进行排查，对不符合条件的人员要求清退。四是考核全年度安全生产目标责任的完成情况。按照年初签订的安全生产目标管理责任书，从组织领导、制度建设、安全教育、生产管理、车辆管理、事故处理等6个方面进行量化考核，有效促进了基层单位安全责任制的落实。

（白银公路总段）

【白银公路总段十项举措强化安全管理工作】2011年2月25日，白银公路总段召开安全生产视频会议，从10个方面安排部署了2011年安全生产工作。一是提高认识，增强安全生产工作的紧迫感和责任感。要求各单位充分认识安全生产工作的重要性，从单位"稳定、和谐、发展"的大局出发，以创建单位最大安全效益为目的，按章守规地完成生产工作任务。二是靠实责任，落实安全管理责任体系。坚持"管生产必须管安全，谁主管谁负责"的原则，认真落实安全生产行政一把手负责制和安全生产一票否决制，健全各单位安全管理机制，落实主管领导、分管领导、站(股)长、班长、安全员、职工六级安全责任体系。三是完善制度，确保安全生产规范化、制度化。严格执行《白银公路总段安全生产管理办法》、《甘肃省公路养护安全作业八不准》、《甘肃省公路养护作业区安全设施布设规定》等规章制度，促进安全生产工作管理水平迈上新的台阶。四是在总段范围内开展"安全隐患排查整治"专项活动，推动全段安全基础管理标准化和规范化进程，形成安全生产隐患排查治理的长效机制。五是加大宣传，做好职工安全教育培训。加大安全生产方针政策、法律法规、安全知识的宣传力度，积极开展形式多样的安全生产警示教育活动，积极营造浓厚的安全生产氛围。六是结合实际，加大安全生产资金投入。加大安全设施的更新力度，逐步解决安全设施老化、陈旧的问题，各类警示标志标牌、安全锥筒必须规格尺寸统一，清洁醒目，及时更换补充，消除潜在隐患。七是突出重点，精心实施安保工程。有计划、有步骤、有重点地在京藏高速公路、国省干线公路实施安全保障工程，将安保工程养护纳入公路日常养护管理，确保安保工程的质量、进度、安全管理。八是强化监管，提高雇用人员和机械车辆管理水平。认真执行临时雇用人员管理办法，完善临时雇用人员的聘用审批程序，做到岗前培训、持证上岗；严格执行机械车辆的报废、使用审批和"三定"制度，建立健全机械车辆台账，按规定办理车辆保险，与机驾人员签订机械车辆安全管理目标责任书，养护单位未按规定统一标识的机械车辆禁止上路作业。九是健全机制，提高公路应急处置能力。进一步建立健全干线公路、高速公路、计重收费、工程建设、路政执法五大安全预警机制，加快专业化应急队伍建设和应急物资装备的配置和补充，积极开展公路突发事件应急演练。十是坚持原则，认真开展安全生产检查。严格执行监督、检查、整治和奖罚制度，坚持安全检查实事求是，不走过场的原则，加大安全处罚力度，对查处的安全隐患、"三违"现象，严格按照《白银公路总段安全生产检查奖罚办法》给予处罚。(白银公路总段)

【白银市运管处认真开展安全生产考核工作】2011年，白银市高度重视道路运输安全监管工作，始终坚持"安全第一、预防为主、综合治理"的方针，将安全监管作为工作的重中之重，认真履行好"三关一监督"源头监管职责，强化过程动态管控，强化行业主管部门监管责任，以健全安全生产长效机制为目标，全面落实运输企业和经营业户等生产经营者的安全生产主体责任，做好安全生产考核工作。一是加强了领导，成立了安全生产工作领导小组。与安全生产企业签订了《安全生产责任书》，层层监督，逐级负责，对道路运输行业安全生产责任制的落实及各项规章制度的贯彻进行有效监督。二是突出了重点，切实加大对危货运输治理工作力度。着力建立危化品应急救援体系，加强对重大危险源的监管，明确企业对重大危险源监控的主体责任，督促和帮助企业对重大危险源进行有效控制，对存在缺陷和存在事故隐患的重大危险源进行治理整顿，督促存在重大危险源的企业加大投入，采取有效防护措施，消除事故隐患，确保重大危险源安全受控。三是加强了措施，形成了保障机制。在全市二级以上汽车客运站积极推广应用"汽车客运站安全门检系统"、"三品"检测仪、酒精测试仪等安检设备，全市二级以上客运站全部安装了安全门。四是靠实了责任，履行了行业监管职责。切实加强客运站假日运输安全源头监管和路面监控力度，切实做好春节、清明节、"五一"、"十一"等节假日期间旅客运输安全生产工作，切实提高道路运输综合保障能力。为确保冬季运输安全，白银市于11月份在全市范围内开展了运政安全及综合检查活动，对全市道路运输安全生产工作进行了拉网式梳理，并就检查出的问题提出了限期整改意见。(魏 伟)

【庆阳公路总段开展安全生产事故隐患排查整治】2011年，在庆阳市正宁县榆林子镇发生"11·16"重大交通事故之后，庆阳公路总段针对日常安全隐患排查发现的隐患苗头，从多方面入手，集中开展安全生产事故隐患排查整治，及时将安全隐患消除在萌芽状态，遏制安全生产事故的发生。一是加强养护施工安全生产工作。养护单位坚持上路巡查，发现路面病害及时处治；易发生塌方和事故的弯道、坡道、桥涵路段设置安全警示标志，重点监测，发生险情无论昼夜第一时间抢修；养护维修施工现场坚持"方案不批准不实施，人员不培训不上岗，预案不合格不开工，现场不防护不进场"，把好工地施工重重关卡。二是加强公路工程安全管理。强化建设施工安全监督检查，做到机构、人员、经费、制度"四落实"；为施工人员购买意外伤害保险，落实安全防范措施；设置安全警示标志，加强现场安全管理；清理无证上岗、安全生产条件不合格的施工队伍，强化建设施工安全监督检查。三是加强机械车辆安全管理。通过开展驾驶员安全培训班、岗前安全培训，强化他们的安全意识和防范安全事故的能力；定期检查车辆机械安全状况，杜绝带"病"行驶。(李世雄)

【庆阳公路总段确保全年安全形势持续稳定】2011年，庆阳公路总段从严格责任，强化监督入手，抓紧抓好安全工作，确保全年安全形势持续稳定。一是加强组织领导，认真贯彻执行"一岗双责制"，严格落实领导责任制和部门分工负责制。要求各科室、各单位主要负责同志认真履行安全生产第一责任人的职责，分管领导对分管工作范围内的安全工作负责，认真抓好落实。二是严格责任追究，认真贯彻落实《国务院关于特大安全事故行政责任追究的规定》，严格按照"事故原因未查清不放过、责任人员未处理不放过、整改措施未落实不放过、有关人员未受到教育不放过"的原则，凡出现安全生产责任事故的，必须严肃追究有关责任人的责任，决不心慈手软，流于形式。三是严格监督检查，总段相关科室认真履行安全监督检查职能，严格对各单位安全生产情况进行监督检查，指导督促各单位建立健全生产责任制，落实各项防范措施，做到监督到位、落实到位。四是加强和落实请示报告制度，严格按照时限要求做好各类事故的请示报告，发现问题边处理、边报告。严禁迟报、错报、瞒报、谎报和隐瞒事实真相。 （李世雄）

【平凉公路总段抓安全从"治本"开始】 2011年，平凉公路总段全面强化安全生产关键环节源头治理，突出抓好重大事故预防、安全隐患排查和整治工作，完善预报、预警、预防和应急救援体系，有效提升安全生产防范水平。一是组织技术人员加强要害部位、关键环节、重要场所的安全生产检查力度，尤其对桥涵隧道、急弯陡坡、连续坡道、避险车道以及特殊不良地质等重点路段、部位进行综合整治，及时排除影响行车安全的隐患；对料场、沥青库等重点场所严格管理，对消防栓、灭火器等消防设施进行严格检查，保证突发事件后的紧急、有效应对；对施工机械、公务用车定期排查，勤维修勤保养，预防和减少机械事故。二是完善各类突发事件应急救援预案体系，建设安全生产和应急综合信息系统、重点监测监控系统和应急保障基地，适时进行应急演练，特别是加强与公安、交警、消防、安监、气象等部门的联系与合作，形成"部门联动、职责明确、反应快捷、信息畅通、保障有力"的应急保障、处置机制，提高应对道路突发事件快速反应和应急处置能力。三是加大宣传教育力度，组织职工和农民工学习安全生产各项规章制度及操作规范，不断提升职工安全生产防护设施、标志标牌的布设水平，减少违章操作和违反劳动纪律的现象发生。四是严格贯彻执行安全生产"一岗双责"、"一责双管"制度，完善目标责任考核办法，严格执行考核奖惩制度，落实安全生产主体责任，实现全年安全生产零事故。 （马亚明）

【天水公路总段重点加强三类安全隐患排查治理】 一是加强公路安全隐患整治。对公路桥梁涵洞、安全防护设施及各类标志标牌等进行"拉网式"排查，及时整修、更换部分损坏的交通安全设施，修补路面坑槽，确保公路安全畅通。二是加强消防安全隐患整治。重点对公路两侧及匝道圈内的落叶和枯草进行集中清除，防止公路沿线村民烧荒对公路行车安全造成影响。同时对收费站、养护工区和办公场所等部位的线路和消防设施进行检查。三是加强机械设备隐患整治。按规范要求对养护设备进行维修保养，确保车辆、机械性能良好。 （天水公路总段）

【陇南市举办交通系统依法行政暨安全生产培训班】 2011年9月20日，陇南市"开展交通系统依法行政暨安全生产培训班"正式开班，在培训过程中，培训人员切实按照理论学习与实践操作相结合、业务培训与技能测试相结合、专家授课与经验交流相结合的方式，科学安排、精心组织，确保培训工作取得实效。在培训学习中，密切联系交通运输系统依法行政的工作实际，对照道路运输、地方海事、路政执法工作目标任务抓学习。培训活动为期3天，内容涉及《安全生产法》、《公路安全保护条例》、《甘肃省路政管理条例》、《内河交通安全管理条例》、《甘肃省道路运输管理条例》、《中华人民共和国行政许可法》、《行政处罚法》、《行政复议法》、队列训练及交通指挥礼仪等10个方面的法律法规知识，针对性和指导性比较强，为全面提升交通运输依法行政工作能力和水平起到了积极的作用。 （郝 炜）

【临夏公路总段七项措施加强在建项目安全生产管理】 2011年3月25日，临夏公路总段召开各项目施工、监理等单位参加的公路建设项目安全生产会议，制定七项措施，加强在建项目安全管理，确保安全生产无事故。这七项措施是：一是加强组织领导，明确目标，提高认识，全面落实安全生产责任制。二是健全组织，加强管理，确保投入，提高安全生产保障能力。三是加强安全监管，确保施工安全。要把工程施工建设和安全生产放在同等重要的位置，认真落实"三同时"规定，进一步提升工程安全科学化、规范化、标准化管理水平。四是加大工程施工现场的安全管理，认真排查安全生产方面存在的问题及隐患，做到提前预防，尽早消除，严防各类工程抢工期、赶进度等现象的发生。尤其要做好较大工程(隧道、桥涵等)专项方案的编制、审查和执行工作，确保工程施工安全。五是强化安全教育培训，加大安全宣传力度，通过张贴和书写安全生产宣传标语、悬挂安全横幅、举办专职安全员培训班、专题讲座等措施，努力营造良好的安全氛围。六是在施工过程中，要切实执行《公路养护安全操作规程》等规定标准，严格施工程序，在施工路段或叉道口要规范设置和摆放齐全、规范安全警示标志标牌，确保道路安全通行。七是要结合项目特点，制定切实可行的应急预案，全面提升应急保障能力，为公路建设项目进展打下坚实的安全基础。 （刘志功）

【金昌公路总段加强劳务用工安全管理】 2011年，金昌公路总段坚持以人为本、安全发展理念，进一步从严、从细规范劳务用工管理工作，加强对招聘劳务人员的安全管理。一是坚持做好劳务人员入场前的安全培训工作。凡外聘的劳务施工队伍在进场前都要事先提供人员名单，并组织安全知识培训教育，让每一名劳务人员详细了解并掌握高速公路养护安全作业规程、紧急事故应急处理及各类安全隐患防范措施，并与劳务施工队签订了《劳务用工合同》和《施工安全合同》。二是坚持做好劳务人员安全标志标识配备发放工作。针对劳务人员安全意识薄弱的实际，总段加大劳务用工安全设施投入力度，为劳务用工安全作业营造了良好的安全环境。在高速公路养护维修工程中，共为劳务人员配发安全标志服85套、作业区警示彩旗240面、施工安全标志牌48块、安全宣传标语280条。三是为全体劳务人员办理用工期间的意外伤害保险，为劳务人员安全生产解除了后顾之忧。 （高中华）

【金昌公路总段"安全生产月"活动成效显著】 2011年，金昌公路总段高度重视安全生产工作，积极组织开展了"安全生产月"活动，成立了以总段长为组长的"安全生产月"活动领导小组，制定了"安全生产月活动"实施方案，明确责任，落实措施，"安全生产月"活动成效显著，在"安全生产月"活动期间，总段所属各单位紧紧围绕"安全责任、重在落实"的活动主题，在各养管站、收费站、养护工区共悬挂安全旗6面、横幅标语5幅、彩带标语20条、展板1块,张贴宣传挂图10幅。并结合养护工作的要求,在6月下旬组织有关人员深入基层单位开展安全生产大检查,重点检查安全生产责任制落实情况、公路基础设施设置、养护作业现场安全设施布设等,对发现的隐患问题及时整改,及时消除各种不安全因素。此次"安全生产月"活动的开展,进一步提高了全段干部职工对安全生产重要性的认识,促进了各项工作的顺利实施。

(高中华)

【金昌公路总段加强高等级公路施工安全管理工作】2011年,金昌总段进一步规范高速公路养护施工行为,努力预防和减少各类安全事故的发生,在永山高速公路养护维修工程施工过程中,在抓进度、保质量的同时,采取了一系列有效措施,切实保障高速公路安全畅通和养护施工人员的人身安全。一是各监理部门、施工单位严抓安全生产管理责任制度的落实,把安全管理放在首位,把安全措施落实到生产各个环节,将安全管理与工程质量、工程进度同评比、同考核;二是切实加强现场施工安全管理,设立专职安全员,重要施工区域实施封闭施工;三是对重大危险源、危爆物品管理和使用实施严格监管并建立监管台账,施工机械设备严格实行工作前检查,工作中注意观察,工作后进行保养制度,要有使用台账记录;四是监理部门、人员实行一岗双责,充分发挥在安全生产中的监管作用,加强施工安全检查,严格按照工程施工安全技术规程进行对照检查,发现问题及时整改;五是完善应急救援体系,落实应急物资、设备,保证应急预案启动及时有效;六是对施工人员,包括雇用劳务队伍进行全员安全教育培训,增强安全生产意识,务必使管理人员和施工人员熟悉和遵守安全生产各项规定和制度。

(高中华)

【金昌公路总段进行汛期公路安全大检查】2011年8月1日至2日,金昌公路总段安全检查小组对管养公路的路基、路面、桥涵及沿线设施进行拉网式大检查,此次检查以组织开展自查自纠为主,督促养护单位搞好养护作业现场安全警戒及安全监控工作,加强施工路段临时排水措施落实情况,加强施工现场安全检查巡视,加强养护人员自我安全防护意识,加强对泥石流、山体滑坡、坍塌等自然灾害易发多发路段及桥涵防排水构造物的隐患排查治理,通过现场检查,对发现的问题提出了整改措施,同时明确要求施工、养护单位充分做好汛期安全生产管理工作,加强领导带班,落实值班值守、雨中查路制度,进一步完善安全警示标志,做好突发事件的应急措施,确保汛期公路安全畅通。(高中华)

【金昌公路总段举办安全生产管理知识宣讲活动】为进一步增强干部职工的安全生产责任感和紧迫感,使全段各级管理干部深入理解和掌握安全生产工作的管理知识,2011年4月7日,金昌总段举办了安全生产管理知识宣讲活动。总段机关副科级以上干部,各基层单位主管安全、分管安全的领导以及各养管站、收费站、治超站站长等50多人参加了此次活动。邀请的金昌市安监局相关负责人针对公路行业施工作业特点,对相关安全生产管理知识进行了深入浅出的讲解,并组织了安全生产管理知识考试,为全段搞好安全生产管理工作奠定了良好的理论基础。

(高中华)

【金昌公路总段七项措施加强安全生产工作】2011年,金昌总段围绕中心工作,把安全生产放在突出位置上,逐级明确职责,强化措施,有效维护了全段公路安全畅通和安全生产形势的稳定。一是提高思想认识。进一步提高对安全工作重要性的认识,尤其是把桥隧安全作为重中之重来抓,党政主要领导亲自研究、亲自部署、亲自督促、亲自检查,形成了党政齐抓共管桥梁安全工作的良好局面。二是落实安全责任。总段及段属各单位一把手担负起安全生产第一责任人的责任,全面落实好以桥梁隧道专职工程师为主的桥梁隧道养护管理责任制。三是加强培训。通过举办安全知识讲座,开设安全生产培训班等形式,强化全员安全教育,严格遵守养护作业安全操作规程,规范布设养护作业现场,完善各类安全标志牌,不断增强安全职工防范意识和自我保护意识。四是加大巡查力度。加强道路及桥梁巡查,不放过任何一个隐患点,及时处治路面及桥涵病害,确保公路安全通畅;加强施工现场、机关值班、安全保卫与检查工作,实行领导带班制,落实各项防范制度,确保安全。五是开展隐患排查。定期或不定期组织开展安全生产自查自纠活动,及时整改,把不安全因素消灭在萌芽状态。并按照"深挖隐患,强力整治"的要求,逐渐建立健全安全隐患排查治理常态化机制。六是加强宣传工作。利用"安全生产月"活动的开展,认真学习、执行,充分利用媒体、宣传栏、网站报刊等广泛宣传安全生产法律法规和《公路法》,形成全社会人人爱路护路、保障公路安全畅通的良好氛围。七是坚持以人为本。为全体职工办理工伤保险,同时加大投入,积极改善一线职工生产生活条件,减轻职工劳动强度。

(高中华)

【武威公路总段大双管理所为"绿色通道"保驾护航】2011年,武威公路总段大双管理所认真贯彻落实省厅局鲜活农产品运输"绿色通道"政策,采取多种有效措施,确保拉运鲜活农产品运输绿色运输车辆安全、及时、顺利通过收费站。一是在收费站开辟"绿色运输"专用通道,设立固定醒目的"绿色通道"标志牌,力求做到让"绿色运输"车辆过收费站不等待、不拖延、不滞留,同时对鲜活农产品范围进行公开,让司乘人员对照执行。二是坚持对运输鲜活农产品车辆优先放行原则,加强收费站区交通秩序的有效疏导和分散,保证鲜活农产品运输车辆便捷、高效、畅通、安全、快速通过收费站口。三是积极推行"有困难找收费员"的人性化服务,把"急车主所急、想车主所想"作为过站车辆服务的具体内容,与车主、司驾人员保持零距离接触,并准备好随时为他们提供帮助。

(张伯尧)

【天祝段六项措施确保"安全生产月"活动深入开展】认真开展好2011年"安全生产月""活动,推进各项安全生产措施深入落实,天祝公路段紧紧围绕"安全责任、重在落实"这一主题,在全段范围内认真开展了"安全生产月"活动。一是加强职工安全学习教育,组织职工认真学习《安全生产法》、公路养护与施工安全操作规程等法律法规和安全知识;二是通过办专栏、贴标语、挂横幅、投稿件、贴宣传画等多种形式积极开展安全生产宣传活动，努力营造安全生产良好氛围；三是结合“安全生产年”和安全理念宣传贯彻活动的开展，安排各站、各股室对照各自工作范围，重点针对施工作业现场、机械车辆驾驶、锅炉房及拌和机械设备操作等关键环节，展开安全隐患自查自纠和专项治理整治活动；四是加强对安全管理工作的领导，进一步健全安全管理机制，完善各项安全生产规章制度和操作规程，坚决杜绝“三违”现象的发生；五是加大对安全工作的投入力度，为各站配备和补充了安全警示标志等设施；六是组织职工利用每天的安全生产例会开展“三查、三想、三改”活动。通过“安全生产月”活动的深入开展，进一步提高了全段干部职工的安全生产意识，形成了事事讲安全、人人抓安全，全员共同参与安全管理的浓厚氛围。

（詹丽娟）

【武威公路总段高养中心加强冬季车机设备安全管理】 2011年，武威公路总段高养中心积极安排部署，采取有效措施加强车机设备安全管理工作，为冬季除雪防滑保畅工作的顺利完成提供车机设备保障。一是做好车辆机械的冬季保养维修工作，针对车机的使用情况和技术性能，对所有车机逐台进行认真的检查，确定维修保养内容，制定维修保养计划，及时组织保养和维修。二是加强机械设备的冬季保管工作，及时做到防冻、防腐、防火、防变形，确保机械安全过冬。三是进一步健全完善车机档案资料，从技术档案、运行记录、保养维修记录、节能减排记录等方面严格按照部检要求逐项完善资料。四是严格管理运行车辆，认真执行车机调派制度和“三检”制度，确保车机技术状况完好，对生产车机严格按照低温条件下车机操作、保养维修规范开展工作。同时，储备足量的低标号柴油和防滑链，确保冬季车机运行安全。

（詹丽娟）

【武威公路总段“应急预案演练周”活动卓有成效】 为认真落实省交通厅关于应急预警机制和救援体系的工作要求，不断提高道路交通应急保畅能力，武威公路总段高度重视应急演练工作，通过对水毁抢修、山体滑坡抢险、高等级公路设施抢修、钢架桥架设、冬季打冰除雪保通等实战演练，探索出了一套运转良好、联动响应的应急救援体系。2011年8月底，为延伸“安全生产月”活动效果，武威总段结合公路养护实际，组织开展了为期1周的“应急预案演练周”活动，通过水毁抢险、消防安全、涵洞坍塌抢险、桥梁伸缩缝抢通、道路保畅和防汛等形式多样、针对性较强的实战演练，使安全预警机制和救援体系建设落到了实处，对进一步提高广大职工应对公路突发事件的应急保障能力，确保发生公路突发灾害时，能做到及时、迅速反应，最大限度的减少公路灾害造成的损失起到了促进作用。

（詹丽娟）

【敦煌市交通局采取措施强化安全生产监管】 2011年，敦煌市交通局通过采取四项措施，强化安全生产监管，各项工作健康、平稳、有序发展。一是明确责任抓落实。组织召开了交通行业安全生产工作会议，对春运期间的交通行业安全提出了明确要求，明确了厂长、经理为安全生产第一责任人，把安全生产的责任落实到了每一个运营企业。同时，在交通系统内部将道路安全“划片”、运输生产安全“划块”，将安全检查的责任，分乡镇、分行业逐一明确到了分管领导和具体工作人员身上，并制定了责任追究办法，做到责任明确，追究严格。二是突出重点抓监督。对汽车站等重点区域和旅游客运等重点企业进行定期不定期的监督检查，认真履行“三关一监督”职责和“五不出站”制度，坚决杜绝客运车辆不安检报班发车和“三品”进站上车现象的发生。对旅游客运车辆进行动态安全监管，定期检查人员资质和车辆技术状况，坚决把好源头安全关。三是强化措施抓检查。进一步建立了对全市运输和维修企业的“一月一查”和对客运汽车站的“一天一查”制度，对安全生产管理制度不健全，存在安全隐患的企业下发整改通知书，限期进行整改。四是形式多样抓宣传。结合“我爱敦煌”教育活动，抽调6名工作人员，出动宣传车6台次，印发宣传材料5 000余份，深入汽车站、广场和城市主要道路开展了交通法律法规宣传咨询活动。同时，利用出租车、公交车、收费站的LED电子屏进行了冬春季集中教育活动宣传。

（敦煌市交通运输局）

【玉门排查整治道路安全隐患】 “敦煌行·丝绸之路国际旅游节”举办之际，玉门市作为交通必经之地，道路旅客运输任务繁重。为确保道路交通安全，营造良好的安全通行条件，玉门市集中利用1周时间在全市范围内开展了道路交通安全隐患集中排查整治行动，取得了实实在在的效果。此次排查整治行动，玉门市交通运输局联合交警大队迅速行动，成立4个稽查小组，不分日夜，从车辆技术、从业人员资质、作业环境、防控手段等对311国道、玉三线、玉花线、玉昌线、老市区等重点路段的过往车辆进行认真检查，对检查出的安全隐患进行现场即时整改。并提醒过往车辆注意行车安全，一路平安。期间，共检查车辆705台次。其中客车211台次、货车494台次，处理各类违章行为115起，有效预防了各类安全事故的发生，为辖区内道路交通运输畅通环境提供了安全保障。

（李建云）

【玉门市四项并举治理施工安全隐患】 2011年，玉门市始终坚持把安全生产工作放在重要位置，在道路建设领域开展了安全生产隐患排查治理专项行动，严格“四个落实”，确保施工安全。一是落实工程技术人员“一岗双责”。严格落实安全生产工作机制，工程技术人员在深入现场抓工程质量的同时，积极落实安全监管责任，及时排查安全隐患，限期整改落实。二是落实施工企业安全生产主体责任。采取突击检查方式，在检查中发现管理机构不健全、安全责任制落实不到位、安全隐患未及时整改的企业坚决予以停产整顿。三是落实安全培训教育和安全投入。对企业负责人、安全管理人员及特种作业人员持证上岗和培训教育情况进行全面检查，重点督查施工人员安全帽、安全带、信号服等劳动防护用品配备和工伤保险购买情况。四是落实安全生产事故责任追究制度。对施工企业负责人忽视安全生产，疏于防范造成安全事故的，实行一票否决制，今后工程招标中拒绝其参与竞标。

（王建东）

【嘉峪关市检查交通运输行业建设工程安全生产】 2011年9月16日至17日，嘉峪关市交通运输局对建设工程单位进行了为期两天的检查。这次检查的主要施工单位有：嘉峪关市市政工程公司（农村公路）、嘉峪关公路总段（含公路工程公司施工的农村公路，北大河桥维修工程）、甘肃路桥建设集团有限公司（酒嘉城际公路）、中十冶集团有限公司、甘肃亿阳建筑工程有限公司（部队出口路）。检查组一行5人深入一线，听取了各单位的安全生产情况汇报，具体查阅了安全生产责任制落实情况、应急管理及保障措施健全落实情况、隐患排查整改和重大危险源监控情况、与施工单位和民工劳务队签订安全责任书及落实监管责任情况等12项重点检查内容，对各单位的重点工程和重点部位也进行现场查看，查找安全隐患，及时向被检查单位反馈意见，要求限期整改，消除安全隐患。通过检查发现各单位存在施工单位和民工劳务队签订安全责任书及落实监管责任情况，特种岗位证件登记台账情况，对施工现场用电情况，安全生产费用提取、使用、管理等政策执行情况做的不够到位。针对检查中发现的问题，检查组向被检查单位提出了整改意见，限期整改到位。各施工单位对检查组提出的检查意见表示及时落实整改。

（嘉峪关市交通运输局）

2011年9月19日，甘肃高速应急救援保障队伍参加全国交通战备演练。

徐伟 摄

2011年9月23日，张掖机场顺利通过试飞。省交通运输厅副厅长王繁己出席试飞仪式。

省机场投资管理有限公司 供

公路运输

运输管理

【全省高速公路打击偷逃费成效显著】 2011年，全省高速公路系统在开展打击车辆偷逃通行费专项整治行动成果的基础上，继续加大宣传力度，积极营造良好氛围，以"突出重点、标本兼治、打防结合、整体联动"的工作思路为指导，结合实际、多措并举、集中整治、综合治理。全年全省高速公路各单位共出动稽查人员3.7万人次，上路稽查站点8 620次，组织印发宣传材料10.25万张，打击逃漏费车辆2.9万辆，追缴通行费771.6万元；查处黑名单车辆458辆，追缴通行费27.26万元，通行卡2 475张，制卡费12.38万元；查处假绿通车辆1.54万辆，追缴假绿通车辆通行费407.9万元。通过严厉打击偷逃费活动，进一步完善了道路防控网络，有力震慑了各类偷逃通行费的不法行为，保障了收费顺利进行。 （高管局）

【我省道路客运市场百日专项整治活动圆满结束】 2011年6月26日，为期100天的全省道路客运市场专项整治活动圆满结束。整治活动期间，全省共出动运政执法人员6.8万人次，执法车辆1.94万辆次，依法查处各类"黑车"4 294余辆，不规范经营行为8 854起。 （李文凯）

【兰州市交通运输局积极应对维护行业稳定】 2011年3月10日上午10时左右，红古区海石湾50多辆夏利出租车在华龙广场聚集停运。事件发生后，省委常委、兰州市委书记陆武成，市委常委、政法委书记李森洙，副市长朱向东先后做出重要批示。市交通运输部门迅速安排部署，全力配合红古区政府做好相关工作。责成红古区交通运管部门认真调查事件原因，恢复正常营运秩序，维护行业稳定大局。经过积极的工作于当天下午15时左右，红古区停运车辆已全部恢复运营。红古区现有出租汽车公司3家，出租汽车257辆。其中：兰州宏海汽车运输公司178辆，兰州恒瑞汽车运输公司41辆，兰州通运公司华龙分公司38辆。车型以夏利、五菱、松花江等为主。全部为个体经营，挂靠公司管理。另外，还有300余辆三轮载客摩托车（俗称"三的"）。出租汽车停运的主要原因：一是运价问题。2011年以来汽油价格持续上涨，出租汽车运营成本增加，利润减少。3月初，部分出租汽车驾驶员提出了调整运价的申请，要求出租车起步价从3元上调至5元。为此，红古区运管所正在与物价部门进行衔接，并报请区政府进行听证。在此期间，部分驾驶员未经批准，私自将起步价调至5元，运管所也接到了群众就此问题的举报。3月9日，红古区运管所会同区物价等部门对运营价格进行联合稽查，引起了部分出租汽车驾驶员的抵触情绪。二是非法营运"黑车"影响红古区正常的营运秩序，相关部门打击非法营运的力度不够，要求相关部门加强稽查，加大对"黑车"的处罚，切实维护合法经营者的利益。针对红古区出租汽车停运事件，兰州市交通运输局、市城运处要求红古区交通运管部门立即向区政府报告，尽快开展当地出租汽车运价调查，广泛征求出租汽车驾驶员、乘客的意见，确定合理的运价方案，会同物价部门进行听证后尽快实施。明确强调"打击'黑车'非法营运、维护客运市场秩序"，是当前红古区亟需解决的突出问题，要求坚决打击和取缔"黑车"，建立规范有序的出租汽车营运市场秩序；加强对出租汽车驾驶员的培训教育。畅通驾驶员的诉求渠道，及时解决驾驶员反映的难点问题。要求红古区交通运管部门畅通驾驶员反映问题的通道，深入了解出租汽车驾驶员面临的困难和问题，及时化解矛盾纠纷，确保行业稳定大局。 （晨 旭）

【兰州市经过国家交通运输部初选和评审列入全国城市出租汽车服务管理信息系统试点城市】 2011年初，国家交通运输部决定在全国筛选10个基础条件较好，开展城市出租汽车服务管理信息系统试点工作。2月25日，甘肃省交通运输厅向交通运输部上报了《关于申请在兰州开展出租汽车服务管理信息系统试点工程的请示》，市交通城运部门上报了试点工程方案。为此。交通运输部纪检组长杨利民来兰调研，听取了兰州市交通运输局的专题汇报后，做出重要批示要求部规划司予以大力支持。经过国家交通运输部的初选和评审，已将兰州市列入全国城市出租汽车服务管理信息系统10个试点城市之一。该项目作为兰州市出租汽车调度指挥中心（兰州市道路运输信息中心）重要组成部分合并建设，建设工期16个月，工程总投资2 520万元，其中交通运输部投资650万元，其余部分由省交通厅和兰州市自筹。安装出租汽车智能车载终端系统，建立出租汽车行业数据资源中心，建设出租汽车定位监控、市场监管、电召服务、应急指挥处置、综合运行与决策分析、信息共享与报送等六大系统，完善软硬件支撑平台，配套建设监控指挥中心和IC卡从业资格电子证件密钥中心等工程。兰州市出租汽车行业已建成了统一的出租汽车GPS管理信息化平台，在出租汽车经营管理模式和规章制度建设等方面积累了一定的经验，已具备开展试点工程建设的基础条件和推广价值。目前兰州市出租汽车调度指挥中心已经省交通运输厅、市发改委批复立项，完成了征地、方案设计等工作，前期工作正在抓紧进行。（晨　旭）

【兰州市开展道路客运市场百日专项整治活动】 按照省交通运输厅、省公安厅的统一部署，兰州市委、市政府从2011年3月20日至6月30日，在全市开展为期100天的道路客运市场专项整治活动，成立了由市政府牛向东副市长为组长的百日专项整治活动领导小组。活动分为宣传发动、集中整治、提升服务、总结表彰等四个阶段。整治重点为长途（旅游）客运：整治不按核定线路、班次经营，串线、私制线路牌的行为；整治倒客、甩客、宰客、垄断线路、哄抬票价，班车超员、超载、超速的行为。农村客运：整治无证经营，使用报废客车、客货两用车、私家车、农用车、改装车辆等投入客运经营的行为；整治相互压价、超员超载、客货混装的行为。汽车客运站：整治站外发车、乱收费、乱罚款、进站报班不规范和客运车辆不进站经营、站外揽客、乱停乱放、车站周边秩序混乱等问题。公交客运：整治冲闯红灯、带病上路、强行超车、不按时运行、不及时报站、不按站停靠的行为。出租客运：清查服务态度低劣、车容车貌差、营运证照不全、乱停乱靠、随意上下客和出租汽车拒载、不正确使用计价器、不主动给车票、强行拼客等行为。重点打击“黑车”非法经营行为，严查非法经营的各类小型客运车辆。专项整治活动开展以来，截止2011年4月底，兰州市交通运输部门已累计出动稽查人员2 926人次，出动稽查车辆1 386辆次，查扣非法营运车辆173辆、违章车辆115辆，非法经营行为明显减少。（晨　旭）

【兰州市集中打击非法经营“黑车”】 2011年3月25日，兰州市城运处出动30名执法人员及8辆执法车，集中打击道路客运市场非法经营行为，拉开了兰州市客运市场秩序百日专项整治行动的序幕。截至3月26日，共查处10辆“黑车”和4辆非法营运大客车。（李文凯）

【多部门联合整治国道213线兰刘公路超限超载行为】 2011年，针对国道213线兰刘公路沿线采砂企业和运砂车辆超限超载运输砂石料造成路面污染损坏，并在一定程度上造成行车隐患的问题，临夏公路总段在当地政府、安监、交警、公安、运管、交通、沿线乡镇等部门的全力配合下，采取联合执法专项整治活动，多部门多措并举，多管齐下，联合打击道路运砂违法行为，力争通过本次整治，解决当前存在的问题，维护良好的道路交通安全秩序。专项整治行动从2011年5月10日开始，8月30日结束，活动期间，各部门将重点开展拉网式检查和集中整治，确保安全隐患彻底消除，整治活动取得明显成效。县安监局严把采砂企业准入关，切实加强源头安全管理；路政部门加大对路面状况和超限超载车辆的监管力度；交警、运管部门严把运砂企业车辆准入关、运输车辆技术状况关、驾驶员从业资格关，全面加强道路安全监管，形成严管态势，切实加强公路超载超限车辆的监控管理工作，消除公路行车安全隐患，更好地促进当地经济建设和旅游事业的发展。（刘志功　杨清云）

【兰州市整改城市公交、出租汽车和长途汽车站营运服务问题】 2011年，兰州市交通运输局对城市公交、出租汽车和长途汽车经营的服务进行整改。城市公交方面：对现有公交不合理站点、线路提出优化方案，调整、延伸或合并，加快公交停车场建设，建立交通安全监管整治联动机制，加大执法监督力度。出租汽车方面：进一步加强出租汽车驾驶员职业道德培训，集中开展出租汽车安全教育。大力查纠无证车辆参与出租汽车经营，开展出租汽车营运服务质量稽查。长途汽车站方面：加强车站环境卫生整治，抓好门前“三包”、环境绿化美化工作，规范站内售票乘车环境，严厉打击抢客、拉客、加价贩票行为。加强安全运营监管，落实车辆例检、危险品查堵、出站检查等安全管理制度。（兰州市交通运输局）

【平凉运政开展执法互检互查活动】 2011年针对客运市场特别是农村客运班线车辆和城乡公交车辆存在证照不全、超载超员、出租车经营不规范，“黑车”非法营运扰乱客运市场秩序，部分运输经营者安全生产意识淡薄，客运站“三不进站”、“五不出站”制度落实不到位等问题，为加强道路运输市场安全监管，从2011年9月3日起，平凉市运管局从全市运管机构抽调8名精干执法人员，由市运政执法支队牵头，采取和公安交警联合、先检查后反馈、定点稽查与流动稽查、检查企业与稽查车辆相结合的方式，进一步加大全市运输市场稽查力度，整顿运输市场秩序，净化运输市场环境，维护运输市场稳定。通过对华亭、崇信、灵台和泾川四县运输市场进行稽查，共检查客运企业4家，汽车站5个，营运车辆1 000余辆。查处违章车辆35辆，下达整改通知书4份。查扣非法营运“黑车”55辆，查扣证照51本，对查扣的55辆“黑车”在平凉道路运输门户网站进行了公开曝光，进一步规范了运输市场经营秩序，运输市场整顿工作取得了明显的成效。（樊昌明　宋　军）

【陇南市道路客运市场百日专项整治活动启动仪式在武都举行】 2011年3月30日上午10时，陇南市政府副市长王月成出席启动仪式并宣布全市道路客运市场百日专项整治活动开始。市、区两级政府领导和交通运输、公安、交警、运管等部门负责人以及客运企业、出租汽车公司、文明交通志愿者260多人参加了启动仪式。启动仪式由市交通运输局党组书记、局长郑作栋主持。市交警支队、市运管局负责人分别作了表态发言，文明交通志愿者代表进行了宣誓。这次为期100天的道路客运市场百日专项整治活动，从3月18日开始，到6月26日结束，分为宣传发动、集中整治、提升服务、总结表彰四个阶段。重点整治班线客运、农村客运、城市公交客运、出租客运、汽车客运站等道路客运市场存在的无证经营、欺行霸市、损害旅客权益等违法违规经营行为。通过专项整治，使全市道路班线客运服务质量明显提升，农村客运经营服务行为明显规范，城市公交运营秩序和乘车环境明显好转，出租车“打车难”等问题明显缓解，汽车客运站秩序明显改观。（郝　炜）

【武威市运管局多措并举整治货车载客和客车超载行为】2011年，根据省、市安全生产电视电话会议精神，武威市运管局高度重视、迅速行动，领导班子专题研究部署，主要领导亲自带队检查，从2011年11月18日开始，深入各县区及运输企业了解情况、督促落实，按照“宜严不宜宽、宜重不宜轻、宜快不宜缓”的原则，采取四项措施严惩违法违章行为、消除运输安全隐患。一是严厉打击货车非法载客行为。组成专项整治组，深入公路路口、货运站场及辖区乡镇，对营运货车及参加营运的农用车、客货两用车进行全面稽查，对货车、营运农用车载客的行为进行严厉查处，并对非法载客的从业人员进行3~5天的安全法规培训，对拒不参加培训的吊销其道路运输证。特别是对运送农副产品及生猪的客货两用车违法载客行为进行严厉打击。二是严厉打击周末运送学生客运车辆超员行为。对周五、周六、周日、周一学生客流较集中的客运班线进行认真调查摸底，适时适度加密客车班次，调度有资质、服务优的客运企业、等级高的客运车辆和综合素质好的客运从业人员参与周末学生客流输送工作，必要时由运输企业经理带队运送学生客流。对不具备资质及串线运行、非法揽客等违法行为予以严厉打击，发现周末运送学生客车超速、超员等严重违法行为，对运输企业进行从重处罚，对经营者停业整顿并参加不少于10天的安全法规培训，培训不合格的吊销其经营许可。三是加强承运学生的营运车辆监管。要求企业资质、车辆等级及营运手续必须符合条件，必须明确安全责任，加强运送过程中的监控，确保万无一失。四是加强对承担校车运输任务的客运从业人员的诚信考核。严把关、严审查、严考核，对不具备三年以上安全驾驶经历、有不良驾驶记录的客运从业人员，不允许参加诚信考核。

（武威市运管局）

【武威市出台旅游、包车客运监管办法】为规范旅游、包车客运经营活动，维护客运市场秩序，提高行业服务水平，保障旅客运输安全，保护旅客和经营者的合法权益，2011年武威市运管局依据《中华人民共和国道路运输条例》和交通运输部《道路旅客运输及客运管理规定》及有关法律、行政法规、规章等规定，制定出台了《武威市道路旅游、包车客运监管办法》。该办法从道路旅游、包车客运的经营许可、车辆管理、标志牌管理、经营管理、安全管理等方面做出了明确具体的规定。

（武威市运管局）

【张掖公路分局民乐公路段加强车辆超限超载治理改善道路交通环境】2011年进入春季以来，国道227沿线各项在建工程陆续开工建设，一些大型拉运矿石、煤粉、砂石的工程车辆超限超载频繁，对于春融期公路的碾压破坏十分严重，张掖公路分局民乐公路管理段积极应对，采取有效措施，抓紧开展治理工作。一是集中力量，在超限超载车辆出入频繁的平交道口设立临时治超站点，安排专人治理超限超载行为，对发现超限超载车辆及时劝返卸货，严禁上路行驶，确保道路安全畅通。二是根据个别时段车辆超限超载情况严重，而治超人员少、车辆不足、难以全面整治的情况，及时请求路政支队支援，集中力量进行了几次卓有成效的治理超限超载行动。三是抽调部分执法人员，前往建设工地进行源头监管，向工地负责人和驾驶员宣讲路政管理法律法规，要求规范装载，严禁超限运输上路行驶。并要求拉运砂石车辆必须加盖篷布，严禁沙石抛洒污染路面，影响公路安全。共查处超限超载车辆60余辆、劝返100余车次，50余辆拉运砂石车辆采取了防护措施，减少了对路面的污染，减轻了对路面的碾压损伤，有效地改善了道路交通环境。（刘发伟　李照军）

【敦煌市交通运输局加强客运市场监管】2011年，为了进一步做好旅游客运管理工作，敦煌市交通运输局采取“四抓”措施，加强客运市场监管，努力打造窗口形象。一是抓安全，为广大乘客和中外游客提供安全、舒适、便捷的客运服务。认真履行“三关一监督”职责，按要求、按标准参加保险，全面落实运输企业和客运经营者安全生产主体责任，完善客运企业安全生产规章制度，加强对客运车辆技术性能的审验和司乘人员的资质把关，定期排查解决安全隐患，对达不到安全技术要求的客运企业、客运车辆和客运经营者，坚决不准其从事客运经营活动，从源头上消除各类事故隐患。二是抓规范，继续抓好旅游车、公交车、出租车的规范管理。开展旅游客运市场专项整治活动，查处车容车貌脏、乱、差现象，解决好乘客和游客反映的欺客、宰客、甩客、抢客、拒载、索要回扣、服务不规范、服务质量差的问题。不断提高敦煌出租车管理水平，树立良好的出租车服务品牌形象；同旅游部门一起制定并实施对旅游车辆的“八统一”规范工作，提升管理水平，规范服务行为，提高服务质量。按照市政府的要求，做大做强两家上规模的旅游汽车集团公司，鼓励经营者更新高档次旅游车辆，年内新上高档旅游车50辆，更新一批适合敦煌实际的节能环保城市公交车辆，争取三年内将敦煌的城市公交车全部更新为节能环保的车辆。采取有效手段，严厉打击非法经营行为，加大宣传力度，动员广大群众积极举报“黑车”，形成全社会共同参与抵制“黑车”经营的良好局面，维护广大经营者和乘客的合法权益，营造公平竞争、和谐顺畅的运输市场环境，促进客运市场稳定、有序、健康发展。三是抓培训，提高从业人员的整体素质。按照行业管理规定，采取多种形式认真组织开展客运从业人员资格培训，严把客运从业人员资格关和准入关，未经培训人员，一律不准从事客运经营活动，保证所有客运从业人员做到持证上岗；结合行业特点，会同旅游局、交警队对全市的出租车、旅游车司机进行职业道德、文明礼仪、交通法规等方面的集中培训，不断提高出租车、旅游车司机的文明素质和服务水平。四是抓创建，树立旅游“窗口”形象。在全市客运行业中，继续开展以出租车“五星级驾驶员”评选、十佳文明司机、党员先锋车、青年文明车为主要内容的行业文明创建活动，使广大客运从业人员树立讲文明、知荣辱、守规则、促和谐的道德风尚，开文明车，做文明司机，以良好的服务态度、整洁的仪容仪表、安全卫生的乘车环境、规范有序的运营秩序，取信于中外游客，为敦煌旅游业的发展做出积极贡献。

（刘　旭　李　洁）

【嘉峪关市公交、出租车开展百日整治活动】2011年11月21日，嘉峪关市交通运输局组织召开公交、出租车运营百日专项整治动员会，交通运输系统机关干部职工和各公交公司、出租车公司有关人员参加了会议。会议明确了专项整治的目的、措施和专项整治活动所要达到的目标。至此,以规范公交、出租车运营秩序为目的,努力创造安全文明、通达通畅、和谐稳定、群众满意交通运输环境的全市“公交车、出租车运营百日专项整治”活动正式拉开了帷幕。此次百日专项整治活动,由市交通运输部门与市公安交警部门联合执法,相互配合,共同对交通运输市场不文明和违规、违章行为进行治理整顿。在依法查处车辆超员、超速、酒后驾车、疲劳驾驶等交通违法行为的同时,集中对公交车、出租车违章行为予以整顿。专项整治将坚持多法并举,进一步完善考核淘汰机制,把安全运营与燃油费发放、运营补贴、新增运力投放等密切挂钩,实行以奖代补,让安全守法经营者得实惠;让违纪、违规、违法者受处罚。从经济、行政、政策上鼓励、引导、支持一些信誉好、群众认可度高、社会评价良好的运输企业扩大经营规模;对一些不服从管理,发生违规违纪的公司和个人要坚决依法予以严惩;特别对一些社会反响大、对考核不达标、屡禁屡犯的公交公司、出租车公司坚决淘汰驱逐出运输市场;对恶意损害乘客利益的公交车、出租车将坚决依法收回经营权、吊销《道路运输证》;建立完善不良企业、不良个人“黑名单”制度;坚持标本兼治,制定出台《出租车长效管理机制》。通过开展百日专项整治活动,切实让公共交通成为我市城乡发展中一道亮丽的风景线,感知雄关魅力的流动岗,展示钢城人民素质的形象者。努力创造一个服务优质、安全便捷、文明和谐的交通运输环境,不断提升公交、出租车窗口文明形象,推进文明城市创建工作。(嘉峪关市交通运输局)

运输市场

【全省54条高速公路ETC车道正式开通】 2011年7月15日,全省54条高速公路ETC电子不停车收费车道正式开通运营。ETC(Electronic Toll Collection)是电子不停车收费系统的简称,是一种利用专用短程微波通讯技术,通过路侧单元(RSU)与车载单元(OBU)的信息交换,自动识别车辆,采用电子支付方式,自动从车主电子缴费卡中扣除车辆通行费的全自动收费方式。车辆要在ETC车道通行,需先在车窗上安装电子标签(OBU),办理陇原交通卡,并预存费用。这样,车辆通过收费站时不用人工缴费,也无须停车,车辆只需要以每小时20公里的速度便可通过。这种收费系统每车收费耗时不到两秒,其收费通道的通行能力是人工收费通道的5~10倍。ETC车道的使用,将大幅提升全省高速公路的通行能力,为社会公众提供良好的通行环境。省高速公路管理局前期制作投入8 000张电子标签,供部分车辆进行免费安装使用。车辆安装电子标签、办理陇原交通卡后,可就近选择在兰州、白银、武威、张掖、酒泉、定西、天水等地的电子缴费充值点办理充值业务。

(高管局)

【我省灾后重建行政村停靠站项目通过竣工验收】 2011年5月7日至11日,由省运管局市场监督处、甘肃新陆港资产运营有限公司工作人员组成验收小组,对陇南市8个县区灾后重建行政村停靠站项目建设情况,进行了为期5天的全面检查和验收工作。

(李文凯)

【兰州市公交集团投资为279辆公交车安装了暖风机】 2011年,为给市民创造一个温暖、舒适的乘车环境,兰州公交集团11月投资180多万元,为12条公交线路的279台公交车安装了暖风机,其中:12路3台,22路20台,69路5台,76路35台,81路16台,106路51台,114路、127路、135路共83台,141路30台,142路23台,144路13台。至此,全市有暖气设施的公交车辆增加至1 600余台,温暖公交覆盖率达到75%,基本解决了百姓冬季乘车寒冷的问题。截至2011年11月,全市还有近500辆公交车无暖气设施,它们分属5路、7路、14路、18路、118路、146路等公交线路。这些线路上的公交车多半已接近报废年限,公交集团计划将在2012年逐步更新淘汰。届时,兰州公交车将全部成为“温暖公交”。在配备暖风机的同时,公交集团还着力改善车厢公用设施,共更换安装公交车新座椅3 001个、新扶手184个、新垃圾桶2 140个、电脑监视器463套,有力地促进了公交服务质量的提升。

(晨 旭)

【兰州市1 050辆更新出租汽车陆续上路运营】 2011年3月31日,兰州市1 050辆更新的出租汽车开始上路运营。此举有效缓解了兰州市区“打车难”的问题,在一定程度上抑制了兰州市非法车辆载客的现象。

(李文凯)

【兰州市新型空调公交车投入运营】 2011年兰州市政府实施公共交通优先发展战略,加大了对城市公交发展的支持力度,对企业政策性亏损和车辆更新实行财政补贴。兰州市公交集团2010年报废更新的317辆公交车全部上路经营,公交线路更新1路、4路、71路、77路、103路、116路、117路原有车辆,增加或更换58路、35路、20路、102路、144路、83路、29路、112路的部分车辆。特别是1路公交车全线更新为50辆高档空调车,打破了兰州公交没有空调车的历史,“温暖公交”走近了市民身边。2011年1月1日,1路公交车全线更新仪式在兰州火车站1路线终点站隆重举行。省委常委、兰州市委书记陆武成出席仪式并宣布1路公交车全线更新正式运行,市委副书记、市长袁占亭发表重要讲话,省交通运输厅副厅长阮文易等领导出席仪式,公交集团总经理梁国庆汇报了车辆更新运营情况,驾驶员代表邹镇宇作了表态发言,市公安局、财政局、交通运输局、城乡建设局、国资委、交警支队、城运处等单位的负责同志和省、市新闻媒体记者参加了仪式。“老字号”1路线已经有56年的历史,线路单程11公里,年客运量大约1 854万人次。此次更新的50辆空调公交车,具有动力大、安全性强、冬暖夏凉的特点,1路空调车的全线投入将改变兰州市无空调公交车的状况。

(晨 旭)

【兰州至天水高速公路客运专线开通】 2011年1月19日,我省春运农民工平安返乡(岗)优质服务竞赛活动暨兰州至天水高速公路客运专线开通仪式在兰州举行。省交通运输厅副厅长阮文易、兰州市副市长姚国庆,省运管局局长李潭、书记冯长友等领导出席开通仪式。

(李文凯)

【白银市运管处加强GPS信息平台建设】 2011年，白银市运管处按照《关于加强全省道路运输车辆动态监管工作的实施意见》的要求，认真做好GPS信息平台建设工作。一是做好组织领导工作。成立了GPS平台管理维护及设备检测工作小组，制定《企业平台、车辆升级检测安排日程表》，为了达到节能减排的要求，考虑到企业及车主正常生产需要，工作小组到各运管所、运输企业逐户上门进行平台维护和设备检测。二是做好基础建设工作。白银市道路运输GPS监控管理平台建设完善，按管理权限和层次分为市级二级监控平台和道路运输企业三级监控平台。2011年，累计检测和升级运输企业监控平台29家，其中危险品运输企业21家、客运企业8家、县(区)运管所平台5家。共计安装GPS、行车记录仪车辆758台。三是做好“两客一危”工作。贯彻属地管理原则，保障GPS卫星定位应用平台使用，实现信息和资源共享，部署了2011年度企业GPS平台升级及车载终端和汽车行驶记录仪设备的检测工作（4月15日开始，6月31日结束）。进一步规范GPS平台和设备使用，积极推进出租汽车GPS安装工作，确保道路运输安全。 （魏 伟）

【白银公交延伸线路优化线网，积极参与新城区建设】 2011年，为填补天津路、祥和小区、郝家川小学等公交盲区，缓解部分路段交通拥堵，白银公交公司掌握和分析了部分线路的客流变化规律，对5路、11路公交线路的运行区间进行了调整；为方便市民到政务大厅办理业务，对10路、13路进行了延伸，使车辆运营与客流有机结合更趋合理。通过调整延伸线路，客流和营收稳步增长，运营成本大幅下降，既提高了公交运营效率，又方便了市民出行。同时科学安排发车点次和运营间隔，适度加密台班趟次，特别是高峰时段和节假日全部车辆投入线路创收，最大限度地节约乘客出行时间。 （白银市公共交通公司）

【白银市道路运输经济运行稳步增长】 2011年，白银公路交通纵横交错、四通八达，白兰高速公路贯通东西，境内主要干线公路有国道109线、312线、309线和省道靖天公路、营兰公路、海古公路及15条县级公路，公路通车总里程达到5 000多公里。白银交通运输基础设施建设的快速发展，使运输市场不断成熟和完善。通过各项工作的深入开展，借助“兰白核心经济区”发展战略，白银市道路运输业总体呈现出蓬勃发展的良好态势，市场机制逐步完善，市场秩序日趋规范，市场体系框架基本形成，运力运量持续增长，运网密度不断提高，运输经济稳步增长，一个充满竞争、富有活力、多经济成份、多经营层次、多经营方式的运输格局已基本形成。2011年，全市道路运输产值达到38亿元，增加值达到17.8亿元。全市道路运输从业人员已达5万余人，截至目前，共有道路运输经营业户1.52万户，其中：客货运输经营业户1.46万户，汽车维修业户626户，汽车驾驶员培训学校28所，汽车检测站4家。共有营运性客货车辆3.72万辆，其中：班线客车1 078辆，普通货车3.11万辆，危险货物运输车辆515辆，出租汽车4 067辆，农村定线小客车434辆。共有客运班线350条，其中：跨省班线13条，跨市州班线68条，跨县区班线51条，县内班线218条。全市道路客货运输量保持了良好的发展态势，道路运输客运量和客运周转量分别完成4 790万人次和20.02亿人公里，与去年同比增长23%和22%；道路运输货运量和货运周转量分别完成6 010万吨和106.88亿吨公里，与去年同比增长22%和23%。 （魏 伟）

【白银市客运路网、客运运力逐步有序平衡发展】 2011年为确保客运市场供需平衡，白银市运管处按照“控热线、放冷线”的工作思路，大力推进“城市、城际、城乡、乡村”四级客运网络建设，积极推进农村客运的公交化改造。全市乡镇通班车率继续保持100%，行政村通班车率达到98%。为着力解决全市班线客运业户经营规模小、运营方式散、抗风险能力弱的现状，白银市运管处狠抓旅客运输市场的主体调控，强调“做大做强、国退民进”的发展思路，积极引导运输企业及经营业户发展车辆装备优、技术状况好、乘坐舒适度高的高中级客车投放市场。目前，全市共有高级客车74辆、中级客车205辆、普通客车799辆。共投放省际班线13条16辆701个座位；投放市际班线68条178辆7 389个座位；投放县际班线51条240辆6 561个座位；投放县内农村班线218条644辆10 729个座位。2011年，共举办客货道路运输从业人员培训班24期，培训从业人员7 010人次；举办乘务员培训班2期，培训从业人员28人；举办危险货物运输从业人员培训班4期，培训危货操作员375人(包括押运员260人)。共培训道路运输从业人员7 413人，培训总人数与去年同比增加了12%。 （魏 伟）

【白银市运管部门多举措维护道路运输市场秩序】 2011年，白银市采取多种措施，制定各种办法，着力加强对道路运输市场的监管，切实维护道路运输市场秩序。一是针对燃油税费改革后运输市场出现的新情况，深入开展运输市场专项整治活动，建立健全道路运输“打黑”工作长效机制，将以“打黑车、除隐患、保安全、促稳定”为主要内容的专项整治行动作为常态工作继续开展下去。二是全面加强对危险货物运输市场、客运市场、维修市场、汽车检测站、驾驶员培训市场的监管力度，进一步规范市场经营行为。三是加快对GPS车辆终端监控设备和管理平台系统的推广应用，有效提高指挥调度和应急处置能力。全市所有危险货物运输车辆和旅游客运车辆都要求安装GPS终端监控仪。目前，全市有8家客运企业、21家危险品运输企业安装了GPS平台，249辆客运车辆、509辆危险品运输车辆安装了GPS终端设备。四是继续加强和规范道路运输运营车辆特别是出租汽车的行业管理，不断完善出租汽车行业群体性事件应对机制，严格按照属地管理、分级负责、就地解决、化解矛盾等原则，深入细致地开展纠纷排查调处工作，进一步加强综合治理，维护行业安全稳定。五是进一步加强应急保障队伍建设，不断完善和修订各类应急保障预案，及时调整充实应急保障队伍。目前，我市成立道路运输应急保障中队1个、应急保障大队6个；储备应急保障运力210辆，其中客运车辆10辆600座、货运车辆200辆2 600余吨。 （魏 伟）

【白银市运管处加快道路运输基础设施建设】 2011年，白银市运输管理处从改善和发展全市道路运输基础设施结构着手，努力加大道路运输基础设施建设力度。续建项目：2009年1个乡镇客运站未完工项目及2010年10个乡镇客运站大部分项目已开工建设。建成项目：会宁光明货运集散中心已通过省局验收，正式运营；白银西区客运站、平川城乡汽车换乘站已建成并通过省局竣工验收，现已投入使用。储备项目：靖远客运中心、会宁客运站建设项目工程可行性报告已通过省局论证，会宁客运站项目进入初步设计阶段；靖远客运站已通过初步设计，即将开工；平川四矿客运站、王家山运管站、杜寨柯运管站、景泰双墩客运换乘站、上沙沃运管站等建设项目正在进行建设。（魏　伟）

【白银市运管处加强出租汽车市场监管】2011年，白银市运管处采取多种措施，制定各种办法，着力加强对出租汽车市场的监管，切实维护市场秩序。一是不断完善出租汽车行业群体性事件应对机制，严格按照属地管理、分级负责、就地解决、化解矛盾等原则，深入细致地开展纠纷排查调处工作，进一步加强综合治理，维护行业安全稳定。二是继续平稳做好全市出租汽车更新置换工作。白银城区在2010年共更新并投放市场437辆出租汽车。2011年，严格按照市政府关于出租汽车更新报废的有关政策，采取“总量控制、退一进一”的原则，采用提前公示的方式分5批(次)完成了448辆出租汽车的报废更新工作。三是借助我处建立的短信平台，积极向出租汽车经营者宣传行业政策法规，倡导文明依法运营，鼓励发扬好人好事等。目前共向出租汽车公司及经营者发送短信40余条，在出租汽车行业中形成了比、学、赶、超的行业正气。省农运会期间，广大出租汽车驾驶员牺牲个人经济利益踊跃争当志愿服务者，极大地促进了出租汽车行业整体形象的提升，切实提高了行业的社会满意度。（魏　伟）

【白银市组织开展客运市场百日专项整治活动】2011年，根据省交通运输厅、省公安厅《关于在全省开展道路客运市场百日专项整治活动的通知》(甘交发〔2011〕28号)文件精神，白银市交通运输局与市公安局联合下发了《关于在全市开展道路客运市场百日专项整治活动的通知》(白交发〔2011〕30号)。一是专门成立了领导小组并对我市客运市场整治活动进行了具体安排，专项整治活动领导小组办公室成立了市场治理组、宣传报道组、督察指导组等三个工作组，成员由市运管处与市交警支队联合抽调人员组成，明确了工作职责，划分了工作任务。二是联合工作组分别于3月26日、4月1日在市区繁华路段进行了宣传动员，3月18日至26日活动期间，共悬挂宣传横幅26条、散发传单2.5万余份，出动宣传车114辆(次)，设立宣传咨询点5个。在执法过程中，共出动执法人员8 600人次，出动执法车辆2 400辆(次)，查处非法运营的各类“黑车”297辆，收缴私制线路牌126块，查扣各类证件302本，为百日专项整治活动营造了浓厚的舆论氛围和良好的执法环境。三是为了更好地提升客运车辆文明服务水平，6月30日至8月31日在城区范围内开展了为期两个月的公交、出租汽车、班线客车车容车貌专项整治活动，通过对客运车辆车容车貌及驾驶员仪容仪表的监督检查，全市客运市场的文明服务水平得到了提高，道路客运市场经营秩序得到了进一步好转，构建了“科学规范、健康稳定、诚实守信、服务优质、安全便捷”的客运文明服务新形象。白银市运管处获得了“甘肃省道路客运市场百日专项整治活动先进单位”的称号。（魏　伟）

【白银市运管处加快推进城乡运输一体化建设】2011年，白银市紧紧围绕交通运输部“三个服务”，按照“路、站、运”协调发展要求，大力推进“城市、城际、城乡、乡村”四级公交网络建设，推进农村客运的公交化改造，拓展城市公交的覆盖范围，实行以城带乡、干支互补、以热补冷的资源配置机制，努力推进城乡公交一体化建设进度。一是按照“整合交通资源、提升车辆档次、优化运营机制、规范经营行为”的总体思路，2011年共开通长征至王家山、新堡子至河畔、会宁至丁沟、会宁至甘沟等4条线路。目前全市共开通城乡公交线路17条。二是制定了农村道路运输发展规划，鼓励发展镇村公交，推广标准化、规范化服务，在我市城乡结合部加强城乡客运资源的统筹配置，政策扶持农村运输快速发展。三是合理分工公路客运、城市公交、城乡公交运营布局，整合交通资源，优化配置，加大了对城乡班线客运的扶持力度。（魏　伟）

【定西公路总段积极做好道路安全保畅工作护航第四届中药材产业发展大会】2011年8月18日至19日，中国·定西第四届中药材产业发展大会在陇西县隆重召开。为保证大会期间良好的道路通行环境，定西公路总段积极部署，加大对国道316线、省道209线巡查、养护力度，全力做好道路安全保畅工作。一是加大养护巡查力度，定期观测不良地质路段，增设安全警示标志，督查落实防汛措施，做到制度、人员、机械、物资、方案“五到位”，确保随时应对突发情况；二是组织开展安全隐患排查专项行动，重点排查桥涵安全隐患，全面疏通沿线排水设施，切实提高公路防灾减灾能力；三是加强路政执法管理，坚持全天候巡查，集中整治公路范围内的打场晒粮、加水洗车、堆放杂物等违法行为，确保道路安全畅通；四是加大路容路貌整治力度，组织青年志愿者55名在国道316线、省道209线展开大清扫，累计清理边沟、桥头垃圾310余方，修复、更换边沟盖板73块，确保行车环境舒适。

（段卫东）

【宁县公路管理段全力确保宁长二级运煤通道畅通】2011年8月15日至16日，受特大暴雨和过往重型工程车辆碾压影响，宁县公路管理段管养的国道211线宁长二级运煤通道416公里200米至417公里处路面发生沉陷，出现大面积积水，致使车辆和行人无法正常通行。该路段是宁县公路管理段每年都要重点养护的“顽疾”路段，汛情发生后，该段及时同宁县县政府、水务局、新宁镇政府等单位协调，启动防汛应急预案，段防汛抢险工作领导小组紧急调集了3支抢险队53名队员，出动2辆装载机，调配4台抽水机，冒雨沿公路两侧开挖了4条横向简易排水沟，积极疏通路面积水，责令路政人员现场指挥过往车辆有序通行，先后疏导、分流76辆滞留车辆，接送31名被困路人。截至17日下午19时，该路段路面积水全部排干，确保了宁长二级运煤通道汛期安全畅通。

（庆阳公路总段　谈灵涛）

【庆阳公路总段确保“绿色通道”畅通】 2011年，为降低鲜活农产品运输流通成本，稳定鲜活农产品市场供应，庆阳公路总段多措并举狠抓鲜活农产品运输“绿色通道”保障工作，确保运输鲜活农产品车辆经过收费站能够快速通行。庆阳作为甘肃省唯一的革命老区，鲜活农产品是当地人民群众发家致富的主要收入，为积极服务社会，促进当地农民增加收入，庆阳公路总段在所辖收费站所有收费道口设置“绿色通道”专用标志标牌，坚持执行“不扣证、不扣车、不罚款”的“三不”原则，减少鲜活农产品运输车辆在行驶途中不必要的滞留，尽量减少鲜活农产品运输车辆查验通过收费站的时间。当班收费员针对能享受“绿色通道”政策的新增加品种进行说明，并向过往司乘人员宣传新政策，确保过往司乘人员及时了解新政策。与此同时，各收费站还采取“图文对照，抽取录像”的方式，对各收费班（组）“绿色通道”政策执行情况进行实时监督检查，确保通道绿色畅通。 （李铖 李文玉）

【崇信县规范运输市场秩序强化安全监管】 2011年，崇信县进一步规范道路运输市场秩序，促进交通运输业健康有序发展。全年完成客运量173.26万人次，占任务的109.37%；客运周转量7 080万人公里，占任务的104.2%；完成货运量20.71万吨，占任务的109%；货运周转量4 600万吨公里，占任务的103%；完成道路运输产值0.77亿元。突出表现在：一是对运营车辆进行动态监管，坚持运输市场专项整治。全年累计出动执法车辆622辆（次），出动执法人员4 600人次，处理违法违规车辆38辆；二是深入开展打“黑”专项稽查活动。采取突击查堵、设卡检查、跟踪调查等多种方式，集中时段、不分昼夜、全员出击、循环稽查，全年依法打击“黑出租”141辆（次）；三是开展“青年岗位能手”、“十佳出租司机”、“十佳服务明星”等评选活动。对涌现出的好人好事，通过电视报纸大肆宣传报道，弘扬行业正气，促进行业平稳、健康、文明、有序发展。全年无重大及以上道路运输安全生产事故发生，并在县政府安全生产年终考核中荣获一等奖，安全生产形势继续保持稳定态势。 （王小东）

【庆阳市积极推进道路运输市场城乡一体化建设进程】 2011年，全市新开通农村客运线路8条，新增通班车村12个。开展了农村客运班线公交化改造试点工作，在原有城乡公交线路的基础上，确定了9个乡镇11条农村客运线路，进行公交化改造，实行公司化管理，统一车型、统一车体颜色、统一标志标识和设施配备，循环运营，滚动发车，增加农村公交通行密度，提高农村公交服务质量。积极培育城市“货的”，新增物流配送车辆300辆，成立了专业公司，实行公司化、规范化管理，极大地推进了城市物流市场的规模化、现代化和信息化。 （庆阳市运管处）

【平凉市运管处加大运输市场培育步伐】 2011年，平凉市运管处坚持“壮大龙头企业、培育骨干企业、缩小弱散企业”的发展思路，严格客货运输、汽车维修、驾驶员培训等运输市场准入机制，严格质量信誉考核。通过实地查看、现场抽查、听取汇报、广泛征求意见等形式，连续4年对全市176户道路客货运输企业、汽车客运站、维修企业、出租车公司、驾培机构法人治理结构、运输安全生产、服务质量、经营行为、社会责任、企业管理、设施设备及场地等内容进行量化考核及全面检查。取缔弱散、维修企业2户，降类2户，有力地促进了全市道路运输企业发展步伐。在学习借鉴兄弟省市运输行业发展经验的基础上，客观分析全市道路运输发展尤其是驾驶员培训市场、货运市场、汽车维修市场发展实际，坚持“规范、整顿、培育、提高”的原则，新许可二类汽车维修企业3户，货运企业1户，晋升一类汽车维修企业1户，培育规范汽车驾驶员培训学校2户。这一举措，对扶持和培育当地运输市场体系，树立品牌运输企业，引领运输行业发展，服务平凉经济建设产生了积极作用。 （李惠霞）

【平凉市集中整治维修市场秩序】 2011年，为切实改善平凉城区内沿街沿路汽车修理业户及加工门店占道修理、占道经营、门前乱堆乱放、乱泼乱倒、门前卫生脏乱差等不规范经营行为，从2001年4月至10月进行了为期6个月的全面整治。一是制订方案、成立机构。制定下发了《崆峒区2011年汽车维修市场集中整治工作实施方案》。成立了由运管、城管、工商、交警等部门主要负责人为成员的专项整治领导小组。二是全面动员、认真部署。召开了崆峒区2011年文明城市创建综合整治提升工程交通秩序集中整治工作动员大会，对整治活动进行了周密的部署。三是广泛宣传、营造氛围。充分利用广播和电视媒体的强大舆论宣传优势，采取发布公告，张贴宣传资料，悬挂宣传标语等方式，动员广大人民群众和社会力量，参与、支持“文明城市创建综合整治提升工程”活动。共配合平凉人民广播电台采访报道2次，印发宣传公告500份，统一制作宣传标语横幅50多条。四是深入调查、全面整治。从4月8日起组成43人的联合整治工作小组，采取集中行动，有分有合的工作方式对城区沿街沿路修车、洗车和水桶加工门店采取拉网式摸底排查、进行逐户登记、造册。通过摸底、登记，存在占道经营、门前卫生脏乱差等不规范经营业户408户，其中汽车维修82户，水桶安装12户，占道经营314户，对不规范经营业户下发了限期整改通知书，为下一步集中整治打好了基础。通过整顿，有效地增强了广大维修业户维护城市环境的自觉性，维修业户占道作业、门前卫生脏乱差的现象得到有效扼制，城市环境明显改观。

（刘明霞）

【平凉市运管交警联合出击整顿客运市场秩序】 平凉市从2011年3月30日开始，城区运管、交警联合出击，重点整顿国、省道客车超员、超载、超速，城乡公交冲闯红灯、带病上路、强行超速，出租车夜间灯光不全、闯红灯、乱停乱靠、乱掉头、超员、占道行驶、随意上下客，汽车客运站（点）“三不进站、五不出站”源头管理责任落实不到位，车辆站外乱停乱放、秩序混乱，车站安全制度不完善、管理不到位，安全基础资料不齐全等问题，故意遮挡、污损、不按规定安装机动车号牌等交通违法行为。在客运市场百日专项治理活动中全市出动执法人员6 215人次，出动执法车1 389辆次，共查处“黑车”776辆次，取缔马路发车点11处，查处站外揽客178起，超范围经营行为107起，串线经营23起，超员超载127起，倒客甩客宰客经营行为为21起，私涨票价行为11起，私制线路牌88面,处理质量投诉案件97起。开展安全检查56次,排除不安全隐患59起,化解矛盾纠纷37起,规范企业法人治理结构34户,组织企业召开安全学习教育会议34次,培训司乘人员2 066人。整顿活动中共出动宣传车120台次,执法人员200多人,悬挂宣传横幅90多幅,印发宣传公告6 000份,散发传单5 000余份,查扣“黑车”234辆次,查处违规经营客车58辆次,纠正违规行为189起。

(李惠霞 刘明霞)

【灵台县交通运输局规范运输市场秩序】2011年,灵台县交通运输局制定措施,规范运输市场。一是继续深入开展“打‘黑车’除隐患构建和谐交通”活动,加大行业依法治理力度。继续加大整顿和规范道路运输市场秩序力度,坚决取缔客货运市场、汽车维修市场存在的非法营运和违章操作行为,努力营造统一开放、竞争有序的市场体系和诚实守信的运输环境。二是继续深入开展安全隐患排查治理工作。严格落实“三关一监督”(运输市场经营者准入关、营运车辆状况关、营运车辆驾驶员从业资格关和客运站的安全监督)工作职责。建立完善安全管理基础台账,加大对企业人员经营证照、证件的检查制度,确保从业人员车辆资格合法,手续完善,严格执行车辆安全检验审查制度,切实把好站务源头治理关,重点防止客车带病上路,严格落实防止驾驶员超速超员、疲劳驾驶、违规操作等违法违规行为的各项措施,依据有关规章制度加大对从业人员违规违法行为的惩处,全力打造平安交通,确保人民群众生命财产安全。三是加大基础设施建设力度。争取国家投资,新建60个行政村停靠站,积极衔接建成灵台县货运信息服务中心及灵台县汽配城,严格规范了运输市场管理秩序。四是抓好执法队伍建设。不断加强执法人员理论教育,牢固树立服务意识,切实提高执法水平。所有运(路)政执法人员牢记使命,认真履行工作职责,尤其是班子成员能勇挑重担,敢于负责,形成了“一盘棋”的思想,在工作中率先发挥表率作用,形成了团结、融洽、实干的良好工作风气和步调一致、狠抓落实的强大合力;规范执法行为,不断提高执法水平,做到严格执法、文明执法、公正执法,正确使用法律条文,加强理论法规和业务知识学习,进一步强化职工作风建设,努力实现执法人员无违法违纪现象,为全面谋划好我县道路运输“十二五”发展目标开好局、起好步奠定了坚实的队伍保障;进一步巩固公路无“三乱”工作成效,树立交通行业公正执法、廉洁执法的良好形象。

(灵台县交通运输局)

【天水市集中整治公交客运秩序】2011年,天水市集中整治公交客运秩序。以秦州、麦积两区为重点,查处了一批违法犯罪团伙和人员,坚决遏制和打击殴打司乘人员案件高发势头及扒窃等违法行为;加强对公交运营公司和出租客运公司的日常监管和考核考评,完善相关监管机制和管理制度,不断提高管理水平;着力规范公交运营公司和出租客运公司的运营行为和内部管理,开展司乘人员业务培训,强化职业道德和职业操守教育,增加服务意识,提高服务质量;加强对中小学生等重点群体的交通安全意识教育,引导大家严格遵守交通法规,自觉维护良好的乘车秩序。(天水市运管局)

【天水市运管局许可成立麦积山景区客运公司】2011年11月,天水市运管局许可成立麦积山景区客运公司。开通景区内定线旅游线路,为景区内务景点“一票通”和“一票直达”等措施的实施提供保障,有效打击“黑车”载客、逃票倒票等违规行为,维护游客人身安全和消费者合法权益,提升天水旅游的外部形象。2010年12月15日,麦积山风景名胜区被国家旅游局批准为国家5A级旅游景区,由麦积山、仙人崖、石门、曲溪、街亭温泉5个景区组成。(天水市运管局)

【张掖公路分局东双收费所加强“绿色通道”惠农车辆管理】张掖是全国最大的粮食蔬菜生产基地之一。2011年3月,正处于鲜活农产品、化肥运输的旺季。为了将惠农政策落到实处,张掖公路分局东双收费所严把“四关”,进一步加强“绿色通道”惠农车辆管理,确保了“绿色通道”的通畅。一是严把“政策关”。通过举办专题学习培训班,加强对职工的教育培训,提高了一线收费员对“绿色通道”、化肥和联合收割机等运输优惠政策的认知和执行能力。二是严把“查验关”。抽调稽查人员对“绿色通道”车辆的检疫证件和实物进行认真查验,对照“产品名录”予以减免放行。三是严把“服务关”,对所有惠农车辆做到热情服务,不能因为“收不到钱”而冷淡生硬,对被举报的收费人员予以严肃处理。四是严把“登记关”。对所有优惠车辆进行严格的登记、造册和上报,做到了应征不免,应免不征。截止4月30日,该所减免“绿色通道”车辆2.04万吨、821辆次,免收通行费8.16万元。(杨 兰)

【武威近百辆城市公交车更新换代】2011年,为改善城区公交运力结构,提升公交客运服务水平,武威市运管局按照“优化网络布局、提高线路覆盖、加快智能化建设、提升装备水平和服务质量”的总体要求,指导督促海石公交公司加快公交车报废更新步伐,使原计划2年完成的报废更新任务提前在1年内完成。首批报废更新的96辆公交车已全部到位,并于9月21日正式发车,陆续投入运营。本次更新的车辆统一为欧版双开门、发动机后置式、低踏板、智能化、电子化、人性化无人售票车,公交车装备水平和服务形象大幅度提升。其余公交车计划在2012年上半年前更新完毕,城市公共交通运输发展将迈上新的台阶。同时结合新城区建设和路网改造,在深入调研的基础上,拟新增2条公交线路和50辆公交车,进一步提高线网覆盖面和班次密度,更好地满足群众出行需求。

(武威市交通运输局)

【武威市运管局全面整治驾培市场秩序】2011年,武威市运管局从驾校资质、教练员、学员、教练车和安全管理等方面入手,全面开展了驾培学校清理整顿,维护了公平竞争、健康有序的驾培市场秩序。一是清理超范围经营。通过整治,8家超范围从事两种车型教练的三级驾校达到了二级驾校资质条件,并重新进行了许可。二是加强教练员资格培训。组织培训理论教练员27人、操作教练员15人,解决了部分驾校教练员无证上岗和数量不达标的问题。三是严惩私下转让行为。对未经许可擅自转让经营许可的1家驾校给予了严厉的行政处罚,按程序办理了变更手续。四是严把培训学员结业考试关。组织6 300多名学员参加了结业考试,参考人数比去年增加了1 000多人，对未参加结业考试或考核不合格的，协调公安交警部门不予受理驾驶证考试。五是排查治理安全隐患。逐校、逐车、逐人进行了经营资质、教练员资质和教学车辆证照办理、二级维护、年度审验以及安全生产管理制度、机构、设施设备、学习教育、自查自纠、应急预案等方面的系统检查，对存在的安全隐患和薄弱环节及时进行了治理。

（武威市交通运输局）

【武威市金沙物流园项目开工建设】 2011年12月16日，武威市金沙物流园项目举行开工仪式，正式开工建设。该项目是武威市运管局根据全市城乡融合发展战略，围绕武威城乡融合发展核心区总体规划和金大快速通道脊柱工程建设，为加快推进武威向西北重要的综合交通枢纽和物流节点区迈进而谋划布局、争取建设的。武威市运管局经过近一年的调研、论证、选址、征地等前期工作，争取将该项目列入了全省“十二五”规划并启动实施。 项目选址在凉州区金沙乡和永昌镇，占地1 094.68亩，分A、B两区建设，由武威市金沙物流有限公司投资建设，总投资7.68万元，省上计划支持1 500万元，计划用两年时间全部建设投入运营。该项目符合《甘肃省统筹城乡发展试验区武威城乡融合发展核心区总体规划》，是目前为止我市道路运输领域占地最大、投资最多、建设标准最高的站场项目，对于充分发挥交通区位优势、构筑现代物流产业体系、服务城市和核心区建设、推进道路运输和经济社会跨越式发展将起到重要的支撑和引领作用。项目建成后，将充分发挥和利用园区的运输、仓储、装卸搬运、包装、流通加工、配送、信息服务、金融服务、综合配套等多种功能和集聚效应，彻底改善武威城区货运部、托运部、信息部及货运站场分散、功能单一、设施简陋、管理落后、各自为阵、无序发展的状况，有效整合物流资源、扩大企业商圈、降低流通成本、提高经营效率。 （武威市交通运输局）

【武威市运管局全力推进城乡公交一体化和运邮合作】 2011年，武威市运管局在认真总结去年城乡公交一体化和运邮合作试点成功经验的基础上，确定了“城市公交管理升级、乡村公交突破发展”的目标，全力推进城乡公交一体化和运邮合作。一是全面实施城市公交优先发展战略。调整、延伸和优化公交线网，构筑以公共汽车为主的城市交通服务体系；推广应用IC卡计费，建设GPS监控、调度、指挥平台，提升信息化服务水平；加快公交客车更新步伐，提高城市公交车辆技术等级。二是规划完善城际、城市、城乡、镇村四级客运网络。进一步提升金武快速公交的管理水平和服务效率，全面推进市区至古浪、民勤、天祝三县城际公交运行，年内力争凉州区乡镇通公交车率达到100%，行政村通公交车率达到95%以上；天祝、古浪、民勤三县乡镇通公交车率达到95%以上，行政村通公交车率达到80%以上。三是进一步深化运邮合作。凉州区在继续做深、做实、做精原有试点的基础上，再建成10个运邮合作示范点，天祝、古浪、民勤三县各确定5个以上试点，通过信息平台建设和信息资源共享、发展农村配送物流和邮政速递物流、场地设施共用和人员岗位互补等多种有效措施，不断提升运邮合作的层次和公共服务的能力。

（武威市交通运输局）

【金昌市“公交一卡通”正式启用】 2011年8月11日上午，金昌市“公交一卡通”启动首发仪式在金昌市文化中心举行。这标志着“无线数字金昌”建设取得了阶段性进展，它不仅有利于疏导城市交通，还使公交企业运营管理步入了信息化和现代化，实现了乘客购票、检票、计费、收费和统计的全过程自动化管理。城市公交是城市的重要基础设施，与城市社会经济发展和百姓生活密切相关。近年来，随着金昌市经济社会快速发展，城市公交压力与日俱增，出行成为市政管理的大事、要事和民生实事。“公交一卡通”是中国移动3G时代推出的新型小额支付业务，是实现数字城市、数字生活的举措之一。2010年11月，金昌移动公司与市公交公司签署了“公交一卡通”业务合作协议，截至目前，共为全市100辆公交车安装了这一系统，金昌市所有移动用户都可通过手机刷卡来乘坐城市公交。

（李秀卿）

【金昌市河雅路车用天然气加气子站开工】 2011年8月17日，由甘肃中石油昆仑天然气利用有限公司投资建设的金昌市河雅路车用天然气加气子站项目正式开工建设，预计2011年底建成并达到运营条件。该项目是继2010年底开工建设的金昌天然气母站(含一座车用天然气加气子站)后，我市第二座车用天然气加气子站。项目占地2 500平方米，总投资1 100.92万元，位于北京路入口处东北角、河雅路东侧，日加气量可达1.5万立方米。随着西气东输二线金昌支线的建成，市委、市政府从惠民、环保角度出发，大力推广新型、清洁能源建设。甘肃中石油昆仑天然气利用有限公司计划在金昌市建设1座天然气母站，4座车用天然气加气子站，以满足今后我市天然气车辆的日常燃料供给需求，为缓解我市能源供应压力，调整能源消费结构，实施节能减排工作起到了良好的推动作用。

（李秀卿）

【金川区运管所加强行业管理规范机动车维修市场】 2011年，为进一步规范机动车维修经营活动，维护机动车维修市场秩序，保护机动车维修各方当事人的合法权益，结合省运管局关于对客运市场进行安全整治专项治理活动电视电话会议精神，依据《中华人民共和国道路运输条例》、《甘肃省道路运输条例》及《机动车维修管理规定》的有关规定，结合辖区内机动车维修市场的实际情况，决定在全区范围内开展为期3个月的机动车维修市场经营秩序、机动车维修企业生产经营行为的专项整治活动。此次活动从2011年3月20日开始，2011年6月20日结束。为确保整治工作取得实效，由分管副所长带领机务维修办和市场监督办相关人员开展此次专项整治活动。此次清理整顿的内容包括：未取得机动车维修经营许可，使用无效、伪造、变造机动车维修经营许可证件，超越许可事项，非法从事机动车维修经营；设施、设备、人员发生变化后，达不到开业标准；企业安全生产责任制落实不到位，消防、节能减排方面制度设施不健全等违法违规的生产经营行为。专项整治过程中，对发现机动车维修经营者存在违法违规行为的，金川区运管所将根据《中华人民共和国道路运输条例》、《甘肃省道路运输条例》、《机动车维修管理规定》的有关规定进行限期整改或行政处罚。通过此次集中整治，旨在打击维修市场的非法经营行为，进一步规范机动车维修市场秩序,保护广大汽车消费者及道路运输经营者的合法利益,保障车辆的技术安全及节能减排政策的贯彻落实,为本辖区机动车维修经营业户创造一个和谐有序、公平竞争、健康规范的市场环境。 (蔡 娟)

【玉门市扩展信息化平台延伸服务功能】 2011年,玉门市运管所开通了企信通手机短信平台,将所辖区域内的客运企业、危货运输企业的负责人、管理人员、调度人员和驾驶员定为短信接受对象。通过短信平台的有效利用,进一步扩展了信息化应用功能和延伸服务范围,推动了行业管理由静态管理向动态管理转变,提高了应急保障能力。玉门市运管所利用短信平台,一是发布行政管理、安全责任、会务通知等相关信息,让所有经营人员及时了解掌握行业工作动态信息。二是在极端恶劣的天气条件下,向运营车辆及时发布必要的温馨提示,提醒驾驶员谨慎驾驶、安全操作。三是杜绝超员、超速现象,为规范客运经营行为提供安全保障。四是对行业内涌现出的好人好事进行短信宣传,营造良好的舆论氛围,激励广大从业人员争做好事、争当行业优质文明服务的使者。 (邓芙蓉)

运价调整

【兰州市交通运输行业发放中央财政燃油价格补贴1.95亿元】 2011年,为了贯彻落实中央关于成品油价格和税费改革后完善公益性行业补贴机制的精神,促进城乡道路、水路运输行业稳定发展,兰州市交通运输局积极争取市财政局等相关部门支持,全力做好农村客运、城市公交、出租汽车中央财政燃油价格补贴发放工作,全年落实发放油价补贴1.95亿元,其中城市公交11 953.93万元、农村客运4 278.51万元、出租汽车3 224.63万元、水运船舶52万元。特别是通过多方协调和积极争取,兰州公交第八公司(原中安公司)的340辆公交车首次纳入全市公交客运企业油价补贴范围,解决了民营公交多年没有享受政府补贴的问题。为了保证中央财政燃油价格补贴发放落到实处,市交通运输部门成立油价补贴发放督查组,从督查情况来看,全年中央财政燃油价格补贴已按时足额发放到经营者手中,没有发现截留、挪用等违规违纪问题。 (晨 旭)

【天水市运管部门加强粮油等重要物资运输价格变化监测工作】 为做好粮油等重要物资应急保供稳价工作,2011年天水市运管局建立了运输价格监测机制,选取了天水长宁货运有限公司作为监测调查对象,对该企业的大宗粮油、种子、化肥等重要物资的货车运价进行抽样调查,并每周填报《大宗粮油等重要物资汽车运输价格调查表》,切实加强运输市场价格的监测研判,总结分析运输价格变化趋势和对运输经济发展产生的影响,为运输价格政策调整和日常管理提供决策依据。 (天水市运管局)

【天水市交通运输部门采取措施稳定客运票价】 一是强化价格监督检查,配合物价部门对擅自涨价的经营者进行处罚,对客运经营业主和当事车辆的司机进行批评教育,责令限期整改。二是组织运输企业和县区运管部门,积极协调物价主管机构对道路客运成本进行核算,对各线路的票价进行测算,并就目前油价、法定票价和实际成本倒挂的问题,积极向省上行业主管部门和政府汇报,积极寻求解决办法。三是对价格违法行为的处罚依据和处罚标准进行公示,引导运输行业采取有效措施,增效节能,尽可能降低运营成本。

(天水市交通运输局)

运输保障

【定西公路总段加大省道103线保畅力度】 2011年4月,自新七道梁隧道“4·8”交通事故发生后,兰临高速公路上行线封闭,兰州至临洮方向车辆绕行省道103线至井坪收费站,省道103线K23—K40路段车流量剧增。为此,定西公路总段迅速启动公路突发事件应急预案,制定省道103线保畅方案,加大对重点路段的巡查监控力度,集中优势养护力量对出现的翻浆、坑槽等病害及时处置,确保道路畅通;加强养护维修工程施工现场管理,完善安全设施,严格按照规范设置标志、标牌,确定专人疏导交通,确保车辆通行安全;加大路容路貌整治力度,抽调2辆洒水车在施工路段洒水除尘,营造整洁舒适的道路环境;安排路政人员上路职守,疏导交通,随时应对突发情况。 (赵 智)

【定西公路总段2011年冬季防滑保畅工作】 2011年1月18日,定西市境内部分县区出现降雪天气,定西公路总段紧急启动低温冰冻天气道路保畅预案,在降雪相对集中的国道312线、省道209线、省道311线,安定公路管理段出动防滑人员110多人次、机械车辆4台(辆),截至1月18日上午10时降雪停止,共计清雪5万平方米、撒铺防滑料30余立方米。在其他路段,各养护单位根据降雪情况适时开展了防滑保畅工作。定西公路总段辖区道路在这次降雪过程中安全畅通。2011年1月26日,定西市境内普降中雪,雪厚4厘米左右,定西公路总段紧急启动低温冰冻天气道路保畅预案,全段共出动防滑人员548人次,机械车辆56台(辆),重点清除桥梁、急弯、陡坡路段积雪的同时,在管养全线撒布防滑材料。截至1月27日上午8时30分,共计清雪10万平方米,铺撒盐82吨,防滑料1 780立方米。在这次降雪过程中定西公路总段辖区道路畅通。3月19日至21日,定西市境内先后出现降雪天气,部分地区积雪达到50毫米以上。定西公路总段紧急启动低温冰冻天气道路保畅预案,清雪防滑工作在管养全线迅速展开。在兰临高速公路,全线出动养护职工123人次、车辆9台次,撒布防滑料105立方米、融雪剂5吨。在巉柳、平定、天定高速公路,投入防滑人员85人、机械车辆6台(辆),撒布防滑料220立方米、融雪剂5吨。在国道212线等重点线路,投入防滑人员216人次、机械车辆24台(辆),集中力量对木寨岭、风水岭急弯陡坡路段清雪防滑,共计撒布防滑料280立方米、融雪剂5吨。在其他国省干线公路,各养护单位投入防滑人员306人、机械车辆49台(辆),撒布防滑料968立方米、融雪剂2吨,清除积雪2 260平方米。这次降雪过程中,定西公路总段累计投入防滑人员850人、车辆98台次,撒布防滑料1 803立方米、融雪剂23吨,有力保障了管养全线的安全畅通。在天巉公路,持续的低温天气致使途经车辆油路冻结,加上部分车辆强超强会,交通数次堵塞,堵塞路段一度达到50多公里、滞留车量达到4 000多辆。定西公路总段先后投入防滑人员850人次、车辆98台(辆),撒布防滑料1 803立方米、融雪剂23吨;协同路政、交警和运营管理部门全力疏导交通;积极配合中央电视台就天巉公路交通堵塞情况现场直播,向社会及时发布路况信息。截至3月24日凌晨3时,天巉公路定西境内全线恢复畅通。2011年4月6日22时定西市境内出现降雪天气,截至4月7日6时部分地区积雪达到30毫米以上。在天巉公路马营梁路段,气温骤降致使途经车辆油路冻结,加上部分车辆强超强会,交通数次堵塞,截至4月7日上午7时堵车路段达到6公里,滞留车辆1 000余辆。针对这一情况,定西公路总段于4月7日6时启动低温冰冻天气道路保畅预案,紧急出动养护人员120人,车辆设备10台(辆),集中力量在马营梁路段展开除雪防滑工作,同时协同路政、交警和运营管理部门全力疏导交通。

(伏浩元)

【定西公路总段震后道路保畅工作】 2011年11月2日凌晨1时许,岷县与漳县交界发生4.5级地震,定西市境内震感强烈。地震发生后,定西公路总段迅速启动公路灾害应急保畅预案,木寨岭隧道管理所紧急组织技术人员对隧道及引线进行了详细勘查;岷县、漳县公路管理段对管养全线及桥梁受损情况进行了排查。通过排查发现,此次地震造成国道212线木寨岭隧道内壁出现大面积裂缝,隧道进出口墙面出现局部裂缝,222.7公里处少量落石,226.9公里处少量落土,隧道管理所办公楼、配电室、锅炉房受到不同程度损坏;定西市境内国省干线公路及桥涵未受到严重受损,道路通行畅通,随后定西公路总段研究制定修复方案对国道212线木寨岭隧道进行了修复。

(王　斌)

【平凉公路总段全力保障电煤运输通道畅通】 2011年,针对冬季用电量急剧增加、电煤运输压力加大的实际,平凉公路总段从讲政治、讲民生、讲稳定的高度出发,组织广大养路职工,对各条运煤路线严防死守,消除事故隐患,全力保障运煤通道的安全畅通。平凉公路总段将运煤车辆途经的国高22线、国道312线、省道304线、省道203线、县道049线和县道079线等6条线路作为防滑保通保畅的重点路段,安排专门人员,对各路段危险、结冰路段进行全面排查,及时清除路面残留积雪和结冰,并在急弯陡坡和危险路段设立明显的警示标志,及时补充备足防滑料和融雪剂。如遇降雪,立即组织人员上路扫雪防滑,保障行车安全。各收费站按照有关规定对运煤车辆办理收费月票,开启足够的收费车道,引导运煤车辆优先快速通过。路政管理人员联合交警部门,每天上路巡查,及时疏导交通,防止出现堵车现象。同时,总段与各基层单位建立24小时值班制度,制定了应急预案,密切关注天气变化,对突发事件保证信息畅通、处置迅速。专门下拨35万元的养护经费,采备防滑料2 800立方米,采备融雪盐40吨,在近期的3次降雪中,各基层单位启动冰雪灾害应急预案,撒铺防滑料1 800立方米,为电煤供应打造了一条平安、畅通、快捷的运输通道。

(马亚明)

【平凉公路总段积极应对甘宁交界段国道堵车】 2011年4月,国道312线宁夏境内公路频繁发生车辆拥堵,受阻车辆一度延伸至甘肃平凉境内,引起平凉市政府和社会各界的高度关注。平凉公路总段积极采取应对措施,确保辖区公路安全畅通。因天水至定西高速公路半幅封闭,导致部分西安往返兰州和银川的货车经国高22线平定高速公路和国道312线通行,从而加大了国道312线甘(肃)宁(夏)段的交通压力,形成较长时间的交通堵塞。因为交通量猛增,加之大型货车居多,超长超宽等超限车辆在二级收费公路上行驶举步维艰,尤其是在宁夏路段,由于路面宽度和路况不良等原因,一旦发生交通事故或车辆故障,极易造成车辆拥堵加剧。国道312线宁夏境内蒿店至杨庄至六盘山段公路等级低、路面窄、路况差,严重落后的基础设施难以承受如此大的交通量,三关口隧道、六盘山隧道、蒿店收费站等易堵节点不断出现车辆留滞现象,往往造成车辆长时间拥堵,延伸至平凉境内。针对国道312线甘宁东交界段堵车问题原因复杂、发生频繁、短时间内无法彻底解决的现状,平凉公路总段立足实际、多措并举,最大限度的缓解车辆拥堵。一是确保信息畅通。路政人员24小时巡查,机关人员24小时值班,随时掌握路况信息,一旦发生车辆拥堵,及时向省公路管理局应急办和平凉市委市政府报告,全力配合交警疏导,并通过总段网站、收费站电子显示屏向社会公布路况,引导车辆错时通行或绕道行驶。二是强化交通疏导。以国道312线甘肃、宁夏接头段为重点,加强与平凉市委市政府、交警部门及宁夏方面的协调配合。车流量高峰期,平凉东、西收费站对部分车辆免费放行,确保车辆快速通过收费站易堵节点。增加路政人员,划段到人,做好了应急事件处置工作,随时互通路况信息,一旦发现车辆拥堵,全力配合交警部门疏导。三是提高工作效率,做好应急服务。在国道312线平凉西收费站增开收费车道,提高售票工作效率,力争10秒完成一辆车的售票工作;给滞留在收费站附近的车辆司乘人员提供开水、方便面、手机充电、简单维修等生活保障及救援服务,并做好宣传解释工作,化解收缴矛盾,防止群体性事件发生。四是建立交通保畅联动机制。在平凉公路总段的积极建议推动下,平凉市政府与固原市政府就全面治理国道312线交通堵塞问题召开联勤联动工作会议,两地交警、公路、交通等部门负责人共同商讨交通管理等有关问题,并审议通过了《平凉市、固原市省际道路交通应急处置联勤联动工作预案》,形成了具体的处置方案,启动预案后有效防止了情况恶化。

(马亚明)

【庆阳公路总段全力做好公路防汛保畅工作】 2011年,在庆阳市进入主汛期后,为了加强水毁预防工作,落实各项安全防汛措施和防范山洪、泥石流等地质灾害,有效保障公路安全畅通,庆阳公路总段高度重视,加强领导,强化责任,召开专题会议研究部署防汛保畅工作,从人员、组织、物资上全面做好公路防汛的各项准备。一是提高对防汛工作的认识，克服麻痹思想和侥幸心理，树立防大汛、抗大灾的思想，切实抓好防汛安全责任制的落实。二是明确重点防范部位，制定好应对方案和措施，尤其是对易发生水毁和山洪、泥石流等地质灾害的路段，重点抓好督促、检查和落实工作。三是对所管养路线的桥涵等排水设施及高边坡等重点危险路段进行一次全面检查，对查出的水毁隐患尽快逐一落实预防和治理措施，及时疏通防排水设施，增强公路的抗洪能力。四是落实以常备抢险队伍、突击抢险队伍及专业抢险队伍相结合的防汛抗洪队伍，储备必要的防汛抗洪救灾物资装备，随时做好抢险救灾准备。五是加强防汛值班和信息报送工作，保证汛期通讯畅通。防汛期间坚持24小时值班和领导带班制度，确保及时处理重大险情，掌握道路受损情况。（李世雄）

【金昌市开展危险货物运输市场专项整治工作】2011年4月11日至6月30日，在全市范围内开展了以道路危险货物运输市场为重点的安全生产专项整治行动。专项整治行动严格按照《道路危险货物运输管理规定》，对全市从事道路危险货物运输经营的企业资格条件、从业人员培训及资格证书、车辆技术状况、罐式专用车辆的罐体检验情况进行全面核查，做到不遗漏一户、一车、一人。凡不符合相关条件的企业，一律停业整顿，收回所属企业《道路运输经营许可证》；凡不符合相关技术要求的车辆，一律收回《道路运输证》；凡不符合相关要求的从业人员，一律收回从业人员《道路运输从业资格证》；对8家危货企业发了整改通知书，限期进行整顿6个月。全面清理危险货物运输市场车辆挂靠经营。对存在挂靠经营行为的企业，坚持予以停业整顿，收回挂靠车辆《道路运输证》。以落实企业安全生产主体责任为重点，全面检查危险货物运输企业安全生产管理制度建设和落实情况。同时，通过设立咨询点、张贴宣传标语、散发宣传资料、悬挂宣传横幅等方式，向群众讲解道路危险货物运输市场清理整顿工作的目的、意义，宣传国家和省上关于危险货物运输市场管理方面的政策、法规，共悬挂宣传横幅6条，张贴宣传标语500余条，散发宣传材料4 000余份。（陈　伟）

【金昌公路总段狠抓冬季车辆安全管理】2011年冬季，金昌地区雨雪、雾霾等恶劣天气频繁，为了保障正常的公路养护与巡查，金昌公路总段加强了所有车辆装备的维护和保养，积极采取有效措施，切实做好冬季车辆安全预防事故管理工作。一是完善《公务用车及驾驶员安全管理规定》，严格出车前车辆例检制度，确保车辆的性能良好，严格派车及夜间车辆停放制度，尽量减少非业务车辆恶劣天气情况下行驶。二是开展安全行车教育。针对冬季特点，深入开展安全行车教育，组织驾驶人员学习《中华人民共和国道路交通安全法》及总段规章制度，使驾驶员做到遵章守法，文明驾车，安全行驶，有效遏制各类安全事故的发生。三是加强车辆装备维护保养。按照车机保养、维修规程和技术标准要求，由机械工程师和车辆驾驶人员对车辆设备进行“会诊”，提出详细的冬季维修保养计划，对所有车辆设备逐步进行维修保养。四是严格落实车辆早检查制度。加强职工通勤车辆及养护作业车辆的早检查工作，在早晚检查中，各车辆驾驶员对车辆制动等相关安全性能进行检查，做到车动必检，并向管理人员汇报检查情况，严禁带病出车，确保行车安全。（高中华）

【金昌公路总段做好冬季公路安全保畅】2011年冬季，金昌公路总段高度重视冬季公路的安全保畅工作，根据当地气候特征，对冬季养护及冰雪灾害防范应对工作进行了周密的安排部署，以确保管养公路行车的安全畅通。一是严格落实安全生产领导责任制，强化安全生产管理和监督，强调冬季安全工作重点，明确分工职责，对安全隐患进行彻底排查和限期整改，促进安全生产责任制和各项管理措施的落实。二是狠抓冬季公路养护工作。把防滑、防冻、防阻车作为冬季养护的重点，在急弯、陡坡、高速公路辅道、天桥处储备足够数量的防滑料，储备了一定数量的路面冷补材料和融雪剂等，对一些车辙、油包等病害及时采取措施，加以处治，切实保证冬季公路安全畅通。三是严格执行24小时值班制度、重大突发事件上报制度、道路交通阻断信息上报制度，保证信息畅通，同时，密切关注天气变化，随时掌握气象信息，各基层养护单位指定专人在每天早上9点以前，下午5点以前，将管养路线的天气情况，道路有无积雪、是否畅通等情况上报总段。四是加强冬季养护机械设备管理保养工作，按照车机保养、维修规程和技术标准要求，由相关技术人员对设备进行“会诊”，提出详细的设备冬季维修保养计划，确保机械设备随调随用。（高中华）

【张掖临时路政支队安排部署冬季保畅工作确保道路安全畅通】2011年，为确保公路安全畅通，营造“平安、畅通、规范、高效”的行车环境，入冬以来，张掖临时路政支队高度重视，强化措施，加大路政巡查力度，以实际行动保障人民生命财产安全和道路安全畅通。一是加大路政巡查力度，排查安全隐患。继续坚持五四巡查制度和高速公路24小时巡查制，根据雨雪天气情况提高巡查频率，第一时间发现和制止违法行为，维护路产路权完好。对管辖路段各类标志牌、安全防护设施等进行全面检查，发现损坏、缺失及时通知养护单位修复，消除安全隐患。重点加大对施工路段和事故多发路段的巡查力度，及时处理影响行车畅通的各种突发事件，保障公路正常通行。二是加强安全宣传，及时疏导交通。采取灵活多样的方式加大恶劣天气下安全出行的宣传力度，利用电子显示屏、手机短信、广播电台等渠道给司乘人员温馨提示，切实增强安全行车意识。如因雨雪天气导致道路封闭，及时配合交警部门，做好交通疏导，保障车辆安全通行。三是加强联系，密切配合。严格落实24小时值班和领导带班制度，积极与高速养护、收费、交警加强联系，密切信息沟通，建立联动机制，及时应对和处置突发事件，做到信息通畅、组织得力、快速处理，努力为公路冬季保通、保畅、保安全打下工作基础。四是完善冬季恶劣天气保通、保畅、保安全工作应急预案。坚持路政突发事件信息报送制度，做到应急有预案、救援有队伍、联动有机制、应变有措施。从思想上、装备上、行动上做好应急准备，时刻保持备战状态，对可能引发的突发事件及时采取措施防患于未然，确保公路冬季安全畅通。（周　亨）

运输安全

【甘肃省交通运输厅切实加强道路运输安全管理】2011年8月15日至31日期间,省交通运输厅组织开展全省营运卧铺客车安全整治活动。一是严格核查企业经营资质、车辆技术状况、从业人员资格及驾驶员配备情况,检查企业、车辆GPS监控系统建设及使用情况等;二是加快营运客车动态监控系统建设和汽车客运站行包检查设备配置,12月1日前完成省、市、县3级道路运输机构GPS监管平台和企业监控平台建设,完成车载GPS终端安装与联网,所有营运卧铺客车安装车载视频;三是加快推进27个汽车客运站X射线行包检查设备的安装调试,8月31日前全部投人使用;四是加快18个道路运输联合检查站的设置与建设,加强道路运输动态监管;五是加强安全生产宣传教育,提高乘运人责任险保额。

(厅办公室)

【省公路管理局为"敦煌行·丝绸之路国际旅游节"保畅】2011年,"敦煌行·丝绸之路国际旅游节"期间,省公路局全力做好安全保畅工作。成立了养护保畅工作领导小组,实行24小时值班,具体负责养护管理和应急保畅工作。多次召集兰州、武威、张掖、金昌、酒泉、嘉峪关等几个承担保通任务较重的公路总段(分局),对保通工作进行全面部署,确保养护路段处于良好的通行状况。全省公路总段(分局)加大道路巡查和日常养护力度,及时处治路面病害,对全线防排水设施进行彻底的维修和完善,对公路标志、安全等设施进行补齐、调整、维修、刷新。各公路总段(分局)在全面排查辖区公路安全隐患的基础上,进一步完善公路高危边坡、易滑塌、泥石流常发路段、易发生水毁路段的应急预案,明确抢险措施,力保旅游节期间公路安全畅通。强化二级收费公路安全保畅,有效化解二级公路收费压车问题。(省公路管理局)

【修改后的《道路交通安全法》正式施行】2011年5月1日起,《刑法修正案(八)》和修改后的《道路交通安全法》正式施行。法律修改后,加大了对酒后驾驶等违法行为的处罚力度。具体包括:从2011年5月1日起,饮酒后驾驶机动车的,暂扣6个月机动车驾驶证,并处1 000元以上2 000元以下罚款。因饮酒后驾驶机动车被处罚,再次饮酒后驾驶机动车的,处10日以下拘留,并处1 000元以上2 000元以下罚款,吊销机动车驾驶证。5月1日起,醉酒驾驶机动车的,由公安机关交通管理部门约束至酒醒,吊销机动车驾驶证,依法追究刑事责任;5年内不得重新取得机动车驾驶证。5月1日起,饮酒后驾驶营运机动车的,处15日拘留,并处5 000元罚款,吊销机动车驾驶证,5年内不得重新取得机动车驾驶证;醉酒驾驶营运机动车的,由公安机关交通管理部门约束至酒醒,吊销机动车驾驶证,依法追究刑事责任;十年内不得重新取得机动车驾驶证,重新取得驾驶证后不得驾驶营运机动车。5月1日起,饮酒后或者醉酒驾驶机动车发生重大交通事故,构成犯罪的,依法追究刑事责任,终身吊销驾驶证。

(厅办公室)

【石军副省长检查道路运输春运安全工作】2011年1月21日下午,石军副省长在省工信委、省交通运输厅、省公安厅、省人社厅、省教育厅、省安监局、省交警总队、兰州市政府等单位负责人的陪同下,对兰州汽车东站、兰州客运中心等单位春运安全工作进行了检查。省交通运输厅阮文易副厅长、省运管局党委书记冯长友、副局长管广群陪同检查。石军副省长强调,交通运输部门要把春运安全生产工作放在突出位置,严格落实安全职责,细化完善防范措施,为春运期间广大人民群众安全便捷出行提供保障。一是高度重视春运安全生产工作,切实加大安全设施配备投入,加强车辆检测,消除安全隐患,确保春运期间安全形势稳定。二是优化运输组织方案,科学安排运力调配,及时投放运力和增加班次,在确保春运期间不发生旅客滞留的同时,为出行旅客提供更加优质的服务。三是千方百计做好农民工、学生等重点人群运输安排,切实保障重要生产生活物资运输。(李文凯)

【兰州公路总段多举措确保春运期间道路安全畅通】一是细化应急预案,建立以总段为枢纽,各基层养护单位为分支,各养管站、收费站为节点的应急保通体系,形成统一指挥,分级负责的应急保通工作机制。二是加强养护巡查,要求各单位对重点线路每天巡查不少于两次,特别是加强对重点路段、危险路段标志标线和安全设施的检查,发现安全隐患及时排除。三是严格落实24小时值班和领导带班制度,保证通讯畅通,密切关注天气预报,加强信息报送工作,及时逐级报告重大情况。四是在公路上下坡、急弯、背阴处及时补充防滑料和融雪剂。

(兰州公路总段)

【兰州市交通运输部门针对"4·8危货运输"安全事故开展专项整治行动】2011年4月8日,兰临高速公路新七道梁隧道发生2辆装载溶剂油的货车追尾并引发大火,事故造成4人死亡,1人受伤,3辆货车严重烧毁,隧道设施严重损毁。事故发生后,国务院副总理张德江和省、市领导相继作出重要批示,省市各有关方面全力展开事故调查和善后处理工作。兰州市交通运管部门责令兰州兴雁液化站和兰州银轮运输公司立即停业整顿,并派出工作组进驻企业对车辆、人员、经营管理制度进行全面清理调查。从4月11日至6月30日,市交通运管部门抽调120多名运政人员,在全市范围内开展以道路危险货物运输市场为重点的全行业安全生产专项整治行动。全面核查道路危险货物运输企业、车辆、从业人员资质、资格,凡不符合相关条件的企业、车辆和个人,一律停业整顿并收回《道路运输证》和《从业资格证》;全面清理危险货物运输市场车辆挂靠经营,对存在挂靠经营行为的企业予以停业整顿并收回挂靠车辆《道路运输证》,整顿期满不合格者依法吊销《道路运输经营许可证》和《道路运输证》;全面检查以危险货物运输企业为重点的安全生产主体责任落实情况,对于安全生产管理制度落实不到位的企业予以停业整顿,整顿期满仍达不到要求的,依法吊销《道路运输经营许可证》;加强道路危险货物运输GPS监控工作,规定于2011年5月

30 日前完成市、县道路运输管理机构 GPS 监管平台建设和与省线 GPS 平台联网联控工作，督促危险货物运输企业全部完成 GPS 监控平台建设和车载 GPS 终端安装；加大道路危险货物运输市场监管力度，协同交警、安监、公路路政、高等级公路运营管理等部门，在主要路段、重点危化企业、货运站(场)、停车场、城市进出口、高速公路口对危险货物运输车辆、从业人员进行全面检查、登记，并研究建立我市危险货物运输检查站。严格规范道路危险货物运输经营许可，从 4 月 11 日至 10 月 30 日暂停危险货物运输企业、车辆、从业人员许可工作，11 月 1 日以后由省运管局统一认定。（晨　旭）

【武威市运管局多措并举强化运输安全监管】2011 年，武威市运管局深刻吸取安全事故教训，通过坚持不懈的检查、督促、教育、整改，使道路运输安全监管进一步加强并取得明显成效。一是全面落实安全生产责任。与县区运管机构和各运输企业层层签订了安全生产责任书，督促各客运企业建立健全了驾驶员安全学习教育制度、企业经理(站长)跟班制度、出站前安全警示制度、安全责任追究制度以及长途客运驾驶员出车前公寓封闭休息连续驾驶 4 小时强制休息、出车前亲情提示、车上安全告知、夜班客车凌晨 2 至 5 时临时停车休息等制度，进一步落实每一个层次、每一个岗位的安全生产责任。二是深入开展安全生产检查。每季度召开一次安全生产分析例会，通报运输安全生产情况，分析存在的问题和薄弱环节，逐项研究制定整改措施；在坚持落实好主要领导每季度进行一次安全检查、分管领导至少每个月进行一次安全检查的基础上，局领导经常性地深入企业、车站督查安全工作，随时纠正存在的问题，主管科室工作人员和县区运管人员每天白天和夜间都要安排人员对所辖客运站进行不间断的安全排查、抽查，深入细致地做好安全、稳定隐患排查治理。从 9 月 1 日开始，在全市道路运输行业深入开展了“安全生产、文明服务”百日竞赛活动，形成了人人抓安全、人人重视安全、人人参与文明安全运输的新局面。三是重点强化安全监管措施。督促武威客运中心和通利公司汽车站实行划区管理，车辆、旅客从专门通道通行，彻底杜绝了站外发车、探头发车、兜圈拉客的行为；有效解决了夜班车站外发车、上车卖票、无安检等问题，所有班次夜班车车检、安检、门检及车站统一售票全部落到了实处。同时督促武运集团将客运中心招待所的 10 间客房作为当班驾驶员休息室，要求当班驾驶员出车前 5 小时必须入住休息，使驾驶员有充沛的精力和稳定的情绪投入到工作中去；投资 15 万元购置跟班作业安全检查车和酒精检测仪，公司经理、安全管理部门负责人分时段进行跟班作业，加强监控、做好跟班作业记录，及时发现和解决运输生产中的安全隐患，源头安全监管进一步加强；将兰州至武威线路上的客运驾驶员“全家福”照片制作了一面“亲情提示墙”，要求驾驶员在报班发车前看一次“全家福”照片，增强了驾驶员安全驾驶的警惕性和对家庭乃至社会的责任感。四是集中组织安全生产培训。结合“安全生产月”活动，积极组织道路客运、危货、出租、公交等企业主要负责人和安全管理人员 170 多人参加了企业班组长安全培训，为增强安全责任意识、落实安全主体责任、提升现场安全管理水平奠定了基础；通过短信平台向 2 000 多名从业人员编发了 30 多条安全提示短信，并通过张贴标语、印发宣传材料、组织参加演讲比赛、知识竞赛、警示教育和签名活动等，在广大道路客运经营者中进一步普及了安全生产知识，增强了诚信服务意识；认真落实运输从业人员安全例会学习制度，专门编印了安全培训手册，督促有关企业利用夜间集中对站务人员、司乘人员进行业务培训和安全生产教育，进一步增强了从业人员的安全意识和责任意识。（武威市运管局）

【金昌市运管处狠抓道路运输安全】为做好道路运输安全工作，强化事故隐患排查，杜绝安全事故发生，2011 年 8 月 4 日，金昌市运管处召开了第三季度道路运输行业安全生产工作例会，对当前安全生产工作进行部署。会议学习了《甘肃省道路旅客运输安全责任事故报告和调查处理规定》、《金昌市关于进一步深化和拓展道路客运隐患整治专项行动的通知》和 2011 年 7 月 24 日全国交通运输安全生产紧急电视电话会议精神。会议通报了金昌飞龙公司发生的“7·29”事故，并对相关责任人按照“四不放过”原则提出了处理意见。会议要求各运输企业和职能部门要充分认识当前安全形势，认真履行职责，强化各项安全制度落实。要以全市道路客运隐患整治专项行动为契机，切实加强客运站管理和危险品运输的安全监管，开展一次客运企业和危险品运输企业安全隐患排查整治活动，对企业负责人、从业人员进行一次面对面宣传教育，对营运车辆及驾驶员情况，GPS 动态监控系统安装使用情况等逐一进行登记审核。对发现的问题现场督促整改解决；对在检查中发现的重大安全隐患客运企业，要依法责令停业整改；对整改后仍不达标的，坚决吊销相应经营资质，并进行通报。（李秀卿）

【金川区运管所强化管理确保道路运输安全】2011 年，金川区运管所坚持“安全第一，预防为主”的指导方针，牢固树立“管运输生产必须管安全”的思想，求真务实，真抓实干，使道路运输安全生产的形势出现了明显好转。以安全宣传活动月为中心，每年召开专门的安全工作会议，广泛开展安全宣传活动，安排部署安全管理工作。目前，各运输企业都已建立健全了安全生产管理的领导和组织机构。形成了年终考评实行安全生产一票否决制，有力的促进了道路运输安全生产管理工作，实现了安全管理组织机构落实、责任到人、一级抓一级、层层抓落实，各级认真履行职责的安全生产管理体系。一是狠抓源头管理。落实(行驶证、驾驶证、从业资格证)严格车辆的检测。为确保运输安全，与业主等签订了安全生产责任书，从源头上杜绝了安全事故的发生。二是狠抓责任落实。将安全生产工作职责层层分解，把好道路运输市场准入关，实行严格的市场准入制度，车辆办理营运手续必须实施车辆上线安检，并把安全生产状况作为评比运输企业资质和考核质量信誉的主要指标；把好营运车辆技术状况关，严格执行车辆综合性能检测、定期维护和车辆技术等级评定制度，抓好驾驶人员的安全教育培训，防止不具备安全条件的经营者和达不到技术等级的车辆进行营运，坚决杜绝重大车辆安全事故发生。（衡保安）

【金昌公路总段积极做好节会期间公路安全工作】2011 年，

为保障兰洽会、环湖赛、敦煌行·丝绸之路国际旅游节期间管养公路的安全畅通，金昌公路总段及早着手，全面安排部署了节会期间的公路养护工作。一是成立养护保畅工作领导小组，负责节会期间的日常养护管理和安全保畅工作。二是制定节会公路保畅应急预案，落实了人员、物资、设备，确保突发事件发生时及时应对。三是加大了对国高30线永山高速公路、金永高速公路及省道212线的日常养护力度，做到路面平整、桥涵安全、路容路貌干净整洁。四是加强水毁预防工作，对高危边坡、易滑塌、水毁及泥石流常发路段加大巡查频率、制定具体抢险措施，落实雨中巡路制度。五是加强信息报送，要求各养护管理单位每天下午四点之前报送路况信息，并在总段网站、收费站等处及时发布。六是在收费站增加警卫人员指挥疏导交通，大力开展文明服务竞赛和便民服务活动，进一步提高收费文明服务水平，树立良好的窗口形象。

（高中华）

【金昌公路总段“四抓”安全隐患排查治理工作】2011年，金昌公路总段高度重视安全生产管理工作，为确保全段安全生产形势稳定，管养公路安全有序畅通，金昌公路总段积极行动，周密安排，以“四抓”进一步深化安全隐患排查整治工作。一抓思想认识再提高。汛期天气多变，给公路带来的危害随时会出现，总段及时成立了安全隐患排查整治领导小组，要求各公路养护和施工单位以高度的紧迫感和责任感，结合安全工作实际，采取有力措施，深入开展安全隐患排查整治工作，紧绷安全生产这根弦。二抓安全制度再完善。对安全生产各项规章制度、预案进行再梳理、再完善，狠抓制度落实、责任落实，明确、细化安全责任，做到机构、人员、经费、制度“四落实”。三抓工作措施再彻底。加大了隐患排查力度，重点对容易引起滑坡和泥石流等事故的路段、桥梁、涵洞及机械车辆管理、施工作业现场、劳务用工管理的隐患排查，不留死角，及时排查，限期整改。四抓宣传教育再深入。将安全教育常态化，时刻开展全员安全知识教育，不厌其烦讲安全，将安全生产的理念灌输到每一个岗位、每一位职工，做到警钟长鸣，形成安全为我、我为安全的良好氛围。

（高中华）

【张掖公路分局高养中心妥善处置两起公路突发事件】2011年1月19日上午，一辆大货车向东行驶至国高30线高速公路2 301公里处，在超越前方一辆货车时发生刮擦，致使该车油箱部位起火，引燃车上的30吨塑料颗粒，熊熊大火和滚滚浓烟迫使该路段交通中断。消防车赶到现场后一度将火势控制住，但由于事发现场距离取水点几十公里，在水运到前，大火又复燃起来。高养中心接到情况通报后，立即安排就近的临清养护工区职工先行到达现场采取应急措施，同时安排山猫装载机赶赴现场，将边缘火势相对较弱的塑料颗粒铲到路外用土压灭，抢通了一条以紧急停车道为主的通道。在交警和路政人员的配合下，现场滞留的车辆陆续通过，道路恢复了通行。2011年1月22日傍晚，一辆满载汽油的灌车向西行驶至国高30线2 242公里加800米处发生交通事故，该油灌车冲过中央分隔带侧翻在下行线上，灌内约6吨汽油倾倒在路面上。为防止汽油起火燃烧造成更大损失，高速交警立即封闭了交通。消防车在现场喷水稀释挥发的汽油，造成近1 500平方米路面结冰。高养中心职工连夜上路，冒着零下20多℃的低温天气在结冰路段撒防滑砂，晚上11时公路恢复通行。

（王　龙　牛朴凡）

【高速公路发生连环事故黑山湖路段堵车5公里】2011年3月4日上午，因雪天影响，连霍高速黑山湖至清泉路段连环发生12起交通事故，造成该路段由西向东方向道路绵延堵塞5公里，严重影响车辆通行。嘉峪关公路路政执法管理处接到高速大队巡路人员的报告后，迅速成立了应急保障公路畅通领导小组，主动联系有关部门，紧急组织执法人员35人，执法车辆8台前往高速公路进行疏导。高速交警也第一时间赶赴现场。事故起因于道路上积雪成冰，天黑路滑，一辆新A箱式半挂车超重、超速行驶，在国高30线2 435公里加800米嘉安路段，因车轮打滑导致车身打弯扭转90°后倾斜在路中央，后面一辆甘F大客车直接撞在了半挂车的车体上，紧随其后的甘F小轿车未来得及刹车，便撞在了前面那辆大客车上，三车连环相撞后导致道路堵塞，影响车辆通行。后方车辆避让不及时接连发生的12起交通事故，导致连霍高速2 436公里至2 438公里处黑山湖至清泉路段2公里范围被阻塞，滞留车辆达5公里。在连霍高速2 434公里至2 439公里路段，此段公路属于缓坡下行并带有弯道，一辆由西向东行驶的新疆六轴半挂车，行驶到弯道处侧翻在路中央，该车司机站在路边挥手向迎面驶来的小轿车示意减速慢行，前面发生交通事故，小车司机没有领会该司机的用意，直冲而上便钻进了侧翻在路中央的那辆半挂车下面，驾驶室撞瘪后导致车内的2人当场死亡，惨不忍睹。因车速过快，车辆冲击力太大，致使小轿车车身变形，死者被夹在车体内给施救工作带来很大的困难，许多车辆排成长龙等待道路疏通，司机或吃饭或睡觉或站在车下张望，还有的司机帮着工作人员清理路面的障碍物。5公里的路段上，各种车辆发生的12起交通事故，有的车辆直接撞断护栏翻越到边沟里，整个车辆解体散架；有的直接翻到路中央，车体仰面朝天；有的几台连环相撞侧翻后搅在一起；有一辆拉煤炭的大货车在桥下爬坡拐弯时翻到边沟里，车身七零八落，煤炭洒落一地；不远处又一辆半挂货车撞翻护栏，由于护栏的阻力和半挂货车超载，车身挂在路崖边，车头在路崖上摇摇欲坠，整车的货物全部洒落在边沟里，司机已不知去向，所幸没有造成人员伤亡。各种货物洒落一地后混杂到一起，造成道路堵塞无法前行，路政人员30余人有的疏导交通，有的维持现场秩序并协助消防部门进行援救，有的现场统计路产损失情况。由于现场车辆堵塞，施救车辆无法前行施救，训练有素、沉着冷静的路政人员用双手将一辆事故车辆抬至安全地点，避免二次事故发生。在多方努力下，17点30分阻塞路段恢复通行，事故车辆被逐步拖离现场，受阻车辆安全通过该路段。这起重大特大交通事故出动警力25人、警车6台迅速赶赴案发现场，营救伤员，进行现场测量，处理事故现场。此次交通事故造成公路设施多处被损坏，据现场统计，损坏护栏板148块，煤污染路面50平方米，立柱124根，支撑架248套，隔离栏栅50米，水泥立柱24根，护坡10立方米，此次交通事故造成2人死亡，3人重伤，5人轻伤。

站场建设

【武威市运管部门积极争取金大通道沿线候车亭建设项目】2011年,武威市运管局紧紧围绕武威市城乡融合发展核心区建设重大战略部署,以争取项目、落实项目的实际行动促进金大快速通道建设。在争取并开工建设金大快速通道沿线汽车站项目11个的基础上,向省上争得金大通道沿线候车亭项目184个、总投资368万元,为构建金大快速通道健全的运输服务体系奠定了良好的基础。已完成所有候车亭的选址和GPS定位等工作,通道路基成型后进行全面建设。

(武威市运管局)

【酒泉市运管部门站场项目规划和建设取得重大突破】在组织编制完成全市道路运输站场建设“十二五”规划的基础上,争取列入规划的较大以上项目21项,其中国家级6项,省级5项,区域级10项,总投资18.33亿元;同时,认真抓好开工项目的组织管理,已开工建设酒泉和敦煌两个国家级枢纽汽车客运站和金塔县汽车客运站,分别完成设计工程量的65%、85%和38%;为加快项目建设进度,市运管局强化项目的争取落实。与此同时,运管部门还努力抓好站场项目的前期工作,年内玉门一级汽车客运站已完成初步设计,公铁联运汽车客运站已开展前期工作,酒嘉物流园区已列入国家交通运输部2012年预安排建设项目。(酒泉市运管局)

春运、黄金周、旅游运输

【我省高速公路服务区全力做好春运服务保障工作】2011年春运期间,省交通服务公司早准备、早动手,提前开展了相关工作,确保高速公路服务区为春运工作提供优质的服务保障。有针对性地制定和完善了各类应急预案,有效应对春运期间各类突发事件的发生。强化服务区公共卫生的保洁及餐饮、超市等经营场所的清洁卫生。加强相关物资的储备,积极协调做好应对极端恶劣天气防范措施及加油站油料应急物资储备和车辆维修救援等工作。加强安全生产管理,严格按规定设置危险品运输车辆专用停车区,引导车辆有序停放,严禁危险品运输车辆和客运车辆混杂停放。加强了春运期间的值班安排,坚持领导带班和24小时值班制度,建立了信息报告制度,遇有突发事件及时上报并妥善处理,同时做好了应对极端恶劣天气防范措施及应急物资储备和车辆的维修救援等工作,确保服务区正常运营。(吴 珺)

【我省顺利完成2011年元旦道路旅客运输工作】2011年元旦期间,我省道路运输共投放客车4.53万辆,共运送旅客103.3万人次,完成客运周转量1.09万人公里,分别比去年同期增长5.4%和5.8%。货运量35.3万吨,货物周转量3 146万吨公里,与去年同期相比分别上升了4.9%和5.7%。元旦期间,道路运输行业确保了旅客“走得了、走得好、走得放心、走得安全”。(李文恺)

【兰州市2011年“十一”黄金周交通运输】2011年“十一”黄金周,兰州市交通运输部门精心组织,顺利完成了道路水路客货运输任务。期间,共计投入客运车辆1.74万辆次,增发加班车1 273辆,完成道路客运量76.18万人次,水路客运量2.88万人次,同比分别增长9%和90.7%;完成城市公交客运量1 136.6万人次,道路货运量190.5万吨、货运周转量9 050.55万吨公里,城市公交客运量和公路货运量与去年基本持平,没有出现旅客滞留、重点物资积压问题,确保了黄金周全市道路水路运输的安全平稳有序。为营造安全、祥和、喜庆的节日气氛,兰州市交通运输部门采取有效措施,全力组织实施,为“十一”黄金周旅客出行和物资运输提供了安全保障。兰州市交通运输局成立了国庆假日工作领导小组,制定周密的运输组织和应急预案,从9月26日开始,市交通运输局安全检查组对全市客运出租、货运物流、农村公路和水路交通等行业一线展开安全生产专项检查,全面排查安全隐患,加强市场监督,集中整治客货运输市场营运秩序,严厉打击出租汽车宰客、甩客及长途汽车倒客、超载、私自加价和“黑车”非法营运等行为。加强应急值班,严格落实24小时值班制度,主要领导亲自带班,营造了良好的营运环境。

(晨 旭)

【兰州公路总段确保“敦煌行·国际旅游节”期间二级收费公路安全畅通】2011年,甘肃省委、省政府举办“敦煌行·国际旅游节”期间,兰州公路总段根据省公路局关于加强二级收费路运营管理,确保节日期间道路畅通的相关通知精神,对下属中川、河屯、河窑等3个收费所的工作进行了专题安排部署,要求各收费所加强组织管理,有针对性的研究制定工作方案,开通旅游节专用车道,并在入口处放置统一的“专用通道”指示牌,安排警卫人员指挥疏导交通、检验通行证件,压缩过站时间,设置便民服务台,为过往司乘人员提供茶水、路况咨询、急救药品等服务。适时启动应急预案,当车道堵车大于5辆小于10辆时,立即开通备用车道;当车道堵车大于10辆时,值班领导指挥、带领备岗人员开通所有备用车道,采取收费亭微机和收费车道便携式设备同时售票的收费方式,加快车辆通行速度。同时,加强与当地公安、交警等政府部门的横向联系和协作,加大对相关路段的指挥力度,防止强超抢会等违章行为以及交通事故引发道路堵塞,努力创造良好的道路通行条件,有力保障了“敦煌行·国际旅游节”期间二级收费公路的安全畅通。(兰州公路总段)

【白银市强力保障春运道路交通安全】2011年1月12日,白银市政府召开白银市春运道路交通安全工作动员会,对2011年春运道路交通安全工作进行全面部署。2011年全国春运工作从1月19日开始至2月27日结束,共计40天。2010年以来,白银市发生交通事故185起,死亡人数同比下降 15%，交通事故起数等 3 项指标连续 6 年下降。为确保 2011 年春运道路交通安全，根据白银市 2011 年春运道路交通安全工作实施方案的要求，白银市交通部门加强源头管控，切实消除交通安全隐患。明确要求，凡有未购买交强险、技术检验不合格、安全防护设施不落实等 6 项规定之一的一律不得核发“春运车辆临时检验合格证”参加春运；凡有 2010 年交通违法满 12 分、手续不全等 6 项规定之一的一律不得核发“客运车辆春运准驾证”。在实施工作方案的同时，健全客运车辆驾驶人交通违法行为及车辆交通事故抄告制度，全力开展事故多发和安全隐患排查治理，强化春运交通安全宣传，严格落实春运路面监控措施，加强完善应急预案作为工作的重点，确保了 2011 年全市春运道路交通安全。（许 恒）

【定西公路总段 2011 年元旦期间道路防滑保畅工作】2011 年 1 月 1 日，定西市境内普降大雪，定西公路总段迅速启动道路防滑保畅应急预案，领导小组紧急部署，防滑保畅工作全面展开。在高等级公路上，养护中心和临洮公路管理段共计出动防滑人员 297 人次、机械车辆 43 台次，撒布防滑料 410 立方米、融雪剂 12 吨，在管养全线撒布防滑材料，对急弯陡坡、隧道进出口、桥面等路段进行重点除雪防滑，有力保障了巉柳、平定、天定高速公路在定西市境内的畅通。在国省干线公路上，安定公路管理段出动防滑人员 193 名、机械车辆 8 辆（台），撒布防滑料 74 立方米，清扫积雪 9 万平方米；陇西公路管理段出动防滑人员 70 名、机械车辆 8 辆（台）、铲除积冰 58 立方米、清扫积雪 870 立方米，撒布防滑砂料 96 立方米，重点确保了国道 312 线、省道 209 线的安全畅通；临洮公路管理段出动防滑人员 60 名、机械车辆 7 辆（台），撒布防滑料 80 立方米，重点确保了国道 212 线、省道 103 线、311 线等的安全畅通；岷县公路管理段投入防滑人员 80 名、机械车辆 4 辆（台），撒布防滑料 48 立方米，清扫积雪 9 200 平方米，铲除结冰 12 立方米，集中力量保障了国道 212 线木寨岭隧道引线、杏树崖至麻子川以及省道 210 线铁尺梁等路段的安全畅通。在天巉公路上，由于气温骤降，部分大型车辆出现故障、滞留路面，造成道路通行时断时续。1 月 1 日 17 时，养护中心在原有防滑力量的基础上，抽调 3 支抢险突击队，携带发电机、夜照灯、柴油喷灯等救援设备和方便面、矿泉水等应急物资增援天巉公路保畅。2011 年元旦期间，定西公路总段在节前未雨绸缪、周密部署，降雪过程中连续奋战、强力应对，有力保障了管养全线的安全畅通。（伏浩元）

【定西公路总段 2011 年春运期间道路保畅工作】2011 年春运开始以来，定西公路总段全面落实全省交通运输春运工作会议精神，周密部署，积极行动，全面确保春运期间管养线路的安全畅通。一是高度重视，加强组织领导。成立了主要领导负责的春运工作领导小组和工作机构，严格落实节假日值班、信息报送、安全监管、应急保障等制度和措施，做到领导到位、组织到位、措施到位、保障到位。二是周密部署，扎实做好各项准备工作。组织专人对各应急保畅分队人员、机械情况进行检查；对重点线路防滑材料的储备情况进行检查和补充；对养护作业区以及各项目施工现场进行安全隐患排查，确保应对恶劣气候和突发事件的准备工作落实到位。三是拓宽工作面，强化服务水平。在重点部署道路保畅工作的同时，对单位内部安保、路况信息反馈、安全警示标志设置、对司乘人员应急救援等方面都作了细致安排，为春节期间群众出行提供便捷安全的道路环境。（伏浩元）

【定西公路总段 2011 年“五一”节假日期间道路保畅工作】2011 年“五一”小长假期间，定西公路总段周密部署，采取多项措施，全力做好道路安全保畅工作。一是加强组织领导，科学部署，节前确定重点线路制定保畅方案，统筹部署应急保畅力量；节日期间严格执行 24 小时值班制度，建立领导带班机制，确保随时应对突发情况。二是突出安全生产监管，组织开展安全隐患排查，对薄弱环节进行全面整治；强化施工现场安全管理，规范施工人员着装和标志布设，增设交通指挥人员，引导车辆安全有序通行。三是加大养护力度，安排专人排查、监控桥、涵、隧等重点设施，集中力量将“大干 40 天”活动引向深入，全面加快病害处治进度，确保影响行车安全的病害在节前处治完毕，营造良好道路通行环境。

（伏浩元）

【庆阳市运管部门做好全国第二届红色运动会期间的道路运输服务工作】各市（区）运管部门组织各汽车客运站、运输企业和客货运输车辆上悬挂各类宣传标语，开展了车站、客运车辆卫生专项整治，在广大道路运输从业人员中推进“语言文明、仪表文明、车容文明、服务文明、行车文明”的“五个文明”创建活动，开展争创文明班线、文明客车，文明乘务员的竞赛活动。充分利用安全门检系统、X 光行包检查仪、酒精测试仪和 GPS 卫星监控仪等高科技手段强化安全管理，开展运力保障和反恐防范演练。积极与交警、物价等多部门开展联合执法，严肃查处宰客、甩客等不规范行为，严厉打击无牌无证、黑车运营、超载超员和哄抬票价、扰乱市场、欺行霸市的违法违规经营行为。（庆阳市运管局）

【天水公路总段为“十一”黄金周保畅】2011 年 9 月 23 日，为给广大群众创造一个文明、舒适、快捷的公路交通环境，确保“十一”黄金周道路安全畅通，天水公路总段采取措施加强了对宝天高速、江天路、天巉路、牛北路等主要干线公路的养护管理。一是在国道 316 线江天路、国道 310 线牛北路上，养护职工对近期内降雨造成的水毁路段路面病害及附属设施进行全面修复。各养护单位也组织技术人员和桥梁专管人员，对公路和桥梁安全隐患点进行调查摸排，组织人员加强对桥涵、易塌方、易阻车路段的动态监控，对地质灾害隐患点进行巡查、排险和加固。在国高 30 线宝天高速东岔连接线塌方现场，高养中心组织 4 台挖掘机械、18 台运输车辆和 40 余名职工，采取“人机配合、两头并进”的方式，加快该路段的塌方清理工作，切实消除道路安全隐患，确保在“十一”前开放交通。二是天水临时路政支队也组织路政人员加大了上路巡查的力度和密度，对公路沿线堆放在路肩上的砂石材料等障碍物进行全面清理，对国省干线公路非公路标志牌进行了清理整顿，为节日创造良好的道路通行条件。各收费所也对收费设施进行了清洁，更新了 LED 屏显提示内容，不断拓展收费服务内容，加大了监控、稽查等内部管理工作，努力提高节日期间文明服务水平。此外，该段还及早部署节假日人员值班和上路巡查工作，要求各单位加强节日期间应急管理，严格落实24小时值班制度，并在国高30线宝天高速、国道310线天巉路等重点路段储备抢险机械、抢险物资，充实应急抢险队伍，确保在发生突发事件后，能及时赶赴现场进行抢修，尽快恢复道路通行，努力降低事故损失。 （陈 明）

【平凉公路总段全力创造春运安全快捷公路环境】 2011年度的春运工作正式拉开帷幕，平凉公路总段为广大司乘人员创造文明、舒适、安全、快捷的公路交通环境作为奋斗目标，全力做好春运期间的公路安全与保障工作。进入1月上旬以来，总段组织人员对所辖1 000余公里的公路及桥梁路况质量进行了全面调查，对安全防护设施和突出道路事故隐患点进行了专项整治，并将国道312线沪霍路白杨林、东峡坡，省道202线华灵路黑河坡，省道304线泾甘路关山等急弯陡坡、易发生积雪结冰路段列入重点监管防滑对象，采备防滑料2 800立方米，采备融雪盐40吨，装载机、除雪铲等防滑机械和防滑人员24小时待命，遇到雪天即刻启动公路春运应急预案，力争在最短时间内排除险情，恢复通车。同时，路政管理人员加大上路巡查的力度和密度，对公路沿线村民堆放在路肩上的砂石材料和木料等障碍物进行了全面清理。总段还利用甘肃交通广播电台、总段网站、收费站电子显示屏不定期通报路况信息，在收费站免费为过往车辆和司乘人员提供开水、常用医药、修理工具等，力所能及的服务广大群众。

（马亚明）

【天水公路总段为“伏羲文化旅游节”做好公路保通工作】 2011年6月22日是“伏羲文化旅游节”。为给天水“伏羲文化旅游节”提供良好的道路通行条件，天水公路总段统筹安排，及早部署，全面加强对宝天路、江天路、天巉路等主要干线公路的养护管理，一是组织养护职工对所辖公路路面坑槽、沉陷等病害进行彻底处治，对公路沿线的防撞墩、警示桩、标志牌等设施全面修复刷新。二是加强对江天路、莲叶路、牛北路等养护维修工程施工路段的后期养护。三是组织人员机械对公路沿线堆放在路肩上的砂石材料等障碍物进行全面清理。四是实行24小时值班制度，补充了防汛物资和防汛保障机械，对重点桥梁、隧道实行动态监控，全面加强公路突发事件的应急管理。五是临时路政支队加大了上路巡查的力度和频率。六是收费单位组织开展了“争创服务明星”、“我为节会做贡献”等活动，全面提升服务水平，树立“窗口”形象，努力为“节会”提供一个文明、舒适、安全、快捷的公路交通环境。

（陈 明）

【甘南公路总段全力保障春运期间公路安全畅通】 为了确保2011年春运期间道路安全畅通，甘南公路总段采取有效措施，积极应对客流高峰期道路保畅工作。一是全面完善公路突发事件等各项应急预案，最大限度减少自然灾害对交通产生的不利影响。二是春运期间，总段机关、各公路管理段及收费所、养管站三级联动，24小时值班，随时派人上路巡查，一旦发生险情，立即启动应急处理预案。三是及时做好防滑工作。如遇大雪天，立即启动雨雪天气公路应急预案，与交管等部门一道封闭各公路出入口，树立醒目的安全警示标志，并组织职工扫雪打冰、铺撒防滑料，在最短时间内重新开放交通。四是继续保持高压态势，严打春运期间绕道超载、恶意超载、冲闯治超检测站、收费站等行为，做到春运期间治超力度不减、思想不松。五是对“送温暖”车辆和运送鲜活农产品车辆开启绿色通道，切实保障人民群众年货物资运输及粮油、副食品、蔬菜等日常必须品物资运输通畅。 （后志良）

【临夏公路总段保障“敦煌行·国际旅游节”期间公路畅通】 2011年“敦煌行·国际旅游节”期间，临夏公路总段切实采取得力措施，精心安排，统一部署，全力保障旅游节期间交通安全畅通。一是集中人力、物力、机械，对全段管养路段路况进行了全面细致的排查，严格按照操作规范及工艺流程，及时处治各类路面病害，整修路肩、边坡、边沟，确保管辖公路通行能力良好。二是路政人员加大巡查力度，及时查处路政案件，清理路面“三堆”，清除公路打场晒粮现象，保持良好的路容路貌，并对管养线路上所有交通设施和标志标牌进行检查更换和维修，确保各条线路达到外观整齐美观。三是做好收费公路文明服务工作。要求下属的各收费所开通旅游节专用车道并在入口处放置专用指示牌，对持有旅游节通行证件的车辆均免费通行。合理安排工作人员疏导交通、检验通行证件，确保过往车辆安全、快速通过。要求各收费所利用收费广场便民服务台，为过往司机和车辆提供茶水、路况咨询、急救药品等力所能及的服务和帮助。四是制定了旅游节应急预案，若遇到车流量大等紧急情况影响交通的，立即启动应急处置措施，加快车辆通过速度，提高通行能力。

（刘志功）

【武威公路总段深入开展春运前安全自查工作】 2011年春节前夕，为切实做好春运期间的公路养护安全生产工作，防止各类安全事故发生，武威公路总段于1月15日至16日开展了以“全力抓好春运安全，确保道路安全畅通”为主题的安全生产自查自纠活动。活动期间，总段及段属各单位分别召开安全生产会议，分析总结隐患治理工作，并组织安全管理人员深入基层，认真履行安全生产、综合管理和监督检查职能，从安全生产责任制度和操作规程的落实、安全资金投入及安全培训教育、安全隐患排查整改、公路养护生产安全管理、内部安全、春运期间值班及安全生产工作安排情况等6个方面进行了全面的督促检查，对隐患治理情况进行了跟踪落实，对违章人员及时进行教育处理，进一步规范了职工作业行为，将安全工作从事后分析转变为源头管理，有效杜绝了各类事故的发生。 （詹丽娟）

【武威公路总段采取多项措施确保春节期间公路安全畅通】 2011年春节前夕，武威公路总段采取多项措施，确保春节期间道路的安全畅通。一是加强公路养护工作。在保证良好路容路貌的基础上进一步加强节前和节日期间冰雪天气的各项防滑保畅措施，保养好各类机械，储备了足量的除雪防滑物资，严格落实各项应急保障制度，坚持上路巡查制度和值班制度。同时，要求各单位做好路况信息的报送工作，及时通过12580信息服务平台发布道路通行情况，确保节日前后和节日期间的道路安全畅通。二是安全工作紧抓不放。对存在安全隐患的环节积极排查、重点防范，及时消除了各类安全隐患。同时不断加强总段办公区和住宅小区的治安防范工作，昼夜进行巡逻值班，使突发事件能够及时得到处理解决。三是严格执行春运和节日值班制度。值班人员必须坚守岗位，做好值班记录，并且按时上报值班信息。同时总段监察审计科不定时对值班情况进行督查，对因主观原因造成严重后果的，将追究值班人员的责任。四是做好通行费征收管理工作。严格执行鲜活农产品绿色通道政策，营造良好的通行费征收环境。

(张伯尧)

【金昌市运管处认真部署2011年春运工作】 2011年1月11日，金昌市运管处组织召开春运工作会议，专题研究部署春运工作，县、区运管所和各运输企业、客运站的负责同志参加了会议。春运工作从2011年1月19日开始至2011年2月27日结束，为期40天。金昌市运管处早计划、早安排、早布置，积极采取有力措施保障春运顺利进行。一是成立了春运工作领导小组，统一协调指挥、监督检查春运工作。二是做好客流调查分析预测工作，科学制定运输方案。制定了春运工作预案和应急措施，加强调度，组织安排充足运力，确保不发生旅客滞留、积压和严重超载现象。三是采取有效措施，确保春运安全。强化车辆安全检查，凡不符合安全要求，未核发"甘肃省2011年春运合格证"的客车一律不得从事春运；加强司机安全教育，对客运站安全生产加强督导检查，通过开展安全大检查以及建立安全事故和突发事件应急预案等形式，消除安全隐患，杜绝重特大安全事故的发生。四是加强市场监管，维护运输秩序。公开监督投诉电话，及时处理旅客和经营者的投诉、咨询，做到件件有回复、事事有回音。严厉打击无证经营和甩客、倒客、卖客、宰客、随意涨价等各种违法违章行为。五是深入开展"春运农民工平安返乡(岗)安全优质服务"劳动竞赛活动，保证农民工平安返乡、保障农民工的安全、便捷、优质出行服务。六是提高服务质量，抓好宣传教育，认真执行有关运输服务质量的标准和规范，自觉增强服务意识。七是增加值班制度，加强一线值班力量，值班人员要做到不脱岗、不漏岗，24小时在位，认真坚持重大事项报告制度。

(李秀卿)

【金昌市交通运输局启动道路运输紧急预案确保冰冻雨雪灾害天气春运安全】 2011年1月27日，兰州中心气象台发布甘肃省道路结冰黄色预警信号，金昌市交通运输局及时启动道路运输紧急预案，全力做好春运暨道路交通安全工作。一是开展县、乡公路安全巡查，尤其是对桥梁、弯道、陡坡等重点路段进行了重点检查，对车流量大的重点路段进行全程监控，投放溶雪剂、工业盐等防冻、防滑物料，确保道路畅通。二是对危桥险路加强看守，设置警示标志。三是对客运汽车站、农村班线、出租车经营安全和秩序进行督查。四是认真组织好运力，保证正常的班车秩序和客运秩序，确保旅客"走的了"；加强站场检查制度的落实，车辆技术标准达不到要求的、人员超载的、携带"三品"的一律不准出站，并及时提醒班车司机做好车辆发班前防冻、防滑工作，要求车辆携带三角木、防滑链等防冻、防滑设施，确保旅客"走的安全"；严厉查处随意拒载、擅自涨价等行为，维护正常的市场秩序；落实一定的应急车辆，对一些因各种原因滞留的旅客实行及时的转运。

(李秀卿)

【金昌公路总段周密部署"两节"期间安全生产工作】 2011年中秋、国庆黄金周来临之际，金昌公路总段周密安排部署节日期间的安全生产工作，确保管养公路安全畅通和全段安全形势的持续稳定：一是充分认识抓好"两节"期间安全生产工作的重要性，精心组织，合理安排安全生产各项工作。进一步加强日常养护和预防性养护，对所管养路段出现的坑槽、沉陷等路面病害进行集中整治，同时加大上路巡查力度，主动发现和排查各种安全隐患，规范处理各种路政案件，确保路产路权的安全、完好。二是认真落实各项安全管理制度，坚持定期上路排查，组织养护人员对缺损的构造物和淤塞的桥涵及时进行维修和清理，做到随坏随修、随缺随补，确保道路、桥梁安全畅通。三是认真开展安全生产"回头看"活动和安全隐患排查活动。在节前针对安全生产工作的薄弱环节和隐患进行专项安全检查。对检查出的问题和隐患，及时制定措施、落实责任，限期整改，坚决遏制各种安全事故。四是加强收费公路文明服务工作，切实提高收费人员文明服务水平，做到文明服务、安全收费，形成良好的收费环境。五是加强单位内部安全管理工作。严格落实24小时值班制度和车机管理制度，加强信息报送，保障信息畅通。

(高中华)

【张掖公路分局全力做好春运公路安全保畅工作】 2011年公路春运工作，张掖公路分局采取多种措施，全力做好春运期间公路安全保畅工作。一是成立春运安全领导小组，明确任务，落实责任，严格执行值班、信息报送、应急保障等措施，切实做到了组织到位、措施到位、服务到位、保障到位。二是加强冬季养护和公路巡查，严格落实日常养护巡查制度，加强雪中、雪后特殊巡查，发现问题及时进行处理；及时清理路面、边沟的积雪和路障，防止路面及排水系统积水结冰，并备足防滑材料，做好易积雪结冰路段的防滑工作。及时处理和修复路面出现的坑槽、松散、沉陷等病害，确保路面平整和行车安全。收费单位根据交通量和车辆通行情况开通所有收费车道，防止因服务不到位而引起的堵车现象。三是加强春运值班和信息报送工作。严格执行领导带班和24小时值班制度，及时处理春运期间发生的各项事务，并安排专人进行信息报送。四是加强安全管理工作，落实安全工作责任，强化安全监督检查，重点加强办公区域、养管站和家属区等的安全管理，切实做好防盗、防火、防煤烟中毒工作。加强车机设备管理，组织机械操作人员对养护车辆、机械设备进行全面检查、维修、保养，使所有机械、车辆处于完好状态。上路作业时，作业人员着安全标志服帽，作业现场设置规范醒目的警示标志和安全设施，确保作业人员安全和机械设备安全。

(王维学)

【酒泉市交通运输部门五措并举迎春运】 为确保2011年春运期间道路旅客运输安全畅通，保证旅客走得及时、有序、满意，市交通局、运管处及早对春运工作进行了部署和准备，要求辖管所属运输公司和车站提前备战春运，做好春运组织工作,确保春运顺利有序进行。一是市交通局、运管处成立了春运工作领导小组,在对往年旅客流量、流向进行认真分析的基础上,预测今年客运市场变化情况,提早制订春运工作应急预案,适时调整客运车辆班次,确保旅客不滞留。二是加强对司乘人员的安全教育,认真做好营运车辆的技术检测,确保车况良好,无安全隐患。严把春运合格证发放关、客运站安全检查关和营运驾驶员从业资格关,禁止不具备条件的驾驶员顶班、替班。加强"三品"检查,严禁"三品"进站上车。各运输公司启动机动运力检修工作,对报废更新的运力与新增的运力抓紧办好相关手续;凡参加春运的驾驶员都要进行政治、业务考核,经体检合格再核发上岗证,并签订安全责任书。对参运车辆均进行技术维护与检测。三是各客运公司调度室实行24小时值班制,充分运用车载GPS等高科技监管手段加强运行车辆的途中监管。四是着力强化员工的服务意识,严格质量信誉考核,确保无重大场内责任事故和行车事故,无重大运输服务质量事件,无违规、违法经营行为发生。五是加大运政稽查力度和密度,严禁使用货车、农用车、拖拉机等从事道路旅客运输,除严查超员、超速及酒后、疲劳驾驶等严重交通违法行为外,还将重点严打短途"黑车"非法倒运乘客行为和超范围经营、站外经营及随意涨价、超员超载、甩客、倒客等违规行为,确保春运安全畅通。

(酒泉市交通运输局)

2011年8月9日,兰州市召开文明城市创建工作大会。兰州市委、市政府对创建活动中涌现出的300名五星级出租车驾驶员和33名五星级公交车驾驶员进行表彰。

郝俊奎 摄

2011年11月9日,全省高速公路收费站"职工书屋"建设图书捐赠仪式在兰州举行。省人大副主任、省总工会主席孙效东,省委宣传部常务副部长张建昌,省总工会副主席朱亚丽和省交通运输厅领导杨咏中、杨映祥、艾玉德出席仪式。

兰文治 摄

水路运输

【甘肃、山东两省签订《"结对子"活动框架性协议》】 2011年9月6日，甘肃省地方海事局和山东省交通运输厅船舶检验局在济南正式签订《2011年两省船检"结对子"活动框架性协议》。甘肃省交通运输厅副厅长阮文易，山东省交通运输厅巡视员迟焕然出席签字仪式。为了推进全国船检平衡发展，推动全国船舶检验技术和管理工作整体水平共同提高，根据交通运输部海事局《关于印发水网地区与非水网地区船检"结对子"工作指导意见的通知》精神，甘肃省地方海事局与山东省交通运输厅船舶检验局结成对子。两省船检"结对子"活动本着互帮互学、扬长补短，注重实效的原则，将在船检技术业务交流、挂职学习、船检装备支持、船检管理规范等方面开展。 (省水运局)

【省交通运输厅切实做好2011年水路交通工作，促进"十二五"水路交通科学发展】 "十二五"期间甘肃省水上运输规划地方投资15个亿，比"十一五"增长近13亿。"十二五"期间实现兰州以下省境黄河航道全线通航，加大兰州、刘家峡、白银和陇南四大港口的建设，打造黄河兰州段塞纳河建设工程。一是坚持规划为指导，抓好项目建设。由于历史的原因，我省水运建设欠账较多，"大交通、大水运、大黄河"的发展思路为我省水运事业发展提供了机遇和条件。规划水路交通分"三步走"的发展方略，以省境黄河全线通航为目标，以黄河航运开发为重点，开展"四大工程"建设，是水路交通系统"十二五"期间项目建设的重点方向。抓好这些工作要持之以恒，要敢于创新，统筹规划，严格按照基本建设程序，抓好在建工程建设和拟建项目的前期工作，积极争取交通运输部立项建设。各市州要结合水域分布实际，主动储备一批项目，与省水运局通力合作，做好项目的报批和建设工作。2011年是"十二五"的开局之年，水路交通计划完成投资6 164万元。重点是开工建设黄河白银四龙至龙湾段航运建设二期工程，刘家峡港区航运设施建设工程、黄河兰州段航道养护基地建设工程、白银船舶检验起泊设施建设、陇南船舶检验起泊设施建设工程项目。省水运局要统筹安排，层层分解任务，确保水运重点项目工程进度和质量，完成年度投资计划。二是加强行业监管，夯实水运安全基础。水上交通安全是水路交通工作的重中之重，没有安全，发展就无从谈起。我省水运特别是渡口渡船点多、线长、面广，建立和完善"三位一体"的安全管理机制显得尤为必要。水路交通各部门、各单位要完善"以县乡人民政府责任制为核心，以交通主管部门的行业管理为重点，以海事机构的监督检查为保障"的"三位一体"的安全管理机制。2010年以来，经地方政府审批同意，各地方海事处相继成立，人员已基本到位，省海事局也为各市州统一配备了办公设备。2011年，省海事局要抓紧做好人员业务培训，取得执法证书，尽快投入到日常安全监管工作中去。要切实把好船舶和船员准入关，确保船舶适航和船员适任。要督促船舶公司健全安全学习制度，抓好对船员的日常安全教育和安全培训，完善公司内部和船舶应急预案，提高安全防范意识。要加快老旧渡船改造步伐，全面完成改造任务。要充分发挥水运海事信息化建设成果，向科技要生产力。要倡导水运文化，开展安全宣传。要加强水上搜救体系建设，加强预警、预控，特别是在恶劣气象条件下，要按照规定禁止船舶航行。要进一步做好渡口、码头、游船的监督管理，提升旅游运输的服务质量。有条件的市州要做好开通"水上公交"和精品航线的工作。三是加强对外、对内沟通协调，创造宽松良好的发展环境。对外协调方面，省交通运输厅与交通运输部长江航务管理局签订了《长江黄河航运发展框架性合作协议》，省海事局与山东海事局继续深化了海事"结对子"活动，与山东省交通厅港航局衔接了船检"结对子"活动细节，与重庆交大协商开办了交通运输海事管理方向专升本班。对内加强了与安监、渔政等部门的联系，获得了帮助和支持。我省人大、政协代表向全国人大和政协提交了加快黄河航运开发的议案、提案，在国内外产生了积极的影响。要深化与"结对子"活动等单位的联系沟通，在人才培养、科研、智力支撑方面获得帮助。省水运局要统筹安排，进一步加强向交通运输部、国家海事局的汇报，争取交通运输部对甘肃水运海事工作的更大支持。还要在厅属单位和各地交通部门中争取广泛的关注和支持，让各单位都能够认识到，水运是甘肃综合交通运输体系中的重要组成部分，不是可有可无而是非有不可，不是无所作为而是大有作为。要会借力，借长江航务管理局、山东海事局、山东省交通厅港航局之力，引进先进的管理理念和技术。要会借脑，就是要借重庆交大、甘肃交通职业技术学院这些高校的智力，来武装我们的海事队伍，来提高管理水平、提升干事创业、驾驭全局的能力。四是落实工作责任，确保完成年度工作任务。厅党组历来对水路交通工作是十分重视和支持的，水运建设和安全管理列入了厅统一规划，拨出专项资金配备了监督执法车(艇)，对老旧渡船、索渡塔架进行改造，解决了省局和4个地方海事局办公场所问题，也解决了长期困扰水运发展的体制和经费等障碍性问题。在"十二五"交通规划中，许多水运基础设施项目都列入了部、省规划，各级水运管理部门要珍惜机遇，抓好实施。2011年水路交通工作重点是安全工作不能出特大事故，项目建设要加快前期和建设进度，要保障质量，按照规划储备后续建设项目。运输市场要保持平稳有序。队伍建设在2011年各地新成立的地方海事处要步入正轨。省水运局作为行业管理主管部门，要切实负起领导全行业的职责，细化工作任务，责任到人，并监督检查，各市州交通海事部门要积极与省水运局协调沟通，共同做好水路交通各项工作。（厅办公室）

【兰州市交通水运部门在中山桥维修施工阶段为黄河过往群众实行免费摆渡】2011年中山桥维修加固项目，是兰州市委、市政府确定的国家级重点文物重点工程，该项目于2010年11月15日正式开工，2011年3月29日零时正式开始封闭维修加固施工。为解决中山桥封闭维修加固给市民群众出行带来的困难，市交通水运部门在对中山桥附近淤塞河道紧急清淤疏浚后，于3月29日起在中山桥码头和水文站码头实行免费摆渡，每天摆渡时间为6:30~21:00。这一便民举措受到社会各界和过河市民赞扬。在组织摆渡的工作中，市交通水运部门组织“金城号”豪华游船、“兰渡一号”大型摆渡船、“甘海巡100号”巡逻船(备用)等3艘大型船舶和“兰海巡01号”、“兰海巡02号”2艘安全监督艇，抽调熟悉航道、技术过硬的2名船长、2名轮机长和20余名船员、管理人员和安全监督员参加摆渡工作。市交通水运部门强化安全管理硬件设施，对摆渡船进行了全面维护保养，配备齐全消防和救生设施。对码头防护栏、系缆和进出通道进行了加固整修，安装了电子视频监控系统，对船舶运行状况和码头岸边人员流动情况进行24小时动态监控。完善了水运企业《特别重大事故应急处理预案》和《渡运船舶安全管理制度》，组织摆渡船舶和人员进行应急演练，确保一旦发生突发情况，能够及时反应并妥善处置。摆渡期间在南北两岸码头安排专职安全员负责疏导乘客上下船，维持摆渡秩序。在上下班高峰期，安排学生和上班人员先行乘船。（晨　旭）

【兰州中山桥维修加固工程顺利竣工】2011年6月1日，由中交二航局负责施工的中山桥维修加固工程顺利竣工。当日，由兰州市地方海事局负责临时摆渡的“金城号”渡船也随之停渡。自中山桥封闭施工以来，兰州市地方海事局组织渡船渡运过河市民，共安全完成渡运7 808航次，渡运98.56万人次。渡运期间未发生违规航行事件，未发生水上交通事故。（王承斌）

【兰州市交通水运部门在七里河黄河大桥建设阶段组织安排运力免费为过河市民提供安全摆渡】2011年3月30日上午，七里河黄河大桥建成通车，兰州市交通水运部门历时375天的七里河黄河免费摆渡任务圆满完成。其间投入运营资金212万元，累计摆渡196万人次，日均摆渡5 227人次，有效解决了两岸市民出行不便。2010年七里河黄河大桥封闭施工以来，为了满足市民群众过河出行需求，市交通水运部门在大桥上游200米处建造了2个临时码头，组织1艘12座冲锋舟和2艘6座小快艇，抽调熟悉航道、业务过硬的3名船员、3名水手、4名专职安全监督员和2名现场管理人员，每日早7:00~21:00免费摆渡来往黄河两岸的市民群众。同时，在黄河南岸修建了1座客运码头，投资20余万元建造了目前黄河兰州段最大的“兰渡一号”摆渡船，并在黄河两岸搭建了2个与之配套的造船平台，有力保障了七里河黄河大桥摆渡作业的顺利开展。（晨　旭）

【陇南市碧口库区老旧船舶改造工程竣工】2011年7月19日，文县碧口港，船员们笑逐颜开，随着阵阵鞭炮声，陇南市地方海事局将5艘崭新的钢质船舶交付船员，标志着第一期碧口库区老旧船舶更新改造工作顺利结束。碧口库区地处甘肃省南部的偏远山区，山大沟深，交通不便，乘船甚至是一些当地群众生产、生活唯一的交通工具。由于当地经济条件不发达，航行在碧口库区的基本上都是低质量的木质挂桨机船舶，船主没有资金对这些营运船舶进行更新改造，水上交通安全隐患十分突出。陇南市地方海事局制定方案，采用补助改造的方式，在省地方海事局和市交通运输局的支持下，争取到国家老旧船舶改造专项资金近200万元。从2010年12月开始，实施碧口库区老旧船舶更新改造工程，新造5艘钢质客货船，有计划按步骤分期、分批地强行淘汰安全技术性能差的木质挂桨机客货船。陇南市碧口库区老旧船舶改造工程的竣工和交付使用，使群众能够真正的乘上“放心船、平安船”，推动和实现了我市水上交通安全状况的稳定好转，为构建和谐社会提供了强有力的支撑。（郝　炜）

【“甘海巡0310”巡逻艇成功下水】2011年5月，“甘海巡0310”巡逻艇在临夏港顺利下水，这是该型巡逻艇首次亮相于刘家峡库区。该艇为35吨总吨位的海巡艇，是临夏州海事系统最大吨位、装备最为先进的机舱自动化海巡船。主要用于刘家峡库区130平方公里水域的巡逻、水上安全监督管理、水上交通事故调查处理、水上搜寻和救助等。该艇总长19米，型宽4.12米，排水量18.7吨，主机功率为360KW，航速可达23节。艇上配置了GPS卫星定位系统、测水仪、高频无线电装置、火灾监测感应报警板、磁罗经等先进装置。“甘海巡0310”的成功下水，将对加强刘家峡库区水域的监管、保障临夏州水上交通安全、提高水上搜寻和应急救助能力具有十分重要的意义。（王承斌）

【黄河白银段航运建设项目二期工程开工】2011年11月28日，黄河白银段航运建设项目二期工程开工暨乌兰码头奠基仪式在靖远县乌兰镇举行。黄河白银段四龙至龙湾航运建设二期工程全长110公里，涉及白银区四龙镇、靖远县平堡乡、北湾乡、乌兰镇、糜滩乡、东湾乡、三滩乡、石门乡，平川区水泉镇和景泰县中泉乡等两县两区10个乡镇，二期预算总投资5 989万元，计划工期36个月，保修期24个月。工程计划整治四龙滩、金园滩、簸箕湾上滩等滩险16处，建设乌兰、金坪、平川和月河等4处码头，其中乌兰码头和平川码头设置客运站房。2011年完成投资800万元。（王承斌）

【白银市大力打击“三无”船舶非法运营活动】2011年，针对“三无”船舶非法渡运实际，白银市地方海事局本着对人民群众生命财产高度负责的态度，于2011年7月，联合县乡人民政府、县(区)交通运输局、公安、安监等有关部门，对平川区水泉镇小黄湾村1艘“三无”渡船和靖远县糜滩乡2艘“三无”船舶进行了取缔拆解。对3艘“三无”船舶的成功取缔拆解，既从源头上消除了水上交通安全隐患，又保护了水上从业人员的合法利益，同时也有效地维护了水路交通正常秩序。 （闫 勇）

【白银市地方海事局成功举办“7·11”军地联合水上应急搜救演练活动】 2011年7月11日，在省交通运输厅、省地方海事局的大力支持下，白银市地方海事局克服各种困难，联合驻银某部，组织军地搜救力量200余人，装备120余艘(具)，在景泰县黄河石林成功举办了2011“中国航海日”庆祝暨军地联合水上应急搜救演练活动，该活动的成功举办，也得到了省、市领导和与会代表的肯定，也进一步提高了水上从业人员素质，全面检验了白银市水上应急搜救能力。

（闫 勇）

【白银市农村渡口候船亭建设项目全面完成】 2011年，白银市地方海事局实施农村渡口候船亭项目9处，该项目的实施，不仅极大地改善了全市水路交通基础设施和海事管理面貌，也方便了沿河两岸群众安全便捷出行，同时为水路交通安全管理以及宣传提升海事形象，特别是为构建综合交通运输体系和全市经济社会发展起到积极作用。 （闫 勇）

【白银市平川区月河港船舶法定检验起泊设施工程完成施工图设计】 2011年，白银市平川区月河港船舶法定检验起泊设施工程经省交通运输厅批准建设。该工程经省交通运输厅《关于白银市月河港船舶法定检验起泊设施工程可行性研究报告的批复》(甘交规划〔2010〕258号)批复，总投资197.6万元，项目所需资金由省交通运输厅补助和白银市地方海事局自筹。按照省厅批复精神，白银市地方海事局委托设计单位进行了施工图设计并上报了省水运管理局，预计2012年将正式开工建设。 （闫 勇）

【白银市认真实施老旧渡船及塔架改造工程】 2011年，白银市地方海事局实施2010年度老旧渡船改造8艘，累计投资310万元。完成渡口索渡塔架改造3处，累计投资45万元。该项目的实施，受到水上从业人员的欢迎，也从源头上改善了全市水上交通安全管理面貌，进一步方便了沿河两岸人民群众安全便捷出行。 （闫 勇）

【黄河白银段四龙至龙湾航运建设项目二期工程开工建设】 2011年11月28日，黄河白银段四龙至龙湾航运建设项目二期工程正式开工建设，该项目全长110公里，涉及白银区四龙镇、靖远县平堡乡、北湾乡、乌兰镇、糜滩乡、东湾乡、三滩乡、石门乡，平川区水泉镇和景泰县中泉乡等两县两区10个乡镇，二期预算总投资4 545.20万元，计划工期36个月，保修期24个月。工程计划整治四龙滩、金园滩、簸箕湾上滩、簸箕湾滩、马滩、营房上滩、曹家湾滩、河靖滩、道坝滩、庙沟子滩、刘白高速黄河公路大桥滩、嘹马滩、白家大沙滩、麻黄滩、火石滩、观音崖下滩等滩险16处，建设乌兰码头、金坪码头、平川码头和月河码头4处，其中乌兰码头和平川码头设置客运站房。 （闫 勇）

2011年11月，省交通运输厅厅长杨咏中在省水运局检查指导水运海事工作。

省水运局 供

机场建设与管理

【民航局局长与甘肃省省长就加快甘肃民航业发展提出指导性意见】 2011年3月9日，民航局局长李家祥在北京会见甘肃省省长刘伟平一行，双方就加快甘肃民航业发展等问题交换意见。李家祥表示，民航局将全力当好地方政府发展经济的助手，让民航业成为地方经济社会发展的抓手和帮手。李家祥感谢甘肃省政府对民航业发展的重视和支持。他表示，近几年，民航业在国家经济社会发展中的战略地位日益显现。很多地方政府越来越认识到，民航业对地方经济社会发展有着很强的促进和带动作用，更加积极地发展当地民航业。近两年，我国民航业发展呈现出中西部快于东部的特点，甘肃民航业的快速发展就是其中的一个典型代表。2010年旅客吞吐量高于全国平均水平的有16个省市区，甘肃位列其中，旅客吞吐量达396万人次，增速高于全国平均值近10%。“十二五”期间，甘肃民航业仍将拥有较大的发展潜力，民航局将继续加大对包括甘肃在内的中西部地区机场，特别是支线机场建设的政策和资金扶持力度，更好地发挥民航业对地方经济的拉动作用。刘伟平对民航局多年来对甘肃民航业发展给予的大力支持和帮助表示感谢。并指出“十二五”是甘肃民航业加快发展的重要阶段，甘肃将重点加快完成兰州中川机场扩建工程，打造西北第二航空枢纽，完善现有机场配套设施，大力发展支线机场，进一步完善甘肃民航运输网络布局。刘伟平希望民航局与甘肃省尽快签署加快推进甘肃民航业发展的会谈纪要，推动“十二五”时期甘肃民航业实现跨越式发展。甘肃省委、省政府也将努力为当地民航业发展创造有利条件和良好环境。 (厅办公室)

【省交通运输厅领导、省政府参事现场督导庆阳机场建设工作】 2011年5月5日至10日，省交通运输厅副厅长阮文易、省政府参事辛平一行到西长凤高速公路、雷西高速公路、静庄公路及庆阳机场建设项目施工现场督导工作。督导组一行通过现场查看、听取汇报及相互座谈讨论的方式，对项目的工程进度情况、质量安全状况、现场管理及施工工艺等进行了全面督查指导，对西长凤高速公路和静庄公路在施工组织、进度控制、质量过程控制、安全管理及施工工艺等方面提出了建议并进行了现场技术指导。对在建庆阳机场建设项目进行了现场查看，听取了项目建设单位汇报。

(省路网规划办)

【我省《关于加快推进甘肃民航发展会谈纪要》签署】 2011年5月27日，省委、省政府与中国民用航空局在兰州举行座谈会，并签署《关于加快推进甘肃民航发展会谈纪要》。省委书记、省人大常委会主任陆浩，省委副书记、省长刘伟平，中国民用航空局党组书记、局长李家祥，副省长石军，省政府秘书长李沛文，省交通运输厅领导杨咏中、石培荣等出席座谈会。根据会谈纪要，中国民航局将积极支持甘肃省优先发展民航战略，支持甘肃省研究制定全省民航发展战略规划和机场布局规划。甘肃省将加强统筹协调，制定出台支持民航发展的相关政策措施。双方将共同加快兰州中川机场建设，将兰州中川机场建设成为高效、便捷、通畅、安全的区域性航空运输枢纽机场，进一步完善甘肃综合交通运输体系；共同支持甘肃支线机场建设和运营；共同加大对甘肃基地航空公司发展的支持力度；共同加快甘肃通用航空发展；共同努力加大在机场建设、空域规划及使用方面的协调力度。双方承诺共同建立民航发展协商工作机制。 (厅新闻信息中心)

【省政府与西北民航局在兰州举办“加快推进甘肃民航发展座谈会”】 2011年7月11日，甘肃省政府与民航西北地区管理局在兰州举办“加快推进甘肃民航发展座谈会”。省委常委、副省长石军，民航西北地区管理局副局长王小辉，省政府副秘书长马自学、省交通运输厅厅长杨咏中、省财政厅副厅长赵喜泉、省政府国资委副主任刘立等领导参加会议。石军副省长向王小辉副局长一行转达省委、省政府对于金昌、张掖机场通航和庆阳机场复航的意见，表示将实行严格的责任制，把目标、任务落实到单位，落实到人头，倒排工期，采取强力措施，确保按既定目标实现金昌、张掖机场通航和庆阳机场复航。他还希望民航西北地区管理局给予甘肃省更大力度的支持，帮助甘肃扎扎实实推进民航事业各项工作。王小辉副局长表示，民航西北地区管理局将给予甘肃全力支持，并协调民航有关单位，明确目标任务，推动项目早日立项。同时，民航西北管理局将继续履行好行业职责，认真贯彻落实好民航总局的要求和甘肃省委、省政府的意见，全力支持甘肃民航事业的发展。 (厅新闻信息中心)

【省交通运输厅安排部署机场运营安全保卫工作】 2011年7月20日，省交通运输厅在兰州中川机场召开专题会议，对机场运营安全保卫工作进行安排部署。省交通运输厅党组书记、厅长杨咏中及省公路航空旅游投资集团有限公司、省机场投资管理有限公司、民航甘肃空管分局、甘肃机场集团有限公司、东航甘肃分公司、海航兰州分公司、中航油西北公司甘肃分公司及厅机关有关处室负责人参加会议。杨咏中厅长指出，由于甘肃特殊的地理位置，机场、车站、高速公路等作为交通运输工作的前沿阵地，各单位要切实提高对新形势下做好安全保障、保卫工作重要性的认识。要建立健全应对突发事件的应急预案，提高防控共管能力；要进一步完善安全防范措施，确保机场运营安全和航空器飞行安全。要加强机场安全设施设备的检查，加大旅客、货邮进出港安检力度，空管、航油、机场公安要各负其责，始终保持高度警惕，建立协防机制。省公投集团、省机场投资管理公司等交通系统各单位要加强与甘肃机场集团、各机场及各驻场单位的协调，加强与省上有关部门的联系，分工协作，紧密配合，切实承担起交通运输安全保障、保卫工作的责任，保障机场运营安全。

(省机场投资管理公司)

【兰州中川机场二期扩建工程建设指挥部揭牌】 2011年5月6日，兰州中川机场二期扩建工程建设指挥部揭牌。厅长杨咏中，副厅长石培荣、王繁己， 民航甘肃监管局副局长王德新等领导出席仪式。石培荣副厅长指出，揭牌仪式的举行，不仅标志着建设指挥部的正式组建成立，也标志着兰州中川机场二期扩建工程正式进入建设施工阶段。各相关单位和部门要充分认识到兰州中川机场作为省会机场、区域枢纽机场的重要战略意义，认识到此次改扩建工程的实施对改善兰州中川机场的基础设施条件、提升机场安全保障能力和管理服务水平、改善全省投资环境和航空运输条件、加快构筑综合交通运输体系以及对兰州市乃至全省经济社会发展的重要现实意义。建设指挥部要切实建立起符合实际的组织领导机制、施工管理机制和责任落实机制，指挥部总指挥、副总指挥要按照各自工作分工，及时协调解决施工建设中存在的问题。指挥部干部职工要增强全局观念，密切配合，真抓实干，通力合作。要加强指挥部内部建设工作，建立健全项目建设管理各项规章制度；要认真落实基建项目四项基本制度，建立健全项目质量、安全管理体系和责任体系，做好不停航施工的管理工作，努力建设精品优质、安全文明、廉洁高效工程。

(厅新闻信息中心)

【2011年内甘肃将建设陇南成州机场】 2011年2月18日甘肃省机场建设管理工作会议在兰州召开，会议确定陇南成州机场将于年内开工建设。机场位于陇南成县东北方向，距离县城10公里，飞行区设计等级为4C级，机场跑道近期规划长2 800米，宽45米，航站楼近期规划面积3 200平方米，远期5 700平方米，可满足波音737、空客319/320等机型使用要求。“十二五”期间，甘肃将进一步加强民用机场建设，构建以兰州中川枢纽机场为核心，以东西部机场集群为两翼，布局合理、功能完善、规模适度、航线通达的民用航空运输网络。“十二五”末，全省建成通航的民用机场将达到11个。甘肃省交通运输厅厅长杨咏中表示，要举全省交通运输行业之力，支持发展民航机场，建立起产权明晰、竞争充分、管理规范的机场建设管理运营体制，科学组织、严格控制、精细管理，抓好工程质量、安全生产和廉政建设3个关键环节。

(郝 炜)

【夏河机场征地工作顺利完成】 2011年9月底，夏河机场征地工作顺利完成。夏河机场是列入国家、西北地区和甘肃省“十一五”民航发展规划的重点项目之一，项目总投资为7.22亿元，项目总用地约2 600亩，整个征地工作主要征用的是夏河机场阿木去乎镇格个昂、仁赞道、上南畔、下南畔、青安昂5个自然村190户和牙利吉办事处阿纳一队35户群众耕地及草地3 018亩，累计发放征地补偿费2 044.98万元。

(后志良)

【金昌金川机场试飞成功】 2011年7月30日，金昌金川机场试飞成功。省交通运输厅领导杨咏中、石培荣、阮文易参加试飞。国家民航局、民航西北地区管理局相关领导前来指导金昌金川机场试飞的各项工作。金昌金川机场为国内支线机场，飞行区按4C级标准设计，新建一条长3 000米的跑道，宽45米；航站区按满足2020年旅客吞吐量20万人次、货运吞吐量1 200吨的目标设计，航站楼占地面积3 960平方米，站坪机位4个；配套建设通信、导航、气象、供电、供水、供油、消防救援设施及辅助生产设施。最大起落机型为波音737、空客320。项目总投资3.43亿元。金昌金川机场是我省自1982年以来新建的第一个机场项目，也是继兰州中川机场、敦煌机场、嘉峪关机场、庆阳机场、天水军民合用机场后我省的第六个机场。杨咏中厅长指出，金昌金川机场是我省重点建设项目，试飞成功，标志着河西走廊中段综合运输体系已经建立起来。此次试飞成功后，为金昌金川机场开航奠定了坚实的基础。2011年8月正式通航，届时将开通金昌飞往北京、上海等全国各地的航线，促进河西走廊自然、旅游资源深度开发。

(厅新闻信息中心)

【新建金昌金川机场顺利通航】 2011年8月29日，新建成的金昌金川机场顺利通航。省委副书记、省长刘伟平，副省长虞海燕，兰州军区空军副参谋长刘广彬少将出席通航仪式并为金昌金川机场正式通航剪彩。通航仪式由省政府秘书长李沛文主持。民航西北管理局局长王志清，省交通运输厅领导杨咏中、杨映祥、王繁己以及金昌市、甘肃机场集团等各相关单位负责人参加仪式。副省长虞海燕代表省政府对金川机场通航表示祝贺，对建设者表示问候。他指出，机场的通航对于改善金昌交通基础设施条件，促进金昌、武威地区经济一体化有着重要意义。虞海燕强调，各有关单位和部门要加强机场运营管理，充分发挥项目的作用；努力把金昌金川机场建成西部地区一流的现代化航空港，为推进全省经济社会跨越式发展做出更新更大的贡献。杨咏中厅长介绍了金川机场建设情况，并指出备受全省人民关注的金昌金川机场顺利通航，是我省综合交通运输体系建设及民航运输事业发展中的一件大事，也是一个重要的里程碑。在项目建设过程中，民航西北地区管理局及省直有关部门给予了大力支持，省机场投资管理有限公司精心组织、科学安排、周密部署、文明施工，高质量、高标准完成了项目建设任务；金昌市委、市政府及有关部门全力支持，各负其责，通力合作，为机场顺利通航奠定了良好基础。金川机场的通航标志着机场由建设施工阶段，正式进入到营运管理阶段，希望省机场投资管理有限公司和金昌市，加强对机场营运管理的监督和指导，使金川机场更好地服务于社会，服务于对外开放和发展，为全省经济社会

发展做出更大的贡献。（厅新闻信息中心）

【张掖军民合用机场连接线公路主体工程完工】 2011年8月2日，张掖军民合用机场连接线公路工程完成上面层铺筑，该项目主体工程全部完工并转入实施交通工程阶段，预计8月15日前完成全部施工任务。该工程自2010年9月开工以来，在省公路管理局的统一部署下，在张掖市委、市政府的大力支持下，张掖公路分局坚持精细管理，加强工程质量、进度、安全、资金使用管理，层层落实责任，工程建设进展顺利。为确保张掖军民合用机场8月16日前顺利校飞，按照张掖市委、市政府"大干30天，雄鹰上蓝天"的目标要求，分局细化工作目标，靠实工作责任，加大人员、机械设备投入，集中力量攻坚，加班加点，昼夜奋战，顺利完成了主体工程任务，为8月16日前校飞奠定了基础。张掖军民合用机场连接线公路起点位于国道227线320公里加400米处，途经六闸村农场、高升庵村农场、市水电局农场，终点至张掖飞机场。路线全长8公里，设计车速每小时80公里。

（刘永红　连　磊）

【张掖军民合用机场顺利通过飞行校验】 2011年8月27日，张掖军民合用同机场通过飞行校验。张掖市委书记、市人大常委会主任陈克恭，张掖市委副书记、市长栾克军，张掖市政协主席王开堂以及省交通运输厅厅长杨咏中、副厅长杨映祥，中国民用航空飞行校验中心副主任魏刚，甘肃机场集团执行董事长兼总裁杜小平等出席了张掖机场校飞成功庆祝仪式。张掖军民合用机场改扩建项目于2009年获国务院、中央军委批准，2010年5月11日正式开工建设，概算总投资2.96亿元。以2020年为目标年，按满足旅客吞吐量24.3万人次、货邮吞吐量1 723吨设计，规划飞行区等级为4C级，可起降波音737、空客320等系列机型。

（厅新闻信息中心）

【张掖军民合用机场顺利通过试飞】 2011年9月23日，张掖军民合用机场顺利通过试飞。张掖市委书记陈克恭、民航西北管理局副局长王小辉、省交通运输厅副厅长王繁己以及总后勤部、省发改委、东航西北分公司、民航甘肃监管局、甘肃机场集团的有关负责人参加试飞仪式。本次试飞成功，标志着张掖机场已基本完成了通航前的各项准备工作，10月下旬正式投运。它将成为继天水军民合用机场外，我省建成的第二个军民合用机场，届时我省将完成河西地区支线机场布局，也为张掖市架起了一条通往全国各地的空中通道。此项目是在原空军张掖航校军用机场的基础上，由中国民航局、省机场投资管理公司、张掖市政府共同出资建设，累计投资3.13亿元。机场以2020年为目标年，按满足旅客吞吐量24.3万人次、货邮吞吐量1 723吨设计，规划飞行区等级为4C级，2011年8月15日通过初步验收，8月27日顺利通过校飞。

（厅新闻信息中心）

【张掖机场顺利开航】 2011年11月1日，张掖机场顺利开航。初期开通西安—兰州—张掖往返航班，班期为每周二、四、六，机型为ERJ145，航班号为GS7563/4。每班飞机11:50从西安起飞，12:55到达兰州；13:30从兰州起飞，14:40到达张掖。张掖起飞时间为15:10，16:20到达兰州；16:55从兰州起飞，17:55到达西安。

（省机场投资公司）

2011年12月26日，省交通运输厅厅长杨咏中在敦煌公路管理段慰问一线职工。图为杨咏中厅长为敦煌段职工送去慰问品。

李皓林　摄

通行费征收

【省高管局通行费征收再创新高】 2011年，省高管局严格按照“应征不漏、应免不征”的收费政策，开展以“畅行陇原高速、体验五心服务”为载体，深入开展了“文明收费优质服务”和“百万元收费无差错”等收费竞赛活动及各种形式打击逃漏费整治活动，全年征收通行费38.77亿元。完成任务的108.90%，比2010年同期增收8.46亿元，增长率27.94%。

（高管局）

【兰州公路总段提前超额完成通行费征收任务】 2011年，兰州公路总段下属的中川、河窑、河屯等3个公路收费所加强与当地公安、交警的协调沟通，加大对“特权车”、“人情车”和冲卡逃费车辆的整治力度；进一步完善鲜活农产品“绿色通道”政策，为过往车辆提供便捷的运输服务；扎实开展站容站貌改造工程，加强软硬件环境建设，对老化的收费系统进行升级改造；认真开展“百日收费无差错”、“零投诉”、“文明礼仪服务”等岗位练兵竞赛活动和封闭式军事化训练，努力提高文明服务水平，树立了良好社会形象。兰州公路总段下属的中川、河屯收费所分别于7月和9月提前完成全年收费任务。截至12月31日，全段3个收费所共完成通行费征收额5 576万元，占年计划的131.2%。

（兰州公路总段）

【白银公路总段超额完成收费任务】 2011年，白银公路总段紧紧围绕通行费征收任务和加强队伍建设两个基本点，加强管理，规范秩序，优化环境，进一步提升文明服务水平，共征收通行费9 389.7万元，超计划2 259.7万元。一是规范收费行为。坚持把“内强素质、外树形象”作为职工队伍建设的整体目标，积极组织开展“军事化训练”、“百日收费无差错服务之星”等一系列技能比赛和岗位练兵活动，从严规范收费行为，确保收费人员在收费过程中做到文明用语亲切、手势规范标准。二是加强制度建设及落实。严格执行省局《局管二级收费公路绩效工资考核办法》，建立“奖优罚劣”的工作机制，用经济杠杆调动收费人员的工作积极性。按照《白银公路总段通行费征收管理稽查考核办法》的要求，加大各项稽查考核力度，运用考评成果兑现绩效工资，杜绝各种不规范行为，提高服务水平。按照《白银公路总段二级收费公路通行费月票管理办法》，加大月票车辆管理力度，从2011年3月1日起，各收费单位对符合办理月票的车辆要经过专题会议研究后上报总段审批，不经总段审批的月票一律无效。三是树立服务理念。积极探索收费公路的服务新模式、新理念，在收费站点设立便民服务台，为过往司乘人员提供优质服务；充分利用收费广场LED电子显示屏及时准确的发布天气预报和路况信息；积极参加白银市政府举办的“政风行风热线”电台栏目，运用政策认真详细的解答收费标准及相关依据，落实鲜活农产品运输绿色通道政策，开展创建“文明收费示范广场”活动，努力打造良好的“窗口”服务形象。

（白银公路总段）

【白银公路总段严格落实“绿色通道”惠民政策】 为了贯彻落实国务院《关于稳定消费价格水平保障群众基本生活的通知》精神，根据省公路局的安排，自2010年12月1日起，白银公路总段在原312国道界巉段执行鲜活农产品绿色通道减免优惠政策的基础上，进一步拓宽减免路段、范围，对辖区所有收费公路一律开通鲜活农产品绿色通道，并将运载马铃薯、玉米、化肥等农产品及农用物资的车辆纳入绿色通道减免范围，确保其快速通行。各收费单位进一步加强绿色通道政策的学习宣传，要求职工熟悉执行鲜活农产品运输绿色通道政策的路段范围、新增鲜活农产品品种以及享受“绿色通道”政策的车辆范围，并利用收费站LED电子屏滚动显示绿色通道相关政策，向过往司乘人员发放绿色通道政策宣传资料，确保国家通行费免费政策落实到位。另外，各收费站在收费广场设置了绿色通道政策公示牌，设立了“绿色通道”专用通道，并认真总结“绿色通道”查验经验，充分利用鲜活农产品检疫证件、配货单等作为鲜活农产品运输车辆的辅助查验手段，确保鲜活农产品快捷、顺畅、低成本流通。2011年，全段“绿色通道”共减免通行费2 272万元。

（白银公路总段）

【庆阳公路总段加强收费公路管理】 2011年，庆阳公路总段采取“三转变、六加强”的方式，对内强化管理，对外多方联合打击逃抗漏费行为，促进了通行费征收工作顺利开展。“三转变”即实现通行费增长方式由数量扩张型向效益提升型的转变；通过改变办公环境、人员精神风貌，带动收费队伍整体素质的提升和工作作风的转变；通过开展“百日无差错文明服务之星”和“三优一满意”等活动，实现收费职工服务理念由要我服务向我要服务转变。“六加强”即加强制度落实监管，通过稽查收费秩序、月票办理、票据管理等抓好日常工作的程序化、规范化；加强基础管理，从收费广场标志、标牌正确摆放和收费人员礼貌服务着手，通过开展军事化训练、文明礼仪服务、技术比武活动，扎实推进基础管理工作；加强绩效考核兑现，纠正计提标准过低或过高、考核记录不完善问题，规范绩效考核；加强惠民政策的贯彻落实，组织集中学习，提高收费人员对“绿色通道”政策的掌握程度，熟悉鲜活农产品范围，理解“整车装载”的含义，提高“鲜”车鉴别速度；加强应急保畅能力的建设，通过建立应急预案，组织应急事故演练，不断完善应急机制；加强新闻宣传，通过建立新闻宣传网络，培养一批热爱新闻宣传工作的骨干力量，为收费管理工作营造良好的舆论氛围。（李世雄　刘莎莎）

【天水公路总段超额完成通行费征收任务】2011 年，天水公路总段采取有力措施，强化收费管理，截至 2011 年 12 月 31 日，全段完成通行费征收任务 5 857.90 万元，占计划任务的 117.16%，较去年同期增长 24.06%，增幅创历史新高。在收费管理工作中，一是继续推行总段、收费所、收费站一级抓一级、层层抓落实的考核工作机制，推行收费职工全段范围内的交流调整制度，收费、稽查、监控人员在全所范围内的定期轮岗制度，进一步加大对收费所的监督、检查和考核力度。二是积极开展优质服务竞赛和“百日收费无差错收费明星”评选等活动，开展不同形式的岗位练兵、技术比武，从规范仪表、规范手势、规范文明用语上狠下功夫，切实提高文明收费服务水平。三是采取有效措施，有力拓宽费源，按规定控制年票、月票车比重，按照《总段收费公路绩效考核管理办法》，将收费任务层层分解落实，每月考核兑现，奖勤罚懒，奖优罚劣。四是进一步落实“绿色通道”政策，严厉打击各类逃费行为，各收费所还开展了以“遏制冲卡复称、优化收费环境”为主要内容的专项整治活动，取得了明显成效。（陶　虹）

【临夏公路总段开展逃费车辆专项整治活动】2011 年 4 月，临夏公路总段在下属的各收费所开展了为期 1 个月的专项整治逃费车辆活动，效果显著。一是成立了领导小组，加强与当地政府、公安、交警等部门的沟通联系，制订了切实可行的工作方案，健全完善联动工作机制，强化了工作重点，落实了工作责任。二是加强了稽查工作。稽查人员全天候蹲点驻守，路政人员不间断巡查，对换牌、无牌、卸牌或故意掩盖车辆标记信息的车辆联系交警部门予以处罚。三是严格遵循“教育为主、处罚为辅”的原则，积极向过往车辆司乘人员解释国家政策，散发宣传材料，争取他们的理解和支持，努力消除矛盾，营造和谐稳定的收费环境。四是工作成效显著。该总段通过专项整治活动的深入开展，有力地震慑和打击了恶意冲卡逃费行为，净化了收费环境，有效防止了通行费的流失。据统计，该段共出动稽查人员 500 余人次，查处各类违规车辆 200 余辆，追缴通行费 1 万余元。（刘志功）

【金昌公路总段收费文明服务工作成效显著】2011 年，金昌公路总段进一步强化收费公路文明服务工作，积极组织收费职工开展“和谐交通、优质服务”活动，努力营造文明和谐的公路收费环境，金永段收费公路全年征收通行费 1 788 万元，完成年计划的 162.5 %。一是在各收费站收费广场悬挂宣传标语，营造活动氛围，使收费职工进一步牢固树立“以人为本，关注细节，文明收费，奉献社会”的服务理念，不断提高文明服务水平，塑造收费文明“窗口”良好形象。二是做好收费广场和站容站貌的绿化、美化工作，时刻保持地净、墙洁、窗明，为司乘人员创造舒心、优美的缴费环境。三是组织收费业务骨干举办了“收费业务暨文明礼仪培训班”，进一步增强收费职工文明服务意识，规范文明用语和手势动作，使收费员在收费过程中始终坚持文明用语，让司乘人员在收费车道短暂停留中感受到收费工作人员良好的文明服务形象。四是广泛征求意见，加强监督检查。对过往司乘人员发放意见征求表，征求对收费工作的意见和建议，并在站区设置举报信箱，公开举报电话，并及时通报文明服务综合考评情况，着力解决收费人员在文明服务、工作纪律等方面存在的问题，不断提高服务标准，有效促进了通行费征收任务的超额完成。（高中华）

【张掖公路分局强化收费公路稽查管理工作】2011 年，张掖公路分局着力强化收费公路稽查管理工作。一是加强内部稽查，规范职工行为。分局每季度对收费单位进行一次集中稽查，并进行不定期的抽查。收费单位实行“日巡查、周通报、月检查”制度，加强内部稽查工作。二是主动加强与地方政府和公安、交警、路政部门的沟通协调，取得他们的支持，加大治安联防工作力度。三是采取定点和流动稽查相结合、定期与不定期稽查相结合的方式，对绕道冲卡逃费的车辆加大稽查力度，减少费源流失。四是加大对特殊时段（节假日、周末等）、特殊车辆（如集中拉煤、拉建材、拉石料的车辆）或一个时期中出现的突出问题进行专项稽查。五是加强领导，强化责任。各收费单位成立了稽查领导小组，明确分管领导，经常召集稽查人员分析和讨论收费工作中存在的问题，确定稽查工作的重点，使稽查工作有的放矢。六是加强稽查队伍建设。抽调业务精湛、责任心强的同志组成稽查队伍。加强对稽查人员上岗前的学习和培训，熟悉相关法律、法规、政策以及各项规章制度，以过硬的业务投入到稽查工作中。七是做好各项稽查记录的填写、整理、归档工作，建立收费稽查档案，坚持每日有记录、每月一汇总。（牛天飞）

【张掖公路分局在收费单位开展文明服务竞赛活动】面对目前复杂的收费环境和日益突出的收缴矛盾，为了进一步加强收费管理，改善收费环境，强化内控稽查，规范人员行为，树立良好的收费“窗口”形象，促进任务完成，2011 年，张掖公路分局对在收费单位中开展“四美三快两优一满意”文明服务竞赛活动进行了安排部署。此次竞赛活动主要围绕“四美三快两优一满意”开展，即：收费环境美、个人形象美、服务语言美、工作行为美；识别车型快、打票找零快、查验证件快；服务态度优、工作质量优；让司乘人员满意。要求收费稽查人员在工作中始终做到“三心”，即：提供服务热心、解释政策耐心、接受意见虚心；对每一名服务对象始终做到“三声”，即：来有迎声、问有答声、走有送声。同时，要求收费管理单位在周末节假日等车流高峰期合理调整人员作息和就餐时间，减少不必要的车辆滞留。在收费人员中提倡“委屈服务”，减少因为服务不到位而引发的收缴纠纷。通过开展此项活动，将在收费单位中达到强化职工的岗位意识、服务意识，促进收费环境的和谐化和工作行为的规范化，职工业务素质和服务质量的显著提高。（牛天飞）

科技 教育 文化

科 技

【甘肃省“SBS改性乳化沥青微表处罩面”试验段在武威过境高速公路养护维修工程中首次试铺成功】 2011年8月29日,武威过境高速公路养护维修工程1 922公里加970米至1 924公里加015米下行线超车道,成功铺筑了SBS改性乳化沥青微表处试验路段,达到了预期的路试效果。SBS改性乳化沥青微表处是高速公路养护中的一项科研新技术,它是在SBR改性乳化沥青微表处的基础上将原有的SBR胶乳更换成SBS改性剂。SBS改性剂是热塑性弹性体,在常温下显示橡胶的性能,在高温下能塑化成型。将星型和线型改性剂经过复配后对沥青进行改性,再进行乳化,大大提高了乳化沥青的软化点及其稳定性。将其应用在微表处施工中预期改善在高温季节时路面车辙的形成。SBS改性乳化沥青微表处在甘肃高速公路养护维修工程中首次试铺,为高速公路养护技术提供了一项可行的新技术方案。在试铺过程中武威总段邀请相关专家成立专家组,对出现的问题及相关的技术进行了现场解决和探讨,并对今后的效果评价制定了相应的方案。经过前期的试验及总结,SBS改性乳化沥青微表处路用性能是一项研究性较强的科研项目,对提高我省高速公路交通服务质量,延长路用寿命具有重要的现实意义。

(张伯尧)

【《公路水泥混凝土路面设计规范》(新版)发布】 2011年10月,交通运输部发布修订后的《公路水泥混凝土路面设计规范》(简称新版《规范》),同时废止了2002年版的《公路水泥混凝土路面设计规范》。新版《规范》增加了对“生命线”工程设计安全等级的规定,调整了三级、四级公路的设计基准期,完善了力学模型和结构应力计算方法。同时,针对重载车辆比例高的高速公路,增加了极重交通等级,规定极重交通荷载等级的水泥混凝土路面应采用货车中占主要份额车型的轴载作为设计轴载。新版《规范》的系统性、先进性和试用性得到提高,使我国公路水泥混凝土路面设计方法更为科学、完善,保持在国际先进水平行列。新版《规范》的发布将为提高我国水泥混凝土路面的设计水平,促进资源节约和节能环保,提供有力的技术支撑。 (斤办公室)

【我省道路运输GPS监控系统建设取得明显成效】 2011年,省交通运输厅在全省建成道路运输管理机构GPS监督管理平台16个、经营者GPS监控应用平台169个,加装GPS车载终端1.1万余台,基本形成覆盖全省的3级监控平台;加强道路运输GPS监控系统的推广应用,凡从事危险货物运输、高速公路客运和营运线路长度在800公里以上的客运车辆全部推广应用GPS系统;加强GPS监控平台与部重点营运车辆GPS公共交换平台互联互通,实现部省联网联控;加强道路运输车辆动态信息、监管,至年底前建成全省重点营运车辆动态信息监管平台。

(斤办公室)

【“甘肃省夏热冬寒区沥青车辙防治技术研究”科研项目通过批复立项】 2011年10月,由省交通科研院有限公司申报的“甘肃夏热冬寒区沥青车辙防治技术研究”科研项目正式获得省科技厅批复立项。该项目将对全省夏热冬寒地区的气候条件进行深入调查,建立公路建设气候分区,对我省抗车辙路面原材料的选择提供技术指导。同时还将对我省已建成高速公路的路面结构、使用状况和车辙病害开展调查,分析车辙产生机理,有针对性地提出适用于夏热冬寒条件下沥青路面抗车辙防治技术。该项目的研究对减少我省夏热冬寒区沥青路面车辙,避免路面早期损坏,节省养护管理成本,提高公路使用寿命具有重要意义。

(省交通科研院有限公司)

【甘肃省交通规划勘察设计院有限责任公司取得公路工程综合甲级试验检测资质】 2011年2月,甘肃省交通规划勘察设计院有限责任公司成功取得交通部质监总站颁发的公路工程综合甲级试验检测资质。该项资质申办工作的圆满成功,进一步提升了公司的试验检测技术能力和质量管理水平,为开拓公路工程试验检测市场奠定了坚实的基础,是对公司近几年试验检测成绩的充分肯定,也是公司多元化产业发展的重大突破。公司公路养护技术研究院是公路工程试验检测业务的主体单位,主要从事路基、路面、桥梁及隧道工程现场质量检测及相关试验,并承担养护技术研究和新建路面设计。该院拥有博士1名,硕士5名,试验室面积3 000多平方米,拥有地质雷达、考普勒斯路面质量综合检测系统、落锤式弯沉仪、连续式摩擦系数测定仪、CMT系列微机控制电子万能试验机、微机静载锚固试验机、微机控制电液伺服压剪试验机等多种试验检测设备,设备总值1 000多万元。公司成立以来为全省公路路面设计和养护工作提供了强大的技术支持,肩负起了我省公路养护技术服务的重任。 (张 娟)

【交通设计院两科研项目工可研报告通过省交通运输厅评审】 2011年4月，由甘肃省交通规划勘察设计院有限责任公司承担的《临渭高速公路波形钢腹板组合梁桥应用研究》和《中小跨径梁桥减隔震措施研究》科研项目可行性研究报告通过省交通厅评审。《临渭高速公路波形钢腹板组合梁桥应用研究》项目针对大跨度预应力混凝土箱梁钢腹板易开裂的病害，对波形钢腹板预应力混凝土组合箱梁桥设计理论及方法、结构体系优化、抗震性能、施工工艺等进行深入研究，有效解决传统预应力混凝土箱梁桥腹板开裂病害，改善其抗震性能和湿陷性黄土地区结构轻型化的需求，为我省大跨度波形钢腹板预应力混凝土箱梁桥的应用奠定了基础。《中小跨径梁桥减隔震措施研究》项目在分析我省中小跨径梁桥减隔震措施设置中存在问题的基础上，对减隔震技术进行深入系统研究，提出了适用于我省中小跨径梁桥的布设技术及适用条件，对提高我省桥梁抗震技术具有重要意义。（张 娟）

【交通设计院通过ISO9001:2008质量管理体系第二次监督审核】 2011年3月14日至15日，甘肃省交通规划勘察设计院有限责任公司接受了由北京中设认证服务有限公司对公司ISO9001:2008质量管理体系的第二次监督审核。通过对勘察、设计及监理所涉及的部门、岗位、设施和质量活动的抽样审核，公司所建立的质量管理体系符合审核准则确定的认证标准、适用的法律法规要求及实施的有效性，准予认证注册，保持认证证书。（高海平）

【省道211线武仙项目自主革新碎石撒布设备】 武仙公路改建工程路面结构下面层为6厘米厚沥青贯入式施工，是全省二级公路唯一采用下贯式施工的项目，主骨料粒径为4~6厘米，以往项目主骨料布料为人工布料，效率低，平整度差，碎石撒布成为严重制约项目建设进度的难点，而且造成了大量人力、资金、时间的浪费。2011年复工后，项目办成立了技术攻关小组，专门负责对碎石撒布设备的改造。技术人员现场实地改造，边设计，边加工，边实验，仅料门气缸先后改动了23次。为了切实调整好撒布料的均匀程度，将"跌料台"设置为3层，一方面改变撒布料的方向，另一方面提高均匀程度。经过反复试验和研讨，逐个解决了料门控制、撒布量、布料均匀程度等多个技术难题。设备改造完后，项目办分别在3个标段进行了下贯层试验路段，均取得了成功，根据撒布情况来看，每小时布料60立方米，极大地提高了施工效率，降低了工程成本，初步估计，每公里节约费用8 000元。改造后的撒布设备在全线推广使用，在具体施工过程中技术人员还随时对设备进一步进行优化和完善，力争使下贯层施工的均匀性、平整度有较大提升。该设备的运用，打破了以往的人工撒布工艺，有效提高了主骨料撒布速度及均匀程度。

（张伯尧）

【省公路网规划办4个项目获"甘肃省优秀工程咨询成果奖"】 2011年度"甘肃省优秀工程咨询成果奖"评选结果揭晓，省公路网规划办公室申报的4个项目全部获奖。其中，《甘肃省内河水运发展规划》荣获"甘肃省优秀工程咨询成果奖"一等奖，《甘肃藏区交通设施专项工程夏河至阿木去乎(夏河机场)公路工程可行性研究报告》、《肃北至阿克塞公路工程可行性研究报告》、《甘肃省甘南藏族自治州合作市至冶力关镇公路工程可行性研究咨询审查报告》荣获"甘肃省优秀工程咨询成果奖"三等奖。（省公路网规划办公室）

【省交通设计院举办桥梁结构抗震及减隔震设计与应用技术专题学术交流研讨会】 2011年11月，甘肃省交通规划勘察设计院有限责任公司邀请中交第一公路勘察设计研究院有限责任公司相关专家和技术人员开展了桥梁结构抗震及减隔震设计与应用技术的专题学术交流，相关桥隧专业50余名技术人员参加了报告会并进行了技术交流。中交一院的技术人员详细介绍了桥梁减隔震设计技术等相关技术背景资料、桥梁典型震害及抗震设计理论和方法、桥梁抗震及减隔震装置、计算案例及其他技术成果。此次报告会为进一步提高公司技术人员桥梁设计水平发挥了积极作用。（张 娟）

【"装配式空心板桥横向联接病害处治技术研究"科研项目获批复立项】 2011年11月，由省交通科学研究院有限公司组织申报"装配式空心板桥横向联接病害处治技术研究"科研项目获得甘肃省科学技术厅批复立项。该项目将通过对装配式空心板桥横向联结病害的处治，大量减少桥梁板体的后期运营裂缝，恢复原桥的承载力，从而达到有效解决空心板横向联接不足的问题。同时，该项目的研究能节约有限的加固维修资金，促进空心板桥在我省的新发展，并为其他类型桥梁的优化设计提供有益的借鉴。（省交通科研院有限公司）

【甘肃路桥建设集团4项工法被评为2011年度部级工法】 2011年，中国公路建设行业协会组织专家对全国有关单位申报的2011年度公路工程工法进行了评审，并经公示，审定150项为2011年度公路工程工法。其中，由甘肃路桥建设集团主持编写的《高温差地区SBS现场改性沥青混凝土路面施工工法》、《高速公路多桥隧沥青路面接缝处理施工工法》、《公路匝道及加宽渐变沥青混凝土面层施工工法》、《高速公路桥涵构造物群泵送混凝土集约化施工工法》4项工法被评为部级工法。作为我省公路建设的龙头企业，这4项部级工法的公布实施，是甘肃路桥建设集团近年来实施"科技强企"战略和继2010年获得2项部级工法以来又一次科研成果的具体展现。（甘肃路桥建设集团）

【兰州公路总段推广应用旋喷桩等施工新工艺】 2011年，为了全面提高高等级公路养护水平，兰州公路总段高度重视新技术、新材料、新工艺的推广应用工作，在深入开展冷补料生产与应用技术研究、抗车辙剂的试验与研究、微表处技术、改性乳化沥青生产和桥梁伸缩缝维修试验工作的同时，加强对前几年试验路段的观察检测，在不断总结经验的基础上，积极将新工艺应用于养护维修工程中。如针对巉柳路1 822公里加246米至1 822公里加335米处发生的大面积沉陷，经请专家充分论证，决定采用旋喷桩施工工艺，对路基沉陷进行加固换填处理，取得了良好效果。旋喷桩软基加固是利用钻机把带有特殊喷嘴的注浆管钻至土层的预定位置后，用高压脉冲泵，将水泥浆液通过钻杆下端的喷射装置，高速向四周水平喷入土体，由于钻杆以一定速度逐步向上提升和旋转，浆液形成高压喷出后具有很大的动能，产生高速高压的喷射流，借助高压喷射流能大量置换软弱层和挤密桩周土，能让砂砾石垫层或粘土和水泥浆充分混合、胶结、硬化，固结成一个整体。这样，可在地基中形成具有较高强度的水泥土桩，达到改良土质、增加地基强度、减少土体压缩变形的目的，提高了地基的承载能力。（兰州公路总段）

【定西公路总段加强试验检测工作】2011年12月2日，定西公路总段为期一个月的试验检测业务技能培训班开班。培训班采取集中讲解与广泛讨论相结合、理论讲授与实际操作相结合的方式，重点学习新颁布的《公路桥涵施工技术规范》、《普通混凝土配合比设计规程》和《砌筑砂浆配合比设计规程》等规范，在确保全段试验检测人员迅速掌握新规范要点的同时，进一步提升实际操作能力。2011年，定西公路总段把加强试验检测作为提升科学养护水平的突破口，改组重建了总段公路勘察设计院，加大投入力度配备试验检测设备，调整充实试验室人员，进一步突出试验数据对养护生产的指导作用，为养护维修工程和在建项目的顺利实施提供了有力支撑。在日前召开的全省试验检测机构专项督查和信用评价总结会上，定西公路总段试验检测工作受到了省交通质监站的充分肯定。（骆建林）

【庆阳总段不断加大科技投入】2011年，庆阳公路总段围绕山区公路养护技术难题，积极引进和推广新技术、新工艺、新材料，通过引进新设备解决养护工作面临的根本性、基础性难题。随着社会对公路养护事业的更高要求，公路养护事业转入养护转型、管理升级、服务提高新阶段。庆阳总段积极开展适用性研究，引进适合本地公路养护的先进技术和工艺，淘汰陈旧的施工工艺，先后投入488.76万元，逐年为普通干线公路配备较为先进的小型养护机具，基本满足了公路日常养护机械化作业的需要，大大降低了职工的劳动强度，人力物力资源利用率得到明显提高。近年来，应用改性沥青碎石封面技术和路面裂缝灌缝技术，大大提高了路况质量，延长了公路使用寿命。同时，投入资金购置各类试验检测仪器370台（套），充实总段试验中心，为基层各公路管理段建立了试验室，为各基层单位提高养护作业质量和工程质量奠定了基础。（李　铖）

【天水公路总段4项发明成果获奖】2011年10月，在“科研杯”全省交通运输系统职工“五小发明”评审表彰会上，天水公路总段4项发明成果获奖。其中自主研发的小型滚筒式沥青拌和设备、手摇式集料清洗机分获二、三等奖，另有2项发明改造成果获优秀获。2011年，天水公路总段大力推进养护技术创新，鼓励养护管理职工在养护生产中积极研究推广新材料、新技术、新工艺，提高养护管理工作的科技含量。在“五小发明”科技创新活动中，该段自制的小型滚筒式沥青拌和机成为最实用的发明成果，该设备一方面实现了沥青再生利用，节约了能源，减少了污染；另一方面又提高了工作效率，降低了养护成本。手摇式集料清洗机是专为集料含泥量试验研制开发的新型辅助试验设备，利用滚轴带动圆筒筛旋转，使集料在圆筒筛内转动，利用转动产生的惯性和水流的冲刷作用，将集料外表清洗干净，同时可利用旋转惯性，起到甩干集料水分，加快集料干燥速度的作用。其机形为整体设计，体积小，质量轻，需人工搬运，只需将其放在平整坚固的地面上即可工作。在养护维修工程、路网改造工程等工程实验室里，以其操作简便、工作效率高、低耗、安全环保等特点，获得了推广应用。目前，这些发明成果已经在养护生产和试验检测中得到初步应用，并有效降低了劳动强度，取得了一定的经济效益。（陶　虹）

【天水公路总段试验室晋升乙级】2011年“五一”前夕，天水公路总段咨询中心通科工程试验检测有限公司顺利通过晋级验收，取得了公路工程综合乙级试验检测机构等级资质。2011年以来，天水公路总段咨询中心充分利用现有资源，先后投入90余万元，新购了马歇尔电动击实仪、负荷车轮碾压仪、粘聚力试验仪等试验检测设备42台，新改扩建设试验检测场地215平方米，极大地改善了试验检测条件。同时，补充并加强从业技术人员培训管理，组织专业试验人员学习了公路养护新材料、新工艺、新技术的应用理论学习和实践检测，提高了试验人员的整体素质和检测水平。目前，该试验室有各类技术人员17人，试验场地620平方米，拥有试验检测仪器设备150余台。此次中心实验室乙级资质申请的成功，将对今后各项目试验室人员在技术、操作层面上提供更高的指导和规范要求。（陈　明）

【武威公路总段应用大粒径透水性路面罩面技术】武威公路总段结合乌鞘岭地区阴寒湿冷的地质气候条件，在界古公路养护维修工程中首次采用大粒径透水性路面罩面技术，效果明显。大粒径透水性路面技术具体良好的高温稳定性和排水性能，能有效防止反射裂缝的发生，降低工程成本，提高施工速度。为确保施工质量，武威总段全方位监管施工过程，加强试验指导和跟踪检验力度，严格控制材料质量和拌和温度，规范施工工艺和作业流程，达到了预期目的。2011年，总段将引进应用先进的养护技术作为推进科学养护的重要支撑，加大公路养护技术的研发投入，实施“借脑工程”，邀请省内外专家开展了多项课题研究和技术攻关，拓展了养护工作思路，在技术应用创新方面取得了显著成果。（张伯尧）

【张掖公路分局职工的发明获国家专利】2011年，张掖公路分局高养中心职工发明的高速公路安全设施液压校正机获得国家知识产权局颁发的《实用新型专利证书》，专利号为ZL2011200568.2。高养中心设施专业维修队梁荣等职工，在设施维修作业中受车载式打拔桩机液压伸缩系统启发，在该机合理位置加装配件后，发明了高速公路安全设施液压校正机，使该机由原来仅有的打、拔桩功能，拓展到现场恢复变形波型护栏板、防阻垫，扶正倾斜钢立柱，协助拆除损坏的安全防护设施，校正护拦板线形等多种功能。该校正机在维修作业中，对一些变形不严重的波型护栏板、防阻垫等设施，可直接校正恢复，避免了传统作业中拆除运回、上校板机校正、再运到现场安装的繁琐程序，有效降低了劳动强度，提高了作业效率。据测算，该项发明自应用以来，每年为单位节约经费

约15万元。 （王 龙）

【张掖公路分局高台公路管理段荣获甘肃省职工优秀技术创新成果奖】 2011年，张掖公路分局高台公路管理段职工"小改小革"项目《挖掘机轮轴校正》荣获甘肃省总工会、甘肃省科学技术厅、甘肃省人力资源和社会保障厅"甘肃省职工优秀技术创新成果奖"三等奖。近年来，该段积极鼓励和组织职工开展"小改小革"、技术创新活动，一线职工积极学习科普知识，坚持把知识"学在一线，用在一线"，努力挖掘潜在能力，将科学技术转化为现实生产力，有效地降低了劳动强度，节约了养护成本，提高了工作效率。 （蒋 福 尤世全）

【酒泉公路总段采用贴缝带处治路面裂缝】 2011年，酒泉公路总段引进贴缝带处治路面裂缝技术，并在省道214线酒航路进行试用，这是该段自使用密封胶灌缝后又新引进的一种路面裂缝处治方法。贴缝带是由高分子聚合物经特殊工艺碾压复合在一起，形成的一种阻裂防水隔膜，直接在道路表面使用，在裂缝上形成一层高强度防水层，保护面层和基层的稳定，延长路面的使用寿命。与以往采用的密封胶灌缝相比，不需要使用专门的机械设备，具有操作简便、外观美观、携带方便、使用安全、价格低廉等优点。 （李荣基）

【酒泉公路总段首次应用后张预应力砼空心板技术加固危旧桥】 2011年年初，国道312线2 939公里加209米处的二道沟中桥，被甘肃省公路局确定为危旧桥改造工程。具体负责改造项目的玉门公路管理段，结合本地区特殊的地域环境，针对施工现场小、桥梁建设年限早等突出问题，大胆创新，在危桥改造工程中首次运用"后张预应力砼空心板"技术。此项技术具有自重轻、刚性好、安装安全、对场地要求低等优点。危桥加固过程中，该段严格按照《公路桥涵施工技术规范》(JTG/TF50—2011)，运用"后张预应力砼空心板"技术完成18块桥板预制，经检测各项技术指标全部达到相关技术要求，并顺利完成二道沟危桥改造加固项目。 （李皓林）

【酒泉公路总段首台乳化沥青设备投产】 2011年，酒泉公路总段引进的乳化沥青生产设备安装调试完成，正式投入使用。乳化沥青是一种将沥青分散到水相中形成的在常温下呈液态的乳状液，作为一种成熟的路用新材料，它与传统的热沥青相比节约能源50%以上，节约沥青10%~20%，而且环境污染小。目前，乳化沥青广泛应用于预防性养护新技术、新工艺中，如雾封层、稀浆封层、微表处、冷再生、碎石封层、冷拌料和冷补材料等。乳化沥青最大的特点是可以在常温下存放，喷洒和拌和时均无需加热，也不需要将石料加热，因此大大简化了施工，也避免了因热沥青而引起的烧伤、烫伤，避免了摊铺高温混合料的沥青蒸汽的熏烤，深受养路职工欢迎。

（李荣基）

【酒泉公路总段提升试验检测能力】 2011年初，酒泉公路总段公路试验检测中心通过了公路水运工程试验检测机构综合乙级试验资质评审，成为目前酒嘉地区乃至河西地区最大、资质等级最高的公路工程试验检测机构之一。酒泉公路总段公路试验检测中心最早成立于1978年，原名酒泉公路总段试验室，90年代中期以来，先后拥有公路二级、建筑二级试验资质。2007年，根据交通部《公路水运工程试验检测管理办法》，试验资质被废止。2008年总段开始重建试验室，2009年经过多次现场调研、论证，将原试验室更名为酒泉公路总段公路试验检测中心，并于2009年12月取得了公路工程试验检测综合丙级资质，2011年初，通过了公路工程试验检测综合乙级试验资质评审。 （赵 双）

【酒泉公路总段橡胶沥青应用研究进入实施阶段】 2011年8月28日，嘉安高速公路橡胶沥青碎石封层完工，即将开始铺筑5厘米橡胶沥青混凝土，这标志着酒泉公路总段橡胶沥青应用研究进入实施阶段。为掌握橡胶沥青应用技术，酒泉总段先后组织工程技术人员赴省内外学习相关知识，结合国高30线嘉安高速公路2011年养护维修工程的实施，酒泉总段把橡胶沥青应用研究试验路段定在路面裂缝和翻浆较为严重的2 458公里至2 459公里路段，预设路面结构为：在原路面上加铺1厘米橡胶沥青碎石封层和5厘米橡胶沥青混凝土AR-AC13S，工程预算投资119.61万元，由酒泉总段高养中心具体实施。橡胶沥青施工技术与传统道路施工技术在操作上基本一致，除温度控制外其他方面与普通沥青路面施工技术相似。橡胶沥青应用技术在国内已比较成熟，当前性能优良、低碳环保型建筑材料被大力推广，酒泉总段养护的1 625公里沥青路面上裂缝、龟裂、松散等病害较多，橡胶沥青所具备的良好抗裂性、强粘结力、高防水性、抗老化、抗车辙性能，符合新型筑路材料的需求。 （赵 双）

【酒泉公路总段应用聚酯纤维处治车辙】 2011年，酒泉公路总段在省道214线60公里至61公里路段养护维修工程中首次应用路面养护新材料聚酯纤维，有效解决了该路段车辙、网裂、路面推移等多种路面"顽疾"。省道214线酒航公路车流量大，路面病害频发，以往该段采用传统养护方法处治病害效果不明显。今年，酒泉总段多次安排专业技术人员蹲点实地考察，经反复调研，确定采用路面养护新材料聚酯纤维。聚酯纤维是用100%聚酯合成材料经特殊工艺加工而成的束状纤维，具有强度高、耐腐蚀、耐高温、化学稳定性强和沥青握裹力强等优点，加入沥青混凝土中，经搅拌可形成数量巨大的纤维单丝，能起到加筋和桥接作用，从而有效提高沥青混合料的力学性能。 （李荣基）

【酒泉公路总段职工技术创新成果获殊荣】 2011年，酒泉公路总段推选上报的研制乳化沥青洒布机荣获"第四届甘肃省职工技术创新"三等奖，研制除雪打冰机、改制沥青加温罐分别荣获"科研杯"全省交通运输系统职工"五小发明"评比一等奖、二等奖。近年来，酒泉总段十分注重职工首创精神，鼓励职工在工作实践中不断进行科技创新、设备改造和废旧立新。近3年共完成技术创新成果23项，征集合理化建议89条，为单位节约资金40余万元，先后有18名职工荣获"甘肃省技术能手"、"甘肃省技术标兵"、"酒泉市五一劳动奖章"、"酒泉市金牌职工"等荣誉称号，有29名职工被省内各级部门评为能工巧匠、技术标兵、岗位能手。 （陈永君）

教　育

【甘肃省职工职业技能大赛高速公路试验检测省级决赛开赛】 2011年8月10日上午，由甘肃路桥试验检测公司协办的甘肃省职工职业技能大赛高速公路试验检测省级决赛开赛。此次大赛由省总工会、省人社厅、省工信委、省科技厅、省政府国资委和省交通运输厅主办，省交通工会、省质监站承办，甘肃路桥试验检测有限公司等三家综合甲级资质检测单位协办，全省各等级试验检测机构组队参加。大赛分预赛和决赛两个阶段、理论知识和实际操作两个部分进行，预赛由各检测单位自行组织。路桥试验检测公司通过精心选拔，共选派11名选手参加桥梁静载试验、桩基检测及混凝土强度等全部决赛项目，与我省其他17家检测单位进行交流比武。同时，路桥试验检测公司作为大赛分赛场，积极为大赛提供了水泥比表面积、钢筋拉伸试验等5个比赛项目的实际操作场地。 （甘肃路桥建设集团）

【交通设计院勘察设计技术交流活动全面展开】 2011年11月，甘肃省交通规划勘察设计院有限责任公司以“学知识比技能、善总结强服务”为主题的勘察设计技术交流活动全面展开，活动旨在全面总结成绩，认真查找不足，理清工作思路，强化工作措施，不断提升公司勘察设计水平和服务水平，实现设计人员一流、测设成果一流、服务水平一流，为我省公路建设事业的全面发展发挥好开路先锋作用。活动以组织设计回访、开展部门自查和公司检查、组织专业知识竞赛、召开技术交流会为主要内容，全面设计回访活动由公司领导带队，对在建的营双高速、西长凤高速等10余个项目进行了技术服务，保证了项目顺利推进，赢得了项目办、施工单位和监理单位的好评。专业技术知识竞赛促进了全员学习总结，塑造了更新知识体系的良好氛围。自查总结活动结合全省交通工程质量安全大检查大整改活动全面展开，对在建项目回头看，查找设计中存在的缺陷和不足，深入分析问题原因，认真总结经验教训，所有技术人员均撰写了心得体会进行交流，推选出的优秀论文将在近期组织技术交流大会上交流。 （张　娟）

【全省海事系统行政执法资格培训班开班】 2011年4月17日至20日，由甘肃省地方海事局在永靖县刘家峡举办的海事行政执法资格培训班开班。来自各有关市州交通运输局机关及四个重点水域地方海事管理机构共21个单位、58名海事人员参加了培训。 （王承斌）

【省交通设计勘察院与哈尔滨工业大学联合培养博士后】 2011年8月29日，公司董事长裴古安代表公司与哈尔滨工业大学签订联合培养博士后协议。博士后研究人员招收对象的研究领域主要涉及交通运输工程和土木工程等学科，主要研究方向包括高性能道路建筑材料、路网建设与管理、交通规划与管理、智能化交通管理与技术、桥梁设计施工与养护技术等。此项合作将加强双方科学研究、成果转化与人才培养合作，搭建国家重点大学和甲级设计院所的人才交流和技术共享平台。 （张　娟）

【甘肃驼铃客车厂职工再就业安置岗前培训开班】 2011年9月2日，省交通服务公司对91名甘肃驼铃客车厂政策性破产职工进行为期1个月的全封闭式再就业安置岗前培训。为确保培训取得实效，省交通服务公司从培训资料的准备、师资的配备、课务的安排和生活保障等方面统筹安排，采取了集中授课、自由讨论、现场参观及实际操作等多种形式进行。培训内容涉及现代企业制度及用工方式、公司各项规章制度和服务区服务礼仪及各岗位职责要求等。 （李　洁　畅世锐）

【兰州公路总段与甘肃省交通职业技术学院签署合作协议】 2011年12月15日，兰州公路总段与甘肃省交通职业技术学院签署合作协议，双方将建立长期紧密合作关系，加强公路专业技术人员培养。协议规定，在省交院挂牌设立“兰州公路总段职工培训基地”，在兰州公路总段挂牌设立“甘肃省交通职业技术学院校外实训基地”，充分发挥各自资源优势，共同开展管理、实习、培训、科研合作。兰州总段可每年定期派遣中高层管理人员或技术人员到省交院挂职锻炼，参与其管理、教学工作；省交通职业技术学院每年可选派一定数量的学生到兰州总段进行顶岗实习，也可派遣专业技术骨干教师到该段及其下属单位挂职锻炼、举办讲座，共同加强公路专业技术、管理人员培养。双方合作关系的建立，必将在培养高技能的应用型人才、加快推进科研成果转化、解决公路养护单位技术人员紧缺、拓宽大专院校毕业生就业渠道等方面发挥积极作用。 （兰州公路总段）

【白银公路总段举办公路养护技术培训班】 2011年1月5日至7日，白银总段特别邀请省公路养护技术研究院教授举办了为期3天的公路养护技术培训班。各养护单位分管养护生产的领导、技术人员、试验检测人员分别在靖远、景泰、会宁3个分会场通过视频与总段机关及在银养护单位全体技术干部共60人参加了培训。本次培训是按照省公路局有关职工冬训工作的要求，结合工作实际，为进一步提高公路工程技术人员专业技术水平，提高掌握公路养护新技术、新工艺、新材料的能力和素质举办的。内容涉及沥青路面病害处治方法及路面养护新技术发展趋势、公路养护维修工程预算软件应用、公路CAD软件应用技巧、公路工程常规试验方法、沥青混凝土施工配合比调整方法等五个方面。为了确保培训工作取得实效，总段要求参训人员珍惜时间、认真学习，并结合实际，做到举一反三、学以致用。 （白银公路总段）

【白银公路总段职工职业技能素质提升活动成绩突出】 近年来，白银公路总段坚持以人为本，科技兴路，积极开展职工职业技能素质提升活动，职工队伍整体素质不断提高，大力推动了公路养护事业的发展。一是制订了《职工职业技能素质提升活动实施方案》，对领导机构、组织实施、考核奖励等都作了明确规定，有效推动了职工素质提升活动的开展。二是开展职工技能培训，3年累计举办养护、收费、特种机械操作等7个工种的培训班10多期,培训职工2 000多人次。三是开展“铜城杯”养护竞赛、文明收费竞赛、军训等多种形式的岗位练兵活动,参赛职工达3 000人次。四是开展压路机、装载机、切割机、挖掘机、铣刨机、通勤车、沥青混凝土摊铺机操作工、平地机驾驶员、养护技能等9个工种的技术比武选拔赛,参赛职工100余人次。同时组队参加省级6个工种、市级2个工种的技能大赛,取得了全省筑养路机械操作技能竞赛团体三等奖、白银市计算机操作员技能大赛第二名的好成绩。产生“甘肃省技术标兵”3人、技术等级晋升1人,高养中心“高爱军沥青混合料搅拌操控法”被命名为甘肃省职工先进技术操作法。五是加大公路养护新工艺、新材料、新设备的研究、应用和推广,积极推广应用微表处、同步沥青碎石封层、改性乳化沥青碎石封层等技术,大大提高了公路养护工程的科技含量和路况整体质量。(白银公路总段)

【定西公路总段在工程建设领域深入开展劳动竞赛】2011年4月27日,定西公路总段举行劳动竞赛启动仪式,内临路、文殪路改建工程劳动竞赛活动全面启动。市总工会、团市委等定西市领导出席了仪式。内临、文殪公路改建工程启动以来,经过项目办组建、施工单位进场和征地拆迁等紧张的前期准备工作,4月份工程建设进入到关键阶段。为了抓住施工黄金期,全面加快工程进度,近日定西公路总段在两项工程建设中组织开展了以“比科学管理,赛工程质量;比精打细算,赛成本控制;比科技含量,赛科技创新;比完成任务,赛科学施工;比以人为本,赛安全环保”为主要内容的劳动竞赛,把竞赛活动同激发职工热情、掀起大干热潮结合起来,同开展职工技术创新、攻克工程难关结合起来,同提高职工队伍素质、人才梯队建设结合起来,同预防事故、安全生产结合起来,通过劳动竞赛全面推动工程建设提速。(伏浩元)

【定西公路总段召开养护技术交流和机械管理研讨会】2011年1月9日,定西公路总段召开养护技术交流和机械管理研讨会,会议邀请省公路养护技术研究院、省交通职业技术学院的相关专家作了专题讲座,组织总段工程师代表就各专业领域作了交流发言,组织基层单位技术人员就养护技术进行了交流和研讨,总段机关和基层单位管理、技术干部80余人参加了会议。会议在组织技术干部系统培训的同时,就总段近年来在微表处工艺、危旧桥梁加固、二阴地区公路养护、实验检测和机械设备管理等方面取得的经验进行了交流。通过培训和交流,进一步梳理、推广了总段养护生产工作中取得的良好经验,切实提升了总段技术干部的业务水平。

(伏浩元)

【庆阳公路总段举办公路养护机械操作与维护培训班】2011年12月10日至12月16日,庆阳公路总段举办了公路养护机械操作与维护培训班,邀请甘肃省交通职业技术学院和机械设备制造厂的专家对基层养护单位的105名机械设备管理人员和专业养护机械操作人员进行了培训。培训主要内容包括养护机械构造原理、操作规程、安全操作规程和维修保养等理论知识,以及装载机、挖掘机、清扫车、综合养护车、灌封机和一些小型养护机械(切割机、冲击夯、平板振动夯等)实际操作技能。培训结束后,省公路管理局统一组织了结业考试,对考试合格的人员颁发了养护机械操作与维护上岗证书。(李世雄)

【平凉公路总段举办信息技术培训班】3月30日至31日,平凉公路总段举办信息技术培训班,特邀计算机专家,对网络基础、OA自动化办公和视频会议系统三个方面进行了深入浅出的讲座,总段机关、段属单位职工、网络维护人员50余人参加了培训,本次培训对于进一步扩大信息化运用成果,提升办公和管理能力具有积极的推动作用。近年来,平凉公路总段将信息化建设作为行业管理和发展的重点之一,筹资组建VPN专网33个点,加强了信息安全体系建设,实现互联互通,并能对全段网络系统进行适时监控及故障诊断检修。先后与段所之间建成视频会议15个点,与养管站、收费站之间建立语音电话系统18家,可随时召开视频、语音会议,举办各类培训。在对网站升级更新的基础上,建成自动化办公系统、养护管理系统两大办公平台,实现了总段、段所、养管(收费)站之间的三级联网,确保了数据资源共享。目前,平凉总段不仅步入了现代化办公行列,大大节约了能耗,还能利用网站及时向社会提供办事指南、公布路况信息,方便群众出行。今后一个时期,总段将开发应用人事管理、机械管理等新的管理系统,不断扩大信息化应用规模,并在重点急弯陡坡、大型桥梁隧道等重要路段实施道路监控,建立中心监控系统,进一步增强公路系统的应急救援能力。

(马亚明)

【平凉公路总段举办养护机械操作与维修专项技术培训班】2011年12月12日,平凉公路总段举办的养护机械操作与维修专项技术培训班如期开课。来自全段各基层单位的90余名机械管理、操作、维修人员参加了培训。本次培训班共7天时间,总段专门聘请了甘肃省交通职业技术学院老师授课。培训内容包括压路机、装载机、挖掘机、摊铺机、铣刨机等主要养护机械的操作、维修、保养等,并对路面清扫、路面切割机、划线机、夯实机具等小型养护机械作了简要讲解。培训结束后,由省公路管理局组织进行考试,合格者颁发上岗资格证书。本次培训是认真贯彻全省公路系统人才与教育培训“十二五”规划,建设高技能的养护职工队伍的具体体现,也是适应当前公路养护作业方式从手工到机械化作业转型的一项重要举措。对于不断强化应急保障能力,提升公路管理水平具有积极的推动作用。(马亚明)

【平凉市举办出租汽车驾驶员技能大赛】2011年6月29日,平凉市举办出租汽车驾驶员技能大赛,大赛坚持标准、公平公正、严格考核,兰涛等3名选手荣获“平凉市技术能手”称号,李小玲等3名选手荣获“平凉市技术标兵”称号。兰海军等4名选手荣获“平凉市优秀选手”称号,张恒等10名选手荣获“平凉市出租汽车驾驶员技术标兵”称号,李喜平等10名选手荣获“平凉市出租汽车驾驶员技术能手”称号。平凉市运管处、静宁运管所,鹏远、大众、振兴、顺达出租车公司荣获平凉市10万职工大练兵组委会颁发的“优秀组织奖”。这次竞赛活动得到了市委市政府及省运管局、省总工会等上级有关部门的高度关注和大力支持。本次大赛共有8个市县道路运输管理机构,25家出租汽车公司进行了大赛前的宣传、动员、组织工作。通过广泛宣传动员,有1 000多名出租汽车驾驶员积极报名参加。（李惠霞　刘明霞）

【甘南公路总段深入学习贯彻《公路安全保护条例》】 为了切实加强公路保护,保障公路完好、安全和畅通,甘南公路总段结合实际认真学习贯彻《公路安全保护条例》,使公路时刻处于安全、完好、畅通的状态。为确保《条例》宣传取得实效,甘南公路总段在加强《条例》上路宣传的同时,结合各养护单位桥隧安全普检工作,强化对于桥梁、隧道及构造物的安全管理,严格按照公路桥梁养护管理制度的相关规定,明确各类桥梁的管理责任,组织协调对桥梁的检查、维修和加固等各项工作。针对目前超限超载车辆对于桥梁安全造成的巨大威胁,甘南公路总段治超部门将采取严格举措,加大对超限超载行为的管理和处罚力度,严禁车货总重55吨以上的大型货车上路过桥行驶。进一步加大危桥加固维修经费投入,实施好桥梁普检及整治、改造工作,杜绝桥梁安全事故的发生。（李少光　后志良）

【甘南公路总段举办养护机械设备操作手培训班】 2011年12月16日,甘南公路总段组织段属6个公路管理段及总段工程处的47名养护机械操作员,举办了公路养护机械设备操作手培训班。此次培训主要围绕机械设备基础理论、维特根铣刨机、沥青混凝土拌和设备、同步碎石封层车、稀浆封层设备、装载机、挖掘机、除雪车、压路机、道路清扫车等养护机械设备的操作、维护等技术展开培训。培训结束后,组织全体培训人员参加了闭卷考试,考试合格者,由省公路管理局统一颁发养护机械设备上岗资格证。通过本次培训,极大地提升了全段养护机械设备操作手的综合技能及技术水平,从而进一步加快了甘南高原公路养护科学化、精细化、机械化步伐。（后志良）

【合郎路收费所对职工进行心理疏导】 2011年来,国道213线合郎路收费所针对半军事化管理和行业要求严细、工作制度严格、收费过程严谨的现状,将缓解、疏导职工心理压力作为队伍教育的一项重点内容,有效营造了宽松和谐的人际环境。该所每月定期召开座谈会,及时了解职工的想法、看法、意见、建议,使过去的"领导讲"变为"职工说"。落实所领导每周下基层日制度,及时了解职工心态,对职工的工作、生活及时问询、沟通,并现场解决收费站存在的问题。为了从思想上缓解职工压力,该所还购置书籍,丰富职工文化生活,与以往不同的是,该所今年购置书籍的侧重点放在励志、如何处理人际关系、家庭关系、宽容处事、保持良好心态、健康、美容、养生、家庭教育等方面,教育管理从"疏"入手,进行潜移默化。同时还举办健康讲座,组织职工观看生理健康、养生等科教片,制作职业病的预防手册等,提醒和引导职工防疾、保健。（王雪芳　肖凤丽）

【陇南公路总段开展密集型培训】 2011年9月,为了加快公路养护工作的转型,提高公路养护职工的专业技术水平,使他们迅速适应公路等级提高后的养护工作需要。陇南公路总段开展了密集型培训学习工作。这是陇南总段创建学习型组织的一项重要举措,即在一两个月之内有针对性地把部分职工轮训一遍,强力转变职工观念,以最快速度适应当前公路养护的需要。9月1日至4日,陇南公路总段在文县举办基层公路管理段段长培训班,来自9个基层管理段的26名段长、副段长参加了培训;9月4日至12日,陇南公路总段举办学习贯彻《两个条例》培训班,来自9个路政大队的18名大队长和业务骨干参加了为期2天的理论学习和6天的实际操作培训;9月7日至10日,陇南公路总段举办党务工作者培训班,来自基层9个段的书记、工会主席、政工干事27人参加了培训。和以往不同的是,这些培训不在总段机关举行,而是到基层单位举办。除了课堂理论学习外,还安排了现场观摩学习,通过现场观摩学习,对照自身工作,寻找差距,主动调整工作思路。（陇南公路总段）

【金昌市道路运输行业组织安全生产知识考试】 为深化全市道路运输行业"安全生产年"活动的开展,巩固"安全生产月"活动成效,增强全市道路运输全行业安全管理水平,金昌市运管处于2011年6月24日组织全市140名运政人员和企业管理人员及安全生产工作人员参加了安全生产知识考试,合格率为100%。近年来,金昌市道路运输行业坚持以"安全第一、预防为主、综合治理"为方针,以安全生产培训和质量信誉考核为载体,以专项治理为手段,着力抓好安全生产源头管理和各项防范措施的落实,加大安全监管和隐患排查治理工作力度,认真履行安全生产工作责任制,进一步健全和完善安全生产管理体系,安全生产形势保持稳定。（李秀卿）

【金昌公路总段积极探索职工教育问题】 2011年11月16日,金昌公路总段召开主题为"如何提高职工教育培训质量"的座谈会,对总段职工教育培训存在的问题和不足进行了实事求是的分析,对今后的职工教育培训工作提出了建议和对策。一是加强政治理论学习,不断用新的理论知识武装头脑,进一步提高职工思想认识,顺应时代发展的要求。二是制定切实可行的教育培训制度和规划,引入竞争和激励机制,积极搭建展示职工才能的平台,创造让全体职工感受到发展机会和公平竞争的环境氛围,激发职工的学习和工作热情。三是持续加大培训的投入力度,有计划、分层次地进行内容广泛、形式多样、针对性强和实用性强的自主职业技能培训。四是要注重实效,在传统教育的基础上结合行业特点不断创新教育方式,灵活教育内容,做到学以致用,重在实效。（高中华）

【张掖公路分局加大机械设备人员培训力度】 为不断提高公路养护机械设备管理和操作人员的素质,切实解决人机不匹配的问题,推进公路养护机械化进程,2011年,张掖公路分局采取"请进来、送出去"的方式,加大机械设备操作人员培训力度,举办机驾人员培训班,聘请有关专家授课,采取理论知识课堂讲授、实际操作现场培训等形式,围绕机械设备的结构原理、工作原理、安全操作规程等内容对机驾人员进行培训。同时,积极与设备生产厂家联系,选派18名机械设备操作人员远赴湖南长沙中联重科,对摊铺机、拌和楼、压路机等机械设备进行为期20天的操作技能学习培训,提升了机驾人员的专业技能和综合素质,确保机械设备的良好运转。

(刘玉国 赵小强)

【张掖公路分局举办冬季路面病害处治技能竞赛】 为进一步提升养护职工的职业技能素质,推进公路养护工作的专业化、机械化、精细化进程,2011年12月12日至13日,张掖公路分局结合职工冬训学习,在省道213线举行了冬季路面病害处治技能竞赛,7个代表队参加了油路修补、路面灌缝、作业区布设和综合管理期4个项目的比赛。局属7个养护单位、42名选手参加了此次竞赛。通过举办竞赛活动,使各养护单位进一步认识到了做好冬季路面病害处治工作的重要性,增强了职工的精细化、规范化养护意识,提高了养护职工的技能水平。尤其是通过先现场比赛、后图文并茂点评的新方式,具有很强的直观性和说服力,达到了相互交流、共同提高的目的。

(赵海容 王维学)

【张掖公路分局举办冬训知识竞赛活动】 2011年12月29日,张掖公路分局举行冬训知识竞赛活动,对职工冬训学习成效进行了检验。此次知识竞赛突破往年职工冬训成效,检验采取划定考试范围、集中答题的模式,具有内容丰富、形式新颖的特点。比赛中,选手们积极思考,沉着应对,表现出了过硬的素质,展现了良好的风采。为认真贯彻落实省厅开展文化建设"三个一"工程的要求,切实提高职工队伍的整体素质,今年分局职工冬训突出内容丰富性、形式多样性的特点。在各单位开展扎实有效学习活动的基础上,分局先后集中举办了科级干部、养护新技术、规章制度和业务知识解读、安全管理人员培训班、"读书年"活动演讲比赛,开展了职工文明礼仪、国学及传统文化教育、健康知识专题讲座等。创新培训方式,首次将视频会议系统、投影仪等技术和设备综合运用于职工冬训学习中,扩大了受训覆盖面,提高了职工冬训参与率,增强了学习效果。

(王维学)

【张掖公路分局举办信息化管理系统培训班】 为进一步加快信息管理系统的推广应用进程,提高信息系统管理人员的操作水平,有效地提升工作质量和效率,2011年1月6日至7日,张掖公路分局举办了为期两天的信息管理系统培训班。此次培训主要是对公路数据库系统、养护管理系统、职教管理系统、机械设备管理系统、应急信息报送系统、办公自动化系统等应用操作人员进行的一次系统培训。分局邀请了甘肃恒智信息科技有限责任公司、省电信公司有关同志为学员授课。在培训中,授课人员讲解了各系统的基本操作流程,并针对各系统运行中存在的各种问题进行了现场解答。培训结束后,授课人员与各系统操作运用人员进行了沟通,并共同探讨借助分局新建的办公自动化平台,将目前运行的各个系统根据实际需要分别推广到各公路管理段及养护管理站,将无纸化办公、自动化办公和管理网络信息化延伸至养管站(养护工区),进一步提高分局信息化管理工作的水平。

(葛艳琴 常红梅)

【张掖公路分局举办预防职务犯罪专题讲座】 2011年1月11日,张掖公路分局举办预防职务犯罪专题讲座,邀请了张掖市检察院预防处处长洪勇进行授课。分局全体科级干部聆听了讲座。洪处长结合公路交通行业特点,例举了社会上大量的职务犯罪案例,深入剖析了职务犯罪产生的七种思想根源,全面分析了职务犯罪对国家、社会和家庭的危害。在如何预防职务犯罪的问题上,他提醒大家要注意预防八小时以外的职务犯罪,管好自己的交际圈、生活圈、行为圈,在实际工作和生活中守得住物质上的清贫、耐得住生活上的寂寞、顶得住酒色利禄的诱惑、挡得住庸俗关系的拉拢,时刻警示自己,算好人生的七笔账:政治前途账、经济收入账、家庭幸福账、名誉账、亲情账、自由账、健康账。全体人员观看了预防职务犯罪教育片。

(陈兴贤)

【张掖公路分局收费公路管理处开展应急演练提高收费队伍应对突发事件实战能力】 为进一步增强应急预案的针对性、实用性和可操作性,做好收费区域突发事件的应急处理工作,锻炼职工队伍,提高职工应对突发事件的实战能力,2011年2月16日,张掖公路分局收费公路管理处组织人员开展了应急演练活动。此次应急演练主要围绕保障收费车道畅通和消防应急演练两个课目进行。为了确保此次应急演练的顺利进行,收费处制定了应急演练方案,成立了应急演练指挥小组,根据应急演练方案,从后勤保障、模拟现场设置等方面进行了精心准备。在演练中,参加应急演练的人员按照演练方案和流程,做到分工明确、协同配合,圆满完成了应急演练任务。

(孙振花)

【张掖临时路政支队举办路政执法学习培训班】 2011年1月11日,张掖临时路政支队开展了以"学法律、学业务、提素质"为主的学习培训活动。此次培训班共开展了路政管理基本知识、路政执法案件评查、路政执法案件的制作、路政许可和行政处罚的程序、计算机基础知识及专网的应用等相关内容的培训,培训期间的每天下午,对参加培训班的业务骨干从队列、交通指挥手势等方面进行了全面的军事化训练。通过此次培训学习,进一步提高路政执法人员依法行政的执法水平和执法能力,为更好地做好路政执法管理工作打下了坚实的基础。

(张掖公路路政执法管理处)

【"职工网络屋"落户甘肃酒泉边防养管站】 2011年酒泉公路总段筹集20万元资金,新建了甘肃边防公路职工"职工网络屋"。边防公路职工"职工网络屋"位于甘肃酒泉公路总段马鬃山边防公路段,国高30线和国道312线交界处。新建成的"职工网络屋",大部分电脑都是总段办公室更新换代配发。目前,酒泉边防"职工网络屋"有上网电脑15台(套)。

(魏邦嗣)

【武罐项目开展水泥混凝土路面施工技术培训】 2011年7月,武罐高速公路水泥混凝土路面施工技术培训班开班。武罐高速公路建设项目位于陇南山区,降雨量大,桥隧比例高,是我省第一条在设计中采用水泥混凝土路面的高速公路。项目办邀请交通运输部公路科学研究院1名研究员和兰州交通大学3名教授作了4场专题讲座，各驻地监理办高监、施工单位3大负责人、试验室负责人和项目办相关人员130余人参加了培训。4位专家从中国水泥混凝土路面技术现状、水泥混凝土路面材料与结构、水泥混凝土路面施工技术、滑模施工质量控制、路面普通水泥混凝土配合比设计、混凝土路面施工机械选型及组合等多方面，全面阐述了水泥混凝土路面施工各项技术，内容深入浅出、贴近实际。（长达公司）

【营双项目办举办监理人员知识考试】 2011年5月10日，为从源头上保证工程质量，营双项目办举行营双高速公路监理工程师监理业务及相关专业知识考试，各驻地办高级驻地监理工程师、副高级驻地监理工程师和专业监理工程师共计74人参加了考试。考试内容以交通运输部颁发的现行规范、标准以及项目办下发的各项办法为准，涵盖公路工程基本理论与相关法律法规、建设工程质量、施工安全和现场管理等相关基础知识。此次考试成绩将作为考核监理工程师是否胜任监理工作的主要依据。（长达公司）

【酒泉公路总段对劳务队长进行安全培训】 2011年酒泉公路总段在玉门举办了为期3天的养护维修工程安全管理培训班，对段属养护维修工程施工单位雇用的劳务队长和劳务人员进行了一次强制性的安全培训。参加本次培训班的还有段属养护维修工程施工单位的相关领导、技术员、安全员、路政员、施工员、车机人员等60多名职工。（魏邦嗣）

文　化

【省交通运输厅积极实施《甘肃省建设工程文物保护管理办法》】 为规范建设工程中的文物保护工作，保证建设工程文物保护工作的严肃性和科学性，根据《中华人民共和国文物保护法》、《中华人民共和国文物保护法实施条例》、《长城保护条例》、《甘肃省文物保护条例》等法律法规和有关规定结合本省实际，2011年省交通运输厅积极实施《甘肃省建设工程文物保护管理办法》。针对全省境内建设工程中的文物保护工作及管理办法所指建设工程包括：(一)铁路、公路、机场、水利设施、工业园区及能源开发等重大基础设施项目；(二)占地面积10万平方米以上的项目；(三)涉及文物保护单位和尚未核定公布为文物保护单位的不可移动文物的项目。省交通运输厅予以高度重视。建设工程中的文物保护工作，按照保护为主、抢救第一、合理利用、加强管理的方针，坚持既有利于文物保护，又有利于经济建设的原则。各级发展改革、国土资源、环境保护、建设、交通运输、水利、铁路、能源、通讯等部门应在各自的职责范围内，协助做好建设工程中的文物保护工作。对纳入全省重大建设项目投资计划的项目，省文物行政主管部门应倾斜支持，优先安排文物保护相关工作。建设工程选址应当尽可能避让不可移动文物，并事先征求省文物行政主管部门意见。进行建设工程，建设单位应在相关部门核发建设工程项目选址意见书前，向省文物行政主管部门申请组织具有考古发掘资质的单位对建设工程范围内的区域进行考古调查、勘探。根据考古调查、勘探结果，确认建设工程范围内无文物埋藏的，省文物行政主管部门向建设单位出具文物保护的意见。经过考古调查，建设工程选址无法避让不可移动文物的，建设单位应当与文物部门商定具体的保护措施，制定文物保护方案，并根据文物的级别，报相应文物行政主管部门审批。工程涉及全国重点文物保护单位、省级文物保护单位的，经省文物行政主管部门审核后，报国务院文物行政主管部门批准。涉及市(县)级文物保护单位和尚未核定公布为文物保护单位的不可移动文物的，由省文物行政主管部门批准。需进行抢救性发掘的，考古发掘单位提出发掘计划，由省文物行政主管部门报国务院文物行政主管部门批准。建设单位应根据地下文物埋藏情况与工程进展情况，与考古发掘单位共同商定工期安排，给考古发掘预留合理工作时间。建设工程完成文物保护和考古发掘等工作后，省文物行政主管部门应向建设单位出具文物保护意见。涉及文物保护的建设工程，建设单位应在主体工程招标文件中，将工程涉及的文物保护的要求纳入招投标文件的正式条款中。建设单位应配备专人负责建设期的文物保护工作，施工单位应按照已批准的文物保护方案进行施工，积极配合文物行政主管部门做好文物保护与监督管理工作。建设工程施工中如发现文物，施工单位应立即停止作业，保护好现场，并报告当地文物行政主管部门。省文物行政主管部门应按有关程序办理手续，并组织考古发掘。如有重要发现，应另行制定文物保护方案，并相应调整工程设计方案。在施工中，如需对文物保护方案进行变更的，应由建设单位向方案原审批单位申请变更，需要另行报批的应履行报批程序。建设项目选址调整的，应按管理办法规定，重新办理审批手续。建设工程涉及的考古调查、勘探、发掘等工作，所需费用应按国家规定的相关定额标准执行，并由建设单位列入工程概算。建设工程涉及不可移动文物原址保护和异地保护的，应按《文物保护法》有关规定执行。（章志云）

【路桥公路投资有限公司全面实施《高速公路建设项目(建设实施阶段)廉政建设规范》】 为进一步加强项目建设管理中的反腐倡廉建设，深入贯彻落实《陆浩书记重要批示开展有关工作的方案》，经路桥投资公司党委研究决定，在公司所有在建和新建项目中，全面实施《高速公路建设项目(建设实施阶段)廉政建设规范》。《高速公路建设项目(建设实施阶段)廉政建设规范》，是在全面总结和借鉴过去多年来省内外高速公路建设项目实施过程中腐败易发生的风险点，不断提高对新形势下反腐倡廉建设特点和规律的认识、不断推进反腐倡廉制度建设和创新的基础上逐步总结、提炼，并广泛征求意见、经多次修订后形成的。本规范收集了交通运输部、省交通运输厅等3个加强交通基础设施廉政建设方面的文件，从项目办、监理驻地办、项目经理部等层面的制度建设、工作职责、目标责任、考核办法、廉政合同等67个方面，做出了明确的要求，具有针对性强、操作性强的特点。

【甘肃路桥建设集团举办庆祝建党90周年文艺晚会】 2011年6月22日下午，甘肃路桥建设集团庆祝中国共产党成立

90 周年“路桥儿女心向党”文艺汇演暨表彰大会在兰州金城大剧院隆重举行。整场演出在大合唱《走向复兴》中拉开帷幕。经过评委的认真评选，路桥二公司歌舞《我们是自豪的建设者》荣获演出一等奖，路桥一公司音乐快板情景剧《路桥颂》、飞宇公司音舞快板剧《春风化雨颂路桥》获演出二等奖，路桥三公司情景剧《送红军》、恒达集团舞蹈《情满天路·扎西德勒》、路桥五公司伴舞诗朗诵《红旗颂》获演出三等奖。

（甘肃路桥建设集团）

【交通设计院被评为“全国交通运输企业文化建设优秀单位”】 2011 年 11 月，甘肃省交通规划勘察设计院有限责任公司被中国交通企业管理协会、交通行业优秀行业管理成果评审委员会授予“全国交通运输企业文化建设优秀单位”。

（郝　娜）

【全省高速公路收费站举行“职工书屋”建设图书捐赠活动】 2011 年 11 月 9 日，全省高速公路收费站“职工书屋”建设图书捐赠仪式在兰州高速公路管理处举行。此次图书捐赠活动由省交通工会和省高管局共同举办，重点为三甲集收费站等 31 个高速公路收费站职工捐赠图书。省人大常委会副主任、省总工会主席孙效东，省委宣传部常务副部长张建昌，省总工会副主席朱亚丽和省交通运输厅领导杨咏中、杨映祥、艾玉德及省总工会相关部门的负责人出席仪式。2008 年以来，按照中华全国总工会和甘肃省总工会开展“职工书屋”建设的要求，省交通工会先后与省高管局共同建成“职工书屋”50 个，与省交通服务公司、省高管局在高速公路服务区建成标准化“职工书屋”3 个，并为定西公路总段等 6 个单位 11 个养管站捐赠图书 1.3 万余册。2011 年全省交通运输系统共建成“全国职工书屋”示范点 4 个，自建“职工书屋”72 个，设立“流动书箱”37 个，捐赠图书 7.4 万余册，图书借阅量达到 10 万余次，建成“亲情网吧”45 个，极大地活跃了职工的文化生活，提升了职工的文化素质。杨咏中在捐赠仪式上强调我省高速公路收费职工已达到 5 800 多人，这支队伍是一支年轻的队伍，也是一支文化层次较高的队伍。如何把这支队伍教育好、培养好、管理好，让他们更好地适应高速公路收费运营管理发展和改革的新形势、新要求，是摆在各级收费单位面前的重要任务。他要求各级收费单位和全体收费职工将这次活动作为开展读书活动的良好开端，立足岗位，不断学习，不断创新，增长才干，为提升我省高速公路收费工作水平作出更大的贡献。

（厅新闻信息中心）

【兰州市交通运输部门完成兰州国际马拉松赛事保障工作】 一是结合交警部门对比赛周边路段管制的实际，制定公交运输组织方案，调整部分公交运营线路。二是对所有公交车辆进行逐台严格安全检查，杜绝带病上路。三是全面进行线路检查、监控，加强同交警的联系配合，确保线路正常运营。四是加强通讯联系，随时了解和通报线路运营情况，发现问题及时解决。

（兰州市交通运输局）

【白银公路总段开展丰富多彩的活动迎接党的 90 华诞】 在 2011 年 7 月 1 日建党节前夕，白银公路总段和段属各基层单位开展众多丰富多彩、职工广泛参与的文化娱乐活动，迎接伟大的中国共产党建党 90 周年的到来。一是组织 150 名职工参加了由白银市委举办的“颂歌献给党”大型红歌比赛活动，白银公路总段从参赛的全市各行各业的 36 家合唱队中脱颖而出，夺得了大赛的最高奖“凤凰杯”奖。唱红歌大赛使广大公路职工既受到一次生动的革命传统教育，又进一步增强了凝聚力和集体荣誉感，并在全市人民面前集中展示了公路人热爱党、热爱祖国的精神风貌。二是总段机关支部印制了党史测试卷，内容涉及党的发展史、革命史、历史事件、党的基本知识等，对机关全体党员进行了测试，很好地重温了党史，增强了党性观念。段属景泰、会宁两个基层单位通过开展上好一堂党课、开展阅读党史、召开入党积极分子座谈会等活动来庆祝党的生日。针对当前公路部门面临的热点难点问题，正面引导，进一步激发了党员的工作热情，增强了加快公路养护工作的信心和积极性。开展学习阅读活动使广大党员了解了我们党自成立和逐步发展壮大的伟大历程，从而使广大党员深刻地了解我们的党、热爱我们的党。三是总段党委举办了一次入党积极分子培训班，组织全段 13 名入党积极分子深入学习了《党章》、时事政治、党史，并围绕对党的认识、入党动机、个人思想认识进行了座谈，促使入党积极分子坚定了党的信念，培训结束时对入党积极分子进行了党的基础知识测试。

（白银公路总段）

【定西公路总段系列活动献礼建党 90 周年】 2011 年 6 月，定西公路总段以展现公路人风采为主题的纪念建党 90 周年系列活动正式拉开序幕。一是在党员干部职工中开展了“庆党建、迎国检”和“我为党旗添光彩”读书征文活动，全面推进了学习型党组织建设，提高了广大干部职工学习的自觉性和主动性。二是在广大团员青年中开展了“学党史、知党情、跟党走”党史、团史知识竞赛活动，组织 500 多名团员青年进行了党史、团史知识测试，进一步坚定了他们跟党走的理想信念。三是总段直属各单位相继开展了“唱红歌、颂党恩”主题活动，选拔了 70 名一线养护职工参加了定西市“红旗飘飘”红歌合唱大赛并获得优秀奖，进一步凝聚了干部职工干事创业的意志。四是组织职工参加了定西市庆祝建党 90 周年党员干部运动会，获得了全市乒乓球比赛第二名和篮球比赛第四名的好成绩。五是组织开展了第五届职工书法、绘画、摄影作品展，展出近 100 幅反映公路事业发展变化的作品，进一步推动总段公路文化建设，丰富职工文化生活。六是在“七一”前夕，隆重召开庆祝中国共产党成立 90 周年大会，表彰先进基层党组织、优秀共产党员和党务工作者，形成“比、学、赶、帮、超”的良好氛围，把“创先争优”活动引向深入，以良好的道路服务向中国共产党成立 90 周年献礼。

（付　顺）

【定西公路总段制定出台公路文化管理实施纲要】 2011 年，定西公路总段制定出台了“十二五”期间《公路文化管理实施纲要》，公路文化建设工作迈上新的台阶。2010 年，按照总段党委的总体部署，突出公路文化引领公路事业科学发展的主题，总段团委先行组织总结总段“十一五”公路文化建设成果，9 月 28 日召开总段团干部座谈会暨公路文化建设研讨会,讨论形成《总段"十二五"公路文化管理实施纲要(讨论稿)》。2010年10月31日至12月12日,总段党委先后在木寨岭隧道管理所、岷县段、漳县段、陇西段、通渭段、工程处、安定段、渭源段、临洮段、养护中心等10个基层单位组织召开了公路文化建设总结调研座谈会,对各基层单位"十一五"公路文化建设亮点工作和好的经验进行了调研总结提炼,对充实《总段"十二五"公路文化管理实施纲要》提出了建设性意见,全面梳理了总段公路文化环境、文化阵地、文化设施、文化活动、文化成果的总体情况。2011年3月,总段组织成立了公路文化建设领导小组,在前期调研、讨论的基础上起草完成了《公路文化管理实施纲要》。《纲要》围绕用公路文化引领公路事业科学发展的总体思路,明确了公路文化的内涵,指出了公路文化建设的重要意义,提出了"以科学发展观为指导,遵循科学养护、规范管理、提高质量、保障畅通的方针,强化科学养护、服务公众、提升水平、和谐发展的理念,打造用心的公路管理、精心的公路养护、尽心的公路服务品牌,担当养好公路、保障畅通的使命,实现路畅人和、共享文明的愿景"的总体思路,构建起以视觉识别系统、听觉识别系统、感觉识别系统、行为识别系统、理念识别系统为框架的物质文化体系、精神文化体系、廉政文化体系、行为文化体系、制度文化体系,并就公路文化建设的原则、步骤和工作机制作出了明确要求。 (伏浩元)

【庆阳公路总段开展系列活动庆祝建党90周年】 2011年"七一"前夕,庆阳公路总段党委积极组织开展系列建党活动,推进创先争优活动深入开展,掀起庆祝建党90周年活动高潮。一是邀请庆阳党校老师为党员上好一堂主题党课。二是在端午节期间集中走访慰问了老党员、困难党员和优秀党员,在送达节日问候的同时,认真听取和采纳他们对单位的合理化意见和建议。三是各党支部召开"党在我心中"专题座谈,及时组织党员和入党积极分子围绕党的信念、入党动机、个人思想、履行职责进行专题座谈,强化对党员干部的理想信念和爱国主义教育,进一步增强党的凝聚力和向心力。四是总段党委积极筹措资金,为各党支部购买了一套党史、党建知识和党员教育方面的书籍和读本,倡议全体党员、干部和职工开展读书活动。五是在"七一"期间举办红色革命歌曲演唱比赛,同时,组织职工开展"学党史、颂党恩、跟党走"知识竞赛,积极引导广大机关干部、党员深刻认识我党90年光辉历程和辉煌成就。同时结合创先争优活动阶段工作,评选表彰一批先进党支部、优秀共产党员和优秀党务工作者,以激励全体党员和干部职工奋发向上、开拓进取,再立新功。 (李 铖)

【平凉公路总段举办职工运动会】 2011年6月28日至29日,平凉公路总段庆祝建党90周年职工运动会在市电力局体育场举办。运动会以"团结、文明、创新、拼搏"为主题,设篮球、乒乓球、羽毛球、象棋4个项目,吸引了基层单位14支代表队80余名运动员参加。经过两天激烈的角逐,对各项目前三名优秀代表队和运动员进行了表彰。此次运动会对进一步丰富公路文化内涵,增强职工凝聚力,动员职工积极投身到交通发展具有重要的促进作用。 (马亚明)

【甘南公路总段举行庆祝建党90周年表彰大会暨唱红歌大赛】 2011年6月29日,甘南公路总段举行庆祝建党90周年表彰大会暨唱红歌大赛。会上表彰了近年来在甘南公路建设、养护、管理、收费事业中成绩突出的合郎路收费所党支部等4个优秀基层党组织及12名优秀党务工作者、44名优秀共产党员。来自段属9个单位及总段机关的230余名职工组成的10个合唱团齐声高唱爱党、爱国、爱人民的红色经典革命歌曲,共同庆祝党的90岁生日。经过激烈的角逐,由合郎路收费所选送的经典革命歌曲《映山红》及《共青团员之歌》获得红歌大赛一等奖。合作公路管理段、王达路收费所获得二等奖,临潭、迭部、舟曲公路管理段获得三等奖,碌曲、玛曲公路管理段、总段工程处获得优秀奖。 (李少光 后志良)

【武威公路总段开展纪念建党90周年系列主题活动】 2011年,武威公路总段于"七一"前后组织开展了纪念建党90周年系列活动。一是开展公路文化征文和"党在我心中"为主题的征文活动,充分展示了广大党员的精神风貌。二是组织开展红歌大家唱活动,激发了党员爱党爱国、热爱本职、甘于奉献的热情。三是以各党支部为单位,组织开展参观革命教育基地"红色旅游"活动,接受革命传统教育和爱国主义教育。四是开展"党内关怀"送温暖走访慰问活动,于"七一"前走访慰问老干部、老党员,帮助困难党员、建国前老党员等,解决生活、工作中的实际困难和问题,使他们真切感受到党的温暖和组织的关怀。五是于7月1日组织机关党支部党员参观了永昌县红军西路军烈士纪念馆,开展了"缅怀革命先烈、弘扬英烈精神"纪念活动和重温入党誓词仪式。总段各基层党支部也开展了内容丰富、形式多样的主题活动。古浪公路管理段党支部积极开展了参观革命圣地、赠送"政治生日"贺卡、发送祝贺短信、邀请老山前线退伍军人讲述保家卫国的战斗故事、传唱革命歌曲、学习本地革命历史、党员专题谈心、听取合理化建议的"八个一"主题活动。凉州公路管理段党支部召开"创先争优"总结表彰大会,对管理、技术、生产、安全等7个"党员示范岗"进行了表彰和授牌,组织广大党员观看影片《建党伟业》,举办"举红旗,唱红歌,筑红路"红歌大奖赛以及"学党史,知党情,跟党走"党史党建知识竞赛。养护中心支部组织全体党员和入党积极分子开展以"颂党情,铭党恩,跟党走"为主题的党员主题活动。通过系列活动的开展,激发了广大党员干部爱党爱国爱单位的热情,坚定了"永远跟党走"、积极投身公路养护事业的信心和决心。 (詹丽娟)

【武威公路总段召开"第五届公路文化周开幕式暨建段50周年庆典活动"】 2011年12月7日,武威公路总段举行"第五届公路文化周开幕式暨建段50周年庆典活动"。省交通运输厅党组书记、厅长杨咏中及武威市委书记火荣贵等领导出席庆典仪式。多年来,武威公路总段始终坚持把公路文化建设作为提升发展软实力的重要措施来抓,坚持把公路文化建设融入渗透到公路工作的各个环节、各个方面。不断拓展领域,创新载体,连续组织开展了四届公路文化周活动,创造出了一大批优秀的公路文化建设成果,为全省公路文化建设发挥了较好的示范作用。在庆典仪式上,与会者参观了武威公路总段建段50周年汇报展，观看了“乌鞘岭下长路卫士”专题片。省交通运输厅、武威市、省公路局领导为情系总段的创业前辈、老领导及明星职工颁发了“特别荣誉奖”。省交通运输厅、公路管理局有关处室负责人，全省各市州公路总段负责人，部分特邀代表以及武威公路总段退休职工代表、全体干部职工参加了庆典活动。 （张伯尧）

【金昌公路总段扎实推进公路廉政文化建设】2011年，为进一步推进党风廉政建设，营造廉政交通的良好氛围，金昌公路总段不断强化措施，出实招，加强廉政文化建设，促进了各项公路工作健康有序开展。一是加强廉政教育。通过个别谈心、走访、座谈会、观看廉政警示片等方式开展正面教育，讲解典型案例，以案释法，筑牢防腐，拒变防线。二是加强制度建设。对老制度进行完善与更新，建立健全各项管理制度与办法。加大制度执行力度，加强对廉政工作的组织领导，全面落实责任制考核，做到按规矩办事、按制度办事，进一步规范工作和个人行为。三是加强廉政学习。认真学习廉政书籍及党风廉政建设有关规定、准则，及时传达学习上级廉政文件及会议精神，安排布置廉政工作，进一步提高廉政意识，增强防范能力。四是加强廉政宣传。制定廉政宣传计划，分解任务，通过制作廉政卡片、张贴廉政宣传图片、悬挂宣传横幅等形式扩大宣传效果，当好知耻倡廉的宣传员。 （高中华）

【金昌公路总段举办第三届“公路文化艺术周”活动】2011年10月21日，金昌公路总段第三届“公路文化艺术周”活动开幕式在总段机关院内隆重举行。来自段属6个基层单位的268名职工参加了开幕式。本次“公路文化艺术周”活动为期一周，参与人数广泛，内容丰富，主要有职工思想政治工作研讨会、中华经典诗词诵读比赛、职工运动会、文艺晚会及职工书法、摄影、绘画、手工制作展览等多项内容。“公路文化艺术周”活动是该段促进精神文明建设工作再上新台阶的重头戏。此项活动以开展丰富多彩的活动为载体，歌颂党、歌颂祖国，弘扬公路文化，彰显全段干部职工立足公路、默默无闻、奉献进取的精神风貌，充分发挥了公路文化艺术活动在凝聚职工、鼓舞士气中的重要作用，从而全面促进单位的和谐发展。 （高中华）

【酒泉公路总段“流动书箱”到一线】 2011年，酒泉公路总段积极拓展阅读形式，将“职工书屋”的图书通过“流动书箱”送到一线养护职工手中，让他们在戈壁深处就能阅读到各类书籍。酒泉总段承担着境内20条国、省、县道和专用公路共计2 341.8公里公路的养护、路政管理和通行费征收工作。其管辖的20个基层站班(养护工区)大多地处戈壁深处，一线职工文化生活相对单调。为了充实基层站班尤其是边远地区公路养护职工的业余文化生活，该段在创建“职工书屋”的基础上，又增设了“流动书箱”，通过“流动书箱”将“职工书屋”功能进一步延伸。“流动书箱”的书籍内容涉及到安全生产、文学艺术、各工种专业技术、医疗保健、科技教育、时事政治等多个领域。同时，各基层单位还将每月深入到一线了解、登记职工想要借阅的书籍，根据职工的需求，不定期对书籍内容进行更新充实，为基层职工搭建起学习的平台。 （李荣基）

2011年11月15日，交通运输部应急办副主任许湘华一行，在省高速公路管理局调研指导工作。

徐 伟 摄

企业发展经营

【省委副书记、省长刘伟平调研省公路航空旅游投资集团公司】 2011年3月29日，省委副书记、省长刘伟平到省公路航空旅游投资集团公司调研。省政府秘书长李沛文，厅领导杨咏中、石培荣、阮文易、艾玉德、王繁己、赵彦龙等陪同。在听取了集团公司负责人对完成2011年投融资任务的安排部署情况和工作进展情况的汇报后，刘伟平指出，"十二五"时期，我省要实现经济社会跨越式发展，资金保障至关重要。特别是交通运输、机场建设和旅游业发展任务艰巨，资金需求大。作为新组建的专业投融资平台，省公路航空旅游投资集团公司必须紧紧围绕省委、省政府进一步强化基础设施建设，打造旅游支柱产业的战略部署和实现交通、旅游发展有机结合的要求，根据全省"十二五"规划和道路交通运输发展规划、民航建设与管理规划、旅游发展与建设规划，为省政府决策实施的高等级公路建设、等级公路建设、民航机场建设和重要旅游资源开发、重大旅游项目建设提供坚强的投融资保障。要努力拓展融资渠道，充分利用总资产的规模优势，多渠道、多手段、多元化开展融资业务。要灵活把握政策，认清市场形势，切实把当年和今后5年的重点工作结合起来，抓紧制定科学的融资计划，尽快开展与国内外金融机构和企业集团的合作，努力盘活存量资产，扩大增量资产。要加大对重点领域的投资力度，紧紧围绕公路建设、机场建设、旅游资源开发等方面的重点项目建设，积极主动制定投资计划，编制好项目可研报告，有针对性地加大与省内外金融机构的对接力度。省政府有关部门要加大支持力度，积极协调解决公司存在的困难和问题，指导帮助建立健全防范风险的考核评价体系、业绩评价体系和薪酬标准等，为公司发展创造良好条件。

(厅新闻信息中心)

【甘肃路桥建设集团加强项目劳务用工管理】 2011年，甘肃路桥建设集团在工程施工前期积极组织劳务队进场，严把劳务队进场关。要求劳务队进场后要做好与项目部的配合协作，严格落实工程进度、质量、安全等各项工作。严格劳务队管理，对劳务队实行点名制。劳务队每月向项目部综合反映劳务用工情况，项目部根据所提供的花名册将不定期地对劳务人员进行抽查。项目安全部门负责采取每周一次固定点名和不定期抽点两种方式，加强劳务队的管理，确保劳务人员利益。项目部长期向各劳务队宣传有关非法用工、违法犯罪的知识，要求各劳务队及时摸清人员身份，杜绝吸纳流窜人员，同时给劳务人员配备劳动保护用品，创造良好的住宿、饮食环境。

(路桥建设集团)

【《甘肃路桥建设集团薪资调整方案》通过实施】 2011年11月，甘肃路桥建设集团有限公司制定的《甘肃路桥建设集团薪资调整方案》经职工代表暨董事会扩大会议表决通过开始实施，新的薪资分配体系体现了企业发展与职工增收互利共赢的目的。调整后的薪资方案确定了职工薪资收入由基本工资、浮动工资、福利、奖金4个单元构成，构成比例分别为30%、42%、11%和17%，既能满足保障职工基本生活水平的要求，又能发挥浮动工资的经济杠杆作用。

(路桥建设集团)

【省公路航空旅游投资集团申请发行80亿元中期票据工作全面启动】 2011年2月18日，省公路航空旅游投资集团申请发行80亿元中期票据工作全面启动。省交通运输厅党组副书记、副厅长、省公投集团总经理石培荣，国家开发银行评审一局副局长顾安，国家开发银行资金局副局长吴立智，国家开发银行甘肃分行副行长张明出席启动会。石培荣副厅长在讲话中指出，2011年，省公投集团将紧紧围绕省委、省政府"公路促民航、交通带旅游"、"实现交通运输跨越式发展、做大做强旅游业"等战略目标，把年内完成直接融资80亿元、间接融资100~150亿元作为集团公司的核心工作任务，坚持"以公路机场旅游项目投融资为主、兼顾土地开发经营"的发展思路，高标准、高起点、高效率地开展工作，依托自身信用和已划转资产，配套利用银行信贷、企业债券、中期票据、短期融资券等融资方式从金融市场和资本市场筹措资金，为我省公路、航空、旅游3大行业发展提供资金保障。石培荣副厅长要求参与中期票据发行的各金融、评级、会计和法律机构要超常规、超负荷工作，抽调精干力量和高尖技术人才参与中期票据发行工作，确保3月底完成资信评级，4月中旬完成募集说明书、发行公告、发行计划、评级报告、财务报告、法律意见书等全套注册文件的提交工作，争取早日完成首期中期票据发行。

(厅新闻信息中心)

【省公路航空旅游投资集团与华龙证券有限公司签署30亿元企业债券承销协议】 2011年4月8日，省公路航空旅游投资集团与华龙证券有限公司签署30亿元企业债券承销协议。此次发行30亿企业债券筹集的资金主要用于重点景区的旅游道路及连接线公路建设等。

(省公路航空旅游投资集团)

【省公路航空旅游投资集团80亿元中期票据发行工作全面启动】 2011年4月12日，省公路航空旅游投资集团80亿元中期票据发行工作全面启动。年内募集说明书、发行公告、发行计划、评级报告、财务报告、法律意见书等全套注册文件的起草编制工作抓紧进行,同时提交注册。

(省公路航空旅游投资集团)

【省公路航空旅游投资集团与中信银行兰州分行签订100亿元综合授信银企战略合作协议】2011年5月18日,省公路航空旅游投资集团与中信银行兰州分行签订100亿元综合授信银企战略合作协议。省公投集团总经理石培荣, 中信银行兰州分行行长胡宝安、副行长李军、李警惕出席签约仪式。此次签约,双方将本着“公平守信、互惠互利、风险共担、合作共赢”的原则,加强在金融领域的合作。中信银行将整合银行、证券、保险、信托、资产管理、期货、租赁、基金等各类金融资源,设计适应省公投集团经营管理特点的金融产品,为省公投集团提供综合性全能金融服务。此次所获贷款主要用于“十二五”期间我省公路、航空、旅游产业发展。

(厅新闻信息中心)

【省交通科研院公司搭建人力资源管理基础应用信息平台】2011年,省交通科研院公司通过员工工作平台、人员管理、薪酬管理、查询报表4个模块,对公司所有人员的基本信息、职务职称、教育培训、个人简历、证件、劳动合同等信息进行集中管理。 (省交科院公司)

【省交通服务公司加强全面预算管理】 2011年,省交通服务公司成立了公司、机关职能部门、分(子)公司为成员的全面预算管理领导机构,根据公司发展规划和年度经营目标,拟定预算目标,并确定预算目标分解方案、预算编制方法和程序等。制定完善了《公司全面预算管理制度》,从全面预算组织机构、范围、内容、管理方法、编制与审批、执行和控制、调整、考核等方面做了明确的规定。不断提升财务管理手段的技术水平, 逐步引进了财务网络管理平台和专业化管理软件,实现信息化、规范化、专业化的管理。 (省交通服务公司)

【省交通服务公司开展“工程质量回头看”活动】 2011年11月,省交通服务公司开展“工程质量回头看”活动,在自检自纠的基础上对发现的问题及时进行了整改落实,有效加强了对工程质量薄弱环节的管理, 保障后续工程建设的顺利进行。绿化施工项目部重点对施工队的选用、工程计量、材料采购、成本结算、安全生产情况、廉政建设等方面进行全面排查;公路施工项目部重点对路基工程、桥涵工程、防护工程和拌和、预制厂进行拉网式大排查;房建施工项目部重点对水泥、钢筋、砂石料等主要原材料进行抽检,对井桩基础、井桩桩径、桩长以及基础开挖回填土工程进行检查;机电工程项目部重点对隧道设备的完备使用情况、 外场设备基础工程、预埋管线工程等隐蔽工程、关键性工程的施工质量等进行了全方位的排查。对发现的质量问题, 由各项目部按照“定人员、定任务、定时间、定措施、定标准”的要求,指定专人负责,限期整改落实。 (省交通服务公司)

【省交通监理公司加大监理工作力度】 一是主要领导亲自抓落实,发现问题现场督察整改。二是提高监理责任心。细化分工,明确责任,加大巡视和旁站工作力度,认真履行监理职责,严格执行监理程序。三是严格把好试验检测关。按照规定频率落实抽检任务, 对关键材料如沥青等实行车车抽检制度,以科学、准确的试验数据指导施工。四是抓细节管理。强调各级监理人员对现场质量安全控制从细从严,确保工程实体的内在质量和外观质量。五是合理安排进度计划。各驻地办根据项目建设目标任务, 严格审核施工单位进度计划,绝不能发生因抢工期而牺牲工程质量的现象。

(省交通监理公司)

【省交通勘察设计院有限公司落实省交通运输厅干线公路迎部检工作会议精神】2011年, 省交通规划勘察设计院公司要求全体员工进一步加深迎“国检”工作重要性的认识,进一步明确交通运输部对国省干线检查的各项要求、标准、时限和规范。公司确定由1名副总经理配合,对照检查评分标准和细则做好设计文件等资料准备,按照省交通运输厅要求及时全面地做好各项公路养护技术服务,为全省干线公路养护管理检查提供科学理论、斗争技术和决策支持,圆满完成工作任务。 (省交通勘察设计院有限公司)

【省交通科学研究院有限公司揭牌】 2011年3月2日,省交通科研院有限公司揭牌。省交通运输厅领导杨咏中、杨映祥、阮文易、艾玉德、赵彦龙,省科技厅副厅长赵旭东,省政府参事辛平参加揭牌仪式。杨咏中厅长为科研院有限公司揭牌。赵彦龙副厅长代表省交通运输厅对科研院有限公司揭牌表示祝贺,要求公司以揭牌为契机,认真落实“中心辐射、东西推进、区域带动、全面提升”的交通发展战略,探索建立研发推广有机结合、支撑跨越式发展科技创新体系,抓住甘肃“十二五”交通运输大建设、大发展,实现再次跨越式发展的机遇, 为构建综合运输体系、发展现代交通运输业作出新贡献。 (省交通科研院有限公司)

【省交通科学研究院有限公司邀请专家研讨公司“三五八”战略发展规划纲要】2011年11月,省交通科学研究院有限公司邀请专家对公司“三五八”战略发展规划纲要进行研讨。交通运输部公路研究院、重庆交通科研院、江苏交通科研院等院所的专家结合交通行业发展趋势及自身的发展经验,积极建言,对公司今后的发展定位、科技创新、业务拓展、人才储备等方面提出了宝贵意见和建议。公司将根据专家的意见建议进一步补充完善发展规划。 (省交科院公司)

【省交通科学研究院有限公司开展 “完善制度体系提升管理效能主题活动】2011年,省交通科研院公司积极开展“完善制度体系,提升管理效能”主题活动。此次活动以构建覆盖面广、操作性强、认同度高、执行力强的企业制度体系为目标,通过梳理汇总、修订完善、复查审定、汇编总结4个主要阶段,对全院管理制度进行集中修订、补充和完善,建立符合企业改革发展需要的制度文化体系。

(省交通科研院有限公司)

精神文明

【省道文明长廊建设暨江武路示范段创建工作】 2011年1月7日，陇南市城乡环境卫生整治和文明长廊建设领导小组专题召开会议，安排部署在国道212线、316线陇南段开展文明长廊建设和江武路示范段创建工作。市委常委、副市长王学东主持会议，市委常委、宣传部长张昉讲话，市委常委、武都区委书记李旺泽出席会议，国省道陇南段沿线6县区党政主要负责人，市直交通、林业、公路、石油等相关单位负责人参加会议。王学东强调，国省道公路景观是市委、市政府进一步深入推动城乡环境卫生整治和文明长廊建设活动的重要举措。张昉指出，深化国省道文明长廊建设，创建江武路文明长廊示范段，是深化、拓宽、落实市委总体思路和二届九次全委(扩大)会议精神的具体措施。会议传达了市委办、市政府办《关于国道212线、316线陇南段和省道205线公路景观规划建设的安排意见》，对市交通运输局委托设计单位制作的江武路景观规化建设总体规划进行了图片讲解，市交通运输局党组书记、局长郑作栋对江武路景观规划设计建设背景、指导思想和项目发展目标以及定位等作了介绍，另外，林业局，市文联负责人也作了发言。 (郝 炜)

【白银公路管理段“职工书屋”荣获“全国职工书屋示范点”称号】 2011年，白银公路总段白银公路管理段“职工书屋”被中华全国总工会授予“全国职工书屋示范点”荣誉称号。近年来，白银公路总段高度重视职工素质的提升，以有独立场地、有管理规章制度、有专兼职管理人员、有硬件设施、有励志名言氛围装饰的“五有”为建设标准，大力改建和建设段、所机关及一线班站“职工书屋”，全段共建成“职工书屋”16个，为丰富一线班站职工文化生活创造了良好的环境。白银公路管理段“职工书屋”作为全国“职工书屋”示范点之一，2009年在“职工阅览室”的基础上进一步改造、升级，在中华全国总工会、省总工会、市总工会及总段工会的大力支持下，经过白银段近2年的精心建设，已达到全国“职工书屋”示范点的要求。白银公路管理段“职工书屋”建筑面积为52平方米，有图书3 800余册，管理制度完善，拥有可上网电脑1台，专人负责管理，初步实现了图书资料信息化管理，书屋宽敞明亮，设施齐全，成为广大职工读书休闲的好去处，受到职工的欢迎和喜好。 (白银公路总段)

【景泰收费公路管理所荣获“省级文明单位”称号】 2011年，景泰收费公路管理所被中共甘肃省委、甘肃省人民政府授予“省级文明单位”称号。近年来，该所坚持以通行费征收管理为中心，以创建文明单位为载体，大力开展文明收费、文明服务和各种文明创建竞赛活动。经历届领导班子的共同努力，行业文明建设成效显著，被白银市委、市政府授予“文明单位标兵”称号；连续多年被省公路局评为“全省通行费征收管理工作先进单位”、“公路系统行业文明单位”等称号；2008年被甘肃省委省政府评为“省级精神文明建设工作先进单位”。其管辖的大水闸收费站荣获“2006年度全国学习型先进班组”、省交通厅“文明示范窗口”、全省交通系统“巾帼文明岗”等诸多殊荣。该所在精神文明建设工作中，始终坚持支部主抓，行政支持，工团配合，齐抓共管的工作格局。针对收费公路管理工作社会性、服务性强等特点，该所以“内强素质，外树形象”为宗旨，紧紧围绕“一个中心”(即收费还贷)，努力营造“两个环境”(即内部管理和外部支持环境)，重点抓好“三项指标”(即收费任务、职工培训、两化建设)，认真开展“四项活动”(即优质服务竞赛、精神文明创建、安全生产无事故和“两化”建设活动)，全面落实“以人为本、以车为本”的服务理念，大力推行半军事化管理，实行微机售票、电脑监控、计重收费、绩效考核等现代化科学管理模式，促进了各项工作的制度化、规范化、科学化管理进程，赢得了各级组织的好评和社会各界的理解与支持，树立了良好的社会“窗口”形象，为促进公路收费事业和地方经济发展做出了积极贡献。 (白银公路总段)

【白银公路总段举办预防职务犯罪专题讲座】 2011年5月20日上午，白银公路总段邀请白银区人民检察院检察官，作了题为《学法知法守法，预防职务犯罪，走好人生之路》的预防职务犯罪视频专题讲座，为领导干部和广大职工上了一堂生动的预防职务犯罪专题课。讲座结合公路交通行业工作实际和特点，对职务犯罪的概念、种类、立案标准和处罚、以及工程建设领域职务犯罪的现状、特点、社会危害进行了理论讲解，通过典型的案例深入剖析了产生职务犯罪的成因和危害。同时，还通过对产生职务犯罪主客观等10个方面的原因进行了分析，提出了预防公路系统工作人员职务犯罪的措施。这次的讲座，不仅充分发挥教育在反腐败工作中的基础性作用，而且也对进一步加强领导干部廉洁自律意识和提高干部拒腐防变能力，切实预防职务犯罪的发生具有重要意义。讲座结束后，总段党委对全段干部提出了三点要求。一是要提高思想政治素质，筑牢思想防线。二是要提高道德素质，筑牢道德防线。三是要提高法律素质，筑牢法律防线，增强拒腐防变的“免疫力”。不断健全监督制约机制，消除滋生腐败的条件和土壤。 (白银公路总段)

【白银公路总段组织干部职工参观全国检察机关惩治和预防渎职侵权犯罪展】 2011年6月16日下午，白银总段组织段属15个基层单位副科级以上领导干部与总段机关全体工作人员90余人到白银市体育中心参观了以“法治与责任”为主题的“全国检察机关惩治和预防渎职侵权犯罪展览”白银巡展。展览共分“宗旨·使命”、“犯罪·危害”、“惩治·成效”、“警示·启迪”、“预防·治本”、“建设·发展”6个展区和地方警示教育的“甘肃展区”。参观过程中，通过认真聆听现场解说员的生动讲解，观看各项政策宣传、各类典型案例展板和题为“甘肃省陇南市宕昌县原县委书记王先民警示教育片”的视频资料，使广大参观人员较为系统地了解了党和国家关于惩治和预防渎职侵权犯罪的方针、政策和相关的法律法规以及国家和地方检察机关反渎职侵权工作的重要举措和实际成效，认清了渎职侵权犯罪对社会、对家庭、对自身造成的严重危害，大家认为本次展览生动、直观，内容丰富，涉及面广，犯罪案例触目惊心，发人深省，纷纷表示在今后的工作和生活中严格要求自己，不断强化法纪观念，主动预防渎职侵权犯罪，坚决杜绝滥用职权、玩忽职守、徇私舞弊等不法行为，认真做好本职工作，真正做到廉洁从政、依法行政。这是白银总段继开展预防职务犯罪知识讲座后的又一次警示教育。 （白银公路总段）

【白银公路总段全力加速行业文明建设】 2011年，白银公路总段在行业文明建设上，创载体、树形象、提素质、强队伍、促养护，取得了显著成效。一是强化学习提素质。一年来，总段党委和基层单位党支部发挥表率示范作用，带头学习、指导学习，撰写理论文章和学习心得体会。加大学习硬件设施建设，努力为广大职工创造良好的学习条件，全段各基层单位全部建成了高标准的图书阅览室，购置了约10万元的各类书籍；白银段“职工书屋”被全国总工会命名为“全国模范职工书屋示范点”，白银高等级公路养护中心“职工书屋”被市总工会推荐申报“全国模范职工书屋示范点”。举办了全段公路信息化建设、公路养护技术、安全管理、养护机械操作等一系列培训班，培训各类专业人员68人次，并邀请专家集中授课，全力提升职工的整体理论和业务水平。全段新晋升中高级专业技术人员10名。为庆祝建党90周年、讴歌党的丰功伟绩，举办了“党史知识”竞赛、“我为党旗添光彩”征文等一系列活动，组队150人参加白银市庆祝建党90周年“颂歌献给党”大型歌咏比赛，荣获“金凤凰”一等奖。二是创新载体树典型。白银总段充分发挥载体的引领和典型的示范激励作用，在党委的坚强领导下，大力开展创先争优活动、“党建带工建促团建”、“学树创”、“五十佳”评选等活动，加强了行业文明软、硬件建设，着力挖掘和培育示范典型，大力宣传总段先进人物和先进事迹，营造了奋勇争先、积极向上的干事创业氛围，涌现出三滩养管站和白建胜为代表的一批先进典型。三是关注民生建设队伍。一年来，健全完善了义务监督员和职工代表常任制度，全段聘请义务监督员22名；继续深化党务、政务公开工作，重点抓好工程招投标、大宗材料设备采购、工程结算、财务管理运行程序、业务招待费、车辆使用费、电话费等“三公”经费管理，以及干部任免、职称评聘、工资晋升、民主评议、职工考核及奖惩结果等的公开。认真做好养管站站长“公推直选”工作，景泰公路管理段兴泉养管站作为试点成功组织了选举。积极开展关爱职工活动，今年白银段、高养中心等6个基层单位组织职工进行了体检；总段工会设立了“爱心互助”基金，继续开展“金秋助学”等活动；严格落实离退休职工待遇政策，每年定期慰问和看望离退休老职工，利用离退休职工活动室，积极组织开展有益身心健康的文娱活动，总段离退休职工活动室被授予“全省交通运输系统示范型离退休职工活动室”。 （白银公路总段）

【白银公路总段工会荣获“全国模范职工之家”称号】 2011年12月，白银公路总段工会被中华全国总工会授予“全国模范职工之家”荣誉称号。近年来，白银公路总段工会在总段党委和上级工会的正确领导下，在行政的大力支持下，以“三个代表”重要思想和科学发展观为指导，认真学习贯彻党的十七大和中国工会十五大精神，紧紧围绕总段养管建收中心工作，坚持“抓机制、办实事、转作风、求实效、促发展”的工作思路，以“职工之家”创建活动为载体，结合实际认真履行职能，积极推进重点工作落实开展，为促进总段公路事业的科学发展发挥了积极作用。总段一是重视工会组织建设，不断提高工会工作水平。二是突出“维护”职能，为群众办实事办好事。三是加强班站建设，提高“职工小家”建设水平。四是围绕中心工作，开展“爱岗、敬业”教育，积极引导广大职工建功立业。职工队伍中涌现出了全国交通系统先进工作者、全国知识型职工先进个人、甘肃省先进工作者、甘肃省“五一”巾帼奖获得者等一大批先进模范人物，5年来全段共有40余人获市（厅）级以上奖励。五是加强职工队伍建设，提高职工队伍综合素质。开展“职工书屋”建设和读书自学活动，职工的思想道德和文化素质不断提高。广泛开展岗位大练兵、技能竞赛等活动，7名职工获得“甘肃省技术标兵”称号，1名职工获得“白银市技术标兵”称号。六是大力开展职工文体活动，推动职工文化和公路文化建设。总段工会大力营造有利于职工身心健康的文化环境和氛围，广泛开展群众性文体活动，形成了发展公路文化，展示行业形象，提高队伍素质，构建和谐单位的浓厚企业文化。 （白银公路总段）

【定西公路总段开展爱心助学活动】2011年8月，定西公路总段各基层单位通过募捐等形式积极筹集资金，广泛开展以“爱心成就梦想，行动点燃希望”为主题的爱心助学活动，送上组织的关怀和温暖。在此次活动中，安定公路管理段向在高考、中考中成绩优异的15名职工子女发放爱心资助1.8万元；临洮公路管理段向在高考中取得优异成绩的5名职工子女各发放了助学金1 000元。各单位在发放爱心资助的同时，纷纷组织职工、职工子女座谈，交流教育经验和学习心得，引导职工对子女的培养教育，激发公路子弟学习成才的热情。近年来，定西公路总段始终把维护职工队伍的和谐稳定作为推动公路养护事业发展的保障，采取多重措施全方位关心、关注职工生活。在成立爱心救助基金，加大帮扶济贫工作力度的同时，把对离退休职工、职工子女的关怀提上重要议程，坚持走访慰问，解决职工的实际困难，在全总段营造出团结稳定、干事创业的良好局面。日前，总段机关也组织职工捐款，募集资金9 600元，再次充实了爱心救助基金。 （赵　智）

【红古公路总段携手地方政府共建文明示范路】 2011年7月上旬，兰州公路总段下属红古公路段以迎接全国公路大检查为契机，携手红古区政府相关部门开展了以路容路貌整修、标志标线刷新、绿化带补栽整修为主要内容的共建国道109线河口至海石湾段海石大道文明示范路活动。为了全面提升该路段的通行能力，红古公路管理段积极联手红古区园林局对此路段进行整修。根据安排，红古公路段负责实施海石大道18米宽、7公里长的路面罩面和标志标牌的粉刷工作，红古区园林局负责道路两旁绿化带花草的补栽、修剪等工作。在活动开展期间，红古公路段分两个作业面推进，共投入40多人、铣刨机4台、摊铺机2台、压路机4台，加班加点工作，保证了各项工作的顺利进行，使海石大道路域景观得到了全面改善。

【安定、通渭公路管理段荣获省级"精神文明建设工作先进单位"称号】 2011年3月，定西公路总段所属的安定、通渭公路管理段被中共甘肃省省委、甘肃省人民政府命名表彰为"全省精神文明建设工作先进单位"称号。至此，定西公路总段及所属单位荣获全国精神文明建设工作先进单位和省级精神文明建设先进单位达到4个。定西公路总段紧紧围绕公路养、建、收、管中心工作，把文明创建工作作为努力构建公路养护事业和谐发展平台的载体，制定了《定西公路总段精神文明建设"十一五"规划》和《文明创建考核标准》，推行文明创建量化管理，将文明创建与公路建设、养护管理同安排、同考核，建立了总段、段处所、班站三级文明创建工作网络体系，结合养护工作，深入开展了以"学先进、树新风、创一流"为主题的文明单位等创建活动，在科学养护、文明收费、路政管理、应急保畅、爱心救助等工作中取得优异成绩。 （付 顺）

【平凉出租车行业举行精神文明创建活动签名仪式】 2011年11月12日，由平凉市文明办、市运管处，联合在平凉市人民广场组织开展了出租车行业精神文明创建活动签名仪式。市委常委、宣传部周奉真部长出席签名仪式。本次活动以"争当文明使者，建设文明平凉"为主题，号召广大驾驶员做到六个文明，即：言谈举止文明、仪容仪表文明、车容车貌文明、驾驶行车文明、经营秩序文明、行为品格文明。参加当天宣传签名仪式的驾驶员共730名，活动场面热烈，组织有序，在社会上引起了良好的反响。本次活动的主要目的是引导广大出租车驾驶员进一步把思想统一到市第三次党代会精神上来，增强主人翁责任感，立足岗位行动起来，争当文明使者，建设文明平凉，打造知名服务品牌。 （尉 莉）

【平凉公路总段被命名为"省级文明单位标兵"】 2011年1月8日，甘肃省委省政府对全省第十批精神文明建设先进单位和先进个人进行了表彰命名，平凉公路总段被命名为"省级文明单位标兵"。近年来，平凉公路总段坚持以提升单位文明程度和职工文明素质为重点，坚持抓党建、带队伍、养好路、树新风的工作思路，用严格管理塑造文明，良好形象展示文明，优质服务传递文明，队伍建设体现文明，实现了"三个文明"齐头并进、协调发展，促进了单位和谐、科学发展，树立了社会、民众满意的公路养护服务品牌形象。总段开展了学习实践科学发展观、"讲党性、重品行、作表率"活动及"五十佳"评选活动，举办岗位技能培训班26期，岗位技能竞赛12次，先后有11名职工被授予全国、省级"五一劳动奖章"和公路行业"五十佳"，1个养管站被树立为"全国学习型先进班组"。总段积极发挥交通先行的职能作用，先后对庄莲路、马安路、静庄路等多条公路实施了二级改造；推广应用了改性乳化沥青、同步碎石封层等新工艺，实施了养护维修工程和安保工程，道路通行能力逐年改善，给各养护单位配备了136台先进的公路养护机械，使生产方式向机械化、专业化转变。同时，总段注重公路文化建设，总结提炼形成了"务实、创新、服务、奉献"的平凉公路核心精神等，建成12个标准化、规范化养管站，在各种重要节日期间，组织开展了职工征文、书画摄影展览、文艺演出、军事化演练等为主要内容的文化活动，达到了文化育人的目的。总段还将行业进步与社会发展紧密结合，与21个乡镇建立帮扶点，参加城乡共建、植绿护绿等活动，为贫困地区群众捐款捐物30余万元，向汶川、玉树地震灾区捐款20.86万元，党员交纳特殊党费2.34万元；并在汶川地震、舟曲特大泥石流等自然灾害发生后，两次组建抢险突击队奔赴陇南灾区，打通了多条通乡通村公路，受到了省委省政府、省总工会、省交通运输厅等部门的表彰和奖励。 （马亚明）

【金昌市交通运输局评议政风行风】 2011年，金昌市交通运输局坚持一把手抓行风建设，改进服务，一把手抓交通运输目标任务推进，在强化宗旨意识、提升服务效能、健全工作机制、解决民生难题等方面取得良好成效。民主评议政风行风工作开展以来，金昌市交通运输局成立政风行风建设工作领导小组，落实工作责任制，实行主要领导亲自抓、分管领导协助抓、各科室和局属企事业单位负责人具体抓的组织领导体系工作机制，形成横向到边、纵向到底、覆盖全系统的行评工作网络；制定方案，在各个阶段开始前，制定下发具体工作计划，保障全交通运输系统行评工作稳步开展。认真查找问题，听取民声。金昌市交通运输局通过查阅资料、召开座谈会、走访了解、问卷调查、民主评议、明察暗访等形式进行广泛调查，根据实际，确定了6个重点内容，并在以创建文明城市、执法百日赛、行政执法监督检查为抓手，狠抓"窗口"服务行业行风建设，取得较好效果。截至目前，召开由被评单位领导、干部职工、服务对象、群众代表参加的座谈会5场次、发放各类调查表200余份，走访群众100多人次。金昌市交通运输局将窗口作为政风行风建设的最前沿阵地，继续开展道路运输行业"六十佳"评选活动，引导机关干部职工和从业人员努力学习业务技能，自觉遵守工作纪律，落实首问责任制、限时办结制等规定，并且加大督查力度，重点对汽车站、出租车公司、公交公司的文明服务水平进行督察，针对出现的问题，进行分类梳理，督促及时整顿。 （李秀卿）

【金昌公路总段文明服务结硕果】 2011年，金昌总段通过积极组织收费职工开展"和谐交通、优质服务"活动，努力营造文明和谐的公路收费环境，有效促进了收费任务的超额完成。一是在各收费站收费广场悬挂宣传标语，营造活动氛围，使收费职工进一步牢固树立"以人为本，关注细节，文明收费，奉献社会"的服务理念，不断提高文明服务水平，塑造收费文明窗口良好形象。二是做好收费广场和站容站貌的绿化、美化工作,时刻保持地净、墙洁、窗明,为司乘人员创造舒心、优美的缴费环境。三是组织收费业务骨干举办了收费业务暨文明礼仪培训班,进一步增强收费职工文明服务意识,规范文明用语和手势动作,使收费员在收费过程中始终坚持文明用语,让司乘人员在收费车道短暂停留中感受到收费工作人员良好的文明服务。四是广泛征求意见,加强监督检查。对过往司乘人员发放意见征求表,征求对收费工作的意见和建议,并在站区设置举报信箱,公开举报电话,并及时通报文明服务综合考评情况,着力解决收费人员在文明服务、工作纪律等方面存在的问题,不断提高服务标准。2011 年金昌总段管理的金永收费公路完成通行费征收任务 1 788 万元,完成年计划的 162.5 %。 (高中华)

【张掖公路分局开展"讲文明 树新风"志愿服务活动】 2011 年 3 月 5 日是第 12 个中国青年志愿者服务日。3 月 4 日上午,张掖公路分局"湿地之城"青年志愿者服务队参加了在中心广场举行的张掖市"讲文明、树新风,青年志愿者服务月"活动启动仪式。分局收费公路管理处青年志愿者在中心广场向广大市民宣传收费公路有关政策。分局青年志愿者服务队还带着慰问品和慰问金来到甘州区新乐小区对困难群众进行慰问。3 月 4 日至 5 日,甘州公路管理段、肃南公路管理段青年志愿者分别来到帮扶对象甘州区南街社区困难群众崔艳芳和分局工伤职工顾波家中,帮助他们擦洗玻璃、打扫卫生,向他们宣传分局"十一五"期间公路事业发展情况。近年来,分局两级团组织召集青年志愿者开展了爱老敬老、困难帮扶、生态保护、政策宣传等形式多样的志愿服务活动,弘扬了"奉献、友爱、互助、进步"的志愿服务精神,展示了分局团员青年的良好精神风貌。 (袁得杰)

【酒泉公路总段开展青年志愿服务活动】 2011 年,酒泉公路总段团委组织全段团员青年开展了内容丰富的志愿服务活动。在 3 月 5 日全国第 12 个"青年志愿者服务日",总段团委组织总段机关、酒嘉过境公路管理所团员青年走上街头,开展了以"弘扬志愿精神,助推酒泉发展"为主题的便民服务活动,服务者向路人宣讲路政法律法规及新的收费政策,共答复各类咨询 30 余件,为过往群众量血压、测体重及身高 180 余人次。4 月,组织驻酒单位团员青年参加植树志愿活动,在酒泉银达镇谭家堡栽植树木 600 余株;玉门公路管理段团员青年在玉门市新城区绿化带平整植树地块 1 000 平方米。同时,在做好公路养护中心工作的同时,总段团委号召基层 12 个团支部,广泛开展志愿者及青年文明号结对扶贫帮困、义务打扫公共卫生,收费单位发放服务卡、为过往车辆提供义务维修、加水等形式多样的拓展服务活动。 (牛 燕)

【敦煌公路段荣获"省级精神文明建设工作先进单位"称号】 2011 年,在省委、省政府表彰命名的第十批省级文明建设单位中,酒泉公路总段敦煌公路段榜上有名。这是敦煌公路总段继 2008 年获得省级文明单位标兵后,率先跨入省级精神文明建设单位行列。多年来,酒泉公路总段始终把精神文明创建工作同养护生产放在同等位置。作为总段直属的基层单位,敦煌公路段紧紧围绕总段制定的精神文明建设工作方针,紧紧围绕公路养护这个中心,结合全段干部职工的思想和工作实际,不断深化文明创建工作,努力建设高素质职工队伍,使精神文明建设、养护生产及行业管理等各项工作均取得了显著成效。从而先后多次被总段评为"离退休职工工作先进单位","双文明建设先进单位",连续 2 年被敦煌市沙州镇评为"先进在职党员联络小组",先后荣获"甘肃省交通运输行业文明示范'窗口'公路养护示范单位"、"全省交通系统安全生产先进集体"、"甘肃省捐资助学先进单位"、"酒泉地区创建文明样板路先进单位"、"支持地方经济先进单位"、"市级文明单位"等荣誉称号,下属的原文化路养管站被中华全国总工会授予"全国模范职工小家"和"全国文明道班",被省交通运输厅授予"青年文明号"称号,阿克塞养管站被国家四部委评为"全国职工职业道德建设先进班组",被省交通运输厅命名为"模范职工小家"。 (魏邦嗣)

【玉门市出租车公交车行业拾金不昧蔚然成风】 2011 年 7 月 5 日一大早,玉门万达出租车公司驾驶员何志江急匆匆地来到车行,将一女式钱包交到管理人员手中,希望公司及时与交通运政部门联系,尽快联系失主,将东西归还。当日凌晨 3 时左右,他的车行至玉门市新市区老城人民市场门口时,上来一名女乘客,要去城郊东渠村,到达目的地后,乘客付款下车离去。由于夜深人静,路上行人不多,他就返城准备收车。在收车时,无意中看到了乘客遗落在后座上的一个钱夹。打开后发现包内装有乘客身份证,现金 500 元,银行卡 1 张,并附有银行卡密码条。等天一亮,他就急忙来到车行,希望尽快联系失主,将东西归还。了解情况后,公司管理人员与交通运政人员经过多方联系,终于在下午 5 时联系到失主,将钱夹归还失主。何志江同志拾金不昧的行为已是玉门市交通运输管理局运政部门今年处理的第 13 例出租车司机归还失物的事件。今年以来,玉门市交通运输局以出租车、公交车为重点,狠抓行业作风建设,结合创先争优活动的开展,开展了"当城市文明使者、树交通行业新风"为主题的优质服务年活动。截至目前,全市出租车、公交车行业共涌现出拾金不昧行为约 40 例,共计拾到现金 15.5 万余元,手机 20 部,均已归还失主,得到了社会各界的一致好评。 (李建云 周思源)

【玉门市运管所为乘客挽回经济损失 5 万元】 2011 年 4 月 6 日,家住赤金镇和平村的李万林乘坐出租车到市区办事,不慎将随身携带的装有 6 000 元现金及借款欠条合计 5 万余元的皮包遗忘在了车上。李万林抱着一线希望走进玉门市运管所办公室反映情况,运管人员详细了解了情况并做了记录,迅速组成两个排查小组,一组通过 GPS 监控平台摸排、查找这一时段在该路段运行的出租车辆;另一组与失主一起赶赴高速公路路口,调取车辆通行监控视频,查找该车辆的踪迹。同时,积极与辖区各车行负责人进行联系,对 GPS 监控系统捕捉到的车辆信息进行了全面排查。经过一个多小时的严密排查,终于找到了遗失的现金,失主激动地紧紧握住运政人员的手,久久不松,感激之情和喜悦之情溢于言表。

(李建云 周思源)

交通战备

【我省举行交通战备应急指挥中心和交通战略训练基地揭牌仪式】2011年8月5日，我省举行交通战备应急指挥中心和交通战备训练基地揭牌仪式。国家交战办第一副主任、总后军交运输部副部长姜锐刚，省委常委、省军区司令员陈知庶，副省长虞海燕，兰州军区联勤部副部长王子军等为我省交通战备应急指挥中心和交通战备训练基地揭牌。总后军交运输部交通战备局副局长任延兵，省政府副秘书长负建民，兰州军区联勤部军交运输部部长冯海兵，省交通运输厅厅长杨咏中，副厅长杨映祥、阮文易以及总后交通战备局，兰州军区交战处，解放军后勤指挥学院和汽车管理学院，甘肃省国防动员委员会，兰州铁路局，省通信管理局，民航甘肃监管局，东航甘肃分公司，省公安厅交通管理局有关部门和单位的负责人出席了揭牌仪式。(厅新闻信息中心)

【我省首次举行交通战备应急指挥中心和训练基地建设试点现场演练活动】2011年9月19日至20日，由国家交通战备办公室组织、兰州军区和甘肃省交通战备办公室共同承办的首次交通战备应急指挥中心和训练基地建设试点现场演练活动在兰州举行。总后勤部副部长秦银河，工业和信息化部副部长尚冰，交通运输部副部长翁孟勇，总后军事交通运输部部长、国家交通战备办公室主任张伟，兰州军区联勤部政委邓瑞华，兰州军区联勤部副部长王子军，省军区政治部主任兰晓军出席。兰州军区副司令员郭洪超、副省长虞海燕致词。总后军事交通运输部副部长、国家交通战备办公室第一副主任姜锐刚介绍试点建设有关情况。在省交通战备应急指挥中心指挥大厅，参加活动的代表们观摩了甘肃省交通战备应急指挥的演示演练。此次交通战备演练活动的内容主要有铁路公路联合倒运、战备钢桥架设、隧道抢险救援、航空输送装载和应急通信保障等5个课目，系统地展示了交通战备干部和国防专业保障队伍骨干勤务训练的组织、程序和设施设备。甘肃省交通战备应急指挥中心和交通战备训练基地是按照国家交战办的要求，依托甘肃省交通运输信息平台和现有交通基础设施建设的，通过重新整和军地交通战备系统和铁路、交警、通信、民航等行业专网和信息资源，实现对交通战备信息的随机查询、交通保障动态的实时监控、交通力量的统一调用。交通战备训练基地是全省交通战备干部和保障队伍的训练基地和教学基地，也是实施交通专业保障队伍紧急征召、集结点验、装备的基地。

(厅新闻信息中心　省公路运输服务中心)

【武威市荣华十字至驻武某部道路整修工程开工建设】2011年7月30日，在中国人民解放军第84个建军节来临之际，武威城区荣华十字至驻武某部道路整修工程开工建设。武威市委书记火荣贵宣布工程开工建设。武威市政协主席徐文善、武威军分区司令员李建中出席开工仪式。武威市和武威军分区有关领导参加开工仪式。市政府副市长周晓红主持开工仪式。驻武某部道路整修工程是经国家交通运输部、国家交战办批准并列入国家“十二五”交通战备发展规划的重点项目，是全省交通战备路网规划建设的重要组成部分，项目总投资1 270万元，国家补助资金892万元，地方自筹资金378万元。先期开工建设的荣华十字至驻武某部道路整修工程是该项目的一部分，起点位于武威城区荣华十字，途经凉州区金羊镇东沟村、新城村，终点至驻武某部南门，线路全长2.8公里，全线按三级公路技术标准设计建设，设计速度为每小时30公里，路基宽度10米，路面宽度9米，路面采用3厘米厚的沥青表处，路基两侧设置路缘石防护，总投资300万元。(严伟才)

【兰州公路总段积极开展交通战备应急训练活动】2011年，根据省交通运输厅要求，兰州总段认真开展了“迎接国家交通战备应急指挥中心和训练基地建设甘肃省试点现场活动”战备训练工作。总段成立训练工作领导小组，抽调总段应急抢险中队的106名职工，组成公路抢修保障中队演练组和战备钢架桥架设演练组，于7月5日至8月5日分别进行了队列训练和战备钢架桥架设训练，战备钢架桥演练包括桥梁出库、装卸车、架设、运输等科目；队列训练包括人员列队、登车、下车、交通指挥手势等科目。在训练中，应急队员统一身着迷彩服，严格按照训练实施方案规定的步骤和程序，反应迅速，配合默契，步履整齐，动作到位，高标准完成了所有训练科目，为及时参加国家交通战备应急指挥中心和训练基地建设甘肃省试点现场活动奠定了良好基础。

(牛晓静)

节能减排

【省交通运输厅积极践行道路运输车辆燃料消耗量检测和监督管理工作】 2011年,省交通运输厅根据《道路运输车辆燃料消耗量达标车型车辆参数及配置核查工作规范》要求,努力做好车辆燃料消耗量检测和监督管理工作。

一、提高认识,加强领导,做好道路运输车辆燃料消耗检测和监督管理工作。《道路运输车辆燃料消耗量检测和监督管理办法》的颁布实施,是交通运输部门贯彻落实《节约能源法》的重要举措,是加快转变道路运输发展方式、做好道路运输节能减排工作的重要抓手,对促进道路运输车辆技术进步及运力结构调整具有重要意义。各地交通运输部门及运管机构要进一步提高思想认识,加强组织领导,深入开展车辆燃料消耗量检测和监督管理工作。全省级运管机构要按照《核查工作规范》要求,在2011年4月30日前将本辖区一年来开展达标车型核查工作的情况报部,特别是将《道路运输车辆燃料消耗量达标车型表》(以下简称《达标车型表》)中经核查不符合达标条件车辆的车辆型号及相关生产企业汇总上报。

二、严格实施达标车型车辆参数及配置的核查工作。全省各地运管机构要按照《核查工作规范》要求,进一步做好达标车型车辆参数及配置核查工作,把好营运车辆准入关。自2011年3月1日起,《过渡期车型表》废止。所有新购车辆(含国外进口车辆)申办营运资格的,运管机构要依据申请人提供的《机动车行驶证》上登记的车辆型号,检索部公告的《达标车型表》。对车辆型号未纳入《达标车型表》的车辆,终止车辆核查,不予办理营运手续。在用的非营运车辆申办营运资格的,按照新购车辆有关程序核查、办理。在用的营运车辆申请转籍的,暂不对车辆作燃料消耗量达标车型参数及配置核查,仍按《道路运输证》原发放程序办理。

三、广泛开展车辆燃料消耗量限值标准实施的宣传工作。全省各地交通运输主管部门及运管机构要充分利用当地报纸、广播、电视及行业管理信息平台、手机短信等有效途径,进一步开展形式多样、内容丰富的宣传活动,加大对车辆燃料消耗量限值制度进入新阶段的宣传,务必使广大车辆生产厂家和运输业户了解,自2011年3月1日起所有新购车辆必须达到车辆燃料消耗量限值标准的要求。要进一步强化服务意识,提醒运输业户在购车前通过"道路运输车辆燃料消耗量检测和监督管理信息服务网"查询或到运管部门咨询,了解拟购车型的燃料消耗量达标情况,避免出现新购车辆不符合燃料消耗量限值标准的情况。

四、严格开展达标车型燃料消耗量检测工作。道路运输车辆达标车型的燃料消耗量检测是实施好车辆燃料消耗量限值制度、把好道路运输车辆节能减排的第一关。各达标车型燃料消耗量检测机构要严格依据部令及有关标准,进一步认真、公平、公正地做好达标车型燃料消耗量检测工作,为车辆生产厂家提供全面、科学、高效的检测服务。要主动做好行业自律,自觉接受部汽车运输节能技术服务中心和车辆生产厂家的监督,坚决杜绝各种弄虚作假和违规操作行为发生。

五、深入做好达标车型受理、审查的技术支持及服务工作。全省各公路运输节能服务中心要不断总结经验,进一步做好达标车型申报、审查的技术支持和服务工作。要继续按照2009年11号部令及相关文件要求,认真、及时做好达标车型申报受理及技术审查工作。要强化服务意识,完善达标车型网上申报、查询平台建设及服务流程,提高工作效率,更好地为车辆厂家提供申报车型审查进度查询等服务。要督促国内外有关车辆生产厂家及进口厂商,积极有序地做好新车型的达标车型申报和过渡期车型向达标车型转化等工作,满足道路运输市场的需求。 (章志云)

【兰州公路总段开展"节能宣传周"活动】 自2011年6月11日起,兰州公路总段围绕"节能我行动、低碳新生活"主题,积极开展"节能宣传周"活动,以倡导节能生产为重点,在公路养护生产中大力推行节能降耗、环保施工,积极开展养护技术创新,鼓励职工进行小发明、小技改,积极推广应用新工艺、新技术,提高生产效率,在保证质量的前提下,减少能源消耗,降低废污排放。加强节约型机关建设,统一更换节能灯,张贴节能温馨小贴士,倡导机关工作人员节约使用每一度电、每一滴水、每一张纸,从自我做起,从身边点点滴滴做起,降低管理成本,提高经济效益,开源节流,避免浪费。通过采取一系列措施,着力培养全段干部职工的节约意识、环保意识,努力促进公路养护管理工作实现科学发展、可持续发展。 (牛晓静)

【庆阳总段节能减排见实效】 2011年,庆阳总段投资2万多元对职工家属楼进行节水改造,减少单位用水损耗,每年节约用水1 000多立方米,节约资金3 000多元。2011年,庆城公路管理段针对职工家属区水表陈旧老化、水耗严重的状况,不断加大资金投入,强化节能减排措施,取得了积极成效。像这样的节能减排措施,在庆阳公路总段屡见不鲜。为了将节能减排目标任务落实到位,庆阳公路总段把节能降耗、减排治污作为一项刚性指标贯穿于公路养护建养管收工作的各个方面,并全面实施能耗定额指标考核,加大监管力度,做到节能减排工作化、日常化和生活化。结合总段油路养护技术劳动竞赛,对旧沥青进行回收再生利用,既减少了旧沥青的污染,又节约了成本开支。在沥青路面养护中,为延长油路的使用周期,推行了“冷补油路”、“乳化沥青”等预防性养护新技术。在总结以往经验的基础上,推广路面基层除浆拉毛工艺、路基灰土补强处理等新工艺、新技术,使公路建设养护质量大幅提升。为提高工作效率,总段投入资金对部分基层单位网络进行升级改造,达到“百兆进段、十兆进桌”的目标,大大提高了段与段之间工作信息报送、数据共享的速度。与此同时,该段大力推行精细化管理,倡导工作人员从节约一滴水、一度电、一张纸做起,推进节约型机关建设。

(李　铖)

【金昌总段积极创建低碳环保型机关】 2011年,金昌公路总段积极开展了“从自身做起,从小事做起”的节能活动,进一步增强干部职工的节约和环保意识,注重节约效果,积极创建低碳环保节约型机关。一是办公用品节约化。机关办公用品由后勤中心统一调配,使用纸张双面印刷,已使用过一面的草稿纸暂时保留,待背面使用后再集中统一销毁,尽力做到不浪费纸张、油墨等办公用品。二是办公耗材节能化。办公区域的走廊灯、办公室灯具采用耗电量小的节能灯;人员离开办公室时,要负责关闭照明灯具,切断空调、电脑电源,并检查水龙头是否关闭,杜绝“长流水、长明灯”等现象存在。三是公务开支节俭化。严格按照各级有关规定控制公务开支,能通过电话、借助传真、电子邮件或者网络传输的文件,就不再纸质打印,甚至派车专送。公务接待严格参照标准执行,最大限度地实现了公务开支节俭化。

(高中华)

2011年11月9日,兰州市副市长牛向东在兰州市奔马集团调研出租车运营工作情况。

郝俊奎　摄

人大建议·政协议案

【省交通运输厅人大建议办理工作】 2011年，省交通运输厅承办的省人大代表建议办理工作得以稳步推进、快速办理。按照省"两会"交办会的要求，加强领导，狠抓落实，圆满完成了办理任务。

1. 建议办理的基本情况。2011年，省交通运输厅承办省十一届人大四次会议代表建议119件，总数量排序位居省政府系统第2位。在2月底召开内部的交办会上，把119件建议及时分解交办到厅法规处、厅规划处、厅财务处、省公路局、省机投公司、厅工程处、长达路业公司、路桥投资公司等部门和单位，对办理质量和时限提出了明确要求。5月中旬前完成了前期调研，6月下旬前完成了书面答复工作，7月中旬报分管领导签发完毕。经过认真细致地办理，119件建议所提问题已经解决的(A类)24件，占建议总数的21%；所提问题正在解决或列入规划逐步解决的(B类)36件，占建议总数的30%；所提问题因目前条件限制或其他原因需待以后解决的(C类)59件，占建议总数的49%。

2. 建议办理的主要做法。一是加强组织领导，落实办理责任。省交通运输厅于2011年2月底召开了建议提案内部交办会，将办理任务分解到具体单位和处室，明确了办理责任，对办理的质量和时限提出了明确要求，并把建议提案办理工作纳入了交通运输工作主要目标任务进行督办、检查和考核。承办单位和处室加强领导，认真研究，分类办理，层层分解落实责任人和承办人。制定和完善了办理工作制度，明确了办理工作职责、办理原则、办理程序和质量要求。二是加强督导检查，务求办理实效。为确保各承办单位和处室按时高质量地完成办理任务，省交通运输厅不断加强部门和处室之间的协调和沟通，努力形成上下联动、左右协调的建议办理工作机制。同时，建议交办后，厅分管领导和督办部门采用协商督办、联合督办和跟踪督查等方式，指导、帮助承办单位积极开展工作，协调解决办理工程中遇到的困难和问题，及时掌握办理工作进展情况。三是突出现场办理，增强理解沟通。省交通运输厅积极组织开展现场办理活动，通过一地集中办理、一地多案办理等方式，有效地提高了办理工作的质量和效率。2011年，省交通运输厅共进行了3次现场办理，共办理省人大代表建议7件。6月中旬在平凉市庄浪县召开省人大代表建议现场办理会，专题办理了马森骏代表提出的省人大第78号建议和省人大第89号建议，李明庭代表提出的省人大第135号建议，以及冯宏义代表提出的省人大第686号建议；6月下旬在陇南市成县召开省人大代表建议现场办理会，专题办理了郭建博代表提出的省人大第435号建议；7月上旬在定西市岷县召开省人大代表建议现场办理会，专题办理了郭永龙代表提出的省人大第364号建议和刘富春代表提出的省人大第295号建议。四是认真细致地做好书面答复工作。书面答复是办理工作中很重要的一个环节。省交通运输厅在建议答复时首先由业务处室和单位的承办人员根据建议的落实情况草拟出答复意见，由处室和单位负责人审定后，送厅办公室承办人员审查拟文，办公室副主任、主任分别修改、审核后，送主管厅长签批。答复意见坚持实事求是，不回避矛盾，不开"空头支票"。特别是对一些一时难以解决的问题，诚恳地向代表说明情况，把该讲的政策和背景交待清楚，不含糊其辞。对答复不准确的问题，一经发现及时改正。同时，严格按照省上规定的格式和要求进行答复，严把文字关、格式关，力求使答复行文规范，语句通顺，态度诚恳，通俗易懂。

(厅办公室)

【省交通运输厅政协提案办理工作】 2011年，省交通运输厅高度重视省政协提案办理工作，认真落实省"两会"交办会的要求，加大力度，扎扎实实地开展了办理工作，至2011年8月15日，省交通运输厅承办的提案已全部办理完毕。

1. 提案办理的基本情况。2011年，省交通运输厅承办省政协提案64件。在2月底召开的内部交办会上，把64件提案交办到厅法规处、厅规划处、厅财务处、厅综运处、省公路局、省机投公司、省高管局、厅工程处，对办理质量和时限提出了明确要求。5月中旬完成了前期调研，7月下旬完成了书面答复的起草工作，8月初报分管领导签发完毕。经过认真细致地办理，64件提案中所提问题已经解决的(A类)有11件，占提案总数的17%；所提问题正在解决或列入规划逐步解决的(B类)有26件，占提案总数的41%；所提问题因目前条件限制或其他原因需待以后解决的(C类)27件，占提案总数的42%。

2. 办理省政协提案的主要做法。在提案办理过程中，省交通运输厅完善承办工作机制，创新工作思路，改进办理方式，将办理工作与宣传、修改和完善交通运输发展规划结合起来，与年度工作计划、资金安排和交通运输中心工作结合起来，与积极吸取委员对交通运输工作的意见建议，为人民群众办实事、办好事结合起来，与加强交通运输管理和改进交通运输部门工作作风结合起来，保证了办理工作有序开展。一是加强领导，落实责任。省交通运输厅于2月底召开了内部交办会，将办理任务分解到具体部门和单位，明确了办理责任，对办理的质量和时限提出了明确要求，并把提案办理工作纳入了交通运输工作主要目标任务进行督办、检查和考核。承办单位和部门加强领导,认真研究,分类办理,层层分解落实责任人和承办人。制定和完善了办理工作制度,明确办理工作职责、办理原则、办理程序和质量要求。二是突出重点,认真办理。落实建设资金是提高办理工作质量和效率的关键。为此,省交通运输厅一方面要求办理单位和部门把解决和落实建设项目作为办理工作的重中之重,认真分析研究,区别不同情况,尽可能多地办理落实,能够解决的项目及时研究解决。另一方面,在加强与银行联系和沟通的同时,积极向省委、省政府和交通运输部汇报,争取国家资金支持,尽最大可能落实一批提案提出的符合全省公路网规划、能带动地方经济发展、优化经济结构的交通建设项目,落实一批群众反映强烈的建设项目。三是认真细致做好书面答复。答复意见坚持实事求是,不回避矛盾,不开"空头支票"。特别是对一些一时难以解决的问题,诚恳地向委员说明情况,把该讲的政策和背景交待清楚,不含糊其辞。对答复不准确的问题,一经发现及时改正。四是突出现场办理,增强理解沟通。省交通运输厅积极组织开展现场办理活动,有效地提高了办理工作质量和效率。并对去年列入计划需要今年落实的提案进行跟踪督办,促进了提案所提问题的落实。2011 年安排 5 次现场办理,6 月上旬在平凉市庄浪县召开省人大代表建议、省政协委员提案现场办理会,专题办理了高兰银委员提出的省政协第 744 号提案和释妙林委员提出的省政协第 755 号提案;6 月中旬在定西市岷县召开省人大代表建议、省政协委员提案现场办理会,专题办理了何清吉委员提出的省政协第 330 号提案;7 月上旬与天水团的霍卫平委员进行了沟通衔接,就省政协第 688 号提案所提出的问题进行了答复;8 月在兰州召开两次省政协委员提案现场办理会,专题办理省民族和宗教委员会提出的省政协第 91 号提案和敏生光、敏文祥委员提出的省政协第 322 号提案。 (厅办公室)

【省交通运输厅在酒泉现场办理全国人大代表和省人大代表意见和建议】 2011 年 12 月 5 日,省交通运输厅专程在酒泉召开现场办理全国人大代表和省人大代表意见和建议座谈会。省交通运输厅厅长杨咏中和全国人大代表贾迎春,省人大代表郭秀荣、李宏伟、刘明福、王莹、许燕、杨德录等就加快酒泉交通运输事业发展等进行了交流。酒泉市市长康军、常务副市长朱涛、市人大常委会副主任赵兴明参加了座谈会。针对人大代表提出的修建瓜星高速公路辅道的意见建议,杨咏中厅长表示,省交通运输厅将进一步加强与酒泉市、瓜州县政府的协商,及时报请省发改委批复立项,力争尽快开工建设。康军市长表示,酒泉市政府将把落实人大代表意见建议作为近期政府工作的重要议题,抓紧研究,协同省交通运输厅着力加快瓜星高速公路辅道建设,并积极营造良好的建设环境,确保项目早日建成通车并发挥效益。

(厅新闻信息中心)

【张掖公路分局认真办理人大政协建议提案】 2011 年,张掖公路分局在办理人大代表建议和政协委员提案中,加强领导,创新思路,狠抓落实,较好地完成了建议和提案的承办工作。全年共承办张掖市人大代表建议 2 件、政协委员提案 1 件,截至 8 月底建议和提案已全部办理完毕。一是加强领导,落实责任。在张掖市"两会"结束后,分局及时对建议提案办理工作进行全面部署,将办理任务分解到具体部门和单位,明确办理责任,对办理的质量和时限提出明确要求。二是深入调研,提高水平。加大调研力度,把文字答复与电话沟通、上门走访、协商办理、现场办案结合起来,力争做到对所有建议和提案都有深入了解,真正把办理工作的着眼点放在抓落实上,提高建议提案办理水平。加强现场办理工作,听取人大代表对公路交通工作的意见和建议,自觉接受监督,不断加强和改进办理工作。三是加强沟通,提高效率。不断探索和创新适应当前办理工作需要的灵活多样的办理方式,让代表和委员直接参与办理工作,与代表、委员面对面地研究解决建议提案所提出的问题,努力提高办理质量。四是跟踪落实,务求实效。在认真办理 2011 年承办的建议提案的基础上,开展了建议提案办理"回头看",对近几年来承办的办理结果为"B"类的建议提案进行检查和跟踪落实,并将动态办理结果反馈给代表委员和相关部门,不断提高建议提案办理实效。

(王维学)

【酒泉公路总段认真办理酒泉市人大代表建议和政协提案】 2011 年,酒泉市"两会"结束后,酒泉公路总段承办市二届人大七次会议和市政协二届五次会议代表建议 4 件,主要涉及公路发展规划、道路维修改造等问题。截至 8 月底,该总段承办的建议、提案办理工作已全部完成,办结率 100%。近年来,酒泉公路总段高度重视人大代表建议和政协委员提案办理工作,把办理工作作为接受人民群众监督、推进公路交通和谐发展和树立良好社会形象的有效途径,不断规范和深化办理工作。在办理工作中,始终坚持实事求是、尽力而为、分类督办、务求实效的原则,本着"让代表委员满意、让群众真正受益"的总体目标,坚持了"四个结合":一是把办理工作与开展"创先争优"活动结合起来,把党员的先进性体现在解决代表、委员提出的具体问题上,体现在为人民群众办实事、办好事上;二是把办理工作与年度公路养护管理工作计划结合起来,统筹兼顾,合理安排;三是把办理工作与改进单位工作作风结合起来,根据建议提案中反映的问题,及时采取相应措施,进一步强化公路养护规范化管理;四是把办理工作与完善公路交通发展规划结合起来,通过办理建议提案,吸纳合理意见、建议,促进公路养护管理工作又好又快发展。

(酒泉公路总段)

【金昌公路总段认真做好建议提案办理工作】 2011 年,金昌公路总段共承担涉及金昌境内国道 312 复线县城过境段改线、国道 312 复线红山窑乡过境段道路整修、国道 312 复线马营口至水泉子段道路维修和建议停止省道 212 线金永段设卡收费等 4 条建议及提案的办理事宜。自收到提案以来,总段认真落实"一把手亲自抓、分管领导直接抓、办公室协调抓、职能部门具体抓"的办理工作机制,安排专人进行深入调研,对议案、提案提出的问题和建议,详细查阅有关资料,深入实际地了解情况,制定切实可行的解决方案,对于现场可以解决的及时进行办理,对于超出职权范围的及时报上级部门审批,同时做好相关法律、法规和政策的宣传解释,并在规定的时限内对建议、提案一一答复，征得了提案代表及委员们的满意。

（杨　盼）

【嘉峪关市交通运输局认真办理人大建议和政协提案办理工作】 2011年度市政府交我局办理的人大代表意见、建议，政协委员建议、提案27件，其中：人大代表意见、建议8件，政协委员提案15件，政协委员建议4件，交通运输局主办25件，协办2件。与市运管局以及局机关主办科室签订了目标责任书，明确了分管领导和具体工作负责人，已全部在规定的期限内办理完毕，做到了事事有着落、件件有回音。在办理过程中，我局不断完善相关制度，加强与人大代表和政协委员的联系，邀请市人大、市政协领导和部分建议代表、提案委员召开征求意见会，主动接受社会各界监督，议提案办理基本满意率达100%，无二次答复事件发生。

（嘉峪关市交通运输局）

2011年省人大建议目录

领衔代表	标　　题	主办单位	会办单位	是否涉及资金（万元）	是否涉及项目	是否涉及民生	是否涉及“三农”	办理结果	备注
马维纲	关于请求立项建设环库公路祁家至莲花至北小塬段的建议	省交通运输厅			否	是	否	B	临夏团
丁生才	关于请求立项建设沿洮河公路的建议	省交通运输厅			否	否	是	C	临夏团
赵以书	关于支持凉州区公路改造升级进一步优化路网结构的建议	省交通运输厅			否	否	是	B	武威团
曹永奇	关于国道312复线县城过境段改线的建议	省交通运输厅			否	是	否	C	金昌团
孙尚荣	关于请求省上尽快批准立项建设金昌至阿拉善右旗一级公路的建议	省交通运输厅			是	否	否	C	金昌团
兰生玉	关于建设天祝县岔口驿至青海省互助县加定会慎省级联通公路的建议	省交通运输厅			是	否	否	B	武威团
马森骏	关于将平天高速公路项目列入国家“十二五”规划的建议	省交通运输厅		1 908 000	否	否	否	A	平凉团
马世忠	关于将平凉支线机场项目列入国家“十二五”规划的建议	省交通运输厅		50 000	否	否	否		平凉团
马森骏	关于解决平定高速宁夏固原段交通“瓶颈”问题的建议	省交通运输厅			否	否	否	A	平凉团
马森骏	关于将华亭至崇信至灵台高速公路项目列入全省“十二五”规划的建议	省交通运输厅		72 000	否	否	否	C	平凉团
马森骏	关于将静宁至庄浪高速公路项目列入全省“十二五”规划的建议	省交通运输厅		60 000	否	否	否	A	平凉团
黄万江	关于撤销国道312线平凉过境段东收费站的建议	省交通运输厅			否	否	否	B	平凉团
文君梅	关于解决平定高速公路封闭后遗留问题的建议	省交通运输厅		349 259	否	否	否	A	平凉团
文君梅	关于加快高速公路建设步伐的建议	省交通运输厅			否	否	否	B	平凉团
文君梅	关于撤销平华路峡中收费站的建议	省交通运输厅			否	否	否	B	平凉团
王红琴	关于对平定高速公路泾川段建设遗留问题处理予以扶持的建议	省交通运输厅			否	否	否	A	平凉团
王学书	关于新建华(亭)崇(信)灵(台)高速公路的建议	省交通运输厅		709 661.4	否	否	否	C	平凉团
王学书	关于建设灵台至亭口、灵台至高平二级运煤专线的建议	省交通运输厅		36 000	否	否	否	C	平凉团
王小英	关于将X044崇白路二级改扩建申请列入建设计划的建议	省交通运输厅		12 000	否	否	否	B	平凉团
王小英	关于平定高速公路崇信至白水连接线申请列入建设计划的建议	省交通运输厅		28 000	否	否	否	B	平凉团
王小英	关于铜新公路运煤专线工程申请列入建设计划的建议	省交通运输厅		13 000	否	否	否	C	平凉团
李明庭	关于立项建设庄静高速公路的建议	省交通运输厅			否	否	否	B	平凉团
陈　亮	关于解决华庄公路庄浪县南城区段改道资金的建议	省交通运输厅		6 472.8	否	否	否	C	平凉团

续表

领衔代表	标　题	主办单位	会办单位	是否涉及资金(万元)	是否涉及项目	是否涉及民生	是否涉及“三农”	办理结果	备注
陈　铎	关于改造庄浪南湖至隆德鱼池二级公路的建议	省交通运输厅			否	否	否	C	平凉团
王彩凤	关于将静宁至秦安二级公路改造列入省“十二五”规划的建议	省交通运输厅		48 000	否	否	否	C	平凉团
刘明福	关于建设酒泉至航天城高速公路的建议	省交通运输厅			否	否	否	A	酒泉团
刘明福	关于请求修建航天镇黑河大桥的建议	省交通运输厅		2 025	否	否	否	C	酒泉团
李宏伟	关于解决嘉安高速辅道无法运行问题的建议	省交通运输厅			否	否	否	B	酒泉团
哈　泰	关于修建省道314线柳城子沟至芨芨台段道路的建议	省交通运输厅			否	否	否	C	酒泉团
蔡星花	关于跨省联合开发哈拉湖，打通敦煌至青海湖旅游通道的建议	省交通运输厅		232 000	否	否	否	C	酒泉团
蔡星花	关于修建肃北县南部大通道的建议	省交通运输厅			否	否	否	C	酒泉团
许　燕	关于对嘉瓜高速公路玉门段辅道维修改造的建议	省交通运输厅			否	否	否	B	酒泉团
洪金碧	关于缓解“通畅、快速”高速公路的建议	省交通运输厅			否	否	否	A	兰州团
魏小英	关于拓建黑巴公路的建议	省交通运输厅			否	否	否	B	兰州团
刘富春	关于将郭城至定西公路改建为二级公路的建议	省交通运输厅		55 000	否	否	否	C	定西团
刘富春	关于将通渭县马营至陇西公路改建为二级公路的建议	省交通运输厅		52 100	否	否	否	A	定西团
张敏政	关于将省道S207线靖远至天水公路会宁至通渭县城段改建为二级公路的建议	省交通运输厅		50 000	否	否	否	C	定西团
景利军	关于将定通、界红公路(定西至宁远段)列入省道公路改造建设计划的建议	省交通运输厅			否	否	否	C	定西团
景利军	关于将景西公路(定西至团结段)列入省道公路改造建设计划的建议	省交通运输厅			否	否	否	C	定西团
景利军	关于将定西城区至巉口高速公路出入口19公里列入Ⅰ级公路进行修建的建议	省交通运输厅		38 000	否	否	否	C	定西团
景利军	关于将定西城区至李家堡麻子川高速公路出入口17公里列入Ⅰ级公路进行修建的建议	省交通运输厅		34 000	否	否	否	C	定西团
白秋枫	关于对316国道线陇西首阳至县城段进行立项改造的建议	省交通运输厅			否	否	否	B	定西团
郭维团	关于将因乡镇撤并未列入投资规划的8条公路列入“十二五”通乡公路改造工程计划并于2011年下达投资计划的建议	省交通运输厅			否	否	否	C	定西团
郭维团	关于在康临高速康家崖出口修建洮河大桥的建议	省交通运输厅			否	否	否	B	定西团
郭维团	关于对国道309线改造铺油的建议	省交通运输厅			否	否	否	B	定西团
郭维团	关于将兰临高速公路中央隔离带及边坡全部进行绿化的建议	省交通运输厅			否	否	否	B	定西团
郭维团	关于对省道103线兰州至临洮中铺段铺油改造的建议	省交通运输厅			否	否	否	A	定西团
彭双彦	关于改建定渭公路的建议	省交通运输厅			否	否	否	C	定西团
郭永龙	关于尽快立项并开工建设兰海高速公路渭源至武都段的建议	省交通运输厅		12 420	否	否	否	B	定西团
郭永龙	关于改造省道306线岷县至马坞段的建议	省交通运输厅			否	否	否	C	定西团

续表

领衔代表	标　　题	主办单位	会办单位	是否涉及资金(万元)	是否涉及项目	是否涉及民生	是否涉及“三农”	办理结果	备注
郭永龙	关于立项建设岷县清水洮河大桥的建议	省交通运输厅		900	否	否	否	A	定西团
郭永龙	关于立项建设岷县锁龙乡寺沟至郭家沟公路的建议	省交通运输厅		690	否	否	否	C	定西团
王旭武	关于请求将武都至九寨沟高速公路纳入省综合交通“十二五”规划并尽快启动实施的建议	省交通运输厅			否	否	否	A	陇南团
张志杰	关于加强公路路政管理的建议	省交通运输厅			否	否	否	A	陇南团
毛建国	关于尽快开工实施礼武公路项目建设的建议	省交通运输厅			否	否	否	B	陇南团
张志杰	关于加快渭源至武都高速公路项目前项工作步伐争取尽快开工建设的建议	省交通运输厅			否	否	否	A	陇南团
李晓艳	关于解决陇南农村公路建设资金缺口的建议	省交通运输厅		320 000	否	否	否	C	陇南团
王旭武	关于提高陇南市农村公路建设补助标准的建议	省交通运输厅			否	否	否	A	陇南团
李晓艳	关于请求加快陇南市通乡油路项目建设的建议	省交通运输厅			否	否	否	A	陇南团
侯进国	关于请求改造撤并乡镇通乡公路的建议	省交通运输厅			否	否	否	B	陇南团
侯进国	关于请求提高农村公路通达通畅工程及便民桥项目投资标准的建议	省交通运输厅			否	否	否	A	陇南团
郭　平	关于立项建设两当县杨店乡姚庄口至张家乡公路的建议	省交通运输厅		3 420	否	否	否	C	陇南团
文新民	关于立项建设礼县清水河公路项目的建议	省交通运输厅		2 071.4	否	否	否	C	陇南团
班凤娥	关于修建文县铁楼乡至平武王坝楚公路的建议	省交通运输厅		73 000	否	否	否	C	陇南团
郭建博	关于修建成县至徽县火车站高等级公路的建议	省交通运输厅			否	否	否	C	陇南团
郭建博	关于请求修建成县红川镇席郝村便民桥的建议	省交通运输厅		440	否	否	否	A	陇南团
赵秀玲	关于建设徽县火车站跨江大桥及伏镇工业集中区经县城至火车站快捷通道的建议	省交通运输厅		21 500	否	否	否	C	陇南团
马翠花	关于拓宽改造风山至果园公路的建议	省交通运输厅		50	否	否	否	C	临夏团
张得珍	关于白银至中川机场高速公路申请立项的建议	省交通运输厅			否	否	否	B	白银团
刘永翀	关于立项建设省道S308线海原至古浪公路的建议	省交通运输厅			否	否	否	C	白银团
王锡武	关于将省道207线靖远至会宁段列入一级公路改建工程的建议	省交通运输厅			否	否	否	C	白银团
白桂香	关于推进沿黄经济带建设的建议	省交通运输厅		70 000	否	否	否	C	白银团
王德琳	关于加快骨干公路建设带动区域经济发展的建议	省交通运输厅			否	否	否	A	白银团
吴守文	关于立项建设靖远平堡黄河大桥的建议	省交通运输厅			否	否	否	B	白银团
鲜文俊	关于开工建设靖远至永靖沿黄生态旅游快速通道的建议	省交通运输厅			否	否	否	B	白银团
鲜文俊	关于立项建设靖远至会宁高速公路的建议	省交通运输厅			否	否	否	B	白银团
白桂香	关于建设白银至兰州城市沿河快速通道的建议	省交通运输厅			否	否	否	C	白银团
张智全	关于修建华池县柔远至太白二级公路的建议	省交通运输厅		87 300	否	否	否	C	庆阳团
周　伟	关于请求把庆阳经北石窟寺–镇原县城–郭塬乡王咀村通向宁夏自治区彭阳县公路列为省际二级公路的建议	省交通运输厅			否	否	否	C	庆阳团

续表

领衔代表	标　题	主办单位	会办单位	是否涉及资金(万元)	是否涉及项目	是否涉及民生	是否涉及“三农”	办理结果	备注
张智全	关于修建西峰至合水二级公路的建议	省交通运输厅		60 000	否	否	否	A	庆阳团
张智全	关于将国道211线甘肃境内升级为高速公路的建议	省交通运输厅			否	否	否	A	庆阳团
闫晓峰	关于维修改建309国道改善庆城山区交通条件的建议	省交通运输厅			否	否	否	B	庆阳团
马　斌	关于将庆阳市宁县至政平(沿川)公路纳入省“十二五”规划的建议	省交通运输厅		3 120	否	否	否	C	庆阳团
王小庆	关于大力支持华池县道路建设的建议	省交通运输厅			否	否	否	B	庆阳团
张宋智	关于建设天水市境内二级公路环道的建议	省交通运输厅		159 000	否	否	否	C	天水团
杨彦芳	关于开启建设宝天高速公路麦积山风景名胜区街亭温泉出口的建议	省交通运输厅			否	否	否	B	天水团
杨永清	关于建设麦积山景区环道，促进我市旅游业发展的建议	省交通运输厅		239 300	否	否	否	C	天水团
李升平	关于建设甘肃张家川回族自治县至陕西陇县高速公路的建议	省交通运输厅			否	否	否	C	天水团
刘长江	关于建设张家川县恭门镇至火车站二级公路的建议	省交通运输厅			否	否	否	A	天水团
程俊峰	关于提高清水县出口路等级的建议	省交通运输厅			否	否	否	B	天水团
张顺林	关于将武山县“双通工程”列入全省通达、通畅工程建设计划的建议	省交通运输厅			否	否	否	C	天水团
冯宏义	关于天水至平凉高速公路支线工程申请立项的建议	省交通运输厅			否	否	否	C	天水团
逯　堂	关于实施靖天公路秦安段改建工程的建议	省交通运输厅	天水市政府		否	否	否	C	天水团
逯　堂	关于张秦公路秦安段改建工程立项的建议	省交通运输厅			否	否	否	C	天水团
逯　堂	关于实施秦安王窑至王铺、叶堡至好地公路改造铺油工程的建议	省交通运输厅			否	否	否	B	天水团
冯宏义	尽快实施天水至平凉高速公路工程的建议	省交通运输厅			否	否	否	A	天水团
刘元映	关于立项建设姚杨公路的建议	省交通运输厅		4 000	否	否	否	C	天水团
刘元映	关于立项建设甘谷县杨赵渭河大桥的建议	省交通运输厅		2 140	否	否	否	C	天水团
刘元映	关于限制超大型和严重超载车辆从316国道通行的建议	省交通运输厅			否	否	否	A	天水团
王　晋	关于天水至平凉高速公路支线工程申请立项的建议	省交通运输厅			否	否	否	C	天水团
马香英	关于加大支持秦州区村村通水泥路工程建设的建议	省交通运输厅		57 000	否	否	否	B	天水团
毛生武	关于请求开工建设国道213线临夏至合作段高速公路的建议	省交通运输厅			否	否	否	B	甘南团
康土生	关于请求修建舟曲至九寨沟二级公路的建议	省交通运输厅		638 271				B	甘南团
康土生	关于请求修建舟曲憨班至宕昌出口公路的建议	省交通运输厅		52 000				C	甘南团
丁目迪	关于请求将临(临潭)临(临洮)公路改建成二级公路的建议	省交通运输厅						A	甘南团
完代贡	关于改建G213线至碌曲县城连接线的建议	省交通运输厅						C	甘南团
完代贡	关于改建碌河公路的建议	省交通运输厅						B	甘南团

续表

领衔代表	标　　题	主办单位	会办单位	是否涉及资金(万元)	是否涉及项目	是否涉及民生	是否涉及“三农”	办理结果	备注
完代贡	关于改建碌曲至则岔旅游专线的建议	省交通运输厅						C	甘南团
完代贡	关于修建贡去乎至加仓公路的建议	省交通运输厅						C	甘南团
张振国	关于修建卓尼县城至渭源县会川镇公路的建议	省交通运输厅						C	甘南团
张振国	关于修建卓尼至碌曲二级公路的建议	省交通运输厅						C	甘南团
张振国	关于请求加大对农村公路养护资金的支持力度的建议	省交通运输厅						B	甘南团
阿　德	关于请求立项建设玛曲县省际出口路项目的建议	省交通运输厅						B	甘南团
赵学忠	关于建设312国道辅线山丹段的建议	省交通运输厅						B	张掖团
赵惠琴	关于将民乐县顺民、南和、南霍3条重点通乡公路列项改建的建议	省交通运输厅						C	张掖团
郎建平	关于要求立项建设祁连山腹地公里油路工程的建议	省交通运输厅						C	张掖团
郎建平	关于要求立项建设省道213线肃南县城至青海二级公路的建议	省交通运输厅						C	张掖团
王洁岚	关于在连霍高速公路临泽段K2224处设置出口的建议	省交通运输厅						C	张掖团
马登云	关于请求解决永积公路黄河大桥建设缺口资金的建议	省交通运输厅						B	临夏团
马登云	关于请求立项解决积石山县大河家至银川沿黄公路建设项目的建议							C	临夏团

政协甘肃省十届四次会议提案目录表

案号	类别	提案者	案　　由	承办单位	办理结果
52	经济	中国民主促进会	关于“十二五”时期进一步加快我省交通运输发展的提案	厅综合规划处	A
91	其他	民族和宗教委员会	关于减少和整合兰州至甘南、临夏国家二级公路收费站点的提案	厅财务资产管理处	B
121	经济	阎奋民	关于尽快建设平定高速宁夏六盘山段的提案	厅综合规划处	A
125	经济	萧　菡	关于建设甘肃省秦安县莲花镇至张家川至陕西省陇县高速公路的提案	厅综合规划处	C
132	农业农村	何清吉	关于定西市陇西县云田镇张家岔村建桥修路的提案	省公路局	C
148	经济	张鸣实	关于立项将省道213线肃南县红湾寺镇至青海改造为二级公路的提案	省公路局	C
152	经济	张鸣实	关于立项建设祁连山腹地二级公路的提案	省公路局	C
162	农业农村	冉生斌	关于加大农村道路建设力度的提案	省公路局	B
166	经济	杨利亚	关于建设祁连山西段玉—阿山前公路和铁路直通大道强力推进民族地区经济跨越式大发展的提案	省公路局	C
203	经济	文海成	关于立项建设和政县松鸣镇至桦林道路的提案	省公路局	C
237	经济	李如檀	关于修建航天镇黑河大桥的提案	省公路局	B
245	经济	常亚霖	关于建设酒泉至航天城高速公路的提案	厅综合规划处	B
305	经济	郝献国	关于请求立项建设沿洮河公路的提案	省公路局	B
306	经济	郝献国	关于请求立项建设环库公路祁家至莲花至北小塬段的提案	厅综合规划处	B

续表

案号	类别	提案者	案　由	承办单位	办理结果
314	其他	张月莲	关于将瓜州县桥湾景区纳入嘉安高速公路生活区改造的提案	厅财务资产管理处	C
316	经济	柴绍豪	关于改造嘉安高速辅道的提案	厅综合规划处	B
322	经济	敏生光	关于在兰州黄河段开设快船等水上交通工具、开辟水上交通、缓解交通压力的提案	厅综合运输处	A
330	经济	何清吉	关于将马陇公路改建为二级公路的提案	省公路局	A
392	经济	邱正保	关于关于尽快启动武都至九寨沟高速公路项目建设的提案	厅综合规划处	A
393	经济	邱正保	关于请求加快陇南成州机场项目前期工作的提案	省机投公司	B
419	经济	陈锦祥	关于请求加快礼县通乡油路和通村公路项目建设的提案	省公路局	B
421	经济	陈锦祥	关于尽快开工实施礼武公路项目建设的提案	省公路局	B
425	其他	李晓红	关于加强公路路政管理的提案	厅政策法规处	B
460	经济	李国文	关于白银至中川机场高速公路申请立项的提案	厅综合规划处	B
461	经济	蒋志诚	关于推进沿黄经济带建设的提案	厅综合规划处	C
476	经济	赵成德	关于尽快立项并开工建设兰海高速公路渭源至武都段的提案	厅综合规划处	B
480	经济	李世和	关于加快城乡交通一体化建设进程的提案	厅综合运输处	B
515	经济	张鸣实	关于立项建设张掖市甘州区至青海省祁连县公路的提案	省公路局	C
533	经济	张　平	关于立项改造高台县城至火车站公路的提案	省公路局	B
542	农业农村	张鸣实	关于立项改建骆驼城乡至肃南县明花乡通乡公路的提案	省公路局	C
551	社会保障	王有贤	关于65岁以上老人免费坐公交车的提案	厅综合运输处	B
588	经济	董建华	关于请求省上尽快批准立项建设金昌至阿拉善右旗一级公路的提案	厅综合规划处	C
595	经济	石振才	关于加强地方农村公路建设补助的提案	省公路局	A
597	经济	石振才	关于列项整修国道312复线红山窑乡过境段道路的提案	省公路局	C
601	经济	李永才	关于国道312复线永昌县城过境段改线的提案	省公路局	C
629	经济	万国仁	关于加快建设天祝县岔口驿至青海省互助县加定镇省级联通公路的提案	省公路局	B
643	经济	王平基	关于加快农村公路建设,进一步优化路网结构的提案	省公路局	B
646	经济	王平基	关于申请武威市城乡发展核心区金大快速通道立项建设的提案	厅综合规划处	B
650	经济	张承潜	关于民勤东镇至巴彦浩特至银川生态公路项目的提案	厅综合规划处	C
651	经济	马一奴	关于请求扶持临夏县漠泥沟乡北线道路建设的提案	省公路局	C
679	经济	房锋生	关于请求以转移支付的方式建立舟曲县农村公路养护经费保障机制的提案	省公路局	B
688	经济	霍卫平	关于解决武山境内天定高速占用河道 洪水威胁对岸村庄问题的提案	厅工程处	A
696	经济	卡玛利剑	关于在民族自治县修建通乡油路的提案	省公路局	B
697	经济	卡玛利剑	关于修建省道314线柳城子沟至芨芨台段道路的提案	省公路局	C
710	其他	马　江	关于禁止高速公路两旁高空悄悄延伸进来的巨幅广告的提案	省运营中心	A
718	经济	黄正军	关于维修改建309国道改善庆城山区交通条件的提案	省公路局	B
739	经济	马全英	关于请求立项建设环洮河二级公路工程的提案	省公路局	C
744	经济	高兰银	关于将平天高速公路项目列入国家“十二五”规划的提案	厅综合规划处	A
751	经济	张乔英	关于将平凉支线机场项目列入国家“十二五”规划的提案	省机投公司已转发改委	
752	经济	阎庆生	关于维修改建309国道改善庆城山区交通条件的提案	省公路局	B
753	经济	韩继德	关于将华亭至崇信至灵台高速公路项目列入全省“十二五”规划的提案	厅综合规划处	C

续表

案号	类别	提案者	案　　由	承办单位	办理结果
755	经济	释妙林	关于将静宁至庄浪高速公路项目列入全省“十二五”规划的提案	厅综合规划处	A
757	经济	白堆仓	关于对南湖至鱼池二级公路进行改建的提案	省公路局	C
776	经济	吴宏国	关于请求加快平凉机场建设项目立项争取早日开工建设的提案	省机投公司	B
790	经济	刘金郎	关于将宁县至政平(沿川)公路纳入国家和省“十二五”规划的提案	省公路局	C
795	经济	宋敬国	关于开启建设宝天高速公路麦积山风景名胜区街亭温泉出口的提案	省公路局	B
811	经济	马百龄	关于建设张家川县恭门镇至火车站二级公路的提案	厅综合规划处	A
828	经济	萧　菡	关于建设甘肃省秦安县莲花镇至张家川至陕西省陇县高速公路的提案	厅综合规划处	C
832	经济	霍卫平	关于立项建设姚杨公路的提案	省公路局	C
845	经济	席克勤	关于建设甘肃省秦安县莲花镇至张家川至陕西省陇县高速公路的提案	厅综合规划处	C
860	经济	许铭生	关于天水至平凉高速公路支线工程申请立项的提案	厅综合规划处	C
871	经济	黄　郁	关于建设天水市二级公路环道的提案	省公路局	C
886	经济	党连元	关于请求立项建设永靖县环城公路的提案	省公路局	C
896	经济	安志宏	关于提高清水县出口路等级的提案	省公路局	C

2011年9月，甘肃省交通运输厅组队参加全国交通运输系统“山西信通杯”职工乒乓球赛，并获得优秀组织奖和精神文明奖。图为乒乓球男子单打比赛现场。

李世雄　摄

2011年11月24日，民勤县人大常委会组织市、县人大代表在民勤县调研农村公路建设情况。图为人大代表在红沙岗矿区道路调研。

民勤县交通运输局　供

组织人事工作

【省交通运输厅制定《关于进一步完善差额选任领导干部差额推荐工作的补充意见》】 2011年6月14日省交通运输厅发文(甘交党干〔2011〕71号)。为深入贯彻落实中央和省上有关干部人事制度改革方面的政策规定,进一步落实广大干部群众对干部选拔任用的知情权、参与权、选择权和监督权,切实提高干部选拔任用工作的公信度和透明度,规范民主推荐工作,在《甘肃省交通厅差额选任领导干部试点工作方案》(甘交党〔2008〕49号)的基础上,就进一步完善差额选任领导干部差额推荐工作提出补充意见。

一、差额推荐参会范围及要求

除《差额选任领导干部试点工作方案》规定的参会范围外,其他需要参加的人员须和厅组织人事部门沟通后确定。

参加差额推荐的人数原则上须达到应参会人数的三分之二以上。

二、差额推荐程序、方式

对拟新提任的差额选任岗位人选,采取2次民主推荐、差额确定考察对象的程序和现场统计、公布推荐结果的方式进行。

(一)省交通运输厅考察组根据人选的产生方向,针对具体单位的干部情况、人员分布、专业结构、任职条件等情况,在该单位组织第一次民主推荐。

(二)第1次民主推荐结束后,由省交通运输厅考察组在该单位组织人事部门、纪检部门的参与配合下,对民主推荐票进行现场统计、现场公布。民主推荐票的统计要有监票员、唱票员和计票员。

(三)省交通运输厅考察组按照推荐岗位1:3的比例确定第2次民主推荐的候选人,并在参会的本单位中层以上干部范围内进行第2次民主推荐。

(四)第2次民主推荐结束后,由厅考察组对民主推荐票进行统计,并差额保留得票较多的前2名提请省交通运输厅党组,按照《差额选任领导干部试点工作方案》的有关要求,通过省交通运输厅党组会议讨论酝酿确定被考察对象。由省交通运输厅考察组按相关规定进一步深入考察。

三、差额推荐工作纪律

(一)差额推荐组织单位和人员应严格遵守厅《干部选拔任用工作责任制(试行)》确定的工作纪律。

(二)参加民主推荐的人员不准进行非组织活动,用非正常手段为自己和他人拉票;不准干预、影响民主推荐的正常程序。

(三)推荐单位的组织人事、纪检部门参与差额推荐的相关工作,并认真履行职责。

四、其他要求

(一)省交通运输厅考察组要注意对不同职务层次人员的民主推荐票、个别谈话推荐情况进行综合分析,防止简单以票取人,切实以民主的精神、科学的方法提高民主推荐的质量。要坚持民主集中制原则,充分考虑单位领导班子成员特别是党政主要负责人对个别谈话推荐对象的评价、意见、建议,为厅党组选人用人提供决策参考。

(二)省交通运输厅属各单位中层干部差额民主推荐工作,可参照本意见执行。 (厅人事劳资处)

【全省公路系统思想政治建设暨人事劳资管理工作座谈会】 2011年11月8日,全省公路系统思想政治建设暨人事劳资管理工作座谈会在兰州召开。会议对2011年上半年全省公路系统思想政治建设工作情况进行通报,对下一阶段思想政治建设、人事劳资工作进行安排部署。省交通运输厅党组书记、厅长杨咏中出席会议并作重要讲话,指出近年来,全省公路系统各级党组织在省交通运输厅党组的领导下,始终坚持"围绕中心、服务大局"的思想不动摇,始终坚持把思想政治建设和人事劳资管理工作作为保障各项目标任务顺利推进的重要措施来抓,特别是针对2011年以来迎接国检、灾后重建、项目建设和农村公路等4大重点任务,省公路管理局党委进一步强化措施、改进方法、提高实效,推动思想政治建设和人事劳资管理工作取得了明显实效,切实为"四大任务"和各项目标按计划稳步推进提供了坚强保障。杨咏中厅长强调,全省公路系统要认真贯彻中央关于加强和改进新形势下党的建设若干重大问题的要求,深刻认识各级党组织肩负的职责使命,坚持把推动公路交通大发展作为党建工作的出发点和落脚点,全面提升各级党组织领导公路工作促发展的能力和水平。要深化公路文化建设,用文化和精神的力量凝聚全系统干部职工,增强公路文化影响力,夯实公路交通又好又快发展的基础。要进一步深化党员领导干部反腐倡廉教育,强化党员干部廉洁自律意识,强化领导干部党纪政纪和法律知识的学习教育,积极营造学法懂法、遵纪守法的浓厚氛围,使党员干部特别是领导干部,带头加强法纪学习,从而依法决策、依法管理、依法办事,自觉做到奉公守法、清正廉洁;要进一步推进廉政风险防控机制建设,重点围绕制约监督和规范权力运行,紧密结合交通运输工作实际,对容易发生问题的重要岗位和重点人员,建立健全廉政风险防控机制,适时轮岗、换岗,有效遏制和减少腐败现象发生。杨咏中厅长要求，各级公路交通部门要进一步增强政治意识、责任意识，要以提高科学决策能力和领导公路养护工作的水平为核心，坚持科学决策、集体决策和民主决策，不断改进领导作风。要始终坚持正确的用人导向，按照民主、公开、竞争、择优的要求培养选任干部，尤其要特别关注基层养护一线那些在环境艰苦、工作困难岗位上埋头苦干地老实人和正派人。要继续在全系统组织开展学习型行业建设活动和各级各类管理技术人员岗位练兵活动，全面提升公路职工整体素质和能力。 (厅新闻信息中心)

【省交通运输厅积极推行差额选任领导干部工作】 2011年，省交通运输厅在全系统积极推行差额选任领导干部工作，下发了《中共甘肃省交通运输厅党组差额选任领导干部工作办法》，不断加大任用领导干部差额选任力度，有效提高了干部选任公信度。

省交通运输厅党组从干部选用的源头入手，打破过去以组织提名和领导干部举荐为主的干部初始提名方式，充分把干部初始提名权交给广大干部群众。首先，公开推荐职位及具体要求，召开干部大会对符合条件的干部进行无记名投票推荐，对推荐票相对集中的，按不低于1:2的比例差额，以得票多少确定初始提名意向性人选。在初始提名环节，坚持不定调子、不划圈子，公开推荐职位、公开选任程序、公开资格条件。拟提名人选以群众推荐为基础，充分尊重民意进一步扩大了选人用人视野。

在第一次民主推荐结束后，由考察组在民主推荐单位组织人事部门、纪检部门的参与配合下，对民主推荐票进行现场统计、现场公布，在统计民主推荐票时设置监票员、唱票员和计票员。根据第一次民主推荐结果，按照推荐岗位1:3比例确定第二次民主推荐的候选人，在参会的本单位中层干部以上范围内进行第二次民主推荐，由考察组对民主推荐票进行统计，按照1:2比例作为党组差额酝酿、差额考察的对象。

考察组根据考察结果，对单位民主推荐情况进行综合分析，将民意不集中、基础不广泛的干部淘汰出局，确定考察对象进行考察，主要是采取书面征求意见、个别谈话、民意调查、实绩分析、与考察对象面谈、延伸考察等形式进行。通过多角度、全方位考察，将考察对象的德才表现、主要特点、工作实绩、比较优势、个性差异等进行考察，研究分析考察对象在德、能、勤、绩、廉等方面的表现，形成客观、翔实、准确的考察材料，防止简单以票取人。

在差额酝酿时，坚持民主集中制原则，广泛征求和考虑考察对象单位领导班子特别是党政主要负责人对考察对象的评价、意见、建议，为省交通运输厅党组选人用人提供决策参考。同时分3个层次和步骤进行酝酿，一是在组织人事部门内部进行酝酿；二是由党组书记、分管干部工作的领导和人事处负责人进一步酝酿；三是在召开党组会前与分管相关工作的厅领导进行沟通酝酿。在充分酝酿的基础上，召开党组干部人事酝酿会，在所有党组成员中进行充分酝酿，并根据酝酿情况按照1:2比例确定提交党组会议差额票决人选名单。

会议票决时，组织人事部门对拟任人选的考察情况特别是工作实绩和民意逐个介绍，并对干部调整的方案、程序、原则及选任过程等进行详细说明，每个党组成员充分发表自己的意见并进行差额投票表决，根据表决结果确定任用意见。

差额选任干部，体现的是公开、公平、公正、择优的有效结合和组织意图、群众意见、干部意愿、德才标准的有机统一，把竞争择优机制贯穿选任干部的始终，拓宽了选人用人渠道，形成了有效的激励机制，使广大干部真正把心思用在干事创业上，把能力体现在工作落实上，推动了全省交通运输事业又好又快发展。 (厅人事劳资处)

【省交通运输厅认真落实《甘肃省事业单位公开招聘人员暂行办法》】 2011年，省交通运输厅认真落实《甘肃省事业单位公开招聘人员暂行办法》。一是为事业单位选人用人建立了新机制。随着事业单位改革的深入推进，过去沿用计划经济时期形成的统一分配、调配、吸收录用等选人用人方式已不能适应形势发展的需要，存在选人用人视野不宽、缺乏竞争机制、信息不公开、标准不统一等弊端。全省公开招聘制度的推行，将有效克服进人信息不公开、程序不透明、政府监管不到位等问题，对扩大事业单位选人用人视野，拓宽选人进人渠道，优化人才资源配置，具有十分重要的意义。二是为事业单位可持续发展提供了新保障。交通系统事业单位承载着大量的社会公益事业。随着社会公益事业的不断发展，社会化保障程度的不断提高，交通系统事业单位需要更多的优秀人才来支撑，采用公开招聘的办法，能够确保事业单位在选人范围、层次、知识结构等方面取得突破，打破事业单位选人用人瓶颈，广泛吸纳优秀人才，有效激发事业单位的生机与活力，为推进交通事业单位的可持续发展提供有力的人才保障。三是为实现人才以用为本开辟了新途径。近年来，我省交通运输系统在事业单位积极开展公开选拔工作，积极探索事业单位选人用人机制，公开信息、规范程序、强化监督、加强管理，招揽优秀人才，一定程度上缓解了交通系统事业单位人才不足的问题。实施的《甘肃省事业单位公开招聘人员暂行办法》明确了事业单位选人用人的管理程序，充分体现不同行业、不同类型事业单位特点的同时，要求充分落实事业单位的用人自主权，这为事业单位实现人才以用为本开辟了新途径。四是加强组织领导。事业单位公开招聘是对传统选人用人制度的历史性突破。交通系统各级党委要高度重视，深刻领会《暂行办法》的精神实质，精心组织、开拓创新，不断发现、研究和解决工作过程中出现的新问题，确保公开招聘工作健康运行。五是抓工作落实。省交通运输厅属各单位要严格按照《暂行办法》规定要求，对新进人员进行公开招聘，不断扩大选人用人视野和渠道，规范管理，严格实施公开透明的招聘制度，为交通系统招才纳贤，为交通事业发展和实现公开招聘制度在全省各级各类事业单位全面覆盖打好基础。六是加强监督检查。事业单位公开招聘是一项系统工程，关键是要加强监督检查，确保招聘工作公平、公正。各单位要加强监督检查，广开言路，充分接受群众监督，严肃查处在招聘过程中的违规操作和弄虚作假问题，确保事业单位公开招聘工作的顺利实施、阳光操作。七是抓好学习宣传。各单位要组织人事、纪检等部门认真学习《暂行办法》，制定和完善本单位公开招聘各项管理制度，通过举办培训班、召开研讨会、开展专题讲座等多种形式，掌握工作方式，熟悉工作程序，建立健全事业单位公开招聘制度，不断推进事业单位公开招聘的科学化、制度化、规范化建设。八是开展调查研究工作。省交通运输厅人事劳资处已就认真贯彻落实《甘肃省事业单位公开招聘人员暂行办法》开展相关调查研究工作，在大中专毕业生接收、干部工人调动、复转军人安置等方面的新老政策进行了对比，并对具体工作程序进行了调整完善。结合目前交通系统事业单位机构编制及人员构成的现状，对垂直管理的行业如何贯彻落实《甘肃省事业单位公开招聘人员暂行办法》进行了客观分析，对需要和省人社厅相关部门沟通协调的可能存在的深层次问题和亟待解决的具体问题有较为清晰认识。各单位组织人事部门同时要认真开展好本单位的调查研究工作，确保以贯彻落实《甘肃省事业单位公开招聘人员暂行办法》为契机，促进单位人员结构的合理优化和单位各项事业的长远发展。

（厅人事劳资处）

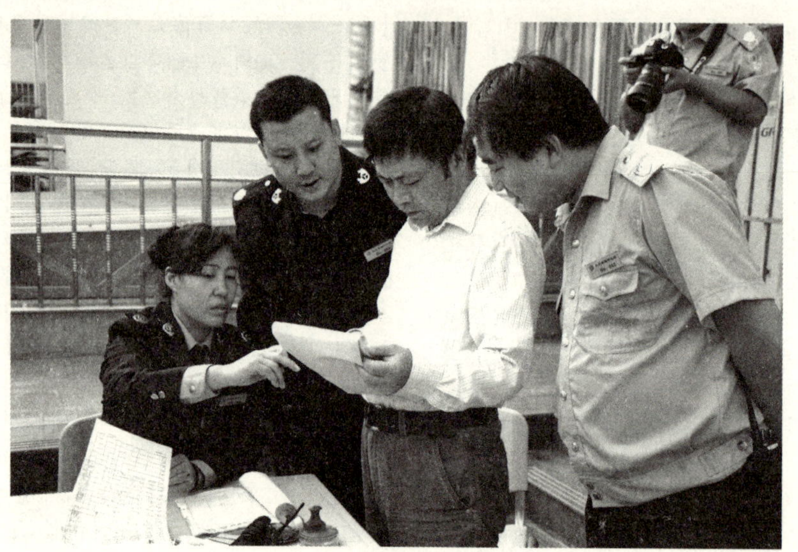

2011 年 9 月，交通运输部督察组在兰州汽车客运中心检查指导工作。 郝俊奎 摄

2011 年 9 月 15 日，团中央城市青年工作部机关事业处处长陈必昌一行在甘肃省高速公路管理局调研共青团和青年工作。

徐 伟 摄

财务审计

【省交通运输厅全面加强预算财务审计管理工作】 2011年省交通运输厅突出重点，全面加强预算财务审计管理工作，为预算财务审计工作营造良好的工作环境。(一)预算跟单位项目走。1.要坚持全面预算管理。这是我们面临的一项全新的工作。做好这项工作,一方面要争取中央预算更多支持,做好省级预算申报工作,把好本级预算关口,指导好行业预算工作。争取中央预算是指要多争取交通运输部车购税转移支付等资金支持。做好省级预算申报工作是要做好燃油税等相关预算的申报。做好本级预算要管好用好通行费,做好事业单位经营收入和国有资产经营收益预算工作。指导好行业预算,是从全局出发,指导好交通运输各系统的预算工作。2.完善预算管理办法,建立预算项目库。要一保吃饭,二保建设。按全面预算管理要求,完善交通运输预算管理办法,涉及职工利益的要打足给够不欠账。项目资金要科学合理,预算到位。今后项目资金超概算,是没有追加的,交通厅想追加也没有钱。财政上不认账,谁给你追加?现在是先编后花,而不是花完了再报的问题。目前我们涉及职工切身利益的问题基本得到了历史性的解决,一些各单位历史的欠账和各个总段的一些债务问题也得到了全面的解决。我们要加快工作进度,建立预算项目库。不论是重点项目建设还是公路的大中修改造工程,还是站场、航道、码头、机场项目,以及管理的非生产性设施项目,都要建立预算的项目库,超前开展前期工作。在计划的编制上,坚持没有规划不进行工可,无工可不进行初设,无初设不安排计划,只有我们建立充足的项目库,才能科学的编制年度预算,保障我们生产性的正常项目支出。3.要加快事业单位的经营性收入、国有独资企业或国有控股企业的资产收益、重点项目建设管理费的预算管理工作。(1)事业单位经营性收入的纳入问题。就是我们正常讲的买车自筹、盖房自筹、发福利自筹,反正都是自筹。这一块量很大,涉及我们公路系统、收费系统、路政征稽系统和厅直事业单位。今后事业单位经营性收入如果不纳入管理,就叫小金库。如果全面纳入管理,又把我们的手脚全部捆住了。我们只能这里挤一点,那里找一点把问题解决了。今后我们怎么办,不纳入是违背政策,要出事,纳入了又怎么管?因为纳入预算后花钱不是自己说了算,是财政说了算。(2)国有资产经营收益要纳入预算。这就涉及交通国有独资企业、控股企业和参股企业,以后企业经营收益都不能完全自由支配,因为这是利用国有资产进行的经营活动。国有独资,收益全部纳入;国有控股和参股,也要纳入一部分。要实行预算管理,就必须先规范起来。因为企业积累还没完成,路桥集团也好,服务公司也好,都是刚有起色。如果完成了原始积累,怎么办都可以。(3)重点项目建设管理费用的预算管理问题。我们现在面临的问题是重点项目几乎都超概算；建设管理费用几乎都不够用,建设工期越来越紧。把建设管理费用纳入预算的根本目的,是为了有效控制我们建设规模、建设周期、建设质量和建设效能。通过建设管理费的预算管理来调动我们项目办工作人员的积极性,改善他们的待遇,提高他们的效能,推动项目建设顺利进行,这是一个重点。同时,现在的几大业主在燃油费改革过程中,将主要在册人员纳入了燃油税供给,现在大家通吃管理费。但是燃油税一分也没减少,都给大家编上,都在那儿放着。如何使燃油税预算经费和建设费有效结合,既从体制上解决问题,又从经费上解决问题,这是我们要研究的重点。2011年我们要认真研究好事业单位经营性收入、企业国有资产的收益、重点项目的建设管理费的预算管理问题,逐步纳入全面预算。4.要维护预算工作的程序性、严肃性和执行力。在这一点上现在做的还不够。(1)不按程序办,一些地方交通部门或总段越过行业管理部门直接到厅里进行审批,一些行业管理部门越过厅里直接到省发展改革委和财政厅审批。(2)预算是一个纪律要求非常严格的工作。随意变更计划,随意调整资金,随意扩大规模,随意调整支出的问题层出不穷。尤其到了年底,收到大量的报告,都是要求项目追加资金的。有的发了补助,差几百万,要求拨款;有的说干了很多工作,现在资金不够,需要列计划。重要的是执行力不够,通过财务检查和上面审计的情况来看，整体的预算执行不到位,这是今后需要加强的一个方面。(二)财务遵循会计法规办。1.资金的收支管理问题,要重点做好燃油税、车购税、通行费、信贷资金和专项资金的管理。2.要加强国有资产的管理，按照国有资产管理法来严格交通行业的国有资产管理。3.规范政府的采购管理,凡是纳入政府采购管理的必须严格执行政府采购。4.要加强投资收益的股权管理。厅属单位有对外投资的,也有对内投资的,还有一些企业参股的。要加强对投资或股权收益的管理。5.要加强债务管理,尤其是行业管理部门和业主、企业,要对财务的管理高度重视。禁止厅属事业单位进行担保质押。对企业之间的担保质押,我们是放开的,怎么担保是企业行为。但我们禁止事业单位和管理机关进行担保或质押,你们没这个权力,不能发生新的债务。对企业我们放活,依法经营,要发挥你们的积极性,要高度重视债务管理。6.要加强财务的核算管理。我们核算管理要做真实的账,核算管理非常重要。(三)监督按照法律规范审计。就是我们内审工作要依照国家法律和规范进行审计。在内审工作中,1. 突出重点。把重点放在项目建设、经济责任、预算执行、财务审计、专项管理和效能审计上,并且对这几个方面,都要有重点的进行安排,审计面不能低于30%。2. 加大审计面。尤其是要分级负责,加强内审,对厅负责内审的、各行业局负责内审的、各单位负责自己内审的,要提出具体的要求;安排具体项目,把工作的重心下移。扩大覆盖面,就是提高安全面,要把问题解决在萌芽中。3. 提高审计工作的质量。要充分发挥政府审计、中介机构审计、单位内部审计的职能。要高度重视政府审计工作,有些可以主动申请政府审计。今年我省人民政府请国家审计署南京特派办对甘肃的规范性津贴补贴进行审计,这就是我省主动请缨来审计。为什么要审?审完了给我们行政机关和事业单位涨工资。不要等人家来审,我们可以请他们来审。要充分发挥中介机构的审计作用,中介机构的审计在法律上是认可的,尤其是企业或一些重大项目的审计上,要请一些中介机构来审计,帮助化解在管理过程中不规范的方面。重要的是要发挥内审机构的作用,关起门来把自己的问题消化到室内,提高我们的管理水平。4. 强化审计的整改和成果的应用。如果不把问题的整改和成果的应用结合起来,审计的效果就不是显现。所以审计部门要把审计成果的应用和审计问题的整改作为审计工作的重点进行监督检查。审计出的问题整改要达到的百分百,审计的成果要得到充分的应用,在干部提拔、项目安排、预算编制、先进的评选上要充分加以考虑。5. 完善审计事前介入的制度。一切问题要超前预防、事前介入。各单位的审计部门要在干部的任用、预算的编制、项目的前期工作、招投标、设计变更和竣工决算中提前介入,把一些问题预防在事前,杜绝漏洞。6. 要加强审计机构队伍建设。已有审计机构的要加强队伍建设,选派政治上坚定、业务上熟练的优秀干部从事这项工作。还没建立内审机构的,要按照厅党组的统一要求,加强内部审计机构的建设,提高经济运行的安全保障。这三项工作做得好坏,关键在领导。要求各单位一定要高度重视预算财务审计工作。(1)主要领导要把预算财务审计工作纳入到工作的议事日程上;(2)要建立定期联系会议制度,加强沟通,避免政出多门,统一协调这项工作;(3)选配好干部;(4)注意解决他们在工作中的实际困难,并且关心预算财务审计干部在政治上的成长,使他们既能尽职尽责的履行职责,又能在政治上、工作上有所追求和发展。7. 不断提升预算财务审计工作的科学化、精细化管理水平。重点要健全规章制度,完善决策程序,改进工作流程,提高服务质量。预算财务审计工作要实行科学化、精细化管理,从制度的健全、程序的完善、流程的改进、质量的提高上下功夫。8. 切实增强自身队伍建设,建设学习型、创新型、实干型、服务型和廉政型的预算财务审计队伍,为我们干部队伍建设作出表率。尤其是在转变作风上,厅机关要作出表率,基层的政府采购由行业管理部门审查申报,各单位的政府采购经厅里研究通过后,由厅财务处统一申报审批。财务处要指定专人负责采购工作,要转变作风,提高我们的工作效率。9. 认真总结经验,广泛推广多年来交通运输行业在预算财务审计方面的先进单位、先进典型,定期对在这方面作出成绩的先进单位、先进典型进行表彰,使同志们的工作成就得到充分的尊重和彰显。五要严格行政问责制度,这项工作的好与坏,关键在主要领导。今后对预算财务审计方面出现的重大问题要按照省厅的行政问责制度进行问责,分主要领导、分管领导、部门负责人和经办人,分别进行行政问责。

(厅办公室)

【全省公路系统资金安全运行监管工作会议】 2011年9月1日,省公路管理局召开全省公路系统资金安全运行监管工作会议,通报全省公路系统近期资金运行情况及财务报账制、资金监管的督察情况,安排部署下阶段全省公路系统资金运行监管工作。杨咏中厅长出席会议并讲话。杨咏中厅长指出,近期以来,省公路管理局党委多措并举,坚持把资金管理与廉政建设紧密结合,制定了《全省公路系统资金运行监督管理规定》等规章制度,资金运行、廉政建设的监管和问责机制得到完善和创新,切实做到了预防关口前移、监管重心下移、重要决策上移。与此同时,省公路管理局认真履行行业管理职责,积极对全省公路系统资金管理工作进行督促检查,做到了督查范围横向到边、纵向到底,督查内容全面覆盖、重点突出,问题整改跟踪落实、不留隐患。层层落实工作责任,强化制约监督,深入开展自查自纠活动,深化政务公开,有效防范了资金风险问题和廉政问题的发生。他强调,全省公路系统要进一步提高对加强资金管理重要性和紧迫性的认识,采取强有力的措施加强资金监管工作,要突出重点把合法使用资金、确保资金安全、注重投资效益、保障事业发展作为资金监管的核心,切实为行业发展提供安全有效地保障。一是要规范决策程序,在各项公路资金的分配和预算编制、执行过程中要坚持民主决策程序,坚持专款专用,防止领导个人独断专行造成的资金运行和廉政问题。二是要改进监管方式和手段。进一步改进和完善资金监管机制和制度,使之更加符合我省公路系统资金监管实际,要继续探索多部门联合协作的监督检查方式,更加有效地保障资金安全运行,重点推动财务管理信息化进程,争取全系统财务管理信息化早日全面推广,依靠信息化管理提高公路行业资金监管水平和效率,进一步规范资金监管工作。三是要建立和完善长效机制。必须统筹利用监管资源,把握重点,总结规律,在建立和完善资金监管的长效机制上下工夫。要统筹用好纪检监察、财务监督和内部审计资源,合力抓好重点领域的资金监管。要进一步完善规章制度,空缺的制度要抓紧建立,不适应的制度要抓紧修改,过时的制度要及时废止,实现用制度管人,用制度办事,让制度发挥防火墙的作用。要建立制约机制,形成决策、执行、监督三者互相联系、互相制约的格局,全方位抓好党风廉政建设,从思想和行动上防止违法违规行为的发生。

(省公路局)

【省公路管理局加强预算衔接和管理工作】 在预算衔接方面,省公路管理局按时上报了各项初始预算和各类建议计划,及时下达了各项正式预算和各类实施计划,配合省厅先后7次去北京衔接计划、汇报工作、争取资金,多次到省发改委、省财政厅等有关单位汇报工作,协调事项,有效保证了全省公路系统养护工作的正常开展和人员工资的按时足额发放。在预算管理方面,督促各单位严格执行预算,对于基层单位和地方政府提出的规划外项目,耐心做好政策解释工作,有效杜绝人情计划和感情项目的发生。对于养护维修、危桥改造、水毁修复、安保工程等养护生产预算外项目安排,全部提交局务会和局长办公会集体严格审定,没有擅自批复过任何一项预算外费用。在不同层次、不同范围内充分征求意见的基础上,制定、下达了养护机械设备购置计划,设备采购由使用单位按规定实行招标采购,坚决杜绝擅自干预现象。

(张军仁)

【省公路管理局强化资金监管】 建立健全资金运行监督管理制度体系,努力推行财务管理的制度化。成立了全省公路系统资金督察工作领导小组和全省二级公路巡回督查小组。各公路总段(分局)专门成立了"项目及资金管理委员会",具体负责项目工程预算审定、材料采购、劳务队选定和下属单位大额资金审批,同时,还成立了由党委书记负责的"资金安全运行监督委员会",具体负责资金支出中的监督管理。加强过程管理,派出工作小组对全省公路系统开展财务大检查,组织专门人员对财务报账制的落实情况和"三公经费"开支情况进行专项检查,对检查出来的问题,跟踪督查整改。

(省公路管理局)

【交通运输建设资金监管工作】 2011 年,省交通运输厅建设资金监管办顺利完成了本年度 15 个公路项目建设资金使用情况工地专项检查工作。2011 年全省公路建设资金使用情况总体良好,全年无挪用、挤占建设资金情况发生。但个别标段仍存在缴纳管理费、购置固定资产、资金中心账户归集资金等不符合《甘肃省交通运输厅信贷资金管理办法》和《三方监管协议》的问题。对此,厅资金监管办共发布《资金监管意见书》12 份,年内这些问题已全部按要求进行了整改。本年度专项检查,紧扣建设资金监管职责,突出四项重点。一是紧跟工程进度,项目分类监管。二是加大二级公路项目监管力度。三是保证监管工作全面性、规范性,逐步将交通、绿化等附属工程正式纳入监管范围,重点检查各项目所提供银行、现金账目和整改情况等资料的整理存档工作,备查备用。四是提高工地检查工作效率,强调问题整改"从速从严"。全年 2 次 15 个项目路基、路面及附属工程累计约 200 个合同段,工地检查实际工作日 50 天,检查结束至监管意见正式发布平均为 3 个工作日,问题整改时限要求缩短至 5 个工作日。

(厅建设资金监管办)

【兰州总段对基层单位进行廉政监察和财务审计】 2011 年,为及时查找各基层单位在廉政建设和资金管理中存在的问题,不断强化单位内部管理,规范财务监管,确保资金安全运行、规范使用,兰州总段成立以总段党委副书记和纪委书记为组长的党风党委廉政建设监察及财务审计小组,自 3 月 18 日开始,分两组对各基层单位的制度建设、落实情况,党风廉政建设及班子建设、民主集中制执行情况,账户、账套设置情况,预算执行情况,危桥加固、安保、养护维修、外包工程等专项资金使用情况,大宗物资采购、劳务队使用、廉政合同执行等情况进行了全面检查,检查结束后,及时向各单位反馈了检查结果,要求各相关单位对检查中发现的问题,引起高度重视,严肃对待,立即进行整改落实,通过检查整改,进一步规范了资金管理、运行程序,严肃了工作纪律,杜绝了私设"小金库"等违纪违规行为的发生,保证了总段各项生产建设活动的安全、持续开展。

(兰州公路总段)

【亚行检查团检查平定高速公路项目】 2011 年 9 月亚行检查团对平定高速公路项目进行检查,建议执行机构和实施机构对贷款金额进行重新分配。执行机构和实施机构根据工程支付的实际情况和需求对贷款资金的配置进行了调整并向省交通运输厅提出申请。经省交通运输厅与省财政厅积极沟通,由财政部向亚行提出调整申请,亚行于 2011 年 12 月 15 日对此进行正式批复。此次贷款资金的重新调整有利于外资贷款的充分利用,提高了外资贷款的使用效益。

(厅引贷办)

2011 年春运期间,金昌市政府副市长、永昌县县委书记孟有柱带领县直相关部门负责人在永昌县汽车站检查春运安全工作。

孙建军 供

群众来信来访工作

【省交通运输厅做好信访工作】 2011年,省交通运输厅共受理群众来信来访127件(次),其中,群众来信60件,与上年相比下降了20%,来信中5人以上联名信11件,重复来信4件。接待群众来访67次723人,与上年相比来访次数上升了20%,其中5人以上集体来访32次682人。从来信看,反映群众生活、工资待遇和子女就业问题17件,反映营运管理问题13件,反映工程款结算、劳务费支付和征地拆迁补偿问题11件,反映单位领导违法违纪问题的6件,反映公路建设问题8件,反映住房问题1件,反映其他问题4件。从来访看,反映群众生活、工资待遇和子女就业问题26次330人,反映营运管理问题14次94人,反映工程款结算、劳务费支付和征地拆迁补偿问题15次262人,反映住房问题4次5人,反映其他问题8次32人。在这127件(次)群众来信来访中,已办结117件(次),结案率为91%。在所有信访件中省厅直接受理111件(次),由交通部转办7件、省政府转办1件、省人大转办2件、省政协转办1件、省信访局交办1件转办4件。

从2011年来信来访来看,呈现出集中时段、集中人员、集中方向,重复多次来信来访的特点。从反映问题来看,热点、难点问题主要集中在群众生活、工资待遇和子女就业,占信访总量的34%,营运管理占信访总量的22%,拖欠工程款、劳务费占信访总量的21%。

2011主要做法是。(一)在新时期社会转型、体制转轨的大背景下,随着我省交通运输事业发展、改革的不断推进,受各种因素的影响,信访工作面临的压力不断增大。如何做好信访工作,是构建和谐交通,维护行业和社会稳定的大事,也是贯彻落实以人为本理念、建设"为民、务实、清廉"服务型政府部门的现实需要。对此,厅党组坚持定期召开会议研究信访工作,厅领导亲自过问、亲自部署,成立了由厅长杨咏中同志任组长,杨映祥副厅长任副组长,相关处室和有关人员参加的信访工作领导小组,全面负责省厅的信访工作。制订印发了《省交通运输厅2010年信访工作要点》,对全行业信访工作的重点、措施、方法提出了明确要求。并且结合交通运输行业实际,进一步落实工作责任制,坚持"谁主管,谁负责"原则,强化"属地管理,分级负责";厅属各有关单位也明确了相应机构,层层落实责任主体,确立了一级抓一级,层层抓落实的工作格局,做到了认识、组织、领导三个到位,有效确保了信访工作的正常开展。在此基础上,省厅还将信访工作列入单位年度工作目标,作为对厅属各单位考核的重要内容,加强督促检查,切实落实信访工作的责任,认真解决在交通运输工作中出现的涉诉涉访问题。

(二)重心下移,深入开展领导干部接访。坚持把领导干部接访作为解决问题、化解矛盾、沟通联系、促进和谐的有效手段,按照"公开透明、规范有序、方便群众、解决问题"的原则,深入开展领导干部接访活动。强化接访领导责任,实现信访工作重心下移,关口前移。坚持谁接访、谁负责、谁包案,做到领导干部亲自包案、亲自主持研究案情、亲自调查分析问题成因、亲自提出解决方案,直到案结事了,息诉息访。2011年以来,厅党组、厅长、副厅长、厅办公室负责人多次召集相关单位(部门)和信访工作人员研究解决重大和棘手上访问题,厅领导多次接待集体上访,并进行现场答复。6月23日,杨映祥副厅长接待了驼铃客车厂45名同志,耐心细致的向他们解答了关于政策性破产的疑问;9月8日,法规处处长又接待了驼铃厂转岗分流人员80余名,对其提出转岗分流后工资待遇低、工作岗位安置不合理等问题进行了解答,使上访人员了解了安置政策,稳定了上访人员情绪,为事情的解决搭建了沟通和理解的平台。厅属各单位不断加大对交通行业信访突出问题的协调处理力度,结合信访形势的变化,集中力量解决上访职工群众反映比较集中的热点难点问题。对反映出的问题都能够逐一靠前做工作,摸准真实情况,采取切实可行的措施,分阶段、有步骤地进行"终结"。对他们提出的合理意见和诉求,按照有关规定限时加以解决,并及时向当事人反馈办理意见及结果;对违背相关政策和确实没有条件解决的,耐心细致地做好解释说明工作。省运管局妥善处理了兰州至白银客运班线经营者停运上访事件,此次停运上访事件持续40余天,社会影响较大,为尽快解决和平息事件,按照省厅领导的安排,省运管局主要领导多次主动约见上访经营者,听取他们的诉求,召开会议进行协商,经过多方洽谈和努力,事件得以解决,11辆停运车辆中有7辆已恢复运营,有4辆与企业达成了收购协议。

(三)大力创新,用群众工作统揽信访工作。牢固树立信访工作是解决民生问题重要渠道的理念,是新形势下群众工作重要载体的理念,是加强和改进新形势下群众工作实际体现的理念。牢固树立群众观点,不断增强群众观点,自觉实践群众观点,用群众工作的理念、立场、方法处理群众信访诉求,带着对群众的深厚感情去做信访工作。坚持党委负责、统一领导的原则,紧密结合工作实际,充分整合资源,增强工作效能,让群众理有处讲、怨有处诉、难事有处反映、问题有处解决。2011年,厅属单位的50多名"五七工"和家属工向厅信访室多次反映社会养老保险办理的问题,省厅按照国家政策规定,积极督促厅属单位和社保部门进行沟通,及时为其办理了社会养老保险,解决了他们的合理诉求。

(四)职责明确,尽心尽力完成交办事项。2011年上级交办案件是信访工作的重点,省厅收到后迅速送领导批阅,召集有关部门及时研究、落实责任单位或部门,采用自身解决、联合解决等方式办理信访事项。2011年省厅受理省信访局交办李克良信访事项案后,立即协调业主单位组织人员赴平凉市与崆峒区交通运输局、崆峒区崆峒镇太统村张巴沟社联合进行调查核实。经调查,张巴沟大桥影响李克良家采光一事不属实,对2010年"7·22"强降雨冲毁该户土围墙及院内进水一事,经实地丈量,对倒塌的20米土围墙按平定高速公路补偿标准,每平方米30元,共补偿600元。对高速公路路基碾压过程中振动引起该户房屋裂缝一事,经现场查看,墙皮裂缝有2条,长约50公分左右,裂缝宽度不足1毫米,只在墙壁一面可见。经协商,同意按所有房屋和窑洞面积进行补偿,共补偿1 992.0元,来信人李克良对此处理结果表示满意。对那些由交通运输行业引发,且属于交通运输行业职责范围内的信访事件,省厅积极协调相关部门迅速办理,妥善解决,切实维护群众的合法利益;对一些不合理的诉求,在做好调查、取证的基础上,耐心做好对来信来访者的说服、疏导工作;对确实有困难的,坚持以人为本的原则,予以适当帮扶。积极落实"三级终结"的办理模式,努力把信访案件化解在交通运输行业内部。

(五)科学应对,做好信访工作中突发事件的应对处置。2011年针对近年来我省交通运输部门建设项目多、建设任务重、通行费征收、超限超载车辆治理和运输市场管理困难大等实际,省厅始终把预防和应对群体性突发事件放在重要的议事日程,坚持"及早发现、预防为主、有效化解"的原则,科学应对,狠抓制度落实。省厅结合信访工作重点,开展了交通运输行业矛盾纠纷排查工作,对公路收费、客运市场管理、公路建设项目、交通运输企业改制等领域的矛盾纠纷进行摸底排查,对存在的问题进行了分析研究,并进行立即整改,有效化解了矛盾,将一些极有可能演化为群体性事件的问题消除在基层,解决在萌芽。省公路局、省高管局分别针对二级公路和高速公路通行费中存在的收缴矛盾,特别是实施计重收费以来出现的偷、逃、抗费等问题,建立了路政、养护、交警与运营管理机构之间的联动协调机制和高等级公路区域联防机制,严格落实"绿色通道"政策,较好的化解了收缴矛盾,确保了二级收费公路和高速公路的安全畅通。省运管局针对道路运输市场"黑车"运营问题,2011年3月18日起至6月28日,积极联合省公安厅在全省开展道路客运市场百日专项整治活动。专项整治期间,全省共出动执法人员68 556人次,执法车辆19 408台次,依法查处各类"黑车"3 334辆,查处并纠正不规范经营行为9 250起。路桥投资公司、长达路业公司等建设项目业主单位全面加强项目建设管理,规范劳务用工制度,采取农民工工资公示制度等方式,较好的解决了因施工单位拖欠农民工工资引发的群体性上访事件。在实施驼铃客车厂政策性破产过程中,省厅始终把维护破产企业职工队伍稳定作为头等大事来抓,一方面,厅领导积极主动争取省国资、人社、工商、财政等部门的支持,全力加快政策性破产进程;另一方面,积极开展扶危帮困活动,及时对困难职工和职工遗属进行补助;同时,坚持破产与职工安置同步进行,广泛征求职工意见,对符合再就业安置条件且愿意接受再就业安置的286名职工,经过岗前培训,于2011年10月正式安置到省高管局一线收费岗位和省交通服务公司下属各高速公路服务区工作。在此过程中,驼铃厂破产工作组密切关注各类不稳定因素,适时召开职工座谈会,耐心做好政策解释和思想政治工作,积极化解破产过程中产生的各类矛盾,较好保障了职工队伍的稳定。

加强值班,增强责任意识和政治敏锐感。省厅信访室从2011年3月5日—3月15日全国两会期间开始实行零报告制度,每天16:30前报交通运输部,历时10天,坚持每月向省信访局报送信访数据。在预防非正常上访方面,省厅也做好了准备,厅信访室存有厅属各单位分管信访工作的领导和工作人员的联系电话,要求信访相关人员24小时开机,以便出现情况能够联系得上,拉得出来,冲得上去,努力做到人要接走、事要解决。

(厅信访办)

【省交通运输厅做好维稳工作】 2011年,在交通运输事业加快发展的同时,省交通运输厅认真按照省委、省政府关于做好维稳工作的一系列要求,全面贯彻落实省上和交通运输部维稳工作会议精神,不断加大工作力度,建立健全相关工作机制,把维稳工作摆在重要议事日程,坚持交通运输事业和维护稳定工作两手抓,按照"发展是第一要务"、"维稳是第一责任"的工作原则,初步探索出了具有甘肃交通运输行业特色的维稳信访工作机制,有效维护了行业不断发展与和谐稳定的大局。

加强维稳工作的组织领导。2011年,在新时期社会转型、体制转轨的大背景下,厅党组坚持定期召开会议研究维稳工作,厅领导亲自过问、亲自部署,成立了由厅长杨咏中同志任组长,分管领导任副组长,相关处室和有关人员参加的维稳工作领导小组,全面负责省厅的维稳工作,有效确保了维稳工作的正常开展。省交通运输厅还将维稳工作列入单位年度工作目标,认真解决在交通运输工作中出现的涉及稳定的热点、难点问题。

着眼大局,正确把握做好维稳工作的原则。省交通运输厅在维稳工作中认真把握并坚持了以下原则:一是预防为主,防处结合。注重增强全系统防范群体性事件意识,着力做好应对可能引发群体性事件的思想准备、组织准备和队伍准备等各项准备工作。对各类可能引发群体性事件的情况及时进行分析、预警,做到了早发现、早报告、早处置。二是迅速反应,果断处理。在群体性突发事件发生后,立即启动应急预案,在迅速了解正确情况、及时向上级部门报告的同时,坚持"宜散不宜聚、宜解不宜结、宜顺不宜激"的原则,向群众谈清问题、讲明政策、理顺情绪,起到化解矛盾的作用。在事件升级、有可能发生暴力行为时,及时协调,寻求维稳、公安等部门的支持和帮助,尽快控制事态,平息事件。三是加强协调,密切配合。在群体性事件发生后,尽快明确不同类型群体性事件应急处置的牵头部门及其职责权限,及时通知当地政府或有关主管单位,形成了统一调度、上下联动、明确责任、协调配合的应急处理机制。2011年12月1日驼铃客车厂部分危楼住户在佛慈大街阻断交通事件发生后,省交通运输厅在省维稳办的指导下及时组织驼铃厂工作组启动与市维稳办、当地派出所和街道办等部门的联动机制，联合出动，及时将堵路职工劝返回厂内，避免了事态的扩大。四是加强宣传，疏导教育。群体性突发事件发生后，坚持不回避、不掩盖、不推脱的原则，实事求是地向群众讲明道理，宣传有关政策和法律法规，深入做好思想政治工作，根据情况及时通过网站、新闻媒体等形式发布信息，澄清事实，正确引导舆论。

完善制度，建立维稳工作长效机制。2011年，省交通运输厅按照省上和交通运输部关于做好群体性突发事件的有关要求，重新起草了《甘肃省交通运输厅处置群体性事件应急预案》。同时，要求厅属各单位结合工作实际，分类制订应对群体性突发事件的预案、制度。省公路局制定了《甘肃省局管二级收费公路收费区域突发事件应急预案》，为二级收费公路工作的正常开展提供了保障。省运管局结合加强道路运输市场管理，制订了《甘肃省道路运输行业应对各类突发事件保障预案》。省高管局针对高速公路运营管理制订了《甘肃省高等级公路突发事件应急预案》。路桥投资公司、长达路业公司等承担公路建设的各业主单位结合项目管理和农民工工资发放等问题，也制定了相关制度和方案，从而在全省交通运输系统建立了有效的维稳工作长效机制。

（厅信访办）

2011年6月24日，平凉临时路政支队召开庆祝建党90周年大会并对评选出的优秀共产党员进行表彰奖励。

平凉临时路政支队 供

2011年6月26日，全省高速公路管理系统举办"学党史、知党情、跟党走"纪念建党90周年知识竞赛。

徐 伟 摄

离退休人员管理工作

【省公路管理局认真落实离退休职工两项待遇】 2011年，甘肃省公路管理局认真落实好离退休职工“两项待遇”，加强离退休职工基层党支部建设和老干部工作队伍建设，提高工作水平和服务质量，离退休职工队伍和谐稳定。在落实政治待遇方面，积极组织离退休职工开展各项学习教育活动，坚持重要会议、重要活动邀请离退休职工代表参加，定期向离退休职工通报全局工作。坚持“三访制度”，对在兰离休干部进行上门慰问，对省外退休职工实地走访。关怀高龄老同志的生活，为年满八十岁的离退休职工祝贺寿辰。加强老干部活动阵地建设，优化活动设施，为老同志学习、娱乐创造良好条件。加强离退休职工党支部建设，在离退休职工党支部和党员中开展“创先争优”和“三好离退休职工”评选活动。在落实生活待遇方面，按时足额发放离退休职工生活费，做好离退休职工医疗统筹服务工作。积极组织老同志开展健康的文化娱乐活动，组织老同志参加了省委老干部局开展的健康麻将和棋牌比赛活动；分批组织在兰离退休职工开展游园、游览活动；参加省厅举办的庆祝老人节大会和游艺活动，充分展示我局离退休职工积极向上的精神风貌。 (徐梅芳)

【白银公路总段召开离退休职工座谈会共庆“老人节”】 2011年9月30日上午，白银公路总段组织离退休职工召开座谈会，共庆“国庆”节和第二十四个“老人节”，机关30余名离退休老职工齐聚一堂，共话总段近年来取得的成就，展望了总段的美好未来。总段离退休工作坚持以三个代表重要思想和党的十六届五中全会精神为指导，认真贯彻省厅局和总段会议精神，坚持从总段工作实际出发，正确处理离退休职工与人事业务工作之间的关系，以高度的政治责任感在政治上尊重、思想上关心、生活上照顾离退休职工，使离退休职工老有所养、老有所学、老有所乐、老有所为，有力促进了总段各项工作的稳定开展。在9月29日省交通运输厅召开的第二十四个“老人节”暨离退休工作表彰大会上，总段取得了全省交通运输系统“示范性离退休人员活动室”荣誉称号，白银、会宁两个公路管理段分别被表彰为全省交通运输系统离退休先进单位，总段长李玉海、原老干科科长蔡炳香、靖远公路管理段支部书记张晓明分别被省厅表彰为重视离退休工作的领导和优秀离退休工作先进个人。 (白银公路总段)

【定西公路总段召开庆祝建党90周年慰问老党员座谈会】 2011年6月28日，定西公路总段召开了庆祝建党90周年慰问老党员座谈会。30多名退休老干部、老党员与总段领导、科室负责人欢聚一堂，以慰问座谈会的形式共同庆祝中国共产党建党90周年。会议宣读了中组部致全国老干部、老党员的慰问信；向老干部、老党员通报了总段近年来的发展情况；老干部、老党员畅谈了党90年来的风雨历程和取得的丰功伟绩，并对总段公路事业发展积极献言献策。会议强调，总段两级党组织要进一步贯彻落实“政治上尊重、思想上关心、生活上照顾、精神上关怀老同志”的方针政策，多为老同志办实事、做好事、解难事，努力为老同志创造良好条件，大力宣传老同志的历史功绩，传承老同志无私奉献的崇高精神，不断把总段的公路事业推向前进。 (伏浩元)

【甘南公路总段提高离休干部生活补贴标准】 2011年上半年，甘南公路总段根据有关政策规定，全面提高了离休干部的生活补贴标准，扩大了补贴发放范围。此次大范围提高离休干部生活补贴标准工作，重点是对1937年7月前参加工作的，生活补贴标准提高到每人每年增发3个月的基本离休费，1937年7月至1942年12月参加工作的人均年增发2个半月的补贴，对1943年1月至1945年9月参加工作的人均年增发2个月的补贴，对1945年9月至1949年9月参加工作的人均年增1个月的生活补贴。按此调整后，红军时期、抗日战争前期、抗日战争后期、解放战争时期参加革命工作的离休干部，可分别享受3个月、2个半月、2个月和1个月离休费数额的生活补贴。 (后志良)

【临夏公路总段“中秋”慰问离退休老干部】 2011年中秋佳节来临之际，临夏公路总段组成慰问组，由总段领导分别带队，对离退休老干部进行了慰问，送去了慰问金，表达了总段党委对离退休老同志的深切关怀。近年来，临夏公路总段高度重视离退休职工管理工作，积极落实老干部的政治及生活待遇，及时召开老干部座谈会，向他们传达上级精神，解释有关规定及政策，通报总段各项工作进展及整体工作思路，组织他们参观公路建设，认真听取他们对总段公路养护工作的意见、建议，节假日进行慰问，深受离退休老干部欢迎。 (刘志功)

【张掖公路分局切实加强离退休职工管理服务工作】 2011年，张掖公路分局紧密结合老龄工作实际，狠抓各项工作落实，离退休职工管理和服务工作取得了显著成绩。一是抓学习，强管理，推进支部工作规范化。坚持落实每月1次的集中学习制度，定期召开组织生活会。坚持离退休党支部委员联系党员制度，采取电话联系、走访看望等多种形式，经常了解离退休党员的身体和生活情况。坚持困难救助和“三必访”制度，对离退休干部职工中因病住院、家庭困难的，分局离退休党支部协同有关部门及时走访慰问。2010年以来，共走访慰问困难离退休职工200多人次，发放慰问金、慰问品5万余元。二是抓活动，增活力，党员生活多样化。组织开展党性实践活动，在广大离退休干部党员中深入开展了“建言献策”、“离岗不离党，退休不褪色”等活动，增强了党性观念。开展形式多样的文体娱乐活动，丰富了离退休职工的精神文化生活。开展关爱服务活动，每年春节、“七一”等重大节日期间都走访慰问老党员，给他们送去党组织的关怀。三是抓作用，促奉献，发挥党员作用经常化。利用离退休老党员工作经验丰富的特点，积极引导他们为公路事业发展出主意、想办法，先后有40余名离退休专业技术人员参与了分局养护和工程建设工作。充分发挥离退休党员在分局各项工作中的监督促进作用。

（贾其军 崔洁）

【张掖公路分局为70岁以上离退休职工过生日】 2011年11月2日，张掖公路分局机关离退休党支部为15名70岁以上离退休职工集体过生日，并为老寿星们送上了温馨的祝福和生日礼物。2011年，分局把为70岁以上离退休职工过生日作为为职工办好的八件实事之一，进一步加强离退休职工管理工作，从政治上、生活上关心关爱离退休老职工，使离退休老职工得以安享晚年。目前，分局及局属各支部以不同形式为125名70岁以上离退休职工举行了集体过生日活动，真正把组织的关怀和祝福送给了每一位老寿星。

（贾其军 崔洁 柴建国 曹仁国）

2011年8月5日，省交通运输厅副厅长王繁己在出席省交通服务公司“精细化管理年”总结表彰大会期间参观成果展。

兰文治 摄

2011年10月14日，省交通运输厅副厅长王繁己在兰州客运中心检查指导工作。

郝俊奎 摄

先进单位(集体)先进个人

2011年7月,嘉峪关公路总段首次运用SBS改性沥青和橡胶沥青铺筑油面,取得较好效果。图为运用SBS改性沥青铺筑油面场景。

嘉峪关公路总段 供

名　录

2011年1月27日 甘肃省总工会表彰2009—2010年度全省工会理论研究优秀论文的决定

甘总工办〔2011〕2号

三等奖:

浅议重点公路建设项目农民工工资监督管理——甘肃路桥公路投资公司　何永刚

优秀奖:

发挥工会组织在构建社会主义和谐社会中的作用——甘肃路桥公路投资公司　黄文

浅谈如何做好基层工会工作——定西公路总段安定公路管理段工会　李亚东

浅谈新形势下局务公开存在的问题与对策——张掖公路分局　马占志

2011年2月18日甘肃省总工会关于表彰奖励完成2010年工作目标责任书单位的决定

甘总工发〔2011〕12号

2010年工作目标责任书考核二等奖:

省交通工会

2011年2月24日全国妇女"巾帼建功"活动领导小组关于表彰全国城乡妇女岗位建功先进集体、先进个人的决定

妇巾领字〔2011〕2号

全国巾帼文明岗:

省交通服务公司华运高速公路服务区管理公司

省武威公路总段古浪养护工区

2011年2月28中华全国总工会关于表彰全国五一巾帼奖状(奖章)、全国五一巾帼标兵岗(标兵)的决定

总工发〔2011〕12

全国五一巾帼标兵:

卢艳芳　酒泉高速公路管理处嘉安高速公路收费管理所瓜州收费站收费员

2011年2月28日甘肃省城镇妇女"巾帼建功"活动协调领导小组关于表彰全省巾帼文明岗、巾帼建功标兵、巾帼建功活动先进工作者的决定

甘妇城建〔2011〕1号

甘肃省巾帼文明岗:

省交通服务公司华运高速公路服务区管理公司

省武威公路总段古浪养护工区

甘肃省巾帼建功标兵:

王　芊　平凉公路总段女工主任

沈玉清　酒泉公路总段马鬃山边防公路管理段工人

2011年3月9日中华全国总工会关于表彰全国工会"职工书屋"建设先进单位和先进个人的通报

工书屋办〔2011〕2号

全国工会优秀职工书屋:

甘肃省兰州公路总段

巉柳高速公路收费管理所

全国工会职工书屋建设先进个人:

窦永学　甘肃省兰州公路总段工会

苏书祯　甘肃省高等级公路运营管理中心

2011年3月11日中华全国总工会关于全国工会"职工书屋"示范点验收达标的通报

工书屋办〔2011〕3号

全国工会"职工书屋"示范点达标单位:

机场高速公路收费管理所

甘肃省金昌公路总段工会

甘肃省兰州公路总段工程处

甘肃省兰州公路总段高等级公路养护管理中心

甘肃省白银公路总段白银公路管理段

甘肃路桥建设集团有限公司四分公司

2011年3月17日中共甘肃省委宣传部、甘肃省总工会、甘肃省精神文明建设指导委员会办公室、甘肃省工业和信息化委员会、甘肃省人民政府国有资产监督管理委员会关于表彰第十三次甘肃省职工职业道德建设十佳单位、十佳标兵和先进单位、先进个人的决定

甘总工发〔2011〕22号

先进单位:

甘肃路桥建设集团有限公司

先进个人:

尚晓青　甘肃省公路运输管理局党委副书记、工会主席

2011年4月7日甘肃省总工会关于2011年度全省工会财务会计工作竞赛考评结果的通报

甘总工办发〔2011〕20号

达标单位:

省交通工会

2011年4月11日交通运输部、中国海员建设工会全国委员会关于表彰2011年“春运农民工平安返乡(岗)安全优质服务竞赛”先进集体、先进个人的决定

交运发〔20111〕164号

先进集体:

甘南州运管局舟曲分局

甘肃陇运(集团)快速客运有限公司

甘肃交运旅游汽车有限责任公司

兰州汽车南站

先进个人:

王仲远　甘肃省公路运输管理局运输安全处科员

高建军　甘肃交运旅游汽车有限责任公司总经理

陈德全　甘肃陇南(集团)快速客运有限公司副总经理

刘　鹏　兰州客运中心站副站长

李德伟　张掖汽车南站安检员

刘东鑫　庆阳西峰车站副站长

崔朝霞　白银市平川区汽车站班组长

2011年4月15日中华全国总工会关于授予在甘肃舟曲特大山洪泥石流抢险救灾和灾后重建中涌现的先进集体和先进职工、全国五一劳动奖状、全国工人先锋号和全国五一劳动奖章的决定

总工发〔2011〕29号

全国工人先锋号:

甘肃省陇南公路总段抗洪抢险突击队

全国五一劳动奖章:

杨碧辉　甘肃省公路局省养公路管理处工程师

2011年4月20日甘肃省总工会关于颁布2011年甘肃省五一劳动奖状、五一劳动奖章和命名甘肃省工人先锋号、劳动先锋号的决定

甘总工发〔2011〕37号

甘肃省五一劳动奖状:

甘肃省交通科学研究院有限公司

甘肃省五一劳动奖章:

李鑫　甘肃紫光智能交通与控制技术有限公司产品开发工程师

甘肃省劳动先锋号:

甘肃省定西公路总段安定公路管理段南川养管站

甘肃省定西公路总段临洮公路管理段

甘肃省嘉峪关公路总段抢险救灾党员突击队

兰临高速公路收费管理所兰州南收费站

甘肃省工人先锋号:

甘肃省陇南公路总段国道316线江洛收费管理所

2011年4月28日中华全国总工会关于表彰全国五一劳动奖状、全国五一劳动奖章和全国工人先锋号的决定

总工发〔2011〕36号

全国工人先锋号:

甘肃省甘南公路总段舟曲公路管理段

2011年4月20日全国安康杯竞赛组委会关于表彰2010年度全国“安康杯”竞赛先进集体和优秀个人的决定

组委会〔2011〕1号

2010年全国“安康杯”竞赛优秀单位:

甘肃省定西公路总段

2010年全国“安康杯”竞赛优胜班组:

甘肃省天水公路总段武山公路管理段石岭养管站

甘肃省白银公路总段靖远公路管理段三滩养管站

甘肃交通服务公司新路交通工程公司康阳一标项目部

2011年9月30日交通运输部、中国海员建设工会全国委员会关于表彰100个全国模范道班和100名全国模范养路工的决定

交公路发〔2011〕549号

全国模范道班:

甘肃省甘南公路总段合作公路管理段王格尔塘养管站

甘肃省定西公路总段通渭公路管理段马营养管站

甘肃省白银公路总段靖远公路管理段三滩养管站

甘肃省天水公路总段秦州公路管理段皂郊养管站

全国模范养路工：

梁　荣　甘肃省张掖公路分局高等级公路养护管理中心

吕惠平　甘肃省甘南公路总段扎刹养管站

汪来文　甘肃省天水公路总段武山公路管理段洛门养管站

白建胜　甘肃省白银公路总段景泰公路管理段兴泉养管站

2011年11月11日中国海员建设工会全国委员会关于表彰2011年度全国交通建设系统“工人先锋号”的决定

海建工总字〔2011〕52号

2011年度全国交通建设系统“工人先锋号”：

甘肃省陇南公路总段工程处陇南8·12暴洪灾后重建杨八项目部

甘肃省公路管理局舟曲灾后重建办

甘肃省道路运输管理局道路运输科技信息中心

会宁高速公路收费管理所司桥收费站

宝天高速公路收费管理所东岔主线收费站

甘肃省交通质监站质量监督科

甘肃省交通规划勘察设计院有限责任公路养护技术研究所

甘肃省交通工程建设科研院桥隧工程技术研究所

甘肃省路桥建设集团有限公司武罐高速土建第八合同段项目经理部

甘肃省交通监理公司第一监理所

甘肃省交通物资供应公司华通高等级公路广告有限公司

甘肃省交通服务公司北龙口服务区

甘肃省金昌公路总段永昌公路管理段永昌公路养护管理站

甘肃省酒泉公路总段敦煌公路管理段油路修补队

甘肃省嘉峪关公路总段镜铁公路管理段镜铁山养护站

2011年11月15日甘肃省总工会关于表彰全省班组建设工作先进单位和先进班组的通报

甘总工发〔2011〕79号

全省班组建设工作先进单位：

定西公路总段

张掖公路分局工会

省交通工会

全省班组建设工作先进班组：

定西公路总段通渭公路管理段马营养管站

永昌公路管理段永昌养护管理站

柳树高速公路收费管理所兰州收费站

2011年12月9日中国海员建设工会关于表彰全国交通建设系统先进工会、优秀工会工作者和优秀工会之友的决定

海建工总字〔2011〕58号

全国交通建设系统先进工会：

甘肃路桥建设集团有限公司工会

甘肃省定西公路总段工会

甘肃省交通规划勘察设计院有限责任公司工会

甘肃省武威公路总段工会

全国交通建设系统优秀工会工作者：

邓晓刚　甘肃省交通科学研究院有限公司工会主席

高　睿　甘肃省交通工程建设监理公司工会主席

刘勤生　甘肃省甘南公路总段工会副主席

史金林　甘肃省平凉公路总段工会主席

汤镇国　甘肃省高速公路管理局工会主席

朱富义　甘肃省道路运输管理局工会主席

全国交通建设系统优秀工会之友

苏书祯　甘肃省高速公路管理局局长

吴敏刚　甘肃省交通科学研究院有限公司董事长

2011年12月6日甘肃省总工会、甘肃省人力资源和社会保障厅、甘肃省工业和信息化委员会、甘肃省科学技术厅、甘肃省人民政府国有资产监督管理委员会关于表彰2011年全省职工技能大赛技术标兵、服务明星、优秀选手、优秀组织单位、优秀组织者的决定

甘总工发〔2011〕84号

甘肃省技术标兵(38名)：

张　凯　支鹏飞　令平宇　杨兴伯　刘胜雄　汪首元

张建军　周菊兰　赵国栋　何　飞　马红霞　庞　权

陈雪萍　杨真强　曹自俊　高小华　张兴军　聂永斌

田利峰　高海明　杨万璋　杨　尧　盛红书　田宝如

范亚东　马景智　王灵才　刘瑞林　黄大伟　梁　荣

秦　龙　黄俊杰　马多奎　赵培玉　许志元　毛宏伟

王进元　张小红

优秀选手(19名)

石彦军　石兴鹏　孔海雄　王毓明　李联伟　杨小红

达　龙　田爱玲　庞舒元　高小炬　叶玉珍　李俊红

范宝莉　赵海燕　李国凯　王燕玲　徐　福　石　颖

王　军

优秀组织单位(1个)

甘肃省交通基建工程质量监督站

优秀组织者(1名)

桑吉才让　省交通工会主任

2011年12月21日甘肃省人力资源和社会保障厅关于授予付庆贤等92名同志全省职工职业技能大赛“甘肃省技术能手”荣誉称号的决定

甘人社厅发〔2011〕66号

甘肃省技术能手：

谢　强　付　涛　张会平　殷长燕　苏　润　张作霖

2011年12月31日甘肃省总工会关于授予2011年全省职工职业技能大赛省级决赛各工种第一名及获得第四届职工优秀技术创新成果一等奖的单位和个人甘肃省五一劳动奖状、五一劳动奖章的决定

甘总工发〔2011〕94号

甘肃省五一劳动奖章：

谢　强　甘肃省交通科学研究院有限公司工程师(全省职工技能大赛“高速公路试验检测”省级决赛第一名)

2011年12月7日甘肃省总工会、甘肃省科学技术厅、甘肃省人力资源和社会保障厅关于表彰第四届全省职工优秀技术创新成果的决定

甘总工发〔2011〕83号

第四届全省职工优秀技术创新成果二等奖：

高速公路土建工程成套施工技术

——甘肃路桥建设集团有限公司

主完成人：王龙飞　黄永军　魏玲霞

第四届全省职工优秀技术创新成果三等奖：

微表处技术应用

——甘肃省定西公路总段高等级公路养护管理中心

主完成人：罗文军　曹发宁

沥青洒布机

——甘肃省酒泉公路总段肃州公路管理段

主完成人：闫兴云　胡晓军

超声波单面平测法检测混凝土构件裂缝深度验证分析

——甘肃省交通科学研究院有限公司

主完成人：田　晖　吴金民　谢燕飞　赵元科　王建文　辛纯涛

第四届全省职工优秀技术创新成果优秀奖：

高速公路安全设施液压校正机

——甘肃省张掖公路分局高等级公路养护管理中心

主完成人：梁　荣　张　军

除雪打冰机

——甘肃省酒泉公路总段高等级公路养护管理中心

主完成人：张兴伟

提高刘家峡大桥颤振稳定性的措施研究

——甘肃省交通规划勘察设计院有限责任公司

主完成人：武维宏　唐学军　杨志雄　舒春生　史爱宏　曾志刚

2011年12月30日甘肃省总工会关于表彰甘肃省模范职工之家、模范职工小家、优秀工会工作者、模范乡镇(街道)工会的决定

甘总工发〔2011〕92号

甘肃省模范职工之家：

甘肃省交通基建工程质量监督站工会

甘肃省模范职工小家：

甘肃省酒泉公路总段金塔公路管理段工会小组

张掖公路分局高台公路管理段化音养管站工会小组

庆阳公路总段甜木公路收费管理所环城收费站工会小组

庆城公路管理段桐川养管站工会小组

甘肃路桥第二公路工程有限责任公司工会

甘肃省天水高速公路管理处宝天高速公路收费管理所麦积收费站工会小组

甘肃省优秀工会工作者：

谢峰松　甘肃省兰州公路总段高等级公路养护管理中心工会主席

2011年12月30日甘肃省总工会关于全省工会干部教育培训工作先进集体和先进个人的通报

甘总工发〔2011〕93号

甘肃省工会干部教育培训工作先进集体：

甘肃省高速公路管理局工会

甘肃省工会干部教育培训工作先进个人：

杨文籍(甘肃路桥建设集团工会主席)

2011年12月30日甘肃省总工会关于表彰奖励完成2011年工作目标责任书单位的决定

甘总工发〔2012〕1号

2011年工作目标责任书考核二等奖：

省交通工会

【兰州的哥吴永胜获全国十大见义勇为英雄司机称号】2011年12月8日，第八届“昆仑奖”全国十大见义勇为英雄司机评选揭晓，兰州的士司机吴永胜获此殊荣。2011年2月13日凌晨2时许，兰州市民卢女士在城关区铁路局金轮广场附近遭到4名男子的持刀抢劫，驾车路经此处的吴永胜不顾个人安危勇敢出击，在及时报警后全力帮助受害人驾车追踪嫌疑人至甘南路耿家庄路口，积极协助公安民警将4名犯罪嫌疑人一举抓获。　(李文凯)

【王格尔塘养管站及吕惠平分别荣获全国模范道班及全国模范养路工荣誉称号】 2010年8月，交通运输部表彰奖励了一批在全国公路养护系统涌现出来的100个全国模范道班和100个全国模范养路工，甘南公路总段王格尔塘养管站及合作段扎刹养管站站长吕惠平，分别荣获全国模范道班和全国模范养路工荣誉称号。王格尔塘养管站代表还在大会上作了题为《缺氧不缺精神 艰苦不怕吃苦》的专题事迹报告，极大地提升了甘肃交通行业的社会知名度和影响力。

（后志良）

【我省三汽车站获全国旅客最满意汽车客运站称号】 2011年2月22日，"万里杯" 首届全国交通运输行业旅客最满意汽车客运站推选活动颁奖大会在河南郑州举行。我省兰州汽车东站、天水汽车客运总站、平凉汽车站等100家单位被推选为首届旅客最满意汽车客运站，定西交运集团杜旭、天嘉集团黄明生获得"辉煌60年——中国道路运输60位旗帜人物"称号。

（李文凯）

【甘肃路桥集团获全国百家优秀会员单位称号】 2011年12月10日至11日，中国公路建设行业协会第三届代表大会在北京召开，会议表彰了从543家会员单位中评选出的"百家优秀会员单位"，甘肃路桥建设集团获此殊荣。

（甘肃路桥集团）

【甘肃路桥集团五项科技成果获全省建设科技进步奖】 2011年10月，从省住建设厅传来喜讯，甘肃路桥集团2010年完成的5项应用型科技成果喜获甘肃省建设科技进步一、二、三等奖，标志着路桥集团科技水平迈上了一个新台阶。 此次获奖的科研项目分别是获得一等奖的《上承式钢管混凝土拱桥盖梁预制吊装施工技术》，获得二等奖的《高速公路ATB-25柔性基层施工技术》，《大跨度钢管混凝土拱桥双肋整体缆索吊装施工技术》、《大型强制间歇式沥青搅拌站转场快速拆装施工技术》、《公路匝道及加宽渐变段沥青混凝土面层施工技术》三个项目获三等奖。 获奖的5项应用型科技成果均是集团一线技术人员在祁家黄河大桥、吉林图珲三标等工程实践中通过不断的技术攻关提炼总结出来的，在成果的研究和提炼过程中，项目技术人员倾注了很多精力和智慧，技术水平达到国内领先和国内先进水平。

（任文宏 宿秀丽）

【甘肃路桥建设集团蝉联五星级诚信企业称号】 2011年，甘肃省建筑业联合会授予甘肃路桥建设集团等67家企业为甘肃省五星级建筑业诚信企业荣誉称号，这是继2009年后企业又一次获此殊荣。诚信企业评选活动是甘肃省建设厅、甘肃省建筑业联合会为加快和推进甘肃建筑市场信用体系建设，加强建筑业企业行业自律和诚信建设所开展的一项行业评价活动。本次诚信企业评选，甘肃路桥建设集团经过推荐、初审、专家评审以及网上公示等程序，本着公开、公平、公正的原则，最终经甘肃省建筑业企业诚信行业评价委员会评审通过，甘肃路桥建设集团再次荣获五星级诚信企业荣誉称号。此项荣誉的获得是对甘肃路桥建设集团诚信办企的肯定，对提升甘肃路桥建设集团企业形象，提高公司信誉和社会知名度起到了积极作用，同时也将激励着集团今后更加自觉履行社会责任，在行业诚信体系建设中更加努力发挥模范带头作用。

（甘肃路桥建设集团）

【甘肃路桥张建明获"全国优秀建造师"荣誉称号】 2011年，建造师执业资格制度与完善研讨会暨第二届全国优秀建造师表彰大会在福建省厦门市举办，甘肃路桥建设集团副总经理张建明荣获"第二届全国优秀建造师"荣誉称号，这是继获得"国际杰出项目经理"殊荣之后又获得的一项建筑行业国家级荣誉。

（甘肃路桥建设集团）

【临夏公路总段表彰奖励舟曲陇南抢险救灾先进个人】 2011年8月8日，甘肃省8·8舟曲特大山洪泥石流及陇南8·12暴洪发生后，临夏公路总段根据省交通运输厅的整体安排部署，分别组织抢险突击队奔赴灾区，全力投入抢险救灾工作，在最短的时间内抢通生命线，为抢险救灾贡献了力量，受到了省厅的表彰奖励。为此，总段召开专题会议，对赴舟曲抗洪抢险队和陇南暴洪抢险队的23名同志予以表彰奖励， 同时号召全段广大干部职工，要以抢险队员为榜样，大力弘扬抢险救灾精神，把抢险救灾精神转化为统一思想认识，坚定必胜信心，全力做好工作的实际行动，以开拓创新的精神，迎难而上的锐气，求真务实的作风，为促进总段公路事业又好又快发展做出更大的贡献。

（刘志功）

【张掖公路分局荣获 "2010年度支持地方经济发展先进单位"称号】 2011年，在甘州区经济工作会上，张掖公路分局荣获"2010年度支持地方经济发展先进单位"称号。张掖公路分局坚持以服务和支持地方经济发展为己任，始终把公路养护作为第一要务，持续加强公路养护管理，实施养护维修工程，提高路况质量和服务水平，为地方经济发展提供了优质的道路通行条件，营造了良好的发展环境。不断加大公路路网改造力度，先后对甘州至民乐县际公路、山丹至张掖收费公路等路段进行改造，提高了公路等级水平，优化了路网结构。成立农村公路巡回督查组，加大农村公路质量、进度等督查，并积极提供技术支持，有力地促进了农村公路的发展，为社会主义新农村建设作出了积极贡献。同时，还积极开展帮扶活动，先后与新农村建设试点安阳乡郎家城村结对帮扶，与甘州区花寨乡花寨村党支部结为"城乡基层党组织结队共建党组织"。

（王维学）

【张掖公路分局工程师年璐荣获"全国五一巾帼标兵"荣誉称号】 2011年3月5日，甘肃省交通运输系统庆三八暨巾帼建功表彰大会在兰州举行，表彰了甘肃交通运输系统荣获"全国五一巾帼标兵"和甘肃省交通运输系统巾帼建功标兵、巾帼文明岗等先进单位和个人。张掖公路分局工程师年璐荣获"全国五一巾帼标兵"荣誉称号。"全国五一巾帼标兵"荣誉由中华全国总工会评选，旨在大力弘扬劳模精神和工人阶级伟大品格，充分展示女职工的时代风采和卓越贡献，进一步激励广大女职工为实现"十二五"规划目标创先争优、建功立业。年璐，现为分局养护计划监理科工程师。1997年参加工作以来,先后在国道227线扁张二级公路、国道312线永山高速公路等基本建设项目及改建工程中担任分项负责人,并参与了多项路网改建工程的设计工作。2006年调入分局养护计划监理科后,负责养护维修工程、危旧桥加固工程及安保工程的组织实施工作。她大胆尝试,科学管理,积极采用新材料、新工艺、新技术,先后参与了国道227线扁张段路面横向裂缝处治、改性乳化沥青研究、高速公路车辙处治关键技术研究等,并将研究成果运用到养护管理中,取得了较好的成效。 (王维学)

【张掖公路分局高等级公路养护管理中心设施维修队荣获"全国交通运输系统优秀'五型班组'"荣誉称号】 2011年,中国海员建设工会对全国交通运输系统263个优秀"五型班组"进行了表彰,张掖公路分局高等级公路养护管理中心设施专业维修队是我省交通运输系统获得表彰的8个班组之一,也是我省高速公路养护单位中唯一获得该荣誉的基层养护班组。 高养中心交通安全设施专业维修队以创建学习型、安全型、创新型、节约型、和谐型班组为主要目标,动员和组织全队职工学技能、学管理、学做人,刻苦钻研业务技能,创造了多项操作简便、经济耐用、效果显著的技术革新成果,形成了维修效率高、劳动纪律好、安全意识强、队务管理人本化等优良的班组精神,有力促进了高速公路设施维修工作的开展,为社会公众安全出行做出了积极贡献。

(钟晓亮 杨丽虹)

【白望公路一标段荣获2010年重点工程劳动竞赛优质工程奖】 2011年,由中国海员建设工会组织的"2010年全国加快交通基础设施建设重点工程劳动竞赛"评选结果揭晓,由甘肃天地路桥工程有限公司张掖分公司承建的省道307线地震灾后恢复重建工程白河沟至望关公路第一标段荣获"2010年重点工程劳动竞赛优质工程奖",项目经理薛文仲获"先进个人"称号。省道307线白河沟至望关公路是"5.12"地震后省委省政府确定的公路灾后恢复重建重点工程,天地路桥张掖分公司先后参与了该公路的地震灾后抢险保畅、灾后重建和"8·12"暴洪灾后恢复重建施工,总计完成工作量1亿多元。在三年多的时间中,天地路桥张掖分公司精心组织施工,先后多次组织开展劳动竞赛活动,克服重重困难,顺利完成了各项工程施工任务,将白望公路建设成了连接甘陕两省、支持陇南灾后重建的文明路、样板路。工程多次获得省交通运输厅、省公路局和灾后重建项目办的表彰奖励。(王彬)

【定西公路总段荣获全省班组建设工作先进单位】 2011年12月,在全省班组建设工作会议上,定西公路总段被省总工会表彰为甘肃省"班组建设工作先进单位"、通渭公路管理段马营养管站荣获甘肃省"先进班组"荣誉称号。近年来,定西公路总段不断强化基层班组建设,在13个基层单位、43个班组(站)广泛开展"安康杯"竞赛活动,以安全生产法律法规、规章制度学习为起点,打造学习型职工、学习型班组;以创建"工人先锋号"、建设"职工之家"为着力点,增强职工思想政治和职业技能素质;以维护职工合法权益、推进职工民主管理为根本点,全面提升班组管理水平,充分发挥出一线职工的主人翁精神,推动了公路养护管理各项工作安全、稳定、持续发展。 (喻建平)

2011年6月27日,甘肃路桥公路投资公司在兰州召开庆祝中国共产党建党90周年大会,省交通运输厅纪检监察室、省交通工会等领导出席大会。

甘肃路桥公路投资公司 供

FAGUIXUANBIAN

法规选编

2011 年 3 月 23 日，天水公路总段高等级公路养护中心职工在天北高速公路辅道进行施工。

陶 虹 摄

公路安全保护条例

2011年2月16日国务院第144次常务会议通过，3月7日国务院总理温家宝签署第593号国务院令，公布《公路安全保护条例》。《条例》自2011年7月1日起施行。

第一章 总 则

第一条 为了加强公路保护，保障公路完好、安全和畅通，根据《中华人民共和国公路法》，制定本条例。

第二条 各级人民政府应当加强对公路保护工作的领导，依法履行公路保护职责。

第三条 国务院交通运输主管部门主管全国公路保护工作。

县级以上地方人民政府交通运输主管部门主管本行政区域的公路保护工作；但是，县级以上地方人民政府交通运输主管部门对国道、省道的保护职责，由省、自治区、直辖市人民政府确定。

公路管理机构依照本条例的规定具体负责公路保护的监督管理工作。

第四条 县级以上各级人民政府发展改革、工业和信息化、公安、工商、质检等部门按照职责分工，依法开展公路保护的相关工作。

第五条 县级以上各级人民政府应当将政府及其有关部门从事公路管理、养护所需经费以及公路管理机构行使公路行政管理职能所需经费纳入本级人民政府财政预算。但是，专用公路的公路保护经费除外。

第六条 县级以上各级人民政府交通运输主管部门应当综合考虑国家有关车辆技术标准、公路使用状况等因素，逐步提高公路建设、管理和养护水平，努力满足国民经济和社会发展以及人民群众生产、生活需要。

第七条 县级以上各级人民政府交通运输主管部门应当依照《中华人民共和国突发事件应对法》的规定，制定地震、泥石流、雨雪冰冻灾害等损毁公路的突发事件(以下简称公路突发事件)应急预案，报本级人民政府批准后实施。

公路管理机构、公路经营企业应当根据交通运输主管部门制定的公路突发事件应急预案，组建应急队伍，并定期组织应急演练。

第八条 国家建立健全公路突发事件应急物资储备保障制度，完善应急物资储备、调配体系，确保发生公路突发事件时能够满足应急处置工作的需要。

第九条 任何单位和个人不得破坏、损坏、非法占用或者非法利用公路、公路用地和公路附属设施。

第二章 公路线路

第十条 公路管理机构应当建立健全公路管理档案，对公路、公路用地和公路附属设施调查核实、登记造册。

第十一条 县级以上地方人民政府应当根据保障公路运行安全和节约用地的原则以及公路发展的需要，组织交通运输、国土资源等部门划定公路建筑控制区的范围。

公路建筑控制区的范围，从公路用地外缘起向外的距离标准为：

(一)国道不少于20米；

(二)省道不少于15米；

(三)县道不少于10米；

(四)乡道不少于5米。

属于高速公路的，公路建筑控制区的范围从公路用地外缘起向外的距离标准不少于30米。

公路弯道内侧、互通立交以及平面交叉道口的建筑控制区范围根据安全视距等要求确定。

第十二条 新建、改建公路的建筑控制区的范围，应当自公路初步设计批准之日起30日内，由公路沿线县级以上地方人民政府依照本条例划定并公告。

公路建筑控制区与铁路线路安全保护区、航道保护范围、河道管理范围或者水工程管理和保护范围重叠的，经公路管理机构和铁路管理机构、航道管理机构、水行政主管部门或者流域管理机构协商后划定。

第十三条 在公路建筑控制区内，除公路保护需要外，禁止修建建筑物和地面构筑物；公路建筑控制区划定前已经合法修建的不得扩建，因公路建设或者保障公路运行安全等原因需要拆除的应当依法给予补偿。

在公路建筑控制区外修建的建筑物、地面构筑物以及其他设施不得遮挡公路标志，不得妨碍安全视距。

第十四条 新建村镇、开发区、学校和货物集散地、大型商业网点、农贸市场等公共场所，与公路建筑控制区边界外缘的距离应当符合下列标准，并尽可能在公路一侧建设：

(一)国道、省道不少于50米；

(二)县道、乡道不少于20米。

第十五条 新建、改建公路与既有城市道路、铁路、通信等线路交叉或者新建、改建城市道路、铁路、通信等线路与既有公路交叉的，建设费用由新建、改建单位承担；城市道路、铁路、通信等线路的管理部门、单位或者公路管理机构要求提高既有建设标准而增加的费用，由提出要求的部门或者单位承担。

需要改变既有公路与城市道路、铁路、通信等线路交叉方式的，按照公平合理的原则分担建设费用。

第十六条 禁止将公路作为检验车辆制动性能的试车场地。

禁止在公路、公路用地范围内摆摊设点、堆放物品、倾倒垃圾、设置障碍、挖沟引水、打场晒粮、种植作物、放养牲畜、采石、取土、采空作业、焚烧物品、利用公路边沟排放污物或者进行其他损坏、污染公路和影响公路畅通的行为。

第十七条 禁止在下列范围内从事采矿、采石、取土、爆破作业等危及公路、公路桥梁、公路隧道、公路渡口安全的活动：

(一)国道、省道、县道的公路用地外缘起向外100米，乡道的公路用地外缘起向外50米；

(二)公路渡口和中型以上公路桥梁周围200米；

(三)公路隧道上方和洞口外100米。

在前款规定的范围内，因抢险、防汛需要修筑堤坝、压缩或者拓宽河床的，应当经省、自治区、直辖市人民政府交通运输主管部门会同水行政主管部门或者流域管理机构批准，并采取安全防护措施方可进行。

第十八条　除按照国家有关规定设立的为车辆补充燃料的场所、设施外，禁止在下列范围内设立生产、储存、销售易燃、易爆、剧毒、放射性等危险物品的场所、设施：

（一）公路用地外缘起向外100米；

（二）公路渡口和中型以上公路桥梁周围200米；

（三）公路隧道上方和洞口外100米。

第十九条　禁止擅自在中型以上公路桥梁跨越的河道上下游各1000米范围内抽取地下水、架设浮桥以及修建其他危及公路桥梁安全的设施。

在前款规定的范围内，确需进行抽取地下水、架设浮桥等活动的，应当经水行政主管部门、流域管理机构等有关单位会同公路管理机构批准，并采取安全防护措施方可进行。

第二十条　禁止在公路桥梁跨越的河道上下游的下列范围内采砂：

（一）特大型公路桥梁跨越的河道上游500米，下游3000米；

（二）大型公路桥梁跨越的河道上游500米，下游2000米；

（三）中小型公路桥梁跨越的河道上游500米，下游1000米。

第二十一条　在公路桥梁跨越的河道上下游各500米范围内依法进行疏浚作业的，应当符合公路桥梁安全要求，经公路管理机构确认安全方可作业。

第二十二条　禁止利用公路桥梁进行牵拉、吊装等危及公路桥梁安全的施工作业。

禁止利用公路桥梁（含桥下空间）、公路隧道、涵洞堆放物品，搭建设施以及铺设高压电线和输送易燃、易爆或者其他有毒有害气体、液体的管道。

第二十三条　公路桥梁跨越航道的，建设单位应当按照国家有关规定设置桥梁航标、桥柱标、桥梁水尺标，并按照国家标准、行业标准设置桥区水上航标和桥墩防撞装置。桥区水上航标由航标管理机构负责维护。

通过公路桥梁的船舶应当符合公路桥梁通航净空要求，严格遵守航行规则，不得在公路桥梁下停泊或者系缆。

第二十四条　重要的公路桥梁和公路隧道按照《中华人民共和国人民武装警察法》和国务院、中央军委的有关规定由中国人民武装警察部队守护。

第二十五条　禁止损坏、擅自移动、涂改、遮挡公路附属设施或者利用公路附属设施架设管道、悬挂物品。

第二十六条　禁止破坏公路、公路用地范围内的绿化物。需要更新采伐护路林的，应当向公路管理机构提出申请，经批准方可更新采伐，并及时补种；不能及时补种的，应当交纳补种所需费用，由公路管理机构代为补种。

第二十七条　进行下列涉路施工活动，建设单位应当向公路管理机构提出申请：

（一）因修建铁路、机场、供电、水利、通信等建设工程需要占用、挖掘公路、公路用地或者使公路改线；

（二）跨越、穿越公路修建桥梁、渡槽或者架设、埋设管道、电缆等设施；

（三）在公路用地范围内架设、埋设管道、电缆等设施；

（四）利用公路桥梁、公路隧道、涵洞铺设电缆等设施；

（五）利用跨越公路的设施悬挂非公路标志；

（六）在公路上增设或者改造平面交叉道口；

（七）在公路建筑控制区内埋设管道、电缆等设施。

第二十八条　申请进行涉路施工活动的建设单位应当向公路管理机构提交下列材料：

（一）符合有关技术标准、规范要求的设计和施工方案；

（二）保障公路、公路附属设施质量和安全的技术评价报告；

（三）处置施工险情和意外事故的应急方案。

公路管理机构应当自受理申请之日起20日内作出许可或者不予许可的决定；影响交通安全的，应当征得公安机关交通管理部门的同意；涉及经营性公路的，应当征求公路经营企业的意见；不予许可的，公路管理机构应当书面通知申请人并说明理由。

第二十九条　建设单位应当按照许可的设计和施工方案进行施工作业，并落实保障公路、公路附属设施质量和安全的防护措施。

涉路施工完毕，公路管理机构应当对公路、公路附属设施是否达到规定的技术标准以及施工是否符合保障公路、公路附属设施质量和安全的要求进行验收；影响交通安全的，还应当经公安机关交通管理部门验收。

涉路工程设施的所有人、管理人应当加强维护和管理，确保工程设施不影响公路的完好、安全和畅通。

第三章　公路通行

第三十条　车辆的外廓尺寸、轴荷和总质量应当符合国家有关车辆外廓尺寸、轴荷、质量限值等机动车安全技术标准，不符合标准的不得生产、销售。

第三十一条　公安机关交通管理部门办理车辆登记，应当当场查验，对不符合机动车国家安全技术标准的车辆不予登记。

第三十二条　运输不可解体物品需要改装车辆的，应当由具有相应资质的车辆生产企业按照规定的车型和技术参数进行改装。

第三十三条　超过公路、公路桥梁、公路隧道限载、限高、限宽、限长标准的车辆，不得在公路、公路桥梁或者公路隧道行驶；超过汽车渡船限载、限高、限宽、限长标准的车辆，不得使用汽车渡船。

公路、公路桥梁、公路隧道限载、限高、限宽、限长标准调整的，公路管理机构、公路经营企业应当及时变更限载、限高、限宽、限长标志；需要绕行的，还应当标明绕行路线。

第三十四条　县级人民政府交通运输主管部门或者乡级人民政府可以根据保护乡道、村道的需要，在乡道、村道的出入口设置必要的限高、限宽设施，但是不得影响消防和卫生急救等应急通行需要，不得向通行车辆收费。

第三十五条　车辆载运不可解体物品，车货总体的外廓尺寸或者总质量超过公路、公路桥梁、公路隧道的限载、限高、限宽、限长标准，确需在公路、公路桥梁、公路隧道行驶的，从事运输的单位和个人应当向公路管理机构申请公路超限运输许可。

第三十六条　申请公路超限运输许可按照下列规定办理：

(一)跨省、自治区、直辖市进行超限运输的，向公路沿线各省、自治区、直辖市公路管理机构提出申请，由起运地省、自治区、直辖市公路管理机构统一受理，并协调公路沿线各省、自治区、直辖市公路管理机构对超限运输申请进行审批，必要时可以由国务院交通运输主管部门统一协调处理；

(二)在省、自治区范围内跨设区的市进行超限运输，或者在直辖市范围内跨区、县进行超限运输的，向省、自治区、直辖市公路管理机构提出申请，由省、自治区、直辖市公路管理机构受理并审批；

(三)在设区的市范围内跨区、县进行超限运输的，向设区的市公路管理机构提出申请，由设区的市公路管理机构受理并审批；

(四)在区、县范围内进行超限运输的，向区、县公路管理机构提出申请，由区、县公路管理机构受理并审批。

公路超限运输影响交通安全的，公路管理机构在审批超限运输申请时，应当征求公安机关交通管理部门意见。

第三十七条　公路管理机构审批超限运输申请，应当根据实际情况勘测通行路线，需要采取加固、改造措施的，可以与申请人签订有关协议，制定相应的加固、改造方案。

公路管理机构应当根据其制定的加固、改造方案，对通行的公路桥梁、涵洞等设施进行加固、改造；必要时应当对超限运输车辆进行监管。

第三十八条　公路管理机构批准超限运输申请的，应当为超限运输车辆配发国务院交通运输主管部门规定式样的超限运输车辆通行证。

经批准进行超限运输的车辆，应当随车携带超限运输车辆通行证，按照指定的时间、路线和速度行驶，并悬挂明显标志。

禁止租借、转让超限运输车辆通行证。禁止使用伪造、变造的超限运输车辆通行证。

第三十九条　经省、自治区、直辖市人民政府批准，有关交通运输主管部门可以设立固定超限检测站点，配备必要的设备和人员。

固定超限检测站点应当规范执法，并公布监督电话。公路管理机构应当加强对固定超限检测站点的管理。

第四十条　公路管理机构在监督检查中发现车辆超过公路、公路桥梁、公路隧道或者汽车渡船的限载、限高、限宽、限长标准的，应当就近引导至固定超限检测站点进行处理。

车辆应当按照超限检测指示标志或者公路管理机构监督检查人员的指挥接受超限检测，不得故意堵塞固定超限检测站点通行车道、强行通过固定超限检测站点或者以其他方式扰乱超限检测秩序，不得采取短途驳载等方式逃避超限检测。

禁止通过引路绕行等方式为不符合国家有关载运标准的车辆逃避超限检测提供便利。

第四十一条　煤炭、水泥等货物集散地以及货运站等场所的经营人、管理人应当采取有效措施，防止不符合国家有关载运标准的车辆出场(站)。

道路运输管理机构应当加强对煤炭、水泥等货物集散地以及货运站等场所的监督检查，制止不符合国家有关载运标准的车辆出场(站)。

任何单位和个人不得指使、强令车辆驾驶人超限运输货物，不得阻碍道路运输管理机构依法进行监督检查。

第四十二条　载运易燃、易爆、剧毒、放射性等危险物品的车辆，应当符合国家有关安全管理规定，并避免通过特大型公路桥梁或者特长公路隧道；确需通过特大型公路桥梁或者特长公路隧道的，负责审批易燃、易爆、剧毒、放射性等危险物品运输许可的机关应当提前将行驶时间、路线通知特大型公路桥梁或者特长公路隧道的管理单位，并对在特大型公路桥梁或者特长公路隧道行驶的车辆进行现场监管。

第四十三条　车辆应当规范装载，装载物不得触地拖行。车辆装载物易掉落、遗洒或者飘散的，应当采取厢式密闭等有效防护措施方可在公路上行驶。

公路上行驶车辆的装载物掉落、遗洒或者飘散的，车辆驾驶人、押运人员应当及时采取措施处理；无法处理的，应当在掉落、遗洒或者飘散物来车方向适当距离外设置警示标志，并迅速报告公路管理机构或者公安机关交通管理部门。其他人员发现公路上有影响交通安全的障碍物的，也应当及时报告公路管理机构或者公安机关交通管理部门。公安机关交通管理部门应当责令改正车辆装载物掉落、遗洒、飘散等违法行为；公路管理机构、公路经营企业应当及时清除掉落、遗洒、飘散在公路上的障碍物。

车辆装载物掉落、遗洒、飘散后，车辆驾驶人、押运人员未及时采取措施处理，造成他人人身、财产损害的，道路运输企业、车辆驾驶人应当依法承担赔偿责任。

第四章　公路养护

第四十四条　公路管理机构、公路经营企业应当加强公路养护，保证公路经常处于良好技术状态。

前款所称良好技术状态，是指公路自身的物理状态符合有关技术标准的要求，包括路面平整，路肩、边坡平顺，有关设施完好。

第四十五条　公路养护应当按照国务院交通运输主管部门规定的技术规范和操作规程实施作业。

第四十六条　从事公路养护作业的单位应当具备下列资质条件：

(一)有一定数量的符合要求的技术人员；

(二)有与公路养护作业相适应的技术设备；

(三)有与公路养护作业相适应的作业经历；

(四)国务院交通运输主管部门规定的其他条件。

公路养护作业单位资质管理办法由国务院交通运输主管部门另行制定。

第四十七条　公路管理机构、公路经营企业应当按照国务院交通运输主管部门的规定对公路进行巡查，并制作巡查记录；发现公路坍塌、坑槽、隆起等损毁的，应当及时设置警示标志，并采取措施修复。

公安机关交通管理部门发现公路坍塌、坑槽、隆起等损毁，危及交通安全的，应当及时采取措施，疏导交通，并通知公路管理机构或者公路经营企业。

其他人员发现公路坍塌、坑槽、隆起等损毁的，应当及时向公路管理机构、公安机关交通管理部门报告。

第四十八条　公路管理机构、公路经营企业应当定期对公路、公路桥梁、公路隧道进行检测和评定，保证其技术状态符合有关技术标准；对经检测发现不符合车辆通行安全要求的，应当进行维修，及时向社会公告，并通知公安机关交通管理部门。

第四十九条　公路管理机构、公路经营企业应当定期检查公路隧道的排水、通风、照明、监控、报警、消防、救助等设施，保持设施处于完好状态。

第五十条　公路管理机构应当统筹安排公路养护作业计划，避免集中进行公路养护作业造成交通堵塞。

在省、自治区、直辖市交界区域进行公路养护作业，可能造成交通堵塞的，有关公路管理机构、公安机关交通管理部门应当事先书面通报相邻的省、自治区、直辖市公路管理机构、公安机关交通管理部门，共同制定疏导预案，确定分流路线。

第五十一条　公路养护作业需要封闭公路的，或者占用半幅公路进行作业，作业路段长度在2公里以上，并且作业期限超过30日的，除紧急情况外，公路养护作业单位应当在作业开始之日前5日向社会公告，明确绕行路线，并在绕行处设置标志；不能绕行的，应当修建临时道路。

第五十二条　公路养护作业人员作业时，应当穿着统一的安全标志服。公路养护车辆、机械设备作业时，应当设置明显的作业标志，开启危险报警闪光灯。

第五十三条　发生公路突发事件影响通行的，公路管理机构、公路经营企业应当及时修复公路、恢复通行。设区的市级以上人民政府交通运输主管部门应当根据修复公路、恢复通行的需要，及时调集抢修力量，统筹安排有关作业计划，下达路网调度指令，配合有关部门组织绕行、分流。

设区的市级以上公路管理机构应当按照国务院交通运输主管部门的规定收集、汇总公路损毁、公路交通流量等信息，开展公路突发事件的监测、预报和预警工作，并利用多种方式及时向社会发布有关公路运行信息。

第五十四条　中国人民武装警察交通部队按照国家有关规定承担公路、公路桥梁、公路隧道等设施的抢修任务。

第五十五条　公路永久性停止使用的，应当按照国务院交通运输主管部门规定的程序核准后作报废处理，并向社会公告。

公路报废后的土地使用管理依照有关土地管理的法律、行政法规执行。

第五章　法律责任

第五十六条　违反本条例的规定，有下列情形之一的，由公路管理机构责令限期拆除，可以处5万元以下的罚款。逾期不拆除的，由公路管理机构拆除，有关费用由违法行为人承担：

（一）在公路建筑控制区内修建、扩建建筑物、地面构筑物或者未经许可埋设管道、电缆等设施的；

（二）在公路建筑控制区外修建的建筑物、地面构筑物以及其他设施遮挡公路标志或者妨碍安全视距的。

第五十七条　违反本条例第十八条、第十九条、第二十三条规定的，由安全生产监督管理部门、水行政主管部门、流域管理机构、海事管理机构等有关单位依法处理。

第五十八条　违反本条例第二十条规定的，由水行政主管部门或者流域管理机构责令改正，可以处3万元以下的罚款。

第五十九条　违反本条例第二十二条规定的，由公路管理机构责令改正，处2万元以上10万元以下的罚款。

第六十条　违反本条例的规定，有下列行为之一的，由公路管理机构责令改正，可以处3万元以下的罚款：

（一）损坏、擅自移动、涂改、遮挡公路附属设施或者利用公路附属设施架设管道、悬挂物品，可能危及公路安全的；

（二）涉路工程设施影响公路完好、安全和畅通的。

第六十一条　违反本条例的规定，未经批准更新采伐护路林的，由公路管理机构责令补种，没收违法所得，并处采伐林木价值3倍以上5倍以下的罚款。

第六十二条　违反本条例的规定，未经许可进行本条例第二十七条第一项至第五项规定的涉路施工活动的，由公路管理机构责令改正，可以处3万元以下的罚款；未经许可进行本条例第二十七条第六项规定的涉路施工活动的，由公路管理机构责令改正，处5万元以下的罚款。

第六十三条　违反本条例的规定，非法生产、销售外廓尺寸、轴荷、总质量不符合国家有关车辆外廓尺寸、轴荷、质量限值等机动车安全技术标准的车辆的，依照《中华人民共和国道路交通安全法》的有关规定处罚。

具有国家规定资质的车辆生产企业未按照规定车型和技术参数改装车辆的，由原发证机关责令改正，处4万元以上20万元以下的罚款；拒不改正的，吊销其资质证书。

第六十四条　违反本条例的规定，在公路上行驶的车辆，车货总体的外廓尺寸、轴荷或者总质量超过公路、公路桥梁、公路隧道、汽车渡船限定标准的，由公路管理机构责令改正，可以处3万元以下的罚款。

第六十五条　违反本条例的规定，经批准进行超限运输的车辆，未按照指定时间、路线和速度行驶的，由公路管理机构或者公安机关交通管理部门责令改正；拒不改正的，公路管理机构或者公安机关交通管理部门可以扣留车辆。

未随车携带超限运输车辆通行证的，由公路管理机构扣留车辆，责令车辆驾驶人提供超限运输车辆通行证或者相应的证明。

租借、转让超限运输车辆通行证的，由公路管理机构没收超限运输车辆通行证，处1000元以上5000元以下的罚款。使用伪造、变造的超限运输车辆通行证的，由公路管理机构没收伪造、变造的超限运输车辆通行证，处3万元以下的罚款。

第六十六条　对1年内违法超限运输超过3次的货运车辆，由道路运输管理机构吊销其车辆营运证；对1年内违法超限运输超过3次的货运车辆驾驶人，由道路运输管理机构责令其停止从事营业性运输；道路运输企业1年内违法超限运输的货运车辆超过本单位货运车辆总数10%的，由道路运输管理机构责令道路运输企业停业整顿；情节严重的，吊销其道路运输经营许可证，并向社会公告。

第六十七条　违反本条例的规定，有下列行为之一的，由公路管理机构强制拖离或者扣留车辆，处3万元以下的罚款：

（一）采取故意堵塞固定超限检测站点通行车道、强行通过固定超限检测站点等方式扰乱超限检测秩序的；

（二）采取短途驳载等方式逃避超限检测的。

第六十八条　违反本条例的规定，指使、强令车辆驾驶人超限运输货物的，由道路运输管理机构责令改正，处3万元以下的罚款。

第六十九条　车辆装载物触地拖行、掉落、遗洒或者飘散，造成公路路面损坏、污染的，由公路管理机构责令改正，处5000元以下的罚款。

第七十条　违反本条例的规定，公路养护作业单位未按照国务院交通运输主管部门规定的技术规范和操作规程进行公路养护作业的，由公路管理机构责令改正，处1万元以上5万元以下的罚款；拒不改正的，吊销其资质证书。

第七十一条　造成公路、公路附属设施损坏的单位和个人应当立即报告公路管理机构，接受公路管理机构的现场调查处理；危及交通安全的，还应当设置警示标志或者采取其他安全防护措施，并迅速报告公安机关交通管理部门。

发生交通事故造成公路、公路附属设施损坏的，公安机关交通管理部门在处理交通事故时应当及时通知有关公路管理机构到场调查处理。

第七十二条　造成公路、公路附属设施损坏，拒不接受公路管理机构现场调查处理的，公路管理机构可以扣留车辆、工具。

公路管理机构扣留车辆、工具的，应当当场出具凭证，并告知当事人在规定期限内到公路管理机构接受处理。逾期不接受处理，并且经公告3个月仍不来接受处理的，对扣留的车辆、工具，由公路管理机构依法处理。

公路管理机构对被扣留的车辆、工具应当妥善保管，不得使用。

第七十三条　违反本条例的规定，公路管理机构工作人员有下列行为之一的，依法给予处分：

（一）违法实施行政许可的；

（二）违反规定拦截、检查正常行驶的车辆的；

（三）未及时采取措施处理公路坍塌、坑槽、隆起等损毁的；

（四）违法扣留车辆、工具或者使用依法扣留的车辆、工具的；

（五）有其他玩忽职守、徇私舞弊、滥用职权行为的。

公路管理机构有前款所列行为之一的，对负有直接责任的主管人员和其他直接责任人员依法给予处分。

第七十四条　违反本条例的规定，构成违反治安管理行为的，由公安机关依法给予治安管理处罚；构成犯罪的，依法追究刑事责任。

第六章　附　则

第七十五条　村道的管理和养护工作，由乡级人民政府参照本条例的规定执行。

专用公路的保护不适用本条例。

第七十六条　军事运输使用公路按照国务院、中央军事委员会的有关规定执行。

第七十七条　本条例自2011年7月1日起施行。1987年10月13日国务院发布的《中华人民共和国公路管理条例》同时废止。

甘肃省公路路政管理条例

2011年5月31日，甘肃省十一届人大常委会第二十一次会议修订通过。

第一章　总　则

第一条　为了加强对公路的保护，提高公路管理水平，保障公路完好、安全和畅通，根据《中华人民共和国公路法》、公路安全保护条例》等有关法律、法规，结合本省实际，制定本条例。

第二条　本省行政区域内国道、省道、县道、乡道、专用公路的公路路政管理，适用本条例。

本条例所称公路路政管理，是指为保障公路完好、安全和畅通，依法保护公路、公路用地及公路附属设施，管理公路两侧建筑控制区的行政行为。

《甘肃省高速公路管理条例》对高速公路路政管理另有规定的，从其规定。

第三条　公路路政管理实行统一管理、分级负责、综合治理的原则。

省人民政府交通运输主管部门主管全省公路路政管理工作。各级公路管理机构负责各自管辖路段的路政管理工作。专用公路的路政管理工作由专用单位负责。

各级公安、国土资源、规划、建设、林业、工商、质监等部门，依照各自职责，配合公路管理机构做好路政管理工作。

第四条　公路管理机构应当依法履行职责，做好公路保护工作，完善公路服务设施，提高公路服务和管理水平，维护公路经常处于良好的技术状态，保障公路完好、安全和畅通。

第五条　公路受国家保护，任何单位和个人不得破坏、损坏或者非法占用公路、公路用地及公路附属设施。

任何单位和个人都有爱护公路、公路用地及公路附属设施的义务，有权检举和控告破坏、损坏公路、公路用地、公路附属设施和影响公路安全的行为。

第二章　管理职责

第六条　公路管理机构的路政管理职责是：

（一）宣传、贯彻公路路政管理的法律、法规；

（二）管理和保护公路路产；

（三）实施公路路政巡查，依法查处违反路政管理的违法行为；

（四）维护公路养护、施工作业的正常秩序；

（五）依法管理公路两侧建筑控制区，取缔违法建筑设施；

（六）审批穿（跨）越公路修建设施的事项以及在公路两

侧建筑控制区内埋(架)设管(杆)线的事项;

(七)监督管理超过公路限载、限高、限长、限宽标准和超过载重质量的运输车辆(以下简称超限超载)及公路状况;

(八)审批铁轮车、履带车和其他可能损害公路路面的机具上路行驶事项;

(九)设置、维护建成公路的标志、标线;

(十)负责在建公路的路政管理;

(十一)法律、法规规定的其他职责。

第七条 省级公路管理机构负责许可以下事项:

(一)涉及高速公路的路政许可事项;

(二)跨省、市(州)的超限运输;

(三)跨市(州)修建穿(跨)越公路的设施;

(四)跨市(州)在公路建筑控制区内埋(架)设管(杆)线;

(五)法律、法规规定的其他事项。

第八条 市(州)级公路管理机构或者省直属公路管理机构按照各自的管理范围许可以下事项:

(一)在公路上设置立交、平交道口;

(二)在辖区公路埋(架)设管(杆)线、修建穿(跨)越公路的设施;

(三)跨县(市、区)的超限运输;

(四)因国家建设确需利用、占用公路路产期限在30日以内的;

(五)法律、法规规定的其他事项。

第九条 除第七条、第八条规定的情形外,其他相应的路政许可事项由县(市、区)公路管理机构或者省直属县(市、区)级公路管理机构按照各自的职责范围进行管理。

第十条 公路行道树的种植、养护、管理工作,由各级公路管理机构按照公路绿化工程技术标准统筹规划并组织实施,实行谁种植、谁管护、谁受益的原则。

第三章 路产管理

第十一条 公路管理机构应当按规定对既有公路路产进行调查核实,建立健全路产档案资料。新建公路竣工时,应当同时建立路产档案资料。

第十二条 在公路两侧边沟、截水沟、边坡、坡脚护坡道、隔离栏栅以外各不少于1米宽的土地,以及用于建设、养护公路和公路附属设施的其他土地为公路用地。

公路用地应当按照国家规定办理相关手续。

因公路改线而不再行驶车辆的旧公路,经县级以上人民政府批准,可调换公路建设用地或者改作其他公路附属设施的用地。

第十三条 在公路、公路用地范围内,禁止下列行为:

(一)设置棚屋、维修、洗车、加水、加油场点和电杆、变压器及其他非公路设施;

(二)打场晒粮、摆摊设点、违规设置广告牌;

(三)进行集市贸易,举办物资交流会等商业性活动;

(四)采矿、采石、取土、挖砂;

(五)填埋、堵塞、损坏公路排水系统或者利用公路桥涵、排水沟等设施引水灌溉、排放污水、筑坝蓄水、设置闸门;

(六)倾倒、堆积、抛撒、焚烧垃圾等;

(七)盗窃、移动、损坏、涂改公路标志、标线及测桩、界桩、护栏、花草树木等公路附属设施;

(八)铺设妨碍公路安全畅通的空中或者地下管线;

(九)其他侵占、破坏、损坏、盗窃、迁移、污染公路路产的行为。

第十四条 在封闭收费公路上,禁止下列行为:

(一)设置平交道口;

(二)铁轮车、履带车、未封闭的垃圾车、拖拉机和非机动车辆等行驶;

(三)冲闯站(卡)、拒绝缴费。

第十五条 在大、中型公路桥梁和渡口的周围200米,小型桥梁的周围50米,公路隧道上方和洞口外100米范围内,禁止下列行为:

(一)采挖砂石、淘金、开矿、修筑堤坝,压缩或者拓宽河床、烧荒、刷坡、爆破、取土、伐木及其他类似行为;

(二)倾倒垃圾、污物,堆放物品、停放装载危险品的车辆以及其他类似活动;

(三)铺设输送易燃、易爆、易漏和有毒物品的管道及其他妨碍公路桥梁、渡口、隧道安全畅通的行为。

第十六条 禁止乱砍滥伐和损坏公路行道树;禁止利用公路行道树架设电线、悬挂各种标牌。

需要更新采伐公路行道树的,应当向公路管理机构提出申请,经批准方可更新采伐,并及时补栽;不能及时补栽的,应当交纳补栽所需费用,由公路管理机构代为补栽。

第十七条 因修建铁路、机场、通信设施、水利工程、油气管线和进行其他建设工程需要占用、挖掘公路或者使公路改线的,建设单位应当事先征得公路管理机构同意;影响交通安全的,还须征得公安交通安全管理部门同意。

占用、利用、挖掘公路或者使公路改线的,建设单位应当按照不低于该段公路原有的技术标准予以修复、改建或者给予相应的经济补偿。

第十八条 修建穿(跨)越公路的各种桥梁、渡槽、管线、牌楼等设施,须经公路管理机构同意;影响交通安全的,还需征得公安交通安全管理部门同意。

第十九条 在公路上不得擅自增设交叉道口。确需设置的,须经公路管理机构批准,并应当符合国家规定的公路技术标准。

第二十条 除农业机械因当地田间作业需要在公路上短距离行驶外,铁轮车、履带车和其他可能损害公路路面的机具,不得在公路上行驶。确需通行的,须经公路管理机构同意,采取有效的保护措施,并按照公安交通安全管理部门指定的时间、路线行驶;对公路造成损坏的,应当按照损坏程度给予补偿。

第二十一条 运输散装货物车辆应当规范装载,采取防护措施,装载货物不得触地拖行、抛撒或者滴漏。

车辆需要在公路上进行临时检修等作业的,应当采取安全保护措施,不得损坏、污染公路。

任何单位和个人不得将公路作为检验机动车制动性能的试车场地。

第二十二条 通过公路渡口的一切车辆和人员,应当遵守公路渡口管理规定。

第二十三条 在公路施工和养护时,应当保障车辆通行,并设置明显的安全警示标志。如需中断交通或绕道通行的，须经公路管理机构和公安交通安全管理部门批准，采取保证车辆安全通行的措施，并发布通告。

施工单位施工作业完毕，应当及时清除公路上的障碍物，消除安全隐患。

第二十四条 未经省人民政府批准，任何单位和个人不得在公路上擅自设置检查及收费站(卡)。

经批准设立的站(卡)，应当按照规定期限、标准收费，禁止擅自延长收费期限、提高收费标准。

过往车辆通过批准设立的站(卡)，应当按规定缴纳通行费，接受相关检查。

第二十五条 公安交通安全管理部门在处理交通事故时，对涉及损坏公路路产的，应当通知并配合公路管理机构及时调查取证，按有关规定做出赔偿处理。

第四章 公路两侧建筑控制区管理

第二十六条 公路两侧建筑控制区，是指公路用地外缘向外一定距离内，除公路防护、养护需要外，禁止修建建筑物和地面构筑物的范围。

建筑控制区的具体范围：国道不少于20米，省道不少于15米，县道不少于10米，乡道不少于5米。其中：高速公路、一级公路和封闭的二级公路不少于30米，立交桥、通道不少于50米。

第二十七条 在公路弯道内侧和平交道口附近修建建筑物，其距离必须依照国家相关规定满足行车视距或者改作立体交叉的需要。在建筑控制区以外修建的建筑物，不得在空中伸入控制区界限内，不得遮挡公路标志，妨碍安全视距。

第二十八条 在公路两侧建筑控制区内不得开山炸石、采矿、取土；不得填埋公路路基、边坡；矿井不得穿越公路。在公路两侧建筑控制区外实施上述行为的，不得危及公路安全。

第二十九条 新建、改建公路在建设期内，两侧建筑控制区由公路管理机构按照本条例第二十六条的规定进行管理。

第三十条 各级人民政府规划、城建、国土资源等有关部门，在编制城市、村镇规划，审批建设项目、征用土地时，涉及公路路政管理的，依照本条例第二十六条、第二十七条的规定办理。

第三十一条 在公路两侧建筑控制区内，设置各种广告牌、招商牌等非公路标志牌，应当经公路管理机构批准。

第三十二条 因公路建设或者交通安全等原因需要拆除建筑控制区内既有合法建筑物、地面构筑物的，应当依法给予补偿。对公路建设及交通安全无影响的，可以保留，但不得扩大占地面积和建筑面积。

第五章 超限运输管理

第三十三条 在公路上行驶的车辆的车货总质量、轴载质量及车货总长度、总宽度、总高度，不得超过国家规定的最高限值。

第三十四条 车辆因运输不可解体物品，确需超过规定最高限值行驶的，应当事先经公路管理机构批准。公路管理机构接到申请后，应当对拟经路线进行勘测，计算公路、桥梁承载能力，需要采取加固、改造措施的，可与申请人签订有关协议，制定通行与加固、改造方案。公路加固、改造、护送以及修复损坏公路所需的费用，由申请人承担。

公路管理机构批准超限运输的，应当核发超限运输通行证；必要时，由公路管理机构监护其通行。

经批准的超限运输车辆应当按照指定的时间、路线、速度行驶，并悬挂明显标志。

第三十五条 经省人民政府批准，公路管理机构可以在公路上设置固定式超限运输检测站(点)，对车辆的车货总质量、轴载质量及车货总长度、总宽度、总高度进行检测。

公路管理机构可以根据实际需要，依托固定式超限运输检测站(点)，设置流动式超限运输检测点。

第三十六条 公路路政管理人员检查超限运输车辆时，应当保证公路安全畅通。被检查人员应当配合接受检查，对拒不接受检查、堵塞超限运输检测站通行车道的，由公路管理机构强制拖离或扣留车辆，拖离费用由当事人承担。

第三十七条 对拉运可卸载物品的超限运输车辆，公路管理机构应当责令其在指定地点或不影响公路畅通的地点，自行卸载至符合轴载质量及其他限值，消除违法状态并接受处理后，方可上路行驶。对拉运不可解体物品的违法超限运输车辆，应当责令其立即停驶，按照第三十四条的规定补办相关手续并接受处理后，方可上路行驶。

第三十八条 各级公安交通安全管理部门应当依据其治理超限超载职责，与各级公路管理机构建立健全路面执法协作和联合治理超限超载机制，配合维护治超检测站(点)的交通及治安秩序，加大路面执法力度，共同做好治理超限超载工作。

第六章 执法监督

第三十九条 交通运输主管部门应当加强对公路路政管理工作的监督指导，依法对各级公路管理机构执行法律、法规的情况进行监督检查。

第四十条 公路管理机构应当规范执法行为，设置便民设施，完善服务措施，提高办事效率和服务水平。

第四十一条 公路管理机构应当建立公路路政管理举报制度，公开举报电话、通信地址、电子邮件信箱。

公路管理机构收到举报后，应当依法处理，对检举属实的举报单位和个人可予以奖励。

第四十二条 公路路政管理人员执行公务时，应当着标志服装，出示省人民政府统一制发的行政执法证件。

公路监督检查车辆应当按省交通运输主管部门的规定设置统一的标志和示警灯。

公路监督检查车辆在辖区收费公路执行公务时免费通行。

第四十三条 公路路政管理人员执行公务时，不得有下列行为：

(一)无行政执法证件执法、越权执法；

(二)擅自改变收费、罚款范围和标准；

(三)收费、罚款不出具有效票据；

(四)违规使用执法车辆、示警标志；

(五)刁难、勒索行政相对人；

(六)强制提供有偿服务;

(七)其他违法行为。

第四十四条 公路路政管理人员履行管理职责时，有权向有关单位和个人了解情况，查阅、复制有关资料，相关单位和个人应当如实提供有关资料或者说明情况。

第七章 法律责任

第四十五条 违反本条例第十三条、第十四条第(一)项、第十五条、第二十一条规定的，公路管理机构应当责令其停止违法行为、限期改正，没收从事违法活动的工具。未造成公路路产损失的，可以处一千元以下罚款;已造成公路路产损失的，可以处一千元以上五千元以下罚款。

第四十六条 违反本条例第十四条第(二)、(三)项、第二十四条第三款规定影响公路畅通的车辆，由公路管理机构强制拖离现场，责令其补办有关手续，可以处二万元以下罚款，产生的相关费用由当事人承担。

第四十七条 违反本条例第十六条第一款规定乱砍滥伐和损坏公路行道树的，由公路管理机构责令补栽，没收非法所得，并处盗伐、损坏林木价值三倍以上五倍以下罚款;构成犯罪的，依法追究刑事责任。

第四十八条 有下列违法行为之一的，由公路管理机构责令停止违法行为，可以处二万元以下罚款:

(一)违反本条例第十七条第一款规定，擅自占用、利用、挖掘公路或者使公路改线的;

(二)违反本条例第十八条规定，未经同意修建桥梁、隧道、渡槽、牌楼等设施的;

(三)违反本条例第十九条规定，未经批准或者未按照国家规定的公路技术标准增设交叉道口的;

(四)违反本条例第二十条规定，铁轮车、履带车和其他损害路面的机具擅自在公路上行驶的;

(五)违反本条例第二十八条规定，在公路两侧建筑控制区内开山炸石、采矿、取土，填埋公路路基、边坡，危及公路安全的。

第四十九条 违反本条例第二十四条的规定，擅自在公路上设卡、收费的，由县级以上交通运输主管部门责令停止违法行为，没收违法所得，可以处违法所得三倍以下罚款;没有违法所得的，可以处二万元以下罚款;对负有直接责任的主管人员和其他直接责任人员，依法给予行政处分。

第五十条 违反本条例第二十六条、第二十七条规定，擅自在公路两侧建筑控制区内修建建筑物、地面构筑物的，或者擅自埋(架)设管(杆)线等设施的，由公路管理机构责令限期拆除，可以处五万元以下罚款。

第五十一条 违反本条例第三十一条规定，未经批准设置非公路标志牌的，由公路管理机构责令限期拆除，可以处二万元以下罚款;逾期不拆除的，由公路管理机构强制拆除，有关费用由设置者承担。

第五十二条 违反本条例第三十三条规定，在公路上行驶的车辆，车货总质量、轴载质量及车货总长度、总宽度、总高度超过国家规定的最高限值，由公路管理机构责令改正，可以处三万元以下罚款。

第五十三条 违反本条例第三十四条规定，经批准进行超限运输的车辆，未按照指定时间、路线和速度行驶的，由公路管理机构或者公安交通安全管理部门责令改正;拒不改正的，公路管理机构或者公安交通安全管理部门可以扣留车辆。

第五十四条 违反本条例有关规定，造成公路路产损失或者造成公路损害的，依法承担民事责任;应当缴纳赔偿费逾期不交的，从逾期之日起，每日追缴赔偿费金额千分之三的滞纳金。

对公路造成较大损害的车辆，应当立即停车，保护现场，报告公路管理机构，接受公路管理机构的调查、处理。对拒不接受公路管理机构现场调查处理的，公路管理机构可以扣留车辆。

责任人在履行处理决定前，应当将其车辆停放在公路管理机构指定的位置或者提供经济担保。

第五十五条 公路路政管理人员违反本条例第四十三条规定，玩忽职守、滥用职权、徇私舞弊的，由其所在单位或者上级主管部门给予行政处分;构成犯罪的，依法追究刑事责任。

第五十六条 交通运输主管部门、公路管理机构和其他依照本条例规定行使监督管理权的部门，违反本条例规定，有下列行为之一的，由相关的行政主管部门对直接负责的主管人员和其他直接责任人员依法给予处分;造成损失的，依法承担赔偿责任:

(一)不依法作出行政许可决定或者办理批准文件的;

(二)未经批准设置检查及收费站(卡)的;

(三)擅自延长公路收费期限、提高收费标准的;

(四)发现违法行为或者接到对违法行为的举报不予查处的;

(五)其他未依照本条例规定履行职责的行为。

第八章 附 则

第五十七条 公路损害赔偿费、补偿费等具体标准，由省交通运输主管部门会同省发展和改革部门、财政部门制定。

第五十八条 本条例自2011年8月1日起施行。1997年1月20日甘肃省第八届人民代表大会常务委员会第二十五次会议通过，2002年6月1日甘肃省第九届人民代表大会常务委员会第二十八次会议第一次修正，2004年6月4日甘肃省第十届人民代表大会常务委员会第十次会议第二次修正的《甘肃省公路路政管理条例》同时废止。

甘肃省人民政府办公厅关于印发甘肃省“十二五”交通运输发展规划的通知

各市、自治州人民政府，省政府有关部门，中央在甘有关单位:

《甘肃省“十二五”交通运输发展规划》已经省政府同意，现印发给你们，请认真组织实施。

二〇一一年十二月二十九日

甘肃省“十二五”交通运输发展规划

“十一五”是我省交通运输工作实现跨越式发展的五年。全省交通运输行业在省委、省政府的正确领导和交通运输部的大力支持下，深入贯彻落实科学发展观，抢抓机遇，锐意进取，超额完成了“十一五”规划确定的各项目标任务。全省交通基础设施规模迅速扩大，运输服务水平全面提升，安全保障能力显著增强，综合运输体系初步建立，交通运输不仅为全省经济社会发展提供了可靠的交通运输保障和强大的投资支撑，而且在服务社会主义新农村建设和人民群众安全、便捷出行方面发挥了重要作用。

“十二五”是我省交通运输加快发展的关键时期。全省交通运输行业要立足省情，科学谋划，适度超前，着力构建畅通、高效、安全、绿色的综合运输体系，充分发挥交通运输业在国民经济发展中的基础性、先导性作用和服务性职能，使交通运输业不仅成为未来经济社会又好又快发展的重要保障者与支撑者，而且成为引领创新、产业升级、发展现代服务业的先行者。

为了指导全省交通运输业科学发展，实现交通工作的协调推进，保证交通运输正确的发展方向，根据《甘肃省国民经济和社会发展第十二个五年规划纲要》（甘政发正 2011)21号)、全国《交通运输“十二五”发展规划》（交规划发[2011)191号)，结合甘肃省情及交通运输工作实际，制定本规划。

一、现状评价和发展需求

(一)现状评价。

“十一五”时期是全省交通运输发展速度最快、发展质量最好、服务水平提升最显著的时期之一。经过“十一五”时期的发展，全省交通运输面貌发生了新的历史性变化，交通运输紧张状况总体缓解，基础设施规模迅速扩大，运输服务水平稳步提升，安全保障能力显著增强。

1. 交通基础设施建设力度不断加大，网络结构日趋完善，服务全省经济社会发展的能力显著增强。

“十一五”时期，全省全面实施交通建设“东部会战”和道路运输“提速中部”战略，累计完成交通运输固定资产投资842亿元，是“十五”期的1.93倍。“十一五”末，全省公路总里程达到118 879公里，5年新增41 535公里，公路网密度达到每百平方公里26.16公里；高速公路通车里程达到1 993公里，新增987公里；农村公路里程达到102 887公里，新增40 077公里。全省内河航道通航里程达到928公里，新增54公里；等级航道里程达到381公里，改善34公里。全省拥有4级以上客运站311个，等级货运站54个，84.35%的乡镇拥有农村客运站，43.24%的建制村拥有汽车停靠站(点)，道路运输基础设施全面升级。全省民用机场总数达到5个，航空运输基础设施条件明显改善。

2. 公路养护和运营管理能力不断增强，全省路网服务水平普遍提高。

按照建管养并重的方针，坚持高速公路、普通干线公路和农村公路养护协调发展，日常养护、预防性养护与养护大中修工程有机结合，路、桥、隧、涵养护管理同步推进，全省公路路况服务水平和保障能力全面提升。加强公路路政管理，着力加大侵占路产路权案件的查处力度，配合商务部门大力实施“退市还路”工程，公路权益得到有效维护。扎实推进超限超载车辆运输治理工作，全省干线公路货车超限超载率控制在了5%以下，农村公路治超工作初见成效。启动实施了以打造“人文高速”为核心，以“畅行陇原高速、体验五心服务”为主题的高速公路标准化管理工程，完成了计重收费改造、服务区基础设施改造及信息化建设和15条高速公路路线命名编号调整及标志更换工作，高速公路运营管理水平明显提升。不断完善和落实鲜活农产品“绿色通道”政策，5年共为各类车辆减免通行费11.85亿元。

3. 运输服务保障能力不断提高，人民群众安全便捷出行条件显著改善。

2010年，公路客货运量分别完成51 404万人和24 050万吨，分别是2005年的3.16倍和1.07倍。内河水运客货运量分别完成94万人和32万吨，保持了适度增长。民航客货吞吐量分别完成396万人和3.11万吨，分别是2005年的2.63倍和2.88倍。城市公共客运能力快速增长，农村客运网络进一步延伸，全省乡镇、建制村通班车率分别达到99.85%和88.1%。运输组织协调能力有效加强，保证了电煤、原油、粮食等国家重点物资和鲜活农产品的运输，“春运”及节假日旅客运输安全有序。大力整顿和规范运输市场秩序，开展了客运班线、道路危险货物运输、出租车客运市场、渡口渡船安全管理专项整治活动，交通运输市场秩序保持了良性发展态势。大力整合公路水路航空运输资源，强化各种运输方式在规划上的衔接，扎实推进综合运输体系建设，促进交通运输一体化发展。以成立甘肃省机场投资管理有限公司为契机，全面履行机场建设管理职能。加快对外合作与交流，启动了黄河上游甘、宁、蒙三省区航运开发工程，开展了“大江带大河、长航帮甘肃”为主题的合作交流，推进了甘、青、宁三角黄金运输线协作和沪甘道路运输合作。积极开展运邮合作试点，促进了农村物流业发展。

4. 交通安全应急保障能力显著增强，有效应对重大和突发事件的作用进一步凸现。

交通运输系统整体安全性得到显著增强。干线公路灾害防治、危桥改造、安保工程不断推进，公路设施安全水平进一步提升。水上交通安全监管和救助系统建设取得新进展，水上交通安全形势稳定。民航安全监管能力进一步加强。加快了国防交通战备体系建设，组建了省国防交通专业旅和省国防交通协会，开展了“交通战备指挥中心”、“交通战备训练基地”试点工作，搭建了民用运力动员信息指挥系统，建成了国防交通信息管理系统和战备应急处置平台，完善了省级交通战备数据库，加快了应用系统研发，应急资源和战备资源得到有效整合。交通运输在保障国防安全、经济安全和维护社会稳定等方面发挥了重要作用，圆满完成了抢险救灾和应急保障任务。

5. 交通运输科技进步取得明显成效，信息化水平显著提高，节能环保能力逐步加强。

加强交通运输科技创新能力建设，科研水平不断提高，高等级公路运营管理、特殊地质条件下的公路修建、农村公路建养等领域的科技攻关与研究取得显著成果，科研成果转化和推广应用进一步加强。信息化建设步伐加快；电子政务、网站管理、信息资源整合等工作取得了阶段性成果。节能减排工作初见成效，有19家公路水路运输企业参加了由交通运输部组织的“车船路港千家企业低碳交通运输专项行动”，营运车船单位能耗明显降低。资源节约利用、集约利用和循环利用效率明显提高，交通建设生态环保力度全面加强。

6. 依法行政和体制机制改革成效显著，行业管理水平明显提升。

坚持依法行政。路政、运政、交通规费征稽、海事、船检、工程质量监督等方面的行政执法有序规范，交通行政执法人员的业务素质和执法水平全面提高。加快立法步伐，省人大常委会颁布了《甘肃省高速公路管理条例》，省政府出台了《甘肃省民用运力国防动员办法》。深化交通行政审批制度改革，清理和减少交通运输行政许可、审批项目42项。加强治理公路“三乱”工作，切实纠正行业不正之风，有效维护了群众利益。

交通体制机制改革取得成效。按照“建管分离、管养分离”的思路，进一步理顺了高等级公路运营管理体系。认真落实成品油价格及税费改革工作，理顺了“六项”规费取消后交通专项资金的转移支付渠道。积极推进农村公路管理养护体制改革，初步建立了以县为主的农村公路管理养护体制和以政府投入为主的养护资金投入机制，保障了农村公路的日常养护和正常使用。大力规范企业法人治理结构，平稳完成了省交通运输厅所属15家企业的移交整合工作。进一步拓宽筹融资渠道，建立了全新的融资、投资、资金收益评价和监督体系，搭建了省级交通融资信用平台和“统贷统还”的信贷管理机制，实现了交通项目建设与资金供给的良性互动。

行业管理水平得到提高。突出强化社会管理和公共服务，服务型政府建设进程加快。进一步完善了交通基础设施建设领域从业单位信用评价体系，在全国较早实现了网上在线招标，交通建设市场健康发展。建立健全工程建设质量安全联动机制，交通工程质量安全管理水平显著提升。

交通运输业发展思路更加完善。《甘肃省高速公路网规划》(甘政办发[2007]37号)、《甘肃省内河水运发展规划》(甘政办发[2008]122号)等一批重大规划相继实施，强化了对交通运输发展的战略指导。现代交通运输发展理念不断创新和提升，发展思路进一步清晰，促进了交通运输科学发展、和谐发展。

过去5年，全省在积极推进交通运输业又好又快发展的实践中积累了宝贵经验。主要有：坚持以科学发展观为指导，是交通运输发展的根本保证；坚持抢抓机遇和用好机遇，是推进交通运输发展的重要前提；坚持以人为本、民生为先，是交通运输发展的出发点和落脚点；坚持全社会办交通，是交通运输实现跨越式发展的有效途径；坚持以改革创新为动力，是推进交通运输发展的不竭源泉；坚持不懈地抓好党的建设和法制建设，是交通运输发展的根本保障。

同时，交通运输发展还存在一些薄弱环节，主要表现在：一是基础设施规模总量仍显不足，结构不尽合理，养护保障能力相对薄弱。二是区域、城乡交通运输发展不平衡、不协调，老少边穷地区交通基础设施仍然相对落后，农村交通基本公共服务水平亟待提升。三是运输组织化程度不高，运输装备现代化程度较低，运输市场有效监管能力和运输服务水平有待进一步提高。四是安全保障能力仍然不足，安全监管和救助能力相对薄弱，交通运输应急保障体系亟需健全。五是节能减排尚未形成系统的控制手段和应对措施。六是科技成果推广应用不足、信息化手段应用不够广泛，对行业支撑和服务能力亟待增强。七是体制机制有待进一步完善，探索建立有利于综合运输体系发展的大部制体制、基于公益性特征的交通投融资及运行管理体制机制等问题需逐步解决。八是交通建设环境有待进一步改善。

(二)发展需求。

“十二五”时期，是我省贯彻落实科学发展观、推进发展方式转变的重要时期，是努力推动全省经济社会跨越式发展和全面建设小康社会的关键时期。工业化、城镇化、信息化、市场化、国际化将会持续快速发展，必将对交通运输发展提出更新、更高的要求。

1. 推进全省经济社会跨越式发展，要求进一步增强交通运输保障能力。

随着国家扩大内需战略、西部大开发战略和区域协调发展战略的实施，我省国民经济将持续快速增长，国内、省内需求进一步扩大，产业结构优化升级和产业转移进一步加快，将带动物资和人员流动加速。能源、原材料等战略性资源需求增加，对外依存度提高，与周边区域之间的经贸联系将更加紧密。城市化率持续快速增长，城镇功能增强必将引起大规模人员、物资交流。 因此，“十二五”时期我省交通客货运输需求将保持持续增长态势。预计到“十二五”末，我省公路客货运量分别达到7.25亿人、3.73亿吨；内河水运客货运量分别达到117万人、43万吨；民航客货吞吐量分别达到1120万人、8.95万吨。此外，国土开发、区域协调、民族团结、社会稳定、国防安全、应急救援等方面，对交通基础设施建设提出了更强的功能性要求。

2. 运输需求结构和消费结构升级，要求全面提升交通运输服务水平。

人民群众生活水平不断提高，城乡居民出行需求更加迫切，出行范围逐步扩大，运输需求结构发生显著变化。人民群众对客运服务的安全性、舒适性、快捷性等提出了更高要求。农村地区、“老少边穷” 地区群众出行需求将进一步增加，提高基本公共运输服务均等化水平将成为交通运输发展的重要内容之一。加快经济发展方式转变必将使产业结构、产品结构的优化升级加快和市场竞争进一步加剧，高附加值货物运量进一步增加，进而要求提供安全、快速和可靠的货运服务，构建适应产品生产与流通特点和供应链管理的低成本、高效率的运输服务体系，为生产生活物资下乡、农产品进城提供便捷物流配送服务。

3. 建设创新型国家和发展现代交通运输业，要求不断提高交通运输科技含量和信息化水平。

新时期科技进步和信息化发展势头迅猛，大力推进科技进步和信息化建设，建设创新型国家，是我国保持经济平稳较快发展和增强竞争优势的必由之路。构建创新型交通运输行业，加快转变发展方式、积极发展现代交通运输业，要求实施“科技兴交”、“人才强交”战略，加强技术创新，努力攻克技术难题，推进现代信息技术在交通运输领域的广泛集成应用，改造和提升交通基础设施、运输装备的现代化水平和运营效能。

4. 建设资源节约型、环境友好型社会和生态文明省，要求加快构建低碳和绿色交通运输体系。

交通运输行业是能源资源消费和温室气体排放的重点行业之一，节能减排的任务艰巨，但是我省交通基础设施仍将保持较大的建设规模，土地、岸线等资源紧缺的刚性约束将进一步增强，污染和生态破坏问题仍然存在。建设资源节约型、环境友好型社会和生态文明省是我省一项长期的战略任务。全面实施《甘肃省循环经济总体规划》(国函[2009]150号)，大力发展循环经济，推进生态建设，发展低碳经济，促进经济发展模式向高能效、低能耗、低排放模式转型，对交通运输节能环保提出更加迫切的要求。

5.经济社会快速发展和人民生活水平提高，要求强化交通运输安全与应急保障能力建设。

“十二五”时期，我省公共安全和应急管理工作对交通运输安全应急保障和反应能力提出更高的要求。社会机动化水平的迅速提升，运输规模的持续扩大，交通运输安全风险将会大大增加。全球气候变暖、极端恶劣天气不断增多，由此引发的重特大自然灾害、重大疫情等突发事件日益增多，势必对交通基础设施及运输安全构成严重威胁。国边防公路建设任务仍然繁重。

(三)阶段性特征。

在新的历史发展阶段，全省交通运输面临的形势和任务发生了变化，主要矛盾已经由交通基础设施能力严重不足向运输服务水平、质量、效率与国民经济发展和社会公众需求不相适应转变，从而显现出了“战略机遇期”、“网络完善期”、“矛盾凸显期”、“发展转型期”等新的阶段性发展特征。

总之，面对国际国内错综复杂的发展环境和全省经济社会跨越式发展的需求、交通运输发展的阶段性特征，甘肃交通运输行业必须深刻认识并准确把握国内外形势新变化新特点，增强机遇意识和忧患意识，主动适应环境变化，有效化解各种矛盾，继续抢抓机遇，应对挑战，坚持把加快发展方式转变作为重要的战略举措，尽快形成较为完善的交通基础设施网络，切实提高运输保障能力，全面提升运输服务水平和质量，加快构建综合运输体系，努力开创交通运输科学发展新局面。

二、战略思路和发展目标

(一)发展战略。

1. 战略定位。

坚持把甘肃交通运输发展放在全国、全省经济社会发展的大局中考虑，结合宏观经济的战略性调整、区域发展格局的加快形成和全面建设小康社会的总体要求，立足省情，充分体现科学发展、和谐发展的战略思想，突出连接欧亚大陆桥的战略通道、沟通西南西北的交通枢纽、全省经济社会跨越式发展的“助推器”的战略定位。

2. 发展战略。

甘肃交通运输必须以更加宽广的视野、开放的思维，不断加深对发展环境的认识，不断研究经济社会发展中的新情况、新问题，以“构筑大路网、开辟大空港、推进大水运、构建大枢纽、拓展大通道、发展大物流”为重点，全面实施“中心辐射、东西推进、区域带动、全面提升”的交通运输发展新战略。

“中心辐射”：加快建设兰州综合运输枢纽，将其打造成为西陇海兰新经济带内交通运输网络的重要支点，沟通西南西北的交通枢纽和全国物流网络的重要节点，在全省乃至西北地区发挥“率先、带动、辐射、示范”的中心作用。同时，以兰州综合运输枢纽为核心，打造兰州都市圈交通运输网，构建延伸辐射全省各市州及主要经济区、对外呈放射状的集束型交通辐射网络，强化与周边区域的通道联系，全面增强中心辐射范围和服务能力。

“东西推进”：实施全省交通运输“会战东部、挺进西部”战略，全面发力并同时推进东西双向交通运输网络发展。以“一横六纵”综合运输通道(即横向的陆桥通道和纵向的延九通道、兰渝通道、兰成通道、包兰青通道、金张通道、嘉格通道)建设为重点，纵横交织，形成网格状的快捷交通运输网络。加密东南部路网，推进以平(凉)庆(阳)经济区为中心，辐射天水、陇南的“东翼”传统能源综合利用示范区建设，承接全国经济的梯度转移。畅通西部路网，以连霍高速为主干，南北向通道为支脉，形成树枝状的快捷交通运输网络，推进以酒(泉)嘉(峪关)经济区为中心，辐射张掖、金(昌)武(威)经济区的“西翼”新能源开发利用示范区建设，促进河西走廊及民族地区的经济繁荣和社会进步。通过东西路网双向推进，使横向通道全面贯通，纵向通道能力提升，全省交通运输网络进一步优化和完善。

“区域带动”：贯彻落实国家和甘肃区域发展战略及规划，积平凉一庆阳、酒泉一嘉峪关、天水一陇南、金昌一张掖一武威和甘南藏区)，并围绕兰州、平凉、酒嘉、天水、张掖等5个国家级公路运输枢纽和合作运输枢纽建设，积极打造内通外联、衔接顺畅的若干1~2小时交通圈，以通畅、便捷的交通运输体系激活各区域组团的经济细胞，发挥比较优势，突出区域特色经济，支撑并带动区域发展。

“全面提升”：以继续加强交通运输基础设施建设和强化各种运输方式的衔接、优化为重点，加快建设高速公路主通道，积极衔接铁路大动脉，充分挖掘内河水运和民航发展潜力，统筹考虑邮政、管道的发展，着力推进综合运输体系建设，积极打造多层次、立体化、开放型的综合交通运输网络。同时，把加快转变交通发展方式，调整运输结构作为交通运输行业发展的重要任务，加速推进全省交通运输行业科学发展、全面发展、和谐发展，力争在交通运输行业管理、基础设施建设、养护质量、运输服务水平、交通科技创新与信息化建设、交通安全和应急保障能力、绿色交通和低碳运输、行业体制机制改革等重点领域取得新突破，着力提高“三个服务”(服务国民经济和社会发展全局、服务社会主义新农村建设、服务人民群众安全便捷出行)的能力和水平，适应全省经济社会跨越式发展的新要求和人民群众的新期待。

(二)指导思想和基本原则。

1. 指导思想。

以邓小平理论和“三个代表”重要思想为指导，以科学发展为主题，以转变交通发展方式为主线，坚持“陆水空并举、铁管邮衔接、综合协调发展”战略思路，全面实施“中心辐射、东西推进、区域带动、全面提升”发展战略，着力调整交通结构、拓展服务功能、提高发展质量、提升服务水平，努力推进综合运输体系建设、促进现代物流发展、提升科技进步和信息化水平、建设资源节约型环境友好型行业、提高安全监管和应急处置能力，加快构建便捷、高效、绿色、安全的现代交通运输体系，为全省经济社会跨越式发展提供强有力的支撑和保障。

2.基本原则。

一是坚持适度超前持续发展的原则。二是坚持统筹兼顾综合发展的原则。三是坚持服务优先协调发展的原则。四是坚持节能环保绿色发展的原则。五是坚持以人为本安全发展的原则。六是坚持深化改革创新发展的原则。

(三)发展目标。

“十二五”期间，我省将进一步加大交通运输基础设施建设攻坚力度，力争完成交通运输发展“倍增计划”，即核心发展指标实现“六个翻番”(全省交通运输固定资产投资总规模达到2 000亿元以上，比“十一五”时期翻一番；全省高速公路新增通车里程达到1 600公里以上，比“十一五”时期约翻一番；现有省道中二级及以上公路比重达到70%以上，比“十一五”末翻一番；建制村通沥青或水泥路比重接近80%，比“十一五”末翻一番；全省内河航道通航里程中等级航道比重达到71%以上，比“十一五”末约翻一番；全省民用机场数量达到10个，比“十一五”末翻一番)，交通基础设施实现“三个贯通”(全省所有市州政府驻地以高速公路贯通，省内所有县市区政府驻地以二级及以上公路贯通，全省100%的乡镇以沥青、水泥路贯通)，到2015年，初步形成畅通便捷、功能完善的基础设施网络，高效顺畅、衔接紧密的运输服务体系，节能环保、集约低碳的绿色交通运输体系，反应快速、保障有力的交通运输安全和应急保障体系，基本适应甘肃经济社会发展的新要求和人民群众的新期待。

三、综合运输

推进综合运输体系建设是经济社会发展的客观要求，是发展现代交通运输业的重要任务，也是现代物流业发展的重要前提和保障。“十二五”时期，要统筹各种运输方式发展，加快综合运输体系建设，强化基础设施优化衔接，发挥综合运输的整体优势，促进现代物流发展，培育交通新兴战略产业，提高综合运输服务水平，满足多样化运输需求。

(一)总体框架。

甘肃综合运输体系的发展，要立足于“坐中联六、承东启西、南拓北展”和“濒藏临疆”的独特地域特征和区位优势，重点突出甘肃交通运输发展的三大战略定位，积极服从服务于区建设、优化和集约利用通道资源、促进各种运输方式的有效衔接、推动运输服务一体化为重点，力争用20年左右的时间，构建一个体系(现代化的综合交通运输体系)，构筑三层网络(对外骨干交通网络、区域畅通网络和农村通达网络)，建设三级枢纽(国家级、区域级和地区级综合运输枢纽)，突出七大通道(“一横六纵”综合运输大通道)，完善五大系统(能力充分的大宗货物运输系统、高效便利的集装箱运输系统、快速安全的客运系统、均等化的农村客运系统和保障有力的运输支持保障系统)，形成各种运输方式衔接协调型、多中心互联型、区域均衡型、开放型和现代化为主要特征的综合交通运输网络体系，并以政策、规划和体制管理的统一性，逐步实现交通运输“一体化”，服务甘肃及周边区域的经济发展。

(二)强化基础设施优化衔接。

1. 加强各种运输方式的规划衔接。

逐步建立健全综合运输规划体系和协调机制，统筹各种运输方式之间以及各种方式与城市交通之间规划的协调与衔接。重点加强高速公路与运输枢纽、运输枢纽之间通道的规划衔接；加强铁路、城际轨道交通与综合客运枢纽规划衔接，推进铁路、城际轨道交通与城市公共交通系统的衔接；完善城市交通、城际交通与机场的规划衔接，提高换乘效率和机场辐射能力。

2. 优化综合运输基础设施网络布局。

增加综合运输基础设施总量。继续抓住国家投资拉动、扩大内需的有利时机，加快推进各种运输方式基础设施建设，进一步加强综合运输通道以及城市群、都市圈和城镇带城际交通通道建设，提高综合运输基础设施网络化水平和运输保障能力。

优化综合运输基础设施网络结构。调整完善综合运输网络布局，落实国家和我省区域发展战略和主体功能区规划，根据各区域交通需求结构、交通资源供给条件和各种运输方式比较优势，强化综合运输体系薄弱环节建设，加快形成布局合理、功能完善、有机衔接、安全环保的综合运输基础设施网络，促进各种运输方式协调发展。

合理配置综合运输通道资源。注重综合运输大通道与经济发展主轴的有机衔接，体现对区域发展战略和主体功能区规划的基础支撑作用。充分发挥不同运输方式的比较优势，优化运输通道内的资源配置，集约节约利用土地资源。

3. 加快综合运输枢纽规划建设。

加快综合客运枢纽规划建设。加强对综合客运枢纽规划建设工作的指导，引导建立以地方政府为主导的综合客运枢纽规划建设部门协调机制，着力解决规划衔接、建设用地等问题。推动地方政府和枢纽所在城市开展综合客运枢纽布局规划编制工作。以加快建设高速公路、铁路、城市轨道交通等为契机，重点建设一批集多种运输方式于一体的综合客运枢纽。

加快综合运输枢纽集疏运体系建设。重点推进主要机场、铁路和公路货运站场、物流园区等货运枢纽的集疏运网络建设，保障枢纽效能的发挥，缓解城市交通拥堵。

(三)促进现代物流业发展。

统筹谋划全省交通运输物流基础设施建设，拓展新兴服务领域，加快培育龙头企业，提高物流信息化水平，培育和发展农村物流，积极促进现代物流业发展。

1. 加快物流基础设施建设。

优化物流基础设施布局与建设。立足甘肃独特的区位优势，统筹考虑各种运输方式的衔接，研究制订全省交通运输现代物流发展规划，逐步构建由7条物流大通道(陆桥通道、延九通道、兰渝通道、兰成通道、包兰青通道、金张通道、嘉格通道)、五大物流片区(兰州—白银—定西、天水—平凉—庆阳—陇南、酒泉—嘉峪关、张掖—武威—金昌和甘南—临夏)和66个物流节点组成的物流基础设施分布格局。同时，积极推动以大型综合物流园区为龙头，快速货运通道为支撑、城乡配送站场为触角，专业物流园区(中心)为突破的现代物流网络建设，全面增强物流基础设施保障能力。“十二五”时期重点建成10个国家级大型物流园区和8个省级物流中心及货运站；依托陇东能源化工基地、河西新能源基地和新能源装备制造基地建设，推进专业物流园区建设。

积极改造、整合、拓展现有公路货运枢纽功能。优化公路枢纽与主要机场、铁路站场、港口之间的运输组织，注重与产业区、商贸市场、对外口岸的有效对接，以发展现代物流为重点，促进其向物流园区转型，全面提升物流服务水平。

以兰州中川机场扩建和兰州国际空港口岸建设为核心，支持空港物流园区布局建设，推动内陆航空港发展。支持空港物流园区与当地保税区和工业园区的联动发展。充分发挥保税区政策优势，推动海关监管措施的逐步完善，拓展国际中转、配送、采购、转口贸易和出口加工等业务。

2. 支持运输企业向现代物流企业转型。

拓展运输服务领域。引导和规范邮政和快递企业、货运代理、无车承运人等运输组织的发展；鼓励货运枢纽经营企业拓展仓储、分拨配送、流通加工、保税等功能，促进货运枢纽站场加快向现代综合物流园区转型。

加快培育龙头企业。引导一批重点货运企业按照市场机制整合资源，扩大经营规模和服务范围，拓展经营网络，由运输承运人向综合物流服务商转型，积极发展第三方物流。鼓励内河水运和航空货运企业延伸服务链，拓展物流业务，加速向现代物流业转型。

3. 大力发展农村物流。

逐步推进农村公路、运输枢纽节点与物流中心在规划建设层面的有机结合，加快农村物流设施和服务体系建设。规划建设一批农村物流节点，推动县城超市及配送中心、乡镇超市、村连锁农家店等现代流通网络发展，拓展城乡物流网络。充分发挥客运班车村村通优势，推进公路客运班车代运小件邮件、快件试点，拓展快递物流服务范围。发挥邮政系统在农村地区的基础网络体系和市场占有率优势，支持邮政企业全面参与农村物流网络建设，积极发展农村物流的连锁配送业务。

(四)加强城市客运管理。

加强城市公交客运和出租汽车行业管理，落实“公交优先”战略，扩大城市公交客运线网通达深度和覆盖面，探索建立科学、合理的出租汽车运行管理模式，逐步建立“政府主导、文明规范、诚信可靠、保障有力”的城市交通服务体系。

1. 明确城市客运管理职责。

各级交通运输主管部门、运输管理机构要按照政府机构改革要求，认真履行好城市客运和出租汽车行业指导职能，加强对城市客运和出租汽车行业经营活动的监管，保护经营者和消费者的合法权益，维护城市客运市场秩序，促进城市客运健康有序发展。

2. 建立多层次的公共交通服务网络。

逐步建立健全多层次、差别化的公共交通服务网络，形成便捷、高效、智能、环保的城市公交体系。省会兰州加快建设以轨道交通和快速公交为骨干、以城市公共汽车为主体的公共交通服务网络，省内其他大中城市加快建设以公共汽车为主体、快速公交适度发展的公共交通服务网络。科学规划和调整公交线网，兰州市建成区公交站点300米覆盖率不低于75%，省内其他大中城市不低于70%。发展多种形式的公共交通特色服务，适应上学、就医、旅游、购物和偏远地区居民以及行动不便人群等的出行需求。鼓励发展城市公共自行车服务系统。

3. 规范城市公交运营管理。

加快理顺城市公共交通管理体制，实现城乡客运统筹管理。建立完善城市公共交通定价、调价机制。扶持公交企业发展，规范城市公交服务标准，建立健全政府购买公交公共服务制度。适时开展“公交都市”示范工程建设，努力提高公交运营效率和服务品质，促进城市公交出行分担率上升。

4. 加强出租汽车市场管理。

加快制定出租汽车行业综合性指导政策，完善市场准入、退出制度，加快建立出租汽车服务质量信誉考核制度和出租汽车司机职业资格管理制度。合理确定出租汽车在城市交通运输体系中的分担比例和运力规模，积极探索发展模式和管理方式，优化城市交通结构。加强出租汽车市场监管，规范出租汽车市场经营秩序，推进城市出租汽车服务管理信息系统建设。

(五)促进交通邮政协同发展。

交通运输是发展现代邮政业的基础平台和重要依托。要充分依托综合运输体系，加强邮政和交通运输资源的合理配置，推进业务合作和优势互补，促进交通邮政协同发展。在综合运输枢纽的建设中，推动邮政和快递的服务网点、处理中心等设施的同步配套，促进综合交通运输设施的集约利用。全面推进运邮合作，鼓励运输企业与邮政和快递企业合作、联合、重组；鼓励和推进公路客运班线代运小件邮件、快件试点，依托邮政和快递网络，加大票务代理力度；积极推进航空“快件绿色通道”建设，进一步加强邮件和快件的航空运力供给；促进资源与优势互补，拓展运邮合作服务网络，延伸服务范围，最终形成组团突出的运邮合作示范区，初步实现物资配送的区域网络化。

(六)提高综合运输服务保障能力。

1. 优化运输组织。

鼓励跨行业整合运输资源和拓展业务，推进公路、铁路、水运、民航、海关、检验检疫等部门加强协调与合作，努力破除行业政策壁垒，加快构建规范的一体化运输市场，鼓励运输企业跨行业、跨区域开展多种形式的合作，实现规模化、集约化和网络化经营。加强对多式联运市场的引导和规范，强化对货运代理企业的监管，规范和整顿各类小型货运代理，引导、扶持大型货代企业的集约化、规模化发展；协调各种运输方式，积极推进集装箱多式联运、甩挂运输等先进运输组织方式；强化运输市场管理，规范市场竞争秩序和运营行为。

2. 完善相关技术标准规范体系。

在综合运输体系框架下，加强各种运输方式协调，设定强制标准，推进运输组织、运输行为衔接的标准化。改造提升客货运输服务体系，促进运输方式之间、区域之间及城乡之间运输组织与市场的衔接。从票价制定、运营管理、行业管理、安全管理等方面统筹考虑区域交通运输服务标准，协调解决城乡客运在车辆技术标准、站点布局、补贴政策等方面的差异。从运输、包装、装卸、信息等各环节切入，逐步建立完善多式联运技术和管理统一规范，优化运输组织管理。

3. 进一步完善协商协调机制。

进一步加强运输管理部门间的沟通协商，完善协调机制。努力在综合运输体系规划及重大项目建设、综合客货运枢纽的规划建设与运营管理、区域交通与城乡客运一体化、多式联运标准和技术政策等方面的衔接、沟通与协调上取得突破。加强与海关、检验检疫、银行等部门的协商协调，依托重要运输枢纽，争取增设内陆直通关口岸，在保证海关和检验检疫部门对进出口货物实施有效监管的基础上，减少内陆、沿海口岸之间的转关，提高通关效率。

四、公路交通

坚持建、养、管、运并重，重点建设高速公路和实施国省道改造，继续推进农村公路发展，加快建设公路运输枢纽，努力完善公路交通网络；加强公路科学养护，进一步提高发展质量；优化营运车辆结构，创新运输组织模式，规范运输市场监管，统筹区域和城乡交通协调发展，全面提升公路运输保障能力和服务水平。

(一)完善和优化公路交通网络。

1. 完善公路网规划。

根据“统筹规划、条块结合、分级负责、联合建设”的原则，按照现行管理体制，并从事权管理的角度出发，积极配合交通运输部推进国家公路网系统的规划及调整工作，加快形成以国家高速公路为主骨架、以普通国道网为补充的国家公路网系统。在国家公路网系统框架下，积极开展省道网调整优化工作，研究制订甘肃省干线公路网规划。

同时，按照“高速路带动干线路、干线路带动农村路”的建设思路，提高公路网的覆盖范围与通达深度，完善国家公路、省级公路和农村公路3个层次的路网结构(远期合理规模结构控制在1:2:10)，加快形成层次清晰、功能完善、权责分明的公路网系统；积极探索建立高速公路与普通公路统筹发展的新机制，逐步形成以高速公路为主体的收费体系和以普通公路为主体的不收费体系。

到2015年，全省公路网总里程预计达到13万公里左右，路网密度接近每百平方公里30公里。全省公路网结构更趋合理，省内各片区公路发展差距明显缩小，城乡之间路网衔接更加顺畅。

2. 加快形成省域高速公路主干网。

我省高速公路网建设重点实施“122攻坚计划”，即力争建成1圈(兰州南北绕城高速圈)，打通2条重要通道(兰海高速、延九高速甘肃段)瓶颈路段，联通2条重要迂回线(乌鞘岭、六盘山高速迂回线)，全面提高省域高速公路网络化程度，增强路网可靠性和应急保障能力。

以打通省际断头路为重点，全面推进国家高速公路建设，全面开工建设现行国家高速公路网规划中甘肃境内路线，建成比例超过85%；同时积极推进国家公路网规划调整新增的国家高速公路建设。加快推进符合国家和我省区域发展战略规划，对加强省际、区域和城际联系具有重要意义的地方高速公路建设，提高主要通道的通行能力，有效连接重要节点。

到2015年，全省高速公路通车总里程预计达到3 600公里以上，实现省会兰州与各市州政府驻地全部以高速公路连通，50个以上的县城通高速公路，省际高速出入口达到13个，省域高速公路形成主干网。

3. 强化普通国省干线公路网改造。

以提高国省道二级及以上公路比例为重点，进一步加大国省道改造力度，着力提升技术等级、保障能力和服务水平。全面实施县通二级公路建设，优先支持重点经济区域及“老少边穷”地区干线公路网断头路、出口路、扶贫路、资源路、旅游路建设，适度安排实施红色旅游及其他重点公路项目，加强干线公路与资源开发区、重点旅游景区道路联网建设。积极推进国道网、省道网布局调整和建设，增强国省道对县级及以上行政中心的连接和覆盖。到2015年，全省现有国省道二级及以上公路比例达到80%左右，所有县市区政府驻地通二级及以上公路。

努力提高干线公路网抗灾能力。继续加大干线公路灾害整治力度，重点整治干线公路地质灾害及水毁路段，保证同一路段灾害损毁重复发生率控制在5%以内。在自然灾害易发、频发地区推广和实施生命线工程，使每个县拥有两个方向具有较高抗灾能力和技术标准的公路。进一步加大国省干线公路网危桥改造力度，按照技术规范要求严格实施安保工程。

4. 继续推进农村公路建设。

坚持“扩大成果、完善设施、提升能力、统筹城乡”的总体思路，推进农村公路建设。继续巩固通达工程建设成果，重点实施乡镇和建制村通畅工程，满足农民群众的基本出行需求。继续加大农村公路网新建桥梁、危桥改造和安保工程建设力度，提高农村公路的抗灾能力和安全水平。着力改善农村公路网络状况，积极实施县乡道改造、连通工程等，全面提高农村公路的网络化水平和整体服务能力。到2015年，全省农村公路总里程预计达到11万公里左右，农村公路网基本建成，农村地区交通面貌显著改善。

5. 加快公路运输站场建设。

实施兰州、酒嘉、天水、张掖、平凉等5个国家公路运输枢纽规划，重点建设一批集公路、铁路、民航、轨道交通、城市公交、出租车等多种运输方式中转换乘功能于一体、实现“零距离换乘”、具有示范效果的综合客运枢纽；以促进现代物流发展、强化与其他运输方式衔接为重点，大力推进与主要机场、铁路枢纽相衔接的综合货运枢纽建设；积极拓展现有货运枢纽站场服务功能，加快向物流园区、物流中心转型。统筹考虑省级、区域级公路运输枢纽和农村客货运输站场布局与建设。到2015年，实现省内各市州至少拥有1个现代化的一级客运站，县城至少拥有1个设施齐全、功能完备的二级客运站，100%的乡镇建成等级客运站，所有具备条件的建制村拥有汽车停靠点或招呼站。以国家级枢纽为龙头，省级枢纽为节点，区域级枢纽为基础，乡村站点为辅助，层次化、高效率的运输站场服务体系基本形成。

6. 加强国边防公路、口岸公路建设。

根据新形势下我省国防交通战备保障体系发展需要，牢固树立服务、应急、应战一体化建设理念，坚持“平战结合、军民融合、统筹规划、突出重点”的原则，加强重点地区、重点方向急需的战略通道建设，继续改善部队进出道路，增强重要交通设施国防功能，促进国防交通和常态交通建设协调发展。到2015年，我省国防交通网络布局更加合理，基本形成与国防安全和军事斗争任务相适应的国防交通路网体系。推进马鬃山边防口岸公路建设,全面提高口岸公路技术等级和路面状况。

7. 全面完成灾后恢复重建。

加快实施舟曲特大山洪泥石流灾后恢复重建项目,恢复重建省道313线和农村公路受损路段,以及受损的公路客、货运输站场和养护管理设施。加快实施陇南特大暴洪灾后恢复重建项目,恢复重建国道316线、国道212线、省道205线等受损路段,恢复受损的路基、路面、桥梁、涵洞等构造物,完善防护和排水设施。到2012年以前,全面完成舟曲特大山洪泥石流和陇南特大暴洪灾后交通运输基础设施恢复重建任务。

(二)加强公路养护及运营管理。

坚持建设与养护并重、增量与挖潜并重、管理与服务并重的原则,以提高公路养护技术水平为重点,全面加强公路的科学化养护管理,进一步延长设施的使用寿命,提高使用效率。继续加强高等级公路运营管理,不断提高运营管理效率和公共服务质量。强化和规范路政管理,提高文明执法能力。

1. 推进公路科学养护。

创新公路养护管理的体制机制。逐步建立和完善相关工作制度,完善养护决策工作流程。

深入推行科学养护。建立健全干线公路养护管理科学决策、综合考核评价等制度体系,主要路况检测指标基本实现自动化,路况评价及养护决策实现信息化和制度化。建立专业数据库平台和覆盖整个养护工作的信息系统,提高公路养护的信息化管理水平。大力推进养护技术研究、引进和推广应用,建设规模适度的养护实验基地,增强科研力量,全方位提高养护技术水平。

加快推行预防性养护。研究制订预防性养护指导意见、工作规程。积极引进预防性养护新设备、新技术和新工艺,努力形成预防性养护成套技术,推动干线公路养护迈入预防性养护和周期性养护的良性循环轨道。

进一步强化日常养护。全面推行标准化养护,适时组织开展养护示范工程创建活动和养护竞赛活动。

2. 重点加强高速公路养护管理。

继续加强高速公路养护管理设施建设,按照"高速公路养护管理中心+专业化养护队" 的组织方式, 全面推行专业化、机械化、科学化养护作业,逐步形成"精做、细养、严管"的高速公路养护管理长效机制,努力将高速公路打造成"专业养护的展示台、畅安舒美的大通道、服务公众的风景线、塑造形象的主阵地"。"十二五"期间,拟新建、改建、重建高速公路养护管理中心14个, 新建养护工区46个、集中拌和场33处, 同时进一步加大高速公路养护机械配置力度,充实专业化养护队伍力量。力争到2015年,全省高速公路预防性养护里程比例达到8%以上,全省高速公路优良路率达到95%以上。

3. 切实加强普通国省干线公路养护管理。

加大普通国省干线公路改造与整治力度,积极实施养护维修工程,确保全省每年对不少于17%的国省道实施大中修养护工程。建立水毁等自然灾害应急保障系统,加大养护站点建设及养护机械配置力度,全面提高国省干线公路养护质量、服务水平和安全技术状况。力争到2015年,全省普通国省干线公路预防性养护比例达到2.5%以上, 优良路率达到70%以上,同一路段灾害损毁重复发生率控制在5%以内。

4. 全面加强农村公路养护管理。

继续深化农村公路养护管理体制改革,建立健全符合我省实际的农村公路养护管理体制和运行机制。进一步明确各级地方政府对农村公路养护管理的主体责任,强化各级交通运输主管部门的养护管理职能,争取将农村公路养护管理纳入地方政府目标考核体系, 落实农村公路管理养护机构、人员和资金,实现农村公路养护管理的正常化和规范化。建立健全以政府投入为主、长期稳定可靠的养护资金渠道,实现农村公路"有路必养"。遵循"统一领导、分级负责、因地制宜、注重实效、全面养护、保障畅通"的原则,采取专业队伍间隔性大中修养护和农民群众日常性维护的结合模式,不断提高农村公路养护水平。

5. 继续加强高等级公路运营管理。

以甘肃省高速公路管理局挂牌为契机,统筹考虑对高速公路收费运营、路政管理、养护工作实施一元化行业管理,推动我省高速公路管理向科学化、规范化、标准化方向发展。继续推行高速公路标准化管理工程,加快构建以"赏心悦目的文化体系、全心全意的服务体系、匠心独具的认证体系、人心所向的考核体系和称心如意的保障体系"为架构的标准化管理体系,积极打造"数字高速"、"人文高速"。继续加快高等级公路畅通工程和高等级公路服务区配套设施完善工程,切实加强应急救援队伍、基地、信息平台建设,提升高等级公路应急救援水平。认真做好收费公路管理和超限治理工作,深入贯彻落实"绿色通道"优惠政策。

6. 全面规范路政管理工作。

继续加大路政执法和公路保护工作的力度。坚持"依法治路、有路必管、管必到位"的原则,逐步提高路政管理设施与装备水平,创新路政管理手段,推进路政管理信息化,逐步形成路政管理覆盖全路网的大路政管理格局,逐步健全高速公路、国省干线、农村公路路政管理体系和超限运输长效治理体系、路政行业应急保障体系等"五大管理体系",提升依法行政能力。力争"十二五"时期路政案件查处率达到98%以上,超限超载率控制在5%以内。

提高路政管理规范执法和文明服务的能力。推进覆盖全行业的执法队伍正规化、执法行为规范化、执法手段智能化、执法管理标准化,统一规范执法人员外观形象和基层站所标志标识,逐步推行网上办理行政许可、跨省大件运输联合审批、首问负责制、高速公路救援、公路养护作业现场秩序维持和疏导等便民服务措施,全面打造以"保护公路、畅通陇原"为主题的"甘肃公路卫士"大服务品牌,营造安全畅通、服务高效的公路通行环境。

(三)提升公路运输服务水平。

积极改善运输装备条件,加快转变发展方式,创新运输组织模式,全面提升公路运输效率和服务品质。

1. 引导运输装备优化升级。

引导营运车辆向专业化、标准化、清洁化方向发展。鼓励发展大中型高档客车,大力发展适合农村客运的安全、实用、经济型乡村客车。鼓励发展集装箱、厢式、冷藏、散装、液罐、城市配送等专用运输车辆和标准车型。重点推进干线公路营运货车的轻质化、标准化。加快更新老旧车辆,促进高效、节能运输车辆的发展。建立健全推荐车型制度,促进车型标准化。

客运车辆。到2015年,客运车辆实现向更加安全、舒适、节能的转变,车辆档次全面升级。中长途运输为主的高速客运和主干线客运全面实现车辆的高级化和大型化;中短途为主的城乡客运以中型车辆为主;农村客运根据自身实际情况适当加大中型客车配比,形成普通车辆为主、中型车为辅的格局。全省中型以上班线客运车辆比重超过60%。

货运车辆。到2015年,货运车辆重型化、厢式化、专业化特征日趋明显,货运车辆结构发生重大变化,逐步向8吨以上重型货车和专用配送厢式货车转变,大、中、小车型比例达到42:18:40,普通货运与专业货运车辆比例达到16.8:1。

2. 推进运输组织模式创新。

鼓励企业间广泛开展协作与联营,引导运输市场向市场主体规模化、集约化和运输经营网络化方向发展。积极推行不同客运方式差异化发展战略,引导客运企业创新经营理念和服务方式,稳步拓展短途、多样化与个性化客运市场,优化中长途客运资源配置,大力发展包车客运、旅游客运、精品班线、机场快线、商务快客等特色客运业务。鼓励货运企业向现代物流承包、供应商转型。以公路运输枢纽站场为节点,完善站场组织功能。积极探索甩挂运输运营组织模式,择机组织开展甩挂运输试点工程。

3. 促进区域及城乡客运发展。

统筹区域和城乡运输发展,优化资源配置,创新组织方式,加快推进区域和城乡客运一体化,形成相互衔接、布局合理、畅通有序的公路客运发展新格局。

稳步推进区域间道路客运一体化发展。打破地域壁垒,统筹跨区域班线客运、旅游客运线路资源,鼓励有条件的地区开通公交化的城际客运班线,逐步实现客运线网的区域融合。建立和完善跨区域的城际公交协调机制,统筹规划,建设城际、区间专用候车亭和招呼站以及换乘枢纽,稳步推进城际间道路客运一体化发展。探索建立统一的市场准入与退出机制、统一的客服标准和运行监管机制。

加快推进城乡道路客运统筹协调发展。统筹城乡客运资源配置,鼓励城市公交向城市周边延伸覆盖,支持有条件的地区进一步推进农村客运公交化改造。逐步建立城乡客运一体化的协调共享机制,完善城乡客运一体化标准规范体系,实现城乡客运服务的有效衔接。

大力发展农村客运。加大对农村客运的支持力度,不断完善农村客运线网布局,稳步提高农村客运班车通达率,基本实现村村通。适度扩大农村客运经营自主权,对于偏僻地区可因地制宜采取灵活运输组织方式。努力提高农村客运组织化、规模化水平,稳步推广农村客运的片区经营模式,鼓励实行公司化经营,探索开行隔日班、周班、节日班或赶集班等固定或者非固定的班次。

(四)完善公路交通市场管理。

1. 加强运输市场管理。

完善市场运行和监管机制,强化运输市场监管,加快形成“统一开放、公平竞争、规范有序”的运输市场秩序。

完善市场运行和监管机制。以安全、节能减排和服务质量为重点,完善道路运输市场准入和退出机制。加强行业诚信体系建设,完善对道路运输企业质量信誉考核和从业人员的诚信考核。加大道路运输市场监管力度,严厉打击各种违法违规经营行为,保护合法经营,保障旅客、货主和其他消费者的合法权益;加强与公安、安监等部门的密切配合,深化专项整治,着力解决客运超载、疲劳驾驶、非法营运等顽疾。建立驾驶员培训、机动车维修、汽车租赁业的服务质量监测和考核体系,畅通道路运输咨询服务和投诉监督渠道。

建立健全汽车维修及救援网络。加快全省道路运输维修救援网络布局与建设,鼓励发展连锁化、网络化、品牌化等维修经营形式,推广安全、节能、环保的先进车辆维修技术。加快汽车性能检测站点布局与建设,推广全省联网、标准化的汽车性能检测服务。推进机动车驾驶员培训机构专业化、规模化经营。

大力发展汽车租赁业。推动建立全省汽车租赁业服务网络,完善汽车租赁业管理制度,规范经营行为。扶持“物联网”技术的推广应用,完善租赁车辆调度管理系统。建立顾客诚信管理档案,健全电子支付系统。引导汽车租赁企业以资产和品牌为纽带开展加盟连锁经营,鼓励企业异地设置网点以及与汽车生产企业、汽车维修企业实行联合经营,扩大服务覆盖范围。

2. 全面推行现代工程管理。

全面推行现代工程管理,不断提高建设管理水平,推动公路交通基础设施建设实现“发展理念人本化、项目管理专业化、工程施工标准化、管理手段信息化、日常管理精细化”。规范民营和社会资本投资项目管理,继续推进“代建制”(业主代建制、企业代建制)、“工程总承包制”等先进的项目管理模式,积极采用建设—运营—移交、公司联营合作、投资+(设计—采购—施工)、投资+施工总承包等工程承包模式,吸引大型企业和社会资本进入公路交通建设领域,丰富和完善工程项目管理体系结构。加快建立项目后评价管理体系,为项目的全过程质量管理提供依据。

3. 强化建设市场监管。

严格建设市场准入,进一步加强资质资格审查、市场资格限制、社会监督;规范工作程序,严格招投标管理,促进市场公平,维护市场秩序。严格执行公路工程强制性技术标准,加强对重点项目的指导和监督,确保工程质量和安全。“十二五”期间,全省公路交通基础设施竣工验收合格率达到100%,使用周期达到设计年限要求。继续推进市场信用体系建设,加强信用管理。规范信息采集、评价、发布、监督、应用等各环节工作要求,促进信用信息互联互通,形成区域共享的信息管理网络。逐步扩展评价主体,将信用评价范围扩大到项目法人、招标代理、勘察设计、工程咨询、设备材料供应等市场主体。

五、水路交通

“十二五”时期,国家将加快内河水运发展上升为国家战略,我省要抢抓战略机遇,加快以黄河航道和主要港口为重点的水运基础设施建设,促进水运与其他运输方式的有机衔接,努力提升甘肃内河水运发展水平,力争把甘肃建设成为西部非水网地区水运大省和典型示范省份。

(一)加快内河水运设施建设。

1. 加快以黄河航道开发为重点的内河航道建设。

以签订《黄河航运发展区域合作框架性协议》、《甘宁蒙三省区黄河航运开发建设备忘录》、《长江黄河航运开发合作框架性协议》为契机,以黄河航运开发为重点,围绕黄河风情线以及库区旅游建设,将黄河兰州段建设成集运输、旅游、休闲为一体的一道靓丽风景线。积极推动甘、宁、蒙三省区航运规划和开发,适时开展碍航闸坝复航技术研究,为黄河兰州以下甘、宁、蒙区段通航打好基础。统筹考虑白龙江、洮河及其他适航航道、库区航道开发。力争到2015年,全省内河航道通航里程达到974公里(等级航道占71%以上),基本实现省内黄河和白龙江航道区段通航和等级化,甘、宁、蒙三省区黄河航运区段通航。

2. 加快港口港区建设。

以省内四大重要港口(兰州、临夏、白银、陇南)为重点,加快内河港口规模化、港区专业化建设,建成一批公用型、专业化码头泊位。积极拓展港口功能,提升港口的公共服务水平,强化港口在综合运输体系中的节点作用。完成老旧渡口码头改造。力争到2015年,全省内河港口公用泊位数达153个,初步形成布局合理、运作顺畅的港口服务体系。

(二)加强航道养护及运营管理。

1. 提升航道养护管理水平。

以维系航道的健康寿命为出发点,坚持分类养护的原则,着力提高航道养护水平,保障内河水运畅通安全。以黄河等级航道为重点,全面提高航道养护和应急保通能力,力争将黄河兰州段创建为交通运输部"文明样板航道";进一步强化其他重点航道、运量较大的航道、跨省航道和界河航道的养护管理工作。提升航道养护设施、设备能力,加快养护船舶更新改造。加大航道养护投入,建立稳定的资金渠道,保证日常维护资金需求。深化航道养护机制改革,推动航道养护工作规范化和制度化。加强航道养护技术研究,提高航道设施服务能力。适时推进数字航道、航标遥测遥控等新技术应用,提升航道养护管理的现代化水平。

2. 强化航道运营管理。

进一步完善航道管理机构。省、市州水运管理机构内设港航管理部门,水运重点地区成立航道维护运营公司,发挥航道管理机构专业化管理与市场机制的双重作用,提高航道养护及运营理效率和水平。制定航道运营优惠政策,引导和扶持航运企业发展。结合兰州等沿黄城市"打黄河牌"战略的实施,着力开发岸线资源,积极将航道管理与打造沿岸经济带、文化带、旅游带、风景带等结合起来,统筹兼顾,协调发展。

(三)提升水路运输服务水平。

1. 提升运输装备水平。

调整运力结构,促进运输船舶向大型化、专业化、清洁化方向发展。积极引导和大力推进内河船型标准化工作,严格实施和完善老旧船舶强制报废制度,加大船舶技术更新改造力度,改善安全性能,提高技术水平,满足环保要求。力争到2015年,重要航道船型标准化率达到50%以上。客运船舶主要向小型高速多样化发展,着眼于提高内部质量(包括新型主机的选用和豪华档次的客舱服务设施),合理布局特色和品牌船舶,不断为游客提供更舒适、更细致的人性化服务。渡口渡船逐步淘汰挂桨机船、木质船和老旧渡船,更新钢质机动船和索渡船。货运船舶根据需要选择采用100—300吨级机动驳船。

2. 完善内河航运组织方式。

水路客运采用单船运输方式。货运近期采用100—300吨级机动单船运输方式,远期随着运量和码头泊位增加以及航道条件的进一步改善,选择采用300吨级机动驳船或220千瓦拖轮加2×300吨级驳船的船组(队)运输方式。努力促进水运与其他运输方式的有机衔接,积极推进多式联运发展,提高运输效率及服务水平。

3. 提升水路运输服务品质。

引导和扶持水运企业发展,使我省内河水运业形成一定规模。进一步提升船舶代理、无船承运、船舶管理等传统航运服务业水平。以发展旅游客运和满足人民群众日常出行为重点,推动水上客运向高速化、舒适化方向发展,提升客运服务品质。有序发展游艇码头,加强安全监管。充分利用现代信息技术,创新水运发展模式,拓展港口功能,延伸水运服务产业链,全面提升内河水运效率和服务水平。

(四)完善水运市场管理。

1. 完善运输市场管理。

依法加强水路运输市场准入管理,严把水路运输市场准入、退出关,强化从业人员、企业、船舶的市场准入资格审核。依法加大水路运输、港口经营市场的监管力度,加强对企业经营行为监督检查。实施经营资质年度审核,以客船、危险品船的管理为重点,建立经营资质预警和动态监管制度,逐步建立健全统一、开放、竞争、有序的水运市场体系。严格实施运价报备制度。调整完善港口收费、价格体系和机制,防止不正当竞争。

2. 加强水运建设市场管理。

严格水运建设市场准入管理,加强建设工程咨询、评估、勘察、设计、施工、监理等从业单位和从业人员资质管理。严格执行国家基本建设程序,落实项目法人制、招投标制、工程监理制和合同管理制。进一步完善水运建设质量和安全管理体系,严格执行有关法律、法规、规章和标准,明确责任,落实措施,确保工程质量和安全。

六、民用航空

"十二五"时期,要以确保持续安全为前提,加快基础设施建设,完善航空运输网络,全面提升运输质量,积极发展通用航空,显著提高民航综合保障能力和服务水平。

(一)完善机场布局。

紧紧围绕国家民航局提出的"东部提升、中部加强、西部加密"的机场布局方针和民航西北地区管理局"立足西北,沟通疆藏,联结东南"的西北民航发展总体战略,充分发挥我省的区位优势,结合我省区域发展战略、城镇体系规划等因素,按陇东、中部、河西三个区域统筹考虑机场空间布局。

陇东机场群:目前运营的机场有庆阳机场、天水军民合用机场。规划新增陇南、平凉机场。同时,积极做好庆阳机场扩建和天水机场迁建工作,提高现有机场设施功能和服务水平。

中部机场群:目前运营的机场只有兰州中川机场,尚无支线机场覆盖。重点对兰州中川机场实施二期改扩建,将其打造成为西北第二大航空枢纽及具有口岸功能的国际机场。同时,规划新增甘南夏河机场。远期将考虑在定西新增机场布点。

河西机场群:目前运营的机场有敦煌机场、嘉峪关机场。规划新增金昌、张掖机场，同时扩建敦煌、嘉峪关机场。远期将考虑在武威、航天城、肃北、瓜州新增机场布点，同时把敦煌机场打造成仅次于兰州中川机场的甘肃省第二大、具有口岸功能的区域性枢纽机场,进一步增强机场辐射服务范围。

同时,加快发展通用航空,逐步构建农林防护、应急救援等公益性航空服务网络。适时考虑在特殊地区进行通勤机场的布局和建设。

通过上述布局,加快构建以兰州枢纽机场为核心,东西部机场集群为两翼,逐步辐射重点县、镇的通用航空机场或直升机起降场(点),形成“干支结合、布局合理、功能完善、能力充分”的民用航空运输网络。

(二)加快机场建设。

加强现有机场改造。强化兰州中川机场改扩建,增强枢纽功能和着力打造国际航空口岸港。加快实施敦煌、庆阳和张掖军民合用机场改扩建工程,提升现有机场容量及服务能力。加快新建支线机场。重点建设金昌、夏河、陇南、平凉机场,加快推进天水军民合用机场迁建。适时启动通用航空机场或直升机起降场(点)的规划建设。以国家把兰州列为低空空域运行管理和服务保障体系推广改革试点为契机,积极推动通用航空发展。初步考虑在少数民族地区、地震频发区、偏远山区适时规划布局通用航空机场或直升机起降场 (点),待建设时机成熟后抓紧实施。到 2015 年,我省投入运营的民用机场数量达到 10 个,以兰州枢纽机场为核心,以东西部机场集群为两翼的民用航空运输网络初具规模。力争实现省内 70%的地方在地面交通 100 公里以内、1 小时车程内可以享受到航空服务,省内城市之间及与全国各大中城市和主要国际城市的交通联系显著增强。

(三)提升民航运输服务水平。

1. 提升运输装备水平。

引导航空公司做好运力调剂，引导运输飞机向大型化、舒适化发展,不断加快飞机更新换代步伐,加大老旧飞机的退出力度,引进技术性能先进、安全、舒适和售后服务完善的新一代机型,扩大机队规模,提高运输能力。规划期内将主要采用空客 320、波音 737—300、波音 737—800 等 20 余种机型执飞省内外航线。

2. 提高运营管理效率。

坚持以引进基地公司和运力为重点,以建立和优化航线网络为依托,以打破垄断、建立良好的竞争环境为保障,努力提升运营管理水平和服务质量。继续深化机场运营管理体制机制改革,推进业务经营模式转型,提高资源配置效率,打造公平、优质、高效的机场公共服务平台。优化机场服务流程,完善信息交换平台,降低行李分拣差错率。实施能够充分发挥机场基础设施能力的运行方案,提升机场运行效率。

3. 提升民航运输服务品质。

大力发展旅客运输。增加省内机场与国内重要省会城市、沿海开放城市和重点旅游城市的航班密度,重点培育国际、地区定期航线及具有发展潜力的国内重点航线。兰州中川机场拟开通省内外约 50 条航线，敦煌机场开通约 8 条航线,嘉峪关机场开通约 4 条航线,庆阳机场执飞西安⇌庆阳⇌兰州航线,其余 5 个小型机场按需开通多条航线,完善民航客运网络。引导航空公司提供多层次、人性化、差异化的航空服务。鼓励低成本航空公司逐步进入主要的干线运输市场。到 2015 年,甘肃民航机场新增起降架次 2.05 万架次,年平均增长率约为 9%。

积极发展货邮运输。积极稳妥、有序渐进地开放货运市场,鼓励货运公司间的并购、重组和业务合作,积极扩展航空货运网络。推动航空货运物流化,鼓励航空货运公司与铁路、公路、水路等运输企业以及邮政、快递等企业开展各种形式的合作,开展多式联运。加快航空货运枢纽和空港物流园区的规划建设,形成东、中、西相呼应的空港物流圈,完善地面物流网络,带动全省航空运输业及相关产业的发展。支持空港物流园区与当地保税区和工业园区的联动发展。引导建立航空物流公共信息平台。

努力提高航班正常率。完善航班正常性统计标准,完善落实行业服务最低标准承诺的方法和措施,建立主要机场航班正常率、平均延误时间公众信息通报机制。建立健全大面积航班延误应急机制。“十二五”期间,力争航班正常率超过 85%,航班平均延误时间减少 15 分钟以上,延误处理机制相对完善。

(四)完善民航市场管理。

进一步加强航空市场监管，规范省内航空客运市场秩序,完善航空市场监管和服务体系。

加强建设市场管理。大力整顿及维护建设市场秩序,切实加强民用机场工程建设监督管理,规范建设程序,确保民航基础设施建设工程质量合格率达到 100%。

加强运输市场管理。通过完善标准、加强协调、建立机制和综合运用各种监督管理手段，进一步规范民航市场秩序,确保飞行安全,改善服务工作,提升旅客对航班正常工作的满意度和社会公众的认可度。

七、交通科技与信息化

科技进步和创新是推动交通运输科学发展、转变发展方式的重要支撑。要以现代交通运输发展战略需求为导向,以科技进步和信息化为引领,强化科技创新,深化交通电子政务应用,促进行业信息资源共享和服务协同,提升交通运输系统的运行效率、服务质量和安全保障能力,提高交通运输现代化水平。

(一)全面推进科技进步。

1. 推进科技创新能力建设。

推进重点科研基地建设。完善科研基地布局,强化行业重点实验室管理,稳步推进行业研发中心和区域研发中心建设,持续改善基础科研条件。积极配合国家实施公路水路交通领域创新能力建设专项工程,依托科研院所及省交通运输厅直属单位，在兰州秦王川新区规划建设交通科研创新基地,加快“公路养护技术国家工程研究中心”、“新型道路材料国家工程实验室”等一批行业研发中心及重点实验室建设,优化研究方向,强化建设养护、安全应急、节能环保、智能交通、决策支持等领域研究,力争培育建设 2—3 个省内交通行业重点实验室,1—2 个具有西部特色的国家级行业重点实验室。支持实验室开展应用基础研究和重大科技研发,完善实验室建设模式与管理制度,推动实验室间的交流合作,发挥好实验室的基础科研平台作用。

加强科研机构建设。继续加大对交通运输主力科研机构的基础设施投入,重点支持应用基础研究装备、重大关键仪器设备和大型综合试验场的建设;继续支持工程建设养护领域科技基础条件建设,依托行业重点实验室,建设典型自然条件下的综合交通运输基础设施长期性能观察和数据采集系统。

加强创新型科研团队建设。加强高层次创新型科研团队建设。强化鼓励创新的机制与政策环境,依托重大建设工程、重大科研项目和重点科研基地,支持科研骨干潜心开展基础研究和科技攻关,加大人才培养力度,尤其是注重优秀青年科技人才队伍建设,提高团队的创新能力和科研水平。

2. 加强重大科技攻关。

支持重大交通科技专项。以加快对交通运输行业自主创新能力整体提升、支撑引领行业发展效果显著的重大科研项目的研发和集成应用为主体,依托重大工程建设,着力支持综合运输体系建设关键技术、新一代交通基础设施建设与养护技术、内河航道通过能力提升关键技术、新一代智能交通技术开发与应用、交通运输安全与应急保障体系建设、交通科学决策支持技术等重大关键技术与装备开发领域重大科技专项,力争形成一批拥有核心自主知识产权、技术水平国际国内领先、实用性强的重大科研项目研发成果。

突出交通科技研发重点。以实用性、前瞻性技术为主,紧密结合区域交通运输发展需求,开展公路基础设施建设与养护、港口与航道建设与养护、内河通航枢纽及碍航闸坝复航技术、交通运输组织与管理、城市客运、交通安全与应急保障、交通资源节约与环境友好、交通运输信息化、交通运输科学决策支持等重点方向研发,显著提升交通运输发展的科技含量和技术水平。

3. 促进科技成果推广应用。

推进科技成果转化。紧密结合行业实际,加快建立科研与生产紧密结合、成果高效转化的推广应用体系,通过制定加强科技成果推广工作的指导意见,定期发布成果推广指南与目录,开展示范工程及专项行动计划等各种方式,加强基础设施建设、运输组织优化、智能交通、资源节约、环境保护、安全保障等重点领域的成果推广应用。

健全成果推广机制。重点在资金投入、人才保障、激励措施、信息共享、知识产权保护等方面建立健全促进科技成果推广的制度保障与动力机制,完善以政府部门为指导、交通企业为主体、科研机构为支撑、中介机构为桥梁的组织体系,探索建立专业化科技成果推广机构,促进成果推广应用。

建设交通科技信息资源共享平台。完善交通行业科技信息资源共享机制,着力整合科技信息资源,推进交通运输科技数据中心建设,建立覆盖全省的开放式、网络化的交通科技信息资源共享平台,强化科技信息资源服务能力,提升科技成果推广信息服务水平。推进科技项目管理、科技成果管理、科技信息服务等系统综合应用,探索开展科技信用管理和科技发展趋势分析等服务,为行业科技宏观决策与管理等提供支持。

(二)强化交通运输标准化建设。

1. 推进技术标准体系建设和贯彻实施。

促进标准化建设的协同管理,加强高速公路运营管理、现代物流、道路运输、建设养护、内河船舶、城市客运、智能交通、交通信息化、安全保障、节能环保等领域的标准化体系建设,促进交通运输标准化建设质量与应用水平的有效提升。积极组织开展标准宣传贯彻、应用培训与经验交流,进一步加强国家标准的宣传贯彻实施,研究制订适合本地区交通发展的地方标准,夯实标准推广应用和监督实施的基础,促进标准的推广应用。

2. 加强计量检测技术体系建设与产品质量监督。

针对交通产品质量和基础设施建设养护质量,加强计量检测机构与基础条件建设,推动计量技术规范及校准技术研究和规程制修订工作;完善交通运输产品质量抽查、质量认证工作,提高交通产品质量监督水平。

(三)加快信息化建设与应用。

坚持"统一规划、分类建设、资源整合、业务协同、示范引领、务求实效"的原则,积极开展重大交通运输信息化工程建设及推进交通运输重点领域的信息化应用,重点抓好"四个系统和一个平台"建设与应用,即以电子政务为主体的交通运输行政管理和服务系统,以物联网技术应用为引领的交通运输出行服务系统,以传感和相关信息技术为支撑的交通安全与应急保障系统、交通经济运行监测预警与决策分析系统;积极构建行业市场信用信息服务平台。同时,要逐步提升交通运输信息化基础支撑能力。力争到2015年,全省交通运输信息基础设施较为完善,信息资源实现有效交换与共享,基本形成全行业统一、开放的信息服务体系,信息化在推动交通运输新发展中发挥重要支撑作用。

1. 加快交通运输行政管理和服务系统建设与应用。

完善交通政务网站建设,推进行政许可项目网上审批,积极开展路政管理、运政管理、海事管理等交通行政许可的"一站式"服务。深化交通运输各业务领域管理服务应用系统建设,加强联网管理和集成应用。建立面向不同层级政府部门的客运管理信息系统和面向公众的客运信息服务体系,初步实现向社会提供全方位、多方式、跨地区的一站式客运信息查询服务。增强综合调度、动态监控及应急保障等功能,逐步提升城市客运智能化水平。积极促进综合运输系统协同服务,试点建设国家公路运输枢纽、城市综合客运枢纽协同管理与服务信息系统,积极推进综合运输枢纽信息服务平台示范推广工程,搭建数据交换和共享平台,实现多种运输方式管理和运营信息的充分交换和共享。提供区域物流公共信息服务,试点推进区域物流公共信息服务平台建设,引导物流企业构建物流公共信息平台商务系统和甩挂运输管理系统。逐步建立物流服务企业与相关企业和政府部门间的信息交换共享机制。积极探索物流信息平台和运营机制建设,逐步建立健全物流信息平台运行监管机制。加强物流标准化体系建设,推进各种运输方式间、物流各环节间信息平台的有效衔接。

2. 加快交通运输出行服务系统建设与应用。

整合多种出行信息资源,推动跨区域交通出行信息服务体系建设。继续完善省域公路交通出行信息服务系统,强化路况、养护施工、交通管制、气象等实时信息的服务,推进省域、跨省域客运售票联网和电子客票系统建设,力争建成以统一特服号、统一交通广播频率为特征，多种服务手段有机衔接，覆盖高速公路、国省干线及广大城乡地区，跨区域、大范围的交通出行信息服务体系。加快建设内河航运综合信息服务系统，强化航道状况、水位水深、水上水下施工、交通管制、水文气象等信息服务，在重点水域实施水路客运售票联网和电子客票系统建设，进一步完善水路客运出行信息服务系统。在地市级以上城市加快建设覆盖城乡的公共交通信息服务系统。鼓励和引导社会力量广泛参与，培育交通出行信息服务产业的健康发展。

3. 加快交通安全与应急保障系统建设及应用。

配合交通运输部建设信息互通、协同高效的部省两级路网管理平台，完善对国省道重要路段、特大型桥梁、长大隧道等重点监控目标运行状态、气象条件等的监测、监控和预警；积极建设并推广跨省市高速公路联网收费系统和区域联网不停车收费系统；加快推进全国治理车辆非法超限信息联网管理系统建设。完善内河水运、民用机场的安全管理信息系统，建立健全对重点水域、重要航道及机场的实时监测和安全预警体系。建立健全重点营运车辆和船舶的监测监控系统，重点跟踪“两客一危”车辆(长途客车、客运包车和危险货物运输车)和重点营运货车、“四客一危”船舶(客渡船、旅游客船、高速客船、滚装客船和危险品运输船)的安全技术状态和运行状况。建设多网联动的交通运输安全监管与应急处置平台，满足“监管到位、协调联动、上下贯通、左右衔接、响应迅速、处置有效”的要求。

4. 加快交通经济运行监测预警与决策分析系统建设及应用。

建设与业务系统相融合的交通统计信息系统，依托业务管理与服务系统，完善交通统计信息指标体系，实现统计数据从交通运输业务系统的有效获取。建设行业经济运行监测预警和决策分析系统，开展重点物资运输、基础设施运行、固定资产投资、生产安全、运输市场、行业能耗等交通运输经济运行状态的监测、预警和综合分析，研判经济社会发展趋势对交通运输行业的影响，适时调整行业发展政策，面向社会及时发布相关信息，发挥导向性作用。

5. 加强行业市场信用信息服务平台建设与应用。

建立并完善交通建设市场信用信息服务平台，推广普及建设工程项目管理、工程标准规范管理系统，建立健全工程招投标管理等系统。建立并完善交通运输市场信用信息服务平台，继续深化和完善交通运输管理信息系统，推广普及智能卡运输电子证件、营运车船及从业人员“一卡通”及相关信息管理系统，实现交通运输行政执法信息和信用信息跨区域、跨部门的交换和共享，形成政府监管、企业自律、社会监督的信用管理和服务体系。

6. 逐步提升交通运.输信息化基础支撑能力。

一是完善行业信息基础设施，提升通信网络支撑能力。利用高速公路通信资源，适时组建上接交通运输部，下联省内各市州的交通运输行业专网；完善应急指挥通信系统，建立应急联合通信保障机制。

二是完善数据中心体系，提升行业数据服务能力。完善交通行业信息资源目录体系，结合重大工程和核心业务系统建设，健全和完善行业基础信息资源数据库；配合交通运输部完善部省两级数据交换平台，满足行业数据交换和共享要求；建设运行维护综合管理平台，实现数据和设施设备的维护管理。

三是完善行业信息标准框架体系，提升信息共享协同能力。推进交通信息化基础性关键标准的制(修)订，加快形成行业标准体系框架，逐步构建标准一致性和符合性检测平台。

四是构筑行业信息安全体系，提升信息安全防范能力。推进交通运输行业统一的信息安全认证体系建设；逐步建立健全交通运输行业信息系统分级保护和等级保护系统。

八、绿色交通

交通运输是资源密集型和能源消耗型行业，是建设资源节约型、环境友好型社会和发展低碳经济的重点领域。“十二五”时期，甘肃交通运输行业将以发展低碳交通运输体系为重点，转变发展方式，优化运输结构，强化节能减排，提高资源利用效率，加强生态保护和污染治理，构建绿色交通运输体系。

(一)强化节能减排。

1. 结构性节能减排。

充分发挥各种运输方式比较优势，优化交通运输资源配置，发挥综合运输的整体优势和组合效率，降低能源消耗强度；加快发展城市公共交通、水运等低能耗运输方式；积极倡导低碳型交通消费模式和出行方式。

大力优化公路网结构，提高路网通行能力和效率，提升公路技术等级和路面等级；完善公路运输站场服务体系，调整公路运输运力结构。提升航道技术等级，加快形成以黄河、白龙江等重要航道为主体的内河航道网；推进主要港口结构调整，发展大型化、专业化港口。完善机场布局，加快形成“一主九支”的民用航空网；加快布局建设空港物流园区，增强货运枢纽功能、物流功能。实施“公交优先”战略，完善城市公交线网，优化出租车、城市公交与区域道路交通运输资源的有效配置与衔接，积极推进城乡客运一体化发展。

推进交通能源消费结构优化，鼓励替代能源在营运车船中的应用；开展“能源自给、污染零排放的低碳试点服务区”建设。

2. 技术性节能减排。

鼓励发展节能环保型运输装备。积极采用混合动力汽车、替代燃料车等节能环保型营运车辆，推广应用自重轻、载重量大的运输装备。对营运车船设置能耗和排放限制标准，提高准入门槛，淘汰低标准及老旧车船。结合甘肃油气管道建设，加快城市客运车辆的“油改气”工程；鼓励使用天然气、电动车、混合动力、替代燃料车等城市公交节能环保车辆。择机在有条件的城市开展混合动力、电能出租汽车试点工作。力争到2015年底，营运车船单位运输周转量碳排放量比2005年下降12.5%；营运客车、货车单位运输周转量能耗分别下降6%和12%；内河营运船舶单位运输周转量能耗下降14%；民航运输吨公里碳排放量、能耗均下降15%。

加强节能环保新技术的研发与推广应用。以减少能源消耗与环境污染为目标，在公路节能减排与材料循环利用技术、城市公共汽车节能技术、水运环保与节能减排应用技术等重点领域组织实施一批科技攻关项目，并积极推进科技成果的转化与应用。大力推广隧道智能通风照明控制技术、路面材料再生利用等低碳铺路技术和高速公路不停车收费系统、射频识别技术等先进技术在交通运输领域的应用。积极完善公众出行信息服务系统，促进客货运输市场电子化、网络化，实现信息共享，提高运输效率，降低能源消耗，实现节能减排目标。

3. 管理性节能减排。

加强公路水路交通行业节能减排。优化公路运输组织方式，加强货运组织和运力调配，利用回程运力，降低车辆空驶率；鼓励厢式运输、集装箱运输等专业化运输方式，发挥甩挂运输效率高和减排效果好的优势；合理安排客运线路，完善道路客运信息监测、分析和发布制度，提高客车实载率；推动建立绿色汽车维修体制机制，建立较完善的驾培行业节能减排体系。加强水路运输组织管理，鼓励水运企业联合经营，发挥规模优势，提高运输组织化程度。鼓励运输企业完善能源管理体系，推广能源合同管理。

加强民航业节能减排。以航空公司、机场、空管为主体，政府主导与市场调节相结合，加强监督检查和综合协调，控制航空业排放。

提升综合运输体系节能减排效能。促进公路、铁路、民航、水运、管道等运输方式的协调、衔接，充分发挥公路及铁路枢纽站场、机场、港口在物流发展中的节点作用，引导运输企业向依托综合货运枢纽的物流园区(中心)集聚，提高不同运输方式间货物换装效率，促进节能减排。积极发展大宗散货专业化运输、多式联运等现代综合运输组织方式，全面提升综合运输体系组织效率和节能减排水平。

(二)节约集约利用资源。

1. 节约集约利用土地和岸线资源。

统筹利用综合运输通道线位资源和运输枢纽资源，协调通道内各种运输方式的线位走向和技术标准，促进各种运输方式在枢纽节点的有效整合，提高枢纽建设对土地资源的利用率。大力推广节地技术，优化公路工程建设方案，高效利用线位资源，合理确定建设规模和技术标准。鼓励利用旧路改扩建，因地制宜的控制公路建设永久用地和临时用地，提高土地资源综合利用效率。加强对施工临时用地的恢复管理，严格执行改地、造地、复垦等措施要求，节约集约利用土地资源。完善港口岸线使用管理，坚持统筹规划、深水深用、合理开发，保障港口岸线资源合理、有序开发利用。

2. 循环利用资源。

积极探索交通运输资源循环利用的发展模式，完善相关标准规范和评价指标体系。推广使用交通废弃物(废水)循环利用的新材料、新工艺、新设备，倡导标准化设计及工厂化预制，提高资源再利用水平。贯彻落实《甘肃省循环经济总体规划》，支持以金昌和白银为重点的循环经济区建设。重点加强公路、运输枢纽站场、港口、机场等的生产、生活污水循环利用，大力开展路面材料、施工废料、弃渣、港口疏浚土等资源的再生和综合利用，促进航空垃圾资源化利用，建设资源循环利用试点工程。以工程应用急需的高性能材料、工艺和装备为重点，积极推广废旧路面材料冷再生、热再生等循环利用技术和施工工艺。

(三)加强生态保护和污染治理。

积极开展生态交通系统的理论研究和实践探索，为甘肃交通的生态化发展提供理论依据和技术指导。按照“东部保护、中部恢复、西部治理”的思路，大力推进交通建设生态保护和生态修复工作，建成一批具有重大示范意义和推广价值的生态型交通工程；统筹协调、科学安排重大交通工程生态修复工作，降低对生态环境的影响；加强交通设施建设及运营过程中的污染治理，确保污染物达标排放。

1. 开展生态交通系统理论研究。

立足甘肃自然地理条件，从生态交通系统理论、规划、工程设计、工程建设施工技术控制体系与管理方法、运营管理与养护技术、运输绩效考核指标体系等方面，开展甘肃生态交通系统研究与应用，形成生态交通系统的规划评估、设计指南、设计方法、施工工艺、运营与养护技术等一系列研究成果，为实现甘肃交通的生态化发展提供理论指导和技术支持。在此基础上，研究制订生态型交通工程技术指南，逐步建立交通运输基础设施建设的生态保护激励机制。

2. 加强工程建设生态保护力度。

优化公路建设路线，合理避绕生态敏感区。公路建设尽量拟合原地形，减少高填深挖，采取水土保持、动物通道设置、植物和湿地保护等有效措施，减少公路建设对生态环境的影响。航道建设过程中尽量避免或减少对水生动植物生存环境的改变、湿地破坏、岸线非正常侵蚀等生态问题，开展湿地保护、生态护岸、生态缓冲带等生态保护措施。进一步加强公路运输站场、港口、机场等运输枢纽节点建设工程的生态保护力度，使之与城市景观及周边环境和谐。

3. 开展重大工程生态修复。

积极开展黄河、长江重要水源涵养区和生态屏障区公路工程生态修复。结合国道改造，对穿越或靠近生态敏感区且造成一定生态环境影响的已建公路进行生态修复，有效改善公路路域生态环境功能。重点在甘南选择穿越或靠近湿地、草场的公路实施湿地水系连通工程及生态修复试点工程，在陇南山区重点实施水土保持、灾害防治试点工程。同时，积极争取国家支持在我省沙漠地区、黄土地区实施防沙治沙及水土治理工程试点工作。

4. 加强污染治理。

加强公路、港口、机场等施工和运营过程中的污染治理，确保污染物达标排放。控制并逐步减少公路施工期污染；提升高速公路服务区污水处理效果，因地制宜地推广生态型污水处理技术；对营运期噪声超标的高速公路路段，实施声屏障、隔声窗等噪声治理工程；推广应用公路营运期固体废弃物分类收集、处理等环保技术。推进重要公路运输枢纽站场、机场、港口等污水回用系统、垃圾处理系统建设。强化对营运车船定期监督、检查和维修，严格控制和减少营运车船的污染物排放，对重点水域营运船舶强制要求安装污水处理(或储纳)设施和垃圾回收设施。

(四)加强节能环保监管。

1. 强化工程全过程节能环保监管。

强化对交通运输工程规划、建设和运营的全过程环保监管。制定监督与责任追究制度。严格执行交通建设规划环境影响评价、项目环境影响评价和竣工环保验收制度，全面推行建设工程环境监理工作。全面开展工程环保设计，对已运营的工程逐步实施环保后评估。

2. 建立交通节能环保统计及考核机制。

配合交通运输部，建设部省两级交通运输节能环保统计机制和平台，建立标准统一的行业节能环保统计数据库和网络传输系统，开发相应的统计数据分析系统。建立健全交通运输节能环保统计数据核查制度和节能环保公报制度。逐步建立统一、科学的交通运输行业和重点交通能耗企业的单位能耗核算制度，加紧研究制定交通运输行业节能环保评价和考核体系，定期开展行业能源消耗、污染物排放和生态保护等评估工作。建立交通运输业节能环保的目标责任制，研究制订交通运输行业污染损害赔偿制度。

3. 建立交通运输节能环保监测网络。

根据交通运输部统一部署，依托现有交通信息网络基础，筹建甘肃省交通运输节能环保监测中心；选择生态环境敏感或具备一定工作基础的重点区域启动公路、机场、港口监测站点建设，结合部分社会监测力量和资源，加快构建布局科学、层次合理的行业节能环保监测网络，全面开展交通运输节能、环保监测工作。重点建设高速公路及重要国省干线公路沿线交通环境监测网络；加快布局黄河等敏感水域的水运交通环境监测网络，试点推广船舶污染物在线监测系统；大力加强公路运输枢纽、机场噪声监测能力；针对行业能耗较大的重点运输企业开展节能监测。

九、安全与应急保障

安全是交通运输发展的永恒主题，是交通运输可持续发展的基本保障。“十二五”时期，随着甘肃交通基础设施和运输装备规模进一步扩大，客货运输量仍将持续快速增长，加之受极端恶劣天气和自然灾害等因素影响，交通安全形势将更加严峻，应急保障任务日益繁重。交通运输发展应更加重视安全管理和应急体系的建设，不断提高保障人民群众安全出行和经济安全、国防安全、社会稳定的能力。

(一)加强安全生产管理。

1. 强化交通运输企业安全管理。

建立健全安全生产监管制度，明确监管人责任和安全检查周期，完善监管程序和安全检查标准。强化运输企业源头准入管理，提高安全准入门槛，建立健全市场退出机制。继续开展车辆超载超限治理工作，遏制违法超限超载反弹。加快推进交通运输企业安全管理体系建设，加强绩效考核和信用管理。

2. 强化交通运输从业人员安全管理。

严把交通运输行业从业人员资质准入关，加强安全生产职业资格制度建设。重点实施营运车辆驾驶员、运输船舶船员安全教育工程，加大安全知识和技能培训力度，严格培训与考试。对从业人员定期进行考核评估，并将评估情况作为退出市场和业绩考核的重要依据。加强交通运输建设安全管理人员和安全监理工程师等关键岗位的培训考核。

3. 加强交通运输工具安全管理。

交通运输企业要建立车辆、船舶保养维护制度，交通运输主管部门要进一步修订完善营运车船安全管理办法及技术规程。健全营运车辆、运输船舶和城市公交工具维护检查(验)制度，加强维护、检测(验)和等级评定监督。

(二)加强安全监管体系建设。

1. 加强道路运输安全监管能力建设。

建立健全道路运输企业安全生产责任制、企业安全评价体系和安全生产档案制度，督促企业加强营运驾驶员及车辆运行统一管理和动态监控，规范汽车客运站危险品查堵、车辆安全例行检查、出站检查工作程序和具体措施。建立健全超限运输源头的管控体系，全面实施货物装载源头运政派驻和巡查制度。切实加强春运及“黄金周”等重点时段、安全事故重点区域和重要环节的安全管理，大力整治非法营运及营运车辆超载、超员、疲劳驾驶等突出问题。改变农村客运安全管理相对薄弱的局面，进一步完善农村客运安全监管体系。加强危险货物运输安全管理，完善跨部门、跨区域的应急联动机制。

2. 加强水上交通安全监管能力建设。

继续加快水上交通安全监管和救助能力建设，基本完成全省重点水域的重大设施布局和装备配置。全省海事系统配置监督车、船和海事卫星电话，构筑全省水上安全立体监管及巡航救助体系，提升水上安全保障和搜救水平。完善省、地船舶法定检验质量管理体系，满足坞内起泊检验的要求。加强重大装备设施资源的综合利用，建立现代化的安全监管和公众服务信息系统。

3. 强化工程建设领域安全管理。

制定交通建设工程项目地质灾害预防、防汛抢险、重大安全事故救援等应急预案，及时预防和处理应急事件。在建设程序、细节上严格控制、严格把关，坚决履行基本建设程序，坚决实行施工现场标准化管理，特别要加强隧道施工、高墩大跨桥高空作业的安全管理，加大对违规违章作业的处罚力度。加强对民爆器材的管理，把好运输、储存、使用、回收等环节关口。

(三)加强应急保障体系建设。

完善交通安全预警和应急预案体系，统一协调省上与地区、交通运输部门与其他部门、专业力量与社会力量的应急保障资源，合理部署交通应急救援设施和保障力量，切实加强交通运输应急保障能力建设，着力构建满足国防战备和交通运输应急救援需要，“平时服务、急时应急、战时应战”的交通应急保障体系。

1. 完善交通安全预警和应急预案体系。

按照国家和省上应急体系建设要求，构建交通运输行业应急预案体系框架，修订完善《“五大安全预警机制”实施意见》(即：水上交通安全应急预警机制、重点工程项目安全预警机制、高速公路安全预警机制、道路运输安全预警机制、公路养护安全预警机制)，研究制订民航运输和城市客运方面的安全预警和应急预案，细化各个领域不同层次的专项应急预案、部门预案及分项预案，加快形成预警及时、反应快速的交通安全预警和应急机制。

2. 加快交通安全应急指挥体系建设。

加快甘肃省交通安全应急指挥系统建设，整合交通安全与应急信息，实现信息统一报送和统计，确保政府、行业、部门内部信息平台互联互通和共享。修订完善《“五大应急救援体系”实施方案》(即：水上事故应急救援体系、重点工程项目安全事故应急救援体系、道路运输安全应急救援体系、道路保畅应急救援体系、特长隧道消防安全应急救援体系)，研究制订民航运输应急救援体系、城市客运应急救援体系实施方案,加快推进公路、水路、城市客运、民航及重点工程建设等方面的安全应急专项指挥系统和安全应急处置平台建设。同时,根据需要适当配置移动应急指挥通信装备,充分利用各种先进的卫星通信手段,形成快速、灵活、畅通的应急通信指挥系统。

3. 加强应急监测系统建设。

加强高速公路、国省道重点路段、重要客货运输枢纽站场、大型桥梁、长大隧道、大型互通式立交桥的监控设施建设;加快治超检测站联网,完善治超监控网络。依托覆盖全省的道路运输信息网络平台,建设营运车辆联网联控系统,建立跨区域的道路运输应急信息报送和区域联动协调机制,实现对危险品运输车辆、三类以上班线和旅游客运车辆行车路线、连续驾驶时间等的监控,推进建设二级及以上汽车客运站重点区域的视频监管系统。加强省内重要航道、港口、重点水域监视监测系统建设,强化对水运重点物资、旅游客运、客货滚装运输的动态监控。积极推动城市客运枢纽、公共汽车、出租汽车等日常运行状态和突发事件监测监控系统建设。积极协调推动民航安全监督管理体系、安保系统及应急指挥平台体系的建设和完善,提升民航运输应急保障能力。依托气象监测网络,逐步形成覆盖全省重要干线公路、港口、机场的气象预警系统,实现恶劣气候6小时内预警。

4. 加强交通运输应急保障能力建设。

加强交通运输应急保障基地建设。积极争取国家支持在省会兰州部署1个辐射西北地区的国家级公路交通应急保障中心,配备大型交通专用抢险装备和专用运输车辆,在全省范围内部署23个区域性应急保障中心,在重点县市区建设51个维修救援站,沿主要交通干线建设应急救援保障服务区,基本形成“点线结合、覆盖全省、反应迅速”的交通运输应急保障基础设施网络,提高处置重特大交通突发事件的能力。

利用公路养护及运营管理部门、施工企业的设施和装备资源,统筹规划建设公路应急保障基地,重点依托高速公路服务区和二级公路沿线养管站、废弃道班等养管设施规划建设应急救援保障服务区。依托公路运输枢纽站场、港口、机场等交通设施统筹规划建设交通运输应急保障基地。积极组建以各级公路养护部门、路政管理部门及日常养护机构为主体的公路应急养护中心。加快推进水路、民航应急保障基础设施建设,适时组建应急养护(维护)中心,保障水路和民航运输安全、畅通。

加快建立交通运输应急物资储备体系。重点在兰州、天水、定西、平凉、张掖规划建设5个区域性应急物资储备中心,在省内其他市州、重要交通干线沿线和运输枢纽站场、港口、机场等重要交通节点规划建设应急物资储备点。进一步完善生活救助、抢险救灾、医疗卫生及专业应急队伍装备储备,实现各类应急物资的综合动态管理和资源共享机制,形成布局合理、种类齐全、满足国防战备和交通运输应急救援需要的应急物资储备体系。

强化应急运力保障,建立紧急运力动员调用机制。完善运输企业联动机制,依托大中型运输企业提供运能保障,按照“平急结合”原则建立应急保障运力储备。以省为基本单元,依托大型道路运输企业,构建满足抢险救灾人员、物资和战略物资运输需要的国家应急运输保障车队。以市州为基本单元,依托实力较强的道路客货运输企业,组建应急运输保障车队。逐步建立健全紧急运力动员调用机制。力争到2015年,全省交通运输应急保障可调配运力数量达到20 000辆左右。

加强专业应急救援队伍建设。强化交通运输应急保障骨干队伍建设,补充更新各专业应急保障队伍技术装备,充分利用社会力量,积极探索利用市场机制组织运输企业、非政府组织等社会力量参与应急管理与服务的长效机制,逐步形成专、兼职队伍相结合的突发公共事件应急救援队伍,提高应急队伍处置能力。

“十二五”时期,重点在高速公路上建立9支救援大队、21支救援中队,在国省干线公路上依托公路总段(分局)建立14支突发事件应急保通队伍,在重点水域建立4支水上应急救援队伍,切实加强高速公路、国省干线公路和重要水上景区救援力量,配备专业救助装备、救援车辆和船舶,强化协同应对运行机制。

加快构筑应急救助网络。以客货运输站场、车辆维修网点、高速公路服务区和二级公路应急救援保障服务区为依托,合理布局应急运输队伍集结地和医疗救助站,逐步建立集运力集结、资源补给、医疗救助、车辆维修等功能于一体的全省交通运输应急救助网络。

十、保障措施

(一)加强组织领导,强化规划指导。

全省各级交通运输管理部门要统一思想、高度重视、周密部署、精心组织,切实编制好本地区、本部门的专项规划,并注重与行业发展规划的衔接。规划实施过程中,要加强领导,明确权责,统筹做好重大建设项目的前期工作和进度安排,确保“十二五”规划各项目标和任务顺利完成。按照国家和省上转变发展方式的战略部署,加强交通运输发展战略研究,加快出台推进综合运输体系建设、促进现代物流发展、发展低碳交通运输体系等专项指导意见。加强“十二五”规划实施评估和动态调整,增强规划的适应性。加强对交通运输经济运行的跟踪分析,适时提出交通运输发展的调整意见和建议。做好交通基础设施建设重点项目前期工作,加强项目储备,提高工作质量,强化跨省区项目规划建设的沟通、协调力度,主动做好与国土资源、环保、水利水电等部门的衔接工作。

(二)完善投融资政策,强化资金保障。

继续坚持“国家投资、地方筹资、社会融资、利用外资”的良好机制,拓宽筹融资渠道,为交通运输基础设施建设提供可靠的资金保障。一是积极争取更多的中央和地方财政性资金投入交通运输公益性事业,并加强和规范现有交通建设专项资金和财政性资金的管理和使用;充分发挥政府投资的效率和效益。二是积极发挥政府融资平台作用,大力拓展融资渠道,利用好金融市场,充分发挥银行贷款等间接融资渠道的功能。三是充分发挥甘肃省公路航空旅游投资集团有限公司的融资保障功能,为我省高速公路、重要国省干线公路、机场和枢纽站场等交通运输基础设施建设提供投融资保障。四是进一步加大招商引资力度,继续利用外商直接投资和国际金融组织贷款;贯彻落实《甘肃省人民政府关于鼓励和引导民间投资健康发展的实施意见》(甘政发[2011]62号),积极鼓励和引导民间资本以独资、控股、参股等方式进入高速公路建设领域。

强化对"十二五"时期交通发展重点领域的政策支持。按照"分类指导"的原则,继续实施区域差异化投资政策,加大对我省藏区、关(中)天(水)经济区、兰(州)西(宁)经济区、陕甘宁革命老区、兰(州) 白 (银)核心经济区、平(凉)庆(阳)经济区、酒(泉)嘉(峪关)经济区和金(昌)武(威)经济区等重点区域以及"两州两市"(甘南州、临夏州、定西市、陇南市)扶贫攻坚区等"老少边穷"地区交通设施建设投资倾斜力度,促进区域协调发展。重点加大对高速公路、普通国省道改造、国家公路枢纽、内河水运、民用机场、交通安全监管和应急体系能力建设的投资支持力度。探索建立高速公路与普通公路"统贷统还"制度,以收费公路体系支持不收费公路体系发展,实现路网资源的统筹利用和滚动发展。研究制订促进现代物流、综合运输枢纽建设、城市公交、科技进步和信息化建设、人才发展、绿色交通相关领域的投资政策。

(三)加强法制建设,深化体制改革。

全面推行依法行政。推进执法模式变革,做到决策权、执行权、监督权相对分离、相互制约。完善行政许可网上办理系统,加快交通运输执法信息平台建设。树立以公开促公正、以透明保廉洁的观念,抓好执法管理,通过细化执法标准、严格执法程序,建立健全公正、透明、阳光、规范的执法监督机制,提升交通运输执法形象。完善交通运输行政复议工作机制,畅通行政复议渠道,积极受理行政复议案件,提高行政复议案件办理质量。结合税费改革及人员转岗分流,研究探索建立符合我省实际的交通综合执法体制。紧密围绕交通运输改革发展的重点目标任务,围绕人民群众关注的重点、热点问题开展法制宣传教育工作,努力为交通运输业发展创造良好的法制环境和氛围。

深化交通运输行政管理体制改革。按照综合运输体系建设和大部制改革要求,落实各级交通运输管理部门职责,逐步建立和完善促进综合运输发展的协调机制。加快推进公路管理体制改革,进一步理顺公路管理体制,深化高速公路管理和农村公路养护管理体制改革。统一城乡运输政策和标准,完善城乡客运一体化管理体制和工作机制。深化港航管理体制改革,加强港口岸线、港界范围内土地资源的管理和保护,逐步完善内河水运公用基础设施的建设、维护、管理的体制机制,理顺通航枢纽等节点管理体制和运行机制。推进机场管理体制改革,积极探索建立具有甘肃特色的机场建设与运营管理体制、发展模式和运行机制。

(四)加强人才队伍建设,提供人才保障和智力支持。

深入实施"人才强交"战略, 以培养高层次、高技能专业人才和高素质管理人才培养为重点,增加人才总量,优化人才结构,提升人才素质为核心,强化人才使用与激励机制建设,为发展现代交通运输业提供人才保障和智力支持。加强交通运输行业教育培训的基础条件和软硬件环境建设,积极组织开展市、县级交通运输领导干部培训。强化与科研院所、高校的战略合作, 联合开展交通基础科学和应用科学研究,培养交通发展急需的创新型人才。依托交通运输重点学科专业、重大建设工程、重点科研项目和重点科研基地,加强重点领域科技领军人才和优秀青年人才培养,重点建设一批创新人才培养基地,打造一批高水平创新团队。支持交通运输基础设施建设、运营管理和运输服务领域的技能型实用人才培养实训基地建设。加强路政、运政、海事执法队伍正规化、专业化、规范化、标准化建设。

(五)加强精神文明建设,提升行业发展软实力。

按照社会主义核心价值体系的要求,结合交通运输实际和特点,组织实施价值体系构建工程、文化管理工程、系统文化提升工程、文化品牌打造工程、文化环境改善工程和文化育人工程,深入开展"创先争优"和"学先进、树新风、建体系、创一流"活动,积极推进安全文化、廉政文化、质量文化、诚信文化、项目文化、精细文化、和谐文化等系统文化建设,全面提升行业文明创建水平。建立各类学习型组织,拓展学习型组织主题实践活动,提高服务交通运输科学发展的能力和水平。建设诚信交通,大力推进服务型政府部门的诚信建设和职业道德建设,加强职工队伍的社会公德、职业道德、家庭美德建设。建设阳光交通,实施"阳光行政"和"阳光工程",完善信息公开机制,全面推行政务公开,扩大公众、社会和新闻舆论的知情权、监督权。切实加强反腐倡廉工作,建设廉政交通,健全廉政建设惩防体系。加强新闻宣传,提高社会沟通能力和水平。

(六)扩大对外开放,促进交通运输区域交流与合作。

实行更加积极主动的开放战略,从建立"统一开放、竞争有序、运作规范"的交通运输市场大局出发,坚持"引进来"和"走出去"相结合,继续加强交通运输区域合作,拓展合作领域,推进区域运输便利化,为交通运输发展营造更宽松的外部环境。

深入推进道路运输区域开放与合作。全面落实《西部道路运输区域合作框架性协议》,建立12+1区域交流合作长效机制。认真落实甘沪、甘新、陕甘川、甘青宁等一系列区域合作框架协议,加快推进形成"东联上海、西拓新疆、南连陕川、北展青宁"的道路运输对外开放格局。积极探索,加快推进道路运输区域发展理念一体化、道路运输政策一体化、道路运输市场一体化、道路运输监管一体化、道路运输信息一体化,提供互惠便利运输服务,推动运输资源、人力资源互动共享。

深入推进黄河航运开发与合作。全面落实《黄河航运发展区域合作框架性协议》、《甘宁蒙三省区黄河航运开发建设备忘录》和《长江黄河航运开发合作框架性协议》,建立黄河航运开发访问会晤机制,就黄河航运开发中的重大事项及时进行协商沟通,促进黄河航运开发。

继续深化技术和人才领域开放与合作。继续落实省交通运输于与部属科研院所签订妁相关战略合作框架协议,加强战略合作,争取部属科研院所对甘肃交通系统的技术支撑和人才培养,广泛开展深层次、多渠道、宽领域合作与交流。

甘肃省人民政府关于
加快内河水运建设与发展的意见

(2011年10月17日)

为贯彻落实《国务院关于加快长江等内河水运发展的意见》(国发〔2011〕2号)和《交通运输部关于贯彻<国务院关于加快长江等内河水运发展的意见>的实施意见》(交水发〔2011〕76号)精神,加快建设畅通、高效、平安、绿色的内河水运体系,促进流域经济协调发展,结合我省实际,提出如下意见:

一、重要意义

内河水运具有投资小、占地少、运能大、污染轻等优势,是公路、铁路、航空等运输方式的重要补充。加快我省内河水运的建设与发展,符合建设资源节约型社会和发展低碳经济的要求,对于构建我省现代综合运输体系、促进节能减排、推动流域经济协调发展具有十分重要的意义。

我省内河水运资源较为丰富,省内河流分属3大流域9个水系,径流量在1亿立方米以上的河流有78条。近年来,我省内河水运发展较快,通航里程已达928公里,兰州、临夏、白银、陇南港口建设已显雏形,船舶结构调整步伐加快,客货运量稳步提升,水运安全监管网络基本形成,通航能力和运输保障能力明显增强,以黄河为代表的内河水运已成为服务我省经济发展的"黄金水道"和少数民族地区群众脱贫致富的"惠民航道"。

国务院《关于加快长江等内河水运发展的意见》的出台,标志着我国内河水运事业发展已经上升为国家发展战略,将推动内河水运进入黄金发展期。各地政府、各有关部门和单位要充分认识发展内河水运的重要意义,切实把握发展机遇,加强组织领导,科学规划实施,推动全省现代水路交通运输业快速发展。

二、总体要求

(一)指导思想。深入贯彻落实科学发展观,以黄河航运开发为重点,切实加大水运基础设施建设和运力结构调整力度,加快水路运输市场培育,促进沿河库区经济带、文化带、旅游带建设,努力提升内河水运的运载能力和水上安全监管水平,为我省经济社会跨越式发展提供水路交通运输服务与保障。

(二)基本原则。坚持水资源综合利用和统筹兼顾原则。统筹协调水运、水电、水利发展,统筹协调公路、铁路、民航、水运发展。

坚持"宜水则水、宜陆则陆"和水运体系整体发展原则。注重内河航道、港口、船舶和支持保障系统的协调发展。

坚持协调发展型、绿色生态型、历史人文型航道开发原则。突出优势和重点区域,注重效益、量力而行,有计划、分步骤推进。

坚持科学管理,安全发展的原则。健全和完善"政府统一领导、交通运输部门综合管理、海事机构依法监管、相关部门积极配合、企业安全自律、群众参与监督,社会广泛支持"的水上交通安全长效管理机制,实现水上交通安全形势持续稳定。

(三)发展目标。力争到2015年,全省内河通航里程达到1010公里,兰州、临夏、白银、陇南港口基本建成,运输船舶的技术状况明显改善,支持保障系统较为完善,基本实现兰州以下黄河主要区段通航和等级化,内河水运在我省综合运输体系中的地位进一步提升,对沿河(江)产业布局和流域经济协调发展的促进作用进一步增强。到2020年,全省内河通航里程达到1 346公里,力争实现甘、宁、蒙三省区黄河航道全线通航,建成我省内河水运安全监管和应急救助体系,确保内河水运优势和效益得到充分发挥。

三、主要任务

(一)实施航道整治工程。"十二五"期间,重点开展黄河白银四龙至龙湾段航运建设二期工程、黄河乌金峡库区及龙湾至南长滩航运建设工程、黄河大峡库区航运工程、黄河兰州段提级改造工程、黄河白河口至玛曲县城段航运工程、洮河九甸峡库区及碧口库区航运工程等项目,建成等级航道654公里。开展黄河小峡、大峡、乌金峡碍航闸坝复航研究论证工作。

(二)加快港口建设。重点建设兰州、临夏、白银、陇南枢纽港口,完善全省内河港口布局体系。建设黄河兰州新港5个港区、白银港5个港区、临夏港2个港区、陇南港2个港区,推进一般港口建设,形成布局合理、功能齐全、运输顺畅的港口主骨架体系,有效提高我省港口码头客货运输能力。实施黄河兰州新港和黄河兰州城区段水上公交建设工程、黄河刘家峡港区航运设施建设工程,建设码头公用泊位301个。

(三)培育和发展水运市场体系。加强内河水运与其他运输方式的有机衔接,促进综合运输体系建设。着力培育水运市场主体,提高水运市场化程度,促进航运企业规模化、集约化经营,引导和支持航运企业向现代物流企业转型。积极发展船舶工业,扶持和培育一批具有一定规模和竞争力的船舶制造企业。实施船型标准化,鼓励航运企业加快船舶更新改造,严格实施船舶更新报废制度,逐步淘汰挂桨机船、水泥船和木质船舶等现有非标准船型和安全、环保设施达不到规范要求的老旧运输船舶。加快船舶运力结构调整,支持发展专业化运输,提高水路交通综合服务能力和节能减排效益。

(四)加强水运安全支持保障系统建设。建设全省水运行业管理信息系统和船员教育管理体系,进一步完善安全监管、船舶检验和应急救助体系,完善水上交通安全预警和应急机制,建立现代化的安全监管和公众服务信息系统。完成全省重点水域的水上巡航、安全监管、应急救助基础设施建设和装备配置,重点建设甘肃省水上搜救指挥中心及兰州、临夏、白银、陇南4个水上救助基地。各地政府及其交通运输等有关部门要按照有关法律、法规和各自的职责分工,加强本行政区域内的水上交通安全管理工作,落实水上交通管理责任,强化企业安全生产主体责任,改善安全生产条件。

四、保障措施

(一)加强规划指导。各地政府、各有关部门和单位要把加快内河水运建设和发展作为一项重要任务,列入经济和社会发展规划,明确发展重点,建立项目储备并组织实施。在编制和调整流域综合规划及涉及水运发展的相关专项规划和区域规划时，要坚持统筹规划、协调发展的原则，使各项规划相互衔接，确保水资源开发、防洪安全、流域经济与水路运输协调发展，构建现代综合运输体系。

（二）加大资金投入。继续坚持"国家投资、地方筹资、社会融资"的机制，用足用好中央支持政策，最大限度地争取中央财政支持，提高对我省航道、港口建设补助标准；加大省级成品油税费改革转移支付预算用于水运建设的投资比例；注重发挥市场配置资源的基础性作用和政府的宏观调控作用，鼓励和引导民间资本、社会资金投资内河水运基础设施建设。各级政府要增加财政性资金投入，进一步统筹内河水运基础设施建设资金。要加大政策扶持力度，支持少数民族地区和贫困地区水运设施建设。将水路交通建设用地纳入城市总体规划和土地利用总体规划，优先保证我省重点水路交通工程建设用地指标，其相关配套设施纳入城市规划统一安排，建设用地参照高速公路和水利工程建设用地优惠政策执行。

（三）建立协调机制。各地政府要加强组织领导，认真落实本意见提出的各项任务。省上建立发展改革、交通运输、水利、国土资源、环保、建设等部门参与的协调机制，形成各方面积极支持水路运输业持续健康发展的合力。各级交通运输主管部门及其水路交通管理机构要根据《中华人民共和国港口法》、《中华人民共和国水法》、《中华人民共和国防洪法》、《中华人民共和国河道管理条例》和《甘肃省水路交通管理条例》等法律法规，依法加强对我省现有航道、港口岸线资源的管理和保护，保障航道安全畅通，促进航运市场健康发展。按照职能明确、精简高效、运转协调的原则，深化水路交通管理体制改革，积极推进航道管理体制和养护机制。

2011年6月，全国干线公路养护管理检查组一行，在省交通运输厅副厅长赵彦龙陪同下，对张掖公路分局公路养护管理路段进行全面细致的检查。

赵小强 摄

2011年7月2日，交通运输部"双百"检查验收组一行在靖远公路管理段三滩养管站查看"双化"建设情况。

白银公路总段 供

统计资料

TONGJIZILIAO

2011 年 5 月 18 日，和政公路管理段职工在省道 309 线康临公路实施养护维修工程。

临夏公路总段 供

高速公路明细表

计算单位:公里

	填报单位:甘肃省交通厅									
	线路名称	线路编号	起讫地点	高速公路里程合计	高速公路车道里程合计	四车道	六车道	八车道及以上	通车时间	备注
	甲	乙	丙	1	2	3	4	5	丁	戊
	合计	—	—	2342.548	9370.192	2342.548	0.000	0.000	—	—
甘肃省交通运输厅	京藏高速	G6	刘寨柯-海石湾	269.311	1077.244	269.311	0.000	0.000	2005-12-1	
甘肃省交通运输厅	青兰高速	G22	庆阳市彭原乡李家寺村-沿川子	204.412	817.648	204.412	0.000	0.000	2011-12-22	
甘肃省交通运输厅	青兰高速	G22	静宁县与宁夏交界点-收费广场(兰州)	224.570	898.280	224.570	0.000	0.000	2011-12-22	
甘肃省交通运输厅	连霍高速	G30	陕西省与东岔交界点-十八里铺	328.745	1314.980	328.745	0.000	0.000	2011-12-21	
甘肃省交通运输厅	连霍高速	G30	天水路立交-忠和立交	21.290	85.160	21.290	0.000	0.000	2011-12-21	
甘肃省交通运输厅	连霍高速	G30	G6与G30树屏立交分界点-乌鞘岭	134.011	536.044	134.011	0.000	0.000	2011-12-21	
甘肃省交通运输厅	连霍高速	G30	古浪王家庄-星星峡南	888.376	3553.504	888.376	0.000	0.000	2011-12-21	
甘肃省交通运输厅	兰临高速	G75	韩家河-曹家沟	91.743	366.972	91.743	0.000	0.000	2004-12-1	
甘肃省交通运输厅	连天线	G310	天北高速入口-天巉路起点	12.187	48.748	12.187	0.000	0.000	1993-5-1	
甘肃省交通运输厅	金永高速	S17	金川-东寨	42.760	171.040	42.760	0.000	0.000	2010-10-22	
甘肃省交通运输厅	兰营高速	S001	机场高速起点-机场高速终点	17.247	68.988	17.247	0.000	0.000	2002-10-26	
甘肃省交通运输厅	康临高速	S002	康家崖-临夏	70.502	282.008	70.502	0.000	0.000	2010-12-1	
甘肃省交通运输厅	陇路高速	S014	陇西-路园	36.420	145.680	36.420	0.000	0.000	2010-12-29	
甘肃省交通运输厅	天北线	S166	天北高速入口-七里墩	0.974	3.896	0.974	0.000	0.000	1993-12-1	

公路里程年底到达数
（按技术等级分）

2011年

指标	序号	公路里程总计	等级公路										等外公路
			合计	高速公路				一级	二级		三级	四级	
				小计	四车道	六车道	八车道及以上		二级	一幅高速			
甲	乙	1	2	3	4	5	6	7	8	9	10	11	12
一、上年年底到达数	1	118879.417	85732.611	1992.548	1992.548	0.000	0.000	160.572	5768.221	0.000	14077.639	63733.631	33146.806
1. 国道	2	6663.433	6661.433	1826.245	1826.245	0.000	0.000	77.068	3213.302	0.000	1302.468	242.350	2.000
其中：国家高速公路	3	1814.058	1814.058	1814.058	1814.058	0.000	0.000	0.000	0.000	0.000	0.000	0.000	0.000
2. 省道	4	6197.195	6121.803	166.303	166.303	0.000	0.000	34.350	2002.068	0.000	3593.858	325.224	75.392
3. 县道	5	15694.572	14536.190	0.000	0.000	0.000	0.000	28.617	302.723	0.000	5938.098	8266.752	1158.382
4.乡道	6	12309.233	9991.420	0.000	0.000	0.000	0.000	1.354	57.108	0.000	1843.414	8089.544	2317.813
5. 专用公路	7	3131.899	2395.061	0.000	0.000	0.000	0.000	4.625	115.221	0.000	896.871	1378.344	736.838
6. 村道	8	74883.085	46026.704	0.000	0.000	0.000	0.000	14.558	77.799	0.000	502.930	45431.417	28856.381
二、本年新建数	9	2735.266	2735.266	350.000	350.000	0.000	0.000	0.000	68.370	0.000	45.209	2271.687	0.000
1. 国道	10	348.400	348.400	348.400	348.400								
其中：国家高速公路	11	348.400	348.400	348.400	348.400								
2.省道	12	1.600	1.600	1.600	1.600								
3. 县道	13	1.500	1.500	0.000								1.500	
4.乡道	14	0.000	0.000	0.000									
5. 专用公路	15	85.862	85.862	0.000							7.860	78.002	
6.村道	16	2297.904	2297.904	0.000					68.370		37.349	2192.185	

公路里程年底到达数
（按技术等级分）

指标	序号	公路里程总计	等级公路										等外公路
			合计	高速公路				一级	二级		三级	四级	
				小计	四车道	六车道	八车道及以上		二级	一幅高速			
甲	乙	1	2	3	4	5	6	7	8	9	10	11	12
三、本年改建变更数	17	2081.143	3224.561	0.000	0.000	0.000	0.000	9.441	19.504	0.000	–204.760	3400.376	–1143.418
1.国道	18	–255.353	–255.353	0.000					–139.659		–115.694		
其中：国家高速公路	19	0.000	0.000	0.000									
2. 省道	20	15.233	15.683	0.000					146.700		–131.017		–0.450
3.县道	21	9.891	65.096	0.000					49.518		15.578		–55.205
4.乡道	22	–10.140	34.599	0.000					–70.695		105.294		–44.739
5.专用公路	23	–9.211	–0.670	0.000					–13.345		2.6751		–8.541
6. 村道	24	2330.723	3365.206	0.000				9.441	12.463		76.473	3266.829	–1034.483
四、本年年底到达数	25	123695.826	91692.438	2342.548	2342.548	0.000	0.000	170.013	5856.095	0.000	13918.088	69405.694	32003.388
1.国道	26	6756.480	6754.480	2174.645	2174.645	0.000	0.000	77.068	3073.643	0.000	1186.774	242.350	2.000
其中：国家高速公路	27	2162.458	2162.458	2162.458	2162.458	0.000	0.000	0.000	0.000	0.000	0.000	0.000	0.000
2. 省道	28	6214.028	6139.086	167.903	167.903	0.000	0.000	34.350	0.000	2148.768	3462.841	325.224	74.942
3.县道	29	15705.963	14602.786	0.000	0.000	0.000	0.000	28.617	302.723	0.000	5987.616	8283.830	1103.177
4. 乡道	30	12299.093	10026.019	0.000	0.000	0.000	0.000	1.354	57.108	0.000	1772.719	8194.838	2273.074
5. 专用公路	31	3208.550	2480.253	0.000	0.000	0.000	0.000	4.625	115.221	0.000	891.386	1469.021	728.297
6.村道	32	79511.712	51689.814	0.000	0.000	0.000	0.000	23.999	158.632	0.000	616.752	50890.431	27821.898

公路里程年底到达数
（按路面类型分）

2011年

指标	序号	公路里程总计	有铺装路面(高级)			简易铺装路面（次高级）	未铺装路面（中级、低级无路面）	晴雨通车里程	可绿化里程		养护里程
			合计	沥青混凝土	水泥混凝土					绿化里程	
甲	乙	1	2	3	4	5	6	7	8	9	10
一、上年年底到达数	1	118879.417	18424.983	8169.580	10255.403	30109.471	70344.963	0.000	52940.704	21432.732	82832.163
1.国道	2	6663.433	4185.338	4158.710	26.628	2474.246	3.849	0.000	4041.767	2751.472	6568.380
其中：国家高速公路	3	1814.058	1814.058	1814.058	0.000	0.000	0.000	0.000	994.420	448.947	1781.220
2.省道	4	6197.195	1995.162	1875.798	119.364	3466.527	735.506	0.000	3910.361	3067.287	6196.495
3.县道	5	15694.572	2160.180	1348.666	811.514	9579.133	3955.259	0.000	11829.890	6330.467	15320.844
4.乡道	6	12309.233	1493.794	567.559	926.235	5102.108	5713.331	0.000	9178.519	4144.302	12038.903
5.专用公路	7	3131.899	196.652	62.980	133.672	1271.420	1663.827	0.000	1885.145	544.621	3115.023
6.村道	8	74883.085	8393.857	155.867	8237.990	8216.037	58273.191	0.000	22095.022	4594.583	39592.518
二、本年新建数	9	2735.266	780.617	356.817	423.800	233.467	1721.182	0.000	1717.216	42.023	2469.010
1. 国道	10	348.400	348.400	348.400				0.000	64.569		348.400
其中：国家高速公路	11	348.400	348.400	348.400				0.000	64.569		348.400
2.省道	12	1.600	1.600	1.600				0.000	1.600		1.600
3.县道	13	1.500	1.500		1.500			0.000	1.500		1.500
4.乡道	14	0.000	0.000					0.000			
5.专用公路	15	85.862	0.000				85.862	0.000	85.862		85.862
6.村道	16	2297.904	429.117	6.817	422.300	233.467	1635.320	0.000	1563.685	42.023	2031.648

公路里程年底到达数

（按路面类型分）

指标	序号	公路里程总计	有铺装路面（高级）			简易铺装路面（次高级）	未铺装路面（中级、低级无路面）	晴雨通车里程	可绿化里程	绿化里程	养护里程
			合计	沥青混凝土	水泥混凝土						
甲	乙	1	2	3	4	5	6	7	8	9	10
一、上年年底到达数	17	2081.143	2828.668	221.499	2607.169	681.391	-1428.916	0.000	1335.223	-376.613	3162.032
1.国道	18	-255.353	71.822	72.406	-0.584	-327.175		0.000	-26.112	3.049	-212.541
其中：国家高速公路	19	0.000	0.000					0.000			32.838
2.省道	20	15.233	69.650	70.850	-1.200	-53.967	-0.450	0.000	-31.456	-0.040	15.933
3.县道	21	9.891	72.873	27.520	45.353	110.565	-173.547	0.000	22.625	-96.172	383.619
4.乡道	22	-10.140	180.304	-0.800	181.104	314.977	-505.421	0.000	-35.691	-66.056	-7.439
5.专用公路	23	-9.211	34.646	20.659	13.987	31.941	-75.798	0.000	212.878	35.914	7.665
6.村道	24	2330.723	2399.373	30.864	2368.509	605.050	-673.700	0.000	1192.979	-253.308	2974.795
二、本年新建数	25	123695.826	22034.268	8747.896	13286.372	31024.329	70637.229	0.000	55993.143	21098.142	88463.205
1.国道	26	6756.480	4605.560	4579.516	26.044	2147.071	3.849	0.000	4080.224	2754.521	6704.239
其中：国家高速公路	27	2162.458	2162.458	2162.458	0.000	0.000	0.000	0.000	1058.989	448.947	2162.458
2.省道	28	6214.028	2066.412	1948.248	118.164	3412.560	735.056	0.000	3880.505	3067.247	6214.028
3.县道	29	15705.963	2234.553	1376.186	858.367	9689.698	3781.712	0.000	11854.015	6234.295	15705.963
4.乡道	30	12299.093	1674.098	566.759	1107.339	5417.085	5207.910	0.000	9142.828	4078.246	12031.464
5.专用公路	31	3208.550	231.298	83.639	147.659	1303.361	1673.891	0.000	2183.885	580.535	3208.550
6.村道	32	79511.712	11222.347	193.548	11028.799	9054.554	59234.811	0.000	24851.686	4383.298	44598.961

公路密度及通达情况

2011 年

指标	计算单位	序号	数量
甲	乙	丙	1
一、公路密度			
以国土面积算	公里/百平方公里	1	27.22
以人口数量算	公里/万人	2	48.32
二、公路通达			
乡镇数量	个	3	1261
已通畅	个	4	1218
其中:通其他硬化路面	个	5	
已通达、未通畅	个	6	43
未通达	个	7	
建制村数量	个	8	16810
已通畅	个	9	7227
其中:通其他硬化路面	个	10	
已通达、未通畅	个	11	9583
未通达	个	12	

公路桥梁、渡口年底到达数(按跨径分)

2011 年

指标	序号	桥梁总计				按跨径分								渡口总计	
		总计		互通式		特大桥		大桥		中桥		小桥			机动
		座	米	座	米	座	米	座	米	座	米	座	米	处	处
甲	乙	1	2	3	4	5	6	7	8	9	10	11	12	13	14
一、上年年底到达数	1	8114	286368.93	232	13439.03	10	3100.57	591	92056.09	2009	102501.16	5504	88711.11	8	2
1.国道	2	2819	123197.95	224	11821.87	3	1508.27	235	43661.05	848	46272.12	1733	31756.51	0	0
其中:国家高速公路	3	1389	68755.69	176	10215.21	1	1047.10	126	26421.38	477	26322.46	785	14964.75	0	0
2.省道	4	1175	42508.08	5	1509.08	0	0.00	85	14865.18	253	13591.59	837	14051.31	1	0
3.县道	5	1742	53848.82	2	62.08	2	525.90	104	14019.23	421	20799.61	1215	18504.08	4	2
4.乡道	6	786	23034.03	0	0.00	1	199.00	53	6792.60	178	7762.76	554	8279.67	1	0
5.专用公路	7	183	5531.35	1	46.00	0	0.00	15	2008.43	30	1355.68	138	2167.24	0	0
6.村道	8	1409	38248.70	0	0.00	4	867.40	99	10709.60	279	12719.40	1027	13952.30	2	0
二、本年新建数	9	123	5838.93	0	0.00	0	0.00	16	3082.43	32	1516.92	75	1239.58	0	0
1.国道	10	13	434.42					1	145.34	2	176.00	10	113.08		
其中:国家高速公路	11	4	182.34					1	145.34			3	37.00		
2.省道	12	31	1898.03					4	1233.99	5	237.18	22	426.86		
3.县道	13	63	2903.94					8	1406.00	21	943.70	34	554.24		
4.乡道	14	7	105.80							2	48.00	5	57.80		
5.专用公路	15	4	309.14					2	245.10	1	42.04	1	22.00		
6.村道	16	5	187.60					1	52.00	1	70.00	3	65.60		

公路桥梁、渡口年底到达数(按跨径分)(续上表)

指标	序号	桥梁总计				按跨径分								渡口总计	
		总计		互通式		特大桥		大桥		中桥		小桥			机动
		座	米	座	米	座	米	座	米	座	米	座	米	处	处
甲	乙	1	2	3	4	5	6	7	8	9	10	11	12	13	14
三、本年改建变更数	17	-120	-3413.48	-32	-796.90	0	0.00	-10	-1705.56	32	686.09	-142	-2394.01	0	0
1.国道	18	-214	-6135.34	-32	-776.69			-10	-1415.05	-39	-2066.05	-165	-2654.24		
其中:国家高速公路	19	-1	-45.97	4	239.34			-2	-133.79	-1	-5.59	2	93.41		
2.省道	20	-29	-1354.40		-4.21			-4	-731.91	-4	-191.84	-21	-430.65		
3.县道	21	-8	228.91					-1	-204.00	24	797.95	-31	-365.04		
4.乡道	22	29	895.00	1	30.00			3	160.70	12	463.23	14	271.07		
5.专用公路	23	13	322.55	-1	-46.00			-1	-70.00	8	257.00	6	135.55		
6.村道	24	89	2629.80					3	554.70	31	1425.80	55	649.30		
四、本年年底到达数	25	8117	288794.38	200	12642.13	10	3100.57	597	93432.96	2073	104704.17	5437	87556.68	8	2
1.国道	26	2618	117497.03	192	11045.18	3	1508.27	226	42391.34	811	44382.07	1578	29215.35	0	0
其中:国家高速公路	27	1392	68892.06	180	10454.55	1	1047.10	125	26432.93	476	26316.87	790	15095.16	0	0
2.省道	28	1177	43051.71	5	1504.87	0	0.00	85	15367.26	254	13636.93	838	14047.52	1	0
3.县道	29	1797	56981.67	2	62.08	2	525.90	111	15221.23	466	22541.26	1218	18693.28	4	2
4.乡道	30	822	24034.83	1	30.00	1	199.00	56	6953.30	192	8273.99	573	8608.54	1	0
5.专用公路	31	200	6163.04	0	0.00	0	0.00	16	2183.53	39	1654.72	145	2324.79	0	0
6.村道	32	1503	41066.10	0	0.00	4	867.40	103	11316.30	311	14215.20	1085	14667.20	2	0

公路桥梁年底到达数(按使用年限分)

2011年

指 标	序 号	桥梁总计				按建筑材料和使用年限分					
		总 计		危 桥		永久性		半永久性		临时性	
		座	米	座	米	座	米	座	米	座	米
甲	乙	1	2	3	4	5	6	7	8	9	10
一、上年年底到达数	1	8114	286368.93	510	18083.22	7848	279049.93	193	5591.50	73	1727.50
1.国道	2	2819	123197.95	8	504.74	2819	123197.95	0	0.00	0	0.00
其中:国家高速公路	3	1389	68755.69	0	0.00	1389	68755.69	0	0.00	0	0.00
2.省道	4	1175	42508.08	6	735.78	1175	42508.08	0	0.00	0	0.00
3.县道	5	1742	53848.82	163	6295.20	1704	52498.02	25	1187.30	13	163.50
4.乡道	6	786	23034.03	93	3709.20	753	22203.43	29	757.60	4	73.00
5.专用道路	7	183	5531.35	3	48.80	183	5531.35	0	0.00	0	0.00
6.村道	8	1409	38248.70	237	6789.50	1214	33111.10	139	3646.60	56	1491.00
二、本年新建数	9	123	5838.93	0	0.00	122	5518.93	1	320.00	0	0.00
1.国道	10	13	434.42			13	434.42				
其中:国家高速公路	11	4	182.34			4	182.34				
2.省道	12	31	1898.03			31	1898.03				
3.县道	13	63	2903.94			62	2583.94	1	320.00		
4.乡道	14	7	105.80			7	105.80				
5.专用公路	15	4	309.14			4	309.14				
6.村道	16	5	187.60			5	187.60				

公路桥梁年底到达数(按使用年限分)(续上表)

指标	序号	桥梁总计				按建筑材料和使用年限分					
		总计		危桥		永久性		半永久性		临时性	
		座	米	座	米	座	米	座	米	座	米
甲	乙	1	2	3	4	5	6	7	8	9	10
三、本年改建变更数	17	-120	-3413.48	222	9134.25	-114	-3449.88	-8	-169.80	2	206.20
1.国道	18	-214	-6135.34	11	235.55	-214	-6135.34				
其中:国家高速公路	19	-1	-45.97	4	103.06	-1	-45.97				
2.省道	20	-29	-1354.40	5	-271.54	-29	-1354.40				
3.县道	21	-8	228.91	103	5363.79	-8	228.91				
4.乡道	22	29	895.00	37	1303.00	31	937.60	-2	-42.60		
5.专用公路	23	13	322.55	8	287.35	13	322.55				
6.村道	24	89	2629.80	58	2216.10	93	2550.80	-6	-127.20	2	206.20
四、本年年底到达数	25	8117	288794.38	732	27217.47	7856	281118.98	186	5741.70	75	1933.70
1.国道	26	2618	117497.03	19	740.29	2618	117497.03	0	0.00	0	0.00
其中:国家高速公路	27	1392	68892.06	4	103.06	1392	68892.06	0	0.00	0	0.00
2.省道	28	1177	43051.71	11	464.24	1177	43051.71	0	0.00	0	0.00
3.县道	29	1797	56981.67	266	11658.99	1758	55310.87	26	1507.30	13	163.50
4.乡道	30	822	24034.83	130	5012.20	791	23246.83	27	715.00	4	73.00
5.专用公路	31	200	6163.04	11	336.15	200	6163.04	0	0.00	0	0.00
6.村道	32	1503	41066.10	295	9005.60	1312	35849.50	133	3519.40	58	1697.20

公路隧道年底到达数

2011年

指标	序号	合计		特长隧道		长隧道		中隧道		短隧道	
		米	处	米	处	米	处	米	处	米	处
甲	乙	1	2	3	4	5	6	7	8	9	10
一、上年年底到达数	1	55717.10	97	8073.20	2	22467.60	14	11683.00	15	13493.30	66
1.国道	2	43607.70	61	8073.20	2	15992.60	10	10823.00	14	8718.90	35
其中:国家高速公路	3	26780.80	20	8073.20	2	12044.60	8	5023.00	6	1640.00	4
2.省道	4	8784.60	13	0.00	0	6475.00	4	860.00	1	1449.60	8
3.县道	5	40.00	1	0.00	0	0.00	0	0.00	0	40.00	1
4.乡道	6	1255.30	7	0.00	0	0.00	0	0.00	0	1255.30	7
5.专用道路	7	267.00	1	0.00	0	0.00	0	0.00	0	267.00	1
6.村道	8	1762.50	14	0.00	0	0.00	0	0.00	0	1762.50	14
二、本年新建数	9	0.00	0	0.00	0	0.00	0	0.00	0	0.00	0
1.国道	10	0.00	0								
其中:国家高速公路	11	0.00	0								
2.省道	12	0.00	0								
3.县道	13	0.00	0								
4.乡道	14	0.00	0								
5.专用公路	15	0.00	0								
6.村道	16	0.00	0								

公路隧道年底到达数(续上表)

指标	序号	合计		特长隧道		长隧道		中隧道		短隧道	
		米	处	米	处	米	处	米	处	米	处
甲	乙	1	2	3	4	5	6	7	8	9	10
三、本年改建变更数	17	−22.80	−5	0.00	0	0.00	0	590.00	1	−612.80	−6
1.国道	18	0.00	0								
其中:国家高速公路	19	0.00	0								
2.省道	20	0.00	0								
3.县道	21	0.00	0								
4.乡道	22	140.70	−3					590.00	1	−449.30	−4
5.专用公路	23	0.00	0								
6.村道	24	−163.50	−2							−163.50	−2
四、本年年底到达数	25	55694.30	92	8073.20	2	22467.60	14	12273.00	16	12880.50	60
1.国道	26	43607.70	61	8073.20	2	15992.60	10	10823.00	14	8718.90	35
其中:国家高速公路	27	26780.80	20	8073.20	2	12044.60	8	5023.00	6	1640.00	4
2.省道	28	8784.60	13	0.00	0	6475.00	4	860.00	1	1449.60	8
3.县道	29	40.00	1	0.00	0	0.00	0	0.00	0	40.00	1
4.乡道	30	1396.00	4	0.00	0	0.00	0	590.00	1	806.00	3
5.专用公路	31	267.00	1	0.00	0	0.00	0	0.00	0	267.00	1
6.村道	32	1599.00	12	0.00	0	0.00	0	0.00	0	1599.00	12

道路运输经营营业户数(一)

计量单位：户

地区名称	编号	道路运输经营许可证在册数	道路旅客运输经营业户数合计	班车客运	旅游客运	包车客运	国际道路旅客运输
		张	户	户	户	户	户
全省总计		72866	216	183	31	2	0
兰州市	1	8352	44	32	12	0	0
嘉峪关市	2	439	8	6	2	0	0
金昌市	3	5650	4	4	0	0	0
白银市	4	14758	11	10	1	0	0
天水市	5	1010	19	15	3	1	0
武威市	6	13709	12	12	0	0	0
张掖市	7	16421	9	8	1	0	0
平凉市	8	1632	12	12	0	0	0
酒泉市	9	6776	34	26	8	0	0
庆阳市	10	965	17	16	1	0	0
矿　区	11	67	1	0	0	1	0
定西市	12	559	11	10	1	0	0
陇南市	13	1598	16	16	0	0	0
临夏州	14	649	13	11	2	0	0
甘南州	15	281	5	5	0	0	0

道路运输经营业户数(二)

计量单位：户

地区	编号	道路货物运输经营业户数合计	普通货运	货物专用运输	集装箱运输	大型物件运输	危险货物运输	国际道路货物运输	道路客货运输兼营业户数	国际道路客货运输兼营
全省总计		63823	63482	161	0	6	174	0	28	0
兰州市	1	6340	6297	0	0	3	40	0	0	0
嘉峪关市	2	64	57	0	0	0	7	0	5	0
金昌市	3	5336	5317	5	0	0	14	0	0	0
白银市	4	13932	13899	10	0	0	23	0	3	0
天水市	5	836	829	2	0	0	5	0	6	0
武威市	6	12745	12732	7	0	3	3	0	2	0
张掖市	7	15614	15476	136	0	0	2	0	0	0
平凉市	8	873	870	0	0	0	3	0	0	0
酒泉市	9	5944	5930	0	0	0	14	0	0	0
庆阳市	10	526	488	0	0	0	38	0	2	0
矿　区	11	64	61	0	0	0	3	0	0	0
定西市	12	140	136	0	0	0	4	0	8	0
陇南市	13	1097	1091	0	0	0	6	0	0	0
临夏州	14	299	288	0	0	0	11	0	0	0
甘南州	15	13	11	1	0	0	1	0	2	0

道路运输相关业务经营业户数

计量单位：户

单位名称	编号		道路运输相关业务经营业户											
			站场			机动车维修	汽车综合性能检测	机动车驾驶员培训	汽车租赁	其他				
				客运站	货运站(场)						客运代理	物流服务	货运代办	信息配载
全省总计		9331	614	549	65	6996	30	297	128	1296	43	100	513	640
兰州市	1	1968	30	12	18	1317	3	77	78	463	0	28	240	195
嘉峪关市	2	372	5	3	2	294	1	6	0	66	1	5	38	22
金昌市	3	441	34	12	22	369	1	13	0	24	2	0	0	22
白银市	4	818	48	47	1	686	4	29	32	49	0	11	10	26
天水市	5	331	25	18	7	205	1	15	4	81	0	4	33	46
武威市	6	954	104	103	1	533	5	31	0	281	20	38	103	120
张掖市	7	798	18	14	4	693	3	6	0	78	5	4	3	66
平凉市	8	747	117	116	1	522	3	15	4	86	0	0	41	45
酒泉市	9	798	24	19	5	671	2	13	0	88	2	6	40	40
庆阳市	10	591	33	33	0	519	2	33	0	4	4	0	0	0
矿　区	11	4	1	1	0	1	0	2	0	0	0	0	0	0
定西市	12	416	16	13	3	303	2	23	6	66	0	3	5	58
陇南市	13	491	29	28	1	436	1	24	0	1	0	1	0	0
临夏州	14	337	78	78	0	245	1	9	4	0	0	0	0	0
甘南州	15	265	52	52	0	202	1	1	0	9	9	0	0	0

道路旅客运输经营业户数——100辆及以上的企业

单位名称	编号	道路旅客运输经营业户数合计	班车客运	旅游客运	包车客运	国际道路旅客运输
		户	户	户	户	户
全省总计		37	36	1	0	0
兰州市	1	4	4	0	0	0
嘉峪关市	2	0	0	0	0	0
金昌市	3	1	1	0	0	0
白银市	4	5	5	0	0	0
天水市	5	5	5	0	0	0
武威市	6	3	3	0	0	0
张掖市	7	4	4	0	0	0
平凉市	8	2	2	0	0	0
酒泉市	9	4	3	1	0	0
庆阳市	10	3	3	0	0	0
矿　区	11	0	0	0	0	0
定西市	12	4	4	0	0	0
陇南市	13	2	2	0	0	0
临夏州	14	0	0	0	0	0
甘南州	15	0	0	0	0	0

道路旅客运输经营业户数——50~99 辆的企业

单位名称	编号	道路旅客运输经营业户数合计	班车客运	旅游客运	包车客运	国际道路旅客运输
		户	户	户	户	户
全省总计		46	41	5	0	0
兰州市	1	7	5	2	0	0
嘉峪关市	2	1	1	0	0	0
金昌市	3	1	1	0	0	0
白银市	4	3	3	0	0	0
天水市	5	4	4	0	0	0
武威市	6	4	4	0	0	0
张掖市	7	4	4	0	0	0
平凉市	8	0	0	0	0	0
酒泉市	9	4	1	3	0	0
庆阳市	10	6	6	0	0	0
矿　区	11	0	0	0	0	0
定西市	12	4	4	0	0	0
陇南市	13	4	4	0	0	0
临夏州	14	2	2	0	0	0
甘南州	15	2	2	0	0	0

道路旅客运输经营业户数——10～49辆的企业

单位名称	编号	道路旅客运输经营业户数合计	班车客运	旅游客运	包车客运	国际道路旅客运输
		户	户	户	户	户
全省总计		93	77	16	0	0
兰州市	1	16	11	5	0	0
嘉峪关市	2	3	1	2	0	0
金昌市	3	2	2	0	0	0
白银市	4	3	2	1	0	0
天水市	5	8	6	2	0	0
武威市	6	5	5	0	0	0
张掖市	7	0	0	0	0	0
平凉市	8	9	9	0	0	0
酒泉市	9	17	13	4	0	0
庆阳市	10	8	7	1	0	0
矿　区	11	0	0	0	0	0
定西市	12	3	2	1	0	0
陇南市	13	10	10	0	0	0
临夏州	14	9	9	0	0	0
甘南州	15	0	0	0	0	0

道路旅客运输经营业户数 —— 5~9 辆以下的企业

单位名称	编号	道路旅客运输经营业户数合计	班车客运	旅游客运	包车客运	国际道路旅客运输
		户	户	户	户	户
全省总计		19	12	7	0	0
兰州市	1	5	0	5	0	0
嘉峪关市	2	3	3	0	0	0
金昌市	3	0	0	0	0	0
白银市	4	0	0	0	0	0
天水市	5	1	0	1	0	0
武威市	6	0	0	0	0	0
张掖市	7	1	0	1	0	0
平凉市	8	1	1	0	0	0
酒泉市	9	5	5	0	0	0
庆阳市	10	0	0	0	0	0
矿　区	11	0	0	0	0	0
定西市	12	0	0	0	0	0
陇南市	13	0	0	0	0	0
临夏州	14	0	0	0	0	0
甘南州	15	3	3	0	0	0

道路旅客运输经营业户数——5辆以下的企业

单位名称	编号	道路旅客运输经营业户数合计	班车客运	旅游客运	包车客运	国际道路旅客运输
		户	户	户	户	户
全省总计		10	6	2	2	0
兰州市	1	1	1	0	0	0
嘉峪关市	2	1	1	0	0	0
金昌市	3	0	0	0	0	0
白银市	4	0	0	0	0	0
天水市	5	1	0	0	0	0
武威市	6	0	0	0	0	0
张掖市	7	0	0	0	0	0
平凉市	8	0	0	0	0	0
酒泉市	9	4	4	0	0	0
庆阳市	10	0	0	0	0	0
矿　区	11	1	0	0	1	0
定西市	12	0	0	0	0	0
陇南市	13	0	0	0	0	0
临夏州	14	2	0	2	0	0
甘南州	15	0	0	0	0	0

2010 年道路旅客运输经营业户数—— 个体运输户

单位名称	编号	道路旅客运输经营业户数合计	班车客运	旅游客运	包车客运	国际道路旅客运输
		户	户	户	户	户
全省总计		11	11	0	0	0
兰州市	1	11	11	0	0	0
嘉峪关市	2	0	0	0	0	0
金昌市	3	0	0	0	0	0
白银市	4	0	0	0	0	0
天水市	5	0	0	0	0	0
武威市	6	0	0	0	0	0
张掖市	7	0	0	0	0	0
平凉市	8	0	0	0	0	0
酒泉市	9	0	0	0	0	0
庆阳市	10	0	0	0	0	0
矿　区	11	0	0	0	0	0
定西市	12	0	0	0	0	0
陇南市	13	0	0	0	0	0
临夏州	14	0	0	0	0	0
甘南州	15	0	0	0	0	0

道路货物运输经营业户数——100辆及以上的企业

计量单位：户

单位名称	编号	道路货物运输经营业户数合计	普通货运	货物专用运输	集装箱运输	大型物件运输	危险货物运输	国际道路货运	道路客货运输兼营业户数	国际道路客货运输兼营
全省总计		213	202	0	0	3	8	0	15	0
兰州市	1	27	25	0	0	0	2	0	0	0
嘉峪关市	2	5	5	0	0	0	0	0	2	0
金昌市	3	0	0	0	0	0	0	0	0	0
白银市	4	35	33	0	0	0	2	0	1	0
天水市	5	14	14	0	0	0	0	0	6	0
武威市	6	6	3	3	0	3	0	0	2	0
张掖市	7	1	1	0	0	0	0	0	0	0
平凉市	8	41	41	0	0	0	0	0	0	0
酒泉市	9	2	2	0	0	0	0	0	0	0
庆阳市	10	27	23	0	0	0	4	0	0	0
矿　区	11	0	0	0	0	0	0	0	0	0
定西市	12	33	33	0	0	0	0	0	4	0
陇南市	13	3	3	0	0	0	0	0	0	0
临夏州	14	19	19	0	0	0	0	0	0	0
甘南州	15	0	0	0	0	0	0	0	0	0

道路货物运输经营业户数 —— 50~99 辆的企业

计量单位:户

单位名称	编号	道路货物运输经营业户数合计	普通货运	货物专用运输	集装箱运输	大型物件运输	危险货物运输	国际道路货运	道路客货运输兼营业户数	国际道路客货运输兼营
全省总计		208	195	1	0	0	12	0	8	0
兰州市	1	62	60	0	0	0	2	0	0	0
嘉峪关市	2	3	3	0	0	0	0	0	2	0
金昌市	3	2	1	0	0	0	1	0	0	0
白银市	4	57	56	0	0	0	1	0	1	0
天水市	5	5	5	0	0	0	0	0	0	0
武威市	6	2	1	1	0	0	0	0	0	0
张掖市	7	1	1	0	0	0	0	0	0	0
平凉市	8	15	14	0	0	0	1	0	0	0
酒泉市	9	6	6	0	0	0	0	0	0	0
庆阳市	10	26	20	0	0	0	6	0	1	0
矿　区	11	0	0	0	0	0	0	0	0	0
定西市	12	13	13	0	0	0	0	0	4	0
陇南市	13	0	0	0	0	0	0	0	0	0
临夏州	14	16	15	0	0	0	1	0	0	0
甘南州	15	0	0	0	0	0	0	0	0	0

道路货物运输经营业户数——10~49辆的企业

计量单位：户

单位名称	编号	道路货物运输经营业户数合计	普通货运	货物专用运输	集装箱运输	大型物件运输	危险货物运输	国际道路货运	道路客货运输兼营业户数	国际道路客货运输兼营
全省总计		534	440	12	0	0	82	0	5	0
兰州市	1	214	202	0	0	0	12	0	0	0
嘉峪关市	2	15	10	0	0	0	5	0	1	0
金昌市	3	20	5	3	0	0	12	0	0	0
白银市	4	85	74	0	0	0	11	0	1	0
天水市	5	13	9	2	0	0	2	0	0	0
武威市	6	15	6	6	0	0	3	0	0	0
张掖市	7	3	2	0	0	0	1	0	0	0
平凉市	8	27	25	0	0	0	2	0	0	0
酒泉市	9	27	18	0	0	0	9	0	0	0
庆阳市	10	37	27	0	0	0	10	0	1	0
矿　区	11	1	1	0	0	0	0	0	0	0
定西市	12	26	24	0	0	0	2	0	0	0
陇南市	13	8	4	0	0	0	4	0	0	0
临夏州	14	30	22	0	0	0	8	0	0	0
甘南州	15	13	11	1	0	0	1	0	2	0

道路货物运输经营业户数 —— 5~9 辆的企业

单位名称	编号	道路货物运输经营业户数合计	普通货运	货物专用运输	集装箱运输	大型物件运输	危险货物运输	国际道路货运	道路客货运输兼营业户数	国际道路客货运输兼营
全省总计		1361	1279	10	0	3	69	0	0	0
兰州市	1	517	490	0	0	3	24	0	0	0
嘉峪关市	2	29	27	0	0	0	2	0	0	0
金昌市	3	11	8	2	0	0	1	0	0	0
白银市	4	227	215	0	0	0	9	0	0	0
天水市	5	236	235	0	0	0	1	0	0	0
武威市	6	2	2	0	0	0	0	0	0	0
张掖市	7	186	180	5	0	0	1	0	0	0
平凉市	8	9	9	0	0	0	0	0	0	0
酒泉市	9	20	15	0	0	0	5	0	0	0
庆阳市	10	31	13	0	0	0	18	0	0	0
矿　区	11	6	4	0	0	0	2	0	0	0
定西市	12	25	23	0	0	0	2	0	0	0
陇南市	13	2	0	0	0	0	2	0	0	0
临夏州	14	60	58	0	0	0	2	0	0	0
甘南州	15	0	0	0	0	0	0	0	0	0

道路货物运输经营业户数——5辆以下的企业

计量单位：户

单位名称	编号	道路货物运输经营业户数合计	普通货运	货物专用运输	集装箱运输	大型物件运输	危险货物运输	国际道路货运	道路客货运输兼营业户数	国际道路客货运输兼营
全省总计		4710	4687	20	0	0	3	0	1	0
兰州市	1	2319	2319	0	0	0	0	0	0	0
嘉峪关市	2	12	12	0	0	0	0	0	0	0
金昌市	3	4	4	0	0	0	0	0	0	0
白银市	4	403	401	2	0	0	0	0	0	0
天水市	5	490	488	0	0	0	2	0	0	0
武威市	6	0	0	0	0	0	0	0	0	0
张掖市	7	116	98	18	0	0	0	0	0	0
平凉市	8	5	5	0	0	0	0	0	0	0
酒泉市	9	1110	1110	0	0	0	0	0	0	0
庆阳市	10	16	16	0	0	0	0	0	0	0
矿　区	11	18	17	0	0	0	1	0	0	0
定西市	12	43	43	0	0	0	0	0	0	0
陇南市	13	0	0	0	0	0	0	0	0	0
临夏州	14	174	174	0	0	0	0	0	0	0
甘南州	15	0	0	0	0	0	0	0	0	0

道路货物运输经营业户数 —— 个体运输户

计量单位：户

单位名称	编号	道路货物运输经营业户数合计	普通货运	货物专用运输	集装箱运输	大型物件运输	危险货物运输	国际道路货运	道路客货运输兼营业户数	国际道路客货运输兼营
全省总计		56797	56679	118	0	0	0	0	0	0
兰州市	1	3201	3201	0	0	0	0	0	0	0
嘉峪关市	2	0	0	0	0	0	0	0	0	0
金昌市	3	5299	5299	0	0	0	0	0	0	0
白银市	4	13125	13120	5	0	0	0	0	0	0
天水市	5	78	78	0	0	0	0	0	0	0
武威市	6	12720	12720	0	0	0	0	0	0	0
张掖市	7	15307	15194	113	0	0	0	0	0	0
平凉市	8	776	776	0	0	0	0	0	0	0
酒泉市	9	4779	4779	0	0	0	0	0	0	0
庆阳市	10	389	389	0	0	0	0	0	0	0
矿　区	11	39	39	0	0	0	0	0	0	0
定西市	12	0	0	0	0	0	0	0	0	0
陇南市	13	1084	1084	0	0	0	0	0	0	0
临夏州	14	0	0	0	0	0	0	0	0	0
甘南州	15	0	0	0	0	0	0	0	0	0

道路运输从业人员数

计量单位：人

地区	编号	从业人员数合计	道路旅游运输	客运驾驶员	乘务员	道路货运运输	道路货物运输驾驶员	危险货物运输驾驶员	危险货物运输押运员	危险货物运输装卸管理员	站(场)经营	客运站经营	货运站(场)经营	机动车维修经营	技术负责人	质量检验员	汽车综合性能检测	机动车驾驶员培训	汽车租赁	其它相关业务经营
全省总计		400259	49332	25935	15725	270780	257433	8001	6278	528	9920	8180	1740	50414	7179	4968	560	9091	598	9564
兰州市	1	78710	5532	2220	1682	44771	40917	2087	1764	3	1613	1071	542	19635	1407	366	24	2779	400	3956
嘉峪关市	2	6074	600	310	210	3100	2600	250	121	128	105	80	25	1342	350	398	15	292	0	620
金昌市	3	13127	670	360	253	9832	9200	386	312	60	548	230	318	1758	350	301	9	290	0	20
白银市	4	49165	3204	1831	849	41786	41013	1023	558	220	309	291	18	2868	413	230	41	704	121	132
天水市	5	23816	4452	2452	1700	15391	15273	145	106	2	955	800	155	2038	143	229	21	821	12	126
武威市	6	26475	5220	2900	2120	15467	15120	190	97	0	515	500	15	2772	700	900	40	455	0	2006
张掖市	7	42763	2388	1338	820	36752	32715	76	36	5	625	601	24	2433	561	191	42	293	0	230
平凉市	8	31233	3355	1530	1225	25446	25077	548	368	1	543	491	52	1324	20	53	188	362	15	0
酒泉市	9	17779	2692	1919	373	11824	11422	318	102	0	384	334	50	1703	385	68	41	746	0	389
庆阳市	10	26852	5318	2755	2536	14274	14274	2006	2006	0	540	540	0	5700	456	289	40	980	0	0
矿区	11	449	99	97	2	294	255	28	32	7	6	6	0	31	2	1	0	19	0	0
定西市	12	39142	6457	2100	1451	26113	25211	483	419	0	2297	1766	531	1611	42	305	43	614	30	1977
陇南市	13	13125	3153	1800	900	4610	4356	206	102	102	573	563	10	4317	1785	1219	5	467	0	0
临夏州	14	24656	4664	3600	984	17728	16700	228	228	0	393	393	0	1471	82	115	35	237	20	108
甘南州	15	6893	1528	723	620	3392	3300	27	27	0	514	514	0	1411	483	303	16	32	0	0

道路运输持证上岗从业人员数

计量单位：人

地区	编号	从业人员数合计	道路旅游运输	客运驾驶员	乘务员	道路货运运输	道路货物运输驾驶员	危险货物运输驾驶员	危险货物运输押运员	危险货物运输装卸管理员	站(场)经营	客运站经营	货运站(场)经营	机动车维修经营	技术负责人	质量检验员	汽车综合性能检测	机动车驾驶员培训	汽车租赁	其它相关业务经营
全省总计		372941	47319	25935	15415	270780	257433	8001	6278	528	8116	7164	952	34613	5990	4588	503	7699	32	3879
兰州市	1	58776	3902	2220	1682	44771	40917	2087	1764	3	1167	1071	96	6105	456	366	15	2240	0	576
嘉峪关市	2	5974	600	310	210	3100	2600	250	121	128	105	80	25	1342	350	398	15	292	0	520
金昌市	3	13003	670	360	253	9832	9200	386	312	60	456	200	256	1744	341	296	7	285	0	9
白银市	4	47453	3156	1831	801	41786	41013	1023	558	220	132	132	0	1838	338	128	31	448	0	62
天水市	5	22651	4452	2452	1700	15391	15273	145	106	2	710	630	80	1615	105	194	0	483	0	0
武威市	6	25901	4950	2900	1860	15467	15120	190	97	0	512	500	12	2482	630	800	35	455	0	2000
张掖市	7	42576	2388	1338	820	36752	32715	76	36	5	601	601	0	2295	561	191	32	293	0	215
平凉市	8	30274	3355	1530	1225	25446	25077	548	368	1	0	0	0	1058	20	53	188	227	0	0
酒泉市	9	17779	2692	1919	373	11824	11422	318	102	0	384	334	50	1703	385	68	41	746	0	389
庆阳市	10	26852	5318	2755	2536	14274	14274	2006	2006	0	540	540	0	5700	410	151	40	980	0	0
矿区	11	424	97	97	0	294	255	28	32	7	0	0	0	21	2	1	0	12	0	0
定西市	12	36755	6457	2100	1451	26113	25211	483	419	0	2035	1612	423	1578	42	305	43	517	12	
陇南市	13	12974	3090	1800	900	4610	4356	206	102	102	567	557	10	4250	1785	1219	5	452	0	0
临夏州	14	24656	4664	3600	984	17728	16700	228	228	0	393	393	0	1471	82	115	35	237	20	108
甘南州	15	6893	1528	723	620	3392	3300	27	27	0	514	514	0	1411	483	303	16	32	0	0

道路运输经理人

计量单位：人

地区	编号	道路运输经理人合计	其中:道路旅客运输企业经理人	道路货物运输企业经理人	内:道路危险货物运输企业经理人	道路客运站经理人	道路货物运输站场经理人	机动车驾驶员培训机构经理人	机动车检测维修企业经理人
全省总计		13156	485	5557	261	494	112	373	4682
兰州市	1	2344	57	1596	94	36	57	77	427
嘉峪关市	2	266	28	128	18	6	4	12	70
金昌市	3	157	9	56	16	15	15	22	40
白银市	4	2281	22	1099	24	30	1	39	418
天水市	5	377	114	23	5	25	7	15	188
武威市	6	1133	42	75	6	50	3	50	400
张掖市	7	929	21	191	4	14	4	6	693
平凉市	8	1447	49	443	6	24	5	28	751
酒泉市	9	1878	55	1275	21	25	12	31	480
庆阳市	10	301	17	165	38	11	0	33	75
矿　区	11	30	1	25	3	1	0	2	1
定西市	12	522	30	135	4	13	3	25	312
陇南市	13	528	6	14	8	34	1	21	452
临夏州	14	653	20	299	11	80	0	9	245
甘南州	15	310	33	33	3	130	0	3	130

营运载客汽车（一）

计量单位：个

地区	编号	客运车辆总计		营运载客汽车		其它载客机动车	
		（辆）	（客位）	（辆）	（客位）	（辆）	（客位）
全省总计		18551	408747	18551	408747	0	0
兰州市	1	2165	65239	2165	65239	0	0
嘉峪关市	2	147	4912	147	4912	0	0
金昌市	3	222	5029	222	5029	0	0
白银市	4	1176	26363	1176	26363	0	0
天水市	5	1959	41726	1959	41726	0	0
武威市	6	1965	38549	1965	38549	0	0
张掖市	7	772	20760	772	20760	0	0
平凉市	8	1090	29454	1090	29454	0	0
酒泉市	9	1245	30189	1245	30189	0	0
庆阳市	10	1211	24169	1211	24169	0	0
矿　区	11	4	184	4	184	0	0
定西市	12	1399	37711	1399	37711	0	0
陇南市	13	1206	30319	1206	30319	0	0
临夏州	14	3452	39079	3452	39079	0	0
甘南州	15	538	15064	538	15064	0	0

营运载客汽车(二)

计量单位:个

地区	编号	客运车辆总计(个体)		营运载客汽车(个体)		其它载客机动车(个体)	
		(辆)	(客位)	(辆)	(客位)	(辆)	(客位)
全省总计		128	827	128	827	0	0
兰州市	1	11	236	11	236	0	0
嘉峪关市	2	0	0	0	0	0	0
金昌市	3	0	0	0	0	0	0
白银市	4	75	375	75	375	0	0
天水市	5	0	0	0	0	0	0
武威市	6	0	0	0	0	0	0
张掖市	7	0	0	0	0	0	0
平凉市	8	12	66	12	66	0	0
酒泉市	9	0	0	0	0	0	0
庆阳市	10	0	0	0	0	0	0
矿　区	11	0	0	0	0	0	0
定西市	12	30	150	30	150	0	0
陇南市	13	0	0	0	0	0	0
临夏州	14	0	0	0	0	0	0
甘南州	15	0	0	0	0	0	0

营运载客汽车（三）

计量单位：个

地区	编号	营运载客汽车																	
		合计		按等级分						按燃料类型分				卧铺客车					
				高级		中级		普通		汽油车	柴油车	双燃料车	其它			高级		中级	
		辆	客位	辆	客位	辆	客位	辆	客位	辆	客位	辆	客位	辆	客位	辆	客位	辆	客位
全省总计		18551	408747	2258	90187	5398	149616	10895	168944	6064	12450	37	0	439	16634	249	10300	85	2906
兰州市	1	2165	65239	679	31320	467	15270	1019	18649	436	1729	0	0	117	4807	72	3025	27	1100
嘉峪关市	2	147	4912	66	2501	33	1303	48	1108	7	132	8	0	10	442	10	442	0	0
金昌市	3	222	5029	14	494	191	4059	17	476	76	146	0	0	17	476	0	0	0	0
白银市	4	1176	26363	80	3762	312	8236	784	14365	449	698	29	0	0	0	0	0	0	0
天水市	5	1959	41726	360	10412	605	12853	994	18461	204	1755	0	0	20	859	15	653	5	206
武威市	6	1965	38549	75	3520	227	6078	1663	28951	841	1124	0	0	16	638	9	365	5	175
张掖市	7	772	20760	185	7006	314	7270	273	6484	30	742	0	0	34	1342	34	1342	0	0
平凉市	8	1090	29454	289	9393	555	18315	246	1746	226	864	0	0	50	2035	37	1693	13	342
酒泉市	9	1245	30189	203	8376	665	15893	377	5920	208	1037	0	0	63	2205	36	1340	27	865
庆阳市	10	1211	24169	54	1938	190	5131	967	17100	196	1015	0	0	64	2048	0	0	0	0
矿　区	11	4	184	4	184	0	0	0	0	0	4	0	0	0	0	0	0	0	0
定西市	12	1399	37711	117	6136	435	14967	847	16608	278	1121	0	0	4	166	0	0	2	86
陇南市	13	1206	30319	87	3480	763	21499	356	5340	311	895	0	0	36	1440	36	1440	0	0
临夏州	14	3452	39079	45	1665	203	5778	3204	31636	2802	650	0	0	8	176	0	0	6	132
甘南州	15	538	15064	0	0	438	12964	100	2100	0	538	0	0	0	0	0	0	0	0

营运载客汽车(四)

计量单位:个

地区	编号	班车客车																					
		合计		按等级分						按标记客位分						按车长分							
				高级		中级		普通		大型		中型		小型		特大型		大型		中型		小型	
		辆	客位	辆	客位	辆	客位	辆	客位	辆	客位	辆	客位	辆	客位	辆	客位	辆	客位	辆	客位	辆	客位
全省总计		13782	350030	1875	77128	4827	136336	7080	136566	3493	135613	7226	178897	3063	35520	68	3242	2326	94132	7100	188543	4288	64113
兰州市	1	1482	51792	560	25875	294	10251	628	15666	894	38029	540	13229	48	534	8	482	533	24965	684	21825	257	4520
嘉峪关市	2	76	2671	33	1155	24	984	19	532	54	2058	21	602	1	11	0	0	19	789	56	1871	1	11
金昌市	3	222	5029	14	494	191	4059	17	476	22	765	181	4093	19	171	0	0	28	816	162	3756	32	457
白银市	4	844	23790	79	3742	258	7680	507	12368	369	14413	261	6304	214	3073	14	560	165	6483	406	13149	259	3598
天水市	5	1826	39809	271	8936	577	12699	978	18174	225	9636	1235	25973	366	4200	1	59	140	6302	765	15899	920	17549
武威市	6	1965	38549	75	3520	227	6078	1663	28951	200	7597	699	15710	1066	15242	21	847	77	3100	504	17125	363	17477
张掖市	7	767	20646	180	6892	314	7270	273	6484	250	8239	429	11351	88	1056	0	0	238	9050	441	9360	88	2236
平凉市	8	1078	29388	289	9393	555	18315	234	1680	263	9205	707	18741	108	1442	24	1294	140	4900	790	21468	24	1726
酒泉市	9	833	20115	91	4718	393	9670	349	5727	186	6882	552	12327	95	906	0	0	138	5213	567	13349	128	1553
庆阳市	10	1191	23353	34	1122	190	5131	967	17100	273	9257	554	12432	364	1664	0	0	317	11058	647	10943	227	1352
矿　区	11	0	0	0	0	0	0	0	0	0	0	0	0	0	0	0	0	0	0	0	0	0	0
定西市	12	1357	36930	117	6136	423	14336	817	16458	416	17052	603	17997	338	1881	0	0	416	17052	603	17997	338	1881
陇南市	13	1206	30319	87	3480	763	21499	356	5340	87	3480	763	21499	356	5340	0	0	87	3480	763	21499	356	5340
临夏州	14	397	12575	45	1665	180	5400	172	5510	254	9000	143	3575	0	0	0	0	28	924	274	7838	95	3813
甘南州	15	538	15064	0	0	438	12964	100	2100	0	0	538	15064	0	0	0	0	0	0	438	12464	100	2600

营运载客汽车(五)

计量单位:个

地区	编号	旅游客车		高级		中级		包车客车		高级		中级		其它客车		高级		中级		租赁客车	
		辆	客位	辆	客位	辆	客位	辆	客位	辆	客位	辆	客位	辆	客位	辆	客位	辆	客位	辆	客位
全省总计		914	26664	341	12572	488	12836	8	300	8	300	0	0	3847	31753	34	187	83	444	711	4139
兰州市	1	304	10664	119	5445	173	5019	0	0	0	0	0	0	379	2783	0	0	0	0	315	2107
嘉峪关市	2	71	2241	33	1346	9	319	0	0	0	0	0	0	0	0	0	0	0	0	0	0
金昌市	3	0	0	0	0	0	0	0	0	0	0	0	0	317	2197	0	0	40	200	207	1050
白银市	4	15	376	1	20	14	356	0	0	0	0	0	0	62	341	34	187	28	154	62	341
天水市	5	67	1460	51	1173	0	0	4	116	4	116	0	0	0	0	0	0	0	0	0	0
武威市	6	0	0	0	0	0	0	0	0	0	0	0	0	0	0	0	0	0	0	0	0
张掖市	7	5	114	5	114	0	0	0	0	0	0	0	0	0	0	0	0	0	0	0	0
平凉市	8	0	0	0	0	0	0	0	0	0	0	0	0	12	66	0	0	0	0	12	66
酒泉市	9	412	10074	112	3658	272	6223	0	0	0	0	0	0	0	0	0	0	0	0	0	0
庆阳市	10	20	816	20	816	0	0	0	0	0	0	0	0	0	0	0	0	0	0	0	0
矿　区	11	0	0	0	0	0	0	0	4	184	4	184	0	0	0	0	0	0	0	0	0
定西市	12	12	631	0	0	0	12	631	0	0	0	0	0	0	30	150	0	0	0	30	150
陇南市	13	0	0	0	0	0	0	0	0	0	0	0	0	0		0	0	0	0	0	0
临夏州	14	8	288	0	0	0	8	288	0	0	0	0	0	0	3047	26216	0	15	90	85	425
甘南州	15	0	0	0	0	0	0	0	0	0	0	0	0	0	0	0	0	0	0	0	0

营运载客汽车（六）

计量单位：个

地区	编号	卧铺客车(个体)		班车客运客车(个体) 按标记客位分 小计		大型		中型		小型		旅游客车(个体)		包车客车(个体)		其它客车(个体)		租赁客车(个体)	
		辆	客位	辆	客位	辆	客位	辆	客位	辆	客位	辆	客位	辆	客位	辆	客位	辆	客位
全省总计		0	0	11	236	0	0	11	236	0	0	0	0	0	0	117	591	117	591
兰州市	1	0	0	11	236	0	0	11	236	0	0	0	0	0	0	0	0	0	0
嘉峪关市	2	0	0	0	0	0	0	0	0	0	0	0	0	0	0	0	0	0	0
金昌市	3	0	0	0	0	0	0	0	0	0	0	0	0	0	0	0	0	0	0
白银市	4	0	0	0	0	0	0	0	0	0	0	0	0	0	0	75	375	75	375
天水市	5	0	0	0	0	0	0	0	0	0	0	0	0	0	0	0	0	0	0
武威市	6	0	0	0	0	0	0	0	0	0	0	0	0	0	0	0	0	0	0
张掖市	7	0	0	0	0	0	0	0	0	0	0	0	0	0	0	0	0	0	0
平凉市	8	0	0	0	0	0	0	0	0	0	0	0	0	0	0	12	66	12	66
酒泉市	9	0	0	0	0	0	0	0	0	0	0	0	0	0	0	0	0	0	0
庆阳市	10	0	0	0	0	0	0	0	0	0	0	0	0	0	0	0	0	0	0
矿　区	11	0	0	0	0	0	0	0	0	0	0	0	0	0	0	0	0	0	0
定西市	12	0	0	0	0	0	0	0	0	0	0	0	0	0	0	30	150	30	150
陇南市	13	0	0	0	0	0	0	0	0	0	0	0	0	0	0	0	0	0	0
临夏州	14	0	0	0	0	0	0	0	0	0	0	0	0	0	0	0	0	0	0
甘南州	15	0	0	0	0	0	0	0	0	0	0	0	0	0	0	0	0	0	0

营运载客汽车（七）

计量单位：个

地区	编号	安装GPS的车辆													
		载客汽车		按经营范围分											
				卧铺客车		班车客运客车		旅游客车		包车客车		其它客车		租赁客车	
		辆	客位	辆	客位	辆	客位	辆	客位	辆	客位	辆	客位	辆	客位
全省总计		9935	235843	395	14940	8134	207571	546	18170	4	184	1251	9918	0	0
兰州市	1	1256	47880	117	4807	1129	42752	127	5128	0	0	0	0	0	0
嘉峪关市	2	103	3567	0	0	40	1400	63	2167	0	0	0	0	0	0
金昌市	3	47	1316	17	476	47	1316	0	0	0	0	0	0	0	0
白银市	4	512	15181	0	0	482	15031	0	0	0	0	30	150	0	0
天水市	5	250	7806	11	444	250	7806	0	0	0	0	0	0	0	0
武威市	6	905	11645	16	638	905	11645	0	0	0	0	0	0	0	0
张掖市	7	767	20670	34	1342	762	20556	5	114	0		0	0	0	0
平凉市	8	525	17703	50	2035	525	17703	0	0	0	0	0	0	0	0
酒泉市	9	1092	25526	38	1368	773	16212	319	9314	0	0	0	0	0	0
庆阳市	10	1211	24169	64	2048	1191	23353	20	816	0	0	0	0	0	0
矿　区	11	4	184	0	0	0	0	0	0	4	136	0	0	0	0
定西市	12	994	21422	4	166	982	20791	12	631	0	0	0	0	0	0
陇南市	13	259	7511	36	1440	259	7511	0	0	0	0	0	0	0	0
临夏州	14	1472	16199	8	176	251	6431	0	0	0	0	1221	9768	0	0
甘南州	15	538	15064	0	0	538	15064	0	0	0	0	0	0	0	0

营运载客汽车（八）

计量单位：个

地区	编号	安装行驶记录仪的车辆													
		载客汽车				按经营范围分									
				卧铺客车		班车客运客车		旅游客车		包车客车		其它客车		租赁客车	
		辆	客位	辆	客位	辆	客位	辆	客位	辆	客位	辆	客位	辆	客位
全省总计		1036	41077	146	6006	899	35619	137	5458	0	0	0	0	0	0
兰州市	1	522	23912	99	4122	448	20621	74	3291	0	0	0	0	0	0
嘉峪关市	2	103	3567	0	0	40	1400	63	2167	0	0	0	0	0	0
金昌市	3	0	0	0	0	0	0	0	0	0	0	0	0	0	0
白银市	4	14	560	0	0	14	560	0	0	0	0	0	0	0	0
天水市	5	250	7806	11	444	250	7806	0	0	0	0	0	0	0	0
武威市	6	0	0	0	0	0	0	0	0	0	0	0	0	0	0
张掖市	7	60	2100	0	0	60	2100	0	0	0	0	0	0	0	0
平凉市	8	0	0	0	0	0	0	0	0	0	0	0	0	0	0
酒泉市	9	0	0	0	0	0	0	0	0	0	0	0	0	0	0
庆阳市	10	0	0	0	0	0	0	0	0	0	0	0	0	0	0
矿　区	11	0	0	0	0	0	0	0	0	0	0	0	0	0	0
定西市	12	0	0	0	0	0	0	0	0	0	0	0	0	0	0
陇南市	13	87	3132	36	1440	87	3132	0	0	0	0	0	0	0	0
临夏州	14	0	0	0	0	0	0	0	0	0	0	0	0	0	0
甘南州	15	0	0	0	0	0	0	0	0	0	0	0	0	0	0

营运载货汽车(一)

地区	编号	货运车辆总计		营运载货汽车		普通载货汽车		专用载货汽车		其他载货机动车		轮胎式拖拉机	
		辆	吨位	辆	吨位	辆	吨位	辆	吨位	辆	吨位	辆	吨位
全省总计		200752	1001960	189171	879248	182346	796932	6825	82316	2224	3772	0	0
兰州市	1	26954	105547	26148	96847	25068	83476	1080	13371	0	0	0	0
嘉峪关市	2	1385	16620	741	7089	554	5236	187	1853	0	0	0	0
金昌市	3	8431	53413	7495	39721	6840	33666	655	6055	0	0	0	0
白银市	4	29433	182511	26832	145190	25656	128992	1176	16198	0	0	0	0
天水市	5	11751	49274	11462	46647	11386	45787	76	860	0	0	0	0
武威市	6	15170	62655	14899	60658	14142	46078	757	14580	0	0	0	0
张掖市	7	23865	89377	23618	84603	23170	81233	448	3370	0	0	0	0
平凉市	8	17431	121081	16003	103600	15892	102163	111	1437	0	0	0	0
酒泉市	9	8941	49987	8281	41287	8043	38653	238	2634	0	0	0	0
庆阳市	10	13798	57606	12899	56146	11518	41987	1381	14159	868	1060	0	0
矿　区	11	153	1044	123	652	107	512	16	140	0	0	0	0
定西市	12	21434	81043	20450	71203	20390	70710	60	493	0	0	0	0
陇南市	13	3942	21899	2576	19062	2174	14400	402	4662	1356	2712	0	0
临夏州	14	14899	91680	14479	88320	14259	86043	220	2277	0	0	0	0
甘南州	15	3165	18223	3165	18223	3147	17996	18	227	0	0	0	0

营运载货汽车(二)

地区	编号	货运车辆总计(个体)		营运载货汽车(个体)		普通载货汽车(个体)		专用载货汽车(个体)		其他载货机动车(个体)		轮胎式拖拉机(个体)	
		辆	吨位	辆	吨位	辆	吨位	辆	吨位	辆	吨位	辆	吨位
全省总计		100685	380641	94995	331657	94064	323572	931	8085	2224	3772	0	0
兰州市	1	9990	20271	9772	18029	9772	18029	0	0	0	0	0	0
嘉峪关市	2	0	0	0	0	0	0	0	0	0	0	0	0
金昌市	3	6398	41061	5554	28701	5025	24763	529	3938	0	0	0	0
白银市	4	14155	53218	13655	46099	13526	44037	129	2062	0	0	0	0
天水市	5	99	119	99	119	99	119	0	0	0	0	0	0
武威市	6	12840	42893	12840	42893	12840	42893	0	0	0	0	0	0
张掖市	7	21043	71281	20796	66507	20601	65142	195	1365	0	0	0	0
平凉市	8	776	2919	776	2919	776	2919	0	0	0	0	0	0
酒泉市	9	7011	37873	6351	29173	6351	29173	0	0	0	0	0	0
庆阳市	10	1284	2832	416	1772	416	1772	0	0	868	1060	0	0
矿　区	11	40	219	37	167	37	167	0	0	0	0	0	0
定西市	12	21434	81043	20450	71203	20390	70710	60	493	0	0	0	0
陇南市	13	2450	8689	1084	5852	1084	5852	0	0	1356	2712	0	0
临夏州	14	0	0	0	0	0	0	0	0	0	0	0	0
甘南州	15	3165	18223	3165	18223	3147	17996	18	227	0	0	0	0

营运载货汽车(三)

地区	编号	营运载货汽车合计		按燃料类型分				安装GPS的车辆		安装行驶记录仪的车辆	
				汽油车	柴油车	双燃料车	其它				
		辆	吨位	辆	吨位	辆	吨位	辆	吨位	辆	吨位
全省总计		189171	879248	38574	149876	0	721	4691	56315	277	3982
兰州市	1	26148	96847	6171	19287	0	690	1045	12751	0	0
嘉峪关市	2	741	7089	81	660	0	0	85	564	0	0
金昌市	3	7495	39721	1821	5643	0	31	372	3080	0	0
白银市	4	26832	145190	6423	20409	0	0	874	15164	14	36
天水市	5	11462	46647	1229	10233	0	0	62	709	62	709
武威市	6	14899	60658	3110	11789	0	0	77	298	0	0
张掖市	7	23618	84603	8995	14623	0	0	48	631	0	0
平凉市	8	16003	103600	961	15042	0	0	111	1437	111	1437
酒泉市	9	8281	41287	1157	7124	0	0	238	2634	0	0
庆阳市	10	12899	56146	2412	10487	0	0	1375	14110	0	0
矿　区	11	123	652	24	99	0	0	16	140	0	0
定西市	12	20450	71203	4865	15585	0	0	60	493	0	0
陇南市	13	2576	19062	93	2483	0	0	90	1800	90	1800
临夏州	14	14479	88320	700	13779	0	0	220	2277	0	0
甘南州	15	3165	18223	532	2633	0	0	18	227	0	0

营运载货汽车(四)

地区	编号	营运载货汽车按经营范围分									
		普通载货汽车		专用载货汽车							
						#商品汽车运输车		大型物件运输车		危险货物运输车	
		辆	吨位	辆	吨位	辆	吨位	辆	吨位	辆	吨位
全省合计		182346	796932	6825	82316	0	0	721	14951	4344	50161
兰州市	1	25068	83476	1080	13371	0	0	35	620	1045	12751
嘉峪关市	2	554	5236	187	1853	0	0	0	0	85	564
金昌市	3	6840	33666	655	6055	0	0	0	0	347	2854
白银市	4	25656	128992	1176	16198	0	0	0	0	552	9236
天水市	5	11386	45787	76	860	0	0	0	0	62	709
武威市	6	14142	46078	757	14580	0	0	680	14282	77	298
张掖市	7	23170	81233	448	3370	0	0	0	0	48	631
平凉市	8	15892	102163	111	1437	0	0	0	0	111	1437
酒泉市	9	8043	38653	238	2634	0	0	0	0	238	2634
庆阳市	10	11518	41987	1381	14159	0	0	6	49	1375	14110
矿　区	11	107	512	16	140	0	0	0	0	16	140
定西市	12	20390	70710	60	493	0	0	0	0	60	493
陇南市	13	2174	14400	402	4662	0	0	0	0	90	1800
临夏州	14	14259	86043	220	2277	0	0	0	0	220	2277
甘南州	15	3147	17996	18	227	0	0	0	0	18	227

营运载货汽车(五)

地区	编号	营运载货汽车小计		大型		其中：重型		中型		小型	
		辆	吨位	辆	吨位	辆	吨位	辆	吨位	辆	吨位
全省总计		189171	879248	73110	668391	39761	469389	26846	89137	89215	121720
兰州市	1	26148	96847	5311	70896	3820	61994	404	1329	20433	24622
嘉峪关市	2	741	7089	458	6672	342	6602	28	86	255	331
金昌市	3	7495	39721	4112	33185	1678	18872	1530	4628	1853	1908
白银市	4	26832	145190	10885	117560	6070	81475	3176	10729	12771	16901
天水市	5	11462	46647	3706	35994	1816	23369	755	2641	7001	8012
武威市	6	14899	60658	4710	42549	2173	31365	2531	8073	7658	10036
张掖市	7	23618	84603	3944	36622	3217	31955	7326	28459	12348	19522
平凉市	8	16003	103600	9375	89120	2335	42137	3000	8150	3628	6330
酒泉市	9	8281	41287	2958	33452	2433	29677	1222	4779	4101	3056
庆阳市	10	12899	56146	8077	48883	1373	16538	560	2031	4262	5232
矿　区	11	123	652	52	566	37	492	3	7	68	79
定西市	12	20450	71203	6306	44541	3619	32370	1097	3960	13047	22702
陇南市	13	2576	19062	1856	16494	1135	11092	564	2256	156	312
临夏州	14	14479	88320	9474	76528	8963	72440	4275	10697	730	1095
甘南州	15	3165	18223	1886	15329	750	9011	375	1312	904	1582

营运载货汽车(六)

地区	编号	营运载货汽车小计(个体)		大型(个体)		重型(个体)		中型(个体)		小型(个体)	
		辆	吨位	辆	吨位	辆	吨位	辆	吨位	辆	吨位
全省总计		94995	331657	25306	207424	12899	137882	14740	53321	54949	70912
兰州市	1	9772	18029	1004	12380	683	10533	99	318	8669	5331
嘉峪关市	2	0	0	0	0	0	0	0	0	0	0
金昌市	3	5554	28701	2979	23448	1050	11697	1338	4009	1237	1244
白银市	4	13655	46099	4031	31903	1917	21010	1264	4353	8360	9843
天水市	5	99	119	5	33	1	13	0	0	94	86
武威市	6	12840	42893	3365	26097	1325	14669	2346	7485	7129	9311
张掖市	7	20796	66507	2378	21991	1455	14410	6935	27032	11483	17484
平凉市	8	776	2919	330	1980	0	0	230	645	216	294
酒泉市	9	6351	29173	2137	24148	1716	21043	585	2323	3629	2702
庆阳市	10	416	1772	416	1772	0	0	0	0	0	0
矿　区	11	37	167	12	146	8	126	0	0	25	21
定西市	12	20450	71203	6306	44541	3619	32370	1097	3960	13047	22702
陇南市	13	1084	5852	457	3656	375	3000	471	1884	156	312
临夏州	14	0	0	0	0	0	0	0	0	0	0
甘南州	15	3165	18223	1886	15329	750	9011	375	1312	904	1582

营运载货汽车(七)

地区	编号	普通载货汽车小计		大型				中型		小型	
						重型					
		辆	吨位	辆	吨位	辆	吨位	辆	吨位	辆	吨位
全省总计		182346	796932	67197	587810	34863	398267	26511	87990	88638	121132
兰州市	1	25068	83476	4559	57903	3156	49566	349	1171	20160	24402
嘉峪关市	2	554	5236	277	4828	248	4782	26	80	251	328
金昌市	3	6840	33666	3603	27585	1236	13712	1438	4260	1799	1821
白银市	4	25656	128992	9798	101596	5106	66963	3128	10551	12730	16845
天水市	5	11386	45787	3647	35152	1762	22541	754	2638	6985	7997
武威市	6	14142	46078	4001	28037	1474	16903	2516	8031	7625	10010
张掖市	7	23170	81233	3521	33317	3169	31324	7301	28394	12348	19522
平凉市	8	15892	102163	9294	87756	2256	41465	2989	8106	3609	6301
酒泉市	9	8043	38653	2758	30889	2267	27352	1202	4719	4083	3045
庆阳市	10	11518	41987	6814	34967	329	5907	510	1861	4194	5159
矿　区	11	107	512	39	430	24	356	3	7	65	75
定西市	12	20390	70710	6274	44096	3592	31950	1087	3931	13029	22683
陇南市	13	2174	14400	1454	11832	733	6430	564	2256	156	312
临夏州	14	14259	86043	9290	74320	8779	70232	4269	10673	700	1050
甘南州	15	3147	17996	1868	15102	732	8784	375	1312	904	1582

营运载货汽车(八)

地区	编号	专用载货汽车小计		大型				中型		小型	
						重型					
		辆	吨位	辆	吨位	辆	吨位	辆	吨位	辆	吨位
全省总计		6825	82316	5913	80581	4898	71122	335	1147	577	588
兰州市	1	1080	13371	752	12993	664	12428	55	158	273	220
嘉峪关市	2	187	1853	181	1844	94	1820	2	6	4	3
金昌市	3	655	6055	509	5600	442	5160	92	368	54	87
白银市	4	1176	16198	1087	15964	964	14512	48	178	41	56
天水市	5	76	860	59	842	54	828	1	3	16	15
武威市	6	757	14580	709	14512	699	14462	15	42	33	26
张掖市	7	448	3370	423	3305	48	631	25	65	0	0
平凉市	8	111	1437	81	1364	79	672	11	44	19	29
酒泉市	9	238	2634	200	2563	166	2325	20	60	18	11
庆阳市	10	1381	14159	1263	13916	1044	10631	50	170	68	73
矿　区	11	16	140	13	136	13	136	0	0	3	4
定西市	12	60	493	32	445	27	420	10	29	18	19
陇南市	13	402	4662	402	4662	402	4662	0	0	0	0
临夏州	14	220	2277	184	2208	184	2208	6	24	30	45
甘南州	15	18	227	18	227	18	227	0	0	0	0

营运载货汽车(九)

地区	编号	牵引车	挂车		厢式车		#冷藏保温车		集装箱车			罐车	
		辆	辆	吨位	辆	吨位	辆	吨位	辆	吨位	TEU	辆	吨位
全省总计		4483	4874	118940	9213	30750	62	396	0	0	0	4089	50824
兰州市	1	371	435	8700	2629	5525	0	0	0	0	0	719	9143
嘉峪关市	2	297	347	9531	38	196	0	0	0	0	0	116	2236
金昌市	3	443	493	13692	610	3437	0	0	0	0	0	236	3003
白银市	4	1268	1333	37321	714	6216	21	117	0	0	0	846	11961
天水市	5	164	125	2627	1611	4493	0	0	0	0	0	84	1150
武威市	6	141	130	1997	688	452	0	0	0	0	0	29	207
张掖市	7	57	190	4774	808	681	0	0	0	0	0	85	935
平凉市	8	693	735	17481	1024	4913	0	0	0	0	0	79	1185
酒泉市	9	310	350	8700	295	610	11	39	0	0	0	195	2204
庆阳市	10	15	16	400	17	114	0	0	0	0	0	1375	14110
矿　区	11	17	13	392	3	4	0	0	0	0	0	1	10
定西市	12	492	492	9840	464	1247	0	0	0	0	0	32	445
陇南市	13	5	5	125	312	2862	30	240	0	0	0	90	1800
临夏州	14	210	210	3360	0	0	0	0	0	0	0	184	2208
甘南州	15	0	0	0	0	0	0	0	0	0	0	18	227

营运载货汽车(十)

地区	编号	营运载货汽车(个体)合计		普通载货汽车(个体)										专用载货汽车(个体)小计	
				小计		大型		重型		中型		小型			
		辆	吨位	辆	吨位	辆	吨位	辆	吨位	辆	吨位	辆	吨位	辆	吨位
全省总计		94995	331657	94064	323572	24499	199673	12437	132952	14675	53072	54890	70827	931	8085
兰州市	1	9772	18029	9772	18029	1004	12380	683	10533	99	318	8669	5331	0	0
嘉峪关市	2	0	0	0	0	0	0	0	0	0	0	0	0	0	0
金昌市	3	5554	28701	5025	24763	2546	19796	743	8767	1283	3789	1196	1178	529	3938
白银市	4	13655	46099	13526	44037	3902	29841	1807	19657	1264	4353	8360	9843	129	2062
天水市	5	99	119	99	119	5	33	1	13	0	0	94	86	0	0
武威市	6	12840	42893	12840	42893	3365	26097	1325	14669	2346	7485	7129	9311	0	0
张掖市	7	20796	66507	20601	65142	2183	20626	1455	14410	6935	27032	11483	17484	195	1365
平凉市	8	776	2919	776	2919	330	1980	0	0	230	645	216	294	0	0
酒泉市	9	6351	29173	6351	29173	2137	24148	1716	21043	585	2323	3629	2702	0	0
庆阳市	10	416	1772	416	1772	416	1772	0	0	0	0	0	0	0	0
矿区	11	37	167	37	167	12	146	8	126	0	0	25	21	0	0
定西市	12	20450	71203	20390	70710	6274	44096	3592	31950	1087	3931	13029	22683	60	493
陇南市	13	1084	5852	1084	5852	457	3656	375	3000	471	1884	156	312	0	0
临夏州	14	0	0	0	0	0	0	0	0	0	0	0	0	0	0
甘南州	15	3165	18223	3147	17996	1868	15102	732	8784	375	1312	904	1582	18	227

营运载货汽车（十一）

地区	编号	安装GPS的载货汽车		牵引车	按车型结构分								
					厢式车		#冷藏保温车		集装箱车			罐车	
		辆	吨位	辆	辆	吨位	辆	吨位	辆	吨位	TEU	辆	吨位
全省总计		4691	56315	4483	699	7565	0	0	0	0	0	2959	36477
兰州市	1	1045	12751	371	90	824	0	0	0	0	0	406	6109
嘉峪关市	2	85	564	297	16	29	0	0	0	0	0	69	535
金昌市	3	372	3080	443	269	2119	0	0	0	0	0	78	735
白银市	4	874	15164	1268	281	4293	0	0	0	0	0	318	5532
天水市	5	62	709	164	0	0	0	0	0	0	0	43	670
武威市	6	77	298	141	0	0	0	0	0	0	0	29	207
张掖市	7	48	631	57	0	0	0	0	0	0	0	48	631
平凉市	8	111	1437	693	32	252	0	0	0	0	0	79	1185
酒泉市	9	238	2634	310	7	31	0	0	0	0	0	195	2204
庆阳市	10	1375	14110	15	0	0	0	0	0	0	0	1375	14110
矿　区	11	16	140	17	1	2	0	0	0	0	0	0	0
定西市	12	60	493	492	3	15	0	0	0	0	0	27	324
陇南市	13	90	1800	5	0	0	0	0	0	0	0	90	1800
临夏州	14	220	2277	210	0	0	0	0	0	0	0	184	2208
甘南州	15	18	227	0	0	0	0	0	0	0	0	18	227

营运载货汽车（十二）

地区	编号	安装GPS的载货汽车		按经营范围分									
				普通载货汽车		专用载货汽车							
								#商品汽车运输车		#大型物件运输车		#危险货物运输车	
		辆	吨位	辆	吨位	辆	吨位	辆	吨位	辆	吨位	辆	吨位
全省总计		4691	56315	347	6154	4344	50161	0	0	0	0	4344	50161
兰州市	1	1045	12751	0	0	1045	12751	0	0	0	0	1045	12751
嘉峪关市	2	85	564	0	0	85	564	0	0	0	0	85	564
金昌市	3	372	3080	25	226	347	2854	0	0	0	0	347	2854
白银市	4	874	15164	322	5928	552	9236	0	0	0	0	552	9236
天水市	5	62	709	0	0	62	709	0	0	0	0	62	709
武威市	6	77	298	0	0	77	298	0	0	0	0	77	298
张掖市	7	48	631	0	0	48	631	0	0	0	0	48	631
平凉市	8	111	1437	0	0	111	1437	0	0	0	0	111	1437
酒泉市	9	238	2634	0	0	238	2634	0	0	0	0	238	2634
庆阳市	10	1375	14110	0	0	1375	14110	0	0	0	0	1375	14110
矿　区	11	16	140	0	0	16	140	0	0	0	0	16	140
定西市	12	60	493	0	0	60	493	0	0	0	0	60	493
陇南市	13	90	1800	0	0	90	1800	0	0	0	0	90	1800
临夏州	14	220	2277	0	0	220	2277	0	0	0	0	220	2277
甘南州	15	18	227	0	0	18	227	0	0	0	0	18	227

营运载货汽车（十三）

地区	编号	安装行驶记录仪的车辆		牵引车	按车型结构分								
					厢式车		#冷藏保温车		集装箱车			罐车	
		辆	吨位	辆	辆	吨位	辆	吨位	辆	吨位	TEU	辆	吨位
全省总计		277	3982	4483	32	252	0	0	0	0	0	212	3655
兰州市	1	0	0	371	0	0	0	0	0	0	0	0	0
嘉峪关市	2	0	0	297	0	0	0	0	0	0	0	0	0
金昌市	3	0	0	443	0	0	0	0	0	0	0	43	670
白银市	4	14	36	1268	0	0	0	0	0	0	0	0	0
天水市	5	62	709	164	0	0	0	0	0	0	0	0	0
武威市	6	0	0	141	0	0	0	0	0	0	0	0	0
张掖市	7	0	0	57	0	0	0	0	0	0	0	0	0
平凉市	8	111	1437	693	32	252	0	0	0	0	0	79	1185
酒泉市	9	0	0	310	0	0	0	0	0	0	0	0	0
庆阳市	10	0	0	15	0	0	0	0	0	0	0	0	0
矿　区	11	0	0	17	0	0	0	0	0	0	0	0	0
定西市	12	0	0	492	0	0	0	0	0	0	0	0	0
陇南市	13	90	1800	5	0	0	0	0	0	0	0	90	1800
临夏州	14	0	0	210	0	0	0	0	0	0	0	0	0
甘南州	15	0	0	0	0	0	0	0	0	0	0	0	0

营运载货汽车(十四)

地区	编号	安装行驶记录仪的车辆		按经营范围分									
				普通载货汽车		专用载货汽车		#商品汽车运输车		#大型物件运输车		#危险货物运输车	
		辆	吨位	辆	吨位	辆	吨位	辆	吨位	辆	吨位	辆	吨位
全省总计		277	3982	0	0	277	3982	0	0	0	0	277	3982
兰州市	1	0	0	0	0	0	0	0	0	0	0	0	0
嘉峪关市	2	0	0	0	0	0	0	0	0	0	0	0	0
金昌市	3	0	0	0	0	0	0	0	0	0	0	0	0
白银市	4	14	36	0	0	14	36	0	0	0	0	14	36
天水市	5	62	709	0	0	62	709	0	0	0	0	62	709
武威市	6	0	0	0	0	0	0	0	0	0	0	0	0
张掖市	7	0	0	0	0	0	0	0	0	0	0	0	0
平凉市	8	111	1437	0	0	111	1437	0	0	0	0	111	1437
酒泉市	9	0	0	0	0	0	0	0	0	0	0	0	0
庆阳市	10	0	0	0	0	0	0	0	0	0	0	0	0
矿　区	11	0	0	0	0	0	0	0	0	0	0	0	0
定西市	12	0	0	0	0	0	0	0	0	0	0	0	0
陇南市	13	90	1800	0	0	90	1800	0	0	0	0	90	1800
临夏州	14	0	0	0	0	0	0	0	0	0	0	0	0
甘南州	15	0	0	0	0	0	0	0	0	0	0	0	0

甘肃省全社会公路客货运输量

指标	计算单位	序号	总计	
				个体
甲	乙	丙	1	2
一、客运量	万人	1	58355	5845
1.汽车	万人	2	58355	5845
2.其他机动车	万人	3	0	0
二、旅客周转量	万人公里	4	2650685	244349
1.汽车	万人公里	5	2650685	244349
2.其他机动车	万人公里	6	0	0
三、货运量	万吨	7	28790	9332
1.汽车	万吨	8	28790	9332
2.其他机动车	万吨	9	0	0
3.轮胎式拖拉机	万吨	10	0	0
四、货物周转量	万吨公里	11	6474126	2356212
1.汽车	万吨公里	12	6474126	2356212
2.其他机动车	万吨公里	13	0	0
3.轮胎式拖拉机	万吨公里	14	0	0

甘肃省全社会旅客运输量及各种运输方式所占比例

	单　位	全社会旅客运输量			单　位	各种运输方式所占比例(%)	
		2011 年	2010 年	发展速度(%)		2011 年	2010 年
一、全社会客运量	万人	60906.41	53776.30	13.26	%	100.00	100.00
其中:公路	万人	58355.00	51404.00	13.52	%	95.81	95.59
铁路	万人	2353.00	2178.00	8.03	%	3.86	4.05
民航	万人	102.28	100.21	2.07	%	0.17	0.19
水运	亿人公里	96.13	94.09	2.17	%	0.16	0.17
二、全社会旅客周转量	亿人公里	594.56	509.61	16.67	%	100.00	100.00
其中:公路	亿人公里	265.07	220.15	20.40	%	44.58	43.20
铁路	亿人公里	314.57	275.13	14.34	%	52.91	53.99
民航	亿人公里	14.70	14.12	4.11	%	2.47	2.77
水运	亿人公里	0.22	0.21	2.24	%	0.04	0.04

甘肃省人口与各种运输方式客运量

指标名称	计算单位	1990 年	1995 年	2000 年	2005 年	2010 年	2011 年	“九五”期间年均递增%	“十五”期间年均递增%	“十一五”期间年均递增%	“十二五”期间年均递增%
一、全省人口与各种运输方式客运量											
1. 全省人口数	万人	2229.91	2388.38	2563.00	2594.36	2557.53	2564.19	1.40	0.24	−0.29	0.26
2. 全路客运量	万人	7818.00	9563.00	11624.00	16247.00	51404.00	58355.00	4.00	6.93	25.91	−13.52
3. 铁路客运量	万人	860.00	942.00	1095.40	1230.00	2178.00	2353.00	3.10	2.34	12.11	8.03
4. 民航客运量	万人	20.00	42.00	75.68	84.28	100.21	102.28	12.50	2.18	3.52	2.07
5. 水运客运量	万人	230.00	138.00	192.00	241.00	94.09	96.13	6.80	4.65	−17.15	2.17
二、各种运输方式年平均每人乘车次数											
1. 年均每人乘公路汽车次数	次	3.51	4.00	4.54	6.26	20.10	22.76				
2. 年均每人乘铁路次数	次	0.39	0.39	0.43	0.47	0.85	0.92				
3. 年均每人乘飞机次数	次	0.01	0.02	0.03	0.03	0.04	0.04				
4. 年均每人乘客船次数	次	0.10	0.06	0.07	0.09	0.04	0.04				

甘肃省全社会货物运输量及各种运输方式所占比例

	单　位	全社会货物运输量			单　位	各种运输方式所占比例	
		2011 年	2010 年	发展速度(%)		2011 年	2010 年
一、全社会货运量	万人	34179.15	29008.83	17.82	%	100.00	100.00
其中:公路	万人	28790.00	24050.00	19.71	%	84.23	82.91
铁路	万人	5355.00	4926.00	8.71	%	15.67	16.98
民航	万人	1.22	1.13	7.96	%	0.00	0.00
水运	亿吨公里	32.93	31.70	3.88	%	0.10	0.11
二、全社会货物周转量	亿吨公里	1791.21	1607.25	11.45	%	100.00	100.00
其中:公路	亿吨公里	647.41	524.09	23.53	%	36.14	32.61
铁路	亿吨公里	1143.60	1082.98	5.60	%	63.85	67.38
民航	亿吨公里	0.19	0.18	6.19	%	0.01	0.01
水运	亿吨公里	0.0040	0.00	8.32	%	0.00	0.00

甘肃省国内生产总值与各种运输方式货运量

指标名称	计算单位	1990年	1995年	2000年	2005年	2010年	2011年	“八五”期间年均递增(%)	“九五”期间年均递增(%)	“十五”期间年均递增(%)	“十一五”期间年均递增(%)	“十二五”期间年均递增(%)
一、国内生产总值与各运输方式货运量												
1. 生产总值(当年价)	亿元	242.80	553.35	983.00	1928.14	4119.46	5020.00	17.91	12.20	14.42	16.40	21.86
2. 公路货运量	万吨	14228.00	17719.00	19799.00	22520.00	24050.00	28790.00	4.49	2.20	2.61	1.32	19.71
3. 铁路货运量	万吨	2386.00	2555.00	2886.00	3274.00	4926.00	5355.00	1.38	2.50	2.55	8.51	8.71
4. 民航货运量	万吨	0.28	0.39	1.10	1.07	1.13	1.22	6.85	22.40	-0.55	1.10	7.96
5. 水运货运量	万吨	19.00	30.42	36.00	48.00	31.70	32.93	9.98	3.40	5.92	-7.96	3.88
二、各种运输方式年平均每人乘车次数												
1. 每万元国内生产总值的公路货运量	吨	58.60	32.00	20.14	11.68	5.84	5.74					
2. 每万元国内生产总值的铁路货运量	吨	9.80	4.60	2.94	1.70	1.20	1.07					
3. 每万元国内生产总值的民航货运量	吨	0.00	0.00	0.00		0.0003	0.0002					
4. 每万元国内生产总值的水运货运量	吨	0.08	0.05	0.04	0.02	0.0077	0.0066					

道路客货运站(一)

计量单位:个

地区	编号	等级客运站数量合计	配备危险品安全检测仪	一级站	二级站	配备危险品安全检测仪	三级站	配备危险品安全检测仪	四级站	五级站	简易站及招呼站
全省总计		851	73	22	44	36	72	15	97	616	5795
兰州市	1	69	7	4		2	4	1	57	0	567
嘉峪关市	2	3	1	1	0	0	0	0	2	0	20
金昌市	3	12	3	1	1	1	2	1	8	0	48
白银市	4	58	4	1	3	2	3	1	2	49	583
天水市	5	18	3	1	3	1	7	1	2	5	927
武威市	6	103	8	2	2	2	5	4	4	90	76
张掖市	7	71	10	2	6	6	4	2	2	57	516
平凉市	8	116	8	2	6	6	5	0	1	102	927
酒泉市	9	87	5	3	5	2	9	0	2	68	356
庆阳市	10	33	5	1	4	4	6	0	0	22	605
矿　区	11	1	0	0	0	0	1	0	0	0	0
定西市	12	114	5	1	4	4	8	0	0	101	571
陇南市	13	28	5	0	2	2	11	0	1	14	119
临夏州	14	86	4	2	1	1	3	1	2	78	426
甘南州	15	52	8	1	3	3	4	4	14	30	54

道路客货运站(二)

计量单位:个

地区	编号	客运站本期完成投资合计	政府投资	客运站站务人员合计	客运站平均日发班次	一级站	二级站	客运站平均日旅客发送量	一级站	二级站
		万元	万元	人	班次	班次	班次	人次	人次	人次
全省总计		13369	6880	7629	18511	5209	6310	370389	122040	135958
兰州市	1	1091	20	1071	3028	1231	1329	65930	32280	21032
嘉峪关市	2	0	0	80	559	559	0	10226	10226	0
金昌市	3	0	0	210	281	117	78	5623	2347	1482
白银市	4	80	80	297	1233	190	464	29448	5500	12811
天水市	5	4628	2000	520	2166	440	210	30478	5500	2400
武威市	6	840	200	360	1164	347	136	14530	7287	2620
张掖市	7	750	450	552	1471	311	1038	29420	6275	20760
平凉市	8	400	400	523	1704	505	947	50000	20000	30000
酒泉市	9	2400	2300	326	1810	799	577	34053	17500	9775
庆阳市	10	0	0	540	795	79	256	11610	1485	4300
矿　区	11	0	0	5	7	0	0	280	0	0
定西市	12	2160	410	1684	1633	144	633	38207	3900	18300
陇南市	13	1020	1020	563	1020	0	364	21400	0	8000
临夏州	14	0	0	393	1215	390	160	23616	7800	2725
甘南州	15	0	0	505	425	97	118	5568	1940	1753

道路客货运站(三)

计量单位:个

地区	编号	货运站数量					货运站本期完成投资合计	政府投资	货运站平均日换算货物吞吐量	一级站
		合计	一级站	二级站	三级站	四级站				
		个	个	个	个	个	万元	万元	万吨	万吨
全省总计		65	5	24	9	27	800	0	4	1
兰州市	1	18	2	12	2	2	0	0	2	1
嘉峪关市	2	2	1	0	0	1	800	0	1	1
金昌市	3	22	2	9	5	6	0	0	1	0
白银市	4	1	0	0	0	1	0	0	0	0
天水市	5	7	0	0	0	7	0	0	0	0
武威市	6	1	0	0	0	1	0	0	0	0
张掖市	7	4	0	0	1	3	0	0	0	0
平凉市	8	1	0	0	0	1	0	0	0	0
酒泉市	9	5	0	0	1	4	0	0	0	0
庆阳市	10	0	0	0	0	0	0	0	0	0
矿　区	11	0	0	0	0	0	0	0	0	0
定西市	12	3	0	3	0	0	0	0	0	0
陇南市	13	1	0	0	0	1	0	0	0	0
临夏州	14	0	0	0	0	0	0	0	0	0
甘南州	15	0	0	0	0	0	0	0	0	0

机动车维修(一)

地区	编号	机动车维修业户							完成主要工作量					
		合计	汽车维修	一类汽车维修	危险货物运输车辆维修	二类汽车维修	三类汽车维修	摩托车维修	合计	整车修理	总成修理	二级维护	专项修理	修理救援
		户	户	户	户	户	户	户	辆(台)次	辆次	台次	辆次	辆次	辆次
全省总计		6996	6438	115	22	972	5351	557	2387142	9955	47150	571332	1706033	18701
兰州市	1	1317	1317	43	4	319	955	0	545164	1120	3225	35420	505399	0
嘉峪关市	2	294	294	12	0	20	262	0	169832	345	1612	8980	158000	895
金昌市	3	369	294	4	0	46	244	75	17475	207	711	8834	5800	1460
白银市	4	686	651	16	5	78	557	34	124366	4670	5680	66960	44170	2886
天水市	5	205	188	4	0	83	101	17	196000	11	205	35000	170000	570
武威市	6	533	505	2	1	47	456	28	169931	63	1102	81796	86420	550
张掖市	7	693	548	4	1	66	478	145	589717	252	16915	78100	480086	6466
平凉市	8	522	484	2	1	40	442	38	84190	672	2520	50150	30060	788
酒泉市	9	671	625	5	3	63	557	46	118692	1164	7006	10668	97843	2011
庆阳市	10	519	449	6	4	48	395	70	46656	15	285	13716	32640	790
矿　区	11	1	1	1	0	0	0	0	1558	0	10	400	1148	0
定西市	12	303	283	8	0	42	233	20	127679	775	6314	86168	33006	1416
陇南市	13	436	394	2	2	62	330	42	48312	342	746	24780	22431	13
临夏州	14	245	245	5	1	41	199	0	72450	5	505	10300	25454	0
甘南州	15	202	160	1	0	17	142	42	75120	314	314	60060	13576	856

机 动 车 维 修（二）

地区	编号	汽车综合性能检测站							
		数量合计	完成检测量合计	维修竣工检测	等级评定检测	维修质量监督检测	其它检测	排放检测	质量仲裁检测
			个	辆次	辆次	辆次	辆次	辆次	辆次
全省总计		30	259994	62928	180535	15281	1250	1130	0
兰州市	1	3	37740	9340	28400	0	0	0	0
嘉峪关市	2	1	2065	0	2065	0	0	0	0
金昌市	3	1	7016	0	7016	0	0	0	0
白银市	4	4	18152	0	14732	3300	120	0	0
天水市	5	1	12674	0	12674	0	0	0	0
武威市	6	5	78514	52610	14028	11876	0	0	0
张掖市	7	3	21269	0	21269	0	0	0	0
平凉市	8	3	17092	0	17092	0	0	0	0
酒泉市	9	2	2559	437	2122	0	0	0	0
庆阳市	10	2	16028	0	16028	0	0	0	0
矿　区	11	0	0	0	0	0	0	0	0
定西市	12	2	22892	541	22246	105	0	0	0
陇南市	13	1	3250	0	2120	0	1130	1130	0
临夏州	14	1	17700	0	17700	0	0	0	0
甘南州	15	1	3043	0	3043	0	2179	0	0

机动车驾驶员培训(一)

计量单位:户

地区	编号	机动车驾驶员培训业户									
		总计	普通机动车驾驶员培训				道路运输驾驶员从业资格培训			机动车驾驶员培训教练场经营	残疾人驾驶员培训
			合计	一级	二级	三级		道路客货运输驾驶员从业资格培训	危险货物运输驾驶员从业资格培训		
全省总计		297	291	9	133	149	39	32	10	55	1
兰州市	1	77	77	3	18	56	1	1	0	0	1
嘉峪关市	2	6	4	0	4	0	2	1	1	0	0
金昌市	3	13	13	0	5	8	2	2	0	0	0
白银市	4	29	28	0	5	23	1	1	1	9	0
天水市	5	15	15	1	14	0	7	6	1	0	0
武威市	6	31	31	0	15	16	8	6	2	31	0
张掖市	7	6	6	0	6	0	6	6	1	0	0
平凉市	8	15	13	0	7	6	1	1	0	1	0
酒泉市	9	13	13	3	9	1	6	3	3	3	0
庆阳市	10	33	33	1	23	9	0	0	0	0	0
矿　区	11	2	1	0	0	1	1	1	0	0	0
定西市	12	23	23	0	6	17	0	0	0	1	0
陇南市	13	24	24	1	18	5	0	0	0	0	0
临夏州	14	9	9	0	2	7	3	3	1	9	0
甘南州	15	1	1	0	1	0	1	1	0	1	0

机动车驾驶员培训(二)

地区	编号	教练员人数合计	理论教练员	驾驶操作教练员	道路客货运输驾驶员从业资格培训教练员	危险货物运输驾驶员从业资格培训教练员	管理人员人数合计	理论教学负责人	驾驶操作训练负责人	教学车辆管理人员	结业考核人员	计算机管理人员	培训人次合计	培训合格人次	从业资格培训人次	残疾人驾驶员培训人次	培训合格人次
		人	人	人	人	人	人	人	人	人	人	人	人次	人次	人次	人次	人次
全省总计		6530	442	5794	665	84	1921	428	490	413	374	417	123554	105528	55674	170	130
兰州市	1	2240	77	2163	0	0	385	77	77	77	77	77	12555	9417	4846	170	130
嘉峪关市	2	140	16	100	16	8	49	10	10	9	10	10	5755	5573	438	0	0
金昌市	3	235	28	109	94	4	55	13	13	10	10	9	5040	4200	935	0	0
白银市	4	498	38	460	1	1	173	29	29	35	25	38	16178	14180	6800	0	0
天水市	5	521	40	483	14	2	100	25	20	16	23	16	9840	8856	3600	0	0
武威市	6	280	52	200	200	20	138	75	96	66	45	45	7194	6546	5237	0	0
张掖市	7	263	18	245	245	0	30	6	6	6	6	6	5436	5436	5436	0	0
平凉市	8	227	16	209	2	0	135	39	26	26	31	13	9938	9938	4759	0	0
酒泉市	9	464	46	291	80	47	282	33	61	58	41	89	5933	4735	4735	0	0
庆阳市	10	655	8	647	0	0	325	65	95	50	50	65	10468	9389	5969	0	0
矿　区	11	14	1	12	1	0	5	1	1	1	1	1	0	0	0	0	0
定西市	12	425	39	386	0	0	96	25	25	25	25	25	16138	12000	4138	0	0
陇南市	13	358	46	312	0	0	89	19	19	20	19	12	12457	9960	5000	0	0
临夏州	14	192	12	170	6	2	45	9	9	9	9	9	5075	4060	2843	0	0
甘南州	15	18	5	7	6	0	14	2	3	5	2	2	1547	1238	938	0	0

机动车驾驶员培训(三)

地区	编号	教学车辆											机动车驾驶模拟器	被动式模拟器	教学场地(含租赁场地)面积
		合计	残疾人教学车辆	大型客车	通用货车半挂车(牵引车)	城市公交车	中型客车	大型货车	小型汽车	低速汽车	摩托车	其他			
		辆	辆	辆	辆	辆	辆	辆	辆	辆	辆	辆	台	台	平方米
全省总计		6463	6	92	7	45	138	1461	4607	21	75	17	243	26	4862767
兰州市	1	2163	0	0	0	16	0	39	2108	0	0	0	25	0	880000
嘉峪关市	2	118	0	3	0	0	0	10	98	0	3	4	11	2	790000
金昌市	3	182	0	1	2	1	0	30	137	11	0	0	0	0	101200
白银市	4	478	0	1	2	0	0	206	269	0	0	0	21	9	227468
天水市	5	452	0	47	0	0	0	170	215	10	10	0	0	0	201600
武威市	6	440	0	0	0	0	0	110	330	0	0	0	0	0	519600
张掖市	7	269	0	0	0	0	0	98	171	0	0	0	15	1	39000
平凉市	8	331	0	0	0	0	0	123	208	0	0	0	0	0	293912
酒泉市	9	409	0	12	3	13	105	102	161	0	0	13	21	0	1034713
庆阳市	10	627	0	0	0	0	0	338	289	0	0	0	49	0	107498
矿区	11	4	0	0	0	0	0	0	4	0	0	0	1	0	3000
定西市	12	478	0	0	0	0	2	135	341	0	0	0	48	0	351590
陇南市	13	323	0	25	0	15	28	39	154	0	62	0	51	0	126000
临夏州	14	169	0	2	0	0	0	55	112	0	0	0	0	0	180486
甘南州	15	20	0	1	0	0	3	6	10	0	0	0	1	1	6700

汽车租赁

地区	编号	汽车租赁业户						汽车租赁从业人员合计	租赁车辆数量					
		合计	10辆以下	10–49辆	50–100辆	101–300辆	300辆以上		合计	客车	5座及以下	6–10座	10座以上	货车
		户	户	户	户	户	户	人	辆	辆	辆	辆	辆	辆
全省总计		128	112	16	0	0	0	598	711	711	594	60	57	0
兰州市	1	78	72	6	0	0	0	400	315	315	204	59	52	0
嘉峪关市	2	0	0	0	0	0	0	0	0	0	0	0	0	0
金昌市	3	0	0	0	0	0	0	0	0	0	0	0	0	0
白银市	4	32	30	2	0	0	0	121	207	207	202	1	4	0
天水市	5	4	0	4	0	0	0	12	62	62	62	0	0	0
武威市	6	0	0	0	0	0	0	0	0	0	0	0	0	0
张掖市	7	0	0	0	0	0	0	0	0	0	0	0	0	0
平凉市	8	4	4	0	0	0	0	15	12	12	11	0	1	0
酒泉市	9	0	0	0	0	0	0	0	0	0	0	0	0	0
庆阳市	10	0	0	0	0	0	0	0	0	0	0	0	0	0
矿　区	11	0	0	0	0	0	0	0	0	0	0	0	0	0
定西市	12	6	6	0	0	0	0	30	30	30	30	0	0	0
陇南市	13	0	0	0	0	0	0	0	0	0	0	0	0	0
临夏州	14	4	0	4	0	0	0	20	85	85	85	0	0	0
甘南州	15	0	0	0	0	0	0	0	0	0	0	0	0	0

道路客运线路班次(一)

地区	编号	客运线路条数(条)						客运线路平均日发班次(班次/日)					
		合计	高速公路客运线路	跨省线路	跨地(市)线路	跨县线路	县内线路	合计	高速公路客运线路	跨省线路	跨地(市)线路	跨县线路	县内线路
全省总计		4394	350	384	729	991	2290	22749	1316	715	2405	5820	13810
兰州市	1	305	99	50	110	87	58	3020	480	101	449	1404	1066
嘉峪关市	2	25	16	1	10	9	5	424	59	1	246	44	133
金昌市	3	105	6	1	28	10	66	481	5	1	62	28	390
白银市	4	353	9	13	68	52	20	1448	63	13	178	423	834
天水市	5	569	37	38	80	56	395	2336	110	78	113	453	1692
武威市	6	233	2	19	37	81	96	1548	38	23	155	306	1064
张掖市	7	342	32	26	46	94	176	1471	63	31	115	350	975
平凉市	8	355	50	43	36	58	218	1704	184	106	134	283	1181
酒泉市	9	274	70	14	40	81	139	1810	151	17	78	247	1468
庆阳市	10	491	12	93	26	175	197	1212	7	148	33	440	591
矿　区	11	3	2	0	2	0	1	7	3	0	3	0	4
定西市	12	490	5	19	116	96	259	1794	118	30	361	278	1125
陇南市	13	260	10	35	35	52	138	1926	36	121	141	333	1331
临夏州	14	466	0	15	56	122	273	3145	0	30	215	1100	1800
甘南州	15	123	0	17	39	18	49	425	0	17	121	131	156

道路客运线路班次（二）

地区	编号	道路客运线路条数(条)					道路客运线路平均日发班次(班次/日)				
		合计	<200公里	≥200且<400公里	≥400且<800公里	≥800公里	合计	<200公里	≥200且<400公里	≥400且<800公里	≥800公里
全省总计		4394	3582	464	239	109	22749	20760	1467	423	99
兰州市	1	305	188	51	35	31	3020	2675	261	63	21
嘉峪关市	2	25	13	6	4	2	424	400	14	7	3
金昌市	3	105	86	9	9	1	481	462	9	9	1
白银市	4	353	306	45	1	1	1448	1351	95	1	1
天水市	5	569	480	61	24	4	2336	2183	105	45	3
武威市	6	233	197	17	12	7	1548	1438	82	21	7
张掖市	7	342	283	37	13	9	1471	1355	61	46	9
平凉市	8	355	309	23	17	6	1704	1547	124	29	5
酒泉市	9	274	200	31	25	18	1810	1629	120	43	18
庆阳市	10	491	387	34	58	12	1212	1053	52	100	7
矿　区	11	3	3	0	0	0	7	7	0	0	0
定西市	12	490	434	34	10	12	1794	1674	86	12	22
陇南市	13	260	186	61	12	1	1926	1635	260	30	1
临夏州	14	466	443	8	10	5	3145	3138	2	3	3
甘南州	15	123	67	47	9	0	425	213	197	15	0

道路客运线路班次——<200 公里

地区	编号	客运线路条数(条)						客运线路平均日发班次(班次/日)					
		合计	高速公路客运线路	跨省线路	跨地(市)线路	跨县线路	县内线路	合计	高速公路客运线路	跨省线路	跨地(市)线路	跨县线路	县内线路
全省总计		3582	93	57	309	926	2290	20760	524	146	1331	5474	13810
兰州市	1	188	17	4	39	87	58	2675	198	19	187	1404	1066
嘉峪关市	2	13	4	0	5	3	5	400	52	0	232	35	133
金昌市	3	86	1	1	9	10	66	462	1	1	43	28	390
白银市	4	306	0	2	37	47	220	1351	0	2	110	405	834
天水市	5	480	17	4	25	56	395	2183	10	8	30	453	1692
武威市	6	197	0	4	16	81	96	1438	0	8	60	306	1064
张掖市	7	283	7	4	9	94	176	1355	23	10	20	350	975
平凉市	8	309	11	14	19	58	218	1547	42	31	52	283	1181
酒泉市	9	200	29	0	5	56	139	1629	78	0	19	142	1468
庆阳市	10	387	0	12	3	175	197	1053	0	18	4	440	591
矿区	11	3	2	0	2	0	1	7	3	0	3	0	4
定西市	12	434	5	0	79	96	259	1674	118	0	271	278	1125
陇南市	13	186	0	8	10	30	138	1635	0	21	60	223	1331
临夏州	14	443	0	4	44	122	273	3138	0	28	210	1100	1800
甘南州	15	67	0	0	7	11	49	213	0	0	30	27	156

道路客运线路班次——≥200 且 <400 公里

地区	编号	客运线路条数(条)						客运线路平均日发班次(班次/日)					
		合计	高速公路客运线路	跨省线路	跨地(市)线路	跨县线路	县内线路	合计	高速公路客运线路	跨省线路	跨地(市)线路	跨县线路	县内线路
全省总计		464	103	116	291	57	0	1467	609	285	853	330	0
兰州市	1	51	22	6	45	0	0	261	203	41	220	0	0
嘉峪关市	2	6	6	0	1	0	0	14	5	0	6	8	0
金昌市	3	9	4	0	1	5	0	9	3	0	9	0	0
白银市	4	45	8	9	31	0	0	95	62	9	68	18	0
天水市	5	61	15	13	48	0	0	105	96	39	66	0	0
武威市	6	17	2	3	14	0	0	82	38	5	77	0	0
张掖市	7	37	6	11	26	0	0	61	21	9	52	0	0
平凉市	8	23	18	9	14	0	0	124	112	51	73	0	0
酒泉市	9	31	12	2	11	0	0	120	34	2	28	90	0
庆阳市	10	34	0	32	2	0	0	52	0	48	4	0	0
矿 区	11	0	0	0	0	0	0	0	0	0	0	0	0
定西市	12	34	0	0	34	0	0	86	0	0	86	0	0
陇南市	13	61	10	15	24	22	0	260	36	70	80	110	0
临夏州	14	8	0	6	2	0	0	2	0	1	1	0	0
甘南州	15	47	0	10	30	7	0	197	0	10	83	104	0

道路客运线路班次——≥400 且 <800 公里

地区	编号	客运线路条数(条)						客运线路平均日发班次(班次/日)					
		合计	高速公路客运线路	跨省线路	跨地(市)线路	跨县线路	县内线路	合计	高速公路客运线路	跨省线路	跨地(市)线路	跨县线路	县内线路
全省总计		239	76	126	105	8	0	423	124	216	192	16	0
兰州市	1	35	29	11	24	0	0	63	59	24	39	0	0
嘉峪关市	2	4	4	0	3	1	0	7	1	0	6	1	0
金昌市	3	9	1	0	9	0	0	9	1	0	9	0	0
白银市	4	1	0	1	0	0	0	1	0	1	0	0	0
天水市	5	24	1	17	7	0	0	45	1	28	17	0	0
武威市	6	12	0	6	6	0	0	21	0	8	13	0	0
张掖市	7	13	10	2	11	0	0	46	10	3	43	0	0
平凉市	8	17	15	14	3	0	0	29	27	19	10	0	0
酒泉市	9	25	16	7	11	7	0	43	26	10	18	15	0
庆阳市	10	58	0	37	21	0	0	100	0	75	25	0	0
矿　区	11	0	0	0	0	0	0	0	0	0	0	0	0
定西市	12	10	0	9	1	0	0	12	0	11	1	0	0
陇南市	13	12	0	11	1	0	0	30	0	29	1	0	0
临夏州	14	10	0	4	6	0	0	3	0	1	3	0	0
甘南州	15	9	0	7	2	0	0	15	0	7	8	0	0

道路客运线路班次——≥800 公里

地区	编号	客运线路条数(条)						客运线路平均日发班次(班次/日)					
		合计	高速公路客运线路	跨省线路	跨地(市)线路	跨县线路	县内线路	合计	高速公路客运线路	跨省线路	跨地(市)线路	跨县线路	县内线路
全省总计		109	78	85	24	0	0	99	59	69	30	0	0
兰州市	1	31	31	29	2	0	0	21	21	18	3	0	0
嘉峪关市	2	2	2	1	1	0	0	3	1	1	2	0	0
金昌市	3	1	0	0	1	0	0	1	0	0	1	0	0
白银市	4	1	1	1	0	0	0	1	1	1	0	0	0
天水市	5	4	4	4	0	0	0	3	3	32	0	0	0
武威市	6	7	0	6	1	0	0	7	0	2	5	0	0
张掖市	7	9	9	9	0	0	0	9	9	9	0	0	0
平凉市	8	6	6	6	0	0	0	5	5	5	0	0	0
酒泉市	9	18	13	5	13	0	0	18	13	5	13	0	0
庆阳市	10	12	12	12	0	0	0	7	7	7	0	0	0
矿　区	11	0	0	0	0	0	0	0	0	0	0	0	0
定西市	12	12	0	10	2	0	0	22	0	19	4	0	0
陇南市	13	1	0	1	0	0	0	1	0	1	0	0	0
临夏州	14	5	0	1	4	0	0	3	0	1	2	0	0
甘南州	15	0	0	0	0	0	0	0	0	0	0	0	0

农村道路客运(一)

地区	编号	客运班车通达情况				农村客运站数量	农村客运班线		农村旅客运输量		农村客运站本期完成投资	政府投资
		乡镇总数	通班车	建制村总数	通班车				客运量	旅客周转量		
		个	个	个	个	个	条	平均日发班次	万人	万人公里	万元	万元
全省总计		1247	1245	16669	14855	4512	2913	15446	6006	249279	1042	770
兰州市	1	61	61	749	717	624	140	2462	1186	59317	22	0
嘉峪关市	2	3	3	17	17	22	3	86	72	1656	0	0
金昌市	3	15	15	149	141	48	50	300	173	5795	0	0
白银市	4	70	70	704	684	631	220	834	449	24993	80	80
天水市	5	114	114	2951	2460	6	399	1808	321	12840	120	60
武威市	6	94	93	1133	1010	156	206	920	318	11100	0	0
张掖市	7	60	60	835	829	579	206	991	702	30186	330	240
平凉市	8	102	102	1529	1498	1029	218	1181	290	16520	0	0
酒泉市	9	65	65	430	427	68	167	1338	704	39190	200	100
庆阳市	10	116	116	1260	1150	66	402	720	310	8700	0	0
矿　区	11	0	0	0	0	0	0	0	0	0	0	0
定西市	12	119	119	1882	1788	672	232	1125	426	9372	0	0
陇南市	13	195	195	3237	2620	120	226	1354	580	13340	290	290
临夏州	14	123	123	1149	1079	426	395	2172	400	11400	0	0
甘南州	15	110	109	644	435	65	49	156	75	4870	0	0

农村道路客运(二)

地区	编号	农村客运车辆合计		按等级分						按车长分							
				高级		中级		普通		特大型		大型		中型		小型	
		辆	客位	辆	客位	辆	客位	辆	客位	辆	客位	辆	客位	辆	客位	辆	客位
全省总计		9921	157938	91	2917	2084	52391	7746	102630	0	0	145	4857	4548	102509	5228	50572
兰州市	1	808	22092	58	2266	169	5623	581	14203	0	0	20	933	540	16780	248	4379
嘉峪关市	2	17	490	0	0	13	350	4	140	0	0	4	140	13	350	0	0
金昌市	3	162	3540	0	0	162	3540	0	0	0	0	20	530	125	2869	17	141
白银市	4	437	9826	0	0	22	656	415	9170	0	0	45	1855	173	5172	219	2799
天水市	5	1168	20571	0	0	593	12640	575	7931	0	0	0	0	764	15634	404	4937
武威市	6	1362	16670	0	0	0	0	1362	16670	0	0	0	0	477	7870	885	8800
张掖市	7	327	8436	0	0	54	1952	273	6484	0	0	25	642	278	7494	24	300
平凉市	8	553	11685	0	0	318	9994	235	1691	0	0	0	0	428	9948	125	1737
酒泉市	9	459	9221	33	651	220	4662	206	3908	0	0	23	501	336	7555	100	1165
庆阳市	10	662	11254	0	0	0	0	662	11254	0	0	8	256	647	10943	7	55
矿区	11	0	0	0	0	0	0	0	0	0	0	0	0	0	0	0	0
定西市	12	509	11144	0	0	416	10400	93	744	0	0	0	0	416	10400	93	744
陇南市	13	462	7749	0	0	117	2574	345	5175	0	0	0	0	213	4368	249	3381
临夏州	14	2895	23160	0	0	0	0	2895	23160	0	0	0	0	38	1026	2857	22134
甘南州	15	100	2100	0	0	0	0	100	2100	0	0	0	0	100	2100	0	0

道路危险货物运输业户数

计量单位:户

地区	编号	道路危险货物运输业户数合计	经营性	非经营性	运输1类危险品	运输2类危险品	运输3类危险品	运输4类危险品	运输5类危险品	运输6类危险品	运输7类危险品	运输8类危险品	运输9类危险品	运输剧毒化学品
全省总计		179	174	5	16	93	78	8	6	8	3	24	17	11
兰州市	1	40	40	0	3	29	18	2	4	3	0	4	12	0
嘉峪关市	2	7	7	0	0	3	1	1	0	1	0	1	0	0
金昌市	3	14	14	0	1	5	5	1	1	1	1	1	1	0
白银市	4	23	23	0	3	4	5	4	1	0	0	13	0	1
天水市	5	5	5	0	1	2	1	0	0	1	0	0	0	0
武威市	6	3	3	0	2	1	0	0	0	0	0	0	0	0
张掖市	7	5	2	3	2	2	2	0	0	2	0	2	0	0
平凉市	8	5	3	2	1	1	1	0	0	0	0	0	2	0
酒泉市	9	14	14	0	2	4	8	0	0	0	0	0	0	0
庆阳市	10	38	38	0	0	30	28	0	0	0	0	1	0	0
矿　区	11	3	3	0	0	1	0	0	0	0	2	1	1	0
定西市	12	4	4	0	1	2	1	0	0	0	0	0	0	0
陇南市	13	6	6	0	0	1	4	0	0	0	0	0	1	0
临夏州	14	11	11	0	0	8	3	0	0	0	0	1	0	0
甘南州	15	1	1	0	0	0	1	0	0	0	0	0	0	0

道路危险货物运输车辆

地区	编号	道路危险货物运输车辆合计		安装卫星定位车载终端的车辆		按吨位分								罐车		厢式车	
						大型		重型		中型		小型					
		辆	吨位	辆	吨位	辆	吨位	辆	吨位	辆	吨位	辆	吨位	辆	吨位	辆	吨位
全省总计		4352	50182	4346	50164	3459	48506	3020	43282	316	1087	577	589	2959	36477	654	6979
兰州市	1	1045	12751	1045	12751	717	12373	629	11808	55	158	273	220	406	6109	90	824
嘉峪关市	2	85	564	85	564	79	555	53	504	2	6	4	3	69	535	16	29
金昌市	3	347	2854	347	2854	201	2412	201	2412	92	355	54	87	78	735	269	2119
白银市	4	552	9236	552	9236	465	9004	415	8700	48	178	39	54	318	5532	234	3704
天水市	5	62	709	62	709	45	691	40	677	1	3	16	15	43	670	0	0
武威市	6	77	298	77	298	29	230	19	180	15	42	33	26	29	207	0	0
张掖市	7	54	649	48	631	48	631	48	631	6	18	0	0	48	631	0	0
平凉市	8	113	1440	113	1440	81	1364	79	672	11	44	21	32	79	1185	34	255
酒泉市	9	238	2634	238	2634	200	2563	166	2325	20	60	18	11	195	2204	7	31
庆阳市	10	1375	14110	1375	14110	1257	13867	1038	10582	50	170	68	73	1375	14110	0	0
矿区	11	16	140	16	140	13	136	13	136	0	0	3	4	0	0	1	2
定西市	12	60	493	60	493	32	445	27	420	10	29	18	19	27	324	3	15
陇南市	13	90	1800	90	1800	90	1800	90	1800	0	0	0	0	90	1800	0	0
临夏州	14	220	2277	220	2277	184	2208	184	2208	6	24	30	45	184	2208	0	0
甘南州	15	18	227	18	227	18	227	18	227	0	0	0	0	18	227	0	0

道路运输车辆市场退出情况(一)

计量单位:辆

地区	编号	报废车辆辆数									
		合计	客动车辆					货运车辆			
			小计	特大型	大型	中型	小型	小计	大型	中型	小型
全省总计		3495	414	0	75	178	161	3081	1034	499	1548
兰州市	1	748	40	0	3	34	3	708	181	31	496
嘉峪关市	2	30	12	0	10	2	0	18	18	0	0
金昌市	3	429	57	0	8	19	30	372	73	129	170
白银市	4	445	0	0	0	0	0	445	192	89	164
天水市	5	1049	155	0	31	73	51	894	288	78	528
武威市	6	414	31	0	0	30	1	383	245	60	78
张掖市	7	250	40	0	21	19	0	210	30	90	90
平凉市	8	0	0	0	0	0	0	0	0	0	0
酒泉市	9	0	0	0	0	0	0	0	0	0	0
庆阳市	10	13	0	0	0	0	0	13	5	8	1
矿　区	11	3	0	0	2	1	0	3	2	0	0
定西市	12	3	3	0	0	0	0	0	0	0	0
陇南市	13	0	0	0	0	0	0	0	0	0	0
临夏州	14	0	0	0	0	0	0	0	0	0	0
甘南州	15	111	76	0	0	0	76	35	0	14	21

道路运输车辆市场退出情况(二)

计量单位:辆

地区	编号	检验不合格退出车辆辆数									
		合计	客动车辆					货运车辆			
			小计	特大型	大型	中型	小型	小计	大型	中型	小型
全省总计		1161	10	0	0	10	0	1151	527	125	499
兰州市	1	420	0	0	0	0	0	420	91	6	323
嘉峪关市	2	3	0	0	0	0	0	3	3	0	0
金昌市	3	0	0	0	0	0	0	0	0	0	0
白银市	4	536	0	0	0	0	0	536	433	14	89
天水市	5	0	0	0	0	0	0	0	0	0	0
武威市	6	0	0	0	0	0	0	0	0	0	0
张掖市	7	0	0	0	0	0	0	0	0	0	0
平凉市	8	0	0	0	0	0	0	0	0	0	0
酒泉市	9	0	0	0	0	0	0	0	0	0	0
庆阳市	10	0	0	0	0	0	0	0	0	0	0
矿　区	11	0	0	0	0	0	0	0	0	0	0
定西市	12	202	10	0	0	10	0	192	0	105	87
陇南市	13	0	0	0	0	0	0	0	0	0	0
临夏州	14	0	0	0	0	0	0	0	0	0	0
甘南州	15	0	0	0	0	0	0	0	0	0	0

道路运输经营业户市场退出情况

计量单位：辆

地区	编号	吊销道路运输经营许可证业户数	道路旅客运输	道路货物运输	道路运输相关业务	站（场）经营	机动车维修	汽车综合性能检测	机动车驾驶员培训
全省总计		508	0	365	143	7	136	0	0
兰州市	1	321	0	264	57	7	50	0	0
嘉峪关市	2	43	0	8	35	0	35	0	0
金昌市	3	1	0	1	0	0	0	0	0
白银市	4	14	0	10	4	0	4	0	0
天水市	5	0	0	0	0	0	0	0	0
武威市	6	127	0	80	47	0	47	0	0
张掖市	7	1	0	1	0	0	0	0	0
平凉市	8	0	0	0	0	0	0	0	0
酒泉市	9	0	0	0	0	0	0	0	0
庆阳市	10	0	0	0	0	0	0	0	0
矿　区	11	1	0	1	0	0	0	0	0
定西市	12	0	0	0	0	0	0	0	0
陇南市	13	0	0	0	0	0	0	0	0
临夏州	14	0	0	0	0	0	0	0	0
甘南州	15	0	0	0	0	0	0	0	0

取得从业资格人员市场退出情况

计量单位:辆

地区	编号	吊销从业资格人员数	道路旅客运输	道路货物运输	道路运输相关业务				
						站(场)经营	机动车维修	汽车综合性能检测	机动车驾驶员培训
全省总计		217	51	126	40	0	40	0	0
兰州市	1	80	0	0	0	0	0	0	0
嘉峪关市	2	0	0	0	0	0	0	0	0
金昌市	3	0	0	0	0	0	0	0	0
白银市	4	0	0	0	0	0	0	0	0
天水市	5	0	0	0	0	0	0	0	0
武威市	6	114	28	46	40	0	40	0	0
张掖市	7	0	0	0	0	0	0	0	0
平凉市	8	0	0	0	0	0	0	0	0
酒泉市	9	0	0	0	0	0	0	0	0
庆阳市	10	0	0	0	0	0	0	0	0
矿　区	11	0	0	0	0	0	0	0	0
定西市	12	0	0	0	0	0	0	0	0
陇南市	13	0	0	0	0	0	0	0	0
临夏州	14	0	0	0	0	0	0	0	0
甘南州	15	23	23	0	0	0	0	0	0

2011年甘肃省城市(县城)客动交通管理信息综合表

地区	公交专用车道长度	轨道交通车站数	换乘站数	城市客运轮渡在用码头数	综合客运枢纽	对外交通综合客运枢纽	公共汽电车经营业户数	出租汽车经营业户数	轨道交通经营业户数	城市客运轮渡经营业户数	公交IC卡售卡量
	公里	个	个	个	个	个	户	户	户	户	张
甲	1	2	3	4	5	6	7	8	9	10	11
甘肃	0	0	0	0	5	4	69	479	0	0	2807184
兰州	0	0	0	0	1	0	4	233	0	0	2183000
兰州市	0	0	0	0	1	0	2	90	0	0	2183000
永登县	0	0	0	0	0	0	1	3	0	0	0
皋兰县	0	0	0	0	0	0	1	1	0	0	0
榆中县	0	0	0	0	0	0	0	139	0	0	0
嘉峪关	0	0	0	0	0	0	3	6	0	0	68685
嘉峪关市	0	0	0	0	0	0	3	6	0	0	68685
金昌	0	0	0	0	0	0	1	6	0	0	0
金昌市	0	0	0	0	0	0	1	3	0	0	0
永昌县	0	0	0	0	0	0	0	3	0	0	0
白银	0	0	0	0	2	2	6	20	0	0	191100
白银市	0	0	0	0	2	2	2	13	0	0	191100
靖远县	0	0	0	0	0	0	2	3	0	0	0
会宁县	0	0	0	0	0	0	1	1	0	0	0
景泰县	0	0	0	0	0	0	1	3	0	0	0
天水	0	0	0	0	2	2	1	17	0	0	245530
天水市	0	0	0	0	2	2	1	9	0	0	245530
清水县	0	0	0	0	0	0	0	1	0	0	0
秦安县	0	0	0	0	0	0	0	2	0	0	0

2011年甘肃省城市(县城)客动交通管理信息综合表(续上表)

地　区	公交专用车道长度	轨道交通车站数	换乘站数	城市客运轮渡在用码头数	综合客运枢纽	对外交通综合客运枢纽	公共汽电车经营业户数	出租汽车经营业户数	轨道交通经营业户数	城市客运轮渡经营业户数	公交IC卡售卡量
	公里	个	个	个	个	个	户	户	户	户	张
甲	1	2	3	4	5	6	7	8	9	10	11
甘谷县	0	0	0	0	0	0	0	3	0	0	0
武山县	0	0	0	0	0	0	0	2	0	0	0
武威	0	0	0	0	0	0	4	13	0	0	4000
武威市	0	0	0	0	0	0	3	5	0	0	4000
民勤县	0	0	0	0	0	0	0	4	0	0	0
古浪县	0	0	0	0	0	0	1	2	0	0	0
天祝藏族自治县	0	0	0	0	0	0	0	2	0	0	0
张掖	0	0	0	0	0	0	5	12	0	0	3800
张掖市	0	0	0	0	0	0	1	6	0	0	3800
肃南裕固族自治县	0	0	0	0	0	0	0	1	0	0	0
民乐县	0	0	0	0	0	0	1	1	0	0	0
临泽县	0	0	0	0	0	0	1	1	0	0	0
高台县	0	0	0	0	0	0	1	1	0	0	0
山丹县	0	0	0	0	0	0	1	2	0	0	0
平凉	0	0	0	0	0	0	6	42	0	0	1120
平凉市	0	0	0	0	0	0	1	11	0	0	0
泾川县	0	0	0	0	0	0	1	3	0	0	0
灵台县	0	0	0	0	0	0	1	19	0	0	0
崇信县	0	0	0	0	0	0	0	2	0	0	0
华亭县	0	0	0	0	0	0	1	3	0	0	0

2010年甘肃省城市(县城)客动交通管理信息综合表(续上表)

地　区	公交专用车道长度	轨道交通车站数	换乘站数	城市客运轮渡在用码头数	综合客运枢纽	对外交通综合客运枢纽	公共汽电车经营业户数	出租汽车经营业户数	轨道交通经营业户数	城市客运轮渡经营业户数	公交IC卡售卡量
	公里	个	个	个	个	个	户	户	户	户	张
甲	1	2	3	4	5	6	7	8	9	10	11
庄浪县	0	0	0	0	0	0	1	2	0	0	0
静宁县	0	0	0	0	0	0	1	2	0	0	1120
酒泉	0	0	0	0	0	0	6	53	0	0	61420
酒泉市	0	0	0	0	0	0	1	4	0	0	56800
金塔县	0	0	0	0	0	0	1	1	0	0	2800
瓜州县	0	0	0	0	0	0	1	1	0	0	0
肃北蒙古族自治县	0	0	0	0	0	0	1	39	0	0	0
阿克塞哈萨克族自治县	0	0	0	0	0	0	1	1	0	0	0
玉门市	0	0	0	0	0	0	1	3	0	0	1820
敦煌市	0	0	0	0	0	0	7	4	0	0	0
庆阳	0	0	0	0	0	0	1	18	0	0	0
庆阳市	0	0	0	0	0	0	1	4	0	0	0
庆城县	0	0	0	0	0	0	1	2	0	0	0
环县	0	0	0	0	0	0	1	3	0	0	0
华池县	0	0	0	0	0	0	1	2	0	0	0
合水县	0	0	0	0	0	0	1	2	0	0	0
正宁县	0	0	0	0	0	0	1	2	0	0	0
宁县	0	0	0	0	0	0	0	1	0	0	0
镇原县	0	0	0	0	0	0	1	2	0	0	0
定西	0	0	0	0	0	0	5	17	0	0	2323

2011 年甘肃省城市(县城)客动交通管理信息综合表(续上表)

地区	公交专用车道长度	轨道交通车站数	换乘站数	城市客运轮渡在用码头数	综合客运枢纽	对外交通综合客运枢纽	公共汽电车经营业户数	出租汽车经营业户数	轨道交通经营业户数	城市客运轮渡经营业户数	公交 IC 卡售卡量
	公里	个	个	个	个	个	户	户	户	户	张
甲	1	0	0	0	0	0	7	8	9	10	11
定西市	0	0	0	0	0	0	1	3	0	0	1200
通渭县	0	0	0	0	0	0	1	2	0	0	0
陇西县	0	0	0	0	0	0	1	2	0	0	0
渭源县	0	0	0	0	0	0	0	3	0	0	0
临洮县	0	0	0	0	0	0	1	3	0	0	1123
漳县	0	0	0	0	0	0	0	2	0	0	0
岷县	0	0	0	0	0	0	1	2	0	0	0
陇南	0	0	0	0	0	0	10	16	0	0	0
陇南市	0	0	0	0	0	0	1	4	0	0	0
成县	0	0	0	0	0	0	2	2	0	0	0
文县	0	0	0	0	0	0	1	1	0	0	0
宕昌县	0	0	0	0	0	0	1	3	0	0	0
康县	0	0	0	0	0	0	1	1	0	0	0
西和县	0	0	0	0	0	0	1	2	0	0	0
礼县	0	0	0	0	0	0	1	1	0	0	0
徽县	0	0	0	0	0	0	1	1	0	0	0
两当县	0	0	0	0	0	0	1	1	0	0	0
临夏回族自治州	0	0	0	0	0	0	6	12	0	0	2100
临夏市	0	0	0	0	0	0	1	6	0	0	2100
康乐县	0	0	0	0	0	0	1	1	0	0	0

2011年甘肃省城市(县城)客运交通管理信息综合表(续上表)

地区	公交专用车道长度	轨道交通车站数	换乘站数	城市客运轮渡在用码头数	综合客运枢纽	对外交通综合客运枢纽	公共汽电车经营业户数	出租汽车经营业户数	轨道交通经营业户数	城市客运轮渡经营业户数	公交IC卡售卡量
	公里	个	个	个	个	个	户	户	户	户	张
甲	1	2	3	4	5	6	7	8	9	10	11
永靖县	0	0	0	0	0	0	1	2	0	0	0
广河县	0	0	0	0	0	0	1	0	0	0	0
和政县	0	0	0	0	0	0	1	1	0	0	0
东乡族自治县	0	0	0	0	0	0	0	1	0	0	0
积石山保安族东乡族撒拉族自治县	0	0	0	0	0	0	1	1	0	0	0
甘南藏族自治州	0	0	0	0	0	0	5	14	0	0	8106
合作市	0	0	0	0	0	0	1	2	0	0	8106
临潭县	0	0	0	0	0	0	1	3	0	0	0
卓尼县	0	0	0	0	0	0	1	3	0	0	0
舟曲县	0	0	0	0	0	0	1	1	0	0	0
迭部县	0	0	0	0	0	0	0	2	0	0	0
玛曲县	0	0	0	0	0	0	0	1	0	0	0
碌曲县	0	0	0	0	0	0	0	1	0	0	0
夏河县	0	0	0	0	0	0	1	1	0	0	0

2011年甘肃省城市(县城)公共汽电车综合表

地区	运营车数(辆)											标准运营车数(标台)	运营线路总长度(公里)	客运量(万人次)	运营里程(万公里)	汽油消耗量(万吨)	乙醇汽油消耗量(万吨)	柴油消耗量(万吨)	天然气消耗量(万标准立方米)	液化石油气消耗量(万吨)	电能消耗量(万千瓦时)	从业人员数(人)	行车责任事故次数(次)
	合计	汽油车	乙醇汽油车	柴油车	液化石油气车	天然气车	双燃料车	无轨电车	纯电动车	混合动力车	其他												
甲	1	2	3	4	5	6	7	8	9	10	11	12	13	14	15	16	17	18	19	20	21	22	23
甘肃	6103	689	0	2703	0	2686	25	0	0	0	0	6224	7278	104520	34738	0	0	2	5865	0	0	18354	179
兰州	2564	15	0	16	0	2533	0	0	0	0	0	3047	1245	68574	16739	0	0	0	5685	0	0	10404	38
兰州市	2549	0	0	16	0	2533	0	0	0	0	0	3037	1227	68464	16679	0	0	0	5685	0	0	10359	38
永登县	10	10	0	0	0	0	0	0	0	0	0	7	12	72	37	0	0	0	0	0	0	22	0
皋兰县	5	5	0	0	0	0	0	0	0	0	0	4	6	38	23	0	0	0	0	0	0	23	0
嘉峪关	92	0	0	67	0	25	0	0	0	0	0	94	69	938	568	0	0	0	33	0	0	198	6
嘉峪关市	92	0	0	67	0	25	0	0	0	0	0	94	69	938	568	0	0	0	33	0	0	198	6
金昌	96	0	0	96	0	0	0	0	0	0	0	96	58	770	380	0	0	0	0	0	0	340	8
金昌市	96	0	0	96	0	0	0	0	0	0	0	96	58	770	380	0	0	0	0	0	0	340	8
白银	377	114	0	229	0	9	0	0	0	0	0	364	739	3315	1865	0	0	0	12	0	0	922	7
白银市	276	100	0	151	0	0	0	0	0	0	0	283	490	2618	1320	0	0	0	0	0	0	629	0
靖远县	35	3	0	32	0	0	0	0	0	0	0	35	115	238	175	0	0	0	0	0	0	86	0
会宁县	29	11	0	9	0	9	0	0	0	0	0	20	54	207	194	0	0	0	12	0	0	127	7
景泰县	37	0	0	37	0	0	0	0	0	0	0	26	80	252	176	0	0	0	0	0	0	80	0
天水	323	0	0	323	0	0	0	0	0	0	0	328	930	7989	3167	0	0	0	0	0	0	1204	14
天水市	323	0	0	323	0	0	0	0	0	0	0	328	930	7989	3167	0	0	0	0	0	0	1204	14
武威	298	0	0	298	0	0	0	0	0	0	0	286	246	2624	1340	0	0	0	0	0	0	464	0
武威市	292	0	0	292	0	0	0	0	0	0	0	282	224	2581	1314	0	0	0	0	0	0	448	0
古浪县	6	0	0	6	0	0	0	0	0	0	0	4	22	43	26	0	0	0	0	0	0	16	0
张掖	223	0	0	223	0	0	0	0	0	0	0	202	477	1926	1365	0	0	0	0	0	0	519	2

2011年甘肃省城市(县城)公共汽电车综合表(续上表)

地区	运营车数(辆)											标准运营车数(标台)	运营线路总长度(公里)	客运量(万人次)	运营里程(万公里)	汽油消耗量(万吨)	乙醇汽油消耗量(万吨)	柴油消耗量(万吨)	天然气消耗量(万标准立方米)	液化石油气消耗量(万吨)	电能消耗量(万千瓦时)	从业人员数(人)	行车责任事故次数(次)
	合计	汽油车	乙醇汽油车	柴油车	液化石油气车	天然气车	双燃料车	无轨电车	纯电动车	混合动力车	其他												
甲	1	2	3	4	5	6	7	8	9	10	11	12	13	14	15	16	17	18	19	20	21	22	23
张掖市	185	0	0	185	0	0	0	0	0	0	0	165	379	1643	1198	0	0	0	0	0	0	421	1
民乐县	19	0	0	19	0	0	0	0	0	0	0	19	56	140	86	0	0	0	0	0	0	42	0
临泽县	4	0	0	4	0	0	0	0	0	0	0	4	6	26	20	0	0	0	0	0	0	11	0
高台县	1	0	0	1	0	0	0	0	0	0	0	1	6	11	4	0	0	0	0	0	0	1	0
山丹县	14	0	0	14	0	0	0	0	0	0	0	14	30	106	57	0	0	0	0	0	0	44	1
平凉	370	13	0	357	0	0	0	0	0	0	0	362	821	4087	1442	0	0	0	0	0	0	922	20
平凉市	246	0	0	246	0	0	0	0	0	0	0	263	330	2747	862	0	0	0	0	0	0	610	17
泾川县	10	0	0	10	0	0	0	0	0	0	0	7	155	85	35	0	0	0	0	0	0	37	0
灵台县	2	0	0	2	0	0	0	0	0	0	0	1	37	22	9	0	0	0	0	0	0	5	0
华亭县	90	13	0	77	0	0	0	0	0	0	0	72	270	1038	435	0	0	0	0	0	0	207	1
庄浪县	10	0	0	10	0	119	0	0	0	0	0	7	15	114	53	0	0	0	0	0	0	35	2
静宁县	12	0	0	12	0	77	0	0	0	0	0	12	14	82	48	0	0	0	0	0	0	28	0
酒泉	278	99	0	60	0	0	0	0	0	0	0	225	561	2858	1387	0	0	0	0	0	0	730	41
酒泉市	183	93	0	13	0	0	0	0	0	0	0	151	300	2022	914	0	0	0	0	0	0	500	32
金塔县	22	1	0	21	0	0	0	0	0	0	0	20	34	210	98	0	0	0	0	0	0	46	0
瓜州县	16	0	0	16	0	0	0	0	0	0	0	12	100	106	80	0	0	0	0	0	0	51	0
肃北蒙古族自治县	1	0	0	0	0	0	0	0	0	0	0	1	14	7	5	0	0	0	0	0	0	1	0
玉门市	15	5	0	10	0	0	0	0	0	10	0	13	57	165	90	0	0	0	0	0	0	28	0
敦煌市	41	0	0	0	0	41	0	0	0	0	0	29	56	348	200	0	0	0	0	0	0	104	9
庆阳	485	0	0	485	0	0	0	0	0	0	0	470	422	4431	2408	0	0	0	0	0	0	672	12

2010年甘肃省城市(县城)公共汽电车综合表(续上表)

地区	运营车数(辆)											标准运营车数(标台)	运营线路总长度(公里)	客运量(万人次)	运营里程(万公里)	汽油消耗量(万吨)	乙醇汽油消耗量(万吨)	柴油消耗量(万吨)	天然气消耗量(万标准立方米)	液化石油气消耗量(万吨)	电能消耗量(万千瓦时)	从业人员数(人)	行车责任事故次数(次)
	合计	汽油车	乙醇汽油车	柴油车	液化石油气车	天然气车	双燃料车	无轨电车	纯电动客车	混合动力车	其他												
甲	1	2	3	4	5	6	7	8	9	10	11	12	13	14	15	16	17	18	19	20	21	22	23
庆阳市	380	0	0	380	0	0	0	0	0	0	0	373	82	3556	1934	0	0	0	0	0	0	438	10
庆城县	27	0	0	27	0	0	0	0	0	0	0	27	15	275	103	0	0	0	0	0	0	31	1
环县	39	0	0	39	0	0	0	0	0	0	0	37	200	320	220	0	0	0	0	0	0	93	1
华池县	20	0	0	20	0	0	0	0	0	0	0	20	62	136	68	0	0	0	0	0	0	60	0
合水县	10	0	0	10	0	0	0	0	0	0	0	7	4	68	46	0	0	0	0	0	0	28	0
正宁县	4	0	0	4	0	0	0	0	0	0	0	3	22	41	20	0	0	0	0	0	0	9	0
镇原县	5	0	0	0	0	0	0	0	0	0	0	4	37	35	18	0	0	0	0	0	0	13	0
定西	266	42	0	244	0	0	0	0	0	0	0	237	299	2262	1316	0	0	0	0	0	0	570	22
定西市	72	0	0	72	0	0	0	0	0	0	0	65	48	890	475	0	0	0	0	0	0	175	10
通渭县	7	0	0	7	0	0	0	0	0	0	0	5	14	62	41	0	0	0	0	0	0	16	0
陇西县	123	0	0	123	0	0	0	0	0	0	0	119	152	840	210	0	0	0	0	0	0	270	5
临洮县	42	42	0	0	0	0	0	0	0	0	0	34	30	320	480	0	0	0	0	0	0	59	4
岷县	22	0	0	22	0	0	0	0	0	0	0	15	55	150	110	0	0	0	0	0	0	50	3
陇南	180	0	0	124	0	0	0	0	0	0	0	147	715	1343	758	0	0	0	0	0	0	446	2
陇南市	33	0	0	33	0	0	0	0	0	0	0	33	60	293	133	0	0	0	0	0	0	88	0
成县	38	0	0	38	0	0	0	0	0	0	0	38	160	278	152	0	0	0	0	0	0	63	2
文县	12	0	0	12	0	0	0	0	0	0	0	12	75	82	43	0	0	0	0	0	0	29	0
宕昌县	16	0	0	16	0	0	0	0	0	0	0	13	100	119	95	0	0	0	0	0	0	74	0
康县	10	0	0	10	0	0	0	0	0	0	0	7	80	72	38	0	0	0	0	0	0	32	0
西和县	11	0	0	11	0	0	0	0	0	0	0	11	75	77	47	0	0	0	0	0	0	28	0
礼县	4	0	0	4	0	0	0	0	0	0	0	3	40	28	18	0	0	0	0	0	0	14	0
徽县	45	0	0	0	0	0	0	0	0	0	0	23	50	315	180	0	0	0	0	0	0	91	0

2011年甘肃省城市(县城)公共汽电车综合表(续上表)

地区	运营车数(辆)											标准运营车数(标台)	运营线路总长度(公里)	客运量(万人次)	运营里程(万公里)	汽油消耗量(万吨)	乙醇汽油消耗量(万吨)	柴油消耗量(万吨)	天然气消耗量(万标准立方米)	液化石油气消耗量(万吨)	电能消耗量(万千瓦时)	从业人员数(人)	行车责任事故次数(次)
	合计	汽油车	乙醇汽油车	柴油车	液石油气车	天然气车	双燃料车	无轨电车	纯电动客车	混合动力车	其他												
甲	1	2	3	4	5	6	7	8	9	10	11	12	13	14	15	16	17	18	19	20	21	22	23
礼县	4	0	0	4	0	0	0	0	0	0	0	3	40	28	18	0	0	0	0	0	0	14	0
徽县	45	0	0	0	0	0	0	0	0	0	0	23	50	315	180	0	0	0	0	0	0	91	0
两当县	11	11	0	0	0	0	0	0	0	0	0	8	75	79	52	0	0	0	0	0	0	27	0
临夏回族自治州	287	88	0	199	0	0	0	0	0	0	0	219	409	2569	1114	0	0	0	0	0	0	599	0
临夏市	149	88	0	61	0	0	0	0	0	0	0	123	78	1530	596	0	0	0	0	0	0	270	0
康乐县	23	0	0	23	0	0	0	0	0	0	0	16	72	165	92	0	0	0	0	0	0	58	0
永靖县	65	0	0	65	0	0	0	0	0	0	0	46	42	580	260	0	0	0	0	0	0	155	0
广河县	22	0	0	22	0	0	0	0	0	0	0	15	40	145	80	0	0	0	0	0	0	50	0
和政县	13	0	0	13	0	0	0	0	0	0	0	9	67	67	40	0	0	0	0	0	0	31	0
积石山保安族东乡族撒拉族自治县	15	0	0	15	0	0	0	0	0	0	0	11	110	82	46	0	0	0	0	0	0	35	0
甘南藏族自治州	264	262	0	2	0	0	0	0	0	0	0	146	287	835	890	0	0	0	0	0	0	364	12
合作市	33	31	0	2	0	0	0	0	0	0	0	31	125	108	165	0	0	0	0	0	0	75	12
临潭县	160	160	0	0	0	0	0	0	0	0	0	80	45	514	504	0	0	0	0	0	0	168	0
卓尼县	20	20	0	0	0	0	0	0	0	0	0	10	50	55	61	0	0	0	0	0	0	33	0
舟曲县	25	25	0	0	0	0	0	0	0	0	0	13	40	77	77	0	0	0	0	0	0	44	0
夏河县	26	26	0	0	0	0	0	0	0	0	0	13	27	81	83	0	0	0	0	0	0	44	0

2010年甘肃省城市(县城)出租汽车综合表

地区	运营车数	安装卫星定位车载终端的运营车辆数	客运量	运营里程	载客里程	汽油消耗量	乙醇汽油消耗量	柴油消耗量	液化石油气消耗量	天然气消耗量	电能消耗量	从业人员数	行车责任事故次数
	辆	辆	万人次	万公里	万公里	万吨	万吨	万吨	万吨	万标准立方米	万千瓦时	人	次
甲	1	2	3	4	5	6	7	8	9	10	11	12	13
甘肃	30396	12313	79176.0	296284.5	231383.4	9.79	0.00	0.00	0.00	11682.29	0.00	47620	672
兰州	7537	1849	23303.5	87938.0	77728.0	0.26	0.00	0.00	0.00	8773.56	0.00	13344	235
兰州市	6995	1849	21853.5	82604.0	73994.0	0.01	0.00	0.00	0.00	8773.56	0.00	12776	235
永登县	281	0	602.5	2810.0	1967.0	0.13	0.00	0.00	0.00	0.00	0.00	284	0
皋兰县	43	0	121.1	344.0	241.0	0.02	0.00	0.00	0.00	0.00	0.00	46	0
榆中县	218	0	726.4	2180.0	1526.0	0.10	0.00	0.00	0.00	0.00	0.00	238	0
嘉峪关	633	633	1507.0	7280.0	5465.0	0.00	0.00	0.00	0.00	455.76	0.00	1326	10
嘉峪关市	633	633	1507.0	7280.0	5465.0	0.00	0.00	0.00	0.00	455.76	0.00	1326	10
金昌	1074	0	2119.0	10338.0	6777.0	0.50	0.00	0.00	0.00	0.00	0.00	1558	0
金昌市	510	0	1030.0	5100.0	3211.0	0.24	0.00	0.00	0.00	0.00	0.00	799	0
永昌县	564	0	1089.0	5238.0	3566.0	0.26	0.00	0.00	0.00	0.00	0.00	799	0
白银	4067	260	12204.0	39810.0	33703.5	1.17	0.00	0.00	0.00	1502.56	0.00	5920	12
白银市	1880	260	7751.2	18620.0	15827.0	0.32	0.00	0.00	0.00	1047.56	0.00	3374	0
靖远县	449	0	916.0	4490.0	3816.5	0.22	0.00	0.00	0.00	0.00	0.00	590	0
会宁县	270	0	550.8	2700.0	2160.0	0.14	0.00	0.00	0.00	0.00	0.00	356	12
景泰县	1468	0	2986.0	14000.0	11900.0	0.49	0.00	0.00	0.00	455.00	0.00	1600	0
天水	1646	647	8679.5	13994.8	9769.4	0.75	0.00	0.00	0.00	0.00	0.00	2952	159
天水市	1186	587	7805.0	10276.0	7193.0	0.58	0.00	0.00	0.00	0.00	0.00	2329	75
清水县	50	0	94.9	322.4	257.9	0.02	0.00	0.00	0.00	0.00	0.00	50	5
秦安县	26	0	46.7	208.0	156.0	0.01	0.00	0.00	0.00	0.00	0.00	30	0

2011年甘肃省城市(县城)出租汽车综合表(续上表)

地区	运营车数	安装卫星定位车载终端的运营车辆数	客运量	运营里程	载客里程	汽油消耗量	乙醇汽油消耗量	柴油消耗量	液化石油气消耗量	天然气消耗量	电能消耗量	从业人员数	行车责任事故次数
	辆	辆	万人次	万公里	万公里	万吨	万吨	万吨	万吨	万标准立方米	万千瓦时	人	次
甲	1	2	3	4	5	6	7	8	9	10	11	12	13
甘谷县	256	0	425.7	1806.0	1264.0	0.09	0.00	0.00	0.00	0.00	0.00	395	33
武山县	128	60	307.2	1382.4	898.5	0.05	0.00	0.00	0.00	0.00	0.00	148	46
武威	2020	1437	4317.9	19274.5	15350.7	0.98	0.00	0.00	0.00	0.00	0.00	2812	0
武威市	1131	1049	2755.0	11272.5	9006.7	0.58	0.00	0.00	0.00	0.00	0.00	1688	0
民勤县	445	120	823.0	4450.0	3560.0	0.22	0.00	0.00	0.00	0.00	0.00	602	0
古浪县	144	56	258.0	1152.0	864.0	0.06	0.00	0.00	0.00	0.00	0.00	152	0
天祝藏族自治县	300	212	481.9	2400.0	1920.0	0.11	0.00	0.00	0.00	0.00	0.00	370	0
张掖	1716	0	2577.9	15349.0	10520.0	0.91	0.00	0.00	0.00	30.11	0.00	2611	86
张掖市	1225	0	2021.3	12250.0	8520.0	0.75	0.00	0.00	0.00	0.00	0.00	2055	86
肃南裕固族自治县	50	0	82.6	319.0	225.0	0.02	0.00	0.00	0.00	0.00	0.00	52	0
民乐县	138	0	25.0	620.0	500.0	0.03	0.00	0.00	0.00	0.00	0.00	141	0
临泽县	70	0	107.0	490.0	298.0	0.02	0.00	0.00	0.00	30.11	0.00	73	0
高台县	131	0	132.0	956.0	526.0	0.06	0.00	0.00	0.00	0.00	0.00	135	0
山丹县	102	0	210.0	714.0	451.0	0.04	0.00	0.00	0.00	0.00	0.00	155	0
平凉	1780	1445	4027.4	15946.6	10268.3	0.96	0.00	0.00	0.00	0.00	0.00	2588	12
平凉市	666	666	1902.0	7326.0	4395.0	0.45	0.00	0.00	0.00	0.00	0.00	1389	3
泾川县	156	156	331.0	1248.0	900.0	0.06	0.00	0.00	0.00	0.00	0.00	168	0
灵台县	59	40	76.0	720.0	432.0	0.04	0.00	0.00	0.00	0.00	0.00	74	0
崇信县	115	79	227.0	1035.0	621.0	0.05	0.00	0.00	0.00	0.00	0.00	121	0
华亭县	233	0	336.5	1864.0	1398.0	0.10	0.00	0.00	0.00	0.00	0.00	248	5

2011年甘肃省城市(县城)出租汽车综合表(续上表)

地区	运营车数	安装卫星定位车载终端的运营车辆数	客运量	运营里程	载客里程	汽油消耗量	乙醇汽油消耗量	柴油消耗量	液化石油气消耗量	天然气消耗量	电能消耗量	从业人员数	行车责任事故次数
	辆	辆	万人次	万公里	万公里	万吨	万吨	万吨	万吨	万标准立方米	万千瓦时	人	次
甲	1	2	3	4	5	6	7	8	9	10	11	12	13
庄浪县	272	272	728.0	1660.6	1162.3	0.15	0.00	0.00	0.00	0.00	0.00	297	4
静宁县	279	232	426.9	2093.0	1360.0	0.11	0.00	0.00	0.00	0.00	0.00	291	0
酒泉	2402	2054	6439.9	22648.5	16762.5	0.69	0.00	0.00	0.00	920.30	0.00	4105	19
酒泉市	800	646	2772.5	8137.5	6542.5	0.06	0.00	0.00	0.00	693.00	0.00	1479	19
金塔县	80	80	131.0	632.0	442.0	0.04	0.00	0.00	0.00	0.00	0.00	84	3
瓜州县	213	212	382.2	1917.0	1333.6	0.01	0.00	0.00	0.00	192.85	0.00	223	0
肃北蒙古族自治县	39	39	65.0	273.0	163.8	0.00	0.00	0.00	0.00	29.25	0.00	40	0
阿克塞哈萨克族自治县	8	8	12.2	56.0	33.6	0.00	0.00	0.00	0.00	5.20	0.00	11	0
玉门市	277	84	595.0	2768.0	1938.0	0.14	0.00	0.00	0.00	0.00	0.00	286	0
敦煌市	985	985	2482.0	8865.0	6309.0	0.44	0.00	0.00	0.00	0.00	0.00	1982	0
庆阳	1685	1335	3305.4	14384.5	9639.5	0.84	0.00	0.00	0.00	0.00	0.00	2295	44
庆阳市	879	879	1604.1	7032.0	4570.8	0.43	0.00	0.00	0.00	0.00	0.00	1340	13
庆城县	142	142	316.0	1312.0	987.0	0.09	0.00	0.00	0.00	0.00	0.00	180	24
环县	122	0	224.0	1024.0	700.0	0.07	0.00	0.00	0.00	0.00	0.00	170	0
华池县	183	0	401.9	1464.0	978.4	0.07	0.00	0.00	0.00	0.00	0.00	215	7
合水县	50	5	119.5	487.4	297.0	0.02	0.00	0.00	0.00	0.00	0.00	50	0
正宁县	60	60	110.1	598.1	360.0	0.03	0.00	0.00	0.00	0.00	0.00	66	0
宁县	50	50	69.8	387.0	290.3	0.02	0.00	0.00	0.00	0.00	0.00	60	0
镇原县	199	199	460.0	2080.0	1456.0	0.11	0.00	0.00	0.00	0.00	0.00	214	0
定西	1689	1689	2645.6	12569.3	8872.2	0.65	0.00	0.00	0.00	0.00	0.00	2681	54

2011年甘肃省城市(县城)出租汽车综合表(续上表)

地区	运营车数	安装卫星定位车载终端的运营车辆数	客运量	运营里程	载客里程	汽油消耗量	乙醇汽油消耗量	柴油消耗量	液化石油气消耗量	天然气消耗量	电能消耗量	从业人员数	行车责任事故次数
	辆	辆	万人次	万公里	万公里	万吨	万吨	万吨	万吨	万标准立方米	万千瓦时	人	次
甲	1	2	3	4	5	6	7	8	9	10	11	12	13
定西市	504	504	890.0	5040.0	3528.0	0.26	0.00	0.00	0.00	0.00	0.00	735	20
通渭县	153	153	222.6	750.3	525.6	0.03	0.00	0.00	0.00	0.00	0.00	166	4
陇西县	260	260	510.6	1976.0	1574.0	0.11	0.00	0.00	0.00	0.00	0.00	520	6
渭源县	80	80	179.0	640.0	390.0	0.03	0.00	0.00	0.00	0.00	0.00	91	5
临洮县	443	443	650.7	2800.0	1890.0	0.15	0.00	0.00	0.00	0.00	0.00	901	8
漳县	61	61	52.7	263.0	194.6	0.01	0.00	0.00	0.00	0.00	0.00	70	4
岷县	188	188	140.0	1100.0	770.0	0.06	0.00	0.00	0.00	0.00	0.00	198	7
陇南	1449	0	2498.1	11056.3	8919.3	0.55	0.00	0.00	0.00	0.00	0.00	1808	38
陇南市	675	0	1205.0	5088.0	4060.0	0.26	0.00	0.00	0.00	0.00	0.00	919	32
成县	270	0	499.3	2160.0	1728.0	0.11	0.00	0.00	0.00	0.00	0.00	279	6
文县	40	0	76.7	281.0	212.0	0.01	0.00	0.00	0.00	0.00	0.00	70	0
宕昌县	46	0	79.8	345.3	276.0	0.02	0.00	0.00	0.00	0.00	0.00	68	0
康县	20	0	32.6	143.0	107.3	0.01	0.00	0.00	0.00	0.00	0.00	25	0
西和县	256	0	370.0	1946.0	1730.0	0.09	0.00	0.00	0.00	0.00	0.00	279	0
礼县	62	0	84.0	496.0	348.0	0.02	0.00	0.00	0.00	0.00	0.00	67	0
徽县	70	0	135.0	520.0	398.0	0.02	0.00	0.00	0.00	0.00	0.00	86	0
两当县	10	0	15.7	77.0	60.0	0.00	0.00	0.00	0.00	0.00	0.00	15	0
临夏回族自治州	1322	919	3082.6	11248.0	8263.0	0.72	0.00	0.00	0.00	0.00	0.00	1780	0
临夏市	776	776	1900.0	6980.0	5238.0	0.45	0.00	0.00	0.00	0.00	0.00	1130	0
康乐县	136	96	260.0	1020.0	663.0	0.05	0.00	0.00	0.00	0.00	0.00	140	0

2011年甘肃省城市(县城)出租汽车综合表(续上表)

地区	运营车数	安装卫星定位车载终端的运营车辆数	客运量	运营里程	载客里程	汽油消耗量	乙醇汽油消耗量	柴油消耗量	液化石油气消耗量	天然气消耗量	电能消耗量	从业人员数	行车责任事故次数
	辆	辆	万人次	万公里	万公里	万吨	万吨	万吨	万吨	万标准立方米	万千瓦时	人	次
甲	1	2	3	4	5	6	7	8	9	10	11	12	13
永靖县	293	0	700.0	2344.0	1690.0	0.16	0.00	0.00	0.00	0.00	0.00	362	0
和政县	70	0	109.0	480.0	341.0	0.02	0.00	0.00	0.00	0.00	0.00	80	0
东乡族自治县	27	27	66.0	218.0	176.0	0.02	0.00	0.00	0.00	0.00	0.00	38	0
积石山保安族东乡族撒拉族自治县	20	20	47.6	206.0	155.0	0.01	0.00	0.00	0.00	0.00	0.00	30	3
甘南藏族自治州	1376	45	2468.2	14447.0	9345.0	0.80	0.00	0.00	0.00	0.00	0.00	1840	3
合作市	343	45	627.0	4179.0	2718.0	0.22	0.00	0.00	0.00	0.00	0.00	527	0
临潭县	305	0	468.0	2928.0	1932.0	0.19	0.00	0.00	0.00	0.00	0.00	348	0
卓尼县	215	0	328.0	1985.0	1188.0	0.14	0.00	0.00	0.00	0.00	0.00	258	0
舟曲县	105	0	136.0	1020.0	663.0	0.04	0.00	0.00	0.00	0.00	0.00	146	0
迭部县	109	0	196.2	1090.0	689.0	0.06	0.00	0.00	0.00	0.00	0.00	163	0
玛曲县	101	0	232.0	1120.0	683.0	0.05	0.00	0.00	0.00	0.00	0.00	117	0
碌曲县	85	0	235.0	893.0	611.0	0.04	0.00	0.00	0.00	0.00	0.00	157	0
夏河县	113	0	246.0	1232.0	861.0	0.06	0.00	0.00	0.00	0.00	0.00	124	0

2011年公路分货类运输量

指　标	序号	货运量(万吨)	货物周转量(万吨公里)
甲	乙	1	2
合　计	1	28790	6474126
1. 煤炭及制品	2	7302	1284339
2. 石油、天然气及制品	3	3376	321079
其中:原油	4	345	18904
3. 金属矿石	5	1592	345887
4. 钢铁	6	898	315388
5. 矿物性建筑材料	7	2731	344813
6. 水泥	8	1736	187373
7. 木材	9	263	52258
8. 非金属矿石	10	862	158325
其中:磷矿	11	10	2903
9. 化学肥料及农药	12	144	11083
10. 盐	13	224	58246
11. 粮食	14	1442	319823
12. 机械、设备、电器	15	862	490405
13. 化工原料及制品	16	730	253199
14. 有色金属	17	838	265743
15. 轻工、医药产品	18	808	419586
其中:日用工业品	19	430	166406
16. 农林牧渔业产品	20	3227	1106191
其中:棉花	21	419	123781
17. 其它	22	1755	540388

2011年公路客货运输量

指　　标	计算单位	序号	总计	
				个　体
甲	乙	丙	1	2
一、客运量	万人	1	58355.0000	5845.0000
1. 汽车	万人	2	58355.0000	5845.0000
2. 其它机动车	万人	3	0.0000	0.0000
二、旅客周转量	万人公里	4	2650685.0000	244349.0000
1. 汽车	万人公里	5	2650685.0000	244349.0000
2. 其它机动车	万人公里	6	0.0000	0.0000
三、货运量	万吨	7	28790.0000	9332.0000
1. 汽车	万吨	8	28790.0000	9332.0000
2. 其它机动车	万吨	9	0.0000	0.0000
3. 轮胎式拖拉机	万吨	10	0.0000	0.0000
四、货物周转量	万吨公里	11	6474126.0000	2356212.0000
1. 汽车	万吨公里	12	6474126.0000	2356212.0000
2. 其它机动车	万吨公里	13	0.0000	0.0000
3. 轮胎式拖拉机	万吨公里	14	0.0000	0.0000

2011年公路货物营运车辆拥有量

指标	计算单位	序号	总计	按标记吨位分									安装GPS的车辆	安装行驶记录仪的车辆
				个体	大型	重型	重型个体	大型个体	中型	中型个体	小型	小型个体		
甲	乙	丙	1	2	3	4	5	6	7	8	9	10	11	12
总　计	辆	1	200752	100685	–	–	–	–	–	–	–	–	–	–
	吨位	2	1001960	380641	–	–	–	–	–	–	–	–	–	–
一、载货汽车	辆	3	189171	94995	73110	39761	12899	25306	26846	14740	89215	54949	4691	277
	吨位	4	879248	331657	668391	469389	137882	207424	89137	53321	121720	70912	56315	3982
1. 按车型结构分														
栏板货车	辆	5	175869	90995	67146	35206	12477	24624	25611	14486	83112	51885	1033	33
	吨位	6	797674	321264	596951	412891	133035	200785	84995	52495	115728	67984	12273	75
厢式车	辆	7	9213	3789	2086	1049	222	473	1111	253	6016	3063	699	32
	吨位	8	30750	7204	21152	11043	1819	3454	3705	823	5893	2927	7565	252
其中：冷藏保温车	辆	9	62	0	33	30	0	29	0	0	0	0	0	0
	吨位	10	396	0	294	240	0	102	0	0	0	0	0	0
集装箱车	辆	11	0	0	0	0	0	0	0	0	0	0	0	0
	吨位	12	0	0	0	0	0	0	0	0	0	0	0	0
	TEU	13	0	0	0	0	0	0	0	0	0	0	0	0
罐车	辆	14	4089	211	3878	3506	200	209	124	1	87	1	2959	212
	吨位	15	50824	3189	50288	45455	3028	3185	437	3	99	1	36477	3655
2. 按经营范围分														
普通载货汽车	辆	16	182346	94064	67197	34863	12437	24499	26511	14675	88638	54890	347	0
	吨位	17	796932	323572	587810	398267	132952	199673	87990	53072	121132	70827	6154	0

2011 年公路货物营运车辆拥有量(续上表)

指标	计算单位	序号	总计	按标记吨位分										安装 GPS 的车辆	安装行驶记录仪的车辆
				个体	大型	重型	重型·个体	个体	中型	个性	小型	个体		
专用载货汽车	辆	18	6825	931	5913	4898	462	807	335	65	577	59	4344	277
	吨位	19	82316	8085	80581	71122	4930	7751	1147	249	588	85	50161	3982
其中：商品汽车运输车	辆	20	0	0	0	0	0	0	0	0	0	0	0	0
	吨位	21	0	0	0	0	0	0	0	0	0	0	0	0
大型物件运输车	辆	22	721	0	721	721	0	0	0	0	0	0	0	0
	吨位	23	14951	0	14951	14951	0	0	0	0	0	0	0	0
危险货物运输车	辆	24	4344	327	3459	3020	152	203	310	65	575	59	4344	277
	吨位	25	50161	2842	48506	43282	1931	2508	1069	249	586	85	50161	3982
3. 按燃料类型分														
汽油车	辆	26	38574	23629	—	—	—	—	—	—	—	—	—	—
柴油车	辆	27	149876	70806	—	—	—	—	—	—	—	—	—	—
双燃料车	辆	28	0	0	—	—	—	—	—	—	—	—	—	—
其他燃料车	辆	29	721	560	—	—	—	—	—	—	—	—	—	—
二、其他载货机动车	辆	30	2224	2224	—	—	—	—	—	—	—	—	—	—
	吨位	31	3772	3772	—	—	—	—	—	—	—	—	—	—
三、轮胎式拖拉机	辆	32	0	0	—	—	—	—	—	—	—	—	—	—
	吨位	33	0	0	—	—	—	—	—	—	—	—	—	—

补充资料：车辆中：牵引车 4483 辆，其中安装 GPS 的 525 辆、安装行驶记录仪的 140 辆，个体牵引车 1574 辆；

挂　车 4874 辆、118940 吨位，其中个体 1892 辆、45212 吨位。

2011 年公路旅客营运车辆拥有量

指标	计算单位	序号	总计		按标记客位分						按车长分				按等级分			安装GPS的车辆	安装行驶记录仪的车辆
				个体	大型	个体	中型	个体	小型	个体	特大型	大型	中型	小型	高级	中级	普通		
甲	乙	丙	1	2	3	4	5	6	7	8	9	10	11	12	13	14	15	16	17
客运车辆总计	辆	1	18551	128	—	—	—	—	—	—	—	—	—	—	—	—	—	—	—
	客位	2	408747	827	—	—	—	—	—	—	—	—	—	—	—	—	—	—	—
一、载客汽车	辆	3	18551	128	3928	0	7848	11	6775	117	68	2548	7976	7959	2258	5398	10895	9935	1036
	客位	4	408747	827	153342	0	191365	236	64040	591	3242	104535	208173	92797	90187	149616	168944	235843	41077
其中:卧铺客车	辆	5	439	0	413	0	26	0	0	0	18	357	64	0	249	85	105	395	146
	客位	6	16634	0	15953	0	681	0	0	0	745	13841	2048	0	10300	2906	3428	14940	6006
1. 按经营范围分																			
班车客运客车	辆	7	13782	11	3493	0	7226	11	3063	0	68	2326	7100	4288	1875	4827	7080	8134	899
	客位	8	350030	236	135613	0	178897	236	35520	0	3242	94132	188543	64113	77128	136336	136566	207571	35619
旅游客车	辆	9	914	0	430	0	342	0	142	0	0	218	595	101	341	488	85	546	137
	客位	10	26664	0	17511	0	7668	0	1485	0	0	10219	14796	1649	12572	12836	1256	18170	5458
包车客车	辆	11	8	0	5	0	3	0	0	0	0	4	4	0	8	0	0	4	0
	客位	12	300	0	218	0	82	0	0	0	0	184	116	0	300	0	0	184	0
其它客车	辆	13	3847	117	277	0	3570	117	0	0	0	0	277	3570	34	83	3730	1251	0
	客位	14	31753	591	4718	0	27035	591	0	0	0	0	4718	27035	187	444	31122	9918	0

2011 年公路旅客营运车辆拥有量(续上表)

指标	计算单位	序号	总计		按标记客位分						按车长分				按等级分			安装GPS的车辆	安装行驶记录仪的车辆
				个体	大型	个体	中型	个体	小型	个体	特大型	大型	中型	小型	高级	中级	普通		
甲	乙	丙	1	2	3	4	5	6	7	8	9	10	11	12	13	14	15	16	17
其中:租赁客车	辆	15	711	117	—	—	—	—	—	—	—	—	—	—	—	—	—	0	0
	客位	16	4139	591	—	—	—	—	—	—	—	—	—	—	—	—	—	0	0
2.按燃料类型分					—	—	—	—	—	—	—	—	—	—	—	—	—	—	—
汽油车	辆	17	6064	128	—	—	—	—	—	—	—	—	—	—	—	—	—	—	—
柴油车	辆	18	12450	0	—	—	—	—	—	—	—	—	—	—	—	—	—	—	—
双燃料车	辆	19	37	0	—	—	—	—	—	—	—	—	—	—	—	—	—	—	—
其他燃料车	辆	20	0	0	—	—	—	—	—	—	—	—	—	—	—	—	—	—	—
二、其他载客机动车	辆	21	0	0	—	—	—	—	—	—	—	—	—	—	—	—	—	—	—
	客位	22	0	0	—	—	—	—	—	—	—	—	—	—	—	—	—	—	—

2011 年内河航道通航里程年底到达数(按水系分)

指 标	序号	内河航道通航里程总计	长江水系	长江干流	珠江水系	黄河水系	黑龙江运河	京杭水系	闽江水系	淮江水系	其他水系
甲	乙	1	2	3	4	5	6	7	8	9	10
一、上年年底到达数	1	913.77	186.50			704.67					22.60
1.一级航道	2										
2.二级航道	3										
3.三级航道	4										
4.四级航道	5										
5.五级航道	6	216.50				216.50					
6.六级航道	7	13.00				13.00					
7.七级航道	8	151.70	84.50			67.20					
8.等外航道	9	532.57	102.00			407.97					22.60
二、本年新建数	10										
1.一级航道	11										
2.二级航道	12										
3.三级航道	13										
4.四级航道	14										
5.五级航道	15										
6.六级航道	16										
7.七级航道	17										
8.等外航道	18										

2011 年内河航道通航里程年底到达数(按水系分)(续上表)

指 标	序号	内河航道通航	长江		珠江	黄河	黑龙江	京杭	闽江	淮江	其他
		里 程 总 计	水系	长江干流	水系	水系	运河	水系	水系	水系	水系
甲	乙	1	2	3	4	5	6	7	8	9	10
三、本年改建变更数	19										
1.一级航道	20										
2.二级航道	21										
3.三级航道	22										
4.四级航道	23										
5.五级航道	24										
6.六级航道	25										
7.七级航道	26										
8.等外航道	27										
四、本年年底到达数	28	913.77	186.50			704.67					22.60
1.一级航道	29										
2.二级航道	30										
3.三级航道	31										
4.四级航道	32										
5.五级航道	33	216.50				216.50					
6.六级航道	34	13.00				13.00					
7.七级航道	35	151.70	84.50			67.20					
8.等外航道	36	532.57	102.00			407.97					22.60

2011年内河航道通航里程年底到达数(按水域类型分)

指标	序号	内河航道通航里程总计	天然河道及渠化河段航道	限制性航道	宽浅河流航道	山区急流河段航道	湖区航道	库区航道
甲	乙	1	2	3	4	5	6	7
一、上年年底到达数	1	913.77	206.65			369.82		337.30
1.一级航道	2							
2.二级航道	3							
3.三级航道	4							
4.四级航道	5							
5.五级航道	6	216.50	110.30			34.00		72.20
6.六级航道	7	13.00						13.00
7.七级航道	8	151.70	5.00					146.70
8.等外航道	9	532.57	91.35			335.82		105.40
二、本年新建数	10							
1.一级航道	11							
2.二级航道	12							
3.三级航道	13							
4.四级航道	14							
5.五级航道	15							
6.六级航道	16							
7.七级航道	17							
8.等外航道	18							

2010 年内河航道通航里程年底到达数(按水域类型分)(续上表)

指　标	序号	内河航道通航里程总计	天然河道及渠化河段航道	限制性航道	宽浅河流航道	山区急流河段航道	湖区航道	库区航道
甲	乙	1	2	3	4	5	6	7
三、本年改建变更数	19							
1.一级航道	20							
2.二级航道	21							
3.三级航道	22							
4.四级航道	23							
5.五级航道	24							
6.六级航道	25							
7.七级航道	26							
8.等外航道	27							
四、本年年底到达数	28	913.77	206.65			369.82		337.30
1.一级航道	29							
2.二级航道	30							
3.三级航道	31							
4.四级航道	32							
5.五级航道	33	216.50	110.30			34.00		72.20
6.六级航道	34	13.00						13.00
7.七级航道	35	151.70	5.00					146.70
8.等外航道	36	532.57	91.35			335.82		105.40

2011年水路分货类运输量

指标	序号	货运量(万吨)	货物周转量(万吨公里)
甲	乙	1	2
合　计	1	33	40
1.煤炭及制品	2		
2.石油、天然气及制品	3		
其中:原油	4		
3.金属矿石	5		
4.钢铁	6	33	40
5.矿物性建筑材料	7		
6.水泥	8		
7.木材	9		
8.非金属矿石	10		
其中:磷矿	11		
9.化学肥料及农药	12		
10.盐	13		
11.粮食	14		
12.机械、设备、电器	15		
13.化工原料及制品	16		
14.有色金属	17		
15.轻工、医药产品	18		
其中:日用工业品	19		
16.农林牧渔业产品	20		
其中:棉花	21		
17.其它	22		

2011年水路运输工具拥有量

指标	计算单位	序号	总计		内河		沿海		远洋
				个体		个体		个体	
甲	乙	丙	1	2	3	4	5	6	7
一、机动船　艘数	艘	1	512	422	512	422	0	0	0
总吨	吨位	2	0	0			0	0	0
总载重量	吨位	3	4272	2468	4272	2468	0	0	0
净载重量	吨位	4	2705	1546	2705	1546	0	0	0
载客量	客位	5	9710	7320	9710	7320	0	0	0
标准箱位	TEU	6	0	0	0	0	0	0	0
功率	千瓦	7	28808	25320	28808	25320	0	0	0
1.客　船　艘数	艘	8	436	353	436	353			
总吨	吨位	9	0	0					
总载重量	吨位	10	1703	1066	1703	1066			
净载重量	吨位	11	1051	621	1051	621			
载客量	客位	12	9067	7117	9067	7117			
功率	千瓦	13	25964	23664	25964	23664			
2.客货船　艘数	艘	14	20	13	20	13			
总吨	吨位	15	0	0					
总载重量	吨位	16	1585	418	1585	418			
净载重量	吨位	17	990	261	990	261			
载客量	客位	18	643	203	643	203			

2011 年水路运输工具拥有量(续上表)

指标	计算单位	序号	总计		内河		沿海		远洋
				个体		个体		个体	
甲	乙	丙	1	2	3	4	5	6	7
标准箱位	TEU	19	0	0					
功率	千瓦	20	1398	210	1398	210			
3.货　船　艘数	艘	21	56	56	56	56			
总吨	吨位	22	0	0					
总载重量	吨位	23	984	984	984	984			
净载重量	吨位	24	664	664	664	664			
标准箱位	TEU	25	0	0					
功率	千瓦	26	1446	1446	1446	1446			
内:油船 艘数	艘	27	0	0					
总吨	吨位	28	0	0					
总载重量	吨位	29	0	0					
净载重量	吨位	30	0	0					
功率	TEU	31	0	0					
集装箱船　艘数	千瓦	32	0	0					
总吨	艘	33	0	0					
总载重量	吨位	34	0	0					
净载重量	吨位	356	0	0					
标准箱位	吨位	36	0	0					
功率	千瓦	37	0	0					

2011年水路运输工具拥有量(续上表)

指标	计算单位	序号	总计		内河		沿海		远洋
				个体		个体		个体	
甲	乙	丙	1	2	3	4	5	6	7
4.拖　船 艘数	艘	38	0	0					
总吨	吨位	39	0	0					
功率	千瓦	40	0	0					
二、驳　船 艘数	艘	41	45	45	45	45			
净载重量	吨位	42	368	368	368	368			
载客量	客位	43	1639	1639	1639	1639			
标准箱位	TEU	44	0	0					

2011 年内河航道构筑物年底到达数

指标	序号	枢纽数量	通航建筑物数量				
						正常使用	
			具有通航功能	船闸	升船机	船闸	升船机
		处	处	座	座	座	座
甲	乙	1	2	3	4	5	6
一、上年年底到达数	1	15.0					
1.一级航道	2						
2.二级航道	3						
3.三级航道	4						
4.四级航道	5						
5.五级航道	6	2.0					
6.六级航道	7						
7.七级航道	8	1.0					
8.等外航道	9	12.0					
二、本年新建数	10						
1.一级航道	11						
2.二级航道	12						
3.三级航道	13						
4.四级航道	14						
5.五级航道	15						
6.六级航道	16						
7.七级航道	17						
8.等外航道	18	15.0					

2011 年内河航道构筑物年底到达数(续上表)

指 标	序号	枢纽数量		通航建筑物数量			
						正常使用	
			具有通航功能	船闸	升船机	船闸	升船机
		处	处	座	座	座	座
甲	乙	1	2	3	4	5	6
三、本年改建变更数	19						
1.一级航道	20						
2.二级航道	21						
3.三级航道	22						
4.四级航道	23						
5.五级航道	24						
6.六级航道	25						
7.七级航道	26						
8.等外航道	27						
四、本年年底到达数	28	15.0					
1.一级航道	29						
2.二级航道	30						
3.三级航道	31						
4.四级航道	32						
5.五级航道	33	2.0					
6.六级航道	34						
7.七级航道	35	1.0					
8.等外航道	36	12.0					

FULU

附　录

2011年12月23日，嘉峪关公路总段举办第三届“雄关杯”筑养路工程技术、工程机械操作技能竞赛。竞赛共分为工程技术、挖掘机、压路机、装载机、切割机、通勤车、小车、自卸车8个组，75名职工参加角逐。图为挖掘机选手进行精确挖装场景。

嘉峪关公路总段　供

干部任免

2011 年干部人事任免

2011 年 1 月 10 日,甘交党干〔2011〕1 号,经省交通运输厅党组 2010 年 12 月 22 日会议研究,建议:刘永生同志任省远大路业集团有限公司党委委员,聘任其为副总经理(聘任期 5 年)、金昌至武威高速公路建设项目管理办公室副主任,解聘其金昌至永昌高速公路工程项目办副主任职务。请省公路管理局党委按有关规定办理。

2011 年 1 月 10 日,甘交党干〔2011〕2 号,经省交通运输厅党组 2011 年 1 月 9 日会议研究决定: 马兴旺同志任省交通运输厅交通战备办公室(省国防动员委员会交通战备办公室)调研员。

2011 年 1 月 10 日,甘交党干〔2011〕3 号,经省交通运输厅党组 2011 年 1 月 9 日会议研究决定: 陈斌同志晋升为副主任科员;赵洪涛、郭艳丽等 2 名同志晋升为科员。

2011 年 1 月 10 日,甘交党干〔2011〕4 号,经省交通运输厅党组 2011 年 1 月 9 日会议研究决定: 冯长友同志任省公路运输管理局党委委员、书记。

2011 年 1 月 10 日,甘交党干〔2011〕5 号,经省交通运输厅党组 2011 年 1 月 9 日会议研究决定: 免去冯长友同志甘肃长达路业有限责任公司党委委员,解聘其总经理、武都至罐子沟高速公路建设项目管理办公室主任职务。

2011 年 1 月 10 日,甘交党干〔2011〕6 号,经省交通运输厅党组 2011 年 1 月 9 日会议研究决定: 免去陈永杰同志省公路运输管理局党委委员、书记职务,退休。从 2011 年 2 月 1 日起,按有关规定计发退休工资。

2011 年 1 月 21 日,甘交党干〔2011〕7 号,经省交通运输厅党组 2010 年 11 月 9 日会议研究决定:吴敏刚同志任省交通科学研究院有限公司党委委员,聘任其为董事长,聘任期 5 年; 李俊峰同志任省交通科学研究院有限公司党委委员、书记; 姜爱民同志任省交通科学研究院有限公司党委委员,聘任其为副总经理,聘任期 5 年;王宁同志任省交通科学研究院有限公司党委委员,聘任其为副总经理,聘任期 5 年;王苍和同志任省交通科学研究院有限公司党委委员,聘任其为副总经理,聘任期 5 年;邓晓刚同志任省交通科学研究院有限公司党委委员,推荐为工会主席候选人;张伟同志任省交通科学研究院有限公司党委委员,聘任其为副总经理,聘任期 5 年。随文免去以上同志原省交通科学研究所有限公司的领导职务。

2011 年 2 月 10 日,甘交党干〔2011〕9 号,经省交通运输厅党组 2011 年 1 月 9 日会议研究决定: 免去安吉瑞同志省陇南公路总段调研员职务,退休。从 2011 年 3 月 1 日起,按有关规定计发退休工资。

2011 年 2 月 10 日,甘交党干〔2011〕10 号,经省交通运输厅党组 2011 年 1 月 9 日会议研究决定: 免去纪万镒同志省武威公路总段调研员职务,退休。从 2011 年 3 月 1 日起,按有关规定计发退休工资。

2011 年 2 月 10 日,甘交党干〔2011〕11 号,经省交通运输厅党组 2011 年 1 月 9 日会议研究决定: 免去张秀兰同志省交通规划勘察设计院有限责任公司党委委员、副书记,纪委委员、书记,解聘其副董事长职务,退休。从 2011 年 3 月 1 日起,按有关规定计发退休工资。

2011 年 2 月 21 日,甘交党干〔2011〕12 号,经省交通运输厅党组 2011 年 2 月 17 日会议研究决定:聘任周勇林同志为省公路管理局农村公路管理处处长,聘任期 5 年。

2011 年 2 月 21,甘交党干〔2011〕13 号,经省交通运输厅党组 2011 年 2 月 17 日会议研究决定:免去周勇林同志省陇南公路总段党委委员,解聘其副段长职务。

2011 年 2 月 21 日,甘交党干〔2011〕14 号,经省交通运输厅党组 2011 年 2 月 17 日会议研究决定:聘任周书友同志为省交通厅天水至定西高速公路建设项目办公室副主任,解聘其国道 312 县凤峭段二期工程建设项目管理办公室总工程师职务;聘任陈旺生同志为省交通厅天水至定西高速公路建设项目办公室副主任,解聘其华亭至庄浪公路建设项目管理办公室主任职务。

2011 年 2 月 21 日,甘交党干〔2011〕15 号,经省交通运输厅党组 2011 年 2 月 17 日会议研究,并征得中共平凉市委同意:申平同志任省平凉公路总段党委委员、书记;贺应铭同志任省平凉公路总段调研员,免去其省平凉公路总段党委委员、书记职务。

2011 年 2 月 21 日,甘交党干〔2011〕16 号,经省交通运输厅党组 2011 年 2 月 17 日会议研究决定:免去强向东同志甘肃省远大路业集团有限公司党委委员、工会主席职务,退休。从 2011 年 4 月 1 日起,按有关规定计发退休工资。

2011 年 2 月 21 日,甘交党干〔2011〕17 号,经省交通运输厅党组 2011 年 2 月 17 日会议研究决定:免去关学礼同志省武威公路总段调研员职务,退休。从 2011 年 4 月 1 日起,按有关规定计发退休工资。

2011 年 3 月 2 日,甘交党干〔2011〕18 号,经省交通运输厅党组 2011 年 2 月 17 日会议研究决定:施银成同志任中共甘肃省交通运输厅党组派驻永登至古浪高速公路建设项目办纪检监察组组长。

2011 年 3 月 2 日,甘交党干〔2011〕19 号,经省交通运输厅党组 2011 年 2 月 17 日会议研究决定:施银成同志任省酒泉交通征稽处调研员 (正县级); 免去其省酒泉交通征稽处(车购办)党支部书记,解聘其酒泉车购办主任职务。聘任阎鑫论同志为省酒泉交通征稽处处长,其中第一年为试用期。

2011 年 3 月 2 日,甘交党干〔2011〕20 号,经省交通运输厅党组 2011 年 2 月 17 日会议研究决定:聘任李文芙同志为青兰高速公路雷家角(陕甘界)至西峰段建设项目管理办公室副主任、总监理工程师,试用期 1 年。

2011 年 3 月 8 日,甘交党干〔2011〕21 号,经省交通运输厅党组2011年2月17日会议研究决定：马玉芳同志任省交通基建工程质量监督站党委委员，聘任其为副站长，聘任期5年。

2011年3月8日，甘交党干〔2011〕22号，经省交通运输厅党组2011年2月17日会议研究决定：免去马玉芳同志甘肃长达路业有限责任公司党委委员，解聘其副总经理、平（凉）定（西）高速公路建设项目办公室副主任职务。

2011年3月9日，甘交党干〔2011〕23号，经省交通运输厅党组2011年3月9日会议研究决定：田树亭同志任中共甘肃省交通运输厅党组派驻成县至武都高速公路建设项目管理办公室纪检监察组组长。

2011年3月9日，甘交党干〔2011〕24号，经省交通运输厅党组2011年3月9日会议研究决定：雷鹏海同志任中共甘肃省交通运输厅党组派驻宝天高速天水过境段建设项目办公室纪检监察组组长。免去李新元同志甘肃省监察厅、中共甘肃省交通运输厅党组派驻宝天高速天水过境段建设项目办公室纪检监察组组长职务。

2011年3月11日，甘交党干〔2011〕25号，经省交通运输厅党组2011年3月11日会议研究决定：尚晓青同志任省兰州公路总段党委委员、副书记。

2011年3月11日，甘交党干〔2011〕26号，经省交通运输厅党组2011年3月9日会议研究决定：罗富团同志任省交通运输厅财务资产管理处副处长，免去其省交通运输厅离退休人员工作处副处长职务。

2011年3月15日，甘交党干〔2011〕27号，接省委甘任字[2011]16号、18号及省政府甘政任字[2011]19号、20号任职通知：杨咏中同志任甘肃省公路航空旅游投资集团有限公司董事长、党委书记；石培荣同志任甘肃省公路航空旅游投资集团有限公司党委副书记、总经理。

2011年3月15日，甘交党干〔2011〕28号，接省委甘任字[2011]20号省政府甘政任字[2011]21号任职通知：石培荣同志任甘肃省交通运输厅党组副书记、副厅长。

2011年3月16日，甘交党干〔2011〕29号，经省交通运输厅党组2011年3月9日会议研究，并征得中共庆阳市委同意：李涛同志任省庆阳公路总段党委委员、书记；免去其省庆阳公路总段调研员、中共甘肃省交通运输厅党组派驻青兰高速公路雷家角（陕甘界）至西峰段建设项目管理办公室纪检监察组组长职务。免去申平同志省庆阳公路总段党委委员、书记职务。

2011年3月16日，甘交党干〔2011〕30号，经省交通运输厅党组2011年3月16日会议研究决定：姚志明同志任省兰州公路总段党委委员，聘任其为副段长，聘任期5年。

2011年3月16日，甘交党干〔2011〕31号，经省交通运输厅党组2011年3月16日会议研究决定：免去左勇翔同志省交通运输厅办公室副主任，解聘其甘肃交通新闻信息中心副主任职务。免去袁得豪同志省交通运输厅建设管理处副调研员职务。

2011年3月16日，甘交党干〔2011〕32号，经省交通运输厅党组2011年3月9日会议研究决定：免去包桂钰同志甘肃长达路业有限责任公司党委委员，解聘其总工程师职务。

2011年3月16日，甘交党干〔2011〕33号，经省交通运输厅党组2011年3月9日会议研究决定：免去杨建军同志甘肃路桥建设集团有限公司党委委员，解聘其副总经理职务。

2011年3月16日，甘交党干〔2011〕34号，经省交通运输厅党组2011年3月9日会议研究决定：免去乔松青同志甘肃路桥公路投资有限公司党委委员、书记职务。

2011年4月10日，甘交党干〔2011〕35号，经省交通运输厅党组2011年4月10日会议研究决定：冯长友同志任省道路运输管理局党委委员、书记；李潭同志任省道路运输管理局党委委员，聘任其为局长，聘任期5年；管广群同志任省道路运输管理局党委委员，聘任其为副局长（正县级），聘任期5年；尚晓青同志任省道路运输管理局党委委员、副书记，纪委委员、书记，工会主席；赵发章同志任省道路运输管理局党委委员，聘任其为副局长，聘任期5年；寇学聪同志试用期结束，任省道路运输管理局党委委员，聘任其为副局长，聘任期5年。随文免去以上同志原省公路运输管理局的领导职务。

2011年4月10日，甘交党干〔2011〕36号，经省交通运输厅党组2011年4月10日会议研究决定：汤镇国同志任省高速公路管理局党委委员、书记；苏书祯同志任省高速公路管理局党委委员，聘任其为局长，聘任期5年；徐广辉同志任省高速公路管理局党委委员；达世德同志任省高速公路管理局党委委员，聘任其为副局长，聘任期5年；张肃军同志任省高速公路管理局党委委员，聘任其为副局长，聘任期5年；包全景同志任省高速公路管理局调研员。随文免去以上同志原省高等级公路运营管理中心的领导职务。

2011年4月10日，甘交党干〔2011〕37号，经省交通运输厅党组2011年4月10日会议研究决定：徐广辉同志任省兰州高速公路管理处党总支书记，聘任其为处长，聘任期5年；腾兆虎同志任省武威高速公路管理处党总支书记，聘任其为处长，聘任期5年；刘平同志任省平凉高速公路管理处党总支书记，聘任其为处长，聘任期5年；郑玉生同志任省酒泉高速公路管理处党总支书记，聘任其为处长，聘任期5年；曹键同志任省天水高速公路管理处党总支书记，聘任其为处长，聘任期5年；高保平同志任省定西高速公路管理处党总支书记，聘任其为处长，聘任期5年。随文免去以上同志原省高等级公路运营管理中心所属各高速公路管理处的领导职务。

2011年4月10日，甘交党干〔2011〕38号，经省交通运输厅党组2011年4月10日会议研究,建议：陈胜军同志任省远大路业集团有限公司党委委员，聘任其为副总经理，聘任期5年。请省公路管理局党委按有关规定办理。

2011年4月10日，甘交党干〔2011〕39号，经省交通运输厅党组2011年4月10日会议研究决定：聘任陈胜军同志为宕昌（南湖）至迭部二级公路改建工程项目管理办公室主任（副县级）。

2011年4月10日,甘交党干〔2011〕40号,经省交通运输厅党组2011年4月10日会议研究决定:免去陈胜军同志省交通工程建设监理公司党委委员,解聘其副经理职务。

2011年4月10日,甘交党干〔2011〕41号,经省交通运输厅党组2011年4月10日会议研究决定:魏公权同志试用期结束

2011年4月10日,甘交党干〔2011〕42号,经省交通运输厅党组2011年4月10日会议研究决定:张守谦同志试用期结束。

2011年4月10日,甘交党干〔2011〕43号,经省交通运输厅党组2011年4月10日会议研究决定:贾生会同志试用期结束,任省酒泉公路总段党委委员。

2011年4月10日,甘交党干〔2011〕44号,经省交通运输厅党组2011年4月10日会议研究决定:魏潼漓同志试用期结束

2011年4月10日,甘交党干〔2011〕45号,经省交通运输厅党组2011年4月10日会议研究决定:李胜涛同志试用期结束。

2011年4月10日,甘交党干〔2011〕46号,经省交通运输厅党组2011年4月10日会议研究决定:韩建民同志试用期结束。

2011年4月10日,甘交党干〔2011〕47号,经省交通运输厅党组2011年4月10日会议研究决定:刘艳同志试用期结束。

2011年4月10日,甘交党干〔2011〕48号,经省交通运输厅党组2011年4月10日会议研究决定:许鹏山同志试用期结束,任省水运管理局党委委员。

2011年4月10日,甘交党干〔2011〕49号,经省交通运输厅党组2011年4月10日会议研究决定:郝小平同志试用期结束。

2011年4月10日,甘交党干〔2011〕50号,经省交通运输厅党组2011年4月10日会议研究决定:苏清平同志试用期结束。

2011年4月21日,甘交党干〔2011〕51号,经省交通运输厅党组2011年4月21日会议研究决定:张炜同志任省道路运输管理局党委委员、调研员。

2011年4月21日,甘交党干〔2011〕52号,经省交通运输厅党组2011年4月21日会议研究决定:刘国安同志任甘肃交通新闻信息中心党支部书记,解聘其甘肃交通新闻信息中心主任职务。

2011年4月21日,甘交党干〔2011〕53号,经省交通运输厅党组2011年4月21日会议研究决定:张晓峰同志任省兰州公路总段党委委员,聘任其为副段长,聘任期5年。

2011年4月21日,甘交党干〔2011〕54号,经省交通运输厅党组2011年4月21日会议研究决定:解聘张晓峰同志甘肃省国省干线公路地震灾后恢复重建工程项目管理办公室副主任,免去其中共甘肃省交通运输厅党组派驻甘肃省国省干线公路地震灾后恢复重建工程项目管理办公室纪检监察组组长职务。

2011年4月21日,甘交党干〔2011〕55号,经省交通运输厅党组2011年4月21日会议研究决定:解聘张晓峰同志甘肃省交通运输厅陇南暴洪灾后重建工程项目管理办公室副主任,免去其中共甘肃省交通运输厅党组派驻陇南暴洪灾后重建工程项目管理办公室纪检监察组组长职务。

2011年4月21日,甘交党干〔2011〕56号,经省交通运输厅党组2011年4月21日会议研究决定:李明亮同志任省嘉峪关公路总段副调研员;免去其省嘉峪关公路总段党委委员,解聘其副段长职务。

2011年4月21日,甘交党干〔2011〕57号,经省交通运输厅党组2011年4月21日会议研究决定:聘任谈应鹏同志为省交通科技通信中心主任。

2011年4月28日,甘交党干〔2011〕58号,经省交通运输厅党组2011年4月21日会议研究,并征得中共陇南市委同意:魏潼漓同志任省陇南公路总段党委委员、书记,免去其省陇南公路总段调研员职务;免去陈宏伟同志省陇南公路总段党委委员、书记职务。

2011年4月28日,甘交党干〔2011〕59号,经省交通运输厅党组2011年4月21日会议研究决定:免去魏潼漓同志中共甘肃省交通运输厅派驻武都至罐子沟高速公路建设项目管理办公室纪检监察组组长职务。

2011年4月28日,甘交党干〔2011〕60号,经省交通运输厅党组2011年4月21日会议研究决定:付军同志任省交通运输厅科技处调研员,免去其省交通运输厅科技处副处长职务。

2011年4月28日,甘交党干〔2011〕61号,经省交通运输厅党组2011年4月21日会议决定:聘任陈宏伟同志为甘肃交通新闻信息中心主任,聘任期5年。

2011年5月16日,甘交党干〔2011〕62号,根据省委组织部关于选派干部挂职锻炼的安排,经省交通运输厅党组2011年5月16日会议研究决定:挂职干部田志华同志任省交通运输厅政策法规处副处长。

2011年5月16日,甘交党干〔2011〕63号,经省交通运输厅党组2011年3月9日会议研究决定:仇金选同志任省交通运输厅办公室副主任。

2011年5月16日,甘交党干〔2011〕64号,经省交通运输厅党组2011年3月9日会议研究决定:解聘仇金选同志省公路局办公室主任职务。

2011年5月24日,甘交党干〔2011〕65号,经省交通运输厅党组2011年5月16日会议研究决定:聘任强华同志为青兰高速公路雷家角(陕甘界)至西峰段建设项目管理办公室副主任(副县级)。

2011年5月24日,甘交党干〔2011〕66号,经省交通运输厅党组2011年5月16日会议研究决定:免去赵发章同志省道路运输管理局党委委员,解聘其副局长职务。

2011年5月24日,甘交党干〔2011〕67号,经省交通运输厅党组2011年5月16日会议研究决定:赵发章同志任甘肃长达路业有限责任公司党委委员,聘任其为总经理(聘任期5年)、兰州至永靖沿黄一级公路建设项目管理办公室主任。

2011年6月14日,甘交党干〔2011〕70号,经省交通运输厅党组2011年6月14日会议研究决定:贺海萍同志任省交通运输厅建设管理处副调研员,免去其省交通运输厅综合规划处副调研员职务。

2011年6月22日,甘交党干〔2011〕73号,接省政府《关于赵生跃同志任职的通知》(甘政任字[2011]63号):赵生跃同志任甘肃省交通运输厅副巡视员。

2011年6月22日,甘交党干〔2011〕74号,经省交通运输厅党组2011年6月14日会议研究决定:伏偖林同志任省交通运输厅财务资产管理处处长、省交通运输厅信贷管理工作委员会主任(兼),免去其省交通运输厅财务资产管理处副处长、省交通运输厅信贷管理工作委员会副主任职务;免去雷万鸣同志省交通运输厅财务资产管理处处长、省交通运输厅信贷管理工作委员会主任职务。

2011年7月8日,甘交党干〔2011〕75号,经省交通运输厅党组2011年7月8日会议研究决定:段兰芬同志试用期结束。

2011年7月8日,甘交党干〔2011〕76号,经省交通运输厅党组2011年7月8日会议研究决定:胡玫同志试用期结束。

2011年7月8日,甘交党干〔2011〕77号,经省交通运输厅党组2011年7月8日会议研究决定:李隆同志试用期结束。

2011年7月8日,甘交党干〔2011〕78号,经省交通运输厅党组2011年7月8日会议研究决定:苏清平同志试用期结束。

2011年7月8日,甘交党干〔2011〕79号,经省交通运输厅党组2011年7月8日会议研究决定:曹希恒同志试用期结束。

2011年7月8日,甘交党干〔2011〕80号,经省交通运输厅党组2011年7月8日会议研究决定:朱富义同志任省道路运输管理局党委委员、纪委委员、书记,推荐其为工会主席候选人;免去尚晓青同志省道路运输管理局纪委委员、书记,工会主席职务。

2011年7月8日,甘交党干〔2011〕81号,经省交通运输厅党组2011年7月8日会议研究决定:张明同志任省水运管理局党委委员、书记;免去朱富义同志省水运管理局党委委员、工会主席,解聘其副局长职务。

2011年7月8日,甘交党干〔2011〕82号,经省交通运输厅党组2011年7月8日会议研究决定:免去张明同志甘肃路桥建设集团有限公司党委委员,解聘其董事长职务。

2011年7月8日,甘交党干〔2011〕83号,经省交通运输厅党组2011年7月8日会议研究决定:周书友同志任厅工程处党委委员,聘任其为副处长,聘任期5年;解聘陈旺生同志省交通厅天水至定西高速公路建设项目办公室副主任职务。

2011年7月8日,甘交党干〔2011〕84号,经省交通运输厅党组2011年7月8日会议研究决定:陈旺生同志任省远大路业集团有限公司党委委员,聘任其为副总经理,聘任期5年。

2011年7月8日,甘交党干〔2011〕85号,经省交通运输厅党组2011年7月8日会议研究决定:宋阳军同志任省临夏公路总段党委委员,聘任其为副段长,聘任期5年。

2011年7月8日,甘交党干〔2011〕86号,经省交通运输厅党组2011年7月8日会议研究决定:免去宋阳军同志省陇南公路总段党委委员,解聘其副段长、总工程师职务。

2011年7月8日,甘交党干〔2011〕87号,经省交通运输厅党组2011年7月8日会议研究决定:杨向军同志任省武威公路总段党委委员,聘任其为副段长,聘任期5年。

2011年7月8日,甘交党干〔2011〕88号,经省交通运输厅党组2011年7月8日会议研究决定:聘任杨向军同志为营盘水(甘宁界)至古浪双塔段高速公路建设项目管理办公室副主任。

2011年7月8日,甘交党干〔2011〕89号,经省交通运输厅党组2011年7月8日会议研究决定:免去杨向军同志省白银公路总段党委委员、工会主席职务。

2011年7月8日,甘交党干〔2011〕90号,经省交通运输厅党组2011年7月8日会议研究决定:免去石革军同志省水运管理局党委委员、书记职务,退休。从2011年9月1日起,按有关规定计发退休工资。

2011年7月8日,甘交党干〔2011〕91号,经省交通运输厅党组2011年7月8日会议研究决定:免去刘国安同志甘肃交通新闻信息中心党支部书记职务,退休。从2011年9月1日起,按有关规定计发退休工资。

2011年7月11日,甘交党干〔2011〕93号,经省交通运输厅党组2011年7月8日会议研究决定:聘任刘建勋同志为甘肃路桥建设集团有限公司董事长,聘任期5年。

2011年7月18日,甘交党干〔2011〕94号,经省交通运输厅党组2011年7月8日会议研究决定:盛黎明同志任中共甘肃省交通运输厅党组派驻甘肃省交通运输厅舟曲灾后恢复重建工程项目管理办公室纪检监察组组长;任省交通工程建设监理公司党委委员,聘任其为副经理,聘任期5年,其中第一年为试用期。

2011年7月18日,甘交党干〔2011〕95号,经省交通运输厅党组2011年7月8日会议研究决定:魏茂林同志任省兰州交通征稽处调研员,解聘其省兰州交通征稽处处长职务。

2011年7月18日,甘交党干〔2011〕96号,经省交通运输厅党组2011年7月18日会议研究决定:聘任王宏源同志为兰州至永靖沿黄一级公路建设项目管理办公室常务副主任(正县级),解聘其平(凉)定(西)高速公路建设项目办公室副主任职务

2011年7月18日,甘交党干〔2011〕97号,经省交通运输厅党组2011年7月8日会议研究决定:聘任邵中华同志为省陇南公路总段碧口公路管理段段长(副县级),聘任期5年,其中第一年为试用期。

2011年7月18日,甘交党干〔2011〕98号,经省交通运输厅党组2011年7月8日会议研究决定:聘任郑玉荣同志

为省酒泉公路总段敦煌公路管理段段长(副县级),聘任期5年,其中第一年为试用期。

2011年7月19日,甘交党干〔2011〕99号,经省交通运输厅党组2011年7月8日会议研究决定:谌良佐同志任省酒泉交通征稽处调研员,解聘其省敦煌交通征稽处处长职务

2011年8月10日,甘交党干〔2011〕100号,接省委组织部组任字[2011]92号及154号任免通知:王永生同志任甘肃省交通运输厅人事劳资处处长;免去赵生跃同志甘肃省交通运输厅人事劳资处处长职务。

2011年8月10日,甘交党干〔2011〕101号,接省委组织部组任字[2011]156号任职通知:王军同志任甘肃省机场投资管理有限公司副总经理、党委委员。

2011年8月17日,甘交党干〔2011〕102号,经省交通运输厅党组2011年8月12日会议研究决定:田林祥同志任省高速公路管理局党委委员,聘任其为副局长(正县级),聘期5年。

2011年8月17日,甘交党干〔2011〕103号,经省交通运输厅党组2011年8月12日会议研究决定:免去田林祥同志甘肃路桥公路投资有限公司党委委员,解聘其副总经理、康家崖至临夏高速公路建设项目办公室常务副主任职务。

2011年8月17日,甘交党干〔2011〕104号,经省交通运输厅党组2011年8月12日会议研究决定:张伟同志任甘肃路桥建设集团有限公司党委委员,聘任其为副总经理,聘任期5年;赵建兴同志兼任甘肃恒达路桥工程集团有限公司党总支书记;免去岑毅同志甘肃路桥建设集团有限公司党委委员、甘肃恒达路桥工程集团有限公司党总支书记职务。

2011年8月17日,甘交党干〔2011〕105号,经省交通运输厅党组2011年8月12日会议研究决定:免去张伟同志省交通科学研究院有限公司党委委员,解聘其副总经理职务

2011年8月17日,甘交党干〔2011〕106号,经省交通运输厅党组2011年8月12日会议研究决定:李新虎同志任省白银公路总段党委委员,推荐为工会主席候选人。

2011年8月17日,甘交党干〔2011〕107号,经省交通运输厅党组2011年8月12日会议研究决定:马占志同志任省张掖公路分局纪委委员、书记;免去李新虎同志省张掖公路分局纪委委员、书记职务。

2011年8月17日,甘交党干〔2011〕108号,经省交通运输厅党组2011年8月12日会议研究决定:刘红荣同志任省酒泉公路总段党委委员,推荐为工会主席候选人;免去魏兴铭同志省酒泉公路总段工会主席职务。

2011年8月17日,甘交党干〔2011〕109号,经省交通运输厅党组2011年8月12日会议研究决定:免去刘红荣同志省陇南公路总段党委委员、工会主席职务。

2011年8月17日,甘交党干〔2011〕110号,经省交通运输厅党组2011年8月12日会议研究决定:刘贵喜、周永权同志任省公路路政管理总队副调研员。

2011年8月17日,甘交党干〔2011〕111号,经省交通运输厅党组2011年8月12日会议研究决定:刘贵喜同志任中共甘肃省交通运输厅党组派驻青兰高速公路雷家角(陕甘界)至西峰段建设项目管理办公室纪检监察组组长。

2011年8月17日,甘交党干〔2011〕112号,经省交通运输厅党组2011年8月12日会议研究决定:王兴孝同志任省交通史志年鉴编写委员会编辑部副调研员。

2011年8月17日,甘交党干〔2011〕113号,经省交通运输厅党组2011年8月12日会议研究决定:周永权同志任中共甘肃省交通运输厅党组派驻武都至罐子沟高速公路建设项目管理办公室纪检监察组组长。

2011年8月17日,甘交党干〔2011〕114号,经省交通运输厅党组2011年8月12日会议研究决定:胡殿弼同志试用期结束。

2011年10月8日,甘交党干〔2011〕115号,经省交通运输厅党组2011年8月12日会议研究决定:免去徐秉宏同志省甘南公路总段党委委员,解聘其副段长职务。

2011年10月8日,甘交党干〔2011〕116号,经省交通运输厅党组2011年8月12日会议研究决定:聘任徐秉宏同志为甘肃公路检测中心主任,聘任期5年;解聘其甘肃省国省干线公路地震灾后恢复重建工程项目管理办公室副主任职务。

2011年10月8日,甘交党干〔2011〕117号,经省交通运输厅党组2011年8月12日会议研究决定:解聘徐秉宏同志甘肃省交通运输厅陇南暴洪灾后重建工程项目管理办公室副主任职务。

2011年9月21日,甘交党干〔2011〕118号,经省交通运输厅党组2011年9月13日会议研究决定:张敬旗同志任省公路路政管理总队党委书记,解聘其总队长职务;聘任王权同志为省公路路政管理总队总队长,聘任期5年,免去其党委书记职务。

2011年9月30日,甘交党干〔2011〕119号,经省交通运输厅党组2011年9月28日会议研究决定:解聘伏偌林同志省交通厅引进外资项目管理办公室副主任职务。

2011年9月30日,甘交党干〔2011〕120号,根据有关政策规定,经省交通运输厅党组2011年9月28日会议研究,确认:姚文真同志首任副科级时间自2000年4月3日算起;张通文同志首任正科级时间自2002年2月27日算起,其厅机关主任科员任职时间自2008年12月31日算起;张志泰同志首任副科级时间自2007年7月19日算起。

2011年9月30日,甘交党干〔2011〕121号,经省交通运输厅党组2011年9月28日会议研究决定:袁亚涛、赵洪涛等2名同志晋升为副主任科员;蔚威同志晋升为科员

2011年9月30日,甘交党干〔2011〕122号,经省交通运输厅党组2011年9月28日会议研究决定:免去郭培英同志省公路管理局党委委员、副书记、工会主席职务,退休。从2011年10月1日起,按有关规定计发退休工资。

2011年10月8日,甘交党干〔2011〕123号,经省交通运输厅党组2011年9月28日会议研究决定:万培全同志任省交通规划勘察设计院有限责任公司执行监事(副县级),任期3年,其中第一年为试用期。

2011年10月8日,甘交党干〔2011〕124号,经省交通运

输厅党组2011年9月28日会议研究决定:丁鹏同志任甘肃路桥建设集团有限公司执行监事(副县级),任期3年,其中第一年为试用期。

2011年10月8日,甘交党干〔2011〕125号,经省交通运输厅党组2011年9月28日会议研究决定:王思明同志任省公路运输服务中心执行监事(副县级),任期3年,其中第一年为试用期。

2011年10月8日,甘交党干〔2011〕126号,经省交通运输厅党组2011年9月28日会议研究决定:韩兰生同志任省交通工程建设监理公司执行监事(副县级),任期3年,其中第一年为试用期。

2011年10月31日,甘交党干〔2011〕127号,经省交通运输厅党组2011年9月28日会议研究决定:蔡钧恒同志任省交通运输厅安全监督处副调研员。

2011年10月31日,甘交党干〔2011〕128号,经省交通运输厅党组2011年10月30日会议研究决定:杨惠林同志任省交通运输厅办公室主任;免去王永生同志省交通运输厅办公室主任职务。

2011年10月31日,甘交党干〔2011〕129号,经省交通运输厅党组2011年10月30日会议研究决定:聘任韩友续同志为省交通规划勘察设计院有限责任公司总经理,聘任期5年;解聘其省交通规划勘察设计院有限责任公司常务副总经理、总工程师职务。

2011年10月31日,甘交党干〔2011〕130号,经省交通运输厅党组2011年10月30日会议研究决定:解聘郑玉生同志省酒泉高速公路管理处处长职务。

2011年10月31日,甘交党干〔2011〕131号,经省交通运输厅党组2011年10月30日会议研究决定:王晓钟同志任甘肃路桥公路投资有限公司党委委员,聘任其为副总经理,聘任期5年。

2011年10月31日,甘交党干〔2011〕132号,经省交通运输厅党组2011年10月30日会议研究决定:何西峰同志任省交通征稽局副调研员。

2011年10月31日,甘交党干〔2011〕133号,经省交通运输厅党组2011年10月30日会议研究决定:卢彬同志任省高速公路管理局党委委员、副调研员。

2011年10月31日,甘交党干〔2011〕134号,经省交通运输厅党组2011年10月30日会议研究决定:蔡小宁同志任省公路网规划办公室党支部委员、副调研员。

2011年10月31日,甘交党干〔2011〕135号,经省交通运输厅党组2011年10月30日会议研究决定:白杨同志任省公路路政管理总队党委委员、副调研员。

2011年10月31日,甘交党干〔2011〕136号,经省交通运输厅党组2011年10月30日会议研究决定:赵河清同志试用期结束。

2011年10月31日,甘交党干〔2011〕137号,经省交通运输厅党组2011年10月30日会议研究决定:李新元同志试用期结束。

2011年10月31日,甘交党干〔2011〕138号,经省交通运输厅党组2011年10月30日会议研究决定:张吉同志试用期结束。

2011年10月31日,甘交党干〔2011〕139号,经省交通运输厅党组2011年10月30日会议研究决定:李福林同志试用期结束。

2011年10月31日,甘交党干〔2011〕140号,经省交通运输厅党组2011年10月30日会议研究决定:吴敏刚同志试用期结束。

2011年10月31日,甘交党干〔2011〕141号,经省交通运输厅党组2011年10月30日会议研究决定:董宏瑞同志试用期结束。

2011年10月31日,甘交党干〔2011〕142号,经省交通运输厅党组2011年10月30日会议研究决定:尚晓青同志试用期结束。

2011年10月31日,甘交党干〔2011〕143号,经省交通运输厅党组2011年10月30日会议研究决定:免去张守谦同志省公路管理局工会副主席职务,退休。从2011年11月1日起,按有关规定计发退休工资。

2011年10月31日,甘交党干〔2011〕144号,经省交通运输厅党组2011年10月30日会议研究决定:免去王宏同志省交通征稽局调研员职务,退休。从2011年11月1日起,按有关规定计发退休工资。

2011年10月31日,甘交党干〔2011〕145号,经省交通运输厅党组2011年10月30日会议研究决定:免去韩惠琳同志省公路局调研员职务,退休。从2011年12月1日起,按有关规定计发退休工资。

2011年10月31日,甘交党干〔2011〕146号,经省交通运输厅党组2011年10月30日会议研究决定:免去权收田同志省交通基建工程质量监督站党委委员、书记,解聘其副站长职务,退休。从2011年12月1日起,按有关规定计发退休工资。

2011年11月6日,甘交党干〔2011〕147号,接省政府甘政任字[2011]159号及省委组织部组任字[2011]205号、206号任免通知:李潭同志任省公路管理局党委委员、局长(副厅长级);赵彦龙同志不再担任省公路局党委委员、局长职务。

2011年11月8日,甘交党干〔2011〕148号,经省交通运输厅党组2011年10月30日会议研究决定:刘潭平同志任甘肃长达路业有限责任公司副县级领导干部,试用期1年。建议甘肃长达路业有限责任公司党委对其予以聘任。请甘肃长达路业有限责任公司党委按有关规定办理。

2011年11月8日,甘交党干〔2011〕149号,经省交通运输厅党组2011年10月30日会议研究决定:聘任高景明同志为省道路运输管理局机关服务中心主任(副县级),聘任期5年,其中第一年为试用期;聘任李全武同志为省道路运输科技信息中心主任(副县级),聘任期5年,其中第一年为试用期。

2011年11月8日,甘交党干〔2011〕150号,经省交通运输厅党组2011年10月30日会议研究,建议:张亚平同志任省远大路业集团有限公司党委委员,推荐其为工会主席候选人,试用期1年。请省公路管理局党委按有关规定办理。

2011年11月8日,甘交党干〔2011〕151号,经省交通运输厅党组2011年10月30日会议研究决定:王云山同志任省酒泉高速公路管理处党总支副书记,聘任其为处长,聘任期5年,其中第一年为试用期。

2011年11月11日,甘交党干〔2011〕152号,经省交通运输厅党组2011年11月11日会议研究决定:范志鹏同志任省道路运输管理局党委委员,聘任其为局长,聘任期5年;免去李潭同志省道路运输管理局党委委员,解聘其局长职务。

2011年11月11日,甘交党干〔2011〕153号,经省交通运输厅党组2011年11月11日会议研究决定:戴克武同志任省水运管理局党委委员,聘任其为局长,聘任期5年;免去范志鹏同志省水运管理局(省港航监督处、省船舶检验处)党委委员,解聘其局长(处长)职务。

2011年11月11日,甘交党干〔2011〕154号,经省交通运输厅党组2011年11月11日会议研究决定:解聘戴克武同志省交通厅引进外资项目管理办公室主任职务。

2011年11月11日,甘交党干〔2011〕155号,经省交通运输厅党组2011年11月11日会议研究决定:赵学明同志任省公路路政管理总队党委委员、副书记(正县级)。

2011年11月11日,甘交党干〔2011〕156号,经省交通运输厅党组2011年11月11日会议研究决定:免去尚晓青同志省道路运输管理局党委委员、副书记职务。

2011年11月11日,甘交党干〔2011〕157号,经省交通运输厅党组2011年11月11日会议研究决定:免去尚晓青同志省公路运输服务中心党委委员、书记职务。

2011年11月11日,甘交党干〔2011〕158号,经省交通运输厅党组2011年11月11日会议研究决定:张建明同志任甘肃路桥公路投资有限公司党委委员,聘任其为副总经理,聘任期5年;免去祁伟同志甘肃路桥公路投资有限公司党委委员,解聘其副总经理、康家崖至临夏高速公路建设项目办公室副主任职务。

2011年11月11日,甘交党干〔2011〕159号,经省交通运输厅党组2011年11月11日会议研究决定:祁伟同志任甘肃路桥建设集团有限公司党委委员,聘任其为副总经理,聘任期5年;免去张建明同志甘肃路桥建设集团有限公司党委委员,解聘其副总经理职务。

2011年11月11日,甘交党干〔2011〕160号,经省交通运输厅党组2011年11月11日会议研究决定:聘任徐广辉同志为省高速公路管理局副局长(正县级),聘任期5年;免去其省兰州高速公路管理处党总支书记,解聘其省兰州高速公路管理处处长职务。滕兆虎同志任省兰州高速公路管理处党总支书记,聘任其为处长,聘任期5年;免去其省武威高速公路管理处党总支书记,解聘其处长职务。朱晖同志任省武威高速公路管理处党总支书记,聘任其为处长,聘任期5年。

2011年11月11日,甘交党干〔2011〕161号,经省交通运输厅党组2011年11月11日会议研究决定:免去徐广辉同志省兰州公路总段调研员职务。

2011年11月11日,甘交党干〔2011〕162号,经省交通运输厅党组2011年11月11日会议研究决定:解聘朱晖同志金昌至永昌高速公路工程建设项目办公室常务副主任职务。

2011年11月24日,甘交党干〔2011〕163号,经省交通运输厅党组2011年11月24日会议研究决定:张敬旗同志任省公路路政执法管理局党委委员、书记;王权同志任省公路路政执法管理局党委委员,聘任其为局长,聘任期5年;赵学明同志任省公路路政执法管理局党委委员、副书记(正县级);吕凤喜同志任省公路路政执法管理局党委委员,聘任其为副局长(正县级),聘任期5年;马智义同志任省公路路政执法管理局党委委员,纪委委员、书记(正县级),推荐为工会主席候选人;赵岩波、廖明太、贾志坚同志任省公路路政执法管理局党委委员,聘任其为副局长,聘任期5年。

2011年11月24日,甘交党干〔2011〕164号,经省交通运输厅党组2011年11月24日会议研究决定:免去张敬旗同志省交通征稽局党委委员、书记职务;免去王权同志省交通征稽局党委委员,解聘其局长职务;免去马智义同志省交通征稽局党委委员、副书记,纪委委员、书记职务;免去吕凤喜同志省交通征稽局党委委员,解聘其副局长职务;免去赵岩波同志省交通征稽局党委委员、工会主席职务;免去贾志坚同志省交通征稽局党委委员,解聘其副局长职务。

2011年11月24日,甘交党干〔2011〕165号,经省交通运输厅党组2011年11月24日会议研究决定:免去张敬旗同志省公路路政管理总队党委委员、书记职务;免去王权同志省公路路政管理总队党委委员,解聘其总队长职务;免去廖明太同志省公路路政管理总队党委委员,解聘其副总队长职务。

2011年11月24日,甘交党干〔2011〕166号,经省交通运输厅党组2011年11月11日会议研究,并征得中共兰州市委同意:尚晓青同志任省兰州公路总段党委书记;免去赵学明同志省兰州公路总段党委委员、书记职务。

2011年11月24日,甘交党干〔2011〕167号,经省交通运输厅党组2011年11月24日会议研究决定:免去赵学明同志省公路路政管理总队党委委员、副书记职务。

2011年11月24日,甘交党干〔2011〕168号,经省交通运输厅党组2011年11月22日会议研究决定:聘任伏偖林同志为省交通厅引进外资项目管理办公室主任(兼),聘任期5年。

2011年11月30日,甘交党干〔2011〕169号,经省交通运输厅党组2011年10月30日会议研究决定:聘任戴德荣同志为省嘉峪关公路总段副段长,聘任期5年,其中第一年为试用期。

2011年12月15日,甘交党干〔2011〕170号,经省交通运输厅党组2011年12月15日会议研究决定:马智义同志任省公路路政执法管理局党委副书记(正县级)。

2011年12月15日,甘交党干〔2011〕171号,经省交通运输厅党组2011年12月15日会议研究决定:马俊英同志任省公路路政执法管理局调研员,免去其省公路路政管理总队调研员职务;石培成、石廷鹏、张斌同志任省公路路政执法管理局调研员,免去其省交通征稽局调研员职务。

2011年12月15日,甘交党干〔2011〕172号,经省交通运输厅党组2011年12月15日会议研究决定:白杨同志任省公路路政执法管理局党委委员、副调研员，免去其省公路路政管理总队党委委员、副调研员职务；刘贵喜、周永权同志任省公路路政执法管理局副调研员，免去其省公路路政管理总队副调研员职务；何西峰同志任省公路路政执法管理局副调研员，免去其省交通征稽局副调研员职务。

2011年12月15日，甘交党干〔2011〕173号，经省交通运输厅党组2011年12月15日会议研究决定：免去范彦功同志省定西交通征稽处调研员职务，退休。从2012年1月1日起，按有关规定计发退休工资。

2011年12月15日，甘交党干〔2011〕174号，经省交通运输厅党组2011年12月15日会议研究决定：免去包全景同志省高速公路管理局调研员职务，退休。从2012年1月1日起，按有关规定计发退休工资。

2011年12月27日，甘交党干〔2011〕175号，经省交通运输厅党组2011年10月30日会议研究决定：免去秦仕超同志省监察厅、中共甘肃省交通运输厅党组派驻西峰至长庆桥至凤翔路口高速公路建设项目管理办公室纪检监察组组长职务。

2011年12月27日，甘交党干〔2011〕176号，经省交通运输厅党组2011年10月30日会议研究决定：免去秦仕超同志省庆阳公路总段调研员职务，退休。从2011年11月1日起，按有关规定计发退休工资。

2011年12月27日，甘交党干〔2011〕177号，经省交通运输厅党组2011年12月15会议研究决定：李仁同志试用期结束。

2011年12月27日，甘交党干〔2011〕178号，经省交通运输厅党组2011年12月27日会议研究决定：何晓林同志任省兰州公路路政执法管理处党总支副书记(副县级，临时主持省兰州公路路政执法管理处工作)；免去其省兰州交通征稽处党总支书记职务。张志芳同志任省白银公路路政执法管理处党总支书记(正县级，临时主持省白银公路路政执法管理处工作)；免去其省白银交通征稽处书记职务。王建洪同志任省定西公路路政执法管理处党总支书记(正县级，临时主持省定西公路路政执法管理处工作)；免去其省定西交通征稽处党总支书记职务。李仁同志任省金昌公路路政执法管理处党总支书记(正县级，临时主持省金昌公路路政执法管理处工作)；解聘其省金昌交通征稽处处长职务。郭福年同志任省张掖公路路政执法管理处党总支副书记(副县级，临时主持省张掖公路路政执法管理处工作)；解聘其省张掖交通征稽处处长职务。阎鑫论同志任省酒泉公路路政执法管理处党总支副书记(副县级，临时主持省酒泉公路路政执法管理处工作)；解聘其省酒泉交通征稽处处长职务。袁立新同志任省嘉峪关公路路政执法管理处党总支副书记(副县级，临时主持省嘉峪关公路路政执法管理处工作)；解聘其省嘉峪关交通征稽处处长职务。郭钢同志任省临夏公路路政执法管理处党总支副书记(副县级，临时主持省临夏公路路政执法管理处工作)；解聘其省临夏交通征稽处处长职务。白文江同志任省甘南公路路政执法管理处党总支副书记(副县级，临时主持省甘南公路路政执法管理处工作)；免去其省甘南交通征稽处党总支书记职务。马俊奇同志任省天水公路路政执法管理处党总支书记(正县级，临时主持省天水公路路政执法管理处工作)；免去其省天水交通征稽处党总支书记，解聘其省天水交通征稽处处长职务。李兆林同志任省陇南公路路政执法管理处党总支副书记(副县级，临时主持省陇南公路路政执法管理处工作)；免去其省陇南交通征稽处党总支书记职务。张寅龙同志任省平凉公路路政执法管理处党总支副书记(副县级，临时主持省平凉公路路政执法管理处工作)；解聘其省庆阳交通征稽处处长职务。李北平同志任省庆阳公路路政执法管理处党总支副书记(副县级，临时主持省庆阳公路路政执法管理处工作)；解聘其省平凉交通征稽处处长职务。

2011年12月27日，甘交党干〔2011〕179号，经省交通运输厅党组2011年12月27日会议研究决定:免去王仲科同志省公路局调研员职务，退休。从2012年2月1日起，按有关规定计发退休工资。

2011年11月11日，甘交党干〔2011〕181号，经省交通运输厅党组2011年11月11日会议研究决定：免去魏学祯同志省兰州公路总段党委委员职务。

2011年11月11日，甘交党干〔2011〕182号，经省交通运输厅党组2011年11月11日会议研究决定：免去马亚平省兰州公路总段党委委员，解聘其副段长职务。

2011年11月11日，甘交党干〔2011〕183号，经省交通运输厅党组2011年11月11日会议研究决定：免去李发林省兰州公路总段党委委员，解聘其总工程师职务。

2011年11月11日，甘交党干〔2011〕184号，经省交通运输厅党组2011年11月11日会议研究决定：解聘王旺劝青兰高速公路雷家角(陕甘界)至西峰段建设项目管理办公室副主任职务。

2011年11月11日，甘交党干〔2011〕185号，经省交通运输厅党组2011年11月11日会议研究决定：免去张世明省武威公路总段党委委员，解聘其总工程师职务。

2011年11月11日，甘交党干〔2011〕186号，经省交通运输厅党组2011年11月11日会议研究决定：解聘张世明211线武威至骆驼河口段公路改建工程项目建设管理办公室副主任职务。

甘肃省交通运输厅机构设置

厅机关处室

办公室、政策法规处、综合规划处、财务资产管理处、人事劳资处、建设管理处、综合运输处、安全监督处、科技处、审计处、离退休人员工作处、交通战备办公室、厅直机关党委、监察室、省交通工会。

省交通运输厅厅长、副厅长、纪检组长、省政府参事、副巡视员

厅党组书记、厅长　杨咏中
厅党组副书记、副厅长　石培荣
副　厅　长　杨映祥
副　厅　长　阮文易
厅纪检组长、厅直机关党委书记　艾玉德
副　厅　长　王繁己
副　厅　长　赵彦龙
省政府参事　辛　平
副巡视员　盖宇仙
副巡视员　赵生跃

省交通运输厅处长(主任)、副处长(副主任)

总工程师

杨惠林

副总工程师

杨碧峰

厅办公室

主　任　杨惠林
副主任　仇金选

厅政策法规处

处　长　赵建锋
副处长　王红武

厅综合规划处

处　长　牛思胜
副处长　胡雄韬

厅财务资产管理处

处　长　伏偌林
副处长　罗富团

厅人事劳资处

处　长　王永生
副处长　包　宇

厅建设管理处

处　长　周　勤
副处长　赵书学

厅综合运输处

处　长　王军良
副处长　陈　晖

厅安全监督处

处　长　陈亚民
副处长　张卫东

厅科技处

处　长　丁兆民

厅审计处

处　长　夏　翔
副处长　康　峰

厅离退休人员工作处

处　长　杨佑君

厅交通战备办公室

主　任　王化平
副主任　左小妹

厅直机关党委

专职副书记　胡发扬
副书记　刘光喜

驻厅纪检组、监察室

副组长、主任　张科元
副主任(正处级)　杨　雄

省交通工会

主　任　桑吉才让
副主任　佟艳霞

甘肃省治理公路“三乱”领导小组办公室

副主任　张绪汉

厅机关后勤服务中心

主　任　崔玉生
副主任　侯书钊

在兰单位领导班子成员

省公路管理局

党委书记 任忠章
局　　长 李 潭
副 局 长 李建元
副 局 长 孙俊福
副 局 长 赵鸿德
副 局 长 张克玺
党委副书记、纪委书记 雍旭东
副局长、总工程师 吴敏刚

省道路运输管理局

党委书记 冯长友
局　　长 范志鹏
副 局 长 马 跃
副 局 长 管广群
党委副书记、纪委书记、工会主席 祁文瑞
副 局 长 寇学聪

省公路路政执法管理局

党委书记 张敬旗
局　　长 王 权
副 书 记 赵学明
纪委书记 马智义
副 局 长 吕凤喜
副 局 长 赵岩波
副 局 长 廖明太
副 局 长 贾志坚

省水运管理局(地方海事局)

党委书记 张 明
局　　长 戴克武
纪委书记 郭立新
总工程师 曹东升
副 局 长 许鹏山

省高速公路管理局

党委书记 汤镇国
局　　长 苏书祯
副 局 长 田林祥
副 局 长 徐广辉
副 局 长 俞祯源
副 局 长 张肃军

省交通基建工程质量监督站

站　长 乔小兵
副站长 姚志明
副站长 马玉芳

省交通厅工程处

党委书记 李海东
处　　长 谈应鹏
副 处 长 张志勇
副 处 长 赵河清
副 处 长 周书友
党委副书记、纪委书记 雷鹏海
总工程师 陈宏斌
副 处 长 孙进玲
工会主席 陈黎辉
党委委员 李向阳

省交通新闻信息中心

主　任 陈宏伟
副主任 曹海平
副主任 段兰芬

省公路网规划办公室

主　任 张汉舟
副主任 杨晓波
副主任 雷鸣涛

厅引进外资项目管理办公室

党总支书记、副主任 夏 翔
主 任、党总副支书记 伏偌林
副主任 李 强
副主任 骆恒华

省公路工程定额管理站

站　长 唐占虎
副站长 高维隆

省交通史志年鉴编写委员会编辑部

副主任 刘 波

中国交通报驻甘记者站

站　长 胡殿弼

甘肃长达路业有限责任公司

董事长、党委书记 李兴民
总 经 理 赵发章
副总经理 张保材
党委副书记、纪委书记 张清喜
副总经理 王宏源
常务副总经理 高维仓
副总经理 赵延安
副总经理 穆国兵
副总经理 邵长喜
总工程师 刘立星
工会主席 耿 珂

甘肃路桥公路投资有限公司

董 事 长　李俊升
党委书记　李新元
副总经理　张　吉
总工程师　赵毓璋
党委副书记、纪委书记　兰文治
副总经理　张建明
副总经理　王晓钟

甘肃远大路业集团公司

董 事 长　张巨彪
总 经 理　魏公权
副董事长　蒲元海
常务副总经理、总工程师　叶　成
副总经理　陈旺生
党委副书记、纪委书记　钟莉玲
副总经理　吕文全
副总经理　陈胜军
副总经理　刘永生
副总经理　孙国生
副总经理　扈进明
工会主席　张亚平

甘肃路桥建设集团有限公司

董事长、总经理　刘建勋
党委书记　袁关良
副总经理　何世雄
副总经理　祁　伟
副总经理　姜　敏
副总经理　岳永和
副总经理　张　伟
纪委书记　赵建兴
工会主席　杨文籍

省交通规划勘察设计院有限责任公司

董 事 长　裴古安
党委书记　胡殿弼
总 经 理　韩友续
副总经理　孙世发
副总经理　张培华
副总经理　樊　江
副总经理　曹永军

省交通科学研究院有限公司

董事长、总经理　马德科
党委书记　李俊峰
副总经理　姜爱民
副总经理　王苍和
工会主席　邓晓刚
副总经理　王兆瑞

省交通工程建设监理公司

党委书记　董宏瑞
经　　理　朱卫国
工会主席　高　睿
副 经 理　陈建军
党委副书记、纪委书记　徐永忠
副 经 理　盛黎明

省交通物资供应公司

党委书记　张黎明
总 经 理　李生湖
常务副总经理　周　强
副总经理　李廷华
纪委书记、工会主席　牛学彬
总会计师　马　莉

省交通服务公司

党委书记　王世平
总 经 理　李生湖
党委委员　李德海
副总经理　王学建
副总经理　张崇军
副总经理　胡　玫
副总经理　李文杰

省公路运输服务中心

主　　任　胡志宏
党委副书记、纪委书记　康小平
工会主席　李金民
副 主 任　冯建华
党委委员　刘　英
副 主 任　陈永峰
副 主 任　席双来

甘肃驼铃客车厂(甘肃驼铃工贸有限公司)

经　理　宋文成
副经理　苏文斌

各公路总段领导班子成员

省兰州公路总段

党委书记　尚晓青
总 段 长　李福山
副总段长　邵彦旻
纪委书记　康　伟
工会主席　窦永学
副总段长　王　宁
副总段长　张晓峰

省白银公路总段

党委书记　张志芳

总 段 长　贺得荣
副总段长　贠子辉
总工程师　罗继东
工会主席　李新虎
副总段长　高丽嫣

省定西公路总段

总 段 长　张　健
副总段长　徐步青
总工程师　寇晓明
工会主席　朱生贵
副总段长　王天武
纪委书记　李　隆

省庆阳公路总段

党委书记　李　涛
党委副书记　陈　俭
总工程师　路　坚
副总段长　王思用
工会主席　苏清平
副总段长　张正国

省平凉公路总段

党委书记　申　平
总 段 长　达世德
副总段长　朱登科
副总段长　王振元
党委副书记、纪委书记　燕天宁
工会主席　史金林
副总段长　信旭峰

省天水公路总段

党委书记　赵忠良
总 段 长　田周义
党委副书记、纪委书记　董明奇
副总段长　罗继平
总工程师　陈纪胜
工会主席　王　廷

省陇南公路总段

党委书记　魏潼漓
总 段 长　刘芳俊
纪委书记　王　鹰
副总段长　王宝明

省甘南公路总段

党委书记　王　平
总 段 长　安忠东
纪委书记、副总段长　王伟俊
总工程师　李　渊

副总段长　杨文兴
副总段长　何继先
副总段长　杨进才

省临夏公路总段

党委书记　刘吉成
总 段 长　李进才
副总段长　马忠良
副总段长　杨晓林
副总段长　宋阳军
纪委书记、工会主席　杨信儒
副总段长　汪生忠

省武威公路总段

党委书记　曹希恒
总 段 长　赵　立
纪委书记　朱　辰
副总段长　郑延生
副总段长　杨向军

省金昌公路总段

党委书记　王永科
总 段 长　李福林
总工程师　王志科
纪委书记、工会主席　朱永柱
副总段长　白进平

省张掖公路分局

党委书记　许吉庆
局　　长　王多福
副 局 长　赵一坚
纪委书记、工会主席　马占志
副局长、总工程师　沈维宏

省酒泉公路总段

党委书记　连有军
总 段 长　赵文平
纪委书记　魏兴铭
副总段长　王学明
副总段长　俞桂芳
副总段长　宿万兵
工会主席　刘红荣
副总段长　贾生会

省嘉峪关公路总段

党委书记　杨　征
总 段 长　聂其荣
纪委书记、工会主席　赵　生
副总段长　王大义
副总段长　戴德荣

各公路路政执法管理处党总支书记、副书记

兰州公路路政执法管理处
党总支副书记　何晓林

白银公路路政执法管理处
党总支副书记　陈生虎

定西公路路政执法管理处
党总支书记　王建洪

庆阳公路路政执法管理处
党总支副书记　李北平

平凉公路路政执法管理处
党总支副书记　张寅龙

天水公路路政执法管理处
党总支书记　马俊奇

陇南公路路政执法管理处
党总支副书记　李兆林

甘南公路路政执法管理处
党总支副书记　白文江

临夏公路路政执法管理处
党总支副书记　郭　钢

武威公路路政执法管理处
党总支副书记　高加峰

金昌公路路政执法管理处
党总支书记　李　仁

张掖公路路政执法管理处
党总支副书记　郭福年

酒泉公路路政执法管理处
党总支副书记　阎鑫论

嘉峪关公路路政执法管理处
党总支副书记　袁立新

敦煌公路路政执法管理处
党总支副书记　崔酒泉

(注:以上资料截止 2012 年 7 月 31 日,经省交通运输厅人事劳资处核实)

2011 年 7 月 29 日，为期 7 天的全省交通运输系统职工运动会在兰州拉开帷幕。团省委、省直机关工委、省体育局、省总工会和省交通运输厅领导杨咏中、石培荣、杨映祥、王繁己出席开幕式。　兰文治　摄